eldoron Publisher

로마서 주석

김동수
Nyack College
New York

로마서 주석

지은이 김동수
초판발행 2013년 8월 28일

펴낸이 배용하
책임편집 윤순하
등록 제258호
펴낸곳 **엘도론**
www.eldoron.com
등록한곳 대전광역시 동구 삼성동 285-16
편집부 전화 (042) 673-7424
영업부 전화 (042) 673-7424 전송 (042) 623-1424

ISBN 978-89-92257-58-9
책값은 뒤 표지에 있습니다.

차례

약어표

AB	Anchor Bible
ABD	*The Anchor Bible Dictionary*
ACNT	Augsburg Commentary on the New Testament
AGJU	Arbeiten zur Geschichte des antiken Judentums und des Urchristentums
ALBO	Analecta lovaniensia biblica et orientalia
AnBib	Analecta Biblica
Ann.	Tacitus, *Annals*
ANRW	*Aufstieg und Niedergang der römischen Welt*
Apol.	Justin , *Apology*
AsSeign	*Assemblées du Seigneur*
ATANT	Abhandlungen zur Theologie des Alten und Neuen Testaments
AusBR	*Australian Biblical Review*
AUSS	*Andrews University Seminary Studies*
BA	*Biblical Archaeologist*
BAGD	W. Bauer, W. F. Arndt, F. W. Gingrich, and F. W. Danker, *Greek-English Lexicon of the NT and Other Early Christian Literature*
BBB	Bonner biblische Beiträge
BBET	Beiträge zur biblischen Exegese und Theologie
BBR	*Bulletin for Biblical Research*
BDAG	Walter Bauer, *A Greek-English Lexicon of the New Testament and Other Early Christian Literature*, 3d ed., rev. and ed. Frederick W. Danker; previously with W. F. Arndt and F. W. Gingrich (Chicago: University of Chicago Press, 2000)
BDF	F. Blass, A. Debrunner, and R. W. Funk, *A Greek Grammar of the NT*
BECNT	Baker Exegetical Commentary on the NT
BETL	Bibliotheca ephemeridum theologicarum lovaniensium
BEvT	Beiträge zur evangelischen Theologie
BFCT	Beiträge zur Förderung christlicher Theologie
Bib	*Biblica*
BibInt	*Biblical Interpretation*
BJRL	*Bulletin of the John Rylands Library of Manchester*
BN	*Biblische Notizen*
BSac	*Bibliotheca Sacra*
BT	*Bible Translator*
BTB	*Biblical Theology Bulletin*
BZ	*Biblische Zeitschrift*
BZNW	Beihefte zur Zeitschrift für die neutestamentliche Wissenschaft
CBC	Cambridge Bible Commentary
CBET	Contributions to Biblical Exegesis and Theology
CBQ	*Catholic Biblical Quarterly*
CD	Damascus Document
CIL	*Corpus inscriptionum latinarum*
CJ	*Classical Journal*
Coll	*Colloquium*
ConBNT	Coniectanea biblica, New Testament
CRINT	Compendia rerum iudaicarum ad Novum Testamentum
CSS	Cursus sacrae Scripturae
CTJ	*Calvin Theological Journal*
CTR	*Criswell Theological Review*

EDNT	H. Balz and G. Schneider (eds.), *Exegetical Dictionary of the NT*
EKK	Evangelisch-Katholischer Kommentar zum Neuen Testament
EncJud	Fred Skolnik (ed.), *Encyclopedia Judaica*, 2d ed., 22 vols. (Detroit: Thomson Gale, 2007)
ETL	*Ephemerides theologicae lovanienses*
ETR	*Etudes théologiques et religieuses*
EvQ	*Evangelical Quarterly*
EvT	*Evangelische Theologie*
EWNT	H. Balz and G. Schneider (eds.), *Exegetisches Wörterbuck zum Neuen Testament,* 3 vols. (Stuttgart:Kohlhammer, 1980-83)
ExpTim	*Expository Times*
FBBS	Facet Books, Biblical Series
FRLANT	Forschungen zur Religion und Literatur des Alten und Neuen Testaments
HBT	*Horizons in Biblical Theology*
H.E.	*Eusebius, Historia Ecclesiastica*
HNT	Handbuch zum Neuen Testament
HTR	*Harvard Theological Review*
HTS	Harvard Theological Studies
HUTh	Hermeneutische Untersuchungen zur Theologie
IB	*Interpreter's Bible*
ICC	International Critical Commentary
IGRom	R. Cagnat and G. LaFaye (eds.), *Inscriptiones graecae ad res romanas pertinentes*, 4 vols. (Paris: Leroux,1906)
Int	*Interpretation*
ISBE	The International Standard Bible Encyclopedia
ITQ	*Irish Theological Quarterly*
JAC	*Jahrbuch für Antike und Christentum*
JBL	*Journal of Biblical Literature*
JETS	*Journal of the Evangelical Theological Society*
JSNT	*Journal for the Study of the NT*
JSNTSup	Journal for the Study of the NT, Supplementary Volume
JSOT	Journal for the Study of the OT
JTS	*Journal of Theological Studies*
KD	*Kerygma und Dogma*
KEK	Kritische-evangelischer Kommentar über das Neue Testament
LUÅ	Lunds universiteits åsskrift
LXX	The Septuagint
MM	J. H. Moulton and G. Milligan, *The Vocabulary of the Greek Testament*
MT	Massoretic Text
MTZ	*Munchener theologische Zeitschrift*
Neot	*Neotestamentica*
NICNT	New International Commentary on the NT
NIDNTT	*New International Dictionary of NT Theology*
NIGTC	New International Greek Testament Commentary
NKZ	*Neue kirchliche Zeitschrift*
NovT	*Novum Testamentum*
NovTSup	Novum Testamentum, Supplements
NPNF	*Nicene and Post-Nicene Fathers*
NRT	*La nouvelle revue théologique*
NTAbh	Neutestamentliche Abhandlungen
NTS	*New Testament Studies*
NTTS	New Testament Tools and Studies
PL	*J. Migne, Patrologia Latina*
Pol.	*Aristotle , Politica*

1QH	Thanksgiving Hymns/Psalms (*Hôdāyôt*)
1QM	War Scroll (*Milḥāmâ*)
1QS	Manual of Discipline (*Serek Hayyaḥad*, Rule/Order of the Community)
1QpHab	Commentary (Pesher) on Habakkuk
4QpPs[a]	Commentary (Pesher) on Psalms (A) (4Q171; formerly 4QpPs37)
RB	*Revue biblique*
RevExp	*Review and Expositor*
RHPR	*Revue d'histoire des religions*
RHR	*Revue de l'histoire des religions*
Rom.Hist.	Cassius Dio, Roman History
RSPT	*Revue des sciences philosophiques et theologiques*
RSR	*Recherches de science religieuse*
Sat.	Juvenal, *Satires*
SBLDS	Society of Biblical Literature Dissertation Series
SBLSP	Society of Biblical Literature Seminar Papers
SBT	Studies in Biblical Theology
SE	*Studia Evangelica*
SEÅ	*Svensk exegetisk årsbok*
S-H	W. Sanday and A. C. Headlam, *A Critical and Exegetical Commentary on the Epistle to the Romans*
SJLA	Studies in Judaism in Late Antiquity
SJT	*Scottish Journal of Theology*
SNT	Studien zum Neuen Testament
SNTSMS	Society for NT Studies Monograph Series
SPCIC	*Studiorum Paulinorum Congressus Internationalis Catholicus*
SPCK	Society for the Promotion of Christian Knowledge
SR	*Studies in Religion/Sciences religieuses*
ST	*Studia Theologica*
Str-B	H. Strack and P. Billerbeck, Kommentar zum Neuen Testament
SVTQ	*St. Vladimir's Theological Quarterly*
TBl	*Theologische Blätter*
TBü	Theologische Bücherei
TDNT	*Theological Dictionary of the NT*
TDOT	*Theological Dictionary of the OT*
TEH	Theologische Existenz heute
TGl	*Theologie und Glaube*
TPINTC	Trinity Press International New Testament Commentary
TrinJ	*Trinity Journal*
TS	*Theological Studies*
TSAJ	Texte und Studien zum antiken Judentum
TToday	*Theology Today*
TynBul	*Tyndale Bulletin*
TZ	*Theologische Zeitschrift*
USQR	*Union Seminary Quarterly Review*
WBC	Word Biblical Commentary
WMANT	Wissenschaftliche Monographien zum Alten und Neuen Testament
WTJ	*Westminster Theological Journal*
WUNT	Wissenschaftliche Untersuchungen zum Neuen Testament
WW	*Word and World*
ZNW	*Zeitschrift für die neutestamentliche Wissenschaft*
ZTK	*Zeitschrift für Theologie und Kirche*

Philo의 저서

Abr.	*De Abrahamo*
Cher.	*De Cherubim*
Conf.	*De Confusione Linguarum*
Cong.	*De congressu quaerendae eruditionis causa*
De vita Mos.	*De vita Mosis*
Heir	*Quis Rerum Divinarum Heres Sit*
Legat.	*Legatio ad Gaium*
Leg. All.	*Legum allegoriarum liber*
Mut.	*De mutatione nominum*
Sac.	*De Sacrificiis Abelis et Caini*
Sobr.	*De Sobrietate*
Som.	*De somniis*
Spec. Leg.	*De Specialibus Legibus*

Josephus의 저서

Ag. Ap.	*Against Apion*
Ant.	*Jewish Antiquities*
J.W.	*The Jewish War*

유대문헌과 기독교문헌

2 Apoc. Bar.	*2 Apocalyse of Baruch*
2 Bar.	*2 (Syriac Apocalypse of) Baruch*
2 Clem.	*2 Clement*
Did.	Didache
Ep. Arist.	*Epistle of Aristeas*
2 Esdr.	2 Esdras
Evang.	*Evangelica*
Herm. Vis.	*Hermas, Visions*
Jos. As.	*Joseph and Aseneth*
Jub.	*Jubilees*
2 Macc.	2 Maccabees
3 Macc.	3 Maccabees
Praep.	*Eusebius, Praeparatio*
Pss. Sol.	*Psalms of Solomon*
Sib. Or.	*Sibylline Oracles*
Sir.	Sirach (Ecclesiasticus)
T. Asher.	*Testament of Asher*
T. Ben.	*Testament of Benjamin*
T. Jos.	*Testament of Joseph*
T. Jud.	*Testament of Judah*
T. Levi	*Testament of Levi*
T. Mos.	*Testament of Moses*
T. Naph.	*Testament of Naphtali*
T. Reub.	*Testament of Reuben*
T. Sim.	*Testament of Simeon*
T. Zeb.	*Testament of Zebulun*
Tob.	Tobit
Wisd.	*Wisdom of Solomon*

추·천·의·글

저자는 방대한 자료에 근거한 치밀한 논증을 통하여, 로마서의 복음 메시지가 무엇인지 문법 · 역사적 그리고 신학적으로 주해를 설득력 있게 서술해 간다. 업그레이드된 개혁신학의 관점에서 수행된 로마서 주석 중 최고의 역작 중 하나라 믿어 의심치 않는다.

송영목 박사 · 고신대학교 신약학 교수

미주지역 국제학술대회에서 한인 신약학자로서 선도적인 역할을 해온 김동수 교수의 로마서 주석 출간을 매우 기쁘게 생각한다. 바울의 헬라어 어휘 사용에 대한 실제적 분석, 성실한 역사 · 문법적 해석, 여러 학자들의 견해에 대한 대안적 의견 제시, 신학적으로 보수적 견지에서 나오는 건전한 해석 등이 이 주석의 강점이다. 특히, 한 절 한 절 철저하고 세밀한 주석이 돋보인다. 기존 학자들의 견해를 수용할 것은 수용하고, 비판할 것은 비판하면서, 종합적이면서도 독자적인 주해 결과를 내놓았다. 이 주석에는 로마서와 관련된 방대한 자료들이 망라되어 있다. 따라서 주석의 학술적 가치와 함께 로마서 이해에 대해 전체적 시각을 얻을 수 있다. 또한 바울 서신 연구에 있어 가장 큰 논쟁이 되고 있는 "신관점주의"에 대해, 저자 자신의 성실한 역사적 · 문법적 해석을 통해 본문의 의도를 밝혀 보수 개혁주의 해석학적 대응과 답변을 해주고자 했다.

김상훈 박사 · 총신대 신학대학원 신약학 교수

서 문

지금까지 많은 로마서 주석이 써졌는데 지금 왜 또 한 권의 로마서 주석이 써져야 하나? 이 질문은 로마서 주석가들마다 던져온 질문이다. 사실 캘빈과 루터의 로마서 주석을 필두로 지난 세기까지 많은 양질의 로마서 주석이 써져왔다. 그러나 이와 동시에 다양한 신학적 전제를 가진 학자들이 로마서를 재해석하면서 이천년 동안 믿어왔던 기독교교리에 혼동을 초래한 것이 요즘 신학계의 현실이다. 그 대표적인 예가 "신관점주의"the new perspective on Paul의 로마서 해석이다. 샌더스가 조직화한 신관점주의는 제임스 던에 의해 수정 보강되어왔고 엔 티 라잇트가 이를 교회에 실용적으로 적용해서 뿌리를 내리게 함으로써 현대 교회는 어거스틴이나 루터가 가르쳤던 이신칭의 교리를 버리고 다시 중세나 유대주의의 행위구원론을 구원의 길로써 수용하고 있는 가운데 있다. 구원론에 관한 논쟁은 궁극적으로 기독론, 종말론, 성령론, 교회론 등 교리와 유기적으로 연결되어 있는 방대한 신학적 주제다. 그래서 이 신학적 논쟁은 21세기 내내 지속될 것으로 보인다. 이 신학논쟁의 한 가운데 있는 성경의 책이 있다면 그것은 바로 로마서다. 필자는 지난 십여 년간 로마서를 강단에서 매년 가르쳐 오면서 현대 교회가 처한 상황에서 바울이 로마서에서 가르치는 바를 현대적 언어로 다시 제시해야 될 필요가 있다고 생각해 왔다. 그것은 교리 논쟁적, 종파적 선전이 아닌 바울이 말하는 본문을 역사 · 문법적으로 충실히 해석해 그가 본문에서 의도한 진정한 뜻을 다시 조명하고자 하는 것이다.

로마서는 기독교 교리 정립과 밀접히 관계되어 있는 만큼 본서의 주석은 다음과 같은 주제에 대한 추론을 피할 수 없다. 첫째, 신관점주의는 이루어진 종말론의 관점을 이해하지 못하고 칭의를 사회학적으로 재정의하고 있다(롬1-4장). 이는 바울이 로마서에서 가르치는 '믿음으로 의롭다하심을 얻음' 의 개념을 왜곡하는 가르침이다. 둘째, 성도의 성화는 죽기까지 이루어가는 과정이면서도 동시에 칭의의 열매로써 성도들이 이미 생활속에 누리고 있는 축복이다(롬5-8장). 성도에게 거룩한 생활을 강조하는 것은 그들이 이미 거룩한 신분을 입은 하나님의 백성이라는 점에 바탕을 두고 있어야지 그것이 구원을 확증하기 위한 또 하나의 스텝이라고 암시하는 것은 비성경적이다. 셋째, 바울은 '이스라엘' 을 문자적 의미와 영적의미 두 단계로 사용하고 있다. 영적 의미로써 '이스라엘' 은 그리스도를 주로 믿는 사람들의 총체다. 이는 로마서 11장에서 말씀하는 감람나무로 대표되는 '하나님의 자녀' 혹은 '아브라함의 자녀' 와 같은 개념이다(롬9-11장). 넷째, 권위에 복종하라는 가르침은 정치적 행동강령이 아니라 신앙윤리다. 다시 말해 바울은 여기서 교회와 국가의 관계의 문제나 특정 통치체제에 대해 성도가 어떻게 반응해야 되는지에 대해 말씀하고 있는 것이 아니다. 바울은 하나님을 믿는 신앙적 세계관 속에서 위정자들에 대해 성도가 가져야 할 기본자세를 말씀하고 있다 (롬13장). 다섯째, 바울은 그리스도인의 자유에 대해 말씀하면서 그 자유에 신학적 면허증을 주고 있다기 보다 그 자유를 믿음의 공동체의 영적 유익을 위해 반납할 것을 요청하고 있다(롬14장). 여섯째, 로마서는 본질적으로 논쟁적인 문제들을 다루고 있다. 이는 그 당시 거짓 교사들의 활동의 위협속에 있던 로마교회 성도들에게 바른 교리를 가르침으로써 교회의 교리적 기초를 다지기 위함이었다. 이는 상업주의와 세속주의에 물든 현대교회가 개혁되고 그 교리적 기초를 회복하기 위해서 다시 주의깊이 경청해야 되는 가르침이다.

필자는 이 자리를 빌려 로마서 주석을 쓰는 과정에서 도움을 주신 여러분들께 감사를 드린다. 필자가 뉴저지초대교회의 신학강좌에서 여러번 로마서를 가르치면서 로마서 주석 집필의 필요성을 절감했었다. 필자가 이 결심을 할 수 있도록 기회를 준 뉴저지초대교회 당회와 성도들의 따뜻한 사랑에 감사드린다. 또한 뉴욕의 나약컬리지의 교수연구심의회는 본서를 집필할 수 있도록 연구비를 지급함으로써 격려해 주었다. 특히 교학처장이며 부총장인 데이비드 턱박사에게 감사드린다. 그리고 상업주의적 기독교출판업계의 조류를 떠나 개혁주의적 복음주의 신학의 저변확대를 위해서 이 책의 출판을 흔쾌히 허락해 준 엘도론출판사의 배용하 편집장에게 감사드린다. 지난 수년간 필자가 연구실에 박혀 천여 페이지에 달하는 원고를 쓰는 동안 가족들은 불평하지 않고 사랑과 이해심을 가지고 기다려 주었다. 세 아들 용진, 용성, 용규는 이 로마서 주석이 교회를 든든히 세워가는데 기여하는 책이 되도록 매일 하나님께 기도했다. 그리고 물론 내 아내도 책속에 파묻혀 있는 나에게 불평 한마디 없이 항상 하나님께 기도드리며 후원 격려해 주었다. 지금까지 25년 동안 있어온 그녀의 신실한 내조가 없었다면 필자의 학문적 정진은 불가능했을 것이며 이 로마서 주석도 아마 이 세상에 나올 수 없었을 것이다. 그리하여 필자는 기쁨으로 이 책을 아내에게 헌정한다. 그리고 그 무엇보다도 바울을 통해 로마서를 우리에게 주신 우리를 위해서 화목제물이 되어 주시고 우리를 아담의 원죄에서 해방시키신 우리 주 예수 그리스도와 아버지 하나님께 모든 영광을 올린다.

Soli Deo Gloria

김동수

New York, January 2013

I
서론

로마서에서 바울은 칭의론, 성화론, 성령론, 구속사에서 유대인성도와 이방인성도와의 관계, 기독교 윤리 등 성도의 믿음과 생활에 관한 모든 가르침을 체계 있게 제시하고 있다. 따라서 로마서는 신앙인의 교본이라고 할 수 있다. 이 점에서 멜랑크톤은 로마서를 기독교교리의 개요서a compendium of Christian doctrine라고 묘사했다.[1] 물론 이것이 로마서가 기독교의 모든 교리를 망라하고 있다는 것은 아니다. 로마서는 기독론, 종말론 등을 체계있게 다루고 있지 않다. 그렇지만 이 주제들도 로마서의 가르침에 깊이 내재되어 있지 전혀 없다고 말할 수 없다. 로마서는 그리스도인이 예수님을 믿는 믿음을 신학적으로 이해하고 이를 바탕으로 그리스도의 모습을 닮아 하나님의 뜻대로 살 수 있도록 인도하는 신학적 기초를 다져주고 있다. 캘빈은 우리가 이 서신을 이해할 때 우리에게 성경에 숨겨진 모든 보화에 대한 문이 열린 것이라고 말했다.[2] 그리고 스토트는 로마서는 "그리스도로 말미암은 자유에 대한 영원한 선언문"이라고 묘사한다.[3] 이는 로마서에서 바울이 제시하는 율법에 바탕을 두지 않고 오직 믿음을 통해 구원을 얻게 되는 가르침을 가리키고 있다. 그러나 이 가르침에 대한 이해는 시대마다 도전을 받아왔다. 지난 세기 후반에 불어닥친 신 관점론은 그리스도인의 자유를 다시 행위구원론으로 대체하고 있다. 또 행위적 관점에서 성도의 성화를 강조하는 가르침은 성령안에서 거룩하게 살도록 변화된 성도의 삶에 새로운 율법주의적 멍에를 지우고 있다. 어떤 학자들은 로마서 8-9장에 제시된 하나님으로부터 말미암은 구원을 직시하기를 꺼리고 하나님의 전적인 은혜의 구원의 방법에 인간 자신의 공로를 가미하려고 한다. 그리고 어떤 학자들은 하나님께서 그리스도를 통해서 언약을 구속사적으로 성취하신 것을 축소하고 구약의 언약이 유대인들에게 문자적으로 성취될 것을 믿고 가르친다. 또 어떤 학자들은 롬 14:1-15:13절에서 바울은 아디아포라를 다루고 있고 그리스도인들은 아디아포라에 있어서 자유를 보장받았다고 가르친다. 이와같이 로마서가 제시하

---

1 P. Melanchthon, *Commentary on Romans* (trans. F. Kramer. St. Louis: Concordia Publishing House, 1992).
2 J. Calvin, *Commentaries on the Epistle of Paul to the Romans* (reprint, Grand Rapids: Baker, 1979) xxix.
3 John R. W. Stott, *Romans: God' s Good News for the World. The Bible Speaks Today* (Downers Grove, Ill.: InterVarsity Press, 1994) 19.

는 각 주제에 대한 가르침은 매우 다양하다. 로마서의 주제들은 앞으로도 시대의 상황의 변화에 따라 끊임없이 재해석될 것이다. 이러한 시점에 필자는 이 로마서 주석을 통해서 이러한 주제에 대한 심층적인 주석적 분석을 제시하고자 한다. 그 해석의 방법은 성경신학적 주석이다. 필자는 바울의 열 세 권의 서신이 바울 자신의 저작이라고 믿는다. 그리고 로마서를 해석할 때 바울의 다른 서신에 나타난 가르침과 비교하면서 해석하는 것이 바른 해석 방법이라고 믿는다.

1. 저자와 시기

바울이 로마서의 저자라는 것은 모든 주석가들의 공통된 견해다. 바우어나 스텍 같은 학자들이 로마서의 바울 저작을 부인했지만 오늘날 이를 받아들이는 학자는 거의 없다.[4] 그 이유는 분명한 내적 외적 증거 때문이다. 즉 로마서에 사용한 단어, 신학적 특징, 작문 스타일 등에서 로마서는 다른 바울 서신들과 동일하다. 그리고 외적 증거는 초대교회 목사님들이 로마서의 바울 저작을 한결같이 증거하고 있다는 점이다.[5] 로마서 16:22절은 더디오가 이 서신을 썼다고 말씀한다. 이는 더디오가 필경사로써 바울의 말씀을 받아 적었다는 것을 말한다. 더디오의 작문 기여도는 별로 없어 보인다. 그것은 로마서가 심오한 신학적 내용을 가르치고 있기 때문에 이것을 더디오가 쓴 내용으로 보기 어렵고 또 서신에 일인칭 단수 대명사가 널리 퍼져 있는 것은 바울 자신이 서신의 저자임을 나타낸다. 따라서 바울이 더디오에게 말씀의 개요를 주고 그가 그 개요에 살을 붙이게 했다고 보기는 어렵다. 오히려 바울이 더디오에게 단어 하나 하나를 받아 적게 했다고 보는 것이 더 타당하다.

로마서를 쓴 장소는 고린도였다고 할 수 있다. 그 단서는 롬16장에서 찾을

---

4 C. E. B. Cranfield, *A Critical and Exegetical Commentary on the Epistle to the Romans* (ICC, Vol.1; Edinburgh: T & T Clark, 1975) 1-2.

5 Clement; Ignatius; Polycarp.

수 있다. 로마서 16:1-2절에서 바울은 겐그레아 교회의 일군인 자매 뵈뵈를 로마교회 성도들에게 천거하고 있다. 겐그레아는 고린도에서 남동쪽으로 7 킬로미터 떨어진 사론만에 위치한 항구였다. 뵈뵈는 겐그레아 교회를 방문하는 여행자들을 정성스럽게 공궤하던 여종으로써 바울이 쓴 로마서를 로마교회에 전달하는 임무를 띠고 있었던 것 같다. 또 바울이 로마서 16:23절에서 언급하는 가이오는 바울에게 세례를 받았던 고린도교회 가이오와 동일인으로 보인다. 그리고 이 사람은 바울에게 거할 방을 제공했던 디도 유스도와 동일인이었던 것 같다(행18:7). 그렇다면 바울은 삼차 전도여행을 마치면서 고린도에 삼 개월 머무는 동안 가이오의 집에 유숙하면서 로마서를 썼다고 볼 수 있다(행20:1-4). 또 로마서 16:23절에 언급된 에라스도가 고린도 비문에 새겨진 로마 조영관aedile 에라스도와 동일인이었다면 로마서의 기록 장소가 고린도였다는 사실에 더 힘을 싣는다.

로마서의 기록연대를 알려면 이 서신을 쓸 때의 정황을 알아야 한다. 로마서 15:19-29절을 보면 바울이 로마서를 기록할 때의 정황이 자세히 서술되어 있다. 바울은 삼차에 걸친 전도여행을 통해서 예루살렘으로부터 일루리곤까지 그리스도의 복음을 편만하게 전했다(19절). 그는 그리스도의 복음이 들어간 곳에는 복음을 전하지 않겠다는 모토를 가지고 아시아, 마게도냐, 아가야 지방에 복음을 전하느라 원하던 로마 방문이 지체되었다(20-22절). 그리고 이제 복음을 들고 서바나에 가는 길에 로마에 잠간 방문해서 로마교회 성도들이 자신의 서바나 선교를 물질과 기도로 후원해 줄 것을 기대했다(23-24, 30절). 그 이전에 바울이 하려고 했던 것은 예루살렘에 들러 이방인 교회 성도들이 모은 사랑의 헌금을 예루살렘교회 성도들에게 전달하는 것이었다(25-28절). 이는 이방인 성도들이 유대인 성도들과 함께 하나님의 백성이 된 것을 나타내는 상징적 행위였다. 만일 그들이 헌금을 받아들인다면 이는 바울의 사역의 열매를 인정하는 것이 되는 것이다. 그러나 한 편으로 바울은 유대에 순종하지 않는 자들의 반대를 예상하고 있었다(31절). 그래서 자신이 그들의 손에 빠지지 않고 무사히 로마에 들러 성도들과 교제를 나눌 수 있기를 기도하고 있었다(32절). 이 역사적 상황은 사도행전 20:2-6절의 서술과 일치한다. 바울은 고린도에 석 달을 머물 때 로마서를 썼고 이제 예루살렘에 가기 위해 마게도냐로 향했다.

학자들은 이 때는 대략 주후 55-58년이라고 추측한다. 이는 갈리오가 아가야 총독이 된 때를 기준으로 계산된다. 이는 주후 51 혹은 52년으로 추정된다. 그렇다면 바울이 갈리오 앞에 서서 재판을 받은 때는 51 혹은 52년 가을 경이다(행18:12-17). 그 후 삼차 전도 여행 중 바울이 에베소에 이년 반 정도 머물렀기 때문에 바울이 고린도에 도착한 것은 아무리 빨라도 54년이라고 할 수 있다(행19:10). 그리고 아무리 늦어도 59년 이후로 볼 수는 없다.[6] 브루스와 무는 가장 타당한 때를 주후 57년으로 보고 있다.[7] 그러나 그 정확한 때는 아무도 모르며 우리는 그 때를 대략 55-58년 경으로 볼 수 있다.[8]

2. 서신이 보내진 곳: 로마교회

로마에 어떻게 교회가 세워지게 되었는지는 아무도 모른다. 이레니우스는 베드로와 바울이 로마교회를 세웠다고 말한다.[9] 소수의 학자들은 베드로가 로마교회를 세웠다고 주장한다.[10] 그러나 베드로가 로마교회를 세웠다는 초대교회의 증거는 존재하지 않는다. 그리고 바울이 로마교회를 세우지 않았다는 것은 그가 삼차 전도 여행 때까지 로마에 방문한 적이 없다는 사실로 알 수 있다. 그러나 베드로와 바울은 로마교회에 큰 족적을 남겼는데 그것은 베드로가 준 자료를 바탕으로 라틴인 선교를 위해 마가복음이 로마에서 써졌다는 사실이며, 바울도 로마교회에 보내기 위해 로마서를 썼다는 사실이다. 그리고 베드로와 바울은 로마에서 순교했다는 공통점을 가지고 있다.[11]

6 C. H. Dodd, *The Epistle of Paul to the Romans* (Moffatt New Testament Commentary; New York: Harper and Brothers, 1932) xxvi.

7 F. F. Bruce, *Paul: Apostle of the Heart Set Free* (Grand Rapids: Eerdmans, 1977), 475; D. J. Moo, *The Epistle to the Romans* (NICNT; Grand Rapids: Eerdmans, 1996).

8 T. R. Schreiner, *Romans* (BECNT; Grand Rapids: Baker, 1998) 5.

9 Irenaeus, *Against Heresies* 3.1.1; 3.3.2.

10 R. E. Brown and J. P. Meier, *Antioch and Rome: New Testament Cradles of Catholic Christianity* (New York: Paulist, 1983) 97-98; J. A. Fitzmyer, *Romans: A New Translation with Introduction and Commentary* (AB 33; New York: Doubleday, 1993) 29; J. Wenham, *Redating Matthew, Mark, and Luke: A Fresh Assault on the Synoptic Problem* (Downers Grove, 111.: InterVarsity, 1992) 146-72.

베드로와 바울이 로마교회를 세우지 않았다면 그 기원은 예수를 믿는 유대인들이었다고 할 수 있다.[12] 사도행전 2장에서 누가는 각지에 흩어져 사는 유대인들과 유대교를 믿는 이방인들이 오순절에 예루살렘을 방문했다고 기록한다. 그들은 그리스도인들이 각기 자기 나라 방언으로 기도하는 것을 보고 놀랐고 이 중 많은 자들이 베드로의 설교를 듣고 회심했다. 우리는 그 중 로마에서 온 유대인들이 로마에 돌아가 그리스도의 이름으로 모여 예배를 드리기 시작했을 것이라고 생각할 수 있다. 그리고 예수를 믿던 장인들, 노예들, 상인들도 이 모임에 불을 지피는 역할을 했을 수 있다. 이 당시 로마의 인구는 사십사만에서 백만에 이르렀을 것으로 본다.[13] 그리고 학자들은 이 당시 로마에 사는 유대인 인구는 이 만에서 오 만 명이었으며 유대인 회당은 약 다섯 개 정도 있었다고 말한다.[14] 그리고 이 유대인들은 예루살렘에 사는 유대인들과 혈통이나 사회적으로 연결되어 있었다.[15] 처음에 이들은 로마에 있는 유대인 회당에서 예배를 드리다가 예수를 믿지 않는 유대인들과 신학적으로 부딪치면서 여러 가정교회로 분자화했을 수 있다. 그렇다면 로마교회는 주후 30년대나 40년대에 이미 존재했을 수 있다고 볼 수 있으나 그 역사적 근거는 아직 발견되지 않고 있다. 가장 잘 알려진 역사적 흔적은 로마 역사가 수에토니우스의 기록에 발견된다. 주후 120년 경에 쓴 그의 기록에 의하면 글라디우스 황제는 크레스토의 명령에 의해 야기된 소요에 관련된

---

11 Fitzmyer, *Romans*, 30.

12 Ambrosiaster PL 17.48; K. P. Donfried, "A Short Note on Romans 16." Pp. 44-52 in *The Romans Debate* (Revised and expanded edidon. ed. K. P. Donfried; Peabody, Mass.: Hendrickson, 1991) 47; J. D. G. Dunn, *Romans 9-16* (WBC; Dallas: Word, 1988) xlvii-xlviii; W. Wiefel, "The Jewish Community in Ancient Rome and the Origins of Roman Christianity," in *The Romans Debate* (Revised and expanded edition. ed. K. P. Donfried. Peabody, Mass.: Hendrickson, 1991) 92.

13 D. Noy, *Foreigners at Rome: Citizens and Strangers* (The Classical Press of Wales, 2000) 15-16; C. Wells, *The Roman Empire* (Harvard University Press, 1995) 88.

14 H. J. Leon, *The Jews of Ancient Rome* (ed. Carolyn A. Osiek; Peabody: Hendrickson Publishers, 1996) 15; J. S. Jeffers, "Jewish and Christian Families in First-Century Rome," in *Judaism and Christianity in First-Century Rome* (ed. Karl P. Donfried and Peter Richardson; Grand Rapids: Eerdmans, 1998) 129; R. Brändle and E. W. Stegemann, "The Formation of the First 'Christian Congregations' in Rome in the Context of the Jewish Congregations," in *Judaism and Christianity in First-Century Rome* (ed. Karl P. Donfried and Peter Richardson; Grand Rapids: Eerdmans, 1998) 120.

15 M. Stern, "The Jewish Diaspora," in *The Jewish People in the First Century: Historical Geography, Political History, Social, Cultural and Religious Life and Institutions* (ed. Shemuel Safrai and Menachem Stern. CRINT. 2 vols. Assen: VanGorcum, 1974-76) 1:160-70.

모든 유대인들을 로마에서 추방했다.[16] 대부분의 학자들은 이 문장에서 크레스토는 수에토니우스가 그 당시 흔한 헬라 이름인 크레스토를 그리스도와 혼동해서 그렇게 기록했을 것이라는데 의견을 같이 한다.[17] 이를 통해 우리는 주후 40년대 후반에 로마에 있는 유대인 회당을 중심으로 그리스도인들과 유대인들 사이에 존재했던 신학적 논쟁이 분규와 소요로 발전했을 것이라고 생각할 수 있다. 이 때 유대인 공동체 안에 있던 신앙의 갈등을 분별하지 못했던 글라우디우스 황제는 주후 49년에 모든 유대인을 로마에서 추방했다. 이 때 로마교회의 모든 유대인 성도들도 로마를 떠났다. 이들 중 브리스가와 아굴라는 고린도에 이주했고 그곳에서 고린도 교회를 개척하던 바울을 처음 만나게 되었다(행18:2).

유대인 성도가 공동화된 로마교회는 이방인 성도들이 보다 중요한 역할을 하게 되었다. 그들은 빈 리더십을 다 채웠을 것이다. 그리고 유대주의적 윤리관이 약화된 상황에서 이들은 새언약의 시대에 재규정된 그리스도인의 생활윤리를 탈율법적 관점에서 구성해 갔을 것이다. 이러한 과정속에 있던 그들은 글라우디우스가 54년에 죽고 떠났던 유대인들이 다시 로마에 들어오면서 신앙에 새로운 국면을 맞게 되었다(롬14:1-15:13). 유대인 성도들은 모세의 율법을 따르지 않는 이방인 성도의 윤리관에 도전하기 시작했고 이들은 이방인 성도들을 정죄하게 되었다. 반면에 이방인 성도들은 그리스도인의 자유의 원칙을 인정하지 않던 유대인 성도들을 얕잡아 보며 무시했다. 그들은 이제 자신들이 새언약의 하나님의 백성으로써 유대인들을 대체했다고 생각했을 수 있다(롬11:17-24). 이들의 갈등은 물리적 충돌로 발전하지는 않았지만 로마교회에 보이지 않는 골을 형성하고 있었다. 이렇게 갈등속에 있던 로마교회 성도들은 아직 구원의 바탕이 무엇인지 성도의 거룩한 삶의 영

16 Suetonius, *Claudius* 25.4.

17 F. F. Bruce, "The Romans Debate Continued," in *The Romans Debate* (Revised and expanded edition. ed. K. P. Donfried; Peabody, Mass.: Hendrickson, 1991) 178-79; P. Stuhlmacher, "The Purpose of Romans," in *The Romans Debate* (Revised and expanded edition. ed. K. P. Donfried. Peabody, Mass.: Hendrickson, 1991) 235; Wiefel, "The Jewish Community," 92-93; P. Lampe, *Die stadtrömischen Christen in den ersten beiden Jahrhunderten: Untersuchungen zur Sozialgeschichte* (2d edition, revised and expanded. Wissenschaftliche Untersuchungen zum Neuen Testament 2/18. Tubingen: Mohr, 1989) 6; Dunn, Romans 9-16, xlviii-xlix; Donfried, "A Short Note," 47; Schreiner, *Romans*, 12.

적 바탕이 무엇인지, 구원에 있어서 하나님의 은혜가 얼마나 큰지, 나아가 교만과 배교의 죄가 얼마나 중한 지 알지 못하고 있었다. 이렇게 유아적인 상태에 있던 교인들은 에베소교회 성도들이 누렸던 말씀의 축복을 아직 충분히 맛보지 못하고 있었다. 따라서 바울은 두란노 서원에서 이 년 반 동안 가르쳤던 내용들을 로마서에 체계적으로 구성해서 로마교회 성도들에게 제시하고 있다고 볼 수 있다. 로마교회가 당면한 유대인 성도와 이방인 성도간의 갈등은 새 언약의 시대에 어느 지역 교회에서나 있을 수 있는 일이었다. 따라서 바울은 로마교회의 특정한 상황을 해결하기 위해 서신을 통해 가르치면서 그 가르침의 내용을 보편적으로 구성함으로써 모든 교회 성도들이 로마서를 통해서 보편적 문제에 대한 가르침을 받을 수 있도록 한 것이다.

바울이 로마서에서 그 가르침을 일반적 그리스도인들에게 적용될 수 있도록 구성한 것은 로마교회가 주후 50년대 접어들면서 이방인 중심이 된 것과 관련이 있다. 54년 이후 로마교회에 유대인 성도들이 점차 늘어갔지만 그들의 영향력은 이전상태로 회복되지 못했을 것이다. 그것은 이방인 성도들의 전도로 교회안에 이방인들이 차지하는 비중이 더 늘어만 갔기 때문이다.[18] 따라서 바울은 로마서에서 빈번히 이방인 성도들에게 대화하듯이 말씀하며(롬1:5-6, 13), 그 가르침을 직접적으로 이방인에게 적용하고 있다(롬11:13-32; 15:7-12; 15-16). 그러나 이것이 바울이 그 가르침을 유대인 성도들에게는 적용하지 않고 있다는 뜻은 아니다. 로마서 2:17절 이하의 가르침은 직접적으로 유대인 성도들을 향하고 있다. 그리고 바울은 로마서에서 많은 구약의 구절을 직접 인용하거나 간접적으로 가리키고 있다. 이는 로마서의 가르침이 일반적으로 유대인과 이방인 성도 모두를 대상으로 하고 있다는 것을 말한다. 실로 로마교회는 유대인과 이방인, 남자와 여자, 그리고 종과 자유

---

18 C. K. Barrett, *A Commentary on the Epistle to the Romans* (2d edition. Black's New Testament Commentaries. London: Black, 1991); L. Morris, *The Epistle to the Romans* (Grand Rapids: Eerdmans, 1988); J. D. G. Dunn, *Romans 1-8* (WBC; Dallas: Word, 1988); Moo, *Romans*; M. A. Seifrid, *Justification by Faith: The Origin and Development of a Central Pauline Theme* (Supplements to Novum Testamentum 68. Leiden: Brill, 1992) 201-3; Fitzmyer, Romans; Schreiner, *Romans*; W. Sanday and A. C. Headlam, *A Critical and Exegetical Commentary on the Epistle to the Romans* (ICC; Edinburgh: Clark, 1902).

인 모두를 포함하고 있었다. 그 가운데 이방인들이 다수를 차지하고 있었던[19] 것은 로마서의 내용이 증거하고 있고 또 특히 로마서 16장이 포함하고 있는 26명의 사람 중 오직 사 오 인 만이 확실하게 유대인이라는 사실이 뒷받침한다.

3. 서신의 목적

바울은 거의 대부분 서신의 수신자들이 처한 역사적 상황에 의해 편지를 썼다. 예를 들어 고린도전서는 고린도교회 성도들이 가지고 있던 윤리적 질문들에 대한 가르침을 담고 있고 고린도후서는 바울이 고린도교회에 창궐한 유대주의자들에 직면해서 바울 자신의 사도직을 변호하는 내용을 담고 있다. 골로새서도 골로새교회 성도들에게 이단들의 잘못된 가르침을 경계하는 내용을 담고 있다. 그러나 로마서는 칭의론, 성화론, 기독교 윤리 등 모든 성도들에게 일반적으로 적용되는 교리적 내용을 담고 있다. 따라서 어떤 학자들은 로마서는 지역교회가 처한 특별한 역사적 상황에 대처하기 위해 쓰여진 서신이 아니라 하나의 소논문이라고 분류한다. 나이그런은 로마서는 새로운 구원의 방법, 믿음, 신앙 생활에 대한 바울 신학의 요약이라고 이해한다.[20] 이 같은 관점에서 로제는 로마서를 "복음의 요약"이라고 본다.[21] 본캠도 로마서를 바울의 메세지를 요약하고 있는 "마지막 유서 그리고 유언장"이라고 묘사한다.[22] 이 견해는 로마서의 가르침의 내용에 초점을 두고 그 목적을 설명하고 있다. 그리고 이 견해는 일부 타당한 면이 있다. 그러나 로마서는 신학적 소논문으로 보기에 미흡한 점이 있다. 즉 고린도전서 11장에 다루는 성만찬에 대한 가르침, 골로새서 1장에 다뤄진 기독론, 그리고 살전 5장과 살후1-2장에 다뤄진 종말론과 같은 중요한 가르침이 결여되어 있다.

19 J. C. Beker, *Paul the Apostle: The Triumph of God in Life and Thought* (Philadelphia: Fortress, 1980) 75-76, 91; Schreiner, *Romans*.

20 A. Nygren, *Commentary on Romans* (trans. C. C. Rasmussen. Philadelphia: Fortress, 1949), 4.

21 E. Lohse, *Der Brief an die Römer* (KEK 4. Gottingen: Vandenhoeck & Ruprecht, 2003) 46.

22 G. Bornkamm, "The Letter to the Romans as Pauls Last Will and Testament," in *The Romans Debate* (ed. Karl P. Donfried. Peabody: Hendrickson Publishers, 1991) 12-14.

따라서 바울이 자신의 신학을 요약하기 위해 로마서를 썼다는 견해는 바울이 왜 이 서신을 로마에 썼는가를 충분히 설명하지 못한다.

따라서 우리는 로마서와 관계된 역사적 문맥을 고려하지 않을 수 없다. 이에는 두 측면이 관련되어 있다. 첫째는 바울 자신의 역사적 상황이고 둘째는 로마교회가 처한 역사적 상황이다. 첫째, 바울 개인의 역사적 상황을 보면, 바울이 고린도에서 이 편지를 쓸 때는 고린도후서를 쓰고 몇 달이 지나지 않았을 때다. 고린도후서는 바울이 자신의 사도직의 정당성을 변론한 서신이다. 바울이 에베소에 머물고 있을 때, 예루살렘에서 온 자칭 사도라 하는 자들이 고린도에 출몰했다. 그들은 바울이 사도로 여겨지기에는 자격이 없는 사람으로써 그는 겁장이이고 말에 능하지 못하며 또 교회의 기금을 횡령했다고 중상했다. 이에 바울은 고린도에 직접 가서 그들의 도전을 해결하려 했지만 이는 뜻대로 되지 않았다. 그래서 그는 에베소에 다시 돌아와 슬픔의 편지를 써서 디도의 편에 고린도교회 성도들에게 전달했다. 이 편지는 그들의 도전을 효과적으로 제압했고 그들의 준동은 잠잠해지게 되었다. 이후 마게도냐에 건너와서 쓴 고린도후서에서 바울은 이들은 천사의 모습을 하고서 교회를 어지럽히는 궤휼의 역군들이라고 말씀한다(고후11:13). 이들은 바울 자신이 가르치던 복음을 부정하고 바울이 고린도교회에서 뿌린 말씀의 씨로부터 나는 믿음의 싹을 밟는 사단의 역할을 한 사람들이다(고후11:13-15). 이들은 말씀을 혼잡하게 하고 진리를 가리는 거짓 선생들이었다(고후2:17; 4:2). 이들이 만일 로마서 16:17절이하에서 말씀하는 거짓선생, 곧 교훈을 거스려 분쟁을 일으키고 거치게 하는 자들과 동일한 사람들이었다면 이들은 고린도교회 뿐 아니라 초대교회를 두루 다니며 그리스도의 교훈 즉 바울의 복음을 혼잡하게 하는 유대주의자들이었을 가능성이 있다. 고린도에서의 그들의 준동은 누구러졌지만 그들은 이제 바울이 곧 방문하게 될 예루살렘에서 또 다시 바울을 대적해 올 가능성이 있었다. 다른 한편 이들은 언제든지 로마교회에도 출몰하여 바울의 복음을 혼잡하게 하고 성도들을 넘어지게 할 가능성이 있었다. 이러한 상황속에서 바울은 "그리스도를 섬기지 아니하고 다만 자기 배만 섬기며 공교하고 아첨하는 말로 순진한 자들의 마음을 미혹하는" 유대주의자들의 미혹으로부터 로마교회 성도들을 보호할 필요가 있었다. 그 가장 좋은 방법은 그리스도의 교훈 즉 바울의 복음을 체계적으로 그들에게 상기시키는 것이다. 로마서는 바로 이 목적을 이루기 위해 써진 소논문 형식의 긴 편지라고 할 수 있다.

둘째, 로마교회가 처한 역사적 상황을 보면, 이는 바울이 처한 역사적 정황과도 연결되 있다고 할 수 있다. 로마교회는 항상 예루살렘에서 온 거짓 사도들의 영향에 휩쓸릴 가능성이 있었다. 이들은 모세의 율법을 지킴으로써만 구원을 받을 수 있다고 믿는 유대주의자들이었다. 이들은 로마서 14:1-15:13절에서 서술된 "약한 자"들과는 다르다. 약한 자들은 구원은 오직 그리스도를 믿음으로써 얻어진다는 것을 믿고 있지만 모세의 음식법이나 안식일을 특정한 날에 지키는 전통을 고수해야 된다고 믿는 사람들이었다. 그러나 "자기 배만 섬기는" 거짓 선생들은 믿음 외에 율법주의를 구원의 조건으로 믿는 사람들이었다. 따라서 바울은 그리스도의 교훈을 분명히 상기시킴으로써 이러한 율법주의적 가르침으로부터 성도들을 보호할 필요를 느끼고 있었을 것이다. 이 점에서 바울이 공로를 통해서 구원받을 수 있다고 가르치던 유대인들에 대처하기 위해서 로마서를 썼다고 주장한 어거스틴의 관점은 옳다고 할 수 있다.[23] 또 율법에 얽매인 유대인 성도들에게 율법으로부터 자유를 믿는 이방인 성도들을 포용하도록 하기 위해 로마서를 썼다고 주장하는 윗슨의 주장도 부분적으로 타당한 면이 있다.[24] 다시 말해 바울은 새 언약의 시대의 도래를 통해 초래된 율법의 소용에 대한 의미를 신학적으로 분명히 가르칠 필요가 있었다. 바울은 로마서를 통해서 이방인 성도들은 율법에 다시 얽매이지 않게 하는 동시에 유대인 성도들에게는 그리스도를 믿는 믿음이 구원의 유일한 바탕임을 확실하게 상기시키는 두 목적을 동시에

23 P. F. Landes, *Augustine on Romans: Propositions from the Epistle to the Romans and Unfinished Commentary on the Epistle to the Romans* (Text and Translations 23/Early Christian Literature Series 6. Chico, Calif.: Scholars Press, 1982) 53.

24 F. Watson, *Paul, Judaism, and the Gentiles: A Sociological Approach* (Society for New Testament Studies Monograph Series 56. Cambridge: Cambridge University Press, 1986); idem, "The Two Roman Congregations: Romans 14:1-15:13," in *The Romans Debate* (Revised and expanded edition. Ed. K. P. Donfried. Peabody, Mass.Hendrickson, 1991) 203-15.

이루고 있다. 이 목적을 이루기 위해서는 의롭다하심을 입는 바탕에 대한 체계적인 가르침과 칭의를 받은 사람들이 성령과 함께 걷는 삶이 무엇인지에 대한 상세한 가르침이 필요했다. 또 새언약의 시대의 도래에 따라 이방인 성도는 자만하지 말고 겸손하게 견인함으로써 받은 구원을 성취해야 되고 이와 반면에 유대인 성도들은 언약의 민족적 특별주의를 버리고 그리스도안에서 형제된 이방인 성도들을 아브라함의 자손의 한 공동체의 일원으로 포용해야 된다는 가르침이 필요했다. 이러한 내용을 체계적으로 다루는 로마서는 필연적으로 소논문의 모습을 띤 편지가 되게 되었다. 그 내용은 단지 로마교회 성도들에게만 해당하는 것이 아니라 비슷한 이슈로 고민하고 갈등하게 될 보편적 교회에 다 적용되는 내용이다. 그렇게 볼 때 하나님께서는 바울이 로마교회의 특정한 상황을 바탕으로 보편적 교회에 적용될 수 있는 복음에 대한 소논문을 쓰게 하셨다고 볼 수 있다.[25]

이러한 점에서 볼 때, 로마서는 성도들의 연합을 위해서[26], 혹은 바울 자신의 예루살렘 방문을 준비하기 위해서[27], 혹은 바울 자신을 로마교회에 소개하기 위해서[28], 혹은 자신의 사도직을 변증하기 위해서[29], 혹은 로마교회에 사도의 인증을 받게 하기 위해서[30] 등이 목적이었다고 하는 견해는 모두 본질적 목적이 아니라 부수적 목적을 언급하고 있다고 할 수 있다. 저비스는 바울이 자신의 사도적 권위를 로마교회에 행사하기 위해서 로마서를 썼다고 주장한다.[31] 그러나 이는 서신의 내용에 대한 축소주의라는 비판을 면하기 어렵다.[32] 따라서 이제 필자의 견해를 요약하면 바울은 그리스도의 복음의

25 P. Stuhlmacher, *Paul's Letter to the Romans: A Commentary* (trans. S. J. Hafemann. Louisville: Westminster/John Knox, 1994); Moo, *Romans*; G. R. Osborne, Romans (IVP New Testament Commentary Series. Downers Grove, Ill.; InterVarsity Press, 2004); Schreiner, *Romans*.

26 Donfried, "A Short Note".

27 J. Jervell, "The Letter to Jerusalem," in The *Romans Debate* (Revised and expanded edition. Ed. K. P. Donfried. Peabody, Mass.: Hendrickson, 1991) 53-64.

28 Fitzmyer, *Romans*, 79.

29 E. Käsemann, *Commentary on Romans* (translated and edited by G. W. Bromiley. Grand Rapids, 1980).

30 G. Klein, "Paul's Purpose in Writing the Epistle to the Romans," in *The Romans Debate* (Revised and expanded edition. Ed. K. P. Donfried. Peabody, Mass.: Hendrickson, 1991) 29-43.

31 L. A. Jervis, *The Purpose of Romans: A Comparative Letter Structure Investigation* (Journal for the Study of the New Testament Supplement Series 55. Sheffield: JSOT Press, 1991).

핵심을 체계적으로 설명하여 로마교회 성도들이 거짓 선생들의 미혹에 넘어가지 않고 믿음을 바탕으로 거룩한 삶을 살아 하나님을 기쁘시게 하는 성도가 될 수 있도록 로마서를 썼다고 볼 수 있다.

4. 주요 주제

마틴 루터이래 로마서의 주제는 이신칭의라는 견해가 지배적이었다.[33] 이 견해는 로마서 1-4장의 주제가 사람은 율법의 행위가 아니라 오직 예수를 믿음으로써 구원을 얻는다는 점에서 설득력이 있다. 그러나 로마서 5-8장은 그리스도인의 거룩한 삶에 대해서 가르치고 있고 로마서 9-11장은 새언약의 시대에 규정된 유대인 그리스도인들과 이방인 그리스도인들의 관계를 다루고 있다. 그리고 로마서 12:1-15:13절은 그리스도인의 윤리 즉 사랑에 바탕을 둔 연합을 강조하고 있다. 이 점에서 이신칭의를 로마서의 중심 주제라고 하기에는 어려움이 있다. 일군의 학자들은 이신칭의를 로마서의 주제로 볼 수 없는 이유를 다른 각도에서 주장한다. 즉 어떻게 사람이 하나님으로부터 의롭다하심을 얻는가는 마틴 루터의 고민이었지 바울의 관심은 아니었다는 것이다. 로마서에서 바울의 관심은 어떻게 이방인들이 아브라함의 백성으로 여김을 받는가라는 것이다.[34] 이 점에서 스텐달은 로마서의 중심은 유대인 그리스도인들과 이방인 그리스도인들의 관계를 다루고 있는 로마서 9-11장이라고 말한다. 샌더스는 이 견해에서 한 걸음 나아가 바울이 로마서에서 묘사하는 사람의 곤경plight은 허구이며 이는 바울이 그 해결책으로 예수를 믿는 믿음을 제시하기 위해 가정된 것이라고 생각한다.[35] 바울은 이를 공고히하기 위해 구약의 율법은 폐기되었고 율법주의적 행위로는 구원받을 수 없다는 것을 가르치고 있다는 것이다. 제임스 던은 샌더스의 견해를 바울에 대한 신관점이라고 명명하고 기본적으로 로마서 해석에 있어서 루터

32 Schreiner, *Romans*, 18.
33 Nygren, *Romans*, 17.
34 K. Stendahl, "the Apostle Paul and the Introspective Conscience of the West," *HTR* 56 (1963) 199-215.
35 E. P. Sanders, *Paul and Palestinian Judaism* (Minneapolis: Fortress, 1977) 549.

의 이신칭의 패러다임을 폐기하는 샌더스의 관점에 동의한다.[36] 그러나 던은 샌더스가 이신칭의 패러다임을 비판하며 바울의 가르침의 사회학적인 관점을 읽지 못했다고 비판한다. 던에 의하면 바울은 율법을 폐기한 것이 아니다. 바울이 가르치는 것은 이방인들이 할례법이나 음식법과 같은 유대인들의 민족적인 뱃지의 장애물에서 해방되어 그리스도를 통해서 아브라함의 백성이 되는 길을 제시하고 있다는 것이다. 율법의 행위를 통해서 의롭다하심을 얻을 수 없다는 것은 이방인들이 유대인들의 민족적 관습을 수용함으로써 구원받지 않는다는 것을 말씀하고 있다는 것이다(롬3:20). 그러나 던의 이 견해는 바울이 말씀하는 율법의 행위에 담긴 뜻이 할례법이나 음식법 뿐 아니라 모세의 율법 전체를 가리키고 있다는 점을 간과하고 있다.[37] 그리고 바울이 가르치는 것은 의식법에 한정되어 있지 않고 모세의 포괄적 의미의 율법을 지킴으로써 의롭다하심을 얻을 수 없다는 것이라는 점을 부정한다. 바울은 여기서 이방인들을 위해 마련된 구원의 한 길을 제시하고 있는 것이 아니라 유대인과 이방인 모두에게 관련된 구원의 유일한 길, 즉 예수님을 믿는 믿음을 가르치고 있는 것이다. 바울은 율법의 폐기를 말씀하고 있는 것이 아니라 복음으로써 율법이 성취되었다는 것을 말씀하고 있고 유대인이나 이방인 모두 율법의 행위로써 의롭다하심을 얻지 못한다는 것을 가르치고 있다. 율법에 대한 이 종말적 관점은 그리스도를 통한 구속의 완성과 절대적으로 연결되어 있고 이는 새언약의 시대에 들어온 유대인 그리스도인들과 이방인 그리스도인들의 일체unity를 위한 바탕이다. 이 점에서 율법 혹은 유대인과 이방인의 관계는 바울이 로마서에서 다루는 중요한 주제들 중 하나라

---

36 James D. G. Dunn, *Jesus Paul and the Law: Studies in Mark and Galatians* (Lousville: Westminster/John Knox Press, 1990) 183-214.

37 Guy Prentiss Waters, *Justification and the New Perspectives on Paul: A Review and Response* (Phillipsburg: P&R Publishing, 2004); Stephen Westerholm, *Perspectives Old and New on Paul: The "Lutheran" Paul and His Critics* (Grand Rapids: Eerdmans, 2003); Peter T. O' Brien, D. A. Carson, Mark A. Seifrid, eds., *Justification and Variegated Nomism: The Paradoxes of Paul* Vol II (Grand Rapids: Baker Academic, 2004); idem, *Justification and Variegated Nomism: The Complexities of Second Temple Judaism*. Vol 1 (Grand Rapids: Baker, 2001); Seyoon Kim, *Paul and the New Perspective: Second Thoughts on the Origin of Paul' s Gospel* (WUNT 140; T?bingen: Mohr [Siebeck], 2002); Donald A. Hagner, "Paul and Judaism: Testing the New Perspective," in Peter Stulmacher, *A Challenge to the New Perspective: Revisiting Paul' s Doctrine of Justification* (Downers Grove: InterVarsity Press, 2001): 75-106.

고 할 수 있다.

무는 로마서의 주제를 분석하면서 두 가지 주의를 준다.[38] 첫째, 로마서는 하나의 주제를 설명하는 논문이 아니라는 것이다. 왜냐하면 로마서 1-11장의 주제가 권면의 내용을 담고 있는 로마서 12-16장에 녹아 있다고 보기 어렵기 때문이다. 둘째, 학자들이 로마서의 주제 혹은 중심이라고 말할 때 그것은 로마서의 다양한 주제를 하나로 묶어 주는 주제를 말하는 것인지 혹은 로마서의 많은 주제 중 가장 중요한 주제를 말하는 것인지 분명하지 않다는 것이다. 이 때 무는 로마서의 주제를 로마서에 다뤄진 여러 주제를 아우르는 주제로 이해한다. 그리고 로마서에서 가장 기초적인 주제는 기독론이라고 본다. 하나님께서는 그리스도를 통해서 모든 구약의 예언을 성취하셨고 인류에게 구원의 길을 제시하셨다. 이 점에서 그리스도의 성육신, 죽으심, 부활, 그리고 성령을 통한 계속적인 사역은 로마서에서 바울의 가르침을 이해하는데 절대적인 요소들이다. 그리고 우리의 그리스도를 믿는 믿음은 우리가 구시대를 떠나 그리스도께서 여신 새시대로 들어가게 하는 길이다. 무는 이것을 복음이라고 정의한다.[39] 복음은 이신칭의, 성화, 유대인 그리스도인과 이방인 그리스도인의 관계 등 로마서에서 다루는 모든 이슈들을 함께 아우르는 중심주제라고 볼 수 있다. 필자는 무의 견해에 본질적으로 동의한다. 바울은 로마서 1:1-5절에서 복음은 그리스도의 성육신과 구속의 완성에 기초된 것이며 이는 구약의 선지자들이 이미 예언한 바를 따라 성취된 것이라는 것을 설명한다. 복음은 이미 하나님께서 아브라함과 맺으신 언약이 예표하고 있었고 이 언약의 성취에 따라 온 이스라엘 즉 하나님께서 유대인과 이방인 중에서 부르신 모든 약속의 자녀는 구원받게 되어 있다. 복음은 그리스도인들이 성령안에서 그리스도와의 연합을 통해 거룩한 삶을 살아 하나님의

---

38 Moo, *Romans*, 24.

39 Moo, *Romans*, 29; U. Wilckens, *Der Brief an die Römer*, teilband 1: *Rom 1-5* (Evangelisch-Katholischer Kommentarzum Neuen Testament 6/1. Zürich: Benziger/Neukirchen-Vluyn: Neukirchener Verlag, 1978) 91; J. Blank, "Warum sagt Paulus: 'Aus Werken des Gesetzes wird niemand gerecht' ?" In *Vorarbeiten* (Evangelisch-katholischer Kommentar zum Neuen Testament 1. Zurich: Benziger/Neukirchen-Vluyn: Neukirchener Verlag, 1969); J.A.D. Weima, "Preaching the Gospel in Rome: A Study of the Epistolary Framework of Romans," in *Gospel in Paul: Studies on Corinthians, Galatians and Romans for Richard N. Longenecker* (ed. L. A. Jervis and P. Prichardson; Sheffield: JSOT, 1994) 337-38.

백성으로 구별된다는 사실을 포함하며 또 이들은 성령의 힘주심을 바탕으로 고난을 맞아 믿음에서 낙오하지 않고 끝까지 믿음을 유지하다가 종말의 영광에 참예하게 된다는 사실도 내포한다. 바울은 이 복된 소식을 이방인들에게 전하여 이방인 택자들도 하나님의 백성으로 불러모으는 일을 위해 부름받은 사도였다.

5. 서신의 통일성

슈미쌀은 로마서는 시차를 두고 써진 두 개의 서신을 합성한 것이라고 주장한다.[40] 그러나 오늘 이런 합성이론theory of interpolation을 받아들이는 학자는 거의 없다.[41] 라이트풋은 로마교회에 보내진 로마서는 원래 16장으로 되어 있었으나, 이 서신이 다른 교회에 돌려 읽혀지면서 로마서 15-16장이 삭제되고 송영인 로마서 16:25-27절이 로마서 14장 끝 절 뒤에 연결된 것으로 보았다.[42] 그 이후 레이크는 로마서는 원래 14장으로 되어 있었고 바울은 나중에 이 서신을 로마에 보내고자 로마서 1:7, 15절과 로마서 15-16장을 추가했다고 주장했다.[43] 맨슨은 로마서 16장은 원래 로마서의 일부가 아니었다고 주장한다.[44] 그는 원래 로마교회에 보내진 로마서는 로마서 1:1-15:33절이었고 로마서 16장은 이 편지를 에베소에 보내기 위해 추가된 부분이라고 제시한다. 그 근거는 고대 로마서 사본 중 그 끝부분이 일치하지 않는 경우가 있으며 로마서 16장에서 스물 여섯명에게 하는 긴 인사말은 바울이 전에 한 번도 방문하지 않았던 교회의 멤버에 대한 인사로 보기 어렵다는 것이다. 본문비평적 관점에서 보면 이 주장은 타당한 듯이 보인다. 첫째, 로마서가

40 W. Schmithals, *Der Römerbrief als historisches Problem*. Studien zum Neuen Testament 9. Giitersloh:Gerd Mohn, 1975; idem, *Der Römerbrief: Ein Kommentar* (Giitersloh: Gerd Mohn, 1988).

41 A. J. M. Wedderburn, *The Reasons for Romans* (ed. J. Riches. Studies of the New Testament and Its World. Edinburgh: Clark, 1988) 25-29; Cranfield, *Romans*, 5-10.

42 J. B. Lightfoot, *Biblical Essays* (London: Macmillan, 1893) 311-20.

43 K. Lake, *The Earlier Epistles of Paul: Their Motive and Origin* (2d edition. London: Rivington, 1914) 362-65.

44 T. W. Manson, "St. Paul' s Letter to the Romans-And Others," in *The Romans Debate* (Revised and expanded edition. Edited by K. P. Donfried. Peabody, Mass.: Hendrickson, 1991) 3-15.

원래 14장에서 끝난다고 하는 견해는 송영(롬16:25–27)이 로마서 14:23절에 연결되어 있는 고대 사본에 의해서 증명된다.[45] 그리고 로마서 1:7절에는 "로마에 있는"(엔 로우메이)과[46] 로마서 1:15절에는 "로마에 있는 자들"(소이스 엔 로우메이)이[47] 빠져 있는 고대사본은 로마서 15–16장이 로마서에 나중에 추가되었음을 나타낸다고 볼 수도 있다. 둘째, 로마서가 원래 15장으로 되어 있었다는 견해는 송영이 로마서 15장 끝절에 연결되어 있는 고대 사본에 의해서 힘을 얻는다.[48] 그러나 이러한 돌발적인 이론들이 가지는 문서비평적 증거들에도 불구하고 필자는 로마서가 원래 16장으로 되어 있었다고 믿는다. 그 이유는 첫째, 신뢰할 만한 헬라어 로마서 사본들은 압도적으로 로마서 16장이 원래 로마서의 일부였다는 것을 증거한다.[49] 로마서가 14장으로 되어 있다는 설은 로마서 14장의 내용이 로마서 15:13절까지 계속되고 있는데 어떻게 이 열 세절이 잘려나갔는 지 설명하지 못한다. 로마서가 15:33절에서 끝난다는 견해는 바울이 그 서신을 평화에 대한 기원으로 끝내는 일이 없다는 점과 그리고 그의 서신을 인사말과 함께 끝낸다는 점을 고려하지 않고 있다.[50] 둘째, 로마서 16장이 에베소교회에 보내진 부분이라고 믿는 학자들은 바울이 로마서 16장에 포함된 26명의 사람들을 알지 못했었을 것이라고 가정한다. 그들은 브리스길라와 아굴라는 로마가 아니라 에베소에 머물고 있었다고 생각한다(행18:18; 딤후4:19). 그러나 그들은 원래 로마에 있다가 글라디우스 황제의 칙령으로 로마를 떠났다가 바울이 로마서를 쓸 당시 이들은 에베소를 떠나 다시 로마에 가서 머물고 있었을 것이라고 볼 수 있다.[51] 그리고 로마서 16:1–2절에서 문안하는 뵈뵈는 로마서를 로마교회에 전달한 임무를 띠고 있었다고 볼 수 있고 이는 로마서 16장이 에베소교회에 보내진 것이라는 가설과 일치하지 않는다. 바울은 로마에 방문한 적이 없지

---

45 $\Psi\Theta$ 0209
46 G *pc* Or 1908[mg] 1739[mg]
47 G (오리겐의 라틴어본)
48 P[46]
49 P[61] ℵ B C D 81 365 1739. P. Lampe, "The Roman Christians of Romans 16," in *The Romans Debate* (Revised and expanded edition. Edited by K. P. Donfried. Peabody, Mass.: Hendrickson, 1991) 217.
50 P. Lampe, "The Roman Christians," 217.
51 Zahn, *Introduction*, 390.

만 로마서 16장에 문안하는 대부분의 사람을 개인적으로 알고 있었다고 볼 수 있다. 그것은 그들이 글라우디우스 황제의 칙령으로 주후 49년에 로마에서 축출되었을 때 마게도냐, 아가야, 아시아 등 지역에서 바울을 만났을 수 있기 때문이다. 셋째, 로마서 16장은 바울의 다른 서신들의 끝맺는 말에 포함된 내용으로 구성되어 있다. 이는 로마서 16장이 에베소에 보내진 하나의 독립된 서신이었다는 가설과 맞지 않는다.[52] 넷째, 터털리안, 이레이우스, 키프리안 등은 로마서 15-16장의 구절을 인용한 적이 없는데 이들은 이 부분을 알지 못했던 것 같다.[53] 그것은 이 두 장이 로마서가 교회에 널리 읽혀지는 과정에서 누락된 것으로 볼 수 있기 때문이다. 오리겐은 마시온이 로마서 14:23절 이후를 로마서에서 떼어내 버렸다고 말한다. 오리겐이 쓴 본문에서 동사 disscuit는 15-16장의 내용을 바꾸었다든지 혹은 떼어냈다는 뜻으로 해석이 가능하다.[54] 그러나 잔은 마시온이 로마서 15-16장 전체를 로마서에서 떼어냈다고 보기는 힘들다고 말한다.[55] 그리고 마시온에 의해 시작된 14장으로 된 로마서가 유럽과 아시아와 아프리카의 교회에 그토록 오랫동안 순환되었다는 사실은 납득하기 어렵다. 그렇다면 인위적인 삭제설보다는 상황적 누락설이 더 힘을 얻는다. 그러나 만일 교회에 돌려 읽히기 위해 15-16장을 누락시켰다면 왜 로마서 15:1-13절도 함께 뺐는가하는 의문이 생긴다.[56] 어떤 해석도 로마서 15-16장이 어떻게 로마서에서 빠지게 되었는지 분명한 대답을 주지 않는다. 그렇다고 해서 로마서가 원래 16장으로 되어 있었다는 점을 부정할 만한 근거가 되지도 못한다.

따라서 필자는 본문비평적으로나 내용상으로나 로마서가 원래 16장으로 되어 있었다고 믿는다.[57] 바울은 로마서 1:5절에서 믿음으로 순종에 이르게 된다는 주제를 언급하며 로마서 1-4절에서 믿음으로 칭의를 얻게 됨과 로마

---

52 Gamble, 1977, 58-83.

53 Morris, Romans, 22; Gamble, 1977, 21; Schreiner, Romans, 6-7.

54 Morris, Romans, 21; Schreiner, Romans, 7.

55 T. Zahn, *Introduction to the New Testament* (Translated from the third German edition by J. M.Trout [and others]. 3 vols. Edinburgh: Clark. Reprinted, Grand Rapids: Kregel, 1953) 396ff.

56 Morris, *Romans*, 23.

57 A. Andrew Das, *Solving the Romans Debate* (Fortress Press, 2006) 9-23.

서 5-8절에서 순종하는 거룩한 삶을 말씀하고 또 로마서 12:1-15:13절에서 그리스도인의 윤리를 가르치고 있다. 15:14절 이후 그는 자신의 로마 방문과 서바나 전도에 대한 계획을 밝히고 있고 16장에서 26명의 로마교회 성도에게 인사말을 하고 있다. 그리고 16:26절에 "믿어 순종하게" 한다는 주제를 다시 언급함으로써 로마서의 전체 내용을 요약하고 있다. 이로써 로마서는 봉합형 구조inclusio를 가지고 있는데 이는 바울이 로마서 1-16장 전체의 저자라는 사실과 15-16장이 원래 로마서의 한 부분이었다는 것을 증거하고 있다고 할 수 있다.

6. 문학 구조

부엘너는 로마서 분석에 있어서 수사적 측면을 중시한다.[58] 스미거도 당시 서간문학의 수사적 기법을 바탕으로 로마서의 구조를 분석한다.[59] 즉 로마서는 로마서 1:8-15절의 감사와 로마서 12:1-2절과 15:30-32절의 권면을 축으로 조직되어 있다는 것이다. 그리고 로마서 1:16-11:36절은 복음의 선포이며 로마서 12:1-16:27절은 서로에 대한 격려의 내용이다. 이 구조는 로마서 1:18-11:36절이 교리를 12:1-15:13절이 윤리를 다루고 있다고 보는 구조론과 크게 다르지 않다. 던은 로마서가 서신으로써 가지는 특징이 바울 당시 문학의 수사적 형태보다 더 중요하다고 본다.[60] 따라서 로마서의 구조 분석을 위해서는 바울의 가르침의 내용을 면밀히 검토하는 작업이 선행되어야 한다고 본다. 필자는 이 견해에 동의하면서 로마서에 제시된 바울의 가르침의 내용을 면밀히 따라가면서 그 당시 문학의 수사적 기법도 함께 고려하면서 아래와 같은 로마서' 개요를 제시한다.

---

58 W. Wuellner, "Paul' s Rhetoric of Argumentation in Romans: An Alternative to the Donfried-Karris Debate over Romans," in *The Romans Debate* (Revised and expanded edition. Edited by K. P. Donfried. Peabody, Mass.: Hendrickson, 1991) 163-64.

59 G. Smiga, "Romans 12:1-2 and 15:30-32 and the Occasion of the Letter to the Romans," *Catholic Biblical Quarterly* 53 (1991): 257-73.

60 Dunn, *Romans* 9-16, lix.

1. 서론(롬1:1-15)

(1) 인사말(롬1:1-7)

(가) 예수 그리스도의 종 바울(롬1:1)

(나) 복음의 핵심: 예수 그리스도 우리 주(롬1:2-4)

(다) 복음전파의 목적(롬1:5)

(라) 인사(롬1:6-7)

(2) 바울의 감사와 기도(롬1:8-15)

(가) 바울의 감사(롬1:8)

(나) 바울의 기도(롬1:9-15)

2. 하나님의 의의 나타남(롬1:16-4:25)

(1) 하나님의 의: 믿는자를 의롭다하심(롬1:16-17)

(2) 하나님의 의: 불의한 자들에 대한 하나님의 진노(롬1:18-3:20)

(가) 인간의 죄와 부패(롬1:18-32)

(ㄱ) 하나님의 진노의 정당함(롬1:18-20)

(ㄴ) 타락한 인간들에 대한 하나님의 보응(롬1:21-32)

(나) 심판의 기준(롬2:1-16)

(ㄱ) 회개하지 않는 자들에게 임할 심판(롬2:1-5)

(ㄴ) 행위에 기초한 하나님의 심판(롬2:6-11)

(ㄷ) 하나님의 심판의 공평한 기준(롬2:12-16)

(다) 유대인들도 율법의 의에 못미침(롬2:17-3:20)

(ㄱ) 유대인들도 불의함(롬2:17-24)

(ㄴ) 유대인들도 마음에 할례를 받아야 함(롬2:25-29)

(ㄷ) 하나님의 의와 유대인에 대한 심판(롬3:1-8)

(ㄹ) 의인은 한 사람도 없음(롬3:9-20)

(3) 이신칭의(롬3:21-4:25)

(가) 예수 그리스도를 통해 나타난 하나님의 의(롬3:21-26)

(나) 오직 믿음으로 의로와 짐(롬3:27-31)

(다) 유대인과 이방인의 조상 아브라함(롬4:1-25)

(ㄱ) 믿음과 칭의(롬4:1-8)

(ㄴ) 모든 민족의 조상 아브라함(롬4:9-16)

(ㄷ) 아브라함의 믿음(롬4:17-22)

(ㄹ) 그리스도인의 믿음(롬4:23-25)

3. 견고한 믿음에 바탕을 둔 구원의 확신(롬5:1-8:39)

(1) 소망의 확신(롬5:1-11)

(가) 고난 가운데 가지는 소망(롬5:1-5)

(나) 소망의 바탕(롬5:6-11)

(2) 아담의 죄에 대한 그리스도의 승리(롬5:12-21)

(가) 죄가 세상에 들어옴(롬5:12-14)

(나) 아담과 그리스도(롬5:15-19)

(다) 율법의 역할(롬5:20-21)

(3) 죄의 속박으로부터의 해방(롬6:1-23)

(가) 그리스도와 연합을 통한 죄로부터의 해방(롬6:1-11)

(나) 죄의 속박에서 해방되어 의의 종된 삶(롬6:12-23)

(4) 율법과 성도의 삶(롬7:1-25)

(가) 율법으로부터의 자유(롬7:1-6)

(나) 죄에 대해 죽음(롬7:7-12)

(다) 율법에 억눌린 삶(롬7:13-25)

(5) 성령안에서 영생의 확신(롬8:1-39)

(가) 정죄함이 없음(롬8:1-4)

(나) 육의 삶과 영의 삶(롬8:5-13)

(다) 성령안에서의 확신(롬8:14-17)

(라) 성령안에서의 견인(롬8:18-27)

(마) 믿음의 확신(롬8:28-30)

(바) 영원한 구원(롬8:31-39)

4. 이스라엘에 대한 하나님의 의(롬9:1-11:36)

(1) 유대인의 언약의 축복들(롬9:1-5)

(2) 하나님의 주권적 선택과 유기(롬9:6-29)

(가) 민족적 이스라엘과 영적 이스라엘(롬9:6-13)

(나) 하나님의 예정의 목적: 하나님의 영광(롬9:14-23)

(다) 유다의 남은 자와 이방인 택자의 부르심(롬9:24-29)

(3) 율법을 성취하신 그리스도와 유대인의 배교(롬9:30-10:21)

(가) 하나님의 의와 유대인과 이방인(롬9:30-10:13)

(나) 유대인들의 배교(롬10:14-21)

(4) 유대인중 남은 자와 유기된 자(롬11:1-10)

(5) 유대인 택자와 이방인 택자의 하나됨(롬11:11-32)

(가) 유대인의 강퍅케 됨의 목적(롬11:11-15)

(나) 이방인 신자들에 대한 경고(롬11:16-24)

(다) 모든 택자 구원의 완성(롬11:25-32)

(6) 측량할 수 없는 하나님의 지혜를 찬양(롬11:33-36)

5. 변화된 그리스도인의 삶(롬12:1-15:13)

(1) 온전한 영적 예배(롬12:1-2)

(2) 겸손히 서로 섬겨 하나됨(롬12:3-8)

(3) 사랑의 실천(롬12:9-21)

(4) 다스리는 자에 대한 복종(롬13:1-7)

(5) 사랑을 통한 율법의 완성(롬13:8-10)

(6) 종말론적 도덕률(롬13:11-14)

(7) 유대인성도와 이방인 성도가 하나될 것을 권면(롬14:1-15:13)

(가) 서로 판단하지 말라(롬14:1-12)

(나) 형제를 실족하게 하지 말라(롬14:13-23)

(다) 다른 사람을 먼저 생각하라(롬15:1-6)

(라) 서로 받으라(롬15:7-13)

6. 끝맺는 말(롬15:14-16:27)

(1) 바울의 사역과 전도여행 계획(롬15:14-33)

(가) 바울이 자신의 사역을 돌아봄(롬15:14-21)

(나) 바울의 로마교회 방문 계획(롬15:22-29)

(다) 기도요청(롬15:30-33)

(2) 문안인사(롬16:1-23)

(가) 뵈뵈를 천거함(롬16:1-2)

(나) 로마교회 성도들에 대한 인사(롬16:3-16)

(다) 경고, 약속, 그리고 은혜의 기도(롬16:17-20)

(라) 바울의 동역자들이 보내는 인사(롬16:21-23)

(3) 하나님께 드리는 찬송(롬16:25-27)

Ⅱ
주석과 각주

1. 서론(롬1:1-15)

로마서의 서론인 로마서 1:1-15절은 다른 바울 서신에 나타난 서론보다 그 내용이 길다. 이는 바울이 한번도 방문한 적이 없는 로마교회에 자신을 소개하고 성도들과 사랑을 바탕으로 동역의 관계로 나아가기 위한 설명이라고 볼 수 있다. 이 문단은 인사말(롬1:1-7), 로마교회를 위한 기도(롬1:8-10), 그리고 바울이 로마에 방문하려는 목적(롬1:11-15)을 서술한다. 로마서 1:1절에서 바울은 자신을 하나님의 복음을 위하여 이방인의 사도로 택함을 받은 자로 소개한다. 그는 이 내용을 로마서 15:16-18절에 좀 더 자세히 설명하고 있다. 이는 스페인 전도를 위해 로마교회 성도들의 협조를 부탁하기 위해 필요한 분명한 자기 소개다. 그리고 자신이 전하는 복음의 내용은 그리스도의 성육신과 구속의 완성으로 인한 구약의 율법의 성취에 있음을 로마서 1:2-4절에서 분명히 밝힌다. 바울은 로마서 1:16-15:13절에서 자신이 가르치는 복음의 내용을 분명히 설명함으로써 만일 거짓 선생들의 가르침을 통해 로마교회의 성도들이 바울 자신의 가르침에 의문을 가지거나 혹은 그의 선교 사역에 대해 반대할 경우가 발생하지 않도록 미연에 방지하려는 뜻이 있다고 할 수 있다. 로마서의 종결부인 로마서 15:14-16:27절은 바울이 자신의 삼차에 걸친 선교 여행을 요약하면서 로마교회 성도들이 자신의 스페인 선교에 적극 동참할 것을 권면하고 있다. 로마서의 서론과 종결부는 명사 "복음"이 여덟번 사용되고 있고 바울 자신의 로마교회 성도들과의 개인적인 관계 정립과 동역에 대한 서술이 공통된 내용이란 점에서 서로 병렬되는 문단이다. 그리고 로마서가 서간 문학 장르에 속함을 가장 분명하게 보여 주는 부분이라고 할 수 있다.[61]

---

61 Peter Thomas O' Brien, *Introductory Thanksgivings in the Letters of Paul* (Leiden, 1977); Wuellner, "Paul' s Rhetoric of Argumentation," 133; Morris, *Romans*, 35.

(1) 인사말(롬1:1-7)

헬라시대에 서신의 인사말은 보통 편지를 쓴 사람, 수신자, 그리고 인사를 포함한다. 로마서의 인사말은 이 세 요소가 다 포함되어 있다.[62] 여기서 로마서를 쓴 사람은 바울이고, 그 수신자는 로마교회다. 그리고 인사는 로마에 있는 성도들에게 하나님과 주 예수 그리스도의 은혜와 평강을 기원한다는 것이다. 바울은 여기서 보통의 "문안"카이레인이 아니라 명사 "은혜"카리스를 사용하고 있다. 이는 헬라 서간체의 인사표현이 아닌데 이는 히브리 인사말이라기 보다는 바울 고유의 인사말로 보여진다.[63] 로마서 1:1-7절에서 바울의 인사말의 특징은 그리스도의 복음을 간결하게 설명하고 있다는 것이다. 복음은 첫째, 구약의 선지자들을 통해 하나님께서 그 아들에 관해 미리 약속하신 것이고(1:2), 둘째, 이 아들은 육신으로는 다윗의 혈통에서 나셨고(1:3), 셋째, 성결의 영으로는 죽은 가운데서 부활하여 능력으로 하나님의 아들로 인정되셨으니 곧 우리 주 예수 그리스도시다(1:4). 그리고 바울은 사도로써 그 이름을 위해 모든 이방인 중에서 믿어 순종하게 하는 임무를 띠고 있다(1:5). 이 간결한 복음의 설명은 주 예수 그리스도께서 누구신지 그리고 바울 자신의 사역이 무엇인지 더 없이 분명하게 밝히고 있다.

(가) 예수 그리스도의 종 바울(롬1:1)

예수 그리스도의 종 바울은 사도로 부르심을 받아서 하나님의 복음을 위해 택정함을 입었다(롬1:1). 이 절에서 "바울"은 그의 히브리 이름 사울의 헬라식 이름이다. 예수께서는 시몬을 베드로로 개명하셨다. 성경에서 개명의 주체는 하나님이시거나 예수님이시다. 이는 하나님의 크신 계획이 그 개명된 사람을 통해서 성취될 것이다는 예언이 담겨 있다. 예수께서 사울에게 바울이라는 이름을 주셨다는 기록은 성경에 발견되지 않는다. 바울은 사울이라는 히브리 이름보다 바울이라는 헬라식 이름이 이방인 전도를 위해서 보

62 Schreiner, *Romans*, 31.

63 H. Lietzmann, *An die Römer* (HNT 8. 5th ed. Tubingen: Mohr [Siebeck], 1971) 22; Fitzmyer, *Romans*, 228.

다 효과적이라고 느꼈을 것이다. 바울은 자신을 예수 그리스도의 종이라고 소개하고 있는데 종이라는 명사 둘로스는 종servant이라는[64] 뜻과 노예slave라는 뜻을 가진다. 후자의 의미를 강조할 때 바울은 자신이 예수 그리스도의 노예가 되어 그의 뜻에 절대적으로 순종하는 노예가 되었다는 뜻이다. 그가 예수를 믿기 전에는 죄의 노예로 사는 자였다. 그러나 믿음으로 구원을 받은 바울은 성령의 뜻을 따라 사는 하나님의 종이 된 것이다. 일 세기의 노예는 그 주인의 소유로써 죽을 때까지 그 주인의 뜻을 받들면서 살았다. 예수 그리스도의 바울에 대한 뜻은 그가 이방인의 선교사로써 부르심을 받아 주님의 뜻을 섬기는 것이었다. 이 점에서 그가 자신을 사도로 부르는 것은 당연한 것이다.[65] 고린도 교회에는 그의 사도성을 부인하고 그의 리더십에 흠집을 내는 거짓 선지자들의 횡포가 있었다. 바울은 고린도전서 15:8-9절에서 부활하신 그리스도께서 만삭되지 못하여 난 자 같은 자신에게도 보이셨다고 말하면서 그리스도 교회를 핍박했던 자신은 사도중 지극히 작은 자라고 말하며 자신의 사도직을 분명히 인식하고 있었다. 초대교회에 있어서 누가 사도로 인식되었는 지에 대해서는 논란의 여지가 없다. 사도는 부활하신 그리스도를 직접 본 자였다 그리고 가르침에 모든 기사와 이적과 표적이 따르는 사람이었다 이렇게 볼 때 우리는 초대교회에 있어서 사도는 예수님의 열 두 제자들과 바울과 바나바였음을 알 수 있다(행14:4).[66] 바울은 자신의 사도직이 예수 그리스도부터 직접 계시로 말미암았다는 사실을 로마서 1:5절에서 명시하고 있는데 이는 자신이 다메섹 도상에서 하늘로 부터 나타난 예수를 만나고 회심하여 이방인의 사도로 보냄을 받은 사실을 가리키는 것이다. 이를 바탕으로 로마서 11:13절에서는 자신이 이방인의 사도로 부르심 받았다

64 참고, 수14:7; 24:29; 느1:6; 사43:10; 왕하9:7; 10:10; 17:23; 18:12.

65 고전 4:9-13; 9:1-5; 15:9; 고후 11:1-12:13. 바울이 사도로 부름받은 것은 구약의 선지자들이 선지자로 세움받은 형태와 비슷하다 (사49:1; 렘1:5). 참고, Käsemann, Romans, 6; J. A. D. Weima, "Preaching the Gospel in Rome: A Study of the Epistolary Framework of Romans," in *Gospel in Paul: Studies on Corinthians, Galatians, and Romans for Richard N. Longenecker* (ed. L. A. Jervis and P. Richardson. Journal for the Study of the New Testament Supplement Series 108. Sheffield: JSOT Press, 1995) 337-66.

66 비교, A. Kirk, "Apostleship since Rengstorf: Towards a Synthesis," *NTS* 21 (1974-75) 249-64; *NIDNTT* 1:136-37.

는 사실을 다시 밝히고 있다. 바울이 로마 교회 성도들에게 자신을 사도라고 밝히는 것은 그들이 바울의 사도직을 받아들이고 있었음을 증명한다. 그리고 이는 그들 뿐만 아니라 예루살렘 교회 사도들도 바울이 사도임을 인정하고 있었다는 것을 암시한다. 갈라디아서 2:1-10절은 예루살렘교회 기둥이었던 야고보와 베드로와 요한도 바울을 이방인 선교를 위해 부르심을 받은 사도로 여기면서 바울과 교제의 악수를 했다고 말씀한다. 로마서 1:5절은 "우리가 은혜와 사도의 직분을 받아"라고 말씀하는데 여기서 일인칭 복수 대명사 "우리"는 바울과 예루살렘의 다른 사도를 지칭하는 것으로 볼 수 있다. 아니면 서신의 문체상 사용된 복수 대명사라고 할 수 있다.[67] 이는 바울이 로마서 초두의 인사말에서 디모데나 실라와 같은 제자들의 이름을 언급하지 않고 있는 것을 고려할 때 분명해진다. 해프만도 지적하듯이 바울 서신에 있어서 "우리"라는 대명사는 흔히 바울 자신을 가리키는 말로 사용되고 있다.[68]

로마서 1:1에서 바울은 예수님을 그리스도 예수로 부르고 있다. 이는 특별한 의미를 함축한다. 예수님은 신약성경에서 예수 혹은 예수 그리스도 혹은 그리스도 예수 혹은 그리스도 혹은 주 예수 그리스도 혹은 주 예수 등으로 불려진다. 그리스도라는 이름은 히브리 말 메시아의 헬라 번역이다. 이는 기름부음을 받은 사람이라는 뜻인데 예수님은 하나님의 아들로 기름부음을 받은 메시아시라는 뜻이다. 쉬라이너는 이 절에서 그리스도는 고유명사가 아니라 타이틀이라고 주장하는 라이트의 견해에 동의한다.[69] 바울은 예수 그리스도 대신 그리스도 예수라는 이름을 그의 서신 초두에 사용하는 경향이 있다.[70] 이는 신약의 다른 서신들에는 나타나 있지 않는 특징인데 그리스도 예수라고 예수님을 소개할 때 예수가 그리스도라는 점을 강조하는 표현임에

---

67 *Contra* A. Schlatter, *Romans: The Righteousness of God* (trans. S. S. Schatzmann. Peabody, Mass.: Hendrickson, 1995)

68 S. J. Hafemann, *Suffering and the Spirit: An Exegetical Study of II Cor. 2:14-3:3 within the Contemtext of the Corinthian Correspondence* (Wissenschaftliche Untersuchungen zum Neuen Testament 2/19. Tubingen: Mohr, 1986) 13-18.

69 Schreiner, Romans, 31; N. T. Wright, *The Climax of the Covenant: Christ and the Law in Pauline Theology* (Minneapolis: Fortress, 1991) 41-55.

70 고전 1:1, 고후 1:1, 엡 1:1, 빌 1:1, 골 1:1, 딤전 1:1, 딤후 1:1, 몬1:1

틀림없다. 그리고 그리스도인 예수께서 자신을 사도로 부르신 것은 예수가 그리스도이심을 전하는 것이 바울이 전하는 복음의 중요한 내용임을 나타낸다고 할 수 있다.[71]

1절의 "하나님의 복음"의 헬라어 표현 유앙겔리온 테우는 소유격을 담고 있는데 이는 여러 가지로 해석될 수 있다. 이 소유격을 목적격objective genitive으로 보면 바울이 전하는 복음은 하나님에 관한 복음이라는 뜻이 된다. 1:2절에서 바울은 이 복음은 구약의 선지자들을 통해서 그 아들에 관해 미리 말씀한 것이라고 묘사한다. 1:1절과 1:2절을 함께 생각하면 하나님의 복음은 곧 그 아들에 관한 복음이고 이 복음이 하나님에 대한 복음이라면 이는 곧 그 아들이 하나님이시라는 결론이 난다. 이는 로마서 9:5절의 예수님께서 세세에 찬양을 받으실 하나님이시라는 말씀과 일치한다. 하나님의 복음의 소유격을 주격subjective genitive으로 보면 이 복음의 내용은 하나님으로부터 말미암았다는 뜻이 된다. 이는 하나님께서 소유하신 복음이라는 뜻이다. 로마서 1:9절에서 바울은 이 복음이 그의 아들에 관한 복음이라고 말씀한다. 소유격의 사용상 이 구절도 이 복음이 그 아들 예수로부터 말미암았다고 하는 뜻을 가지고 있다. 이 점에서 복음의 기원과 내용에 있어서 하나님과 예수 그리스도는 긴밀한 상호관계 속에 역사하셨음을 알 수 있다. 이는 로마서 15:16-19절의 내용에 다시 반복되고 있다. 즉 바울은 이방인을 위해 하나님의 복음의 제사장의 직무를 하도록 사도로 부르심을 입었고 이로 말미암아 그는 그리스도의 복음을 예루살렘으로부터 일루리곤까지 편만하게 전파했다. 이 문맥에서 하나님의 복음이란 표현은 그리스도의 복음이란 표현과 교환적으로 사용되고 있다. 이 복음은 바로 바울이 가르치는 복음인데 바울은 이를 "나의 복음"라고 구별해서 부르고 있다(롬2:16). 이는 바울이 전하는 복음이 아닌 다른 종류의 복음을 전하는 자들이 있음을 암시하는 구절이다. 갈라디아서 1:6-10절은 다른 종류의 복음을 전하는 거짓 교사들에 대한 엄중

---

71 Moo, Romans, 41; W. Kramer, *Christ, Lord, Son of God* (SBT 50; London: SCM, 1966) 203-6; *contra* M. Hengel, "Erwagungen zum Sprachgebrauch von *Χριστός* bei Paulus und inder 'vorpaulinischen' Uberlieferung," in *Paul and Paulinism: Essays in Honour of C. K.Barrett* (ed. M. Hooker and S. G. Wilson; London: SPCK, 1982) 137.

한 경고가 내려져 있다. 로마교회에도 이들 거짓 교사들의 영향이 있었는 지 우리는 알 길이 없다. 로마서 16:17-18절은 거짓 교사에 대한 경고의 내용을 담고 있다. 그들은 바울이 가르쳤던 교리와 반대되는 가르침을 설파해서 분쟁을 일으키고 혼란을 일으키던 자들이다. 저들의 교리는 분명 그리스도에 대한 복음이 아니었다. 그래서 바울은 그들이 그리스도를 섬기지 않고 다만 자기들의 이익만 생각하고 공교하고 아첨하는 말로 순진한 자들의 마음을 미혹한다고 경고하고 있다.

(나) 복음의 핵심: 예수 그리스도 우리 주(롬1:2-4)

로마서 1:2절에서 바울은 이 복음의 특징을 더 자세히 풀어 놓고 있다. 이 복음은 하나님께서 선지자들로 말미암아 그의 아들에 관하여 성경에 미리 약속하신 것이다. 헬라어 칠십인역 이사야 40:9; 52:7; 60:6; 61:1 등에 복음이라는 말이 사용되고 있다.[72] 그 문맥에서 보면 이는 이스라엘 백성들이 바벨론 유수에서 돌아오는 것을 말한다고 볼 수 있는데 영적으로 보면 메시아를 통한 구원의 약속이 예수 그리스도를 통해 성취되었다는 것을 나타낸다.[73] 이 외에도 복음의 모티프가 나타나 있는 구약의 다른 구절들이 있다. 히브리서 4:6절은 이스라엘의 광야 시대에 복음이 그 백성들에 전파되었다고 말씀한다. 이 복음은 그들을 위해 예비된 약속의 땅 가나안에 들어가는 것을 가리켰다. 히브리서 저자는 그 백성들이 약속의 말씀을 믿음으로 마음을 합하지 못해 그 안식의 땅에 들어 가지 못했다고 말씀하면서 성도들도 믿음으로 그 복음을 받아들일 때 하나님께서 준비하신 천국 안식에 들어갈 수 있다고 엄중히 말씀한다. 구약 성경이 약속된 땅 가나안을 가리키는 복음이외에 복음의 모티프가 내포된 다른 구절이 또 있다. 그것은 베드로가 베드로전서 4:6절에 밝히고 있다. 베드로는 노아홍수 이전에 노아가 사람들에게 준비된 방주에 들어가도록 외쳤으나 그들은 그의 복음을 받아들이 않고 홍수가 일어났을 때 전부 수장당하고 말았다고 말씀한다. 여기서 노아의 방주

---

72 P. Stuhlmacher, *Das paulinische Evangelium. I: Vorgeschichte* (FRLANT 95; Gottingen: Vandenhoeck & Ruprecht, 1968) 152-53, 177-79, 204-6; R. P. Martin, *ISBE* II, 530.

73 Schreiner, *Romans*, 38.

는 예비된 구원의 장소로써 영적으로 천국을 가리킨다. 구약에 나타난 복음의 모티프를[74] 종합해 볼 때 노아의 방주, 약속의 땅 가나안, 바벨론 유수이후의 가나안 등은 모두 천국을 상징하는 언어라고 할 수 있고 예수께서는 그 십자가의 구속으로 성도들을 천국으로 들어가게 하심으로써 구약의 이 모든 예언을 이루신 것이다.

로마서 1:3-4절은 예수 그리스도에 대한 교리를 압축해서 표현한다: "이 아들로 말하면 육신으로는 다윗의 혈통에서 나셨고 성결의 영으로는 죽은 가운데서 부활하여 능력으로 하나님의 아들로 인정되셨으니 곧 우리 주 예수 그리스도시니라". 바울은 이 구절에서 전치사 카타를 두 번 사용하여 대조법을 이루고 있다.[75] 즉 "육신으로는"과 "성결의 영으로는"의 대조가 그것이다. 캘빈이나 호지는 이 대조가 예수의 인성과 신성을 나타낸다고 주석한다.[76] 그러나 쉬라이너는 이 해석에 동의하지 않는다. 필자도 이 구절들이 인성과 신성의 대조를 함축하기보다 예수님의 성육신과 영화를 나타내고 있다는 설에 동의한다.[77] 육신으로 다윗의 혈통으로 나셨다는 것이 예수님의 인성을 나타내는 것이라고 한다면 부활의 능력으로 아들로 인정되셨고 그 신성을 증명하셨다는 것으로 이해할 경우 예수님의 신성이 부활이후의 시간에 제한되게 된다. 다시 말해 예수께서는 부활이전에도 완전한 하나님이셨고 또한 하나님의 아들이셨다.[78] 그러므로 이 구절이 예수의 인성과 신성을

---

74 Moo, *Romans*, 43-44.

75 여기서 바울이 당시의 찬송이나 신조를 사용했는지는 확실하지 않다. V. S. Poythress, "Is Romans 1:3-4a Pauhne Confession after All?" *ExpTim* 87 (1975-76): 180-83; J. M. Scott, *Adoption as Sons of God: An Exegetical Investigation into the Background of ΥΙΟΘΕΣΙΑ in the Pauline Corpus* (WUNT 2.48; Tubingen: Mohr, 1992) 227-36; *contra* E. Schweizer, "Rom.l,3f, und der Gegensatz von Heisch und Geist vor und bei Paulus," in *Neotestamentica* (Zurich/Stuttgart: Zwingli, 1963); R. Bultmann, *Theology of the New Testament* (2 vols. New York: Charles Scribner' s Sons, 1951-55) 49-50; E. Best, *The Letter of Paul to the Romans* (CBC. Cambridge: Cambridge University Press, 1967); V. Neufeld, *The Earliest Christian Confessions* (NTTS 5. Grand Rapids: Wm. B. Eerdmans, 1963) 51; R. H. Fuller, *The Foundations of New Testament* Christology (New York: Charles Scribner' s Sons, 1965) 165; L. Goppelt, *Theology of the New Testament* (2 vols. Grand Rapids: Wm. B. Eerdmans, 1981-82) 1:22; G. Strecker, *Theology of the New Testament* (Louisville: Westminster John Knox Press, 2000) 66-69.

76 Calvin, Romans; C. Hodge, *A Commentary on Romans* (The Geneva Series of Commentaries. London: Banner of Truth Trust, 1972).

77 R. B. Gaffin Jr., *The Centrality of the Resurrection: A Study in Paul' s Soteriology* (Grand Rapids: Baker, 1978).

78 Moo, Romans, 44-45; M. Hengel, *The Son of God: The Origin of Christology and the History of Jewish-*

나타낸다고 하는 것은 교리적으로는 타당하나 주석적으로는 완전하지 못하다고 생각할 수 있다. 우리는 개핀이나 쉬라이너의 견해를 따라 이 구절이 예수님의 성육신과 영화를 나타낸다고 보는 것이 더 정확한 주석이다. 바울은 예수의 성육신이 다윗의 혈통에서 이뤄졌다는 것을 강조함으로써 예수님의 성육신이 구약의 예언의 성취로 되어졌다는 것을 나타낸다. 그리고 이는 교회의 뿌리가 구약의 예언에 바탕을 두고 있다는 것을 말하며 바울이 로마서에서 말씀하는 단일 언약론을 미리 암시해 주는 구절이기도 하다.

즉 예수께서 다윗의 자손이신 것은 사무엘하 7:12절 이하나 다니엘 7:13절 이하의 메시아의 예언이 예수님의 성육신으로 성취되었다는 것을 말한다. 그리고 에스겔 34:23절 이하나 스가랴 12:8절 이하의 다윗가의 회복에 대한 예언이 예수님을 통해서 성취되고 다윗의 집은 이방인과 유대인이 다 함께 속하는 구원의 방주임을 나타낸다.[79] 바울은 디모데후서 2:8에서 예수님께서 다윗의 씨라고 언급함으로써 마태복음에서 강조하는 하나님의 나라의 관점에서 메시아의 왕국이 예수님의 화육과 죽으심과 부활로 성취되게 되었다는 것을 나타낸다(마1:1-16; 눅1:27, 32, 69; 딤후2:8; 계5:5; 22:16).

로마서 1:4절에서 "성결의 영"뉴마 하기오수네이스이 무엇을 말하는가에 대해서는 성령이라는 견해와[80] 거룩한 인간 예수의 영이라고[81] 하는 해석이 있다. 필자는 이 절에서 "성결의 영"은 성령을 가리킨다고 하는 견해를 타당하다고 보는데 이에는 몇가지 이유가 있다. 첫째, 신약에서 예수님의 신성을

Hellenistic Religion (trans. J. Bowden. Philadelphia: Fortress, 1976); I. H. Marshall, *The Origins of New Testament Christology* (Downers Grove, IL: InterVarsity, 1976) 111-29; contra J. D. G. Dunn, *Christology in the Making: A New Testament Inquiry into the Origins of the Doctrine of the Incarnation* (Philadelphia: Westminster, 1980).

79 Cf., Michael Theobald, " 'Geboren aus den Samen Davids···' (Rom?1,3): Wandlungen in paulinischen Christus-Bild?" *Zeitschrift fur die Neutestamentliche Wissenschaft* 102/2 (2011) 235-260.

80 G. Vos, "The Eschatological Aspect of the Pauline Conception of the Spirit," in *Redemptive History and Biblical Interpretation* (rpt.; Phillipsburg, NJ: Presbyterian and Reformed, 1980) 103-5; J. Murray, The Epistle to the Romans: *The English Text with Introduction, Exposition, and Notes* (NICNT, Reprint. Grand Rapids: Eerdmans, 1990); F. F. Bruce, *The Letter of Paul the Apostle to the Romans: An Introduction and Commentary* (2d edition. Tyndale New Testament Commentaries. Grand Rapids: Eerdmans, 1985); Barrett, *Romans*.

81 O. Pfleiderer, *Paulinism: A Contribution to the History of Primitive Christian Theology* (2 vols.; London: Williams & Norgate, 1891) 1:126-27; S. L. Johnson, "The Jesus That Paul Preached," BSac 128 (1971), 128, 134; M.-J. Lagrange, *Saint Paul Épitre aux Romains* (Études Bibliques. Paris: Gabalda, 1950).

성결의 영이라고 표현한 구절이 발견되지 않기 때문이다. 둘째, "육신으로는"과 (성결의) "영으로는"의 대조는 로마서에서 일관되게 말씀하는 육신과 영의 대조라는 전체적인 문맥에서 볼 수 있다는 점이다. 그렇다면 여기서 "영"뉴마은 사람의 영이 아니라 성령을 가리키는 명사로 보는 것이 타당하다.[82] 이 점에서 영과 육의 대조가 구속사의 두 시대 즉 지나간 구 시대와 예수의 부활로 도래한 성령의 시대를 대변한다고 보는 리더보스나 개핀의 견해는 정확한 것이다.[83] 셋째, 예수께서 성결의 영으로는 죽은 가운데서 부활하셨는데 이는 예수께서 성령의 능력으로 부활하셨다는 신약의 다른 구절의 가르침과 일치한다는 점이다. 예수께서는 성령으로 부활하셔서 능력으로 하나님의 아들로 인정되셨다. 이 해석에 대한 가장 큰 도전은 신약에서 성령이 "성결의 영"이라고 묘사되는 구절이 없다는 것이다. 그러나 피가 지적하는 것처럼 이 표현은 전통적인 히브리식 표현을 반영하고 있다고 볼 수 있다.[84]

여기서 인정되셨다는 동사는 헬라어 동사 오리조의 번역인데 선언한다는 번역도 가능하다. 이는 예수께서 부활후에 비로소 하나님의 아들로 선언되었다는 의미는 아니다.[85] 예수께서는 부활전도 하나님의 아들이셨고 부활후에도 하나님의 아들이시다.[86] 그러나 구속사에 있어서 예수께서 부활후에 하나님의 아들로써 선언되시는 것은 특별한 법적 효력을 수반한다. 이는 만물을 유업으로 이어받으실 하나님의 아들로써 예수께서 이 세상의 왕으로 공식적으로 등극하셨다는 것을 의미한다(엡1:20). 이와 함께 예수께서 성령을 보내주시는 권능을 받으시고 성령의 시대를 도래하게 하신 것을 수반한

82 NIV.

83 H. Ridderbos, *Paul: An Outline of His Theology* (trans. J. R. de Witt. Grand Rapids: Eerdmans, 1975) 64-68; Gaffin, *The Centrality*, 107-11.

84 시51:11; 사63:10, 11; 1QS 4:21; 8:16; 9:3; 1QH 7:6, 7; 9:32; G. D. Fee, *God' s Empowering Presence: The Holy Spirit in the Letters of Paul* (Peabody, MA: Hendrickson, 1994) 483; Moo, Romans, 50.

85 어떤 학자들은 이 구절이 양자론을 묘사하고 있다고 주장한다. Käsemann, Romans, 12; O. Michel, *Der Brief an die Römer* (14th ed. MeyerK 4. Gottingen: Vandenhoeck & Ruprecht, 1978) 40; H. Conzelmann, *Outline of New Testament Theology* (New York: Harper & Row, 1969) 77; K. Wengst, *Christologische Formeln und Lieder des Urchristentums* (SNT 7. Gütersloh: G?tersloher Verlagshaus Gerd Mohn, 1972) 115.

86 Nygren, Romans, 48; M. Hengel, Studies in Early Christology (Edinburgh: T&T Clark, 1995) 157; M. Fatehi, The Spirit' s Relation to the Risen Lord in Paul: An Examination of Its Christological Implications (WUNT 2/128. Tubingen: J. C B. Mohr [Paul Siebeck], 2000) 248; Moo, *Romans*, 48.

다. 부활의 능력과 함께 하나님의 아들로써 우주의 머리가 되신 예수님을 바울은 이렇게 부른다: 우리 주 예수 그리스도. 그렇다 실로 예수 그리스도는 우리의 주님이신 것이다. "주"는 바울에게 있어서 그리스도께서 우주의 대주재이시며 모든 사람들 위에 계신 왕이심을 가장 뚜렷하게 표현하는 타이틀이라고 할 수 있다. 1:3-4절에는 예수님을 대표하는 모든 이름이 망라되어 있다: "하나님의 아들", "다윗의 후손", "메시야", "주", "예수". 이는 복음의 중심으로써 바울이 로마서에서 자세히 상술하려고 하는 주제이다.[87]

(다) 복음전파의 목적(롬1:5)

로마서 1:5절에서 바울은 그로 말미암아 우리가 은혜와 사도의 직분을 받아라고 말한다. 이는 바울이 사도로 부름을 입고 보내심을 받은 것은 직접적으로 그리스도 예수의 은혜 때문이라는 말이다. 그는 그리스도인들을 핍박하기 위해서 다메섹으로 가는 길에 하늘로 부터 나타나신 예수님의 음성을 듣고 회심했다. 그리고 이방인에게 복음을 전파하는 사도가 되었다. 이의 목적은 이방인들로 하여금 믿어 순종에 이르게 하는 것이다. 이 구절에서 믿어 순종하게 한다[후파코에인 피스테오스]의 의미가 무엇인가 이를 직역하면 "믿음의 순종을 목적으로"이다. 이 구절은 여러가지로 해석될 수 있다.

첫째, 믿음은 순종을 낳는다. 이 해석은 브루스나 블랙 등의 학자들이 주장하는 것으로써 믿음이 순종에 선행한다고 생각하는 것이다.[88] 즉 진정한 믿음을 가지면 순종은 그 결과로 따라 온다는 것이다. 그러면 믿음은 순종의 원인이 된다. 이는 믿음의 기능을 약화한 채 행위를 강조함으로써 율법주의적 구원론을 가르치는 천주교의 행위구원론에 반박하는 성화론으로써 유용한 해석이다. 이 해석은 믿음을 순종의 바탕으로 이해하게 한다는 장점이 있다. 그러나 이 견해의 약점은 믿음과 순종이 서로 뗄 수 없는 긴밀한 유기적 관계에 있다는 면을 충분히 나타내지 못하고 있다는 것이다.

---

87 Moo, *Romans*, 51.

88 Bruce; M. Black, *Romans* (New Century Bible. Grand Rapids: Eerdmans, 1973); G. N. Davies, *Faith and Obedience in Romans: A Study in Romans 1-4* (JSNTSup 39; Sheffield: JSOT, 1990) 25-30; Moo, *Romans*, 52.

둘째, 믿음은 곧 순종이다. 즉 믿음을 순종으로 정의하는 것이다.[89] 이는 케제만교수가 주장하는 견해인데 이 견해는 구원에 있어서 순종의 중요성을 강조한 나머지 순종이 없는 믿음은 믿음이 아니라고 생각하는 것이다. 이는 야고보의 가르침과 비슷하다: "아아 허탄한 사람아 행함이 없는 믿음이 헛것인 줄 알고자 하느냐"(약2:20).[90] 실바는 바울이 사용하는 믿음이라는 헬라 명사 피스티스가 내포하는 히브리개념을 고려해야 바울의 믿음의 개념을 이해할 수 있다고 생각한다. 믿음의 히브리개념은 신실함이라는 행위적 요소를 그 안에 내포하고 있다는 것이다. 이는 믿음의 신실성을 강조하는 장점을 가진다. 그리고 예수님을 주님으로 인정하는 삶을 사는 것Lordship salvation을 강조하는 신학자들의 견해와 같은 입장을 보인다. 그러나 다른 한편으로 이 입장은 본인도 모르게 행위를 믿음보다 더 강조하게 되는 오류를 범할 수 있다. 즉 믿음이 있는 것을 보이기 위해서 행위에 집착하는 율법주의적 신앙을 가지게 할 수 있다. 그리고 이 견해는 믿음과 순종이 하나라는 것인데 우리는 사실상 믿음과 순종은 의미상 서로 다른 개념이라는 사실을 고려할 필요가 있다. 즉 믿음은 예수님을 믿는 것이고 순종은 예수님의 계명에 복종하는 것이라는 것이다.

셋째, 믿음은 순종과 동전의 앞뒤면과 같다. 이는 무Moo교수의 견해로써 믿음은 순종과 의미가 다른 개념이라고 보는 것이다.[91] 의미론상 믿음은 분명히 순종과는 다르다. 믿음은 마음으로 하는 결단이고 순종은 몸으로 하는 행위인 것이다. 그렇지만 동시에 이 둘은 서로 유기적으로 결합되어 있다. 그래서 믿음이 있는 곳에 순종이 있을 수 밖에 없고 순종이 있는 곳에 믿음이 바탕이 되어 있다는 것을 알 수 있다. 이 양자는 뗄 수 없는 관계에 있다. 그러나 이 양자는 서로 혼합될 수 없는 서로 별개의 개념이다. 믿음은 있는데 순종이 없다면 이 믿음은 위선적 믿음일 가능성이 있고 순종은 있는데 믿

89 Käsemann; Calvin; Zahn; G. Friedrich, "Muss ὑπακοὴ πίστεως Röm 1.5 mit 'Glaubensgehorsam' übersetz warden?" *ZNW* 72 (1981): 118-23.

90 참고, 롬10:16; 살후1:8; 3:14.

91 Moo, *Romans*, 52-53; W. Mundle, *Der Glaubensbegriff der Paulus. Eine Untersuchung zur Dogmengeschichte des ältesten Christentums* (Reprint; Darmstadt: Wissenschaftliche, 1977) 29-34; R. Dabelstein, *Die Beurteilung der 'Heiden' bei Paulus* (BBET 14; Frankfurt: Peter Lang, 1981) 109-11.

음이 없다면 이는 율법주의에 빠져 있는 것을 나타내는 것이다. 필자는 이 세 번째 해석이 주석상 옳다고 생각한다. 그렇다면 바울은 이방인들에게 복음을 전해서 그들이 예수를 믿고 순종하게 되도록 사도로 부름을 받았다는 것을 알 수 있다. 이는 순종함이 없이는 구원받을 수 없기 때문이 아니다. 순종함은 구원의 조건이 아니라 구원받은 자에게 내재된 윤리이다. 바울은 이를 로마서 6:1절이하에서 분명하게 설명한다. 칭의를 받은 우리가 죄에 거하겠는가. 그렇수 없다는 것이다. 칭의를 받은 사람은 이미 그리스도와 함께 장사되고 부활했기 때문에 성화되는 삶을 살 수 밖에 없다는 것이다. 거룩한 삶은 칭의받은 성도의 인격적 특징이다.

여기서 우리가 함께 고려해야 할 점은 순종과 행위는 구분되어야 한다는 것이다. 바울서신에서 순종obedience은 하나님의 말씀을 따라서 사는 것을 말한다면 행위work는 의를 이루기 위해서 공로를 쌓는 행위를 의미한다. 순종은 본질적으로 하나님을 사랑하고 사람을 사랑하라는 계명으로 요약될 수 있는 반면에 행위는 사랑이 없이 자기 의를 쌓는 의식적인 행동을 가리킨다. 야고보는 행위를 강조할 때 이를 행위 구원론적 개념이 아닌 바울이 말하는 순종(헬라어로 후파코에이)의 개념으로 사용하고 있다.

(라) 인사(롬1:6-7)

로마서 1:5절에서 바울은 분명히 이방인들을 복음 전파의 대상으로 명시하고 있다. 로마서 1:6절에서 바울은 로마에 있는 수신자들에게 "너희도 그들 중에 있어"라고 말한다. 크랜필드는 이를 이방인들 중에 있는 로마교회 성도들이라고 해석한다.[92] 그러나 무는 이는 로마교회 성도들 자신이 이방인임을 가리킨다고 해석한다.[93] 이는 6절을 시작하는 이 구절 즉 헬라어구 "엔 호이스"의 관점에서 로마 교회의 구성원 중 이방인들이 다수를 차지하

---

92 Cranfield; W. Bindemann, *Die Hoffnung der Schöpfung: Römer 8,18-27 und die Frage einer Theologie der Befreiung von Mensch und Natur* (Neukirchener Studien 14; Neukirchen/Vluyn: Neukirchener, 1983) 55-66.

93 Moo; Barrett.

94 Schreiner, *Romans*, 36.

고 있었을 것이라고 생각할 때 타당한 해석이다.[94] 그리고 바울이 로마서를 쓸 당시의 로마교회의 정황을 추측해 볼 때도 이 견해는 타당하다. 로마서 11:11절이하에서 바울은 이방인들이 은혜로 얻은 구원을 인해 자고하지 말 것을 당부하고 있고 로마서 15:9절이하에서 구약성경을 여러번 인용하면서 이방인 선교의 종말적 당위성을 반복해서 강조하고 있다. 이러한 문맥에서 볼 때 로마교회의 성도 중 이방인 성도들이 다수를 형성하고 있었다고 할 수 있다. 이렇게 로마서 1:6절에서 바울은 이방인 성도들이 이제 예수에게 속한 자들임을 그들이 예수의 것으로 부르심을 받았다는 표현을 통해서 명시한다. 예수 그리스도의 부활을 통해서 이제 유대인들이나 이방인들이나 함께 그리스도께 속한 자들이 된 것이다. 바울은 그리스도의 몸된 교회를 로마서 11장에서 올리브나무로 비유한다. 이는 유대인이나 헬라인이나 구별없이 하나님 백성들이 한 백성이라는 사실을 내포한다. 1:7절에서 바울은 로마교회 성도들의 특징을 서술한다. 그들은 첫째, 하나님의 사랑하심을 입은 자들이다. 이는 이들이 구속을 위해 택함받았다는 것을 의미한다. 이를 바탕으로 둘째, 이들은 성도로 부르심을 받았다. 여기서 "부르다"칼레오우는 외적 부르심이 아니라 내적 부르심, 즉 구원을 위해 유효한 부르심을 의미한다.[95] 이들이 하기오이스거룩한 사람들라는 것은 성화적 개념이 아니라 이들이 하나님으로부터 거룩한 신분을 부여받았다는 것을 나타낸다.[96]

(2) 바울의 감사와 기도(롬1:8-15)

헬라문학의 서간문에는 인사말 다음에 감사와 기도가 따라온다.[97] 바울의 서신도 보통 이 형태를 채택하고 있지만 그 서신의 목적에 따라 그 내용에는 차이가 있다(고전1:4; 빌1:3, 9; 골1:3, 9; 살전1:2; 살후1:3, 11; 몬4). 즉 로마서 1:8절은 하나님께 드리는 감사이고 9-15절은 기도다. 이 때 바울은 서신

95 W. W. Klein, "Paul' s Use of Kalein: A Proposal," *JETS* 27 (1984), 53-64.
96 Moo, *Romans*, 54-55.
97 W. G. Dorty, *Letters in Primitive Christianity* (Guides to Biblical Scholarship. Philadelphia: Fortress, 1973) 31-33.

의 수신자들의 건강과 안녕을 비는 것이 아니고 자신이 곧 로마교회를 방문해서 그들과 함께 사랑의 교제를 나누고 그리스도의 복음에 관해 가르칠수 있도록 하나님께 기도드리고 있다. 피츠마이어는 로마서 1:8-9절은 하나님께 대한 감사의 구절이지만, 로마서 1:10-15절은 기도라고 볼 수 없고 바울의 로마방문 계획에 대한 설명이라고 말한다.[98] 그러나 9절부터 바울은 자신이 로마에 방문할 수 있도록 하나님께 드리는 기도의 내용을 언급하기 시작하면서 그 내용을 15절까지 연결하고 있다.[99] 로마교회를 방문하려는 목적을 설명하면서 바울은 12절에서 자세를 낮추어 자신이 로마교회 성도들과 서로 안위함을 얻으려한다고 말씀한다. 이 겸양의 표시는 로마교회 성도들이 바울의 가르침에 대해 의구심을 가지고 있기 때문에 한 외교적 방책이나[100] 혹은 문학적 재치라기 보다는 바울이 진정으로 그들을 그리스도안에서 한 형제 자매된 백성으로써 자신의 사역에 동역자로써 동참하게 할 의도가 있었기 때문이었던 것으로 보인다(롬15:24, 30-32). 12절에서 바울의 어색한 스타일은 아직 그가 잘 알지 못했던 성도들에게 서신을 쓰면서 가졌던 조심성이 초래한 것이라고 볼 수도 있다. 그러나 로마서 16장에서 바울이 이들에게 주는 긴 문안 인사에 나타난 바울의 권위는 이 해석을 약화시킨다.

(가) 바울의 감사(롬1:8)

바울은 항상 로마교회를 위해서 기도한다. 그가 먼저 하나님께 감사 기도를 올리는 그 이유는 그들의 믿음이 온 세상에 전파되기 때문이다. 로마서 1:8절에서 그들의 믿음이 온 세상에 전파된다는 것은 그들의 믿음이 사람들에게 널리 회자되고 있다는 뜻이다. 그들의 믿음이 널리 회자되고 있는데는 어떤 이유가 있었기 때문일 것이다. 그래서 배렛Barrett은 로마교회 성도들의 믿음이 특별하고 구별될 수 있는 성격의 믿음이었을 것이라고 생각한다. 이에 대해 쉬라이너는 그들의 믿음이 특별한 성격의 믿음일 리 없다고 반박한

---

98 Fitzmyer, *Romans*, 243.
99 O' Brien, *Introductory Thanksgivings*, 201-2; Jervis, *The Purpose*, 105-7.
100 Stuhlmacher; Michel.
101 Barrett.

다.[101] 그것은 바울이 그의 다른 서신들에 있어서도 성도들의 믿음을 인해서 하나님께 감사드리는 구절들이 발견되기 때문이다(엡1:15-16; 골1:3-4; 살전1:2-3; 살후1:3; 몬4-5).[102] 그가 그들을 인해서 하나님께 감사드리는 것은 그가 이방인 선교를 위해 부름받은 사도로써 하나님께 특별히 느끼는 감사일 것이다. 이 감사를 드릴 때 특히 예수 그리스도의 복음을 언급하는 것은 자신의 사도직의 기원이 예수님임을 다시 상기하는 표현이다. 바울은 로마교회를 방문하기 전에 성도들을 위해서 매일 기도한 것은 그들에게 갈 수 있기 위해서이다. 13절에 보면 바울이 로마교회를 방문하려고 여러번 시도했지만 길이 막혀 가지 못했다(롬15:22). 그럴수록 바울은 더욱 로마교회를 방문할 수 있도록 하나님께 간구했다. 바울이 왜 로마에 방문할 길이 막혔는지 알 길이 없다. 그러나 그것도 하나님의 숨겨진 뜻에 의해서다. 이방인 전도를 위해 사도로 부름받은 바울의 한 걸음 한 걸음이 모두 하나님의 섭리 가운데 내디뎌지고 있다는 것을 알 수 있다. 하나님께서는 하나님께서 택하신 최적의 시간에 최적의 방법으로 바울이 로마에 방문하게 하셨다. 그것은 사도행전 21:27절 이하에 기록되었듯이 바울이 포로의 몸으로써 로마에 가도록 예정된 것이었다. 그것은 바울이 로마에서 가장 효과적으로 하나님께 영광을 돌리게 되는 하나님께서 숨겨놓으신 계획이었을 것이다.

(나) 바울의 기도(롬1:9-15)

로마서 1:9절에서 바울은 자신이 로마교회 성도들을 위해 항상 기도드리고 있다는 것을 강조하기 위해 하나님께서 그 증인이시라고 말씀한다(빌1:8; 살전2:5). 이는 맹세하는 것과 같은 의미이며 그 배경은 구약이다(창31:44). 바울이 로마교회 성도를 위해 오랫도록 기도했는지는 알 수 없으나 동사 포이에오우하다의 현재 시제는 바울이 기도드릴 때 마다 그들을 기억한 행위의 계속성을 나타낸다. 훌트그런은 이 표현은 다소 외교적인 표현으로써 바울의 진지함을 나타내고 있다고 말한다.[103] 여기서 "내 심령"뉴마티 무은 성령을

102 Schreiner, *Romans*, 48.
103 A. J. Hultgren, *Paul's Letter to the Romans: A Commentary* (Grand Rapids: Eerdmans, 2011) 63.

의미하거나[104] 혹은 성령과 바울의 영을[105] 가리키는 것이 아니라 바울의 영을 가리키고 있다. "내 심령으로"를 바울의 사도적 설교 사역과 대조되는 마음으로 하는 기도를 가리킨다고 보는 해석은[106] 본문의 내용과 잘 맞지 않는다. 왜냐 하면 여기서 동사 섬기다라트레우오우의 의미는 제사장의 의식보다는 바울의 복음 전파와 관계되 있다고 보는 것이 문맥에 더 맞는 해석이기 때문이다. 따라서 "내 심령으로" 하나님을 섬긴다는 것은 바울이 "혼심을 다해서"[107] 예수님을 전파함으로써 하나님을 섬긴다는 뜻으로 볼 수 있다. 동사 라트레우오우의 의미를 제사적 개념으로 본다면(출7:16; 8:1; 롬1:25; 빌3:3; 딤후1:3) 이는 바울이 자신의 복음 전도의 일을 사람들을 하나님과 화목되게 하는 제사장적 사역으로 이해했다는 것과 관계된다.(롬15:16)

오브라이언은 9절에 언급된 기도 내용과 10절에 언급된 기도의 내용이 다르다고 주장한다.[108] 그러나 쉬라이너는 10절의 기도 내용은 9절의 기도 내용을 설명하고 있다고 말한다.[109] 그 이유는 첫째, 10절의 분사 데오메노스구하다는 9절의 주동사 포이우마이하다를 수식하고 있다. 이는 바울이 로마교회 성도들을 항상 기도 중에 기억하는 것과 하나님께 그들을 방문할 수 있는 길을 달라고 간구하는 것이 서로 연결되어 있는 것을 나타낸다. 둘째, 9절의 기도 중에 기억한다는 표현 뒤에 항상 그가 기억하는 내용이 무엇인지 서술된다(엡1:16-17; 빌1:3-5; 살전1:2-3; 딤후1:3-5; 몬4-6). 그렇다면 10절의 내용은 9절의 기도의 내용을 가리키고 있다. 셋째, 10절의 부사 "항상"판토테은 9절의 부사 아디아레이프토우스쉬지 않고 보다 더 제한적 의미를 가지고 있다고 볼 필요가 없다. 즉 10절이 말씀하는 것은 바울이 로마교회 방문을 위해 간구한다는 것이다. 넷째, 오브라이언은 9절에서 바울은 로마교회 성도들을

---

104 R. Jewett, *Paul's Anthropological Terms: A Study of Their Use in Conflict Settings* (Arbeiten zur Geschichte des antiken Judentums und des Urchristentums 10. Leiden: Brill, 1971) 197-98; W. G. Kümmel, *Römer 7 und die Bekehrung des Paulus* (Leipzig,1929) 33.

105 Fee, *God's Empowering Presence*, 485-86.

106 Cranfield; Zahn; P. Althaus, *Der Brief an die Römer übersetzt und erklärt* (Das Neue Testament Deutsche 6. Göttingen: Vandenhoeck & Ruprecht, 1978).

107 Michel; Käsemann; Moo; Fitzmyer.

108 O'Brien, *Introductory Thanksgivings*, 216.

109 Schreiner, *Romans*, 50.

위해 기도드리는 반면 10절에서는 자신의 로마 방문을 위해 간구한다고 말한다. 그러나 바울이 로마교회 방문을 위해 간구한 것이 단지 자신만을 위한 기도였다고 볼 수 없다. 그 이유는 11절 이하의 내용에서 증명된다. 즉 바울은 이방인의 사도로써 로마교회를 돌아 볼 필요가 있었다. 그래서 그는 그들에게 신령한 은사를 주어 그들의 믿음을 견고하게 하려는 목적도 가지고 있었다(11절). 그리고 그들 중에 열매를 맺게 하고 자신의 복음을 전할 소망도 있었다(13, 15절). 우리는 11절 이하에서 바울의 로마 방문 목적을 좀 더 자세히 살펴볼 수 있다. 이는 그가 하나님께 간구한 기도의 내용이기도 하다.

(ㄱ) 11절 이하에서 보면 바울은 로마교회를 방문해서 그들에게 신령한 은사를 나누어 주어 그들을 견고하게 하는 목적을 가지고 있었다. 11절에서 카리스마 뉴마티콘 즉 신령한 은사란 무엇인가. 무는 이는 바울이 그들과 함께 나누기 원하는 하나님께서 주시는 통찰력이나 능력을 가리킨다고 본다.[110] 크랜필드는 이는 바울이 그들과 함께 있을 때 하나님께서 주시는 일반적인 축복이나 혜택을 가리킨다고 말한다.[111] 이와 비슷한 맥락에서 존 스토트는 신령한 은사는 고린도전서 12장, 로마서 12장 에베소서 4장에 열거된 성령의 은사를 말하는 것이 아니고 로마서에서 바울이 가르치는 교리라고 해석한다.[112] 그 이유는 바울 자신이 신령한 은사를 주려고 한다라고 기술하기 때문이다. 누구도 성령의 은사를 직접 줄 수 있다고 말할 수는 없다. 그렇기 때문에 여기서 신령한 은사는 보편적인 은사 즉 말씀을 가르침 위로 권면같은 은사를 말하는 것으로 볼 수 있다. 그러나 11절이 말씀하는 "신령한 은사들"이 로마서 12장에서 열거하는 은사를 포함하지 않는다고 단정하기는 힘들다. 디모데후서 1:6절은 이 구절 해석에 단서를 제공한다. 즉 바울은 디모데에게 "그러므로 내가 나의 안수함으로 네 속에 있는 하나님의 은사를 다시 불일듯하게 하기 위하여"라고 말씀한다. 여기서 우리는 바울이 안수함을 통해서 하나님의 은사가 디모데의 마음속에 다시 불일듯하게 될 수 있다는 것을 알 수 있다. 그 은사의 내용은 7절에 묘사된 능력과 사랑과 근신하는 마

110 Moo, *Romans*, 60.
111 Cranfield, *Romans*, 79.
112 존 스토트, 로마서 강해, 정옥배 역 (IVP, 1996) 63.

음이라고 볼 수도 있고 그 이외의 것들일 수도 있다. 이 점에서 분명한 사실은 바울이 사도로써 안수했을 때 하나님의 은사가 주어지기도 했다는 점이다(롬15:29; 행19:6, 12). 그리고 그 결과 성도들의 믿음이 견고하게 되었다는 사실이다. 여기서 확립되다는 뜻의 동사 스테이리조우는 수동태 부정사이다. 이것은 확립하시는 분은 바울이 아니라 하나님이시라는 것을 가리킨다. 그리고 그 이전 동사 메타도우도 준다는 뜻 뿐만 아니라 나눈다는 뜻도 있다. 이는 바울이 은사의 근원이라기 보다는 바울을 통해서 하나님께서 은사를 성도들에게 공급하신다는 의미도 포함한다. 만일 이 해석이 옳다면, 11절이 말씀하는 "신령한 은사"는 로마서 12장에서 열거하는 카리스마적 은사 뿐 아니라[113] 바울이 가르치는 복음을 통해서 부어지는 축복과 은혜 등의 일반적인 은사도 포함하는 것이라고 볼 수 있다.

(ㄴ) 12절에 말씀된 바울의 로마교회 방문의 목적은 바울이 성도들과 믿음 안에서 서로 위로를 얻게 되는 것이다. 12절의 "투토 데"이는 곧는 11절의 내용을 보완하는 설명을 동반한다. 이는 곧 바울이 그들에게 신령한 은사를 나누어 줄 뿐 아니라 바울도 그들을 통해서 영적으로 위로를 받는 것을 말한다. 이는 동사 숨파라칼레오우서로 격려하다가 의미한다. 이 동사는 격려하다 혹은 권하다는 뜻을 가진다. 그리고 그 상황은 "너희 가운데서"엔 후민이며 그 방법은 "너희의 믿음"과 "나의 믿음"을 통해서이다. 성도간의 믿음의 교제는 서로 안위를 얻는 중요한 계기다. 바울은 사도로써 성도들로부터 믿음의 열매를 보았을 때 큰 격려를 받았을 것이다. 성도들도 바울 사도를 직접 만나 그의 가르침을 듣고 그의 축복을 받을 때 큰 격려가 되었을 것이다. 에라스무스는 바울이 로마교회 성도들의 믿음을 통해서 격려받기 원하다고 말하는 것은 "거룩한 거짓"pious fraud이라고 말한다.[114] 무는 바울의 이 표현이 진실한 것임을 인정한다. 그러나 이 표현에는 그의 외교적 전략이 담겨있다고 본다. 즉 바울은 다른 사람들에 의해 개척된 교회의 성도들에게 편지하면서 한편으로는 그의 복음에 대해서 가르칠 때 그들의 관심을 끌어야 하고 다른 한편

113 Wilckens, *Römer*, 1:79; Käsemann.
114 Erasmus; Moo, *Romans*, 60.

그의 스페인 선교 실행을 위해 그들의 도움을 필요로 했기 때문이다. 그러나 필자는 바울의 겸손한 표현 뒤에 어떤 외교적 의도가 담겨 있다고 보지 않는다. 왜냐하면 믿음을 통한 격려는 본질적으로 상호적인 것이지 일방적인 것이 아니기 때문이다.

(ㄷ) 로마서 1:13절에 나타난 바울의 로마교회 방문 목적은 성도들이 열매를 맺게 하는 것이었다. 13절은 공개형disclosure formula으로 시작한다: 나는 너희가 모르지 않기를 원한다(롬11:25; 고전10:1; 12:1; 살전4:13). 그 내용은 바울이 로마교회를 방문하려고 했지만 여러번 길이 막혀 가지 못했다는 것이다. 이는 간접적인 변명으로써 로마교회에 바울이 자신들을 방문해 주기를 기다리던 성도들이 있었다는 것을 암시한다. 동사 프로티쎄이미계획하다의 과거시제아오리스트는 부사 폴라키스여러번와 함께 과거의 계속된 행위를 나타낸다. 그리고 과거시제 동사 코울루오우막히다가 수동태인 것은 신적 수동태로써 그 이면에 하나님의 섭리가 있었던 것을 나타낸다. 여기서 바울은 로마교회 성도들을 처음으로 아델포이형제들아라고 부른다. 이는 단순히 그의 선호하는 단어가[115] 아니라 바울이 로마교회 성도들을 그리스도안에서 하나님의 자녀가 되었음을 나타내는 표현으로 볼 수 있다(엡2:12-22).[116] 즉 이방인도 믿음을 통해서 새언약의 시대에 하나님의 백성으로 여김을 받게 되었다는 의미다(마28:10; 막3:34-35; 요20:17). 바울이 그토록 로마교회에 방문하기 원했던 목적은 접속사 히나절이 도입한다. 즉 이는 다른 이방인 중에서와 같이 로마교회의 형제 자매들 중에서도 열매를 맺게 하려는 것이었다. 어떤 학자는 여기서 열매칼폰는[117] 로마교회 성도들도 예루살렘 기금 모금에 헌금으로 동참하게 하는 것이라고 본다.[118] 그러나 훌트그런은 이는 복음전파의 결

---

115 Robert Banks, *Paul's Idea of Community: The Early House Churches in Their Cultural Setting* (Revised ed. Peabody: Hendrickson Publishers, 1994) 50-51; David G. Horrell, "From ἀδελφοί to οἶκος θεοῦ Social Transformation in Pauline Christianity," *JBL* 120 (2001): 293-311; R. Aasgaard, *My Beloved Brothers and Sisters: Christian Siblingship in the Apostle Paul* (JSNTSup 265 Edinburgh: T&T Clark, 2003).

116 롬7:1, 4; 8:12, 29; 10:1; 11:25; 12:1; 14:10, 15, 21; 15:14, 30; 16:17.

117 롬6:21, 22; 갈5:22; 엡5:9; 빌1:11, 22; 4:17; 고전9:7; 딤후2:6.

118 M. A. Kruger, "Tina Karpon, 'Some Fruit,' in Rom. 1:13," *WTJ* 49 (1987) 168-70; Cranfield, *Romans* 9-16, 774.

과들을 가리킨다고 본다.[119] 이와 같은 맥락에서 더 구체적으로 무는 이는 복음 전파로 인해 성도의 수가 증가하는 것이라고 본다.[120] 열매라는 의미의 헬라 명사 칼포스가 로마서 6:22절에서는 성도들의 구원의 열매 즉 영생의 의미로 쓰였고 로마서 15:28절에서는 바울이 이방인 성도들에게서 모금한 예루살렘 기금을 가리킨다. 이 점에서 볼 때 로마서 1:13절에서 언급된 열매는 어떤 특정한 의미보다는 일반적인 의미를 가진다고 볼 수 있다. 이는 복음전파를 통한 부흥 뿐 아니라 로마교회 성도들이 바울의 교리를 듣고 그 믿음이 더 견고해 지는 것도 포함한다. 왜냐하면 바울은 예수님을 믿지 않는 이방인들 중에서 회심의 열매를 거두는 것을 말하지 않고 이미 신자가 된 로마 교회 성도들로부터 열매를 거두는 것을 말하고 있기 때문이다.

(ㄹ) 14–15절은 바울이 로마에 방문하려는 목적이 복음 전하는 데 있다고 말한다. 14절은 바울이 복음을 전하는 이유를 서술한다: "헬라인이나 야만이나 지혜있는 자나 어리석은 자에게 다 내가 빚진 자라". 빚진오페일레테이스 자라는 것은 복음 전파의 일이 선택사항이 아니라 의무사항이라는 것을 말한다. 이는 그의 이방인 선교 사명이 하나님께로부터 받은 임무임을 나타낸다. 여기서 두 짝의 명사 "헬라인과 야만인" 그리고 "지혜있는 자"와 "어리석은 자"는 누구를 가리키는가. 전자의 짝이나 후자의 짝이 인류 전체를 가리킨다고 보는 해석은 틀린 해석이다. 그것은 바울이 13절에서 자신의 선교 대상을 이방인들로 한정하고 있기 때문이다. 그리고 16절에서 헬라인은 야만인과 대조되지 않고 유대인과 대조되고 있고 "유대인과 헬라인"은 인류 전체를 가리키고 있기 때문이다. 바르바로스야만인는 헬라인의 관점에서 모든 비헬라말을 묘사하는 의성어다. 그렇다면 이는 모든 비헬라인을 일컫는 단어로써 유대인들도 이에 포함한다고 할 수 있다. 그러나 바울이 이 단어를 14절에서 사용할 때 파일로나 요세푸스가 이 단어를 사용할 때 의미하는 뜻 이상을 의미하지는 않았을 것같다. 즉 이는 문화적으로 열등한 사람들을 가리키며 이 안에 유대인은 포함하지 않았을 것으로 볼 수 있다.[121] 로마에 있

119 Hultgren.
120 D. Moo, *Romans*, 61.
121 H. Windisch, *TDNT*, I: 546-53 (552).

는 라틴인들도 자신들이 바바리안으로 일컬어지는 것을 원하지 않았을 것이다.[122] 아무튼 "헬라인과 야만인"은 어떤 편견이나 경멸의 의미 없이 모든 비유대인을 가리키는 숙어이며 특히 바울이 앞으로 가게될 스페인에 사는 사람들도 간접적으로 암시하고 있는 것으로 보여진다.[123] "지혜있는 자와 어리석은 자"가 "헬라인과 야만인"과 동격인지[124] 아니면 동일한 구룹의 사람들이지만 다른 관점을 내포하고 있는 지는[125] 확실하지 않다. "지혜있는 자"(소포스)는 진정 지혜있는 자라기 보다는 자신이 스스로 지식과 지혜가 있다고 긍지를 가진 자들을 가리키고 있다고 할 수 있다(고전1:19, 20, 26, 27). 결론적으로 "헬라인과 야만인" 그리고 "지혜있는 자와 어리석은 자"는 모두 이방인들을 가리키는 숙어라고 볼 수 있다. 이 네 구룹의 사람들은 상상할 수 있는 모든 이방인들을 가리키는 표현이다. 이는 바울이 이방인 선교에 얼마나 확고한 사명을 느끼고 있었는지 나타내 주고 있다.

로마서 1:15절의 접속사 "그러므로"후토우스는 14절의 내용의 결과를 도입한다: "그러므로 나는 할 수 있는대로 로마에 있는 너희에게도 복음 전하기를 원하노라". 여기서 "토 카트 에메 프로쑤몬"은 주어로 기능하고 그 서술어는 유앙겔리사스싸이라고 할 수 있다.[126] "로마에 있는 너희"후민 토이스 엔 로우메이는 불신자들이 아니라 로마교회 성도들을 가리키는 것이 확실하다.[127] 그들은 복음을 받아들인 성도들이다. 그런데 그들에게 복음을 전한다는 것은 무엇을 의미하는가. 이는 바울이 13-15절에서 남의 터위에 건축하지 않겠다는 로마서 15:20-24절의 말씀과 모순되는 말씀을 하고 있는 것인가. 사실 위의 두 질문은 서로 긴밀히 연결되어 있다. 이에 대해 학자들은 여러 해석을 제시한다. 클라인은 로마교회가 아직 사도의 인정을 받은 교회로 확립

122 BDAG, 166.

123 F. J. Leenhardt, *The Epistle to the Romans: A Commentary* (trans. H. Knight. London: Lutterworth, 1961).

124 O. Kuss, *Der Römerbrief: Übersetzt und erklärt* (3 vols. Regensburg: Pustet, 1957-78); H. Schlier, *Der Römerbrief* (Herders theologischer Kommentar zum Neuen Testament. Freiburg: Herder, 1977).

125 Hultgren; Cranfield.

126 Fitzmyer; Cranfield.

127 F. Godet, *Commentary on the Epistle to the Romans* (trans. A. Cusin. Translation revised and edited with an introduction and appendix by T. W. Chambers. Classic Commentary Library. Grand Rapids: Zondervan, 1956); Moo; Schreiner.

되지 못했기 때문에 바울은 이들에게 복음의 정수를 가르치려고 했다고 주장한다.[128] 그러나 바울이 로마교회 성도들의 믿음이 온 세상에 회자되고 있다고 말하며 하나님께 감사하는 것을 볼 때 로마교회가 아직 그리스도의 교회로 정립되지 못했다고 보는 것은 근거가 없다. 크루거는 이는 바울의 스페인 선교 계획을 가리키는 것이라고 본다.[129] 그러나 이 견해는 이 절의 전치사구 "로마에 있는 너희에게도"를 간과하고 있다. 스툴마커는 바울이 로마교회에서 복음을 전하려 했다는 것은 과거에 그렇게 하기 원했다는 의미이고 서신을 쓸 당시에는 해당하지 않는 말이라고 주장한다.[130] 쉬라이너는 이 주장을 반박하면서 몇 가지 이유를 제시한다.[131] 첫째, 15절에서 쓰인 동사 "복음을 전하다"의 부정사 과거시제는 14절의 내가 복음의 빚진 자라는 구절의 현재 시제와 연결되어 있기 때문에 복음을 전하려 한다는 말씀은 바울이 과거에 가졌던 소망 뿐 아니라 현재의 소망도 나타낸다는 것이다. 둘째, 만일 바울이 과거에 로마교회에서 복음을 전하려는 뜻이 있었다면 이제 로마교회가 확립된 상태에서 더이상 그들에게 복음 전할 필요가 없게 되었다고 써야 하는데 바울은 그렇게 쓰지 않고 있다는 것이다. 셋째, 만일 우리가 스툴마커의 해석을 받아들인다면 로마교회가 이미 확립된 상태로 여러 해를 지나고 있었는데 왜 바울은 과거에 자주 로마교회에 방문하려고 했는가 하는 것이다. 넷째, 이미 지적한 대로 바울이 로마교회에서 복음을 전한다는 것은 회심을 위한 설교가 아니라 성도들로 하여금 믿어 순종하게 하는 교리를 가르치는 것이라고 할 수 있다.[132] 이러한 관점들을 종합하면 바울이 로마교회에 복음을 전하려 한다는 것의 의미는 남의 터위에 건축하려고 한다는 의미가 아니라 로마서에 쓰여진 교리, 즉 복음의 깊은 내용을 가르쳐서 로마교회 성도들의 믿음을 견고하게 하려 한다는 의미라고 볼 수 있다.

---

128 Klein, "Paul' s Purpose in Writing the Epistle to the Romans," 39.

129 Kruger, "Some Fruit," 171.

130 Stuhlmacher, "The Purpose of Romans", 230-3.

131 Schreiner, *Romans*, 52-53.

132 Seifrid, *Justification by Faith*, 189; S. Pedersen, 'Theologische Überlegungen zur Isagogik des Römerbriefes," *ZNW* 76 (1985), 47-67; P. Bowers, "Fulfilling the Gospel: The Scope of the Pauline Mission," *JETS* 30 (1987) 198.

2. 하나님의 의의 나타남(롬1:16-4:25)

로마서 1:16-17절은 로마서 전체의 주제라고 할 수 있다. 이 절은 복음, 모든 믿는 자들의 구원, 구속사에 있어서 유대인의 우선권, 하나님의 의, 믿음의 절대성, 성도의 믿음을 바탕으로 한 생활 등의 주제를 망라하고 있다. 이는 로마서 전체의 내용을 요약하고 있다고 할 수 있다. 즉 믿음으로 구원을 얻는다는 것은 로마서 1-4장을, 성도의 믿음을 바탕으로 한 생활은 로마서 6-8장과 12:1-15:13절을, 구속사에 있어서 유대인의 우선권은 로마서 9-11장에 설명되고 있다. 로마서 1:16-17절에서 많은 학자들은 모든 믿는 자들이 믿음으로 구원을 받는다는 이신칭의 교리가 가장 대표적인 주제라고 믿는다.[133] 그리고 어떤 학자는 "구원"을 대표적 주제로 본다.[134] 그러나 필자는 예수 그리스도의 복음을 통해 나타난 "하나님의 의"디카이오수네이 투 쎄우가 로마서에서 가장 대표적인 주제이며 이신칭의는 이에 종속하는 주제라고 본다. 그것은 로마서 1:18-3:20절은 믿음 없이 사는 사람들의 결과를 서술하고 있고 로마서 6장 이하의 내용은 이신칭의의 결과와 관계된 주제를 다루기 때문이다. 어떤 학자들은 보통 로마서 1:16-17절을 1:15절과 18절을 잇는 다리 역할을 하는 구절로 본다.[135] 그리고 18절이하의 내용과 구분되는 한 문단으로 여긴다.[136] 또한 악티마이어는 문법적으로 16, 17절이 15절에 종속되어 있다고 보고 로마서 1:14-2:16절을 한 문단으로 여긴다.[137] 이는 16절과 17절의 접속사 "왜냐하면"갈의 의미에 너무 큰 무게를 두기 때문이다. 그러나 16절의 "갈"은 15절과 16절을 가볍게 이어주는 기능을 하고 있을 뿐이다.[138] 그리고 바울은 16절부터 새로운 주제를 도입하고 있다.[139] 필자는 그 대표적

133 Murray; Bruce; Barrett; Michel; Godet.

134 J. Cambier, *L' Evangile de Dieu selon L' Épitre aux Romains. Exégèse et théologie biblique. Vol. 1: L' Évangile de la justice et dela grace* (Brussels/Louvain: Desclée de Brouwer, 1967) 34.

135 O' Brien, *Introductory Thanksgivings*, 198, 202.

136 Fitzmyer; Hultgren.

137 P. J. Achtemeier, *Romans. Interpretation: A Bible Commentary for Teaching and Preaching* (Atlanta: John Knox, 1985).

138 Dunn, *Romans* 1-8, 38.

139 Moo, *Romans*, 64.

주제는 "하나님의 의"라고 보고 이는 로마서 1:18-4:25절의 중심적 가르침이라고 생각한다. 그 이유는 첫째, 1:17절과 1:18절이 문법적으로 연결되어 있다. 즉 17a의 현재시제 수동태 아포칼륩테타이나타나다가 18절에 다시 사용됨으로써 이 두절이 긴밀히 연결되어 있음을 보여준다. 둘째, 17, 18절은 접속사 "갈"왜냐하면로 연결되어 17절의 "하나님의 의"의 개념은 18절의 하나님의 진노와 징벌의 개념과 연결되어 있음을 나타낸다. 여기서 접속사 "갈"은 부사적 접속사나[140] 혹은 전환조사transitional particle가[141] 아니다. 18절의 "갈"은 17절의 내용을 뒷받침하는 내용을 도입하고 있다. 즉 하나님의 진노가 불의한 사람들에게 임하고 있는 것과 동시적으로 복음을 통해 믿는 자들이 의롭다고 여겨지는 "하나님의 의"가 나타나고 있는 것이다. 여기서 알 수 있는 것은 하나님의 의는 보응의 측면(롬1:18-3:20)과 구속의 측면(롬3:20-4:25)을 포함한다는 것이다.[142] 로마서 1:18-3:20절은 믿음 밖에 있는 자들의 불의한 상태를 서술한다. 1:18-32절은 믿지 않는 이방인의 불의한 상태를 서술하고 있고 2:1-3:20절은 믿지 않는 유대인들의 불의함에 대해 기술하고 있다.[143] 따라서 필자는 로마서 1:16-17절을 독립된 문단으로 여기지 않고 이를 로마서 1:18-4:25절의 서두로 본다.

로마서 5장이 로마서 1-4장의 결론인가 아니면 로마서 6-8장의 도입인가에 대해 학자들의 의견이 나뉜다. 던은 로마서 5장은 믿음안에서 이방인과 유대인이 구원을 얻는다는 원칙을 결론적으로 요약하고 있다고 보고 로마서 3:21-5:21절을 한 문단으로 본다.[144] 이 견해는 타당하게 보인다. 바울은 로마서 5장에서 계속해서 로마서 1-4장에 이어서 사람이 그리스도로 인해서 의롭다함을 얻게 되었다는 것을 교리적으로 가르치고 있다. 그러나 필자는

140 Fitzmyer; Dunn.

141 H. Lietzmann, *Einführung in die Textgeschichte des Paulusbriefe an die Römer* (Handbuch zum Neuen Testament. Tübingen: Mohr, 1933) 31.

142 Wilckens, *Römer*, 102-3; A. T. Lincoln, "From Wrath to Justification: Tradition, Gospel, and Audience in the Theology of Romans 1:18-4:25," in *Pauline Theology*. Vol. 3: *Romans* (Ed. D. M. Hay and E. E. Johnson; Minneapolis: Fortress, 1995); B. Byrne, *Romans* (Sacra Pagina. Collegeville, Minn.: Glazier, Liturgical Press, 1996); Schreiner; Cranfield.

143 Schreiner; Moo; Fitzmyer.

144 Dunn, *Romans* 1-8, 161.

로마서 5장은 그 앞부분 보다는 그 뒤에 오는 가르침과 더 밀접한 관계가 있다고 본다. 무는 이 후자의 견해에 동의하면서 언어적 증거를 제시한다. 즉 로마서 1:18–4:25절에서 바울은 "의"디카이오수네이, "의롭게 하다"디카이오오우, "의로운"디카이오스 등의 단어를 총 스물 네 번 사용하고 "믿음"피스티스, "믿는다"피스테우오우 등의 단어를 스물 일곱 번 사용하고 있다는 것이다.[145] 그러나 이 언어론적 증거는 매우 약하다. 왜냐하면 로마서 5장은 디카이오오우의롭게 하다 2회, 디카이오우마의로운 행위 2회, 다키이오우수네이스의 2회, 다키이오우시스칭의 1회, 디카이오스의로운 1회, 피스티스믿음 1회 등 칭의에 관계된 단어들을 많이 포함하고 있다. 이는 로마서 5장이 로마서 1–4장의 주제와 일치함을 보여준다. 그러나 로마서 5장과 로마서 1–4장의 주제의 일치에도 불구하고 필자는 로마서 5장에서 다루고 있는 내용이 6–8장과 더 밀접한 관계가 있다고 본다. 그 이유는 첫째, 로마서 5장이 칭의의 방법보다 그 결과를 서술하고 있는 점에서 로마서 6–8장에서 다루고 있는 성화의 주제와 그 내용이 더 가깝다. 둘째, 로마서 5장의 여러 주제들이 로마서 8장에 반복되고 있다: 미래의 영광에 대한 확신(롬5:1–11; 8:18–39), 그리스도의 사역에 근거한 구원의 확신(롬5:12–21; 8:1–17). 이는 로마서 5장과 로마서 6–8장의 주제가 같다는 것을 나타낸다.

(1) 하나님의 의: 믿는 자를 의롭다하심(롬1:16–17)

로마서 1:16절의 접속사 "갈"왜냐하면은 16절이 15절의 내용의 이유를 도입하고 있다는 것을 나타낸다. 이는 이 두 절이 논리적으로 연결되어 있다는 것을 말한다. 그리고 이를 바탕으로 어떤 학자는 로마서 1:1–17절을 한 문단으로 보고 1:18절에서 새 문단이 시작한다고 본다.[146] 혹은 어떤 학자는 로마서 1:16–17절을 독립된 문단으로 보기도 한다.[147] 그러나 필자는 여기서

145 Moo, *Romans*, 90-91.
146 Schreiner; Moo; Hultgren; Osborne.
147 Morris.

"갈"의 의미에 큰 비중을 두지 않는다. 그리고 바울은 16절에서 "내가 복음을 부끄러워하지 아니하노니"라는 표현으로 주제를 전환하고 있다고 본다. 즉 15절까지 바울은 자신이 복음을 로마교회 성도들에게 전하고 싶다는 소망을 표현했다. 그러나 16절부터 바울은 그 복음이 무엇인가 하는 질문에 대한 설명을 시작하며 로마서에서 제시할 가르침을 도입하고 있다. 여기서 어떤 학자들은 16-17절이 로마서의 앞부분(1-4장)에 대한 도입구라고 본다.[148] 그러나 필자는 이 두 구절은 로마서 1:18-4:25절의 도입부이면서 이와 동시에 로마서 전체가 제시하는 가르침을 아우르는 중심 구절이라고 본다. 그리고 로마서 1:16-17절을 로마서 1:18-4:25절과 함께 한 문단으로 구분한다.[149]

복음을 부끄러워하지 않음(롬1:16a). 로마서 1:16절에서 바울은 복음을 부끄러워하지 않는다고 말한다. 어떤 사람들은 왜 복음을 부끄러워할까? 고린도전서 1:18절에서 바울은 십자가의 도가 멸망하는 자들에게는 미련한 것이라고 말한다. 그러나 여기서 복음을 부끄러워하는 자들은 믿지 않는 자들이라기 보다 믿는 자들이라고 보는 것이 문맥에 맞다. 예수께서는 사람들 앞에서 인자를 부인하면 인자도 장차 천사들 앞에서 저를 부인하겠다고 말씀했다(마10:32-33). 따라서 복음을 부끄러워하는 것은 예수를 사람들 앞에서 부끄러워하는 행위라고 볼 수 있고 이는 복음이외에 율법주의나 의식주의를 신봉해서 복음에 나타난 하나님의 능력을 전폭적으로 의지하지 않는 것을 의미한다.[150] 이에 대해 바울은 힘주어 강조한다. 즉 예수 그리스도의 복음은 모든 믿는 자에게 구원을 주시는 하나님의 능력두나미스 쎄우이다(고전2:4-5; 4:19, 20; 살전1:5). 하나님의 능력은 실로 죄로 말미암아 지옥 형벌을 받을 수 밖에 없는 우리를 예수 그리스도를 믿는 믿음으로 말미암아 우리에게 영생을 주시는 능력이다. 이는 죄의 권세로 부터 우리를 해방시키시고 영생

148 J. Dupont, "Le problème de la structure littéraire de l' Epître aux Romains," *RB* 62 (1955) 372, 382; J. I. McDonald, *Kerygma and Didache: The Articulation and Structure of the Earliest Christian Message* (SNTSMS 37; Cambridge: Cambridge University, 1979) 55-57.

149 피츠마이어는 롬1:16-11:36절을 한 문단으로 구분한다. *Romans*, 98.

150 K. Grayston, " 'Not ashamed of the Gospel,' Romans 1,16a and the Structure of the Epistle," *SE* 1, Part 1 (1964) 569-73.

을 주시는 바로 구원의 능력이다. 이 하나님의 능력은 우리가 예수를 믿음으로써 나타나는데 이는 우리의 행위를 바탕으로 하지 않고 전적으로 하나님의 주권적 은혜에 따른 것이다. 바울은 복음이 하나님의 능력이라고 말할 때 이는 그리스도께서 이 땅에 육신으로 오시고 사역을 하시고 십자가에서 구속을 총체적으로 완성하신 것을 포함한다. 그 뿐만 아니라 이 개념은 예수의 구속의 완성을 개인에게 적용하는데 있어서 나타난 하나님의 은혜까지도 포함한다. 즉 이는 복음이 하나님의 택자들에게 말로만 온 것이 아니라 능력과 성령과 확신으로 온 것을 말하고 있다(살전1:4-5). 다시 말해 예수를 통한 구속의 완성과 택자들이 복음을 듣고 믿어 구원받는 이 모든 일이 하나님의 능력으로 완성되었다는 것을 말한다. 그러므로 하나님의 능력의 본체는 그리스도이시다(고전1:24).

여기서 바울은 하나님께서 복음을 믿는 자들에게 구원을 주신다고 말하고 있는데 믿는다는 동사는 믿음이라는 명사와 함께 로마서에서 핵심적인 단어다.[151] 바울은 로마서 1:17절에서 사람이 그리스도를 믿음으로 의롭게 된다고 말한다. 그리고 로마서 4장에서 이 칭의의 개념을 아브라함이 믿어 의롭게 된 예를 상세히 설명함으로써 풀어 주고 있다. 신학자들은 믿음의 개념이 마음의 결정을 의미하는가 아니면 신실한 순종까지 포함하는가에 대해 열띤 논쟁을 벌인다. 쉬라이너는 구원을 가져오는 믿음은 단지 마음으로 하는 동의 이상의 의미를 포함한다고 말한다.[152] 그것은 아브라함이 믿음으로 하나님의 언약을 전적으로 신뢰하고 순종한 것 같이 전적으로 자신을 하나님께 의탁하는 행위를 수반한다는 것이다. 무는 바울이 로마서에서 믿는다는 동사를 사용할 때 그 목적어를 보통 명시하지 않고 있는 것이 그 특징이라고 말한다. 그러나 로마서에서 믿음이라는 명사와 예수 그리스도는 밀접히 연관되어 사용되기 때문에 믿는다는 동사의 목적어가 예수 그리스도라는 사실을 조금도 감소시키지 않는다. 명사 "구원"소우테이리아은 악이나 원수로부터 구원받는 것도 의미하지만(출14:13; 15:2; 삿15:18; 삼상11:9) 바울 서신에서

---

151 Moo, *Romans*, 67.
152 Schreiner.

는 항상 종말적 심판으로부터 건져내짐 받는 것을 의미한다(롬13:11; 살전 5:9; 고전1:18; 고후2:15; 살후2:10).[153] 그리고 바울은 구원의 축복이 미래적 사건일 뿐 아니라 믿는 자에게 이미 현재 부분적으로 성취된 것으로 가르친다(고후6:2).

로마서 1:16절 후반부에서 바울은 그리스도의 복음이 첫째는 유대인에게요 또한 헬라인에게 전해진다고 말한다. 마시온은 여기서 부사 프로우톤(첫째는)을 삭제했다. 그러나 믿을만한 고대 사본은 모두 이 단어를 포함하고 있다.[154] 이는 복음이 예루살렘에서 전파되기 시작해서 유대와 사마리아와 땅끝까지 이르게 되는 것을 말한다. 마태복음 10:5절 이하에서 예수께서 제자들을 파송하실 때 이방인이나 사마리아 고을에 가지 말고 이스라엘의 잃어버린 양들에게 가라고 말씀했다. 이는 이방인들에게 복음을 전하지 말라는 말씀이 아니고 유대인들에게 복음이 먼저 전파된 다음 이방인들에게도 전해져야 되는 순서를 지시하신 것이다.[155] 왜냐하면 바울이 1:2절에 복음은 이미 구약의 선지자들을 통해서 이스라엘 백성들에게 전파되었고 이스라엘은 하나님의 언약을 가진 백성으로써의 특권을 누리고 있었기 때문이다(롬9:4). 그러나 이 구절이 단지 복음을 전하는 순서만을 가리킨다고 볼 수는 없다. 유대인들이 하나님의 계시를 받는데 있어서 우선권을 가지는 면도 포함하고 있는 것이다.[156] 로마서 11장에서 바울은 이스라엘 백성들이 원감람나무라고 비유함으로써 이방인 성도들이 자신들의 영적 축복의 뿌리가 이스라엘에 있다는 사실을 상기시키고 있다. 하나님께서는 이스라엘을 택하셔서 그들을 통해서 구원의 계획을 계시하셨고 선지자들을 통해서 예수 그리스도에 대해 미리 말씀하셨다. 그리고 많은 유대인들이 예수를 배척했지만 아직도 그 남은 택한 백성들은 믿음으로써 구원을 받고 있다. 이 이스라엘이 구속사의 종말선상에서 가지는 역할은 매우 중요한 것이다. 이에 대해 바울은

153 구약에도 "구원"이 군사적 의미 뿐만 아니라 종말적 의미로 사용되고 있다 (사12:2; 25:9; 46:13; 49:6; 52:7, 10). G. Fohrer, *TDNT*, 7:965-1024.

154 Fitzmyer, *Romans*, 257.

155 Barrett; W. Hendriksen, *Romans* (Grand Rapids: Baker Book House, 1993).

156 Moo, *Romans*, 69.

로마서 9-11장에서 상세히 가르치고 있다. 그러나 앞으로 구체적으로 밝히겠지만 이는 앞으로 이스라엘의 민족적 회심을 보증하고 있지는 않다. 바울도 말씀하듯이 모든 이스라엘이 참 이스라엘은 아니다(롬9:6). 그리고 이는 지금도 마찬가지다. 택함 받은 유대인들은 과거에도 그랬듯이 지금도 예수를 믿음으로 구원받고 있다. 그러나 바울은 그의 서신 어디에서도 유대인들의 특별한 민족적 구원을 예견하고 있지는 않다. 사람들은 로마서 11:25-26절이 그렇다고 말하는데 우리는 나중에 이에 대해 구체적으로 다루면서 이 견해의 문제점을 살펴 볼 것이다.

로마서 1:17a에서 바울은 복음에는 하나님의 의가 나타나서 믿음으로 믿음에 이르게 한다고 말씀한다. 여기서 "하나님의 의"디카이오수네이 쎄우라는 구절은 로마서에 여덟 번 사용되고 있다.[157] 무는 이 구절의 해석이 로마서 이해에 있어서 매우 중요한 데 그 세 가지 이유를 제시한다. 첫째, 고린도후서 5:21을 제외하면 "하나님의 의"라는 구절은 오직 로마서에만 사용되기 때문에 로마서의 메세지를 이해하는데 중요한 단서이고 둘째, 로마서 1:16-17절과 3:21-26절같은 로마서의 중심 주제가 나타나 있는 구절에 "하나님의 의"라는 구절이 사용되고 있고 셋째, 어거스틴으로부터 루터 그리고 케제만에 이르기까지 바울과 복음을 이해하는데 "하나님의 의"의 의미가 중요한 역할을 해왔다는 것이다.[158] 이 구절의 해석은 크게 세 가지로 나뉜다.

첫째, 하나님의 의는 하나님의 속성attribute을 의미한다는 것이다. 여기서 소유격 쎄우는 소유적 소유격possessive genitive이며 "하나님의 의"는 하나님의 공의justice나 하나님의 신실함faithfulness을 의미한다. 먼저 하나님의 신실하심은 그 언약에 대한 신실하심을 말하는데 이는 로마서 3:1-8절에서 다뤄지고 있는 주제다. 또 구약의 많은 구절들이 하나님께서 그 언약을 신실하게 지키시는 분으로 묘사하고 있다.[159] 그렇지만 세이프리드도 지적하듯이 구약에

---

157 롬1:17; 3:5, 21, 22, 25, 26; 10:3 (두번).

158 Moo, *Romans*, 70.

159 시편31:1; 35:24; 51:14. 90; P. T. O' Brien, "Justification in Paul and Some Crucial Issues of the Last Two Decades," in *Right with God: Justification in the Bible and the World* (ed. D. A. Carson; Grand Rapids: Baker, 1992) 70-78.

서 하나님의 의와 언약이 같이 언급되고 있는 구절은 거의 없다.[160] 이는 의를 언약에 대한 신실함이라고 정의하는 것은 그 성경신학적 기반이 부족하다는 점을 나타낸다. 세이프리드는 하나님의 의는 하나님의 언약에 대한 신실함의 양면성을 포함하는 것으로 이해한다. 즉 믿는 자들에게는 구원으로 그리고 믿지 않는 자들에게는 심판으로 나타나고 있다는 것이다. 이는 하나님의 공의의 속성이다.[161] 이 견해는 로마서 1:16절 이하의 문맥에 근거한다. 먼저 바울은 나타난다는 뜻의 동사 아포칼륍테타이를 로마서 1:17절과 18절에 병렬시키고 있다. 이 동사는 하나님의 계획과 관련한 진리들이 드러나는 것을 의미한다(롬2:5; 8:18, 19; 고전1:7; 갈1:16; 3:23; 살후1:7; 2:3, 6, 8).[162] 17-18절에서 이 동사는 하나님의 의는 믿는 자들에게는 칭의로 나타나고 그 반대로 불신자들에게는 진노로 나타나고 있는데 이 두 현상이 현재 동시에 진행되고 있는 것을 나타낸다. 이는 구원과 심판은 복음이 전파되는 곳에 동시에 나타난다는 것을 말한다. 이 해석은 의를 구원에만 국한해서 해석하지 않고 심판까지 포함함으로써 의의 포괄적 의미를 나타내 주고 있다.

둘째, 하나님의 의는 하나님께서 부여한 신분status을 의미한다는 것이다.[163] 여기서 소유격 쎄우는 근원의 소유격genitive of source으로써 이는 믿음으로 인해 사람이 하나님 앞에서 의로운 신분을 가지게 된 것으로 여겨지는 것을 말한다. 여겨지는 것은 그 사람이 실제로는 의롭지 않지만 법률상 의로운 지위를 부여받는 것을 말한다. 바울은 헬라어 동사 로기조마이를 사용하여 이를 표현하는데 그 대표적인 구절은 로마서 4:3, 5, 6, 9, 11; 갈라디아서 3:6절이다. 하나님께서 신자에게 부여하신 의로움의 지위는 그 사람이 실제 의로운 상태가 아님에도 불구하고 믿음으로 인해 주어진 것이기 때문에 이것은 하나님께로부터 온 선물이다. 바울은 로마서 5:17절에서 의의 선물이

160 Seifrid, *Justification*, 214-19.

161 초대교회는 일반적으로 이 해석을 채택하고 있었다. A. E. McGrath, *Iustitia Dei: A History of the Christian Doctrine of Justification* (2 vols.; Cambridge: Cambridge University, 1986, 1987) 1.52.

162 Ridderbos, Paul, 47; A. Oepke, *TDNT* 3:583.

163 Luther; G. E. Ladd, "Righteousness in Romans," *Southwest Journal of Theology* 19 (1976) 6-17; R. Bultmann, "*Δικαιοσύνη Θεοῦ*," *JBL* 83 (1964) 12-16; H. Conzelmann, *An Outline of the Theology of the New Testament* (London: SCM, 1969) 214-20; Ridderbos.

라는 표현으로 이를 나타낸다. 마지막으로 하나님께서 의롭다고 선언하시는 행위는 법률적 의미를 내포하고 있다. 로마서 8:33절에서 바울은 의롭다 하신 이는 하나님이시니 하나님께서 택하신 자들을 누가 송사하리요라고 말씀한다. 지즐러에 의하면 의롭게 한다는 동사가 재판정의 배경을 가지고 사용된 것은 칠십인역이나 유대중간사 문학에도 발견되는 개념이다.[164] 이 해석은 바울 해석에 있어서 신관점을 채택하고 있는 제임스 던이나 엔 티 라이트 같은 학자들에 의해서 도전받아 왔다.[165] 이들은 그리스도인들은 법률적으로 의로워진 신분을 부여받지 않았다는 것이다. 이 해석은 마틴 루터가 바울을 잘못 이해한 결과 발생한 것이며 초대교회 목사님들이나 어거스틴은 루터가 주장한 이신칭의 교리를 채택하고 있지 않았다는 것이다. 그래서 이들은 이 법률적 개념의 하나님의 의를 부정하기 때문에 예수 그리스도께서 십자가에서 성취하신 의가 우리에게 전가되었다는 사실도 함께 부정한다. 그 결과 남는 것은 성도가 각자 성령의 능력으로 자신의 의를 하나님 앞에 증명해야 되는 과제다. 이 "신관점" 교리는 사실상 중세의 행위 구원론의 부활이라고 볼 수 있고 사실상 바울의 가르침을 왜곡하는 위험한 해석이다.

셋째, 그것은 하나님의 구원하시는 행위saving action를 가리킨다는 것이다.[166] 즉 의의 개념은 종종 구원이라는 개념과 밀접한 관계속에서 사용되고 있다. 특히 구약의 시편과 이사야에서 우리는 하나님의 구원의 행위를 분명히 목도할 수 있다. 시편 98:2절은 여호아께서 그 구원을 알게 하시며 그 의를 열방의 목전에 명백히 나타내셨도다라고 말씀한다. 여기서 여호와의 구원하시는 행위는 그 의를 열방에게 나타내시는 것과 동일시 되고 있다. 이사야 46:13절은 "내가 나의 의를 가깝게 할 것인즉 상거가 멀지 아니하니 나의 구원이 지체치 아니할 것이라 내가 나의 영광인 이스라엘을 위하여 구원을

164 J. A. Ziesler, *The Meaning of Righteousness in Paul: A Linguistic and Theological Enquiry* (Society for New Testament Studies Monograph Series 20. Cambridge: Cambridge University Press, 1972) 71, 74-75.

165 James D. G. Dunn, *The New Perspective on Paul* (Revised; Grand Rapids: Eerdmans, 2008); N. T. Wright, *What Saint Paul Really Said* (Grand Rapids: Eerdmans, 1997); idem, *Justification: God' s Plan & Paul' s Vision* (Downers Grove: InterVarsity, 2009).

166 J. H. Roberts, "Righteousness in Romans with Special Reference to Romans 3:19-31," *Neot* 15 (1981) 18; Dunn; Michel.

시온에 베풀리라"라고 말씀한다".[167]

하나님의 의에 대한 위의 세 해석이 모두 장점을 가지고 있다. 학자들은 위의 세 요소 중 두 세 가지를 합해서 "하나님의 의"를 정의한다. 예를 들어 모리스는 하나님의 옳으심과 의의 선물을 결합해서 하나님의 의를 설명한다.[168] 그리고 송거는 하나님의 의를 하나님께서 의롭게 하시는 행위와 이로 인해 사람이 하나님 앞에 의롭게 된 지위로 이해한다.[169] 여기서 필자는 하나님의 의는 이 세 요소가 모두 결합된 개념이라고 생각한다. 즉 복음에 있어서 나타난 하나님의 의는 그리스도의 구속의 완성으로 결실된 복음을 믿는 자들을 의롭다고 하시며 그것을 거부하는 자들을 심판하시는 행위다. 하나님의 의는 믿는 자에게는 칭의로 나타나고 불신자에게는 심판으로 나타난다는 점에서 공의적 속성을 지닌다(롬3:5). 칭의의 관점에서 의를 이해할 때 이는 하나님께서 그 택자를 구원하시는 행위로 인식될 수 있고 또한 그 언약의 신실하심을 나타낸다(롬3:21-22). 그러나 하나님의 의의 결정체인 그리스도의 복음을 거부하는 자들에게 복음은 심판의 근거로 작용한다. 이러한 관점에서 하나님의 의에 대한 협의의 이해는 바울이 말씀하는 하나님의 의가 현재 모든 인류에게 역동적으로 나타나는 현상을 망각하게 한다. 복음은 믿는 자들에게는 구원의 빙거가 되지만 믿지 않는 자들에게는 변명할 것이 없게 만드는 심판의 빙거가 되고 있다.[170] 그 내용의 핵심은 예수 그리스도시다. 예수께서 십자가에서 이루신 구속은 믿는 자들에게는 구원의 바탕이지만 믿지 않는 자들에게는 저주의 올무가 되는 것이다. 자신들의 의를 믿고 십자가의 의를 부정하는 자들에게 예수님은 거치는 돌로 작용하고 계신다. 바로 이 점에서 예수님께서 이렇게 말씀하셨다, "내가 진실로 진실로 너희에게 이르노니 내 말을 듣고 또 나 보내신 이를 믿는 자는 영생을 얻었고 심판

167 시편22:31; 31:1; 35:24, 28; 40:10; 69:27-29; 88:12; 119:123; 이사야42:6, 21; 45:8, 13; 51:5-8.

168 L. Morris, *The Apostolic Preaching of the Cross* (Grand Rapids: Eerdirdmans,1955) 252; C. A. A. Scott, *Christianity according to St. Paul* (Cambridge: Cambridge University, 1939) 63.

169 H. S. Songer, "New Standing Before God. Romans 3:21-5:21," *Review and Expositor* 73 (1976) 416; G. N. Davies, "Faith and Obedience in Romans" (Ph.D. diss.University of Sheffield, 1987) 18; Moo.

170 Cranfield, Romans 1-8, 109-110; D. Guthrie, *New Testament Theology* (Downers Grove, IL: InterVarsity, 1981) 102; Wilckens; contra Moo, *Romans*, 92.

에 이르지 아니하나니 사망에서 생명으로 옮겼느니라"(요5:24). "아들을 믿는 자는 영생이 있고 아들을 순종치 아니하는 자는 영생을 보지 못하고 도리어 하나님의 진노가 그 위에 머물러 있느니라"(요3:36).

"믿음에서 믿음에 이르게 한다"는 구절은 여러 가지 해석을 낳았다. 구약의 믿음에서 신약의 믿음으로 혹은 율법의 믿음에서 복음의 믿음으로[171] 등의 해석은 구속사적으로 믿음이 변천될 수 있다는 것을 전제하고 있다. 그러나 이 해석은 타당하지 않은데 그것은 믿음의 대상이 하나님/예수님으로 변천하지 않고 있다는 것이다. 바울은 "주도 하나요 믿음도 하나요 세례도 하나"라고 에베소서 4:5절에서 분명히 말씀하고 있다. 그리고 히브리서 11장도 구약의 믿음의 조상들의 신실한 믿음을 본받을 것을 가르치고 있는데 이것은 구약의 믿음과 신약의 믿음이 본질상 동질이라는 것을 나타내고 있다. 바울은 로마서 4:16절에서 아브라함은 하나님 앞에서 우리 모든 사람의 믿음의 조상이라고 가르치고 있다. 만일 아브라함의 믿음이 예수님에 대한 믿음이 아니었다면 그도 믿음의 조상이 되지 못했을 것이다. 어거스틴은 믿음에서 믿음으로의 구절을 설교자의 믿음에서 청중의 믿음까지라고 해석했다.[172] 바르트는 하나님의 신실함으로부터 개인의 믿음까지라고 이해했다.[173] 이러한 해석들은 이 구절이 그 문맥에서 의미하는 것 이상의 의미를 주입하고 있다는 문제를 가진다. 따라서 슐라터의 주장대로 이 구절이 다른 어떤 것이 아니라 오직 믿음만으로 구원을 받는다는 것을 강조한다고 보는 것이 가장 적절한 해석이다.[174]

로마서 1:17b에서 바울은 오직 의인은 믿음으로 말미암아 살리라라고 선언한다. 루터이래 이 구절은 바울의 로마서에서의 가르침을 요약하는 핵심 구절로 이해되어 왔다. 학자들은 이 구절이 구약의 하박국 2:4절을 배경으로 쓰여졌다는 것을 인정한다. 이 두 구절에는 믿음이란 단어와 의라는 단어

171 Karl H. Schelke, *Paulus Lehrer der Väter: Die altchristliche Auslegung von Römer 1-11* (2d ed. D?sseldorf: Patmos, 1959).

172 Augustine, *The Spirit and the Letter*. 11.18 (NPNF 5.90).

173 Barth; Davies, *Faith and Obedience*, 42-43.

174 Schlatter, *Romans*, 24-25; Cranfield.

가 공통적으로 나타난다. 그러나 재미있는 사실은 히브리어 본문에는 의인이 그의 믿음으로 살리라라고 하는 반면에 헬라어로 된 본문에는 의인이 나의 신실함으로 살리라라고 되어 있고 로마서 1:17b의 인용구절에는 "그의", "나의" 같은 소유격 대명사가 완전히 생략되어 있다는 사실이다. 바울은 단지 의인은 믿음으로 말미암아 살리라고 선언한다.[175] 로마서의 본문은 의인이 하나님의 신실함 때문에 살리라는 의미를 나타내지 않는다. 그리고 그리스도의 신실함 때문에 의인이 살리라는 의미도 가지지 않는다.[176] 본문에서 믿음의 주어는 하나님도 예수님도 아니고 분명히 개개인 성도라는 사실은 16-17절의 문맥에서 의심할 여지 없이 분명한 사실이다.

헬라어 본문은 두가지 번역이 가능하다. 믿음으로 말미암은 의인은 살리라(RSV, TEV, NEB)와[177] 의인은 믿음으로 살리라이다(KJV, ESV, NIV).[178] 쉬라이너는 이 두 번역이 동시에 맞는 번역일 수 있고 그 의미는 믿음으로 의인이 된 사람은 종말에 구원을 받는다는 것을 말한다고 주장한다.[179] 이는 헬라어 동사 자오 즉 산다는 동사는 바울 서신에서 종종 종말적 의미를 가지기 때문이다. 그러나 제임스 던은 바울이 이 구절에서 의미하는 것은 신실한 삶으로써 의인이 된 사람은 살리라라고 해석해야 된다고 주장한다.[180] 그러나 바울은 로마서에서 신실한 삶을 칭의의 조건으로 제시하지 않는다. 하박국 2:4절에서 사용된 믿음에무나이 신실함을 의미한다고 보면 바울은 그 의미를 로마서 1:17b의 배경으로 하고 있는가? 그렇지 않다. 사실 하

175 B. Lindars, *New Testament Apologetic: The Doctrinal Significance of the Old Testament Quotations* (London: SCM, 1961) 231; C. D. Stanley, *Paul and the Language of Scripture: Citation Technique in the Pauline Epistles and Contemporary Literature* (SNTSMS 69; Cambridge: Cambridge University, 1992) 253-64.

176 R. B. Hays, "*Πίστις* and Pauline Christology: What Is at Stake?" Pp 714-29 in *Society of Biblical Literature 1991 Seminar Papers* (Ed. E. H. Lovering Jr. Atlanta: Scholars Press, 1991); D.A. Campbell, "Romans 1:17-A *Crux Interpretum* for the *Πίστις Χριστοῦ* Debate." *Journal of Biblical Literature* 113 (1994) 265-85; S. K. Stowers, "*Ἐκ Πίστεως* and *διὰ τῆς Πίστεως* in Romans 3:30." *Journal of Biblical Literature* 108 (1989) 665-74; A. T. Hanson, *Studies in Paul's Technique and Theology* (Grand Rapids: Eerdmans, 1974).

177 Käsemann; R. M. Moody, "The Habakkuk Quotation in Romans 1:17," *ExpTim* 92 (1981) 205-8; Cranfield; Wilckens; Moo.

178 Murray; Michel; Godet.

179 Schreiner, *Romans*, 74.

180 Dunn.

박국 2:4절은 창세기 15:6절을 배경으로 하고 있다. 창세기 15:1절부터의 구절은 아브라함이 하나님의 언약을 믿고 의롭다하심을 얻은 이야기를 기술하고 있다. 창세기 15:6절은 하박국 2:4절과 함께 믿음과 의라는 두 단어가 함께 나타나는 구약의 구절이다. 로마서에서 바울이 가르치는 믿음의 개념은 이 두 구절을 배경으로 하고 있다. 그리고 이것을 믿받침하는 것은 로마서 4장에서 바울은 아브라함의 믿음을 우리가 본받아야 할 믿음으로 제시하고 있는 것이다. 아브라함은 하나님께서 그의 자녀를 하늘의 별보다 많게 하고 바다의 모래보다 많게 하시겠다고 약속하신 것을 그대로 믿었다. 그로 말미암아 하나님께서는 그를 의롭다고 여기셨다. 이 이야기에서 아브라함의 믿음은 하나님의 말씀을 의심하지 않고 그대로 받아들이고 하나님을 신뢰한 데 있다.

쉬라이너는 하박국에서 믿음의 개념은 신실함을 포함하고 있기 때문에 로마서 1:17절에서 바울이 말하는 믿음도 신실함의 개념을 포함하는 것으로 이해해야 된다고 주장한다. 이 주장은 믿음과 순종의 두 개념이 피스티스믿음라는 단어에 다 포함되어 있다고 생각하는 것이다. 그러나 우리가 1:5절에서 보았듯이 믿음과 순종은 서로 밀접한 관계에 있지만 서로 다른 개념이다. 성도가 복음을 믿는 것은 그것을 받아들이고 예수님을 신뢰하며 사는 것을 말한다. 믿음이 순종을 수반하는 것이지 믿음이라는 단어에 순종의 개념이 내포되어 있는 것은 아니다. 쉬라이너의 견해는 로마서 1:17절의 믿음이 신실함의 개념을 내포한다고 주장하는 실바의 견해와 유사하다.[181] 사실 성도가 믿음을 가졌을 때 그의 삶은 신실한 삶으로 나타나야 된다. 바로 이 점이 바울이 로마서 6장부터 강조하는 성도들의 거룩한 삶이다. 그러나 우리는 은혜로 구원을 받았다(엡2:8; 빌3:9). 율법이나 의식이나 행위가 구원의 조건이라면 우리는 하나님의 은혜를 감소시키는 것이다. 따라서 로마서 1:17절에서 "산다"는 동사가 종말적 의미인 것이 분명하다면[182] 우리는 이 구절에서 사용된 믿음이란 명사는 예수 그리스도의 복음을 믿는 것 자체를 말하는

181 M. Silva, *Explorations in Exegetical Method: Galatians as a Test Case* (Grand Rapids: Baker, 1996); Davies, *Faith and Obedience*, 44.

182 Scott, *Christianity according to Saint Paul*, 135-41.

것으로 이해해야 된다. 이 구절에서 만일 믿음이 신실함이란 개념을 포함한다면 "산다"는 동사는 종말적 관점이 아니라 윤리적 관점에서 이해 되어야 할 것이다. 즉 오직 의인은 이 땅에 사는 동안 신실한 삶을 살 것이다라는 뜻이 된다. 그러나 이 의미는 문맥에서 흐르는 종말적 관점을 반영하지 않는 해석이다. 따라서 필자는 오직 믿음으로 의인이 된 자들은 종말에 영생을 얻으리라라고 하는 해석이 로마서 1:17b에 나타난 바울의 메세지를 바로 전달하는 것이라고 생각한다.

(2) 하나님의 의: 불의한 자들에 대한 하나님의 진노(롬1:18-3:20)

"하나님의 의"를 하나님의 구원의 역사God's saving activity 혹은 의의 선물로 정의할 때 불의한 인간에 대한 하나님의 진노를 서술하는 로마서 1:18-3:20절은 로마서 1:16-4:25절의 주제로 부터 벗어나는 것처럼 보인다.[183] 그러나 앞서 본대로 "하나님의 의"는 구원의 측면과 심판의 측면을 포함하는 개념이기 때문에 바울은 로마서 1:18-3:20절에서 하나님의 의의 심판의 측면을 서술하고 있다고 볼 수 있다. 로마서 1:18-3:20절에서 바울은 그리스도 밖에 있는 모든 불의한 사람들은 하나님과의 관계를 올바로 할 방법이 없다는 것을 말씀하고 있다. 첫째로, 그들의 마음은 부패한 상태에 있기 때문에 자신들의 부도덕하고 죄악된 삶에서 스스로를 건져낼 수 없다(롬1:18-32), 둘째, 혹시 자신이 의롭다거나 도덕적인 사람이라고 생각하며 불의한 사람들을 판단하는 사람들도 자신들의 도덕적 기준으로 하나님의 의를 만족시킬 수 없다(롬2:1-16). 셋째, 모세의 율법을 바탕으로 민족적 자만에 빠져 있는 유대인들도 하나님 앞에서 죄인들이라는 점에서 다를 바가 없다(롬2:17-3:9). 로마서 3:10-20절에서 바울은 하나님으로부터 유리되어 있는 인류의 절망적인 상태를 요약하고 있다. 그것은 의인은 하나도 없으며 선을 행하는 자도 하나도 없다는 것이다. 사람들의 마음에는 불의와 부도덕한 생각으로 가득하다. 그리고 율법의 행위 즉 자신의 선한 행실로 구원받을 수 있는 사

183 Moo, *Romans*, 92.

람은 한 사람도 없다.

(가) 인간의 죄와 부패(롬1:18-32)

던은 로마서 1:18-32절에서 바울은 유대인으로써 이방인들의 도덕적 부패를 공격하고 있다고 말한다. 그 이유는 그 공격의 내용이 유대문학에서 묘사하는 이방인들의 우상숭배와 성적 타락과 유사하기 때문이라는 것이다.[184] 그러나 크랜필드는 이 문단은 이방인의 죄에 대한 고발이 아니고 모든 사람의 죄에 대한 고발과 관계되어 있다고 주장한다.[185] 그 이유는 로마서 1:18절은 "이방인" 혹은 "헬라인"이라는 단어 대신 "사람"이란 단어를 사용하고 있다. 그리고 23절에서 묘사하는 사람들의 우상숭배는 이스라엘 백성들의 금송아지 숭배를 고발하는 시편 106:20절과 이스라엘 백성들의 우상숭배를 언급하는 예레미야 2:11절과 유사하기 때문이다. 이는 이방인들과 마찬가지도 이스라엘 백성들의 마음도 부패해 있다는 것을 보여주며 바울이 유대인들의 죄를 고발하는 로마서 2:17-3:9절 말씀과 일치한다. 이와 비슷한 시각에서 배슬러는 로마서 1:16-2:11절에서 그 청취자의 분명한 특징이 발견되지 않는다고 말한다.[186] 로마서 2:1절부터 바울은 장광설법을 사용해서 이인칭 단수 대명사를 사용한다. 그러나 이것이 바울이 로마서 1:18-32절에서는 이방인들에게 말씀하는 반면, 로마서 2:1절부터는 유대인들에게 말씀하기 시작한다는 증거는 아니다. 후커는 로마서 1:18-32절은 아담의 타락을 생각나게 하고 이는 모든 인류의 상태를 암시하고 있다고 말한다.[187] 그러나 쉬라이너는 로마서 1:18-32절은 유대인들과는 관계없이 이방인의 죄를 서술하고 있다고 믿는다.[188] 그 이유는 바울 당시 유대인들은 로마서

184 Wisd Sol 11-15; Dunn, *Romans* 1-8, 53; Schreiner; Fitzmyer; Moo; Hultgren; Osborne.

185 Cranfield, *Romans* 1-8, 105-6; Morris, *Romans*, 74; A. Willer, *Der Römerbrief - eine dekalogische Komposition* (Stuttgart: Calwer, 1981) 63; J. Jervell, *Imago Dei: Gen l,26f. im Sp?tjudentum, in der Gnosis und in den paulinischen Briefen* (FRLANT 58; Göttingen: Vandenhoeck & Ruprecht, 1960) 316-19; Moo.

186 J. Bassler, *Divine Impartiality: Paul and a Theological Axiom* (Society of Biblical Literature Dissertation Series 59. Chico, Calif.: Scholars Press, 1982) 122; Davies, *Faith and Obedience*, 47-52.

187 M. D. Hooker, "Adam in Romans i." *New Testament Studies* 6 (1959-60) 297-306; idem, "A Further Note on Romans i." *New Testament Studies* 13 (1966-67) 181-83.

188 Schreiner, *Romans*, 81.

1:24-27절이 묘사하는 것과 같이 동성애의 죄를 범하지 않았다는 것이다. 그리고 32절이 묘사하는 것처럼 악을 행하는 자들을 옳다고 하지도 않았다는 것이다. 그러나 이 견해는 어디까지나 추측일 뿐 그 확실한 역사적 증거가 없다. 구약의 이스라엘 백성의 죄를 고발하는 모든 구절들이 바울 당시의 유대인들에게 적용될 수 없다고 주장할 근거는 없다. 이 점은 유대인의 죄를 고발하는 로마서 2:17-3:9절이 증명한다. 결론적으로 필자는 로마서 1:18-32절은 하나님을 떠난 모든 인류의 타락한 상태를 묘사하고 있다고 생각한다. 로마서 1:18절의 "모든 사람들"안쓰로우포운은 로마서 1:18-3:20절 전체에 걸린다. 그리고 유대인들에게는 하나님의 특별계시가 주어졌기 때문에 로마서 1:18-20절에서 바울이 말씀하는 자연계시는 이방인들만을 염두에 둔 말씀이라고 할 수는 없다. 유대인들도 하나님의 자연계시를 받은 사람들이라는 점에서 로마서 1:18-20절은 유대인들에게도 해당하며, 로마서 2:17-3:9절에 서술된 유대인들의 죄에 대한 고발을 준비하는 문단이라고 할 수 있다.[189]

이 문단의 구조를 보면 1:18-23절은 사람들의 핑계할 수 없음을 서술하고 24-28절은 동사 바꾸다알라소우와 내버려두다파라디도우미의 반복을 기초로 하나님의 심판의 정당성을 확실히 보여준다. 29-31절은 악의 리스트를 보여주고 32절은 이들의 죄의 고의성을 묘사한다. 여기서 바울은 세 가지 보응의 병렬법을 사용하고 있다. 첫째, 이들은 하나님의 영광을 금수의 형상의 우상과 바꾸었다. 그 결과 하나님께서는 그들을 마음의 정욕대로 더러움에 내버려두셨다. 둘째, 이들은 하나님의 진리를 거짓으로 바꾸었다. 그 결과 하나님께서는 그들을 그 부끄러운 욕심에 내버려두셨다. 셋째, 저희 여인들이 순리대로 쓸 것을 바꾸어 역리로 쓸 때 하나님께서는 저희를 그 상실한 마음대로 내버려두셨다.[190]

---

189 Moo, *Romans*, 96-98.

190 Moo; E. Klostermann, "Die adäquate Vergeltung in R?m 1:22-31." *Zeitschrift für die neutestamentliche Wissenschaft* 32 (1933) 1-6.

(ㄱ) 하나님의 진노의 정당함(롬1:18-20)

바울은 로마서 1:18절을 접속사 "갈"왜냐하면로 시작한다. 이는 17절과 18절이 논리적으로 연결되어 있다는 것을 말한다. 이것을 "그러나"로 번역하는 것은 "갈" 고유의 의미를 크게 벗어난다.[191] 그리고 18절의 "갈"이하가 하나님의 의, 즉 하나님의 구원하심이 왜 필요한지를 설명하고 있다고 해석하는 것은[192] 17절과 18절의 주동사가 다같이 현재시제인 점을 고려하지 않고 있다. 두 절은 현재시제 수동태 "나타난다"아포칼륩테타이는 동사를 공유하고 있다. 두 가지의 나타남은 동시에 이뤄지고 있으며 논리적으로 종속관계에 있지 않다. "나타난다"는 숨겨져 있던 것이 드러남을 말한다. 이는 사람이 그 마음에 인식하는 것을 의미하는 것이 아니라 하나님의 진노가 역사속에 임하는 것을 말한다. 던은 이는 유대 계시문학을 배경으로 한 개념이라고 말한다.[193] 즉 이는 종말에 임할 하나님의 심판과 관계있다. 그러면 이 심판은 미래에 임할 심판인가 아니면 현재 임하고 있는 심판인가. 바울은 하나님의 심판이 미래적 사건임을 말씀한다(롬2:5, 8; 3:5; 5:9; 9:22; 살전1:10; 5:9). 그러나 로마서 1:18절에서 언급된 하나님의 심판은 현재적 사건이다(롬4:15; 엡2:3).[194] 왜냐하면 17절의 아포칼륩테타이를 현재의 사건으로 보고 18절의 아포칼륩테타이를 미래의 사건으로 대조해야 될 문법적 근거가 없다. 하나님의 의의 나타남과 하나님의 진노가 나타남은 현재 밀접히 연결되어 있다.[195] 이는 곧 복음과 심판의 관계에 대한 문제다. 케제만은 하나님의 진노는 복음의 일부 혹은 하나님의 의의 일부가 아니라고 말한다.[196] 이는 그에 의하면 하나님의 의는 하나님의 우주적 언약에 대한 성실하심을 의미하기 때문이다. 그러나 복음을 통해 나타난 하나님의 의는 심판의 모티프를 포함

191 Cranfield, *Romans* 1-8, 106-7; contra Fitzmyer; Dodd; Dunn; Wilckens.

192 Sanday and Headlam.

193 Dunn; Osborne.

194 *Contra* H.-J. Eckstein, " 'Den Gottes Zorn wird vom Himmel her offenbar werden.' Exegetische Erwägungen zu Röm 1:18," *ZNW* 78 (1987) 74-89.

195 G. Bornkamm, "The Revelation of God' s Wrath (Romans 1-3)," in *Early Christian Experience* (London: SCM, 1969) 47-50, 62-64.

196 Käsemann; Wilckens; Nygren; *contra* Black; N. T. Wright, *Christian Origins and the People of God* (vol. 1: The New Testament and the People of God. Minneapolis: Fortress, 1992); Cranfield.

하는 것으로 이해하는 것이 바울의 성경신학에 일치한다. 즉 로마서 5:12절 이하의 가르침에 따르면 모세 이전에도 죄가 있었지만 율법이 사람들에게 주어진 후 사람들은 하나님의 공의의 심판앞에 더 핑계댈 이유가 없어졌다. 마찬가지로 복음이 선포되기 이전에도 하나님의 진노는 사람들에게 임했지만 복음이 선포됨과 동시에 이를 배척하는 사람들은 더욱 하나님의 진노 아래 놓이게 되는 것이다. 이는 종말에 임할 심판의 현재적 서곡이다.

하나님의 의(공의)는 복음을 통해서 구원으로(17절) 혹은 심판으로 나타난다(18절). 믿음을 가진 자들은 영생을 얻고 불의로 진리를 막는 사람들에게는 심판이 임한다. 도드는 하나님의 진노는 인과응보적인 자연 법칙일 뿐 하나님께서는 누구에게 진노하는 화난 하나님이 아니시라고 주장한다.[197] 그러나 던은 하나님의 진노는 어떤 자연 법칙이나 태도가 아니라 하나님께서 의도적으로 죄인들을 벌하시는 행위를 말한다고 주장한다.[198] 하나님의 진노는 하나님의 공의justice의 한 측면을 나타낸다.[199] 만일 하나님의 진노가 죄에 대한 하나의 반응일 뿐이면 하나님의 사랑도 하나님의 속성이 아니라 하나의 작용일 뿐이다. 바울은 로마서에서 "진노"올게이를 열 한 번 사용한다(롬 2:5, 8; 3:5; 4:15; 5:9; 9:22; 12:19; 13:4, 5). 이는 항상 악인에 대한 하나님의 진노를 가리킨다.[200] 하나님의 진노는 사회적 현상으로 나타날 뿐 아니라 로마서 1:24-27절에 알 수 있듯이 개인의 삶속에 실제로 역사하고 있다.

바울은 하나님의 진노가 불의로 진리를 막는 사람들의 모든 경건치 않음과 불의에 대하여 하늘로 좇아 나타난다고 말씀한다. 여기서 "진리"알레이쎄이아는 히브리 개념의 "성실함", "진실함"을 가리킨다고 할 수 있지만 헬라 개념의 "현실"reality을 의미한다고 볼 수 있다.[201] 즉 19절 이하의 말씀대로 그들은 하나님의 살아계심을 알지만 이를 막고 있다. 동사 카테코우막다는 "소

---

197 Dodd.

198 Dunn.

199 Murray; Cranfield; *contra* Hultgren; Stephen H. Travis, "Wrath of God (NT)," *ABD* 6:997; A. T. Hanson, *The Wrath of the Lamb (London: SPCK, 1957);* R. V. G. Tasker, *The Biblical Doctrine of the Wrath of God* (London, 1951); Terence E. Fretheim, "Theological Reflections on the Wrath of God in the Old Testament." *HBT* 24 (2002): 1-26.

200 Cranfield.

201 *TDNT* 1:243; Fitzmyer; Dunn.

유하다", "유지하다"의 의미도 있지만(고전7:30; 11:2) 여기서는 "억제하다"를 의미한다(롬7:6).[202] 이들은 진리를 알지만 이를 억제하고 있다. 그리고 이들의 특징은 "경건치 않음"아세베이아과 "불의"아디키아다. 오스본은 여기서 경건치 않음아세베이아은 종교적 죄이고 불의아디키아는 도덕적 죄로 이해할 수 있다고 말한다.[203] 미켈은 아세베이아는 십계명의 처음 네 가지 계명을 어기는 것이고, 아디키아는 그 나머지 여섯 가지 계명을 어기는 것이라고 말한다.[204] 이는 로마서1-11장이 하나님 앞에서의 사람의 지위status를 다루고 있고, 12-15장이 사람과 사람의 윤리적인 면을 다루고 있는 것과 병렬된다. 그러나 무는 아세베이아와 아디키아는 포괄적으로 일반적인 죄를 가리키는 것이라고 말한다.[205] 그것은 그에 의하면 18절에서 두 번 사용된 명사 아디키아(불의)가 하나님을 떠난 사람들의 경건치 않음과 불의함을 대표하는 단어이기 때문이다. 그러나 필자는 전자의 해석이 더 낫다고 본다. 바울은 로마서 1:19-23절에서 사람들이 어떻게 하나님께 드려야 할 예배를 왜곡하는지 보여준 다음 로마서 1:24-31절에서 사람들이 도덕적으로 어떻게 부패해 있는가를 구체적으로 보여준다. 사람들은 성적으로 타락해 있으며(26-28절) 추악 탐욕 악의 살인 분쟁 등(29-30절) 이웃에 대한 죄악으로 가득차 있다. 이는 하나님을 떠난 사람들이 수평적 관계에 있는 그 이웃에게 짓는 죄다. 바울은 이를 "불의"아디키아로 표현한다.[206] 반면에 사람들이 하나님을 경외하지 않고 그 이외의 것들을 숭배하는 것을 우상숭배idolatry라고 할 때 이는 영적인 간음adultery이라고 할 수 있고 이는 바로 바울이 로마서 1:19-23절에서 설명하는 "경건치 않음"아세베이아이다. 바울은 구원받기 전에 우리가 있던 상태를 "경건치 않음"이라고 표현한다(롬4:5; 5:6; 11:26). 이 점에서 우리는 바울이 로마서 1:18절에서 아세베이아와 아디키아를 동일한 의미로 사용한다고 볼 수 없다. 반대로 그는 이 두 단어를 사용해서 하나님을 떠난 사람들

---

202 살후2:6, 7; 몬13; *BAGD*; Wilckens; Cranfield; Moo.
203 Osborne, *Romans*, 46; Godet; Murray; Hultgren.
204 Michel; Schlatter.
205 Moo; Nygren; Cranfield; Wilckens; Fitzmyer.
206 롬1:29; 2:8; 3:5; 6:13; 9:14; 고전13:6; 고후12:13; 살후2:10, 12.

의 죄를 포괄적으로 가리킨다고 볼 수 있다.[207] 아세베이아와 아디키아의 반대는 의righteousness와 거룩holiness이다. 바울은 이를 로마서 3:21-4:25절과 6:1-15:13절에서 각각 다루고 있다. 에베소서 1:4절에서 바울은 하나님께서 그 백성을 만세 전에 택하신 것은 그들로 하여금 거룩하고holy 흠이 없게 blameless 하시려고 했기 때문이라고 말씀한다. 흠이 없다는 것은 하나님 앞에서 법적으로 의로운 상태고 거룩은 도덕적으로 깨끗한 상태다. 하나님의 백성들은 수직적으로나 수평적으로 바른 사람들이며 로마서 1:18-3:20절에서 다루는 하나님으로부터 소외된 사람들과 대조된다.

로마서 1:19절의 접속사 디오티왜냐하면는 18절에 대한 설명을 도입한다: "이는 하나님을 알만한 것이 저희 속에 보임이라. 하나님께서 이를 저희에게 보이셨느니라". 19절은 하나님의 진노의 이유를 설명하거나 혹은 사람들이 불의로 진리를 억제하는 것을 증명하고 있다고 볼 수 있는데 전자의 해석이 더 타당하다. 하나님을 경배하지 않는 사람들은 하나님을 알만한 것이 보여졌음에도 불구하고 하나님을 경배하지 않는다. 그렇기 때문에 그들은 그들의 불신앙에 대해 핑계할 수 없다(20절). 형용사 그노우스토스는 "알려진" known[208] 혹은 "알 수 있는"knowable을[209] 의미한다. 전자의 의미를 채택하면 19a는 "하나님에 대해 알려진 것이 저희 속에 보여졌다"로 번역되는데 이는 동어반복tautologism이 된다. 따라서 후자의 의미를 채택하는 것이 더 낫다: "하나님에 대해 알 수 있는 것이 저희 중에 분명하다".[210] 여기서 엔 아우토이스는 "저희에게",[211] "저희 안에서",[212] 혹은 "저희 중에"로[213] 번역될 수 있다. 이 모든 번역이 다 가능한 번역이지만 "저희 중에"가 가장 나은 번역이다. 그 이유는 20절에서 자연계시가 저희 중에 분명히 보여 알게 되었다고

207 *Contra* Fitzmyer. 피츠마이어는 "경건치 않음과 불의"를 중언법(hendiadys)으로 본다. 그러나 이는 메리즘(merism)으로 보아야 한다.

208 사19:21; 겔36:32; 누가2:44, 23:49; 행1:19; 2:14; 15:18; 28:22; 요한18:15; H. Rosin, ' To gnoston tou theou," *TZ* 17 (1961) 162.

209 창2:9.

210 Cranfield; Fitzmyer; *BAGD*.

211 Fitzmyer.

212 Calvin; Lietzmann, *An die Römer*, 31.

213 Cranfield; Michel; Barrett; Moo.

말씀하기 때문이다. 여기서 바울은 사람이 스스로 하나님에 대해 알 수 있는 능력을 가지고 있지 않다고 말씀하고 있다.[214] 하나님을 알 수 있음이 저희에게 분명한 것은 하나님께서 이를 저희에게 보이셨기 때문이다(19b). 여기서 동사 파네로오우는 하나님의 계시를 가리키고 있는 점에서 18절의 아포칼룹토우와 같은 의미로 쓰여졌다고 할 수 있다.[215] 던은 여기서 사람이 하나님에 대해서 알 수 있는 것은 하나님의 창조의 자연적 결과가 아니라 하나님께서 의도하신 결과라고 말한다.[216] 그리고 그는 이는 자연신학의 바탕이라고 말한다.[217] 그러나 바울은 여기서 자연계시를 통한 하나님에 대한 지식으로 특별계시를 통한 하나님에 대한 지식을 대체하지 않고 있다. 다시 말해 바울은 여기서 사람이 자연계시를 통해 하나님에 대해 알 수 있고 스스로 구원의 길을 찾을 수 있다고 말씀하지 않는다.[218] 그는 하나님께서 계시하신 구원의 한 길은 선지자들이 예언한 예수 그리스도시라고 로마서 3:21-26절에서 분명히 말씀한다.

로마서 1:20절의 접속사 "갈"왜냐하면은 19절을 설명하는 내용을 도입한다. 즉 바울은 하나님께서 사람들에게 보여 주신 것이 무엇인지 서술한다. 그것은 창세로부터 그의 보이지 아니하는 것들 곧 그의 영원하신 능력과 신성이 그 만드신 만물에 분명히 보여진 것이다. 그것은 저희가 핑계치 못하게 하기 위해서였다. 하나님의 보이지 않는 것들이 보여졌다는 것은 모순어법oxymoron이다. "그의 보이지 아니하는 것들"아오라타 아우투은 헬라 유대주의 혹은 헬라 개념으로써 하나님의 속성의 하나다.[219] 그리고 이 속성은 그 뒤의 "그

---

214 G. Bornkamm, "Faith and Reason in Paul." In his *Early Christian Experience* (New York: Harper & Row, 1969) 29-46; M. Bockmuehl, *Jewish Law in Gentile Churches: Halakhah and the Beginning of Christian Public Ethics* (Edinburgh: T&T Clark, 2000; reprinted. Grand Rapids: Baker Book House, 2003).

215 *Contra* Fitzmyer; M. N. A. Bockmuehl, "Das Verb phanerōo im Neuen Testament: Versuch einer Neuauswertung," *BZ* 32 (1988): 87-99.

216 Dunn.

217 D. L. Turner, "Cornelius Van Til and Romans 1:18-21: A Study in the Epistemology of Presuppositional Apologetics." *Grace Theological Journal* 2 (1981) 45-58; B. A. Demarest, *General Revelation: Historical Views and Contemporary Issues* (Grand Rapids: Zondervan, 1982).

218 Contra S. K. Stowers, *A Rereading of Romans: Justice, Jews, and Gentiles* (New Haven: Yale University Press, 1994) 91.

219 Philo, *De vita Mos*.2.12; Josephus, *J.W.* 7.8.7; Diodorus Siculus, *Bibliothēkē Historikē* 2.21.7; Fitzmyer.

의 영원하신 능력과 신성"으로 설명된다(골1:15; 딤전1:17; 히11:27). 전치사 아포를 근원source으로 해석하면 하나님의 "보이지 않음"invisibility의 속성이 세상의 창조를 통해 보여진다는 의미를 가진다. 이 의미도 가능하지만 본문의 문맥에서 아포를 시간적 의미로 보는 것이 더 낫다. 즉 창세이래로 그의 보이지 않는 것들이 인식된다는 것이다. 동사 카쏘라오우는 신약에서 오직 이 절에만 사용되고 있고 칠십인 역에 네 번 사용되고 있다. 이 단어는 헬라 사회에서 보통 정신적으로 인식한다는 의미보다 육체적으로 본다는 의미로 사용되었다.[220] 이 단어 앞의 분사 누우메나는 "이해하다"를 의미하며(마15:17; 엡3:4, 20; 딤전1:7) 카쏘라오우를 수식한다. 그리고 카쏘라오우는 마음에서 인식하다는 뜻을 가진다. 그러나 크랜필드는 바울이 여기서 의도적으로 모순어법oxymoron을 사용하기 때문에 두 동사 모두 육체적으로 보는 것을 의미한다고 볼 수 있다고 말한다.[221] 그러면 어떻게 이해되고 보여지는가. 그것은 "그 만드신 만물"토이스 포이에이마신을 통해서다. NIV는 이 여격을 근원으로 보고 "그 만들어진 것들로부터 이해되고"being understood from what has been made라고 번역한다. KJV은 이 여격을 도구로 해석해서 "그 만드신 것들에 의해 이해되고"being understood by the things that are made라고 번역한다. 양자 모두 그 의미는 같다. 그 보여지는 대상은 사람이다. 바울은 이를 이 절 끝의 대명사 아우투스그들로 밝히고 있다.

형용사 "영원한"아이디오스은 신약에서 오직 이 절과 유다서6절에만 쓰였다. 바울이 일반적으로 같은 의미를 가진 아이오우니오스 대신 아이디오스를 이 절에서 사용한 것은 항상성always-ness을 표현하려 한 것이다.[222] 즉 하나님의 능력은 항상 존재한다. 명사 "신성"쎄이오테이스도 신약에 오직 이 절에만 나온다. 이는 헬라어 표현으로써 신성divine nature을 의미하며 신의 성격dvine personality을 의미하는 쎄오테이스와 구분된다.[223] 던은 바울은 여기서 일상적인 헬라어 단어들을 사용함으로써 헬라적 유대주의를 배경으로 한 신론을 제시

---

220 Moo, *Romans*, 105.
221 Cranfield.
222 Morris, *Romans*, 81.
223 Cranfield.

하고 있다고 말한다. 즉 이성적인 사람은 하나님의 영원한 능력과 신성을 인식할 수 있다는 것이다.[224] 여기서 바울이 말씀하는 인식은 이성적 추론이 아니라 단순히 그 마음에 비춰지는 인식이다.[225] 자연계시는 논리적 추론력이 있는 사람에게만 인식되는 것이 아니다. 모든 사람은 하나님의 영원한 능력과 신성을 그 마음속에 인식한다. 그러나 그들은 이를 인정하지 않는다. 그렇기 때문에 그들은 핑계할 수 없다. 20절의 마지막 구절은 전치사 에이스into의 부정사구이다. 우리는 이를 결과로 볼 수도[226] 있고 목적으로 볼 수도 있다.[227] 이를 결과로 볼 수 있는 가장 큰 근거는 21절이 접속사 디오티로 시작하며 20절을 설명하고 있기 때문이다.[228]

그러나 오히려 21절은 그들이 핑계치 못하는 이유를 설명하고 있지 하나님의 자연계시의 결과 그들이 핑계치 못한다는 것을 설명하고 있는 것은 아니다. 그리고 그들이 핑계치 못하는 것이 20절에서 말씀하는 자연 계시의 결과 때문만이 아님을 밝히고 있다. 이는 그들이 핑계치 못하는 이면에 하나님의 목적이 존재함을 암시한다. 즉 그들이 핑계치 못하는 이유는 하나님의 능력과 신성이 그들 마음에 보여졌기 때문만이 아니라 그들이 이를 의도적으로 배척했기 때문인 것이다. 그들은 하나님께 영광을 돌리지 않고 하나님의 영광을 금수와 버리지의 형상으로 대체했다(23절).

(ㄴ) 타락한 인간들에 대한 하나님의 보응(롬1:21-32)

로마서 1:21-23절은 자연계시를 통해 보여진 하나님의 영원한 능력과 신성을 부정하는 인간의 악을 설명하고 있다. 로마서 1:21절의 접속사 디오티는 20b를 설명하는 내용을 도입한다. 즉 사람들은 하나님을 알되 하나님으

---

224 Dunn, *Romans* 1-8, 58; Bornkamm; Moo; A. Fridrichsen, "Zur Auslegung von Rom l:19f." *ZNW* 17 (1916) 159-68.

225 Schreiner; *contra* Hooker, "Adam in Romans i," 299.

226 Fitzmyer; Lenski; Nygren; Cranfield; Lagrange; E. De Witt Burton, *Syntax of the Moods and Tenses in New Testament Greek*, Edinburgh, 1955, § 411; 롬4:18; 6:12; 7:5; 고전8:10; 고후7:3; 갈3:17; 살전2:16; 살후2:10. I. T. Beckwith, "The Articular Infinitive with εἰς," *JBL* 15 (1896) 155-67.

227 Sanday and Headlam; Morris; Moulton; Turner; Michel; Barrett; 롬1:11; 3:26; 4:16; 7:4; 8:29; 11:11; 15:8; 고전9:18; 10:6; 11:33; 고후1:4; 8:6; 엡1:12, 18; 살전3:2, 5, 13; 살후1:5; 2:6, 11; 3:9.

228 Murray, *Romans*, 40-41.

로 영화롭게도 아니하고 감사하지도 않고 오히려 그 생각이 허망해지며 미련한 마음이 어두워졌다. 과거분사 그노테스알다는 양보concessive의 의미를 가진다. 즉 사람들은 하나님을 알지만 하나님을 영화롭게 하지 않는다. 여기서 안다는 것은 경험에 바탕을 둔 진정한 지식을 의미하는 것이 아니라 희미하고 불완전한 지식을 말한다.[229] 즉 이들은 하나님의 존재를 수긍하지만 하나님께서 영광을 받으시기에 합당하신 대주재이심을 모르고 있다. 그래서 이들은 하나님으로 영화롭게도 아니하고 감사를 드리지도 않는다. 여기서 감사를 드리지 않는다는 것은 하나님을 경배하지 않는다는 뜻이다. 명사 디아로기스모스생각는 악한 생각 혹은 의심과 같은 부정적인 뉘앙스를 가진다.[230] 동사 마타이오오우허망해지다는 칠십인 역에서 종종 우상숭배를 의미한다(삼하17:15; 렘2:5; 51:17). 그 동족어 마타이아는 우상을 의미한다(행14:15; 왕하17:15). 바울은 이를 다시 23절에 구체적으로 설명하고 있다. 형용사 아수네토스는 "미련한" 혹은 "이해하지 못하는"을 의미한다. 미련한 마음이 어두워졌다는 것은 사람의 인격의 중심인 마음까지도 타락했다는 것을 말한다(렘2:5; 잠13:1). 18-20절에서 동사는 현재시제인데 반해 21-23절에서 바울은 동사의 시제를 과거형으로 쓰고 있다. 따라서 어떤 학자들은 바울이 여기서 서술하는 것은 그 당시 사람들의 타락한 상태가 아니라 고대의 사람들의 타락한 상태라고 말한다.[231] 그러나 여기서 과거형은 격언시제gnomic로써 모든 시대의 사람들의 상태를 묘사하고 있다.[232]

22절에서 바울은 계속해서 하나님을 떠난 사람들의 부패의 측면을 기술한다. 이들은 스스로 지혜있다 하나 우준하게 되었다. 동사 파스코우는 "주장하다"를 의미한다(행24:9; 25:19). 그들은 스스로 지혜있다고 생각할 뿐 아니라 이를 주장한다. 그러나 그들은 우준하게 된다모우라이노우. 동사 모우라이노우는 소금이 그 맛을 잃어 버린다는 뜻도 있다(마5:13; 눅14:34). 그 맛

229 Fitzmyer; Cranfield.

230 *TDNT* 2:97. 마15:19; 막7:21; 누가2:35; 5:22; 6:8; 9:47; 24:38; 롬14:1; 빌2:14; 딤전2:8; 약2:4.

231 D. M. Coffey, "Natural Knowledge of God: Reflections on Romans 1:18-32," *TS* 31(1970): 674-91; R. Cornely, *Commentarius in s. Pauli apostoli epistulas: I. Epistola ad Romanos*, CSS 3.6 (Paris: Lethielleux, 1896; 2d ed. 1927).

232 Lagrange, *Romains*, 25.

을 잃은 소금이 가치가 없듯이 우준한 세상 사람도 의미없는 존재가 된 사람들이다. 바울은 고린도전서 1:18-25절에서 세상 사람들이 스스로 지혜있다고 생각하지만 하나님께서는 십자가의 도로 이들을 미련하게 하셨다는 것을 말씀한다. 22절에서 스스로 지혜있다고 생각하는 사람들은 헬라 철학자나 지식인들이 아니고 타락한 일반 사람들이다.[233]

로마서 1:23절은 접속사 카이를 통해 동사 알라소우바꾸다가 22절의 동사 "우준하게 되다"와 관계있음을 나타낸다. 사람들의 우준함은 23절 내용이 서술하는 바와 같다. 즉 이들은 "썩어지지 아니하는 하나님의 영광을 썩어질 사람과 금수와 버리지 형상의 우상으로 바꾸었다". 이들은 하나님을 예배하지 않고 짐승의 형상으로 우상숭배를 하면서 스스로 지혜있다고 말하지만 우준하게 되었다. 하나님의 영광독사은 헬라문화에서 "의견" 혹은 "판단"을 뜻했다. 그러나 칠십인역 저자들은 히브리어 카보드명예, 중함, 무거움의 번역을 위해 헬라어 독사를 사용했다(시49:16; 사16:14). 구약에서 이 단어가 하나님을 서술할 때는 성막 혹은 성전에 임하신 하나님의 장엄한 빛을 가리킨다(출24:17; 40:34-35).[234] 신약에서 하나님의 영광은 하나님의 높으심과 장엄하심과 광대하심의 총체라고 정의할 수 있으며 하나님께서 가지고 계신 속성이다. 명사 영광은 신약에 사용된 절반의 수가 바울 서신에 나오며 로마서에는 그 중 16회 사용되고 있다. 바울은 성취된 종말론적 관점에서 성도를 이미 이 하나님의 영광에 참예한 자들로 묘사한다(롬5:2; 8:17, 30). 그러나 타락한 사람들은 하나님의 영광을 썩어질 사람과 금수와 버리지 형상의 우상으로 바꿨다. 여기서 "바꾸다"는 하나님의 영광이 썩어질 것으로 쇠퇴했다는 의미가 아니라 하나님의 영광을 피조물의 형상의 우상에게 돌렸다는 의미다. 여기서 어떤 학자는 명사 호모이오우마는 형상image을 의미하고 에이코운은 그 형상이 나타내는 사람 버리지 등의 형태form를 의미한다고 말한다(Wisd 11:15).[235] 그러나 케제만은 이 두 단어의 의미는 같은 것이라고 말

---

233 Calvin; Cranfield.
234 G. von Rad, *TDNT*, 2:238-42.
235 G. Kittel, *TWNT* 2:393; Cranfield; Jervell, *Imago Dei*, 320-21.

한다.[236] 잔Zahn도 에이코운은 호모이오우마와 동격이라고 본다. 이 점에서 에이코운은 우상의 열등하고 어두운 측면을 묘사하고 있다고 하는 해석은 통찰력이 있다.[237] 바울은 여기서 우상숭배를 금하는 신명기 4:16-18절과 예레미야 2:11절을 배경으로 하고 있다. 그러나 어떤 학자들은 이 말씀은 아담의 타락의 이야기를 배경으로 하고 있다고 말한다.[238] 새 짐승 벌레 등의 단어는 창세기 1:20, 24절에도 나오며; 에이코운은 창세기 1:26절에도 쓰였고; 또 이 절의 주동사의 과거시제는 이 사건이 과거의 사건임을 가리킨다는 것이다. 따라서 바울은 여기서 사람의 타락을 아담의 타락 이야기를 배경으로 서술하고 있다는 것이다. 그러나 피츠마이어는 이에 동의하지 않는다.[239] 로마서 1:23절에 에이코운은 사용되고 있지만 호모이오우마는 사용되지 않고 있고 또 명사 안쓰로우포스가 창세기 1:26절을 암시하는 것으로 볼 수 없다는 것이다. 바울은 이 절에서 창세기 1:20, 24절에 사용된 단어를 사용해서 사람들이 사람과 금수와 벌레 형상의 우상을 숭배했다고 서술하는 것이지 이것이 반드시 창세기 1-3장의 아담 이야기를 배경으로 한 것을 증명하는 것은 아니다. 사실 우상숭배에 대한 엄중한 경고는 유대주의 전통에 널리 녹아 있다(Wisd 13:13).[240] 유대주의 전통에서 아담의 이야기는 출애굽 당시 이스라엘 백성들이 금송아지 형상으로 우상숭배한 사건과 연결되기도 한다. 그리고 넓은 의미에서 인간의 종교는 사실상 우상숭배의 한 측면을 나타낸다.[241] 우상숭배는 사람의 타락의 깊이를 나타내는 대표적 증거라고 할 수 있다.

로마서 1:24절의 접속사 디오그러므로는 22-23절 내용의 결과를 도입한다:

---

236 Käsemann; Morris.

237 Barrett.

238 N. Hyldahl, "A Reminiscence of the Old Testament at Romans I 23," *NTS* 2 (1955-56) 285-88; Hooker, "Adam in Romans i," 300; Jervell, *Imago Dei*, 316-29; D. J. W. Milne, "Genesis 3 in the Letter to the Romans," *Reformed Theological Review* 39 (1980) 10-12.

239 Fitzmyer; Moo; Dunn; A. J. M. Wedderbum, "Adam in Paul' s Letter to the Romans," in *Studia Biblica1978, III: Papers on Paul and Other New Testament Authors* (ed. E. A. Livingstone; JSNTSup3; Sheffield: JSOT, 1980) 413, 419.

240 Sib. Or. 3; *I Enoch* 91.4ff.; *T. Mos*. 1.13; *2 Apoc. Bar*. 54.17-22; *T. Naph*. 3.2-4; Jeremias, "Röm 1:22-32"; Dunn; R. Scroggs, *The Last Adam: A Study in Pauline Anthropology* (Philadelphia: Fortress, 1966) 75-79.

241 Dunn; Eichholz, *Theology*, 70-76.

"그러므로 하나님께서 저희를 마음의 정욕대로 더러움에 내어 버려두사 저희 몸을 서로 욕되게 하셨다." 여기서 동사 파라디도우미는 건네다hand over를 의미한다. 구약에서 하나님께서 그 백성들의 죄를 벌하시기 위해서 그들을 그 원수의 손에 던지시는 경우 이 동사가 사용된다.[242] 신약에서 이 동사는 주인이 긍휼이 없는 하인을 옥졸들의 손에 넘긴다고 할 때(마18:34), 빌라도가 예수를 군인들 손에 넘길 때(마27:26; 막 15:15; 눅23:25; 요19:16), 가룟 유다가 예수를 제사장들에게 팔았다고 할 때(막3:19) 사용된다. 누가는 스테판의 설교 중 "하나님이 돌이키사 저희를 그 하늘의 군대 섬기는 일에 버려두셨"다고 할 때 사용한다(행7:42). 이 구절들을 통해 알 수 있는 것은 파라디도우미의 목적어가 죄인들일 경우 이는 심판이나 형벌 속에 집어 넣는다는 의미를 가진다는 것이다. 로마서 1:24절에서 이 동사의 주어는 하나님이시다. 그리고 그 목적어는 우상숭배하는 세상사람들이다. 그들이 던져진 형벌은 더러움(에피투미아, 24절), 욕심(아티미아, 26절), 상실한 마음(아도키몬 눈, 28절)이다. 여기서 "더러움"(아카살시아)은 보통 신약에서 성적 부도덕을 의미한다.[243] 이 의미는 그 앞의 구절 "그 마음의 정욕대로"와 일치한다. 즉 하나님께서 이들을 성적 부도덕에 던지신 심판은 이미 그들 마음에 정욕이 가득해 있던 것을 전제로한다. 그러면 하나님께서 그들을 성적 범죄에 던지셔서 그 부도덕함을 영구화하신다는 말씀인가. 도드는 이는 하나님의 진노를 가리키는 표현이 아니라 자연스런 역사적 과정의 산물을 묘사하는 언어일 뿐이라고 말한다.[244] 또 어떤 학자는 이는 하나님께서 그들을 직접 부도덕에 빠트리신 것이 아니라 그들이 부도덕의 늪에 더욱 빠져들도록 허용하신 것이라고 해석한다.[245] 그러나 우리는 여기서 동사 파라디도우미에 내재된 능동적 의미를 무시하면 않된다. 하나님께서는 우상숭배자들을 그 정욕대로 성적 부패속에 던지심으로써 그들 몸을 서로 욕되게 하신 것이

242 레26:25; 수7:7; 삿2:14; 6:1, 13; 사65:12; 렘15:4; 22:25; 겔7:21; 11:9; 16:27, 39; 21:31.

243 롬6:19; 고후12:21; 갈5:19; 엡4:19; 5:3; 골3:5; 살전2:3; 4:7; Murray.

244 Dodd; Hanson, *The Wrath of the Lamb*, 69, 85; G. H. C. MacGregor, "The Concept of the Wrath of God in the New Testament," *New Testament Studies* 7 (1960-61) 101-9.

245 Godet; Chrysostom.

다. 여기서 관사부정사 투 아티마제스싸이모욕하다는 목적이라기 보다 결과로 보는 것이 낫다.[246] 그리고 그 태는 수동태라기 보다 중간태라고 할 수 있다.[247] 엔 아우토이스는 "그들을 통해서"[248] 혹은 "그들 서로에게"[249] 보다 "그들 중에"로 번역하는 것이 낫다.

불의한 자들이 성적 더러움에 버려진 상태는 하나님의 은혜로 성령을 통해서 그 마음이 새로워진 성도들의 거룩함과 대조된다(롬6:6, 22; 8:14; 12:2; 고후5:17). 그러면 하나님께서 타락한 자들을 그 성적 부도덕에 던지신 징벌은 이들이 회개하도록 하기 위함인가. 어떤 학자들은 그렇다고 생각한다.[250] 이들은 하나님께서 이들이 성적 타락을 통해 그 몸이 욕되게 됨으로써 자신들의 죄의 심각성을 깨닫고 회개하도록 계획하신 것이라고 본다. 그러나 성경이나 세상 역사에서 이러한 하나님의 징벌이 죄에서 돌이킴을 가져온 경우가 없다는 사실에 주목해야 한다.[251] 그리고 불의한 우상숭배자들이 성적 부도덕함에 빠져서 회개할 수 있다면 성적으로 타락한 사람들은 그렇지 못한 사람들보다 회개할 가능성이 더 큰 사람들이라고 보아야 하는데 실제로 그렇지 않은 것은 위 견해가 근거없는 추측일 뿐이라는 것을 나타낸다. 오히려 이들은 그 죄악된 상태에서 회개할 가능성이 없다. 이들이 그 성적 타락으로 그 몸이 욕되게 되는 것은 최후 심판 때 이들이 받을 형벌을 미리 맛보는 것이다. 그리고 다른 한편으로 우상숭배 상태에 살다가 구원받은 성도들은 그 구원이 전적으로 하나님의 은혜에 바탕을 둔 것임을 깨닫게 해준다. 고후4:6절에서 바울은 사람들이 이 세상신에 의해서 그 마음이 어두워져 있어서 복음을 받아들이지 못하지만 성도들은 하나님의 진리의 빛이 그 마음에 비춰졌기 때문에 예수님을 믿고 구원받게 된 것이라고 말씀하고 있다. 어떤 해석가는 동사 파라디도우미의 시제는 과거형이기 때문에 이는

---

246 목적(고전10:13; Zahn; Godet; Lagrange); 결과(롬7:3; 11:10; 갈3:10; Morris; Cranfield); 목적/결과(롬6:6; 고전10:13); 동격(롬8:12; 11:8; 15:22, 23; 고전9:10; 16:4; 고후8:11; 빌3:10, 21; Murray; Moulton; Barrett); Moo, *Romans*, 112.

247 Moo; *contra* Cranfield.

248 Barrett.

249 RV; Michel.

250 Chrysostom; Cranfield; Dunn; Morris; Hultgren.

251 Moo.

원죄로 인한 하나님의 심판을 의미한다든지 혹은 과거에 하나님께서 소돔과 고모라를 심판하신 것처럼 악인들을 심판하신 것을 의미한다고 말한다. 그러나 여기서 사용된 헬라어 아오리스트과거시제는 과거에 일어난 사건을 가리키는 것이 아니라 포괄적 과거constative aorist로써 현재에도 일어나는 일을 의미한다.[252] 다시말해 바울은 하나님을 떠나 우상숭배하는 세상사람들에 대한 하나님의 진노는 현재 계속되고 있다는 것을 말씀하고 있다.

로마서 1:25절의 부정관계대명사 호이티네스가 24절의 "그들"아우토운에 걸린다고 보면 25절 내용은 그들의 우상숭배의 내용을 더 자세히 설명하며 하나님께서 그들을 더러움에 던지신 이유를 확인해 준다.[253] 그러나 26절의 디아 투토이를 인하여는 25절 내용의 결과를 도입하고 있고 24절의 디오그러므로는 23-24절의 인과관계를 성립시키고 있다. 그리고 25절에는 25절을 24절과 연결시키는 접속사가 없다. 따라서 25절의 호이티네스는 종속절을 이끌며 새 개념new idea을 도입하는 관계대명사로 볼 수도 있다(롬1:32; 2:15; 갈4:24; 빌3:7).[254] 저희는 하나님의 진리를 거짓 것으로 바꾼다. 여기서 던은 하나님의 진리는 하나님을 의지할만 함 혹은 신뢰할만 함을 의미한다고 말한다.[255] 여기서 "하나님의 진리"는 거짓과 대조되기 때문에 이는 하나님께서 나타내신 것을 의미한다고 볼 수 있다.[256] 혹은 하나님께서 창조를 통해 나타내신 것은 곧 하나님 자신의 영광이므로 여기서 하나님의 진리는 하나님에 관한 "사실"reality이라고 볼 수도 있다.[257] 그러나 후자의 이 두 의미는 서로 연관되어 있기 때문에 하나님의 진리는 이 두 의미를 다 포함하는 개념이라고 할 수 있다. 여기서 바울은 거짓세우도스을 일반적 거짓이 아니고 "그 거짓"이라고 표현한다. 던은 이를 사람들의 하나님께 대한 적절한 반응에 반대되는 것으로써 "거짓들"이라고 이해할 수 있다고 말한다. "그 거짓"은 "하

252 S.E. Porter, *Verbal Aspect in the Greek of the New Testament, with Reference to Tense and Mood* (Studis in Biblical Grek 1; Frankfurt: Peter Lang, 1989).
253 RSV; JB; NEB; Morris; Lagrange; Michel; Sanday and Headlam; Murray.
254 NIV; Moo; Cranfield.
255 Dunn, *Romans 1-8*, 63.
256 Murray; Cranfield; Morris.
257 Moo.

나님의 진리"에 반대되는 개념이므로 이는 하나님에 대한 사실을 왜곡하는 것으로써 거짓을 가리킨다고 할 수 있다(살후2:11; 요8:44). 사탄은 에덴동산에 살던 아담과 이브을 유혹하면서 세상에 거짓을 들여왔다. 그는 그들이 그 금지된 열매를 먹으면 눈이 밝아져서 그들도 하나님처럼 될 수 있다고 속였다. 이 구약의 사건을 배경으로 예수께서는 자신을 대적하는 유대인들을 향해 너희 아비는 마귀요 처음부터 살인한 자요 진리가 그 속에 없으므로 진리에 서지 못하고 거짓을 말할 때 마다 제 것으로 말하니 이는 저가 거짓말장이요 거짓의 아비가 되었음이라고 말씀한다(요8:44). 그래서 원죄를 진 아담과 이브의 후손들은 진리의 하나님을 예배하지 않고 피조물을 경배한다. 명사 크티시스피조물는 창조된 것으로써 이 세상에 있는 모든 것을 가리킨다고 할 수 있다. 동사 메탈라소우바꾸다는 23절의 알라소우와 같은 의미를 가진다. 동사 세바조마이는 세보마이와 같은 뜻으로써 예배하다를 의미한다. 동사 라트레우오우는 제사를 드리다를 의미한다(롬1:9; 빌3:3; 딤후1:3). 이 두 동사는 함께 우상숭배가 나타내는 것을 총체적으로 요약하고 있다(신4:19). 즉 우상숭배는 하나님 이외의 것을 경배하고 섬기는 것을 말한다. 여기서 전치사 파라는 "…보다", 혹은 "…대신"을 의미한다.[258] 그러나 후자의 의미가 문맥에 더 잘 맞는다(창조주 대신에 피조물을 경배하고 섬긴다). 바울은 갑자기 "주는 곧 영원히 찬송할 이시로다 아멘"이라고 말씀하며 하나님을 찬양한다. "영원히"에이스 투스 아이오우나스는 히브리어 러올라밈의 번역이다(대하6:2; 욥1:21; 시48:14; 72:17). 이 찬송은 우상숭배자들의 배역무도와 반대로 하나님께서는 영원히 찬송을 받으시기에 합당하신 창조주이심을 일깨우고 있다. "아멘"은 찬송에 엄숙함을 더하고 바울 자신의 신앙을 여기에 포함시킨다(롬9:5; 11:36; 15:33; 16:24, 27; 고전14:16).[259]

로마서 1:26절의 디아 투토이를 인하여는 25절 내용의 결과를 도입한다. 사람들이 피조물을 예배하는 우상숭배로 인해 하나님께서는 저희를 부끄러운 욕심에 넘기셨는데 곧 저희 여인들도 순리대로 쓸 것을 바꾸어 역리로 쓴다.

---

258 누가18:14; 롬1:25; 12:3; 고전3:11; 고후8:3; 히1:9; 11:11; BAGD.
259 Cranfield.

이 절에서 명사 파쏘스는 신약에서 바울 서신에만 세 번 사용되고 있고 고난, 욕정을 의미한다. 아티미아는 치욕, 모욕, 부끄러움을 의미하며 24절의 아티마조우의 명사형이다. 하나님께서는 우상숭배자들을 부끄러운 욕정에 던지셨는데 이는 곧 동성애를 말한다. 26b의 테와 27절의 테는 두 종류의 동성애를 병렬한다. 즉 26b는 여성의 동성애를 27절은 남성의 동성애를 묘사한다. 26b의 접속사 갈(왜냐하면)은 26a의 원인을 설명하는 것이 아니라 부끄러운 욕정의 내용을 설명하는 구절을 도입하고 있다. 동사 메탈라소우는 25절에서 사용된 바와 같이 무엇을 무엇과 바꾸는 것을 의미한다. 바울은 여기서 "여자"구네이/"남자"아네일 대신 "여성"쎄일루스/"남성"알세인이라는 표현을 사용함으로써 성의 구분을 더 명확히 한다. 이는 하나님께서 남성과 여성으로 창조하신 성의 구분을 혼잡하게 하는 동성애의 왜곡됨을 강조한다. 명사 크레이시스는 신약에 오직 로마서 1:26, 27절에만 사용되고 있고 이용, 기능을 의미하는데 여기서는 성관계를 가리킨다. 곧 저희 여인들은 성의 원기능을 바꾸어 이를 왜곡되게 사용한다. 여기서 명사 푸시스는[260] 본성, 순리를 의미하는데 자연 질서를 말한다.[261] 그리고 이는 하나님의 의도하신 창조의 질서에 바탕을 두고 있다.[262] 이와 반대는 "역리"파라 푸신다. 전치사 파라는 "…보다", "…와 함께" 뿐 아니라 "…에 위배되는"의 뜻도 가진다(롬16:17). 따라서 여기서 파라 푸신은 테인 푸시케인 크레이신의 반대어로써 본성을 거스리는 성행위를 말한다.[263] 26b는 이 비정상적인 성행위가 무엇인지 구체적으로 묘사하지 않는다. 이는 강간, 남색, 그리고 동성애를 의미할 수 있다. 어떤 학자는 이를 여성 피임[264] 혹은 남녀간의 변태적 성행위를[265] 의미

260 Oda Wischmeyer, " *ΦΥΣΙΣ* und *ΚΤΙΣΙΣ* bei Paulus: Die paulinische Rede von Schöpfung und Natur." *ZTK* 93 (1996): 352-75.

261 Hultgren; H. Koester, *TDNT*, 9:273; BAGD; Dunn; Byrne; Lohse.

262 Moo; Fitzmyer; Schreiner; Cranfield; Michel; J. Nolland, "Romans 1:26-27 and the Homosexuality Debate." *HBT* 22 (2000): 32-57; Knut Holter, "A Note on the Old Testament Background of Rom 1,23-27," *BN* 69 (1993) 21-23; Robert A. J. Gagnon, *The Bible and Homosexual Practice: Texts and Hermeneutics* (Nashville: Abingdon Press, 2001) 290.

263 Dale B. Martin, "Heterosexism and the Interpretation of Romans 1:18-32." *BibInt* 3 (1995): 332-55; David E. Fredrickson, "Natural and Unnatural Use in Romans 1:24-27: Paul and the Philosophic Critique of Eros." In *Homosexuality, Science, and the "Plain Sense" of Scripture* (Ed. David L. Balch. Grand Rapids: Wm. B. Eerdmans, 2000) 197-222.

264 J. C. Ford and G. Kelly, *Contemporary Moral Theology*, 2 vols. (Westminster, Md.: Newman, 1958-64)

한다고 말한다. 그러나 27절에서 부사 호모이오우스이와 같이는 이 비정상적인 성행위는 동성애임을 밝혀준다. 26b에서 형용사 푸시코스순리의는 카타 푸신과 같은 의미를 가지고 파라 푸신역리의 반대 개념이다. 이 표현들은 Wisd of Sol 3나 제 사 마카비서를 제외하고는 칠십인역에 발견되지 않는다. 이 점에서 던은 푸시스는 히브리 개념이 아니라 헬라 개념, 그리고 그 중에서도 특히 자연질서와의 조화와 신의 이성을 가르친 스토아 철학과 가깝다고 본다.[266] 그러나 피츠마이어는 로마서 1:18-32절은 유대주의 가르침을 배경으로 하고 있고 또 구약이나 유대주의문학도 동성애를 하나님의 질서와 뜻을 어기는 죄로써 정죄하고 있기 때문에 여기서 바울의 가르침은 구약과 유대문학을 배경으로 한 것이라고 말한다.[267] 솔로몬의 지혜Wisdom of Solomon 14:12는 "우상을 만드는 것은 사통의 시작이요 우상의 발명은 인생의 타락이다"라고 말한다. 파일로도 바울이 사용하는 단어인 푸시스, 크레이시스 등을 사용하면서 동성애를 정죄한다.[268] 우상숭배와 동성애는 공통점이 있다. 즉 우상숭배는 하나님께 드려야 될 예배를 피조물에게 드리는 것이며 동성애는 순리로 써야될 성을 역리로 쓴다는 점에서 둘 다 창조의 질서를 어기고 있다.

그러나 어떤 학자는 여기서 바울은 동성애를 하나님의 뜻을 어기는 죄로 제시하지 않는다고 말한다. 바울은 단지 그 당시 동성애에 일반적으로 관대했지만 동성매춘을 정죄했던 헬라 문화를 묘사하고 있을 뿐이라는 것이다.[269] 그리고 바울의 관점은 "신학적"이지 "윤리적"이지 않다는 것이다. 그

2.272.

265 P. J. Tomson, *Paul and the Jewish Law: Halakha in the Letters of the Apostle to the Gentiles*, CRINT 3.1 (Assen: Van Gorcum; Minneapolis, Minn.: Fortress, 1990) 94 n. 157; J. E. Miller, 'The Practices of Romans 1:26: Homosexual or Heterosexual?" *Novum Testamentum* 37 (1996) 1-11; Hans Debel, "An Admonition on Sexual Affairs: A Reconsideration of?Rom?1:26-27." *Louvain Studies* 34/1 (2010) 39-64.

266 Dunn.

267 창19:1-28; 레18:22; 20:13; 신23:17-18; 삿19:22-24; 왕상24; 15:12; 왕하23:7; 사1:9; 3:9; 애가 4:6; *Wisd*. 14:26; *T. Levi* 17:11; Josephus, *Ag. Ap*. 2.24 §199; Fitzmyer; J. B. De Young, "A Critique of Prohomosexual Interpretations of the Old Testament Apocrypha and Pseudepigrapha." *Bibliotheca Sacra* 147 (1990) 437-54.

268 Philo, *Change of Names*, 111-12; Special Laws, 4.79.

269 R. Scroggs, *The New Testament and Homosexuality: Contextual Background for Contemporary Debate* (Philadelphia: Fortress, 1983).

러나 바울은 26절에서 매춘이나 남색이란 단어를 사용하지 않고 있다.[270] 그리고 바울의 가르침에서 신학은 윤리와 밀접한 관계가 있다.[271] 쉬파드는 성경이 동성애를 정죄하지 않고 있으며 사랑에 바탕을 둔 동성애는 인정되어야 한다고 주장한다.[272] 그러나 이 견해는 동성애를 정죄하는 성경 구절에 대한 무지를 드러내고 있다. 보스웰은 바울은 동생애를 정죄하는 것이 아니고 원래 이성애를 하게 되어 있는 사람이 동성애를 하는 것을 정죄하는 것이라고 말한다.[273] 그는 본시푸시스 동성애자가 될 수 밖에 없는 사람들이 있다고 전제한다. 그래서 이들이 자신의 유전자의 지시에 의해서 동성애자로 사는 것은 정죄될 수 없다는 것이다. 그러나 여기서 바울이 사용하는 헬라 명사 푸시스는 유전학적이나 문화적인 개념이 아니라 신학/윤리적인 개념이다. 다시 말해 저희가 순리로 쓸 것을 역리로 쓰는 것은 본시 남성알세인이 여성쎄이루스인 그 아내와 관계를 가지도록 창조되었는데 이를 어기고 동성끼리 관계하는 역리를 행하는 것을 말한다. 26절에서 바울은 남자아네일나 여자구네이라는 단어를 쓰지 않고 남성알세인과 여성쎄이루스이라는 단어를 쓰고 있는데 이는 남성과 여성의 성의 구별을 강조하고 있다. 이로써 바울은 동성애가 하나님께서 사람을 만드실 때 남성과 여성으로 구별하여 만드신 창조의 원리를 거스르는 것임을 강조하고 있는 것이다.

로마서 1:27절의 부사 호모이오우스이와 같이는 26절의 내용과 병렬되는 내용을 도입한다. 그러면서 26절에 불분명했던 측면을 해소하고 있다. 즉 이와 같이 남자들도 순리대로 여인 쓰기를 버리고 서로 향하여 음욕이 불 일듯하매 남자가 남자로 더불어 부끄러운 일을 행하여 저희의 그릇됨에 상당한 보응을 그 자신에 받았다. 이 절에서 바울은 남자아네일 대신 남성알세인이란 명사를 사용한다. 이는 여자구네이라는 단어 대신 여성쎄일루스이라는 단어를

270 Byrne, *Romans*, 76; D. E. Malick, "The Condemnation of Homosexuality in Romans 1:26-27." *Bibliotheca Sacra* 150 (1993) 327-40.

271 Schreiner.

272 G. T. Sheppard, "The Use of Scripture within the Christian Ethical Debate concerning Same-Sex Oriented Persons." *Union Seminary Quarterly Review* 40 (1985) 13-35.

273 J. Boswell, *Christianity, Social Tolerance, and Homosexuality: Gay People in Western Europe from the Beginning of the Christian Era to the Fourteenth Century* (Chicago: University of Chicago Press, 1980) 109-12.

사용하는 것과 일치한다. 명사 알세인은 예레미야 18:22; 20:13절에 동성애를 정죄하는 문맥에서도 사용되고 있다. 동사 아피에이미는 "버리다"를 의미한다. 즉 남성들은 여자를 성의 대상으로 여기기 않고 남성을 성의 대상으로 한다. 동사 엑카이오우불일다와 명사 오레시스욕정는 하팍스로서 신약에 이곳에만 사용된다. 동사 불일다는 발동된다는 의미로써 죄에 대해 사용되기도 하며(Sir.16:6) 오레시스는 경멸적인 뉴앙스를 가진다.[274] "남자가 남자로 더불어"알세네스 엔 알세신는 분사 카텔가조메노이에 걸리는 것으로 보는 것이 의미가 맞다. 동사 카텔가조우는 "이루다", "행하다"를 의미한다. 크랜필드는 명사 아스케이모수네이는 요한계시록 16:15절에도 사용되고 있는데 파렴치함 혹은 몰염치함을 의미한다고 한다.[275] 모리스는 이 단어는 성기를 의미한다고 보며 던은 칠십인역에서 이 단어는 성기의 노출을 가리킨다고 말한다(출28:42; 나훔3:5; 겔16:8).[276] 피츠마이어는 이 단어의 정확한 뜻이 어떻든지간에 남자가 남자로 더불어 부끄러운 일을 행한다는 것은 남자가 남자로 더불어 성행위를 하는 것을 의미한다고 말한다.[277] 그리고 이들은 그 그릇됨에 합당한 보응을 그 자신에게 받았다. 여기서 명사 안티미스씨아는 "지불", "보상", "벌"을 의미하는데 오직 신약과 기독교 문헌에서만 발견된다. 불완전과거시제 동사 에데이필요하다는 그들이 받는아포람바노우 벌이 그들에게 합당하다든지 혹은 필연적이라는[278] 것을 의미한다. 명사 플라네이는 "그릇됨" 혹은 "잘못"을 의미한다.[279] 그러나 여기서는 마음과 행동에 있어서 하나님의 진리로부터 완전히 빗나가는 것을 의미한다. 여기서 그들이 받은 보응은 동성애 그 자체[280] 혹은 종말의 지옥형벌을 의미할 수도 있다.[281] 여기서 현재시제 분사 아포람바논테스가 현재 진행 중인 카텔가조메노이와 병렬

---

274 Fitzmyer.
275 Cranfield.
276 Morris; Dunn.
277 Fitzmyer.
278 Godet; Moo; Morris.
279 마27:64; 엡4:14; 살전2:3; 살후2:11; 약5:20; 벧후2:18; 3:17; 요일4:6; 유11.
280 Osborne; Chrysostom; Dunn; Schreiner; Murray; William G. T. Shedd, *A Critical and Doctrinal Commentary upon the Epistle of St. Paul to the Romans* (New York, 1879).
281 Moo; Michel.

되고 있는 점에서 이 보응은 종말 때 있을 보응이 아니라 현재 이들이 빠져 있는 변태적 성행위 자체를 가리킨다고 볼 수 있다. 그리고 이 해석은 하나님께서 이들을 그 더러움 혹은 상실한 마음에 내던지셨다파레도우켄고 말씀하는 로마서 1:24, 26, 28절과 일치한다.

바울은 26절에서 여성의 동성애를 먼저 언급한 뒤 27절에 남성의 동성애를 언급한다. 이에 대해 호지는 도덕의 부패로부터 여성은 제일 나중에 영향을 받으므로 그들의 타락은 모든 미덕이 상실되었다는 것을 나타내기 때문이라고 말한다.[282] 모리스는 바울이 남성의 타락을 뒤에 다룬 것은 이를 더 강조하면서 더 자세히 다루려고 했기 때문이라고 말한다. 이와 반면에 던은 여성의 동성애를 먼저 다루고 남성의 보다 적극적인 동성애를 다룬 것은 더 명확한 점증법crescendo 효과를 이루기 때문이라고 말한다.[283] 이 견해들도 타당한 면이 있지만 또 무시할 수 없는 점은 죄의 기원에 있어서 이브의 역할에 대한 바울의 인식이다. 바울은 아담이 꾀임을 보지 않고 여자가 꾀임을 보아 죄에 빠졌다고 말씀한다(딤전2:14). 물론 이 말씀이 여자가 먼저 동성애를 시작했다는 것을 증명하는 것은 아니다. 하지만 바울이 이 구절에서 죄에 대한 유혹에 있어서 여성의 연약함을 암시하고 있다는 점을 간과할 수는 없다.

그러면 로마서 1:26-27절에서 바울은 왜 동성애 문제를 특별히 다루고 있는가? 이는 일 세기 로마제국에 만연해 있던 동성애 문제 때문일 것이다. 바클레이는 로마제국의 처음 십 오 명의 황제 중 열 네 명이 동성애자였다고 말한다. 던은 그리이스-로마시대에 동성애는 일반적으로 행해졌고 매우 존중되고 있었다고 말한다. 플라톤의 심포지움이나 플루탁의 리커거스 등에 이 점이 분명히 드러나 있다.[284] 죠세푸스나 파일로도 그 당시에 퍼져있던 동성애에 대해서 언급하고 있다.[285] 이와 반면에 신구약과 유대문학은 동성애를 강력히 정죄하고 있다. 바울이 경고하는 것처럼 모든 성적인 범죄는 사

282 Hodge.
283 Dunn.
284 Dunn, Romans, 1-8, 65.
285 Philo, *Ab*. 135-37; Josephus, *Ap*.2.273-75.

람의 몸에 짓는 죄이기 때문에 다른 죄와는 분명히 다른 성격을 지닌다(고전 6:15-20). 이 중에도 동성애는 성적인 변태로써 하나님의 창조질서에 대한 노골적인 반항이다. 그런 만큼 이 죄는 하나님을 떠난 사람들의 우상숭배의 모티프를 더욱 생생하게 나타내며 이들의 도덕적 부패의 추함과 그 절망적 상태를 효과적으로 부각하고 있다. 다시 말해 로마서 1:26-27절은 로마서 1:18-32절과 함께 그리스도의 구속의 은혜를 받아들임이 없이는 어느 누구도 하나님과 화목될 수 없다는 메세지를 탄탄하게 준비하고 있다.

그렇다면 이들에게는 회복의 가능성이 없는가? 도드는 하나님께서 이들을 그 정욕에 버려두신 것은 의도적으로 행하신 법률적 행위가 아니며 세상일에 따라오는 원인과 귀결의 관계일 뿐이라고 생각한다. 크랜필드는 이는 하나님께서 그들이 자유의지를 가지고 하는 선택에 간섭하지 않고 그대로 두는 것이라고 생각한다.[286] 그는 파라디도우미가 영원히 내버려둔다는 의미를 가지는 것은 아니라고 말한다. 로마서11장에 유대인들이 감람나무에 다시 접붙임을 받을 수 있듯이 이 불의한 자들도 자신들의 소욕대로 살다가 결국 잘못을 깨닫고 하나님의 진리를 등지고 사는 인생의 무상함을 인식하게 된다는 것이다. 그렇기 때문에 하나님께서 이들을 벌하시는 것은 나중에 이들을 고치시고 회복시키기 위해서라는 것이다. 그들이 비록 하나님을 등지고 살지라도 하나님께서는 그들을 변함없이 돌보고 계신다는 것이다. 여기서 클랜필드는 하나님의 사랑을 잘못 이해하고 있다. 하나님은 살인한 자나 간음한 자 세리 등 죄인을 회개시키시고 구원해 주시는 은혜로운 분이시다. 그러나 본문에서 바울은 하나님의 은혜 밖에 있는 모든 사람의 불의에 대해 말씀하고 있다. 그리고 복음을 떠나 있는 이들의 상황은 끔직하리만치 부패해 있고 절망적이라는 것을 보여준다. 지금 예수를 믿어 구원받은 사람들도 믿기 전에는 불의한 사람들이었다. 이는 로마서 1:17절과 18절 이하의 분명한 대조가 나타내 준다. 성도는 복음을 받아들인 자들이지만 복음을 배척하는 이들은 하나님을 알고도 하나님을 영화롭게도 아니하고 감사하지도 않는다(롬1:21). 그들의 마음은 허망해지고 그 미련한 마음은 어두워져 있다.

286 Cranfield.

그리고 우상숭배에 빠져있고 성적으로는 타락해 있다. 이들이 이 타락한 상태로부터 회복되기 위해서는 먼저 복음을 받아 들이고 회개해야 한다. 그러나 바울은 이 불의한 자들이 결국 믿고 회개하게 될지에 대해서는 말씀하지 않고 있다. 클랜필드의 견해와는 달리 동사 파라디도우미는 하나님의 심판의 종결성을 의미한다. 이 동사의 과거시제는 이 뜻을 잘 전달하고 있다(24, 26, 28절). 구약에서 하나님께서 악인들을 그 원수의 손에 넘겨버리셨을파라디도우미 때 그 보응은 결정적인 것이며 절대로 회복을 가져오지 않았다. 이에 대해 클랜필드는 하나님께서 그 아들을 우리를 위해서 속죄 제물로 넘기셨다고파레도우켄 하는 말씀을 언급한다(롬8:32). 그러나 그는 예수께서 우리를 위해 대신 십자가에서 하나님의 심판을 받으시고 우리를 그 형벌에서 피하게 하셨다는 것을 간과하고 있다. 하나님께서 예수를 속죄제물로 넘기신 것은 회복될 수 없는 종결적 사건이었다. 만일 이것이 번복되었다면 바울이 말씀하는 그리스도를 통한 구속의 완성은 무효가 되었을 것이다.

로마서 1:28절의 접속사 카쏘우스를 인과적causal으로 보면[287] 저희가 마음에 하나님 두기를 싫어하므로 하나님께서 저희를 그 부패한 마음에 던지셨다로 번역되고 카쏘우스를 상관적correlative으로 보면[288] 저희가 마음에 하나님 두기를 싫어 하는 것처럼 하나님께서도 저희를 그 부패한 마음에 던지셨다로 번역된다. 동사 파레도우켄은 로마서 1:24, 26, 28절에 사용되면서 서로 병렬관계에 있다는 점에서 카쏘우스는 인과적 의미를 가진다고 볼 수 있다. 그러나 카쏘우스가 인과적으로 사용되는 경우는 드물며[289] 이 절에서 에도키마산승인하다과 아도키몬가치없는의 말의 놀이word play의 관점에서 볼 때 카쏘우스는 상관적 의미를 가진다고 보는 것이 더 낫다고 보여진다.[290] 동사 도키마조우는 시험한 결과 승인하다는 의미를 가진다. 저희가 하나님을 자연계시를 통해서 알 수 있으면서 거부하는 것은 하나님을 고의로 인정하지 않는 것을 의미한다. 문자적으로 저희가 하나님을 그 지식에 두기 싫어한다

287 NIV; NRSV; Cranfield; Käsemann.
288 Moo; Godet; Murray; Osborne; Dunn.
289 요한17:2; 고전1:6; 5:7; 엡1:4; 4:32; 빌1:7.
290 Moo.

는 것은 저희가 하나님을 그 마음에 인정하지 않는다는 뜻이다. 그러나 이곳에서만 발견되는 바울의 독특한 표현욱 에도키마산 톤 쎄온 에케인 엔 에피그노우세이은 저들이 그 지식에 하나님을 고의로 인정하지 않는다는 의미를 강조한다.[291] 어떤 학자는 여기서 에피그노우시스전문 지식와 그노우시스지식의 뜻을 구분한다.[292] 그러나 대부분의 학자들은 이 두 명사는 동의어이며 스타일의 차이를 가질 뿐이라고 말한다.[293] 저희들이 하나님을 고의로 인정하지 않는 것처럼 하나님께서도 저들을 부패한 마음에 던지셨다. 형용사 아도키모스는 시험을 통과하지 못한 상태, 즉 "인정되지 못한", "가치없는"을 의미한다(고전9:27; 고후13:5, 6, 7; 딤후3:8; 딛1:16; 히6:8). 이 의미는 앞의 동사 에도키마산과 말의 놀이word play를 이룬다. 즉 저들이 고의로 하나님을 인정하지 않은 것처럼 하나님께서는 저들을 인정되지 못한 마음에 던지셨다. 명사 "마음"누스은 지적 사고작용만을 의미하지 않고 도덕적 이성과 의지가 작용하는 기관이다.[294] 여기서 "부패한 마음"아도키몬 눈은 24절의 "더러움"아카살시안, 26절의 "부끄러운 욕심"파쎄이 아티미아스과 병렬된다. 저들은 그 마음이 타락한 결과 합당하지 못한 일을 하게 되었다. 28절 후반의 부정사구에서 타 메이 카쎄이콘타는 스토아학파의 전문용어인 타 카쎄이콘타의 부정형으로써 도덕적으로 올바르지 못한 것들을 의미한다.[295] 그것은 29–31절에 열거되어 있다.

로마서 1:29–31절은 로마서 1:18–32절이 서술하는 하나님을 거역하는 사람들이 가지는 악의 종류를 열거하고 있다. 이는 악의 리스트다.[296] 29–31절이 열거하는 악의 리스트는 논리적으로 정렬된 것이 아니고 각 단어의 뜻이 다른 단어의 뜻과 분명히 구분되지도 않는다. 그리고 이들의 의미가 중복

291 Morris.

292 Dunn; Cranfield; H. Clavier, "Recherche exégétique et théologique sur la notion paulinienne d' Epignosis," *SE* 6 (ed. E. A. Livingstone; Berlin: Akademie, 1973) 37-52.

293 Morris; Moo; J. A. Robinson, *St. Paul' s Epistle to the Ephesians* (2d ed.; London: James Clarke, n.d.) 248-54.

294 J. Behm, *TDNT*, 4:958-59; 롬7:23, 25; 11:34; 12:2; 14:5; 고전1:10; 2:16; 14:14, 15, 19; 엡4:17, 23; 빌4:7; 골2:18; 살후2:2; 딤전6:5; 딤후3:8; 딛1:15.

295 Cranfield; Dunn; Philo, *Leg. All.* 1.56; 2 Macc 6.4; 3 Macc 4.16.

296 마15:19; 롬13:13; 고전5:10-11; 6:9-10; 고후12:20; 갈5:19-21; 골3:5, 8; 딤전1:9-10; 딤후3:2-4; 벧전2:1; 4:3; 30. B. S. Easton, "New Testament Ethical Lists." *JBL* 51 (1932) 1-12; A. Vögtle, *Die Tugend- und Lasterkataloge im Neuen Testament* (Munster: Aschendorff, 1936); E. Kamlah, *Die Form der katalogischen Par?nese im NeuenTestament* (WUNT 7; Tübingen: Mohr, 1964).

되는 경우도 있다.[297] 악의 리스트는 유대문학에도 발견되며 주님께서도 언급하신 바 있다.[298] 따라서 바울이 자신이 알고 있던 악의 리스트를 이용해서 이 리스트를 작성했다고 볼 수도 있지만 29-31절의 리스트의 단어들은 수사적 구조로 형성되어 있기 때문에 바울 자신의 독창적 리스트라고 할 수 있다.[299] 첫째 구릅은 수동태 분사 페플레이로우메누스와 그 보어로써 네 개의 추상 명사불의, 추악, 탐욕, 악의로 되어 있다(29a). 이 헬라어 단어들의 끝음절은 모두 "아"이며 이는 유운법assonance이다. 두번째 구릅은 형용사 메스투스가득찬와 이 단어에 걸리는 다섯 개의 소유격 명사시기, 살인, 분쟁, 사기, 악독로 되어 있다(29b). 여기서 시기프쏘누와 살인포누은 유운법이다. 세번째 구릅은 일련의 명사수군수군하는 자, 능욕하는 자, 자랑하는 자, 악을 도모하는 자와 실사적 형용사들비방하는 자, 하나님을 미워하는 자, 교만한 자, 부모를 거역하는 자로 되어 있다. 이 단어들은 모두 목적격으로 되어 있는데 이는 28절의 대명사 아우투스의 격과 일치한다. 네 번째 구릅은 네 개의 목적격 형용사들로 되어 있는데 이 헬라어 단어들은 모두 그 첫음이 아스로 소리나는 단어들로써아수네투스, 아순쎄투스, 아스톨구스, 아넬레에이모나스 이는 유운법이다.[300] 이 스물 한 개의 단어들은 사람이 다른 사람에게 짓는 죄를 망라하고 있고 28절의 "해서는 않되는 일들"타 메이 카쎄이콘타을 묘사한다. 그러나 이는 성적인 죄를 포함하지 않는데 그 이유는 26-27절에서 이 주제가 따로 다뤄졌기 때문이다. 어떤 학자들은 이 죄들은 이방인들의 죄를 묘사하고 있다고 말한다.[301] 그러나 이 죄들은 하나님을 거역하는 모든 사람들의 일반적인 죄라고 할 수 있다.[302]

29절의 분사 페플레이로우메누스는 과거완료시제인데 이는 과거의 사건이 아니라 항상 존재하는 상태를 묘사한다. 그리고 문법적으로 28절의 아우

---

297 Moo.

298 Wisd Sol 14:25-26; 4 Macc 1.26-27; 2:15; T. Reub. 3.3-6; 1QS 4.9-11; 2 Enoch 10.4-5; Philo Sac. 32; 막 7:21.

299 Dunn; *contra* Hultgren.

300 Hultgren.

301 Schreiner; Hultgren; H. Räisänen, *Paul and the Law* (Wissenschaftliche Untersuchungen zum Neuen Testament 29, Tübingen: Mohr, 1983); T. Laato, *Paulus und das Judentum: Anthropologische Erwägungen* [Åbo: Åbo Akademi Press, 1991. (Translated into English as *Paul and Judaism: An Anthropological Approach*. Translated by T. McElwain. Atlanta: Scholars Press, 1995)].

302 Moo.

투스them에 걸린다. 이들은 모든 불의 추악 탐욕 악의가 가득하다. "불의"아디키아의 의미는 로마서 1:18절에서 다뤄졌다. 이는 하나님께 대한 배역이 아니라 이로 인해 발생된 도덕적 타락을 의미한다. 따라서 아디키아는 그 뒤에 열거된 모든 죄를 대표하는 개념으로 볼 수도 있다.[303] "추악" 혹은 "악"포네이리아은 그 뒤에 오는 "악의"카키아와 동의어로 볼 수 있다.[304] "탐욕"플레오네시아은 불의, 악, 악의와 다른 개념인데 이 첫 구룹의 죄에 속한 이유는 이 단어가 그 외 세 단어와 함께 끝음절이 모두 "아"로 끝나는 유운법을 형성하기 때문으로 보인다. 탐심은 우상숭배인데(골3:5) 바울은 이에 대해 여러번 경고한다(고후9:5; 엡4:19; 5:3; 살전2:5). 탐심은 가진 것에 만족을 못하고 더 가지려고 하는 지속적인 성향을 말한다. 이는 남의 이해를 무시하고 자신의 이해만 생각하는 이기심과 연결되어 있다. 시기는 탐심의 결과로 볼 수 있다. 그리고 그 뒤에 오는 살인, 분쟁, 사기, 악독은 시기의 결과라고 할 수 있다(약4:1-3). 창세기에서 가인이 아벨을 시기해서 죽인 이야기와 요셉의 형들이 그를 에굽에 판 이야기는 이를 증명한다. 어떤 학자는 "악독" 혹은 "악의"카코에이쎄이아는 모든 것을 가장 악하게 보는 것이라고 이해한다.[305] 그러나 이 단어가 여기서 이렇게 특정한 의미를 가진다고 할 수 없다. 이 단어는 일반적으로 의식적이고 고의적인 악의를 의미한다.[306] "수군수군하는 자"시쑤리스테이스는 다른 사람 뒤에서 그 사람에게 피해가 가는 중상을 하는 것을 의미한다.

로마서 1:30절의 형용사 카타랄로스는 비방하는 자를 의미한다. 이는 뒤에서 중상하는 자가 아니라 일반적인 비방하는 자를 뜻한다. 형용사 쎄오스투게이스는 고대 그리스어에서 신들에게 미움받는 것을 의미했다.[307] 그러나 이 절에서는 능동의 의미로써 하나님을 미워하는 자를 의미한다.[308] 그리고 후브리스테이스는 무례한 자를, 후페레이파노스는 오만한 자를, 알라조

---

303 G. Schrenk, *TDNT*, 1:155; Morris.

304 Moo; Morris; Cranfield; contra G. Harder, *TWNT* 6:546-66; Trench, *Synomyms*, 315-17.

305 Sanday and Headlam; Michel; Barrett; Trench; Aristotle, *Rh*. 1389h.20; 1416b.10b.

306 W. Grundmann, *TDNT*, 3:485; Morris; Cranfield; Moo.

307 Schlatter; Barrett; Meyer.

308 Calvin; Morris; Cranfield; Moo; Fitzmyer; Osborne.

운은 자랑하는 자를 의미한다. 후브리스테이스는 자신의 지위나 부나 우월함을 믿고 다른 사람을 경멸하며 대하는 자를 말하며 그리스도인을 핍박하던 사울이 좋은 예이다(딤전1:13).[309] 알라조운은 사기군, 야바위처럼 떠벌여서 다른 사람을 감동시키는 자를 말한다. 오만은 겸손의 반대다(눅1:51; 딤후3:2; 약4:6; 벧전5:5). "악의 발명자"에페우레타스 카코운는 영화에서 악당들과 같이 끊임없이 잔혹한 방법으로 사람들에게 상처 주고 그들을 파괴하는 자들을 말한다. "부모를 거역하는 자"고네우신 아페이쎄이스는 십계명 중 제 오계명을 어기는 자며, 이는 종말의 한 특징이다(신21:18; 잠30:11, 17; 딤후3:2).

로마서 1:31절은 네 개의 목적격 형용사로 되어 있고 이 단어들은 모두 "아"음으로 시작되어 유운법을 이루고 있다. 아수네투스는 어리석은 자를 가리킨다. 이는 하나님을 그 마음에 두지 않기 때문에 우둔해진 자를 의미한다. 아순쎄투스는 문자적으로 하나님의 언약을 깨는 자를 말한다(렘3:7, 8, 10, 11). 즉 이는 신실하지 못한 자다. 아스톨구스는 가족에게 정이 없는 자를 말한다. 로마시대에 가장은 원치 않는 자식을 죽게 했다고 한다. 구약에도 야곱을 미워한 에서 그리고 아버지 다윗을 대적한 압살롬 등 그 예가 많이 있다. 아넬레에이모나스는 긍휼이 없는 자를 말한다(딤후3:3; 딛1:9). 고뎃은 검투경기에서 죽어가는 검투사의 고통을 웃으며 바라보는 잔인한 사람을 예로 든다.[310] 이는 사람의 마음이 얼마나 부패해 있는가를 보여준다. 사람이 분별이 없고 약속을 어기고 가족에게도 정이 없고 다른 사람에게 무자비하다면 금수와 다를 바가 없다. 이는 하나님께서 하나님을 그 마음에 인정하지 않는 자들을 부패한 마음아도키몬 눈에 던지신 결과다.

로마서 1:32절의 부정관계대명사 호이티네스는 29-31절이 묘사하는 사람들을 수식한다.[311] 그들은 이같은 일을 행하는 자는 죽게 된다는 하나님의 법령을 알면서도 자기들이 이를 행할 뿐 아니라 또한 그 일을 행하는 자들을 옳다 인정한다. 여기서 명사 디카이오우마는 정해진 규칙이나 명령을 의미

309 Cranfield.

310 Godet.

311 Moo; *contra* F Flückiger, "Zur Unterscheidung von Heiden und Juden in Röm. 1,18-2,3," *TZ* 10 (1954) 154-58.

한다(롬2:26; 8:4; 히9:1, 10).[312] 그러나 로마서 5:18절에서 이 단어는 "옳은 행동"을 의미한다. 여기서 에피기노우스코우알다는 기노우스코우알다와 그 의미에 있어서 차이가 없다. 호티절은 하나님의 정하신 법의 내용을 설명한다. 타 토이아우타이와 같은 일들는 29-31절이 열거하는 악이다. 학자들은 동사 프라소우행하다는 포이에오우행하다와 동의어라고 말한다.[313] 그러나 모리스는 이 두 단어에 존재하는 미세한 뉴앙스의 차이를 인정한다. 즉 프라소우는 비난될 만한 일을 하는 것을 의미한다.[314] 모러는 하나님의 행하심이 프라소우로 표현된 경우는 없다고 말한다.[315] 포이에오우와 프라소우의 의미의 차이를 인식하는 것은 로마서 7:14-25절의 해석에 중요한 단서를 제공한다. 어떤 학자는 여기서 "죽음"싸나토스은 공포를 의미한다고 말한다. 그러나 이는 영적 죽음 즉 지옥 심판을 의미한다고 보는 것이 바울이 죽음에 대해서 로마서에서 가르치는 내용과 일치한다.[316] 동사 수네우도케오우는 동의하다, 승인하다를 의미한다. 그러나 이 단어는 동의하다 그 이상의 의미를 내포한다. 그래서 KJV은 "그 일을 하는 자들을 기뻐한다"라고 번역한다. 어떤 사본은 32b에서 직설법 동사를 분사로 대체해서 포이운테스, 수네우도쿤테스라고 읽는다.[317] 그 이유는 독자들이 여기서 바울이 악을 행하는 것보다 악을 행하는 것을 승인하는 것이 더 나쁘다고 가르치는 것으로 이해하고 이는 자신들의 상식에 맞지 않다고 생각했기 때문이다.[318] 그들은 악을 행하는 것이 이를 행하는 자를 승인하는 것보다 나쁘다고 생각했다. 그러나 여기서 직설법 동사포이우신, 수네우도쿠신가 원문이라고 보는 것이 낫다. 바울이 여기서 말씀하는 것은 악을 행하는 것을 승인하는 것이 악을 행하는 것 보다 더 나쁘다는 것이 아니라 저들이 그 악들을 행할 뿐 아니라 그것을 행하는 자들을 승인하는 악을 범하고 있다는 것이다.[319] 19b-28절의 주동사는 과거시제다.

---

312 Fitzmyer.
313 Moo.
314 Morris.
315 Maurer, *TDNT*, 6:635-6.
316 롬5:12, 14, 17, 21; 6:16, 21, 23; 7:5, 10, 13; 8:2, 6, 13; Schreiner; Murray; *contra* Dunn.
317 B, Latin versions; *1 Clem*. 35.6
318 Osborne; O' Neill.
319 Morris.

그런데 32절에서 바울은 주동사의 시제를 현재시제로 바꾸어 쓰고 있다. 그것은 사람들이 29-31절에 열거한 악을 행했을 뿐 아니라 현재에도 행하고 있다는 것을 말한다. 즉 하나님을 거역하는 사람들은 항상 계속해서 이 악들을 행하고 있다. 이는 하나님을 떠난 세상 사람들의 도덕적 부패성을 고발하는 표현이다. 그리고 그들에게는 하나님의 심판이 기다리고 있다. 바울은 이를 2:5-8, 12절에서 명시하고 있다.

많은 학자들이 바울이 로마서 1:19-32절에서 공격하는 대상은 이방인들이라고 말한다.[320] 그러나 바울은 이스라엘 백성들의 우상숭배를 책망하는 구약의 구절을 배경으로 이 문단을 쓰고 있다(시106:20; 렘2:11). 그리고 로마서 1:32절에서 로마서 2:1절로 전개하면서 그 책망의 대상을 바꾸지 않고 있고 이에 따라 우리는 로마서 1:19-32절과 로마서 2:1-4절은 같은 종류의 사람들을 묘사하고 있다고 볼 수 있다.[321] 문학구조적 측면에서 볼 때 로마서 1:18-2:29절은 동심원 구조를 하고 있다. 로마서 1:18절은 동심원의 제일 바깥 원으로서 불의한 자들을 고소하고 있다. 그들은 하나님의 진노 아래 놓여 있다. 이는 로마서 1:18-3:20절 전체 요지다. 그 안의 원인 로마서 1:19-32절은 모든 사람들의 상태를 묘사한다. 이들은 하나님의 자연계시를 받았지만 고의로 하나님을 아는 지식을 억누르고 하나님의 법을 거역한다. 이는 직접적으로 유대인에 대한 고발은 아니다. 그러나 그들이 이에서 제외되 있다고 볼 만한 근거가 없다. 바울은 이 내용을 근거로 로마서 2:17절에서 유대인의 불의를 직접 다룬다. 세 번째 원으로써 로마서 2:1-11절은 일반적인 도덕적인 사람들moralists에 대해 다루고 있고 이들도 하나님의 의를 충족할 수 없다는 것을 강조한다. 한 가운데 원인 로마서 2:17-29절은 모세의 율법을 통해 특별계시를 받은 유대인들도 그 율법의 요구를 만족시키는 사람은 한 사람도 없다는 것과 진정한 할례는 마음에 받는 할례라는 것을 가르친다. 이는 그리스도를 마음에 믿는 것을 말한다.

유대인들은 예수에 대해 예언하고 있던 구약의 언약에 순종하는 삶을 살

---

320 Schreiner; Hultgren; Dunn.
321 Zahn; Cranfield; A. Willer; J. Stott.

지 못했기 때문에 하나님 앞에서 핑계할 수 없다. 그러면 율법을 가지지 못한 이방인들은 핑계할 수 있는가. 바울은 아니라고 말씀한다. 그 이유는 하나님께서 자연계시를 통해 하나님을 알만한 지식을 그들에게 제공하셨기 때문이다. 그러나 바울은 자연계시가 하나님의 의를 충족시키기에 충분한 계시라고 말씀하지도 않는다. 어떤 학자들은 양심이나 이성을 통해서 신을 찾을 수 있다고 말한다.[322] 그러나 바울은 이를 부정하고 있다. 이는 유대문학이 자연계시를 통한 구원을 가르치지 않는 것과 같다.[323] 바울의 가르침이 유대주의의 가르침과 다른 점은 예수그리스도께서 율법을 성취하셨고 예수그리스도를 믿음을 통해 하나님의 의를 충족시키지 않으면 아무도 하나님 앞에 의롭다함을 받을 수 없다는 것이다.

(나) 심판의 기준(롬2:1-16)

로마서 1:24-32절에서 바울은 3인칭 복수 대명사 "저희"를 사용한다. 그러나 로마서 2:1절부터는 이인칭 대명사 "너희"를 사용한다. 그래서 학자들은 로마서 1:18-32절은 이방인을 향한 말씀이지만 로마서 2:1절부터는 유대인의 부도덕적 삶을 다루고 있고 바울의 메세지는 그들이 부도덕한 삶에 있어 이방인과 전혀 다를 것이 없다는 것을 말한다고 해석한다.[324] 이 해석은 로마서 1:18-21절에서 바울이 자연계시를 말하고 있다는 점에서 타당한 면이 있다. 이방인들은 자연계시만 받은 사람들이기 때문이다. 반면에 유대인들은 자연계시 뿐 만 아니라 구약 성경 즉 하나님의 특별계시를 받아 하나님의 영광을 분명히 알게 된 사람들이라는 점에서 바울이 로마서 1:18-32절에 부도덕적 삶을 묘사할 때 이는 이방인들을 겨냥한 말씀이라고 할 수 있는 것이다. 그러나 다른 학자들이 인정하는 것처럼 이 문단은 구약의 이스라엘 백성들의 금송아지 숭배 사건과 우상숭배의 죄를 배경으로 하고 있고 구약의

322 Demarest, *General Revelation*, 25-42; E. Brunner, *Revelation and Reason* (Philadelphia: Westminster, 1946 [original German ed..1941]) 58-77; H. P. Owen, "The Scope of Natural Revelation in Rom. I and Acts XVII," *NTS* 5 (1958-59) 138; W. C. Martin, "The Bible and Natural Law," *Restoration Quarterly* 17 (1974) 215.

323 H. Bietenhard, "Natürliche Gotteserkenntnis bei des Heiden?" *TZ* 12 (1956) 275-88.

324 Schreiner; Moo; Fitzmyer; Morris; Murray; Dunn; Hultgren; Wilckens; Käsemann; Nygren.

역사를 통해 이스라엘 사람들도 간음과 살인과 동성애의 범죄를 행해 왔기 때문에 로마서 1:18–32절에 바울이 악의 리스트를 쓸 때 이방인들만 염두에 두고 있다고 보기 힘들다. 그러나 어떤 학자들은 로마서 1:18–32절은 이방인에 관한 내용이고, 로마서 2:1절의 접속사 디오그러므로는 로마서 2:1–16절을 로마서 1:18–32절과 연결시키고 있고 유대인에 대한 공격은 로마서 2:17절에 시작되기 때문에 로마서 2:1–16절은 이방인에 관한 서술이라고 말한다.[325] 그러나 이 견해는 로마서 2:1절의 디오의 기능을 바로 해석하고 있는 반면에 로마서 1:18–32절 내용은 유대인과 이방인 모두에 관한 것이라는 것을 간과하고 있다. 마지막 견해는 로마서 2:1–16절 내용은 유대인과 이방인 중 도덕론자들과 관계있다고 보는 것이다. 스토트는 로마서 2:1, 3절의 호격 안쓰로우페는 "사람"을 가리키고 있지 유대인이나 이방인을 의미하지 않는다고 말한다. 그리고 로마서 2:1–16절은 이방인 중 도덕론자들에게도 적용될 수 있는 내용이라는 것이다.[326] 필자는 로마서 2:1–6절은 일반적인 도덕론자에 관한 내용이라고 주장하는 스토트의 견해에 동의한다.[327]

로마서 1:18–32절이 유대인과 이방인 모두를 염두에 두고 있다는 것은 로마서 2:1절에 존재하는 문법적 특징이 뒷받침한다. 바울은 로마서 2:1절을 "그러므로"디오라는 접속사를 사용하며 시작한다. 이는 로마서 1:18–32절에 묘사된 불의한 사람들과 로마서 2:1절이하의 남을 판단하는 사람들은 같은 사람들이라는 것을 말한다. 만일 로마서 1:18–32절이 이방인에 대한 내용이고 로마서 2:1절이하는 유대인에 대한 내용이라면 바울은 로마서 2:1절에서 그 이전에 말한 내용을 "그러므로"라고 연결하며 전개하지 않았을 것이다. 로마서 2:1절 이하에서 위와 같은 일을 하면서 남을 정죄하는 사람들이 핑계하지 못하는 이유는 이들도 로마서 1:18–32절의 범죄를 똑같이 저지르고 있

325 Ben Witherington, III. *Paul's Letter to the Romans: A Socio-Rhetorical Commentary* (Grand Rapids: Wm. B. Eerdmans, 2003) 73-77; Runar M. Thorsteinsson, *Paul's Interlocutor in Romans 2: Function and Identity in the Context of Ancient Epistolography* (ConBNT 40. Stockholm: Almqvist & Wiksell, 2003) 188-94.

326 Stott.

327 Barrett; Bassler; Roy A. Harrisville, *Romans* (ACNT. Minneapolis: Augsburg Publishing House, 1980); Mikael Winninge, *Sinners and the Righteous: A Comparative Study of the Psalms of Solomon and Paul's Letters* (ConBNT 26. Stockholm: Almqvist & Wiksell, 1995).

기 때문이다. 이 점에서 로마서 1:18-2:16절의 내용은 유대인이나 이방인 모두에게 해당하는 내용이라고 볼 수 있다. 무는 로마서 2:1-3절은 누구에게나 해당할지 몰라도 로마서 2:4절은 Wisd.12-15절을 배경으로 하고 있고 이는 유대인을 조준하고 있다고 보는 것이 맞다고 주장한다.[328] 그리고 로마서 2:6-16절은 유대인과 이방인의 상호관계를 상대화하고 있는데 이것이 성립하려면 로마서 2:1-5절이 유대인을 과녁으로 삼고 있어야 한다는 것이다. 그러나 로마서 2:4절도 이방인들에게 적용될 수 있는 내용이고 또 로마서 2:6-16절도 누구에게나 적용될 수 있는 내용이기 때문에 로마서 2:1-16절의 내용은 일반적인 도덕론자를 대상으로 하고 있다고 볼 수 있다. 로마서 2:17절이하에서 바울이 특별히 유대인들을 명시해 그들의 도덕적 상황을 다루는 것은 그들이 가진 특별계시의 축복이 그들에게 어떤 면책특권도 제공하지 않는다는 점을 강조하기 위해서다.

이 문단의 내용을 분석하면 로마서 2:1-11절은 하나님의 공평성을 설명한다. 즉 도덕론자들은 남을 판단하지만 자신들도 똑같이 악을 행한다. 하나님께서는 누구든지 완전히 선을 행하는 사람에게 구원을 주시지만 이 법령을 만족시키는 사람은 유대인이나 이방인이나 한 사람도 없다. 하나님께서 가지신 원칙은 유대인이나 이방인에게 공평하게 적용된다(2:11). 로마서 2:12-16절은 유대인이 율법을 가졌지만 이방인들보다 나을 것이 없는 것은 그들도 율법을 완전히 지키지 못했기 때문이다는 것을 말씀한다. 율법이 없는 이방인들도 유대인 보다 나을 것이 없는데 그것은 그들의 마음의 양심이 율법이 되어 이를 바탕으로 심판을 받게 되기 때문이다.

(ㄱ) 회개하지 않는 자들에게 임할 심판(롬2:1-5)

로마서 1:18-32절이 이방인에 대한 말씀이고 로마서 2:1-5절이 유대인에 대한 말씀이라고 보는 학자들에게 로마서 2:1절의 접속사 디오그러므로는 난제다. 불트만은 이 절은 후대에 끼어든 해석이므로 삭제되어야 된다고 본

328 Moo, *Romans*, 128.
329 R. Bultmann, "Glossen im Römerbrief." *Theologische Literaturzeitung* 72 (1947) 200; Käsemann.

다.[329] 또 어떤 학자들은 여기서 디오는 추론의 의미를 가지지 않은 채 주제의 전환을 돕는 조사에 불과하다고 말한다.[330] 이 관점에서 머레이는 디오가 그 앞 절의 결론을 도입하는 것이 아니라 그 뒤 절의 결론을 시사하고 있다고 말한다.[331] 그러나 1b의 내용은 로마서 1:29–32절에 대한 설명이다. 따라서 디오가 추론의 의미를 가지는 것이 분명하다. 무는 디오가 추론의 의미를 가지지만 로마서 1:21–32절이 서술하는 이방인들의 죄와 연결되어 있는 것이 아니라 로마서 1:18–19절이 말씀하는 하나님의 진노와 연결되어 있다고 주장한다.[332] 그래서 그가 제시하는 논리는 하나님의 진노가 임하고 모든 사람들이 하나님을 아는 지식이 있기 때문에 그러므로 남을 판단하는 사람은 하나님 앞에서 핑계치 못한다는 뜻이라는 것이다. 그러나 문법적으로 접속사 디오가 이 단어로부터 그렇게 멀리 있는 문장에 연결된다는 것은 자연스런 해석이라고 볼 수 없다. 따라서 크랜필드가 언급하는 것처럼 제일 좋은 해석은 로마서 1:18–32절은 모든 사람의 죄를 묘사하고 있고 그러므로 그 결과 남을 판단하는 사람은 하나님 앞에서 핑계할 수 없다고 해석하는 것이다.[333]

1절에서 바울은 삼인칭 복수 대신 이인칭 단수를 사용한다. 그리고 "오 사람아"오우 안쓰로우페의 호격으로 일반적인 사람을 가리킨다. 여기서 바울은 대화의 상대를 가정하고 그에게 질문하며 대답하는 문장 형식을 통해 자신의 가르침을 설득력있게 제시한다. 이는 헬라 문학의 논박법diatribe이다. 바울은 남을 판단하는 사람에게 말한다. 너는 핑계댈 수 없다. 그 이유는 남을 판단하는 것으로 네가 너를 정죄함이니 판단하는 네가 같은 일을 행하기 때문이다. 여기서 "누구든지 남을 판단하는 사람"파스 호 크리노운은 누구인가. 어떤 학자는 여기서 판단한다는 것은 정죄하는 것을 의미하기 때문에 이방인들의 죄가 아니라 유대인들의 위선을 묘사하고 있다고 말한다.[334] 그러나 이방인

330 Michel; Schlier; Lietzmann.
331 Murray; Haldane.
332 Moo; Lenski; Sanday and Headlam.
333 Cranfield.
334 Murray.

들이 남을 판단하는 죄를 짓지 않았다고 말할 근거는 없다(약4:12). 여기서 남을 판단하는 자가 유대인이라고 보는 학자들은 "같은 일"타 아우타은 로마서 1:20-28절이 아니라 로마서 1:29-31절이 열거하는 죄를 가리킨다고 주장한다.[335] 이는 유대인들이 일 세기에 동성애의 범죄를 하지 않았다고 전제하는 해석이다. 그러나 본문의 문맥에서 "같은 일"이 로마서 1:20-28절의 내용을 배제한다고 할만한 근거가 없다. 배렛은 "같은 일"을 행하는 것은 판단함에 있어서 판단하는 사람은 그가 정죄하는 사람의 행위와 같은 행위를 하는 것이라고 해석한다. 이는 재판장이신 하나님의 권위를 자신이 대행하는 것이라는 것이다.[336] 그러나 "같은 일들"타 아우타는 복수다. 따라서 판단하는 일을 말하는 것이 아니고 그 앞에 열거된 범죄들을 가리킨다. 미니어는 "같은 일들"은 하나님을 영화롭게도 않고 감사하지도 않고 스스로 지혜롭다고 하는 것을 가리킨다고 해석한다.[337] 그러나 문법적으로 타 아우타가 이 단어로 부터 멀리 떨어진 로마서 1:19-23절에 걸린다고 보는 것은 무리가 있다. 이 해석은 로마서 2:1절이 바로 그 앞 절들이 묘사하는 악을 가리키고 있다는 것을 간과하고 있다. 따라서 로마서 1:18-32절이 유대인들을 간접적으로 겨냥하고 있고, 로마서 2:1절이하가 일반적인 불신자들을 겨냥하고 있다고 볼 때, 로마서 2:1절의 "같은 일들"은 로마서 1:18-32절에 다뤄진 모든 종류의 죄들을 가리킨다고 보는 것이 문맥에 맞는 자연스런 해석이다.

"같은 일들"을 행하면서 남을 판단한다는 의미는 무엇인가? 바울은 로마서에서 판단한다크리노우는 동사를 열 일곱 번 사용하고 있다. 그리고 로마서 2장에서 6번 로마서 14장에서 8번 사용한다. 헬라어 동사 크리노우는 정죄하다는 뜻도 포함한다. 이 점에서 카타크리노우와 같은 의미를 가진다고 볼 수 있다.[338] "같은 일들"을 행하는 자들이 남을 판단한다는 것은 그들이 사람들이 악을 행하므로 하나님의 심판을 받아야 한다고 정죄하는 것을 말한

335 Moo; Dunn.

336 Barrett.

337 P. S. Minear, *The Obedience of Faith: The Purpose of Paul in the Epistle to the Romans* (Studies in Biblical Theology 2/19. Naperville, Ill.: Allenson) 48-49.

338 Moo; *contra* Fitzmyer.

다. 그럼으로써 자신들이 하나님의 심판의 보좌에서 하나님 대신 심판하는 행위를 하는 것을 의미한다. 그러나 이들에게 기다리는 것은 하나님의 심판이다. 이들은 "같은 일을" 행함으로써프라소우 자신을 이미 정죄하고 있다.카타크리노우 바울의 이 가르침은 판단을 받지 않으려면 남을 판단하지 말라는 예수님의 말씀을 생각나게 한다(마7:1; 눅6:37). 로마교회에서는 고기를 먹지 않는 성도들이 고기를 먹는 자들을 판단하는 죄를 지었다(롬14:3이하). 그들의 문제는 그들 자신도 율법을 온전히 지키지 못하고 있는 사람들이라는 것을 깨닫지 못하고 있던 것이다. 판단하는 사람 자신들은 자신들의 도덕률을 기준으로 남을 판단하는데 그 도덕률에 자신들도 저촉되기 때문에 그 기준을 바탕으로 하나님의 심판이 자신들에게도 임하는 것이다. 이 원리는 바울이 로마서 2:1-16절에서 자세히 풀어 놓고 있다. 여기서 관찰할 수 있는 대조법은 사람들의 불의한 판단과 하나님의 의로운 판단이다. 이 사람들의 판단은 위선적이지만 하나님의 판단은 진리에 따른 것이다(롬2:2). 그리고 이들은 하나님의 인자하심과 용납하심과 길이 참으심의 풍성함을 업신 여기며 판단하지만 하나님께서는 그 인자하심으로써 죄인이 회개하기를 기다리신다(롬2:4). 하나님의 인자하심과 길이 참으심은 끝까지 회개하지 않는 사람들에게 임할 하나님의 심판이 공의의 심판임을 확실하게 확인해 준다(롬2:5).

로마서 2:2절의 접속사 데그러나는 1절의 역접의 내용을 도입한다. 오이다멘우리는 안다에서 "우리"는 유대인을 가리키는[339] 것이 아니라 바울과 로마교회 독자들을 가리킨다. 그 목적어는 접속사 호티절이다: "하나님의 판결이 이런 일들을 행하는 자들에게 진리대로 된다". 여기서 "하나님의 판결"크리마투 쎄우에서 크리마는 "결정", "판단"을 의미할 뿐 아니라 종종 "정죄"condemnation, "판결"sentence을 의미한다.[340] 크랜필드는 "진리대로"카타 알레이쎄이안는 사실대로를 의미한다고 말한다.[341] 반면에 쉬라이너는 "진리대로"는 하나님께

339 Dodd.
340 Fitzmyer; Moo; 롬3:8; 5:16; 13:2; 고전11:29, 34; 갈5:10; 딤전3:6; 5:12.
341 Cranfield.

서 악을 행하는 자들을 심판하시는 것이 옳다는 것을 가리킨다고 말한다.[342] 이것은 타당한 주석이다. 그러나 본문이 말씀하는 것은 하나님의 심판의 성격이 아니라 하나님의 심판의 원칙이다. 즉 하나님께서는 각 사람이 행한 악 행대로 그들을 심판하신다는 뜻이다. 이는 보응의 원칙이다 그리고 언약적 개념이다(롬2:6). 이 점에서 명사 알레이쎄이아는 헬라적 개념인 "사실" 뿐 아니라 히브리 개념인 "신실함" 도 포함한다고 볼 수 있다. 하나님께서 진리대로 그들을 판결하시는 것은 악을 벌하시는 하나님의 공의의 속성에 기초한 것이다. 쉬라이너는 남을 판단하는 것은 나쁘지 않다고 말한다. 나쁜 것은 남을 판단하면서 그 사람이 행하는 것을 자신도 하는 것이라는 것이다. 그러나 바울은 로마서 14:4절에서 남을 판단하지 말라고 가르친다. 이러한 쉬라이너의 혼동은 크리노우가 판단하는 뜻 뿐 아니라 정죄하다는 뜻도 있기 때문이다.

로마서 2:3절의 동사 로기조마이여기다는 신약에 사십 회, 그 중 바울 서신에 삼십사 회, 로마서에는 십구 회 사용되고 있다.[343] 이는 이 단어가 로마서에서 바울이 가르치는 내용의 중요한 일 부분이라는 것을 나타낸다. 여기서 바울은 그 상상속의 대화자에게 묻고 있다: "이런 일을 행하는 자를 판단하고도 같은 일을 행하는 사람아 네가 하나님의 판단을 피할 줄로 생각하느냐". 이 질문은 부정의 대답을 유도한다. 즉 너는 하나님의 판결을 피할 수 없다는 것이다. 던은 여기서 프라소우행하다는 일반적 의미를, 포이에오우행하다는 고의적으로 행하는 것을 의미한다고 말한다.[344] 그러나 앞서 본대로 프라소우는 해서는 않되는 일을 하는 것을 의미하고 포이에오우는 일반적인 "행하다"를 의미한다. 이인칭 단수 대명사 "수"는 강조법이다. 동사 에크페우고우는 "도망치다"를 의미한다. 같은 일을 행하면서 그 일을 하는 자를 판단하는 사람은 위선자다. 이 자가 하나님의 판결을 피할 수 있다고 생각한다면 그것은 자신의 죄를 인식하지 못하고 자신이 착한 사람이라고 착각하기

342 Schreiner, *Romans*, 107.
343 Morris.
344 Dunn; *TDNT*, 6:636.

때문이다. 이들은 로마서 1:18-32절이 묘사하는 악을 행하면서도 남이 이를 행할 때 정죄한다. 이들은 첫째로 유대인들이다.[345] 바울은 로마서 2:17절이하에서 유대인들을 겨냥해서 말한다. "도적질 하지 말라고 말하는 네가 도적질하느냐 간음하지 말라 말하는 네가 간음하느냐 우상을 가증히 여기는 네가 신사 물건을 도적질 하느냐"(롬2:21-22). 이들은 자신들이 같은 일을 행하고 있다는 것을 깨닫지 못하고 자신들을 의인으로 생각하면서 하나님의 심판이 자신들에게 임하지 않을 것이라고 생각한다. 그것은 이들이 하나님께서 아브라함과 그 외 족장들과 맺은 언약 때문에 그 언약을 신실하게 지키실 것이라고 믿기 때문이다. 이들은 자신들이 죄를 지을 지라도 하나님께서는 자신들을 긍휼히 여기시고 구원해 주실 것이라고 믿으며 계속 죄 가운데 거하는 삶을 산다(Psalms of Sol. 9-10; Wisd. 3:9-10; 11:8-10; 12:22; 15:2). 그러나 바울은 이들의 잘못된 믿음을 공격한다. 즉 하나님께서는 편애하시는 하나님이 아니시라는 것이다(롬2:11). 악을 행하는 각 사람에게는 환난과 곤고가 있는데 이는 유대인이나 이방인이나 다 마찬가지라는 것이다(롬2:9). 유대인이나 이방인이 다 같이 하나님의 심판을 면할 수 있을 것으로 생각하는 것은 하나님의 인자하심과 오래 참으심 때문이다. 사람들은 하나님의 오래 참으심을 곧 하나님께서 죄를 무조건 용서하시는 것으로 오해하고 그 분의 진노를 심판 때까지 쌓는다(롬2:4-5). 이러한 오해는 하나님의 속성을 축소해서 가르치는 현대교회 지도자들의 가르침에서 종종 발견된다. 이들은 하나님은 사랑의 하나님이기 때문에 사람들이 회개하지 않아도 다 용서해 주신다고 설교한다. 이로써 하나님께서 공의의 하나님으로써 악을 심판하신다는 점을 가르치지 않는다. 그 결과는 팽배한 무법주의이며 이는 교회안에도 만연해 있다. 이런 포퓰리즘에 영합한 성직자들의 가르침은 비성경적이다. 바울은 이런 잘못된 태도를 로마서 1:18-3:20절에서 공격하고 있다. 위선은 교회 밖의 도덕론자 이방인들에게도 있다. 사람들은 착하게 살면 죽어서 하늘에 간다 혹은 다시 태어 날 때 사람으로 태어난다고 믿는다.

345 Fitzmyer; Dunn; Cranfield; Osborne; Hultgren; Moo; Schreiner; Murray; *contra* Stott.

그러나 바울은 로마서 3:10-12절에서 의인은 한 사람도 없고 착한 사람도 한 사람도 없다고 말씀한다. 이는 자신이 착한 사람이라고 생각하는 것은 위선이라는 것이다. 세상 사람들의 기준으로 도덕적으로 착한 것은 하나님의 기준에서 판결하는 탐욕 시기 교만 자랑 배약 무정함 등과 일치하지 않을 수 있다. 심지어 동성애자들도 자신들이 착한 사람이라고 믿는 경우가 있다. 로마서 2:2절 말씀대로 하나님의 기준은 진리에 기초하지만 세상 도덕 기준은 사곡이다.

로마서 2:4절의 접속사 에이혹는 대체적 내용을 도입하는 것이 아니라 점증적 내용crescendo을 도입한다.[346] "네가 하나님의 인자하심이 너를 인도하여 회개케 하심을 알지 못하여 그의 인자하심과 용납하심과 길이 참으심의 풍성함을 멸시하느뇨". 동사 카타프로네오우는 멸시하다, 경멸하다를 의미한다.[347] 그 목적어는 "풍성함"플루토스이다. 그리고 이 명사는 세 개의 소유격 명사의 수식을 받는다. 곧 그의 선하심과 용납하심과 오래 참으심이다. 크레이스토테이스는 선함 혹은 친절함으로 번역된다. 이 단어는 신약에서 바울 서신에만 나타나며, 로마서에 다섯 번 사용되고 있다(롬2:4; 8:12; 11:22에 세 번).[348] 모리스는 하나님의 선하심은 추상적 성품이 아니라 은혜로운 행위를 가리킨다고 말한다.[349] 그러나 이는 두 요소를 다 포함하는 개념으로 볼 수 있다. 하나님의 성품은 선하시고 그 결과 은혜의 선물을 사람들에게 주신다.[350] 아노케이용납하심는 신약에서 이 절과 로마서 3:26절에만 사용된 단어다. 모리스는 이는 교전을 중지하는 것인데, 평화가 아니라 휴전을 의미한다고 말한다. 만일 이 기간동안 죄인이 회개하면 용서해 주시지만 회개하지 않으면 벌을 주신다. 마크로쑤미아는 오래 참으심을 의미한다. 트렌치는 아노케이는 심판을 일시적으로 유예하는 것이지만 마크로쑤미아는 오래 참으시는 것이라고 두 단어의 뜻을 구분한다.[351] 그러나 여기서 이 두 단어의

---

346 Cranfield; Schreiner.

347 마6:24; 18:10; 눅16:13; 고전11:22; 딤전4:12; 6:2; 히12:2; 벧후2:10.

348 Osborne.

349 Morris.

350 Osborne; J. Zmijewski, *EDNT*, 3:475-77.

351 R.C. Trench, *Synonyms of the New Testament* (Grand Rapids: Baker Book House, 1989) 199.

뜻에 이러한 차이가 있다고 보기는 어렵다. 비슷한 뜻을 가진 단어들을 열거하며 요점을 말하는 것은 히브리 문학 양식이다.[352] 어떤 의미에서 하나님의 선하심과 용납하심과 오래 참으심은 그 의미가 겹치는 단어들이다. 하나님의 용납하심과 오래 참으심은 그 선하심의 결과다. 그들이 하나님의 선하심을 무시하는 이유는 그 선하심이 그들을 인도하여 회개케 하심임을 알지 못하기 때문이다. 이는 저들이 하나님을 알만한 것이 저희 속에 있고 그들은 하나님을 안다고 말씀하는 로마서 1:19-21절의 내용과 모순된다. 그러나 사실 이는 모순적 내용이 아니고 이들이 하나님에 대해 알고 있는 지식의 불완전함을 나타낸다. 이들은 하나님의 존재는 인식할지 몰라도 하나님께서 선하신 분이심은 알지 못한다. 아니면 머레이의 말대로 이들은 하나님의 선하심을 알면서도 이를 고려하지 않고아그노오운 무시하고 있다고 할 수도 있다.[353]

중성 형용사 크레이스토스는 정관사와 함께 명사적으로 쓰였다. 이는 구체적으로 표현된 선하심을 말한다(Wisd 15:1).[354] 명사 메타노이아는 회개를 의미한다. 이는 후회나 회한과는 다르다.[355] 후회는 마음을 바꾸는 것을 동반하지 않고 슬픈 감정을 가지는 것을 말한다. 불신자가 죄를 뉘우치고 예수님을 믿게 되면 이는 회심이라고 할 수 있다.[356] 구약에서 선지자들은 하나님의 백성들이 회개하고 하나님께 돌아오도록 외쳤다(시116; 사1:27; 렘3:12-14, 22). 이 점에서 로마서 2:4절은 구약의 말씀을 배경으로 유대인들을 그 일차적 대상으로 말씀하고 있는 것 같다. 그러나 신약도 회개를 강조하고 있는 점에서 로마서 2:4절은 이방인 회중도 그 대상으로 하고 있다고 할 수 있다(마3:2, 8, 11; 11:20-21; 12:41; 막1:4, 15; 행2:38; 3:19; 고후7:9-10; 12:21). 동사 아고우인도하다는 현재시제인데 이는 하나님의 선하심이 이들을 항상 회개하도록 인도하신다는 것을 의미한다.[357] 던은 여기서 "에이스

---

352 F. S. Spencer, "Beyond Trench' s Study of Synonyms," *ExpTim* 99 (1987-88) 140; Moo.
353 Murray.
354 Fitzmyer.
355 Morris; *contra* Fitzmyer; Dunn; TDNT, 4:978-79.
356 Hendriksen.
357 Moo.

메타노이안 아게이"는 하나님의 선하심이 이들에게 회개할 기회를 주신다는 의미지 회개 자체를 주신다는 의미가 아니라고 말한다.[358] 그러나 머레이는 이 표현은 회개하도록 만든다는 의미라고 주석한다. 동사 아고우인도하다가 로마서에서 가지는 의미를 약화해서는 않된다는 것이다(롬8:14; 고전12:2; 살전4:14; 살후3:6). 신약에서 회개는 하나님의 선물로 이해된다(행5:31; 11:18; 딤후2:25). 그러나 모든 사람이 회개에 이르는 것은 아니다. 회개는 죄를 떠나는 것 뿐 아니라 하나님께 나아오는 것을 포함한다.

여기서 우리는 하나님의 오래 참으심의 결과의 양면성을 관찰한다. 하나님께서 사람들이 회개하도록 기다리시는 것은 그들의 악을 묵인하시고 계신 것이 아니다. 그들이 회개하지 않고 악을 쌓으면 쌓을수록 그들에 대한 하나님의 심판의 공의성은 더욱 확고히 드러날 것이다. 그리고 회개하는 자들이 하나님의 은혜로 구원받을 때 그들은 하나님의 선하심과 인자하심을 감사드리고 그 분을 더욱 찬양할 것이다. 바울은 로마서에서 회개에 대한 가르침을 분명히 제시하지 않는다. 무는 하나님께 받아들여지려면 회개보다 더 강한 행동을 요구하기 때문이라고 설명한다.[359] 쉬라이너는 이는 모세의 언약은 하나님의 요구를 충족시킬 수 없고 회개는 하나님의 호의를 획득하기 위해 인간이 할 수 있는 행위를 강조하기 때문이라고 설명한다.[360] 이는 어느 정도 타당한 해석으로 보인다. 바울은 분명히 회개의 중요성을 인식하고 있었지만 회개를 통한 변화는 성령의 사역이 없이는 불가능하다는 점을 고려할 때 사람의 행위인 회개에 대한 가르침이 약화된 것 같다. 로마서에 회개에 대한 가르침이 분명하지 않은 또 다른 이유는 로마서의 쟝르에서 발견된다. 복음서와 달리 로마서는 칭의 성화와 같은 교리적 가르침을 체계적으로 정립하고 있다. 따라서 누가복음과 같이 회개의 중요성을 강조할 수 있는 문맥의 흐름이 약하다. 그 대신 바울은 육신의 소욕을 좇는 삶 대신 성령의 소욕을 좇으며 살 것을 강조하고 있다. 그리고 마음을 새롭게 함으로써 변화를

---

358 Dunn.
359 Moo, *Romans*, 134.
360 Schreiner, *Romans*, 109.

받아 하나님의 선하시고 기뻐하시고 온전하신 뜻이 무엇인지 분별하라고 가르친다. 이는 불신앙의 삶에서 신앙의 삶으로의 전환이 아니라 성령의 인도하심을 따라 내적으로 변화되는 삶의 원리를 가르치는 것이다. 이는 회개의 중요한 한 측면과 관계있는 내용이며 바울이 로마서에서 회개의 주제를 간과하고 있다고 보기 힘들다.

로마서 2:5절의 접속사 데그러나는 역접이 아니라 순접의 내용을 도입한다.[361] 따라서 개역성경의 "다만"은 적절한 번역이다. 어떤 학자들은 5절을 1-4절과 묶지 않고 6-11절에 묶는다.[362] 이는 6절의 관계대명사 호스가 6절과 5절을 밀접히 연결한다는 점에서 맞는 주석이다. 그러나 5절은 1-4절에서 말씀하는 앞으로 있게 될 하나님의 심판에 대한 결론이라는 점에서 1-5절을 한 문단으로 보는 것이 더 낫다.[363] 2:5절에서 바울은 세 개의 하팍스를 사용한다.스클레이로테이스, 아메타노에이토스, 디카이오크리시아 명사 스클레이로테이스강퍅함, 완고함는 신약에 오직 이 절에만 나오지만 그 동족어는 종종 사용되었다.[364] 전치사 카타는 "…에 따라서"의 뜻도 있지만 여기서는 "…때문에"의 뜻으로 쓰였다. 형용사 아메타노에이토스는 "회개하지 않는"을 뜻한다. "마음"칼디아은 인격의 중심을 의미한다. 이들의 회개하지 않는 마음은 "믿는" 마음과 반대 개념이다(롬10:9). 따라서 회개하지 않는 마음은 그들이 인격 중심으로부터 하나님을 거역하고 있음을 나타낸다. 동사 쎄이사우리조우쌓는다는 긍정의 뉘앙스를 가진다. 그러나 여기서는 그 목적어가 "진노"올게이다. 회개하지 않음으로 진노를 쌓는다는 것은 역설적 표현이다. 하나님의 징벌의 크기가 커가는 것은 하나님의 오래 참으심에 기초한다. 그러나 하나님께서 오래 참으시지 않았으면 이들에게 임할 벌도 작았을 것이라는 의미는 아니다. "진노"는 비이성적 화가 아니라 악에 대한 준엄한 반대다(롬1:18).[365] "진노의 날"은 신약에서 오직 이 절에만 사용된 표현으로써 최후 심판의 날을

---

361 Contra Morris; NIV; KJV.

362 Stott; Murray; Morris.

363 Schreiner; Moo; Osborne.

364 스클레이루노우(강퍅하다, 행19:9; 롬9:19; 히3:8, 13, 15; 4:7); 스클레이로칼디아(마음의 강퍅함, 마19:8; 막10:5); 스클레이로트라케일로스(목이 곧은, 행7:51).

365 Morris.

의미한다(시110:5; 사13:9; 바1:14-15; 계6:17). 바르트는 엔 헤이메라 올게이스진노의 날에 이하가 올게인진노이 아니라 쎄이사우리제이스쌓는다에 걸린다고 본다.[366] 그래서 진노의 날은 심판의 날이 아니라 진노를 쌓고 있는 현재라는 것이다. 이 해석은 하나님의 진노가 현재 임하고 있다는 로마서 1:18절 말씀과 일치한다. 그러나 로마서 2:5절의 "진노의 날"은 로마서 2:3-5절의 문맥에서 볼 때 종말의 심판의 날로 보는 것이 더 맞다.[367] 심판의 날은 "계시"아포칼륍세오우스의 날이기도 하다. 이는 전에 감춰었던 것이 드러나는 것을 의미한다. 그것은 곧 하나님의 공의의 판결디카이오크리시아스 투 쎄우이다. 명사 디카이오크리시아스공의의 판결는 하팍스로써 신약에 오직 이 절에만 쓰였다. 살후1:5절은 복합명사를 쓰지 않고 디카이아스 크리세오우스라고 표현하지만 그 의미는 같다.[368] 여기서 공의의 판결의 대상은 하나님을 떠나있으나 회개하지 않는 사람들이다.[369] 따라서 하나님의 공의의 속성은 죄에 대한 심판과 의로우심에 대한 구원 두 측면을 가진다는 것이 밝혀진다. 그리고 로마서 1:17절이 말씀하는 "하나님의 의"가 구원과 심판 두 개념을 포함하는 표현임이 증명된다.[370] 여기서 바울의 가르침은 유대인들의 전통적인 신념을 거스르고 있다. 유대인들은 자신들이 범죄할지라도 언약의 하나님께서는 계속해서 자신들을 용서해 주시고 보호해 주실 것이라고 믿고 있었다(Wisd.3:9-10; 11:9-10; 12:22; 15:2; Psa. Sol.7.5-10; 17.21-18.9).[371] 그러나 이들도 그 마음에 회개하지 않으면 종말의 하나님의 진노를 피할 수 없다.

(ㄴ) 행위에 기초한 하나님의 심판(롬2:6-11)

이 문단에는 교차법chiasm이 사용되고 있다.[372] 어떤 학자는 로마서 2:7-

366 K. Barth, *The Epistle to the Romans* (London: Oxford University Press, 1933).
367 Cranfield.
368 Morris; Cranfield; *contra* Sanday and Headlam.
369 *Sib. Or.* 3.704; *T. Levi* 3.2; 15.2.
370 Schreiner.
371 Laato, *Paulus*, 106-19; B. W. Longenecker, *Eschatology and the Covenant: A Comparison of 4 Ezra and Romans 1-11* (Journal for the Study of the New Testament Supplement Series 57. Sheffield: JSOT Press, 1991) 180-84.

10절에만 교차법이 존재한다고 말한다.[373] 그러나 필자는 6–11절에 교차법이 있다고 본다. 로마서 2:6절과 11절은 하나님께서 심판하신다는 내용이고, 로마서 2:7절과 10절은 참고 선을 행하는 자들에게 심판 때 영생/영광이 주어질 것이며, 로마서 2:8절과 9절은 악을 행하는 자들의 영에 환난과 곤고가 있을 것이라고 말씀한다. 이 교차법을 통해 바울은 하나님께서 심판 때 모든 사람들을 그 행위대로 심판하실 것이라는 점을 분명히 하고 있다. 이는 바울이 근본적으로 유대적 보응신학을 수용하고 있는 것을 나타낸다(시편61:13; 잠24:12). 그리고 바울은 이를 예수님의 구속의 완성 이후 구속사의 새로운 상황에서 그 의미를 수용하고 있다(고후11:15; 딤후4:14). 바울은 이 행위심판의 원리를 기독교 윤리에 종말적으로 적용하고 있다(고전6:9–10; 갈5:19–21; 엡5:5).

로마서 2:6절의 관계대명사 호스는 5절의 "하나님"을 받는다. 즉 하나님께서 각 사람에게 그 행한대로 보응하신다. 동사 아포디도우미는 주다, 갚다, 보응하다를 의미한다. 타 엘가는 긍정적 혹은 부정적 뉘앙스 없이 행한 것들을 의미한다.[374] 고린도후서 11:15; 디모데후서 4:14절에서도 바울은 행위를 심판의 기준으로 제시한다.[375] 바울의 문장은 칠십인역 잠언 24:12절이나 시편 62:12절과 비슷하다(전1:14). 그러나 이 구약의 구절들이 매우 유사하기 때문에 바울이 어떤 특정한 구절을 인용하고 있다고 할 수는 없다.[376] 행위에 근거한 하나님의 심판에 대한 가르침은 구약과 유대문학에도 많이 있다.[377] 행위에 근거한 심판은 반드시 행위 구원론과 일치하는 것은 아니다. 행위에 근거한 심판론은 믿음을 통한 구원론과 양립될 수 있다. 이

372 K. Grobel, "A Chiastic Retribution-formula in Romans 2," in *Zeit und Geschichte. Dankesgabe an Rudolf Bultmann zum 80. Geburtstag* (ed. E. Dinkier; Tübingen: Mohr, 1964) 255-61; Moo.

373 Schreiner; Dunn; Cranfield; J. Jeremias, "Chiasmus in den Paulusbriefen." In his *Abba: Studien zur neutestamentlichen Theologie und Zeitgeschichte* (Göttingen: Vandenhoeck & Ruprecht, 1966) 282.

374 롬9:10-12, 32; 11:6; 엡2:9; 딤후1:9; 딛1:16; 3:5.

375 마7:21; 16:27; 25:31-46; 롬2:6; 14:12; 고전3:12-15; 고후5:10; 11:15; 갈6:7-9; 엡6:8; 골3:24ff; 딤후4:14; 벧전1:17; 계2:23; 20:12; 22:12.

376 Moo; cf. R. Heiligenthal, *Werke als Zeugen: Untersuchungen zur Bedeutung der menschlichen Taten im Frühjudentum, Neuen Testament und Frühchristentum* (WUNT 2.9; T?bingen: Mohr, 1983) 171-74.

377 대하6:23; 욥34:11; 시28:4; 62:12; 잠24:12; 전12:14; 렘17:10; 겔18:20; 호12:2; *1 Enoch* 41:1-2; *Psa. Sol.* 2:16; 17:8; *4 Ezra* 7:35; 8:33; *2 Baruch* 14:12.

점에서 로마서 2:6절이 로마서 3:20절이나 에베소서 2:8-9절과 모순된다고 할 수 없다. 우리는 믿음으로 구원받지만 행위를 바탕으로 심판받는다.[378] 크랜필드의 말대로 미래시제 아포도우세이보응하실 것이다는 가정이 아니라 실제 되어질 일을 의미한다.[379]

로마서 2:7절의 접속사 멘과 8절의 데는 두 절의 내용을 대비시키며 두 종류의 사람들과 두 종류의 심판을 서술한다. 첫째, 어떤 사람들은 영생을 얻고(7절) 둘째, 어떤 사람들에게는 하나님의 진노와 화가 임하는 것이다(8절). 7절과 8절의 여격 복수 정관사는 6절의 헤카스토우각 사람에 걸리며 두 종류의 사람들을 대조한다. 명사 후포모네이는 고난을 맞아 인내하는 것을 의미한다(롬5:3-4; 8:25; 15:4; 살전1:3). 목적격적 소유격 엘구 아가쑤는 후포모네이에 걸리며 이는 선을 행하는 것을 인내한다는 의미다. 여기서 단수 엘곤은 6절에 쓰인 복수 엘가와 의미의 차이는 없다.[380] 이는 단수 엘곤은 여기서 집합적 행위를 가리킨다.[381] 학자들은 "선을 행하며"엘구 아가쑤는 전통적인 의미의 "선행", 혹은 "믿음", 혹은 "믿음의 열매로써 착한 삶"을 의미한다고 말한다. 이에 대해서 우리는 나중에 자세히 살펴볼 것이다. 배렛은 "카쓰 후포모네인 엘구 아가쑤"를 오래 참음으로 자신의 안위 넘어를 바라보는 자라고 번역한다.[382] 이 사람들은 자신의 공로에 의지하지 않고 자신의 공로가 하나님께 궁극적 희망을 두는 표라고 생각하는 사람들이라고 주석한다. 이 해석은 본문에 자신의 해석을 삽입하는 해석으로만 볼 수 없다.[383] 여기서 바울이 사람이 공로를 바탕으로 영생을 얻게 된다고 가르치는 것은 분명히 아니다. 왜냐하면 이 사람들은 인내하며 선을 행하면서 영광과 존귀(욥40:10; 시29:1)와 썩지 않는 것(고전15:42, 50, 53-54; 엡6:24; 딤후1:10)을

---

378 Osborne.

379 Cranfield; Sanday and Headlam; Murray; *contra* Haldane.

380 D. J. Moo, " 'Law,' 'Works of the Law,' and Legalism in Paul," *WTJ* 45 (1983) 73-100; *contra* L. Mattern, *Das Verständnis des Gerichtes bei Paulus* (Abhandlungen zur Theologie des Alten und Neuen Testaments 47. Zürich: Zwingli, 1966) 141-44; C. Crowther, "Works, Works of the Law, and Good Works," *Expository Times* 81 (1969-70) 169.

381 Murray; Moo; Sanday and Headlam.

382 Barrett.

383 Morris.

구하는 자들이기 때문이다. 이들은 자신의 공로를 자랑하며 하나님께 나가는 자들이 아니다. 이들은 하나님으로부터만 주어질 수 있는 가치 즉 영광, 존귀, 썩지 않는 것을 구하는 자들이다. 이는 이들이 선행을 구원의 조건으로 믿지 않고 하나님 자신을 구하며 앙망하는 자들이라는 것을 의미한다. 하나님께서는 이런 자들에게 영생을 선물로 주신다(롬5:21; 6:22–23; 갈6:8). 영생은 문자적으로 앞으로 올 시대에 사는 삶을 말하며 유대적 개념이다.[384] 바울서신에서 영생은 영적인 개념으로써 하나님 앞에서 살아 있는 것을 말한다.

로마서 2:8절의 접속사 데는 7절의 내용과 역접을 도입한다: "오직 다투며 진리를 좇지 않고 불의를 좇는 자들에게는 분개와 진노로 하실 것이다". 명사 에리쎄이아는 "논쟁" 혹은 "이기적임"으로 번역된다. 이 단어는 갈라디아서 5:20; 고린도후서 12:20; 빌립보서 1:16; 2:3; 야고보서 3:14, 16절에도 사용된다. "논쟁"을 이 단어의 번역으로 채택하는 학자는 에리쎄이아가 명사 에리스다툼에서 파생되었다고 본다.[385] 이 의미는 아리스토텔레스의 글에도 발견된다.[386] 즉 관료가 당파적으로 자신의 이익만 추구한다는 뜻이다. 마찬가지로 불의한 사람들은 하나님 영광을 바라지 않고 당을 지어 하나님을 대적하는 사람들로 볼 수 있다. 그러나 배렛은 이에 동의하지 않는다. 그는 에리쎄이아가 에리쏘스고용된 사람에서 파생되었다고 주장한다.[387] 이 때 에리쎄이아는 고용된 사람의 행위나 습성, 즉 자신의 이익만 생각하는 성향을 의미한다(NIV). 따라서 그에 의하면 자신의 이익만 추구하는 자들은 자신의 공로만으로 완전하다고 생각하고 그에 의지해서 의를 추구하는 사람들이라는 것이다. 그러나 그는 너무 많은 개념을 이 단어의 의미속에 삽입하고 있다. 고린도후서 12:20절이나 빌립보서 1:17절에서 이 단어는 "다툼" 혹은 "파당"으로 번역하는 것이 더 낫다. 그리고 로마서 2:8절에서도 "다툼"은 이들의

---

384 단12:2; 2 Macc 7:9; 4 Macc 15:3; 1QS 4:7; Fitzmyer; Morris.

385 KJV; RSV; Lagrange; Lyonnet; Murray; Morris; H. Giesen, *EDNT*, 2.52.

386 Aristotle, *Pol*. 1302b4 1303a14.

387 Barrett; W. F. Howard, *Accidence and Word-Formation*, vol. 2 of *A Grammar of New Testament Greek*, by J. H. Moulton (Edinburgh: T & T Clark, 1919-29) 339; BAGD; F. Buchsel, *TDNT*, 2:660.

진리를 복종하지 않는 성향과 일치한다. 빌립보서 1:15절의 에리스와 17절의 에리쎄이아는 서로 다른 뜻을 가진다고 볼 수도 있지만 바울은 비슷한 의미의 단어들을 열거해서 강조법을 사용하기 때문에 이 두 단어의 뜻도 비슷하다고 볼 수 있다. 즉 에리스는 "다툼", 에리쎄이아는 "파당"을 의미한다고 볼 수 있다.[388] 그러나 문맥에서 볼 때 7절과 8절은 대조적 관계에 있다. 이때 에리쎄이아를 "자신의 이익만 추구함"으로 번역할 때 7절의 하나님으로부터 영광과 존귀와 썩지 아니함을 구하는 태도와 잘 대비된다.[389] 이 점에서 위 두 번역 모두 본문의 문맥에 맞는 번역이다.[390] 본질적으로 다툼당짓기과 이기심은 서로 연결되어 있다.

이 절에서 "진리"알레이쎄이아는 로마서 1:18절의 "진리"와 같은 뜻으로 볼 수 있다. 여기서 이 진리는 그리스도의 복음으로 볼 수도 있지만 문맥에서 모든 사람이 자연계시를 통해서 아는 것을 말한다.[391] 즉 하나님께서 대주재시며 예배를 받으시기에 합당하신 분이시라는 것이다. 유대인 회중들에게 이 진리는 율법을 통해 계시된 진리를 말한다(롬2:20). 바울은 여기서 동사 아페이쎄오우불순종하다와 페이쏘우설득하다, 신뢰하다를 사용하여 말의 놀이word play를 이룬다. 페이쏘우는 수동태로 믿다, 복종하다, 따르다를 의미한다. 그들은 진리를 좇지 않고 불의를 좇는다. 그리고 그 결과 하나님의 진노와 분개가 그들에게 임한다. 여기서 올게이진노와 쑤모스화는 주격이다. 따라서 6, 7절과 문법적으로 느슨한 관계에 있다. 아니면 올게이와 쑤모스가 주어이고 명사적 분사들은 보어이고 동사 에스타이이다가 생략되었다고 볼 수도 있다.[392] 쑤모스와 올게이는 종종 함께 사용된다.[393] 이 두 단어는 동의어로 볼 수 있고 쑤모스가 올게이를 강조하고 있다고 할 수 있다.중언법[394] 하나님의 종말적 진노는 하나님의 공의에 저항하는 사람들에게 임하는 부정적 심판이다.

388 Murray.
389 Moo; Käsemann; Schreiner; Osborne.
390 Fitzmyer.
391 Morris; Dunn.
392 Moo.
393 신29:28; 시2:5; 77:9; 렘21:5; 단3:13; 미5:15; 엡4:31; 골3:8; 계19:15.
394 Cranfield; Morris; Hodge.

로마서 2:9절에는 8절과 연결해 주는 접속사가 생략되어asyndeton 있다. 그 내용은 8절과 교차되고 있다.chiasm 즉 노올게이와 분쑤모스은 환난쓸립시스과 곤고스테노코우리아와 교차된다. 어떤 학자는 쓸립시스는 객관적인 환난이고 스테노코우리아는 내적으로 느끼는 곤고라고 말한다.[395] 그러나 이 두 단어의 의미에 차이가 있는 것 같지 않다. 이 두 단어는 거의 동의어에 가깝다. 그리고 함께 쓰일 때 극심한 고통을 의미하는 것으로 볼 수 있다.[396] 이는 하나님의 노와 분이 임한 결과다. 명사 수케이는 여기서 "혼"이 아니라 히브리어 네페쉬에 해당하며 "사람"을 의미한다(레24:17; 민19:20).[397] "악을 행하는"카텔가조메누 토 카콘은 7절의 "선을 행함"과 대조되며 8절의 "불의를 좇는"과 병렬된다. 동사 카텔가조마이는 10절의 엘가조마이와 동의어이다(고후7:10). "첫째는 유대인에게요 또한 헬라인에게며"에서 헬라인은 이방인을 가리킨다. 이는 유대인들이 구원의 복음을 듣는데 우선권을 가졌듯이 심판을 당하는데 있어서도 이방인 보다 먼저 받는다는 것이다(렘25:29; 아3:2). 이는 구원에 있어서 먼저고 심판에 있어서는 나중이라고 믿었던 유대인들의 관념을 뒤집는 가르침이다.

로마서 2:10절의 접속사 데그러나는 9절과 대조되는 내용을 도입한다. 그리고 9절이 8절과 병렬되듯이 10절은 7절과 병렬되며 그 내용을 반복한다. 7절에서 "영광"과 "존귀"는 선을 행하는 자들이 추구하는 목표다. 10절에서는 영광과 존귀는 하나님께서 이들에게 종말에 주시는 축복이다. 7절의 "썩지 아니함"은 10절에 평화에이레이네이로 대체되었다. 평화는 전쟁이 없는 상태일 뿐 아니라 히브리 샬롬의 개념에 해당한다. 로마서에서 평화는 칭의의 결과 얻어지는 하나님과의 화목과 관계있다(롬5:1). 이는 믿음을 통해 구원받은 성도들이 종말적으로 누리는 완전한 축복의 상태다(롬1:7). 여기서 선을 행한다는 것은 9절의 악을 행하는 것의 반대 개념이며, 7절의 엘구 아가쑤와 동일한 개념이다. 이는 공로를 쌓는 것이 아니라 하나님께서 주시는 의만을

395 Cranfield; Wilckens; Godet; Moo; Calvin; Barth.
396 Osborne; Murray; Morris; Denney; G. Bertram, *TDNT*, 7:607.
397 행2:41, 43; 3:23; 롬13:1; Murray; Fitzmyer; *contra* Lagrange.

구하고 의지하는 것이다(롬2:7절). 하나님의 종말적 축복도 첫째는 유대인에게요 또한 헬라인에게다.

로마서 2:6-10절에서 바울은 "선을 행하는 자"에게 영생이 있다고 말씀한다. 이 말씀은 오직 믿음으로 구원을 받는다고 말씀하는 로마서 1:17절이나 율법의 행위로 구원받을 수 없다고 말씀하는 로마서 3:20절과 모순되는 가르침으로 보인다. 이는 진정 모순되는 가르침인가 아니면 모순처럼 보이는 가르침인가. 학자들은 이 질문에 대한 여러 가지 해석을 내놓았다. 첫째, 크리소스톰 등 초대교회 교부들은 "선을 행하는 자들"이 영생을 얻는다는 것은 그리스도께서 구속을 이루시기 전 신실한 유대인들과 도덕적으로 흠이 없는 이방인들은 영생을 얻었다는 것을 의미하는 말씀이라고 해석했다. 그러나 이 해석은 타당하지 않다. 왜냐하면 이 문단에서 바울은 그리스도께서 오시기 전의 상황 뿐 아니라 자신의 시대에 사는 사람들을 향해서 말씀하고 있기 때문이다. 그리고 로마서 3:9-12절에서 바울은 유대인이나 이방인이나 다 죄아래 있고 의인은 한 사람도 없다고 선언하고 있다. 이는 행위로 구원받을 수 있는 사람은 아무도 없다는 것을 의미한다. 둘째, 레이제넨은 이 구절에서 바울이 그리스도를 믿지 않아도 행위로써 구원받을 수 있는 사람들이 있다는 것을 의미한다고 생각한다.[398] 이 주장은 그리스도의 구속의 피로써 그리스도인들이 아담의 원죄로부터 해방되었다는 말씀과 모순된다(롬5). 그리고 오직 믿음으로써 의롭다하심 받는다는 말씀과도 모순된다(롬1:17; 4:3).

셋째, 은혜의 구속의 원리를 확신한 어거스틴은 로마서 2:7절은 복음 밖에 있는 자들도 하나님의 은혜로써 받은 진리의 빛에 순종하는 사람들은 구원받을 수 있다는 것을 의미한다고 생각했다.[399] 이는 은혜에 바탕을 두고 선한 행위를 이룰 수 있다는 견해인데 이는 이신칭의의 가르침과 모순되지 않는 것처럼 보인다. 사실, 많은 사람들은 아프리카나 중국 등 지역에 살던 도

398 Räisänen, *Paul and the Law*, 107; E. P. Sanders, *Paul, the Law, and the Jewish People* (Philadelphia: Fortress, 1983) 124-29.

399 Augustine, *One Grace* 7.17; 17; K. Snodgrass, "Justification by Grace ? to the Doers: An Analysis of the Place of Romans 2 in the Theology of Paul," *NTS* 32 (1986) 72-93.

덕적인 사람들은 구원받지 못했겠는가라고 묻는다. 이 때 이들은 은혜에 바탕을 둔 행위론에 접하고 안도의 한숨을 쉴 수 있다. 그러나 과연 다른 사람들 보다 도덕적인 이방인들이 하나님 앞에서 의인이라고 인정받을 수 있는가 하는 것은 여전히 의문으로 남는다. 왜냐하면 바울은 아담의 원죄를 죄의 기원으로 제시하고 있고(롬5:12), 그리스도의 구속의 완성으로써 아담의 시대old age가 완전히 종결되었음을 밝히고 있기 때문이다. 누구나 하나님의 은혜로 선을 행할 수 있다. 그러나 선행이 의롭다하심을 가져오지 않는다. 하나님의 의는 우리가 하나님께 대해 바른 예배를 드리도록 해준다(롬1:21-23). 구속사적으로 이는 그리스도의 구속의 완성에 바탕을 두고 있고 오직 믿음을 통해서만 주어진다. 고대의 선한 사람들이 구원을 받았다고 생각하는 것이 위로가 될 수는 있어도 복음 밖에서 사람이 선을 행할 수 있다고 믿는 것은 바울의 가르침과 즉각 모순된다(롬3:10-12).

넷째, 리츠만은 로마서 2:6절은 하나의 가정일 뿐이라고 말한다. 즉 바울이 복음이 전파되기 전에 유대인들이 율법에 매여 있을 때의 죄를 드러나게 하기 위해서 복음 이전 시대의 관점에서 제시한 가정이라는 것이다.[400] 그러나 케제만은 리츠만의 해석은 바울의 가르침과 모순된다고 비판한다.[401] 로마서 2:1절이하의 논박법의 관점에서 보면 바울은 로마교회 성도들에게 말씀하고 있지 세상을 향해 복음의 메세지를 전달하고 있는 중이 아니다. 그리고 하나님께서 악을 행하는 자들에게 진노하실 것이라는 말씀이 하나의 가정일 뿐이라고 볼 수는 없다. 다섯째, 크랜필드나 윗슨 등의 학자는 여기서 선을 행하는 자는 그리스도인들을 가리키고 있으며 이들이 선한 행위로 영생을 얻는다는 것은 그리스도인들이 선한 행위를 바탕으로 심판 때 하나님의 인정을 받고 영생을 얻게 되는 것을 가리킨다고 해석한다.[402] 선을 행하는 자가 그리스도인들이라고 보는 것은 맞는 해석같이 보인다. 오직 성령

---

400 Lietzmann.

401 Käsemann, *Romans*, 57.

402 Black; Sanday and Headlam; Watson; Barth; Cranfield; Fitzmyer; T. R. Schreiner, *The Law and Its Fulfillment: A Pauline Theology of Law* (Grand Rapids: Baker, 1993) 179-204; F. Flückiger, "Die Werke des Gesetzes bei den Heiden (nach Röm. 2,14ff.)," *Theologische Zeitschrift* 8 (1952) 17-42.

의 능력으로 그리스도인들은 성령의 뜻을 따라 살면서 성령의 열매를 맺을 수 있다. 그러나 바울은 칭의의 열매로써 성령의 열매를 말씀하고 있지 성령의 열매를 구원의 조건으로 가르친 적은 없다. 로마서 2:6절의 각 사람의 행위/일엘가는 최후 심판의 기준이지 구원의 조건은 아니다.[403] 그리스도인들이 예수를 믿는 믿음을 선한 일, 곧 영광과 존귀와 썩지 않는 일을 구하는 것으로 여길 수 있다. 그러나 바울이 로마서 2:7절에서 말씀하는 것은 율법의 행위를 포함한 모든 종류의 선행을 의미하는 것이며 이로써 사람이 영생을 얻게 된다고 말씀하고 있다. 이는 분명히 이신칭의론과 모순되는 가르침이라고 할 수 있다. 따라서 크랜필드의 해석은 바울이 여기서 말씀하는 내용을 올바로 전하고 있다고 볼 수 없다.

여섯째, 신관점주의new perspective 학자들은 믿음으로 그리스도인들이 된 사람들은 성령의 능력으로써 공로를 쌓을 수 있고 이를 바탕으로 최후 심판 때 구원을 얻게 된다고 주장한다.[404] 각 사람은 믿음으로써 언약의 공동체의 일원이 될 수 있지만 최후 심판 때 구원은 그의 행위로써 판가름나게 된다는 것이다. 분명히 로마서 2:7절은 행위구원의 원칙을 말씀하고 있다. 그러나 바울은 이를 유대인들의 면책특권주의를 부정하기 위해서 말씀하고 있는 것이지 선한 행위로써 의롭다하심을 얻고 구원받을 수 있다는 말씀을 하는 것은 아니다. 로마서 3:9-12절은 이를 증명한다. 일곱째, 바울은 로마서 2:6-11절에서 각 사람의 행위에 근거한 구원과 심판은 본질적으로 하나님의 뜻이라는 점을 설명하고 있다. 그러나 죄의 권세 때문에 아무도 하나님의 의를 만족시킬 수 있는 공로를 쌓을 수 없다. 그렇기 때문에 바울은 유대인이든 이방인이든 본질적으로 하나님의 진노 아래 놓여 있다는 것을 말씀하고 있다.[405] 그리고 그는 로마서 3:21절 이하에서 구원의 한 길을 제시한다. 즉 예수 그리스도께서 온전한 화목제물로 바쳐져서 구속을 이루셨기 때문에 누구

---

403 Moo, *Romans*, 142.

404 Dunn; Wright.

405 Murray, Romans, 1.78-79; Longenecker, 116-22; F. Thielman, From *Plight to Solution: A Jewish Framework to Understanding Paul's View of the Law in Galatians and Romans* (NovTSup 61; Leiden: Brill, 1989) 92-96; G. B. Stevens, *The Pauline Theology: A Study of the Origin and Correlation of the Doctrinal Teachings of the Apostle Paul* (New York: Scribner's, 1892) 179-82; Moo.

나 예수님을 믿음으로써 구원을 받을 수 있는 것이다. 이 관점에서 보면 로마서 2:6-11절은 행위구원론을 말씀하는 것이 아니고 이신칭의론을 증명하기 위해 다지는 논리적 기초로 볼 수 있다. 즉 하나님의 뜻은 선을 행하는 자에게 영생을 주시는 것이었다. 그런데 선을 행하는 사람은 한 사람도 없다. 그래서 하나님께서 제시하신 한 길은 예수 그리스도를 믿는 믿음을 통해 진노의 심판을 면하게 하는 것이다. 그렇지만 선한 행위가 전혀 무의미하게 되는 것은 아니다. 성도들은 믿음을 통해 구원받지만 그 상급은 행위를 바탕으로 받게 된다. 바울이 성도들이 하나님의 심판 앞에 서게 된다고 말씀하는 것은 이신칭의로써 선행이 무용지물이 된 것이 아님을 나타낸다(롬14:10; 고전3:10-14; 고후5:10; 약2:14-26).

반면에 악인들에 대한 심판은 철저히 각인의 행위에 근거하게 된다. 그들은 왜 나에게 복음을 믿을 기회를 제공하지 않았느냐든지 나는 도덕적으로 흠이 없는 사람이라든지 라고 말하며 핑계 댈 수 없다. 이들은 진리를 좇지 않고 불의를 좇았기 때문에 하나님의 진노의 심판을 받게 된다. 그리고 하나님의 심판은 불공평한 심판이 아니라는 점이 확실히 밝혀 지게 된다. 그러면 악인들이 회개하는 일은 불가능한가. 그렇지 않다. 왜냐하면 구원받은 우리도 회심하기 전에는 불의한 자들이었기 때문이다. 우리는 여기서 로마서 1:17-18절에 내포된 대조법이 로마서 2:6-11절에 다시 반복되고 있음을 알 수 있다. 이 대조법은 교리상 연옥설과 같은 중간 지대를 허용하지 않는다. 이는 하나님의 복음에 대한 사람의 태도가 신앙과 불신앙 두 형태로 갈라지는 것을 분명히 나타내고 있다.

로마서 2:11절의 접속사 갈왜나하면은 6-10절 내용의 이유를 설명한다: "이는 하나님께서는 편파적인 분이 아니기 때문이다". 여기서 명사 프로소우포레임시아는 "불공평", "편애"를 의미한다. 이 단어는 칠십인역에는 나오지 않고 신약에 처음 등장한다(갈2:6; 엡6:9; 골3:25; 약2:1). 구약에서 "얼굴을 받는다"나사아 파님는 표현은 "누구 편을 든다"는 의미로써 옳지 않는 행위로 묘사된다(레19:15; 신1:17; 16:19). 신약에 사용된 복합명사 프로소우포레임시아는 이 히브리 표현의 헬라 번역람바네인 프로소우폰으로부터 파생한 것으로 보인다.[406] 구약과 유대문학은 하나님께서 불공평하신 분이 아니심을 일관되게 가르친다(신10:17; 왕하 3:14; 대하19:7; 말1:8; 욥34:19; 42:8; 시82:2).[407] 던은 이는 하나님께서 이방 나라들의 불의를 묵인하시지 않고 반드시 징벌하신다는 것을 의미한다고 말한다. 바울은 이에서 나아가 하나님께서 유대인들의 불의도 두둔하시지 않는다고 말씀함으로써 그 의미를 확대했다고 본다. 그리고 그는 로마서 2:5–11절은 신10:16–17절에 대한 설명이라고 본다.[408] 그러나 하나님의 공평하심이 던의 해석처럼 유대민족적 옷을 입은 개념이라고 볼 수는 없다. 하나님께서는 구약시대에도 불의한 사람과 국가를 벌하셨고 이스라엘 백성들도 이에서 예외가 아니었기 때문이다. 패버는 여기서 하나님께서 "불공평"하시지 않다는 말씀은 법률적 개념으로써 하나님의 종말적 심판의 특징을 묘사한다고 말한다(고전3:10–14; 고후5:10; 약2:14–26).[409] 만일 이 해석이 옳다면 하나님께서는 심판 때 각 사람의 행위에 따라서 상벌을 주신다는 의미다. 바울은 이 보응의 원칙을 이신칭의의 원칙과 모순관계로 보지 않고 서로 양립하는 개념으로 제시한다. 만일 이 두 원칙을 혼합해서 심판 때 종말적 칭의가 이루어 진다고 보는 것은 바울이 말씀하는 이미 성취된 칭의의 개념을 약화시키는 것이다. 또 반대로 보응의 원칙을 하나의 가정적 개념으로[410] 보는 것은 불의한 자에게 내리시는 종말적 징벌도 가정적 개념으로 전락되는 오류를 낳게 된다. 바울은 모든 사람이 죄를 범했고 의인은 하나도 없고 행위에 근거한 하나님의 보응의 심판을 피할 수 없다고 말씀하고 있다. 이 때 성도들이 하나님의 종말의 진노로 부터 보호되는 것은 그리스도께서 이들 대신 하나님의 진노를 이미 받으셨고 이와 동시에 그 분의 의가 믿음을 통해서 성도들에게 입혀졌기 때문이다.

---

406 Fitzmyer.

407 Sir 35:12-13; *Jub*. 5.16; 21.4; 30.16; 33.18; *Pss. Sol*. 2.18; *2 Apoc. Bar*. 13.8; *1 Enoch* 63.8; *TDNT*, 6:779-80; *EWNT*, 3:434.

408 Dunn.

409 Riemer A. Faber, "The Juridical Nuance in the New Testament Use of *προσωπολημψία*," *Westminster Theological Journal* 57 (1995) 299-309.

410 Moo; Calvin; Leenhardt; Thielman, *From Plight to Solution*, 94-96; Lincoln, "From Wrath to Justification," 141-42; Bassler, *Divine Impartiality*, 141-45.

(ㄷ) 하나님의 심판의 공평한 기준(롬2:12-16)

로마서 2:12절은 "왜냐하면"갈의 접속사로 시작한다. 이는 로마서 2:12절 이하가 왜 하나님께서 공평하신 하나님이신가를 설명해 주고 있다는 것을 말한다. 이는 로마서 2:12-16절의 문단이 17절이 아니라 11절과 더 밀접한 관계에 있다는 것을 말한다.[411] 율법 없이 범죄한 자는 율법 없이 망하고 무릇 율법이 있고 범죄한 자는 율법으로 말미암아 심판을 받는다. 이 구절은 유대인과 이방인들에게 다 해당하는 가르침이다. 로마서 2:13절 이하에서 바울은 왜 율법이 있는 유대인이 심판을 받게 되며 율법이 없는 이방인들이 율법이 없이 심판받게 되는가 설명하고 있다. 율법이 있는 유대인들은 그 율법을 지키지 못하기 때문이며 율법이 없는 이방인들은 율법이 없어도 자기가 자기에게 율법이 되어 그 양심의 증거로써 그 생각들이 서로 송사하거나 변명한다. 그리고 이들은 그 양심의 증거에 따라 살지 못하기 때문에 장차 그들의 행위에 따라 하나님의 심판을 받게 된다는 것이다. 이 문단의 대칭적 가르침의 구조에서 로마서 2:14-15절은 유대인보다는 이방인들을 더 겨냥하고 있는 듯이 보인다. 바울은 이미 사람들이 그 행한대로 심판을 받게 된다고 선언했다(롬2:6). 그 때 이방인들은 반박할 수 있다. 우리는 율법을 가지지 못했기 때문에 선이 무엇인지 몰랐고 그에 따라 선한 행위를 쌓지 못했다고 핑계 댈 수 있다. 이에 대해 바울은 너희들이 율법이 없이도 본성으로 율법의 일을 행할 때 자기가 자기에게 율법이 되었다고 반박한다. 그리고 그 양심의 증거에 따라 살지 못했기 때문에 하나님의 공의로운 심판 앞에 변명할 수 없다는 것이다.

로마서 2:12절의 접속사 갈왜냐하면은 하나님의 공평하심에 대한 구체적 설명을 도입하고 있다.[412] "무릇 율법없이 범죄한 자는 또한 율법없이 망하고 무릇 율법이 있고 범죄한 자는 율법으로 말미암아 심판을 받으리라". 이 절에서 바울은 로마서에서 처음으로 명사 노모스를 사용한다. 노모스는 구약 전체(롬3:19a; 고전9:8, 9; 14:21, 34; 갈4:21b), 도덕법, 일반적인 법(롬2:14;

411 Moo; Murray; Cranfield.
412 Schreiner.

8:7), 원칙(롬3:27; 7:21, 23, 25; 8:2) 등을 의미할 수도 있지만 로마서에서 다른 특별한 암시가 없을 경우 대개 모세의 율법을 가리킨다고 볼 수 있다.[413] 부사 아노모우스는 "무법한"을 의미하기도 한다(눅22:37; 행2:23; 살후2:8; 딤전1:9; 벧후2:8). 그러나 여기서는 엔 노모우율법이 있고와 대조되고 있다. 따라서 아노모우스는 "율법이 없는"을 의미한다. 율법이 없는 자는 이방인들을 가리킨다. 그들은 율법 없이 범죄하기 때문에 자신들에게 심판이 없을 것이라고 장담하면 않된다. 왜냐하면 율법없이 범죄한 사람들은 율법없이 심판을 받게 될 것이기 때문이다. 그 구체적인 이유는 14절 이하에 설명되어 있다. 이 점에서 이방인들은 그들의 무법함lawless 때문에 심판 받게 된다는 스토워스의 해석은 옳지 않다.[414] 던은 이 구절에서 율법은 유대인을 이방인과 구별하는 민족적 신분증으로써의 율법이라고 생각한다. 이는 로마서 3:20절의 해석과 연관해서 많은 논쟁을 불러 일으켰다. 그러나 여기서 율법은 의식법 만을 의미하는 것이 아니라 모세의 율법 전체를 의미한다고 보는 것이 옳다. 이 구절에서 바울이 율법이 없는 이방인들이 율법 없이 망한다고 할 때 사용한 동사 아폴루미는 영원한 멸망을 말한다(요3:16; 고전1:18, 19; 8:11; 15:18; 고후2:15; 4:3; 살후2:10). 이는 이 구절에 사용된 동사 크리노우의 미래형이 하나님의 심판의 때를 가리키고 있는 것과 병렬된다(요3:17-18; 행7:7; 살후2:12; 히10:30; 13:4; 벧전4:6). 그리고 그 때가 심판의 때라는 점은 16절에 사용된 "그 날"헤이메라도 입증한다.[415] 포터는 여기서 과거시제 헤이말톤죄짓다은 무시간적 과거timeless aorist라고 본다.[416] 그러나 피츠마이어는 이는 심판의 시점으로부터 한 사람의 삶의 전체를 가리키는 과거시제라고 해석한다.[417] 이 두 해석 모두 타당한 해석으로 볼 수 있다.

로마서 2:13절의 접속사 갈왜냐하면은 12절 내용의 이유를 도입한다: "하나

---

413 Morris; Schreiner; Stott; S. Westerholm, ""Torah, nomos, and law: A Question of 'Meaning'," *SR* 15 (1986) 327-36; Moo, Romans, 145; 롬3:19; 5:13-14, 20; 고전9:20-21.

414 Stowers, *A Rereading of Romans*, 134-42.

415 롬2:5; 13:12; 고전1:8; 3:13; 5:5; 고후1:14; 엡4:30; 빌1:6, 10; 2:16; 살전5:2, 4; 살후1:10; 2:2; 딤후1:12, 18; 4:8.

416 Porter, *Verbal Aspect*, 237.

417 Fitzmyer; Dunn.

님 앞에서는 율법을 듣는 자가 의인이 아니요 오직 율법을 행하는 자라야 의롭다 하심을 얻으리니". 즉 율법이 있고 범죄한 자가 율법으로 말미암아 심판을 받는 이유는 하나님 앞에서는 율법을 듣는 자가 의인이 아니고 오직 율법을 행하는 자라야 의롭다 하심을 얻기 때문이다. 여기서 율법을 듣는 자는 율법을 행하는 자와 대조된다. 율법을 듣기만 하고 이를 행하지 않는 자는 하나님 앞에서 의롭다하심을 얻지 못한다. 이 말씀은 야고보의 가르침이나 유대주의의 전통과 일치한다(약1:22-25; 4:11).[418] 여기서 형용사 디카이오스는 도덕적 개념이 아니라 법률적 개념을 가지고 있다.[419] 그리고 미래시제 동사 디카이오우쎄이손타이의 의미와 연결된다. 후자는 의롭다고 하시는 종말적 판결을 의미한다. 그러나 이는 성도들이 믿음으로 현재 의롭다하심을 받는 것과 대립되는 개념이 아니다.[420] 그러면 율법을 행한다는 것의 의미는 무엇인가. 어떤 학자들은 이 구절은 이방인 그리스도인들에게 해당하는 말씀이며, 이방인 그리스도인들은 믿음을 가지고 율법을 행해야만 심판 때 칭의를 받을 수 있다는 것을 말한다고 생각한다.[421] 그러나 이 구절은 이방인 그리스도인들을 겨냥하고 있지 않고 일반적인 모든 사람들을 향한 말씀이라고 해석하는 것이 문맥에 맞는다. 무는 율법을 행한다는 것의 의미는 로마서 3:20절의 "율법의 행위"와 같은 의미이기 때문에 바울이 여기서 말씀하는 바는 실제로 율법을 행함으로써 의롭다하심을 받는다는 말씀이 아니라 하나님께서 의롭다하시는 판결의 기준을 제시하는 것 뿐이라고 해석한다.[422] 그리고 여기서 동사 디카이오오우는 종말적 칭의가 아니라 결정적 구속 사건을 의미한다고 말한다. 그러나 여기서 바울이 말씀하는 바를 가정적 설명으로 볼 만한 문법적 주석적 근거는 없다.[423] 로마서 2:6-10절 해석에서 언급한 것처럼 선을 행하는 자에게 영생을 주신다는 말씀과 악을 행하는 자에게

---

418 신4:1, 5-6, 13-14; 30:11-14; 1 Macc 2:67; 13:48; Philo, Cong. 70; Josephus, Ant. 20.44.
419 Morris; Cranfield.
420 *Contra* Sanders.
421 Dunn, *Romans*, 105; Cranfield; Godet; J.-M. Cambier, "Le jugement de tous les hommes par Dieu seul, selon la verité, dans Rom 2:1-3:20," *ZNW* 67 (1976) 197-98.
422 Moo.
423 Schreiner.

하나님의 진노가 임한다는 말씀은 대조되고 있고 이 두 구절에서 그 문자적 의미를 무시해야 될 주석적 근거는 없다(롬2:7-8). 그리고 이 절에서 로마서에서는 처음으로 나타나는 동사 "의롭다고 하다"디카이오오우의 미래 수동태는 12절의 크리쎄이손타이심판을 받으리라의 종말적 개념과 연결되고 있다. 따라서 이는 유대주의가 가르치는 종말적 심판의 개념과 일치한다.[424] 바울은 이 가르침의 문자적 의미를 커튼 뒤에 숨기지 않은 채 25-29절에서 율법을 행하는 것의 진정한 의미를 설명하고 있다. 그리고 다른 한 편으로 로마서 3:10-12절에서는 의를 행하는 사람은 한 사람도 없다는 것을 명시함으로써 율법을 행함으로써 영생을 얻게 될 사람은 실제로 존재하지 않는다는 것을 밝히고 있다. 이는 로마서 3:21절부터 설명하기 시작하는 그리스도를 통해 나타난 한 의의 필요성을 논리적으로 준비하는 명제라고 할 수 있다. 즉 그리스도의 복음은 율법을 행함으로 구원받을 사람이 한 사람도 없는 세상에 주어진 하나님의 의인 것이다.

로마서 2:14절의 접속사 갈왜냐하면은 13절 내용의 이유를 도입한다: "율법 없는 이방인이 본성으로 율법의 일을 행할 때는 이 사람은 율법이 없어도 자기가 자기에게 율법이 되나니". 크랜필드는 이 절의 접속사 "갈"은 13b의 "율법을 행하는 자"에 걸린다고 본다.[425] 그것은 14-15절은 중생한 후 율법을 행할 수 있게 된 이방인 그리스도인의 상태를 서술하고 있다고 보기 때문이다. 그러나 쉬라이너는 이는 13a에 걸린다고 본다.[426] 그것은 14-15절은 본시 율법에 해당하는 도덕 기준을 마음에 가지고 있지만 이를 행하지 못하는 이방인의 상태를 서술하고 있다고 보기 때문이다. 즉 율법을 듣기만 하고 행하지 않는 유대인들처럼 이방인들도 도덕법을 마음에 가지고 있지만 행하지 않는다는 점에서 바울은 율법/도덕법을 기준으로 의롭다하심을 얻을 수 있는 사람은 한 사람도 없다는 것을 강조하고 있는 것이다. 조금 후 설명하겠지만 필자는 후자의 견해에 동의한다.

---

424 Fitzmyer; K. Kertelge, "Dikaioō", *EDNT*, 1:330-34.
425 Cranfield; Murray.
426 Schreiner; Godet.

어떤 학자는 명사 에쓰네이이방인가 정관사 없이 사용되었기 때문에 "어떤 이방인"을 의미한다고 본다.[427] 즉 모든 율법 없는 이방인이 본성으로 율법의 일을 행할 때가 아니라 어떤 율법 없는 이방인들이 본성으로 율법의 일을 행할 때 이 율법의 일이 자기에게 율법이 된다는 것이다. 그리고 이 견해는 이 특정한 이방인들이 율법을 이룸으로써 구원에 이르렀다고 보는 해석과[428] 율법의 일부를 이루지만 구원에 이르지는 못한다고 보는 해석으로[429] 나뉜다. 그러나 필자는 이 해석보다는 여기서 에쓰네이는 모든 이방인을 가리키는 것으로 보는 것이 문맥에 맞는 해석이라고 본다.[430] 그리고 바울이 여기서 강조하는 것은 어떤 이방인들이 율법을 이룬다는 것이 아니라 모든 이방인들이 그 마음에 율법을 가지고 있다는 점이다. 그러나 어떤 학자는 여기서 에쓰네이는 이방인 그리스도인을 의미한다고 주석한다.[431] 그 이유는 첫째, 14절의 접속사 "왜냐하면"갈이 13절의 마지막 구절을 수식하기 때문이라는 것이다(13b).[432] 즉 13b의 "율법을 행하는 자"는 믿음안에서 율법을 행하는 그리스도인을 의미하기 때문에 이를 수식하는 14절에서 에쓰네이는 이방인 그리스도인을 의미한다는 것이다. 그러나 14절은 13a에 걸린다고 보는 것이 맞다. 바울은 율법을 듣기만 하는 유대인들(13a)과 마음의 본성에 율법을 가지고 있는 이방인들을 병렬시키고 있다(14절). 그리고 이들 모두 각자 가진 율법의 기준에 따라 심판을 받게 되는 공통점을 가지고 있다는 것을 강조한다(16절). 바울이 강조하는 바는 모세의 율법을 가진 자들이나 본성에 율법을 가진 자들이나 모두 율법의 요구를 이룰 수 없다는 점이다. 이 명제는 로마서 3:21절 이하의 한 구원의 길 즉 그리스도의 복음을 통한 구원에 대한 가르침을 준비하고 있다.

둘째, 에쓰네이를 이방인 그리스도인으로 보는 학자들은 "마음에 새긴 율

---

427 Fitzmyer; Meyer; *contra* Morris; Hodge; Murray.

428 Chrysostom; Snodgrass; Davies, *Faith and Obedience*, 61-67.

429 Calvin; Hodge; Leenhardt; Murray; Käsemann; Moo; Wilckens; Fitzmyer; Bassler.

430 Osborne; Morris; Schreiner; Moo.

431 Augustine; Barth; Minear; Watson; P. Feine, *Das gesetzesfreie Evangelium des Paulus* (Leipzig: J. C. Hinrichs, 1899) 113-29; Flückiger, "Die Werke des Gesetzes," 17-42.

432 Cranfield; W. Mundle, "Zur Auslegung von Röm 2,13ff," *Theologische Blätter* 13 (1934) 251.

법"(15절)은 예레미야 31:33절을 가리키고 있다고 본다. 예레미야는 하나님께서 장차 성령을 통해서 하나님의 법을 사람들 마음에 새기셔서 여호와께서 그들의 하나님이 되시고 그들은 하나님의 백성이 되게 하실 것이라고 말씀한다. 이는 새언약에 대한 약속으로써 그리스도를 통해 성취되었다. 로마서 2:15절의 "마음에 새긴 율법"이 예레미야 31:33절을 가리킨다면 14-15절의 에쓰네이는 이방인 그리스도인을 가리킨다고 할 수 있다. 그러나 로마서 2:15절의 "마음에 새긴 율법"은 성령께서 그리스도인의 마음에 새기신 율법이 아니라 이방인들 마음의 본성에 새겨진 율법을 의미한다고 보는 것이 맞다.[433] 이는 모세의 율법은 아니다. 모세의 율법에 해당하는 법이다. 여기서 "마음에 새긴 율법"은 헬라철학의 자연법 개념에 연결된 개념이라고 할 수 있다.[434] 헬라철학은 사람의 마음의 본성에 법이 새겨져 있다고 보았다. 바울은 이 개념을 일반적 관점에서 언급하면서[435] 사람들은 자신의 마음의 율법을 이룰 수 없다는 것을 말씀한다. 그리고 하나님께서는 심판 때 이들의 마음의 율법을 기준으로 이들을 심판하실 것이라고 말씀한다(16절).

셋째, 크랜필드는 14절에 사용된 명사 푸세이본성가 그 뒤에 오는 동사 행한다포이오신와 연결되지 않고 그 앞에 놓인 동사 가지고 있다에코우에 연결된다고 생각한다. 따라서 그는 14a는 "이방인들이 본시 율법의 일을 행할 때"가 아니라 "이방인들이회심하기 전 본시 유대인들처럼 율법을 가지고 있지 않았을 때"를 의미한다고 해석한다.[436] 그러나 본시 율법을 가지고 있지 않았던 사람들은 그리스도인 이방인 뿐 아니라 비그리스도인 이방인을 의미할 수도 있다. 따라서 푸세이에 대한 크랜필드의 해석이 여기서 에쓰네이가 이

433 Schreiner; Moo; Wilckens; T. J. Deidun, *New Covenant Morality in Paul* (Analecta Biblica 89. Rome: Pontifical Biblical Institute Press, 1981) 165-67.

434 Philo, *Special Laws* 1.36-54; H. Köster, *TDNT*, 9:267-69; Wilckens; Stott; G. Bornkamm, *Studien zu Antike und Urchristentum* (Munich: Chr. Kaiser, 1959) 101-2; J. W. Martens, "Romans 2.14-26: A Stoic Reading," *New Testament Studies* 40 (1994) 55-67.

435 Ridderbos; Käsemann; H.-J. Eckstein, *Der Begriff Syneidesis bei Paulus*. Eine neutestamentlich-exegetische Untersuchung zum 'Gewissensbegriff' (WUNT 2.10; Tübingen: Mohr, 1983) 150-51.

436 Cranfield; P. J. Achtemeier, " 'Some Things in Them Hard to Understand.' Reflections on an Approach to Paul," *Int* 38 (1984) 255-59; Stowers, *A Rereading of Romans*, 115-16; H. Boers, *The Justification of the Gentiles: Paul's Letters to the Galatians and Romans* (Peabody, Mass.: Hendrickson, 1994) 96-97; *contra* Schreiner; Moo.

방인 그리스도인을 가리킨다고 보는 견해를 뒷받침하지는 않는다. 그리고 여기서 그리스도인들이 본시by nature 율법의 일을 행한다는 개념은 바울의 가르침과 맞지 않는다. 바울은 그리스도인들에게는 믿음안에서 율법이 성취되었다고 말씀한다.[437] 또한 바울이 만일 여기서 푸세이가 그 앞 구절과 연결되기를 원했다면 그는 푸세이를 그 앞에 놓인 동사 앞에 삽입했을 것이다.[438] 넷째, 에쓰네이가 이방인 그리스도인인 이유는 이들이 그 양심의 증거대로 그 생각들이 서로 혹은 송사하고 혹은 변명하는 것(15절)은 성령의 역사에 따라 받은 은혜의 결과라고 볼 수 있기 때문이라는 것이다. 그러나 바울은 이 문단에서 성령에 대해 말씀하고 있지 않다. 성령의 사역은 성령께서 그리스도인의 마음에서 성령의 소욕을 따라 살도록 인도하는 것이다. 그러나 바울이 여기서 말씀하는 것은 성령의 뜻을 따라 사는 그리스도인의 마음의 메커니즘이 아니라 사람들이 그 양심의 증거를 바탕으로 그 생각들이 서로 송사하고 변명하며 그 마음에 새긴 율법의 행위를 나타내는 것이다. 이는 마음에 새겨진 성령의 법을 가리키는 것이 아니고 이방인이 각자 그 양심에 새겨진 도덕률에 의해서 자신을 판단하고 있는 것을 의미한다고 보는 것이 맞다. 이 모든 점들을 종합해 볼 때 바울은 로마서 2:14–15절에서 비그리스도 이방인에 대해 말씀하고 있다고 볼 수 있다.

로마서 2:14절에서 바울은 명사 "법"노모스을 네 번 사용한다. 여기서 처음 세 번의 노모스는 모세의 율법을 의미한다. 그러나 무관사로 쓰인 네 번째 노모스의 의미는 무엇인가. 어떤 학자들은 이 문단에 사용된 노모스는 모두 모세의 율법을 의미한다고 본다.[439] 던은 여기서 법을 이스라엘에게 주신 법으로 이해하지 않을 경우 바울이 이 구절에서 말씀하는 의미를 놓치게 된다고 말한다.[440] 그러나 14절 마지막 구절 "자기에게 율법이 된다"에서 노모스에는 정관사가 없다. 그리고 이 노모스의 의미는 그 앞의 "율법의 일"타 투 노무

437 Moo; F. Kuhr, "Römer 2,14f. und die Verheissung bei Jeremia 31,3ff." *Zeitschrift f?r die neutestamentliche Wissenschaft* 55 (1964) 243-61.

438 Fitzmyer; Dunn; Leenhardt.

439 Ridderbos; Räisänen.

440 Dunn; contra Lightfoot; Sanday and Headlam.

과 연결된다고 볼 수 있다. 율법의 일은 이방인들도 본성으로 알고 있는 부모를 공경하라, 살인하지 말라, 간음하지 말라 등의 법을 가리킨다고 할 수 있다.[441] 그리고 이 율법의 일들은 이방인들이 지키는 사회 문화적 규범도 포함하는 개념이라고 할 수 있다. 따라서 이것들이 그들에게 법이 된다는 것은 그들에게 모세의 율법 같은 역할을 한다는 의미이지 모세의 율법 자체가 된다는 의미는 아니다. 이 점에서 14절의 마지막 노모스는 광의의 의미의 법[442] 혹은 은유적 뜻을 가지고 있다고 보는 것이 낫다.[443]

로마서 2:15절의 호이티네스는 14절의 후토이를 받는다 그리고 "율법의 일"의 기능을 설명한다: "그것은 그들 마음에 새겨진 율법의 행위를 나타내고 그들 양심이 증거하며 그 생각들이 서로 송사하며 혹은 변명한다". 이 절에서 "그들 마음에 새겨진 율법의 행위"는 앞서 언급한 것처럼 예레미야 31:33절을 가리키는 것이 아니다. 예레미야는 성령을 통해 하나님을 아는 지식이 그들 마음에 새겨질 것을 예언하고 있지만 바울은 여기서 이방인들이 그들 마음에 무엇에 대해 옳다고 생각하는 기준이 새겨져 있는 것을 가리키고 있다. 이방인들의 마음에 율법의 행위가 나타나는 것은 그들이 본성으로 율법의 일을 하기 때문에 나타난다. 여기서 바울은 그들 마음에 율법이 새겨져 있다고 말씀하지 않고 율법의 행위가 새겨져 있다고 말씀하고 있다. "마음"칼디아은 사람의 인격의 중심이다(롬8:27; 고전4:5; 14:25; 고후3:2-3; 5:12). 여기서 "율법의 행위"는 "엘가 노무"(롬3:20, 28; 갈2:16; 3:2, 5, 10)가 아니라 "토 엘곤 투 노무"다. 전자는 율법을 바탕으로 한 행위주의를 말하고 후자는 그들이 자신이 옳다고 생각하는 원칙을 지키는 것을 말하며 14절의 "율법의 일"과 일치한다.[444] 이들 마음에 새겨진 규칙이나 원칙은 그들 양심이 증거한다. 여기서 명사 "양심"수네이데이시스은 스토아 철학에서 전문용어로 사용되지만 구약성경에는 거의 사용되지 않는다.[445] 양심은 도덕 규범

441 Murray; Kuss; Moo; Käsemann; Bassler.
442 Hultgren; Moo.
443 Fitzmyer; *contra* Murray.
444 Fitzmyer; Dunn; *contra* Nygren.
445 Ecclus. 10:20; Sir. 42:18; contra Leenhardt.

의 근원으로써 사람이 규범을 지키는가 아닌가를 알려주는 마음의 장치라고 할 수 있다.[446] 이 장치가 도덕적 안내자의 역할을 하는지 아니면 행동을 평가하는 기능만 가지고 있는 지는 논쟁의 여지가 있다.[447] 바울은 모든 사람의 마음에 이 장치가 있음을 말씀한다.[448] 이방인들은 모세의 율법을 가지지 않았지만 그들 양심이 그 마음에 새긴 규범을 준수하는지 않는 지 알게 한다. 동사 숨말투레오우증거하다에서 그 전치사 순함께의 목적어가 "법"[449] 혹은 "선한 삶"[450] 혹은 "생각들"이라고[451] 할 수 있다. 그러나 전치사 "순"의 의미인 "함께"가 이 동사의 의미에 중요하지 않을 수도 있다.[452] 그 양심의 증거는 스스로에게 판결을 내린다. 즉 "생각들이 서로 혹은 송사하며 혹은 변명한다". 여기서 전치사 메타수사이에는 그 앞의 아우토운그들의에 걸리지 않고 그 뒤의 알레이로운예레미야에 걸린다고 보는 것이 맞다. 즉 사람들이 서로의 양심의 증거에 의해 판결받는다는[453] 뜻이 아니라 사람들 자신 속에 생각들이 서로 비난하고 변명하는 것을 말한다.[454] 여기서 "고발하다"카테일고레오우,[455] "변호하다"아포로게오마이[456] 등의 동사는 법정에서 기소하고 변호하는 의미를 함축한다. 그리고 최후 심판 때 내려질 하나님의 판결을 암시하고 있다(16절).

이 절에 사용된 세 분사들의 문법적 관계를 어떻게 이해할 것인가에 대해서는 견해가 나뉜다. 엑스타인은 "양심"과 "생각들"이 함께 이 세 분사들의 주어가 된다고 본다(그들의 양심과 생각들이 서로 송사하고 변명하며 증거

---

446 Gerd Lüdemann, "συνείδησις," *EDNT*, 3:302; Moo; C. A. Pierce, *Conscience in the New Testament* (SBT 15; London: SCM, 1955) 10-22.

447 Schreiner; Deidun; Morris; C. Maurer, *TDNT*, 7:898-919; M. E. Thrall, "The Pauline Use of *ΣΥΝΕΙΔΗΣΙΣ*," *NTS* 14 (1967-68) 118-25.

448 롬9:1; 13:5; 고전8:7, 10, 12; 10:25, 27, 28, 29; 고후1:12; 4:2; 5:11; 딤전1:5, 19; 3:9; 4:2; 딤후1:3; 딛1:15.

449 Barrett.

450 Hodge.

451 Wilckens.

452 Fitzmyer; Cranfield; Moo; *contra* Schreiner; Dunn.

453 Meyer; Sanday and Headlam; S. Lyonnet. *Les Épîtres de saint Paul aux Galates, aux Romains*, SBJ (Paris: Cerf, 1953; 2d ed., 1959) 74.

454 Godet; Käsemann; Moo; Fitzmyer.

455 누가12:11; 21:14; 행19:33; 24:10; 25:8; 26:1, 2, 24; 고후12:19.

456 마27:12; 행22:30; 계12:10.

한다).[457] 그리고 라이케는 "생각들"이 "양심"의 목적어라고 본다(그들 양심의 생각들이 송사하고 변명한다).[458] 그러나 대부분 주석가들은 "양심"은 "증거하다"의 주어고 "생각들"은 "송사하거나 혹은 변명하다"의 주어라고 이해한다(그들 양심이 증거하며 그 생각들이 서로 혹은 송사하며 혹은 변명하며).[459] 이 마지막 해석은 바울이 이 절에서 말씀하는 세 요소가 병렬되고 있음을 분명히 보여준다. 즉 이방인들에게 그 마음에 새겨진 율법의 행위, 양심의 증거, 생각들이 서로 송사하고 변명함이 존재한다. 따라서 이들은 하나님의 심판 때 자신들은 율법을 받지 못했기 때문에 선한 삶을 살지 못했다고 핑계댈 근거가 없다. 여기서 바울이 "두 증인의 입으로나 세 증인의 입으로 그 사건을 확정"하라고 말씀하는 신명기 19:15절을 배경으로 이 세 요소를 열거했는 지는 분명하지 않다.[460] 이방인들이 가진 이 세 요소는 비록 이들이 율법을 받지는 못했지만 율법을 받은 것과 같은 결과를 가져온다는 것을 보여준다. 즉 율법을 가진 유대인들이 율법을 행해야지만 구원을 얻을 수 있듯이 율법이 없는 이방인들도 그 양심의 증거를 통해 선하다는 판결을 받을 수 있어야 하는 것이다. 어떤 학자들은 이방인들에게 있어서 그 생각들이 변명한다는 것은 이들이 율법의 일을 행한다는 것을 의미하므로 이들이 행위로써 구원받을 수 있다는 것을 의미한다고 해석한다. 그러나 이것은 바울이 여기서 말씀하는 바가 아니다. 바울이 강조하는 것은 이방인도 그들 자신의 양심의 판결을 피할 수 없다는 것을 말씀하고 있다. 이 절 후반의 "변명하다"는 동사 앞의 "에이 카이"혹은 심지어는 변명하는 행위보다 송사하는 행위를 더 부각시키고 있다.[461] 이 점에서 바울은 이방인이 자신들의 원칙과 규범을 지키는 것은 법칙이 아니라 예외임을 나타낸다. 즉 바울은 여기서 이방인들이 자기 마음속에 있는 법에 순종함으로써 구원에 이를 수 있다는 것을 말씀하고 있지 않다. 바울이 확인하는 것은 하나님께서 이방인들을 심판하시는

457 Eckstein, *Der Begriff Syneidesis*, 164-66.
458 B. Reicke, "Syneidesis in Röm. 2,15," *TZ* 12 (1956) 157-61.
459 KJV; NIV; Godet; Moo; Jewett, *Paul's Anthropological Terms*, 442-43.
460 Moo; *contra* Lietzmann; Wilckens; Watson.
461 Schreiner; Moo; Dunn.

근거는 그 마음에 새겨진 율법의 행위라는 것이다. 그리고 유대인들이 율법을 순종하지 못하여 하나님의 진노에 이르게 되는 것처럼 이방인들도 그 마음에 새겨진 규범대로 살지 못하기 때문에 하나님의 심판을 면할 수 없다는 것이다.[462]

로마서 2:16절은 종말에 있게 될 하나님의 최후 심판에 대해 말씀하고 있고 15절은 현재 율법없는 이방인들의 마음에 새겨진 율법이 행위를 나타낸다고 말씀하기 때문에 이 두 절 내용이 직접적으로 논리적으로 연결되지 않는 것 처럼 보인다. 따라서 학자들은 이를 설명하기 위해 여러 해석을 제시하고 있다. (i)불트만은 이 절은 나중에 바울이 아닌 다른 사람이 삽입한 절이라고 말한다.[463] 그러나 이는 16절과 15절의 긴밀한 관계를 이해하지 못한 견해다. (ii)라이케는 16절에서 동사 크리노가 현재형이기 때문에 하나님의 심판은 종말 때의 심판이 아니라 복음이 전파될 때 사람에게 임하는 사건이라고 주장한다.[464] 그러나 이 해석이 틀린 것은 이 절에서 사용된 "그 날"은 종말의 때를 가리키는 단어이기 때문이다.[465] (iii)샌데이와 헤들램은 14-15절은 괄호안의 내용이고 그러므로 16절 내용은 13절과 직접 연결된다고 본다.[466] 그러나 14절의 접속사 갈왜냐하면은 그 내용이 13절과 밀접하게 연결되어 있음을 나타낸다. 따라서 14-15절을 괄호 안의 내용으로 보는 것은 타당하지 않다. (iv)어떤 학자는 15절의 내용은 미래의 일을 서술하고 있기 때문에 16절의 내용의 시제와 일치한다고 본다.[467] 그러나 15절에서 바울은 이방인들의 생각들이 현재 서로 송사하고 변명하고 있음을 말씀하고 있다. (v)머레이는 16절은 12-15절 내용의 결론이라고 본다.[468] 이는 부분적으로 타당한 해석이다. (vi)그러나 이 보다 나은 해석은 16절 내용은 직접적으로 15절

---

462 Fitzmyer; Schreiner.

463 Bultmann, "Glossen im R?merbrief," 200-201.

464 Reicke, "Syneidesis," 161; K. Haacker, "Exegetische Probleme des Römerbriefs," *Novum Testamentum* 20 (1978) 7-8.

465 롬2:5; 13:12; 고전1:8; 3:13; 5:5; 고후1:14; 엡4:30; 빌1:6, 10; 2:16; 살전5:2, 4; 살후1:10; 2:2; 딤후1:12, 18; 4:8.

466 NIV; Sanday and Headlam; Godet.

467 Wilckens; Lietzmann.

468 Murray; Fitzmyer.

과 연결되어 있다는 것이다.[469] 현재 이방인들이 자기 자신의 생각 속에 자신과 다투는 것은 종말의 심판 때 하나님의 심판의 바탕이 될 것이라는 것이다. 자신이 가진 마음의 법을 바탕으로 자신이 잘했다고 생각할 수 없다면 이를 바탕으로 심판하시는 하나님의 판결도 공정한 것이 될 것이라는 것이다. 여기서 16절 내용과 15절이 직접적으로 연결되 있는 것을 보여주는 어구는 "사람들의 은밀한 것"타 크륩타 토운 안쓰로우포이다. 사람들의 은밀한 것은 구약에서 하나님께서는 사람의 중심을 보신다는 개념과 연결되어 있다.[470] 바울은 이 개념을 종말의 심판과 연결해서 하나님께서 사람들이 자기 마음속에서 송사하고 변명하는 모든 내용을 바탕으로 그들의 잘잘못을 판결하실 것이라고 말씀하고 있다. 머레이는 "사람들의 은밀한 것"은 비그리스도인 유대인과 관계있는 개념으로 본다. 그러나 이는 12-15절 문맥을 잘못 이해한 해석이다. 또한 이를 29절의 "이면적 유대인"과 연결해서 해석하는 것도 문맥을 벗어난 견해다. 하나님께서 마지막 날에 사람을 심판하실 때 사람들은 자신의 마음에 새겨진 율법에 따라 자신을 송사하고 변명한 모든 것을 드러내신다. 여기서 "나의 복음에 따라"토 유앙겔리온 무는 동사 크리노우에 걸릴 수도 있고[471] 그 바로 앞의 어구 "사람들의 은밀한 것"에 걸릴 수도 있다.[472] 아니면 이 두 어구가 의미하는 전체 의미에 걸릴 수도 있다. 만일 이 후자의 해석을 취하면 그 의미는 "내 복음이 가르치는 것처럼 하나님께서는 그리스도 예수를 통해서 심판하실 것이다"가 된다(마25:31-46; 행17:31; 고전4:5; 고후5:10; 딤후4:1).[473] 바울이 여기서 복음을 "나의 복음"이라고 표현한 것은 자신 만의 특별한 복음을 가리키는 것이 아니라 사도들이 가르쳤던 전형적인 복음을 의미한다. 그리고 이는 자신이 가르치던 복음을 거짓사도들이 가르쳤던 혼탁한 내용의 복음과 구별하고 있다. 바울이 가르치던 복음은 곧 로마서에 상세히 설명되어 있는 내용이다. 그것은 사람이 율법이나 자신의

469 Osborne; Moo; Dunn; Schreiner; Cranfield; Bengel; Bassler; Morris; Black.
470 삼상16:7; 대상28:9; 시139:1, 23; 렘17:10; 마6:4, 6; 히4:12.
471 Murray.
472 Barrett.
473 Cranfield; Moo.

마음에 새겨진 율법을 지킴으로써 구원받을 수 없고 하나님께서 예비하신 의의 한 길 곧 그리스도를 믿음을 통해서 구원받을 수 있다는 좋은 소식이다. 이 점에서 유대인이나 이방인은 동일한 위치에 있다. 하나님께서는 어느 쪽을 편애하시는 하나님이 아니시다(11절). 하나님께서 공평하신 하나님이시라는 것은 양면성을 가진다. 복음을 통한 하나님의 의는 한편으로는 믿음으로써 영생으로 나타나고 다른 한편으로 믿지 않는 자들에게는 하나님의 진노의 심판이 임한다. 그리고 그 심판의 기준은 법이다. 유대인들은 모세의 율법을 기준으로 각 사람의 행위대로 심판받을 것이며 이방인들은 그들의 마음에 새겨진 율법의 행위로써 그 은밀한 생각에 따라 심판을 받게 될 것이다. 이로써 바울은 하나님께서 각 사람의 선행에 따라 영생을 주시고 악행에 따라 심판하신다고 말씀함으로써 자신들의 선행을 신봉하는 유대인들의 변명을 논박하고 있다.[474] 즉 바울이 전하는 복음은 율법을 폐하지 않는다. 오히려 바울은 하나님께서 각 사람이 얼마나 율법에 순종했는가를 기준으로 심판하실 것이라고 가르치고 있다. 이는 바울이 가르치는 이신칭의와 모순되는 가르침처럼 보인다. 그러나 바울은 이 가르침을 통해 유대인들의 구원론을 폐기하기 보다 그것을 올바로 고치고 있다. 하나님은 구약의 율법을 폐하시지 않았다. 그것은 사람을 심판하시는 도구로 사용될 것이다. 그리고 하나님의 의의 공평성은 예수 그리스도를 통해 의를 단번에 이루시고 누구든지 예수 안에 있는 모든 자들에게는 모든 율법이 이루어진 것으로 간주하시기 때문이다. 바로 이것이 16절이 말씀하는 바울의 복음이다. 이 복음은 예수 그리스도에 관한 것이며 또 그리스도 예수를 통해 심판으로 종결될 것이다.

(다) 유대인들도 율법의 의에 못미침(롬2:17-3:20)

바울은 로마서 2:17절부터 논박법diatribe을 사용하면서 13절의 말씀을 구체적으로 유대인들에게 적용하고 있다. 17-29절은 유대인들은 율법을 통한

474 P. Stuhlmacher, *Biblische Theologie des Neuen Testaments*, band 1: *Grundlegung, von Jesus zu Paulus* (Güttingen: Vandenhoeck & Ruprecht, 1992) 324-25.

많은 영적 특권을 가지고 있지만 율법을 지키지 않고 있음을 서술하고 있다. 할례를 통한 특권도 율법을 지키지 않으면 아무 소용없는 것이 된다. 육신에 받는 할례는 진정한 할례가 아니다. 마음에 받는 할례가 진짜 할례다. 이는 율법을 지키는 것이 아니라 예수 그리스도를 믿는 믿음이다. 로마서 3:1-8절에서 바울은 유대인들의 하나님의 언약에 대한 오해를 논박한다. 그들은 하나님께서 자신들의 조상들과 맺으신 언약에 신실하신 하나님이시기 때문에 자신들의 범죄를 벌하지 않으실 것으로 생각했다. 그러나 바울은 하나님께서 그들과 맺은 언약에 신실하신 분이시기 때문에 그들의 범죄를 벌하시는 것은 당연하다고 말씀한다. 이 점에서 하나님께서 율법에 근거해서 판결하시는 것은 유대인에게나 이방인에게나 같다. 로마서 3:10-20절은 율법을 가진 유대인이나 율법이 없는 이방인이나 모두 다 악에 치우쳐 있다는 것을 확인하며 하나님의 판결의 공평성을 서술한다. 하나님의 언약은 유대인들에게 특혜를 가져다 주는 제도가 아니었다. 그것은 하나님의 은혜의 구속 계획을 확인한 것이었다. 이 점에서 유대인이나 이방인 모두 하나님의 의롭다하심을 입기 위해서는 꼭 같은 한 길 밖에 없다. 그것은 로마서 3:21절이하에 서술되어 있는 구원의 한 길 곧 그리스도를 주님으로 믿는 것이다.

(ㄱ) 유대인들도 불의함(롬2:17-24)

로마서 2:17절에 와서 비로서 바울은 유대인이우다이오스이란 명사를 사용하여 앞 절에서 설명한 내용을 유대인들을 힐난하는 토대로 삼는다. 머레이는 17절이하는 12b-13절의 내용과 직접 연결되며, 유대인들은 율법을 행하고 있지 않기 때문에 하나님께로부터 의롭다하심을 받지 못한다는 것을 밝혀준다고 말한다.[475] 윌켄스는 17-29절은 로마서 2:3절과 연결되어 유대인들도 이방인들과 똑 같은 일들을 행한다는 것을 말씀하고 있다고 생각한다.[476] 무는 17-29절이 로마서 2:1-16절 전체와 연결되어 있어서 바울이 유대인들은 이방인들과 함께 똑 같은 심판의 기준에 따라 심판을 받게 되며 그들이 언약

475 Murray.
476 Wilckens.

의 백성들이기 때문에 하나님의 심판을 피할 것으로 생각하면 오산이라는 점을 밝혀주고 있다고 주석한다.[477] 바울은 유대인들 모두가 위선자요 범법자라고 말하는 것은 아니다. 그가 밝히 말하는 것은 유대인들이 비록 모세의 율법과 할례의 전통을 가졌지만 그들도 율법의 가르침대로 행하지 못하기 때문에 구원의 방법에 있어서 이방인들의 구원의 방법과 다르지 않다는 것을 강조한다. 즉 유대인들도 이방인들 처럼 오직 믿음을 통해서만 구원받을 수 있다는 것을 가르치기 위해 바울은 그 이유를 체계적으로 제시하는 것이다. 로마서 2:17절은 접속사 에이만일로 시작된다. 그러나 종절이 어디서 시작되고 끝나는지 분명하지 않다. 쉬라이너는 본문의 내용상 21-24절이 종절에 해당된다고 생각한다.[478] 반면에 고뎃은 17-24절 전체가 조건절이라고 본다.[479] 그러나 21절의 접속사 운그러므로은 그 이전 문단의 결론을 도입하고 있다. 따라서 여기서 바울은 종절을 생략하는 파격구문anacoluthon을 사용하고 있다고 볼 수 있다. 17-20절은 조건절에 해당하며 그들이 율법을 통해서 하나님의 뜻을 알고 있는 사람들로써 그 뜻에 따라 살아야 하지 않겠느냐는 종절을 예상하게 한다. 그러나 바울은 이 종절을 생략하며 21절부터 즉각 유대인들의 불순종과 위선에 대한 공격을 시작한다. 그럼으로써 바울은 유대인들의 신실하지 못함과 위선을 강렬히 비판하고 있다.

로마서 2:17-18절에서 바울은 유대인들의 다섯 가지 특권을 나열한다. 이 특권들은 긍정적인 의미를 함축한다. 그러나 21-24절에서 바울은 유대인들이 그 특권을 바탕으로 순종하는 삶을 살지 못하고 위선자가 되었음을 밝히고 있다. 먼저 이들의 특권을 살펴보면, 첫째, 유대인들은 자신들을 유대인이라 칭하며 율법을 의지하며 하나님을 자랑한다(17절). 여기서 동사 에포노마조우(부르다)는 신약에 오직 이곳에만 사용되며 수동태보다는 중간태로 번역하는 것이 문맥에 맞다.[480] 명사 "유대인"이우다이오스은 원래 남쪽 유다지파 사람을 부르는 호칭이었다(왕하16:6). 그러다 나중에 이방인들이 이스라

477 Moo, *Romans*, 157.
478 Schreiner.
479 Godet.
480 NIV; Morris; *contra* KJV.

엘 사람 전체를 가리켜 유대인이라고 부르게 되었고 마카비 시대부터는 점차 유대인들 자신도 이 이름을 빌려서 비유대인과 자신들을 구분하는 이름으로 사용하게 되었다.[481] 이는 민족적 종교적 의미를 함축하는 단어로써 무가 말하듯이 이스라엘의 언약에 속하게 되어 종교적 지위를 부여받은 모든 사람을 가리킨다고 보는 것은 근거가 없다.[482] 이와 반대로 왓슨은 여기서 "유대인"은 유대 지도자를 가리킨다고 보는데[483] 여기서 유대인의 의미를 협의적으로 볼 문법적 근거는 없다. 사도행전과 요한복음에서 "유대인"은 그리스도인들을 대적하는 유대인들을 가리킨다.[484] 이 때도 "유대인"은 유대 지도자 뿐 아니라 자신들의 민족적 유대주의를 신봉하며 그리스도인들을 대적하는 모든 유대인들을 가리킨다. 유대인들이 자신들을 유대인이라고 부르는 데 있어서 잘못은 없다. 그러나 그들이 자신들을 유대인이라고 부르는 것은 자신들이 많은 민족들 중 특별한 위치에 있는 민족이라는 것을 의미한다. 유대문학에도 유대인들의 이러한 민족주의적 우월주의가 언급되어 있다.[485] 로마서 2:28-29절에서 바울은 누가 진정한 의미에서의 유대인인가를 정의하고 있다. 이는 당시 사람들이 유대인의 정체성에 대해 논쟁하고 있었음을 시사한다.

"네가 율법을 의지하며"에서 동사 에파나파우오마이[의지하다]는 신약에 이곳과 누가복음 10:6절에만 사용된다(왕하5:18; 7:2, 17; 겔29:7; 미3:11; 1 Macc 8.11). 율법은 유대인들을 이방인들로부터 구별하는 가장 대표적인 요소였다. 율법을 의지하는 것은 중립적인 뜻을 가지지만 유대인들이 율법을 의지한 이유는 율법을 지킴으로써 하나님의 인정을 획득하려고 하든지 혹은 율법을 소유했다는 사실만으로도 하나님의 심판을 피할 수 있다고 생각했기 때문이다.[486] 이는 율법의 소용을 잘못 이해한 것이다. 율법의 목적은 이를

481 W. Gutbrod, *TDNT*, 3:359-65; 롬1:16; 2:9-10; 3:9, 29; 9:24; 10:12; 고전1:22-24; 9:20-21; 10:32; 12:13; 갈2:14-15; 3:28; 골3:11.

482 *Contra* Moo.

483 Watson, *Paul*, 113-15.

484 Dunn; Dongsu Kim, *An Exegesis of Apostasy Embedded in John's Narratives of Peter and Judas Against the Synoptic Parallels* (Studies in the Bible and Early Christianity; Vol. 61. Lewiston, NY; Lampeter, UK; Queenston, Canada: The Edwin Mellen Press, 2004).

485 *4 Ezra* 6:55-59.

지킴으로써 하나님의 거룩하심을 닮아가도록 하는데 있었다(롬2:7). 던은 여기서 유대인들이 율법을 의지했다는 말씀은 이들이 종교적 배타주의를 바탕으로 이방인들이 하나님의 언약의 공동체에 들어오지 못하도록 막았다는 것을 의미한다고 해석한다.[487] 그러나 여기서 바울은 율법의 의미를 할례나 안식일법 등과 같은 것을 의미하는 협의적 개념으로 사용하지 않고 있다. "하나님을 자랑하며"에서 동사 카우카오마이(자랑하다)는 신약에 총 37회 사용되고 있고 이 중 바울 서신에 35회 사용되고 있다. 이 단어는 고전 헬라어에서는 항상 오만한 자랑을 의미했다. 그리고 시편 52:1; 74:4절에서는 부정적 의미를 함축한다. 그러나 카우카오마이는 무엇을 자랑하느냐에 따라 그 뉴앙스가 달라진다. 성도가 하나님을 자랑하고(롬5:11), 그리스도를 자랑하고(롬15:17; 빌3:3), 혹은 그리스도의 십자가를 자랑하는 것은(갈6:14) 좋은 일이다. 그러나 자신의 가진 것이나 업적을 자랑하는 것은 잘못된 것이다(고전1:29; 3:21; 4:7; 고후5:12).[488] 마찬가지로 여기서 유대인들이 하나님을 자랑한다는 것은 긍정적 의미만 있다고 볼 수 없다. 유대인들은 자신들만이 하나님을 알고 있는 민족이라고 생각하며 우쭐하는 마음을 가지고 있었다(렘9:24; 미3:11).[489] 그렇지만 그들은 하나님의 기뻐하시는 뜻이 무엇인지는 열심히 찾지 않았다. "엔 쎄오우"에서 전치사 엔in을 "because of"나 "about"으로 번역하는 것은 NIV의 번역about your relationship to God과 마찬가지로 타당한 번역이다. 그러나 여기서 KJV의 문자적 번역boast of God이 단순하면서도 강렬한 의미를 전달한다. 하나님께서는 다른 민족을 선택하시지 않고 아브라함을 택하시고 이스라엘을 건설하셨다. 그렇기 때문에 유대인들은 자신들이 율법 불이행과 상관없이 하나님과 연결된 특별한 관계가 영원히 유지 될 수 있을 것이라고 생각하며 자랑했다. 그러나 이는 오해였다. 바울

486 미3:11; Cranfield; Moo.
487 Dunn.
488 R. Bultmann, *TWNT*, 3:646-54; Simon J. Gathercole, *Where Is Boasting? Early Jewish Soteriology and Paul's Response in Romans 1-5* (Grand Rapids: Wm. B. Eerdmans, 2002).
489 Osborne; Dunn; Morris; H. Hübner, *Law in Paul's Thought* (Translated by J. C. G. Greig. Edited by J. Riches. Studies of the New Testament and Its World. Edinburgh: Clark, 1984 [Originally *Das Gesetz bei Paulus: Ein Beitrag zum Werden der paulinischen Theologie*. 3d edition. Göttingen: Vandenhoeck & Ruprecht, 1982]) 113; *contra* Schreiner.

은 하나님께서 아브라함과 언약을 맺으신 것은 이를 통해 하나님께서 많은 백성의 하나님이 되시기 위해서 였다고 말씀한다. 유대인들은 이를 모른 채 자신들이 하나님과 특별한 관계에 있다는 것을 자랑하고 있었다.

로마서 2:18절에서 바울은 유대인들이 율법의 가르침을 바탕으로 하나님의 뜻을 알고 가장 훌륭한 것들을 승인한다고 말씀한다. 여기서 "뜻"쎌레이마은 하나님의 뜻을 가리킨다(NIV, KJV). 유대인들이 하나님의 뜻을 아는 것은 율법을 바탕으로 했다는 것을 알 수 있다(시40:8). 18절 끝의 "카테이쿠메노스 엑 투 노무"율법의 교훈을 받아는 그 바로 앞의 어구 뿐 아니라 "하나님의 뜻을 알고"에도 걸리는 것을 알 수 있다.[490] 로마서 12:1-2절에서 바울은 그리스도인들은 마음을 새롭게 함으로 변화를 받아 하나님의 선하시고 기뻐하시고 온전하신 뜻이 무엇인지 분별해야 한다고 말씀한다. 여기서 하나님의 뜻을 아는데 있어서 율법을 바탕으로 하는 것과 성령의 내주하심을 통해서 하는 것이 비교된다. 전자의 경우 하나님의 뜻은 율법을 통해 지시되지만 후자의 경우 하나님의 뜻은 성령을 통해 성도의 마음에 비춰지고 성도를 인도한다. 동사 도키마조우는 시험하다, 구분하다(고전11:28; 살전5:21) 혹은 승인하다(롬1:28; 고전16:3)를 의미한다. 그리고 동사 디아페로우는 자동사로써 다르다(고전15:41) 혹은 더 가치있다(마6:26; 10:31; 12:12; 눅12:7, 24)를 의미한다. 타 디아페론타는 타 아디아포라썩 좋지 않은의 반대어로 사용되었다고 볼 수 있다. 여기서 도키마제이스 타 디아페론타는 위 의미들의 조합에 따라서 여러가지로 번역할 수 있다. (i)가장 좋은 것을 승인하다[491]; (ii)(하나님의 뜻과) 다른 것을 구분하다.[492] 고뎃이나 하지는 여기서 바울이 랍비들이 하나님의 뜻을 정확히 판단하는 결의법casuistry을 말한다고 생각했다. 무나 쉬라이너는 이 구절은 유대인들이 가장 훌륭한 것을 구별하는 것을 말한다고 주장한다.[493] 여기서 디아페로우는 비교하는 대상이 없기 때문에 "다르다"보다 "뛰어나다"로 번역하는 것이 더 낫다.[494] 그러나 이 두 번역의 의미상

490 Cranfield; Schreiner; Dunn.
491 RSV; Morris.
492 Godet; Hodge; Cranfiled; Dunn; Käsemann.
493 Schreiner; Moo; Murray; Barrett; Morris.

의 차이는 미세하다고 볼 수 있다. 하나님의 뜻이 무엇인지 분별하는 것은 분명히 잘하는 일이다. 하나님의 뜻이 무엇인지 정확히 알아낸다면 이것은 바로 가장 훌륭한 것이라고 여겨질 수 있다. 여기서 분명한 것은 유대인들은 자신들이 가진 율법의 연구를 통해 하나님의 뜻을 분별할 수 있는 자들이라고 믿었다는 것이다. 동사 카테이케오우는 믿음에 대해 가르치다는 것을 의미할 때 항상 사용된다(고전14:19; 갈6:6).[495] 유대인들은 회당에서 말씀을 듣고 공부한 것을 바탕으로 가장 좋은 것을 승인했다.

롬2:17-18절에 열거된 유대인들이 가진 다섯 가지 특권을 바탕으로 로마서 2:19-20절은 유대인들이 이방인들에게 베푸는 네 가지 혜택을 열거한다. 19절은 이 중 두 가지를 묘사한다: "네가 율법에 있는 지식과 진리의 규모를 가진 자로서 소경의 길을 인도하는 자요 어두움에 있는 자의 빛이요." 동사 페이쏘우설득하다는 완료형으로써 유대인들이 항상 확신하고 있다는 의미를 나타낸다. 유대인들은 자신들이 소경의 길을 인도하는 자들이라고 확신했다. 이사야 42:7절은 이스라엘이 이방인들의 빛으로써 소경의 눈을 밝힌다고 예언한다(사49:6).[496] 창세기 12:1-3절은 하나님께서 아브라함을 택하신 것은 그를 통해 많은 민족들이 복을 받게 하시기 위함이었다. 모세가 이스라엘 백성을 인도해 애굽에서 나오게 한 것은 그들이 제사장의 나라로써 이방에 빛의 역할을 하게 하기 위해서 였다(출19:5). 예수께서는 바리새인들이 소경된 인도자들이라고 책망하신다(마15:14). 그러나 열 두 제자들을 택하시여 사도로 삼으시고 복음을 이방에 전하게 하심으로써 빛의 역할을 담당하게 하셨다. 둘째, 유대인들은 자신들이 어두움에 있는 자의 빛이라고 자처했다. 지혜서18:4절은 율법을 빛으로 비유하는 데 이방인들이 이교도에서 유대주의로 개종하는 것을 어두움에서 빛으로 나오는 것으로 이해한다. Testament of Levi 14:4절은 율법의 빛이 너희에게 비친 것은 모든 사람을 깨우치게 하기 위해서라고 말한다.[497] 이방인을 개종하는 일은 대부분 유대

494 Moo.
495 H. W. Beyer, *TDNT*, 3:638.
496 1 Enoch 105:1; *Sib. Or.* 3.194-95; Josephus, *Ag. Ap.* 2.41.291-95.
497 사42:6; *Wis. Sol.* 18:4.

인 디아스포라에서 이루어졌다.[498] 개역성경 로마서 2:19절의 "네가 율법에 있는 지식과 진리의 규모를 가진 자로서"에서 모르포우시스는 "전형"embodiment이라고 번역할 수 있다(NIV, RSV). 디모데후서 3:5절에서 이 단어는 내용이 없는 빈강정을 의미한다. 그러나 19절에서 이 단어는 실질적 형태form를 의미한다.[499] 즉 유대인들은 율법으로써 지식과 진리의 전형을 가지고 있다(Sir 24:23; Bar 4:1). 이를 바탕으로 그들은 자신들이 소경의 길을 인도하는 자요 어두움에 있는 자의 빛이요 어리석은 자의 훈도요 어린 아이의 선생이라고 확신했다. 여기서 분사 에콘타가지다는 인과적 의미를 가진다.[500] 그리고 19절의 동사 페포이싸스를 수식한다.

로마서 2:20a에서 셋째로, 유대인들은 자신들이 어리석은 자들의 훈도라고 생각했다. 여기서 어리석은 자아프로운는 진리를 배척하는 자라기 보다 무지하고 훈련되지 않은 미성숙한 사람을 말한다. 이 표현은 이방인들을 가리킨다. 유대인들이 이방인들의 훈도파이데우테이스라는 표현은 이들이 이방인들을 어린아이들을 다루듯 꾸짖는다(행22:3; 엡6:4; 히12:5-11)는 뜻이 아니라 가르쳐 훈련한다는 뜻이다.[501] 이는 유대교로 개종한 이방인들에게 율법을 가르침으로써 잘 인도하는 것을 말한다. 넷째, 유대인들은 자신들이 어린아이의 스승이라고 확신했다. 여기서 어린아이네이피오스는 초보적 교훈을 알지 못하는 유대교로 개종한 이방인을 가리킨다. 바울은 그의 서신에서 이 단어를 사용해서 믿음이 어린아이인 자(미성숙한 자)를 의미한다(고전3:1; 엡4:14). 스승디다스칼로스이란 명사는 이들에게 이론적 가르침을 제공하는 선생이라고 할 수 있다(고전3:1; 엡4:14; 히5:13).

유대인들은 이렇게 자신들이 이방인들의 인도자라고 믿었지만 실제로는 영적인 스승의 역할을 하지 못했다. 그리고 그들은 위선자로 전락했다. 따라서 바울은 로마서 2:21-22절에서 수사법적 의문문을[502] 사용해서 유대인들

---

498 Scot McKnight, *A Light Among the Gentiles: Jewish Missionary Activity in the Second Temple Period* (Minneapolis: Fortress, 1991) 74-77.

499 J. Behm, *TDNT*, 4:754; Schreiner; Käsemann.

500 Calvin.

501 Cranfield.

502 Fitzmyer; Dunn.

을 혹독하게 꾸짖는다. 로마서 2:21절의 접속사 운그러므로은 17-20절 내용의 결과를 도입한다: "그러면 다른 사람을 가르치는 네가 네 자신을 가르치지 아니하느냐 도적질 말라 반포하는 네가 도적질 하느냐". 바울 당시 유대인들의 도덕적 삶과 경건성을 믿는 주석가들은 바울이 유대인들을 호되게 나무라는 본문을 이해하기 위해 여러 해석을 제시한다. (i)이는 소수의 유대인의 불법을 관찰한 뒤 모든 유대인이 불법을 행한 것처럼 과장한 것이다[503]; (ii) 바울은 유대인들이 예수님을 믿지 않는 것을 공격한 것이다[504]; (iii)바울은 마태복음 5:21-48절의 가르침처럼 율법의 엄격한 준수라는 관점에서 유대인들이 이를 만족시키지 못했다고 공격하는 것이다[505]; (iv)바울은 당시 유대 공동체의 지도자들의 위선을 서술하는 것이다.[506] 이 해석들은 바울이 유대인들이 율법을 받았음에도 불구하고 이를 지키지 못했음을 지적하는 거시적 관점을 놓치고 있다. 구약의 선지자들도 이스라엘 백성들에게 바울과 비슷한 책망을 하고 있다(시50:16-21; 사3:14-15; 렘7:8-11; 겔22:6-12; 말3:5).[507] 예레미야는 바벨론 유수 이전의 유대인들에게 저희가 도적질하며 살인하며 간음하며 거짓 맹세하며 바알에게 분향하며 너희 알지 못하는 다른 신들을 좇는다고 정죄한다(렘7:9). 예수께서도 부패한 종교 지도자들을 빗대어 "도적이 오는 것은 도적질하고 죽이고 멸망시키려는 것 뿐"이라고 말씀했다(요10:10; 눅11:39-52; 마23). 그리고 바울 당시 유대문학에도 이와 비슷한 책망이 쓰여있는 것을 볼 때[508] 유대인에 대한 바울의 책망은 그 이전의 책망의 전통에 바탕을 두고 있음을 나타낸다. "다른 사람을 가르치는 네가 네 자신을 가르치지 아니하느냐"는 그 뒤에 따라오는 세 가지 공격의 주제라고 할 수 있다.[509] 바울이 열거하는 유대인들의 세 가지 범법은 모두 십계명과 관련이 있다: 도적질 하지 말라; 간음하지 말라; 우상숭배 하지 말

503 Trocm?, "The Jews," 153.
504 Barth, *Shorter*.
505 Barrett.
506 Watson.
507 Dunn; Str-B, 3:105-111.
508 Pss. Sol. 8.8-14; Philo, *Conf.* 163; TDNT, 3:256.
509 Moo; Schreiner.

라(출20:15, 14, 4-5; 신5:19, 18, 8-9).[510] 여기서 동사 디다스코우는 가르치는 것을 의미하고 동사 케이루소우는 설교하는 것을 의미한다.[511] 그러나 이 두 단어는 거의 동의어에 가깝다. 그리고 22절의 동사 레고우말하다와 병렬된다. 여기서 도적질하다클렙토우는 강도질이 아니라 절도를 의미한다.[512]

로마서 2:22절은 나머지 두 가지 범법을 묘사한다: "간음하지 말라 말하는 네가 간음하느냐 우상을 가증히 여기는 네가 신사 물건을 도적질하느냐". 유대인들은 간음하지 말라고 말하면서 간음한다. 예레미야는 이스라엘 선지자 중에도 간음하고 행악자들의 손을 굳게 한다고 질책한다(렘23:14; 29:23; 겔16:38). 배렛은 여기서 간음은 영적 간음 즉 우상숭배를 말한다고 주장한다.[513] 그러나 이 구절의 문맥에서 간음한다는 단어를 은유적 표현으로 해석해야 될 근거는 없다. 만일 간음한다는 말을 은유적으로 해석한다면 그 이전의 구절인 도적질한다는 말도 은유적으로 해석해야 하는데 이는 적절한 해석이 아니다. 셋째로, 유대인들은 또한 우상을 가증히 여기면서 신성모독을 했다. 여기서 동사 히에로술레이스는 무엇을 의미하는가? 이 단어는 어떤 영어버전 성경에서 성전을 강탈한다는 말로 번역된다.[514] 이를 문자적으로 해석한다면 이 당시 유대인들이 성전의 물건을 훔치는 것을 말한다. 이런 일은 동서고금에 있기 마련이다. 마카비후서4:39절은 성전의 금기구들이 도난당한 사실을 언급한다.[515] 그러나 무는 유대인들이 성전의 물건을 훔쳤을 것이라고 생각하지 않고 그들이 이방신사의 물건을 도적질하는 것을 말하는 것이라고 생각한다.[516] 하지는 유대인들이 성전세를 납부하지 않는 것과 같이 성전에 드려할 것을 드리지 않는 것이라고 해석한다.[517] 갈링턴은 이 단어를 상징적으로 해석하여 율법을 하나의 우상으로 숭배하는 것을 가

510 J. D. M. Derrett, " 'You Abominate False Gods: But Do You Rob Shrines?' (Rom 2.22b)." *New Testament Studies* 40 (1994) 558-71.

511 Michel; Leenhardt.

512 Morris.

513 Barrett.

514 ESV; NAS; NIV.

515 2 Macc. 4:39, 42; 9:2; 13:6; Sib. Or. 2.14; 13.12; Josephus, *Ant.*16.2.4; E. Krentz, "The Name of God in Disrepute: Romans 2:17-29 [22-23]." *Currents in Theology and Missions* 17 (1990) 433-34.

516 Moo; Hultgren; Derrett; Chrysostom; Godet; S-H; Michel; Murray; Käsemann; Dunn.

517 Hodge.

리킨다고 주장한다.[518] 그러나 바울이 유대인들의 범법을 열거하면서 은유적으로 이를 묘사할 가능성은 없다. 크랜필드는 이는 유대인들의 신성모독적 행위를 가리키는 단어라고 생각한다.[519] 복음서에서 예수께서 성전에서 상인들을 몰아 내시면서 성전을 정결하게 하신 기록을 보면 유대인들이 하나님의 아버지께 기도하는 집을 강도의 굴혈로 만든 사실을 알 수 있다(마21:17). 유대 종교 지도자들은 소경된 인도자들로써 하루살이는 걸러내고 약대는 삼키는 자들이었다(마23:24). 예수께서는 그들이 겉으로는 하나님을 섬기는 것처럼 외식하면서 속으로는 하나님을 진정으로 섬기지 않는 자들이라고 공격하셨다(마23:13-36). 우리는 복음서의 기록을 배경으로 로마서 2:17절 이하에서 바울이 유대인들을 공격하고 있는 것을 이해할 수 있다.

위 관점에서 보면 바울이 유대인들을 고소하는 내용은 매우 심각한 것이다. 유대인들은 율법을 가지고 있던 것을 자랑했다. 하나님과의 언약의 관계도 자랑했다. 그리고 율법에 있는 지식과 진리의 규모를 가진 자들이었다. 그럼에도 불구하고 하나님의 율법을 어기는 삶을 살고 있었다. 그리고 우상숭배를 가증히 여기면서 신성모독을 하고 있었다. 이는 배교의 죄를 가리키는 것이다. 로마서 2:24절은 그들이 이방인들 앞에서 신성모독블라스페이메오의 죄를 짓고 있다고 말씀한다. 신성모독의 죄는 사함받지 못하는 죄다.[520] 레위기 24:16절에서 모세는 "여호와의 이름을 훼방하면 그를 반드시 죽"이라고 명령한다. 구약시대에 배교의 죄를 지은 이스라엘 백성들은 사함받지 못하고 심판을 받았다(민14). 신약시대에도 배교의 죄는 사함받지 못하는 죄다(마12:30-32; 히6:4-6; 10:26-29; 요일5:16). 그렇다면 유대인들의 죄악된 상태는 로마서 1:18-32절에 기록된 죄악의 상태 보다도 더 심각한 상태라고 할 수 있다. 왜냐하면 그것은 구약에서 경고하는 고범죄에 해당하기 때문이다.

그렇다면 이 당시 모든 유대인들이 이런 범죄에 빠져 있었는가? 그렇지

---

518 D. B. Garlington, *Faith, Obedience, and Perseverance: Aspects of Paul's Letter to the Romans* (Wissenschaftliche Untersuchungen zum Neuen Testament 79. Tübingen: Mohr, 1994) 32-43.
519 Calvin; Barrett; Fitzmyer; Bengel; Cranfield; KJV.
520 레24:11이하; 삼상3:13; 느9:26; 겔20:27.

않았을 것이다. 그렇다면 바울이 모든 유대인들 싸잡아서 이렇게 공격하는 것이 옳은가? 이런 주석적 어려움을 해결하기 위해서 마틴 루터는 바울이 여기서 공격하는 것은 유대인들의 마음속에 있었던 죄악을 공격하는 것이지 실제로 유대인들이 이런 죄에 빠져 있었다는 것을 말하는 것은 아니라고 말한다.[521] 그러나 본문에서 바울이 묘사하는 것이 유대인들의 드러난 죄악이 아니라 마음의 죄를 말하는 것이라는 증거는 없다. 왓슨은 여기서 바울이 공격하는 것은 모든 유대인들이 아니라 유대 지도자들의 위선이라고 생각한다.[522] 이는 마태복음 23장에서 예수께서 유대의 바리새인들을 위선자로 질책하신 것과 비슷하다. 그러나 로마서에서 바울이 다루는 유대인의 문제는 그들의 유대주의 전통이지 어떤 특정 유대 계층이 아니다. 이 당시 유대인들은 유대주의를 신봉하면서 자신들이 선택된 민족임을 과신했다. 그리고 예수 그리스도를 배척했다. 바울은 이에 대해 그들의 유대주의 전통을 인정해 주면서 그러면 너희들이 율법을 온전히 순종했는가를 묻고 있다. 만일 그렇지 못하다면 너희도 하나님의 심판의 대상일 뿐이며 이 점에서 하나님의 진노하에 있는 죄악된 이방인들의 상태보다 나을 것이 없다는 것을 말씀하고 있다. 그리고 그들도 이방인들이 믿음으로써 구원받을 수 있는 것처럼 예수를 믿음으로써만이 구원 받을 수 있다는 복음의 메세지를 함께 제시하고 있다.

로마서 2:23-24절은 17-22절의 내용의 극적인 결론에 해당한다. 로마서 2:23절은 분사로 시작되는 21-22절과 달리 관계대명사 호스로 시작된다. 따라서 학자들은 이 절은 의문문이 아니고 진술statement이라고 본다: "율법을 자랑하는 네가 율법을 범함으로 하나님을 욕되게 하는도다". 이 문장이 진술인 또 다른 이유는 24절에 인용된 구약의 구절이 23절 내용을 뒷받침하고 있다는 점이다.[523] 만일 이 문장이 의문문이라면 그 대답은 부정으로써

521 M. Luther, *Luther's Works*, vol. 25: *Lectures on Romans: Glosses and Scholia* (Edited by H. C. Oswald. Philadelphia: Muhlenberg, 1972) 21-22; Cranfield.

522 Watson.

523 NEB; NJB; Osborne; Dunn; Hultgren; Fitzmyer; Moo; Cranfield; Schreiner; Lagrange; Lietzmann; contra NIV; KJV; RSV; Morris; Moule; Hendriksen.

유대인들이 하나님을 욕되게 하지 않는다가 되는데 이는 문맥에서 바울의 말씀과 맞지 않는다. 이 절의 첫째 문장은 17-20절 내용의 요약이며 두 번째 문장은 21-22절 내용에 대한 결론이다.[524] 유대인들은 율법을 자랑하면서 오히려 율법을 범함으로써 하나님을 욕되게 한다. 여기서 파라바시스는 정해진 법을 어기는 것을 의미한다(롬4:15; 5:14; 갈3:19; 딤전2:14). 그리고 그 결과는 그 법을 주신 하나님을 욕되게 하는 것이다. 이는 율법을 지킴으로써 하나님을 영화롭게 하는 일의 정반대 행위다. 이로써 유대인들은 율법 없이 하나님의 심판을 받는 이방인들의 상태보다 나을 것이 없다는 것이 분명해졌다.

바울은 24절에서 이사야 52:5절을 인용한다: "기록된 바와 같이 하나님의 이름이 너희로 인하여 이방인 중에서 모독을 받는도다". 23절에서 바울은 유대인이 율법을 범함으로 하나님을 욕되게 한다고 말씀한다. 반면에 24절의 인용구는 이방인들이 하나님의 이름을 모독하는 자들이라고 말씀한다. 어떤 학자는 이 두 의미가 일치하지 않기 때문에 바울은 이사야의 구절을 잘못이해하고서 인용했다고 말한다.[525] 혹은 바울이 기억에 의존해서 이 구절을 인용했다고 말한다. 다른 학자는 바울이 여기서 인용하는 구절은 23절 내용과 비슷한 에스겔 36:20-23절이라고 말한다. 그러나 언어적으로 24절은 이사야 52:5절과 더 비슷하다. 양자의 언어적 차이점은 (i)24절에 접속사 갈(왜냐하면)이 더해진 점; (ii)"나의" 대신 "하나님의"로 대체한 점; (iii)"너희로 인하여"를 "하나님의" 뒤에 놓은 점; (iv)"계속해서"가 빠져 있는 점 등이다.[526] 이와 같이 바울은 이사야 52:5절의 표현을 약간 수정해서 유대인들의 불순종이 가져온 부정적 결과를 강조하고 있다. 이사야는 이스라엘이 범죄함으로 말미암아 이방인의 억압을 당하며 하나님의 이름이 이방인들 중에서 모독을 당하게 한다고 예언한다. 마찬가지로 바울 당시 유대인들은 로마제국의 억압하에 있었다. 바울은 그들이 나라를 잃고 억압을 받는 것은 그들이

524 Murray.
525 R. B. Hays, *Echoes of Scripture in the Letters of Paul* (New Haven: Yale University Press, 1989) 45.
526 Hultgren.

율법을 순종하지 않고 하나님께 죄를 진 결과라고 말씀한다. 그들이 율법을 불순종하고 죄를 짓는 것은 이방인들 앞에서 그들에게 율법을 주신 하나님의 이름을 욕되게 하는 결과를 가져왔다.[527] 이 점에서 볼 때 바울이 로마서 2:24절에서 이사야 52:5절을 인용하는 것은 본문의 문맥에 맞는 것임이 분명해진다.[528]

(ㄴ) 유대인들도 마음에 할례를 받아야 함(롬2:25-29)

바울은 율법을 행해야 의롭다하심을 받는다고 강조하면서 율법을 소유하고 있는 것이 유대인들의 구원에 중요하지 않다고 말한 후, 그들이 의지하는 중요한 한 전통을 공격한다. 그것은 곧 할례의 전통이다. 바울은 유대인들이 할례의 전통을 가졌지만 율법을 지키지 않으면 그들이 자랑하는 할례도 구원을 가져다 주지 않는다고 말씀한다. 할례는 창세기 17:9-14절이 말씀하는 것처럼 하나님께서 아브라함과 맺은 언약을 보증하기 위한 증표다. 이는 유대인을 이방인들로부터 구별하는 종교적 뱃지였다.[529] 유대인들은 이 종교적 도장seal으로 아브라함의 언약의 축복을 보장받고 하나님의 진노로부터도 보호될 수 있다고 믿었다. 그러나 바울은 이를 부정하고 있다. 즉 율법을 범하면 할례가 무할례가 된다는 것이다. 이는 이 당시 경건한 유대인에게는 매우 도전적인 말로 들렸을 것이다. 바울은 유대주의를 대표하는 전통인 할례를 완전히 무효화하지는 않는다. 그러나 율법을 완전히 지키지 않으면 할례를 받는 것이 구속적 효력이 없다고 말하는 것은 외적인 할례의식의 준수가 내면의 믿음을 증명하는 것이 아니기 때문이다.

로마서 2:25절의 접속사 갈왜냐하면은 그 이전의 가르침에 대한 이유를 도입한다: "네가 율법을 행한즉 할례가 유익하나 만일 율법을 범한 즉 네 할례가 무할례가 되었느니라". 유대인들이 의지하던 것은 율법만이 아니었다. 그들은 할례를 통해서 하나님과의 언약의 관계가 영원히 성립되어 있다고 믿

527 Osborne; Murray.
528 Schreiner; Fitzmyer.
529 1 Macc 1:48, 60-61; 2:46; 2 Macc 6:10.

었다. 민족적 뱃지로써 할례의 중요성은 유대문학에 널리 밝혀져 있다.[530] 어떤 학자들은 이방인이 유대교로 개종하는데 있어서 할례는 필수 사항이 아니었다고 말한다.[531] 그러나 이는 사실이 아니다.[532] 할례는 유대교의 구원론에 있어서 율법과 같이 절대적인 요소였다. 랍비 레위는 아브라함이 지옥의 문에 앉아 있다가 할례받은 이스라엘 자손이 지옥에 떨어지는 것을 막아준다고 말했다.[533] 그러나 바울은 이 가르침에 정반대되는 가르침을 주고 있다. 즉 율법을 행할 때 비로소 그들이 받은 할례도 유익하게 된다는 것이다. 동사 오우페레오우유익하다는 구원에 유익하다는 의미다. 바울은 할례를 받은 자들에게 그리스도는 유익이 되지 못한다고 말씀한다(갈5:2). 로마서 2:25절에서도 바울은 할례받은 유대인일지라도 율법을 행하지 않으면 아무 소용이 없다는 것을 말씀하고 있다. 할례를 받은 자들은 율법 전체를 행할 의무를 가지고 있다(갈5:3). 만일 모든 율법을 지키지 않는다면 자신들이 받은 할례도 그들을 구원하지 못한다. 25b에서 바울은 만일 그들이 율법을 범한 즉 그들의 할례가 무할례가 되었다고 말씀한다. 이는 그들이 이방인과 같이 되었다는 말씀이 아니라 그들이 받은 할례의 의미가 없어졌다는 의미다. 할례는 구원을 가져다 주는 마법이 아니었다. 그것은 언약관계를 인친 표였다. 이를 바탕으로 그들은 하나님의 율법을 지킴으로써 거룩한 백성의 사명을 할 의무를 가지고 있었다. 그러나 그들은 할례의 특권을 잘못 이해하고 이것을 구원의 열쇠로 여기고 있었다. 모리스는 교회에서 세례를 구원의 열쇠로 생각하는 사람들은 할례를 구원의 표로 생각하는 것과 같은 오류를 범하는 것이라고 말한다.[534]

머레이는 25절에서 율법을 행한다는 것은 율법을 믿음을 가지고 진실로

---

530 *Jub*. 15.25-34; 1 Macc 1:48, 60-61; 2:46; 2 Macc 6:10; Josephus, *Ant*. 13.257-58.

531 Neil J. McEleney, "Conversion, Circumcision and the Law." *NTS* 20 (1973-74) 319-41; J. J. Collins, "A Symbol of Otherness: Circumcision and Salvation in the First Century." Pp. 163-86 in *"To See Ourselves as Others See Us": Christians, Jews, "Others" in Late Antiquity* (Edited by J. Neusner and E. S. Frerichs. Scholars Press Studies in the Humanities Series. Chico, Calif.: Scholars Press, 1985).

532 J. Nolland, "Uncircumcised Proselytes?" *Journal for the Study of Judaism in the Persian, Hellenistic, and Roman Period* 12 (1981) 173-94.

533 Cranfield; Gen. Rab. 48:8.

534 Morris.

지키는 것을 의미한다고 말한다.[535] 유대인들이 자신들이 율법을 신실하게 지킬 수 있다고 믿고 있었다는 점에서 이 해석은 타당한 면이 있는 것처럼 보인다. 그러나 이는 율법과 믿음이 섞일 수 있는 요소들이 아니라는 점을 고려하지 않은 해석이다. 그리고 바울은 율법의 행위로써 하나님의 의를 만족시킬 수 있는 사람은 아무도 없다고 말하고 있다. 이는 믿음 외에 어떤 것도 심지어 율법이나 할례도 구원을 가져다 주지 않는다고 가르치는 바울의 의도와 상반된다. 이 점에서 볼 때 "율법을 행한다"노몬 프라세이스는 구절은 율법을 완전히 지키는 것을 의미한다고 해석하는 것이 더 낫다.[536] 그러나 율법을 완전히 지킬 수 있는 사람은 없기 때문에 할례의 구속적 효능은 전혀 없다는 의미가 된다. 다시말해 할례의 전통을 준행하는 유대인들도 율법을 완전히 행할 수 없기 때문에 하나님의 진노를 피할 수 없다는 뜻이 된다. 그래서 바울은 율법 안에서 의롭다함을 얻으려 하는 자들은 그리스도에게서 끊어진다고 경고한다(갈5:4).

로마서 2:26절의 접속사 운그러므로은 25절의 귀결을 도입한다: "그런즉 무할례자가 율법의 제도를 지키면 그 무할례를 할례와 같이 여길 것이 아니냐". 여기서 "무할례"아크로부스티아는 (i)포피, 혹은 (ii)할례받지 않은 상태, 혹은 (iii)이방인을 의미한다.[537] "율법의 제도"디카이오우마타 투 노무는 율법이 명령하는 것들을 말한다. 이는 로마서 2:21-22절에서 언급된 법들과 같은 것이다. 던은 이는 로마서 2:14절이 말씀하는 "율법의 일들"타 투 노무과 같은 의미라고 말한다.[538] 그러나 후자는 이방인들이 자신의 마음 속에 옳다고 규정한 원칙들을 의미한다. 로마서 8:4절에서 디카이오우마는 단수로 쓰이고 있다. 이는 성도들이 그리스도안에서 율법의 모든 요구를 이룬 자로 여김을 받는다는 뜻이다. 그러나 로마서 2:26절에서 디카이오우마타는 복수 명사이고 이는 무할례자가 도덕적 원칙을 지키는 경우를 가리킨다. 바울이 여기서 말씀하는 이 무할례자가 율법의 모든 요구를 다 이룰 수 있다고 의미한 것은

---

535 Murray; Cranfield.
536 Calvin; Hodge; Bruce.
537 Michel; Cranfield.
538 Dunn; Meyer; *contra* Murray.

아니다. 쉬라이너는 바울은 여기서 이방인 그리스도인들이 믿음안에서 율법의 요구를 다 이루었다고 여김받는 것을 의미한다고 해석한다.[539] 그 이유는 첫째, 26-27절에서 무할례자가 율법을 순종한다는 표현은 가정적 표현이 아니라 서술적 표현이라는 것이다. 둘째, 로마서 8:4절은 그리스도인들은 성령의 능력을 통해서 율법의 규범을 완전히 지킬 수 있다는 것이다. 따라서 바울이 무할례자가 율법의 제도를 지켜서 할례를 받은 것처럼 여겨질 수 있다면 이는 오직 그리스도인들에게 해당한다는 것이다. 셋째, 이들의 무할례가 할례로 여겨지는 시제는 동사 로기스세이세타이로기조마이의 미래 수동태에 나타나 있듯이 미래의 심판의 때다. 넷째, 28절의 "왜냐하면"갈의 접속사는 28-29절과 25-27절을 논리적으로 연결해 준다. 이는 유대인들이 율법을 소유하든지 할례를 받든지에 상관없이 이것들은 영생을 얻는데 효력이 없다는 것을 나타낸다. 그러나 마음에 할례를 받으면 이면적 유대인이 될 수 있다는 것이다. 이 해석은 로마서 2:28-29절이 간접적으로 그리스도인을 가리키고 있다는 점에서 타당한 견해로 보인다. 그러나 바울은 여기서 이방인 그리스도인에 대해 말씀하고 있지 않다.[540] 여기서 바울은 무할례자가 율법의 제도를 지키면 그 무할례를 할례와 같이 여기게 된다고 말씀한다. 이 무할례자를 그리스도인으로 해석하는 것은 타당하지 않다. 왜냐하면 그리스도인은 율법의 권세로부터 자유로와 진 사람들이다(롬6:14, 15). 그리고 그리스도인들은 율법의 제도를 지킴으로써 그 무할례를 할례와 같이 여김 받는 것이 아니라 성령을 통해 예수님을 주님으로 믿음으로써 그 마음에 할례를 받은 자들이다. 여기서 두 의미의 차이는 그 몸에 할례를 받은 것처럼 여김 받는다는 것과 성도는 그 마음에 할례를 받은 자들이라는 것이다. 그리스도인들은 그 마음에 할례를 받은 사람들이지 율법의 제도를 지킴으로써 그 몸에 할례를 받은 자처럼 여겨지는 자들이 아니다. 그리고 로마서 2:26-27절은 믿음이라는 명사를 포함하고 있지도 않고 이와 같은 개념을 분명히 나타

539 Schreiner, *The Law and Its Fulfillment*, 145-78; idem, "The Abolition and Fulfillment of the Law in Paul," *Journal for the Study of the NewTestament* 35 (1989) 47-74; Osborne; Cranfield; Barrett; Godet; Murray; Laato.

540 Fitzmyer.

내지도 않는다. 따라서 여기서 무할례자는 일반적인 이방인으로 보는 것이 제일 낫다. 그리고 26절에서 바울이 말씀하는 것은 이방인이 율법의 제도를 지키는 경우다. 이는 로마서 2:7절과 14절 내용에 연결된다. 여기서 이방인들이 율법의 제도를 지킨다는 것은 단지 가정적 사실은 아니다.[541] 고넬료와 같이 경건한 이방인들이 실존했다(행10:34-35). 그러나 이와 같은 이방인들도 율법의 모든 요구를 이루었다고 여겨지는 일은 없다(롬3:10-12). 바울이 여기서 말씀하는 것은 율법의 제도를 온전히 지키는 이방인들이 있을 수 있다는 것도 아니고, 믿음을 통해 이방인들이 율법의 제도를 지킴으로써 할례받은 자로 여김받을 수 있다는 것도 아니다. 바울은 단지 유대인들이 신봉하는 할례 보다 무할례의 상태에서 율법의 제도를 지키는 것이 더 낫다는 것이다. 그의 요지는 할례의 특권 보다 율법을 지키는 것이 더 중요하다는 점이고 율법의 지키지 못하는 유대인들의 상태가 할례없는 이방인의 상태보다 나을 것이 없다는 것이다.[542] 여기서 동사 로기조마이는 바울이 로마서에서 "전가"imputation의 의미로 사용하는 단어다(롬4:3, 9, 22). 그러나 여기서 이 단어는 이 신학적인 의미를 내포하지 않고 히브리어의 하샤브 러…로 생각하다에 상응하는 표현이다(삼상1:13; 사29:17; 32:15; 호8:12).[543] 26절에서 바울이 이 단어의 미래형 로기스쎄이세타이를 사용하는 것은 미래의 심판 때 이방인들이 할례를 가진 유대인들을 판단하게 될 것임을 가리킨다.[544] 훌트그런은 이는 이방인들이 하나님의 심판에 참여한다는 의미가 아니라 유대인들이 가진 잘못된 신념을 풍자하는 은유법이라고 본다.[545] 그렇다면 이 미래시제를 논리적 미래로 보는 것도 틀린 것은 아니다.[546] 동사 풀라소우는 지키다, 혹은 보호하다를 뜻하며 구약의 법을 지킨다고 하는 표현에 종종 사용된다(눅18:21; 행7:53; 21:24; 갈6:13). 율법의 제도를 지킨다는 표현은 신명기

---

541 *Contra* Käsemann.
542 Wilckens; Fitzmyer; Calvin; S. Westerholm, "Letter and Spirit: The Foundation of Pauline Ethics," *NTS* 30 (1984) 235.
543 Moo.
544 Kuss; Osborne; 마19:28; 고전6:2; 계3:2; 20:4; Wisdom of Solomon 3:8; *1 Enoch* 91:12.
545 Hultgren.
546 Dunn.

에 많이 나온다(4:40; 6:2; 17:19; 28:45; 30:10, 16). 신약에서 바울은 여러 동사를 사용해서 율법의 제도를 지킨다는 표현을 한다: 포이에오우(갈3:10, 12; 5:3; 로마서 2:14; 10:5), 풀라소우(롬2:26; 갈6:13), 프라소우(롬2:25), 텔레오우(롬2:27). 그러나 이 다른 표현들의 그 의미상의 차이는 미미하다.[547]

로마서 2:27절의 접속사 카이그리고는 26절의 의문문과 27절 내용을 병렬시키고 있다. 따라서 27절은 의문문으로 번역될 수 있다.[548] 그러나 이를 평서문으로 번역해도 그 의미는 똑같다:[549] "또한 본래 무할례자가 율법을 지키면 의문과 할례를 가지고 율법을 범하는 너를 판단치 아니하겠느냐". 명사 아크로부스티아는 할례를 받지 않은 이방인을 가리킨다. 동사 텔레오우는 율법을 행한다는 의미로 사용된 적이 없는 단어다. 그러나 요세푸스나 신약의 저자들은 이 동사를 이 의미로 사용하는 경우가 있다(눅2:39; 약2:8).[550] 율법을 지킨다톤 노몬 텔루사는 율법을 완전히 이룬다는 의미가 아니라 26절의 "율법의 제도를 지키다"나 25절의 "율법을 행하다"와 같은 의미를 가진다고 할 수 있다. 그러나 이 각 표현은 그 뉴앙스에 있어서 미묘한 차이가 있다고 할 수 있다.[551] 개역성경에서 이 단어를율법을 온전히 지키다로 번역하는 것은 의미를 확대하는 것이다. 바울은 여기서 이방인들이 율법을 온전히 지킬 수 있다는 것을 말씀하는 것이 아니다. 쉬라이너는 이를 그렇게 해석하면서 그러므로 이들은 이방인 그리스도인들을 가리킨다고 해석한다.[552] 그러나 여기서 바울이 말씀하는 것은 만일 이방인들이 율법을 지켰다고 할 때 이들이 심판 때 율법에 불순종하던 유대인들을 판단하게 되지 않겠느냐는 것이다. 바울이 이방인들이 율법을 온전히 지킬 수 있다고 믿지 않았다는 것은 로마서 3:10-12절이 증명하고 있다. 동사 크리노우심판한다는 이방인들이 유대인들을 심판할 것이라는 말씀이 아니라 이방인들의 옳은 행실이 유대인들의 불순종을 부끄럽게 만들 것이라는 뜻이라고 할 수 있다(마12:41-42).[553] 전

547 Moo; Schreiner; *contra* Snodgrass, "Justification by Grace," 83-85.
548 KJV; ARV; Godet.
549 NIV; RSV; NEB; Sanday and Headlam; Murray.
550 Josephus, *J. W.* 2.495; Moo; Cranfield.
551 Murray; Sanday and Headlam.
552 Schreiner; Osborne; Zahn; contra Fitzmyer; Nygren.

치사 디아는 도구적이라기 보다 부수정황attendant circumstance의 의미를 가지고 있다고 할 수 있다.[554] 즉 유대인들이 의문과 할례로써 율법을 어긴 자들이라기 보다는 의문과 할례를 가지고 있지만 율법을 범한 사람들이라는 뜻이다. 여기서 "의문"그람마은 돌판에 기록된 말씀으로써 모세의 율법을 가리킨다고 볼 수 있다.[555] 그러나 의문은 율법을 기록된 말씀으로써 지킬 뿐 그 마음과 정성을 다해 하나님을 찾는 율법이 아니었다. 따라서 던은 의문은 율법을 의식이나 표면적 행위의 수준에서 지키는 제도로 이해하는 것을 말한다고 본다.[556] 할례는 이 인식을 외적으로 표현하는 대표적인 의식이다. 이 점에서 의문은 육신에 행한 할례와 그 뉴앙스가 일치한다.[557] 이 점에서 캘빈은 "의문과 할례"를 중언법hendiadys으로 본다. 이 해석은 "의문"이 로마서 2:29절의 성령뉴마과 대조적 의미를 가진다는 면에서 타당성이 있다. 고린도후서 3:3, 6-7절에서도 의문은 율법을 의미한다. 의문은 성령과 대조되는데 이 대조는 구속사적 문맥에서 이해되어야 한다.[558] 의문의 기능은 사망이다(고후3:6). 그것은 율법은 죄를 깨닫게 하지만 죄를 더 증대시키기 때문이다. 율법은 그리스도에 이르게 하는 몽학선생이지만 성령이 없이는 의롭다하심을 가져오지 못한다. 반면에 누구나 그리스도안에 있으면 율법에 대해 죽은 자가 된다. 그리스도인들은 율법을 지킴으로써 구원받는 것이 아니라 예수 안에서 율법을 이룬 사람들로 여겨지고 이들은 성령의 소욕을 따라 살면서 하나님의 뜻에 복종하게 된다. 이점에서 바울은 여기서 예수를 믿지 않아 이러한 새시대의 능력하에 들어오지 않고 의문과 할례를 의지하고 있는 유대인들을 정면으로 공격한다. 그리고 성령의 시대에 육신적 할례가 아무 소용이 없게 된 것을 적나나하게 말씀한다(28-29절).

---

553 Cranfield; Murray; Moo.

554 NIV; NASB; NRSV; Black; Cranfield; Morris; Fitzmyer; Moo; *contra* Schrenk, *TDNT*, 1:765; Dunn.

555 Moo.

556 Dunn; *contra* Schreiner; Moo.

557 Winger, *By What Law?* 41.

558 Schreiner; Moo; Westerholm, "Letter and Spirit," 229-48; E. Käsemann, "The Spirit and the Letter," *in Perspectives on Paul* (Philadelphia: Fortress, 1971) 138-66; S. Lyonnet, " 'La circumcision du Coeur, celle qui relève de l' Esprit et non de la lettre' (Rom. 2:29)," in *L' Evangile, hier et aujourd' hui: Mélanges offerts zu Franz-J. Leenhardt* (Geneva: Labor et Fides, 1968) 89-92; Ridderbos, *Paul*, 215-19.

로마서 2:28절의 접속사 갈왜냐하면은 왜 할례가 구원의 바탕이 아니며 사람이 할례 없이도 구원받을 수 있는 지에 대한 설명을 도입한다: "대저 표면적 유대인이 유대인이 아니요 표면적 육신의 할례가 할례가 아니다". 이 문장에서 바울은 생략법을 사용하고 있다. 크랜필드는 "유대인"이우다이오스 앞에 대명사 "유대인"을 삽입하고 "할례"페리토메이 앞에 명사 "할례"를 그리고 그 뒤에 동사 에스틴이다을 놓는다. 여기서 "표면적"파네로우은 29절의 "이면적"크륩토우과 대조된다. 이 대조법은 로마서 2:16절과 연결된다. 즉 하나님께서는 심판 때 사람이 표면적으로 육체에 가진 할례를 바탕으로 판결하시지 않고 그 사람의 마음의 은밀한 것을 보시고 판결하신다(막4:22; 눅8:17; 요7:4; 고전14:25). 유대인들은 이 사실을 간과했다. 그들은 율법을 겉으로만 순종했지 그 진정한 의미를 놓쳤다. 즉 율법은 하나님의 선을 구하고 진정으로 그의 영광을 추구하게 하는 글자letter였다. 그러나 그들은 글자에 중점을 둔 나머지 그 글자가 가리키는 목적, 즉 하나님께 참 예배를 잃어버렸다. 이는 그리스도의 구속의 완성을 통해서 다가오신 성령을 통해서 회복될 수 있는 것이었다.

로마서 2:29절에서 바울은 참 할례와 이를 바탕으로 한 참 유대인을 정의한다: "오직 이면적 유대인이 유대인이며 할례는 마음에 할찌니 신령에 있고 의문에 있지 아니한 것이라 그 칭찬이 사람에게서가 아니요 다만 하나님에게서니라". 이 절에서 바울은 참 유대인이 누구인지 정의하고 있다. 참 유대인은 이면적 유대인이며 이는 마음에 할례를 받은 사람이다. 구약이나 유대주의도 마음에 받는 할례에 대해 가르친다.[559] 그러나 바울의 가르침이 유대주의의 가르침과 다른 점은 마음에 받는 할례가 율법을 지킴으로 성취되는 것이 아니라 종말에 성령을 통해서 성취된다는 것이다. 즉 유대인들은 율법에 바탕을 둔 의식과 행위를 통해서 마음에 할례를 받는다고 생각한 반면에 바울은 하나님의 은혜를 통해 주시는 성령을 통해 마음에 할례를 받는 것이라고 가르치고 있다. 여기서 명사 뉴마영는 사람의 영을 가리키고 있는가

559 신10:16; 렘4:4; 9:25-26; 겔44:9; Jubilees 1.23; 1QpHab 11.13; 1QS 5.5; 1QH 2.18; 18.20; Philo, *Spec. Leg.* 1.305.

아니면 성령을 가리키고 있는가? 샌더스는 바울이 여기서 제시하는 영적인 할례는 할례를 받고 자신의 마음으로 율법을 신실하게 지키는 것을 의미한다고 주장한다.[560] 이와 마찬가지로 래그래인지도 여기서 영은 할례가 가진 전체적인 영적 실제들을 나타내는 단어라고 주장한다.[561] 그러나 여기서 뉴마는 분명히 성령님을 가리키고 있다.[562] 그 이유는 첫째, 바울 서신에서 의문과 영이 대조되고 있는 구절에서 영은 성령님을 가리키고 있다(롬7:6; 고후3:6). 둘째, 빌립보서 3:3절은 하나님의 영으로 예배하는 우리가 할례라고 말씀하며 진정한 할례와 성령의 사역을 밀접하게 연결하고 있다. 셋째, "엔 뉴마티"성령으로써는 로마서에서 성령을 가리키는 숙어로 사용된다(롬8:9).[563] 넷째, 바울은 구속사적 관점에서 의문과 성령의 기능을 대조하고 있지 의문과 사람의 영의 기능을 대조하고 있지 않다. 다섯째, 구약성경의 많은 구절들이 사람이 성령을 통해 마음에 할례를 받게 된다고 예언하고 있다. 요엘 2:28-29절은 "그 후에 내가 내 신을 만민에게 부어 주리니 너희 자녀들이 장래일을 말할 것이며 너희 늙은이는 꿈을 꾸며 너희 젊은이는 이상을 볼 것이며 그 때에 내가 또 내 신으로 남종과 여종에게 부어 줄 것이며"라고 말씀한다."[564] 또 레위기 26:41절이나 신명기 30:6절 등의 구절은 마음에 주어지는 할례는 종말적 선물이라고 말씀한다. 그리고 성령을 통해 마음에 할례가 주어지면 율법은 이미 이룬 것으로 여겨진다(렘31:31-34). 마음에 받는 할례에 대한 이러한 구약의 가르침을 볼 때, 로마서 2:29절에서 바울은 성령을 통해 할례를 받는 메시야의 시대가 이미 도래했고 이에 따라 믿음을 통해서 마음에 할례를 받은 그리스도인들이 진정으로 할례를 받은 사람들이며 진정한 유대인이 되었다는 것을 가르치고 있다. 바울은 여기서 로마서 3:21-4:25절에 다뤄질 내용의 핵심을 미리 맛보게 하고 있다. 로마서 2:26-29절에서 바울은 성령을 통해 마음에 할례를 받은 그리스도인이 아브라함의 자

560 Sanders, *Paul, the Law, and the Jewish People,* 127; Barrett; Althaus; Haldane; Goodspeed; KJV; NRSV.
561 Lagrange, *Romains*, 57.
562 NIV; NASV; NEB; Murray; Robinson; Moo; Schreiner.
563 롬14:17; 15:16.
564 사44:3; 겔11:19; 36:26-27.

녀 곧 하나님의 백성이라고 혁명적인 정의를 내리고 있는데 이는 바울이 로마서 9-11장에서 가르치는 성령의 시대에 유대인 그리스도인과 이방인 그리스도인의 구원에 있어서의 역동적 관계를 이해하는데 바탕이 되는 핵심적 가르침이다. 29절의 명사 에파이노스[칭찬]는 종말에 하나님께서 주시는 상이다. 이는 영생을 의미한다. 바울은 이 단어를 사용해서 말의 놀이[word play]의 효과를 적용한다. 즉 히브리어의 "유다"는 칭찬을 의미하는 "호다"와 발음이 비슷하다(창29:35; 49:8).[565]

바울은 여기서 마음에 할례 받은 유대인은 유대인 그리스도인과 이방인 그리스도인으로 구성된 성도에 한정되어 있다고 보는가? 크랜필드는 그렇지 않다고 생각한다.[566] 그는 로마서 3:1-4절이나 로마서 9:1-11:36절을 함께 생각할 때 마음에 할례받은 하나님의 백성은 민족적 유대인도 포함되어야 한다고 생각한다. 의문에 따라 육신에 할례를 받은 외적 유대인도 영적 이스라엘에 포함될 것이라고 보는 것이다. 이에 대해서는 로마서 9-11장에서 자세히 다루겠지만 결론을 미리 말하면 크랜필드의 주장은 주석적으로 타당하지 않다는 것이다. 이미 앞에서 말한대로 유대인들은 율법을 범함으로 이방인들 앞에서 하나님의 이름을 모독하고 있었다. 이 배교자들에게 임하고 있는 것은 하나님의 진노이다. 그렇기 때문에 이들의 상황은 강퍅한 마음으로 악에 빠져 있는 이방인의 상황과 전혀 다를 것이 없다. 그렇다고 해서 이들에게 전혀 희망이 없는 것은 아니다. 바울은 하나님께서 이들 중에 그루터기를 남겨 놓으셨다고 말씀하며 모든 유대인이 하나님의 진노아래 있는 것이 아니라는 것을 분명히 밝힌다(롬11:5). 바울 자신도 회심하기 전에는 하나님을 훼방하던 자였다. 그러나 하나님의 택하심을 받아 성령의 인도함을 받는 그리스도인이 된 것이다(딤전1:13). 이 점에서 죄악 속에 빠져 있다가 건져냄을 당한 성도들은 완전히 하나님의 은혜로 된 선택에 의해서 예수님을 믿게 된 자들이라고 말할 수 밖에 없다. 이것이 바로 바울이 로마서 8:28-30절에 말씀하는 예정론이다.

565 Fitzmyer; Cranfield; Dunn; *contra* Käsemann.
566 Cranfield.

이렇게 바울의 가르침은 그 전체 구조속에서 보는 것이 중요하다. 그렇지 않으면 바울의 가르침을 비기독교적이라든지, 바울적이지 않다든지, 모순되어 있다든지라고 비판하게 된다.[567] 왓슨은 바울의 가르침이 공동체의 전통이 자신들에게서만 성취되었다고 보는 분파적 성격을 가진다고 비판한다.[568] 이 주장은 구약의 예언과 그리스도를 통한 이 예언들의 성취에 대한 바울의 가르침을 잘 이해하지 못한데서 기인한다. 샌더스는 바울이 예수 그리스도에 대한 믿음을 구원의 절대적 조건으로 제시하기 위해서 인간이 율법을 지킬 수 없다라고 설파하면서 그 해결책으로 이신칭의론을 만들어 낸 것이라고 비평한다.[569] 그러나 바울은 죄악에 빠져 허덕이는 인간의 문제를 샌더스보다 더 정확히 파악하고 있다. 그리고 그 해결책은 오직 성령을 통한 마음의 할례 밖에 없다는 것을 깨달았다. 그는 예수 그리스도의 복음을 선전하기 위해서 교리를 지어낸 것이 아니라 예수 그리스도를 통해서 구약의 예언이 성취되고 오직 믿음으로써 만이 인간이 죄의 곤경으로부터 해방될 수 있다는 것을 계시받아 이신칭의를 발견하고 가르치게 된 것이다. 이 점에서 그는 반유대주의자가 아니라 무엇이 진정한 유대주의인지를 철저히 규명해 놓은 사도이다.

(ㄷ) 하나님의 의와 유대인에 대한 심판(롬3:1–8)

고댓은 로마서 3:1–8절이 로마서에서 가장 해석하기 어려운 부분이라고 말한다.[570] 그 이유는 이 문단에서 바울은 논박법을 사용해서[571] 일련의 신학적 질문을 던지면서 이에 대해 대답을 주고 있고 또 이 일련의 질문들이 논리적 귀결로 파생하는 질문인지 아니면 바울 자신의 생각을 대변하고 있는지 불분명한 점이 있기 때문이다. 어떤 학자들은 이 문단이 본론에서 벗어

567 Dodd; Räisänen, *Paul and the Law*, 106; J. C. O' Neill, *Paul' s Letter to the Romans* (Harmondsworth: Penguin, 1975).

568 Watson, *Paul*, 122.

569 Sanders, *Paul, the Law and the Jewish People*, 129.

570 Godet.

571 S. K. Stowers, *The Diatribe and Paul' s Letter to the Romans* (Society of Biblical Literature Dissertation Series 57. Chico, Calif.: Scholars Press, 1981); idem, "Paul' s Dialogue with a Fellow Jew in Romans 3:1-9." *CBQ* 46 (1984) 707-22; *contra* D. R. Hall, "Romans 3:1-8 Reconsidered," *NTS* 29 (1983) 183-97.

난 내용 혹은 생략해도 될 부분이라고 본다.[572] 그러나 이는 타당한 분석이 아니다. 대부분의 주석가들은 여기서 바울이 다루고 있는 문제들은 바울의 가르침을 반대하는 사람들의 주장에 대한 것이라 생각한다. 그렇다면 반대자들은 유대인들인가 이방인들인가? 여기에는 두 가지 대답이 있다. 첫째, 로마서 3:1-4절은 유대인들을 겨냥하고 있다는 것이다.[573] 즉 유대인들은 계속해서 하나님께 신실하지 못하지만 하나님의 그들에 대한 신실하심은 변하지 않으신다는 것이다. 두 번째 해석은 로마서 3:1-8절 전체가 유대인에 관한 내용이라는 것이다.[574] 5-8절은 하나님께서 유대인들과 가지는 언약의 관계가 있음에도 불구하고 그들의 악을 심판하시는 것은 불의한 것이 아니라는 것을 말씀하고 있다는 것이다. 여기서 우리는 이 두 해석이 다 타당한 면이 있다고 볼 수 있다. 로마서 3:1-4절은 분명히 유대인을 겨냥하고 있는 듯이 보인다. 그러나 5절 이하에서 하나님의 진노가 불의한 자들에게 임하시는 것을 옹호하면서 바울은 하나님의 심판의 일반성을 밝히고 있다. 유대인들이 하나님과의 언약을 바탕으로 특별의식을 가지듯이 이방인 중에도 어떤 사람들은 자기 의를 믿고 자기에게는 하나님의 자비만이 임한다고 상상하고 있을 수 있다. 그러나 의인은 하나도 없고 마음에 할례받지 못한 자들에게 진노를 내리시는 하나님은 불의하지 않으시다. 만일 이 해석이 옳다면 우리는 바울이 로마서 3:1-4절의 내용을 로마서 3:5-8절에서 모든 사람에게 적용하고 있다고 볼 수 있다. 이 해석은 6절 후반에 "하나님께서 세상을 어찌 심판하시리요"라는 구절이 뒷받침하고 있다. 여기서 세상은 유대인들 뿐 아니라 이방인도 포함하는 영역이다. 그리고 8절에서 바울이 선을 임하게 하기 위해 악을 행하자는 반대자들의 말을 인용하고 있다고 볼 때 우리는 유대인들이 일 세기에 이렇게 하나님을 비아냥대지는 않았을 것이라고 볼 수 있다. 그렇다면 물론 율법에 얽매이기 싫어하는 자유주의적 유대인들도 포함하지만 이 인용구는 직접적으로 이방인들을 겨냥하고 있다고 볼 수

572 Black; Dodd; *contra* W. S. Campbell, "Romans 3 as a Key to the Structure and Thought of the Letter," *Novum Testamentum* 23 (Jan 1981) 22-40; Dunn.

573 Cranfield.

574 Osborne; Moo.

있다. 9절에서 바울은 "그러면 우리는 나으뇨 결코 아니라 유대인이나 헬라인이나 다 죄 아래 있다고 우리가 이미 선언하였느니라"라고 말씀함으로써 이 전의 가르침(롬3:5-8)이 이방인도 겨냥하고 있었음을 나타내고 있다.

롬3:1절의 티 운그런즉은 28-29절의 결과를 도입한다: "그런즉 유대인의 나음의 무엇이며 할례의 유익이 무엇이뇨?" 이는 유대인이 이방인보다 낫다고 생각하는 대화 상대에 대한 물음이다. 무는 여기서 바울이 대화 상대에게 묻는다고 생각할 필요는 없다고 말한다.[575] 바울은 로마에 있는 독자에게 묻고 있다고 볼 수 있다는 것이다. 그러나 로마교회 내에 유대인 신자들도 있었음을 생각할 때 바울이 여기서 유대인 대화 상대에게 묻고 있다고 해석하는 것도 틀린 것은 아니다.[576] 명사형 페리손은 페리소스의 파생어로써 "보통의 수나 크기를 능가하는 것"을 의미한다. 즉 유대인이 이방인보다 나은 것이 무엇이냐는 것이다. 명사 오우펠레이아는 유익을 의미한다. 그 동사 오우펠레오우는 로마서 2:25절에 사용되고 있다. 이는 로마서 3:1-8절이 로마서 2:17-29절 내용과 연결되어 있음을 보여준다. 이 점에서 로마서 3:1절에서 바울이 그 이전과 다른 독자들에게 말씀한다고 보는 것은 타당성이 없다.[577] 유대인이 율법을 가지고 있는 것이나 육신에 할례를 가지고 있는 것이 구원에 유익이 되지 못하고 유대인도 이방인과 동일하게 마음에 할례를 받음으로써만 영생을 얻을 수 있다면 유대인이라는 신분을 가지고 있는 것이 전혀 유익한 점이 없어 보인다. 로마서 3:2절에서 바울은 이 질문에 대해 독자들의 예상과는 반대의 대답을 한다.

로마서 3:2절에서 바울은 "범사에 많으니 첫째는 저희가 하나님의 말씀을 맡았음이니라"라고 대답한다. 바울은 이미 하나님은 공평하신 분이시고 구원의 기초에 있어서 유대인이 이방인보다 유리할 것이 없다고 선언한 바 있다. 그런데 3:2절에서 유대인의 유리한 점이 많다고 하는 대답은 혼동스럽다. 이런 점에서 도드는 바울의 가르침은 애매모호하고 취약하다고 주석한

575 Moo.
576 Stowers; Schreiner.
577 E.g., C. H. Cosgrove, "What If Some Have Not Believed? The Occasion and Thrust of Romans 3:1-8," *ZNW* 78 (1987) 90-92.

다.[578] 여기서 유대인들에게 유리한 점이 있다는 것은 로마서 2장에서 바울이 가르친 바대로 유대인들은 선행은 영생으로 악행은 심판으로 라는 원칙을 초월한 특권을 가지고 있다는 것을 의미하지 않는다. 크랜필드는 여기서 폴루 카타 판타 트로폰(범사에 많으니)은 모든 면에서 유대인들이 이방인들에 비해 유익한 점을 가지고 있다는 뜻이 아니라 유대인들이 가진 뛰어난 특권을 의미한다고 말한다.[579] 그러나 이 해석은 그 뒤의 프로우톤 멘의 의미와 맞지 않는다. 프로우톤 멘첫째는은 "주로"chiefly로 번역할 수 있지만[580] 그 앞의 어구와 함께 유대인들이 가진 많은 유익 중 첫번째를 도입하는 서수로 보는 것이 좋다.[581] 그러나 여기서 바울은 에페이타 데를 사용하여 둘째, 셋째의 유익한 점을 열거하지 않고 있다. 이 점들은 나중에 로마서 9:4-5절에 열거하고 있다. 어떤 주석가들은 유대인들이 이방인들에 비해 가진 유익은 로마서 9-11장에 설명되어 있다고 주장한다.[582] 즉 하나님께서 아브라함과 맺으신 언약에 신실하신 하나님이시기 때문에 유대인들을 특별히 사랑하고 계시고 이를 바탕으로 주님의 재림 전에 그들에게 민족적 회심을 일으키시고 그들이 예수님을 믿고 구원받게 하실 것이라는 것이다. 이 해석이 옳은가는 로마서 11장의 몇몇 구절의 해석을 어떻게 하느냐와 밀접한 관련이 있다. 그러나 바울은 일단 2절에서는 유대인이 가진 유익은 저희가 하나님의 말씀타 로기아 투 쎄우을 맡았다는 사실이라고 말씀한다. 타 로기아는 로고스의 약칭diminutive으로 볼 수 있다. 그러나 드브러너는 로기아는 로고스의 약칭이 아니라고 보며, 로고스는 보다 긴 이야기를 그리고 로기온은 보다 짧은 각각의 발언을 가리킨다고 이해한다.[583] 반면에 키텔은 칠십인역에서 로기아는 로고스와 그 의미가 거의 같다고 말한다.[584] 모리스는 로기아가 로고스의 약칭인지 아닌지는 확실하지 않지만 그 분명한 뜻은 "신의 말씀"이라고 말한

578 Dodd, *Romans*, 46.
579 Cranfield.
580 KJV; Calvin; Schmithals.
581 Wilckens; Barrett; Cranfield; Stuhlmacher; Moo.
582 Cranfield; Schreiner; R?is?nen.
583 A. Debrunner, *TDNT*, 4:137.
584 G. Kittel.

다.[585] 칠십인역 민수기 24:4, 16절에서 로기아는 발람이 들었던 하나님의 말씀을 가리킨다. 그리고 사도행전 7:38절에서 로기아는 모세의 율법을 베드로전서 4:11절에서는 하나님께서 발하신 말씀을 가리킨다. "하나님의 말씀"은 여기서 메시야에 대한 약속에만 국한되지 않는다.[586] 케제만은 하나님의 신탁로기아 투 태우은 헬라적 유대주의에서는 구약 속의 하나님의 약속을 의미한다고 말한다.[587] 그러나 머레이는 "하나님의 말씀"은 구약 성경 전체를 의미한다고 주석한다.[588] 그리고 그는 구약 성경 전체가 하나님의 계시를 우리에게 전달하는 하나님의 신탁이라고 믿는다. 바르트는 이는 신구약에 나타난 하나님의 자기 계시를 가리킨다고 본다.[589] 쉬라이너는 하나님의 신탁은 구약 성경 전체를 의미할 뿐 아니라 그 내용까지 포함하는 것으로 이해한다. 그래서 이 구절에서 유대인들이 하나님의 신탁을 맡았다는 것은 유대 민족이 구원의 측면에서 가진 이점을 의미하는 것이라고 주장한다.[590] 이는 하나님께서 그들에게 미래에 민족적 구원을 주시겠다고 약속하신 것을 말한다는 것이다. 그는 로마서 3:3절에서 유대인들이 신실하지 못했지만 하나님께서는 그들과의 언약에 신실하셨다고 해석하면서 이스라엘이 하나님의 편애를 배타적으로 누리고 있다고 생각한다. 필자는 로기아는 구약 전체를 가리킨다는 견해에 동의한다. 그러나 이것을 쉬라이너처럼 유대 민족주의적 관점에서 해석하는 것에는 동의하지 않는다. 바울은 여기서 유대인들이 구원에 있어서 어떤 특혜를 누리고 있다고 말씀한 적이 없다. 아브라함의 언약은 예수 그리스도 안에서 성취되었고 유대인들도 오직 믿음으로 구원받게 되있다. 그리고 미래에 오직 택함받은 그루터기 유대인들만이 예수님을 믿음을 통해 구원을 얻을 것이다. 이 그루터기 유대인이 이스라엘 민족 전체가

585 Morris.

586 E.g., Sanday and Headlam; Godet; Cornely.

587 Käsemann; Denney; Lietzmann; Michel; Piper; S. L.Johnson, "Studies in Romans. Part VII: The Jews and the Oracles of God," *BSac* 130 (1973) 240-45.

588 Lagrange; Murray; Moo; Dunn; Morris; Hall; Fitzmyer; Barrett; Morison; Godet; J. W. Doeve, "Some Notes with Reference to *ΤΑ ΛΟΓΙΑ ΤΟΥ ΘΕΟΥ* in Romans III[2]," in *Studia Paulina in honorem Johannis de Zwaan septuagenarii* (Haarlem: F. Bohr, 1953) 111-23.

589 Barth; Zahn.

590 Schreiner.

될 수도 있을 것이다. 그러나 이 입장은 로마서 11장에 나타난 배교의 주제에 대한 빈약한 이해를 바탕으로 하고 있다. 바울은 유대인들이 가진 유익을 인정한다. 그 대표적인 것은 그들이 구약 성경을 맡아 왔다는 것이다. 그것은 그들이 율법을 지키며 이방민족에게 하나님의 대사로써 역할하는 것이다. 그러나 유대인들은 율법을 순종하지 않았고 하나님의 부르심에 맞는 생활을 못하고 오히려 하나님의 말씀에 불순종함으로써 이방인들 앞에서 하나님의 이름을 욕되게 했다. 그들은 율법이 지향하는 목적을 바라보지 못했고 율법과 이에 바탕을 둔 할례와 같은 전통을 자랑하는 일에만 만족했다. 그 결과는 하나님의 심판이다. 여기서 동사 피스테우오우는 수동태로 사용되고 있고 "맡기다"를 의미한다(고전9:17; 갈2:7; 살전2:4; 딤전1:11). 그리고 피스티스, 에이피스테이산, 아피스티아 등 같은 어원에 속한 단어들과 함께 말의 놀이word play를 형성한다.[591]

로마서 3:3절은 의문표를 어디에 놓느냐에 따라서 여러 번역이 가능하다.[592] (i)의문표를 티네스 뒤에 놓는다: "어떤 자들이 믿지 아니 하였으면 어찌하리요 그 믿지 아니함이 하나님의 미쁘심을 폐하겠느뇨"(NRSV; 개역성경). (ii)의문표를 "갈" 뒤에 놓는다: "그러면 어찌 하겠느냐? 어떤 자들이 믿지 않는다고 할지라도 그들의 믿음없음이 하나님의 미쁘심을 폐하겠느냐?"(NIV). 첫째 번역에서 3a는 바울의 반대자의 질문이고 3b는 바울의 대답으로 볼 수도 있고 3절 전체를 바울 자신의 수사적 질문으로 볼 수도 있다. 두 번째 번역에서 두 번째 질문은 바울의 반대자의 질문으로 볼 수도 있고[593] 혹은 바울 자신이 묻는 수사적 질문으로 볼 수도 있다. 어떤 번역을 택하든지 필자는 3절 전체가 바울 자신이 글의 전개를 위해 묻는 질문이라고 본다.[594] 여기서 부정대명사 티네스어떤 자는 유대인 중 소수만 믿지 않았다는 의미가 아니다. 로마서 2:17-29절과 9-11장은 대부분의 유대인들이 믿지 않았다는 것을 말씀하고 있다. 여기서 동사 아피스테오우는 "신실하지 않

591 Fitzmyer; Dunn.
592 Moo.
593 Wilckens.
594 Osborne; Cranfield; Moo.

다"[595] 혹은 "믿지 않는다"로[596] 번역할 수 있다. 로마서 2:17–29절에서 바울이 유대인들이 율법을 순종하지 않았다고 공격하는 문맥에서 볼 때 이 동사는 "신실하지 않다"로 번역하는 것이 맞는 듯이 보인다.[597] 그리고 3절에서 하나님의 신실하심은 이들의 신실하지 못함과 대조되고 있는 점에서 아피스테오우는 "신실하지 않다"로 번역하는 것이 맞는 것 같다. 그러나 이 동사는 신약에 총 일곱번 사용되고 있고 한 번을 제외하고 모두 "믿지 않다"를 의미한다.[598] 유대인들의 역사를 볼 때도 그들은 줄기차게 하나님을 믿지 않고 우상을 섬겼다(출15:22–16:36). 민수기 14장에서는 하나님께서는 하나님의 약속을 신뢰하지 않고 가나안인들을 두려워해 애굽으로 돌아가려는 그들에게 나타나셔서 그들을 징벌하셨다. 2절에서 말씀하듯이 하나님께서 저희에게 그 말씀 곧 구약의 말씀을 맡기신 것은 아브라함에게 주신 언약의 성취에 관한 것이다. 그것은 한 아들에 관한 약속이었고 그 아들을 통해 하나님의 백성들이 모아지고 하나님께 참예배를 드리게 되는 내용을 가지고 있었다(창15:1–6; 삼하7:14; 단7:13–14). 그러나 유대인들은 구약을 통해 주신 수많은 언약의 약속의 확인 위에 거하지 않고 자신들의 행위로써 의를 획득하려고 했다. 2절의 "하나님의 말씀"이 내포하는 이러한 구약의 문맥에서 볼 때 동사 아피스테오우는 "믿지 않는다"로 번역하는 것이 맞다. 어떤 학자들은 여기서 유대인들의 불신앙은 유대인들이 메시야를 믿지 않고 배척한 측면까지 포함한다고 말한다.[599] 그러나 바울은 이 절에서 이 동사의 과거형 에이피스테이산을 사용하고 있다. 즉 유대인들의 현재의 불신앙을 말씀하고 있는 것이 아니라 과거의 불신앙에 대해 말씀하고 있다. 그리고 유대인들이 예수님을 배척한 내용은 9–11장에 설명하고 있다. 따라서 3:3절에서 바울이 유대인들이 복음을 믿지 않는 것을 언급하고 있다고 볼 수 없다. 유대인들의 불신앙이 과거의 불신앙이라고 보는 해석은 3b에 대해서 더 납득할 수 있는

---

595 RSV; Hodge; Bruce; Moffatt; Dunn; Schreiner; Osborne; Moo.
596 KJV; NIV; NASB; Morison; Cranfield; Morris; Murray; Gifford; Godet; Sanday and Headlam.
597 Bultmann, *TDNT*, 6:178, 205.
598 Morris.
599 Cosgrove; Räisänen; Fitzmyer; Morris; Moo; Godet; Murray; Mundle.

해석을 제공한다. 3절 후반부에서 바울은 그들의 불신앙이 하나님의 신실하심을 폐하겠느냐고 묻는다. 그 대답은 폐하지 않는다이다. 그러면 폐하지 않는다의 의미는 무엇인가.[600] 쉬라이너는 로마서 9-11장에서 바울이 말씀하듯이 하나님께서는 아브라함과 맺으신 언약 때문에 유대인들이 회개하고 돌아오게 하신다는 것이다.[601] 바로 이것이 3b에서 바울이 말씀하는 의미라는 것이다. 그러나 앞으로 로마서 9-11장에서 보겠지만 하나님께서 유대인들이 회심하고 돌아오게 하신다는 의미는 본문의 정확한 해석에 근거한 견해가 아니라 "미래의 이스라엘의 회심"에 대한 이론을 본문에 주입한 해석이다. 나아가 로마서 3:4절부터 바울은 하나님께서 이스라엘을 회개시키신다는 말씀이 아니라 불의한 자들을 심판하실 것을 말씀하고 있다. 그리고 3:3b의 동사 "폐하다"카탈게오우의 시제는 미래다. 이는 4절이하의 심판의 주제와 연결되며 심판 때 믿지 않은 유대인들을 판결하시겠다는 의미다. 이 점에서 볼 때 하나님의 신실하심피스틴 투 쎄우을 "이스라엘의 회복"이라는 관점에서 해석하는 것은 의미주입 해석eisgesis이라고 할 수 있다.

필자는 여기서 "하나님의 신실하심"은 예수 그리스도의 복음을 의미하는 것으로 본다. 이는 로마서 1:17절에서 말씀하는 "하나님의 의"와 연결된 개념이다. 바울은 예수 그리스도께서 완성하신 속죄에 대해 로마서 3:21절이하에 이 서신에서는 처음으로 소개하고 있다. 예수 그리스도의 복음은 구약의 모든 예언들이 말씀한 바요(롬1:2) 하나님의 그 언약에 대한 신실하심의 핵심이다. 유대인들은 하나님의 말씀을 믿지 않았지만 하나님께서 그 언약을 폐하시지 않고 그리스도를 통해서 성취하셨다. 그리고 하나님의 그 신실하심은 믿지 않은 유대인들을 특별 사면하시는 것이 아니고 로마서 1:18절 이하의 말씀처럼 믿지 않는 불의한 사람들에게 진노로 나타난다. 하나님께서는 누구든지 믿음으로 예수 안에 들어 오면 율법을 이룬 자로 여기신다. 그러나 믿지 않는 자들에게는 심판이 임한다. 로마서 5:4-8절은 바로 이 점

600 누가13:7; 히2:14; 고전6:13; 13:8, 10, 11; 15:24; 고후3:7, 11, 13, 14; 갈3:17; 5:4; 롬6:6; 7:6; G. Delling, *TDNT*, 1:452-54.

601 Schreiner; Moo; Cranfield.

을 설명하고 있다. 이 점에서 로마서 3:3절은 로마서 3:21절 이하의 가르침을 준비하고 있다고 할 수 있다. 그러나 쉬라이너는 바로 이점을 간과하고 있다. 그리고 그는 하나님의 신실하심은 로마서 11:26절을 통해서 이해해야 한다고 주장한다.[602] 즉 하나님께서는 그들을 불신앙으로부터 돌이켜 예수님을 믿게 하시고 구약에 약속된 그들의 구원을 성취하게 하실 것이라는 것이다. 그러나 로마서 3:1-4절 본문에서 바울이 의미하는 하나님의 신실하심은 유대인들을 그 불순종에서 일방적으로 건져 주신다는 말씀이 아니라 불순종에 빠져 있는 그들을 그 언약에 따라 징벌하심으로써 그 공의를 나타내시는 것을 의미한다. 3:4절에서 바울이 시편 51:4절을 인용하고 있는 것은 바로 하나님께서 죄인에게 벌을 내리심으로써 그 공의를 나타내신다고 하는 주제를 밝혀 주고 있다. 만일 로마서 3:3절에 언급된 하나님의 신실하심을 유대인에 대한 구속적 신실하심으로 해석하면 바울이 로마서 3:4절에서 시편 51:4절을 인용하는 그 의도와 상충된다.

로마서 3:4절의 메이 게노이토는 강한 부정을 의미한다.[603] 머레이는 이 표현은 히브리어 하릴라에서 파생했다고 말한다(창44:7, 17).[604] 그러나 이 히브리어는 바울이 여기서 사용하는 메이 게노이토가 가지는 독립적 의미를 내포하지 않는다.[605] 영어버젼은 이 어구를 "그런 일은 없을 것이다"(KJV), "물론 아니다"Philips, "결코 아니다"(NASB), "절대 아니다"(RSV) 등으로 번역한다. 여기서 동사 기노마이의 현재 시제 명령형은 "되다"가 아니라 "이다"로 번역해야 된다.[606] 하나님께서는 참되어 가시는 것이 아니라 참되시다. 바울은 여기서 기노마이의 명령형을 사용해서 하나님께서 참되시도록 명령하는 것이 아니다. 이 명령형은 3b에 연결되어 최후 심판 때 하나님의 참되심이 밝히 드러날 것임을 선언하고 있다.[607] 크랜필드의 번역 "하나님은 참되심을 우리는 오히려 고백한다"는 이 종말적 선언의 뉴앙스를 희석시

602 Schreiner, *Romans*, 150-51.
603 롬3:6, 31; 6:2, 15; 7:7, 13; 9:14; 11:1, 11; 고전6:15; 갈2:17; 3:21.
604 Murray.
605 Käsemann; Moo; Cranfield.
606 *Contra* Godet.
607 Morris.

킨다. "하나님의 승리가 결국 밝혀지게 하라"는 케제만의 번역은 형용사 알레이쎄이스의 의미를 반영하지 않고 있다. 여기서 바울이 확인하는 것은 하나님의 참되심이다. 바울은 이 형용사를 이미 로마서 1:18, 25; 2:2, 8, 20절에 사용한 바 있다. 이 단어에 해당하는 히브리어 에무나는 하나님의 이스라엘에 대한 언약적 신실하심을 표현한다.[608] 이 단어의 헬라어 번역인 알레이쎄이스는 "실제의", "진실의"의 뜻을 가진다.[609] 따라서 4절에서 바울은 하나님께서는 유대인들이 하나님의 말씀을 믿지 않았을지라도 하나님께서는 그 언약을 지키시는 신실하신 분이심을 선언한다. 이와 반대로 사람은 다 거짓되다. 이는 3절의 아피스티아(불신앙)와 병렬된다. 여기서 안쓰로포스(사람)는 유대인만을[610] 의미하는 것이 아니라 일반적인 사람으로 보인다.[611] 따라서 바울은 이미 4절에서 1-3절이 나타내는 가르침을 이방인들에게 일반화하고 있다. 바울은 로마서 1:19-32절에서 유대인을 포함한 일반 사람을 겨냥하고 있고 로마서 2:1-16절에서는 일반 사람 특히 도덕론자를 겨냥하고 있다. 시각을 좁혀서 바울은 로마서 2:17-3:3절에서는 유대인들만을 겨냥하고 있다가 로마서 3:4-20절에서는 다시 유대인을 포함한 일반 사람들을 겨냥하고 있다. 로마서 1:19-3:20절의 핵심 내용은 유대인이든지 이방인이든지 행위로 하나님의 의를 만족시키는 사람은 없다는 것이다. 즉 모든 사람이 불의하다는 것이다.

로마서 3:4b에서 바울은 카쏘우스 게그랍타이기록된 바와 함께 시편 51:4절을 인용하며 하나님의 참되심과 사람들의 거짓됨을 증명한다: "주께서 주의 말씀에 의롭다 함을 얻으시고 판단 받으실 때에 이기려 하심이라 함과 같으니라". 이는 다윗이 밧세바와 간음한 뒤 뼈저리게 회개하는 시편이다. 시 50:6b[LXX]는 호포우스…하도록로 시작되는 절로써 다윗이 고백의 의도 혹은 죄의 의도를 표현하고 있다고 할 수 있다. 그러나 필자는 이 절에서 호포우스는 결과를 나타낸다고 본다.[612] 즉 다윗이 죄를 지었기 때문에 그 결과 주

608 시33:4; 89:1, 2, 5, 8, 14, 24, 33, 49; 98:3.
609 마22:16; 막12:14; 요한3:33; 7:18; 8:26.
610 Wilckens.
611 Cranfield.

께서 그에게 심판을 내리시는 것은 정당한 것이라는 것이다. 바울은 여기서 칠십인역을 그대로 따르되 니케이세이스과거 가정법를 니케이세이스(미래 직설법)로 바꾸고 있다. 그것은 로마서 3:4절에서 하나님의 이기심이 미래 종말적 사건임을 나타낸다. 여기서 칠십인역은 히브리성경 본문과 약간 다르다. 과거 가정법 동사 디카이오우쎄이스의롭다함을 얻다와 명사 로고이스말씀는 히브리 본문을 그대로 번역하고 있다. 그러나 그 다음 문장에서 히브리성경 본문은 능동형 버샤퍼테카를 쓰는 반면 그 헬라어 번역은 중간태 혹은 수동태인 크리네스싸이로 번역되 있다. 바울은 이 단어를 로마서 3:4절에 그대로 사용한다. 로마서 3:4절에서 크리네스싸이는 중간태 혹은 수동태로 번역이 가능하다. 중간태로 번역하면 "주께서 심판하실 때"로 번역할 수 있으나[613] 수동태로 보면 "주께서 판단받으실 때"로 번역된다.[614] 대부분은 이 단어를 중간태로 번역한다. 그러나 시편 51:4b를 구약의 소송의 구절에서 하나님께서 피고로 나타나는 문맥에서 볼 수도 있다. 그러면 하나님께서는 유대인들의 소송에서 피고로 묘사된다. 즉 유대인들은 하나님께서 그 언약에 신실하신 하나님이신데 자신들을 벌 주신다면 이는 하나님의 신실하심이 거짓된 것이라고 비난할 수 있다. 이 비난에 대해서 종말의 심판 때 하나님의 신실하심이 증명될 것이라는 것이다. 즉 여기서 하나님의 그 언약에 참되심은 구원을 위한 신실하심 뿐 아니라 믿지 않은 자들을 벌 주시는 심판에 있어서도 참되시다는 의미를 포함한다.[615]

3절의 "하나님의 신실하심"피스틴 투 쎄우을 하나님께서 유대인들을 구원하시는 신실함이라고 해석하는 학자들은 4절에서 바울이 하나님의 심판에 대해 말씀하는 시편 51:4절을 인용하는 것은 그 내용이 문맥에서 논리적으로 맞지 않는다고 생각한다. 따라서 어떤 학자는 바울은 시편 51편의 원래의 의

---

612 Calvin; Hall; *contra* C. A. Briggs and E. B. Briggs, *A Critical and Exegetical Commentary on the Book of Psalms* (ICC; 2 vols.; Edinburgh: T & T Clark, 1906, 1907) 2.6; A. F. Kirkpatrick, *The Book of the Psalms* (Grand Rapids: Baker, 1982 [original edition, 1902]) 289-90.

613 NIV; NRSV; Hultgren; Cranfield; Lightfoot.

614 KJV; ASV; RSV; Dunn; Schlier; Käsemann; Denney.

615 느 9:32-33; 애1:18; *Pss. Sol.* 2.16-19; 3.3; 4.9, 28; 5.1; 8.7-8, 27, 29-32; Schreiner; Morison; Hall; Davies, *Faith and Obedience*, 80; Moo; *contra* Piper.

미를 무시하고 그것을 긍정적인 의미로 전환해서 로마서 3:4절에서 인용하고 있다고 본다. 그러나 앞에서 본대로 시편 51:4절은 로마서 3:4절에서 심판의 관점에서 인용되고 있다.

앞에서 말한 것처럼 바울은 3절의 하나님의 신실하심피스티스을 4절의 하나님의 참되심알레이테이스과 같은 의미로 사용하고 있다. 다른 한편 3절의 유대인들의 불신앙아피스티아과 4절의 사람들의 거짓됨세우스테이스은 문맥에서 같은 의미를 가진다. 하나님께서 종말에 사람들의 거짓됨을 밝히시는 것은 그 언약에 참되심이 밝혀지는 것과 동시에 되어진다. 여기서 동사 디카이오오우와 니카오우는 법률적 의미를 가진다고 볼 수 있다.[616] 즉 하나님께서 믿지 않는 유대인들을 구원하시지 않고 벌주심으로써 그 언약을 어겼다고 비난하는 유대인들에 대해서 하나님께서는 예수 그리스도로 인해 구약의 언약을 성취하심으로써 그 언약에 참되시다는 것이 증명될 것이다. 그리고 구약의 하나님의 언약을 믿지 않은 유대인들을 벌하시는 것은 정당한 것이다. 이로써 하나님께서는 최후심판 때 하나님을 비난하는 자들을 이기실 것이다. 쉬라이너는 언약의 기독론적 성취라는 관점을 무시한 채 미래의 이스라엘 회심이라는 신학적 관점을 본문에 주입해 해석함으로써 4-8절에 나타난 심판의 주제를 바르게 해석하지 못하고 있다. 그가 반복해서 말하는 것은 단지 하나님의 신실하심은 구원 뿐 아니라 심판도 포함한다는 것 뿐이다. 그러나 그는 왜 바울이 4b에서 하나님의 심판을 언급하는 지 그 이유를 설명하지 못한다. 그 이유는 유대인들이 하나님의 언약을 믿지 않았기 때문이다. 그리고 그 유대인들의 자손들은 바울 당시에 전파되는 그리스도의 복음을 거부하고 있던 것이다. 바울은 이 주제를 다루는 것을 로마서 9-11장에 이를 때까지 보류하고 있다. 쉬라이너와는 달리 케제만은 본문에 내포된 기독론적 관점을 잘 이해하고 있다.[617] 즉 이스라엘 대한 하나님의 언약의 신실하심은 그리스도에 의해 성취되었다는 것이다. 그리고 이는 이신칭의를 통해 불의한 자를 구원하시는 하나님의 신실하심을 나타낸다는 것이다. 이 신실하심

616 Morris.
617 Käsemann.

은 인간의 불순종의 문제에 대한 종말적 해결이며 유대인과 이방인에게 똑같이 적용되는 것이다. 케제만은 본문에서 그리스도를 통해서 심판과 구원을 동시에 이루신 하나님의 신실하심을 명확히 꿰뚫고 있다. 그리고 이것이 종말적으로 유대인과 이방인에게 똑같이 적용되고 있다는 것을 파악하고 있다. 그러나 그는 하나님의 신실하심을 구속/심판의 개념보다 더 큰 우주적 개념으로 확대하고 있다. 즉 하나님의 언약은 모든 창조의 질서를 회복하기 위한 언약이라는 것이다. 그러나 그는 본문에서 대조되는 것은 사람들의 불순종과 하나님의 신실하심이지 온 세상의 불순종과 하나님의 신실하심이 아니라는 것을 잊고 있다.

로마서 3:5의 접속사 데그러나는 역접의 내용을 도입한다: "그러나 우리 불의가 하나님의 의를 드러나게 하면 무슨 말 하리요 내가 사람의 말하는 대로 말하노니 진노를 내리시는 하나님이 불의하시냐". 여기서 아디키아는 "불의"(KJV, ASV, ESV, NET), "불공정함"(NEB, NRSV), 혹은 "사악함"(RSV) 등으로 번역된다.[618] 로마서 1:18절에서 바울은 이 단어를 사용해서 세상사람들의 악한 상태를 묘사한다. 따라서 로마서 3:5절에서도 바울은 이 단어를 사용해서 세상 사람들의 악을 가리키고 있다고 할 수 있다. 로마서 5:3절에서 바울은 유대인들의 믿음 없음을 언급했다. 그리고 4절에서는 그들의 거짓됨을 언급했다. 이와 함께 바울은 4절부터 사람들의 믿음 없음과 거짓됨으로 의미를 확대하고 있고 5절에서는 로마서 1:18절에 사용했던 명사 아디키아를 사용해 일반 사람 모두를 겨냥하고 있다. 따라서 바울은 여기서 대화 상대를 유대인에서 일반인으로 바꾸고[619] 있는 것이 아니라 확장하고 있는 것이다. 다시말해 5-8절의 내용도 계속 유대인들을 겨냥하고 있지만 이방인들도 그 대화 대상에 포함시키고 있다는 것이다. 이를 인식하지 못하고 어떤 학자들은 5절에서도 바울은 계속해서 유대인들만을 겨냥하고 있다고 생각한다.[620] 그 이유는 이 학자들이 3절에서 말씀하는 "하나님의 신실하

618 롬1:18, 29; 2:8; 6:13; 9:14; 고전13:6; 고후12:13; 살후2:10, 12; 딤후2:19.

619 Cranfield.

620 Stowers, "Paul' s Dialogue", 717; Hall, "Romans 3:1-8", 184-85; Watson, *Paul, Judaism, and the Gentiles*, 125; Moo; Schreiner.

심"을 이스라엘에 대한 언약적 신실하심이라고 생각하기 때문이다. 이 점에서 파이퍼는 5절에서 바울은 유대인 논객들의 말을 인용하고 있고 6절에서는 이에 대해 대답하고 있다고 본다.[621] 즉 이 유대인들이 만일 자신들의 불의함이 하나님의 의를 나타낸다면 하나님께서 자신들에게 진노하시는 것이 부당하지 않냐고 반발했을 것이라는 것이다. 파이퍼는 이렇게 반문하는 유대인들은 반율법주의자들이었을 것이라고 말한다. 그러나 일 세기에 율법을 무시하면서 반율법주의적으로 살면서 하나님의 무조건적 사면을 기대했던 유대인이 있었을 것으로 보기는 어렵다.[622] 바울이 로마서 2:17절 이하에서 자세히 서술한 것처럼 유대인들은 오히려 율법을 가진 것을 자랑했다. 그러나 그들은 율법을 지키지 않으면서 오히려 이방인들을 무시했다. 곧 그들의 문제는 위선이었다. 레이제넨은 파어퍼처럼 3:5절이 유대인 논객들의 말을 인용하고 있는 것으로 이해한다. 그러나 그는 3:5절에 내포된 해석의 어려움을 기발한 상상력으로 해결하려 한다. 즉 만일 유대인들이 도덕적으로 타락해서 율법에 순종할 수 없다면 오직 하나님의 은혜로 구원을 얻을 수 밖에 없는데 하나님께서 자신들에게 진노하시는 것은 부당하지 않느냐고 생각했을 것이라는 것이다.[623] 이 해석은 3:5절에 내포된 해석의 어려움을 간명하게 해결하고 있는 것처럼 보인다. 그러나 과연 일 세기의 유대인들이 인간이 선을 행할 능력이 전적으로 없다고 믿고 있었을까 의문이다. 오히려 그들은 자신들의 의에 빠져 있지 않았는가? 자신들이 어리석은 자의 훈도요 어린 아이의 선생이라고 자랑하지 않았던가(롬2:20).

쉬라이너는 레이제넨의 유대인들이 제기한 반론에 대한 재구성을 타당한 해석으로 인정한다. 그리고 유대인들은 의를 행할 수 있는 능력이 없는 자신들을 하나님께서 심판하신다면 하나님께서는 공평하신 분이 아니지 않는가

621 J. Piper, *The Justification of God: An Exegetical and Theological Study of Romans 9:1-23* (Grand Rapids: Baker, 1983) 107.

622 Cosgrove, "What If Some Have Not Believed?" 96-97; N. Elliott, *The Rhetoric of Romans: Argumentative Constraint and Strategy and Paul' s "Dialogue with Judaism"* (Journal for the Study of the New Testament Supplement Series 45. Sheffield: JSOT Press, 1990) 202.

623 H. Räisänen, *The Torah and Christ: Essays in German and English on the Problem of the Law in Early Christianity* (Edited by A.-M. Enroth. Suomen Eksegeettisen Seuran Julkaisuja 45. Helsinki: Finnish Exegetical Society, 1986) 198.

라고 반문했을 것이라고 생각한다. 그리고 5절에서 바울은 이들의 반문을 인용하고 있고 6절에서 이에 대해 대답하고 있다고 생각한다.[624] 그러나 이 해석은 로마서 3:3절을 고려하지 않고 유대인들이 인식하지도 못했을 인간의 전적 무능력의 교리를 바탕으로 그들의 질문을 상상속에 재구성한 것이다. 일 세기 유대인들은 바울이 5절에 기술하는 것과 같은 반문을 하지 않았을 것이다. 오히려 그들은 자신들의 불신앙 때문에 자신들에게 하나님의 심판이 임한다는 바울의 말씀에 전혀 귀를 기울이지 않고 이를 비웃었을 것이다. 이 관점에서 보면 5a는 유대인 논객들의 말을 인용하고 있는 것이 아니라 바울 자신이 1-4절에서 한 말씀을 바탕으로 자신의 가르침을 전개하기 위해 구성한 질문이라고 볼 수 있다.[625] 무는 5절에서 사용된 어구 "우리가 무슨 말 하리요", 의문 조사 메이, 그리고 "내가 사람의 말하는대로 말하노니" 등은 이 절이 바울 자신이 구성한 질문임을 나탄내다고 말한다. 그리고 5절을 바울 자신의 재구성으로 보면 파이퍼를 포함한 위 학자들이 해석상 겪는 어려움이 해결된다. 파이퍼는 5a가 5b와 논리적으로 맞지 않다고 말한다. 유대인 자신들의 불의가 이들에 대한 하나님의 구속적 신실하심을 드러나게 하는데 왜 이들은 진노를 내리시는 하나님이 불의하시냐고 묻고 있느냐는 것이다. 하나님의 진노가 자신들에게 임하지 않는다고 생각했던 유대인들은 이렇게 질문하지 않았을 것이라는 것이다. 그러나 파이퍼는 "하나님의 신실함"을 유대인의 민족적 구원에 대한 신실하심으로 해석하기 때문에 5a와 5b가 논리적으로 모순된다고 느끼는 것이다. 하나님의 신실하심을 그 언약에 대한 신실하심 즉 모든 불의한 사람들을 벌하시는 공의로 이해하며 이와 함께 5a를 바울 자신이 논리 전개를 위해 구성한 질문으로 보면 5a는 5b와 논리적으로 부드럽게 연결되고 있는 것을 알 수 있다. 즉 바울은 우리 불의 혹은 악함이 하나님의 의 즉 하나님의 공의의 심판을 초래한다면 우리가 무슨 말을 할 수 있겠느냐고 말씀한다. 진노를 내리시는 하나님이 불의하시냐. 결코 아니다. 여기서 "우리"는 유대인이나 그리스도인을 가리키는 것

624 Schreiner; Osborne.

625 Moo.

이 아니고 논리 전개상 일반적인 사람을 가리키는 "우리"라고 할 수 있다. 바울은 고린도전서 10:22절에서 신사에서 우상숭배를 위해 제물로 사용된 고기를 먹고 술 취하는 자들을 언급하며 일인칭 복수 대명사 "우리"를 사용하여 자신도 그들속에 포함시키고 있다. 이는 자신이 그들 처럼 우상의 제물에 참여했다는 뜻이 아니다. 그리고 바울은 그의 서신에서 유대인의 신실하지 못함을 불의라고 묘사한 적이 없다. 이 점에서 "우리의 불의"는 유대인들의 신실하지 못함을 가리키는[626] 것이 아니라 일반적 "인간의 죄악됨"을 가리키는 것으로 보아야 한다. "하나님의 의"는 3절의 "하나님의 신실함"과 병렬되는 개념이다. 3절에서도 보았듯이 이는 그가 구원하심이나,[627] 공평하심이나,[628] 의롭게 하시는 행위가[629] 아니라 죄를 심판하시는 것처럼 그 말씀에 신실하심을[630] 의미한다. 여기서 동사 수니스테이미는 "칭찬하다"(KJV), "가져오다"(NIV), "드러나게 하다"(개역성경) 등으로 번역된다. 이는 우리 죄 때문에 하나님께서 죄인인 우리를 구원해 주신다는 점이 불신자들 앞에서 밝혀진다는 뜻이 아니라 우리 죄의 결과 이를 심판하시는 하나님의 공의가 더 밝히 드러난다는 뜻이다. 바울이 로마서에서 자주 사용하고 있는 어구 "우리가 무슨 말 하리요"는[631] 이 절에서는 하나님의 공의의 심판이 당연하다는 것을 강조한다. 그리고 5b에서 의문 조사 메이는 부정의 대답을 유도한다. 형용사 아디코스는 "정당하지 않은", "불의한"을 의미한다. "진노를 내리시는 하나님이 불의하시냐"는 가상적인 반대자의 반문일 수도 있고 바울 자신이 말씀을 전개하기 위해 구성한 질문일 수 있다. "내가 사람의 말하는대로 말하노니"는[632] 앞 문장이 바울 자신이 구성한 질문이라는 점을 시사한다. 그러나 이는 논객들의 가상적 반문을 반영한다고 볼 수도 있다. 분

626 Wilckens; Hall; Käsemann; Räisänen.

627 Piper; Wilckens; Williams; S. Lyonnet, *Les Etapes de l' histoire du salut selon L' Epître aux Remains* (Bibliothèque Oecumenique 8; Paris: Cerf, 1969) 26, 46-53.

628 Murray; Ridderbos; Hodge; G. Bornkamm, "Theologie als Teufelskunst, R?mer 3:1-9," in *Geschichte und Glaube, Band II. Gesammelte Aufsätze* (Munich: Kaiser, 1971) 145.

629 Haldane.

630 Stuhlmacher; Morris; Cosgrove; Moo; D. Hill, *Greek Words with Hebrew Meanings: Studies in the Semantics of Soteriological Terms* (SNTSMS 5; Cambridge: University Press, 1967) 158; Hall.

631 롬4:1; 6:1; 7:7; 8:31; 9:14, 30.

632 고전9:8; 갈3:15; 롬6:19.

사 에피페로운가져오다, 가하다은 신약에 이 절과 유다서 9절에만 사용되고 있다.

로마서 3:3-5절은 사람과 하나님의 본질적 차이를 대조하고 있다. 즉, 3절의 사람들의 불신실아피스티아과 4절의 사람들의 거짓됨세우스테이스, 5절의 우리들의 불의아디키아는 모두 사람들의 악을 가리키고 있다. 이와 대조적으로 하나님께서는 신실하시다피스티스, 3절, 참되시다알레이세이스, 4절, 그리고 의로우시다디카이오수네이, 5절. 여기서 반복적 대조법을 통해 바울은 사람들이 불의함에도 불구하고 하나님께서는 그 언약에 신실하신 분임을 강조한다. 즉 하나님께서 그들의 불의 때문에 그들을 심판하시는 것은 정당한 것이며 그들이 하나님께 따질 아무 근거가 없다. 하나님의 공의성은 불의한 자들을 무조건 감싸 안아 주는 것이 아니라 그들이 복음을 영접하지 않는다면 최후심판 때 그들에게 행한대로 보응하시는 것이다(롬2:13). 이 원칙은 유대인에게나 이방인에게 동일하게 적용된다. 만일 이방인들이 진노를 내리시는 하나님이 불의하시다고 반발한다면[633] 그 이유는 무엇일까. 그들은 유대인들처럼 율법을 가지고 있지 못했다. 그런데 지킬 율법이 없는 상태에서 하나님께서 자신들을 심판하시는 것은 불공평하다고 생각했을 수 있다. 마찬 가지로 유전공학적 사고에 익숙한 현대인들은 우리는 부모에게 받은 죄의 유전인자로 인해 본성에 합당한 지시대로 했을 뿐이다라고 말할 지 모른다. 그러나 바울은 율법이 없는 이방인들도 양심에 새겨진 법이 있기 때문에 이에 따라 심판을 받게 된다고 말씀한다. 이로써 바울이 강조하는 바는 하나님의 심판의 정당하심이다. 그리고 사람들이 이에 대해 반발할 근거는 전혀 없다는 것이다. 사람들이 가진 유일한 대안은 복음을 믿는 것이다. 이 점에서 로마서 3:1-8절은 로마서 3:21-31절 말씀을 도입하기 위한 탄탄한 신학적 준비라고 볼 수 있다.

로마서 3:6절에서 바울은 메이 게노이토결코 그렇지 않다를 사용해 5b를 강하게 부정한다. 즉 진노를 내리시는 하나님이 불의하시지 않다는 것이다. 만일

633 Campbell, "Romans 3", 35-36.

악인에게 진노하시는 하나님이 불의하시다면 어떻게 하나님께서 세상을 심판하시겠는가 되묻고 있다. 여기서 에페이는 생략법으로 사용되고 있고 "만일 그렇지 않다면"을 의미한다(롬11:6, 22; 고전14:16; 15:29; 히10:2). "세상"코스모스는 이방인과 유대인을 포함한 세상 전체를 가리킨다. 이는 4절에서부터 말씀하는 심판의 주제가 유대인들에게도 일관되게 적용되고 있다는 것을 보여준다.[634] 동사 크리노우심판하다는 미래시제로써 최후 심판을 의미한다. 하나님께서 종말에 세상을 심판하신다는 것은 오직 믿음으로 구원 받는다는 바울의 가르침을 뒷받침하는 교리다. 만일 종말에 심판이 없다면 하나님의 진노도 두려워할 필요가 없을 것이다. 그리고 이신칭의의 교리도 무의미해 질 것이다. 로마서 3:5절에 사용된 명사 진노올게이는 로마서에 12번 사용되고 있다.[635] 이는 바울이 그만큼 하나님의 최후심판과 밀접히 연결해서 사용하는 개념이다. 아브라함의 언약을 바탕으로 면책특권을 누리고 있다고 생각했던 유대인들은 심판이 이방인들을 위한 것이라고 믿었다. 이와 반면에 이방인들은 하나님의 심판을 뇌리속에 인정하지 않고 살고 있었다. 헬라 철학자들은 하나님께서 진노하신다는 개념은 신의 속성상 맞지 않는 개념이라고 생각했다.[636] 도드는 하나님께서 진노하실 수 있는 분이라는 것을 믿지 않았다. 그는 하나님의 진노는 도덕적 세계에 작용하는 인과응보의 반응일 뿐이라고 생각했다.[637] 그러나 구약의 선지자들은 당시 백성들에게 임박한 하나님의 진노를 예언하곤 했다(렘21:3–7). 이 선지자적 전통에 따라 바울은 모두가 다 직면하기 싫어하는 심판에 대해 상기시키고 있다. 바울은 로마서에서 하나님의 진노가 이미 사람들에게 와 있다고 말한다(롬1:18). 그리고 로마서 3:6절에서 그는 누구나 하나님의 최후 심판대 앞에 설 것이라는 사실을 상기시킨다(롬2:16; 14:10). 이 때 하나님의 진노로부터 피할 수 있는 유일한 길은 예수님을 구주로 믿는 것이다.

---

634 *Contra* Schreiner; Piper.

635 롬1:18; 2:5, 8; 3:5; 4:15; 5:9; 9:22; 12:19; 13:4, 5.

636 Kleinknecht, *TDNT*, 5:386-87.

637 Cf. G.H.C.MacGregor, "The Concept of the Wrath of God in the New Testament," *NTS* 7 (1960-61) 101-9.

로마서 3:7절은 헬라어 사본에 데그러나와 갈왜냐하면 중 어느 쪽을 원문으로 채택하느냐에 따라 그 의미가 달라진다. (i)대부분의 학자는 "에이 데"그러나 만일를 원문으로 본다.[638] 이는 7절은 5절 내용의 반복으로서 대화 상대의 반문을 서술하는 것으로 본다. 그리고 7절은 5절보다 더 대화 상대의 입장에서 질문을 구성하고 있다. 이 반문의 내용은 만일 나의 거짓됨으로 하나님의 참되심이 더 영광스럽게 드러나게 되었다면 왜 내가 아직도 죄인으로 심판 아래 있느냐는 것이다. 그러나 어떤 학자들은 (ii)"에이 갈"왜냐하면 만일을 원문으로 본다.[639] 이는 7절은 6절을 설명하는 것으로 본다. 즉 왜냐하면 만일 나의 거짓으로 하나님의 참되심이 더 풍성하여 그의 영광이 되었다면 어찌 내가 아직까지 죄인처럼 심판을 받고 있느냐는 것이다. 따라서 하나님께서 세상을 심판하시는 것은 맞다는 것이다(6절). 필자는 이 후자의 해석이 본문의 문맥에 맞다고 본다. 왜냐하면 7절은 6절의 내용을 설명하고 있기 때문이다. 여기서 7절이 반대논객들이 하던 말에 대한 인용이라고 볼 수도 있다. 그러면 7절과 8절의 문법적 관계를 설명하기가 매우 어려워진다. 그리고 8절의 파신 티네스어떤 이가 말하다의 기능이 겹치게 된다. 왜냐하면 7-8절에서 바울이 반대논객의 말을 인용하고 있다면 8절에서 다시 어떤 사람이 말하기를이라고 인용하는 표현을 하는 것은 어색하기 때문이다. 따라서 필자는 7-8절은 6절을 부연설명하는 구절이라고 본다. 7절의 "하나님의 진리"는 4절의 "하나님은 참되시다"는 표현과 일치한다. 그리고 8절의 나의 거짓세웁스마과 대조된다. 세웁스마는 "거짓말함", "진실되지 못함", "의지할만 하지 않음" 등의 뜻을 가진다. 전치사 엔은 도구적 의미를 가진다. "나의 거짓"에서 "나의"는 수사적 표현으로 볼 수 있다. 즉 바울은 대화 상대의 입장에 서서 그들의 반문을 구성하고 있는 것이다. 동사 페리세우오우풍부하다는 신약에 39회 사용되고 있는데 이 중 바울서신에 26회 사용되고 있다. 여기서 그 시제가 과거시제인 것은 대화 상대자가 최후 심판의 관점에서 반문하기 때문이라고 볼 수도 있다.[640] 그러나 그 보다는 하나님께서 과거에 사람들의 거짓됨과

---

638 ℵ A 81; Nestle-Aland; NIV; RSV; Moo; Metzger; Schreiner.

639 B D G; KJV; LB; Hodge; Godet; Hall; Morison, *Exposition*, 67-68, 73-75.

불의에 대해서 진노하심으로써 그 언약에 참되심을 나타내 오신 사실을 의미한다. 이는 동사 크리노우가 현재 시제인 점과 일치한다. 만일 여기서 심판이 종말의 심판을 의미한다면 바울은 이 동사의 시제를 미래 시제로 표현했을 것이다. 여기서 바울은 일인칭을 사용하여 거짓됨으로써 하나님 앞에 죄인된 사람의 관점을 생생하게 인용하고 있다. "왜 나도 죄인처럼 심판을 받는가"의 질문은 내가 한 거짓말로 선이 이루어졌지만 그럼에도 불구하고 하나님의 심판을 초래했다는 것을 강조하고 있다. 무는 여기서 대화 논객은 유대인이라고 본다.[641] 그리고 죄인은 이방인을 가리킨다고 본다. 즉 이 유대인은 하나님께서 왜 자신을 죄인인 이방인처럼 심판하시는가 묻고 있다는 것이다. 이 해석은 유대인들이 이방인들은 하나님의 심판을 받아 마땅하다고 생각했다는 점에서 타당한 면이 있다. 그러나 "나"는 도덕주의적 이방인을 의미할 수도 있다. 그리고 여기서 "죄인"하말토우로스은 일반적 죄인을 가리킨다고 보는 것이 하나님께서 "세상"을 심판하신다는 6절 말씀과도 일치한다(롬5:8, 19; 7:13; 딤전1:9, 15). 나의 거짓됨으로 하나님의 참되심이 풍성하여 그의 영광이 되었기 때문에 내가 죄인처럼 심판받는 것이 부당하다고 여긴다면 이는 궤변이다. 이는 하나님께서 자신을 심판하심으로써 그 참되심을 더 드러나게 하기 위해서 계속 하나님의 말씀을 믿지 말자고 하는 것과 같다. 사람은 어떤 궤변으로도 자신의 불신앙을 정당화할 수 없고 하나님의 임박한 진노를 피할 수 없다.

로마서 3:8절에서 접속사 카이그리고는 그 내용이 7절과 병렬되고 있음을 나타낸다: "또는 그러면 선을 이루기 위하여 악을 행하자 하지 않겠느냐(어떤 이들이 이렇게 비방하여 우리가 이런 말을 한다고 하니) 저희가 정죄 받는 것이 옳으니라". 8절은 7절 내용과 어떤 관계에 있는가. 이에 대해서 두 가지 해석이 존재한다. (i)어떤 학자들은 8절은 7절이 인용하는 대화 논객들의 반문에 대한 바울의 답변이라고 본다.[642] (ii)그러나 다른 학자들은 8절은

640 Morison, *Exposition*, 71.
641 Moo; Schreiner; Longenecker.
642 Cranfield.

7절에 이어 계속해서 대화 논객들의 반문을 인용하는 것으로 본다.[643] 전자의 해석은 부정 조사 메이가 부정의 대답을 유도하는 의문문을 도입하고 있다고 본다. 그리고 이는 7절에 대한 대답으로 기능한다고 본다(그러면 우리가 선을 이루기 위하여 악을 행하자 말하는가. 저희가 정죄받는 것이 당연하다). 이 해석은 카쏘우스에서부터 레게인까지 괄호안에 넣는다. 그리고 7절에서 논객들이 던진 질문에 대해 바울이 응답하고 있다고 보는 점에서 설득력 있어 보인다. 그러나 이 해석의 문제점은 8절이 데그러나로 시작하지 않고 카이그리고로 시작하고 있다는 점이다. 카이는 7절 후반부와 8절 전반부가 동격임을 나타낸다. 그리고 7절 후반부의 의문사 티왜는 8절 전반부에 까지 문법적 효과를 가지는 것으로 볼 수 있다. 따라서 반대 논객들은 어찌 나도 죄인처럼 심판을 받으리요(7b) 그리고 선을 이루기 위해서 악을 행하자 말하지 않으리요라고 반문하고 있다고 볼 수 있다. 한편 후자의 해석은 8절의 카이의 기능을 바로 이해한다는 장점을 가진다. 그러나 부정 조사 메이를 부정으로 번역함으로써 헬라 문법을 위반하고 있다.[644] 여기서 학자들이 메이가 접속사 호티에 걸린다고 보는 것은 맞다. 그리고 동사 레고우멘이 생략되었다고 보면 "어떤 이들이 비방하여 우리가 이런 말을 한다고 하는 것처럼 우리가 선을 이루기 위하여 악을 행하자고 말하겠는가"로 번역할 수 있다. 물론 바울이 이렇게 말했을 리 없다는 것이다. 이런 관점에서 필자는 위 두 해석 모두 5-8절의 문맥에 맞지 않는다고 본다. 그 이유는 7절에서 본 것처럼 7-8절 모두 바울 자신의 생각의 표현으로 보기 때문이다. 즉 바울은 7b에서 불의한 자에게 하나님의 심판이 임한다는 것을 말씀함으로써 하나님의 심판의 정당성을 확인하고 있다. 그리고 8절에서는 계속해서 바울 자신의 말로써 반대논객들에게 반문하고 있다: 우리가 선을 이루기 위해 악을 행하자고 말하겠는가.(그것은 전혀 아니다.) 따라서 우리가 이런 말한다고 비방하는 자들이 정죄를 받는 것은 당연하다는 것이다. "저희가 정죄받는 것이 옳으니라"에서 관계대명사 호운은 저희가 하는 말이라기보다는 저희티네스를 수식

643 Dunn; Morris; Moo; Osborne; Barrett; Murray.
644 NIV; NASB.

하는 것으로 볼 수 있다.[645] 크리마는 심판을 의미하지만 여기서는 "정죄"라고 번역하는 것이 문맥에 맞다.[646] 형용사 엔디코스는 신약에 이곳과 히2:2절에 사용되고 있고 "옳은", "정당한"을 의미한다.

동사 블라스페이메오우는 헬라어에서 중상하다 혹은 비방하다를 의미한다(행13:45; 18:6; 고전10:30; 딛3:2). 그리고 칠십인역에서는 하나님께 대한 불경의 언어를 가리키는 단어로 사용되고 있다(왕하19:4, 6, 22; 겔35:12).[647] 바울의 반대 논객들은 바울이 선을 이루기 위해서 악을 행하자고 가르친다고 비방했다. 그러나 이는 하나님의 심판을 유발하기 위해서 악을 행하자고 비아냥 거리던 사람들이 할 수 있는 말이었다. 여기서 바울의 반대 논객들은 반드시 유대인들이었다고 한정할 필요는 없다. 초대교회에서 바울의 가르침에 반대하던 지도자들은 주로 유대인들이었음은 말할 나위가 없다. 그러나 5-8절에서 바울의 대화상대는 이방인들까지 포함하고 있다. 따라서 바울은 유대인 대화 논객에 대한 대답을 일반화시켜 모든 일반적인 대화 논객에 적용하고 있다고 할 수 있다. 바울의 가르침은 간결하다. 즉 유대인이든지 이방인이든지 불의한 자에게는 하나님의 심판이 임한다는 사실이다. 자신들의 불의가 하나님의 참되심을 더욱 드러나게 한다고 자위할찌라도 이들은 하나님의 심판을 피할 수 없다. 왜냐하면 하나님은 그 언약에 신실하신 하나님이시며 편애하는 하나님이 아니시기 때문이다. 이렇게 하나님의 심판이 누구에게나 예외 없이 임한다면 모든 사람은 절망적인 상태에 있다고 할 수 있다. 로마서 3:10-12절은 의인은 없나니 하나도 없다고 말씀하고 있다. 바울이 인간이 처한 곤경을 이렇게 분명히 서술하는 이유는 로마서 3:21절부터 하나님께서 주신 한 의 곧 그리스도의 복음의 은혜가 얼마나 큰가를 설명하기 위해서이다.

로마서 3:1-8절을 미래 유대인의 회복의 관점에서 해석하는 현대 주석의 경향은 세대주의적 신학에 영향을 받은 면이 있다. 그러나 우리가 문법적 측

---

645 Barrett; Cranfield; Michel; Godet.
646 롬2:2, 3; 5:16; 11:33; 13:2; 고전6:7; 11:29, 34; 갈5:10.
647 *TDNT*, 1:621-22.

면에서 본 것처럼 로마서 3:4-8절은 유대인과 이방인 모두를 겨냥한 말씀이다. 그렇다면 이 본문은 현대 그리스도인들이 고대의 사람들이 범했던 오해를 범하지 않도록 경고하는 기능을 가진다. 즉 하나님은 사랑의 하나님이시기 때문에 우리가 무슨 죄를 반복적으로 져도 항상 용서해 주실 것이라는 믿음이다. 그리스도인들의 태도는 좀 더 깊이 있는 모습을 띨 수 있다. 즉 예수께서 율법을 이루셨기 때문에 우리는 율법에서 자유함을 얻었다고 생각하는 것이다. 그리고 교리의 핵심적인 내용이 아닌 아디아포라의 경우 자신의 선택에 따라 행할 수 있다는 것이다. 이는 그리스도인이 가진 율법에서의 자유가 방종으로 흐르게 한다. 그리고 진리의 상대주의를 띤 포스트 모더니즘의 시류에 함께 발마추어 나가면서 하나님 앞에서 불신실함, 거짓됨, 불의를 행하는 위선자가 되게 할 수 있다. 그러나 바울은 로마서 3:1-8절에서 분명히 말씀한다. 사람들의 불신앙과 불의에 대한 하나님의 심판은 정당한 것이다. 우리는 바울의 경고를 따끔하게 받아들이고 하나님께 대한 신앙이 유대인들이 빠졌던 위선적 종교로 전락하지 않도록 깨어 경성해야 한다.

(ㄹ) 의인은 한 사람도 없음(롬3:9-20)

로마서 3:1-8절에서 하나님의 심판의 공의성을 증거한 바울은 9절부터 모든 사람이 죄 아래 있다는 것을 선언한다. 그러므로 모든 사람이 하나님의 심판 아래 놓여 있다(롬3:19). 이 점에서 유대인이나 이방인이 다 마찬가지다. 여기서 바울의 긴 인용(롬3:10-18)이 유대문학의 주석catena을 바탕으로 [648] 했는 지 아니면 바울 자신의 글인지 알 수 없다. 케제만은 바울이 이 문단에서 열거하는 죄의 종류가 "포괄적이며 다채롭고 그 내용이 다양하기 때문에" 바울이 자신의 기억을 바탕으로 이를 썼을 가능성은 없다고 주장한다.[649] 그것은 저스틴의 글에도 이와 비슷한 구절이 발견되는데 그가 로마서를 참고했다고 볼 수 없기 때문에 바울과 저스틴이 참고했던 고대의 어떤 자

---

648 L. E. Keck, "The Function of Romans 3:10-18-Observations and Suggestions. In *God' s Christ and His People* (FS N. A. Dahl, ed. J. Jervell and W. A. Meeks. Oslo-Bergen Tromsö: Universitetsforlaget, 1977) 141-57; Fitzmyer.

649 Käsemann, *Romans*, 86.

료가 있었을 것 이라는 것이다.[650] 그는 바울이 고대에 존재했던 시집florilegium을 참고해서 인용했을 가능성이 제일 크다고 추정한다. 그리고 인용구를 자신의 해석을 바탕으로 문구를 바꾸어 편집했을 것이라는 것이다. 그러나 이와 같은 자료비평은 그 사실성을 확인할 길이 없다. 그리고 바울이 말하는 의인이 하나도 없다는 사실을 증거하는 죄의 종류에 관해 해석의 깊이를 더해 주지도 않는다. 어떤 학자는 로마서 3:10-18절은 바울이 그 구절을 이곳에 삽입하기 전에 직접 썼을 것으로 본다.[651] 그러나 바울이 유대의 구전의 전통에 익숙한 바리새인의 배경을 가지고 있다는 점을 고려할 때 바울 자신이 암송하고 있던 구약의 구절을 직접 인용하고 있을 가능성이 크다. 로마서 3:20절은 좁게는 로마서 3:1-20절의 결론이고 넓게는 로마서 1:18-3:20절의 결론으로 볼 수 있다. 문학 특성상 어떤 학자는 이 문단은 시의 연strophe 구조를 가지고 있다고 주장한다.[652] 그러나 모든 학자들이 이에 동의하는 것은 아니다. 로마서 3:10절은 이 문단 전체의 서론에 해당한다. 그리고 18절에 그 내용이 반복됨으로써 봉합형 구조inclusio를 하고 있다. 11-12절은 "아무도 없다"는 표현을 다섯 번 반복함으로써 의인은 아무도 없다는 주제를 강조한다. "아무도 없다"욱 에스틴는 표현은 로마서 3:10-20절에 총 여섯 번 사용되고 있다. 이는 그 만큼 하나님 앞에 불의한 사람들의 절망적인 상태를 강조하고 있다. 13-14절에서 바울은 목구멍, 혀, 입술, 입, 다리, 눈 등 인체의 각 부분을 열거하고 있다. 이는 하나님 앞에서 인간 신체의 모든 부분이 죄로 타락해 있음을 나타낸다.[653] 이는 인간의 전적 부패를 나타낸다. 그리고 그리스도의 복음의 한량없는 은혜와 대조되고 있다. 15-17절은 남을 해하는 죄를 열거하고 있다. 물론 이는 모든 세상 사람들이 다 이렇게 포학하다는 의미는 아니다.[654] 그러나 모든 사람이 하나님 앞에서 다 죄인임은 두말할 나위가 없다. 바울은 하나님께서는 사람의 마음속의 은밀한 것을 아

---

650 Justin, *Dialogus cum Tryphone*, xxvii.9-12.
651 Stanley, *Paul and the Language*, 88-89; Koch.
652 Michel.
653 A. Feuillet, "Le Plan salvifique de Dieu d' après l' épître aux Romains," *RB* 57 (1950) 336-87.
654 Davies, "Faith and Obedience", 82-96.

시는 분이시라고 말씀하지 않았던가(롬2:15-16).

로마서 3:9절은 1-8절의 결론을 도입한다: "그러면 우리가 어떻게 항변하겠는가 전혀 아니다. 유대인이나 헬라인이나 다 죄 아래 있다고 우리가 이미 고발하였느니라". 이 절은 동사 프로에코메싸의 뜻과 우 판토우스의 뜻을 어떻게 보느냐에 따라 해석이 달라진다. 동사 프로에코마이는 사전적으로 "앞에 내놓다", "뛰어나다" 등의 뜻을 가진다. 대부분의 번역은 UBS4와 NA27의 본문을 따라 티 운 다음에 의문부호를 찍고 있고 프로에코메싸 다음에 또 의문부호를 찍고 있다. 이를 바탕으로 한 네 가지 번역이 제시되었다. 첫째, "나 바울은 유대인을 위해서 변명하는가". 이 번역은 프로에코메싸를 중간태middle voice로 여긴다.[655] 그리고 이 뒤에 오는 말 "전혀 아니다"와 논리적으로 부드럽게 연결된다. 그러나 이 번역의 문제점은 변명을 하는 자는 바울이고 그 목적어는 유대인이라는 것이다. 중간태에서 주어와 재귀대명사는 일치해야 한다. 둘째, "우리 유대인들이 우리 자신들에 관해 변명하려하는가?"[656] 이 번역은 이 구절의 주어를 유대인으로 본다. 이 번역을 풀어 쓰면 우리 유대인들이 하나님의 심판으로부터 피할 방법을 가지고 있는가이다. 이는 프로에코메싸의 뜻에 너무 많은 의미를 부과하고 있다. 그리고 4-8절은 유대인만을 겨냥하지 않고 모든 사람을 겨냥하고 있다는 점에서 9절에서 "우리"를 유대인으로 보는 것은 문맥에 맞지 않는다.[657] 셋째, "우리 유대인들이 이방인들에 의해 능가되게 되었는가?"[658] 이 번역은 프로에코메싸를 수동태로 여기는 것이다. 그리고 이는 로마서 3:1-3절이 말씀하는 유대인이 가진 유익한 점과 의미가 충돌된다. 또 9b에서 바울이 유대인과 헬라인 모두 하나님의 심판 아래 있다고 선언한 문맥에서 볼 때 이 번역은 맞지 않는다. 넷째, "우리 유대인에게 유리한 점이 있는가".[659] 대부분의 학자들은 이 번역을 채택하는데 이는 프로에코메싸의 중간태를 능동형으로 여기는 번역

---

655 Morison, *Exposition*, 93.

656 Murray; Stuhlmacher; Godet; Meyer.

657 Dunn.

658 Sanday and Headlam; Stowers, "Paul' s Dialogue", 719-20; Fitzmyer; Lightfoot; Black.

659 TEV; REB; KJV; NIV; NASB; Schreiner; Osborne; Barrett; Cranfield; Lagrange; Käsemann; F. C. Synge, "The Meaning of *proechometha* in Romans 3:9," *ExpTim* 81 (1969-70) 351.

이다. 그러나 이 번역의 문제점은 헬라 문법에서 중간태를 능동으로 번역하는 경우가 없다는 것이다.[660] 이 번역의 다른 문제점은 로마서 3:1-2절에서 바울은 유대인의 나음과 할례의 유익이 범사에 많다고 말씀했다는 점이다. 그런데 9절에서 유대인의 나음이 전혀 없다고 말씀하는 것은 급격한 반전으로써 문맥에 맞지 않는다. 무는 1-2절과 9절 내용은 모순이 아니라 보완적이라고 주장한다. 즉 유대인들이 하나님의 언약의 축복을 받은 민족이지만 이들도 죄아래 있기 때문에 하나님의 심판을 피할 수 없다는 것이다. 구속사적 관점에서 이 해석은 타당하다. 그러나 본문의 문맥에서 볼 때 로마서 3:1-2절에서 유대인들의 유익을 서술하고 다시 9절에 유대인들이 낫는가 묻는 것은 논리의 자충수다. 로마서 3:4절이하에서 바울은 이미 유대인의 지위가 이방인보다 더 유리하지 않다는 것을 계속 강조해 왔다. 그리고 9b에서 바울은 유대인과 이방인 모두 죄 아래 있다고 고발하고 있다. 그런데 그 바로 전에 바울이 유대인에게 유리한 점이 있는가라고 묻는 것은 논리적으로 모순이다. 위의 네 번역 중 둘째, 셋째, 넷째 번역은 프로에코메싸의 주어 "우리"를 "유대인"으로 여기고 있다. 그러나 이는 올바른 번역으로 볼 수 없다. 그 이유는 바울은 로마서 3:2절에서 유대인을 삼인칭 복수를 사용해서 "저희"/"그들"로 표현한다. 그러나 로마서 3:5절에서 이인칭 소유격 대명사 "우리"는 유대인들을 가리키는 복수 대명사가 아니라 4절에 언급된 "모든 사람"을 가리킨다. 그리고 5절 이하에서 바울은 불의한 자에게 임하는 하나님의 심판의 보편성을 강조하고 있다. 따라서 프로에코메싸의 일인칭 복수어미를 "우리 유대인"으로 번역해야 될 주석적 근거는 없다. 나아가 바울은 로마서를 로마에 있는 성도들에게 쓰고 있다. 그리고 그들은 많은 이방인들도 포함하고 있었다. 바울은 이방인 성도들과 유대인 성도들의 하나됨을 이 서신에서 강조하고 있다. 그런데 이 서신에서 이 두 구룹에게 동시에 가르치면서 로마서 3:9절에서 바울이 자신을 유대인에 포함시키며 "우리는(그들보다) 나으뇨"라고 묻는 것은 이방인 성도들에게는 매우 어색하게 들릴 수

660 Contra N. Turner, *A Grammar of New Testament Greek*, vol. 3: Syntax (Edinburgh: Clark, 1963) 54-56.

있는 표현으로서 바울이 이렇게 이방인을 따돌리는 표현을 할 것으로 생각하기는 어렵다. 던은 이 관점을 인정하면서도 이 동사의 주어가 유대인을 포함한다고 주장한다. 그것은 이 절에서 바울이 강조하는 것은 하나님 앞에서 유대인이나 이방인이나 그 타락한 지위가 다르지 않기 때문이라는 것이다. 그리고 바울은 유대인에 대한 정죄의 모티프 속에서 온 인류의 상태도 마찬가지로 절망적이라는 사실을 보여주려 하고 있다는 것이다. 이 해석은 타당한 면이 있다. 그러나 본문의 문맥에서 볼 때 9절의 우리는 8절의 "어떤 사람들"티네스과 대조되는 "우리"다. 그리고 8절의 바울을 비방하는 어떤 자들은 바울의 복음을 비방하는 유대인들이었을 가능성이 많다. 그렇다면 9절의 "우리"는 그들과 반대되는 사람들 즉 이방인들, 혹은 그리스도인들을 가리킨다고 볼 수 있다. 그러나 로마서 3:4-8절에서 바울은 이방인만을 겨냥하고 있지 않고 모든 사람을 대상으로 말씀하고 있다. 따라서 "우리"를 이방인으로 보는 것은 타당하지 않다. 반면에 "우리"를 그리스도인으로 보는 것은 8절의 바울을 비방하는 "어떤이들"과 9절의 "우리"가 대조되고 있다는 점에서 타당한 점이 있다.[661] 그러나 프로에코메싸를 그 전형적인 뜻으로 "…보다 낫다"로 번역할 때 9a는 "우리 그리스도인들은 나으뇨 전혀 아니라"로 번역되는데 이 번역은 그리스도인인들이 믿음안에서 모든 죄가 씻긴 사람들이라는 점에서 9b의 내용(유대인이나 헬라인이나 모든 사람이 죄 아래 있다)과 맞지 않는다.

위 해석들이 가지는 이러한 문제점들 때문에 필자는 9a의 "티 운 프로에코메싸"에서 운 다음에 의문부호 없이 프로에코메싸 다음에 의문부호를 찍는 해석에 동의한다.[662] 그리고 프로에코마이의 뜻은 "뛰어나다"가 아니라 "…앞에 내놓다"가 낫다고 본다. 이는 자신을 탄원하기 위해 이유를 댄다는 의미를 함축한다. 이 의미를 채택하면 이 동사에 목적어가 필요하다. 이 때 우리는 9a의 의문사 티를 이 동사의 목적어로 간주할 수 있다. 그리고 티 운 프로에코메싸를 "그러면 우리가 자신을 변호하며 무엇을 탄원하는가"로 번

661 Morris; Barrett.
662 Morison; O' Neill; Dahl; Dunn.

역할 수 있다. 이는 우리가 하나님 앞에서 무엇을 애원하며 자신을 변호할 수 있겠는가 하는 뜻이다. 학자들은 이 번역의 문제점으로써 그 질문의 대답이 우 판토우스가 아니라 우덴nothing이 되어야 한다고 말한다.[663] 우 판토우스는 "확실히 아니다", "전부가 아니다"not altogether 혹은 "모든 점에서가 아니다"로 번역될 수 있다. 그러나 "확실히 아니다"certainly not는 우 판토우스가 아니라 판토우스 우라고 해야 맞다(고전16:12). 그리고 우 판토우스는 "결코 아니다" 혹은 "전혀 아니다"와 같이 강조된 부정의 의미를 가진다.[664] 그럼에도 불구하고 우리는 우 판토우스의 이 의미가 티 운 에코메싸에 대한 대답으로 부적절하다고 볼 수는 없다. 이 번역은 9b의 내용과도 논리적으로 연결이 부드럽다. 그리고 이 번역이 타당한 더 큰 이유는 바울이 9b의 내용을 증명하기 위해서 10-18절에서 사람들의 전적 부패를 서술한 다음 19절에서 법정의 모티프를 가지고 이를 요약하고 있다는 점이다. 즉 율법은 최후 심판 때 모든 사람들의 입을 막고 온 세상으로 하나님의 심판 아래 있게 한다. 이 내용은 9절 내용과 정확히 일치한다. 즉 9a에서 바울은 우리가 하나님 앞에 변명할 말이 전혀 없다는 것을 말씀하고 9b에서 바울은 모든 사람이 죄아래 있다는 것을 말씀한다. 이와 마찬가지로 19절에서 바울은 율법 아래 있는 자들의 범죄로 인해 모든 사람의 입을 막고 온 세상이 하나님의 심판 아래 있다는 것을 말씀하고 있다. 모든 사람의 입을 막는다는 것은 모든 사람들이 하나님 앞에 죄있다고 판결된 상태를 말한다. 본문 10-19절의 맥락에서 보면 9a는 유대인들이 이방인들보다 나으뇨가 아니라 우리가 변명할 말씀이 있느뇨라고 번역하는 것이 맞는 것을 알 수 있다. 9a에서 의문사 티는 "무엇"what이 아니라 "왜"why로 번역할 수도 있다. 이 번역은 9절이 로마서 3:4-8절의 대화를 결론짓는다는 점을 나타낸다. 즉 사람들이 불신앙에 대해 임하는 하나님의 심판(3절), 사람들의 거짓됨에 대한 하나님의 공의성(4, 7절), 그리고 우리의 불의에 대해 임하는 하나님의 진노(5절) 앞에서 우리가 우리 자신을 변호하기 위해 하나님께 어떤 변명을 할 수 있느냐는 것이다. 그 대

663 Cranfield.
664 Schlatter, *Romans*, 83; Moo.

답은 전혀 없다이다. 그리고 인간이 어떤 변명도 할 수 없다는 사실에 대해 바울은 갈왜나하면 이하에서 그 이유를 설명한다: "왜냐하면 유대인이나 헬라인이나 다 죄 아래 있다고 우리가 이미 고발했다". 이 해석의 또 하나의 장점은 여기서 "우리"의 정체는 학자들이 제시하는 것처럼 유대인, 이방인, 그리스도인, 사도, 혹은 바울 자신을 가리키는 것이 아니라는 것을 밝혀준다. "우리"는 하나님과 다투는 불특정 일반 사람을 가리킨다고 할 수 있다. 이 점에서 "우리"는 서간문의 "우리"로 볼 수 있다. 이 서간문의 "우리"는 프로에이티아사메싸우리가 이미 고발했다에서 "우리"의 의미와 일치한다. 바울은 죄라는 명사를 로마서에서 48번 사용하고 있는데 로마서 3:9절에서 이 명사를 처음으로 사용하고 있다. "하말티아"는 특정한 죄[665] 만을 의미하지 않는다. 바울은 하말티아로 죄의 권세를 의미할 때가 많다.[666] 후프 하말티안죄 아래은 죄의 권세 아래 있다는 것을 의미한다. 우리가 여기서 죄의 권세와 특정한 죄를 구분하는 것은 불가능한 일이다.[667]

로마서 3:10절에서 바울은 시편 14:1절을 인용해서 의인이 하나도 없다고 확인한다. 시편 14:1절에서 다윗은 의인이라는 단어를 사용하지 않으면서 선을 행하는 자는 없다고 말씀한다. 그런데 로마서 3:10절에서 바울은 형용사 디카이오스의로운를 사용한다. 이는 바울이 의로운이라는 형용사를 사용해서 시편의 말씀을 더 명확히 해주고 있다는 것을 말한다. 선을 행한다는 것은 윤리적 개념이고 "의로운"은 법률적 개념이다. 따라서 이 두 단어는 하나님의 심판이라는 관점에서 밀접한 관계를 가지고 있다. 바울이 로마서 2장에서 누누히 강조한 것처럼 하나님께서는 심판때 사람들의 행위에 따라 심판하실 것이다. 그런데 선을 행하는 사람은 한 사람도 없기 때문에 사람들은 모두 악하다고 심판을 받을 것이다. 시편 14:1절에서 다윗은 사람들이 하나님이 없다고 생각하며 선을 행하지 않는다고 증거한다. 바울은 이 구절을 반으로 나누어 선을 행하는 사람은 없다는 개념은 10절에 그리고 그들이 악

---

665 B. N. Kaye, *The Thought Structure [Argument] of Romans with Special Reference to Chapter 6* (Austin, Tex.: Schola Press, 1973) 30-57.

666 롬5:21; 6:6, 12, 14, 16, 17, 18, 20, 22.

667 Dunn; Wilckens; Hübner, *Law in Paul' s Thought*, 114.

을 행하는 이유는 그들이 하나님이 없다고 생각하기 때문이라는 개념은 18절에 기술한다. 이것이 맞다면 바울은 시편 14:1절을 로마서 3:10-18절을 열고 닫는 구조로 사용했다고 볼 수 있다. 그러나 3:18절은 시편 36:1절을 배경으로 하고 있는 것으로 보인다.

로마서 3:11-12절에서 바울은 시편 14:2절을 인용하며 죄의 권세 아래서 타락한 인간의 모습을 서술한다. 이들은 깨닫지도 못하고 하나님을 찾지도 않고, 다 치우쳐 한가지로 무익하게 되고, 한 사람도 선을 행하는 사람이 없다. 시편 14:1절에서 다윗은 동사 샤카트를 사용해서 하나님의 떠난 사람의 타락한 상태를 서술하고 있다. 이 동사는 창세기 6:11-12절에서 노아 홍수 이전 사람들의 타락한 상태를 서술하는데 사용되고 있다. 바울이 이 구약의 구절을 배경으로 인간의 타락한 상태를 서술하고 있는 지는 확실하지 않다. 그러나 바울이 지적하는 타락한 인간의 상태는 절망적이다. 우선 죄의 권세 아래 타락해 있는 인간들은 영적으로 망가져 있다. 즉 그들은 깨닫지도 못한다. 바울이 사용하는 동사 이해하다수니에이미는 예수께서 유대인들이 듣기는 들어도 깨닫지 못하는 것을 묘사할 때 사용하고 계신다(마13:13, 19). 로마서 11:8절에 바울은 신명기 29:4절과 이사야 29:10절을 인용하며 불신앙적인 유대인들이 보기는 보아도 보지 못하고 듣기는 들어도 듣지 못한다고 묘사한다. 이는 불신앙적인 이방인들에게도 적용된다. 이들은 마음이 어두워져 깨닫지 못한다. 로마서 1:19절에 바울은 사람들의 마음속에 하나님을 알만한 것이 보인다고 말씀한다. 그렇다면 이 구절은 로마서 3:11절의 말씀과 모순되는가? 아니다. 이들이 깨닫지 못하는 것은 하나님께 드려야 할 온전한 예배를 드릴 영적 깨달음이 없음을 의미한다. 그래서 그들은 영광된 하나님의 모습을 금수와 버리지의 형상으로 바꿨다고 바울은 말한다(롬1:22-23).

둘째, 바울은 이들은 하나님을 찾지도 않는다고 말씀한다(11b). 여기서 동사 에크제이테오우찾는다는 하나님에 대해 공부하고 논한다는 의미가 아니다. 하나님을 찾는 자도 없다는 것은 그 은혜를 사모하며 그 영광을 구하는 자도 없다는 것을 말한다(롬2:7).[668] 하나님을 구하는 것은 곧 하나님을 향한 사랑을 말한다. 히브리서 기자는 이 동사를 사용해서 “믿음이 없이는 기쁘시게 못하나니 하나님께 나아가는 자는 반드시 그가 계신 것과 또한 그가 자기를 찾는 자들에게 상 주시는 이심을 믿어야 할지니라"라고 말씀한다(히 11:6). 이렇게 하나님을 열망하려면 먼저 믿음이 있어야 한다. 그러나 예수께 대한 믿음이 없는 자들은 하나님을 찾지 않는다. 셋째, 이들은 다 치우쳐 한 가지로 무익하게 되었다(12a). 여기서 동사 에크클리노우는 누구로부터 돌아선다 떠난다는 뜻이다. 시편 14:3절에서 다윗은 "다 치우쳤으며 함께 더러운 자가 되고 선을 행하는 자가 없으니 하나도 없도다"라고 말씀한다. 이는 이들의 마음이 하나님을 떠난 것을 의미한다. 그 결과 그들은 무익하게 되었다. 여기서 동사 아크레이오오우는 쓸모없게 되었다. 부패했다는 뜻이다. 이 동사도 시편14:3절에 사용되고 있다. 넷째, 선을 행하는 사람은 한 사람도 없다(12b). 예수께서도 선한 분은 하나님 한 분이심을 선언했다(막10:18). 바울은 이미 사람이 그 행위로써 심판을 받게 된다는 원칙을 제시했다(롬 2:13). 선을 행하는 사람이 한 사람도 없다면 이는 곧 자기 행위로써 구원받을 수 있는 사람이 한 사람도 없다는 것을 의미한다. 인간의 이 타락의 결과는 로마서 3:19절에 요약되어 있다. 즉 모든 사람은 하나님의 심판 아래 놓여 있다는 것이다.

로마서 3:11-12절에서 우리가 분명히 알게 되는 것은 바울은 여기서 인간의 전적 부패를 서술하고 있다는 것이다. 오스본은 전적 부패를 정의하기를 이는 사람이 하나님과 아무 상관이 없게 되는 것을 원하는 상태 즉 그들이 하나님과 자신의 이기적 욕망이라는 두 선택 사이에서 항상 하나님을 대항하는 선택을 하는 것이라고 말한다.[669] 이는 로마서 3:11-12절에서 바울이 말씀하는 인간의 전적 부패를 포괄적으로 요약하지 못하고 있다. 바울이 묘사하는 인간의 전적부패는 물론 하나님께 대한 반항을 포함한다. 그러나 이는 인간의 성품에서 부패해 있는 더 본질적인 더러운 상태를 의미하고 있다. 다윗과 바울은 모두 인간의 전적 부패와 선을 행하지 않는 상태를 함께 묶어서 악인의 상태를 묘사함으로써 이들 스스로의 선택에 의해서 하나님을 믿

---

668 출33:7; 대하15:12, 13, 15; 시9:10; 24:6; 27:8; 잠28:5; 사9:13; 31:1; 51:1; 55:6; 렘29:13; 바1:6.
669 Osborne.

는 믿음에 이를 수 없다는 것을 분명히 나타내고 있다. 이는 바울이 로마서 4:5절에서 하나님께서 불의한 아브라함을 의롭다고 여기셨다는 말씀에 잘 반영되어 있다. 만일 아브라함이 하나님을 찾다가 스스로의 선택에 의해서 믿음을 가지게 되었다면 바울은 여기서 믿음을 가지게 된 아브라함을 불의한 자라고 묘사하지 않았을 것이고 불의한 아브라함을 의롭다고 여기게 되셨다고 표현하지 않았을 것이다. 그래서 바울은 우리에게 주신 성령으로 말미암아 하나님의 사랑이 우리 마음에 부은 바 되었다고 말씀하고 있다(롬 5:5). 성령은 우리를 전적 부패로 부터 믿음에 이르게 하는 하나님의 은혜의 선물이다. 만일 혹자가 우리가 하나님을 찾을 능력이 있어서 믿음을 선택하게 되었고 성령이 오시도록 했다고 말한다면 바울이 로마서 3:11-12절에서 서술하는 인간의 전적부패를 잘 이해하지 못한 것이다.

로마서 3:13-14절은 인간이 말로 죄를 지을 때 관계된 부분을 열거한다. 즉 목구멍, 혀, 입술, 그리고 입이다. 바울은 철저히 고발한다. 즉 저희 목구멍은 열린 무덤이다. 그 혀로는 속임을 베풀고 그 입술에는 독사의 독이 있다(3:13). 그 입에는 저주와 악독이 가득하다(3:14). 13절은 시편 5:9절과 140:3절을 인용하고 있다. 그리고 14절은 시편 10:7절을 부분적으로 인용하고 있다. 어떤 사람들은 이 두 절은 이 문단에서 바울이 가르치는 주제와 직접 관계가 없기 때문에 바울 자신이 쓴 부분이 아니라고 주장한다. 쉴라터는 13절부터는 복음을 배척하는 유대인들의 죄를 열거하는 것이라고 생각한다.[670] 13-14절에서 바울이 포함하는 말에 있어서의 죄악은 15절에서 발로 짓는 죄악과 함께 마음이 타락한 인간이 지을 수 있는 죄를 구체적으로 보여준다. 십계명에도 네 이웃에 대해 거짓 증거하지 말라는 말씀이 있는 것처럼 사람은 입으로 비방 중상 모략 저주 등을 쏟아 냄으로써 그 이웃을 궁지에 몰아넣거나 해한다. 예수께서는 우리가 말할 때 옳다 옳다 아니라 아니라하고 이에서 지나는 것은 악으로 좇아 난다고 말씀한다(마5:37). 또 입에서 나오는 것은 사람을 더럽게 하는데 이는 악한 생각과 살인과 간음과 음란과 도

670 Schlatter; Käsemann.

적질과 거짓증거와 훼방이다(마15:18-19). 야고보는 혀도 작은 지체로되 큰 것을 자랑한다. 보라 어떻게 작은 불이 어떻게 많은 나무를 태우는가 혀는 곧 불이요 불의의 세계라 혀는 우리 지체 중에서 온 몸을 더럽히고 생의 바퀴를 불사르나니 그 사르는 것이 지옥불에서 나느니라라고 말씀한다(약3:5-6). 혀는 능히 길들일 사람이 없다. 이는 쉬지 않는 악이요 죽이는 독이 가득한 것이다(약3:8). 바울은 구약의 지혜에 대한 가르침을 따라서 마음이 부패한 인간이 그 입의 속임과 저주와 악독으로 이웃을 해하고 삼키는 것을 은유적으로 표현해서 저희 목구멍은 열린 무덤이라고 한 것 같다. 무덤은 죽음의 이미지를 전달하고 있다. 이는 15절 피를 흘린다는 주제 즉 죽음의 주제와 연결되고 있다.

15-17절은 이사야 59:7-8절을 인용하고 있다. 즉 하나님을 떠나 부패해진 인간들의 발은 피흘리는데 빠르고 파멸과 고생이 그 길에 있고 평강의 길을 알지 못한다. 오스본은 16-17절 내용은 15절 내용의 결과라고 본다.[671] 그러나 바울이 여기서 열거하는 악들이 서로 인과적으로 연결되어 있는 지는 불분명하다. 17절의 알다기노우스코우의 시제는 과거로써 12절 동사의 시제와 일치한다. 이는 포괄적 과거constative aorist를 의미하며 바울은 여기서 악인들에게 항상 존재하는 특징을 묘사하고 있다. 창세기 3장에서 아담과 이브가 원죄를 지은 후 죄가 세상에 들어왔는데(롬5:12) 그 첫 번째 결과가 형제 살인이었다(창4:8). 그래서 십계명의 제 육계명은 살인하지 말라는 것이다. 여기서 바울은 인간의 잔인함을 모든 사람에게 적용하고 있는가? 데이비스는 바울이 인용하는 구약의 구절이 악인들을 향한 것이기 때문에 바울의 말씀도 의인이 아닌 악인에게만 해당한다고 주장한다.[672] 그러나 던도 지적하듯이 13-17절은 9-10절의 관점에서 해석되어야 한다.[673] 즉 유대인이나 이방인이나 모든 사람은 죄의 권세 아래 있다. 그리고 의인은 없나니 하나도 없다는 것이다. 물론 살인하지 않고 착하게 사는 불신자들도 많다. 그러나

671 Osborne.
672 Davies, *Faith and Obedience*, 80-104.
673 Dunn, *Romans*, 147-151.

그들도 13-14절의 고발에서 자유롭지 못하다. 왜냐하면 이 세상에서 혀를 사용하는데 있어서 완전한 사람은 없기 때문이다. 말에 온전한 사람은 율법을 다 이룬 자라는 말씀이 있듯이 혀에 자갈을 물릴 수 있는 사람은 한 사람도 없다. 이는 의인이 한 사람도 없다는 말씀과 일치한다. 쉬라이너는 여기서 바울이 구약의 선지자가 말씀한 이방인을 향한 질책을 유대인을 포함한 모든 사람에게 적용하는 것은 인간의 죄의 일반성을 증거하기 위해서라고 주장하는데 이는 맞는 해석이다.[674] 유대인들은 자신들이 의인들이라고 자처하면서 실제로는 이방인과 마찬가지로 선을 행하지 않던 사람들이었다. 바울은 유대인들도 이방인과 마찬가지로 하나님 앞에서 죄인들이며 그러므로 그들도 예수 그리스도를 믿음으로써만이 하나님 앞에서 의롭다고 여김을 받을 수 있다는 것을 명확히 하고 있는 것이다.

로마서 3:18절은 시편 36:2절을 인용하고 있다. 그리고 이 절의 "욱 에스틴"은 10-12절의 "욱 에스틴"에 연결되어 이 문단을 마치고 있다. 바울은 여기서 타락한 인간들이 하나님을 떠나 선을 행하지 못하고 악을 행하는 이유를 간명하게 제시하고 있다. 즉 그것은 그들 눈 앞에 하나님을 두려워함이 없기 때문이다. 여기서 바울은 신체의 부위의 하나인 눈을 가리킨다. 머레이는 하나님을 두려워하는 마음이 없는 것이 저희 눈 앞에 없다는 표현은 적절한 표현인데 그 이유는 하나님을 두려워하는 마음은 우리 마음과 생각의 중심에 하나님을 두고 있는 결과기 때문이라는 것이다.[675] 우리의 생각은 항상 여호와를 경외하며 무엇을 하든지 그 분께 영광을 돌릴 수 있어야 한다. 그런데 하나님에 대한 두려움이 없다는 것은 그 마음에 하나님은 완전히 배제되고 무시되고 있다는 것을 말한다. 그 결과는 선을 행하지 못하고 악에 빠져 파멸에 이르는 것이다. 던도 지적하듯이 하나님을 두려워해야 되는 것은 구약의 가르침에 있어서 중요한 주제이다.[676] 유대인들은 하나님을 두려워하는 것이 지혜의 근본이라고 믿었지만 그들은 그렇게 살지 않았다. 그래서

674 Schreiner.
675 Murray.
676 Dunn.

바울이 이 시편의 가르침을 유대인에게도 적용하는 것은 그들의 위선과 자가당착을 적나나하게 고발하는 것이다. 이와 마찬가지로 스스로 선하고 의롭다고 생각하는 이방인들에게도 바울은 그들의 숨겨지고 미화된 죄악성을 낱낱이 들추어 내고 있다고 할 수 있다.

로마서 3:19-20절은 로마서 1:18-3:20절의 결론이라고 볼 수 있다. 로마서 3:19절 전반부에서 바울은 "우리가 알거니와 무릇 율법이 말하는 바는 율법아래 있는 자들에게 말하는 것"이라고 말씀한다. 여기서 접속사 데는 역접이 아니고 순접그러므로의 의미를 가진다. "오이다멘"우리가 안다은 호티를 목적절로 하며 모두 아는 사실을 언급할 때 사용된다.[677] 바울은 여기서 노모스법를 두 번 사용한다. 무는 첫 번째 "법"은 10-18절에 인용된 법들을 가리킨다고 본다.[678] 그리고 여기서 이 법들은 모세 오경이 아니라 시편과 이사야에서 인용한 법이기 때문에 구약 전체를 가리킨다고 본다(고전9:8, 9; 14:21, 34; 갈4:21b). 그러나 두 번째 "법"은 구약 전체 혹은 모세 오경을 가리킨다고 생각한다. 그리고 "율법안에 있는 자"토이스 엔 토우 노모우는 구약 뿐 아니라 양심의 법안에 있는 자 곧 이방인들까지 포함할 수 있다(롬2:14).[679] 샌데이와 해들램은 노모스법가 확실하게 구약을 가리키는 곳은 고린도전서 14:21절이며 바울은 노모스를 광의의 의미로 사용하고 있다고 주석한다.[680] 이와 같은 맥락에서 머레이는 "온 세상"의 표현에서 알 수 있듯이 우리는 이 말씀에 내포되어 있는 보편성을 의심할 수 없다고 말한다.[681] 즉 여기서 율법 아래 있는 자들은 구약이나 신탁의 말씀과 같은 법을 가지지 못한 이방인들도 포함하고 있다는 것이다. 이는 이방인들도 바울이 인용하고 있는 법과 같은 범주의 법 아래 있는 자들로 볼 수 있기 때문이다. 그래서 바울은 로마서 3:10절 이하에서 묘사하는 상태가 유대인이나 이방인 모두에게 적용되고 하나님의 심판은 마지막 때까지 그들에게 머물러 그들은 핑계할 수 없고 하나

677 롬2:2; 7:14; 8:22, 28; 고후5:1; 딤전1:8.
678 Moo.
679 Murray; Hendriksen; Herbert Bowsher, "To Whom Does the Law Speak? Romans 3:19 and the Works of the Law Debate." *WTJ* 68 (2006) 295-303; *contra* Dunn; Osborne.
680 Sanday and Headlam.
681 Murray.

님의 심판을 받게 된다는 것이다. 필자도 이 해석에 동의하는데 그것은 바울이 전반부에 이어 19절 후반부에서 "이는 모든 입을 막고 온 세상으로 하나님의 심판 아래 있게 하려 함"이라고 말씀하기 때문이다. 그러나 쉬라이너는 여기서 첫 번째 노모스법는 구약을 가리키고 두 번째 노모스법는 모세 오경을 가리킨다고 주장한다.[682] 그리고 율법은 유대인이 받았는데 이방인도 함께 하나님의 심판 아래 있게 되는 이유는 율법을 받은 유대인들이 율법을 지키지 못하기 때문에 당연히 이방인들도 율법을 지킬 수 없다는 것을 알 수 있기 때문이라는 것이다.[683] 그러나 그들이 율법을 가지지 못한 상태에서 율법을 지키지 못할 것이라는 가정을 바탕으로 하나님께서 그들을 벌하시지는 않을 것이다. 바울은 이 구절에서 독자들이 이렇게 유추할 것을 기대하고 말씀하는 것이 아니다. 하나님의 심판은 이루어지지 않은 범죄에 대한 가정을 바탕으로 되는 것이 아니라 행해진 범죄에 대한 것이다. 바울이 말씀하는 것은 율법을 받지 않은 이방인들도 법 아래 있는 자들과 같기 때문에 그들의 입이 막히고 하나님 앞에서 책임을 지게 된다는 것이다. 여기서 동사 레고우는 말해진 것의 내용을 가리키고 랄레오우는 말하는 행위 자체를 의미하지만 바울 서신에서 보통 동의어로 쓰인다. "모든 입"에서 "모든"은 유대인을 가리키는[684] 것이 아니고 모든 사람을 가리킨다. 모든 입이 막힌다판 스토마 프라게이는 것은 하나님과 다투던 욥이 하나님의 무궁하심과 절대주권 앞에 굴복하고 조용하게 되는 것처럼 입이 막힌다기 보다는 9절 말씀에서 처럼 모든 사람들이 죄를 졌기 때문에 하나님 앞에서 변명할 말씀이 없다는 의미다. 형용사 후포디코스책임을 지는는 그 대상이 보통 상처를 입은 사람이다.[685] 여기서 바울은 사람들은 죄를 지어 하나님께 범죄했기 때문에 하나님께서는 우리의 피해자가 되신다는 것을 의미한다. 가해자인 인간들은 피해자시요 심판주이신 하나님께 책임을 지게 될 것이다. 후포디코스를 하나님의 재판 앞에 세워지다로[686] 보는 것은 의미가 너무 약하고 이를 정죄카타크리토스와 동

682 Schreiner; Osborne.
683 Schreiner.
684 Morison, *Exposition*, 144.
685 Vaughan.

의어로 보는 것은 의미가 너무 강하다.[687] 후포디코스는 죄 때문에 피고가 자신에게 내려진 고발을 반박하고 판결을 되돌릴 수 있는 방법이 전혀 없기 때문에 하나님 앞에서 아무 말을 할 수 없는 상태를 의미한다.[688] 유대인들은 전통적으로 하나님의 심판이 이방인들에게 임한다고 믿고 있었다. 이에 대해 바울은 유대인들도 이방인들 처럼 하나님 앞에 책임을 지게 되는데 이는 그들도 율법을 범한 자들이기 때문이라는 것이다.[689]

로마서 3:20절에서 접속사 디오티는 이유reason[690] 보다는 확인confirmation의[691] 뜻을 가진다: "그러므로 율법의 행위로 그의 앞에 의롭다하심을 얻을 육체가 없나니 율법으로는 죄를 깨달음이니라". 여기서 바울은 시편 143:2절을 언급하고 있다. 만일 시편의 이 구절을 직접 인용했다면 바울은 여기서 "기록된 바"게그랍타이를 삽입했을 것이다. 로마서 3:20절에서 바울은 시편의 이 구절의 표현과 다른 어구를 사용한다. 예를들어 "파스 조운"각 살아 있는 사람을 "파사 삵스"모든 사람로 바꾸고 있고 시편에는 사용되지 않은 어구 "율법의 행위로"엑스 엘고운 노무를 삽입하고 있다. 수동태 "의롭다하심을 얻다"디카이오우쎄이세타이는 법률적forensic 의미를 가진다. "율법의 행위"엘고운 노무라는 표현은 바울 서신에 여덟번 사용되고 있다. 그리고 그 때 마다 칭의나 성령을 받는 것과 연관되어 있다.[692] 그리고 우리는 이 어구에 대한 다양한 해석을 접할 수 있다. (i)불트만은 사람이 율법을 지킴으로써 구원을 얻으려고 하는 것은 그를 오직 죄에 빠지게 하며 그 노력 그 자체가 궁극적으로 이미 죄라고 선언한다.[693] 율법의 행위가 우리를 의롭게 하지 못하는 이유는 율법을 지키려고 하는 바램이 우상숭배기 때문이라고 한다.[694] 그래서 만일 누군가 율법을 완전히 지키는 사람이 있다고 할지라도 그 사람은 하나님 앞에서 죄인으로

---

686 Barrett.
687 Cranfield.
688 Maurer, *TDNT*, 8:558.
689 Morris; Moo.
690 NASB; Schreiner; Morris; Sanday and Headlam.
691 Osborne; Moo; Cranfield.
692 롬3:20, 28; 갈2:16; 3:2, 5, 10; Schreiner.
693 Bultmann, *Theology*, 1:264.
694 Schmithals, *Der Römerbrief*, 113-15.

판결받게 될 것이라는 것이다. 그러나 바울은 로마서 2:7절에서 율법을 온전히 지키는 자가 있다면 이 사람은 영생을 얻게 될 것이라고 말씀하고 있다. 그리고 유대인들이 구원을 얻지 못한다면 이는 그들이 율법을 지키지 못했기 때문이지 율법을 온전히 지켰기 때문에 그렇게 되는 것이 아니다. (ii) 샌더스는 "율법의 행위"를 유대인들의 율법주의를 가리키는 것으로 해석하는 것은 올바른 이해가 아니라고 주장한다.[695] 그는 일 세기의 유대주의는 유대인들이 행위로써 구원받는다고 믿고 있지 않았다고 말한다. 유대인들은 하나님의 은혜로 언약의 공동체에 들어오게 되었고 그들이 그 언약의 공동체에 남아있기 위해 그들에게 율법을 지킬 것이 요구되었다는 것이다. 그는 유대주의를 율법주의가 아니라 "언약적 율법주의"covenant nomism라고 부른다. 그리고 "율법의 행위"는 구원의 조건이 아니라 언약 공동체의 일원으로서 신분 유지를 위한 원칙이었다는 것이다. 그러나 많은 복음주의 학자들은 샌더스가 일세기의 유대주의를 잘못 이해했다고 비판한다.[696] 유대인들은 율법의 행위로써 구원을 받으려고 한 것이 사실이라는 것이다. 그리고 그들의 문학에 은혜의 교리가 발견될 경우도 있지만 그들이 실제 종교생활속에서는 행위주의적 구원론을 실천하고 있었다는 것이다. (iii)던은 샌더스의 입장을 "신관점주의"new perspective on Paul라고 명명하면서 샌더스는 이신칭의론

---

695 Sanders, *Paul and Palestinian Judaism*; idem, *Paul, A Very Short Introduction* (Oxford: Oxford University, 1991).

696 A. Andrew Das, "Paul and Works of Obedience in Second Temple Judaism: Romans 4:4-5 as a 'New Perspective' Case Study," *CBQ* 71 (2009) 795-812; John Piper, *The Future of Justification: A Response to N. T. Wright* (Wheaton: Crossway Books, 2007); Charles L. Quarles, "The New Perspective and Means of Atonement in Jewish Literature of the Second Temple Period," *CTR* 2, No 2 (Spring 2005) 39-56; Guy Prentiss Waters, *Justification and the New Perspectives on Paul: A Review and Response* (Phillipsburg: P&R Publishing, 2004); Stephen Westerholm, *Perspectives Old and New on Paul*; Peter T. O' Brien, D. A. Carson, Mark A. Seifrid, eds., *Justification and Variegated Nomism*. Vol I& II; Seyoon Kim, *Paul and the New Perspective: Second Thoughts on the Origin of Paul' s Gospel* (WUNT 140; Tübingen: Mohr [Siebeck], 2002); Donald A. Hagner, "Paul and Judaism: Testing the New Perspective," in Peter Stulmacher, *A Challenge to the New Perspective: Revisiting Paul' s Doctrine of Justification* (Downers Grove: InterVarsity Press, 2001) 75-106; Mark A. Seifrid, "The 'New Perspective on Paul' and Its Problems," *Themelios* Ns 25, No 2 (Feb 2000) 4-18; Friedrich Avemarie, ed., *Tora und Leben: Untersuchungen zur Heilsbedeutung der Tora in der frühen rabbinischen Literatur* (TSAJ 55; T?bingen: Mohr [Siebeck], 1996); Timo Laato, *Paulus und das Judentum*; M. Silva, "The Law and Christianity: Dunn' s New Synthesis," *WTJ* 53 (1991) 339-353; Robert H Gundry, "Grace, works, and staying saved in Paul", *Biblica* 66, No 1 (1985) 1-38; Hans Hübner, "Pauli theologiae proprium," *NTS* 26, No 4 (1980) 445-473.

의 관점을 떠나지 못하고 그 패러다임속에서 바울서신을 연구하고 있다고 비판한다.[697] 그러면서도 던은 계속 샌더스의 관점을 채택하여 바울을 해석한다. 즉 유대주의가 율법주의였다고 비판하는 것은 유대주의에 대한 올바른 해석이 아니라는 것이다. 던은 로마서 3:20절에서 바울이 말씀하는 "율법의 행위"는 쿰란 사본에 나오는 "의의 행위"와 같은 뜻으로써 공동체안에서 멤버로써 행해야 되는 일들을 가리킨다고 본다. 이는 유대주의를 대표하는 뱃지이며[698] 이 때 율법의 행위는 유대인들을 향한 개념이 아니고 유대주의로 개종하려는 이방인들을 향한 개념이라는 것이다. 던은 여기서 "율법"은 넓은 의미의 도덕적 원칙을 의미하는 것이 아니라 안식일법, 할례법과 같은 유대주의의 전통적 의식법을 의미한다고 해석한다. 그리고 유대인들은 그들의 민족적 마크인 이 의식을 이방인들에게 요구함으로써 그들이 아브라함의 언약의 공동체에 들어오는 것을 어렵게 했다는 것이다. 따라서 바울이 여기서 말씀하는 것은 율법의 행위 즉 유대주의의 의식법을 지킴으로써 의롭다하심을 입을 수 없다는 것이라는 것이다. 이로써 바울은 유대주의의 바bar를 낮추고 이방인들이 언약의 공동체에 쉽게 들어올 수 있도록 가르치고 있다는 것이다. 이로써 바울은 여기서 유대주의의 율법주의를 공격하는 언어가 아니라 유대인들의 민족주의를 공격하고 있다는 것이다. (iv)그러나 많은 복음주의 학자들은 이 신관점주의를 통렬히 비판한다.[699] 첫째로, 로마서 3:20절에서 바울은 유대인들의 민족주의적 배타주의를 공격하고 있는 것이 아니라 유대인들의 위선을 공격하고 있다. 즉 그들은 율법의 의식법을 철저히 지키면서 율법을 다 지킨 것처럼 생각했지만 그들은 율법의 도덕법을 지키지 못했다. 로마서 3:10-18절에서 말씀하듯이 전통적으로 그들 조상이 이

697 Dunn, *Jesus Paul and the Law*, 183-214; idem, "Works of the Law and the Curse of the Law (Gal. 3:10-14)," *NTS* 31 (1985) 528-29; idem, "The New Perspective on Paul" in *Jesus, Paul, and the Law: Studiesin Mark and Galatians*, 210; "Yet Once More - 'The Works of the Law' : A Response," *JSNT* 46 (1992) 99-117; idem, "Echoes of Intra-Jewish Polemic in Paul' s Letter to the Galatians," *JBL* 112 (1993) 465-67.

698 E. Lohmeyer, "Gesetzeswerke," in *Probleme paulinischer Theologie* (Stuttgart: Kohlhammer, n.d.) 33-73.

699 M. Silva, "Faith Versus Works of Law in Galatians," in *Justification and Variegated Nomism* II: 238; C. E. B. Cranfield, " 'The Works of the Law' in the Epistle to the Romans." *Journal for the Study of the new Testament* 43 (1991) 89-101; Stuhlmacher, *Biblische Theologie des Neuen Testaments*; F. Thielman, *Paul and the Law: A Contextual Approach* (Downers Grove, 111.: InterVarsity, 1994).

방인들을 정죄하던 죄의 항목에 그들도 모두 걸리고 있다는 사실이다. 둘째, "율법의 행위"라는 헬라어 표현에 상응하는 히브리 단어는 유대주의의 언약에 관계된 법을 의미할 때도 있지만 대부분 일반적 율법을 지키는 것을 의미한다. 예를 들어, 4QFlor1.7에 사용된 율법의 행위마아쉐이 토라라는 표현은 의식법이 아니라 전체 율법을 가리킨다.[700] 그리고 이와 비슷한 표현인 바토라 마아샤이브in his works of the law에서 법도 의식법이 아니라 넓은 의미의 법을 가리킨다.[701] 셋째, 로마서 3:9-20절의 문맥에서 "율법의 행위"는 어떤 특정한 의식법을 지키는 것을 의미하는 것으로 보이지 않는다. 쉬라이너도 지적하듯이 바울은 유대인들이 심판을 받게 되는 이유는 그들이 할례법이나 음식법을 이방인들에게 강요하기 때문이라고 말한 적이 없다. 그게 아니라 바울은 유대인들이 하나님의 심판 아래 놓인 것은 그들이 율법을 지키지 못하기 때문이라고 누차 강조했다. 넷째, 던은 "율법의 행위"는 "행위"(엘가)와 같은 의미를 가진다고 주장한다(롬3:27; 4:2, 6; 9:12, 32; 11:6). 그리고 바울서신에서 "행위"엘가는 협의의 의미를 가진다고 말한다. 그러나 쉬라이너는 로마서 3:20절의 "율법의 행위"는 로마서 3:27-4:8절에 사용된 "행위"(엘가)라는 표현과 밀접한 관계가 있다는 것을 고찰한다.[702] 그리고 모든 학자들은 "행위"가 일반적인 의미로써의 "행위"를 의미한다고 인식하고 있다.[703] 로마서 4:6-8절에서 알 수 있듯이 다윗은 이방인들에게 할례법과 음식법을 강요했다는 죄를 고백하는 것이 아니라 자신이 자신의 삶속에서 이 법들을 준수하지 못한 것을 고백하고 있다. 그리고 로마서 3:27-28절과 로마서 4:1-8절의 문맥에서 알 수 있듯이 바울은 "율법의 행위"라는 표현으로써 유대주의의 민족적 뱃지를 언급하고 있는 것이 아니라 모세의 율법에 명해진 일반적인 모든 율법을 지키는 행위를 언급하고 있다.

따라서 여기서 필자는 로마서 3:20절에서 말씀된 "율법의 행위"는 넓은

---

700 1QS 5.8; 5.21; 6.18; 1QpHab 7.11; 8.1; 12.4-5.

701 Fitzmyer; M. A. Seifrid, "Blind Alleys in the Controversy over the Paul of History." *Tyndale Bulletin* 45 (1994) 73-95.

702 Schreiner.

703 Thielman; Schreiner; Lincoln; Moo.

의미의 모세의 율법을 지키는 일반적인 행위를 가리킨다고 해석한다.[704] 이는 도덕법을 지키는 행위일 수도 있고 의식법을 지키는 행위일 수도 있다. 그리고 바리새인들의 구전법을 지키는 행위일 수도 있다. 바울은 어떤 종류의 율법의 행위이건 율법의 행위로써 의롭다하심을 얻을 자가 없다고 분명히 선언한다. 이 해석은 바울이 로마서 2:1-3:19절에서 말씀했던 가르침의 흐름에 맞는다. 하나님께서는 최후 심판 때 율법을 믿고 그에 의지해서 의롭다하심을 입으려한 율법아래 있는 모든 자들의 입이 막히게 하실 것이다(롬 3:19). 앞에서 본 것처럼 여기서 율법아래 있는 사람은 유대인 뿐 아니라 이방인들도 포함한다. 이는 로마서 3:20절의 "모든 육체"파사 삵스가 모든 세상 사람들을 가리키고 있는 점에 나타나 있다.[705] 여기서 명사 육신삵스은 헤브라이즘Hebraism으로써 헬라어 안쓰로우포스사람에 해당한다. 바울은 여기서 히브리 명사 "바살"을 반향하고 있는 지도 모른다. "바살"은 그 약함이나 유한한 점에 있어서 사람을 가리킨다(창6:3; 대하32:8; 욥10:4; 시78:39; 렘 17:5). "콜 바살" 은 "모든 사람"을 가리킨다(창6:12, 13; 시145:21; 사40:5, 6). 로마서 3:20절에서 "모든 사람"은 "그의 앞"(하나님 앞)과 대조되고 있다. 그리고 "삵스"(육신)는 죄가 거하는 장소로 묘사된다(롬7:18-20). 이 점에서 육신은 부정적인 의미를 함축하고 있다고 볼 수도 있다.[706] 그러나 20절에서 삵스는 일반적인 사람을 가리키는 단어로 이해하는 것이 무난하다.[707] "그의 앞에서"에노우피온 아우투는 종말의 심판 때를 가리키며 19b의 시점과 일치한다. 20b의 접속사 갈왜냐하면은 20a의 이유를 도입한다. 즉 사람은 율법으로는 죄를 깨닫는다. "율법으로"디아 노무에서 디아는 도구적 의미를 가진다. 즉 율법은 의롭다하심을 가져오지 않는다. 반대로 사람은 죄를 지었을 때 율법으로 인해 그것이 죄임을 알게 된다는 것이다. 여기서 "지식"에피그노우

704 Calvin; Schmithals; Stuhlmacher; Fitzmyer; Osborne; Morris; D. P. Fuller, "Paul and 'The Works of the Law,' " *WTJ* 38 (1975-76) 31-33; T. R. Schreiner, " 'Works of Law' in Paul," *NovT* 33 (1991) 235; Moo, " 'Law,' 'Works of the Law,' and Legalism in Paul," 90-96; H. Hübner, "Was heist bei Paulus 'Werke des Gesetzes' ?" in *Glaube und Eschatologie*. Festschrift für W. G. Kümmel zum 80. Geburtstag (ed. E. Grässer and O. Merk; Tübingen: Mohr, 1985) 123-33.

705 Seifrid; Moo.

706 Cranfield; Dunn.

707 Moo.

시스은 인식을 의미한다고 볼 수도 있지만 경험적 지식을 의미한다고 할 수도 있다.[708] 즉 죄를 지은 후 율법에 비추어서 그것이 죄임을 인식하게 된다는 것이다.[709] 이 문단에 대한 주석을 마치면서 한 가지 강조하고 싶은 것은 로마서 3:20절이 유대인 뿐 아니라 모든 사람을 겨냥하고 있다는 것이다. 그리고 이는 필자가 로마서 3:4b에서 부터 바울은 모든 사람을 겨냥하고 있다고 해석한 것과 일치한다. 이는 19절의 "모든 입"판 스토마이나 9절의 "우리"를 유대인과 이방인 모두를 가리키는 것으로 해석해야 될 주석적 근거이기도 하다.

(3) 이신칭의(롬3:21-4:25)

로마서 1:18-3:20절에서 모든 사람이 불의와 악함으로 최후 심판 때 하나님 앞에 책임을 지게 될 것이라고 말씀한 후 바울은 로마서 3:21절부터 "그러나 이제는"이라는 말씀으로 시작하면서 다가오는 이 심판의 절망적인 상태로 부터 벗어날 한 길을 제시한다. 그것은 율법외에 구약의 선지자들의 예언을 바탕으로 그리스도를 통해서 나타난 하나님의 한 의다. 이 의는 그리스도를 통해서 성취된 의다. 그리스도께서는 우리를 위해 화목제물이 되셔서 구속을 이루셨다(롬3:24-25). 그 속죄를 통해서 누구든지 그리스도를 믿는 자는 의롭다하심을 입는다. 이는 하나님께서 주시는 법률적인 지위로써 장차 있게 될 최후심판의 영벌을 면하게 해 주는 하나님의 선물이다. 이 점에서 유대인들도 예외가 아니다(롬3:27-28). 그들도 이방인들처럼 그리스도를 구주로 믿어야 한다. 바울은 믿음으로 의롭다함을 입는다는 가르침의 구속사적인 진실성을 보여주기 위해서 로마서 4:1-25절에서 구약의 대표적인 신앙인인 아브라함의 믿음을 예로 들며 설명하고 있다. 하나님께서는 아브라함이 의로울 때 갈대아 우르에서 부르신 것이 아니다. 하나님께서 아브라함을 부르신 시점은 그가 불의할 때였다(롬4:5). 그리고 하나님께서는 그에

---

708 Sullivan, "Epignosis," 407.
709 Nygren; Fitzmyer; Cranfield.

게 약속을 주셨다. 곧 그의 자손이 하늘의 별보다 많고 바다의 모래 보다 많게 하시겠다는 것이다(창12:1-3; 15:1-6). 아브라함은 이 약속을 믿고 신뢰했다. 그리고 하나님께서는 이로써 저를 의롭다 여기셨다(롬4:5). 바울은 아브라함이 칭의를 받은 시점이 그가 할례 받기 전이라는 것을 강조한다(롬4:9-11). 그 이유는 그가 할례받지 않고 믿음으로 의롭다함을 입게 될 이방인의 조상이 되기 위해서였다(롬4:11). 그 뿐 아니라 아브라함은 율법이 들어오기 전에 칭의를 받았다. 그것은 칭의가 율법의 행위를 바탕으로 한 것이 아니기 때문이다. 언약은 율법으로 말미암지 않고 믿음의 의로 말미암은 것이다(롬4:13). 여기서 바울이 말씀하는 바는 아브라함은 믿음을 바탕으로 유대인들 뿐 아니라 이방인들의 조상이 되도록 되어 있었다는 것이다(롬4:16-18). 이 약속은 사라를 통해 난 이삭을 통해서 성취되었고 이는 아브라함의 믿음에 기초한 것이었다. 이 믿음은 백세가 되어 죽은 같은 몸이 된 자신의 몸과 이미 경수가 끊어져 아기를 가질 수 없는 사라의 몸을 알면서도 믿음이 약해지지 않고 하나님의 약속을 신뢰한 믿음이다. 그리고 아브라함의 믿음은 우리의 믿음과 공통된 믿음이다. 우리는 예수그리스도를 죽음에서 살리신 하나님을 믿는 믿음이고 아브라함의 믿음은 죽은 것 같은 아브라함과 사라의 몸을 통해 그리스도의 조상인 이삭이 태어나게 하실 것을 믿는 믿음이다. 즉 아브라함은 앞으로 오실 예수님을 통해서 믿음으로 의롭다하심을 입을 많은 민족의 조상이 되게 하시겠다고 말씀하시는 하나님의 약속을 믿었고 우리는 이미 오신 예수님을 죽음에서 부활시키신 하나님의 복음을 믿는 것이다(롬1:1). 두 믿음 모두 그리스도와 연관된 하나님의 약속을 믿는 믿음이다.

(가) 예수 그리스도를 통해 나타난 하나님의 의(롬3:21-26)

루터는 로마서 3:21-26절이 로마서 뿐 아니라 성경 전체의 가장 중요한 부분이라고 말한다.[710] 이 문단은 하나의 엄숙한 선언문과 같다. 바울은 이

710 루터성경, 로마서3:23절이하; Cranfield.

문단에서 전치사구들을 접속사 없이 연결하면서 "하나님의 의"(롬3:21, 22, 25, 26), "의롭게 하다"(롬3:24, 26), "의로운"(롬3:26) 등의 핵심 단어를 반복적으로 사용한다. 21절은 하나님의 의가 구약의 율법과 선지자들의 증거를 바탕으로 나타나고 있다는 것; 22절은 하나님의 의가 유대인이나 이방인에게 차별없이 나타난다는 점; 23-24절은 죄인들이 하나님의 은혜로 값없이 의롭다하심을 입는다는 것; 25-26절은 예수 그리스도를 화목제물로 주신 하나님의 의를 말씀하고 있다. 불트만은 24절의 디카이우메노이부터 26a까지 바울 이전에 써진 글이라고 주장한다.[711] 케제만은 교회전통이 이 문맥에서 역할하는 기능을 보여줌으로써 불트만의 가설을 증명하려고 했다.[712] 이 문단이 교회 전통을 바탕으로 하고 있다는 주장은 이 문단이 힐라스테이리온, 파레시스, 프로기노마이, 프로티쎄이미, 엔데이시스, 하말테이마, 아노케이 등 신약에 드물게 사용되고 있는 단어들을 집중적으로 포함하고 있기 때문이다. 그리고 25절이 관계대명사 혼으로 시작하는 점은 신약의 신조들이 보통 관계대명사로 시작되는 것과 일치한다(롬4:25; 빌2:6; 딤전3:16; 벧전2:22, 23, 24). 24절에는 위 단어들이 사용되지 않고 있다. 따라서 어떤 학자들은 교회 전통의 삽입은 25-26a에만 국한된다고 생각한다.[713] 그러나 대부분의 학자들은 바울이 여기서 그 이전의 신조를 삽입하고 있다는 이론에 동의하지 않는다.[714] 그것은 25-26절에 집중된 단어들이 언어적으로 바울의 어휘 영역에 속하기 때문이다. 그리고 24절부터 스타일이 갑자기 변하는 것은 바울의 전형적인 작문 스타일을 벗어나지 않는다. 따라서 우리는 이 문단이 바울이 로마서를 쓸 당시 함께 써진 구절이라고 볼 수 있다. 이 점에서 25-26절이 일 세기 후반에 삽입된 부분이라고 하는 견해는[715] 자동

---

711 Bultmann, *Theology of the New Testament,* I:46.

712 E. Käsemann, "Zum Verstandnis von R?mer 3,24-26," in *ExegetischeVersuche und Besinnungen I* (Göttingen: Vandenhoeck & Ruprecht, 1960) 96-100; J. Reumann, "The Gospel of the Righteousness of God: Pauline Reinterpretation in Rom. 3:21-31," *Int* 20 (1966) 432-52.

713 Wilckens; Dunn; Kraus.

714 Kuss; Schlier; Ridderbos; Cranfield; Moo; Ziesler; N. H. Young, "Did St. Paul Compose Romans III.24f?" *AusBR* 22 (1974) 23-32; J. Piper, "The Demonstration of the Righteousness of God in Romans 3:25, 26," *JSNT* 7 (1980) 7-9; D. A. Campbell, *The Rhetoric of Righteousness in Romans 3:21-26* (JSNTSup 65; Sheffield: Sheffield Academic Press, 1992) 45-57.

으로 일축된다.

로마서 3:21절은 "그러나 이제는"눈 데으로 시작한다: "이제는 율법외에 하나님의 한 의가 나타났으니 율법과 선지자들에게 증거를 받은 것이라". 바울은 "눈 데"를 구속사적 관점에서 자신의 서신에서 자주 사용한다.716 어떤 학자는 이는 논리적 관점에서의 대조, 즉 율법의 행위로 칭의받는 것과 율법 없이 칭의받는 것을 대조한다고 말한다.[717] 또 어떤 학자는 "눈 데"는 시간적으로 구시대에서 신시대로 옮겨진 것을 대조하고 있다고 본다.[718] 반면에 배렛은 "눈 데"는 논리적 대조와 시간적 대조 모두를 의미한다고 주장한다.[719] 필자는 이 마지막 해석에 동의한다. 바울은 로마서 1:18-3:20절에서 율법하에 있는 사람들이 스스로의 노력에 의해서 자신을 구원할 수 없고 모두 하나님의 진노하에 놓일 수 밖에 없다는 것을 말씀했다. 그리고 로마서 3:21절에서 율법 이외에 하나님의 한 의가 나타났다고 말씀한다. 따라서 이는 구속사적으로 하나님 앞에서 사람의 지위에 변화를 가져오는 큰 대조가 있음을 나타낸다. 이는 예수 그리스도의 구속의 완성을 기점으로 옛 시대에서 새 시대로 변천한 사실을 말한다. 옛 시대에는 사람들이 죄의 권세 아래 있었으나 새 시대에는 예수 그리스도로 말미암아 성령의 은혜 아래 살게 되었다. 이는 율법외에 하나님의 한 의가 나타난 것으로 생긴 일이다. 이는 일차적으로 단체적corporate 차원의 의미를 가지지만 개인적 회심의 차원에서 일어나는 시대의 변화라는 의미도 배제하지 않는다. 여기서 "율법 외에"코우리스 노무는 20절의 디아 노무율법으로는와 대조되는 어구다. 그리고 부사구로서 동사 페파네로우타이나타나다를 수식한다고 볼 수도 있다.[720] 그러나 이 어구를 20절 말씀과 대조되는 문맥에서 볼 때 바울은 여기서 "율법의 행위를 바탕으로 하지 않은 하나님의 한 의"를 가리키고 있다고 볼 수 있다.[721] 그러나 무는 "율법

715 C. H. Talbert, "A Non-Pauline Fragment at Romans 3:24-26?" *JBL* 85 (1966) 287-96; G. Fitzer, "Der Ort der Versöhnung nach Paulus: Zu der Frage des 'Suhnopfers Jesu.' " *TZ* 22 (1966) 161-83.
716 롬6:22; 7:6, 17; 15:23, 25; 고전12:18; 13:13; 15:20; 고후8:11, 22; 엡2:13; 골1:22; 몬9,11.
717 Godet; Shedd; Meyer.
718 Boylan; Osborne; Cranfield; Schreiner; Moo. E.g., 롬6:22; 7:6; 고전15:20; 엡2:13; 골1:22.
719 Barrett; Hultgren; Gustav Stählin, *TDNT*, 4:1117.
720 NAB; Moo; Osborne; Cranfield.
721 KJV; Murray; Nygren; Calvin; Cranfield.

외에"는 율법을 행하는 것 이외에라는 뜻 보다 깊은 의미를 가지고 있다고 말한다.[722] 이는 하나님의 의를 받아들이는 방식과 관계된 개념이 아니라 하나님의 의가 나타내지는 방식과 관계된 개념이라는 것이다. 그러나 이 해석은 21절 말씀의 문맥과 모순된다. 왜냐하면 바울은 구약의 율법도 이미 하나님의 의에 대해서 말씀하고 있다고 말씀하기 때문이다. 여기서 율법은 사람들이 지키는 것으로써의 율법이 아니라 하나님의 계획이 펼쳐지는 체계로서의 율법이다. 여기서 율법은 던이 주장하듯이 할례법이나 음식법과 같은 협의의 율법이 아니라 복음이 나타나기까지 하나님의 구원의 계획을 나타내던 체계로써의 율법이다. 그리고 이 법은 로마서 3:20절의 율법이 마음에 새긴 법을 내포한다는 점에서 유대주의의 율법 외의 일반적인 법도덕적 기준도 포함한다고 보는 것이 좋다.

율법 외에 하나님의 한 의가 나타났는데 여기서 하나님의 의는 로마서 1:17절의 하나님의 의의 개념과 같은 것이다. 크랜필드는 이는 하나님께서 부여하신 의의 지위를 가리킨다고 본다. 케제만은 이는 하나님의 구속의 능력이라고 주장한다. 그리고 쉬라이너는 이 개념은 하나님의 심판의 의judging righteousness가 아니라 구속적 의saving righteousness라고 정의한다.[723] 그러나 로마서 1:17절의 해석에서 언급했듯이 하나님의 의는 위의 두 가지 요소를 다 포함하는 개념으로 이해해야 된다. 왜냐하면 이것이 예수 그리스도를 믿는 자들에게는 구원으로 나타나지만 불신자들에게는 하나님의 진노로 나타나기 때문이다. 이는 하나님께서 그 언약에 신실하시기 때문에 발생한 당연한 귀결이다. 그래서 로마서 1:18절에 하나님의 진노가 불신자들에게 임하고 있으며 이에는 유대인 불신자들에게도 예외가 없음을 바울은 이미 확실히 밝힌 바 있다(롬3:1-20). 동사 파네로오우의 시제가 과거 완료인 것은 이 의미를 확실히 해 준다. 이 동사는 1:17절에 사용된 아포칼륍테오우와 동의어다. 그런데 후자는 1:17절에서 현재시제로 쓰이고 있고 로마서 3:21절에서 파네로오우는 과거완료로 쓰이고 있다. 이는 하나님의 의의 과거에 완성된

722 Moo; Osborne.
723 Schreiner; Moo.

효과가 현재에 계속되고 있음을 나타낸다. 이 점에서 이는 하나님 앞에서 개인이 받는 지위로써 "의"가 아니라 그리스도께서 십자가에서 단번에 완성하신 하나님의 의를 가리킨다고 보는 것이 문맥에 맞는 해석이다.[724] 이는 곧 복음으로 대표되며 바울은 이를 로마서 3:24-26절에 정교하게 정의하고 있다. 바울은 이 하나님의 의는 이미 구약의 율법과 선지자에 의해 증거된 것이라고 말씀한다. 여기서 율법과 선지자는 구약 성경을 가리키는 표현이다.[725] 이는 구약에 기록된 미래에 오실 메시야가 구속을 성취하실 것에 대한 예언을 의미하는 것이다. 이는 하나님의 한 의 즉 그리스도를 통해서 성취된 복음이 구약의 언약의 연속선에 있다는 것을 말한다. 복음은 바울이 개발한 신학적 패러다임이 아니다. 복음은 구약의 율법과 선지자들이 이미 내다보고 예언한 하나님의 신비의 총체이며 그 핵심은 그리스도의 성육신, 죽으심, 부활, 승천이다. 바울은 이 점을 로마서 전체에 수없이 반복하며 강조하며 그 성화론과 다른 가르침의 토대로 삼고 있다(롬1:2; 4:1-25; 9:25-33; 10:6-13; 11:1-10, 26-29; 15:8-12).[726]

로마서 3:22절의 접속사 데그러나는 역접이 아니고 순접의 내용을 도입한다: "곧 예수 그리스도를 믿음으로 말미암아 모든 믿는 자에게 미치는 하나님의 의니 차별이 없다". 바울은 이 절에서 하나님의 의의 특성을 설명한다. 첫째 그것은 예수 그리스도를 믿음으로 말미암아 주어진다. 둘째 모든 믿는 자에게 주어진다. 셋째 모든 사람에게 차별없이 주어진다. 여기서 하나님의 의는 협의의 의미로써 하나님 앞에서 의롭다하심을 받는 법률적 지위를 말한다. "예수 그리스도를 믿음으로 말미암아"에서 전치사 디아는 전치사 에크와 같은 기능을 가진다.[727] 여기서 전치사구 "디아 피스테오우스 이에수 크리스투"는 "예수 그리스도를 믿는 믿음을 통해서"라고 번역해야 된다. 그러나 어떤 학자들은 이 전치사구를 "예수 그리스도의 믿음/신실함을 통해서"라고 번역해야 된다고 말한다. 이들은 이 어구에서 소유격 이에수 크리스

724 Moo; Dunn.
725 마5:17; 7:12; 11:13; 22:40; 24:14; 누가16:16; 요한1:45; 행13:15; 24:14; 2 Macc 15:9; 4 Macc 18:10.
726 Cranfield.
727 롬3:25, 30; 고후5:7; 갈2:16; 3:14, 26; 엡2:8; 3:12, 17; 빌3:9; 골2:12; 살전3:7; 딤후3:15.

투를 주격으로 본다. 그리고 명사 피스티스믿음가 어떤 사람의 소유격과 함께 사용될 경우는 항상 그 사람의 믿음내지 신실함을 가리키기 때문에 이 어구는 당연히 예수 그리스도의 믿음/신실함을 통해서라고 번역해야 한다고 주장한다.[728] 그리고 그 문맥에서 볼 때 예수 그리스도의 신실함 때문에 하나님의 의가 나타내졌다고 이해하는 것이 맞다는 것이다. 사람들이 믿음을 통해서 하나님의 의가 나타나게 할 수는 없다는 것이다.[729] 존슨은 이 절에서 바울이 26절에서 처럼 예수가 아닌 예수 그리스도를 사용한 것은 예수 그리스도를 믿는 믿음이 아니라 예수의 신실함을 표현하려 했기 때문이라고 주장한다.[730] 이 문법적 해석에 기초한 주장들은 언뜻 보면 타당해 보인다. 즉 로마서 3:3절에 사용된 어구 "테인 피스틴 투 테우"는 하나님의 믿음이나 하나님을 믿는 믿음이 아니라 하나님의 신실함이라고 번역되는 것이 맞다. 그리고 로마서 4:16절에서 사용된 어구 "에크 피스테오우스 아브라암"은 고유명사 아브라함의 소유격을 주격으로 해석하는 것이 문맥에 맞다. 그러나 이들이 제시한 논리와 증거에는 취약점이 많다.

무는 22절에서 피스티스는 믿음으로 번역되어야 하는데 그렇다면 위의 어구는 예수의 믿음으로 말미암아 하나님의 의가 모든 믿는 자들에게 미친다는 뜻이 되므로 이는 받아 들일 수 없는 개념이라고 말한다.[731] 그러나 3:3절에서는 피스티스를 믿음이 아니라 미쁘심신실하심으로 번역했기 때문에 22절에서 예수 그리스도의 신실하심을 통해서 하나님의 의가 모든 믿는 자들

---

728 롬3:3; 4:12, 16; G. E. Howard, "On the 'Faith of Christ.' " *Harvard Theological Review* 60 (1967) 459-65; idem, "The Faith of Christ," " *ExpTim* 85 (1973-74) 212-14; D. W. B. Robinson, " 'Faith of Jesus Christ' -A New Testament Debate," *RTR* 29 (1970) 71-81; Hays, "*ΠΙΣΤΙΣ* and Pauline Christology: What Is at Stake?"; L. T. Johnson, "Rom 3:21-26 and the Faith of Jesus," *CBQ* 44 (1982) 77-90; T. F. Torrance, "One Aspect of the Biblical Conception of Faith," *ExpTim* 68 (1956-57) 111-14; Sam K. Williams, "Again Pistis Christou" *CBQ* 49 (1987) 431-47; Leander E. Keck, " 'Jesus' in Romans." *JBL* 108 (1989) 443-60; Morna D. Hooker, "*Πίστις Χριστοῦ*," *NTS* 35 (1989) 321-42; B. W. Longenecker, "*Πίστις* in Romans 3.25: Neglected Evidence for the 'Faithfulness of Christ' ?" *New Testament Studies* 39 (1993) 478-80.

729 Campbell, *The Rhetoric*, 63-64.

730 Johnson, "Rom 3:21-26", 80.

731 Moo; Stuhlmacher; Käsemann; Wilckens; Schlier; Fitzmyer; Byrne; R. Jewett; Cranfield; Osborne; Schreiner; J. D. G. Dunn, "Once More, *ΠΙΣΤΙΣ ΧΡΙΣΤΟΥ*." In *Society of Biblical Literature 1991 Seminar Papers*, 730-44. Ed. Eugene H. Lovering, SBLSP 30. Atlanta: Scholars Press, 1991; Arland J. Hultgren, "The Pistis Christou Formulation in Paul." *NovT* 22 (1980) 248-63.

에게 차별이 없이 미친다고 번역하는 것은 맞는 번역처럼 보인다. 그리고 위 학자들은 예수 그리스도를 믿는 믿음이라는 번역은 "모든 믿는 자에게 미치는"의 표현과 의미가 중복된다고 본다. 그래서 "예수 그리스도"의 소유격을 주격으로 해석해야 된다고 주장한다. 그러나 이들의 주장에도 불구하고 "예수 그리스도의 믿음으로 말미암아"는 맞는 번역이 아니고 "예수 그리스도를 믿음으로 말미암아"가 맞는 번역이다. 전자의 번역이 잘못된 이유는 첫째, 이 번역은 소유격 이에수 크리스투가 목적격으로 해석될 수 있다는 것을 관찰할 때까지만 타당하게 보인다. 그러나 이에 반대되는 예들도 많이 있다. 빌립보서3:9절은 앞의 어구와 똑 같은 표현을 포함하고 있다. 여기서 바울은 확실하게 그리스도를 믿는 믿음으로 의로와진다는 말씀을 하고 있다. 이 밖에도 명사 믿음이 소유격 명사와 함께 어구를 형성할 때 이 소유격이 목적격으로 번역되는 경우는 많이 있다.[732] 둘째, 로마서 3:26절에서 사용된 표현 "에크 피스테오우스 이에수"는 분명히 "예수를 믿는 믿음으로써" 라고 번역해야 맞다. 그렇다면 22절의 이와 비슷한 어구도 그 문맥에서 볼 때, 예수 그리스도를 믿는 믿음을 통해서라고 번역해야 맞는 것이다. 윌리엄스는 바울이 신자의 믿음의 대상으로써 예수님을 제시하지 않는다고 주장한다.[733] 그러나 이 해석은 바울이 로마서 10:14; 갈라디아서 2:16; 빌립보서 1:29절에서 가르치는 내용과 모순된다. 셋째, 22절에서 예수 그리스도의 미쁘심을 통해서 하나님의 의가 모든 믿는 자들에게 차별없이 미치고 있다는 개념은 보편 구원론을 믿받침하는 개념으로 작용할 수 있다. 그러나 여기서 바울은 보편 구원론을 가르치고 있지 않다. 예수 그리스도의 신실하심은 십자가에서 죽으시기까지 복종하심으로써 성취되었다. 이것이 믿는 자들에게 구원을 가져오는 기초가 된 것은 분명하다. 그렇지만 바울은 과거에 예수님으로 인해 성취된 구속을 통해서 현재 예수를 믿는 사람들에게 하나님의 의가 미치고 있다는 것을 말씀하고 있는 것이 아니라 현재 예수를 믿는 믿음을 통해 하나님의 의가 모든 믿는 자들에게 차별없이 미치고 있다는 것을 말씀하고

732 막11:22; 행3:16; 갈2:16; 살전1:3; 빌3:10; 살후2:13; 골2:12.
733 Williams.

있는 것이다. 여기서 차별이 없다는 것은 개인 각자에게 믿음을 통해서 하나님의 의가 임하기 때문에 차별이 없다는 의미다. 이는 로마서 1:17절에 복음을 통해서 하나님의 의가 믿음에서 믿음으로 이르게 하고 믿음으로써 의로워 진 사람은 영생을 얻는다는 말씀과 일치하는 해석이다.

넷째, 무도 지적하듯이 로마서 3:21-4:25절에서 바울은 명사 피스티스믿음를 믿는 자들이 예수 그리스도를 믿는 믿음이란 의미로 일관되게 사용한다.[734] 쉬라이너는 바울이 로마서와 갈라디아서에서 신자들의 믿음을 언급하는 수 많은 구절들을 제시한다.[735] 물론 이것 때문에 우리가 로마서 3:22절에서 예수 그리스도의 신실함이라고 번역하지 말라는 법은 없다. 그러나 이 구절들은 예수 그리스도가 믿음의 목적격이라는 일반적인 사실을 상기시킨다. 다섯째, 던도 지적하듯이 바울은 그의 서신 어디에도 예수의 믿음/신실함의 개념을 상세히 설명해 놓고 있지 않다.[736] 오히려 로마서 4장에서 바울은 아브라함의 믿음을 신자들이 본받아야 될 믿음의 예로써 설명하고 있다. 만일 바울이 예수님의 신실하심을 하나님의 의를 이루는 핵심적 요소로 생각했다면 로마서 5:15-19절에서 신실함과 불신실함을 대조하며 설명했을 텐데 그렇게 하지 않고 있다. 여섯째, 바울은 율법의 행위(20절)와 신자들의 믿음(22절)을 대조하고 있다. 율법의 행위로는 그 사람에게 하나님의 의가 미치지 않는다. 만일 바울이 예수님의 신실하심으로 하나님의 의가 미친다고 말했다면 이는 사람들이 하나님의 의가 임하도록 믿음을 가질 필요가 없게 된다. 이는 바울이 힘써서 믿음을 칭의의 조건을 가르치고 있는 본문의 내용과 정면으로 모순된다. 이 모든 것을 고려할 때 우리는 3:22절에서 바울은 율법의 행위가 아니라 예수 그리스도를 믿는 믿음을 통해서 하나님의 의가 믿는 자에게 미치게 된다는 것을 가르치고 있다. 그리고 이에는 유대인이나 이방인이나 차별이 없다. 이는 로마서 2:11절 말씀과 연결된다. 그리고 갈 3:26-29절의 말씀과도 일치한다. 누구든지 예수 그리스도를 믿음으로써 하

---

734 Moo.
735 Schreiner.
736 Dunn.

나님의 자녀가 된다. 이들은 유대인이나 헬라인이나 종이나 자주자나 남자나 여자나 차별 없이 다 그리스도 예수 안에서 하나다. 이는 유대인들의 특권주의를 정면으로 부정하는 가르침으로써 장차 로마서 9-11장에서 말씀하는 유대인 그리스도인과 이방인 그리스도인의 관계에 대한 해석에 있어서 고려해야 될 관점이다.

로마서 3:23절의 접속사 갈왜냐하면은 22절 내용의 설명을 도입한다: "모든 사람이 죄를 범하였으매 하나님의 영광에 이르지 못하더니". "모든 사람"은 바울이 로마서 3:4, 9, 12, 19-20절 말씀에서 계속 겨냥하고 있는 대상이다.[737] 죄를 범하다헤이말톤는 동사는 과거시제다. 이는 현재 죄를 짓는 사람이나 미래에 죄를 짓는 사람도 포함하는 개념이다. 따라서 여기서 아오리스트는 gnomic aorist순과거로 보여지며 하나님 앞에서 모든 사람이 죄를 범한 것으로 여김을 받는 사실을 나타낸다. 이는 로마서 5:12절에서 모든 사람이 죄를 지었다는 말씀의 동사의 시제와 일치한다. 즉 앞으로 태어날 아기도 이미 하나님 앞에서 죄인이라는 사실을 나타내고 있다. 이러한 관점에서 바울은 여기서 아담의 원죄를 언급하고 있는 것이 분명하다.[738] 즉 아담의 원죄 때문에 모든 사람은 하나님 앞에서 죄인이고 그로 말미암아 현재 하나님의 영광에 이르지 못하고 있다. 여기서 동사 후스테레오우는 "모자라다", "이르지 못하다", "결핍하다" 등의 뜻을 가진다(시23:1; 눅15:14; 고전1:7; 8:8; 고후11:5, 9; 빌4:12). 여기서 이 동사의 시제는 현재시제다.후스테룬타이 크랜필드는 하나님의 영광에 이르지 못한다의 동사의 현재시제는 신자도 종말 때에야 하나님의 영광에 이른다는 것을 말하는 것이라고 주석한다.[739] 이 해석은 로마서 8:30절에서 하나님께서 신자를 이미 영화롭게 하셨다고 한 사실과 충돌한다. 그런데 바울은 24절에서 의롭다하심을 얻고 있다는 어구를 현재 분사를 사용하여 표현한다. 이는 사람이 하나님의 영광에 이르지 못하다가 믿음으로써 즉시 의롭다하심을 얻게 되고 하나님의 영광 아래로 들어온다는

---

737 Contra J. William Johnson, "Which 'ALL' Sinned??Rom?3:23-24 Reconsidered." *Novum Testamentum* 53/2 (2011) 153-164.

738 Dunn; contra Fitzmyer.

739 Cranfield.

개념을 나타내는 것이다. 물론 신자의 영화는 종말에 완성될 것이다(롬5:2; 8:18, 21).[740] 그러나 바울은 신자는 예수와 연합하여 이미 부활했다고 말씀한다(롬6:3-5). 그리고 그리스도 예수와 함께 하늘에 앉혀졌다(엡2:6). 케제만은 로마서 3:23절에서 하나님의 영광은 미래의 영광이 아니라 로마서 1:23절에서 가리키는 잃어버린 영광이라고 주석한다.[741] Apoc. Mos. 21.6절에서 아담은 이브에게 너는 나로부터 하나님의 영광을 빼앗았다라고 말하며 비난한다. 여기서 영광은 아담이 원죄를 짓기 전에 소유했던 영광을 말한다.[742] 하나님의 영광은 22절의 하나님의 의와 대칭되는 개념으로써 사람이 믿음으로써 의롭다고 선언되면 잃어버린 영광이 그에게 회복되는 것을 의미한다는 것이다. 그래서 케제만은 영광과 하나님의 의의 관계를 이렇게 서술한다. 즉 완전한 낙원의 상태를 회복한다는 관점에서 하나님의 영광은 의라고 할 수 있고 반면에 세상의 논란 즉 유혹이라는 관점에서 의는 신의 영광이다는 것이다. 그러나 이 해석은 하나님의 영광을 인간이 원죄로 잃어버린 속성의 관점에서만 본다는 문제점이 있다. 로마서에서 바울은 영광이란 단어를 17번 사용하고 있다. 그리고 대부분은 하나님의 영광을 가리키고 있다. 하나님의 영광은 하나님의 속성으로써의 영광을 가리킨다고 볼 수 있다(사35:2; 롬8:18; 빌3:21; 살후2:14). 이는 하나님의 보좌에서 영광스럽게 발산하는 빛을 포함한다. 그리고 인간이 하나님을 찬양함으로써 더해지거나 혹은 하나님을 대적함으로써 줄어들 수 없는 하나님 고유의 영광이다. 로마서 5:2절에서 칭의를 받은 신자가 믿음으로써 하나님의 영광을 바라고 즐거워할 때 하나님의 영광은 태초부터 하나님께 있었던 지극히 큰 영광이다. 성도는 고난을 참고 이겨서 바로 이 하나님의 영광에 참예하게 되는 것이다(롬8:18). 하나님께서는 바로의 마음을 강퍅하게 하셔서 이스라엘 백성을 보내지 않도록 하시고 에굽에 열 재앙을 내리셔서 열방을 무서워 떨게 하심으로써 그 영광을 만방에 나타내셨다(롬9:23). 이 때 하나님의 영광은 신자가 예

740 Murray; Cranfield; Barrett; Moo.

741 Käsemann.

742 1 QS 4.22-23; CD 3.19-20; 4 QpPs^{a} 3.1-2.

수님을 구주로 믿음으로써 그 잃어버린 영광을 회복하는 개념의 영광이 아님을 알 수 있다. 하나님의 영광은 모세가 시내산에서 목격한 신의 현현의 영광이며 에스겔이 환상중에 본 구름에 둘러싸인 하나님의 보좌의 영광(쉐키나 영광)을 말한다. 메레이는 사람이 죄 때문에 하나님의 영광에 이르지 못한다는 것은 그가 하나님의 형상을 잃어버린 것을 말한다고 본다. 이는 하나님과의 교제를 잃어버린 것이라고 볼 수도 있다.[743] 바울은 이를 회복하는 것은 하나님의 의를 회복하는 것이고 이는 예수 그리스도를 믿는 믿음을 통해서만 주어진다고 말씀한다.

로마서 3:24절은 의롭다고 선언하다는 뜻의 동사의 현재분사 수동태 디카이우메노이와 함께 시작한다: "그리스도 예수 안에 있는 구속으로 말미암아 하나님의 은혜로 값 없이 의롭다 하심을 얻은 자 되었느니라". 주석가들은 분사 디카이우메노이가 23절이나 25절과 문법적으로 연결이 잘 되지 않고 있다고 생각하면서 25-26절은 바울 자신의 글이 아니고 바울이 참고한 문서에서 인용한 구절이라고 주장한다.[744] 이들은 이 두 절은 장식적인 문체, 소유격 어구들, 전치사구, 색다른 단어, 그리고 바울적이지 않은 신학적 요소들을 포함하고 있기 때문에 바울의 글이라고 할 수 없다는 것이다. 케제만은 그 대표적 학자인데 그는 바울이 25절에 인용하는 전승tradition을 26절에서 고쳐놓고 있다고 주장한다. 그러나 켐벨이 지적하듯이 이 두 절에 포함된 색다는 단어들은 바울의 다른 서신에도 사용되고 있다.[745] 또 이 두 절에 전치사구가 많다는 것도 비바울적이라고 할 수 없다. 또 예수의 피로 화목제물이 되게 하셨다든지 예수안에 있는 구속 등의 개념이 비바울적이라고 하는 것도 주관적이며 독단적인 해석이라고 할 수 있다.[746] 여기서 디카이우메노이의 문법적 기능은 여러가지로 이해된다. (i)디카이우메노이를 23절의 후스테론타이나 헤이말톤과 병렬관계로 보는 것(하나님의 영광에 이르지 못하고 값없이 의롭다함을 얻는다)[747]; (ii)23절의 동사들이 디카이우메노이에 종속

743 Leenhardt.
744 Käsemann.
745 Campbell, *The Rhetoric*, 37-57.
746 Schreiner.

된다(모든 사람이 죄를 범하고 하나님의 영광에 이르지 못하기 때문에 그들은 하나님의 은혜로 의롭다하심을 얻는다)[748]; (iii)디카이우메노이는 21-22a에 직접 연결되고 22b-23절은 삽입구다[749]; (iv)디카이우메노이는 23절의 본동사와 연결되어 있고 "모든 사람"이 그 주어라고 볼 수 있다.[750] 그리고 21-22a 내용을 설명하는 기능을 한다. 필자는 여기서 네 번째 해석이 제일 낫다고 본다. 23-24절의 "모든 사람"은 보편적 모든 사람이 아니라 예수를 믿는 모든 사람이다. 그리고 디카이우메노이는 이들이 의롭다하심을 받는다는 뜻이다. 동사 디카이오오우의롭다고 하다는 로마서에서는 24절에 처음으로 사용되고 있다. 이는 톰 라이트가 주장하듯 윤리적으로 의롭게 되도록 만든다는 뜻이 아니다.[751] 그리고 의롭지 않은데 의롭다고 여긴다는 뜻도 아니다. 또 샌더스가 말하듯이 법적 허구legal fiction도 아니다.[752] 이는 법적인 현실legal reality로서 의롭다고 선언한다는 의미다. 이는 사람의 죄악 때문에 임하는 모든 벌로부터 무죄를 선고받는 것을 말한다.[753] 무죄의 선고는 하나님의 은혜로 말미암아 주어진 하나의 선물이다. 여기서 명사 카리스은혜는 바울의 이신칭의론과 밀접히 관계 있는 개념이다. 무는 은혜는 하나님의 속성이 아니라 하나님께서 그리스도를 통해서 일하신 방식을 가리킨다고 생각한다. 칭의는 사람의 행위가 아닌 전적인 하나님의 뜻에 따라 주어진 선물이다. 이는 그리스도 예수 안에 있는 구속을 통해서 성취되었다.

여기서 구속아폴루트로우시스은 기본적으로 값의 지불을 통한 해방을 의미한다.[754] 고대에는 구속은 전쟁 포로, 종, 죄수를 몸값을 주고 풀어주는 것을 의미했다.[755] 아폴루트로우시스에 내재된 몸값의 개념은 요세푸스나 파일로

747 NIV; Schlier.
748 RSV; Kuss.
749 Sanday and Headlam; Murray; Michel.
750 Cranfield; Moo.
751 N. T. Wright.
752 E. P. Sanders.
753 Moo.
754 B. B. Warfield, *The Person and Work of Christ* (Edited by S. G. Craig. Grand Rapids: Baker, 1950) 430-44; G. A. Deissmann, *Light from the Ancient East: The New Testament Illustrated by Recently Discovered Texts of the Graeco-Roman World* (Translated by L. R. M. Strachan. New York: George H. Doran, 1927) 319-30.
755 Josephus, *Ant*. 12.27; Philo, *Prob. 114; Morris, Apostolic Preaching*, 22-26.

의 글에도 발견되며 칠십인 역에도 루트로오우 동사에 값/비용이라는 뜻이 담겨있다.[756] 던은 이 개념은 구약에도 많이 발견된다고 말한다.[757] 바울이 이것을 그리스도에게 적용했을 때 그는 그리스도의 죽음은 죄인을 위해 하나님께 지불한 값이란 뜻을 의미하는 것이다.[758] 그러나 헬라어에서 이 단어가 몸값이나 비용과 같은 뜻을 포함하지 않고 단지 "건져냄" 혹은 "해방"을 의미하는 경우도 있다.[759] 예를 들어 다니엘 4:34절에 사용된 이 단어는 몸값이라는 의미를 가지고 있지 않다.[760] 마샬은 위 두 견해를 절충하면서 구약에서 이 단어는 항상 값을 지불한다는 의미를 가지고 있는 것은 아니라고 말한다. 그렇지만 비용이라는 개념은 항상 내포되어 있다고 본다.[761] 그러나 일반적으로 이 단어에 그리스도의 죽음을 통한 값의 지불이란 개념이 내포되어 있다는 것을 인정하는 해석이 우세하다. 그 이유는 첫째, 신약에 그리스도의 피값이라는 개념을 내포하는 구절들이 있기 때문이다.[762] 바울은 고린도전서 6:20절에서 성도는 값으로 산것이 되었으니 하나님의 것인 너희 몸과 영으로 하나님께 영광을 돌리라고 말씀한다. 둘째, 바울은 칭의가 하나님의 은혜의 선물이라고 표현하고 있는데 선물은 값을 지불하지 않고 받는 것이다. 이는 예수께서 값을 지불하셨기 때문에 우리편에서 볼 때 선물이 된 것이다. 셋째, 예수 그리스도께서 하나님께 화목제물로 바쳐지신 것 자체가 값의 지불을 가리킨다. 구약의 속죄제사를 위해서 백성들은 소나 양과 같은 제물을 값을 주고 사서 제사장을 통해 하나님께 번제로 드렸다. 성도는 예수 그리스도를 제물로 바치기 위해 값을 지불하고 사지는 않았다. 단지 예수께서 자발적으로 희생제물이 되셨기 때문에 우리에게 값이 면제되었을 뿐이

---

756 Moo.

757 신7:8; 9:26; 13:5; 15:15; 21:8; 24:18; 시25:22; 26:11; 31:5; 32:7; 사41:14; 43:1, 14; 44:22-24; 51:11; 52:3; 62:12; 63:9; Dunn.

758 Ridderbos, *Paul*, 193-94; Morris; Hodge; Godet; Barrett; Michel; Murray.

759 누가 21:28; 롬8:23; 고전1:30; 엡1:7, 14; 4:30; 골1:14; 딛2:14; 벧전1:18; Hill, *Greek Words with Hebrew Meanings*, 53-81; Procksch and Büchsel, *TDNT*, 4:329-35, 341-56; Black.

760 Schreiner.

761 I. H. Marshall, "The Development of the Concept of Redemption in the New Testamemt," in *Reconciliation and Hope: New Testament Essays on Atonement and Eschatology Presented to L. L. Morris on His Sixtieth Birthday* (Edited by R. Banks. Grand Rapids: Eerdmans, 1974) 153-69.

762 엡1:7; 벧전1:18-19.

다. 이렇게 본다면 예수 그리스도의 구속은 우리의 죄사함을 위해서 하나님께 지불한 값이라고 볼 수 있다.[763] 이 값을 예수께서 자발적으로 지불하셨기 때문에 우리에게는 이 값이 면제되게 된 것이다. 우리에게 요구된 것은 값의 지불이 아니라 예수 그리스도를 구주로 믿는 것이다. 이와 함께 율법의 행위도 면제 되었다. 그렇기 때문에 칭의는 그리스도의 구속으로 인한 하나님의 은혜의 선물인 것이다. 그러면 구속이 예수 안에 있다는 말씀은 무슨 뜻인가? 그것은 죄로 부터의 해방이 그리스도로 인해서 십자가에서 성취되었다는 뜻인가 아니면 해방은 죄인이 그리스도를 믿을 때마다 일어나게 된다는 뜻인가? 24절에서 바울은 그리스도가 우리의 구속이 되었다고 표현한다. 구속은 십자가의 피로 한정될 수 없는 것이다. 구속은 그리스도께서 완성하신 집결체다. 그리스도로 말미암아 구속을 위한 몸값은 십자가에서 지불되었지만 칭의와 마찬가지로 구속 자체는 사람이 예수를 믿을 때 적용되게 되는 것이다.[764]

로마서 3:25절의 관계대명사 "혼"은 24절의 "예수 그리스도"에 걸린다: "이 예수를 하나님이 그의 피로 인하여 믿음으로 말미암는 화목제물로 세우셨으니 이는 하나님께서 길이 참으시는 중에 전에 지은 죄를 용서하심으로 자기의 의로우심을 나타내려 하심이니". 여기서 동사 프로티쎄이미는 "계획하다", "제안하다"[765] 혹은 "공개적으로 나타내다"의[766] 뜻을 가진다. 하나님께서 예수를 화목제물로 계획하셨다는 뜻 보다는 화목제물로 공개적으로 나타내셨다는 뜻이 본문의 문맥에 잘 맞는다(출29:23; 40:23; 레24:8; 대상29:6, 9, 17; 롬5:8, 10; 8:3; 고전8:6). 여기서 주석가들은 화목제물힐라스테이리온의 해석에 이견을 보여 왔다. 이 단어가 형용사일 경우 "죄를 씻는"의 뜻을 가진다(출25:17; 4 Macc 17:22). 그리고 명사일 경우 죄를 씻는 수단을 의미

---

763 Cranfield; Moo; Morris; P. Stuhlmacher, "Vicariously Giving His Life for Many, Mark 10:45 (Matt. 20:2S),' ' *Reconciliation, Law and Righteousness* (Philadelphia: Fortress, 1986) 16-29; A. Feuillet, "Le logion sur la rançon," *RSPT* 51 (1967) 365-402.

764 Moo; Dunn; Osborne.

765 NEB; REB; Origen; Ambrosiaster; Chrysostom; J. B. Lightfoot; Lagrange; Cambier; Cranfield; Godet; A. Pluta, *Gottes Bundestreue. Ein Schüisselbegriff in Röm 3,25a* (Bibelstudien 34; Stuttgart: Katholisches Bibelwerk, 1969) 59.

766 RSV; NIV; NASB; Moo; Sanday and Headlam; Osborne; Murray; Fitzmyer; Hultgren; Käsemann.

한다. 이 단어를 명사로 볼 경우 학자들은 "진노를 달램", "속죄", "속죄소", "화목제물" 등으로 번역한다. 첫째, 모리스는 힐라스테이리온은 화를 완화함propitiation을 의미한다고 본다(KJV, ESV).[767] 즉 그리스도의 희생의 제사로 인해서 하나님의 진노가 잠잠하게 되었다는 것이다. 이는 로마서 1:18절 등의 구절과 연관해 볼 때 타당한 해석이다. 그러나 일군의 학자들은 하나님의 진노의 개념에 동의하지 않는다. 지즐러는 하나님의 진노는 너무 동떨어진 개념이기 때문에 진노를 무마한다는 개념이 필요하지 않다고 말한다.[768] 그리고 이 단어를 진노를 가라앉힘propitiation으로 번역할 때 동사 프로티쎄이미(나타내다)와 의미가 어울리지 않는다. 둘째, 도드는 신약이나 칠십인역에서 힐라스케스타이의 어군은 진노를 없앤다는 뜻을 가지고 있지 않다고 주장한다.[769] 그는 신을 잠잠하게 한다 혹은 신을 달랜다는 의미는 이방신의 개념이라고 생각한다. 그래서 그는 이 명사는 속죄함expiation을 의미한다고 말한다(RSV). 그러나 하나님의 진노를 잠잠하게 한다는 의미는 이교에서 신을 달랜다는 개념과는 다르다.[770] 왜냐하면 하나님의 진노는 사람의 죄 때문에 임하는 그의 거룩함에 기초한 심판이지만 이교에서 신의 화는 변덕에 기인하거나 보복적이기 때문이다. 그리고 이 보다 중요한 것은 화목하게 하는 과정이 사람에게서 출발하는 것이 아니라 하나님 자신으로부터 시작된다는 점이다. 모리스는 힐라스케스타이와 그 같은 어족의 단어들이 하나님의 진노의 개념과 관계되어 있다는 것을 보여 준다.[771] 로마서 1:18절 이하에서 바울은 인간의 불의가 하나님의 진노를 불러오고 있다는 것을 말씀하고 있다는 사실은 모리스의 견해를 뒷받침하고 있다. 이 번역의 약점은 그 앞의 번역 "진노를 가라앉힘"과 같이 추상 명사라는 점이다. 그래서 동사 프로티쎄이미와 의미가 잘 어우러지지 않는다.

767 Morris; Deissmann, "ἱλαστήριος", 195-211.
768 J. A. Ziesler, "Salvation Proclaimed: XI. Romans 321-26." *ExpTim* 93 (1981-82) 356-59.
769 RSV; C. H. Dodd, *The Bible and the Greeks* (London: Hodder & Stoughton, 1935) 82-95.
770 Moo.
771 Morris, *The Apostolic Preaching*, 144-213; R. R. Nicole, "C. H. Dodd and the Doctrine of Propitiation," *WTJ* 17 (1954-55) 117-57; N. H. Young, "C. H. Dodd, 'Hilaskesthai' and his Critics," *EvQ* 48 (1976) 67-78.

셋째, 힐라스테이리온은 속죄소mercy seat를 가리킨다는 것이다.[772] 속죄소는 성전의 지성소안에 놓여 있던 언약궤의 금뚜껑 윗면을 말한다. 여호와 하나님께서는 대속죄일에 구름사이에 임재하시고 대제사장이 속죄소에 뿌리는 희생의 피를 통해서 백성의 죄를 사해 주셨다. 그러나 스토트나 모리스 등 여러 주석가들은 이 해석에 반대한다.[773] 그 이유는 많다.[774] (i)이 명사가 칠십인역에 쓰일 때 대개 정관사와 함께 쓰인다. 그런데 로마서 3:25절에서 바울이 정관사 없이 이 단어를 사용하는 이유는 언약궤의 금뚜껑 윗면을 가리키지 않기 때문이라는 것이다. 그러나 이 명사가 25a에서 서술적인 위치에 있기 때문에 바울은 정관사 없이 이 단어를 써서 주어인 하나님과 구별하려 했을 수 있다. (ii)그 개념은 레위기적 상징주의를 채택하지 않고 있는 로마서의 내용과 일치하지 않는다는 것이다. 그러나 로마서 5:1–2, 9–10; 8:3절은 레위기의 제사의 주제와 관계있는 부분이다. 그리고 3:25절의 명사 하이마피는 레위기의 속죄의 주제와 연결되는 개념이다. (iii)하나님께서 그의 피를 믿는 믿음을 통해서 속죄소를 나타내셨다고 하는 개념은 혼동스럽다는 것이다. 왜냐하면 그것은 예수님이 피를 흘리고 뿌린 희생자인 동시에 그 피가 뿌려진 장소라고 하는 것이기 때문이다. 그러나 예수께서 제사장이시며, 희생제물이시며 동시에 피가 뿌려진 속죄소시라는 것이 반드시 혼동을 야기하지는 않는다. 왜냐하면 구약에서도 속죄소가 여호와의 임재를 상징하기 때문이다.[775] 요한복음 10장에서 예수께서는 자신이 선한 목자시라고 밝히시면서 동시에 양우리의 문이라고 설명하신다. 문자적으로 보면 이 상징법은 모순처럼 보인다. 그러나 이 선한 목자의 비유에서 예수께서는 양우리의 문을 통해 들어오지 않는 선생은 강도요 절도며 선한 목자와 완전히 대조된

---

772 Hultgren; Luther; Calvin; Schlatter; Moo; Schreiner; Stuhlmacher; N. S. L. Fryer, "The Meaning and Translation of *ἱλαστήριον* in Romans 3:25." *Evangelical Quarterly* 59 (1987) 99-116.

773 Stott; Morris, *The Apostolic Preaching*, 184-98; Deissmann; J. S. Pobee, *Persecution and Martrydom in the Theology of Paul* (Journal for the Study of the New Testament Supplement Series 6. Sheffield: JSOT Press, 1985); W. Schrage, "Römer 3,21-26 und die Bedeutung des Todes Jesu Christi bei Paulus." in *Das Kreuz Jesu: Theologische Überlegungen* (Edited by P. Rieger. Forum 12. G?ttingen: Vandenhoeck & Ruprecht, 1969) 65-88.

774 Schreiner; Moo; Fitzmyer.

775 Stuhlmacher, "Vicariously Giving", 100.

다는 가르침을 은유적으로 전달하고 계시는 것이다. (iv)바울이 십자가에서 돌아가신 그리스도에게 개인적으로 진 빚때문에 그리스도를 성전의 무기물인 기구에 비유하는 것은 가능하지 않은 일이라는 것이다.[776] 그러나 구약에서 메시야를 뜨인 돌에 비유하고 고린도전서 10장에서도 바울은 그리스도를 광야의 바위로 비유하는 것으로 보아 그가 그리스도를 성전의 거룩한 언약궤의 금뚜껑에 비유하지 못하리라는 법은 없다. (v)구약에서 힐라스테이리온은 속죄소만을 가리키지 않고 제단의 선반을 가리키는데도 사용되고 있다(겔43:14). 따라서 바울이 3:25절에서 반드시 속죄소를 가리키고 있다고 볼 수 없다는 것이다. 그러나 칠십인역에서 이 명사는 총 28회 사용되고 있는데 이 중 21회 속죄소를 의미한다(출25:17-22; 레16:11-17). 이 이유 때문에 로마서 3:25절에서 이 단어가 속죄소를 가리키지 않는다고 말할 수는 없다. (vi)로마교회의 이방인 그리스도인들은 구약의 제사법을 잘 몰랐었기 때문에 바울이 이런 상징법을 사용했을 리 없다는 것이다. 그러나 우리는 로마교회의 이방인 그리스도인들도 칠십인역을 통해서 구약의 전통을 잘 알고 있었다고 생각할 수 있다.[777] 바울은 로마서에서 많은 구약의 구절을 직접 인용하거나 간접적으로 언급하고 있다. 이는 그가 이방인 그리스도인들도 구약의 전통을 잘 알고 있다는 것을 전제로 한 것이다. (vii)25절에서 사용된 동사 프로티테스타이는 하나님께서 속죄소를 공적으로 내보이셨다는 의미를 가지는데 이는 대제사장이 지성소안에서 비공개적으로 속죄소에 피를 뿌리는 것과 상황이 맞지 않는다는 것이다. 그러나 여기서 바울은 구약의 비공개적인 속죄와 그리스도의 십자가의 죽음을 통한 공개적인 죄씻음을 대조하고 있다고 볼 수 있다. 그리스도께서 화목제물이 되신 것은 구약의 속죄의식이 예표하는 모든 상징들을 성취하셨을 뿐 아니라 이것들을 완성하신 것이다. 이러한 측면에서 우리는 로마서 3:25절의 힐라스테이리온을 속죄소로 번역하는 것은 올바른 번역이라고 생각할 수 있다.

무는 이 단어가 대속죄일의 제사를 가르치는 레위기 16장에 여러번 사용

---

776 Cranfield.
777 Fitzmyer; Stuhlmacher, "Apostle Paul' s View of Righteousness," 83.

되고 있는 점을 보아 바울은 이 단어를 사용해서 그리스도께서 십자가에서 이루신 구속이 구약의 대제사장이 지성소안의 속죄소에 피를 뿌림으로써 백성의 죄를 사하는 의식의 종말적 예표가 성취된 것임을 나타내는 것이라고 주장한다.[778] 구약과 유대주의 전통에서 속죄소는 일반적인 속죄의 장소를 가리켰다. 이 관점에서 볼 때 바울이 그리스도를 속죄소로 비유하는 것은 그리스도를 구약의 언약의 성취 즉 속죄의 장소로 제시하는 것이며 나아가 속죄의식 자체를 가리키는 것으로써 제시하고 있다고 할 수 있다. 이 구약의 전통을 고려한 해석은 점점 더 많은 학자들의 지지를 얻고 있다.[779] 이 해석의 장점은 이것이 성경신학적으로 일치하는 해석으로써 구약의 속죄의식과 그리스도의 대속적 죽음을 모형론적typological으로 설명해 준다는 것이다.[780] "이는 신학적으로 견고하며 해석학적으로 뛰어난 해석이다".[781] 한국어 개역성경에 힐라스테이리온은 화목제물이라고 번역되어 있다. 이것은 화목propitiation과 희생제물sacrifice의 개념을 포함하는데 하나님께서 십자가에서 흘린 예수의 피를 통해서 믿음으로써 성도와 화목을 이루게 하셨다는 의미가 내포되어 있다. 이는 속죄소에서 속죄의 제사가 예수의 피를 뿌림으로써 이루어졌고 그 결과 하나님과의 화목이 이루어졌다는 개념을 다 포함하는 번역으로써 "속죄소"와 교환될 수 있는 번역으로 보인다. 영어 성경의 NIV 버젼은 이를 속죄제물sacrifice of atonement이라고 번역해 놓고 있는데 화목보다는 속죄에 더 무게를 둔 번역이다. 화목은 속죄의 결과라고 볼 때 이 두 개념 중 어떤 면에 더 비중을 두느냐에 따라 번역이 달라질 수 있다. 이 중 어느 번역을 선택하든지 예수 그리스도께서 십자가에서 흘린 피는 우리 죄를 속하기 위해서 하나님의 제단에 바쳐진 희생의 제물이었다는 사실을 나타낸다. 혹

778 Moo.

779 Hultgren; Stuhlmacher; Pluta; Meyer; Dobbeler; Davies; Goppelt; Campbell; Nygren; Gifford; Gaugler, Barrett; Wilckens; Fitzmyer; T. W. Manson, "ἱλαστήριον," *JTS* 46 (1945) 1-10; L. Sabourin and S. Lyonnet, *Sin, Redemption and Sacrifice: A Biblical and Patristic Study* (AnBib 48; Rome: Biblical Institute Press, 1970) 157-66; M. Newton, *The Concept of Purity at Qumran and in the Letters of Paul* (SNTSMS 53; Cambridge: Cambridge University, 1985) 75-77.

780 D. McC. L. Judisch, "Propitiation in the Language and Typology of the Old Testament," *Concordia Theological Quarterly* 48 (1984) 231.

781 Moo.

자는 예수 그리스도의 십자가의 죽으심을 마카비 시대의 순교적 죽음의 관점에서 해석하는데[782] 이는 타당한 해석으로 볼 수 없다. 던이 지적하듯이 마카비 시대의 순교는 그리스도의 십자가의 죽으심과 신학적으로 차이가 크다. 그리스도의 죽으심은 하나님의 구속의 계획하에 구약의 선지자들을 통해서 예고하셨고 그리스도께서는 이들의 예언을 성취하심으로써 하나님의 의를 나타내시고 주님을 믿는 모든 사람들에게 죄사함의 축복을 가져오셨다.

25절에 "그의 피로 인하여 믿음으로 말미암는"디아 피스테오우스 엔 토우 아우투 하이마티은 문자적으로 "그의 피를 믿음으로 말미암아"라고 번역해야 될 것 같다. 그러나 그의 피가 믿음의 목적격인 구절은 성경에서 찾아 볼 수 없다.[783] 그래서 "그의 피로 인하여는" 화목제물을 수식하는 어구로 보아야 한다(롬5:9; 엡1:7; 2:13; 골1:20; 히9:12, 14). 마찬 가지로 "믿음으로 말미암는"은 "세우셨다"프로에쎄토보다는 힐라스테이리온을 수식한다고 볼 수 있다. 왜냐하면 하나님께서 성도의 믿음으로 말미암아 예수를 화목제물로 세우신 것은 아니기 때문이다. 하나님께서 예수 그리스도를 화목제물로 세우신 목적은 이 어구 다음에 나오는 에이스into 전치사구에 서술되어 있다: "이는 하나님께서 길이 참으시는 중에 전에 지은 죄를 간과하심으로 자기의 의로우심을 나타내려 하심이니 곧 이 때에 자기의 의로우심을 나타내사 자기도 의로우시며 또한 예수 믿는 자를 의롭다 하려 하심이니라"(롬3:25b–26). 25b에서 "자기의 의로우심을 나타내려 하신다"에이스 엔데이신 테이스 디카이오수네이스 아우투는 것은 예수를 화목제물로 세우신 목적이다. 그런데 이 표현은 학자들간에 몇 가지 다른 해석을 초래했다. 첫째로, 크랜필드나 파이퍼등에 의해 유지되는 전통적인 견해는 "하나님의 의"를 구속적 신실하심이 아니라 하나님의 속성인 공의justice로 이해하고 25b를 하나님께서 전에 지은 죄를 "간과파레시스하

782 Pobee; Hill; S. K. Williams, *Jesus' Death as Saving Event: The Background and Origin of a Concept* (Harvard Dissertations in Religion 2. Missoula, Mont.: Scholars Press for Harvard Theological Review, 1975); E. Lohse, *Märtyrer und Gottesknecht: Untersuchungen zur urchristlichen Verkündigung vom S?hntod Jesu Christi* (2d edition. Forschungen zur Religion und Literatur des Alten und Neuen Testaments 46. Göttingen: Vandenhoeck & Ruprecht, 1963).

783 Dunn; Hultgren; Käsemann; Moo; Schreiner; Osborne.

심"으로 자기의 의로움을 증거했다고 번역한다.[784] 이 번역은 하나님께서 길이 참으심으로써 그리스도를 통해 "이전에 지은 죄"를 용서하심으로써 자신의 공의를 입증하셨다는 의미를 부각하지 않는다. 그러나 파레시스는 용서를 의미한다. 예수 그리스도께서는 십자가에서 하나님의 진노의 제물이 되심으로써 우리를 대신해서 하나님의 공의를 만족시키셨다. 여기서 "이전에 지은 죄"의 의미는 무엇인가. 루터는 이를 우리가 과거에 지은 죄라고 해석한다. 그러나 바울은 여기서 구속사적 관점에서 "이전의 죄"를 의미하고 있다. 다른 사람들은 "이전의 죄"는 그리스도께서 오시기 전에 지은 죄를 말한다고 본다. 이 해석은 그리스도로 인한 죄의 용서가 모든 사람에게 미치고 있다는 점을 간과하고 있다. 여기서 동사 프로기노마이는 신약에 오직 이 절에만 사용된 단어다. 이 동사의 시제가 과거완료인 것은 과거에 지은 죄의 결과가 현재까지 계속되고 있음을 나타낸다. 이 점에서 이 동사의 의미는 로마서 3:23절의 "모든 사람이 죄를 범하였으니"와 연결된다. 그리고 로마서 5:12절의 모든 사람이 죄를 범했다는 표현과도 관계된다. 이는 사람 각자가 자신의 의지에 따라 짓는 죄 뿐 아니라 사람이 하나님 앞에서 아담의 죄로 인해 죄인이 된 사실을 의미한다. 따라서 하나님께서 전에 지은 죄를 용서하셨다는 것은 로마서 5:15절 이하에서 말씀하는 원죄의 제거를 나타낸다고 볼 수 있다. 물론 원죄의 씻어짐은 모든 사람에게 자동으로 주어지는 것이 아니라 믿음을 바탕으로 되어진다. 이 점에서 25절에서 바울은 디아 피스테오우스믿음으로 인해서라는 표현을 명시하고 있다.[785] 이 점에서 볼 때 우리는 파레시스를 "간과하심으로써"가[786] 아니라 "용서하심으로써"라고 번역하는 것이 더 낫다.[787] 즉 파레시스는 아페시스용서와 동의어라고 볼 수 있다.[788]

---

784 Cranfield; Piper, *The Justification of God*, 120-23; Murray.

785 H. G. Meecham, "Romans iii.25f., iv.25 -The Meaning of *δία* c. Ace." Expository Times 50 (1938-39) 564.

786 RSV; Sanday and Headlam; Moo; Cranfield; Barrett; Kuss; Michel; Lagrange; Dunn; J. M. Creed, "*ΠΑΡΕΣΙΣ*in Dionysius of Halicamassus and in St. Paul," *JTS* 41 (1940) 28-30; Simon J. Gathercole, "Justified by Faith, Justified by His Blood: The Evidence of Romans 3:21-4:25." In *Justification and Variegated Nomism*, 2:147-84 (Ed. D. A. Carson, Peter T. O' Brien, and Mark Seifrid. 2 vols. Grand Rapids: Baker Academic, 2001-4).

787 Luther; Calvin; Lietzmann; Stuhlmacher; Käsemann; Wilckens; Fitzmyer; Hultgren; Meyer; S. H. Travis,

둘째, 큄멜이나 케제만 등은 전통적 해석을 떠나 25절에서 하나님의 의는 하나님의 공의를 의미하는 것이 아니라 하나님의 구원의 신실하심 혹은 그 언약에 대한 신실하심을 의미한다고 해석한다.[789] 이에 따라서 25b를 "그의 길이 참으시는 중에 전에 지은 죄를 용서하심을 통해 그의 구속적 신실하심을 나타내시기 위해서"라고 번역한다. 이 번역은 하나님께서 그리스도를 구속을 위한 도구로 사용하셔서 그 구속의 약속을 성취하셨다는 의미를 밝혀준다. 즉 그리스도를 통한 구속의 사역의 완성은 하나님의 언약의 성취를 가리킨다는 것을 나타낸다. 이 번역을 채택하는 학자들은 명사 파레시스를 간과하심으로써가 아니라 용서하심으로써라고 번역한다. 그러나 무는 헬라어 사전에 파레시스는 용서라는 뜻을 가지지 않으며 묵과하다pass over는 뜻을 가진다고 말한다.[790] 이 명사가 법률적 문맥에 적용되면 심판을 보류한다 혹은 기소를 유예한다는 뜻을 가진다는 것이다. 그리고 그 전치사절에 사용된 전치사 "디아"도 "통해서"라고 번역하는 것은 옳지 않다는 것이다. 따라서 큄멜이 제안하는 "이전의 죄를 용서해주심을 통해서 그 의구속적 신실하심를 나타내셨다"라는 번역은 맞지 않는데 그 이유는 바울이 하나님께서 우리가 이전에 지은 죄를 묵과하는 것이 그 구속의 신실하심을 나타내는 이유라고 말씀하는 것은 이치에 맞지 않기 때문이라는 것이다. 여기서 무의 해석과 큄멜의 해석의 차이는 "하나님의 의"의 뜻과 "파레시스"의 의미를 어떻게 볼 것인가에 있다. 그러나 이 양자의 해석의 차이가 25절 본문의 의미에 큰 차이를 가져오지는 않는다. 무의 해석은 예수 그리스도의 구속의 완성으로써 하나님의 공의가 입증된 면을 강조하고 있고 큄멜의 해석은 예수 그리스도를 믿음으로써 죄를 사함받게 하심으로써 하나님의 신실하심이 나타난 면을 강

"Christ as Bearer of Divine Judgment in Paul's Thought about the Atonement." In *Jesus of Nazareth, Lord and Christ: Essays on the Historical Jesus and New Testament Christology* (Ed. Joel B. Green and Max Turner. Grand Rapids: Wm. B. Eerdmans, 1994) 332-45; John A. Ziesler, *Paul's Letter to the Romans* (TPINTC. Philadelphia: Trinity Press International, 1989); R. Bultmann, *TDNT*, 1:511-12.

788 Hodge; contra Barrett; V. Taylor.

789 W. G. Kümmel, "Paresis and Endeixis: A Contribution to the Understanding of the Pauline Doctrine of Justification." *Journal for Theology and the Church* 3 (1967) 1-13; Käsemann; Schlier; Dunn; Wilckens; Stuhlmacher; Campbell; Nygren.

790 Moo.

조하고 있다. 던은 여기서 이것이 아니면 저것이라는 해석을 지양해야 한다고 본다. 그러나 필자는 여기서 하나님의 의는 구속적 신실함보다는 그보다 넓은 의미인 하나님의 공의라고 보는 것이 맞다고 본다. 필자는 로마서 1:17절에서 하나님의 의를 악인을 심판하시는 하나님의 공의를 포함하는 광의의 개념으로 제시했었다. 이 의미는 로마서 3:5절에도 변함없이 채택되고 있고 로마서 3:25절에서도 하나님의 의는 이 광의의 의미를 가지고 있다고 볼 수 있다.[791] 즉 하나님께서 그리스도를 속죄소가 되게 하심으로써 죄인에게 벌을 내리시는 공의의 속성과 믿는 자들에게 죄의 용서를 선물로 주시는 구속을 동시에 이루셨다. 여기서 컴멜이 이전의 죄를 용서하심으로써라고 해석하면서 구속사에 있어서 하나님께서 과거에 죄를 전혀 벌하지 않으셨다고 주장하는 것은 성경신학적으로 근거 없는 해석이다. 25절에서 이전에 지은 죄를 간과하신다는 것은 예수를 믿음으로써 그 죄가 사해졌다는 것을 의미하는 것이지 예수께서 구속을 완성하시기 전에 사람들이 지은 모든 죄를 간과하신 것이라고 해석하는 것은 보편구원론으로써 본문에서 신학적으로나 문법적으로 맞지 않는 해석이다.[792]

26절에서 바울은 25절의 내용을 반복하면서 의미를 더 분명히 해 주고 있다: "곧 이 때에 자기의 의로우심을 나타내사 자기도 의로우시며 또한 예수 믿는 자를 의롭다 하려 하심이니라". 이는 하나님께서 예수를 화목제물로 내주신 것은 자기 의로움을 나타내시려는 것이라는 뜻이다(25절). 그리고 자기 의로우심을 지금 나타내심으로써(26a) 하나님 자신도 의로우시고 예수를 믿는 자들도 의롭게 하려 하심이라는 것이다(26b). 26절에서 명사 아노케이는 "때의 연기"delay of days를 의미한다(출34:6-7). 전치사구 프로스 테인 엔데이신은 전치사 에이스와 같은 기능을 한다 그리고 동사 프로에쎄토를 수식하는 25절의 에이스 엔데이신과 동격관계에 있다. 따라서 프로스 테인 엔데이신 25절의 동사 프로에쎄토에 걸리며 목적을 나타낸다. 즉 하나님께서 세상에 예수를 속죄소로 나타내신 목적은 그의 의를 지금 보여주시기 위해서다.

791 Seifrid, *Justification by Faith*, 220-21.
792 Mundle, *Glaubensbegriff*, 88.

26절에서 바울이 강조하는 것은 하나님께서 그의 의를 보여주시는 시점이 "지금"이라는 점이다(딤전6:17; 딤후4:10; 딛2:12; 고후6:2). "지금"은 이루어진 종말의 의미를 내포한다. 그리고 개인의 회심의 관점에서 구시대와 신시대를 가르는 기점이기도 하다. 26b에서 전치사구 에이스 토 에이나이는 목적을 나타낸다.[793] 그러면 이 어구는 바로 그 앞의 프로스 테인 엔데이신(하나님께서 의로우시며 또한 예수 믿는 자를 의롭다 하시려고 지금 이 때 자기의 의를 나타내셨다)에 걸리는가 아니면 25절의 동사 프로에쎄토에 걸리는가(하나님께서 의로우시며 또한 예수 믿는 자를 의롭다 하시려고 예수를 화목제물로 나타내셨다). 무는 전자의 해석이 더 낫다고 본다. 그러나 많은 주석가들은 후자를 택한다. 필자도 후자를 택한다 그것은 궁극적으로 자기 의를 나타내신 것과 예수를 화목제물로 나타내신 것은 분리될 수 없는 사건이기때문이다. 무는 26b는 25절의 내용의 반복이 아니라 26a와 연결되어 있다고 해석한다. 이는 "지금"과 "예수를 믿는 자를 의롭게 하심"을 연결해주고 하나님께서 의로우심을 나타내신다는 것을 설명해주고 있다는 것이다.[794] 그러나 25절도 하나님의 의가 이전에 지은 죄를 용서해 주심으로써 나타나고 있다고 말씀하고 있다. 바울은 25-26절에서 그리스도를 통해 나타난 하나님의 의를 강조함으로써 그리스도는 악인을 심판하시고 선을 행하는 자를 상 주시는 하나님의 공의를 성취하는 중심에 계신 분으로써 제시하고 있다. 그리스도는 아무 죄도 없이 십자가에서 하나님의 진노의 심판을 다 받으셨다. 이는 하나님께서 악인에게 내리시는 진노를 대신 받으신 것이다. 이를 바탕으로 누구든지 예수를 믿으면 이전에 지은 그의 죄가 사함을 얻는다. 그리고 그에게는 구원이 선물로 주어진다. 이는 그가 선을 행한 자로 여김을 받았기 때문이다. 즉 그가 하나님 앞에서 의롭다고 선언되기 때문이다. 이는 그리스도의 의가 그의 믿음을 통해서 그에게 전가된 것을 말한다. 바울은 이 개념을 26b에서 디카이운타 톤 에크 피스테오우스 이에수라는 어구에서 숙어적으로 표현하고 있다. 에크 피스테오우스 앞에 정관사가 붙는 경우

793 Morris; Fitzmyer.
794 Moo.

는 드물다. 이는 호이 에크 피스테오우스와 동격의 의미로 볼 수 있다(갈3:7, 9). 즉 하나님께서는 예수를 믿는 자들을 의롭다고 여기신다. 여기서 하나님께서 오래 참으심으로써 예수 믿는 자를 의롭게 하시는 분이심을 나타내시는 것은 하나님께서 오래 참으심으로써 자기 의를 지금 나타내시는 목적이 아니다. 반대로 하나님께서는 의로우시기 때문에 사람이 화목제물이신 예수를 믿고 의롭다함을 얻는다는 것을 나타내신 것이다. 이와 반대로 사람이 불의에 거하고 심판을 받을 때 화목제물이 되신 예수는 그에게 하나님의 진노의 심판이 임하는 빙거가 된다. 왜냐하면 그 자신의 죄가 예수의 피로 씻기지 못했기 때문이다. 하나님께서는 죄인의 죄를 용서해 주셔야 될 의무는 없다. 그러나 죄인들이 예수를 믿음을 통해 의롭다함을 입는 선물을 주셨다. 바로 이것이 하나님의 의의 표현이다. 케제만은 26b의 에이스 전치사구에서 접속사 카이를 도구적 의미로 보아서 "하나님께서 예수 믿는 자를 의롭다 하심으로써 자기도 의로우시다는 것을 나타낸다"고 해석한다.[795] 그러나 하나님의 의의 속성이 사람의 구속을 바탕으로 성립한다고 볼 수는 없다. 그래서 여기서 접속사 카이는 부사적 의미인 "심지어"로 해석해야 맞다.[796] 즉 하나님께서 그 의를 지금 나타내시는 것은 사람이 믿음으로 의롭다함을 입는다고 하시기[디카이운타] 때문이 아니다. 하나님은 죄인을 그 믿음으로 의롭다고 하시면서 의로우신 분이시며 나아가 죄인을 믿음으로 의롭다고 하시기까지 의로우신 분이시라는 것을 의미한다.

루터는 25-26절 말씀을 성경 전체의 요점이라고 여겼다. 이런 법률적 개념의 칭의를 부정하고 사회학적인 칭의를 설파하는 신학자들의 주장이 호응을 얻어가고 있는[797] 이 때 바울이 로마서 3:21-26절에서 가르치는 말씀을 바로 이해하는 것은 매우 절실하다. 칭의는 죄의 용서를 내포하는 개념이며 이에 따라 종말적이며 법률적인 개념이다. 신관점주의의 주장처럼 칭의가 교회의 멤버가 되는 선언이라면 교인이 된 그 사람은 자신의 죄를 씻기 위해

795 Käsemann.
796 Cranfield; Moo; Morison, *Exposition*, 343; Schreiner; Piper.
797 Sanders; Wright; Dunn.

평생 노력하는 삶을 살아가야 된다. 즉 자신이 선행으로써 하나님 앞에서 의롭다는 것을 증명할 수 있어야 하는 것이다. 그리고 선행을 할 수 있다고 할지라도 자신의 죄를 씻어야 하는 문제는 여전히 남는다. 그렇다면 예수 그리스도께서 십자가에서 피를 흘리신 것은 무엇인가? 하나님의 사랑을 나타내기 위한 의식에 불과한가? 아니다 바울이 25절에서 레위기 16장의 대속죄일의 주제를 배경으로 힐라스테이리온이라는 개념을 말씀하듯이 믿음으로써 의롭게 되었다는 것은 죄를 용서받았다는 것을 필연적으로 동반하는 개념이다. "이전에 지은 죄"토운 프로게고노토운 하말테이마토운는 하나님 앞에 나가지 못하게 하는 모든 의식적 불결함cultic uncleanness을 가리킨다. 그 일차적 뜻은 아담의 원죄지만 여기서 죄가 복수로 쓰였음을 고려할 때 개인의 잡음죄를 포함하는 개념으로 볼 수 있다. 그런데 우리는 예수를 믿음으로써 이 모든 죄를 사함받은 것이다. 그렇기 때문에 우리가 받은 구원은 하나님의 은혜의 선물이 아니고 무엇이겠는가?

(나) 오직 믿음으로 의로와 짐(롬3:27-31)

로마서 3:27절의 접속사 운그러므로은 21-26절 내용의 결론을 도입하고 있다. 바울은 24-26절에서 일련의 전치사구를 통해서 신학적 내용을 고밀도로 압축해서 제시한 반면에 27절부터는 논박법을 사용해서 스타카토의 질문과 답변의 작문 스타일로써 독자들에게 호흡을 가다듬을 수 있게 한다.[798] 여기서 바울이 실존의 논객과 대화를 주고 받는지[799] 아니면 자신의 가르침을 명확하게 전달하기 위해 질문법을 사용하고 있는지 알기 어렵다.[800] 27-31절에서 바울은 22, 25, 26절에서 설명한 믿음의 주제를 더욱 발전시키면서 세 가지를 강조하고 있다. 첫째, 우리의 구원은 율법의 행위에 있지 않고 믿음에 있기 때문에 아무도 자랑할 자 없다. 둘째, 믿음으로 의롭다함을 받는 점에 있어서 유대인이나 이방인이나 차별이 없다. 셋째, 믿음으로 말미암

---

798 Dunn.
799 Stowers, *Diatribe*, 164-65.
800 Wilckens.

아 우리는 율법을 폐하지 않고 오히려 굳게 세운다.

로마서 3:27절에서 바울은 논박법을 사용해서 말씀한다: "그런즉 자랑할 데가 어디뇨 있을 수가 없느니라 무슨 법으로냐 행위로냐 아니라 오직 믿음의 법으로니라". 명사 카우케이시스는 자랑하는 행위를 의미하며 바울 서신에 10번 사용된다.[801] 그리고 그 동족어 카우케이마는 자랑의 내용을 의미하지만 전자와 의미상 차이가 없다(롬4:2; 고전5:6; 9:15, 16; 고후1:14; 5:12; 9:3; 갈6:4; 빌1:26; 2:16).[802] 유대인들은 자신들이 모세의 율법을 가진 것을 자랑하며 자신들이 하나님께서 선택한 언약의 민족임을 자랑했다(롬2:17). 그리고 할례와 같은 전통을 자랑했다. 이방인들도 자신들의 정의나 도덕적 삶을 자랑했을 수 있다. 무는 여기서 바울이 말씀하는 대상은 유대인들이라고 본다.[803] 그리고 유대인들이 자랑하는 내용은 구속사적인 것 뿐 아니라 인류학적인 것이라고 말한다. 즉 유대인들이 자신들이 하나님과 가지고 있던 특별한 관계를 자랑한 것이 아니라 자신들의 율법주의적 행위를 하나님 앞에 자랑한 것을 의미한다는 것이다. 반면에 샌더스나 던 같은 학자들은 여기서 인류학적 해석보다는 구속역사적 해석을 채택한다.[804] 즉 여기서 바울은 유대인들이 아브라함의 언약과 그 전통을 자랑하며 예수를 믿지 않는 것을 공격하고 있다는 것이다. 그러나 여기서 유대인들의 자랑이 내포하는 구속역사적 측면과 인류학적 측면을 구분하는 것은 어려운 일이다. 유대인들이 자신의 행위를 자랑한 것은 자신들이 하나님의 언약의 백성이라는 민족주의적 입장과 분리될 수 없는 측면을 가지고 있다. 동사 에클레이오우배제하다의 시제는 과거시제다. 이는 자랑할 근거가 과거에 없어진 사실을 나타낸다. 이는 25절에서 말씀하는 그리스도의 구속의 완성의 때와 연결되어 있다. 이는 포괄적 과거constative aorist로써 믿음을 통해 구원받기 때문에 자랑할 것이 없다는 의미 뿐 아니라 사람이 그 행위로써 하나님 앞에서 자랑할

---

801 롬15:17; 고전15:31; 고후1:12; 7:4, 14; 8:24; 11:10, 17; 살전2:19.

802 Bultmann, TDNT, 3:649.

803 Moo; Ridderbos; Westerholm.

804 Sanders; Dunn; Wilckens; R. W. Thompson, "Paul's Double Critique of Jewish Boasting: A Study of Rom 3,27 in Its Context," *Bib* 67 (1986) 520-31.

것이 없는 사실도 포함한다. 그리고 이 동사가 수동태인 것은 우리가 자랑할 것이 없게 만드신 하나님의 역사가 그 배후에 있음을 가리키며 그 일차적 의미는 그리스도의 구속의 완성에 관계되어 있음을 나타낸다.[805] 즉 하나님께서 주신 믿음은 선물로 받는 것이기 때문에 아무도 하나님 앞에서 그 공로를 자랑할 수 없다.

여기서 바울은 "무슨 법으로냐 행위로냐 아니라 오직 믿음의 법으로니라" 라고 말씀한다. 여기서 바울은 행위의 법과 믿음의 법을 대조하고 있다. 어떤 학자들은 여기서 법은 모세의 율법을 가리킨다고 본다.[806] 그것은 바울은 로마서에서 명사 노모스를 사용해서 보통 모세의 율법을 가리키기 때문이다. 이 경우 27절에서 바울은 행위의 관점에서 이해되는 모세의 율법과 믿음의 관점에서 이해되는 율법을 구분하고 있다고 본다. 그러나 이 견해를 채택하고 있는 학자들은 "믿음의 법"의 의미에 대해 다양한 해석을 제시한다.(i)믿음을 증거하는 율법;[807] (ii)믿음을 요구하는 율법;[808] (iii)믿음의 관점에서 본 율법;[809] (iv)믿음안에서 성취된 율법.[810] "믿음의 법"을 믿음의 율법으로 보는 이 해석들은 27절의 형용사 포이우무엇가 질을 의미한다고 본다. 즉 행위의 율법인가 아니면 믿음의 율법인가를 묻고 있다는 것이다. 그리고 이 때 율법을 행위의 관점에서 보는 것은 오류지만 믿음의 관점에서 보는 것은 바르다는 것이다.[811] 그러나 이 해석은 모세의 율법과 믿음이 밀접히 연결된 것으로 본다는데 문제가 있다. 로마서 3:31절에서 바울은 우리가 믿음으로 말미암아 율법을 폐하느뇨라고 묻는다. 이는 이 문단에서 바울이 율법과 믿음을 서로 대비되는 요소로 말씀하고 있다는 것을 나타낸다. 무가 바르게 지적

---

805 Cranfield.

806 Schreiner.

807 G. Friedrich, "Das Gesetz des Glaubens. R?mer 3,27," in *Auf das Wort kommt es an. Gesammelte Aufsätze* (ed. J. H. Friedrich; G?ttingen: Vandenhoeck & Ruprecht, 1978) 107-22; 22; C. T. Rhyne, *Faith Establishes the Law* (SBLDS 55; Chico, CA: Scholars Press, 1981) 67-70.

808 Stuhlmacher; Cranfield.

809 Dunn; Hübner, *Law in Paul' s Thought*, 138-39.

810 Wright, "Messiah and People of God," 117-18; P. von der Osten-Sacken, *Römer 8 als Beispiel paulinischer Soteriologie* (FRLANT 112; Göttingen: Vandenhoeck & Ruprecht, 1975) 245-46; idem, "Das paulinische Verständnis des Gesetzes im Spannungsfeld von Eschatologie und Geschichte," *EvT* 37 (1977) 549-87.

811 Hübner, *Law in Paul' s Thought*, 138-39.

하고 있듯이 로마서와 바울서신에서 믿는 것과 행하는 것은 서로 다른 것으로 구분되고 있다.[812] 그리고 우리가 받은 구원을 자랑할 수 없는 이유는 칭의가 믿음의 율법law of faith을 바탕으로 한 것이 아니라 율법의 행위와는 다른 믿음이란 원칙에 바탕을 두고 있기 때문인 것이다(롬3:21–22).

따라서 우리는 27절의 "믿음의 법"에서 "법"을 문자적으로 율법으로 볼 것이 아니라 은유적으로 규범, 원칙을 의미하는 것으로 볼 수 있다.[813] 이는 여기서 바울이 "무슨 법으로냐"라고 물을 때 두 종류의 다른 법을 대조하고 있다고 본다. 즉 행위의 법이냐 아니면 믿음의 법이냐는 것이다. 즉 우리가 자랑할 수 없는 것은 율법의 행위의 원칙으로 구원받는 것이 아니라 믿음의 원칙으로 구원받기 때문이라는 것이다. 여기서 노모스가 원칙principle을 의미한다고 볼 수 있는 근거는 바울 서신에서 찾을 수 있다. 바울은 로마서 8:2절에서 생명의 성령의 법이라고 표현하고 있고 갈라디아서 6:2절에서는 그리스도의 법이라고 표현한다. 이 구절들에서 법은 모세의 율법을 가리키지 않는 점이 분명하다. 이와 같이 법의 은유적 의미는 헬라문학에도 발견되며 814 헬라 유대 문학에도 발견된다.[815] 이 점에서 무는 27절에서 첫번째 "노모스"는 모세의 율법을 두번째 "노모스"는 원칙을 의미한다고 본다.[816] 로마서 3:20절에서 "율법의 행위"는 모세의 율법에 근거한 행위이고 27절에서 행위는 모세의 율법에 바탕을 둔 행위라고 볼 수도 있다. 이 때 바울은 여기서 말의 놀이play on word를 사용해서 사람이 하나님 앞에서 왜 자랑할 것이 없는가를 강조하는 것이라고 볼 수 있다.[817] 그러나 머레이는 27절의 첫번째 "노모스"가 모세의 율법을 의미하는 것이 아니고 "체계"system를 의미한다고 본다. 즉 바울은 여기서 어떤 체계뇨 행위의 체계냐 아니다 오직 믿음의 체

812 롬2:25-29; 3:20; 4:2-8; 9:31-10:8; 갈3:12.

813 Murray; Sanders; Fitzmyer; H. Räisänen, *Jesus, Paul, and Torah: Collected Essays*. Translations from the German by D. E. Orton (Journal for the Study of the New Testament Supplement Series 43. Sheffield: JSOT Press, 1992) 72-88.

814 H. Kleinknecht, *TDNT*, 4:1023-24.

815 Josephus, *J. W.* 5.123; Philo, *On the Creation* 54, 70; H. Räisänen, "Sprachliches zum Spiel des Paulus mit *ΝΟΜΟΣ*," in *the Torah and Christ* (Publications of the Finnish Exegetical Society 45; Helsinki: Kirjapaino Raamattutalu, 1986) 119-47.

816 Moo; Osborne; Michel; Käsemann; Schlier; Lietzmann; Thielman, *Paul and the Law*, 182-84.

817 Moo.

계를 통해서다라고 말씀하고 있다는 것이다.[818] 즉 여기서 두 노모스는 모두 "원칙," "규범", 혹은 "체계"를 의미하고 있는 것이다. 필자도 이 해석에 동의한다. 27절에서 첫번째 노모스는 모세의 율법을 가리키고 두 번째 노모스는 원칙을 의미한다고 보는 것은 로마서의 독자들이 노모스의 이렇게 복잡한 전문적 의미를 순발적으로 간파하며 바울이 이 절에서 말씀하는 바를 정확히 이해할 수 있었다는 것을 의미한다. 그러나 여기서 바울이 그들이 노모스에 대해 이렇게 전문적으로 이해하고 있었다는 것을 전제하고 말씀하고 있다고 볼 수 없다. 27절의 두 노모스는 이 절에서 하나의 일관된 의미로써 사용되고 있다고 해석하는 것이 바울이 본문에서 말씀하는 뜻을 더 잘 전달한다. 다른 한 편 27절에서 토운 엘고운은 3:20절에서 말씀하는 율법의 행위를 말씀하는 것이 아니고 "행위주의적 원칙"을 의미한다고 보는 것이 본문의 문맥에 더 맞다. 바울은 여기서 율법과 믿음을 대조하는 것이 아니라 행위의 원칙과 믿음의 원칙을 대조하고 있다. 그리고 27절에서 첫번째 "노모스"가 모세의 율법을 가리킨다고 보는 해석은 바울이 여기서 행위의 율법 즉 모세의 율법을 완전히 부정하고 있다는 뜻이 된다. 이는 3:31절 말씀과 모순된다.

로마서 3:28절의 접속사 갈왜냐하면은 27절 내용의 부연설명을 도입하면서 21-27절의 내용을 다시 요약하고 있다: "그러므로 사람이 의롭다 하심을 얻는 것은 율법의 행위에 있지 않고 믿음으로 되는 줄 우리가 인정하노라". 여기서 로기조메싸에서 일인칭 복수는 서간체의 복수라고 볼 수 있다. 이는 바울이 말씀하는 요지에 독자들도 동의한다는 점을 확인하는 표현이다.[819] 바울의 가르침의 요지는 사람이 율법의 행위에 의해서가 아니라 믿음으로 의롭다함을 받는다는 것이다. 여기서 마틴 루터는 "오직"이라는 단어를 집어넣어 주석한다. 사람은 오직 믿음으로 말미암아 의롭다하심을 얻는다는 것은 믿음 외에 다른 길 즉 율법의 행위로써 구원을 받을 수 없다는 것을 강조

818 NIV; RSV; Godet; Hodge; Denney; Murray; Morris; Sanday and Headlam; W. Gutbrod, *TDNT*, 4:1071; Hultgren.

819 Cranfield; Moo; Dunn; *contra* Schreiner.

하는 표현이다. 루터가 "오직"을 삽입해 "오직 믿음"으로 의롭다하심을 얻는다고 강조하는 것은 바울의 가르침을 조금도 변형하지 않는다. 오리겐, 데오도레트, 바실, 크리소스톰, 버나드 등 루터 이전의 많은 주석가들도 오직 믿음으로의 표어로써 바울의 가르침을 설명했다.[820] 그러나 현대의 신관점주의 학자들은 이러한 역사 깊은 주석가들의 해석을 간과하고 루터가 바울을 잘못 이해하고 이신칭의를 바울의 가르침으로 요약했다고 주장한다. 샌더스는 유대주의는 본질적으로 율법주의가 아니라 은혜에 바탕을 둔 종교였다고 말한다.[821] 유대인들은 율법을 지킴으로써 구원받으려 하지 않았고 율법을 지킴으로써 아브라함의 언약의 축복 안에 남으려 했다는 것이다. 그렇기 때문에 바울이 유대주의를 율법주의적 종교라고 공격하는 것은 그가 일 세기 유대주의를 잘못 이해한 결과라는 것이다. 샌더스는 일 세기의 유대 중간사 문헌을 바탕으로 자신의 논지를 증명한다. 그러나 많은 신학자들이 중간사 유대 문헌에 내포된 율법주의적 요소를 밝히고 있다. 즉 제 이차 성전시대에 쓰여진 가경이나 외경, 계시문학 등은 율법주의적 가르침을 포함하고 있다는 것이다.[822] 그리고 유대문학에서 은혜에 대한 가르침이 발견된다고 해도 바울이 유대주의의 율법주의를 공격하는 것이 틀리지 않았다는 것이다. 왜냐하면 바울이 공격하는 것은 유대인들의 위선적 종교적 관행이지 유대문학에서 발견되는 가르침의 내용이 아니기 때문이다.[823] 던이나 라이트는 바울이 유대인들이 자신들의 유대주의 문화적 습속에 바탕을 둔 배타주의 때문에 이방인들이 쉽게 아브라함의 언약의 축복안으로 들어오지 못하는 것을 제거하기 위해 유대인들의 뱃지였던 의식법을 공격하고 있다고 주장한다.[824] 그러나 로마서 3:20절에서처럼 3:28절에서 말씀하는 "율법의 행위"는 좁은 의미의 의식법을 의미하는 것이 아니고 도덕법을 포함한 광의의 법을 의미한다. "율법의 행위"는 바울 서신에 총 여덟번 사용되고 있다(롬

820 Fitzmyer.
821 Sanders, *Paul and Palestinian Judaism*.
822 Schreiner; Laato, *Paulus und das Judentum*, 229-40.
823 Thielman, *Paul and the Law*, 181-82.
824 Dunn; Wright.

3:20; 갈2:16; 3:2, 5, 10). 이 때 "율법의 행위"는 "율법"과 동격이다. 그리고 여기서 율법은 할례법, 안식일법, 음식법 등 유대주의 전통을 대표하는 법이 아니라 도덕법을 포함한 율법 전체를 의미한다. 따라서 사람의 자랑이 배제되는 것은 유대의 의식법을 지킬 수 없기 때문이 아니라 율법을 온전히 지킬 수 없기 때문이다(27절).[825] 여기서 명사 "사람"안쓰로우폰은 유대인 뿐 아니라 모든 일반 사람을 의미한다. 따라서 코우리스 엘고운 노무에서 "법"은 모세의 율법 뿐 아니라 사람의 양심에 새겨진 법도 포함한다고 볼 수 있다.

로마서 3:29절의 접속사 "에이"혹은는 28절 내용의 대체적 내용을 도입한다: "하나님은 홀로 유대인의 하나님 뿐이시뇨 또 이방인의 하나님은 아니시뇨 진실로 이방인의 하나님도 되시느니라". 이 말씀은 만일 칭의가 율법의 행위를 바탕으로 했다면 율법을 받은 유대인들만 칭의의 가능성이 있었을 것이라는 의미다. 그랬다면 하나님께서는 유대인만의 하나님이셨을 것이다. 그러나 칭의의 바탕은 행위의 원칙이 아니라 믿음의 원칙이다. 그러므로 이방인들도 칭의를 받을 수 있다. 이는 하나님께서 유대인 뿐 아니라 이방인의 하나님도 되신다는 것을 의미한다. 하나님께서 한 분이시라는 사실은 구약이나 신약에 분명히 말씀되어 있다.[826] 유일신 신앙은 하나님께서 어느 한 국가의 소유가 아니라는 것을 의미한다(욘4:2; 시145:8-9).[827] 그리고 하나님께서는 이스라엘을 통해서 다른 민족도 이끌어 들이기 원하셨다(창12:1-3; 출19:5-6; 사42:6; 49:6).[828] 그러나 유대인들은 하나님께서 이스라엘을 택하셔서 특별히 사랑하신다는 신념속에 있었다.[829] 그러나 이제 하나님의 선택은 사람들이 그리스도를 믿는 믿음을 통해 민족적이 아니라 개인적 차원의 선택이 되었고 유대인 뿐 아니라 이방인들도 선택하시는 보편적 선택임을 입증하셨다.

---

825 J. Lambribrecht, "Why Is Boasting Excluded? A Note on Rom 3,27 and 4,2." *Ephemerides Theologicae Lovanienses* 61 (1985) 365-69; Thompson, "Paul' s Double Critique."

826 신6:4; 사54:5; 슥14:9; 막12:29; 고전8:4, 6; 갈3:20; 엡4:6; 딤전2:5; 약2:19.

827 N. A. Dahl, "The One God of Jews and Gentiles (Rom 3:29-30)," in *Studies in Paul Theology for Early Christian Mission* (Minneapolis: Fortress, 1977) 178-91.

828 Osborne.

829 신32:8-9; Sir 17:17; 시44:4; Jub.15.31-32.

로마서 3:30절의 에이페르if indeed는 29절의 이유를 설명한다: "할례자도 믿음으로 말미암아 또는 무할례자도 믿음으로 말미암아 의롭다 하실 하나님은 한 분이시니라". 이는 29절의 나이 카이 에쓰노운의 의미를 강조하고 있다. 하나님께서 한 분이시라면 유대인 뿐 아니라 이방인의 하나님도 되시는 것이다. 그리고 이 한 분 하나님께서는 유대인 뿐 아니라 이방인도 믿음으로 의롭다하시는 하나님이시다. 이는 28절의 코우리스 엘고운 노무율법의 행위로써가 아니라의 원칙이 유대인 뿐 아니라 이방인에게도 적용됨을 의미한다. 동사 디카이오오우의롭게 하다의 시제는 미래시제다. 학자들은 이를 보통 논리적 미래 시제gnomic future로 본다.[830] 그러나 던도 지적하듯이 이 동사의 미래 시제가 내포하는 종말적 의미를 배제하는 것은 타당하지 않다.[831] 여기서 바울은 "믿음으로"를 두 가지로 표현하고 있다: "에크 피스테오우스"와 "디아 테이스 피스테오우스". 여기서 전치사 "에크"와 "디아"는 표현상의 차이지 의미상 차이를 내포하지 않는다.[832] 개스튼은 둘 다 하나님의 신실하심을 의미한다고 주장한다.[833] 그러나 피스티스는 로마서 4장에서 아브라함의 믿음(롬 4:5, 9, 11, 12, 19, 20) 혹은 하나님의 신실하심(롬4:13, 14, 16)을 의미하듯이 3:30절에서 이 단어가 하나님의 신실하심을 가리킨다고 해석할 근거는 없다.[834] 개거는 30절의 첫 피스티스는 이스라엘의 신실함율법을 행함이라고 해석한다.[835] 이 해석은 21-26절에서 바울이 말씀한 이신칭의의 가르침과 모순된다. 스타우어즈는 두 전치사구는 그리스도의 신실함을 가리킨다고 본다.[836] 그러나 30절에서 피스티스는 소유격 명사 "그리스도"가 없기 때문에 이 해석은 주석적으로 신학적으로 옳지 않다. 샌데이와 헤들램은 유대인들

---

830 Kuss; Cranfield; Moo; Käsemann.

831 Dunn; Schreiner; Fitzmyer; Schlier.

832 Murray; Osborne; Lietzmann; Dunn; Lagrange; Denney; Schlier; Augustine, *Spirit and Letter*, 29.50 (NPNF 5.104-5); D. A. Campbell, "Meaning of πίστις and νόμος in Paul: A Linguistic and Structural Perspective," *JBL* 111/1 (1992) 93-96.

833 L. Gaston, *Paul and the Torah* (Vancouver: University of British Columbia Press, 1987) 173.

834 Dunn.

835 J. G. Gager, *The Origins of Anti-Semitism: Attitudes toward Judaism in Pagan and Christian Antiquity* (New York: Oxford University Press, 1983) 217.

836 Stowers, "Εκ Πίστεως," 665-74; A. Schlatter, *Gottes Gerechtigkeit* (Stuttgart: Calwer Verlag, 1935) 155-56; Godet.

은 믿음을 바탕으로 칭의를 받고 할례는 이에 따른 상황이기 때문에 에크 피스테오우스를 사용했다고 해석한다. 즉 유대인의 믿음과 이방인의 믿음의 성격이 다르기 때문에 바울은 에크는 유대인에게 디아는 이방인에게 적용했다는 것이다. 사실 전치사 에크와 디아가 공통의 목적어를 가지고 있는 경우가 신약의 두 구절에서 발견된다. 이 때 이 두 전치사는 서로 다른 의미를 가지고 있다(롬11:36; 벧후3:5). 이는 에크 피스테오우스와 디아 테이스 피스테오우스가 스타일 상 뿐 아니라 의미상의 차이도 가지는 듯하다. 그러나 앞의 학자들이 제안한 해석은 모두 문제점이 있다. 그리고 디아 테이스 피스테오우스에는 정관사가 첨가되어 있다. 이는 이방인의 믿음이 그 앞의 믿음 즉 할례자들의 믿음과 똑 같은 믿음임을 나타낸다.[837] 이 점에서 30절에서 에크와 디아의 차이는 스타일상의 차이 이상의 의미가 없다고 볼 수 있다.[838] 바울은 다른 구절에서 이방인이 믿음으로 의롭게 되는 것도 에크 피스테오우스로 표현하고 있다(롬5:1; 9:30; 갈3:8). 캘빈은 바울이 여기서 의도적으로 비꼬는 표현을 쓰기 위해서 스타일에 변화를 주었다고 주장한다. "즉 누군가 만일 유대인과 이방인간에 차이를 두기를 원한다면 이렇게 해라 즉 하나는 믿음으로써 의롭게 되고 다른 사람은 믿음을 통해서 의롭게 된다라고."[839] 바울이 30절에서 할례자페리토메이와 무할례자아크로부스티아라는 단어를 사용해 유대인과 이방인을 의미하는 것은 의도적이라고 할 수 있다. 유대인들은 자신들을 할례자들이라고 자랑하고 있었고 이방인들을 무할례자들이라고 무시하고 있었다. 그들이 만일 할례를 받지 않으면 구원받을 수 없다고 생각했다면 바울의 이 가르침을 불편하게 생각했을 것이다. 빌립보서3:1절 이하에서 바울이 할례당을 철저히 경고하는 것은 교회에 이미 이들의 의식주의가 침투해 있었음을 말해준다. 만일 로마교회에도 할례파 유대인들이 있었다면 로마서 3:30절의 가르침은 이들에게 할례가 구원을 위해 무익하다는 것을 새삼 확인해 주었을 것이다.

---

837 NIV; Moule; Morris; N. Turner, *Grammatical Insights into the New Testament* (Edinburgh: T & T Clark, 1965) 108-9.
838 에크 (롬1:17; 3:26; 4:16; 5:1; 9:30; 10:6); 디아 (갈2:16; 3:14, 26; 엡2:8; 빌3:9; 딤후3:15).
839 Calvin.

로마서 3:31절의 접속사 운그러므로은 27-30절의 결론을 도입한다: "그런즉 우리가 믿음으로 말미암아 율법을 폐하느뇨 그럴 수 없느니라 도리어 율법을 굳게 세우느니라". 어떤 학자들은 31절이 4장의 서론이라고 주장한다.[840] 바울이 3:31절에서 율법을 굳게 세운다는 장엄한 선언을 한 다음 갑자기 로마서 4장에서 주제를 바꿀리 없다는 것이다. 그리고 로마서 4장은 3:31절에 대한 적절한 설명이라는 것이다. 만일 이 가설이 옳다면 로마서 4:1절은 접속사 갈왜냐하면로 시작해야 한다.[841] 그러나 로마서 4:1절은 접속사 운그러므로으로 시작하며 아브라함의 믿음을 소개한다. 이는 율법을 굳게 세운다고 말씀하는 31절 내용과 직접 연결되지 않는다. 따라서 3:31절은 27-30절에 대한 장엄한 결론이라고 볼 수 있다.[842] 여기서 동사 카탈게오우는 "폐하다", "제거하다", "무효로 만들다" 등을 의미한다. 그리고 동사 히스테이미는 "세우다", "확인하다", "명확히하다" 등을 의미한다. 학자들은 이 두 단어를 히브리어 바탈폐하다과 쿰확인하다과 연결해서 설명한다.[843] 그러나 위 두 헬라어 동사가 랍비문학의 이 두 동사의 의미를 배경으로 하고 있다는 확실한 증거는 없다.[844] 여기서 율법의 의미는 무엇인가. (i)던은 여기서 법노모스은 모세 율법이 아니라 구약을 의미한다고 본다.[845] 그러나 바울은 로마서 3:21절에서 구약을 노모스법와 프로페이테이스선지자로 구분하고 있다. 그리고 27-30절에서 법을 일관되게 믿음과 대조하고 있다. 그리고 31절에서 노모스가 구약을 의미한다면 우리가 믿음으로 말미암아 구약을 폐하느뇨 그럴 수 없느니라 도리어 구약을 굳게 세우느니라라는 의미가 되는데 이는 바울이 로마서에서 가르치는 노모스에 대한 내용과 거리가 있다. 그리고 로마서 3:20절, 28절에서 말씀하는 율법의 행위는 모세의 율법에 바탕을 둔 행위주의를 의미하지 구약을 바탕으로 한 행위주의를 의미하지 않는다. (ii)머

840 Lagrange; Meyer; Cornely; Achtemeier.
841 Schreiner; Moo.
842 Murray; Sanday and Headlam; Dunn; Moo; Barrett; Calvin; Kuss; Cranfield.
843 Cranfield; Michel; Gerhardsson, *Memory and Manuscript*, 287; Dunn; K?semann.
844 Cambier; Moo; Fitzmyer; Schreiner; R. W. Thompson, "The Alleged Rabbinic Background of Rom 3,31." *Ephemerides Theologicae Lovanienses* 63 (1987) 136-48; Rhyne, Faith Establishes the Law, 73-74.
845 Dunn; Luz, *Gesetz*, 105; Hofius, "Gesetz," 278; Byrne.

레이는 31절에서 노모스는 보편적인 계명commandment을 의미한다고 본다.[846] 이 해석은 타당한 면이 있다. 그러나 31절의 첫번째 노모스는 광의의 의미의 법이 아니라 협의의 의미의 법을 의미한다고 보는 것이 낫다. (iii)오스본은 여기서 법은 모세의 율법을 의미한다고 본다.[847] 필자도 이 해석에 동의한다. 그러나 27-30절에서 바울이 이방인과 유대인 모두에게 법에 바탕을 둔 행위주의의 무용성을 말씀하는 점을 고려할 때 31절의 노모스는 일반적인 법도 포함하는 것으로 보는 것이 더 낫다.[848]

바울은 우리가 믿음으로 말미암아 율법을 폐하는가 묻고 즉각 메이 게노이토라고 말씀하며 이를 단호히 부정한다. 그리고 접속사 알라그러나와 함께 그 반대 개념을 말씀한다. "우리는 율법을 굳게 세운다". 이 장엄한 선언의 문장을 어떻게 이해할 것인가. 학자들은 여러 해석을 제시하고 있다. (i)많은 학자들은 여기서 우리가 율법을 세운다는 것은 율법이 칭의론의 타당함을 증거한다는 것을 의미한다고 본다.[849] 로마서 3:20절 말씀을 볼 때 이 견해는 타당한 면이 있다. 즉 사람들은 율법을 지키지 못하고 죄를 지을 때 자신의 무능함을 깨닫는다. 그리고 절망에 빠질 때 하나님께서 마련하신 한 의 즉 그리스도께서 완성하신 복음의 필연성을 인정하고 감사하게 된다. 율법은 사람의 무능을 확인하고 그리스도의 복음을 받아들이게 한다. 그러나 무는 율법과 선지자들(21절) 혹은 성경말씀(갈3:8)이 복음에 대해 증거하지 율법 혼자서 증거하는 경우는 없다고 말한다.[850] 그러나 예수께서는 모세의 가르침이 곧 그리스도 자신에 대해 말씀한 것이라고 말씀하셨다(요5:46). 그리고 율법은 우리를 그리스도께 인도하는 몽학선생이 되어 우리로 하여금 믿

---

846 Murray.

847 Osborne; Sanday and Headlam; Cranfield; Fitzmyer; Rhyne; Moo; Lohse.

848 Morris.

849 Rhyne; Cambier; ; Godet; Meyer; Käsemann; G. Friedrich, "Das Gesetz des Glaubens Rom. 3,27." *Theologische Zeitschrift* 10 (1954) 401-17; E. Lohse, " 'Wir richten das Gesetz auf!' Glaube und Thora im Römerbrief," in *Treue zur Thora. Beiträge zur Mitte des christlich-jüdischen Gesprächs* (ed. R von der Osten-Sacken; Berlin: Institute Kirche und Judentum, 1977) 65; O. Hofius, "Das Gesetz des Mose und das Gesetz Christi," *ZTK* 80 (1983) 279-80.

850 Murray; Cranfield; Moo; J. Lambrecht and R. W. Thompson, *Justification by Faith: The Implications of Romans 3:27-31* (Zacchaeus Studies: New Testament; Wilmington, DE: Michael Glazier, 1989) 45-50; G. Klein, "Römer 4 und die Idee des Heilsgeschichte," in *Rekonstruction und Interpretation: Gesammelte Aufsätze zum Neuen Testament* (BEvT 50; Munich: Kaiser, 1969) 166-67.

음으로 말미암아 의롭다 함을 얻게 한다(갈3:24). 이 점에서 율법은 그리스도를 증거하고 있다고 할 수 있다. (ii)율법은 죄인을 정죄하는 기능을 가진다.[851] 로마서 3:19절은 율법의 정죄의 기능에 대해 분명히 말씀하고 있다. 곧 율법은 모든 입을 막고 온 세상으로 하나님의 심판 아래 있게 하려 함이다. 그러나 휘브너는 율법의 정죄의 기능은 로마서 3:21-30절의 문맥에서 뚜렷하지 않다고 말한다. 그런데 바울이 우리가 율법을 세운다고 말씀할 때 율법의 정죄의 기능을 배제하고 있다는 근거가 없다. 바울은 본문에서 율법의 기능을 세분해서 말씀하지 않고 그 포괄적 기능의 관점에서 율법을 세운다고 말씀하고 있다. (iii)바울이 우리가 율법을 세운다고 말씀할 때 그것은 율법의 명령의 기능을 세운다는 뜻이다.[852] 그러면 이는 그리스도인들이 도덕법을 지켜야 한다는 뜻인가; 아니면 우리가 믿음을 통해 율법의 요구가 이루어진다는 것을 의미하는가.[853] 무는 여기서 법은 우리가 그리스도를 믿음을 통해서 완성된 법을 의미한다고 주장한다. 만일 그리스도를 믿음을 통해서 율법이 이루어졌다면 그 명령의 기능이 완성되었다는 것을 의미하고 이는 이미 성취된 율법을 굳게 세운다는 의미가 되는데 이는 자충의 의미를 내포한다. 또 로마서 13:8-10절은 그리스도인들도 십계명을 지켜야 됨을 상기시키고 있다. 믿음을 가진 것은 율법의 요구를 이루는 것을 가능하게 한다. 그 율법의 핵심은 사랑이다. 사랑하는 자는 율법을 이룬 것이다. 믿음과 사랑은 동전의 앞뒤면과 같다. 바울은 갈라디아서 5:6절에서 사랑으로써 역사하는 믿음을 강조하고 있다. 믿음을 가진 자는 율법 대로 살 것이다. 그러나 율법에 순종하는 행위가 자랑이 되지는 않는다. 그것은 믿음을 가진 결과 나타나는 복종하는 삶이기 때문이다. 따라서 쉬라이너는 여기서 율법의 명령의 기능은 그리스도인들이 율법을 지키는 것을 의미한다고 해석한다. 그리

851 W. Grundmann, *TDNT*, 7:649; A. J. Bandstra, *The Law and the Elements of the World* (Kampen: Kok, 1964) 99-100; W. Feyerabend, "Uber den Schluss des 3. Kapitels im Briefe an die R?mer," *NKZ* 3 (1892) 409-20.

852 Murray; Moo; Schreiner; Fitzmyer; Stott; Delling, *TDNT*, 1:453.

853 Fitzmyer; Moo; Haldane; Gaugler; P. von der Osten-Sacken, *Das Evangelium als Einheit von Verheiβ ung und Gesetz. Grundzüge paulinischer Theologie, Evangelium und Tora: Aufsätze zu Paulus* (Munich: Kaiser, 1987) 22-23, 25.

스도인에게 도덕법은 폐기되지 않았다는 것이다. 그러나 31절에서 바울은 포괄적인 의미의 법을 말씀하고 있지 도덕법만을 의미하고 있는 것이 아니다. 여기서 법은 모세의 율법 즉 도덕법, 의식법, 민법 등 모든 법을 망라하는 포괄적인 법이다.[854] 그리고 그리스도인들은 이 법을 굳게 세운다는 것이다. 따라서 필자는 "우리는 율법을 굳게 세운다"는 것은 모세의 율법이 폐기되지 않았다는 것을 의미하는 것으로 본다. 예수께서도 인자가 온 것은 율법을 폐기하려함이 아니요 이를 완성하려함이라고 말씀하셨다(마5:18). 따라서 우리가 율법을 세우는 것은 도덕법 만을 세우는 것이 아니라 율법을 포괄적으로 세운다는 뜻이다. 그것은 율법은 본시 선한 것이라는 말씀과도 일치한다. 이는 하나님의 거룩함의 표준을 제시하는 명령이며 그리스도의 복음으로 온전히 성취되었다. 그리고 믿음으로 예수안에 들어온 성도는 율법이 이루어진 것으로 여겨질 뿐 아니라 율법이 요구하는 삶을 살 수 있는 능력을 가지고 있다. 즉 이들은 마음을 새롭게 하며 변화를 받아 하나님의 기뻐하시고 선하신 뜻이 무엇인지 깨달으며 그 뜻대로 살며 걷는 자들이다(롬12:1-2). 이 점에서 율법은 성도의 삶 속에 굳건히 서 있다고 할 수 있다. 동사 히스타노멘의 시제가 현재인 것은 성령의 인도를 받으며 항상 율법의 기준에 맞추는 삶을 살아가는 성도의 삶을 가리키고 있다(롬8:9-14).[855]

(다) 유대인과 이방인의 조상 아브라함(롬4:1-25)

로마서 4:1절은 접속사 운그러므로으로 시작된다. 로마서 4장은 로마서 3:27-31절의 내용 즉 하나님은 유대인과 이방인의 하나님이시며 율법의 행위가 아니라 오직 믿음으로 의롭다하시는 하나님이시라는 사실을 예를 들어 설명한다. 바울은 믿음의 조상으로써 유대인 전통에 있어서 대표적 인물 아브라함을 선택한다. 그리고 아브라함을 믿음으로 의롭다하심을 입은 전형적인 사람으로 제시한다. 유대인들은 전통적으로 아브라함을 의인으로 생각했

854 Fitzmyer.
855 Morris; Cranfield.

다.[856] 그리고 아브라함의 후손들인 자신들도 아브라함의 영적 유산을 누리고 있다고 믿었다. 쥬빌리 23:10절은 아브라함은 하나님 앞에서 그 모든 행위가 완전한 자이며 그 전 생애에 있어서 옳은 행실로써 기쁨을 주었다고 기록한다. 시락 44:19-20은 그 영광에 있어서 아브라함을 미치는 자는 없고 그는 지극히 높으신 분의 율법을 지켰다고 말한다. Psalms of Sol. 9:8-9는 아브라함으로 인해 그 자손들도 택함받은 백성으로써 하나님과 특별한 관계를 가지는 지위를 얻었다고 말한다. 케제만은 바울은 이러한 유대전통을 연장하거나 수정하는 것이 아니라 아브라함에 대한 창세기의 말씀을 문법적으로 해석하면서 이신칭의를 입증함으로써 아브라함의 의를 행위에 기초한 것으로 제시하는 유대문학의 전통과 대조시키고 있다고 말한다.[857] 그러나 필자는 바울은 이러한 유대 전통에 메스를 가했다고 본다. 하나님께서 아브라함을 부르신 것은 그가 우상숭배자였을 때였고 아브라함이 믿음으로 의롭다 함을 받은 것은 그가 악한 자였을 때였다. 이는 율법의 행위로 의롭함을 받지 못한다는 가르침을 확인하는 말씀이다. 그리고 같은 믿음으로 구원받는 사람들도 행위가 아닌 믿음으로 구원받는다는 가르침의 패러다임을 구축하는 것이다. 로마서 4장은 이신칭의의 진실성을 입증하는 변증학적 논설로 볼 수 있다.[858] 반면에 민데는 로마서 4장은 미드라쉬라고 주장한다. 이는 창세기 15:6절에 대한 해설이라는 것이다.[859] 그는 바울 이전 시기 이방인 그리스도인들로부터 말미암은 미드라쉬의 흔적을 로마서 4:3, 11, 12, 16, 17a, 18c에서 찾는다. 그러나 로마서 4장은 바울 자신이 쓴 것이라는 막스네스의 분석이 더 타당하다.[860] 바울은 구약의 대표적인 구절들을 인용하면서 자신의 가르침을 설득력있게 설명하고 있다. 피츠마이어도 지적하듯이 로마

856 Philo, *On Abraham*, 52-54; Josephus, *Ant*. 1.256; *m. Qidd*. 4.14; *2 Apoc. Bar*. 57:2; Harrisville, *Abraham*, 47-135; G. Mayer, "Aspekte des Abrahambildes in der hellenistisch-judischen Literatur," *EvT* 32 (1972) 118-27.

857 E. Käsemann, "The Faith of Abraham in Romans 4," *Perspectives on Paul* (London: SCM, 1971) 79.

858 Anthony J. Guerra, "Romans 4 as Apologetic Theology." *HTR* 81 (1988) 251-52.

859 H.?J. van der Minde, *Schrift und Tradition bei Paulus: Ihre Bedeutung und Funktion im Römerbrief* (Paderborner theologische Studien 3. Munich: Sch?ningh, 1976) 78-83; Michel; P. Borgen, *Bread from Heaven* (NovTSup 10; Leiden: Brill, 1965) 49.

860 H. Moxnes, *Theology in Conflict: Studies in Paul' s Understanding of God in Romans* (Supplements to Novum Testamentum 53. Leiden: Brill, 1980) 204-5; Moo; Dunn; Schreiner.

서 3:21절에서 바울은 믿음을 통한 의가 이미 구약의 율법과 선지자에 의해서 증거되었다고 선언했다.[861] 이에 따라 그는 로마서 4장에서 창세기 15:6절과 시편 32:1-2절을 인용하면서 앞의 구절을 설명하고 있다. 만일 아브라함이 하나님 앞에서 자랑할 만한 아무 이유가 없다면 다른 모든 사람들은 더더욱 자랑할 것이 없어진다. 아브라함이 행위로써가 아니고 믿음으로써 의롭다함을 받았다면 다른 모든 사람은 더더욱 그럴 것이다. 이와 같은 논리가 성립된다면 로마서 3:27-31절의 가르침이 옳다는 것도 입증된다.

로마서 4장의 내용을 분석하면, 로마서 4:1-2절은 아브라함이 행위로 의롭다하심을 얻지 않았기 때문에 아브라함도 자랑할 것이 없다고 말씀한다. 3-8절은 창세기 15:6절과 시편 32:1-2절을 배경으로 이신칭의를 설명하고 있다. 9-12절은 할례와 무할례를 대조하면서 아브라함이 의롭다고 여기심을 받은 시점이 무할례시인 것은 그가 믿음으로 의롭다하심을 얻는 무할례자의 조상도 되게 하시기 위해서라는 것을 설명한다. 13-22절은 아브라함이 믿을 수 없는 중에 하나님의 약속을 믿었다는 점을 다시 강조하고 이에 따라 믿음으로 의롭다 하심을 얻을 모든 민족의 조상이 되게 되었다는 점을 말씀한다. 23-25절은 앞서 말한 진리를 모든 그리스도인들에게 적용하면서 그 정당함을 확인하고 있다. 여기서 바울은 아브라함의 믿음을 그리스도인들의 믿음의 모범적 예로 제시하고 있다. 그리고 이 보다 더 중요한 점은 구속사적으로 아브라함의 믿음은 그리스도인들의 믿음과 같은 믿음이라는 것이다. 그렇지 않다면 바울은 아브라함의 믿음을 모든 사람들의 믿음의 본보기로 사용하지 않았을 것이다.[862]

(ㄱ) 믿음과 칭의(롬4:1-8)

로마서 4:1-2절은 로마서 3:27-28절과 연결된다. 사람은 율법의 행위가

861 Fitzmyer.

862 Hultgren; U. Wilckens, "Die Rechtfertigung Abrahams nach Römer 4," in *Studien zur Theologie der alttestamentlichen Überlieferungen*. Festschrift für Gerhard von Rad (ed. R. Rendtorff and K. Koch; Neukirchen/Vluyn: Neukirchener, 1961) 111-27; *contra* G. Klein, "Exegetische Probleme in Romer 3,21 - 4,25," in *Rekonstruction und Interpretation: Gesammelte Aufsätze zum Neuen Testament* (Beitr?ge zur evangelischen Theologie 50. Munich: Chr. Kaiser, 1969) 170-79.

아니라 믿음으로 의롭다함을 얻는다. 이 점에서 아브라함도 예외가 아니다. 유대주의 가르침처럼 아브라함은 그의 공로로 의롭다함을 입은 사람이 아니다. 로마서 4:3절은 창세기 15:6절을 배경으로 아브라함은 믿음을 통해 의롭다함을 얻었다는 것을 확인한다. 로마서 4:4–5절은 아브라함이 의롭다하심을 얻을 때 그의 상태는 경건치 않음이었다는 것을 말씀한다. 즉 아브라함은 경건하지 않았을 때 하나님의 은혜로써 믿음을 통해 의롭다하심을 얻었다. 여기서 바울은 이신칭의가 전적으로 하나님의 은혜에 바탕을 두고 있다는 것을 강조한다. 로마서 4:6–8절은 이신칭의의 가르침은 창세기 뿐 아니라 다윗의 시에도 확인되어 있다는 것을 말씀한다. 바울은 시편 32:1–2절을 인용하면서 칭의는 죄의 용서를 수반하는 것임을 명시하고 있다. 즉 칭의는 일차적으로 도덕적 변화를 가져오는 개념이 아니라 죄의 용서와 밀접히 연관되어 있다. 바울은 로마서 4:1–8절에서 창세기 15:6절과 시편 32:1–2절을 배경으로 이신칭의론의 진실성을 증명하며 로마서 3:21절 말씀을 확인하고 있다. 즉 구약은 자신이 가르치는 이신칭의론을 이미 말씀해 놓고 있다는 것이다.

로마서 4:1절의 접속사 운그러므로은 주제의 전환을 나타낸다: "그런즉 우리 조상된 아브라함이 육신으로 발견한 것에 대해 우리가 무슨 말 하리요". 여기서 동사 유레이케나이는 어떤 사본에는 (i)아브라함 전에(ℵ A C D G); 혹은 (ii)헤이모운 뒤에(K P) 오거나; 혹은 (iii)완전히 생략되어 있다(B 1979; RSV, NEB, JB). 메츠거는 사서가 실수로 이 동사를 생략한 것으로 보고 원문에는 이 동사가 있었을 것으로 생각한다.[863] 만일 유레이케나이가 헤이모운 뒤에 오면 카타 살카육신으로는 유레이케나이를 수식하게 된다(그런즉 아브라함이 육신으로 발견한 것에 대해 우리가 무슨 말 하리요). 헤이즈는 여기서 동사 발견한다의 주어를 "우리"로 본다. 그러면 번역은 "우리가 육신으로 아브라함이 우리 조상임을 발견한 것에 대해서 우리가 무슨 말하리요"가 된다.[864] 이 번역은 바울이 찾고 있는 것은 아브라함이 유대인들의 조상인가

863 Metzger; Morris.
864 R. B. Hays, " 'Have We Found Abraham to Be Our Forefather according to the Flesh?' A

하는 점이라는 것이다. 그러나 이 번역은 부정사 유레이케나이 뒤에 두 개의 목적격 "아브라함"과 "우리 조상"이 있다는 점이 어색하다.[865] 그리고 헤이즈의 번역이 옳다면 본문에서 일인칭 복수 대명사는 헤이모운이 아니라 헤이마스가 되어야 맞다. 따라서 우리는 이 절에서 목적격 아브라함을 이 동사의 주어로 보는 것이 문법적으로 더 자연스럽다. 어떤 학자들은 여기서 카타 살카를 "육신적 노력에 의해서"라고 해석하고 동사 유레이케나이를 수식한다고 본다.[866] 그러면 번역은 "우리 조상 아브라함이 육신의 노력으로 발견한 것에 대해 우리가 무슨 말 하리요"가 된다. 이는 바울이 로마서 4장에서 말씀하는 이신칭의론과 반대된다. 그리고 카타 살카에서 "육신"은 죄가 거하는 장소로써의 육신을 의미하는 것이 아니고 생물학적 의미의 육신을 의미하는 것으로 보는 것이 낫다(롬1:3).[867] NIV에는 카타 살카가 생략되어 있는데 이는 잘못된 번역이다. 그리고 "육신으로"는 동사 유레이케나이를 수식한다고 볼 수 있다.[868] 그러면 1절에서 우리가 채택하는 가장 좋은 번역은 "우리 조상 아브라함이 육신으로 발견한 것에 대해 우리가 무슨 말 하리요"다.[869] 이 질문은 아브라함의 경험이 행위구원론이 아니라 이신칭의론을 증명하는가를 묻고 있는 것이다. 바울은 로마서 4:2절 이후에서 이 질문에 구체적으로 답하고 있다. 목적격 명사 프로파토울은 하팍스로써 신약에 이곳에만 사용되며 파테라와 동의어다. 여기서 무는 일인칭 복수 대명사 "우리"는 이방인을 제외한 바울 자신과 유대인 그리스도인들만을 가리키는 것으로 본다.[870] 그러나 이는 바울이 로마서에서 이방인 그리스도인들을 "우리"안에 포함시키는 패턴과 맞지 않는 해석이다. 로마서 4:16-18절에서 바울은 누구든지 그리스도에게 속한 자는 다 아브라함의 후손이라고 분명히 명시하

Reconsideration of Rom 4:1." *Novum Testamentum* 27 (1985) 76-98; J. A. Bain, "Romans iv. 1," *ExpTim* 5 (1893-94) 430.

865 Byrne; Dunn; Schreiner; T. H. Tobin, "What Shall We Say That Abraham Found? The Controversy behind Romans 4." *HTR* 88 (1995) 437-57; Roy A. Harrisville III., *The Figure of Abraham in the Epistles of St. Paul: In the Footsteps of Abraham* (Lewiston: Mellen Research University Press, 1992) 22.

866 Stuhlmacher; Godet; Meyer; Hodge.

867 Hultgren; *contra* Dunn; Moo; Murray; Osborne.

868 Contra Murray.

869 Morris.

870 Moo; Minear; Fitzmyer.

고 있다(갈3:29).

로마서 4:2절의 접속사 갈왜냐하면은 1절을 설명하는 내용을 도입한다: "만일 아브라함이 행위로써 의롭다 하심을 받았으면 자랑할 것이 있겠지만 그러나 하나님 앞에서는 없다". 던은 엑스 엘고운은 엑스 엘고운 노무와 같은 의미를 가진다고 본다. 그리고 여기서 바울이 말씀하는 바는 아브라함의 선한 행실이 아니라 그가 하나님의 명령을 신실하게 복종한 것을 말한다고 해석한다.[871] 그러나 이는 아브라함의 신실함에 대한 야고보의 설명을 로마서 4:2절 말씀에 주입하는 해석으로써 타당한 해석이 아니다. 바울은 야고보와 달리 명사 엘곤을 순종이 아니라 "행위주의"로 사용한다. 아브라함은 율법이 들어오기 전에 살던 사람이었다. 따라서 그는 마음에 새겨진 법을 따라 사는 이방인과 같이 자신이 믿는 도덕기준을 따라 살던 사람이었을 것이다. 그리고 그 기준에 따라 산 행위로도 의롭다하심을 얻을 수는 없다(롬2:14-16). 이는 아브라함이 의로운 사람이었다고 증거하는 유대전통을 반박하는 것이다.[872] 그렇지 않다면 로마서 3:9-10절 말씀과 충돌될 것이다. 이 구절에서 바울은 모든 사람이 죄 아래 있고 의인은 없나니 한 사람도 없다고 이미 선언한 바 있다. 2절에서 접속사 에이는 조건절을 도입한다. 그리고 동사 에디카이오우쎄이는 가정법이 아니고 직설법이다. 그리고 종절의 에케이 카우케이마에서 동사 에코우는 미완료시제imperfect가 아니라 현재 시제다. 이는 아브라함이 실제로 의롭다함을 받았다는 것을 의미하지 않는다.[873] 바울은 단지 그의 요점을 명확히 하기 위해 가정적인 질문을 던지고 곧 바로 이를 부정하고 있다. 알라 우 프로스 쎄온하나님 앞에서는 없다은 바로 그 앞의 어구 에케이 카우케이마자랑할 것이 있다를 부정하고 있다. 이는 아브라함이 행위로 의롭다함을 얻었다면 사람 앞에서는 자랑할 것이 있었겠지만 하나님 앞에서는 없다는 의미다. 하나님 앞에서 자랑할 이유가 없는 것은 아브라함이 행위로 의롭다함을 얻은 것이 아니기 때문이다. 이는 다시 아브라함이 사람 앞에

871 Dunn.

872 Cairo Genizah *Damascus Document* 3.2; *Jub*. 16.28; 24.11; 2 *Apoc*. *Bar*. 57.1-2; *m*. *Qidd*. 4.14; Sirach 44:19-21.

873 Lambrecht, "Why Is Boasting Excluded?" 366-67.

서도 자랑할 것이 없다는 의미를 함축한다. 그리고 아브라함이 행위로 의롭다함을 입었다는 사실 자체도 부정하는 의미를 내포한다.[874] 여기서 조건절 구문을 아브라함이 행위를 바탕으로 구원 받아서 사람들 앞에서는 자랑할 이유가 있지만 하나님 앞에서는 자랑할 것이 전혀 없다는 뜻이라고 해석하는 것은[875] 이 절의 구문이 함축하는 모든 의미를 간과하는 것이다. 아브라함이 하나님 앞에서 자랑할 것이 없다면 그가 행위로 의롭다 하심을 얻지 못했기 때문이고 이는 그가 사람 앞에서도 자랑할 것이 없다는 것을 나타낸다. 바울은 5절에서 아브라함을 불의한아세베이 자라고 묘사한다. 이는 그가 하나님 앞에서나 사람 앞에서 그 행위로 인해서 자랑할 것이 없는 사람이라는 것을 나타낸다. 명사 카우케이마는 자랑할 이유를 의미한다. 그리고 그 동족어 카우케이시스는 자랑하는 행위 자체를 의미한다(롬3:27).[876]

로마서 4:3절의 접속사 갈왜냐하면은 2절의 내용을 설명하는 내용을 도입한다: "성경이 무엇을 말하는가 아브라함이 하나님을 믿으매 이것이 저에게 의로 여기신 바 되었다". 헤이 그라페이는 구약 전체를 의미한다(롬9:17; 10:11; 11:2).[877] 바울은 여기서 창세기 15:6절을 칠십인역을 바탕으로 인용하면서 본문에 약간의 변화를 주고 있다. 즉 칠십인역의 카이그리고를 데그러나로 아브람을 아브라함으로 바꾸고 있다. 그리고 칠십인역은 히브리 성경의 능동형을 수동형 에로기스쎄이로 바꾸고 있는데 바울은 칠십인역을 채택하고 있다. 창세기 15:1절이하에서 하나님께서는 아브람에게 그의 자손이 하늘의 별보다 많고 바다의 모래보다 많게 하시겠다고 약속하셨다. 이에 아브람은 그 약속을 믿었다. 이로 말미암아 하나님께서는 그를 의롭다고 여기셨다. "여긴다"로기조마이는 아브람이 의로운 사람이 아니었는데 의롭다고 간주하는 것을 의미한다.[878] 성경에서 "믿는다"는 동사가 창세기 15:6절에 처음

874 Murray; Moo; Cranfield; Calvin; Fitzmyer.

875 Sanday and Headlam; G. Klein, "Sündenverständnis und theologia crucis bei Paulus." in *Theologia Crucis-Signum Crucis: Festschrift f?r Erich Dinkler zum 70. Geburtstag* (Edited by C. Andresen and G. Klein. Tübingen: Mohr, 1979) 276-77; H. Boers, *Theology out of the Ghetto: A New Testament Exegetical Study concerning Religious Exclusiveness* (Leiden: Brill, 1971) 86.

876 Cranfield; Moo; Schreiner.

877 Osborne; Käsemann; Fitzmyer; Morris; Dunn.

878 롬4:3, 4, 5, 6, 8, 9, 10, 11, 22, 23, 24; Seybold, *TDOT*, 5:241-44.

사용되고 있고 명사 "의"가 이와 함께 사용되고 있다는 것이 놀라운 특징이다. 여기서 하나님께서는 아브람에게 의롭다는 신분을 부여하셨다.[879] 여기서 아브라함의 믿음이 의로운 행위였다고 보는 것은[880] 잘못된 해석이다. "칭의"는 믿음을 통해 아브라함에게 주어진 선물이다. 유대문학은 전통적으로 아브람이 아들 이삭을 바쳤기 때문에 의롭게 되었다고 이해한다.[881] 그리고 어떤 학자들은 이 해석의 전통이 야고보서 2:21절에 반영되어 있다고 생각한다. 그러나 바울은 이 해석의 전통을 따르지 않고 있다. 바울은 창세기 12장부터 22장까지의 사건들의 시간적 선후관계를 면밀히 분석하면서 그 신학적 의미를 밝히고 있다. 즉 하나님께서 아브람을 의롭다고 선언하신 것은 그가 행위로써 하나님의 명령에 순종하기 전이었다. 그리고 아브람이 하나님께서 주신 언약을 믿을 때 하나님께서는 즉시 이 언약을 발효하는 의식을 거행하신다. 즉 아브람이 준비한 제물 사이로 횃불이 지나게 하심으로써 그 언약을 확정하셨다(창15:17–18). 이 사건은 칭의를 대표하는 사건으로써 아브람이 이삭을 제물로 드리기 전에 일어난 사건이다. 바울은 이 때 아브람은 의로운 상태가 아니라 불의한 상태에 있던 자로써 그 믿음으로 의롭다함을 받았다고 말씀한다(롬4:5).

그러면 믿음을 강조하는 바울의 이 가르침은 행위를 강조하는 야고보의 가르침과 모순되는가? 학자들은 양자의 관계를 이해하기 위해 여러 제안을 한다. 무는 의롭다고 하는 시점의 차이를 지적한다.[882] 즉 바울은 믿음을 가질 때 의롭게 되는 것을 강조하고 야고보는 최후 심판 때 그 행위로써 의롭다고 여김받는 것을 말한다는 것이다. 즉 행위로써 믿음을 증명하지 못하면 최후심판 때 의롭다고 여김을 받지 못한다는 것이다. 그러나 바울의 칭의에 대한 가르침이 현재와 미래의 칭의를 구분하고 있지 않다는 점에서 무의 주

879 Schreiner; Osborne; Stott; Moo; O. P. Robertson, "Genesis 15:6: New Covenant Exposition of an Old Covenant Text," *WTJ* 42 (1980) 265-66; H. H. Schmid, "Gerechtigkeit und Glaube. Genesis 15,1-6 und sein biblisch-theologischer Kontext," *EvT* 40 (1980) 408; Calvin, *Genesis*, 405; W. Brueggemann, *Genesis* (Atlanta: John Knox, 1982) 144-46.

880 Käsemann.

881 1 Macc. 2:52; Mekilta Exod. 14:15, 31 (R. Shemaiah, c.50 B.C.); 2 Esdr. 9:7; 13:23.

882 Moo.

장은 신학적으로 타당하지 않다. 이 보다 나은 해석은 야고보는 명사 엘곤(행위)을 순종의 의미로 사용하고 있고 바울은 엘곤을 행위주의적 행위를 의미하는 단어로 사용하고 있다는 것이다. 로마서 1:5절과 16:26절에서 알 수 있듯이 바울도 믿음과 순종을 밀접히 연결된 개념으로 본다.[883] 즉 믿음으로 칭의를 받은 사람은 반드시 순종하게 되어 있고 이로 말미암아 최후 심판 때 의롭다하심을 받는다는 것이다. 이 때 바울은 믿음에 강조점을 두고 가르치고 있고 야고보는 순종을 강조하며 가르치고 있다고 볼 수 있다. 야고보가 아브라함의 순종을 강조한다고 해서 그가 행위구원을 설파하고 있다고 주장하는 것은 잘못이다. 사도행전 15장에서 알 수 있듯이 야고보는 사람이 오직 은혜로 구원받는다고 하는 사도들의 결의를 좋게 여기고 동의한 바 있다. 이 점에서 볼 때 바울의 이신칭의론과 야고보의 순종에 대한 가르침은 서로 보완적이지 모순적 관계에 있는 것이 아니다.

로마서 4:4절의 접속사 데그러나는 역접이 아니라 주제의 전환을 나타낸다: "일하는 자에게는 그 삯을 은혜로 여기지 아니하고 빚으로 여기거니와". 여기서 바울은 상업의 모티프를 사용해 이신칭의를 설명한다. 여기서 일하다엘가조마이는 신학적 의미보다는 일반적인 노동하다를 의미한다. 명사 미스쏘스는 그 결과 주어지는 임금이다. 동사 로기조마이여기다는 3절에서 사용된 의미와 같다. 크랜필드는 여기서 일하는 자와 일하지 않지만 믿는 자를 대조하는 것은 믿는다는 동사를 강조하기 위해서라고 주장한다.[884] 이에 따라 그는 이 문맥에서 여긴다는 동사의 의미를 축소하고 있다. 이 견해는 로마서 4장에서 여긴다로기조마이는 동사가 차지하는 중요성을 약화하는 것이다. 로기조마이는 수동태로 사용되고 있을 때 어떤 사람에게 그에게 내재하지 않는 성질이 그에게 있다고 여기는 것을 의미한다.[885] 즉 아브라함은 의로운 자가 아니었는데 그가 하나님의 언약을 믿었을 때 하나님께서는 그를 의롭다고

---

883 Schreiner; *contra* F. Hahn, "Genesis 15:5 im Neuen Testament." in *Probleme biblischer Theologie: Gerhard von Rad zum 70. Geburtstag* (Edited by H. W. Wolff. Munich: Chr. Kaiser, 1971) 101-2; Stuhlmacher, *Romans*, 72-73.

884 Cranfield.

885 Ridderbos, *Paul*, 177; Robertson, 265-66.

여기신 것이다. 그는 불의하고 죄있는 사람이었다. 그러나 그에게서 죄가 씻어졌다고 여기신 것이다. 이처럼 여긴다는 동사는 4장에 집중적으로 사용되고 있는데 이는 바울이 창세기 15:6절에 기록된 말씀의 법률적 의미를 강조하고 있기 때문이다(롬4:3, 4, 5, 6, 8, 9, 10, 11, 22, 23, 24). 하이드란트는 "은혜로 여겨지다"와 "빚으로 여겨지다"에서 바울은 로기조마이의 히브리적 개념을 버리고 헬라적 개념을 사용하고 있다고 본다.[886] 그것은 창세기 15:6절에 사용된 히브리어 하샤브는 "고안하다", "계획하다" 등을 의미하며 "여기다", "세다"의 뜻을 가지고 있지 않기 때문이라는 것이다. 그러나 하샤브도 "여기다"는 뜻으로 사용된다(창31:15; 삼상1:13; 욥41:27, 29). 따라서 여기서 히브리어 하샤브와 헬라어 로기조마이 사이에 있는 미묘한 의미의 차이가 바울이 말씀하는 이신칭의의 가르침에 큰 영향을 미치지는 않는다. 그리고 바울이 여기서 로기조마이를 사용할 때 히브리어 하샤브의 의미를 배제하고 있다고 볼 수는 없다.[887] 명사 오페일레이마는 빚을 의미한다. 즉 일하는 자에게 임금은 은혜로 여겨지지 않고 빚으로 여겨진다. 일한 자가 받는 삯은 은혜로 여겨지지 않는다. 이는 노동에 따른 당연한 보상이기 때문이다.

로마서 4:5절은 4절 내용과 대조된다: "일을 아니할지라도 경건치 아니한 자를 의롭다 하시는 이를 믿는 자에게는 그의 믿음을 의로 여긴다". 로마서 4:4-5절에서 바울은 일하는 자와 일하지 않지만 믿는 자를 대조하고 있다. 5절에서 엘가조마이는 일반적인 일하다가 아니라 공로를 쌓다를 의미한다. 그리고 이와 함께 임금삯과 의가 대조되고 있다. 바울은 이 대조법을 통해 아브라함이 경험한 이신칭의를 설명하고 있다. 즉 아브라함은 공로를 쌓음으로써 의롭다하심을 얻지 않았다. 그는 불의한 중에 믿음으로 의롭다함을 얻었다. 여기서 의는 믿음에 대한 보상이 아니다. 그것은 은혜로써 주어진 선물이다. 왜냐하면 의롭다는 선언이 선한 사람이 아니라 불의한 사람에게 내려졌기 때문이다. 여긴다는 동사는 불의한 사람이 의롭지 못함에도 불구하

886 H. W. Heidland, *TDNT*, 4:290.
887 Cranfield.

고 의롭다고 인정한다는 뜻이다. 그렇기 때문에 그것은 하나님의 은혜에 바탕을 두고 있다. 이 점에서 바울이 4-5절에서 일하는 자와 일하지 않지만 믿는 자를 대조하는 것은 "여긴다"는 동사가 내포하는 법률적 의미를 강조하는 것이다. 불의한 자가 믿음으로 의롭다하심을 받을 때 그는 자랑할 이유가 없다. 그는 모든 영광을 자기 죄를 은혜로써 씻어 주신 하나님께 돌리게 된다.

여기서 바울은 믿는다는 동사에 전치사 에피를 연결하고 있다(롬4:24; 9:33; 10:11). 물튼은 이는 믿는다believe와 무엇을 믿는다believe in를 구별하는 표현이라고 주장한다.[888] 그는 믿는다는 동사에 여격이 따라오면 믿는 상태를 의미하고 목적격이 따라오면 믿는 행위를 가리키고 전치사 에이스가 오면 그리스도와 연합을 가리킨다고 해석한다. 그러나 믿는다피스테우오우는 동사의 사용법이 이와같이 다양한 신학적 의미를 구분하는지는 확실하지 않다. 여기서 전치사 에피는 불의한 자를 의롭다고 하시는 하나님을 믿는다는 의미를 강조하고 있다. 바울이 아브라함이 칭의되기 전에 불의한 자였다고 묘사하는 것은 유대주의 전통을 뒤집는 개념이다. 유대문학은 아브라함이 율법을 지키는 신실한 자였다고 묘사한다.[889] 피츠마이어는 창세기 15장에서 아브라함이 불경건한 자였다는 것을 부정한다.[890] 왜냐하면 아브라함은 창세기 12:1-3절에서 하나님의 부르심을 받고 이미 그 아비 집을 떠난 상태에 있었기 때문이다. 그러나 물론 아브람이 그 본토를 떠난 것을 믿음의 행위로 볼 수도 있지만 본문에서 믿는다는 동사가 처음 사용된 것은 창세기 15장에서다. 그러므로 주석적으로 바울이 15장 이전의 아브람을 불의한 자로 묘사하는 것은 타당하다고 볼 수 있다. 그리고 또한 바울이 아브람이 불의한 자였다는 것은 창세기 12:1-3절에서 부름받기 이전의 그의 상태를 묘사하는 것으로 볼 수도 있다. 명사 "아세베이스"는 "경건하지 않음"ungodliness을 의미한다(KJV; ASV; RSV; NRSV). 그러면 "경건하지 않은 자"는 (i)하나님을

888 Moulton.
889 *Jub*. 17.15-18.19; 19.8; Philo, *Abr*. 35.
890 Fitzmyer.

경배하지 않는 자를 의미하는가; 아니면 (ii)율법을 지키지 않는 것을 의미하는가; 아니면 (iii)실제로 악한 자를 말하는가(NIV, 로마서 1:18; 5:6). 훌트그런은 "일하는 자"는 율법을 지킴으로써 의롭다함을 얻으려는 자인 반면에 "경건하지 않은 자"는 율법을 지킴으로써 의롭다함을 얻으려고 하지 않는 자를 가리킨다고 이해한다.[891] 그러나 바울은 여기서 아세베이스를 협의의 의미로 사용하지 않고 있다. 여기서 아세베이스의 의미는 로마서 1:18절과 5:6절과 연결해서 해석해야 된다. 이 구절들에서 바울은 "불경건한 자"는 믿음 밖에 있으며 하나님을 신뢰하지 않는 자를 가리키고 있다. 믿음 없는 세상사람이 불경건하다는 것은 악하다는 의미와 같다. 바울은 로마서 3:8-10절에서 의인은 없나니 하나도 없다고 선언한 바 있다. 의롭지 않은 세상 사람들은 유대인이든 이방인이든 본질적으로 경건하지 않으며 악한 자들인 것이다. 이들은 하나님의 심판을 받아 멸망받아야 마땅하다.[892] 그러나 그리스도께서는 우리가 이 불의한 상태에 있을 때 우리를 위해 대신 죽어 주셨다. 그리고 하나님께서는 그리스도를 믿는 믿음을 통해서 불의한 우리를 의롭다고 선언하셨다. 이 점에서 바울은 우리의 믿음은 아브라함의 믿음의 모형을 본받은 것이라고 설명한다. 반대로 아브라함은 모든 믿는 자들에게 믿음이 조상이 된 것이다.

로마서 4:6절의 접속사 카싸펠…인 것같이은 4-5절의 내용을 확인하는 또 다른 증거를 도입한다: "일한 것이 없이 하나님께 의로 여기심을 받는 사람의 행복에 대하여 다윗의 말한 바". 바울은 이신칭의론을 증거하기 위해 아브라함의 칭의의 경험을 예로 제시한 뒤 이제는 시편의 다윗의 영감된 말씀을 인용하면서 또 다른 각도에서 이신칭의론을 입증한다.막12:36-37; 행2:25; 4:25; 히4:7 바울은 로마서 3:21절에서 그리스도의 복음이 "율법과 선지자들"에 이미 증거된 바 있다고 말씀했다. 이에 따라 바울은 로마서 4:3-5절에서 율법Pentateuch에 속한 창세기 15:6절을 인용하면서 이신칭의론의 진실성을 증거하고 있고 로마서 4:7절에서는 선지자들Prophets의 글에 속하는 다윗의 시편

891 Hultgren.
892 시1:4-6; 31:17; 사11:4; 13:11; 딤전1:9; 벧전4:18; 벧후2:5-6; 3:7; 유4, 15.

32:1-2절을 인용하면서 이신칭의론의 진실성을 확증하고 있다. 이는 두 증인이 있으면 증거로 확립하는 모세의 율법에 기초한 전통이다. 여기서 바울은 랍비들의 해석 방법의 하나인 게제라 샤와gezerah shawah 방법을 사용하고 있다. 이는 공통의 단어들이 사용된 구절들을 병렬시키는 해석법이다. 그리고 인용된 구절들은 상호 해석의 기능을 가진다. 여기서 공통의 단어는 "로기조마이"다. 이 공통된 단어 뿐 아니라 바울은 두 구절의 공통된 개념에 초점을 맞추고 있다. 즉 "일한 것이 없이"코우리스 엘고운 믿음으로 의롭다함을 얻는다는 것이다. 일한 것이 없다는 것은 행위에 바탕을 두지 않았다는 것을 말한다.[893] 시편 32편은 창세기 15:6절과 같이 "의"디카이오수네이 혹은 "의롭다고 하다"디카이오오우는 단어를 포함하지 않고 있다. 그러나 핵심단어인 로기조마이를 포함하고 있고 죄씻음의 개념을 말씀하면서 칭의의 중요한 속성을 밝히고 있다. 즉 칭의는 일한 것이 없이 믿음으로 죄없다고 선언되는 것을 의미한다.[894] 이는 사람이 얻을 수 있는 가장 큰 축복이다. 명사 마카리스모스는 신약에서 오직 바울 서신에만 사용되고 있다(롬4:9; 갈4:15). 어떤 학자는 이 단어는 "축복받음"으로 번역되면 않된다고 말한다(NIV; KJV).[895] 이 의미의 헬라어 단어는 "마카리오테이스"이기 때문이다. RSV는 레게이 톤 마카리스몬을 "축복을 말하다"로 번역한다(NAS). 일반적으로 명사 마카리스모스는 칭의받은 자의 영적 즐거움을 가리킨다.[896] 그리고 이를 "축복받음"blessedness으로 번역하는 것은 칭의가 가지는 하나님의 은혜의 요소를 잘 표현하는 번역으로써 무방하다. 여기서 중간태 로기제타이는 능동의 의미를 가지며 "하나님"이 그 주어다. 로마서 4:3절에서 이 동사는 수동태로 쓰이고 있다. 따라서 본문에서 "그에게 의로 여겨지다", 혹은 "하나님께서 그를 의롭다고 여기다", 혹은 "하나님께서 그를 의롭다고 하신다"는 표현은 모두 같은 의미를 가진다는 것을 알 수 있다.[897] "일한 것이 없이"코우리스 엘고운는 시

893 Contra Sanders; Dunn.

894 Murray; J. Jeremias, *The Central Message of the New Testament* (New York: Scribner, 1965) 66.

895 Cranfield; Sanday and Headlam; G. Bertram and F. Hauck, *TWNT*, 4:365-73.

896 Morris; F. Hauck, *TDNT*, 4:367.

897 Osborne; Moo; Murray.

편 32편에 없는 어구인데 바울은 이를 로마서 4:6절에 삽입함으로써 로마서 4:3-5절에서 말씀하는 오직 믿음으로 의롭다함을 얻는다는 교리를 명확히 하고 있다.

로마서 4:7-8절에서 바울은 칠십인역 시편 32:1-2절을 그대로 인용한다: "그 불법을 사하심을 받고 그 죄를 가리우심을 받는 자는 복이 있고 주께서 그 죄를 인정치 아니하실 사람은 복이 있도다 함과 같다". 7절의 마카리오스는 마태복음 5:1-12절에 사용되는 단어다. 바울이 이 단어를 여기서 사용하는 것은 하나님의 은혜로 의롭다하심을 얻는 것은 대표적인 종말적 축복이기 때문이다. 동사 아피에이미용서하다는 과거 수동태로 되어 있다. 이는 그리스도의 구속의 완성으로 발생한 포괄적인 죄사함을 가리키고 있다. 로마서 5:12절 이하에서 바울은 그리스도의 죽으심과 부활하심으로 아담의 원죄가 일거에 도말된 것을 말씀하고 있다. 따라서 누구든지 믿음을 통해 그리스도와 연합한 사람에게는 종말의 정죄가 없다. 우리가 사함받은 것은 아노미아불법다. 바울 서신에서 이 명사는 여섯번 사용되고 있고 로마서에는 두 번 사용되고 있다(롬6:19). 크랜필드는 아노미아는 하나님의 명령을 고의적으로 드러내놓고 범하는 것을 의미한다고 말한다(고후6:14; 살후2:3, 7; 딛 2:14).[898] 그러나 7절에서 "불법"은 죄하말티아와 동격의 개념이다. 이는 모세의 율법을 어기는 것 뿐 아니라 모든 무법한 행위를 포괄적으로 가리킨다. 불법을 용서받는 것은 죄가 가리워지는에피칼룹토우 것이다. 동사 에피칼룹토우는 하팍스로써 신약에 오직 이 절에만 사용되고 있다. 그 명사형 에피칼루마는 베드로전서 2:16절에 사용되고 있다. 죄가 가리워진다는 것은 하나님 앞에서 죄가 완전히 제거된 것을 의미한다. 따라서 정죄함도 사라지게 된 것을 의미한다.

로마서 4:8절에서 아네일은 남편 혹은 사람을 의미한다. 여기서는 후자의 의미로 쓰이고 있다. 주께서 그 죄를 인정하지 않는다는 것은 7절의 불법을 사함받는다, 혹은 그 죄를 가리우심을 받는다와 같은 의미다. 바울은 여기서 칭의를 죄사함의 관점에서 설명하고 있다. 그러나 양자는 동일한 것은 아니

898 Cranfield.

다. 머레이는 여기서 칭의는 죄사함을 동반하지만 죄사함은 반드시 칭의를 동반하는 것은 아니라고 말한다.[899] 신관점주의 학자들은 칭의가 언약의 공동체에 속하게 되는 것을 말한다고 정의한다.[900] 그러나 바울은 시편 32편을 인용하면서 다윗이 언약의 공동체의 멤버가 되었다는 것을 말씀하는 것이 아니라 다윗의 죄가 씻음 받은 사실을 가리키고 있다.[901] 이는 6절의 엘곤이 유대의 의식법의 준수가 아니라 율법주의를 의미한다는 사실을 명확히 하고 있다.[902] 또한 칭의는 사람을 도덕적으로 변화시키는 것을 의미하지도 않는다. 칭의는 원죄의 제거를 동반한다. 따라서 하나님의 종말적 정죄로부터 사면되는 법률적 의미를 가진다. 그리스도께서 우리 대신 형벌을 받으셨기 때문에 우리 죄가 죄로 여겨지지 않게 되었고 우리가 의롭다는 법적 지위를 입고 하나님의 진노로 부터 벗어나게 된 것을 의미한다. 여기서 의롭다고 여겨짐, 불법을 사함받음, 죄가 가리워짐, 죄를 죄로 인정하지 않음은 모두 동의어라고 할 수 있다.[903] 바울은 이 의미를 7절에서는 긍정문으로 8절에서는 부정문으로 표현하고 있다. 같은 의미의 반복은 강조를 나타낸다. 8절의 중복 부정 "우 메이"는 시편 32:2절에서 그대로 인용한 표현이다.[904] 이는 강한 부정을 나타낸다. 즉 하나님께서 우리 죄를 인정치 않으심은 확실한 사실이다. 그리고 이 축복은 행위에 근거한 것이 아니라 하나님의 은혜에 그 바탕을 두고 있다.

(ㄴ) 모든 민족의 조상 아브라함(롬4:9-16)

바울은 창세기 15:6절과 시편 32:1-2절을 바탕으로 일을 하지 않을 지라도 믿음으로 의롭다하심을 받는 것을 증명한 뒤에 9-16절에서는 이 칭의의 축복이 유대인 뿐 아니라 이방인들에게도 동일하게 미친다는 것을 가르치고 있다. 이 하나님의 축복이 율법이 없는 이방인 즉 할례받지 않은 이방인들에

899 Murray.
900 Wright, *Christian Origins*, 192; Sanders; Dunn.
901 Calvin.
902 Schreiner.
903 Dunn.
904 Moulton.

게 믿음으로 동일하게 미친다는 것은 유대인들의 민족주의적 언약 신학을 뒤집는 가르침이기 때문에 로마교회에 있던 유대인 그리스도인들에게 놀라운 가르침이었을 것이다. 왜냐하면 이 당시 유대주의에서 할례는 이스라엘 백성들의 특별한 지위를 나타내는 영광의 상징이었고 할례받지 않았다는 것은 모든 더러움과 오점을 상징하는 것이었기 때문이다.[905] 이 이신칭의론의 보편성 뿐 아니라 더 놀라운 것은 믿음을 통해 이방인들도 아브라함의 자손이 될 수 있다는 사실이다. 아브라함은 믿음의 본보기일 뿐 아니라 모든 믿는 자들의 조상이다. 이를 증명하기 위해 바울은 다시 할례의 주제를 이용한다. 바울은 창세기 15:1-6절과 창세기 17:10-13절을 바탕으로 한 중요한 원칙을 도출한다. 즉 아브라함이 믿음으로 칭의 받은 것은 그가 할례받기 십사년 전이었다.[906] 이것은 그가 믿음으로 의롭다하심을 받은 할례받지 않은 자들 곧 믿는 이방인들의 조상이 되기 위해서다. 그리고 그 후 그가 할례를 받은 것은 할례 받은 자들의 조상도 되기 위해서였다.

로마서 4:9절에서 바울은 이 혁신적인 가르침을 입증하기 위해 의문문으로 시작한다: "그런즉 이 행복이 할례자에게뇨 혹 무할례자에게도뇨 대저 우리가 말하기를 아브라함에게는 그 믿음을 의로 여기셨다 하노라". 여기서 할례자페리토메이는 유대인을 무할례자아크로부스티아는 이방인을 가리킨다. 아브라함 때 제정된 할례 제도는 바벨론 유수 때 활발히 실행되었고 이는 유대인들이 이방 땅에서 자신들의 유대주의의 정체성을 유지하는 전통이었다. 전치사 에피는 여기서 동사가 생략된 것을 나타낸다. 그 동사는 레게타이[907] 혹은 디도타이라고[908] 볼 수 있다. 접속사 카이는 부사적으로 "심지어"를 의미한다. 바울은 여기서 자신이 던진 질문에 바로 답하지 않고 창15:6절을 인용하며 그 대답을 대신한다. 이로써 바울은 창세기 15:6절의 관점에서 시편 32:1-2절을 해석한다고 볼 수 있다.[909] 즉 아브라함은 믿음으로 의롭다하

905 *Gen. Rabbah* 48.8; *Pirqe de Rabbi Eliezer* 29B 4:36; Fitzmyer; Kuss.
906 Murray.
907 Fitzmyer.
908 Moo.
909 Best, *Romans*, 48; Schlier, *Römerbrief*, 126.

심을 입었다. 이는 의롭다하심을 얻는데 있어 할례가 무관하다는 것을 말한다. 즉 할례는 칭의의 조건이 아니다. 그렇기 때문에 무할례자도 믿음으로 칭의의 축복을 누릴 수 있다. 빌러벡은 유대전통은 시편 32:1-2절의 축복이 유대인에게만 해당한다고 가르치고 있었다고 말한다(시락44:20).[910] 죄사함의 축복이 오직 유대인이 누리던 축복이라고 생각했다면 유대인들은 구원의 축복도 오직 유대인만이 누리는 축복이라고 생각했을 것이다. 바울은 이를 논박하면서 칭의의 축복이 이방인에게도 임한다는 것을 말씀하고 있다.

로마서 4:10절의 접속사 운그러면은 9b의 내용을 전개한다: "그런즉 이를 어떻게 여기셨느뇨 할례시냐 무할례시냐 할례시가 아니라 무할례시니라". 여기서 바울은 아브라함의 칭의가 할례시인가 무할례시인가를 묻고 있다. 그 답은 무할례시다. 따라서 할례는 칭의의 조건이 아니라는 것이 입증된다. 그런데 여기서 바울의 관심은 할례의 때 뿐 아니라 할례받기 전 아브라함의 지위status에도 관계된다. 여기서 바울은 포테언제가 아니라 포우스어떻게로 질문하고 있다. 즉 아브라함이 어느 상황에 있을 때 칭의되었느냐는 것이다.로마서 그가 할례의 지위를 가지고 있을 때였는가 아니면 무할례의 지위를 가지고 있을 때였는가. 무할례의 지위에 있을 때였다. 하나님께서는 이 아브라함에게 그의 믿음을 통해서 의롭다는 지위를 부여하신 것이다. 이는 할례가 그의 칭의에 조건이 되지 않았음을 더 명확히하는 표현이다.[912] 바울은 여기서 창세기 17:11절을 배경으로 말씀하고 있다. 아브라함이 하나님의 명령으로 자기와 집안의 모든 남자에게 할례를 행한 것은 그가 창세기 15:6절에서 칭의의 축복을 받은 지 약 29년이 지난 후였다.[913]

로마서 4:11절은 아브라함의 칭의가 그가 할례받기 전에 일어난 사실이 왜 중요한가를 설명한다: "저가 할례의 표를 받은 것은 무할례시에 믿음으로 된 의를 인친 것이니 이는 무할례자로서 믿는 모든 자의 조상이 되어 저희로 의로 여기심을 얻게 하려 하심이라". 여기서 우리는 10절에 대한 대답은 11b

---

910 Billerbeck; Käsemann; Cranfield; Osborne.
911 Meyer.
912 Murray.
913 창15:10; *Seder Olam R*. 1; Morris; Dunn.

라는 것을 알 수 있다. 따라서 배렛은 11a는 괄호속의 말씀이라고 주장한다.[914] 그러나 크랜필드가 지적하듯이 11b-12절은 10-11a절의 내용에 바탕을 두고 있다. 즉 11a가 없다면 12절의 설명이 그 의미를 잃는다. 11a에서 바울은 할례의 표는 의의 인침을 의미한다고 말씀한다. 창세기 17:11절은 할례를 언약의 표라고 말씀하고 있다. 이를 바탕으로 바울은 할례의 표는 아브라함이 얻은 칭의를 인친 것이라고 설명한다. 이는 할례가 그 자체로써 언약의 축복을 가져다 주는 것이 아니라 믿음을 통해 의로워진 사실을 확인하는 상징적 표라는 것이다.[915] 이는 할례를 통해서 아브라함의 축복의 수혜자가 된다고 믿었던 유대인들에게 충격적인 가르침이다. 바울은 할례 자체는 어떤 영적 축복도 가져다 주지 않고 오직 믿음으로써만 칭의의 축복과 죄 사함의 축복이 주어진다는 것을 설명하고 있다. 레엔하르트는 "표"는 하나님께서 세상을 향해 말씀하시는 독특한 표인 반면에 "인"은 믿는 자에게 그 진실성을 보증하는 것이라고 말한다.[916] 그러나 본문에서 바울은 이 두 개념을 구분하고 있지 않다. 여기서 "표"세이메이온와 "인"스프라기스은 상호 교환적 의미를 가진다고 할 수 있다(고전9:2; 고후1:22; 3:3, 6; 딤후2:19). 할례가 "인"이란 것은 바울 당시 이미 보편화된 개념이었다.[917] 케제만은 여기서 "인"은 "세례"의 의미를 내포한다고 말한다.[918] 그러나 그것은 확실하지 않다. 세례를 "인"으로 묘사하는 글은 주후 2세기에 처음 나타난다.[919]

여기서 더욱 놀라운 것은 믿음과 관계 없이 소유한 할례는 믿음에 바탕을 두고 할례를 받은 아브라함과 아무 상관이 없다는 것이다(13절). 즉 할례는 아브라함의 자손이 되는 조건이 아니다. 바울은 믿음을 아브라함의 자손이 되는 조건이라고 말씀한다. 11b는 이를 분명히 밝히고 있다: "이는 무할례자로서 믿는 모든 자의 조상이 되어 저희로 의로 여기심을 얻게 하려 하심이

---

914 Barrett, *Romans*, 85.
915 C. K. Barrett, *From First Adam to Last: A Study in Pauline Theology* (New York: Scribner's, 1962) 38.
916 Leenhardt; Murray; *contra* Schreiner; Dunn; Osborne.
917 Dunn; Lietzmann; Michel; D. Flusser, and S. Safira, "Who Sanctified the Beloved in the Womb," *Immanuel* 11 (1980) 46-55; *contra* G. Fitzer, *TDNT*, 7:949.
918 Käsemann; Wilckens; *contra* Moo.
919 Herm. *Sim*. 8.6.3; 9.16.3ff; 2 *Clem*. 7.6; 8.6; Dunn.

라". 여기서 전치사구 에이스 토 에이나이는 목적의 의미를 가진다. 이와 병렬되고 있는 로마서 4:11c에서 에이스 토 로기스쎄이나이는 결과[920] 혹은 목적의[921] 의미를 가진다. 필자는 후자가 더 주요한 의미라고 본다. 그것은 이 절의 두 에이스가 병렬관계에 있기 때문이다. 어떤 사본은 아우토이스 앞에 부사 카이를 생략한다.[922] 그러나 필자는 원문에 카이가 있었다고 본다.[923] 그것은 이방인들도 "또한" 믿음으로 칭의의 축복을 얻는다는 의미는 바울이 바로 이 절에서 강조하는 점이기 때문이다. 아브라함이 믿음으로 의롭게 되고 그 후 할례를 받았다는 것은 구속사적으로 중요한 의미를 가진다. 첫째, 아브라함은 무할례자로써 믿어 의롭게 되었고 마찬가지로 믿음을 통해 의롭다고 여겨진 이방인의 조상이 된다는 것이다. 둘째, 아브라함은 할례를 받았지만 믿음이 없는 유대인에게는 조상이 아니라는 사실이다. 전통적으로 유대인들은 유대인으로 태어나거나 이방인이 유대교로 개종함으로써 아브라함의 자손이 된다고 믿었다. 그러나 바울은 이 개념을 단번에 뒤집고 있다. 셋째, 아브라함의 믿음은 후대의 믿음에 본보기일 뿐 아니라 하나의 구속사적인 사건이라는 것이다. 로마서 4:23-25절이 구체적으로 밝히고 있듯이 아브라함의 믿음은 신약시대에 예수 그리스도를 주로 믿어 의롭게 될 사람을 예표하고 있는 것이다. 케제만은 바울이 여기서 아브라함이 예표하고 있던 것을 그리스도가 성취했다고 말씀하고 있지 않다고 주장한다.[924] 그는 믿음이 역사에 그 기초를 두고 있다고 생각하는 것은 잘못이라고 본다. 그러나 이에 대한 던의 반박은 옳다. 즉 바울은 아브라함의 믿음을 믿음의 종말적 실체에 대한 예표로 제시하고 있다. 그리고 13-17절이 분명히 말씀하듯이 하나님께서 아브라함에게 주신 약속은 처음부터 이방인들을 그 수혜자로 포함하고 있었다.[925] 그러므로 바울은 누가 아브라함의 후손인가 혹은 누가 참 이스라엘인가를 그리스도의 구속의 완성의 관점에서 분명히 밝히고 있다.

---

920 Wilckens; Osborne; Moo; Cranfield; Käsemann.
921 Barrett; Dunn; Michel; Lagrange.
922 A B Y 6 81 630 1506 1739
923 A² C D F G
924 Käsemann.
925 Dunn.

즉 혈통에 관계없이 그가 그리스도를 주님으로 믿고 있느냐가 그 기준이다. 누구든지 그리스도 안에 있으면 아브라함의 자손으로 여겨진다. 이는 아브라함의 믿음은 예수 그리스도에 대한 믿음을 예표하기 때문이다. 여기서 우리는 구속사적으로 아브라함의 믿음이 신약의 성도들의 믿음과 실제적으로 한 종류의 믿음이라는 사실을 알 수 있다.

로마서 4:12절의 접속사 카이는 파테라조상가 11절의 파테라와 동격임을 나타낸다: "또한 할례자의 조상이 되었나니 곧 할례받을 자에게 뿐 아니라 우리 조상 아브라함의 무할례시에 가졌던 믿음의 자취를 좇는 자들에게도니라". 라잇풋은 여기서 "할례자의 조상"파테라 페리토메이스에서 페리토메이스는 아브라함의 자손을 의미하지 않고 그의 특징을 묘사한다고 해석한다.[926] 즉 아브라함은 할례의 조상이라는 뜻이다. 이 때 정관사 토이스는 혜택의 여격 dative of advantage이다.[927] 그리고 그 이하의 구는 이 혜택의 수혜자가 누구인지 서술한다. 이에 대해 여러 견해가 제시되었다. 첫째, 이들은 모든 그리스도인들을 의미한다는 해석이다.[928] 그러나 이 해석은 11b(믿는 이방인)와 12절(믿는 유대인)이 구분되고 있다는 것을 간과하고 있다. 11b는 믿음으로 아브라함의 자손이 된 이방인을 묘사하고 있고 12절은 믿는 유대인을 서술하고 있다. 또한 이 해석은 본문의 문맥에서 바울이 명사 할례페리토메이를 영적 의미로 사용하지 않고 무할례아크로부스티아와 대조하고 있다는 점을 고려하지 않고 있다. 둘째, 이들은 모든 유대인 즉 믿지 않는 유대인과 믿는 유대인이라는 것이다.[929] 피츠마이너는 여기서 페리토메이스는 영적 할례를 의미한다고 본다. 그리고 에크 페리토메이스는 육신에 할례받은 자를 가리킨다는 것이다. 복수 여격 정관사 토이스가 스토이쿠신 앞에 있는 점은 이 해석을 지지하는 듯 하다. 그리고 이 절에 두 번 사용되고 있는 정관사 토이스는 두 집단을 가리키고 있는 듯하다. 그래서 어떤 학자는 이 두 구룹은 유대인 그리스도인들과 이방인 그리스도인들이라고 해석한다.[930] 그러나 헬라어 문장

926 Lightfoot.
927 Hodge; Morris.
928 Cambier, *L'Evangile*, 170-71.
929 Käsemann; Fitzmyer.

에서 우 모논…알라 카이not only…but also는 한 구룹을 의미한다. 만일 두 구룹을 의미했다면 "토이스 욱"이 아니라 "욱 토이스"가 되어야 한다.[931] 그리고 여기서 아브라함이 예수를 믿지 않는 유대인들의 조상이라고 말씀한다면 그것은 할례가 아니라 믿음을 통해서 의롭다하심을 받는다고 강조하는 본문의 문맥과 맞지 않는다. 셋째, 토이스 이하는 한 구룹을 가리키며 이는 믿는 유대인을 의미한다는 것이다.[932] 즉 첫번째 토이스 이하는 그 앞의 페리토메이를 수식하며 그 할례자들이 누군지 밝히고 있다. 이 사람들은 (i)할례를 받았을 뿐 아니라; (ii)우리 조상 아브라함이 무할례시에 가졌던 믿음의 자취를 좇는 자들이다. 즉 이들은 유대인이면서 동시에 아브라함의 믿음과 같은 믿음을 가진 자들이다. 곧 이들은 유대인 그리스도인들을 의미한다. 이것을 표현하는데 있어서 바울은 헬라 문법을 창의적으로 사용한다.[933] 즉 할례를 받은 자 뿐 만 아니라 아브라함의 믿음을 좇는 자이는 우크 모논 토이스…알라 카이 토이스..의 표현을 요구한다라고 표현하지 않고 할례 받을 뿐 아니라 할례받기 전의 아브라함의 믿음을 좇는토이스 우크…모논 알라 카이 토이스.. 자라고 표현하고 있다. 필자는 이 세번째 해석에 동의한다. 그러나 이 해석에 대한 방해요소는 스토이쿠신 앞에 놓인 정관사 토이스다.[934] 그래서 중세 신학자 배자Beza는 두 번째 토이스를 본문에서 삭제했다. 그러나 이는 사본학적인 근거가 없다. 다른 학자들은 이는 아마도 받아쓰기 과정에서 더디오가 범한 실수일 것으로 생각한다.[935] 아니면 이는 독특한 어순 형태로 볼 수도 있다.[936] 필자는 이는 그 요점을 강조하려는 바울의 고의적인 문법적 파격이라고 본다. 동사 스토이케오우는 "일치하다", "따르다"를 의미한다. 군사적 의미로써 이 단어는 열지어 행진하는 것을 의미한다.[937]

---

930 J. Swetnam, "The Curious Crux at Romans 4,12," *Bib* 61 (1980) 110-15.

931 Dunn.

932 Moo; Schreiner; Cranfield.

933 Schreiner.

934 Lagrange; Sanday and Headlam; Cranfield; Moo.

935 Byrne, Romans, 151; Cranfield; Sanday and Headlam; Kuss.

936 C. F. D. Moule, *An Idiom Book of New Testament Greek* (2d edition. Cambridge: Cambridge University Press, 1959) 110; Godet; Lightfoot; Moo.

937 Sanday and Headlam.

로마서 4:11b-12절에서 특이한 것은 아브라함이 믿음으로 의롭게 된 이방인의 조상이며 유대인 그리스도인들의 조상이라고 말씀하고 있다는 것이다. 바울은 여기서 이방인을 유대인 앞에 두고 있다. 바울은 사실 첫째는 유대인에게요 또한 헬라인에게로다 라는 표현을 사용하면서 구속사에 있어서 축복이나 저주의 수혜자로써 항상 유대인의 우선적 지위를 인정해 왔다(롬1:16; 2:9, 10). 그런데 여기서는 이방인을 유대인 앞에 두고 있다. 이에 대해 어떤 학자들은 여기서 바울이 아브라함이 유대인의 조상임을 이방인의 조상이 된 것 앞에 두지 않은 것은 바울이 유대의 구속역사를 거부하는 것을 나타낸다고 주장한다.[938] 그러나 필자는 바울이 이 순서를 바꾼 것은 구속사에 있어서 유대인의 우선적 지위를 믿지 않았기 때문이 아니라 창세기 15-17장에 기술된 주제의 순서를 따랐기 때문이라고 본다. 즉 창15장은 할례받기 전의 아브라함의 믿음을 다루고 있고 이것이 이방인들의 칭의과 직결되기 때문에 바울은 로마서 4:11절에서 아브라함이 무할례자의 조상이 된 사실을 먼저 말씀하고 그 다음 창세기 17장이 아브라함이 할례자의 조상이 된 것을 기술하기 때문에 이 주제와 직결된 유대인의 칭의의 주제를 로마서 4:12절에 다루고 있는 것이다. 그 결론은 아브라함은 믿음이라는 공통 분모를 바탕으로 모든 믿는 자의 조상이 되었다는 것이다. 로마서 4장에서 바울은 아브라함이 혈통적인 유대인들의 조상이라고 말씀하고 있지 않다. 누가 아브라함의 자손인가를 결정하는 것은 할례가 아니라 믿음이다. 그러면 바울은 육신적인 유대인들의 구속사적 위치를 완전히 부인하고 있는가. 혈통적 유대인들은 아브라함의 언약의 축복의 수혜자가 아닌가. 크랜필드는 육신적 유대인들도 언약의 축복의 대상이며 하나님께서 이들을 완전히 버리신 것이 아니라고 말한다.[939] 로마서 9-11장은 바로 이점을 설명하고 있다는 것이다. 그러나 필자는 크랜필드는 미래의 이스라엘 회복 개념을 본문에 삽입하고 있다고 본다. 바울은 로마서 4:11-12절에서 이를 지지하는 내용을 전혀 말씀하고 있지 않다. 로마서 9-11장이 미래의 혈통적 이스라엘 회복을 지지하는

938 Klein, "Röm 4," 156.
939 Cranfield; Schreiner; Murray.

지에 대해서 앞으로 우리는 면밀한 분석을 하게 될 것이다.

로마서 4:13절의 접속사 갈왜나하면은 10-12절의 내용을 설명하는 내용을 도입한다: "아브라함이나 그 후손에게 세상의 후사가 되리라고 하신 언약은 율법으로 말미암은 것이 아니요 오직 믿음의 의로 말미암은 것이니라". 로마서 4:10-12절에서 바울은 아브라함이 무할례시에 칭의의 축복을 받은 것은 그가 유대인이나 이방인 모두의 조상이 되는데 있어서 믿음을 통해서 되도록 하셨기 때문이라고 말씀한 후, 로마서 4:13절에서 바울은 그 이유는 하나님께서 아브라함이나 그 자손에게 그가 세상의 상속자가 될 것이라는 약속은 율법이 아니라 믿음의 의를 통해서 되기 때문이라고 설명한다. 다시말해 바울은 11-12절에서 아브라함이 유대인과 이방인의 조상이 되는 것은 믿음이라는 공통분모를 통해서라고 말씀한 후 13절에서는 아브라함이 이 세상의 후사가 되는 약속도 믿음의 의를 통해서라고 말씀한다. 이는 13절이 11-12절 내용을 부연 설명하고 있다는 것을 나타낸다. 아브라함이 믿음안에서 믿는 유대인과 믿는 이방인의 조상이 되는 것은 그가 믿음안에서 이 세상의 상속자가 되는 것과 같은 개념이다. 이는 하나님의 약속을 바탕으로 한 것이다. 명사 "약속"에팡겔리아은 여기서 약속의 행위가 아니라 약속된 것을 의미한다.[940] 이 단어는 신약에 총 52회 중 26회가 바울 서신에 사용되고 있고 로마서 4:13-20절에는 네 번 사용되고 있다. 그 만큼 이 단어는 9-12절과 13-21절의 내용을 연결해 주는 핵심적 개념이다.

아브라함이 이 세상의 상속자가 되게 하신다는 것은 창세기 17:4-5절의 말씀을 배경으로 하고 있다. 즉 하나님께서는 아브람에게 내가 너를 많은 나라의 아비가 되게 하겠다고 약속하셨다. 이와 함께 하나님께서는 그의 이름을 아브람으로부터 아브라함으로 고쳐주셨다. 무는 하나님께서 아브라함에게 약속하신 것을 네 가지로 설명한다.[941] 즉 많은 자손들이 그에게서 나오고, 열국의 아비가 되며(창12:2; 13:16; 15:5; 17:4-6, 16-20; 22:17), 그 땅을 영원히 소유하며(창13:15-17; 15:12-21; 17:8), 모든 나라 백성의 축복의 통

940 Williams, "Righteousness of God," 279.
941 Moo.

로가 되는 것이다(창12:3; 18:18; 22:18). 아브라함이 이 세상의 상속자가 되게 하신다는 약속은 창세기 12:1-3절에 암시된 사실이다. 그리고 아브라함을 민족들의 아비가 되게 하시겠다고 하신 약속/언약은 이후 시가서와 선지서에 반복해서 재확인되어 왔다.[942] 이사야 55:3-5절은 하나님께서 아브라함과 그 자손에게 약속하신 그 땅은 온 세상을 포함한다고 말씀한다. 중간사 시기의 문학에는 하나님께서 아브라함에게 약속하신 축복의 내용들이 모두 함께 한꺼번에 나타난다.[943] 하나님께서 아브라함에게 주신 언약은 중간사 시기의 유대문학에는 그 보편적 스케일이 공통적으로 확인되고 있다.[944] 이러한 유대주의의 아브라함의 언약에 대한 전통을 바울이 알고 있었는지는 확실하지 않다. 그러나 우리가 확실히 알 수 있는 것은 바울이 구약의 예언을 배경으로 하나님의 이 약속이 율법을 통해서가 아니라 믿음을 통해서 성취된다고 가르치고 있다는 것이다.

바울이 여기서 율법으로써가 아니라 믿음의 의디카이오수네이스 피스테오우스를 통해서 이 약속이 성취된다고 강조하는 것은 믿음을 통하지 않고는 언약이 세계적 스케일로 성취될 수 없기 때문이기도 하다. 율법으로는 의롭다하심을 받을 사람이 없고 오직 믿음을 통해서만 하나님의 의가 임하는데 이는 이방인을 아브라함의 언약의 축복에 포함하는 절대적 통로가 된다. 여기서 놀라운 것은 바울이 하나님께서 아브라함이 세상의 후사가 되는 약속을 그와 그의 자손에게 주셨다고 말씀할 때 그 모든 자손판티 토우 스펠마티은 이미 믿는 이방인들을 포함하고 있었다고 말씀하고 있는 것이다. 여기서 "자손"스펠마은 갈라디아서 3장에서 말씀하듯이 그리스도를 의미하지 않는다.[945] 이는 집합적으로 모든 아브라함의 자손을 의미한다(롬4:16, 18). 이 사실은 11절에 암시되어 있다. 즉 아브라함이 무할례시에 칭의의 축복을 받은 것은 그로 믿는 모든 자의 조상이 되어 저희로 하여금 믿음으로 의롭다하심을 얻게 하려함

942 시2:7-12; 22:27-28; 사2:1-4; 19:18-25; 49:6-7; 52:7-10; 암9:11-12; 슥14:9.

943 *Jub*. 22.14; 32.19

944 Sir. 44:21; 2 *Bar*. 14.13; 51.3; 1 Enoch 5.7; T. McComiskey, *The Covenants of Promise* (Grand Rapids: Baker, 1985) 34, 51-55.

945 Murray; Michell; Käsemann; Osborne; Moo; contra P. L. Hammer, "A Comparison of *KΛHPONOMIA* in Paul and Ephesians," *JBL* 79 (1960) 271.

이었다는 것이다. 아브라함의 자손의 초유대적 스케일은 이미 창세기 15:5절에 나타나있다. 그리고 창세기 17:5, 18절은 창세기 15:5절을 언급하고 있다. 쉬라이너도 지적하듯이 바울은 이 약속이 유대인이든 이방인이든 예수 그리스도를 믿음으로써 아브라함의 자손이 되고 하나님께서 아브라함에게 약속하신 그 땅과 축복의 원천이 되는 축복을 유업으로 받게 된다고 가르치고 있다(롬4:23–25).[946]

바울은 13절을 우 갈 디아 노무율법으로 인해서가 아니라라고 시작함으로써 하나님께서 아브라함에게 주신 약속이 율법을 통해서가 아니라는 사실을 강조하고 있다. 여기서 율법노모스은 율법의 행위나 모세의 율법이[947] 아니라 광의의 의미 즉 복종을 요구하는 모든 종류의 법을 의미한다고 할 수 있다.[948] 이는 로마서 3:21–28절의 내용과 다시 연결된다. 던이나 헤이즈 같은 학자들은 여기서 율법은 협의의 의미를 가진다고 말한다. 즉 바울은 하나님께서 아브라함에게 주신 약속은 할례와 같은 유대민족주의적 전통을 통해서 성취되는 것이 아니라 믿음을 통해서 성취된다고 말씀하는 것이라는 것이다.[949] 이들은 바울의 관심은 언약의 축복속에 이방인을 포함하는 것이었다고 주장한다. 그러나 본문의 문맥에서 분명히 알 수 있듯이 바울의 관심은 아브라함의 언약은 율법이 아닌 믿음의 의로써 성취되기 때문에 유대인들도 언약의 축복의 자동 수혜자가 아니고 믿음을 통해서만 될 수 있다고 강조하는 것이다. 그렇기 때문에 여기서 중심적 문제는 인종적 민족적 차별의 타파가 아니라 누가 아브라함의 자손으로써 그 언약의 축복을 누리게 되느냐이다. 그것은 혈통적 유대인이 아니라 믿음으로써 아브라함의 영적 자손이 된 사람들이라는 것이다. 이는 유대인에게나 이방인에게나 똑같이 적용된다는 것이다. 여기서 전치사 디아를 상황적으로 보면attendant circumstances 약속은 법의 구역에서 성취되는 것이 아니었다고 해석된다.[950] 그러나 여기서 디아는 도구적

946 Schreiner.
947 Osborne; Cranfield.
948 Murray; Moo.
949 Hays, "Have We Found Abraham", 83-84, 90-91, 93; Dunn.
950 Barrett.

instrumental 의미로 해석하는 것이 더 낫다.[951] 즉 약속은 법을 통해서가 아니라 믿음의 의를 통해서 성취되게 되어 있었다.

로마서 4:14절의 갈(왜냐하면)은 13절 내용의 설명을 도입한다: "만일 율법에 속한 자들이 후사이면 믿음은 헛것이 되고 약속은 폐하여졌느니라". 이는 13절에서 바울이 하나님께서 아브라함에게 주신 약속이 율법으로 성취되지 않고 믿음의 의를 통해서 성취된다고 말씀한 바를 설명하고 있다. 여기서 호이 에크 노무율법에 속한 자는 유대인을[952] 가리킨다기 보다 어떤 종류의 법이든 법을 지킴으로써 의롭다는 지위를 획득하려는 자들을 가리킨다고 할 수 있다. 즉 이는 행위주의자를 의미한다. 이들은 구원을 위해 법이나 규범을 지키는 것을 신봉하는 사람들이다.[953] 이런 행위주의자 혹은 율법주의자들이 후사이면 믿음은 헛것이 된다. 여기서 후사클레이로노모스는 상속자 즉 아브라함의 유업을 이을 상속자를 가리킨다. 그 유업은 약속의 땅, 자손, 그리고 온 세상이다. 여기서 명사 "믿음"에는 정관사가 붙어 있다. 던은 이는 아브라함의 믿음을 가리킨다고 본다. 그러나 이 절의 피스티스믿음가 13절의 피스티스와 연결되는 것으로 보면 이 믿음은 아브라함의 믿음 뿐 아니라 그 자손들이 하나님의 언약의 약속을 믿는 믿음을 가리킨다고 할 수 있다. 믿음이 헛것이 된다는 어구에서 동사 케노오우는 신약에서 바울서신에만 사용되고 있고 "파괴하다", "무효가 되다"를 의미한다.[954] 그 시제가 과거완료인 것은 완료 상태가 계속되는 것을 가리킨다. 이는 접속사 카이를 통해 약속은 폐하여졌다카테일게타이 에팡겔리아는 어구와 병렬된다. 약속은 하나님께서 아브라함에게 주신 약속을 가리킨다. 동사 카탈게오우는 "폐하다", "무효가 되다"를 의미한다. 이 동사의 시제도 과거완료로써 완료 상태가 계속되는 것을 의미한다.[955] 오스본은 이 어구를 믿음이 불필요해지고unnecessary 약속의 필요성이 없어진다removed고 해석한다. 이 해석은 믿음과 약속의 기능적 측면을 고

951 Moo; Cranfield.
952 Kuss.
953 Morris; Sanday and Headlam; Murray.
954 고전1:17; 9:15; 고후9:3; 빌2:7; M. Silva, *Philippians* (BECNT; Grand Rapids: Baker, 1992) 119.
955 Schreiner.

려하는 반면에 본문의 문맥에서 바울이 말씀하는 그 구속사적 중요성을 간과하고 있다.[956] 배렛은 이 어구를 믿음과 약속이 그 의미를 잃게 된다고 해석한다.[957] 이는 믿음이 그 효력을 잃어버리고 약속이 폐지된다는 의미와 대동소이하다.[958] 여기서 율법에 속한 자들이 후사이면 믿음은 헛것이 되고 약속은 폐하여지게 되는 이유에 대해서 무는 사람들이 율법을 지킬 능력이 없기 때문이라고 해석하는데 이는 논리적으로 맞지 않다.[959] 14절에서 바울은 율법에 속한 자들이 율법을 통해서 의를 이룰 수 있느냐 없느냐를 말씀하고 있는 것이 아니라 만일 율법에 속한 자들이 후사이면 믿음과 약속이 무효가 된다는 사실을 말씀하고 있다. 무는 여기서 노모스율법를 모세의 율법으로 본다. 그리고 만일 율법에 속한 자들이 후사이면 믿음이 소용없게 되고 약속이 무효가 되는 것은 모세의 율법을 이방인에게 강요하는 유대주의 전통이 유효가 됨을 의미한다고 본다. 그러나 여기서 법은 13절의 노모스의 의미와 동일하다고 볼 수 있다. 따라서 행위주의자들이 후사가 된다면 이는 아브라함을 이방 땅에서 불러내시고 그가 할례받기 전에 믿음을 통해 의롭다고 선언하신 하나님의 법률행위가 철회되는 것을 의미한다. 그리고 율법의 행위로써 의롭다함을 얻을 수 있는 자는 없기 때문에 율법에 속한 자가 후사가 되면 하나님께서 아브라함에게 주신 언약의 약속이 성취되지 못하게 되는 모순을 낳는다. 또 나아가 율법의 행위로써 이방인도 아브라함의 자손이 되게 된다면 그들도 율법주의자가 되어야 할 것이다. 이는 율법을 이룰 수 없는 전적으로 부패한 인간의 상태에도 맞지 않는 요구이고 하나님의 구원계획과도 맞지 않는 일이다. 그 결과 아브라함이 모든 나라 백성의 아비가 되고 이 세상의 상속자가 되게 하시겠다는 하나님의 약속도 소용없는 일이 되어버렸을 것이다.

로마서 4:15절의 접속사 갈왜냐하면은 14절 내용의 이유를 도입한다: “율법은 진노를 이루게 하나니 율법이 없는 곳에는 범함도 없느니라”. 여기서 바

956 Osborne.
957 Barrett.
958 Schreiner; Cranfield; Moo.
959 Moo.

울은 왜 아브라함이나 그 자손들이 율법을 지킴으로는 세상의 후사가 되리라는 약속이 성취될 수 없는지 그 이유를 말씀하고 있다. 14절에서는 율법에 속한 자들이 후사이면 믿음도 헛것이 되고 약속도 폐하여지기 때문이라고 말씀했다. 15절에서 바울은 그 또 다른 이유를 말씀하고 있다. 즉 율법은 진노를 이루게 하며 율법이 없는 곳에는 범함도 없기 때문이다. 이 말씀은 율법은 사람들로 하여금 범죄하게 만든다는 것이다. 그러면 하나님의 의가 미치지 못하게 되고 그들은 아브라함에게 주신 약속의 수혜자가 되지 못하게 되는 것이다. 여기서 "진노"올게이는 사람의 노가 아니라 하나님의 진노를 의미한다. 던은 이 하나님의 진노는 앞으로 있게 될 심판 때 진노가 아니라(롬2:5, 8) 현재 나타나는 진노(롬1:18-32)를 가리킨다고 본다.[960] 그러나 여기서 하나님의 진노의 종말적 측면을 배제해야 될 주석적 근거는 없다. 본문의 문맥에서 믿음에 근거하는 의는 현재적 측면 뿐 아니라 종말적 측면도 내포하는 개념이기 때문에 율법에 근거한 하나님의 진노도 종말적 측면을 포함한다. 하나님의 노가 화일 뿐 아니라 범법에 대한 법률적 진노라고 말하는 오스본의 견해는 옳다.[961] 율법이 하나님의 진노를 가져오는 이유는 사람들이 율법을 범하기 때문이다.[962] 로마서 3:19-20절에서 바울은 율법은 모든 입을 막고 온 세상으로 하나님 심판 아래 있게 하려함이라고 말씀한다. 따라서 율법이 진노를 이룬다는 말씀은 사람들이 율법을 범하는 것을 전제하고 있다.[963]

그러면 여기서 범죄함파라바시스이란 무슨 뜻인가? 쉬나이더는 파라바시스는 공포된 법을 어기는 것을 말한다고 주장한다(롬2:23; 5:14; 갈3:19; 딤전2:14).[964] 로마서 5:14절에서 바울은 아담이 지은 죄를 파라바시스라고 규정한다. 아담은 선악과를 먹지 말라는 하나님의 명령을 어겼다. 이런 관점에서 파라바시스는 기록되었든지 말씀되어졌든지 어떤 정해진 법을 어기는 것이

960 Dunn.
961 Osborne.
962 Calvin; Cranfield; Schreiner; Moo; Fitzmyer; Osborne.
963 Laato, *Paulus und das Judentum; contra Boers, Theology out of the Ghetto*, 94.
964 Schneider, *TDNT*, 5:739-40; Schreiner; Moo.

다. 바울은 일반적인 죄하말티아와 범죄파라바시스를 구분한다. 범죄는 어떤 정해진 규범을 어기는 것이라고 할 때 모든 범죄는 죄에 속하지만 모든 죄가 범죄가 되지는 않는다.[965] 율법이 없을 때도 사람들은 죄를 지었다. 그러나 율법이 주어진 이후 사람들이 짓는 죄는 범죄다. 이 점에서 여기서 율법은 협의적 법 즉 모세의 율법을 의미한다고 할 수 있다.[966] 모세의 율법과 상관없이 사람은 죄 때문에 하나님의 심판 아래 놓여 있다. 그러나 모세의 율법은 하나님의 더 큰 진노를 야기한다.[967] 이 의미는 동사 카텔가조마이(이루다)에 나타나 있다. 이 동사의 시제가 현재인 것은 진노가 이루어지는 시점이 현재라는 것이 아니라 그 논리적gnomic 의미를 나타내는 것으로 볼 수 있다.[968] 율법이 없을 때 범죄가 없었던 것은 아니다. 바울은 율법이 없는 자들도 그 마음에 새긴 법에 따라 하나님의 심판을 받게 된다고 말씀한다(롬 2:12-16). 이 점에서 15절의 노모스(법)는 일차적으로 모세의 율법을 의미하지만 그 광의의 의미로써 일반적인 법도 포함한다고 볼 수 있다.

로마서 4:16절의 디아 투토는 13절의 긍정적 내용을 도입한다: "그러므로 후사가 되는 이것이 은혜에 속하기 위하여 믿음으로 되나니 이는 그 약속을 그 모든 후손에게 굳게 하려 하심이라 율법에 속한 자에게 뿐 아니라 아브라함의 믿음에 속한 자에게도니 아브라함은 하나님 앞에서 우리 모든 사람의 조상이라". 13절은 긍정의 측면과 부정의 측면을 포함한다. 바울은 14-15절에서 부정적 측면을 설명한 뒤 16-17절에서는 그 긍정적 측면을 설명한다. 디아 투토는 14-15절 내용을 받을 수도 있고(율법은 진노를 이루게 하므로)[969], 16절의 히나절을 받을 수도 있다(그 약속을 율법에 속한 자와 믿음에 속한 그 모든 후손에게 굳게하시기 위해서 믿음으로…).[970] 아니면 양쪽에다 걸릴 수도 있다. 여기서 히나를 목적을 이끄는 접속사로 보지 않고 결과를 이끄는 접속사로 보면 디아 투토는 14-15절의 결론을 도입하고 있다고

965 Moo.
966 Nygren; Denney; Moo; Calvin.
967 Moo.
968 Moo; *contra* Dunn.
969 KJV; NAS; 대부분의 주석가들.
970 Cranfield; Moo; Schreiner.

볼 수 있다. 아브라함이 믿음으로 모든 믿는 자의 조상이 된 것은 하나님의 은혜를 따라 약속이 확정되게 하기 위함이다. 만일 율법으로 말미암아 약속이 확정된다면 사람들은 행위로써 자신들의 공로에 해당하는 삯을 받게 된다. 이는 그들에게 은혜가 아니요 빚으로 여겨지게 된다(롬4:4). 그러나 일을 아니할지라도 불의한 자를 의롭다고 선언하시는 하나님을 믿을 때 이 믿음으로 인해 그 사람은 의롭다하심을 얻게 된다. 자기의 행한 일이 없이 칭의의 축복을 받는 것은 전적으로 하나님의 은혜 때문이고 그 사람은 하나님께 모든 찬양과 영광을 돌리게 될 것이다. 이와 같이 로마서 4:16절에서 바울은 아브라함이 왜 믿음을 통해서 모든 믿는 자의 조상이 되었고 그를 세상의 후사로 세우시겠다는 하나님의 약속이 이루어졌는지 설명하고 있다. 즉 하나님께서 창세기 15:1-5절에서 아브라함에게 주신 언약은 혈통이나 전통이나 율법을 통해서가 아니라 원래부터 믿음으로 말미암아 성취되게 되어 있었다. 16절에서 형용사 베바이오스는 법적으로 보장된 견고함을 의미한다.[971]

16절의 헬라어 본문에서 에크 피스테오우스에 주어가 없다는 것을 알 수 있다. 학자들은 주어가 하나님의 구원의 계획이라고도 하고,[972] 그 약속이라고도 한다.[973] 케제만은 약속된 유산을 가장 적합한 주어로 제시한다.[974] 그리고 그 수혜자는 모든 후손판티 토우 스펠마티이다. 이 때 그 생략된 동사는 게네이타이되었다라고 할 수 있다. 이 아브라함의 자손들은 율법을 받은 사람들 뿐 아니라 믿음으로 아브라함의 자손이 된 사람들을 다 포함한다. 물론 여기서 "율법을 받은 사람 뿐 아니라"토우 에크 투 노무는 율법에 속한 유대인을[975] 말하는 것이 아니라 율법을 받았으면서도 믿음을 가지고 있는 유대인을 말한다(롬4:12).[976] 훌트그런은 여기서 "토우 에크 투 노무"와 "토우 에크 피스테오

---

971 A. Deissmann, *Bible Studies* (Edinburgh, 1901) 104-9; H. Schlier, *TDNT*, 1:600-3.

972 Sanday and Headlam; Barrett.

973 Cranfield.

974 Käsemann; Schreiner; Moo.

975 Hultgren; F. Mussner, "Wer ist 'Der ganze Samen' in Röm 4,16?" in *Begegnung mit dem Wort. Festschrift für Heinrich Zimmermann* (ed. J. Zmijewski and E. Nellessen; BBB 53; Bonn: Peter Hanstein, 1980) 213-17; L. Gaston, "Abraham and the Righteousness of God," *Horizons in Biblical Theology* 2 (1980) 58; Fitzmyer; T. H. Tobin, *Paul's Rhetoric in Its Contexts: The Argument of Romans* (Peabody: Hendrickson Publishers, 2004) 150-51; R. Jewett.

우스"가 대조되고 있기 때문에 전자는 혈통적 유대인을 의미한다고 말한다. 그러나 양자는 대조되고 있지 않고 우 …모논 알라 카이…뿐 아니라 …도로 연결되고 있다. 또한 "토우 에크 투 노무"의 뜻은 14절의 "에크 노무"의 뜻과 구별된다.[977] 그리고 만일 "토우 에크 투 노무"가 혈통적 유대인을 의미한다고 보면 이는 지금까지 바울이 가르친 말씀과 모순된다. 바울은 11-12절에서 할례는 받았지만 믿음이 없는 유대인들은 진정한 아브라함의 자손이 아니라고 말씀하고 있고 13-15절에서는 율법을 바탕으로 약속된 유업을 이을 수 없다고 말씀한다. 따라서 여기서 "율법에 속한 자"는 율법을 신봉하는 자를 가리키는 것이 아니라 모세의 율법의 전통을 이어받은 자지만 믿음을 가진 유대인을 가리킨다고 할 수 있다. 구약 시대에는 모세, 다윗, 이사야 같은 사람들이다. 그리고 신약시대에는 유대인 그리스도인들을 가리킨다. "반면에 토우 에크 피스테오우스 아브라암"은 율법은 가지지 않았지만 믿음으로 아브라함의 자손이 된 이방인 그리스도인을 가리키고 있다. 이 점에서 16절 후반부에서 그는 우리 모두의 아비라고 할 때 우리 모두판토운 헤이모운는 유대인과 이방인 구분없이 모든 믿는 자들이라고 볼 수 있다. 여기서 자손을 의미하는 명사 스페르마는 단수로 쓰였다. 이는 집합명사지만 "자손들"descendants로 번역해도 무방하다(NAS). 이와 같이 바울은 누가 아브라함의 자손인가의 질문에 모든 믿는 자들이다라고 답함으로써 구속사적으로 믿는 자들의 공동체가 여러 개가 아니라 한 공동체였음을 말씀하고 있다. 로마서 9-11장에서 바울은 하나님의 백성의 공동체의 연합을 감람나무 비유를 통해서 자세히 설명하고 있다. 에베소서 2장에서는 그리스도의 구속의 완성으로 유대인과 이방인 사이의 담이 허물어 졌고 두 구룹이 함께 하나님의 성전을 지어간다고 말씀하고 있다. 이는 바울의 창의적인 교리가 아니라 창세기 15-17장의 아브라함에게 주신 약속에 이미 내재한 개념이었다는 것을 바울은 보여줌으로써 이것을 성취할 유일한 길 즉 믿음의 절대적 필연성을 확실히 입증하고

---

976 Schreiner; Cranfield; Morris; Wilckens; Moo; B. Schliesser, *Abrahams Faith in Romans 4: Paul's Concept of Faith in Light of the History of Reception of Genesis 15:6* (WUNT 2/224. T?bingen: Verlag Mohr Siebeck, 2007) 373-75.

977 Cranfield; Moo; Schreiner; *contra* Dunn.

있다.

(ㄷ) 아브라함의 믿음(롬4:17-22)

로마서 4:3-8절에서 바울은 행위와 구별된 믿음, 9-12절에서는 할례와 구별된 믿음, 13-16절에서는 율법과 구별된 믿음을 다루면서 무엇이 믿음이 아닌가를 설명했다. 이제 로마서 4:17-22절에서 바울은 그러면 믿음은 무엇인가의 질문을 명쾌하게 답하고 있다. 바울은 아브라함을 많은 민족의 조상으로 세우신 하나님의 약속이 그의 믿음을 통해 이루어져가는 것을 설명한다. 아브라함의 믿음은 하나님의 약속의 실현이 불가능하게 보이는 상태에서 하나님께서 약속을 실현하실 수 있는 전능하신 하나님이심을 믿는 믿음이다. 자신의 몸은 이미 늙었고 사라의 태는 죽은 것 같았지만 아브라함은 하나님께서 죽은 자를 살리시며 없는 것을 있는 것 같이 부르시는 권능의 하나님이심을 믿었다. 여기서 우리는 아브라함의 믿음은 하나님을 믿는 믿음이요 그 말씀에 의지해서 믿는 믿음이요 보지 않고 믿는 믿음이라는 사실을 알 수 있다. 바울은 아브라함의 믿음의 탈제도적이며 탈전통적인 요소를 재발견함으로써 이방인들이 이 믿음을 바탕으로 아브라함의 자손으로 들어올 수 있게 했고 하나님께서 아브라함에게 주신 약속이 성취되는 신학적 기초를 제공하고 있다.

로마서 4:17절의 접속사 카쏘우스…인것 처럼는 16절 내용을 증거하는 구약의 구절을 도입하고 있다: "기록된바 내가 너를 많은 민족의 조상으로 세웠다 하심과 같으니 그의 믿은 바 하나님은 죽은 자를 살리시며 없는 것을 있는 것 같이 부르시는 이시니라". 17a는 창세기 17:5절의 칠십인역을 그대로 인용하고 있다. 그리고 17b는 아브라함이 믿은 하나님의 속성을 서술한다. 17a와 17b의 구문론적 관계에 대한 해석은 다양하다. (i)17a는 16절의 "우리 모두의 조상"을 확인해 주고 17b는 17a를 계속 전개한다;[978] (ii)17a는 16절의 "그 모든 후손에게"를 확인해주고 17b는 17a에 바탕을 둔다;[979] (iii)17a는

978 TEV; NIV; REB; NLT; Osborne; Käsemann; Morris; Moo.
979 Wilckens.

삽입구이고 17b는 16절의 "우리 모두의 조상"을 확실하게 한다;[980] (iv)17a는 16절의 "우리 모두의 조상"을 확실하게 해 주고 17b는 16절의 "그 모든 후손에게"에 연결된다;[981] (v)17a는 16절과 연결되고 17b는 새문단을 시작한다.[982] 여기서 필자는 세 번째 해석이 제일 낫다고 본다. 그 이유는 17b의 전치사 카테난티가 17a와 직접 관계가 없고 구문적으로 16절의 "우리 모두의 조상"에 연결되기 때문이다. 이를 다시 적어보면 "아브라함은 우리 모든 사람의 조상이다(기록된 바 내가 너를 많은 민족의 조상으로 세웠다) 그가 믿는 하나님 앞에서: 이 하나님은 죽은 자를 살리시며 없는 것을 있는 것같이 부르시는 이시다"가 된다. 그러나 무는 16b의 "아브라함은 우리 모든 사람의 조상이다"와 17b의 시작부 "하나님 앞에서"카테난티…쎄우는 연결이 자연스럽지 못하다고 생각한다.[983] 그래서 17a와 17b가 계속 연결되어 있다고 본다. 그러면 여기서 의미는 "기록된 바 내가 너를 많은 민족의 조상으로 세웠다. 그 약속은 아브라함이 믿은 하나님 앞에서 좋았다. 이 하나님은 죽은 자를 살리시며 없는 것을 있는 것 같이 부르시는 이시다"가 된다(TEV). 그러나 이 해석의 문제점은 바울이 17절에 말씀하지 않은 의미를 삽입하고 있다는 것이다. 무는 세 번째 해석을 배제하면서 "아브라함은 하나님 앞에서 우리 모두의 조상"이라는 개념은 여기서 말씀되어질 필요없는 어구라고 일축한다. 그러나 본문의 문맥에서 이방인들이 믿음으로 아브라함의 자손이 되는 사실이 하나님 앞에서 이루어진 구속사적 사건임은 아무리 강조해도 지나치지 않는 중요한 가르침이다.

17b에서 바울은 아브라함이 믿는 하나님의 속성을 설명한다. 하나님께서는 (i)죽은 자를 살리시는 하나님이시다. 구약과 유대문학은 하나님께서 죽은 자를 살리시는 분이심을 증거한다.[984] 그러면 아브라함이 하나님께서 죽

980 KJV; NASB; Calvin; Michel; Schreiner; Cranfield; Murray.

981 Bruce.

982 M. Black.

983 Moo.

984 신32:39; 삼상2:6; 사 26:19; 단12:1-3; 2 Macc 7:9, 14, 23; 1 Enoch 104:2-6; *T. Jud.* 25:1; *Pss. Sol.* 3:11-16; George W. E. Nickelsburg, "Resurrection: Early Judaism and Christianity," *ABD* 5:684-91; idem, *Resurrection, Immortality, and Eternal Life in Intertestamental Judaism* (HTS 26. Cambridge: Harvard University Press, 1972).

은 자를 살리시는 분이심을 믿었다는 의미는 무엇인가. 아브라함은 백 세가 되어 자기 몸의 죽은 것 같음과 사라의 태의 죽은 것 같음을 알고도 그 믿음이 약해지지 않았다(19절). 아브라함은 이에서 나아가 부활신앙을 가지고 있었다. 그 후 하나님께서 자신이 백세에 얻은 아들 이삭을 바치라고 하셨을 때 그는 이삭을 제물로 드리려고 했다. 그 이유는 하나님께서 죽은 이삭을 죽음에서 부활하실 수 있는 하나님이심을 믿었기 때문이다(히11:19). 아브라함의 부활신앙은 우리가 예수 그리스도를 죽음에서 부활시키신 하나님을 믿는 부활신앙의 모형이라고 할 수 있다. 그리고 이 부활신앙은 장차 우리 자신의 부활을 믿고 기대하는 구속사적 바탕이다(롬6:4-5).985 둘째로 (ii)하나님은 없는 것을 있는 것 같이 부르시는 하나님이시다. 여기서 동사 칼레오우는 "호출하다" 혹은 "부르다" 혹은 "존재하게 하다"의 의미를 가진다. 크랜필드나 던은 하나님께서 없는 것을 있는 것 같이 부르신다는 뜻은 무에서 이 세상을 창조하신 하나님의 창조의 일을 가리킨다고 주장한다.[986] 실제로 구약에서 "부르다"는 동사는 하나님의 창조의 사역을 의미하기도 하며 바울 당시 유대문학에서 "부름"calling은 없는 것을 있게 하는 것을 의미하기도 한다.[987] 그러나 많은 학자들은 그것은 없는 것을 있는 것 같이 부르신다는 것을 의미한다고 주석한다. 그것은 이 구절에서 접속사 호우스(와 같이)는 결과를 동반하지 않고 마치 결과가 일어난 것처럼의 뜻을 가지기 때문이라는 것이다.[988] 만일 창조를 의미했다면 바울은 "호우스 온타" 대신에 "에이스 온타"로 표현했을 것이라는 것이다. 케제만은 "없는 것을 있는 것 같이"는 바울의 칭의론의 적나나한 표현이라고 본다. 죄악된 인생에 영적 생명을 불어넣는 것이야 말로 없는 것을 있는 것으로 여기는 것이라는 것이다.[989] 사람들이 칭의를 통해서 아브라함의 자손이 되는 것은 사실이다. 그러나 바울이 여기서 말씀하는 것은 아브라함이 칭의를 주시는 하나님을 믿었다는 점

---

985 롬8:11; 고전15:22, 36, 45; 신32:39; 삼상2:6; Tob.13:2; Wis.16:13.
986 Dunn; Cranfield; Barrett; Wilckens.
987 Philo, *Spec. Leg.* 4.187; 2 Macc 7.28; 2 Bar. 21.4; 48.8; *Mekilta* Exod 18.3
988 Murray; Moo; Sanday and Headlam; Stott; Schreiner; Osborne.
989 Käsemann; Dunn; Schlier; Moxnes, *Theology in Conflict*, 241-50.

이 아니라 자신의 몸은 늙고 사라의 태는 죽었지만 하나님께서 자신을 통해서 자손을 주실 것을 믿었다는 것이다. 이는 많은 민족이 아직 아브라함의 자손이 되지 않았지만 이미 된 것으로 여기시는 하나님을 믿은 믿음으로 볼 수 있다. 하나님께서 아브라함에게 아들을 주시겠다고 약속하셨을 때 아브라함은 이미 99세였고 사라는 90세였다. 사라는 경수가 끊긴지 오래된 할머니였고 아브라함도 기력이 쇠한 늙은이였다. 그러나 아브라함은 바랄 수 없는 중에 바라고 믿었다(18절). 이는 네 후손이 이같으리라 하신 말씀대로 많은 민족의 조상이 되게 하려 하심을 믿은 것이다. 그는 백 세가 되어 자기 몸의 죽은 것 같음과 사라의 태의 죽은 것 같음을 알고도 믿음이 약하여지지 아니하고 믿음이 없어 하나님의 약속을 의심치 아니하고 믿음에 견고하여져서 하나님께 영광을 돌렸다(19절). 이 결과 그는 백 세가 되던 해에 사라를 통해 아들 이삭을 얻는 축복을 받았다. 이는 아직 자신의 자손이 아닌 많은 이방 민족이 이삭을 통해 나오시게 될 메시아 예수 그리스도를 믿고 자신의 영적 자손이 될 것을 믿는 것을 포함하는 믿음이다. 왜냐하면 아브라함은 하나님께서 자신을 열국의 조상으로 만드시겠다고 하신 약속을 믿었기 때문이다.

로마서 4:18절의 관계대명사 호스는 17절의 아브라함을 받는다: "아브라함이 바랄 수 없는 중에 바라고 믿었으니 이는 네 후손이 이같으리라 하신 말씀대로 많은 민족의 조상이 되게 하려 하심을 인함이라". 여기서 "파르 엘피다 에프 엘피디"는 해석하기 어려운 어구다. "파르 엘피다"는 "희망 저편에"beyond hope 혹은 "희망을 거슬러"against hope로 번역 가능하다. 이는 아브라함이 인간적인 시각에서 볼 때 자신의 늙은 몸으로 아기를 가진다는 것은 도저히 희망할 수 없는 일이기 때문에 희망을 포기한 상태라는 뜻이다. 죽은 것 같은 그의 몸에서 나올 자손의 수가 하늘의 별과 같이 많고 바다의 모래 같이 많을 것이라는 약속은 인간적으로는 불가능한 일로 보일 수 있다. 이는 희망 저편에 있는 일이라기 보다 희망할 수 없는against hope 일이다.[990] "에프

990 BAGD; Cranfield; Moo.

엘피디"는 "희망을 바탕으로"라고 번역할 수 있다.[991] 이는 하나님께로부터 말미암은 희망이다. 이 희망은 주관적인 느낌에 바탕을 둔 희망이 아니고 하나님께서는 없는 자를 있는 것 같이 하실 수 있는 분이라는 믿음에 바탕을 둔 희망이다.[992] 또 반대로 아브라함의 믿음은 하나님께서 그 약속을 이루실 것을 바라는 희망에 바탕을 둔 믿음이었다. 신약은 믿음과 소망은 밀접한 관계에 있다고 가르친다.(롬5:2; 15:13; 갈5:5; 엡1:18-19; 골1:23; 딤전4:10; 히11:1; 벧전1:21) 믿음은 바라는 것들의 실상이요 보지 못하는 것들의 증거가 되는 것이다(히11:1). 여기서 바울은 믿는다는 동사 다음에 전치사 에이스와 그 뒤에 부정사 토 게네스싸이를 둔다. 불트만은 여기서 전치사구가 아브라함의 믿음의 내용에 해당한다고 해석한다.[993] 그러나 믿는다 + 에이스 + 부정사의 형태가 부정사가 묘사하는 내용을 믿는다는 의미로써 다른 데 사용된 적이 없다. 또 17절에서 바울은 아브라함의 믿음의 내용은 "하나님" 자체지 하나님께서 주시는 그 어떤 것이라고 말씀하지 않았다. 따라서 우리는 에이스 + 부정사를 목적이나[994] 결과를[995] 의미하는 것으로 보는 것이 낫다. 개역성경의 번역은 목적의 의미를 잘 반영하고 있다: "이는 네 후손이 이같으리라 하신 말씀대로 많은 민족의 조상이 되게 하려 하심을 인함이라". 여기서 그 목적의 주격은 하나님이신 것을 알 수 있다. 그러면 그 앞의 동사 "피스테우오우"의 주어아브라함와 일치하지 않는다. 따라서 헬라 구문론적 측면에서 에이스의 전치사구는 결과를 의미한다고 보는 것이 더 낫다. 여기서 바울이 인용하는 말씀은 창세기 17:5절이 아니라 창세기 15:5절이다(롬4:3). 이는 "너의 씨"가 궁극적으로 열방에서 부름받을 모든 성도를 가리키고 있었다는 것을 다시 확인한다. 명사 에쓰노스가 히브리 명사 고이 처럼 이방나라를 의미하는 만큼 아브라함의 자손은 열국에서 불려질 유대인과 이방인으로 구성된다는 점이 명확하다. 바울이 창세기 17:5절을 창세기 15:5절에

991 Bauer.
992 Calvin.
993 Bultmann, *TDNT*, 6:206; Michel; Kuss.
994 NASB; Dunn; Turner; Murray; Denney; Sanday and Headlam.
995 NIV; NEB; Cranfield; Moo; Käsemann; Morris; Lenski; Lagrange.

입각해서 설명하는 해석법은 당대의 파일로도 인식하고 있던 해석법이다.[996]

로마서 4:19절은 18절의 아브라함이 바랄 수 없는 중에 바라고 믿었다는 내용을 구체적으로 설명한다: "그가 백세나 되어 자기 몸의 죽은 것 같음과 사라의 태의 죽은 것 같음을 알고도 믿음이 약하여지지 아니하고". 동사 아스쎄네오우는 "아프다" 혹은 "약하다"를 의미한다. 이 동사는 20절의 믿음에 견고해진다엔두나모오우는 동사와 대조되고 있다. 아스쎄네오우는 로마서 8:26절에서 믿음의 약함을 의미한다: 성령께서 우리의 연약을 아시고 우리를 위해 탄식하시며 중보기도하신다. 그리고 로마서 14:1절은 믿음이 연약한 자는 채소를 먹는데 믿음이 강한 자가 연약한 자를 받아들여야 한다고 말씀한다. 믿음이 연약해지는 것은 믿음을 잃어버리는 것과는 다르다. 여격 테이 피스테이는 관점의 여격dative of respect이다. 즉 그는 믿음에 있어서 약해지지 않았다. 모든 주석가들은 이를 종절로 보고 카테노에이센관찰하다을 주절로 본다. 그러나 헬라어에서 정동사를 종절로 번역할 수도 있다. 이 경우 이 절의 의미는 앞뒤가 맞게 된다: "그가 자신의 몸의 죽은 것 같음을 보고도 믿음이 약해지지 않았다".[997] 그러나 과거분사 아스쎄네이사스를 종절로 보고 정동사 카테노에이센을 주절로 번역해도 뜻이 통한다: "그는 믿음에 있어서 약해지지 않고 자신의 몸의 죽은 것 같음을 알고 있었다". 어떤 사본에는 이 절의 카테노에이센에 우not가 붙어 있다.[998] 이 경우 이 절은 "그가 믿음에 있어서 약해지지 않았기 때문에 그는 자신의 몸의 죽은 것을 개의치 않았다"로 번역된다(KJV). 그러나 여기서 "우"가 없는 것을 원문으로 보면 이 절은 "그는 믿음이 약해지지 않으면서 자신의 몸의 죽은 것 같음을 알고 있었다"로 번역할 수 있다(NAS; NIV).[999] 후자의 경우(부정 조사가 없는 경우)는 탄탄한 사본들의 증거가 있다. 그리고 좀 덜 명맥한 읽기이기 때문에 원문일 가능성이 크다.[1000] 동사 네크로오우는 "죽다"를 의미하고 수동태는 "죽은

---

996 Philo, *Mut*. 177-78.
997 RSV; TEV; JB.
998 D G K P Ψ 33 Byz.
999 ℵ A B C 81 1739 vg syr^p cop

것과 같은"을 의미한다. 여기서 네네크로우메논의 과거완료시제는 계속되는 상태를 의미한다. 바울은 이 때 아브라함의 나이가 약 백 세가 되었다고 말씀한다. 창세기 17:24절에서 모세는 아브라함이 할례를 받을 때 나이가 구십 구세라고 말씀한다. 그러나 하나님께서 아브라함에게 그 언약을 재확인하실 때 아브라함은 그 마음속에 자신이 백세가 되었다고 말하고 있었다(창17:17). 이 때 사라는 구십세였다. 그리고 그녀의 태는 죽은네크로우신 상태에 있었다. 창세기 25:1절 이하는 아브라함이 사라가 죽은 후에 그두라를 후처로 취하고 아들 여섯을 낳았다고 말씀한다. 이에 대해 캘빈은 하나님께서 아브라함에게 생식력을 주셔서 이삭을 낳게 한 뒤로 그의 정력이 회복되었다고 주석한다.[1001]

로마서 4:20절의 접속사 데그러나는 19절 내용의 대조를 도입한다: "믿음이 없어 하나님의 약속을 의심치 않고 믿음에 견고하여져서 하나님께 영광을 돌리며". 전치사 에이스는 "…관하여", 혹은 "…대하여"를 의미한다.[1002] 이를 "…를 조사하며"로 번역하는[1003] 것은 문법적으로 타당한 해석이 아니다. 에이스의 의미를 원인으로 보고 "하나님의 약속 때문에"로 번역하는[1004] 것도 통상적 에이스의 의미와 거리가 있다. 동사 디아크리노우는 수동태로써 "의심하다", "약해지다"를 의미하며 "믿는다"의 반대말이다(롬14:23; 마21:21; 막11:23; 약1:6).[1005] 명사 아피스티아는 신약에 총 열 한 번 사용되고 있고 로마서에 네 번 사용되고 있다. 이는 "불신앙" 뿐 아니라 믿음을 버리는 것 즉 하나님의 약속을 믿는 것을 거부하는 것을 의미한다.[1006] 테이 아피스티아에서 여격은 인과적 여격dative of cause보다는 도구적 여격으로 볼 수 있다. 즉 아브라함은 하나님의 약속에 관하여 불신앙으로써 의심하지 않았다. 이는 19절의 "믿음이 약해지지 않았다"와 병렬되는 의미다. 접속사 알라는

1000 Metzger; Cranfield; Murray; Morris; Fitzmyer; B. Haensler, "Nochmals zu Röm 4,19 (Gn 25, If)," *BZ* 14 (1916-17) 164-69.
1001 Calvin.
1002 Cranfield; Morris.
1003 RV; Barrett.
1004 J. R. Mantey, "The Causal Use of *ΕΙΣ* in the New Testament," *JBL* 10 (1951) 46-47.
1005 BAGD; F. Büchsel, *TDNT*, 3:947.
1006 Michel.

이와 대조되는 의미를 도입한다. 즉 그는 믿음에 견고해져서 하나님께 영광을 돌렸다. 여기서 동사 엔두나모오우는 과거 수동태로써 "강해졌다"를 의미한다.[1007] 이는 강하게 하시는 분은 하나님이시다는 점을 나타낸다. 그러나 무는 엔에두나모우쎄이를 "커지다"grew strong로 번역한다.[1008] 즉 근육이 아령 운동을 통해서 강해지듯이 아브라함의 믿음도 자신이 죽은 것 같은 육체를 가지고 하나님의 약속을 신뢰하면서 커졌다는 것이다. 그러나 이 해석은 믿음을 주시고 강하게도 하시는 하나님의 은혜의 측면을 축소하고 믿음이 어떤 원칙속에서 자라는 것처럼 묘사한다는 점에서 타당한 해석이라고 할 수 없다. 어떤 학자들은 테이 피스테이에서 여격은 도구적[1009] 혹은 인과적[1010] 의미를 가진다고 말한다. 그러면 이는 아브라함은 그 믿음으로써 강해졌다는 의미가 된다. 그러나 여기서 이 여격은 관점의 여격dative of respect으로 보는 것이 더 낫다. 그러면 이는 아브라함은 그 믿음에 있어서 강해졌다는 의미가 된다. 이 해석은 20절의 테이 피스테이가 19절의 "메이 아스쎄네이사스 테이 피스테이"그 믿음에 있어서 약해지지 않고와 대조적으로 병렬되고 있다는 점에서 더 나은 해석으로 보인다. 즉 아브라함은 그 믿음을 가지고 강해졌다기 보다는 그의 믿음이 강해진 것이다.[1011]

그리고 아브라함은 하나님께 영광을 돌렸다. 여기서 분사 두스give는 과거시제다. 이는 동시적 의미를 가진다. 즉 아브라함이 믿음에 견고해져서 하나님께 영광을 돌렸다는 것이다.[1012] 여기서 과거분사 두스를 믿음에 견고해지기 전의 사건으로 본다면, 우리는 아브라함이 하나님께 영광을 돌린 후 그 믿음에 견고해졌다라고 이해할 수도 있다. 그러면 하나님께서 그의 믿음을 견고하게 하신 것은 아브라함이 하나님께 영광을 돌린 것에 대한 결과로 이해할 수 있다. 이 점에서 쉬라이너는 아브라함이 하나님께 영광을 돌림으로써 그 믿음에 견고해졌다고 번역한다.[1013] 그렇다면 하나님께 영광을 돌린

1007 Cranfield; Wilckens.
1008 NEB; RSV; Moo; Schlier; Schreiner; Osborne.
1009 Godet; Sanday and Headlam; Fitzmyer.
1010 Turner; Käsemann.
1011 Moo; Cranfield; Barrett; *contra* Murray; Dunn.
1012 ESV; NRS; RSV.

것은 수단이, 믿음에 견고해진 것은 그 결과가 되는 것이다. 그러나 20절의 "두스"와 엔에두나모우쎄이 간에 이러한 시간적 순서의 의미가 내재하는 지는 확실하지 않다. 아브라함이 하나님께 영광을 돌릴 수 있는 것은 그의 믿음이 견고해졌기 때문일 수도 있다. 사람은 하나님의 진실하심과 선하심을 믿고 그 권위에 복종하기 전에는 그에게 영광을 돌릴 수 없다. 그리고 하나님의 말씀을 믿는 것 이상으로 하나님께 영광을 돌리는 행위는 없다.[1014] 아브라함은 하나님의 약속을 믿음으로써 로마서 1:21-23절에 묘사된 악한 사람이 하지 않았던 일 즉 하나님께 영광을 돌리는 일을 할 수 있었다.[1015]

쉬라이너는 이 구절을 해석하면서 재미있는 해석적 질문을 던진다. 즉 창세기 12-24장에 기록된 아브라함의 이야기를 보면 때로 아브라함의 믿음이 흔들리는 모습도 보게 된다는 것이다.[1016] 어떤 사람은 아브라함의 믿음이 아무 의심없이 견고해져 가는 모습을 볼 수 없다고 말한다. 오히려 그의 갈팡질팡하는 믿음의 모습을 통해 우리 믿음에 때로 회의가 오는 순간을 보는 것 같아서 위로를 받을 수 있다는 것이다. 과연 믿음은 강해지기도 하고 약해지기도 하는가. 아니면 불가능하게 보이는 상황속에서도 약해지지 않고 오히려 견고해 지는가. 창세기 17:17절은 로마서 4:20절에서 바울이 묘사하는 아브라함의 모습과 일치하지 않는다. 어떤 학자는 바울이 창세기 17:17절이 말씀하고 있지 않는 짧은 해설midrash을 로마서 4:20절에 삽입하고 있다고 본다.[1017] 캘빈은 창세기 17:17절에서 말씀하는 아브라함의 웃음은 놀라서 웃는 웃음이라고 말한다. 유대문학도 아브라함의 웃음은 기쁨의 웃음이었다고 설명한다(Jub. 16:19). 그러나 창세기 17:18절에서 아브라함은 하나님의 약속이 이스마엘을 통해서 성취될 것이라고 대답하고 있고 창세기 18:12-15절에서 서술된 사라의 부정적인 반응을 볼 때 아브라함의 웃음이 놀람이나 기쁨의 웃음이었다고 볼 수는 없다.[1018] 고뎃은 로마서 4:20절이

1013 Schreiner.
1014 Calvin.
1015 수7:19; 삼상6:5; 대상16:28; 사42:12; 렘13:16; 요한9:24; 행12:23; 계11:13; 16:9; 19:7; Cranfield.
1016 Schreiner.
1017 Hultgren; Gary G. Porton, "Midrash," *ABD*, 4:818-22.
1018 Moo.

말씀하는 아브라함의 믿음에 대한 긍정적 평가는 창세기 17:17절에 바탕을 둔 것이 아니고 창세기 15장에 근거한 것이라고 말한다. 이는 로마서 4:18절이 인용하는 구절은 창세기 15:5절이라는 점에서 타당한 해석이다. 무는 20절의 동사 디아크리노우가 나타내듯이 바울은 아브라함의 믿음에 어느 정도 의심이 있었다는 것을 부정하지 않는다고 말한다. 그러나 아브라함은 그 마음에 하나님께서 주신 약속을 근본적으로 의심하지 않았다는 것이다. 그러나 이 해석의 창의성에도 불구하고 이 해석은 히브리서 11:8-10, 17-19절에 설명된 아브라함의 변함없는 믿음을 고려하지 않고 있다. 성경 어느 구절도 아브라함이 하나님의 약속을 의심했다가 나중에 믿음에 더 자라갔다고 말씀하는 곳은 없다. 믿음은 일 순간의 선택이고 그 결과는 견인perseverance이다. 믿음이 없는데 없던 믿음이 나중에 역경을 만나 강해지고 자라간다는 것은 바울이 로마서에서 말씀하는 칭의론과 맞지 않는다. 성도는 환난을 맞아 인내하게 되어 있고 인내을 통해 연단을 연단을 통해 소망을 가지게 된다(롬 5:3). 아브라함도 역경속에서 그 믿음이 약해지지 않았고 오히려 그 믿음이 강해졌다. 창세기 17:17-18절에서 말씀하는 아브라함의 웃음과 이스마엘에 대한 그의 요구가 그의 믿음이 퇴보했다거나 갈팡질팡하고 있다는 증거라고 볼 수는 없다. 그의 웃음은 그가 인간적인 측면에서 한 순간적인 반응이었고 본질적으로 하나님의 약속을 믿고 있었던 그의 마음의 믿음의 약화나 변화를 나타내는 것은 아니었다고 할 수 있다.[1019]

로마서 4:21절의 접속사 카이그리고는 20절의 "두스 독산 토우 쎄오우"와 병렬되는 어구를 도입한다: "약속하신 그것을 또한 능히 이루실 줄을 확신하였으니". 동사 플레이로포레오우는 "성취하다", 혹은 "완전히 이루다"를 의미한다(롬14:5). 플레이로포레이쎄이스완전히 확신하다는 이 동사의 과거 수동태 분사로써 20절의 분사 "두스"와 병렬된다(전8:11). 접속사 호티는 그 목적절을 이끈다. 즉 하나님께서는 그 약속하신 것들을 능히 이루실 수 있는 분이라는 사실이다. 에페잉겔타이약속하다는 과거완료시제인데 하나님께서 하

1019 Osborne; Morris; Benjamin Schliesser, " 'Abraham Did Not "Doubt" in Unbelief' (Rom?4:20): Faith, Doubt, and Dispute in Paul' s Letter to the Romans." *Journal of Theological Studies* 63/2 (2012) 492-522.

신 약속의 불변성을 의미한다. 이 절에서 우리가 알 수 있는 것은 아브라함의 믿음은 약속되어진 것들 뿐 아니라 약속하신 하나님을 믿는 믿음이라는 것이다.[1020] 이 점은 로마서 4:17절과 연결되지만 여기서 추가된 내용은 하나님은 이루실 수 있는 능력있는 하나님이시라는 사실이다(롬9:22; 11:23).

로마서 4:22절의 접속사 디오그러므로는 이전 절들의 내용의 결과를 도입한다: "그러므로 이것을 저에게 의로 여기셨느니라". 이 구절은 창세기 15:6절을 인용하는 로마서 4:3절 내용의 반복이다. 이로써 바울은 로마서 4:3절부터 시작했던 창세기12-17장에 말씀된 아브라함의 믿음 이야기를 바탕으로 한 이신칭의에 대한 설명을 끝맺고 있다. 그 핵심적인 내용은 사람은 믿음으로 구원을 받게 되며 이에는 유대인이나 이방인이나 차별이 없다는 것이다. 모든 사람은 믿음으로 아브라함의 자녀가 될 수 있고 온 세상의 상속자인 그의 유산을 유업으로 이어받을 수 있다는 것이다. 그러면 우리는 로마서 4:13-22절에서 바울이 제시하는 아브라함의 믿음의 특징을 다음과 같이 요약할 수 있다. (i)아브라함은 율법이 주어지기 전에 하나님의 약속을 믿었다. 따라서 믿음은 율법의 행위와는 구분되어야 한다. 믿음과 도덕적 행위도 섞일 수 없다. 또한 믿음과 종교적 의식을 혼합해도 않된다. 할례나 절기나 전통을 지키는 것이 믿음의 표현이라고 생각하는 것은 바리새인의 행위주의의 오류에 빠지는 것이다. (ii)믿음은 미신과 구분된다. 사람들은 미신을 믿는다. 그리고 기적을 믿는다. 어떤 행운이 찾아와 줄 것을 소망하고 믿는다. 그러나 성경적인 믿음은 하나님을 믿는 것이다. 기적이 일어나지 않아도 인격적인 하나님을 믿는 것이다. 하나님께서 어떤 때는 기적을 일으키시기도 하신다. 그러나 우리는 기적을 가져다 주시는 하나님만 바라 보아서는 않된다. 때로는 잘못을 징계하시기도 하시고 욥을 시험test하셨듯이 우리 믿음을 시험test하시기도 하신다. 우리가 자녀라면 때론 징계를 받기도 한다. 히브리서 12:8절은 하나님 아버지로부터 우리에게 징계가 없다면 우리는 사생아요 참 아들 딸이 아니다고 말씀한다. 하나님을 믿음으로 번영이나 복이 따라 올 수

1020 Cranfield; Leenhardt; Dunn.

도 있다. 그러나 축복이나 번영을 바라고 하나님을 믿는다면 믿음을 자신의 꿈을 이루는 수단으로 사용하려는 것이며 이는 하나님께서 인정하시는 바른 믿음이 아니다. (iii)아브라함은 하나님의 말씀에 의지해서 그 약속을 믿었다. 따라서 믿음은 말씀을 바탕으로 한다. 말씀에 바탕을 두지 않은 믿음은 신비주의에 빠지기 쉽다. 어떤 종교 지도자의 예언 기도를 성경 말씀보다 더 의지하는 것은 바람직한 믿음이 아니다. 성경 말씀은 선지자가 자기 뜻대로 기록한 말씀이 아니라 성령의 감동으로 계시된 하나님의 말씀을 기록한 것이다. 따라서 성경을 공부하고 묵상하면서 우리는 바른 신론을 가져야 한다. 아브라함은 일반적 신을 믿은 것이 아니고 죽은 자를 살리시고 없는 것을 있는 것 같이 부르시는 하나님을 믿었다. 세상의 신을 믿는 것이 믿음이 아니다. 믿음은 이 세상을 창조하신 성경이 계시하는 하나님을 믿는 것이다. 그리고 이 믿음은 곧 예수 그리스도를 죽음에서 부활시키신 하나님을 믿는 것이다. 따라서 본질적으로 믿음의 핵심 내용은 성육신하시고 우리 죄를 대신해서 죽으시고 부활하시고 승천하신 예수 그리스도시다.

(iv)아브라함의 믿음은 자신에게 초점이 맞추어져 있지 않고 하나님께 초점이 맞추어져 있었다. 즉 그는 믿음을 가지고 자신을 부요하게 하려고 한다든지 자신의 욕망을 성취하려고 하지 않았다. 현대 교회에서 믿음을 가지고 매달리면 축복을 받는다는 식으로 가르치는 것은 믿음을 하나의 번영의 수단으로 제시하는 것이다. 이는 로마서 4장에서 가르치는 믿음이 아니다. 아브라함은 하나님의 약속을 믿고 하나님께 영광을 돌렸다. 참 믿음은 하나님께 모든 영광을 돌린다. 거짓 믿음은 자신에게 영광을 돌린다. (v)믿음은 신실함과는 다르다. 어떤 사람들은 믿음을 신실함faithfulness이라고 정의하면서 사람은 신실함으로써 의롭다하심을 받는다고 주장한다.[1021] 물론 믿음은 신실함으로 나타날 것이다. 신실함은 믿음을 바탕으로 한다. 그러나 믿음은 신실함을 바탕으로 하지 않는다. 믿음은 제시된 복음을 통한 하나님의 약속을 받아들이는 결단인 것이다. 로마서 1:5절에서 보았듯이 믿음은 신실함/순종과는 다른 것이다. 믿음과 복종은 동전의 앞뒤 면과 같다. 이 둘은 서로 밀접

1021 Schreiner.

히 연결되어 있지만 서로 다르다. 진정한 믿음을 가진 자는 복종하는 삶을 살 수 밖에 없다. 그러나 복종이 구원의 조건은 아니다. 즉 순종을 칭의의 조건으로 보는 것은 믿음에 대한 바른 가르침이 아니다. 믿음은 하나님의 약속/복음을 의심하지 않고 신뢰하면서 예수 그리스도께서 주와 하나님이심을 믿는 것이다. 이로써 하나님께서는 그 사람을 의롭다고 선언하신다.

(ㄹ) 그리스도인의 믿음(롬4:23-25)

로마서 4:23-25절은 로마서 4:3-22절의 결론이라고 할 수 있다. 여기서 바울은 아브라함의 칭의가 아브라함만을 위한 것이 아니고 예수를 믿는 성도들도 위함이라고 말씀한다. 그리고 25절은 예수 그리스도께서 우리 죄를 위해 죽으시고 우리의 의롭다하심을 위해 살아나셨다고 말씀한다. 이 짧은 문단은 아브라함의 믿음을 그리스도인들의 믿음에 적용하고 있다. 그리고 그 공통분모를 예수 그리스도로 제시하고 있다. 아브라함이 예수님을 믿었는가. 히브리서 11장은 아브라함의 믿음을 믿음의 본으로 제시한다. 만일 아브라함의 믿음이 그리스도인들의 믿음과 다르다면 이 가르침은 무의미한 것이 되고 말았을 것이다. 바울도 로마서 4장에서 아브라함의 믿음과 그리스도인의 믿음의 상관관계를 구속사적 관점에서 설명하고 있다. 곧 아브라함이 많은 자손의 아비가 된다는 하나님의 언약은 그리스도를 통해서만 성취되게 되어 있었다. 그리고 아브라함이 하나님의 약속을 믿은 것은 바로 그리스도를 통해서 그 약속이 성취될 것을 믿은 것이다. 아브라함이 죽은 자를 살리시며 없는 것을 있는 것 같이 부르시는 하나님을 믿은 것은 예수 그리스도를 죽음에서 부활시킬 것을 믿은 부활신앙이다. 그리고 그의 신앙은 곧 예수님의 죽으심과 부활을 믿는 우리의 신앙의 모형이다.

로마서 4:23절은 22절 내용을 받고 있다: "저에게 의로 여기셨다 기록된 것은 아브라함만 위한 것이 아니요". 여기서 "에로기스쎄이 아우토우"저에게 여기셨다는 22절의 에이스 디카이오수네인을 생략하고 있다. 바울은 로마서 4:23-24절에서 그것믿음이 그에게의로 여겨졌다고 쓴 것은 아브라함만을 위한 것이 아니고 예수 우리 주를 죽은 자 가운데서 살리신 이를 믿는 우리도 위함이라고 말씀한다. 여기서 바울은 창세기 15:6절에 제시된 칭의의 원칙이 아브라함 뿐 아니라 그리스도인들에게도 동일하게 적용된다는 것을 말씀하고 있다. 즉 신약 시대의 사람들도 율법의 행위로써가 아니라 오직 믿음으로써 의롭다하심을 받는다는 뜻이다. 이로써 아브라함은 그 믿음에 있어서 그리스도인들에게 모범이 될 뿐 아니라 구속사적으로 아브라함의 믿음은 그 자손들의 믿음에 하나의 모형type이라고 할 수 있다. 아브라함의 믿음은 실제 역사 속에서 일어난 사건이고 그리스도를 통해서 종말적으로 완성된 것이다. 즉 아브라함의 믿음은 많은 사람들이 믿음으로 그 자손이 되게 되는데 있어서 그리스도를 바라보고 있었다. 그리스도께서 죽음에서 부활하시지 않았다면 사람들은 예수를 믿어도 소용없게 되었을 것이고 아브라함이 믿음을 통해서 열국의 아비가 되게 하시겠다는 하나님의 약속도 성취되지 못했을 것이다. 이런 점에서 아브라함의 믿음은 예수 그리스도를 떠나서는 그 구속사적 의미가 없는 사건이라고 할 수 있다. 아브라함의 믿음의 특징은 하나님에 대한 믿음일 뿐 아니라 장차 예수 그리스도를 죽음에서 부활시키시고 자신에게 한 약속을 이루실 하나님께 대한 믿음이었다. 이를 창15장의 문맥에서 설명하면, 하나님께서 아브라함에게 약속하신 수 많은 자손은 그의 몸에서 나게 될 이삭을 통해서 이루어지게 되어 있었다. 그리고 아브라함이 자신의 죽은 것 같은 몸에서 아들이 태어날 것을 믿은 것은 그 아들 이삭의 계보를 통해서 나실 메시아 예수에 대한 소망도 포함하고 있었다. 이 점에서 아브라함이 하나님의 약속을 믿은 것은 구속사적인 믿음이며 기독론적인 믿음이라고 할 수 있다. 갈라디아서 3:16절에서 바울은 하나님께서 아브라함에게 자손스펠마을 약속하셨을 때 여러 자손이라 하지 않으시고 오직 하나만을 의미한 것이고 이는 곧 그리스도를 가리킨 것이라고 말씀한다. 그렇다면 바울은 창세기 15:5절에서 말씀한 명사 "자손"스펠마은 이삭 뿐 아니라 예수 그리스도를 가리키고 있었고 그를 믿음으로 아브라함의 자손이 될 수 많은 열국의 백성들을 그 안에 포함하는 집합명사라고 이해하고 있다.

던이 이러한 창세기 15:6절에 대한 종말론적이고 기독론적인 해석이 그 문맥과 상관없는 독단적인 해석이 아니라고 말하는 것은 당연하다.[1022] 곱펠

트가 주장하듯이 바울은 이 당시 유대주의의 성경 해석의 원칙과 다르게 창세기 15:6절을 해석하고 있는 것이 아니다.[1023] 따라서 바울의 창세기 15–17장의 해석은 그 당시 로마교회의 유대인 그리스도인들에게 설득력있는 가르침으로 받아들여졌을 것이다. 바울이 창세기 15:6절이 아브라함 뿐 아니라 우리 그리스도인들을 위해 쓰여졌다고 말씀한 것은 본질적으로 모든 성경 말씀의 핵심이 예수 그리스도이시기 때문에 그렇다. 바울이 예수님을 믿는 자는 아브라함의 자손이라고 한 말씀이 나타내듯이 예수님을 통해서 구약의 예언이 그리스도인들에게도 적용되게 되는 것이다(갈3:7, 29). 바울은 모든 성경이 하나님의 감동으로 된 것이며 교훈과 책망과 바르게 함과 의로 교육하기에 유익하다고 말씀한다. 이 때 모든 성경은 구약성경 전체를 가리키는 것이며 이는 모든 아브라함의 자손 즉 모든 그리스도인들에게 적용된다는 것이다(딤후3:16).[1024]

로마서 4:24절에서 접속사 알라 카이but also는 23절에서 계속되는 내용을 도입한다: "의로 여기심을 받을 우리도 위함이니 곧 예수 우리 주를 죽은 자 가운데서 살리신 이를 믿는 자니라". 여기서 멜레이 로기제스싸이에서 동사 멜레이가 현재의 칭의를 의미하는가 아니면 미래 심판 때 있게 될 칭의를 의미하는가. 로마서 4:25절과 5:1절 이하에서 성도가 얻는 현재의 칭의를 말씀하고 있다는 점에서 멜레이는 시간의 의미보다 논리적 의미를 가진다고 할 수 있다.[1025] 그러나 던은 동사 멜로우는 로마서 8:13, 18절에서 미래 종말적 심판과 연결되어 있고 로마서 2:13; 3:20절 등에 사용된 디카이오오우의 미래적 의미와 일치하기 때문에 24절에서도 미래의 칭의를 의미하는 것으로 보는 것이 낫다고 말한다.[1026] 모리스는 절충의 입장을 택하고 이 동사는 현재 믿음으로 의롭다하심을 받는 것 뿐 아니라 최후심판 때 칭의가 완성되는 것을 포함한다고 생각한다.[1027] 그러나 쉬라이너는 이 동사는 로마서 4:23–

1022 Dunn.

1023 L. Goppelt, Typos: *The Typological Interpretation of the Old Testament in the New* (1939; ET Grand Rapids: Eerdmans, 1982) 224.

1024 롬15:4; 고전10:11.

1025 Cranfield; Wilckens; Moo; Schreiner; Osborne.

1026 Dunn; Barrett; Schlatter; Fitzmyer; Käsemann; Schlier.

24절을 설명하는 것으로 본다. 즉 구약의 관점에서 앞으로 아브라함의 자손들이 예수를 믿고 의롭다고 여겨지게 되는 것은 미래의 사건이었다는 것이다.[1028] 이 점에서 멜레이는 신약시대에 예수님을 믿고 구원이 일어나는 것을 가리키고 있었다고 할 수 있다.

이와 같이 "우리"헤이마스는 의로 여기심을 받을 우리일 뿐 아니라 예수 우리 주를 죽은 자 가운데서 살리신 이를 믿는 자들이다. 여기서 "토이스 피스테우우신 에피 톤 에게이란타 이에이순"은 그리스도인에 대한 특이한 묘사다. 보통 그리스도인을 예수님을 주로 믿는 자라고 묘사하지 예수님을 부활시키신 하나님을 믿는 자라고 표현하지 않는다. 바울이 그리스도인들의 믿음의 중심을 예수님이 아니라 하나님으로 제시한 것은 그의 구속사적 역사관 때문이다. 즉 아브라함이 믿었던 분도 하나님이고 그리스도인들이 믿는 분도 하나님이라는 사실을 나타냄으로써 아브라함의 믿음과 그리스도인들의 믿음이 본질적으로 같다는 것을 보여 주려 한 것이다.[1029] 여기서 동사 피스테우오우에 전치사 에피를 붙인 것은 그냥 여격으로 목적어를 표현하는 것 보다 강한 표현으로써 에피 이하에 자신을 헌신한다는 의미를 갖는다(행9:42; 11:17; 16:31; 22:19; 롬4:5, 24; 9:33; 10:11).[1030] 아브라함의 믿음과 그리스도인의 믿음의 또 다른 공통점은 하나님을 믿는 믿음이라는 사실 외에도 예수 그리스도의 부활에 기반을 둔다는 사실이다(행3:15; 4:10; 롬6:4; 8:11; 10:9; 고전15:4-7; 갈1:1; 엡1:20). 예수 그리스도의 부활이 없었다면 구속사적으로 신구약의 믿음의 계속성의 기초는 없었을 것이다. 그런데 여기서 바울은 예수가 부활했다고 표현하지 않고 하나님께서 그를 죽음에서 일으키셨다고 말씀함으로써 다시 한 번 하나님을 구속의 완성의 중심에 모셔 놓는다(롬8:11; 10:9; 고전6:14; 15:15; 고후4:14). 그럼으로써 예수의 부활이 하나님께서 아브라함에게 주신 약속의 성취의 계획을 위한 중심부에 처음부터 있었다는 사실을 보여주고 있다. 그리고 그 계획은 우리가 죽음에

1027 Morris.
1028 Schreiner; Wilckens.
1029 Moo.
1030 Dunn.

서 부활하신 예수님을 주로 믿게 하는 것이었다. 이는 하나님께서 아브라함에게 주신 약속의 드라마의 종말적 주인공은 바로 예수 그리스도시다는 것이다. 예수 그리스도를 통해서 아브라함에게 주신 약속이 성취되어 열국의 백성이 아브라함의 자손이 되게 되어 하나님께 그리스도를 통해서 참 예배를 드리게 되는 것이다. 이로써 모든 영광은 그리스도를 통해서 하나님께 돌려지게 된다. 아브라함이 하나님께 영광을 돌리며 하나님께서 그 약속을 능히 이루실 줄 확신 한 것은 하나님은 죽은 자를 살리시는 하나님이심을 믿었기 때문이다(롬4:17).

여기서 쉬라이너는 바울 서신에서 아브라함이 예수의 부활을 믿었다고 말씀한 곳은 한 곳도 없다고 말한다. 이는 구약의 성도의 믿음과 신약의 성도의 믿음에 있어서 불연속성을 주장하는 것인데 하나님의 언약의 통일성을 간과한 위험한 해석이다.[1031] 로마서 4:23-25절은 바로 이러한 생각을 고쳐주기 위해 바울이 쓰고 있는 구절이다. 17절에서 바울이 아브라함이 죽은 자를 살리시는 하나님을 믿었다고 말씀하며 24절에서 그리스도인들을 예수를 죽은 자 가운데서 살리신 이를 믿는 자들이라고 말씀하는 것은 이 두 믿음간에 통일성이 존재한다는 것을 나타내 주고 있다. 로마서 8:11절에서 바울은 하나님께서 예수를 죽은 자 가운데서 살리셨다고 말씀할 때 동사 조우오포이에오우를 사용한다(요5:21; 벧전3:18). 바울은 이 동사를 4:17절에 죽은 자를 살리시는 하나님이란 어구에서 사용함으로써 부활에 대한 아브라함의 믿음과 예수의 부활을 믿는 성도의 믿음을 연결시키고 있다. 또 17절에 투스 네크루스죽은 자들와 25절의 에크 네크로운죽은 자들로 부터은 아브라함의 믿음과 그리스도인들의 믿음에 존재하는 동질성을 나타내고 있다.[1032]

로마서 4:25절의 관계대명사 호스는 24절의 "예수 우리 주"를 받는다: "예수는 우리 범죄함을 위하여 내어줌이 되고 또한 우리를 의롭다하심을 위하여 살아나셨다". 여기서 25a는 그리스도의 대속적 죽음을 25b는 그리스도의 부활을 서술한다. 호지는 이 절은 복음에 대한 포괄적 요약이라고 말한

1031 Schreiner.
1032 Dunn; Moo.

다.[1033] 이는 그리스도의 죽으심과 부활을 간결하게 설명하고 있기 때문에 대부분의 학자들은 바울이 여기서 초대교회의 신앙신조을 인용하고 있다고 본다.[1034] 이 절에서 예수께서 우리 범죄함을 인하여 내어줌이 되고의 표현은 칠십인역 이사야 53:12절을 배경으로 하고 있고 15절의 후반부는 이사야 53:11절을 배경으로 하고 있다. 이는 초대교회 성도들이 예수님의 죽으심과 부활을 이사야의 예언의 성취로 이해하고 있었다는 것을 말한다. 25a의 동사 파라디도우미넘기다는 수동태로 쓰이고 있다.[1035] 그리고 그 주어는 생략되어 있다. 초대교회에서 가룟유다를 예수를 넘긴 자파라디도스라고 한 것을 볼 때 이 동사의 주어는 가룟유다라고 할 수 있다. 그렇지만 넓은 의미에서 우리의 범죄함을 인해 예수가 넘겨지게 허용하신 분은 하나님이시다(롬 3:25; 8:32). 이는 예수께서 우리의 범죄를 인해 대신 고난 당하셨다는 대속적 구속의 개념을 나타내고 로마서 3:25절의 가르침과 연결된다. 어떤 학자는 25a의 전치사 디아는 가망적prospective 의미를 가지며 "…를 위해서"로 번역해야 된다고 생각한다.[1036] 그러나 대부분의 학자들은 여기서 디아는 원인의 의미retrospective를 가진다고 본다. 즉 예수께서는 우리의 범죄함 때문에 십자가에서 돌아가신 것이다.

25b의 예수님은 "우리를 의롭다하심을 위해서 살아나셨다"에서 "의롭다하심"은 바울이 자주 사용하는 명사 디카이오수네이가 아니라 디카이오우시스로 표현되고 있다(롬5:18). 후자는 의롭다하시는 과정을 강조하는 단어다. 그러나 본질적으로 두 명사는 동의어라고 할 수 있다. 여기서 해석상 논쟁점은 전치사 디아의 의미다. (i)어떤 학자들은 25b에서 디아는 원인의 의미를 가진다고 본다.[1037] 그러면 우리의 의롭다하심은 예수의 부활의 원인이

1033 Hodge.

1034 Hultgren; Cranfield; Jewett; K. Wengst, "R?mer 4,25." In his *Das Verständnis der Tradition bei Paulus und in Deuteropaulinien* (WMANT 8. Neukirchen-Vluyn: Neukirchener Verlag, 1962) 80-82; idem, *Christologische Formeln*, 101-3; F. Hahn, *The Titles of Jesus in Christology: Their History in Early Christianity* (Cleveland: World Publishing Company, 1969) 59-61.

1035 N. Perrin, "The Use of (*Para*)*didonai* in Connection with the Passion of Jesus in the new Testament," In his *A Modern Pilgrimage in New Testament Christology* (Philadelphia: Fortress Press, 1974) 94-103.

1036 D. M. Stanley, *Christ's Resurrection in Pauline Soteriology* (AnBib 13; Rome: Pontifical Biblical Institute, 1961) 172.

1037 NEB; Schreiner; Taylor; Osborne; Godet; Schlatter.

었다는 의미가 된다. 이 해석은 25a의 디아와 25b의 디아가 병렬된다는 점에서 타당한 해석으로 보인다. 이 관점에서 고뎃은 예수님의 대속적 죽음이 우리에게 칭의를 가져왔고 우리의 칭의는 예수님의 부활을 가져왔다고 말한다. 그러나 바울은 예수님의 부활은 예수님의 영화를 위한 계기이지 우리의 칭의의 결과라고 말씀하지 않는다. 우리가 의롭다하심을 얻었기 때문에 예수님께서 부활하셨다는 것은 예수님의 성육신, 죽으심, 부활, 승천 등의 구속사적 사건을 너무 인간의 관점을 중심으로 해석하는 것이다. 예수님의 부활은 죄의 사슬을 끊고 죽음으로부터 승리를 완성하는 주권적 행위이지 우리의 의롭다하심의 결과라고 축소될 수 있는 사건이 아니다. (ii)다른 학자들은 여기서 디아는 가망적prospective 의미를 가진다고 말한다(마24:22; 막2:27; 요11:42; 12:30; 고전11:9).[1038] 그러면 예수께서 우리의 의롭다하심을 위하여 살아나셨다는 의미가 된다. 이는 예수님의 부활과 복음의 능력을 가르치는 고린도전서 15장 말씀에 비추어 볼 때 타당한 해석이라고 할 수 있다. 예수님의 부활은 우리의 칭의를 위해서 절대 필요한 사건이었다. 만일 주께서 부활하시지 않았다면 복음도 그 진실성을 잃게 되었을 것이다. (iii)또 다른 학자들은 25b의 디아는 목적final의 의미를 가진다고 주석한다.[1039] 그러면 예수는 우리의 의롭다하심을 이룰 목적으로 살아나셨다는 의미가 된다. 이 세 의미 중 어느 한 가지 해석만 옳다고 주장할 근거는 없다. 예수의 내어줌과 부활은 우리의 구원을 이루는데 필수적 토대다. 그리고 예수의 부활은 그와의 연합을 통해 우리의 성화를 위한 바탕이다(롬6:1-5). 또 다른 구절에서 바울은 예수의 죽음이 우리의 칭의의 바탕이 된다고 말씀한다(롬3:24-26; 5:9; 6:3-9; 고전11:27; 엡1:7; 2:13; 골1:14, 20). 이 점에서 볼 때 바울이 여기서 예수의 내어줌과 부활을 구분하는 것은 신학적 구분이라기 보다 수사법적 구분으로 보는 것이 더 낫다.[1040] 바울이 강조하는 것은 그리스도의 죽음은 우리의 죄 씻음을 위한 것이고 그리스도의 부활은 우리의 구원을 위한

1038 개역성경; Murray; Moo; Hodge; Gifford; Moule, *Idiom Book*, 55; A. Oepke, *TDNT*, 2:69-70; M. F. Bird, "Raised for Our Justification: A Fresh Look at Romans 4:25." *Coll* 35 (2003) 31-46.

1039 Käsemann; Wilckens; Cranfield; Michel; Hultgren; Turner; Jeremias.

1040 Fitzmyer; Moo; Nygren; B. McNeil, "Raised for Our Justification," *ITQ* 42 (1975) 104-5.

조건이라는 것이다. 이는 우리의 구원의 메커니즘을 간명하게 요약하는 것이다. 즉 예수님의 죽으심과 부활하심이 분리될 수 없는 것처럼 우리의 죄사함과 의롭다하심도 분리될 수 없는 것이다. 하나님께서 불의한 아브라함을 믿음으로 인해 의롭다고 선언하실 때 그의 죄도 씻겨졌다는 선언도 함께 받은 것이다. 이 칭의와 죄사함의 뗄 수 없는 관계를 바울은 로마서 4:3-8절에서 창세기 15:6절과 시편 32:1-2절을 인용하면서 설명한 바 있다. 그리고 로마서 6:4절에서 바울은 이 죄사함과 칭의의 주제를 성도의 죽음과 부활이라는 관점에서 재확인해 주고 있다. 칭의가 죄사함과 뗄 수 없는 관계에 있다는 것은 오늘 성도가 은혜로 받은 칭의의 축복과 함께 성도는 하나님의 종말의 심판으로부터 해방되게 된 것을 의미한다(롬8:1).

3. 견고한 믿음에 바탕을 둔 구원의 확신(롬5:1-8:39)

로마서 1:18-4:25절에서 바울은 사람은 율법의 행위로 의롭다하심을 얻지 못하고 오직 믿음으로 의롭다하심을 얻는다는 것을 입증했다. 이 칭의의 중심부에 있는 분은 예수 그리스도를 죽음에서 부활시키신 하나님이시다. 로마서 5:1절부터 바울은 우리가 믿음으로 의롭다하심을 얻은 후 누리게 되는 영적 축복을 열거하고 있다(롬1:11).[1041] 그러면 로마서 5:1절은 로마서 1:18-4:25절의 내용의 결론부인가 아니면 로마서 5-8장의 서론부인가? 로마서 5장이 문학구조상 그 앞부분과 연결이 되는지 그 뒷부분과 연결 되는지에 관해 여러가지 견해가 있다. (i)첫째 견해는 로마서 5장을 로마서 1-4장의 결론으로 보는 견해다.[1042] 고뎃은 로마서 1:18-5:21절을 묶어 하나의 단락으로, 로마서 6-8장을 묶어 하나의 단락으로 구분한다.[1043] 여기서 로마서 1-5장은 칭의에 관한 단락이며 로마서 6-8장은 성화에 관한 단락이 된다. 이 해석에 동의하면서 던은 로마서 6-8장과 9-11장은 각각 로마서 5장을 개인적 차원(롬5:1-11) 혹은 집단적 차원(롬5:12-21)에서 전개시킨 내용으로 본다. 그러나 이는 로마서 5장을 그 뒤에 오는 문단에 포함시키는 해석을 도와주는 증거다. (ii)둘째 견해는 로마서 5장의 중간을 나누어 로마서 1:18-5:11절을 한 단락으로 로마서 5:12-8:39절을 또 하나의 단락으로 본다.[1044] 이 구조는 로마서 1:18-3:20절을 로마서 3:21-5:11절의 도입부로, 로마서 5:12-21절을 로마서 5:12-8:39절의 도입부로 여긴다. 그리고 로마서 5:1-11절은 로마서 1:18-5:11절의 결론으로, 로마서 8:18-39절은 로마서

1041 Richard N. Longenecker, "The Focus of Romans: The Central Role of 5:1-8:39 in the Argument of the Letter." In *Romans and the People of God: Essays in Honor of Gordon D. Fee on the Occasion of His 65th Birthday* (Ed. Sven K. Soderlund and N. T. Wright. Grand Rapids: Wm. B. Eerdmans, 1999) 67-68.

1042 Murray; Bruce; Dunn; Sanday and Headlam; Morris; Wilckens; M. Wolter, Rechtfertigung und zukünftiges Heil: Untersuchungen zu Röm 5,1-11 (BZNW 43; Berlin: de Gruyter, 1978) 214-16; Godet; Ridderbos; Kuss.

1043 Godet.

1044 Theodore Pulcini, "In Right Relationship with God: Present Experience and Future Fulfillment: An Exegesis of Romans 5:1-11." *SVTQ* 36 (1992) 61-85; C. Talbert, *Romans*, 129, 144; A. Feuillet, "Le règne de la mort et le règne de la vie (Rom V, 12-21)," *RB* 77 (1970) 481-521; H. A. Lombard, "The Adam-Christ 'Typology' in Romans 5:12-21," *Neot* 15 (1981) 83.

5:12-8:39절의 결론으로 본다. 이 견해는 로마서 5:1-11절과 로마서 8:18-39절이 그 내용상 동일하다는 점을 설명하기 어렵다.

(iii)셋째 견해는 로마서 1-4장을 한 문단으로 보고, 로마서 5-8장을 한 문단으로 보는 것이다.[1045] 무는 이 구조를 채택하는 이유를 다음과 같이 말한다.[1046] 첫째, 로마서 5:1절의 "믿음으로 의롭다하심을 얻었은 즉"의 어구는 로마서 1:18-4:25절을 요약하면서 로마서 5:2절 이하의 내용을 도입하고 있다. 둘째, 로마서 5:1절부터 문체에 있어 차이가 있다. 로마서 1:18-4:25절은 공격하는polemical 논조를 가지고 있는데 반해 로마서 5:1-11절은 주어가 일인칭 복수 대명사이며 우리가 평화를 누린다 혹은 우리가 즐거워한다 등의 고백적 스타일로 표현되고 있다. 셋째, 핵심적 단어 사용 빈도수에 있어서 이 두 문단에 확연한 차이가 있다. 예를 들어, 믿음 혹은 믿는다는 단어는 로마서 1:18-4:25절에 서른 세 번 사용되고 있는데 반해 로마서 5-8장에는 세 번만 사용되고 있다. 생명 혹은 산다는 단어는 앞 문단에는 단 두 번 나오지만 로마서 5-8장에는 스물 네 번 사용되고 있다. 이에 반해 명사 의righteousness는 두 문단에 골고루 분포한다. 앞 문단에는 스물 여섯 번 그리고 뒷 문단에는 열 여섯 번 사용되고 있다. 그러나 좀 더 자세히 들여다 보면 "의"는 앞부분에서는 믿음으로 의롭게 된다는 뜻으로서 성도의 법률적 지위를 나타내는 반면에 뒷 문단에서 "의"는 믿음과 연결되어 사용되지 않고 성도의 윤리적 바른 삶과 연결되어 사용되고 있다(롬6:15-23). 이와 같이 핵심단어 사용에 있어서 빈도의 차이는 이 두 문단이 다루는 내용에 변화가 있음을 나타내 주고 있다. 넷째, 로마서 5:1-11절의 내용과 로마서 8:18-39절의 내용이 매우 비슷하다. 예를 들어 "하나님/그리스도의 사랑"(롬5:5, 8; 8:35, 39), "의롭게 하다"(롬5:1, 9; 8:30, 33), "영광"(롬5:2; 8:18, 21, 30), "소망"(롬5:2, 4, 5; 8:20, 24, 25), "환난"(롬5:3; 8:35), "구원하다"(롬5:9, 10;

1045 Ziesler; Harrisville; Beker; Moo; Cranfield; Nygren; Stott; Käsemann; Fitzmyer; Schreiner; Osborne; Schlier; Michel; N. A. Dahl, "A Synopsis of Romans 5:1-11 and 8:1-39" and "The Argument in Romans 5:12-21." In his *Studies in Paul: Theology for the Christian Mission* (Minneapolis: Augsburg Publishing House, 1977) 88-91; Longenecker, "The Focus of Romans", 64-65.

1046 Moo.

8:24), "인내"(롬5:3, 4; 8:25) 등의 단어가 두 부분에 공통으로 사용되고 있다. 여기서 밝혀지는 것은 "하나님의 영광의 소망"이 로마서 5-8장 주제 전체를 감싸는 주제라는 점이다. 이 점에서 "영광의 확신"이 이 문단을 대표하는 주제임이 분명해진다.[1047] 로마서 5:1-11절과 로마서 8:18-39절이 공통의 내용을 가지고 있는 반면에 로마서 5:12-21절과 로마서 8:1-17절도 공통의 주제를 가지고 있다. 그리고 이 두 문단은 로마서 6:1-7:25절을 감싸는 샌드위치 구조를 하고 있다. 이 중간 문단은 괄호 안의 내용이라고 볼 수도 있지만 그 내용이 로마서 5장과 로마서 8장의 많은 내용과 거미줄처럼 연결되어 있으면서 칭의를 받은 사람이 어떻게 율법에서 자유한 삶을 살 수 있는지의 메커니즘을 조명해 주고 있다.

지금까지 열거한 세 견해 외에 소수의 견해들이 있다. 스툴마커는 로마서 3:21-5:21절을 한 문단으로 본다.[1048] 그리고 악터마이어는 로마서 4:23-8:39절을 한 문단으로 본다.[1049] 그러나 실제로 바울이 어떤 문학구조를 염두에 두고 이 서신을 썼는 지 알 길은 없다. 우리가 기억해야 될 것은 로마서는 서신이지 조직신학서가 아니라는 것이다.[1050] 그리고 우리가 문학구조 분석을 중시하다 보면 바울이 말씀하는 본론을 잃어버릴 수도 있다. 예를 들어 스크로그스는 로마서 5-8장은 원래 로마서와 분리된 한 편의 설교였다고 본다.[1051] 그러나 이는 근거없는 해석이다. 그것은 로마서 5:1-11절은 로마서 1-4장과 로마서 5-8장을 연결하는 다리 역할을 하고 있기 때문이다.[1052] 예를 들어 로마서 5:1절은 3:21절과 5:9절은 1:18절과 연결된다. 그

1047 B. Byrne, "Living Out the Righteousness of God: The Contribution of Rom. 6:1-8:13 to an Understanding of Paul' s Ethical Presuppositions," *CBQ* 43 (1981) 557-58; B. Lindars, "Paul and the Law in Romans 5-8: An Actantial Analysis," in *Law and Religion: Essays on the Place of the Law in Israel and Early Christianity* (ed. B. Lindars; Cambridge: James Clarke, 1988) 130, 140; R. Bultmann, "Romans 7 and the Anthropology of Paul," in *Existence and Faith. The Shorter Writings of Rudolf Bultmann* (New York: Meridian, 1960) 147-57.

1048 P. Stuhlmacher, *Romans*, 14, 57.

1049 P. Achtemeier, *Romans*, 25-87.

1050 Beker.

1051 R. Scroggs, "Paul as Rhetorician: Two Homilies in Romans 1-11," in *Jews, Greeks and Christians: Religious Cultures in Late Antiquity. Essays in Honor of William David Davies* (ed. R. Hamerton-Kelly and R. Scroggs; SJLA 21; Leiden: Brill, 1976) 271-98.

1052 Patricia M. McDonald, "Romans 5:1-11 as a Rhetorical Bridge." *JSNT* 40 (1990) 81-96; L. Keck,

리고 "진노"(1:18; 5:9), "불의"(1:18; 5:6), "영광"(1:21, 23; 5:2), "자랑하다"(2:17; 5:11) 등의 단어는 로마서 5:1-11절이 로마서 1-4장 내용과 겹치고 있다는 것을 보여준다.[1053] 다른 한 편으로 로마서 5:1-11절은 로마서 8:12-39절과 내용이 공통되어 로마서 5-8장을 봉합형 구조로 만든다. 이 점에서 로마서 5-8장을 로마서에서 독립된 설교로 보는 것은 로마서 전체의 통일성을 간과하는 해석이다. 우리가 문학구조 분석에 내포된 이런 위험한 측면을 충분히 인식만 한다면 문학구조 분석이 바울의 가르침을 더 잘 이해하는데 필요한 접근법이라는 점은 부정할 수 없다. 필자는 바울이 로마서 5:1절에서 분명히 주제를 전환하고 있다고 본다.[1054] 로마서 1:18-4:25절에서 바울은 이신칭의를 위한 유일한 길은 믿음이라는 사실을 설명하고 있다. 그리고 로마서 5:1절이하에서는 칭의가 가져오는 축복을 열거한다. 로마서 6-8절에서 자세히 설명하는 성화론도 칭의의 열매로 분류될 수 있다. 이 점에서 로마서 5-8장을 한 문단으로 보는 구조를 따르면 이 문단은 칭의의 축복을 받은 사람이 어떻게 율법의 행위가 아닌 순종하는 삶을 통해서 그리스도인의 거룩한 삶을 성취할 수 있는 지 보여주고 있다고 할 수 있다.[1055] 바울은 성도에게 있어서 거룩한 삶은 구원의 목적이 아니라 구원의 결과라는 것을 보여 준다. 그리고 거룩한 삶이 자랑이나 공로가 될 수 없는 것은 그것은 성령을 통해 예수와 연합하여 하나님의 뜻대로 살아가는 결과 따라오는 영광된 삶이기 때문이다. 칭의의 열매로써 로마서 5-8장은 성도의 자유를 또한 열거하고 있다. 즉 "하나님의 진노로부터의 자유"(롬5:9-11); "죄의 권세로부터의 자유"(롬6:14); "율법으로부터의 자유"(롬7:4-6); "사망으로부터의 자유"(롬8:9-11, 37-39)다.[1056] 이러한 칭의의 축복된 열매로 인해 바울은 로마서 5-8장의 매 장을 마치면서 "그리스도 예수 우리 주"의 구속적 은혜를

Romans, 133.

1053 Dunn.

1054 Cranfield; Beker; P. Rolland, " 'Il lest notre justice, notre vie, notre salut.' L' ordonnance des themes majeurs de l' Epître aux Romains," *Bib* 56 (1975) 394-404.

1055 Jonathan Pratt, "Relationship between Justification and Spiritual Fruit in Rom 5-8." *Themelios* 34/2 (2009) 162-78.

1056 Hultgren; Nygren.

각인시킨다(롬5:21; 6:23; 7:25; 8:39).[1057] 이는 로마서 1-4장의 내용과 뚜렷이 구분되는 측면이다. 그리고 로마서 4장을 끝맺는 구절의 엄숙한 어조는 로마서 4:25절이 로마서 1-4장의 문단을 닫는 역할을 한다는 것을 나타낸다.[1058]

(1) 소망의 확신(롬5:1-11)

로마서 5:1절에서 바울은 칭의의 축복을 입은 성도가 이제 예수 그리스도로 더불어 하나님과 화평을 누리자고 말씀하며 칭의의 열매들을 열거한다. 하나님과의 화목을 이룬 성도는 하나님의 은혜안에 들어 왔고 하나님의 영광에 대한 소망을 가지고 즐거워한다. 11절은 우리에게 화목을 얻게 하신 예수 그리스도로 말미암아 하나님안에서 또한 즐거워한다고 말씀한다. 1절과 11절에 반복된 화목의 주제는 로마서 5:1-11절의 중심주제로 보인다.[1059] 하나님과의 화목은 곧 하나님과 평화를 이룬 것을 말한다.[1060] 반면에 피츠마이어는 하나님과의 화목을 가져온 것은 그리스도를 통해서 나타난 하나님의 사랑이므로 사랑이 이 문단의 주제라고 본다.[1061] 그러나 로마서 5:2, 4, 5절에서 바울은 하나님의 영광에 대한 소망을 반복해서 말씀하고 있다. 종말에 다가올 영화에 대한 소망은 로마서 8:20, 24, 25절에도 반복되는 중요한 주제로써 로마서 5-8장을 흐르는 주제라는 점에서 소망을 이 단락의 중심주제로 보는 학자들도 있다.[1062] 또 다른 학자들은 이 모든 주제를 포함하는 "칭의의 축복들"을 이 단락의 포괄적 주제로 제시한다.[1063] 즉 칭의의 축복

1057 Cranfield; Hultgren.
1058 Cranfield.
1059 Ralph P. Martin, *Reconciliation: A Study of Paul' s Theology* (Atlanta: John Knox Press, 1981) 139; J. Dupont, *La Réconciliation dans le Théologie de Saint Paul* (ALBO 2.32; Bruges/Paris: Desclée, 1953) 50-52; contra E. Käsemann, "Some Thoughts on the Theme 'The Doctrine of Reconciliation in the New Testament'," in *The Future of Our Religious Past: Essays in Honor of Rudolf Bultmann* (ed. J. Robinson; London: SCM, 1971) 51-64.
1060 Cranfield; Käsemann.
1061 Fitzmyer.
1062 Schreiner; Godet; Kuss; Schlier; Dunn; Moo; Wolter, *Rechtfertigung*, 217; N. S. L. Fryer, "Reconciliation in Paul' s Epistle to the Romans," *Neot* 15 (1981) 36-39.
1063 Murray; Barrett; Wilckens; Osborne.

을 받은 성도는 하나님과 화목된 관계를 누리고, 은혜 아래 있으며, 하나님의 영광의 소망안에서 즐거워한다. 이 뿐 아니라 성도는 믿음 때문에 따라오는 새로운 도전에 직면한다. 그것은 핍박때문에 초래되는 환난이다(롬5:3). 환난을 칭의의 축복이라고 보는 것은 어패가 있지만 산상수훈에서 예수님께서 하나님의 나라를 위해서 핍박 받는 자들을 축복하신 점에서 환난도 성도를 연단하고 소망을 증대시키는 축복의 하나라고 할 수 있다. 5절에서 바울은 성령을 통해 하나님의 사랑이 성도의 마음에 부은 바 되었다고 말씀하며 9-10절에서는 칭의를 받은 성도가 장치 임할 하나님의 진노로부터 구원을 얻을 것이라고 말씀한다. 이 모든 요소들이 칭의의 축복으로 열거되고 있음을 볼 때 로마서 5:1-11절의 중심주제는 "칭의의 축복"이라고 볼 수 있다.

(가) 고난 가운데 가지는 소망(롬5:1-5)

로마서 5:1절은 접속사 운그러므로으로 시작하며 로마서 1:18-4:25절 내용의 결론을 도입한다: "그러므로 우리가 믿음으로 의롭다 하심을 얻었은즉 우리 주 예수 그리스도로 말미암아 하나님으로 더불어 화평을 누리자". 여기서 디카이오우쎈테스의롭다하심을 얻다의 수동태는 의롭다하시는 주체는 하나님이심을 나타낸다. 바울은 로마서에서 처음으로 동사 의롭다하다의 과거시제를 사용하고 있다. 이 동사를 직설법 현재(롬3:24, 26)나 미래형(롬2:13; 3:20, 30)으로 사용하지 않고 포괄적 과거시제constative aorist로 사용한 것은 성도가 믿음으로 의롭다고 여기심을 받은 지위는 변치 않는다는 것을 나타낸다. 이는 아브라함이 구원받은 상태를 가리키지만 로마교회에 있는 모든 성도들의 상태도 나타낸다. 이는 바울이 여기서 사용하는 일인칭 복수형을 통해 알 수 있다. "우리"는 로마교회 성도 뿐 아니라 믿음으로 의롭다하심을 얻은 모든 성도들을 가리킨다. 칭의의 축복을 받은 성도는 하나님과 화평/평화에이레이네이를 누린다. 여기서 평화는 주관적인 평화로운 감정을 의미하지 않는다.[1064] 그것은 전쟁이 없는 상태를 의미하는 것도 아니다. 이는 영적으로 우리에게 주어진 객관적인 평화를 의미한다(롬1:7; 15:33; 고전1:3;

1064 Contra Kühl, Römer, 160.

16:20; 고후1:2; 갈1:3; 엡1:2; 빌1:2; 골1:2; 살전1:1; 살후1:2; 딤전1:2; 딤후 1:2; 딛1:4; 몬3).[1065] 이는 하나님께서 주신 평화이기 때문에 본질상 언약적 평화라고 할 수 있다(민6:22-27; 시55:18-19; 사9:6-7; 48:20-22; 겔 34:25; 슥8:12).[1066] 그러나 여기서 객관적 평화와 주관적 평화를 완전히 구분하는 것은 적절하지 않다.[1067] 성도가 하나님과 종말적 평화를 누리는 것은 성도가 그 마음속에 종말적 평화를 소유하고 있다는 것을 말한다. 구약에서 하나님의 백성들이 하나님의 말씀에 순종할 때 그 땅에 평화가 이룩되었다. 마찬가지로 사람들이 그리스도를 믿은 결과 의롭다고 선언되고 하나님의 평화가 임한다. 피츠마이어는 칭의가 화목에 종속되어 있다고 말한다.[1068] 그러나 이는 잘못된 견해다 왜냐하면 칭의는 화목을 낳기 때문이다. 던은 평화와 의는 서로 겹치거나 보완적인 관계에 있는 개념이라고 말한다(시35:27; 72:3; 85:10; 사9:7; 32:17; 48:18).[1069] 하나님 앞에서 의롭지 못한 사람은 하나님과 화목된 관계를 가질 수 없다. 바울은 구약이 기대하던 종말적 언약의 평화가 예수 그리스도를 통해서 사람들 개개인에게 성취되고 있는 것으로 가르치고 있다. 배렛은 여기서 "화목"reconciliation은 "칭의"justification의 결과이거나 혹은 화목과 칭의는 똑 같은 사실을 표현하는 서로 다른 은유적 언어라고 본다.[1070] 이에 대해 크랜필드는 양자는 구분할 수 있지만 서로 분리될 수 없는 것이라고 말한다. 하나님께서 우리를 의롭다고 선언하시는 것은 우리와 화목된 관계를 정립함이 없이 주어지지 않는다는 것이다. 이는 맞는 해석이다. 그러나 문법적 관점에서 디카이오우쎈테스의 과거시제는 에코멘의 현재시제의 상황의 이전 사실을 표현한다. 즉 우리가 의롭다하심을 입은 것은 우리가 하나님과 화평을 가지게 된 것 이전에 된 사실이다.[1071] 역으로 말해 우리가 하나님과 평화를 이루고 난 뒤 의롭다하심을 얻

1065 Cranfield; Moo; Morris; Murray.
1066 Dunn; W. Foerster, *TDNT*, 2:400-08; Wright, *Messiah*, 136.
1067 Schreiner.
1068 Fitzmyer.
1069 Dunn; *TDNT*, 2:177.
1070 Barrett.
1071 Morris.

는 것이 아니다. 그럼에도 불구하고 양자가 서로 뗄 수 없는 관계에 있다는 크랜필드의 설명도 고려할 가치가 있다.

여기서 동사 "가지다"에 대해서 어떤 학자는 이를 직설법 에코멘을 원문으로[1072] 보고 또 어떤 학자들은 이를 가정법 에코우멘을 원문으로[1073] 본다. 후자의 읽기는 보다 신뢰할만한 사본의 지지를 얻고 있다. 이 때 우리가 가정법을 택하면 "우리가 하나님과 함께 화평을 누리자"가 된다. 이는 칭의를 받은 성도가 하나님과 화평을 누릴 수도 있고 누리지 않을 수도 있다는 의미를 함축한다. 그러나 종말적 평화를 주시는 분은 하나님이시다.[1074] "우리가 하나님과 평화를 누리자"는 개념은 신학적으로 가능한 개념이다. 그러나 본문의 문맥에서 보면 칭의로 하나님과 화목된 성도는 이미 하나님과 평화의 관계속에 들어와 있다고 보아야 한다.[1075] 2절에서 성도는 하나님의 영광의 소망속에 즐거워한다. 바울은 여기서 "즐거워하다"는 동사를 가정법으로 쓰지 않고 직설법으로 쓰고 있다. 이 점에서 1절의 "가지다"도 직설법으로 보는 것이 문맥에 맞다. 즉 우리는 믿음으로 의롭다하심을 얻었으므로 우리 주 예수 그리스도로 말미암아 하나님으로 더불어 평화를 누리고 있다. 여기서 전치사 디아는 소유격과 함께 화평의 수단을 나타낸다. 즉 우리는 예수 그리스도를 통해서 하나님과의 화평을 누린다. 바울은 로마서 5:6, 8, 10절에서 계속해서 우리가 하나님과 화평을 누리는 이유는 그리스도께서 불의한 우리를 위해서 죽어 주셨기 때문이라고 말씀한다. 그리스도는 우리의 구속의 원인이시다. 그렇기 때문에 바울은 예수 그리스도의 구속적 대속을 반복적으로 재확인한다(롬5:1, 2, 6-11). 어떤 학자들은 로마서에 기독론이 분명히 나타나 있지 않다고 말한다. 사실 바울은 로마서 5-8장에서 기독론을 조직적으로 설명하지 않고 있다. 그러나 바울이 로마서 5-8장에서 가르치는 칭의의 모든 열매는 철저히 그리스도께서 죽으시고 부활하신 구속의 완성에 바탕을 두고 있다고 말씀한다(롬5:1, 11, 21; 6:23; 7:25; 8:39; 15:30).[1076]

1072 ¹א B³ F G G^gr P ψ 0220; Metzger; Denney; Lietzmann; Nygren.
1073 א* A B* C D K L 33; Lagrange; Tasker; Kuss; Sanday and Headlam.
1074 Barrett.
1075 Käsemann.

로마서 5:2절의 "디 후"그를 통해서는 1절의 "그리스도 예수 우리 주"를 받는다: "또한 그로 말미암아 우리가 믿음으로 서 있는 이 은혜에 들어감을 얻었으며 하나님의 영광을 바라고 즐거워하느니라". 여기서 "또한 그로 말미암아"는 우리가 그리스도를 통해서 하나님과 화평을 누릴 뿐 아니라 그리스도를 통해서 또한 이 은혜아래 들어가게 되었다는 것을 의미한다. "이 은혜"테인 카린 타우테인는 "우리가 평화를 누린다"가 아니라 "칭의"를 가리킨다고 보는 것이 더 낫다.[1077] 전자의 의미를 채택할 경우 동어반복tautological이 된다. 케제만은 은혜속에 "들어감"프로사고우게인은 예배적cultic 관점에서 우리가 항상 하나님앞에 나아가는 것을 의미한다고 말한다(히4:14-16; 9:11-14; 10:19-22; 벧전3:18).[1078] 그러나 명사 프로사고우게이가 칠십인역에서 예배적 의미로 사용된 적은 없다. 동사 프로사고우는 칠십인역에서 예물을 드린다는 뜻인다. 그러나 바쳐지는 것은 항상 희생물이지 예배자가 아니다.[1079] 던은 프로사고우게인은 항해의 이미지를 배경으로 지친 선원들이 예정한 부두에 무사히 발을 내딛는 것을 의미할 수도 있다고 제시한다. 그러나 문맥에 함축된 하나님과 성도의 개별적인 관계를 배경으로 보면 항해의 이미지는 본문 해석에 고려될 수 없다.[1080] 어떤 학자들은 프로사고우게이는 예수님께서 우리를 하나님 앞에 이끌고 나간다introduction는 의미를 가진다고 본다.[1081] 그러나 이는 우리가 믿음을 바탕으로 하나님 앞에 언제든지 나아갈 수 있다access는 것을 의미한다고 보는 것이 더 낫다.[1082] 여기서 은혜속에 들어가는 행위는 한 번이나 몇 번 반복되는 행위가 아니라 칭의받은 성도가 항상 그 은혜속에 있는 상태를 말한다고 볼 수 있다. 왜냐하면 우리가 서있다에서 동사 서있다헤스테이카멘는 과거완료동사다. 이는 과거의 의미가 아니라 현재의 상태를 의미한다.[1083] 이는 은혜속에 들어 간 상태가 변하지 않고 계속되고

1076 Moo.
1077 Murray; Cranfield; Bengel.
1078 Käsemann; Wilckens; Wolter, *Rechtfertigung*, 126.
1079 Fitzmyer; Dunn; Moo.
1080 Dunn.
1081 NASB; Morris; Dunn; Cranfield; Sanday and Headlam.
1082 KJV; NRSV; NIV; REB; NAB; Moo; Godet; Murray; Kuss.
1083 Moo; Cranfield; Morris.

있는 것을 가리킨다.[1084] 또 우리가 들어감을 가지고 있다에서 동사 가지다에스케이카멘도 과거완료동사다. 즉 우리가 서 있는 이 은혜속에 들어감을 가지고 있는 것은 은혜로부터 나오고 은혜속으로 들어가는 일을 반복할 수 있다는 것이 아니라 은혜속에 들어감을 항상 가지고 있다는 것 즉 우리가 이 은혜속에 항상 있는 것을 나타내고 있다. 여기서 은혜는 하나님의 호의나[1085] 혹은 역사하시는 방식으로 볼 수도 있지만 칭의를 통해서 하나님과 화목하게 된 성도가 서 있는 하나님의 은혜의 영역으로 보는 것이 더 좋다. 바울은 에베소서 2:6절에서 성도가 하늘에 있는 보좌에 이미 앉히움을 받았다고 말씀하고 있고 골로새서 3:3절에서는 우리의 생명이 예수 그리스도안에서 하나님안에 감취어 있다고 말씀한다. 따라서 우리 성도들이 영적으로 항상 존재하는 곳은 하늘에 계신 하나님께서 거하시는 곳이다. 이 처럼 은혜를 은혜의 영역으로 이해한다면 이는 우리가 칭의받기 전에 율법 아래 있었던 것과 직접 대조를 이루는 영역이다.[1086]

이 절에서 여격 "믿음으로써"테이 피스테이는 어떤 사본에는[1087] 빠져 있는 어구지만 원본에 있었다고 보는 것이 타당하다. 왜냐하면 로마서 3:22-31절에서 바울은 믿음을 통해서 우리가 칭의의 축복을 받았다고 입증했기 때문이다. 따라서 바울은 로마서 9:30절까지 이 표현을 다시 사용하지 않는다.[1088] 그 이유는 믿음으로 의롭다하심을 얻는다는 가르침을 충분히 입증했기 때문이고 바울은 로마서 5-8장에서 이 칭의의 결과에 대해서 중점적으로 가르치고 있다. 그 중 하나는 2절에 말씀한 대로 하나님의 영광의 소망안에서 즐거워하는 것이다. 무는 여기서 하나님의 영광은 아담이 원죄로 말미암아 잃어버린 "하나님과 같음"을 의미하며 종말에 모든 그리스도인들에게 회복될 것이라고 주석한다.[1089] 케제만은 하나님의 영광은 칭의의 성취와 같은 개념으로써 우리가 이미 받았고 앞으로 종말에 더욱 완전한 형태로 받게 될 것

1084 S. E. Porter, *Idioms of the Greek New Testament* (Sheffield: Sheffield Academic Press, 1994) 22.
1085 Hultgren.
1086 Beker; H. Conzelmann, TDNT, 9:395; Moo.
1087 B D F G it; RSV.
1088 Dunn.
1089 Moo.

이라고 생각한다.[1090] 그러나 바울이 말씀하는 하나님의 영광은 성도가 부여받고 소유하게 될 요소라기 보다는 하나님의 고유의 속성으로 보아야 한다.[1091] 이 어구에서 소유격 쎄우하나님의는 하나님께 속한다는 의미다. 이는 구약에 뿌리를 둔 개념으로써 이 영광은 하나님께 속한 영광이요 하나님 자신의 영원한 영광이다(출24:16-17; 시19:1; 잠25:2; 겔9:3; 10:19). 그런데 성도는 칭의로 말미암아 그 하나님의 영광에 참여할 수 있는 특권을 가지고 있다. 따라서 바울이 성도가 이미 영광을 얻었다고 말씀하는 것은 종말에 참예할 하나님의 영광에 이미 참예하고 있다는 것을 말한다(롬8:30). 이 개념은 우리가 하나님의 은혜아래 이미 서있다는 개념과 일치하는 개념이다. 그리고 소망(엘피스)은 이 하나님의 영광에 참예할 수 없기 때문에 바라는 소망이 아니라 성도가 이미 참예하고 있는 하나님의 영광안에서의 삶이 종말에 완성될 것을 확신하고 기다리는 소망이다.

성도는 하나님의 영광의 소망안에서 즐거워한다. 이 어구에서 동사 카우카오마이는 "즐거워하다"(KJV; NIV), "자랑하다"(JB), "기뻐하다"(NAS; NEB) 등으로 번역된다. 필자는 이를 "즐거워한다"로 번역하는 것이 제일 낫다고 본다.[1092] 로마서 2:17절에서 이 동사는 자랑한다로 번역된다. 바울은 그의 서신에서 자랑한다는 개념을 부정적으로 사용한다.[1093] 그러나 로마서 5:2절에서 이 동사의 대상을 하나님의 영광으로 제시할 때는 긍정적인 의미를 함축한다. 자랑은 사람이 존재하는 한 벗어날 수 없는 실질적 현상이다.[1094] 그러나 사람이 그 타락한 상태에서 자신의 어떤 요소를 자랑한다면 자신이 피조물임을 잊고 있는 것을 말한다.[1095] 아담은 에덴동산에서 하나님과 같이 되기 위해서 선악과를 따먹고 타락했다(롬5:12). 그 이후 그 자손들은 하나님의 영광에 이르지 못했다(롬3:23). 이제 그리스도를 통해 믿음으로 칭의의 축복을 받은 자들은 하나님께 속한 영광을 다시 하나님께 돌려드

1090 Käsemann; Dunn; Osborne.
1091 롬1:23; 2:7, 10; 3:7, 23; 6:4; 8:18, 21; 9:4, 23; 11:36.
1092 Cranfield; Schreiner; Moo.
1093 롬3:27; 4:2; 고전1:29; 3:21; 4:7; 고후11:18; 갈6:13; 엡2:9.
1094 Schlatter; Kuss; Käsemann.
1095 Käsemann.

릴 수 있는 자들이 된 사람들이다. 그리고 다른 한편으로 성도들은 종말적으로 이 하나님의 영광에 참예하게 될 것이다(롬8:17; 9:23; 고전2:7; 고후4:17; 골1:27; 살전2:12; 딤후2:10; 히2:10; 벧전5:1, 4, 10). 그래서 성도들은 하나님의 영광을 바라고 즐거워한다. 그리고 하나님을 즐거워하는/자랑하는 것은 진정한 형태의 예배라고 할 수 있다.[1096] 바로 이 상태가 하나님의 창조가 우주적으로 그리고 도덕적으로 회복된 상태다. 이러한 문맥에서 보면 동사 "자랑하다"는 이 절에서 가정법이 아닌 직설법으로 보는 것이 더 낫다.[1097] 우리가 하나님의 영광의 소망안에서 즐거워하자라고 번역해도 신학적으로 가능한 번역이지만 로마서 5:1절에서 우리가 그리스도로 더불어 하나님과 화평을 누리는 것이 오늘 우리가 누리는 축복인 것처럼 우리가 하나님의 영광의 소망안에서 즐거워하는 것도 우리가 오늘 경험하는 참예배자의 기쁨인 것이다.

로마서 5:3-4절은 "우 모논 데 알라 카이"로써 2절과 병렬되는 내용을 말씀한다: "다만 이 뿐 아니라 우리가 환난 중에도 즐거워하나니 이는 환난은 인내를 인내는 연단을 연단은 소망을 이루는 줄 앎이로다". 3절의 접속사 데 그리고는 여기서 역접이 아니라 순접의 의미를 가진다. "우 모논"에는 생략법이 존재한다. 그 내용은 2절의 "하나님의 영광의 소망"이다. 즉 성도는 하나님의 영광의 소망을 즐거워할 뿐 아니라 "환난"을 즐거워한다. "환난"쓸립시스은 외부환경이 가져오는 고통을 의미한다(출4:31; 삿6:9; 고후1:4, 8; 2:4; 6:4). 그리고 핍박으로 초래되는 마지막날의 고난도 쓸립시스다(단12:1; 막13:19, 24). 본문에서 쓸립시스는 기독론적 의미를 내포하고 있다. 여기서 바울이 말씀하는 환난은 성도들과 관계되어 있는 환난이다(롬8:35; 12:12; 고후4:17; 요16:33; 골1:24; 히10:33; 벧전5:9-10; 계2:10; 7:14). 그리고 이는 칭의의 결과 말미암은 환난이다. 이 점에서 이 환난은 성도들이 당하는 질병이나 실패와 같은 넓은 의미의 환난이 아니라 하나님의 영광의 소망을 가지고 있기 때문에 생기는 환난이라고 할 수 있다(고후1:4-6; 12:9-10; 골1:24).

1096 Schreiner.
1097 Barrett; *contra* Dunn.

머레이는 여기서 환난은 모든 경건한 성도들이 당하는 고난을 의미한다고 말한다.[1098] 그러나 무는 이 구절에서 환난은 예수를 믿기 때문에 따라오는 환난이 아니라 일반적인 환난을 의미한다고 주장한다.[1099] 그 이유는 모든 고난은 그리스도를 대신해서 당하는 것이라는 것이다. 다시 말해 모든 고난은 원수 마귀때문에 생기는 것이고 우리의 그리스도와의 관계를 공격하기 위한 것이라는 것이다.[1100] 그러나 환난에 대한 이 광의의 의미는 일리는 있지만 이 환난이 칭의의 결과 초래되는 환난이라는 점을 설명하지 않는다. 성도는 예수 믿지 않을 때 당하지 않던 환난을 예수를 믿음으로써 당하게 되는 경우가 많다. 로마서 8:17절에서 바울은 우리가 그리스도와 함께 한 후사니 그와 함께 영광을 받기 위하여 고난도 함께 받아야 될 것이라고 말씀한다. 성도는 고난을 선택과목이 아니라 필수과목으로 당하게 된다는 뜻이다. 로마서 8:35절의 환난이나 곤고나 핍박이나 기근이나 적신이나 위험이나 칼이랴는 말씀은 일반적인 환난이 아니라 믿음때문에 초래되는 그리스도와 관계된 환난임을 나타낸다. 고후11장에서 바울은 자신이 그리스도를 믿고 복음을 전파하는 과정에서 당한 환난을 자세히 고백하고 있다. 바로 이러한 환난은 세상이 그리스도를 미워하기 때문에 우리에게 임하는 환난이다(요15:18-21). 따라서 로마서 5:3절에서도 "환난"은 종말에 일어나는 핍박 때문에 초래되는 환난으로 볼 수 있다.[1101] 그리고 우리가 사는 이 시대가 종말의 시기라고 보면 이 교회시대에 경건한 신자들에게 임하는 모든 고난은 로마서 5:3절의 쓸립시스에 해당한다고 볼 수 있다. 이 시대에 사는 성도는 고난을 통해서 하나님의 영광의 소망을 더 간절히 바라게 된다. 이 점에서 필자는 여기서 쓸립시스는 일차적으로 협의의 의미를 가지지만 그 보다 넓은 의미도 포함한다고 본다.[1102] 여기서 "카우코우메싸 엔 타이스 쓸립세신"은 환난 가운데 즐거워하다는 뜻 뿐만 아니라 환난을 즐거워하다는 의미도 된다(롬

1098 Murray.

1099 Moo; Morris; Schreiner.

1100 Moo.

1101 Käsemann; Beker, *Paul the Apostle*, 146; Garlington, *Faith, Obedience, and Perseverance*, 77; 롬8:35; 12:12; 고전7:28; 고후4:17; 골1:24; 살후2:9.

1102 Osborne.

5:11; 고전1:31; 3:21; 고후10:17; 12:9; 갈6:13; 빌3:3).[1103]

그러면 우리는 어떻게 환난가운데 기뻐할 수 있는가. 그것은 분사 에이도테스가 인과적 의미를 가지고 있기 때문이다. 즉 우리가 환난가운데 기뻐하는 것은 우리가 환난은 인내를 인내는 연단을 연단을 소망을 이룬다는 것을 알기 때문이다. 바울은 인내후포모네이를 그리스도인의 중요한 미덕으로 가르친다.[1104] 후포모네이는 강한 표현인데 참음, 인내, 용기, 변함없음 등을 의미한다.[1105] 유대문학이나 헬라철학에서도 인내는 소중한 미덕이었다.[1106] 이 구절의 문맥에서 인내는 능동적으로 참는 것이 아니라 어떤 억압이나 역경을 참고 이겨나가는 것을 의미한다. 우리가 환난을 일반적인 환난이 아니라 그리스도로 인한 고난이라고 이해할 때 우리는 우리를 핍박하는 자들이 가져오는 환난을 참으며 나가게 된다는 것을 의미한다. 그 결과는 연단도키메이이다. 이는 증명된 성격proven character을 말한다.[1107] 다시 말해 이는 시험에서 입증된 성격이다. 베드로전서 1:7절은 우리의 믿음의 시련이 불로 연단하여도 없어질 금보다 더 귀하여 예수 그리스도의 나타나실 때에 칭찬과 영광과 존귀를 얻게 하려함이라고 말씀한다. 우리는 연단을 통해서 더욱 그리스도의 온유한 성품을 닮게 된다. 그리고 그 연단의 결과 커지는 것은 소망이다. 이 구절에서 환난, 인내, 연단, 소망은 서로 연결된 체인과 같다. 그래서 환난은 성도가 배교하고 하나님을 저주하게 만드는 것이 아니라 성도의 소망을 더 강하게 한다. 이 점에서 더 큰 소망을 가지는 데 있어서 믿는 자들에게 환난은 성도에게 필수적인 요소라고 할 수 있다. 환난이 없다면 우리는 자신의 보금자리에 안주하여 신앙에 퇴보를 가져올지도 모른다. 오스본은 하나님께서 성도를 연단하시는 이 체인에 내재해 있는 순환성을 언급한다.[1108] 즉 로마서 5:2절에서 성도는 하나님의 영광을 소망하며 즐거워한다.

1103 Cranfield; Dunn; Schreiner; *contra* Osborne; C. Breytenbach, *Versöhnung: Eine Studie zur paulinischen Soteriologie* (WMANT 60. Neukirchen-Vluyn: Neukirchener Verlag, 1989) 152.

1104 롬2:7; 5:3-4; 8:25; 15:4-5; 고후1:6; 6:4; 12:12; 골 1:11; 살전1:3; 살후1:4; 3:5.

1105 F. M. Festugi?re, "*Υπομονή* dans la tradition grecque," *RSR* 21 (1931) 477-86; C. Spicq, "*ΥΠΟΜΟΝΗ*, Patientia," *RSPT* 19 (1930) 95-106.

1106 1QH 9.24-25; *Pss. Sol*. 3.26; T. Jos. 2.7; 10.1-2; 4 Macc. 1.11; 7.9; 9.8, 30; Philo, *Cher*. 78; Seneca, *De Providentia*, 4; *TDNT*, 4:582-83; Michel.

1107 NASV; Gerd Schunack, "*δοκιμή*", *EDNT*, 1:342; 고후2:9; 8:2; 9:13; 13:3; 빌2:22.

그리고 환난가운데서 즐거워하며 인내와 연단을 통해 더 큰 소망을 가지게 된다. 소망은 우리가 역경을 더 적극적인 자세로 극복하게 만든다.[1109] 성도가 가지고 있는 이 소망의 순환성이 나타내는 것은 우리가 칭의의 축복으로 얻은 하나님의 영광에 대한 소망이 환난을 통해서 더 커진다는 사실이다. 바꾸어 말하면 칭의를 받지 못하고 천국에 대한 소망이 없는 명목적 신자는 환난을 통해 더 큰 소망을 가지게 되기 보다 배교하고 하나님을 저주할 가능성이 크다는 사실이다. 참 그리스도인들은 천국에 대한 소망을 가지고 사는 사람들이다. 그렇기 때문에 이들은 환난을 당할 때 인내하게 된다. 천국에 대한 소망이 없는 사람은 핍박 당할 때 인내할 영적 능력도 없고 의지도 없다. 이 점에서 우리는 소망과 인내는 서로 밀접히 연결되 있다는 것을 알 수 있다. 구약에서 이 두 개념은 서로 겹치는 개념이라는 사실은 히브리어 티커바가 칠십인역에서 때로는 소망으로 때로는 인내로 번역되고 있다는 데 나타나 있다.[1110] 로마서 5:4절이외에 바울은 로마서 12:12절에서 이 두 개념을 함께 다루고 있고 살전 1:3절에서는 소망의 인내라는 표현을 사용하고 있다.

로마서 5:5절에 접속사 데그리고는 순접의 의미를 가진다: "소망이 부끄럽게 아니함은 우리에게 주신 성령으로 말미암아 하나님의 사랑이 우리 마음에 부은 바 됨이니". 4절에 이어서 5절에서 바울은 소망의 특징을 설명한다. 즉 소망은 실망시키지 않는데 그 이유는 하나님의 사랑이 우리에게 주신 성령을 통해서 우리 마음에 부어졌기 때문이다. 여기서 바울은 소망의 결과 우리가 구원을 얻게 된다고 말씀하지 않고 우리 마음에 부어진 하나님의 사랑 때문에 실망시키지 않는다고 말씀한다. 이 표현은 우리가 장차 받을 구원에 대한 은유적 표현이라고 할 수 있다. 8절은 하나님의 사랑이 예수의 죽으심으로 확증되었다는 것을 말씀하고 9절에서는 하나님의 진노하심에서 우리가 구원을 얻을 것이라고 말씀한다. 10절은 우리가 장차 얻을 구원에 대해

1108 Osborne; Murray.

1109 R. Bieringer, "Aktive Hoffnung im Leiden, Gegenstand, Grund, und Praxis der Hoffnung nach Röm 5, 1-5." *Theologische Zeitschrift* 51 (1995) 305-25.

1110 욥14:19; 시9:18; 62:5; 71:5; 잠10:28; 11:7, 23; Sir 2:14; 16:13; 17:24; 41:2; 롬12:12; 15:5, 13; 살전 1:3; Dunn.

다시 확인한다. 이 점에서 볼 때 우리가 가진 소망의 결과는 장차 임할 하나님의 진노로부터의 구원이다. 이 절에서 동사 카타이스쿠노우는 "실망시키다"[1111] 혹은 "부끄럽게 하다"를[1112] 의미한다. 필자는 전자의 번역에 동의한다. 그것은 소망이 이루어지지 않았을 때 우리가 부끄러움을 당하겠지만 우리를 부끄럽게 하는 것은 소망 자체가 아니기 때문이다.[1113] 그러면 실망시키지 아니함은 현재의 사실인가 아니면 미래의 사실인가? 던은 이 동사가 유대문학에서 미래의 사실을 가리키는데 사용되고 있기 때문에 바울이 로마서에서 성도가 종말적 축복의 성취를 이미 경험하고 있는 측면을 강조하고 있는 측면에서 이 동사는 소망의 현재의 효과를 가리키고 있다고 본다.[1114] 이 주장은 타당성이 있다. 그러나 바울이 로마서 5:2-6절에서 소망을 하나님의 영광에 대한 소망 그리고 구원의 완성에 대한 소망이라고 말씀하며 그 미래적 측면을 부각하고 있는 점에서 이 절에서 사용된 "실망시키지 않을 것이다"는 미래의 사실을 나타내고 있다고 보는 것이 더 낫다.[1115]

이 절에서 "하나님의 사랑"아가페이 투 쎄우은 하나님에 대한 우리의 사랑이[1116] 아니라 하나님의 우리에 대한 사랑이라고[1117] 번역해야 맞다. 바울은 하나님의 사랑이 우리 마음에 성령을 통해서 부어졌다고 말씀함으로써 하나님의 사랑은 예수 그리스도의 십자가의 죽으심으로 세상에 나타난 사랑일 뿐 아니라 우리가 마음에 느낄 수 있도록 성령을 통해서 우리 마음에 부어졌다고 설명한다. 이는 개개의 성도가 하나님의 사랑을 그 마음에 체험적으로 느끼고 있다는 것을 나타낸다. 여기서 우리는 예수 그리스도의 십자가의 죽으심으로 표현된 하나님의 사랑이 성령을 통해서 우리 마음에 부어지지 않고는 그것을 체험적으로 알 수 없다는 사실을 알 수 있다. 하나님께서 이 세상을 사랑하셔서 그 독생자 외아들을 십자가에서 죽게 하셨다. 이렇게 해서 성

1111 RSV; NIV; NAB; NET; NASV; NRSV; Sanday and Headlam; Fitzmyer; Ziesler.
1112 KJV; ASV; ESV; Käsemann; Cranfield; Moo; Dunn; 시22:5; 25:2-3; 119:31; 사50:7; 요엘2:26-27.
1113 Hultgren; 시21:6; 24:29; 30:2; 70:1; 118:31; 렘31:13.
1114 Dunn; Godet; Cranfield.
1115 Schreiner; Moo; Fee; Byrne; Michel; Käsemann; Schlier.
1116 Augustine; Luther.
1117 Calvin; Origen; Chrysostom; Cranfield; Moo; Nygren; Wilckens; Sanday and Headlam.

취된 하나님과의 화목은 성령을 통해 우리에게 적용된다. 따라서 성령이 우리에게 오심이 없이는 예수 그리스도께서 완성하신 구속은 하나의 객관적 사실로 머물게 되고 말며 개개인은 새 삶을 누릴 수 없는 것이다.

여기서 붓는다에크케오우는 동사는 과거완료형으로 사용되고 있다. 이는 성도가 회심을 통해서 그 마음에 하나님의 사랑이 부어진 과거의 상태가 변하지 않고 항상 유지되는 것을 나타내고 있다. 하나님의 사랑이 그 사람으로부터 철회되는 경우는 없다는 것이다. 붓는다는 동사는 성령이 부어진다는 뜻으로 사도행전 2:17, 18절에서 사용되고 있다.[1118] 이 때문에 던은 이 동사가 초대교회에서 오순절 성령강림을 가리키는 동사로써 고정되게 되었다고 주장한다.[1119] 그렇다면 로마서 5:5절에서도 바울은 오순절의 성령강림을 언급하고 있는가? 던은 많은 구약의 구절들이 성령의 부어짐이 새 시대의 도래를 의미하고 있다고 말한다.[1120] 그리고 종말에 있을 성령의 강림을 예언하는 요엘 2:26-27절이 로마서 5:5절에 사용된 카타이스쿠노우실망시키다, 수치를 당하게 하다를 사용하고 있는 점을 볼 때 바울은 로마서 5:5절을 요엘서의 예언을 배경으로 쓰고 있다는 것이다. 배렛은 성령의 선물은 우리 구원이 완성되는 것을 확인하는 맹세라고 주석하면서 로마서 5:5절이 내포하는 성령론이 명확하지 못하다고 생각한다.[1121] 그렇지만 바울이 이 절에서 말씀하는 성령의 사역의 한 측면에 있어서 불분명하다고 말할 수는 없다. 이 구절이 말씀하는 성령의 선물은 사도행전 2:1절 이하의 오순절 성령강림때 있었던 성령의 오심과는 차이가 있다. 첫째, 우리에게 주신 성령이란 구절에서 도센토스given는 과거분사이다. 이는 하나님의 사랑이 성령을 통해 모든 그리스도인들에게 부어진 사실을 가리키고 있는 것이지 예언이나 방언 은사등의 성령의 은사를 받은 그리스도인들이 성령을 통해 하나님의 사랑을 받았다는 의미가 아니다. 둘째, 로마서 5:1절 이하의 가르침의 문맥은 칭의의 축복을 받은 사람과 관계된 영적 축복들이다. 따라서 하나님의 영광의 소망을 가지고

1118 딛3:6.
1119 Dunn.
1120 사32:15; 34:16; 44:3; 겔11:19; 36:26-27; 37:4-14; 엘2:28-32; 렘31:31-34.
1121 Barrett.

즐거워하는 것이 모든 그리스도인들이 누리는 상태라면 성령을 통해 하나님의 사랑이 부어지시는 선물도 모든 그리스도인들이 일반적으로 누리는 축복이라고 보아야 한다.

그렇다면 우리는 여기서 바울이 말씀하는 성령이 믿는 자들에게 오심은 사도행전 2장의 오순절의 성령의 강림과 같은 은사가 아니라 중생때 성령이 오셔서 신자들에게 내주하시는 것을 의미함을 알 수 있다. 던은 로마서 5:5절에서 성령의 오심은 사람이 하나님의 사랑을 처음 체험하는 회심의 시작단계와 관계가 있다고 주장한다.[1122] 이 견해는 필자가 앞서 말한 입장과 양립될 수 있는 생각이다. 그러나 로마서 5:5절을 요엘 2:28-29절을 배경으로 사도행전2장과 연결하는 것은 보류해야 된다고 믿는다. 사도행전 2장에서 서술하는 성령의 사역은 회심개시conversion-initiation와는 다른 사건이기 때문이다. 그렇다면 로마서 5:5절의 성령론은 로마서 8장에서 보다 상세히 다루어지고 있는 성령론을 미리 소개하는 구절이라고 볼 수 있다. 성령의 오심은 우리가 예수께 속했다는 것을 보증하는 사건이다(롬8:9). 하나님께서는 약속의 성령으로 우리를 인치신 것은 우리가 종말에 받을 유산에 대한 보증이다(엡1:13-14). 그렇다면 성령을 통해서 우리에게 부어진 하나님의 사랑은 믿음으로 하나님과 화목된 우리가 체험적으로 확인하는 종말적 구원의 성취라고 할 수 있다. 이 구원은 하나님의 종말적 진노로부터의 구원이고 이 점에 있어서 하나님의 사랑은 고린도전서 12장에서 말씀하는 협의의 하나님의 선물이라기 보다는 종말적 구원을 보증하는 제유법synecdoche이라고 할 수 있다(롬5:9-10).

(나) 소망의 바탕(롬5:6-11)

로마서 5:6-8절은 하나님의 지극히 크신 사랑을 설명하고 있다. 첫째, 하나님의 사랑은 그리스도께서 우리가 아직 연약할 때 우리를 위해 죽어주심으로 나타났다. 둘째, 우리가 아직 죄인일 때 그리스도께서 우리를 위해 돌아가심으로써 우리에 대한 자기의 사랑을 확증하셨다. 로마서 5:6절의 접속

1122 James D. G. Dunn, *Baptism in the Holy Spirit* (Philadelphia: The Westminster Press, 1970) 139.

사 갈(왜냐하면)은 5절 내용을 설명하고 확증하는 내용을 도입한다: “우리가 아직 연약할 때에 기약대로 그리스도께서 경건치 않은 자를 위하여 죽으셨도다”. 여기서 어떤 사본은 “에티 갈”[1123] 대신 “에이 게”[1124], 혹은 “에이 갈 게”[1125], 혹은 “에이스 티 갈”로[1126] 적고 있다. 여기서 문법적으로 난해한 부분은 두번째 “에티”가 “카타 카이론” 앞에도 쓰여 있다는 것이다. 사본적 증거는 “에티 갈…에티”의 읽기가 가장 신뢰할 만한 사본의 지지를 받고 있기 때문에 이를 원문의 읽기로 보는 것이 가장 낫다. 바울은 이 문장에 에티를 두 번 반복함으로써 우리가 아직 연약할 때 그리스도께서 우리를 위해 돌아가셨다는 것을 강조하고 있다고 볼 수 있다.[1127] 형용사 “아스쎄네이스”는 육신적으로 약함을 의미한다(빌2:26-27; 갈4:13; 딤전5:23; 딤후4:10; 고전11:30). 또한 이 단어는 인간의 도덕적 무능함도 의미한다(고전15:43; 고후11:21-13:9).[1128] 그러나 여기서 형용사 “연약한”아스쎄네이스은 중립적인 의미가 아니라 부정적 의미를 내포한다. 그리고 이는 이 절의 형용사 “경건치 않은”아세베이스이나 8절의 “죄인”하말토우로스과 동의어라고 볼 수 있다.[1129] 본문의 문맥에서 바울이 열거하는 단어 연약한(6절), 경건치 않은(6절), 죄인인(8절), 원수된(10절)은 병렬관계에 있다. 나아가 이 열거된 단어들은 성령을 통해 하나님의 사랑이 그 마음에 부어지기 이전에 우리가 가졌던 부패한 상태를 표현하고 있는 점강법crescendo이다. 이 점에서 “연약한”을 종말의 이미와 아직already but not yet 사이에 사는 인간의 연약함과 고난을 나타내는 것이라고 보는 것은 6-8절의 문맥을 고려하지 않고 있는 해석이다.[1130] 바울은 여기서 그리스도가 죽으신 것은 회심하기 전의 우리가 도덕적으로 불의한 상태에 있었을 때라는 것을 강조하고 있다. 그 만큼 하나님의 사랑은 형언할 수 없이 크신 사랑이다. 이 절에서 형용사 불의한아세베이아은 정관사 없이 쓰이고

1123 ℵ A C D*
1124 B
1125 201 vg^{codd}
1126 D^{b} G lat
1127 Morris; Murray; G. Bornkamm, “Paulinische Anakolouthe,” in *Das Ende des Gesetzes. Paulusstudien* (BEvT 16; Munich: Kaiser, 1966) 79.
1128 L. Fatum, “Die menschliche Schw?che im Römerbrief,” *ST* 29 (1975) 31-52.

있고 불의한 사람은 일반적인 불의한 자들을 가리킨다. 그리고 이 점에서 로마서 1:18절 이하에서 묘사하는 전적 부패한 타락한 인간들과 같다. 이는 우리가 하나님의 사랑을 받은 것은 이 세상 죄인들보다 나은 사람들이었기 때문이 아니라 전적으로 하나님의 은혜로 말미암은 것임을 나타낸다.

이 절에서 전치사구 카타 카이론기약대로은 신약에서 오직 이 절에만 사용되고 있다(민9:7; 23:23; 욥5:26; 39:18; 사60:22; 렘5:24). 이 어구는 그 앞의 "온토운 헤이모운 아스쎄노운"이 아니라 "크리스토스…후페르 아세보운 아페싸넨"을 수식한다.[1131] 카이로스는 정해진 시간을 의미하고 크로노스는 연대기적 기간이나 일반적인 때를 의미한다.[1132] 머레이에 의하면 카타 카이론은 성경의 약속을 성취하기 위한 하나님의 계획에 있어서 최적의 시간에 예수께서 돌아가셨다는 것을 의미한다(행2:17; 고전10:11; 딤전2:6; 딛1:3; 히1:2).[1133] 케제만은 여기서 "기약대로"는 불의한 자들의 연약과 관계된 시간을 말한다고 주장한다.[1134] 즉 그리스도께서는 우리가 연약한 그 시간에 우리를 위해 돌아가셨다는 것이다. 이는 신학적 의미보다 카타 카이론이 본문의 문장에서 차지하는 평범한 의미에 중점을 두는 해석이다. 그러나 여기서 더 나은 해석은 카타 카이론은 하나님께서 그리스도를 통해서 우리 죄를 속하신 종말적으로 정해진 때를 가리킨다는 것이다(롬3:26; 8:18; 13:11).[1135] 전체적으로 바울이 로마서 5:6-8절에서 우리가 죄인되었을 때 예수께서 돌아가셨다는 사실을 강조하는 만큼 여기서 "기약대로"는 그 종말적 시간과 연약에 빠져 있던 우리의 실제적 시간이 다 포함된 개념으로 볼 수 있다.[1136]

그리스도께서는 우리가 불의한 자였을 때 우리를 위해후페르 돌아가셨다. 전치사 후페르는 "…를 대신해서", 혹은 "…를 위하여"를 의미한다. 던은 누구를 위해 대신 죽는다는 개념은 유대문학에서 순교의 언어에 내포되어 있

1129 Barrett; Moo; Cranfield.
1130 Dunn; Wolter.
1131 KJV; ASV; RSV; NRSV; Murray; Käsemann; Moo; Godet; Michel; Barrett; Morris.
1132 Trench, *Synonyms*, 209-12.
1133 Murray; Cranfield.
1134 Käsemann; Fitzmyer; Schlier; Wilckens.
1135 Moo.
1136 Schreiner; Dunn; Martin.

는 개념이지만 그리스도께서 불의한 자들을 위해 대신 돌아가셨다는 것은 생소한 개념일 것이라고 말한다.[1137] 또 어떤 학자는 여기서 바울은 교회의 신조를 바탕으로 쓰고 있다고 말한다.[1138] 그러나 궁극적으로 이는 구약의 대속에 대한 가르침에 바탕을 두고 있다고 볼 수 있다(출32:30; 민29:11; 레4:20; 16:30; 23:28). 바울은 이 개념을 바탕으로 그리스도께서 죄인을 위해 혹은 우리 죄를 위해 돌아가셨다고 가르치고 있다(롬3:25; 4:25; 6:10; 7:4; 8:32; 14:15). 그리고 로마서 8:32절과 14:15절에서 전치사 후페르는 5:6절에서처럼 분명히 대속의 의미를 내포한다.[1139] 이는 곧 예수 그리스도의 대속적 속죄substitutionary atonement를 가리키고 있다.[1140] 해리스는 여기서 전치사 후페르는 대표성representation과 대체성substitution 모두를 포함한다고 말한다.[1141] 이 대속적 속죄는 그리스도께서 우리 죄를 위해 대신 돌아가신 것 뿐 아니라 우리를 대신해서 하나님의 심판을 받으신 사실을 포함한다. 다시 말해 우리의 모든 죄가 예수께 전가된 것을 말한다. 이것을 부정하면서 칭의를 공동체에 편입되는 것으로 재정의하는 것은[1142] 그리스도의 죽음이 가져온 죄사함의 놀라운 축복을 부정하고 양의 피를 바쳐서 죄를 씻으려한 구약시대로 구속사를 되돌려 놓는 것과 같다.

로마서 5:7절의 접속사 갈왜냐하면은 7–8절에 걸리며 6절 내용에 대한 설명을 도입한다: "의인을 위하여 죽는 자가 쉽지 않고 선인을 위하여 용감히 죽는 자가 혹 있거니와". 부사 "몰리스"드물다는 어떤 일을 하기 어렵다는 의미를 가진다(눅9:39; 행14:18; 27:7–8, 16; 벧전4:18). 동사 아포싸네이타이의 미래시제는 논리적 미래gnomic의 의미를 가진다. 여기서 바울은 불의한 자를 위해 죽으신 예수님의 놀라운 사랑의 희생을 강조하기 위해 대조법을 사용한다. 즉 의인을 위해 죽는 자가 쉽지 않고(7a) 선인을 위해 죽는 자가 혹 있

1137 2 Macc 7:9; 8:21; 4 Macc 1:8, 10; Josephus, *Ant*. 13.5-6; Dunn.

1138 Neufeld, *The Earliest Christian Confessions*, 48; Wengst, *Christologische Formeln*, 78-90.

1139 Cranfield.

1140 Osborne.

1141 M. J. Harris, "Prepositions and Theology in the Greek New Testament", *NIDNTT*, 3:1196-97; Robertson; Moule; Shedd.

1142 Wright.

을 수 있다(7b). 그러나 우리가 아직 죄인일 때 그리스도께서 우리를 위해 죽으심으로써 하나님의 우리에 대한 사랑을 확증하셨다(8절). 그러면 7절에 묘사된 의인디카이우과 선인아가쑤의 의미는 무엇인가. 첫째의 견해는 이 둘은 같은 종류의 사람이라는 것이다. 이 경우 7b는 7a를 설명하고 있다는[1143] 것이다. 로마서 3:10절에서 의인은 없나니 하나도 없다는 말씀과 로마서 3:12절에서 선을 행하는 자는 없나니 하나도 없다는 말씀이 병렬을 이루고 있다는 점에서 이 견해는 타당하게 보인다. 그렇다면 여기서 바울이 의인의 존재를 인정하고 있는 것인가 이는 로마서 3:10절과 모순되지 않는가. 둘째 견해는 7b는 사서가 7a를 수정한 것이라고 보기 때문에 위의 모순을 피할 수 있다.[1144] 이 때 형용사 아가쑤를 남성으로 보지 않고 중성으로써 공익을 의미한다고 본다.[1145] 또 형용사 디카이우는 중성으로써 "옳은 일"을 의미한다. 그러면 옳은 일을 위해 죽는 자는 드물고 공익을 위해 죽는 자는 혹시 있을 수 있다는 번역이 된다. 이 해석에서 부사 "타카"혹시는 7b의 의미를 감소하는 기능을 한다. 왜냐하면 국가나 공익을 위해 죽는 자들이 많이 있기 때문이다. 셋째 견해는 7b는 7a를 대체하려고 쓴 것인데 사서인 더디오가 실수로 7a를 지우지 않고 남겨 두었다는 것이다.[1146] 이는 상상에 근거한 견해로써 그 증거가 희박하다. 넷째 견해는 디카이우와 아가쑤를 남성으로 생각하고 이들의 의미가 다르다고 보는 것이다(마5:45; 눅23:50; 롬7:12).[1147] 크랜필드는 디카이우는 의인으로 아가쑤는 은인benefactor으로 본다.[1148] 여기서 아가쑤를 은인 대신 "참 좋은 사람"(NJB), 혹은 "특히 값있는 사람"[1149], 혹은 "진실로 좋은 사람"으로[1150] 보기도 한다. 그러면 의인을 위해 죽는 것은 쉽지 않고 혹시 은인을 위해 죽는 자는 있을 수 있다는 뜻이 된다. 위의 네

1143 Murray; Morris; Bruce; Hendriksen.

1144 Barrett; Käsemann.

1145 Barrett; Godet; Wolter; Stuhlmacher.

1146 Lietzmann.

1147 F. Wisse, "The Righteous Man and the Good Man in Romans V.7," *NTS* 19 (1972-73) 91-93; Lightfoot; Hodge; Morris.

1148 Cranfield; Moo; Osborne; Sanday and Headlam; Schreiner; Andrew D. Clarke, "The Good and the Just in Romans 5:7." *TynBul* 41 (1990) 128-42.

1149 Käsemann.

1150 Lightfoot.

가지 해석 중 필자는 마지막 해석이 제일 낫다고 본다. 여기서 바울이 강조하는 것은 의인을 위해 죽는 것이 쉽지 않고 혹시 은인을 위해 죽는 자가 있다고 할지라도 예수께서는 죄인인 우리를 위해 죽으심으로써 하나님의 우리에 대한 사랑을 확증하셨다는 것이다. 여기서 바울은 유대문학의 해석방법 중 하나인 "칼 와호멀"qal wahomer: 작은 것으로부터 큰 것으로을 사용하고 있다.[1151] 하나님의 그리스도를 통한 사랑은 그 사랑의 대상의 가치에 바탕을 둔 것이 아니라 사랑하시는 분의 인격에 바탕을 둔 것이다. 이것이 하나님의 사랑의 속성이다.[1152]

로마서 5:8절의 접속사 데그러나는 7절과 대조되는 내용을 도입한다: "우리가 아직 죄인되었을 때에 그리스도께서 우리를 위하여 죽으심으로 하나님께서 우리에게 대한 자기의 사랑을 확증하셨느니라". 8절은 6절 내용을 반복하면서 그 의미를 규정한다. 즉 그리스도의 대속적 죽으심은 하나님의 우리에 대한 사랑의 확증이다. 동사 수니스테이미는 "나타내다" 혹은 "확증하다"를 의미한다(롬3:5). 여기서 동사 아페싸넨죽다은 과거시제인데 수니스테이신확증하다은 현재시제다. 이는 그리스도께서 죽으신 것은 과거의 사건이지만 이를 바탕으로 나타난 하나님의 사랑은 현재 회심하는 성도들을 통해 계속되고 있다는 것을 의미한다.[1153] "에이스 헤이마스"우리에게는 동사 수니스테이신에 걸리지 않고 그 앞의 아가페인에 걸린다(우리에 대한 자기의 사랑).[1154] "우리가 아직 죄인되었을 때"는 6절의 "우리가 연약할 때"와 병렬된다. 구약에서 "죄인"은 모세의 율법을 어긴 사람을 가리킨다.[1155] 그러나 바울이 로마서 5:12절 이하에서 설명하듯이 여기서 "죄인"하말토우로스은 하나님의 심판 때 영벌을 받게 되어 있는 사람을 말한다. 모든 사람은 아담안에서 하나님의 심판 아래 있었다. 그러나 그리스도께서는 그 죽으심을 통해 "우리를 위해서"후페르 헤이모운 대신 형벌을 받으셨다(고후5:21; 갈3:13; 살전

1151 Louis Jacobs, "Hermeneutics," *EncJud*, 8:367.
1152 Hultgren.
1153 Cranfield.
1154 NIV; NAS; KJV; Schreiner; Moo; Cranfield; Dunn; Morris; *contra* Sanday and Headlam.
1155 Hultgren; Karl H. Rengstorf, *TDNT*, 1:328.

5:10).[1156] 이 보다 더 큰 사랑은 세상에 존재하지 않는다. 여기서 우리는 "하나님의 사랑"의 주제가 5절 내용과 일치하는 것을 알 수 있다. 즉 5절에서 바울은 하나님의 사랑이 성령을 통해 우리 마음에 부어졌다고 말씀한다. 그리고 8절에서는 하나님의 사랑이 그리스도의 십자가의 죽으심으로 우리에게 확증되었다고 말씀한다. 이는 하나님의 사랑의 객관적 입증과 주관적 체험을 나타내고 있다. 이 객관적 성취와 주관적 체험을 완성하시는 분은 바로 성령님이시다(5절). 8절에서 동사 확증하다수니스테이미의 현재시제는 우리에게 내재하시는 성령님을 통해서 부어진 하나님의 사랑이 항상 우리와 함께 하신다는 의미도 내포한다. 하나님의 사랑은 우리의 선행을 조건으로 확증되지 않았고 하나님의 선하신 뜻대로 나타나신 것이기 때문에 우리가 하나님의 사랑을 획득한 것이 아니고 하나님의 사랑은 은혜로써 우리에게 부어지신 것이다. 이 사실은 우리가 죄인으로 있을 때 하나님께서 그리스도의 죽음을 통해 그 사랑을 우리에게 확증하셨다는 말씀에도 나타나 있다. 우리가 죄인으로 있었을 때 우리는 도덕적으로 아무 선도 행할 수 없었다(6절). 곧 그 때는 우리가 불의했을 때다(6절). 이는 그리스도께서 우리를 위해 대신 죽어주신 것은 장차 임할 하나님의 진노로부터 우리를 구원하시기 위해서였다는 것이다. 그러나 그리스도의 죽음을 본보기설example theory로 해석하는 것은 이 사실을 전달하지 못한다. 만일 예수님의 십자가의 죽음이 우리의 속죄를 위한 대속적 죽음이 아니고 도덕적 본보기였을 뿐이었다면 이는 그리스도의 죽으심을 통해 오신 성령을 통해 우리에게 하나님의 사랑이 부어졌다는 바울의 가르침과 일치하지 않는다. 바울은 예수그리스도의 죽으심은 실로 우리 죄를 속량하기 위한 것이었다는 것을 로마서 3:25; 4:25; 5:6절 등에서 계속 말씀했다. 그리고 그리스도의 죽음이 우리의 구원을 위한 절대적 바탕임을 반복해서 강조하고 있다. 그리스도의 십자가에서의 죽으심은 첫째, 우리 죄를 위해 바쳐진 희생제물이었다. 둘째, 죄인의 죄있음의 문제를 법적으로 유효하게 말소했으며, 셋째, 우리에게 하나님과의 화목을 가져다 주었다.[1157] 이로써 예수님의 십자가에서의 죽으심은 하나님의 우리에 대

1156 Harris; Moule; Fryer, "Reconciliation," 42-45.

한 사랑의 결정체라고 할 수 있다.

로마서 5:9절의 접속사 운그러므로은 로마서 5:1-8절 내용의 결론을 도입한다: "그러면 이제 우리가 그 피를 인하여 의롭다하심을 얻었은 즉 더욱 그로 말미암아 진노하심에서 구원을 얻을 것이니". 로마서 5:9-10절은 5:1절과 병렬을 이룬다. 즉 1절과 9절에서 의롭다하심을 얻었다는 수동태 과거분사 "디카이오우쎈테스"가 사용되고 있고 9절의 "그로 말미암아"디 아우투는 1절의 "우리 주 예수 그리스도로 말미암아"와 병렬되고 있다. 또한 5:1절에서는 우리가 하나님과 화목을 누린다고 말씀하고 있고 9절에서는 진노하심에서 구원을 얻을 것이다라고 말씀한다. 이 두 개념은 다 같이 종말에 하나님의 심판으로부터 구원받는다는 것을 의미한다. 이같이 9절은 1절 내용을 반복하며 성도들이 하나님과 누리는 현재의 화목을 미래에 완성될 구원에 연결시키고 있다. 10절은 9절의 내용을 반복하면서 1절의 화목의 개념을 다시 언급하고 있고 4:25절에 말씀된 부활과 연관시키며 우리의 미래의 구원을 확인하고 있다. 이 점에서 볼 때 로마서 5:1-11절은 교차법chiasm의 구조를 가지고 있다. 그 주제는 우리가 믿음으로 받은 칭의를 바탕으로 종말에 하나님의 진노로부터 구원받는다는 것이다. 이를 설명하는데 있어서 바울은 5절에서 하나님의 사랑이 성령을 통해 우리에게 부어졌다고 말씀하고, 6-8절에서는 그리스도께서 우리가 죄인되었을 때 우리를 위해서 대신 돌아가셨다는 것을 세 번 반복하며 강조하고 있다. 9절에서 바울은 우리가 그 피로 말미암아 의롭다하심을 얻었다고 말씀한다. "그의 피"는 그리스도의 죽으심이 죄를 속량하기 위한 희생이었다는 것을 의미한다(롬3:24-26). 따라서 "엔 토우 하이마티"에서 전치사 엔in은 도구적instrumental 엔으로 볼 수 있다. 동시에 이는 히브리 전치사 "버"의 번역으로써 "…을 희생하고"at the cost of의 뜻을 내포한다고 할 수 있다.[1158] 예수 그리스도께서 십자가에서 피를 흘려주시지 않았다면 우리의 죄사함도 없다. 이는 피흘림이 없이는 죄사함이 없다는 구약의 말씀을 이룬 것이다(히9:22). 그리고 바울은 그리스도의 대속적 죽음을

1157 Dunn.

1158 Fryer, "Reconciliation," 48; Barrett.

우리의 미래의 구원의 바탕으로 제시한다.

동사 소우조우는 "구원하다"를 의미한다. 소우쎄이소메싸는 미래 수동태다. 이는 첫째로 우리를 구원하시는 분은 하나님이시라는 것과; 둘째로 우리의 구원은 현재 이미 이루어져 있지만 미래에 완성되게 된다는 것을 나타낸다(롬8:23; 빌3:21). 바울은 "구원하다"를 의미하는 동사 소우조우를 거의 항상 미래형으로 사용한다.[1159] 이 점에서 우리는 현재 믿음으로 얻은 칭의와 미래에 얻을 구원 사이에 놓여 있음을 알 수 있다. 바울은 우리의 구원의 시작과 완성의 두 끝 점에 존재하는 그리스도의 필수적인 중재 역할을 "그 피를 인하여" 우리가 의롭다 하심을 얻고 "그로 말미암아" 진노하심에서 구원을 얻을 것이라고 표현한다. 여기서 진노올게이스는 종말의 심판 때 있게 될 하나님의 진노를 의미한다(롬1:18; 2:5; 살전1:10; 5:9). 던은 성도들이 아직 종말의 구원을 얻은 것이 아니기 때문에 현재 역사하는 하나님의 진노나 최후 심판으로부터 아직 건져진 것은 아니라고 주장한다.[1160] 그러나 그는 현재 주어진 칭의와 종말 때 완성될 구원이 끊을 수 없는 사슬로 연결되어 있다는 것을 간과하고 있다.[1161] 칭의와 구원을 서로 별개의 요소로 보는 것은 "이미와 아직"으로 대표되는 바울의 종말론을 이해하지 못한 것이다.[1162] 칭의는 교회공동체의 멤버가 되는[1163] 것이 아니고 모든 죄가 예수의 피로 씻겨져 의롭다하심을 얻은 종말적 지위를 가리키는 것이기 때문에 현재의 칭의는 심판 때 얻을 구원에 대한 보증이라고 할 수 있다. 그것은 하나님의 사랑이 예수 그리스도의 죽음을 통해서 나타났기 때문이다. 아무도 우리를 하나님의 사랑에서 끊을 수 없다. 그것은 우리에게 칭의를 가져다 준 예수께서 심판 때 하나님의 진노에서 우리를 구원해 주실 것이기 때문이다. 예수 그리스도는 우리의 칭의를 이루시고 구원을 완성하시는 구원자시다(히12:2). 바울은 예수 그리스도의 구속 사역을 로마서 5:2, 6, 8, 9, 10, 11절에 반복적으로

1159 롬5:9-10; 9:27; 10:9, 13; 11:14, 26; 고전3:15; 7:16; 9:22. Dunn.
1160 Dunn; *contra* Osborne; Moo.
1161 Moo; Murray; *contra* Osborne; Dunn.
1162 Sanday and Headlam; Donfried, "Justification," 100-101.
1163 Wright.

언급함으로써 우리의 구원의 확실성을 명확히 한다. 또 9절에서 바울은 폴로우 말론how much more을 사용해서 8절의 내용을 바탕으로 우리의 구원의 확실성을 강조하고 있다. 이는 유대문학의 해석 기법인 "칼 와오멜"로써[1164] 로마서에서 네 번 사용되고 있다(롬5:9, 10, 15, 17).[1165] 바울은 여기서 적은 것에서 큰 것으로 전개하지 않고, 반대로 큰 것에서 적은 것으로 전개한다. 즉 우리가 아직 죄인되었을 때 그리스도께서 우리를 위해 죽으심으로 하나님께서 우리에게 대한 자기의 사랑을 확증하셨으므로(큰 것) 그 피로 인해 의롭다하심을 얻은 우리가 그로 말미암아 얼마나 더 하나님의 진노하심에서 구원을 얻지 않겠느냐는(적은 것) 것이다. 로마서 5:8–9절에서 바울은 대조법을 사용하고 있다. 즉 우리가 죄인되었을 때(8절)와 우리가 의롭다하심을 얻었을 때(9절)이다. 다시 말해 예수께서는 우리가 죄인되었을 때 우리를 위해 죽어 주셨는데 장차 올 심판 때 그 피로 인해 의롭다함을 받은 우리를 하나님의 진노에서 얼마나 더 구원해 주시지 않겠느냐는 것이다. 여기서 바울이 사용하는 표현은 칭의가 가져올 종말적 구원의 확실성을 더 이상 강력하게 표현할 수 없는 표현이다.

로마서 5:10절의 접속사 갈왜냐하면은 9절 내용에 대한 이유를 설명하는 것이 아니라 9절 내용을 더 명확히 강조하는 내용을 도입한다: "곧 우리가 원수 되었을 때에 그 아들의 죽으심으로 말미암아 하나님으로 더불어 화목되었은즉 화목된 자로서는 더욱 그의 살으심을 인하여 구원을 얻을 것이니라". 여기서 접속사 에이만일는 가정법이 아니라 실제 일어난 일을 묘사하고 있다. 즉 실제로 우리가 원수되었을 때 그 아들의 죽으심을 말미암아 하나님께 화목되었다. 여기서 명사 엑쓰로스원수는 강한 표현으로써 하나님의 징벌의 대상이 되어 있는 상태를 말한다(롬11:28; 빌3:18; 골1:21; 약4:4). 이는 로마서 5:6절의 "연약할 때"와 "불의할 때", 8절의 "죄인 되었을 때"와 병렬되고 있다. "우리가 원수 되었을 때"를 능동으로 해석하면 우리가 우상이나 다른 신

1164 qal *wayyōmer* (from the less to the greater); Wolter, *Rechtfertigung*, 179-80; J. Bonsirven, *Exégèse rabbinique et exégèse paulinienne* (Bibliothèque de Théologie Historique; Paris: Beauchesne and Sons, 1939) 83-88; *contra* Garlington, *Faith, Obedience*, 78.

1165 마6:30; 고전12:22; 고후3:9, 11; 빌1:23; 2:12; Dunn.

을 섬기며 하나님께 대해 반역했던 상태를 의미하고 수동으로 해석하면 죄인으로써 하나님의 진노 아래 있었던 것을 의미한다. 머레이는 여기서 우리가 원수되었다는 어구는 능동적 의미가 아니라 수동적 의미를 가진 것으로 이해해야 한다고 말한다.[1166] 그것은 우리가 죄로 인해서 하나님으로부터 소외된 것을 의미하고 "사랑을 받은"beloved과 반대 개념이기 때문이라는 것이다. 그리고 우리가 하나님께 능동적으로 적대감을 가지고 있었다고 보는 것은 본문의 문맥에 맞지 않는다는 것이다(롬11:28). 9절의 죄인에 대한 "하나님의 진노"의 개념에서 보면 우리가 원수되었다는 것은 악에 대한 하나님의 적개심을 의미한다고 볼 수 있다.[1167] 그러나 사람들도 고의적으로 하나님께 합당한 예배를 드리지 않고 하나님의 형상을 금수와 버리지 형상으로 만들었다는 점에서 우리가 하나님과 원수였다는 것은 사람의 편에서 능동적으로 선택한 것으로 볼 수도 있다(롬1:19-23).[1168] 이 점에서 여기서 "원수"(엑쓰로이)되었다는 것은 능동의 의미와 수동의 의미를 다 내포한다고 볼 수 있다.[1169] 이렇게 하나님의 심판 아래 놓였던 우리를 하나님께서는 그 아들의 죽으심으로 말미암아 하나님과 화목시키셨다(고후5:18-20; 엡2:16; 골1:20-22). 여기서 동사 화목되다카탈라소우는 수동태 과거시제다. 이는 9절의 수동태 과거분사 "의롭다하심을 얻다"와 병렬된다. 화목된다는 것은 더 이상 원수관계가 아니라 교제와 연합의 관계가 된다는 것을 의미한다. 여기서 10절 내용은 9절 내용과 정확히 병렬된다. "더욱"폴로우 말론, "의롭다하심을 얻었은 즉"(9절)/"화목되었은 즉"(10절), "그 피를 인하여"(9절)/"그 아들의 죽으심으로 말미암아"(10절), "구원을 얻을 것이다"(9, 10절). 이 병렬법은 칭의와 화목의 밀접한 관계를 나타낸다. 어떤 학자들은 이는 칭의가 화목과 같은 개념임을 나타낸다고 말한다.[1170] 또 다른 학자는 "화목"은 "칭의"의 다음의 단계라고 본다.[1171] 이 견해들은 칭의와 화목은 서로 다른 개념이지만 서

1166 Murray; Haldane; Martin, *Reconciliation*, 144; Fryer, "Reconciliation," 52-53; Wolter, *Rechtfertigung*, 86.
1167 Morris.
1168 Wilckens; Schlier; Sanday and Headlam; Käsemann; Foerster, TDNT, 2:814.
1169 Cranfield; Dunn; Schreiner; Fitzmyer; Moo; Godet; Michel; Morris, *Apostolic Preaching*, 199.
1170 Barrett; Hultgren.

로 분리될 수 없는 관계있다는 것을 왜곡한다. 칭의는 우리가 예수를 주님으로 믿음을 통해 하나님 앞에서 의롭다고 선언되는 법률적 선언을 의미하는 반면 화목은 이 선언이 내재하는 관계의 회복을 의미한다. 화목은 로마서 5:1절에서 말씀하는 우리가 하나님과 화평을 이룬 상태를 의미한다. 머레이는 10절의 "화목되다"는 9절의 "의롭다하심을 얻다"와 병렬되기 때문에, 그리고 의롭다하심을 얻는 것은 법률적 개념이기 때문에 "화목되다"도 법률적 개념이라고 말한다. 이 점에서 화목은 하나님께서 단번에 주시는 선물로써 확립된 하나의 지위라는 것이다. 그러나 이는 화목과 칭의를 거의 동일한 개념으로 보는 해석이다. 그리고 화목은 칭의가 자연이 수반하는 관계적 차원의 결과라는 것을 경시한다. 여기서 동사 카탈라소우가 수동태인 것은 화목을 가져오시는 주체가 하나님이시라는 것을 나타낸다. 우리는 하나님과 원수되어 있을 때 하나님과 화목을 도모할 의지도 능력도 없었다. 그런데 하나님께서는 우리를 사랑하시어 그 아들을 십자가의 죽음에 내어 주시고 화목의 길을 열어 놓으셨다. 이는 화목은 전적으로 하나님의 주권적 계획에 의해 시작된 것을 나타낸다. 이제 우리는 믿음으로써 이 화목안으로 들어온 사람들이다(고후5:20).

하나님과의 화목의 개념은 헬라 철학이나 종교에는 존재하지 않는다.[1172] 그리고 이 개념은 유대주의의 순교신학에 내재해 있다고 볼 수도 없다.[1173] 던은 바울의 화목의 신학은 유대주의 전통에서 빌려 온 것이라고 주장한다.[1174] 구약에도 모세가 백성을 위해 중보 기도함으로써 하나님의 노를 가라앉히게 한 경우가 있다는 것이다(시편106:23).[1175] 그러나 바울의 이 가르침은 유대주의 전통에서 신봉했던 순교자의 희생의 개념과는 다르다. 왜냐하면 바울의 화목의 신학은 하나님께서 그 아들의 죽음을 통해서 우리와 화목하게 하셨다는 점에서 전적으로 하나님의 주권적 역사에 의한 것이기 때

1171 Martin, *Reconciliation*, 151.
1172 Cranfield; F. Büchsel, TDNT, 1:254.
1173 *Contra* Dunn.
1174 2 Macc 5:20; 7:33-38; 8:3-5.
1175 Josephus, *Ant*. 3.315; *Wisd. Sol*. 18:20-25; Sir 45:23.

문이다(고후5:19). 그리고 이 화목은 우리가 예수님을 믿지 않으면 효력이 없다는 점에서도 유대주의의 순교자의 교리와는 다르다(고후5:20). 피츠마이어는 여기서 그 아들의 죽음은 단지 육신의 생명이 끝났다는 사실을 가리킬 뿐이지 어떤 종교적 제사의 의미를 내포하는 개념이 아니라고 말한다.[1176] 그러나 대부분의 신학자는 이 구절에서 "그 아들의 죽으심은" 우리를 위한 대속적 죽음을 가리킨다고 본다.[1177] 10절 후반부에서 바울은 우리가 하나님과 화목된 사람들로써 그의 생명안에서 어찌 더욱 구원받지 않겠는가라고 말씀한다. 여기서 구원받을 것이다소우쎄이소메싸는 동사는 9절의 이 동사의 미래 수동태와 일치한다. 여기서 9절과 다른 점은 "그로 말미암아"가 "그의 생명안에서"로 대체된 점이다. 두 어구는 본질적으로 동일한 의미를 전달한다. 그러나 "그의 생명안에서는" "그로 말미암아"보다 구체적인 뜻을 담고 있다. 쉬라이너는 "그리스도의 생명"은 그의 부활과 신자들을 위한 중보기도를 가리킨다고 해석한다.[1178] 던은 "그리스도의 생명"은 그리스도의 부활의 생명이라고 해석한다.[1179] 이 후자의 해석은 로마서 6:5와 8:34절의 관점에서 타당하게 보인다. 나아가 "그리스도의 생명"조우에이 아우투은 그리스도께서 가지신 부활생명일 뿐 아니라 그리스도께서 주시는 영생이라고 볼 수도 있다. 성도는 그리스도와의 연합을 통해 그 생명안에 사는 자들이다. 로마서 5:17절은 칭의를 얻은 자는 그리스도로 말미암아 생명안에서 왕노릇한다고 말씀한다. 이는 예수님으로 말미암아 우리가 영생을 누리는 것을 말한다(롬5:18, 21). 나아가 예수 그리스도께서 주시는 영생을 누리는 것은 미래에 우리가 구원을 받는다는 것과 같은 의미다.

로마서 5:11절은 "우 모논 데 알라 카이"…뿐 아니라…도로 시작되며 그 앞절 내용의 등가의 내용이 도입된다: "이뿐 아니라 이제 우리로 화목을 얻게 하신 우리 주 예수 그리스도로 말미암아 하나님 안에서 또한 즐거워하느니라". 여기서 이뿐 아니라는 앞 절의 내용을 받는다. 그러면 앞 절의 무엇을 가리

1176 Fitzmyer.
1177 Cranfield; Dunn; Schreiner; Osborne.
1178 Schreiner; Moo.
1179 Dunn; Käsemann.

키고 있는가. 스튜어트는 이는 3절의 "즐거워하다"에 걸린다고 본다. 그러면 우리가 환난가운데 즐거워할 뿐 아니라 현재 하나님을 즐거워한다는 의미가 된다.[1180] 그러나 "우 모논"은 문법적으로 그 바로 앞의 어구에 걸린다는 점에서 이 해석은 타당성이 적다. 반면에 미첼은 "우 모논"은 3-10절 내용 전체에 연결된다고 본다.[1181] 그러나 "우 모논 A 알라 카이 B"의 숙어에서 B에 해당하는 분사 "카우코우메노이"가 그 앞의 3-8절 내용 전체와 병렬된다고 보는 것은 이 숙어의 통상적 사용과 거리가 있다. 따라서 더 나은 해석은 "우 모논"이 10절의 (i)"우리가 화목 되었을 뿐 아니라"; 혹은 (ii)"우리가 구원을 얻을 뿐만 아니라"를 의미한다고 보는 것이다. 전자에 따르면 "우리가 화목 되었을 뿐 아니라…하나님안에서 즐거워한다"가 된다. 또 후자를 따르면 "우리가 구원을 얻을 뿐 아니라…하나님안에서 즐거워한다"가 된다. 여기서 무는 후자를 택한다.[1182] 왜냐하면 "우 모논"이 "소우쎄이소메싸"에 더 가까이 놓여 있기 때문이다(롬5:3; 8:23; 9:10; 고후7:7; 8:19; 딤전5:23). 그러나 필자는 전자를 택한다.[1183] 왜냐하면 10절의 동사 화목하다가 분사이고 11절의 "알라 카이" 다음에 오는 "즐거워하다"카우코우메노이도 분사이기 때문이다. 그리고 이 단어의 현재 시제는 10절의 소우쎄이소메싸의 미래시제의 의미와 등가적 위치에 있다고 보기 어렵다. 즉 현재 우리가 하나님안에서 즐거워하는 것은(11절) 현재 우리가 하나님과 화목된 상태안에서 즐거워하는 것이다. 그러나 미래에 우리가 구원을 얻을 뿐 아니라 현재 하나님안에서 즐거워한다는 것도 의미상 타당한 해석이다. 여기서 우리가 어느 해석을 채택하든지 분명한 것은 우리가 하나님안에서 즐거워하는 일은 현재 진행되는 일이라는 점이다.

여기서 분사 카우코우메노이즐거워하다는 10절의 주동사 소우쎄이소메싸우리가 구원을 얻을 것이다에 종속된다고 볼 수 있다. 11절이 "무엇 뿐 아니라 무엇도"우 모논 데 알라 카이로 시작하면서 10절과 한 문장을 이루고 있음을 감안하면 이 문

1180 Stuart.
1181 Dunn; Michel; Bengel; Käsemann; Schreiner.
1182 Moo; Cranfield; Osborne.
1183 Lagrange; Huby; Meyer.

장의 주동사는 10절 후반부의 소우쎄이소메싸우리가 구원을 얻을 것이다이다. 그러면 그 의미는 "우리가 화목되었을 뿐 아니라 하나님안에서 즐거워하면서 그의 살으심을 인하여 구원을 얻을 것이다"가 된다. 그러나 현재 분사 카우코우메노이가 11절에서 주동사로 기능하고 있다고 보아도 문법적으로 하자가 없다.[1184] 그러면 이는 우리가 미래에 예수의 생명안에서 구원얻을 때까지 현재 예수 그리스도를 통해서 하나님안에서 즐거워한다는 뜻이 된다.[1185] 크랜필드는 여기서 카우카오마이즐거워하다를 예배의 상황에 국한해서 해석할 필요는 없다고 말한다.[1186] 전치사구 "엔 토우 쎄우"는 우리가 하나님안에서 항상 즐거워한다는 것을 의미한다. 이는 칭의와 구원 사이에 사는 성도의 현재의 영적인 상태를 가리킨다. 성도가 하나님안에서 즐거워하는 것은 하나님과 화목된 상태에서 가져야 할 자세이기도 하지만 화목의 결과 누리는 축복이기도 하다. 바울은 우리는 하나님의 영광의 소망을 즐거워하고 심지어 환난속에서도 즐거워한다고 말씀한다(롬5:2-3; 살전5:16). 또한 바울은 자신을 관제로 드릴지라도 기뻐하고 빌립보교회 성도들과 함께 기뻐한다고 말씀한다(빌2:17절). 이같이 미래의 구원의 소망을 가지고 있는 성도들은 어떤 상황에 있든지 하나님 안에서 항상 즐거워하는 축복을 누리고 있다.

우리가 불의의 상태에 있었을 때 우리는 하나님의 영광을 금수의 형상으로 만들어 우상숭배하고 있었다(롬1:18-23). 그리고 영광된 하나님께 모든 존귀와 영광과 찬양을 드리지 못하고 썩어질 자신을 자랑하고 그 소유를 의지하며 살았다. 그러나 하나님의 사랑으로 성령과 함께 살게된 우리는 자신을 자랑하지 않고 늘 하나님을 즐거워하며 산다.[1187] 하나님께 예배드리며 하나님께 돌려져야 될 영광을 하나님께 돌려드린다. 아담의 원죄 이후 이 세상의 질서는 파괴되었고 인간의 개인적 그리고 사회적 관계는 파괴되었다. 그러나 예수 그리스도의 구속의 완성으로 인해 우리가 그를 믿음으로 생명을 얻게 되면서 모든 관계가 회복되었다. 그 본질은 우리가 하나님께 화목된

1184 Moule; Cranfield; Moo; Schreiner.
1185 Käsemann; Dunn.
1186 Cranfield.
1187 Murray; Cragg; G. Lafont, "La Fierté des sauvés: Rm 5,6-11," *AsSeign* 42 (1970) 12-17.

것이며 하나님께 예배를 드릴 수 있게 된 것이다.[1188] 이 예배의 특징은 우리가 예수 그리스도의 이름으로 하나님께 예배드린다는 것이다. 11절의 전치사 디아는 우리가 하나님을 예배하는 바탕을 의미한다. 즉 그것은 "우리 주 예수 그리스도를 통해서"다. "우리 주 예수 그리스도"는 예수는 우리의 구원자이시며 주님이시라는 점을 집약하는 이름이다. 이는 유대인과 이방인 성도가 구약시대의 제사 전통을 통해서가 아니라 예수 그리스도로 말미암아 하나님께 예배 드린다는 점을 의미한다. 이는 성전의 제사가 모형으로 제시하던 종말적 예배가 완성된 것이다. 바로 요한복음 4:24절에서 예수께서 예배하는 자는 신령과 진정으로 예배드릴 때가 온다고 말씀한 말씀이 가리키고 있던 것이다.[1189]

(2) 아담의 죄에 대한 그리스도의 승리(롬5:12-21)

우리가 로마서 5장의 서론에서 밝혔듯이 로마서 5:12-21절이 그 이전의 구절과 연결되는지 아니면 그 이후의 로마서 6-8장과 연결되는지에 대한 논쟁이 있다. 던은 로마서 5:12-21절은 로마서 1:18-5:21절의 단락의 결론부에 해당한다고 생각한다.[1190] 사실 로마서 5:12-21절은 로마서 1:18-4:25절의 내용과 유사하다. 예를 들어 칭의는 예수를 믿는 모든 사람에게 주어진다든지(롬3:22; 5:19), 율법과 죄의 관계(롬2:12; 5:13), 예수그리스도의 구속(롬3:25; 5:17), 예수 그리스도로 말미암은 영생(롬4:25; 5:21) 등이 그것이다. 반면에 로마서 5:12-21절은 로마서 6-8장의 내용을 미리 준비하고 있다고 할 수 있다. 예를 들어 이 부분에서 가장 빈번하게 다루어지는 주제들, 즉 죽음, 죄, 율법 등은 로마서 6-8장에서도 다뤄진다.[1191] 또 그리스도의 은혜

1188 Osborne.

1189 Dunn.

1190 Dunn; Cranfield; Godet; Wright; M. C. de Boer, *The Defeat of Death: Apocalyptic Eschatology in 1 Corinthians 15 and Romans 15* (Journal for the Study of the New Testament Supplement Series 22. Sheffield: JSOT Press, 1988) 145-46.

1191 P. Lengsfeld, *Adam et le Christ* (Théologie 71; Paris: Aubier, 1970) 78; E. Brandenburger, *Adam und Christus. Exegetisch-religionsgeschichtliche Untersuchungen zu Röm. 5:12-21 (1 Kor 15)* (WMANT 7; Neukirchen/Vluyn: Neukirchener, 1962) 255-64.

와 우리에게 주시는 생명 같은 주제도 두 부분을 연결하는 핵심 주제들이다. 우리는 앞에서 로마서 5:1절 이하가 로마서 5-8장을 도입하는 문학적 기능을 가지고 있다고 제시했었다. 같은 관점에서 로마서 5:12-21절도 로마서 5-8장의 내용의 일부로써 로마서 6장의 내용을 미리 준비하는 기능을 하고 있다고 볼 수 있다.

그러나 우리가 부인할 수 없는 사실은 로마서 5:12-21절이 그 이전 내용을 믿받침하고 있다는 것이다. 지금까지 로마서를 읽어 내려오면서 독자들은 마음속에 질문을 가질 수 있다. 즉 우리는 예수 그리스도의 구속으로 말미암아 믿음으로 의롭다하심을 얻었다 그리고 심판 때 구원을 얻게 될 것이다. 그런데 예수 그리스도의 죽으심이 어떻게 우리를 하나님과 화목되게 하셨는가. 그리고 우리는 어떻게 하나님과 원수되게 되었는가. 우리를 속박하고 있던 사망의 권세의 기원은 무엇인가. 바울은 로마서 5:12-21절에서 창세기3장을 배경으로 이에 대한 시원한 대답을 주고 있다. 즉 아담의 원죄로 말미암아 이 세상에 죄가 들어 왔고 그 후손은 사망아래 놓이게 되었다는 것이다. 그런데 제 이의 아담 예수 그리스도께서 이 땅에 내려 오시어 구속을 이루심으로써 사람은 사망의 권세로부터 해방되게 되었다.[1192] 이 대답이 나타내듯이 이 문단의 기본 틀은 아담과 그리스도를 구속사적으로 대조하는 것이다.[1193] 즉 아담은 하나님의 명령을 어겼고 그리스도는 순종했다. 아담은 이 세상에 죄를 불러들였고 모든 사람으로 하여금 사망의 권세 아래 놓이게 했다. 반면에 그리스도는 의를 완성하시고 사람들이 은혜 안에 들어올 수 있게 했다. 문학구조적 측면에서 로마서 5:12-14절은 죄의 기원을 소개하고 15-19절은 아담과 그리스도를 직접적으로 비교 대조한다. 그리고 20-21절은 인류 역사에 있어서 율법이 가지는 기능을 소개한다.

이와 같이 로마서 5:12-21절은 죄의 기원과 죄의 해결을 직접적으로 설명

1192 Stephen Hultgren, "The Origin of Paul' s Doctrine of the Two Adams in I Corinthians 15.45-49," *JSNT* 25 (2003) 343-70.

1193 Richard J. Erickson, "The Damned and the Justified in Romans 5.12-21: An Analysis of Semantic Structure." In *Discourse Analysis and the New Testament: Approaches and Results* (Ed. Stanley E. Porter and Jeffrey T Reed. JSNTSup 170. Sheffield: Sheffield Academic Press, 1999) 282-307.

하는 문단이다. 이를 바탕으로 로마서 6-7장에서 바울은 칭의를 얻어 죄의 권세로부터 해방된 성도가 어떻게 죄의 문제를 해결하며 나가느냐의 문제를 다룬다. 그런만큼 로마서 6-7장은 성화의 과정에서 성도가 어떻게 죄에 대해 죽을 것인가 하는 원리를 상술하고 있다. 그만큼 죄와 율법 같은 단어는 이 문단에서 핵심 단어라고 할 수 있다. 바울이 로마서 6-8장에서 성화론을 상술할 수 있는 것은 로마서 5:12-21절에서 예수 그리스도께서 죄의 권세를 깨뜨리셨고 사망을 이기셨다는 것을 말씀해 놓고 있기 때문에 가능하다. 이만큼 로마서 5:12-21절은 논리적으로 로마서 6-8장의 가르침이 서있는 토대다. 이 점에서 데오벌드의 견해는 통찰력이 있다: 로마서 5:12-21절은 로마서 전체를 위한 계획표programmatic text를 제공한다.[1194]

(가) 죄가 세상에 들어옴(롬5:12-14)

로마서 5:1-11절에서 바울은 일인칭 복수 "우리"를 사용한 반면에 로마서 5:12-21절에서는 삼인칭 복수 "그들"을 사용하고 있다. 이는 우리의 하나님과 원수된 상태가 그리스도의 죽으심으로 화목되는 구속사적인 축복이 예수 안에 있는 모든 사람에게 확대된다는 것을 보편적 관점에서 보여 주는 것이다. 그러므로 5:12-21절은 그 전반부의 결론이라고 할 수도 있지만 다른 한편으로 6-8장의 가르침의 토대를 구축하고 있다고 볼 수 있다. 그리고 또한 로마서 5:12-21절은 그 전반부에서 설명하지 않은 측면을 상세히 풀어주고 있다. 즉 그리스도의 죽으심이 우리를 하나님과 화목되게 하셨는데 우리가 하나님과 원수되게 된 이유는 무엇인가이다. 그것은 아담이 에덴동산에서 금지된 선악과를 먹음으로써 하나님의 법을 어긴데 있었다. 그리고 아담의 죄는 그 후손들도 하나님 앞에 죄인이 되게 만들었다는 것이다.

로마서 5:12절의 "디아 투토"그러므로는 그 이전 구절을 받고 있다: "그러므로 한 사람으로 말미암아 죄가 세상에 들어오고 죄로 말미암아 사망이 왔나니 사망이 모든 사람에게 이르른 바와 같이 모든 사람은 죄를 지었다". 전치

1194 M. Theobald, *Gnade*, 120-27.

사 디아는 지시대명사 목적격 투토이것와 함께 "…때문에" 혹은 "…을 위해서"라는 뜻을 가지고 있다. 디아를 원인이나 혹은 목적으로 보아도 본문의 의미의 차이는 크지 않다. 그러면 여기서 대명사 투토이것는 무엇을 가리키는가? 나이그런은 투토가 그 후에 오는 구절들에 걸린다고 해석한다.[1195] 그러나 이 해석이 맞을려면 그 후의 구절은 목적이나 원인을 이끄는 절이어야 하는데 그렇지 않다. 이 점에서 이것투토은 그 이전 구절에 걸린다고 할 수 있다.[1196] 따라서 학자들은 투토는 로마서 5:11절,[1197] 혹은 9–10절,[1198] 혹은 6–11절,[1199] 혹은 1–11절,[1200] 혹은 로마서 1:18–5:11절에[1201] 걸린다고 본다. 무는 디아 투토는 9–10절의 내용을 수식하여 우리가 구원받기 위하여 그리스도께서 아담의 원죄가 불러온 죄의 권세를 물리치시고 우리로 하여금 생명을 얻게 하셨다고 이해한다.[1202] 이것은 바른 견해라고 볼 수 있다. 왜냐하면 10절에서 우리가 원수되었었음과 그리스도의 화목을 통해서 구원받게 된 것이 대조되고 있는데 12절 이하에서도 범죄/사망과 은혜/생명이 대조를 이루고 있기 때문이다. 이 대조법은 6–11절에도 내포되어 있고 로마서 5:1–11절 전체에도 내포되어 있다. 그 핵심은 그리스도께서 이루신 구속이 우리를 위해 가져다준 내용이 무엇이냐는 것이다. 그것은 아담의 원죄로 들어온 죄와 사망에서 우리를 건져주셨다는 것이다. 이를 설명하기 위해 12절의 접속사 호우스펠just as은 범죄가 어떻게 이 세상에 들어왔는지 설명하는 주절을 도입한다. 그리고 이는 아담이 가져온 죄와 사망의 문제가 그리스도의 구속의 은혜를 통해서 해결되는 것을 말씀하는 종절을 기대하게 한다. 그런데 12절에 종절이 보이지 않는다. 이에 대해 (i)배렛은 종절은 12b와 12c 사이에 있는 카이 후토우스and so 이하라고 생각한다.[1203] 그러면 12절의 의미는 "한

1195 Nygren; 마13:13; 막12:2; 요한5:16, 18; 10:17; 12:18; 살전2:13; 요일3:1.

1196 마6:25; 12:27, 31; 13:52; 14:2; 21:43; 막6:14; 누가11:19; 요한6:65; 행2:26; 롬1:26; 13:6; 15:9; 고전11:30; 고후4:1; 엡1:15; 5:17; 골1:9; 살전3:5; 히1:9; 요일4:5; 요삼10; 계7:15.

1197 Morris.

1198 Moo.

1199 Lenski.

1200 M. Black; Fitzmyer; Cranfield; Sanday and Headlam; Boylan.

1201 Dunn; Stuhlmacher.

1202 Moo.

사람으로 죄가 세상에 들어오고(12a) 죄로 말미암아 사망이 왔나니(12b) 이와 같이카이 후토우스 모든 사람이 죄를 지었으므로(12d) 사망이 모든 사람에게 이르렀느니라(12c)"가 된다(개역성경). 이 번역은 12a-b와 12c-d가 대조되지 않고 서로 논리적 연속 관계에 있음을 나타낸다. 이것은 호우스펠의 용법과 맞지 않는다. 또한 배렛의 번역이 성립하려면 12b 다음에 카이 후토우스 and so가 아니라 후토우스 카이so and가 와야 된다.[1204] (ii)어떤 학자는 종절은 14b라고 본다.[1205] 그러나 14b는 12절에 대한 보족의 내용이지 대조적 내용이 아니다. (iii)하지는 18b를 종절로 본다. 이 경우 아담의 원죄와 예수의 구속이 대조된다. 따라서 대다수의 주석가들은 18-19절이 12절의 호우스펠의 종절이라고 본다.[1206] 이는 12절의 주절이 18a에 다시 반복되고 18절 후반이 그 종절이라는 점에서 타당한 견해다.[1207] 그러나 (iv)아담과 예수의 대조는 이미 15절에 나타나 있다.[1208] 그리고 호우스펠의 종절을 나타내는 어구 "후토우스 카이"가 15절에 사용되고 있다. 이 점에서 15절은 12절에 도입된 아담의 원죄의 문제가 그리스도로 인해 해결된 것을 설명하는 종절의 시작 부분이며 이 설명은 19절까지 이어진다는 것을 알 수 있다.

12절에서 또 다른 해석상의 문제는 12절에서 주절이 어디까지 걸리느냐는 것이다. 이에는 네 가지 해석이 있다: (i)한 사람으로 말미암아 죄가 세상에 들어 온 것 같이…(12a); (ii)한 사람으로 말미암아 죄가 세상에 들어오고 죄로 말미암아 사망이 온 것 같이…(12a-b); (iii)한 사람으로 말미암아 죄가 세상에 들어오고 죄로 말미암아 사망이 왔나니 이와 같이 모든 사람이 죄를 지은 것 같이…(12a-c); (iv)한 사람으로 말미암아 죄가 세상에 들어오고 죄로 말미암아 사망이 왔나니 이와 같이 모든 사람이 죄를 지었으므로 사망이 모든 사람에게 이른 것 같이(12a-d)이다. 이 네 가지 해석 중 첫째와 둘째가 셋

1203 Barrett; J. T. Kirby, "The Syntax of Romans 5.12: A Rhetorical Approach." *New Testament Studies* 33 (1987) 283-86; Scroggs, *The Last Adam*, 79-80; Cerfaux.

1204 롬5:15, 18, 19, 21; 6:4; 11:31; 고전2:11; 11:12; 12:12; 15:22; 16:1; 고후1:7; 엡5:24; 골3:13; 딤후3:8.

1205 Calvin; Sanday and Headlam.

1206 Moo; Schreiner; Godet.

1207 Cranfield.

1208 Murray; B. Englezakis, "Rom 5,12-15 and the Pauline Teaching on the Lord' s Death: Some Observations," *Bib* 58 (1977) 232.

째와 넷째보다 나은 해석이다. 왜냐하면 여기서의 대조법은 아담의 범죄와 그리스도의 대속적 죽음이기 때문에 문제의 원인 제공자인 아담과 문제 해결자이신 예수 그리스도가 대조적 관점에 있기 때문이다. 그러나 아담의 죄에 바탕을 둔 사람들의 죄와 그리스도의 죽음에 바탕을 둔 사람들의 죄의 소멸도 큰 그림속에서 대조되고 있다고 보면 넷째가 제일 나은 해석이라고 할 수 있다. 그러면 바울은 왜 12절에 종절을 두지 않는가. 이는 앞서 말한 대로 종절에 해당하는 가르침을 한 문장으로 쓰지 않고 15–19절의 한 문단에 걸쳐 상세히 풀어놓고 있기 때문이다. 이는 아담과 예수님을 대조하는데 있어서 구속사에 있어서 율법의 기능이 범죄에 대해 가지는 측면을 언급하고 가야 될 필요성 때문에(13–14절) 주절과 종절에 간격이 발생한 것이다. 또 다른 중요한 측면은 원죄에 있어서 아담과 그 후손들이 연대적 관계solidarity에 있다는 것을 15–19절에 상술해야 했기 때문이다.

이 구절에서 "한 사람"헤노스 안쓰로우푸은 아담을 가리킨다. 여기서 아담은 집합적 개인corporate personality도[1209] 아니고 보편적 신화적 인간mythical man도[1210] 아니다. 그리고 랍비문학에서 묘사하는 것처럼 아담의 몸은 온 인류를 담고 있는 것도 아니다.[1211] 아담은 인류의 조상으로써 하나님의 명령에 불순종함으로써 이 땅에 죄를 불러들인 사람이다(고전15:22, 45). 만일 아담이 신학적 논리를 입증하기 위한 신화적 인간이라면 예수께서 한낱 신화적인 아담의 원죄로 말미암은 사람의 죄를 씻어주시기 위해 성육신하셨고 십자가에서 피를 흘리셨다는 것인데 이는 바울의 구속론의 뿌리를 흔드는 자유주의 견해이다.[1212] 죄가 실질적인 문제인 것처럼 아담도 신화적 인물이 아니라 하나님께서 창조하신 첫사람이었다. 그리고 그의 불복종파라바시스이 초래한 상

1209 H. W. Robinson, Man, 121.

1210 Käsemann; W. Pannenberg *Anthropology in Theological Perspective* (Philadelphia: Westminster, 1985) 129.

1211 Davies, *Paul and Rabbinic Judaism*, 53-57.

1212 D. A. Carson, "Adam in the Epistles of Paul," in *In the Beginning. … A Symposium on the Bible and Creation* (ed. N. M. de S. Cameron; Glasgow: The Biblical Creation Society, 1980) 28-43; A. J. M. Wedderbum, "The Theological Structure of Romans V.12," *NTS* 19 (1972-73) 348-54; idem, "Adam in Paul' s Letter to the Romans," 424; A. Sand, "Sünde, Gesetz und Tod zum Menschenbild des Apostels Paulus," in *Zum Problem der Erbsünde. Theologische und philosophische Versuche* (ed. N. Lohfink et al.; Essen: Ludgerus, 1981) 73-85.

황은 인류에게 치명적이었다. 즉 아담의 원죄를 통해 죄가 세상에 들어왔다. 바울은 로마서 5:12-8:10절에서 단수 명사 죄하말티아를 42번 쓰고 있다. 그만큼 아담의 원죄 이후 죄는 사람들을 지배해 온 권세이며 우리의 하나님과의 관계를 파괴한 원흉이었다. 바울은 로마서 5-8장에서 "죄"를 의인화함으로써 죄가 사람에 대해 능동적으로 일함을 보여준다. 즉, 죄는 지배하며(5:20), 삯을 지불하며(6:23), 기회를 잡으며(7:8, 11), 속이며 죽인다(7:11, 13). 이 죄의 특징은 사람에게 영향을 미치는 권세라는 것이다. 그 결과 죄는 사람에게 사망을 가지고 왔다. 죄와 사망은 서로 단짝이다.[1213] 따라서 우리가 예수님을 믿어 칭의를 얻으면 죄가 씻어짐과 동시에 사망으로부터 해방된다. 즉 죄씻음과 생명은 죄와 사망의 정반대 개념이다.

그러면 사망죽음은 무엇인가? 지즐러는 여기서 사망은 육체적 죽음이라고 말한다.[1214] 에덴동산에서 아담과 이브가 금지된 선악과를 따먹음으로써 이제 너희가 흙으로 돌아가라는 하나님의 심판을 받게 된 이야기를 생각하면 이들의 원죄는 육체적 죽음을 의미한다고 볼 수 있다. 그러나 16절과 18절에서 범죄와 심판이 밀접한 개념으로 사용되고 있는 것은 죽음이 영적 죽음을 의미한다는 것을 알 수 있다. 또 예수께서 이루신 화목으로 영생을 얻는다는 개념이 영적 개념이기 때문에 그에 반대되는 죽음도 영적 개념이라고 보는 것이 타당하다. 나아가 죄를 진 후 아담이 흙으로 돌아가게 된 것은 하나님으로부터 소외된 영적 죽음을 상징하고 있다.[1215] 이 점에서 우리는 영적 죽음과 육적 죽음이 서로 밀접히 연결되어 있다고 볼 수 있고, 12절에서 죽음은 영적 육적 죽음을 다 포함하는 개념으로 이해할 수 있다.[1216] 죽음은 죄의 결과다. 그것은 본질적으로 생명이신 하나님으로부터 소외된 상태이다. 그것은 하나의 총체적 죽음이라고 할 수 있고 육체적 죽음은 이 총체적 죽음의

1213 Wedderbum, "Theological Structure," 339-42.

1214 Murray; Sanday and Headlam; Harrison; Godet; J. Freundorfer, *Erbsünde und Erbtod beim Apostel Paulus. Eine religionsgeschichtliche und exegetische Untersuchung über Römerbrief 5,12-21* (NTAbh 13; Münster: Aschendorff, 1927) 227-30; Ziesler.

1215 Murray; Morris; Kuss.

1216 Fitzmyer; Schreiner; Moo; Osborne; Beker; Cambier, *L' Evangile*, 227-29; T. Barrosse, "Death and Sin in Saint Paul' s Epistle to the Romans," *CBQ* 15 (1953) 449-55.

외적 현상인 것이다. 이 죽음은 모든 사람에게 임했다. 여기서 동사 디에일쎈지나가다은 분배적 의미distributive sense를 가지며 사망이 모든 인류에게 이른 것을 묘사한다. 그리고 그 시제가 과거시제인 것은 포괄적 현상을 의미한다. 여기서 카이 후토우스이와 같이는 무엇을 의미하는가.[1217] 이에 대해 몇 가지 해석이 있다. (i)카이 후토우스는 12a–b를 다 받는다.[1218] 이 경우 그 의미는 한 사람으로 말미암아 죄가 세상에 들어오고 죄로 말미암아 사망이 왔나니 이 상황에서 사망이 모든 사람에게 이르렀다가 된다. 그러나 카이 후토우스는 보통 “이러한 상황에서”라는 의미를 가지지 않는다. (ii)카이 후토우스이와 같이는 한 사람으로 인해서 죄와 사망이 세상에 들어왔다는 것을 가리킨다. 이는 아담 한 사람으로 인해 죽음이 사람들에게 이르렀다는 것을 나타낸다.[1219] 이 견해는 18–19절에서 바울이 아담의 죄와 그리스도의 의의 한 행동을 대조하고 있는 점에서 타당성이 있다. (iii)카이 후토우스는 죽음이 모든 사람들에게 이른 방식을 나타낸다.[1220] 즉 죄를 통해서 사망이 세상에 들어온 것처럼 죄를 통해서 죽음이 모든 사람에게 들어 왔다는 것이다. 이 견해는 12절 후반부가 이 죄의 성격을 설명하고 있다고 본다. 즉 이 죄는 모두가 지은 죄라는 것이다. 여기서 바울은 이 죄가 아담의 죄라고 말하지 않고 모두가 지은 죄라고 묘사하고 있다.판테스 헤이말톤 그렇다면 이는 각자 지은 죄 때문에 사망이 임했다는 의미가 된다. 그러나 필자는 이 해석은 로마서 5:13–19절 말씀과 충돌된다고 본다.[1221] 이에 대해서는 나중에 좀 더 자세히 보기로 하고, 여하튼 여기서 우리는 두 가지 죄가 있다는 것을 발견한다. 즉 아담의 죄와 우리 각자의 죄다. 우리가 남의 죄 때문에 벌을 받지는 않는다(롬14:12). 그렇지만 이와 동시에 그리스도께서 행하신 의의 한 행동은 아담 한 사람의 범죄를 해결한다(롬5:16, 18). 이는 아담의 범죄가 인류에게 가지는 연대적 의미를 의미한다. 이 점에서 우리는 사망이 모든 사람에게 이른 것과

1217 Moo.
1218 Stuart; Stevens, *Pauline Theology*, 127.
1219 Ridderbos, *Paul*, 96; Bengel; Gifford.
1220 Wilckens; Lyonnet; Hodge; Cranfield.
1221 Murray.

관련해서 아담의 죄와 개인 각자의 죄는 함께 연결되어 있다는 것을 알 수 있다. 그러면 바울은 아담의 죄와 우리의 죄의 관계를 어떻게 말씀하고 있는가. 이 신학적 질문에 대한 대답은 12절 후반의 어구 "에프 호우"에 나타나 있다.

에프는 전치사로써 여격과 함께 "위에", 안에", "관해", "…을 바탕으로", "…인 점에서" 등을 의미한다. 호우는 관계 대명사로써 그 앞의 구절을 받는다. 그러면 "에프 호우"의 의미는 무엇인가. 이에 대한 해석은 다양하다.(i) 어거스틴은 에프 호우를 "그의 안에서"in whom라고 번역한다.[1222] 이에 의하면 "에프 호우 판테스 헤이말톤"은 "아담안에서 모든 사람이 죄를 범했다"가 된다. 이는 아담의 원죄론을 직접적으로 밑받침하는 번역이다. 그러나 다수의 주석가들은 이 해석을 받아들이지 않는다. 그것은 첫째, 문법적 측면에서 "에프 호우"는 "왜냐하면"because을 의미한다는 것이다. 둘째, 만일 여기서 바울이 "아담안에서"를 의미하려고 했다면 "에프 호우"가 아니라 "엔 호우"라고 했을 것이라는 것이다. 셋째, "호우"를 관계대명사라고 볼지라도 그 앞의 명사 "한 사람"아담에 걸리지 않는다는 것이다. 그것은 명사 안쓰로우푸사람가 호우로 부터 너무 멀리 떨어져 있기 때문이다. 이 밖에도 (ii)"호우"가 관계대명사이며 그 앞의 단어에 걸린다고 보는 해석에는 여러 가지가 있다. 즉 호우가 사망(사망안에서 모든 사람이 죄를 지었다);[1223] 혹은 "아담"(그로 인해서 모든 사람이 죄를 지었다);[1224] 혹은 "율법"(율법안에서 모든 사람이 죄를 지었다),[1225] 혹은 "이와같은 상태"(이와같은 상태에서 모든 사람이 죄를 범했다)를[1226] 수식한다는 것이다. 필자는 이같이 호우를 관계대명사로 보는

1222 Augustine, *Against Two Epistles of the Pelagians* 4.4.7 (PL 44, col. 614); T. Aquinas; Bonaventure; Bruce; Ellis.

1223 E. Stauffer, *New Testament Theology* (New York: Macmillan, 1955) 270; R. Jacob, "La véritable solidarité humaine selon Romains 5,12-21," in *La culpabilité fondamentale. Péché originel et anthropologie moderne* (ed. P. Guilluy; Gembloux: Duculot, 1975) 26-33.

1224 Chrysostom; Cerfaux; J. Cambier, "Péchés des hommes et péché d' Adam en Rom. V.12," *NTS* 11 (1964-65) 246-54; W. Manson, "Notes on the Argument of Romans (Chapters 1-8)," in *New Testament Essays: Studies in Honour of T. W. Manson* (ed. A. J. B. Higgins; Manchester: Manchester University, 1952) 159.

1225 F. W. Danker, "Romans V.12 and Sin under Law," *NTS* 14 (1967-68) 424-39.

1226 Zahn.

해석에 동의한다. 그리고 전치사 에프는 "…을 바탕으로", "…와 함께", "…때문에", "…점에 있어서"를 의미한다.[1227] 이는 "호우"가 수식하는 점에 있어서 모든 사람들이 죄를 지었다판테스 헤이말톤는 의미다. 그리고 호우가 바로 그 앞에 있는 사망싸나토스을 수식한다고 보면 사망이 모든 사람에게 이르렀고(12c), 그 사망이 모든 사람에게 이르렀다는 점에서(혹은, 점을 볼 때) 모든 사람이 죄를 지었다(12d)는 의미가 된다. 이 해석은 많은 주석가들이 모든 사람이 죄를 지었으므로(12d), 사망이 모든 사람에게 이르렀다(12c)고 해석하는 것과 반대된다. 쉬라이너나 피츠마이어는 12d를 12c의 원인으로 보지 않는 점에서 필자의 해석과 일치한다.[1228] 그러나 필자는 이들이 12d를 12c의 결과로 보는 점에 대해 동의하지 않는다. 그것은 여기서 에프 호우는 12c와 12d의 시간적 관계를 나타내는 것이 아니고 논리적 관계를 나타내기 때문이다. 즉 사망이 모든 사람에게 이르렀다(12c)는 것은 "이로써"에프 호우 모든 사람이 죄를 지었다는 것을 나타낸다는 의미다. 이 해석은 로마서 5:15-19절에서 인류가 아담의 죄로 인해 하나님의 심판아래 있게 되었다는 말씀과 일치한다. 그러나 (iii)대부분의 학자들은 "에프 호우"는 접속사의 기능을 가지며 "왜냐하면"을 의미한다고 본다(왜냐하면 모든 사람이 죄를 지었기때문이다).[1229] 즉 사망은 각자 자기가 짓는 죄때문에 이른다는 것이다. 그러나 이 견해의 문제점은 첫째, 헬라 문법에서 "에프 호우"가 "디오티"나 "에피 투토우 호티"와 같은 관용구의 의미인 "왜냐하면"을 의미하는 경우가 한 군데도 없다는 것이다.[1230] 바울 서신 안에서도 빌립보서 3:12절에서 에프 호우는 "그것을 위해"that for which를, 4:10절에서는 "…를 위해"for whom 혹은 "…에 관해"with regard to which를 의미한다. 고린도후서 5:4절에서도 "왜냐하면"[1231] 혹은 "…를 위해"for that로[1232] 번역된다. 사도행전 7:33절에서는 "…에"where

---

1227 Danker; Leipoldt; Schlier; Galling; Moulton, *Grammar*, 1:107.
1228 Schreiner; Fitzmyer; *contra* Byrne.
1229 NIV; NAB; Barrett; Brandenburger; Murray; Pesch; Prat; Sanday and Headlam; Dunn; Dodd; Cranfield; Bruce; Bultmann; Moo.
1230 Fitzmyer.
1231 NIV; NRSV.
1232 ESV; KJV.

를 의미한다.[1233] 이 점에서 헬라어에서 에프 호우가 "왜냐하면"으로 번역되는 경우는 없다고 할 수 있다.[1234] 둘째, "에프 호우"를 "왜냐하면"으로 번역하면 사람이 각자 지은 죄 때문에 그들에게 사망이 이르렀다는 의미가 된다. 이는 로마서 5:16, 18절에서 한 범죄 즉 아담의 범죄로 인하여 사람이 정죄 아래 있게 되었다는 말씀과 충돌한다. 셋째, 디엘코마이의 과거시제 디에일쎈은 과거에 사망이 모든 사람에게 포괄적으로 이르렀다는 것을 말한다. 이는 아직 태어나지 않은 사람에게도 적용되는 개념이다. 따라서 이는 사람의 잡음죄를 바탕으로 한 개념이 아님을 나타낸다. (iv)"에프 호우"는 조건절 접속사이다(모든 사람이 죄를 지었다는 것을 조건으로).[1235] 그러나 이 번역은 문법적 위반이다. 그 이유는 조건절에서 "에프 호우"는 부정사나 미래 직설법을 동반하는데 "판테스 헤이말톤"은 직설법 과거시제이기 때문이다.[1236] (v)마지막으로 "에프 호우"를 접속사로 보면서 "그 결과로"with the result that, so that라고 번역하는 것이다. 이 때 그 의미는 사망이 모든 사람에 이른 결과 모든 사람이 죄를 지었다가 된다. 이 번역은 "에프 호우"가 내포한 두 가지 측면 즉 아담의 죄와 개인의 죄가 함께 사망이 모든 사람에게 이른 이유를 나타낸다.[1237] 이는 인류가 한 사람의 범죄로 말미암아 하나님의 심판의 정죄 아래 있었다(롬5:16,18)는 것과 이와 동시에 사망의 둘째 원인을 개개인의 죄로 보는 것이다. 그러나 사망이 온 이유를 개인 자신의 죄 때문으로 보는 것은 아담의 원죄가 인류의 범죄에 대해 가지는 보편적 영향을 간과하는 것이다(롬5:15a, 16a, 17a, 18a, 19a).[1238] 나아가 이 해석의 문제점은 첫째, 아담의 죄와 개인의 죄의 상관관계를 설명하지 못하고 있다; 둘째, "모든 사람이 죄를 지었다"판테스 헤이말톤에서 동사 헤이말톤이 과거시제라는 점을 설명하지 않고 있다는 것이다. 12절에 나오는 동사 세 개 에이쎄일쎈들어왔다, 디에

1233 ESV; KJV; NIV; NRS.
1234 S. Lyonnet, "Le Sens de ἐφ᾽ ᾧ en Rom 5:12 et l' exégèse des Pères grecs." *Biblica* 36 (1955) 455; Fitzmyer.
1235 Lyonnet; Black.
1236 Lietzmann, An die Römer, 62; Bultmann, "Adam," 153; Fitzmyer.
1237 J. A. Fitzmyer, "The Consecutive Meaning of ΕΦ᾽Ω in Romans 5.12," *NTS* 39 (1993) 321-39; Schreiner.
1238 Fitzmyer.

일쎈퍼졌다, 헤이말톤죄를 지었다은 모두 과거시제로 되어있다. 이는 아담으로 말미암아 죄가 세상에 들어오고 사망이 모든 사람에게 이르고, 모든 사람이 범죄한 것을 모두 동시적 관점에서 설명하는 것이다. 곧 이는 아담의 죄와 사람들의 죄를 동시적 사건으로 제시하는 것이다. 그리고 그 시제가 과거시제인 것은 아담의 죄로 인해 전 인류가 포괄적으로 죄인이 되었다는 것을 의미한다. 즉 아직 태어나지 않은 아담의 후손도 이미 죄를 지은 것으로 간주된다는 의미다. 위 다섯 가지 해석 중 필자는 에프 호우는 그 이전의 "사망"을 수식하며 로마서 5:12c-d는"사망이 모든 사람에게 이른 바와 같이 모든 사람이 죄를 지었다"로 번역해야 된다고 본다. 즉 여기서 모든 사람이 죄를 지은 것은 잡음죄를 의미하는 것이 아니고 아담의 죄가 모든 사람에게 전가된 것을 의미한다. 즉 아담의 죄는 모든 사람의 죄다. 이를 증명하는 것은 곧 "사망이 모든 사람에게 이르렀다"(12c)는 것이다.

그러면 우리는 12절의 "에프 호우"에 내재되어 있는 두 관점 즉 아담의 원죄와 개인의 범죄의 상관관계를 어떻게 이해해야 하는가. 이에 대해 여러 해석이 제시되었다. (i)12d의 "모든 사람이 죄를 지었다"를 각자 자신의 죄로 해석하고 18절의 아담의 죄를 연대적 결과로 해석해서 양자를 융합될 수 없는 긴장상태로 대립시켜 놓는다.[1239] 이는 로마서 5:13-14절을 고려하지 않고 있는 해석이다. 즉 아담부터 모세까지 율법이 없었을 때 죄가 세상에 있었지만 죄를 죄로 여기지 않았다. 그런데 아담의 범죄와 같은 죄를 짓지 않은 자들 위에도 사망이 왕노릇했다는 말씀은 그들이 아담의 범죄와 같은 죄를 짓지 않았어도 아담의 죄 때문에 죄인으로써 사망아래 있었다는 의미다. 개인의 죄의 결과만 강조하고 아담의 죄의 보편적 결과를 배제하는 것은 그리스도의 구속의 성취의 보편성을 함께 축소하는 것이다. (ii)루터나 캘빈은 12d를 "모든 사람들이 죄악의 상태에 있었다"라고 번역한다.[1240] 이는 바울이 사망이 모든 사람에게 이른 원인을 각자의 죄가 아닌 인간의 죄악된 상태

1239 Wedderburn, "Theological Structure," 338-39; Scroggs, *Last Adam*, xxi-xxii; -39; K. M. Fischer, "Adam und Christus. Überlegungen zu einem religionsgeschichtlichen Problem," in *Altes Testament-Frühjudentum-Gnosis* (ed. K.-W. Tr?ger; G?tersloh: Mohn, 1980) 284-98.

1240 Luther; Calvin; Cranfield.

에 있다고 말씀하는 것이라고 해석하는 것이다. 즉 사망이 사람들에게 임한 것은 그들이 타락된 본성으로 죄를 짓기 때문이고 그들이 타락한 마음을 가지게 된 것은 아담의 죄때문이었다는 것이다. 이는 결과적으로 사망의 원인을 아담의 죄에 돌리는 것이다. 그러나 이 해석의 문제점은 죄를 짓다는 동사 하말타노우가 죄악된 상태를 가졌다는 것을 의미하지 않는다는 것이다.[1241] 그리고 본문에서 바울은 아담의 타락된 본성이 그 후손들에게 전염되었다고 말씀하지 않고 있다. 바울이 말씀하는 것은 아담의 원죄 그 자체가 모든 사람을 하나님의 심판의 정죄 아래 있게 했다는 것이다(롬5:15a, 16a, 17a, 18a, 19a).

12절 후반부의 에프 호우에 내재되어 있는 두 관점 즉 아담의 범죄와 우리의 죄의 상관관계를 문법적으로 해석하는데 있어서 우리는 15-19절에 반복적으로 언급되어 있는 아담의 원죄의 역할을 함께 고려해야 한다. 그러면 바울이 개개인 자신의 죄는 중요하지 않게 여기는가? 그렇지 않다. 그는 12d에서 모든 사람이 죄를 지었다고 말씀한다. 여기서 동사 하말타노우는 과거시제이다. 이는 아담의 범죄가 아담의 모든 후손들 자신의 죄로 간주된다는 의미다. 이는 바울이 구약의 연대책임법corporate accountability을 배경으로 가르치는 개념이다.[1242] 구약에서 아간 한 사람이 범죄했을 때 온 이스라엘이 그 범죄에 따른 벌을 받았다.[1243] 마찬가지로 아담이 에덴에서 하나님께 범죄할 때 그의 모든 후손도 함께 범죄한 것으로 여겨지게 되었다.[1244] 이런 관점에서 생각할 때 "에프 호우"는 로마서 5:12a-c 전체의 내용에 걸리는 어구로 볼 수 있다. 그리고 이를 "이로써"for that라고 번역할 때 우리는 12절을 "한 사람으로 말미암아 죄가 세상에 들어오고 죄로 말미암아 사망이 왔나니 이와

1241 S. L. Johnson, Jr., "Romans 5:12?An Exercise in Exegesis and Theology." in *New Dimensions in New Testament Study* (Edited by R. N. Longenecker and M. C. Tenney. Grand Rapids: Zondervan, 1974) 311; Moo.

1242 Murray; Hodge; Freundorfer, *Erbsünde*, 240-55; A. A. Hoekema, *Created in God's Image* (Grand Rapids: Eerdmans, 1986) 154-67.

1243 H. W. Robinson, *Corporate Personality in Ancient Israel* (rpt.; Philadelphia: Fortress, 1980).

1244 Bruce; Ridderbos, Paul, 53-64; R. Shedd, *Man in Community: A Study of St. Paul's Application of the Old Testament and Early Jewish Conceptions of Human Society* (Grand Rapids: Eerdmans, 1964); Barrett, *From First Adam to Last*, 4-5; G. C. Berkouwer, *Sin* (Grand Rapids: Eerdmans, 1971) 424-545; W. Barclay, "Romans 5:12-21," *ExpTim* 70 (1958-59) 173-75.

같이 사망이 모든 사람에게 이르렀고 이 점에서 모든 사람은 죄를 지었다"라고 번역할 수 있다.[1245] 이 번역은 아담의 원죄와 모든 사람의 죄에 시간차를 두지 않는다. 즉 우리는 아담이 에덴 동산에서 그 금지된 선악과를 따먹었을 때 그의 옆에 있지 않았다. 그러나 그의 죄를 인해 사망이 이 세상에 들어오고 또 사망이 모든 사람에게 미친 것은 하나님 앞에서 모든 사람이 죄인이 되었다는 사실을 의미한다. 이는 아담이 인류의 대표로써 그가 지은 죄가 그 모든 후손에게 전가된 것을 의미한다.[1246] 그렇기 때문에 아담의 후손들은 율법이 들어오기 전에도 사망할 수 밖에 없었다. 그러나 믿음을 통해 그리스도와 연합된 우리에게 사망의 권세는 말소되었다. 그리고 우리는 그의 부활과 함께 주어진 생명을 가지고 살게 되었다.

로마서 5:12절에서 바울이 한 사람으로 말미암아 죄가 세상에 들어오고 죄로 말미암아 사망이 모든 사람에게 온 것 처럼 한 분 예수 그리스도의 은혜로 말미암아 의롭다하심의 선물이 많은 사람들에게 넘쳤다라고 말씀했으면 이 절의 한 문장이 완결되었을 것이다. 그러나 바울은 호우스펠의 주절 다음에 종절을 바로 이어서 쓰지 않고 13-14절에서 율법과 죄의 관계를 설명한 다음 15절부터 종절을 쓰고 있다. 그러면 13-14절에서 율법과 죄의 관계를 말씀하는 이유는 무엇인가? 13-14절에서 바울은 12절 후반부에 대한 부연 설명을 하고 있다. 이는 13절의 접속사 갈왜나하면이 나타내고 있다: "죄가 율법있기 전에도 세상에 있었으니 율법이 없을 때에는 죄를 죄로 여기지 아니하느니라". 바울이 12절 후반부에서 모든 사람이 죄를 지었다고 말씀하고 있는데 이에 대해 반론을 제기하는 사람들이 있었을 것이다.[1247] 즉 아브라함은 의로운 사람이었고 율법이 들어오기 전에 살던 사람이었기 때문에 아담이 지었던 범죄와 같은 죄를 짓지 않았다고 생각한 유대인들도 있었을 것이다. 이에 대해 바울은 죄가 율법이 있기 전에도 세상에 있었다고 말씀한다. 여기서 죄하말티아는 12절의 "죄"와 같은 의미다. 그리고 노모스율법는 모세

1245 고후5:4.

1246 J. Murray, *The Imputation of Adam' s Sin* (Grand Rapids: Eerdmans, 1959) 42-64; Johnson, "Romans 5:12," 311-13.

1247 Cranfield.

의 율법을 의미한다. 그런데 율법이 없을 때에는 죄를 죄로 여기지 않는다. 그러나 아담부터 모세까지 아담의 범죄와 같은 죄를 짓지 않은 사람들도 사망아래 있었다(14절). 이는 율법이 없었을 때에도 사람들이 죄인이었다는 것을 의미한다. 이 점에서 14a는 13a와 일치한다. 그러면 바울은 왜 13b에서 율법이 없을 때에는 죄를 죄로 여기지 않는다고 말씀하고 있는가. 이는 모세의 율법이 없을 때에도 사람들의 양심에 적힌 법 때문에 이 세상에 죄가 있었다는 것을 의미할 수도 있다. 그러나 더 나은 해석은 13b는 아담부터 모세까지 율법이 없을 때도 죄가 세상에 있었다는 것은 사람들이 아담의 원죄로 인해 죄인들로 여겨지고 있었다는 것을 의미한다.[1248] 즉 아브라함같은 사람도 원죄를 이어받은 죄인이었기 때문에 사망의 권세아래 있었다. 따라서 율법아래 있지 않았던 모든 자들도 아브라함과 같은 믿음이 없이는 생명을 얻을 수 없다는 것이다.

본문의 이 의미를 이해하지 못한 불트만은 로마서 5:13절은 2:12절과 모순된다고 주장한다.[1249] 즉 로마서 2:12절에서 바울은 율법이 없이 범죄한 자는 율법이 없이 망하고 무릇 율법이 있고 범죄한 자는 율법으로 말미암아 심판을 받는다고 말씀했다. 그리고 5:13절에서는 율법이 있기 전에도 죄가 세상에 있었으나 율법이 없을 때에는 죄를 죄로 여기지 않는다고 말씀한다. 그렇다면 율법이 없을 때는 죄를 죄로 여기지 않는데 어떻게 율법이 없이 범죄한 자가 있을 수 있느냐는 것이다. 그리고 왜 사망이 이들 위에서 왕노릇했는가라는 것이다. 그러나 불트만은 본문의 문맥의 흐름을 잘 이해하지 못하고 이 질문을 던지고 있다. 왜냐하면 율법이 없을 때는 죄를 죄로 여기지 않는다는 것은 하나님께서 율법이 없이 살았던 사람은 의인으로 여기실 것이라는 말씀이 아니다. 율법이 없을 때는 죄를 죄로 여기지 않는다는 것은 죄는 기본적으로 명령을 어기는 것이기 때문이다.[1250] 그래서 아담으로부터

1248 Morris; Murray.

1249 R. Bultmann, "Adam and Christ according to Romans 5." in *Current Issues in New Testament Interpretation: Essays in Honor of Otto A. Piper* [Edited by W. Klassen and G. F. Snyder. New York: Harper & Bros. Translated from "Adam und Christus nach Rm 5." *Zeitschrift für die neutestamentliche Wissenschaft* 50 (1959)] 153-54; Sanders, Paul, the Law, 35-36; Ziesler.

1250 E. Jüngel, "Das Gesetz zwischen Adam und Christus: Eine theologische Studie zu Röm 5,12-21," *ZTK*

모세까지 아담의 범죄와 같은 죄를 짓지 않은 사람들 위에도 사망이 왕노릇 한 것은 그들이 하나님 앞에서 죄인이었기 때문이다. 그것은 12절 말씀대로 그들이 아담의 죄를 바탕으로 함께 죄인이 되었기 때문이다. 즉 아담부터 모세까지 사람들에게 율법이 없었지만 사람들은 아담의 죄를 따라 함께 죄인이 되었고 사망이 그들위에 왕노릇하고 있었다. 모든 사람은 하나님 앞에서 죄인이고 오직 예수그리스도로 말미암은 은혜의 선물인 의롭다하심이 없이는 죽을 수 밖에 없다. 여기서 동사 엘로게오우는 상업적 의미로써 장부에 회계기록을 올리는 것을 의미한다(몬18).[1251] 즉 죄를 고소할 법규가 없다면 죄를 죄로 회계하지 않는다는 의미다. 이를 바탕으로 바울은 아담이후 모세까지 사람들이 율법없이 죄와 사망아래 있었던 것은 그들이 아담의 죄를 바탕으로 함께 죄인되었다는 사실을 증명한다는 점을 나타내고 있다.

로마서 5:14절의 접속사 알라그러나는 13절과 대조되는 내용을 도입한다: "그러나 아담으로부터 모세까지 아담의 범죄와 같은 죄를 짓지 아니한 자들 위에도 사망이 왕노릇 하였나니 아담은 오실 자의 표상이라". 13b에서 바울은 율법이 없을 때는 죄를 죄로 여기지 않았다고 말씀한다. 14절에서는 그러나 율법이 없을 때 살던 자들 곧 아담의 범죄와 같은 죄를 짓지 않은 자들 위에도 사망이 왕노릇했다고 말씀한다. 이는 이 기간에 살던 어떤 사람도 사망의 권세밖에 있지 않았다는 것이다. 여기서 바울은 아담부터 모세의 때까지 살던 자들과 아담의 죄와 같은 죄를 짓지 않은 자 두 부류의 사람을 가리키고 있지 않다.[1252] 이 두 어구를 잇는 접속사 카이그리고는 동격의 의미exegetical를 가진다. 즉 아담으로부터 모세까지의 사람들은 곧 아담의 범죄와 같은 죄를 짓지 않은 사람들이다.[1253] 머레이는 14절의 아담으로부터 모세에 이르기까지 아담의 범죄와 같은 죄를 짓지 않은 자들은 영아들이나 장애자들을 가리키는 것이라고 주석한다.[1254] 그리고 이들도 사망의 권세아래 있는 것은

60 (1963) 54; Westerholm.

1251 H. Preisker, *TDNT*, 2:516-17.

1252 Contra V. P. Branick, "The Sinful Flesh of the Son of God (Rom 8:3). A Key Image of Pauline Theology," *CBQ* 47 (1985) 258-59.

1253 Osborne.

1254 Murray; Shedd; Melanchthon.

아담의 원죄 때문이라고 설명한다. 그러나 바울이 13-14절에서 설명하는 것은 아담의 원죄 때문에 모든 사람들 즉 영아까지도 죽게 되었다는 것이 아니라 율법이 있든지 없든지에 관계없이 모든 사람들이 죄인이며 사망아래 놓여 있다는 것이다. 그 이유는 "모든 사람이 죄를 지었기 때문이다"(12d). 여기서 바울은 아담이 지은 죄와 같은 범죄파라바시스와 죄하말티아를 구분하고 있다. 파라바시스는 하나님께서 명령한 말씀을 어기는 죄를 말한다. 하나님께서는 아담에게 동산의 중앙에 있는 선악과의 열매를 먹지 말라고 명령하셨다. 그러나 아담은 하나님의 말씀에 불순종하고 이 열매를 따먹었다. 이는 명령을 어기는 죄파라바시스다. 모세를 통해 율법이 들어온 이후 사람들은 명령을 어기는 죄를 범했다. 그러나 아담으로부터 모세까지의 기간동안 율법이 없었을 때는 명령을 어기는 죄파라바시스를 짓지 않았다. 그러나 아담이 지은 죄와 같은 범죄를 짓지 않은 자들도 사망아래 놓여 있었던 것은 하나님 앞에서 이들이 모두 아담의 죄를 지은 자들로 여겨졌기 때문이다(12d).

아담의 범죄로 하나님의 창조의 질서가 깨져버리게 된 것은 앞으로 성취될 그리스도를 통한 회복을 기다리고 있었다. 그래서 바울은 아담은 오실 자의 표상이라고 말씀한다. 여기서 표상투포스은 어떤 모형pattern을 말하는 것으로써 미래의 그 완성을 바라본다(롬6:17; 고전10:6; 빌3:17; 살전1:7; 살후3:9).[1255] 여기서 아담은 범죄함으로 하나님으로부터 소외되었지만 그리스도는 그 순종하심으로 인해 하나님과의 화목을 가져왔다는 점에서 아담과 예수는 대조된다. 모형투포스을 모든 사람들을 가리킨다고 보는 크랜필드의 해석은 여기서 바울이 의도한 의미를 놓치고 있다. 여기서 "오실 자"투 멜론토스는 유대주의의 전통에서 기다리던 메시아를 가리킨다.[1256] 이를 모세 혹은 율법아래 있는 사람이라고 해석하는 것은 본문의 주제인 아담-그리스도 대조법을 고려하지 않은 틀린 해석이다.[1257] 또한 호 멜로운오실 자을 메시아를

1255 Goppelt, *TDNT*, 8:246-47; R. Davidson, *Typology in Scripture. A Study of Hermeneutical Typos Structures* (Andrews University Seminary Doctoral Dissertations 2; Berrien Springs, MI: Andrews University Press, 1981) 297-316.

1256 마11:3.

1257 Scroggs, *Last Adam*, 80-81; J. A. T. Robinson, *The Body: A Study in Pauline Theology* (London: SCM, 1952) 35.

가리키는 관용구로 보는 것도 역사적 검증이 없는 설이다.[1258] 반대로 아담/그리스도 병렬법을 기독교이전 시대의 울멘쉬 신화Urmensch myth에서 기원했다고 보는 것도 역사적 증거가 없다.[1259]

(나) 아담과 그리스도(롬5:15-19)

바울은 아담-그리스도의 모형론을 대조적 관점에서 로마서 5:15-21절에서 상세히 풀어준다. 이를 통해서 예수 그리스도의 은혜의 선물로 인한 의롭다하심이 사망의 권세 아래 있던 불의한 사람들에게 넘쳐 생명에 이르게 함을 설명하고 있다. 15절은 알라그러나로 시작하여 13-14절의 내용과 대조적 내용이 따라올 것임을 예상하게 한다: "그러나 이 은사는 그 범죄와 같지 아니하니 곧 한 사람의 범죄를 인하여 많은 사람이 죽었은즉 더욱 하나님의 은혜와 또는 한 사람 예수 그리스도의 은혜로 말미암은 선물이 많은 사람에게 넘쳤으리라". 아담이 예수의 표상모형인 것은 아담은 그 죄로 인해 사망에 이른 모든 사람의 머리이고 예수는 믿음으로 의롭다하심을 얻을 모든 사람의 머리시라는 점이다. 이 대조법은 불균형위에 놓여 있다. 왜냐하면 아담의 범죄보다 그리스도의 은혜의 선물이 훨씬 크기때문이다. 여기서 아담의 범죄는 파라바시스transgression가 아니라 파랍토우마traspass다. 크랜필드는 이 두 명사가 동의어가 아니라고 주장한다. 즉 파랍토우마는 일반적 의미의 죄를 의미하는 하말티아와 같은 의미지만 파라바시스는 구체적인 명령을 어기는 것이라는 것이다.[1260] 파랍토우마는 그 동족어 파라핍토우에서 파생한 명사로써 발을 헛디딤 혹은 빗나감 등을 의미한다. 그러나 히브리서 6:6절에서 파라핍토우는 배교하다를 의미한다. 따라서 파라핍토우가 일반적으로 죄를 짓다는 의미라고 볼 수 없다. 그렇다면 파라핍토우나 파라바시스나 모두 하나님께 대해 짓는 죄를 가리키는 명사로 볼 수 있다. 그리고 하말티아도 마찬가지로 일반적 의미의 죄만을 의미하지 않는다. 로마서 5:12절에서 하말

1258 Schreiner; Käsemann; *contra* Nygren; Osborne.
1259 Dunn.
1260 Cranfield; W. Michaelis, *TDNT*, 6:171-73.

티아는 아담의 원죄를 가리키고 있다. 이렇게 볼 때 바울은 15절에서 파라바시스 대신 파랍토우마를 쓰는 것은 수사적인 효과 때문인 것 같다.[1261] 즉 14-16절에서 바울은 헬라발음 "마"로 끝나는 많은 단어를 쓰고 있다: 호모이오우마likeness, 파랍토우마traspass, 카리스마gift, 도우레이마gifts, 크리마judg-ment, 카타크리마penalty, 디카이오우마regulation. 그리고 여기서 바울은 아담의 범죄와 그리스도의 은혜로 인한 선물을 대조하는데 있어서 파랍토우마와 카리스마와 같이 마로 끝나는 단어를 사용함으로써 그 대조법에 리듬의 효과를 더해 주고 있다.

아담 한 사람의 범죄로 많은 사람이 사망에 이른 것은 한 사람 예수의 은혜로 인해 하나님의 은혜와 선물이 많은 사람에게 넘친 것과 대조를 이룬다.[1262] 여기서 하나님의 은혜와 선물은 하나님의 은혜를 강조하기 위한 이사일의법hendiadys인가?[1263] 스투어트는 은혜카리스는 모든 사람에게 주어 지는 일반적인 선물이고 "선물들"도우레아은 신자들에게만 주어지는 실제적인 혜택을 말한다고 주장한다. 그러나 바울은 하나님의 은혜와 선물이 많은 사람들에게 넘친다고 말씀함으로써 은혜와 선물의 의미를 구분하지 않고 있다. 이 점에서 볼 때 은혜는 하나님께서 역사하시는 태도나 방식을 가리키고 선물은 칭의와 생명과 같은 구체적인 혜택을 의미한다고 볼 수 있다.[1264] 여기서 우리가 간과하지 말아야 할 또 하나의 대조는 많은 사람이 사망에 이르렀고 많은 사람에게 은혜와 선물이 넘친다는 것이다. 보편구원론자들은 아담의 원죄로 모든 사람호이 폴로이에게 사망이 이른 것처럼 그리스도의 은혜로 하나님의 은혜와 선물이 모든 사람에게 넘친다는 것은 모든 사람들이 그리스도의 은혜로 구원 얻는다는 것을 말한다고 주장한다.[1265] 그러나 우리는 로마서 3:28절의 오직 믿음으로 의롭다하심을 얻는다는 가르침을 상기해야 한다(롬5:17). 즉 예수 그리스도의 은혜로 하나님의 은혜와 선물을 받는 사람

1261 Dunn; Moo; Fitzmyer;
1262 Contra C. C. Caragounis, "Romans 5:15-16 in the Context of 5:12-21: Contrast or Comparison?" *NTS* 31 (1985) 142-48; Garlington, *Faith, Obedience*, 98.
1263 두 비슷한 단어를 "그리고"로 연결하여 하나의 뜻을 나타내는 수사법
1264 Moo.
1265 J. Jeremias, *TDNT*, 6:536-41.

들은 "모든" 사람들이 아니라 "예수님을 구주로 믿는 모든" 사람들이다.[1266] 그렇다면 바울은 호이 폴로이the many와 투스 폴루스the many를 수사법적으로 대조하고 있다고 볼 수 있다. 즉 전자는 포괄적 의미를 가지고 후자는 제한적 의미를 가지는 것이다. 그렇다면 후자의 의미는 수사법인 제유법synecdoche에 기초하고 있다는 것을 알 수 있다. 즉 "많은"은 문자적 "많은 사람"이 아니라 "어떤 많은 사람들"이다. 이는 예수를 믿는 많은 사람을 의미한다(고전 9:19; 10:5; 15:6; 고후2:6, 17; 4:15; 6:10; 빌1:14; 롬16:2). 예수 그리스도의 무한한 은혜는 동사 페리세우오우넘치다에 나타나 있다(롬3:7; 5:17; 15:13; 고후9:8). 그리고 바울이 여기서 사용하는 칼 와호멀qal wahomer: 작은 것으로부터 큰 것으로 용법 즉 "폴로우 말론"더욱 이하는 의문문이 아니라 긍정문으로 해석하는 것이 바울이 강조하는 아담/그리스도의 대조법과 일치한다(롬5:9-10; 11:12, 24; 고후3:9, 11).[1267]

아담의 원죄는 전 인류를 사망에 몰아 넣었다. 이와 대조적으로 그리스도의 은혜의 구속으로 말미암아 하나님의 은혜와 선물이 오직 믿는 자들에게만 넘친다면 바울은 어찌 그리스도의 은혜의 역사를 아담의 죄악된 행위보다 더욱 큰 행위라고 말씀하는가. 이것은 아담과 그리스도의 행위의 확연한 대조에 근거한다. 아담은 하나님의 명령을 불순종함으로써 인류를 사망에 빠뜨렸다. 이와 반면에 그리스도는 이 땅에 인간의 몸으로 내려 오실 필요도 없으셨는데 성육신하셨고 이 땅에 사시는 동안 고난당하시고 십자가에서 모든 죄를 속하셨다. 이를 바탕으로 하나님의 사랑이 믿는 자들의 마음속에 부어지도록 하셨다. 이 큰 은혜의 크기를 어떻게 아담의 범죄의 보편적 결과에 비교할 수 있겠는가. 예수 그리스도의 은혜의 행위가 아담의 범죄의 행위보다 큰 또 다른 이유는 그 은혜의 행위로 인해 주어지는 선물이 내포한 의미 때문이다. 즉 그 은혜의 선물은 어떤 공로를 쌓는 것을 전제로 주어지지 않는다. 반대로 오직 믿음으로써 주어진다. 반면에 아담의 원죄를 인해 죽는 자들은 아담의 죄에 참예했기 때문에 죽게 되는 것이다. 이와 같이 그리스도

1266 롬5:18, 19.
1267 KJV; NAS; Schreiner.

의 은혜로 구원 얻는 사람들은 자신들의 공로와는 상관없이 의롭다하심을 얻어 영생에 이른다. 이 큰 은혜의 정도는 아담의 범죄의 결과보다 더 크다는 것을 우리는 확실히 알 수 있다.

로마서 5:16절에서 바울은 아담과 예수 그리스도의 대조에 있어서 두 번째 특징을 설명한다: "또 이 선물은 범죄한 한 사람으로 말미암은 것과 같지 아니하니 심판은 한 사람을 인하여 정죄에 이르렀으나 은사는 많은 범죄를 인하여 의롭다 하심에 이름이니라". 여기서 "선물"도우레이마은 "한 사람으로 말미암은 것"과 대조되고, 심판크리마은 은사카리스마와 그리고 정죄카타크리마는 의롭다하심디카이오우마과 대조된다. 다른 한편으로 "선물"은 "은사" 그리고 "의롭다하심"과 병렬관계에 있다. 그리고 17절의 어구 "은혜와 의의 선물"은 선물도우레아스의 의미를 밝히고 있다. 16절에 나타난 두 가지 대조는 (ㄱ)아담으로부터 말미암은 심판과 예수로부터 말미암은 의롭다하심; 그리고 (ㄴ)한 가지 범죄와 많은 범죄다.[1268] 여기서 "심판"크리마은 보통 부정적 의미의 판결을 의미하고(롬2:2, 3; 3:8; 고전11:29, 34) 카타크리마는 이 보다 강한 의미인 "정죄"를 의미한다(롬5:18; 8:1). "엑스 헤노스"는 15절과 연결해 해석하면 아담을[1269] 17절과 연결해 해석하면 아담의 범죄를 가리킨다. 그러나 16절의 "많은 범죄"폴로운 파랍토우마토운와 대조된다고 보면 아담의 "한 범죄"를 의미한다고 볼 수 있다.[1270] 즉 심판은 아담 한 사람의 범죄를 인해 정죄를 가져왔다. 여기서 정죄는 최후심판때 지옥형벌의 판결을 의미한다. 그러나 하나님의 은사는 많은 범죄에도 불구하고 의롭하심을 가져온다. 여기서 명사 디카이오우마는 "규정", "필요조건", "법령"을 의미한다(눅1:6; 롬1:32; 2:26; 8:4; 히9:1). 훅커는 이는 "바로함", "신원"을 의미한다고 본다.[1271] 그러나 여기서 디카이오우마는 "정죄"의 반대개념으로 쓰이고 있으므로 "의롭다하심"으로 번역할 수 있다.[1272] 바울은 이 절에서 끝음절이 "마"로 끝나는

1268 Moo.
1269 KJV; Godet; Käsemann.
1270 Barrett; Schreiner; Moo.
1271 M. D. Hooker, "Interchange and Atonement," *BJRL* 60 (1978) 465-66.
1272 Hultgre; Schreiner; Dunn; Barrett; Moo; Cranfield; K. Kertelge, *EDNT*, 1:335.

단어들과 끝음을 맞추기 위해서 이 단어를 사용한 것으로 보인다. 즉 아담의 범죄이후로 수 많은 사람들이 많은 죄를 범했다. 그 많은 죄들이 예수 그리스도의 의의 한 행위십자가에서 죽으심로 말미암아 씻겨지고 의롭다하시는 칭의의 선물이 주어진다. 이 점에서 예수 그리스도의 은혜의 능력은 무한한 능력이다. 쉬라이너는 그리스도의 은혜의 능력이 위대한 이유는 사람들이 죄를 짓는 것 보다 죄때문에 더러워진 것을 깨끗하게 만드는 일이 더 어려운 일이기 때문이라고 설명한다.[1273] 크랜필드는 하나의 죄 때문에 심판을 받는 것은 당연하다 그러나 수 많은 시대에 걸쳐 쌓여진 죄와 죄책감이 하나님의 무상의 선물로 갚아진다는 것은 사람이 이해하기 어려운 기적중의 기적이다라고 말한다.[1274] 그 뿐 아니라 우리가 잊어서는 않되는 또 하나의 사실은 아담은 우리에게 사망을 물려주었을 뿐이지만 예수 그리스도께서는 우리가 죄를 이길 수 있도록 성령을 통해서 도와 주신다는 것이다. 이에 대해서는 로마서 6-8장이 자세히 설명하고 있다.

로마서 5:17절의 접속사 갈왜냐하면은 16절에 대한 설명을 도입한다: "한 사람의 범죄를 인하여 사망이 그 한 사람으로 말미암아 왕노릇 하였은즉 더욱 은혜와 의의 선물을 넘치게 받는 자들이 한 분 예수 그리스도로 말미암아 생명안에서 왕노릇 하리로다". 이 절에서 아담과 그리스도의 세 번째 대조는 15절에서도 사용했던 에이만일…폴로우 말론얼마나 더의 관용구로 이루어지고 있다. 즉 만일 아담 한 사람의 범죄를 통해서 사망이 그 한 사람을 통해서 왕노릇했다면 은혜와 의의 선물을 넘치게 받은 자들이 한 분 예수 그리스도로 말미암아 생명안에서 더욱 왕노릇 할 것이라는 것이다. 이 구절은 15절 후반부의 내용인 하나님의 은혜와 선물이 넘친다를 반복하면서 16절의 내용인 심판과 칭의의 대조를 강화한다. 이를 위해 바울은 15절의 "모두 죽었다"를 17절에 "사망이 다스린다"로 바꾼다. 17절 전반에서는 "한 사람아담을 통해서"라고 표현한 것을 후반부에서는 "한 사람 예수 그리스도를 통해서"라고 표현해 예수 그리스도를 통해서 우리가 생명을 받은 사실을 강조하고 있다.

1273 Schreiner, *Romans*, 285.
1274 Cranfield, *Romans*, 286.

이 절에서 바울은 아담-그리스도의 대조적 모형론을 요약하면서 사망과 생명의 대조를 부각시키고 있다. 여기서 우리가 발견할 수 있는 문학구조적 특징은 이 절의 주절에서 주어는 사망이지만 종절에서 주어는 은혜와 의의 선물을 넘치게 받은 자들이라는 것이다. 이는 바울이 15절에서의 구조를 반대로 뒤집은 것이다.[1275] 즉 15절 후반부에서 주어는 "많은 사람"이고 종절에서의 주어는 "하나님의 은혜와 선물이다". 그래서 15절과 17절의 대조를 요약해 보면 아담의 죄로 인해 많은 사람이 죽었고 예수 그리스도로 말미암아 은혜와 의의 선물을 넘치게 받은 자들은 생명안에서 왕노릇한다는 것이다. 명사 의디카이오수네이는 16절의 디카이오우마칭의와 병렬되며, 하나님 앞에서 우리가 받은 법률적으로 의로운 지위를 의미한다. 여기서 우리는 보편적 개념인 "많은 사람"과 제한적 개념인 "은혜와 의의 선물을 넘치게 받은 자들"이 직접적 대조를 이루고 있는 것을 알 수 있다. 후자는 예수 그리스도를 믿음으로 은혜와 의의 선물을 넘치게 받은 자들이다. 이들은 한 사람 예수 그리스도를 통해서 생명안에서 왕노릇한다. 여기서 왕노릇하다는 동사는 미래형이다. 어떤 학자들은 바울이 이 동사를 미래형으로 표현하는 것은 그리스도인들이 예수의 생명안에서 미래에 왕노릇할 것이라는 사실을 표현하는 것이라고 주장한다.[1276] 이는 명사 "생명"이 로마서에서 종말적 실체로 제시된다는 점에서 일리가 있는 견해이다.[1277] 그러나 생명이 성도가 현재 누리는 축복임을 나타내는 구절도 있다.[1278] 따라서 이 구절에서 미래형 동사 "왕노릇하다"는 논리적 미래gnomic future라고 보는 것이 더 낫다.[1279] 즉 성도는 현재 예수의 생명을 가지고 있고 미래에도 그 생명안에서 왕노릇하게 될 것이다.

로마서 5:18절은 아라 운그런즉으로 시작하며 호우스…후토우스 카이…같이…하다의 관용구를 사용하여 12절에서 시작한 주절에 대해 마침내 종절을

1275 Cranfield.
1276 Dunn; Käsemann; Bultmann; Bornkamm; Hultgren.
1277 롬2:7; 5:18, 21; 6:22, 23; 8:6; 11:15.
1278 롬6:4; 8:2.
1279 Moo; Schreiner.

제공하고 있다: "그런즉 한 범죄로 많은 사람이 정죄에 이른 것 같이 의의 한 행동으로 말미암아 많은 사람이 의롭다 하심을 받아 생명에 이르렀느니라". 사실 아담-그리스도의 모형론적 대조는 15절에서 이미 시작되었다. 이 점에서 12절의 종절은 15절에서 시작되고 있다고 볼 수 있다.[1280] 그리고 15-17절은 이 대조를 자세히 설명하고 있다. 18절은 그 내용을 다시 요약하며 12-17절의 내용을 결론짓고 있다. 기수 헤노스하나는 정관사가 없이 쓰였기 때문에 형용사적 용법으로써 "하나의 범죄"라고 번역할 수 있다.[1281] 그러나 이를 "많은 사람"판타스 안쓰로우푸스과 대조된다고 보면 헤노스는 각각 아담과 그리스도를 의미한다고 볼 수 있고 "디 헤노스 파랍토우마토스"는 "한 사람의 범죄" 그리고 "디 헤노스 디카이오우마토스"는 "한 사람의 의의 행위"로 번역할 수 있다.[1282] 바울은 15, 16, 17절에 사용된 명사 파랍토우마를 18절에 다시 사용하여 아담의 범죄를 재조명한다. 그리고 16절에 사용된 명사 정죄카타크리스마를 18절에 다시 사용하여 17절에 사용된 명사 사망을 대체하고 있다. 이 같은 아담의 부정적 역할을 대조하며 그리스도의 하신 일을 묘사하면서 바울은 새로운 두 단어를 사용하고 있다. 그 첫 단어 디카이오우마는 그리스도의 복종을 가리키는 "의로운 한 행위"를 의미한다.[1283] 크랜필드나 머레이는 이 명사가 그리스도의 전체의 삶을 의미한다고 제시한다. 그러나 이 정의는 아담의 한 범죄와 대조되는 그리스도의 의로운 한 행위를 부각시키지 않는다는 결점이 있고 또 로마서 3:24-26절에 바울이 묘사하는 그리스도의 화목제사의 일를 반영하지 않고 있다.[1284] "칭의의 한 선고" 혹은 "한 사람에 의해 획득된 칭의의 선고"같은 정의도 아담-그리스도의 대조적 모형론을 반영하지 못한다는 점에서 올바른 정의로 수용할 수가 없다.[1285]

그 두 번째 단어 디카이오우시스는 칭의를 의미한다. 그리고 이 단어와 연결된 명사 조우에이생명는 소유격인데 칭의의 결과를 의미한다고 볼 수 있

1280 Murray.
1281 NASB; NIV; Godet; Murray; Sanday and Headlam.
1282 NRSV; Wilckens; Cranfield; Bengel; Käsemann; Schreiner.
1283 Moo; Dunn; Schreiner.
1284 Dunn.
1285 Godet; Sanday and Headlam; Morris.

다.[1286] 이 두 명사는 예수 그리스도의 하신 일과 그 결과를 확실하게 설명하는 단어로써 아담의 한 행위와 그 결과를 분명히 대조해 준다. 즉 아담은 범죄함으로 정죄를 가져왔고 그리스도 예수는 의로운 한 행위로 말미암아 칭의를 가져왔다. 18절은 15절에서의 폴로이 대신 형용사 파스많은를 사용해서 많은 사람이 정죄에 이르렀다는 사실과 많은 사람이 의에 이르렀다는 것을 대조하고 있다. 여기서 훌트그런은 "판타스 안쓰로우푸스"는 19절의 호이 폴로이와 병렬되며 문자적으로 "모든 사람"을 의미한다고 본다.[1287] 이는 18-19절이 구원의 보편성을 나타내고 있다는 것이다. 그리고 그리스도의 구속의 포괄성은 "칼 와호멜" 용법인 폴로우 말론더욱에도 나타나 있다는 것이다. 그러나 이미 15절에 언급한 것처럼 여기서 많은 사람이 의롭다하심을 받았다는 말씀은 보편구원론을 가리키고 있지 않다. 왜냐하면 바울은 칭의를 항상 개인에 적용하고 있지 십자가에서 이룬 구속의 개념으로 사용하지 않고 있기 때문이다. 또 나아가 바울은 어떻게 그리스도께서 모든 사람들이 칭의와 생명에 접근할 수 있는가를 보여주려 한 것이 아니라 어떻게 그리스도께서 그에게 속한 모든 사람들에게 칭의의 혜택을 확보했는가를 보여주려 한 것이다.[1288]

로마서 5:19절의 접속사 갈왜냐하면은 18절 내용의 설명을 도입한다: "한 사람의 순종치 아니함으로 많은 사람이 죄인 된 것 같이 한 사람의 순종하심으로 많은 사람이 의인이 되리라". 바울은 18절의 파랍토우마범죄를 19절에서는 파라코에이불순종로 카타크리마정죄를 하말토우로이 카테스타쎄이산죄인됨으로 디카이오우마의의 한 행동를 후파코에이순종로 디카이오우시스칭의를 디카이오이 카타스타쎄이손타이의인으로 만들어짐로 바꾸고 있다. "한 사람의 순종치

1286 Cranfield; Ziesler; Moo; Schreiner; Schrenk; Murray.

1287 A. J. Hultgren, *Christ and His Benefits: Christology and Redemption in the New Testament* (Philadelphia: Fortress, 1987) 54-55; K. Barth, *Christ and Adam. Man and Humanity in Romans 5* (New York: Collier, 1962) 108-9; M. C. Boring, "The Language of Universal Salvation in Paul," *JBL* 105 (1986) 269-92; Barrett; Fitzmyer; Richard H. Bell, "Rom 5.18-19 and Universal Salvation." *NTS* 48 (2002): 417-32; Otfried Hofius, "The Adam-Christ Antithesis and the Law: Reflections on Romans 5:1221." In *Paul and the Mosaic Law* (Ed. James D. G. Dunn, Grand Rapids: Wm. B. Eerdmans, 2001) 165-205; Michel; Käsemann; Schlatter; Byrne; Jeremias; Cranfield.

1288 Murray; Osborne; Moo; Conzelmann, *An Outline of the Theology*; Stuhlmacher; Ridderbos; Godet; Meyer.

아니함"은 아담이 에덴에서 범한 죄를 의미한다. 아담은 하나님께서 금하신 동산 가운데 있는 선악을 알게 하는 나무의 열매를 따먹었다. 이는 하나님의 명령을 고의로 범한 것이다. 아담의 이 죄는 많은 사람도 죄인이 되게 했다. 이는 12절에서 밝힌 것처럼 많은 사람이 각자 지은 죄를 말하는 것이 아니다. 또한 많은 사람이 아담으로부터 타락한 마음을 유산받았다는 것도 아니다. 이는 아담의 후손들도 아담의 범죄를 똑같이 범한 것이 되었다는 것이다. 이는 아담이 인류를 대표하는 머리였고 그 후손들은 아담과 연대관계에 있기 때문이다. 이와 반면에 "한 사람의 순종하심"테이스 후파코에이스 투 헤노스은 하나님의 구속의 계획에 따라 예수께서 십자가 위에서 죽으시기까지 하나님께 순종하신 것을 가리킨다. 그리스도의 순종은 그리스도의 생애 전체에 걸친 순종으로[1289] 볼 수도 있다. 그러나 더 나은 해석은 그리스도께서 십자가에서 죽으시고 부활하신 사실을 가리킨다고 보는 것이다.[1290] 만일 본문에서 그리스도의 순종이 그 생애 전체에 걸친 순종을 의미한다면 이와 대조되는 아담의 죄도 선악과를 따먹은 한 범죄가 아니라 그 생애 전체에 걸친 죄라고 말씀했어야 했다. 그러나 바울은 그렇게 말씀하지 않고 아담의 한 범죄파라바시스 혹은 파랍토우마의 행위를 가리키고 있다. 케제만은 여기서 의의 한 행위는 제사/번제의 개념을 포함하지 않는다고 주장하는데 이는 로마서 5:6-10절에 분명히 반복되고 있는 그리스도의 구속적 죽으심을 간과하고 있다.[1291] 많은 사람이 의인이 되었다는 것은 믿음으로 많은 사람들이 칭의를 받은 것을 나타낸다. 여기서 "디카이오이 카타스타쎄이손타이"는 "디카이오우쎄이손타이"(롬2:13)와 동의어이다.

죄인으로 만들어짐과 의인으로 만들어짐의 표현에서 사용된 동사 카씨스테이미는 "만들다" 혹은 "정하다"는 뜻이 아니라 "되다"의 의미를 가진다고 주장하는 사람들도 있다.[1292] 그러나 이 동사의 "정하다"는 뜻은 이 동사가

1289 Murray; Cranfield; Michel; Godet; R. N. Longenecker, "The Obedience of Christ in the Theology of the Early Church," in *Reconciliation and Hope* (ed. R. Banks; Exeter: Paternoster, 1974) 145.

1290 Moo; Meyer; Dunn; Käsemann; Osborne.

1291 Käsemann.

1292 Wilckens; Dunn; Oepke; Garlington; Leenhardt.

신약의 다른 구절에서 가지는 의미와 일치한다.[1293] 그리고 이 동사는 이 절의 두 부분에서 모두 수동태로 쓰이고 있다. 이는 아담의 불순종으로 많은 사람이 죄인으로 만들어졌다는 것을 말한다. 이는 많은 사람들이 자신의 죄와 관계없이 아담의 죄로 인해 죄인으로 정해졌다는 뜻이다.[1294] 앞서 12절에서 본 것처럼 모든 사람들은 죄를 지었다. 이 죄는 아담의 원죄와 관련되어 있다. 바로 이 점을 바울은 19절에서 분명히 밝히고 있다. 모든 사람들은 아담의 원죄로 인해 심판아래 태어나고 법률적으로 죄인으로써 이 땅에 산다. 반대로 한 사람 예수 그리스도의 순종을 바탕으로 많은 믿는 자들이 의인으로 만들어졌다. 여기서 많은 사람들이 그리스도의 순종하심으로써 의인이 되게 된 것은 자신의 순종으로 의롭게 된다는 뜻을 배제한다.[1295] 여기서 어떤 학자들은 의롭게 된다는 의미를 칭의와 함께 도덕적으로 거룩하게 변화되는 성품까지 포함하는 개념으로 이해한다. 이 해석은 로마서 5:15-17절에서 일관되게 아담의 한 범죄 때문에 많은 사람위에 사망이 왕노릇했다고 하는 점과 그리스도의 의의 한 행위로 많은 사람이 칭의의 선물을 받았다고 하는 대조를 무너뜨린다. 여기서 의롭게 정해지는 것은 법률적 개념으로써 도덕적으로 올바르게 변화된다는 개념을 포함하지 않는다.[1296] 만일 그랬다면 칭의를 하나님의 은혜의 선물이라고 표현하지 않았을 것이다. 그러나 다른 한편으로 아담의 원죄로 인해 모든 사람이 죄인으로 만들어졌다는 것은 이들이 법률적으로 죄인이 된 것 뿐 아니라 이들이 실제로 죄인의 상태인 것을 의미한다. 만일 이 개념이 옳다면 우리가 그리스도의 순종하심으로 의인이 된 것도 법률적 "의"의 지위 뿐 아니라 실제로 그리스도의 의로운 상태를 우리가 소유하고 있는 것으로 볼 수도 있다.[1297]

1293 마24:45, 47; 25:21, 23; 눅12:14; 행6:3; 7:10, 27, 35; 딛1:5; 히2:7; 5:1; 7:28; 8:3. Schreiner; Ridderbos; Fitzmyer; Murray; S.-H. Quek, "Adam and Christ according to Paul." in *Pauline Studies: Essays Presented to Professor F. F. Bruce on His Seventieth Birthday* (Edited by D. A. Hagner and M. J. Harris. Grand Rapids: Eerdmans, 1980) 71.

1294 Contra Taylor; Fitzmyer.

1295 Moo.

1296 Schreiner, Osborne, Garlington, Ziesler, de Boer 등은 여기서 도덕적 개념이 포함되어 있다고 주장한다.

1297 Murray; Lagrange; Fitzmyer; *contra* Taylor; Zeller; Kirk; Barrett.

이 구절에 내포된 또 하나의 대조는 많은 사람들이 아담의 불순종으로 죄인으로 정해진 것은 과거의 사건이지만 많은 사람들이 그리스도의 순종으로 의인이 되는 것은 미래의 사건이라는 것이다. 즉 동사 카씨스테이미가 디카이오이의롭다와 사용될 때는 미래형으로 되어 있다. 이는 신자들이 최후 심판 때 공식적으로 칭의의 신분을 부여 받는 것을 의미하는 것이다.[1298] 그러나 로마서 5:1, 9절에서 바울은 종말적 화평과 하나님의 진노하심에서의 구원이 현재 우리에게 임한 것으로 말씀하고 있다. 이 문맥에서 볼 때 여기서 미래형은 논리적 미래로써 신자들이 현재 의인의 신분을 유지하고 있는 뜻도 포함하는 것으로 보아야 옳다.[1299] 즉 그리스도의 순종하심으로써 많은 사람들이 칭의의 선물을 받고 하나님과 화평을 누리다가 미래에 있을 최후 심판 때 공식적으로 의의 신분이 종말적으로 완성되게 되는 것이다.

(다) 율법의 역할(롬5:20-21)

로마서 5:20절의 접속사 데그리고는 역접이 아니라 추가적 설명을 도입한다: "율법이 가입한 것은 범죄를 더하게 하려함이라 그러나 죄가 더한 곳에 은혜가 더욱 넘쳤나니". 이 절은 로마서 5:13절에서 언급한 율법의 주제와 연결된다. 노모스율법는 정관사 없이 쓰였지만 모세의 율법을 가리키고 있다. 동사 가입하다파레이셀코마이는 신약에서 갈라디아서 2:4절과 이곳에만 쓰인다. 이는 "몰래 들어오다"sneak 혹은 "침입하다"(NEB) 등으로 번역된다. 갈라디아서 2:4절에서 바울은 거짓형제들이 갈라디아교회에 가만히 들어온 것은 그리스도 예수 안에서 우리의 가진 자유를 엿보고 우리를 종으로 삼고자 함이라고 말씀한다. 여기서 이 동사는 부정적인 의미로 사용되고 있고 로마서 5:20절에서도 부정적인 뉘앙스를 가진다고 볼 수 있다.[1300] 즉 율법은 범죄를 더하게 하려고 가만히 들어온 것이다. 율법은 하나님의 계획속에 나중에 세상에 도입되었다.[1301] 따라서 율법은 구속사에 있어서 "종속적인 자

1298 Godet; Käsemann; Michel; B. Byrne, " 'The Type of the One to Come' (Rom 5:14): Fate and Responsibility in Romans 5:12-21." *Australian Biblical Review* 36 (1988) 19-30.

1299 Dunn; Murray; Cranfield; Althau; Fitzmyer; Moo.

1300 Moo; Leenhardt; Gaugler; Michel; Barrett; Dunn; Osborne.

리를 차지했다"고 할 수 있다.[1302] 그러나 크랜필드는 여기서 바울은 율법의 부정적 뉘앙스 없이 율법이 세상에 들어온 사실 자체를 말씀하고 있다고 본다.[1303] 모리스는 중립적인 입장에서 율법이 구속사에 있어서 주된 위치에 있는 것이 아니라 부차적인 위치에 있는 것을 가리킨다고 본다.[1304] 필자도 율법이 종속적이지도 부정적이지도 않다고 본다. 율법은 하나님께서 그 구속사적 계획을 이루시기 위해 주신 제도다. 로마서 3:19절은 율법은 모든 입을 막고 온 세상으로 하여금 하나님의 심판아래 있게 하려함이라고 말씀한다. 로마서 7:7절에서 바울은 "그런즉 우리가 무슨 말 하리요 율법이 죄냐 그럴 수 없느니라 율법으로 말미암지 않고는 내가 죄를 알지 못하였으니 곧 율법이 탐내지 말라 하지 아니하였더면 내가 탐심을 알지 못하였으리라"라고 말씀한다. 이후 같은 로마서 7장에서 바울은 율법의 긍정적인 측면을 세 번 강조하고 있다. 즉 율법은 거룩하며 계명도 거룩하며 의로우며 선하다(롬 7:12). 율법은 신령하다(롬7:14). 그리고 율법은 선하다(롬7:16). 이 구절들에서 우리는 바울이 율법에 대해 부정적으로 보지 않음을 확인할 수 있다. 바울은 우리가 믿음으로 말미암아 율법을 폐하지 않고 오히려 굳게 세운다고 말씀하고 있다(롬3:31).

그러면 바울이 율법이 들어온 것은 범죄를 더하게 하려함이라고 말씀한 것은 무엇을 의미하는가? 먼저 여기서 접속사 "히나"는 결과를 도입하고 있다고 볼 수도 있다.[1305] 즉 율법이 들어온 결과 죄가 더해졌다는 것이다. 그러나 여기서 히나는 목적을 도입한다고 보는 것이 더 낫다.[1306] 즉 범죄를 더하게 하려고 율법이 더해진 것이다. 크랜필드는 죄가 더한다는 것은 사람들의 죄의 양이 증가한 것을 말하는데 그 이유는 사람들의 이기적 속성이 율법의 공격을 대처하는 것은 온갖 열의를 다해 자신들의 이기심을 방어하고 심지어 자기의 이익을 실현하기 위해서 하나님의 법까지 이용하려고 하기 때

1301 Sanday and Headlam.
1302 Barrett; Dunn.
1303 Cranfield; Murray.
1304 Morris; Schreiner.
1305 Lenski; Black; Stuart.
1306 Morris; Moo; Moule, *Idiom Book*, 143.

문이라고 말한다.[1307] 이 견해는 어거스틴의 견해와 유사하다. 즉 율법은 금지된 열매와 같이 마음이 타락한 사람들로 하여금 더욱 그 법을 어기도록 유혹하는 결과를 가져오고 그로 인해 사람들은 더 죄를 짓게 된다는 것이다.[1308] 그러나 바울은 명사 범죄파랍토우마를 단수로 사용한다. 만일 죄의 양을 의미하려 했다면 바울은 이 명사의 복수를 사용했을 것이다. 그리고 파랍토우마는 명령을 어긴다는 의미를 가지고 있다. 율법이 없을 때는 죄를 죄로 여기지 않는다는 것은 율법이 없었을 때는 명령을 어기는 죄파랍토우마가 없었다는 뜻이다. 따라서 모리스는 죄가 증가한다플레오나조우는 의미를 죄의 질이 심화된다는 뜻으로 해석한다.[1309] 그리고 율법이 들어온 후 사람들은 죄에 대해 더 자각하게 되었다는 것을 말한다고 주석한다. 그러나 여기서 바울이 죄의 질이 무거워지는 것만을 의미한다고 볼 수 없다. 죄가 더해졌다는 것은 죄의 양도 증가했다는 것을 의미한다. 20b에서 하말티아는 파랍토우마와 교체되고 있다. 하말티아는 실정법을 어기는 범죄를 의미할 수도 있다.[1310] 그러나 바울이 20b에서 파랍토우마 대신 하말티아를 사용한 것은 의도적 선택으로 보인다. 즉 그는 포괄적 의미의 범죄가 증가했다는 것을 말씀하고 있다. 따라서 쉬라이너는 바울이 20절에서 말씀하는 것은 사람이 죄에 대해 느끼는 주관적 차원이 아니라 죄의 증가와 그 객관적 현실이다고 말한다.[1311] 이 점에서 범죄가 더해졌다는 것은 사람들의 범죄가 중해졌고 또 그 수가 증가했다는 것을 의미한다고 볼 수 있다.

마지막으로 법률적인 해석으로써 불트만은 율법이 들어옴으로 범죄가 더해졌다는 것은 사람들이 법을 지킴으로써 안전을 확보하려고 하기 때문에 그 결과 죄가 증대하는 것을 말한다고 주장한다.[1312] 그는 사람들이 법을 지

1307 Cranfield.

1308 Augustine, *Spirit and Letter* 4.6 (*NPNF* 5.85); Gerald Bray, ed. *Romans* (Ancient Christian Commentary on Scripture, New Testament 6. Edited by Thomas C. Oden. Downers Grove, 111.: InterVarsity Press, 1998) 149-50.

1309 Beker; Cranfield; Schreiner; Osborne; Wilckens; Moo; Thielman, *Paul and the Law*, 192; V. P. Furnish, *Theology and Ethics in Paul* (Nashville: Abingdon, 1968) 140.

1310 Dunn.

1311 Schreiner; Cranfield; Murray.

1312 Bultmann, *Theology*, 1.264.

키려고 하는 것 자체가 사람들이 자신의 의를 입증하려고 하는 죄악된 의도를 나타내는 것이라고 생각한다. 그러나 이 견해는 바울의 가르침을 바로 이해하지 못하고 있다. 바울은 범죄란 율법을 지키려고 하는 시도가 아니라 율법을 지키지 못하는 것이라고 말씀하고 있기 때문이다.[1313] 그러나 다른 한편으로 법치주의국가의 관점에서 볼 때 불트만의 주장은 타당한 면이 있다. 왜냐하면 사람들이 법을 악용해서 자신의 이익을 극대화하려고 하는 경우가 종종 있기 때문이다. 그리고 일세기의 바리새인들의 율법주의를 생각하면 우리는 바리새인들이 율법의 본뜻을 왜곡하고 행위주의에 입각한 의를 신봉하고 가르친 나머지 하나님 앞에서 외식하는 자로 전락한 것을 볼 수 있다. 그들은 율법을 지키려고 시도했지만 자기의 이기심을 바탕으로 그것을 정의하고 자신의 세속적 이익을 챙기는데 이용했던 것이다. 이 점에서 볼 때 이 어구에 대한 법률적nomistic 해석도 타당한 측면이 있다고 볼 수 있다.[1314] 이 모든 측면을 고려할 때 우리는 율법이 들어옴으로써 범죄가 더해졌다는 의미는 범죄의 양적 증가, 질적 중함, 주관적 자각 모두를 포함하는 것이라고 할 수 있다. 아담의 원죄로 인해 사람들은 심령이 타락한 채 태어나게 되었다. 그리고 많은 불의를 행할지라도 공포된 법이 없었기 때문에 이들을 죄인이라고 고소할 수 있는 근거가 없었다. 그러나 율법이 들어온 이후 이들이 지었던 많은 죄가 죄로서 규정될 수 있게 되었다. 그리고 이들은 자신들의 이기심으로 법을 악용해서 더 많은 죄를 짓게 되었던 것이다. 따라서 율법은 죄인들의 죄를 고발하는 기능을 가지면서 죄를 더욱 증대되게 하는 결과를 가져왔다. 그러나 이는 율법 자체가 나쁘기 때문이 아니다. 그것은 사람의 본성이 타락해 있기 때문이다. 이로써 사람들은 자신들의 죄악이 객관적으로 입증되게 되기 때문에 공의로운 하나님의 심판대 앞에서 할 말이 없게 될 것이다. 이에 대해서 바울은 이렇게 말씀한다: "우리가 알거니와 무릇 율법이 말하는 바는 율법 아래 있는 자들에게 말하는 것이니 이는 모든 입을 막

1313 Moo; Ridderbos; Schreiner.

1314 Leenhardt; H. Weder, "Gesetz und Sünde: Gedanken zu einem qualitativen Sprung im Denken des Paulus." *New Testament Studies* 31 (1986) 368-69.

고 온 세상으로 하나님의 심판 아래 있게 하려 함이니라"(롬3:19).

20b에서 관계대명사 후는 이스라엘을 가리킨다고 볼 수도 있다.[1315] 그러나 여기서 바울이 이스라엘의 죄만 가리키고 있다고 볼 근거는 없다. 그러면 "죄가 더한 곳에 은혜가 더욱 넘쳤다"는 말씀의 의미는 무엇인가. 이는 첫째, 사람들이 자신의 죄를 씻기 위해서 아무 공로를 쌓을 필요가 없이 무상으로 예수의 피로써 그 죄가 씻겨진다는 것을 말한다. 둘째, 아담의 원죄로 말미암아 이 세상의 죄가 무한대로 확대되었는데 예수 그리스도의 의롭다하심의 은혜가 이 모든 죄의 권세를 무력하게 했기 때문이다. 셋째, 우리 자신의 죄에 대한 자각이 깊을수록 우리는 사망의 권세 아래 신음하게 된다. 그리고 우리는 바울과 함께 부르짖는다 오호라 나는 곤고한 자로다 누가 이 사망의 몸에서 나를 건져내랴(롬7:24). 이렇게 죄의 권세로부터 해방시켜주신 예수님의 은혜는 자신이 죄에 대해 자각하는 정도에 따라 더 크게 느껴진다. 많이 용서받은 자는 더 많은 감사와 찬양을 주께 드리게 되는 것이다. 그러나 사실 많은 죄를 용서받은 사람이나 적은 죄를 용서받은 사람이나 하나님 앞에서는 별 차이가 없다. 앞서 본 대로 범죄는 하나님의 명령을 어긴 것을 말하고 이에 따라 그 죄의 종류에 관계없이 우리는 다 파랍토우마를 지은 사람들이며 주님께서는 믿음으로써 우리를 의롭다고 선언하셨다. 그렇기에 우리는 주님께 늘 감사 찬양을 드려도 부족할 수 밖에 없다. 동사 후펠페리세우오우넘치다는 신약에서 이 절과 고린도후서 7:4절에만 사용된다. 이는 엄청난 양의 증가를 의미한다. 그래서 "더욱더 증가하다"(NIV) 혹은 "더욱더 넘친다"(RSV; NRSV)로 번역된다. 이는 성도가 마음에 느끼는 그리스도의 구속의 은혜가 증가하는 것 뿐 아니라 실제로 죄가 관영한 이방인들에게 회심의 역사가 더 큰 것을 의미한다고 할 수 있다.

로마서 5:21절에서 바울은 접속사 히나so that로 시작하면서 20절의 내용의 목적을 설명한다: "이는 죄가 사망안에서 왕노릇 한 것같이 은혜도 또한 의로 말미암아 왕노릇하여 우리 주 예수 그리스도로 말미암아 영생에 이르게 하려 함이다". 우리는 18-21절에 언급된 죄 심판 사망이 서로 연결되어 있고

1315 Godet; Cranfield; Schreiner; Dunn.

이와 대조적으로 의 칭의 생명이 서로 연결되어 있다는 것을 알 수 있다. 이와 동시에 아이러니는 율법 범죄 은혜 생명도 구속의 메커니즘 속에 서로 작용하고 있다는 것이다. 즉 율법이 들어온 것은 범죄를 더하게 함이다. 그리고 범죄가 더한 곳에 죄사함의 은혜가 더욱 넘친다. 그리고 은혜가 넘치는 것은 영생에 이르게 하려 함이다. 이 요소들의 밀접한 상호작용은 예수 그리스도로 말미암은 은혜가 얼마나 큰 것인가를 더욱 확실히 보여 준다. 만일 율법이 들어오지 않았으면 사람들은 자신들이 어떤 죄를 범하는 지 몰라서 자고해져 있었을 것이다. 그러나 율법이 들어 옴으로써 사람들은 자신들이 율법의 요구를 이룰수 있는 힘이 없다는 것을 인식하게 되었다. 그리고 자신을 죄와 사망으로부터 구해 주실 분은 오직 예수 그리스도로 말미암은 의롭다 하시는 은혜밖에 없다는 것을 확실히 알게 된다.

21절은 17절 내용과 병렬된다. 두 절에서 중심 주제는 "다스리다"이다.[1316] 그러나 두 절의 대조 또한 뚜렷하다. 17절에는 사망이 다스리는 반면 21절에서는 죄가 사망안에서 다스린다. 그리고 17절에는 은혜의 선물을 받은 자들이 생명안에서 왕노릇하는 반면에 21절에서는 은혜가 영생에 이르도록 왕노릇한다. 무는 여기서 전치사 엔은 도구나 결과가 아니라 영역으로 보아야 한다고 말한다. 즉 죄가 사망을 수단으로 왕노릇했다[1317] 혹은 죄가 사망과 함께 왕노릇했다가[1318] 아니라 죄가 사망의 영역안에서 왕노릇했다는 의미다.[1319] 그러나 여기서 전치사 엔은 도구적 의미나 결과적 의미 그리고 영역적 의미를 다 가진다고 볼 수도 있다. 즉 12절에서 바울은 죄가 이 세상에 들어 오면서 사망이 모든 사람에게 이르렀다고 말씀했다. 따라서 죄는 사망과 함께 사망을 통해서 사망의 영역안에서 왕노릇했다고 볼 수 있는 것이다. 17절에서는 은혜와 선물을 넘치게 받은 자들이 예수님의 생명안에서 왕노릇한다고 말씀하고 있는데 21절에서는 은혜가 의로 말미암아 왕노릇한다고 말씀한다. 바울은 이렇듯 사망, 죄, 그리고 은혜 등을 의인화해서 예수 그리스도

1316 Murray.
1317 Meyer.
1318 Cranfield.
1319 Käsemann; Moo; Schreiner; Osborne.

의 구속의 성취로 말미암아 얻어진 은혜를 하나의 지배의 영역으로 제시한다. 즉 칭의의 선물이 미치는 곳은 모두 은혜의 영역안에 들어 온다. 이는 칭의가 공로가 아닌 은혜를 바탕으로 얻어짐을 보여준다. 이런 관점에서 여기서 디카이오수네이의는 법률적 개념이지 도덕적 개념을 수반하는 개념이 아님을 알 수 있다. 쉬라이너는 의의 선물은 필연적으로 변화된 삶을 동반하는 것이라고 주석한다.[1320] 이 해석은 칭의와 성화가 서로 뗄 수 없는 관계에 있다는 점에서 타당한 면이 있다(롬8:4). 즉 성령으로 사는 성도에게 율법의 요구가 이루어지기 때문이다. 그러나 다른 한편으로 만일 여기서 의의 개념이 변화된 삶을 포함한다면 영생에 이르게 하는 은혜는 우리의 공로의 요소를 포함하는 은혜가 되고 무상의 선물로 선언된 의롭다하심의 은혜가 아니게 된다. 바울은 칭의의 선물을 받은 그리스도인들의 변화되는 삶을 6장 이하에서 다룬다. 변화되는 삶은 칭의의 결과지 칭의의 조건이 아니다. 만일 그랬다면 바울은 은혜가 의를 통해서 왕노릇한다고 말씀하지 않았을 것이다. 17절에서 바울은 은혜와 선물을 넘치게 받은 자들은 예수 그리스도로 말미암아 생명안에서 왕노릇한다고 말씀했다. 21절에서는 이 내용을 반복하면서 은혜는 의로 말미암아 왕노릇하여 주 예수 그리스도로 말미암아 영생에 이르게 한다고 말씀한다. 따라서 의롭다하심과 영생은 뗄 수 없이 연결되어 있다. 값없이 믿음으로 얻은 칭의를 통한 은혜가 우리를 영생에 이르게 하지 못하고 변화된 삶을 영생으로 조건으로 첨가한다면 예수 그리스도로 말미암은 은혜는 은혜가 아니게 된다. 여기서 바울은 또 다시 "우리 주 예수 그리스도"라는 공식 이름을 사용하여 하나님의 은혜의 선물의 절대적 바탕은 율법이나 혈통이 아닌 예수 그리스도의 구속의 완성이라는 점을 다시 강조하고 있다.[1321]

1320 Schreiner; Dunn.
1321 롬5:1, 11, 15, 17, 21.

(3) 죄의 속박으로부터의 해방(롬6:1-23)

지금까지 바울의 가르침을 상기하면 바울은 로마서 1:18-3:20절에서 의인은 없고 하나도 없나니 모든 사람은 하나님 앞에 죄인이며 하나님의 진노 아래 놓여 있다는 것을 보여 주었다. 그리고 로마서 3:21-26절은 하나님의 진노로부터 벗어날 한 길을 하나님께서 주셨는데 그것은 우리가 예수 그리스도를 믿는 것이라는 것을 말씀하고 있다. 로마서 4장은 이 이신칭의론을 구약의 아브라함의 경험을 바탕으로 입증하고 있다. 로마서 5장은 칭의의 선물을 가진 그리스도인들은 하나님과 화평을 이루었고 그 은혜안에서 예수 그리스도로 말미암아 생명에 이른다는 것을 말씀하고 있다. 이에 대해 일세기에 율법을 지킴으로써 의에 이른다고 믿던 유대인들은 되물었을 것이다. 우리가 죄의 권세로부터 해방되었으니 이제 마음놓고 죄를 지어도 구원을 얻는다는 말인가. 죄가 더한 곳에 은혜가 더 넘친다면 우리는 더 많은 은혜를 받기 위해 더 많은 죄를 져야 한다는 것인가. 이에 대해 바울은 로마서 6:1-2절에 대답한다. 우리가 은혜에 거하게 하려고 죄에 거하겠는가 그럴수 없다. 죄에 대해 죽은 우리가 어찌 그 가운데 더 살겠는가? 바울은 로마서 6:1-11절까지 칭의의 선물을 받고 은혜안에 사는 그리스도인이 죄에 대해서 그리고 사망에 대해서 완전히 죽었다는 것을 밝히고 있다. 그리고 접속사 운 그러므로으로 시작하는 12절부터 그리스도인들이 거룩한 삶을 살아야 된다는 것을 명령법을 사용하면서 강조하고 있다. 12-23절은 명령형만 사용하지 않고 직설형과 명령형을 번갈아 가며 사용하면서 그리스도인들이 의의 삶을 살아야 한다는 것을 강조하고 있다. 로마서 6장을 두 문단으로 나눌 때 두 번째 문단이 12절이 아니라 15절에서 시작한다고 주석하는 학자들도 있다.[1322] 이들은 15절이 1절의 티 운what then을 반복하며 시작하는 점에 초점을 둔다. 1-14절과 15-23절 모두 그리스도인들이 사망의 지배에서 의의 영역으로 옮겨진 사실을 서술하고 있다. 그리고 15-23절은 1-14절의 내용을 더 자세히 설명하면서 생명의 세계로 옮겨진 그리스도인의 삶에 일어난 일

1322 Moo; Nygren; Price; Cranfield; Barrett; Leenhardt.

들을 설명하고 있다.

로마서 6장에서 바울은 죄하말티아라는 단어를 반복적으로 사용하면서 우리가 죄의 몸이 멸하여 죄에서 벗어났으니 몸의 사욕을 순종하지 않고 우리 지체를 의의 병기로 하나님께 드리라고 강조한다.[1323] 이는 성도가 칭의를 얻은 후 어떻게 죄짓는 삶을 살지 않을 것인가하는 문제 즉 성화를 이루어 가는가에 대한 구체적 가르침이다. 여기서 우리는 성화가 칭의를 바탕으로 진행되는 것을 발견할 수 있다. 칭의는 죄가 용서받았다는 선언이라면 성화는 죄를 제어하고 승리하는 것이라고 할 수 있다.[1324] 이미 죄의 권세는 예수 그리스도의 십자가에서의 승리로 완전히 정복되었다. 이제 성도가 해야할 일은 이 승리를 자신의 것으로 만드는 것이다. 성화는 그리스도의 죄에 대한 승리가 성령의 도우심으로 신자의 삶에 구현되는 것이라고 할 수 있다. 이 점에서 로마서 6-7장을 괄호안의 여담이라고 여기는 것은 잘못된 해석이다.[1325] 로마서 8장에서 가르치는 그리스도인이 성령안에서 인내하는 삶은 로마서 6-7장이 가르치는 그리스도인들이 죄와 싸워 승리하는 과정과 구조적으로 엮여 있는 삶이다. 우리가 비록 죄의 권세에서 해방되었지만 이는 우리가 절대로 죄를 지을 수 없는 존재가 되었다는 말이 아니다. 죄는 우리 육을 통해서 언제든지 우리에게 영향을 주려고 한다. 따라서 죄와 육은 바울이 로마서 7-8장에서 성화의 관점에서 다루는 새로운 주제가 된다. 내적으로 육신의 정욕과 영적 투쟁이 진행되는 신자의 삶은 영적으로 살아 있다는 증거이고 성령의 법이 육신의 정욕을 무력화하고 있는 성화의 현장이다.

(가) 그리스도와 연합을 통한 죄로부터의 해방(롬6:1-11)

로마서 6:1절이하의 내용은 로마서 5:20-21절의 내용에 대해 잘못 이해하고 바울의 가르침을 왜곡해서 반박할 수 있는 질문에 대한 답변이라고 할 수 있다. 즉 죄가 더해질 때 은혜가 넘친다고 해서 죄를 더 지어도 좋다는 말은

1323 롬6:1, 2, 6, 7, 10, 11, 12, 13, 14, 15, 16, 17, 18, 20, 22, 23.
1324 웨스트민스터 대요리문답
1325 J. Knox, *Chapters in a Life of Paul* (Nashville: Abingdon, 1950) 49; Schmithals; Byrne.

아니다. 바울은 그리스도인들은 칭의를 바탕으로 거룩한 삶을 살 수 밖에 없다는 것을 그리스도와의 연합이라는 개념으로 설명한다(3-5절). 그래서 예수님의 죽으심과 부활하심에 연합된 우리는 죄에 대해 죽은 자요(6-7절) 하나님 앞에서는 산 자가 된 것이다(8-10절). 11절에서 바울은 2-10절의 내용을 바탕으로 우리가 죄에 대해 죽은 자요 하나님 앞에서는 산 자로 여기라고 권면하며 직설법적인 가르침을 마친다. 1-11절은 일인칭 복수 "우리"의 관점에서 쓰여 있고 12-23절은 이인칭인 너희의 관점에서 쓰여져 있다. 이는 전자가 직설법을 사용하고 있고 12-23절은 명령법을 주로 사용하는 것과 연결된다.

로마서 6:1절은 "그런즉 우리가 무슨 말 하리요"라고 시작한다. 이 표현은 로마서 3:5; 4:1; 6:1; 7:7; 8:31; 9:14, 30절에서도 알 수 있는 것처럼 바울의 가르침에 대한 반박을 예상하고 바울이 이를 논박하는 도입부에 사용하고 있다. 그러면 누가 우리가 은혜를 더하게 하려고 죄에 거하자고 할 수 있었을까. 이들은 로마교회에 출몰한 무법주의자들antinomians일 수 있다. 고린도 교회내에서 모든 것이 가하다고 믿으며 음란한 삶을 살던 사람들이 있었던 것처럼 로마교회 내에도 이런 사람들이 없었다고 단정하기 힘들다. 아니면 이 반대자들은 유대인들이었을 수도 있다.[1326] 이들은 바울의 가르침이 반율법주의를 가져와 사람들이 죄를 짓도록 조장한다고 생각했을 수 있다. 율법을 지킴으로써 의를 얻을 수 있다고 생각하던 유대인들은 믿음으로 의롭다 하심을 얻는다는 가르침이 사람들이 더 편안하게 죄를 짓도록 한다고 생각했을 것이다. 로마서 14장에 묘사된 강한 자와 약한 자의 갈등이 반드시 그리스도인의 윤리에 관계된 주제는 아니지만 복음의 시대에 율법의 의의에 관해 의견이 달랐던 두 종류의 그리스도인들이 겪고 있던 갈등을 묘사하고 있는 것은 분명하다. 이 점에서 바울은 칭의의 선물을 받은 후 율법으로부터 자유로와진 그리스도인들이 무법적인 삶을 살도록 면허증을 받은 것이 아니

1326 U Wilckens, *Der Brief an die Römer*, teilband 2: *Röm 6-11*. Evangelisch-Katholischer Kommentar zum Neuen Testament 6/2 (Zürich: Benziger/Neukirchen-Vluyn: Neukirchener Verlag, 1980) 10; A. F. Segal, *Paul the Convert: The Apostolate and Apostasy of Saul the Pharisee* (New Haven: Yale University Press, 1990) 144-45.

라는 점을 "그리스도와 연합"이라는 관점에서 체계적으로 설명하고 있다. 이 점에서 로마서 6장은 바울의 가르침이 반율법주의적이라고 비난하는 자들에 대해 논박하면서 그리스도인의 성화론을 설득력 있게 정립하고 있다.

이들의 질문에 대한 바울의 대답은 확고하다: "그럴 수 없다"(2절) 우리는 죄에 대해 죽었다 그런데 어찌 우리가 아직도 그 안에 살겠는가? 여기서 우리가 죄에 대해 죽었다는 것은 무엇인가? 크랜필드는 네 가지 해석을 제시한다.[1327] (i)우리는 하나님 앞에서 죽었다. (ii)우리는 세례를 통해서 죄에 대해 죽었고 또 부활했다. (iii)우리는 매 순간 죄와 싸워 이김으로써 죄의 본성을 죽어지게 하고 하나님께 순종하면서 새로운 삶을 얻는다. (iv)우리는 육신적으로 죽을 때 죄에 대해서 죽고 주님께서 재림하실 때 부활의 생명을 얻게 된다. 여기서 해석의 핵심적 개념은 죄의 개념이다. 바울은 죄를 가리키면서 명사 하말티아를 사용하고 있다. 학자들은 이는 우리가 짓는 잡음죄를 가리킨다고[1328] 보거나 혹은 죄의 권세를 말한다고 생각한다.[1329] 그러나 우리는 하말티아의 의미가 구체적 죄와 죄의 권세를 다 포함하는 것으로 보아야 한다. 로마서 5:12절은 한 사람으로 말미암아 죄가 세상에 들어왔다고 말씀한다. 이는 죄의 권세를 의미한다. 반면에서 죄가 더한 곳에 은혜가 넘친다는 말씀에서는 죄는 구체적인 죄를 의미한다(롬5:20-21). 이 점에서 우리는 (ii),(iii),(iv)의 해석이 (i)의 해석보다 약하다는 것을 알 수 있다. 우리가 죄에 대해 죽었다는 것은 그리스도인들이 어떤 죄도 범할 수 없게 되었다는 의미는 아니다. 이는 하나님 앞에서 죄에 대해 죽었다는 것을 말한다.[1330] 그러나 이 법률적 해석도 완전히 만족스런 해석은 아니다. 왜냐하면 우리는 우리 자신에 대해서도 죄에 대해 죽었기 때문이다. 이는 성령의 내주하심을 통해서 우리가 죄를 지을 의지가 사라졌다는 뜻도 포함한다. 다시 말해 우리는 바울이 여기서 우리가 죄에 대해 죽은 상태를 말씀하는 것이 아니고 죄에 대해 죽었다고 말씀한다는 사실에 유의해야 한다.[1331]

1327 Cranfield.
1328 Kaye, *The Thought Structure*, 34-57.
1329 Moo; Schreiner; Dunn; Larsson; Th?sing; Käsemann.
1330 Stott.
1331 Morris; Dunn.

여기서 바울이 말씀하는 "죽었다"아페싸노멘는 절대과거형이다. 이는 과거에 우리가 죄에 대해서 완전히 죽었다는 것을 의미한다. 이는 우리가 믿음으로 죄의 권세에서 해방되어 은혜의 영역으로 완전히 옮긴 것과 상관이 있다. 그러므로 죄의 권세가 더 이상 우리 위에 왕노릇할 수 없다. 그렇지만 우리가 완전히 죄를 지을 수 없는 상태가 된 것은 아니다. 그렇기 때문에 바울은 "우리가 우리 자신을 죄에 대해 죽은 자로 여기라"고 말씀하는 것이다(11절). 여기서 여긴다는 동사는 의롭다고 여김을 받는다고 할 때 사용하는 동사다. 이는 법률적인 개념이다. 따라서 우리가 사실은 육신의 정욕때문에 죄의 유혹과 싸우고 있는 현실에 있지만 우리 자신이 죄에 대해 죽었다고 생각해야 된다는 뜻도 가지고 있다. 이는 우리가 성령의 소욕을 따라 사는 사람들이 되었기 때문에 죄의 유혹에 귀를 기울이는 연약함을 벗어난 사실을 말한다.

이 점에서 볼 때 "우리가 어찌 그 가운데 더 살리요"는 우리가 어찌 육신의 소욕을 탐하면서 잡음죄를 계속 지으면서 살겠는가 하는 것을 말한다. 다른 뜻 즉 우리가 어찌 계속 죄의 권세 아래 살겠는가는 로마서 6:1절의 어찌 우리가 죄에 거하겠는가와 양립되지 않는다. 다시말해 우리 그리스도인들은 죄의 권세로 부터 완전히 해방되었다. 그런데 우리가 어찌 다시 죄의 권세 아래 들어가 살겠는가라고 묻는 것은 말이 되지 않는다. 그것은 우리가 새시대를 떠나 어찌 다시 구시대로 옮겨서 살려고 하는가라고 물을 필요가 없는 것과 마찬가지다. 바울이 말씀하는 것은 우리가 죄를 더 이상을 짓지 않음으로서 그리스도인이 되는 것이 아니라 우리가 그리스도인이 되었기 때문에 더 이상 죄를 짓지 않게 되었다는 것이다.

로마서 6:3-6절은 2절의 가르침을 입증하고 있다. 즉 우리가 죄 가운데 더 이상 살 수 없는 것은 우리가 그리스도와 함께 세례를 받음으로써 그와 함께 죽었고 살아났기 때문에 우리 죄의 몸이 망했고 다시는 우리가 죄에게 종노릇하지 않게 되었기 때문이다. 3절은 에이 아그노에이테or do you not know로 시작한다. 이 말씀은 로마교회 성도들도 바울이 3-6절까지 말씀하는 세례의 의미에 대해서 이미 배워서 알고 있다는 것을 나타낸다.[1332] 그러면 그

1332 Cranfiled; Schreiner; A. J. M. Wedderburn, "Hellenistic Christian Traditions in Romans 6?" *NTS* 29

배경은 무엇인가? 어떤 학자들은 바울의 세례에 대한 가르침은 헬라시대의 신비주의 종교를 배경으로 하고 있다고 주장한다.[1333] 그러나 이는 잘못된 주장이다.[1334] 왜냐하면 그리스도의 죽으심과 부활은 역사에 단 한 번 있던 사건이지만 신비주의 종교에서의 자연신은 죽음과 부활을 반복하며 신자들의 그 신과의 연합도 반복적으로 일어난다고 하는 개념을 가지고 있다. 그리고 신비주의 종교에서는 사람이 세례를 통해서 신과 연합하면 신이 된다고 믿은 반면에 바울은 그리스도인들이 세례를 통해서 신이 된다고 가르치지 않는다.[1335] 이러한 차이점에도 불구하고 던은 양자는 넓은 의미에서 유사점이 있다고 본다. 그것은 이는 양자가 공통으로 미래에 대한 갈망과 죽음에 대한 초월을 희구하는 일 세기의 종교 세계를 그 배경으로 하고 있기 때문이라는 것이다.[1336] 그러나 이는 바울의 고유한 세례론의 특징을 고려하지 않고 있다. "예수와 합하여 세례를 받았다"는 개념은 단순히 이 땅에서의 삶을 초월하는 개념을 가리키는 것이 아니라 우리가 육신에 거하면서 죄의 권세에서 해방되었다는 속죄론의 실질적 적용과 관계된 가르침이다.

3절에서 동사 밥티조우는 사전적으로 담그다 혹은 적시다의 뜻을 가진다. 그러나 케제만은 이 구절에서 밥티조우가 담그다 혹은 적시다의 뜻으로 쓰였는지는 의문이라고 생각한다.[1337] 모리스는 밥티조우가 적시다dip가 아니라 담그다immerse는 의미를 가진다고 보면서 그러나 이는 물세례를 의미하지 않는다고 주석한다.[1338] 반면에 무는 밥티조우가 신약에서 대부분의 경우 물

(1983) 345-46; idem, *Baptism and Resurrection: Studies in Pauline Theology against its Graeco-Roman Background* (WUNT 44; Tübingen: Mohr, 1987) 41-69.

1333 W. Boussett, *Kyrios Christos: A History of the Belief in Christ from the Beginnings of Christianity to Irenaeus* (Translated by J. E. Steely. Nashville: Abingdon, 1970); R. Reitzenstein, *Hellenistic Mystery-Religions: Their Basic Ideas and Significance* (Translated by J. Steely. Pittsburgh Theological Monograph Series 15. Pittsburgh: Pickwick, 1978); Wengst, *Formeln*, 39-40; G. M. M. Pelser, "The Objective Reality of the Renewal of Life in Romans 6:1-11," *Neot* 15 (1981) 108-9.

1334 G. Wagner, *Pauline Baptism and the Pagan Mysteries: The Problem of the Pauline Doctrine of Baptism in Romans VI. 1-11, in the Light of Its Religio-Historical "Parallels."* (Translated by J. P. Smith. Edinburgh: Oliver & Boyd, 1967); Wedderburn, *Baptism and Resurrection*, 90-163.

1335 Cranfield.

1336 Dunn.

1337 Käsemann.

1338 Morris.

세례와 연관해서 사용되기 때문에 로마서 6:3절에서도 물세례를 가리킨다고 생각한다.[1339] 그러나 바울은 세례를 예수님의 죽으심과 합하여 장사되고 부활과 합하여 일어나는 것으로 말씀한다. 그리고 이를 통해 우리의 죄의 몸이 멸하여 다시는 죄에게 종노릇하지 않게 되었다고 말씀한다. 이는 물세례가 우리에게 가져오는 것 이상을 의미하고 있다. 슈바이처는 물세례가 죄를 이기는 능력을 입힌다고 주장하는데 이는 고린도전서 10:1-12절과 양립하지 않는 이론이다.[1340] 던은 여기서 세례받는다는 것은 하나의 은유적 표현이라고 주장한다(막10:38).[1341] 하지만 여기서 세례받다는 동사는 절대과거시제형으로 표현되고 있다. 이는 우리가 과거에 실제적으로 세례를 받았다는 사실을 가리킨다. 이 점에서 우리는 여기서 세례는 은유적 상징이 아니라 성령 세례를 의미한다고 보는 것이 제일 낫다.[1342] 로마서 5:5절에 바울은 이미 성령님을 통해서 하나님의 사랑이 우리 마음에 부은 바 되었다고 말씀하고 있다. 그리고 고린도전서 12:3절은 우리가 성령을 통하지 않고는 예수님을 주로 부를 수 없다고 말씀한다. 이는 우리가 성령을 통하지 않고는 베일에 가려진 마음이 걷히고 주의 복음을 받아들이고 믿음을 가지게 될 수 없다는 것을 말한다(고후4:4-6).

이 견해가 옳다면 여기서 바울은 성령세례를 통해서 그리스도인들이 예수와 함께 연합되고 그로말미암아 예수님의 죽으심에 합하여 우리도 함께 죽었고 예수님의 부활하심에 합하여 우리도 함께 부활했다는 말씀을 하고 있다고 해석할 수 있다. 이 놀라운 사건은 모든 그리스도인들에게 일어난 것이므로 여기서 성령세례는 오순절의 성령 세례보다 넓은 의미의 성령세례라고 보아야 한다. 이는 중생을 가져오고 회심개시conversion-initation를 가능하게 하는 성령님의 사역이라고 할 수 있다.

1339 Moo; Schreiner; J. Ysebart, *Greek Baptismal Terminology: Its Origin and Early Development* (Graecitas Christianorum Primaeva, 1; Nijmegen: Dekker & van de Vegt, 1962) 51-53.

1340 A. Schweitzer, *Paul and His Interpreters: A Critical History* (Translated by W. Montgomery. London: Black, 1951) 225-26; Schneider, *TDNT*, 5:195.

1341 J. D. G. Dunn, "Salvation Proclaimed: VI. Romans 6:1-11: Dead and Alive," *ExpTim* 93 (1982) 361; Morris.

1342 Lloyd-Jones.

그리스도인들은 성령의 오심을 통해서 예수와 연합된다.[1343] 이 그리스도와의 연합의 개념은 전치사구 에이스 크리스톤예수와 함께에 나타나 있다. 어떤 학자는 여기서 전치사 에이스를 "관하여"with reference to로 해석한다.[1344] 또 신조적 전통에서는 에이스 크리스톤은 "성부와 성자와 성령의 이름으로"의 축약형이라고 본다. 그러나 이를 그리스도와의 연합이라고[1345] 보아야 하는 이유는 (i)로마서 6:4-8절에서 자주 사용되는 전치사 순with이 그리스도와의 연합을 의미한다는 것이다. 즉 우리는 그리스도와 함께 장사되었다(4절), 연합되었다(5절), 십자가에 못박혔다(6절), 죽었다(8절), 그리고 그와 함께 살 것이다(8절). 로마서 8:16-17절에서 바울은 성령이 우리가 하나님의 자녀인 것을 우리와 함께 증거하며(16절), 우리가 예수와 함께 상속자가 되었으므로 그와 함께 고난도 받고 장차 그와 함께 영광을 얻을 것이라고 말씀한다(17절). 이는 예수와의 연합의 기초는 성령의 내주하심이라는 것을 나타낸다. (ii)케제만도 지적하듯이 예수와 함께with Jesus는 그리스도 안에서in Christ와 겹치는 개념으로써[1346] 우리가 예수와 하나가 되었다는 사실을 나타낸다. 로마서 8:1절은 우리는 그리스도 안에 있으므로 정죄함이 없다고 말씀한다. 로마서 12:5절은 우리가 그리스도 안에서 한 몸이 되어 서로 지체가 되었다고 말씀한다. 이는 개개의 성도가 그리스도와 연합되어 있다는 것을 전제로 말씀하는 것이다.

이렇듯 예수와 연합하여 세례를 받았다는 것은 성령을 통해서 예수와 연합되었다는 것을 가리킨다. 이는 우리가 예수에게 속했다는 의미도 된다. 바울은 나아가 예수와 함께 세례를 받은 우리는 예수의 죽으심과 합하여 세례를 받은 것이라고 말씀한다. 이 말씀은 우리 옛 사람이 예수와 함께 십자가에 못박혔다(6절) 혹은 우리가 그리스도와 함께 죽었다(8절)는 말씀과 같다. 이는 우리가 실제로 죽었다는 말씀이 아니라 아담으로 말미암아 우리를 다

1343 Murray; Morris; Stott; Schreiner; Moo.

1344 Kaye, *The Thought Structure*, 59; Cranfield.

1345 M. Bouttier, *En Christ. Étude d' exégèse et de théologie pauliniennes* (Paris: University of France, 1962) 36-38; Best, *One Body*, 56-57; Ridderbos, *Paul*, 401-3.

1346 Käsemann.

스리던 죄와 사망안에 있던 우리가 죽었다는 말씀이다. 즉 우리는 성령 세례를 통해서 그리스도의 십자가의 죽으심과 부활 이전의 시대 즉 옛 시대로부터 완전히 벗어나 해방된 것을 의미한다.

그러면 우리가 예수의 죽으심과 합하여 세례받은 이유는 무엇인가. 로마서 6:4절은 그 이유를 설명한다. 즉 이는 우리로 하여금 새 생명가운데 행하게 하려 함이다: "그러므로 우리가 그의 죽으심과 합하여 세례를 받음으로 그와 함께 장사되었나니 이는 아버지의 영광으로 말미암아 그리스도를 죽은 자 가운데서 살리심과 같이 우리로 또한 새 생명 가운데서 행하게 하려 함이니라". 4절은 동사 순에타페이멘으로 시작된다. 즉 우리는 예수님과 함께 장사되었다. 이는 무엇을 말하는가? (i)이는 은유적 언어로써 우리가 옛 삶의 방식을 완전히 끊은 것을 말한다. (ii)둘째, 우리가 예수님과 함께 묻혔다는 것은 세례를 매개로 예수님의 장사됨에 참여하는 것이다.[1347] 앞에서 우리가 예수님과 합하여 세례를 받은 것은 우리가 예수님과 연합했다는 것을 말하는 것이라는 것을 보았다. 그렇다면 우리가 예수님과 합하여 장사되었다는 것은 우리가 예수님과 합하여 죽었다는 사실을 강조하는 표현이라고 할 수 있다. 우리가 장사된 것은 절대적 과거시제로 되어 있다. 따라서 이는 성령세례를 통해 일어난 일회적 사건이다. 예수님의 장사됨이 세례 때마다 반복될 수 없듯이 우리의 장사됨도 반복될 수 없는 사건이다.

이 뒤에 따라오는 접속사 히나in order that는 목적절을 이끈다. 이는 아버지의 영광으로 말미암아 그리스도가 죽음에서 부활하신 것처럼 우리도 새 생명가운데서 행하게 하려 함이다. 여기서 모리스는 아버지의 영광은 하나님의 기이하심과 위대하심을 가리킨다고 해석한다.[1348] 이 영광은 예수님을 죽음에서 부활시키신 하나님의 능력이라고 할 수 있다.[1349] 여기서 접속사 호우스페르…후토우스 카이as…so also는 로마서 5:12, 19, 21절에서 사용된 관용

1347 Beasley-Murray, *Baptism*, 130; J. D. G. Dunn, *Unity and Diversity in the New Testament: An Inquiry into the Character of Earliest Christianity* (Philadelphia: Westminster, 1977) 158-59; W. F. Flemington, *The New Testament Doctrine of Baptism* (London: SPCK, 1957) 59.

1348 Morris.

1349 Calvin; Cranfield.

구로써 그리스도의 부활과 우리의 새 삶을 비교하고 있다. 그러나 우리가 4절에서 예상하는 것은 그리스도께서 부활하신 것처럼 우리도 죽음에서 부활했다라고 바울이 말씀하는 것이다. 그러나 바울은 이 종절에 해당하는 표현을 5절과 8절에 삽입하고 있다. 그러면 4절에서 그리스도의 부활과 우리의 새 삶을 왜 비교적 관점에서 설명하고 있는가? 그것은 우리의 새 삶이 절대적으로 그리스도의 부활에 바탕을 두고 있다는 사실을 강조하기 위해서다.[1350] 여기서 "새로움"카이노테이스은 소유격 명사 생명과 한 어구를 이룬다. NIV는 이를 새 생명이라고 번역한다. 이는 생명을 형용사적 명사로 보는 것이다.[1351] 크랜필드는 이 새 생명은 로마서 1:17절에 약속된 생명이라고 주석한다.[1352] 그리고 신약에서 "새로운"이라는 형용사는 종말적 희망을 의미한다는 점에서 4절에서 "새 생명"은 종말적으로 주어질 회복에 대한 맛보기라고 할 수 있다는 것이다.

여기서 걷는다는 동사는 과거 가정형이다. 이는 허용의 의미를 내포한다. 즉 우리는 새 생명가운데 행해야 되는 것이다. 쉬라이너는 이 표현은 신자들이 도덕적으로 바른 삶을 살아야 됨을 말하는 것이라고 주석한다.[1353] 던은 이 동사가 과거 가정형인것은 회심이 수반하는 새로운 삶의 스타일로의 결정적인 변화를 가리킨다고 말한다.[1354] 로마서 13:13절에서 바울은 이 걷는다는 동사를 같은 과거 가정형으로 사용하면서 로마교회 그리스도인들에게 우리가 낮에와 같이 정직히 행하자고 권면한다. 에베소서 2:10절에서도 바울은 이 단어를 동일한 문법적 용도로 사용하면서 윤리적 개념을 포함하고 있다. 이러한 윤리적 관점에서 본다면 로마서 6:4절에서 우리가 새 생명가운데 행하도록 우리가 세례를 통해서 그리스도와 함께 장사되었다는 말씀은 우리가 죄의 몸이 죽었으므로 더이상 몸의 사욕을 좇지 않고 거룩한 삶을 살

1350 J. J. Harris, *Raised Immortal: Resurrection and Immortality in the New Testament* (Grand Rapids: Eerdmans, 1983) 103-4; Moo.

1351 D. B. Wallace, *Greek Grammar beyond the Basics: An Exegetical Syntax of the New Testament* (Grand Rapids: Zondervan, 1996) 89-90.

1352 Cranfield.

1353 Schreiner.

1354 Dunn.

아야 된다는 것을 의미한다. 이 말씀은 11절 이하부터 시작하는 명령법을 예상하게 한다. 그리스도인들은 더이상 율법을 지키기 위해서 거룩한 삶을 살지 않는다. 그들은 죄의 몸이 죽었기 때문에 성령의 소욕을 따라 살게 되는 것이다.

로마서 6:5절은 갈for로 시작하며 4절의 내용을 종결짓는다: "만일 우리가 그의 죽으심을 본받아 연합한 자가 되었으면 또한 그의 부활을 본받아 연합한 자가 되리라". 바울은 4절 후반에 이 종절의 내용을 쓰지 않고 5절에 쓰고 있다. 여기서 우리는 바울이 그의 부활과 연합되었다고 말씀할 것을 예상하게 되는데 그렇게 쓰지 않고 우리가 그의 부활을 "본받아" 연합된다고 말씀한다. 왜일까. 여기서 우리는 먼저 5절 전반부를 주의 깊게 살펴 보아야 한다. 개역성경은 "만일 우리가 그의 죽으심을 본받아 연합한 자가 되었으면…"이라고 번역한다. 한국어로 "본받아"라고 번역되어 있는 명사 호모이오우마티likeness는 복사본copy 혹은 형태form라고 번역할 수 있다.[1355] 그런데 우리는 형태라는 번역을 옳다고 본다. 그것은 로마서 1:23; 5:14; 8:3절에서 이 명사는 형태라는 뜻을 가지고 있고 로마서 6:5절에서도 이 단어를 형태라고 번역하는 것이 문맥에 맞기 때문이다. 이는 우리가 성령세례를 통해서 그리스도의 죽음과 연합했지만 실제로 육체적인 죽음을 맛보지 않았기 때문이다. 따라서 우리는 이 어구를 우리가 예수의 죽음의 형태에 있어서 연합되었다라고 번역할 수 있다. 이는 여기서 형태호모이오우마티가 어떤 학자들의 주장과 같이 세례를 의미하는 것이 아님을 나타낸다. 곧 이들은 삼인칭 대명사가 이 구절에서 생략된 것으로 가정하고 호모이오우마티를 도구적 여격instrumental dative으로써 세례를 의미하는 것으로 해석한다.[1356] 그래서 이 구절을 "그의 죽음의 형태를 통해" 즉 세례를 통해 우리가 "그"와 연합되었다

1355 Branick, "The Sinful Flesh," 248-50.

1356 Fitzmyer; E. Larsson, *Christus als Vorbild: Eine Untersuchung zu den paulinischen Tauf- und Eikontexten*. Acts seminarii neotestamentici upsaliensis 23 (Uppsala: Almqvist & Wiksells, 1962) 59; A. Wikenhauser, *Pauline Mysticism*, 114-15; Warnach, "Tauflehre," 299-311, 317-22; U. Schnelle, *Gerechtigkeit und Christusgegenwart: Vorpaulinische und paulinische Tauftheologie* (Göttingen: Vandenhoeck & Ruprecht, 1983) 82-83; H. Schwarzmann, *Zur Tauftheologie des hl. Paulus im Röm 6* (Heidelberg: Kerle, 1950) 32-34.

라고 번역한다. 그러나 이 구절에서 바울은 "그"아우토우를 삽입하지 않고 있다. 그리고 문법적으로 토우 호모이오우마티를 도구적 여격으로 해석하려면 우리가 만일 그리스도의 죽음의 형태를 가지고 연합되었다면이라고 번역해야 하는데 이는 논리적으로 설득력이 없는 개념이다.[1357] 우리가 그 분의 죽음의 형태를 사용해서 그분과 함께 연합되는 것은 아니기 때문이다.

이 어구를 좀 더 잘 이해하려면 우리는 숨푸토이연합된의 의미를 함께 고려해야만 한다. 영어본 KJV은 형용사 숨푸토이를 심겨졌다로 번역한다. 이 원예적인 의미를 포함하는 번역대신에 많은 학자들은 생물학적 의미의 "성장하다"의 번역을 채택한다.[1358] 마치 부러진 뼈의 끝을 봉합해서 뼈가 성장해서 이어지는 것처럼 우리는 예수의 죽음의 형태에 있어서 성장했다는 것이다. 그러나 이 번역은 "그 형태"토우 호모이오우마티의 여격과 뜻이 맞지 않는다. 그리고 이 구절의 과거 완료동사 게고나멘had become은 성장한다는 뜻과 맞지 않는다. 따라서 필자는 여기서 KJV의 번역을 올바른 번역으로 채택한다. 즉 우리는 그 분의 죽으심의 형태와 함께 심겨졌다는 것이다. 여기서 위의 여격은 숨푸토이의 목적격으로써 "함께"로 번역되는 것이 맞다.[1359] 이 번역은 4절에서 우리가 죽음속으로의 세례를 통해서 예수와 함께 장사되었다는 내용과 앞뒤가 잘 맞는다. 즉 우리는 세례를 통해서 그 분의 죽으심속으로 장사된 것이다. 이는 곧 우리가 그 분의 죽으심의 형태와 함께 땅에 심어진 것과 같다. 그리고 그의 부활의 형태와 함께 있게 될 것이다.

5절 후반부는 숨푸토이를 생략하고 있지만 우리는 이 형용사가 이 어구에 있다고 가정할 수 있다. 그리고 바울은 과거 완료형 게고나멘 대신 미래형 에소메싸를 사용한다. 그러면 우리가 그 분의 부활의 형태와 함께 심어지는 것은 미래에 되어질 일이라는 것인가? 포어터는 여기서 미래형은 시간적 미래를 가리키고 있지 않다고 생각한다.[1360] 크랜필드는 에소메싸의 미래시제

1357 Moo.

1358 Dunn; Wilckens; Grundmann.

1359 F. A. Morgan, "Romans 6:5a: United to a Death like Christ' s," *ETL* 59 (1983) 273-76; Käsemann.

1360 Porter, *Verbal Aspect*, 422-23; H. Thyen, *Studien zur S?denvergebung im Neuen Testament und seinen alttestamentlichen und jüdischen Voraussetzungen*. Forschungen zur Religion und Literatur des Alten und

는 우리가 현재 도덕적으로 부활의 능력가운데 걷는 삶을 사는 것을 의미한다고 주석한다.[1361] 그러나 무는 이 미래시제가 논리적 미래를 의미하는 것보다는 실제적 미래의 사건을 나타낸다고 보는 것이 더 낫다고 주장한다.[1362] 그래서 이는 미래에 그리스도의 육신의 부활과 연합해서 우리도 육신으로 부활할 것을 말씀하는 것이라는 것이다. 그리스도안에서 우리가 미래에 육신의 부활을 입게 되리라는 것을 부정할 사람은 없을 것이다. 그러나 이 해석은 5절의 문맥에 맞지 않는다. 즉 우리가 그리스도의 죽음의 형태와 함께 심어졌다면 우리가 또한 그 분의 부활의 형태와 함께 심어져야 한다는 의미로 보아야 이 문장에 의도된 병렬법이 성립한다. 다시 말해 이 구절에서 바울이 말씀하는 바는 우리가 미래에 예수님의 육신적 부활과 연합될 것이라는 사실이 아니라 예수님의 부활의 형태와 함께 지금 심겨져 있어야 하지 않겠느냐는 것으로써 부활에 대한 연합의 상징적 의미가 소멸되지 않고 있다. 이 해석이 맞다면 우리는 에소메싸의 미래형을 명령의 의미를 내포하는 것으로 볼 수 있다.[1363] 다시 말해 바울이 5절에서 말씀하는 바는 우리가 만일 그 분의 죽으심의 형태와 함께 심어져 있다면 우리가 또한 그 분의 부활의 형태와 함께 심겨져야만 한다는 것이다. 여기서 그 분의 부활의 형태는 사망이 다시 그를 주장하지 못하는 형태이다. 이는 은혜 아래 있는 형태의 삶이며 죄를 지을 수 없는 영적으로 살아 있는 형태의 삶이다. 바울은 이러한 시 시대의 영적인 삶에 대해서 6절 이하에서 강조하고 있다. 이 관점에서 에소메싸는 성도의 도덕적인 삶을 격려하는 명령법적 미래형이라고 보는 것

Neuen Testaments 96 (Göttingen: Vandenhoeck & Ruprecht, 1970) 206-8; Schneider, *TDNT*, 5:194; H. Frankemölle, *Das Taufverständnis des Paulus: Taufe, Tod und Auferstehung nach Röm* 6. Stuttgarter Bibelstudien 47 (Stuttgart: Katholisches Bibelwerk, 1970) 51; Schnackenburg; Leenhardt.

1361 Cranfield.

1362 Moo; Schreiner; Dunn; P. Siber, *Mit Christus Leben. Eine Studie zur paulinischen Auferstehungshoffnung* (ATANT 61; Zürich: Theologischer, 1971) 242-43; R. H. Gundry, "*Sōma*" *in Biblical Theology with Emphasis on Pauline Anthropology*. Society for New Testament Studies Monograph Series 29 (Cambridge: Cambridge University Press, 1976) 57; Käsemann; W. Thüsing, *Per Christum in Deum: Studien zum Verhältnis von Christozentrik und Theozentrik in den paulinischen Hauptbriefen* (Neutestamentliche Abhandlungen 1. Münster in Westfalen: Aschendorff, 1965) 70; Teresa Kuo-Yu Tsui, "Some Observations on the Use of the Future in?Rom?6,5.8." *Zeitschrift für die Neutestamentliche Wissenschaft* 100/2 (2009) 287-294.

1363 J. G. Machen & D. G. McCartney, *New Testament Greek for Beginners* (Prentice Hall, 2004) 255.

이 6장 전체 가르침의 문맥에 맞다고 할 수 있다.

쉬라이너는 이 사실을 고려하지 않은 채 바울은 우리가 예수의 부활과 미래에 연합될 것을 가르친다고 주장한다.[1364] 그리고 성도의 미래의 부활이 어떻게 현재의 윤리에 영향을 주는가 묻는다. 그리고 제시하는 대답은 종말적 사건으로써의 예수의 죽음과 부활은 시간을 초월하는 사건이라는 것이다. 즉 예수 이름으로 세례받은 자들에게는 예수의 죽음과 부활의 능력을 현재의 삶속에서 체험한다는 것이다. 그리고 신자들은 예수와의 연합을 통해서 예수의 부활의 능력이 그들의 것이 되었으므로 새 생명의 삶을 살 수 있는 능력을 부여받았다는 것이다. 즉 예수의 부활로써 종말의 능력이 현재의 악의 시대에 침투했다는 것이다. 그의 이 바울의 종말론적 윤리관은 옳바로 설명되어지고 있다. 그러나 이 개념을 5절 후반부의 에소메싸에 적용해서 해석하는 것은 문법적으로 바른 해석이 아니다. 5절에서 바울이 말씀하는 바는 성도의 윤리의 기초가 현재에 나타나는 예수님의 부활의 종말적 능력이 아니라 성도가 예수의 죽음의 형태와 함께 단번에 심겨졌기 때문에 그로 말미암아 죄의 몸이 멸해졌고 이와 함께 성도는 사망이 지배할 수 없는 예수님의 부활의 형태에 일치하는 의로운 삶을 현재 살아야 하지 않겠는가하는 의미다. 따라서 5절에서 바울이 강조하는 성도의 윤리적 기초는 시간을 초월해서 현재에 역사하는 미래의 부활의 능력이 아니라 성도가 세례를 통해서 예수님과 함께 장사되고 단번에 그 죽으심의 형태와 함께 심겨져서 그 죄의 몸이 완전히 멸했다는 사실에 있다. 바울은 이 구 시대의 권세의 소멸을 과거완료형 게고나멘으로 표현하고 있고 에소메싸는 그 결과 따라오는 윤리적 소명을 나타낸다. 이 해석이 맞다면 바울이 5절에 가르치는 내용은 4절과 크게 다를 바 없다. 다른 점이 있다면 4절 후반부에 예수님의 부활에 기초한 윤리적 당위성이 명시되었다면 5절 후반부에서는 예수님의 부활의 형태와 함께 심겨져야 한다는 명령 즉 윤리적인 삶을 살아야 한다는 필연성을 상기시키고 있다는 점이다.

로마서 6:6절에는 접속사가 없지만 5절과 논리적으로 연결된다: “우리가

1364 Schreiner; Moo.

알거니와 우리 옛 사람이 예수와 함께 십자가에 못 박힌 것은 죄의 몸이 멸하여 다시는 우리가 죄에게 종노릇 하지 아니하려 함이니"(NIV). 6절 전반부의 우리가 예수와 함께 십자가에 못박혔다수네스타우로우쎄이는 어구는 4절 전반부의 "우리가 그의 죽으심과 합하여 세례를 받음으로"나 5절 전반부의 "만일 우리가 그의 죽으심을 본받아 연합한 자가 되었으면"과 병렬된다. 그리고 각 절의 후반부의 내용도 반복되고 있다. 즉 4절 후반부의 "우리로 또한 새 생명 가운데서 행하게 하려 함이니라"나 5절 후반부의 "그의 부활을 본받아 연합한 자가 되리라"는 6절 후반부의 "우리가 죄에게 종노릇 하지 아니하려 함이니"와 병렬되고 있다. 따라서 6절은 기본적으로 4-5절의 내용을 반복 심화시키고 있는 구절이다. 4-6절의 전반부의 주동사의 시제는 과거형이거나 과거완료형이다. 이는 우리가 예수와 연합해서 죽은 사건은 단회적 사건임을 나타낸다. 그리고 이는 우리가 받은 세례를 통해서 일어난 사건이기 때문에 우리 자신이 초래한 사건이 아니라 하나님의 은혜로부터 말미암은 객관적인 사실이다. 다시 말해 6절에서 우리 옛사람이 예수와 함께 십자가에 못 박힌 것은 우리 자신이 직접 십자가의 죽음을 경험했다는 말씀이 아니고 예수님의 십자가의 죽으심에 참여한 것으로 여겨졌다는 말씀이다.

우리는 여기서 중요한 대조점을 발견한다. 즉 우리가 예수와 함께 십자가에서 죽었다고 여겨지는 것과 우리가 아담과 함께 죄를 지었다는 사실이 대조되고 있다는 점이다(롬5:12). 로마서 5:15-19절에서 상세히 설명되고 있는 것과 같이 예수와 아담은 두 종류의 인류를 대표한다. 아담은 예수를 믿지 않는 모든 사람의 머리로써 아담의 죄는 모든 사람들을 사망가운데 빠뜨렸다. 그러나 믿음으로써 예수님의 은혜아래 들어오게 된 사람들은 예수께서 십자가에서 죽으셨을 때 함께 그 죽음을 경험한 것으로 여겨지게 되었고 이에 따라 그 죄의 몸이 멸해진 것으로 여겨짐을 받게 되었다는 것이다. 여기서 예수님과 믿는 자들의 연합의 매개는 세례다. 그리고 세례를 통해서 믿는 자들은 구속사적으로 예수님의 죽으심과 부활하심에 참여한 것으로 여겨지고 그 옛사람이 죽은 것으로 여겨지게 되었다는 것이다.

바울은 여기서 우리가 예수와 함께 십자가에 못박혔다고 말씀하지 않고 우리 옛사람이 예수와 함께 십자가에 못 박혔다고 말씀한다. 여기서 옛 사람호 파라이오스 안쓰로우포스은 무엇을 말하는가. 무는 옛 사람은 존재론적ontological 개념이 아니라 관계적relational 개념이라고 주장한다.[1365] 그래서 이는 인간의 본성nature이 바뀌는 것을 의미하는 것이 아니라 위치 혹은 관계에 있어서 바뀐 것을 의미하는 개념이라는 것이다. 우리의 옛 사람은 아담안에 있는 본성Adamic nature이 아니라 아담안에 있었던 우리what we were in Adam, 즉 구 시대에 속했던 우리, 죄와 사망의 압제속에 있었던 우리를 의미한다는 것이다. 무가 이 해석을 제시하는 이유는 옛 사람이 죽은 우리가 아직도 죄를 지을 수 있는데 그 이유는 무엇일까하는 의문을 해결하기 위해서다. 그는 에베소서 4:22-24절에서 바울은 우리에게 우리 옛 사람을 벗어버리라고 가르친다는 것이다. 우리가 만일 옛 사람을 벗어버렸다면 왜 또 우리가 옛 사람을 벗어버리라고 명령하는가라는 의문에 직면해서 무는 옛 사람이 관계적인 개념이라고 이해하면 이 의문이 해결된다는 것이다. 즉 우리는 옛 사람을 벗어버렸지만 구 시대의 권세는 계속 우리에게 영향을 미치고 유혹하고 있기 때문에 계속 새 시대에 남아 있는 노력을 해야 한다는 것이다. 왜냐하면 우리는 회심으로써 우리의 옛 본성이 말끔히 씻겨지고 새 본성을 입게 된 것이 아니고 우리 자신 전체가 새 시대속으로 들어와 새 시대와의 관계속에 살게 되었기 때문이라는 것이다. 따라서 우리는 예수안에 있으면서 옛 시대와의 관계와 새 시대와의 관계의 갈림길에서 항상 새 시대와의 관계를 유지하는 것이 성도의 윤리의 핵심이 된다는 것이다. 무의 이 해석은 우리가 육의 소욕을 좇지 않고 항상 성령의 소욕을 따라 살아야 한다는 바울의 가르침을 잘 설명해준다. 그러나 이 해석에도 오류가 있다. 그것은 로마서 6:6절에서 우리 옛 사람이 십자가에 못박힌수네스타우로우쎄이 것은 과거의 사건이며 다시 반복될 수 없는 구속사적인 객관적 사건이라는 점이다. 앞에서도 말했듯이 이 개념은 우리가 예수의 죽으심과 함께 세례받은 사건과 병렬이 된다. 즉 우리가 예수의 죽으심과 함께 세례받은 사건은 반복된 수 없는 사건이다. 그래서 바울은

1365 Moo.

우리에게 우리가 예수의 죽으심과 함께 세례받았으므로 우리가 계속 예수의 죽으심과 함께 세례받으라라고 명령하지 않는다. 마찬가지로 바울은 우리 옛 사람이 십자가에 못박혔으므로 계속해서 우리 옛 사람을 십자가에 못박히게 하라고 명령하지 않는다.

그러면 바울은 에베소서 4:22-24절에서 왜 우리가 우리 옛 사람을 벗어버리라고 하는가? 이는 우리가 우리의 중생하기 전의 옛 본성을 벗어버리고 새 본성을 입으라고 하는 말씀인가? 무는 이는 우리가 구 시대의 음성을 쫓지 않고 시 시대의 요구를 따라 사는 것이라고 해석하면서 아담안에 있었던 우리를 벗어버리고 예수안에 있는 우리를 입으라는 것이라고 해석한다. 그런데 문제는 우리는 이미 아담안에 있었던 우리를 완전히 벗어버린 사람들이라는 것이다. 여기서 내포된 해석의 어려움은 "옛 사람"의 의미에 있는 것이 아니라 에베소서 4:22절의 부정사 아포쎄스싸이put off의 해석에 있다. 학자들은 이 단어의 부정사infinitive를 명령으로 볼 것이냐[1366] 아니면 직설로 볼 것이냐에 대해서 논쟁해 왔다. 필자는 이 부정사를 직설로 보아야 한다는 견해가 맞다고 생각한다.[1367] 그것은 첫째로 에베소서 4:22절은 21절의 주동사 에디닥쎄이테you were taught의 목적절이라는 것이다. 둘째, 에베소서 4:22절에서 바울은 심령으로 새롭게 된 성도가 썩어져 가는 구습을 쫓아 심령이 다시 타락하게 될 수 있다는 것을 말씀하고 있지 않다는 것이다. 다시 말해 바울은 에베소 성도들이 옛 사람을 벗어 버리고 새 사람을 입었다는 사실을 이미 배워서 알고 있다는 사실을 일깨우고 있다는 점이다. 그래서 이를 바탕으로 그들이 거짓을 버리고 각각 그 이웃으로 더불어 참된 것을 말하라고 명령하고 있는 것이다. 이는 로마서 6장에서 발견되는 직설법indicative과 명령법imperative의 형태과 같다. 즉 에베소서 4:21-24절은 직설법, 즉 에베소 성도들이 믿음으로써 이미 체험한 사실을 가리키고 25절부터는 이를 인해서 그들이 윤리적/도덕적으로 바른 삶을 살아야 될 것을 명령하고 있다. 넷째, 골

1366 F. F. Bruce, *The Epistles to the Colossians, to Philemon and to the Ephesians* (NICNT; Grand Rapids: Eerdmans, 1984) 358-59n; Moo.

1367 Harold W. Hoehner, *Ephesians: An Exegetical Commentary* (Grand Rapids: Baker Academic, 2002) 598-602; Murray.

3:9-10절이나 고린도후서 5:17절도 믿음으로써 성도가 이미 새 사람을 입었고 새로운 창조물이 된 사실을 가리키고 있다. 이러한 점들을 종합해 보면 에베소서 4:22-24절에서 바울은 성도들에게 옛 사람을 벗어버리고 새 사람을 입으라고 명령하고 있는 것이 아니라 에베소교회 성도들이 이미 옛 사람을 벗어버렸고 새 사람을 입었다는 것을 알진대 그들은 거짓을 버리고 이웃과 더불어 참된 것을 말해야 한다고 권면하고 있다는 것을 알 수 있다.

만일 이 해석이 옳다면 우리는 로마서 6:6절에서 옛 사람은 구 시대에 속한 사람 그리고 새 사람은 새 시대에 속한 사람이라고 보는 관계적인 개념이라는 해석을 유보해야 한다. 이 해석은 로마서 8장에서 성도가 성령의 소욕을 따라 살아야 한다는 가르침을 이해하기에 도움이 된다. 그러나 성도가 아담안에 있던 자신what we were in Adam을 완전히 버리고 단번에 예수안에 있는 사람what we are in Christ을 입었다는 사실을 제대로 반영하지 못한다. 즉 예수안에 들어 온 우리는 아담안에 있던 우리로 다시 돌아갈 수가 없는 것이다. 다시 말해 바울은 우리가 옛 사람을 벗어버렸으니 옛 사람을 벗는 생활을 해야 한다고 말하지 않는다는 점이다. 그 대신 바울은 우리가 옛 사람을 벗었으니 이제 죄의 종이 되는 삶을 살지 말라고 명령하고 있다. 이런 관점에서 우리는 머레이의 해석에 주목해야 될 필요가 있다.

머레이는 옛 사람은 중생한 "새 사람"과 대조되는 개념으로써 중생하지 못한 사람을 가리킨다고 주석한다.[1368] 그는 성도안에 옛 사람과 새 사람이 공존하고 있다거나 성도가 옛 사람이면서 동시에 새 사람일 수 있다고 생각하는 것은 잘못이라고 말한다. 그 이유는 바울이 여기서 옛 사람이 십자가에 단번에 못 박혔다고 말씀하기 때문이라는 것이다. 그는 그리스도가 십자가에 못박히는 과정속에 계시지 않은 것처럼 옛 사람도 십자가에 못박히는 과정속에 있는 것이 아니라는 것이다. 옛 사람은 완전히 못 박혔고 성도는 다시 옛 사람으로 돌아갈 수 없다는 것이다. 이 해석은 6절에서 십자가에 못박혔다는 동사가 과거 시제라는 점이 잘 설명하고 있다. 그리고 에베소서 4:22-24절이나 골로새서 3:9-11절에 명시된 우리가 옛 사람을 벗어버렸다

1368 Murray, Romans; idem, *Principles of Conduct* (Grand Rapids: Eerdmans, 1957) 211-19.

는 사실과도 일치한다. 이 점에서 옛 사람은 우리가 아담안에 있던 상태이다. 그것은 타락한 마음을 가진 상태, 즉 중생하지 못한 마음의 상태이다. 그리고 새 사람은 중생한 사람의 마음의 상태이다. 따라서 예수 그리스도안에 있는 사람 즉 새 사람은 단지 관계적 차원에서 새 시대에 들어온 사람이 아니라 그 이상의 성품을 가진 사람이라고 할 수 있다. 다시 말해 새 사람은 그 마음이 씻겨 심령으로 새롭게 된 사람이고(엡4:24) 이를 우리는 새로운 본성new nature을 입은 사람이라고 할 수 있다. 이와 반대로 옛 사람은 중생하지 못하고 그 마음이 썩어져 가는 구습을 좇는 옛 본성old nature을 가지고 있는 사람이라고 할 수 있다. 즉 바울의 옛 사람/새 사람의 대조는 구속사적이며 관계적인 차원에 있어서의 대조만이 아니라 존재론적인 차원의 대조도 내포하는 개념이라고 보아야 한다.[1369] 따라서 우리는 옛 성품과 새 성품을 다 가지고 있는 가운데 영적 싸움을 싸우고 있는 사람들이라고 보면 않된다. 옛 성품은 완전히 소멸되었고 우리는 새 성품을 입었다. 즉 우리 옛 사람은 완전히 십자가에 못박혔고 성도인 우리에게 더이상 남아있지 않다라고 말할 수 있다. 그러면 우리가 왜 계속 죄를 지으면서 사는가 이는 우리가 이미와 아직의 종말적 긴장속에 살아있기 때문인가? 아니면 우리가 구 시대의 영향을 계속 받으면서 살기 때문인가? 이 두 견해도 어느 정도 맞는 면이 있지만 문맥에서 바울이 가르치는 핵심을 벗어난 대답이다. 바울은 이 질문을 로마서 7장에서 직접적으로 다룬다. 우리가 가진 존재론적인 본질적 문제는 우리에게 있는 육flesh이다.

이제 6절 본문에서 바울은 계속해서 우리 옛 사람이 왜 십자가에 못박혔는지 접속사 히나in order that절에서 설명한다. 즉 그것은 우리 죄의 몸이 멸하여 다시는 우리가 죄에게 종노릇하지 아니하려 함이다. 여기서 세 가지 사실이 서로 고리로 연결되어 있는 것을 발견하게 된다. 즉 우리 옛 사람이 십자가에 못박힌것은 우리 죄의 몸이 멸해지는 것이다. 그리고 우리 죄의 몸이 멸해지는 것은 우리가 다시는 죄에게 종노릇하지 않게 하려 함이다. 따라서 우리가 죄에게 종노릇한다면 우리 옛 사람이 아직 죽지 않았기 때문이라는

1369 Schreiner.

논리가 성립할 수 있다. 그러면 여기서 죄의 몸토 소우마 테이스 하말티아스은 무엇을 의미하는가? 머레이는 여기서 몸은 사람의 육체적 부분을 가리킨다고 생각한다.[1370] 건드리도 이와 비슷하게 여기서 몸은 죄의 지배를 받는 육체를 의미한다고 본다.[1371] 이 견해들은 동사 카탈게이쎄이멸하여를 멸한다는 뜻 대신 힘을 잃게 하다, 무효로 만들다 혹은 약화시키다라고[1372] 번역해야 한다. 왜냐하면 우리가 죄에게 종노릇하지 않는 것은 죄의 몸이 멸하는 것을 전제로 하고 있기 때문이다. 그리고 바울은 우리 몸 자체가 죄가 거하는 보좌라고 묘사하지는 않는다. 따라서 바울이 말씀하는 몸을 육체로 보는 것은 육체와 물질을 죄악시하는 영지주의 관점과 혼동을 가져오는 위험을 내포한다.

피츠마이어는 여기서 몸은 죄를 지으려는 경향이 있는 한 사람의 전체를 가리키는 말이라고 본다.[1373] 이 견해에 동의하는 크랜필드는 죄의 몸은 옛 사람과 같은 개념이라고 생각한다.[1374] 그러면서도 몸은 개인으로써의 죄인의 측면을 강조하고 옛 사람은 하나의 조직된 전체로써의 사람을 가리킨다고 말한다. 그러나 스토트는 이 양자는 다르다고 분명히 말한다.[1375] 필자도 이 양자는 다르다고 보는 것이 본문을 바르게 이해하는 것이라고 본다. 왜냐하면 바울은 우리 옛 사람이 십자가에 못박힌 것은 우리 죄의 몸이 멸하기 위한 것이라고 말씀하면서 양자를 구분하기 때문이다. 바울은 몸소우마을 사람안쓰로포스과는 다른 의미로 사용한다. 로마서 8:10절에서 몸은 마음과 육신을 포함하는 총제적 지체로써 영혼과 대비된다. 로마서 12:5절에서 몸은 육체적 몸이 아니라 유기적 전체를 의미한다.[1376] 이 관점에서 볼 때 죄의 몸은 육체와 같은 사람의 일부분이 아니라 타락해서 죄를 짓는 성향을 가진 한 사람 전체를 가리키는 말로 이해하는 것이 좋다. 이제 이 죄의 몸이 멸한 우리는 그 결과 다시는 죄에게 종노릇하는 삶을 살지 않게 되었다. 여기서 죄는

1370 Murray.

1371 Gundry, "*Sōma*", 58.

1372 Bandstra, *The Law and the Elements of the World*, 77-81.

1373 Fitzmyer; Cranfield; Ziesler, *Romans*, 159-60; Ridderbos, *Paul*, 115-17; Bultmann, *Theology of the New Testament*. 1:192-203.

1374 Cranfield.

1375 Stott.

1376 D. E. H. Whiteley, *The Theology of St. Paul* (Philadelphia: Fortress, 1972) 42; Calvin.

회심하기 이전에 우리에게 영향을 미치던 죄의 권세를 말한다. 바울은 죄를 인격화해서 사망이 다스리던 아담안에서의 불순종의 삶의 방식을 가리키고 있다. 우리는 이러한 불순종의 삶에서 벗어나 순종의 삶을 살 때 죄에게 종노릇하는 삶을 살지 않게 되는 것이다. 나아가 죄에게 종노릇하지 않는다는 것은 구속사적 의미도 포함한다. 로마서 5:21절은 예수께서 오시기 전까지 죄가 사망안에서 왕노릇했다고 말씀한다. 죄가 왕노릇하는 동안 회심하기 이전의 우리는 죄에 종노릇했었다(16, 20절). 그러나 이제 그리스도의 은혜가 의로 말미암아 왕노릇하기 때문에 이 은혜안에 들어온 성도는 죄에게 종노릇할 수 없게 되었다. 다시 말해 우리는 순종의 종이 되었고(16절), 의의 종이 된 것이다(18-19절).

로마서 6:7절의 접속사 갈왜냐하면은 6절 내용의 이유를 도입한다: "이는 죽은 자가 죄에서 벗어나 의롭다 하심을 얻었음이니라". 이 말씀은 랍비문학의 법적 효력에 대한 가르침을 따온 격언이라는 주장이 있다. 즉 "모든 죽은 자들은 죄로부터 속죄함을 얻는다"라는[1377] 격언을 수정해서 바울은 죽은 자가 죄에서 벗어나 의롭다하심을 받았다고 말씀했다는 것이다. 그러나 크랜필드가 지적하듯이 바울이 사람이 죽으면 하나님 앞에서 의롭다하심을 얻는다고 가르치는 것은 그의 이신칭의론과 모순되기 때문에 그가 이렇게 가르칠 리는 없다.[1378] 따라서 7절은 4-6절의 내용을 격언처럼 요약하고 있는 구절로 보는 것이 좋다. 사실 바울은 7절을 접속사 갈왜냐하면로 시작하면서 6절의 내용의 이유를 설명하고 있다. 즉 우리가 죄에게 종노릇하지 않게 된 이유는 우리가 예수와 함께 죽어 죄로부터 의롭다하심을 얻었기 때문이라는 것이다. 여기서 과거완료동사 데디카이오우타이의롭다하심을 얻다를 (죄에서) 놓이다로 해석하는 것은 맞지 않다.[1379] 케제만은 데디카이오우타이가 전치사 아포from와 함께 쓰이면 무엇으로부터 자유롭게 된다는 뜻을 가진다고 주장한다.[1380] 그러나 모리스가 지적하듯이 바울은 여기서 단지 벌을 모면하는 일

1377 *Sipre Num*. 112 on 15:31; K. G. Kuhn, "Röm 6:7", *ZNW* 30 (1931) 305-10; Str-B, 3:232.
1378 Cranfield.
1379 KJV; NIV; NRS; TNIV.
1380 Käsemann; Moo.

을 언급하고 있는 것이 아니라 죄의 권세로부터 자유함을 받는 것 즉 칭의를 말씀하고 있다.[1381] 여기서 바울이 언급하는 하말티아죄는 일반적인 죄가 아니라 바울이 의인화하는 "그 죄"를 가리킨다고 보아야 한다.[1382] 따라서 바울은 이 동사에서 우리 옛 사람이 죽어서 죄의 권세로부터 완전히 의롭다고 선언된 법률적 의미를 내포한다고 볼 수 있다.[1383]

이런 사항을 종합하면 7절에서 "죽은 자"가 예수라는 견해는 틀린 견해라는 것을 알 수 있다.[1384] 이 견해를 제시하는 학자들은 오직 한 사람의 죽음만이 죽음의 고리를 끊었다는 이유를 댄다. 그러나 이 구절에서 바울은 "죽은 자"가 의롭다하심을 받았다고 말씀한다. 이 때 죽은 자를 예수라고 보면 예수께서 의롭다하심을 받았다는 뜻이 되는데 이는 이치에 맞지 않는 견해다. 또 8절은 우리가 그와 함께 죽었으면이라고 시작하면서 죽은 자는 "우리"라는 사실을 유지하고 있다. 이렇게 볼 때 7절의 "죽은 자"는 성도이고 이는 우리가 육체적으로 죽었다는 말씀이 아니라 4-6절 말씀대로 우리가 세례를 통해서 예수님의 죽으심과 연합되었다는 것을 가리킨다. 그 결과는 우리가 아담의 범죄로 들어온 죄의 권세로부터 의롭다하심을 받은 것이다. 따라서 우리가 얻은 칭의는 단지 우리 자신의 지은 죄로부터의 칭의가 아니라 구속사적 차원에서의 칭의다. 즉 칭의는 개인의 죄가 사면되었다는 선언이면서 동시에 아담의 죄에 대한 책임이 없다는 객관적 선언인 것이다. 이는 우리가 세례를 통해서 예수의 죽음과 연합됨으로써 죄의 몸이 멸하여 죄에게 종노릇하며 살 수 없게 된 견고한 바탕이다.

로마서 6:8절은 3-7절의 내용을 반복하며 강화하고 있다. 즉 우리가 만일 그리스도와 함께 죽었다면 우리는 또한 그와 함께 살 줄을 믿는다. 여기서 바울은 우리가 예수의 죽으심과 합하여 세례를 받았다든지 우리가 그의 죽으심을 본받아 연합한 자가 되었다든지 혹은 우리 옛 사람이 예수와 함께 십자가

1381 Morris.

1382 Dunn.

1383 Murray.

1384 R. Scroggs, "Romans 6:7: *'Ο γὰρ 'Αποθανὼν Δεδικαίωται ἀπὸ τῆς 'Αμαρτίας*." *New Testament Studies* 10 (1963-64) 104-8; C. Kearns, "The Interpretation of Romans 6,7," *SPCIC* 1.301-7; Wilckens; Thyen, *Studien zur Südenvergebung*, 204-5.

에 못박혔다고 말씀하지 않고 좀 더 직선적으로 우리가 그리스도와 함께 죽었다면이라고 말씀한다. 이 말씀은 우리는 세례를 통해서 예수와 함께 죽었다고 여김을 받는다는 것보다 강한 의미를 내포한다. 즉 우리는 세례를 통해서 예수와 함께 이미 죽은 것이다. 이는 단지 구 시대에서 새 시대로 옮겨진 관계적 변화 이상을 의미한다. 우리의 회심개시를 통한 죽음은 그리스도의 죽으심과 같은 존재론적인 죽음과 동일시 될 수 있는 것이다. 그 결과는 우리가 그리스도와 함께 살 줄 믿는 것이다. 여기서 산다는 동사는 미래형으로 되어 있다. 여기서 산다는 것은 부활을 의미하는가 아니면 미래에 영생을 얻는다는 것을 말하는가 아니면 예수 안에서 순종하는 삶을 산다는 의미인가? 만일 육체적 부활이나 영생을 가리킨다면 이는 미래에 예수님 재림 때 있게 될 육체적 부활이나 천국에서의 영생을 의미할 것이다. 그러나 산다수제이소멘가 예수 안에서 새 생명 가운데 걷는 삶을 의미한다면 이는 현재 하나님의 뜻에 순종하는 삶을 사는 것을 의미할 것이다(4절). 크랜필드는 여기서 "예수와 함께 살 것이다"는 그리스도인이 현재 부활의 능력가운데서 그리스도와 함께 사는 것을 가리킨다고 생각한다.[1385] 이 해석은 바울이 3–7절에서 우리가 예수와 함께 연합되어 죽었다는 사실을 토대로 죄에게 종노릇하는 삶을 살면 않된다고 가르치는 문맥과 일치한다. 이 해석은 12절부터 바울이 명령법을 사용해 그리스도인의 거룩한 삶을 강조하는 것과 병렬된다는 장점을 가진다. 그 반면에 8절을 예수의 부활을 언급하는 9–11절과 연관해서 보면 우리가 예수와 함께 살 것이라는 것은 현재 예수안에서 동행하는 삶보다는 미래에 예수와 함께 부활한다는 주제가 이 구절에 포함된 일차적 주제인 것으로 보인다.[1386] 그렇지만 스토트도 지적하듯이 바울이 여기서 이 두 의미를 서로 배타적으로 놓고 있지는 않아 보인다. 성도의 미래의 부활은 현재 부활의 능력을 체험하면서 죄와 싸워 승리하는 삶을 사는 것을 함축한다. 스토트가 말하듯 "생명은 기대된 부활이요; 부활은 완성된 생명이다".[1387]

1385 Cranfield; Morris.

1386 Schreiner; Dunn; Moo; Osborne; Barrett.

1387 Stott.

로마서 6:9절을 시작하는 과거완료분사 안다에이도테스는 8절의 주동사 우리가 믿는다에 걸린다. 따라서 이 두 절을 연결해 번역하면 우리는 그리스도께서 죽은 자 가운데서 사셨으니 다시 죽지 않으시고 사망이 다시 그를 주장하지 못할 것을 알기 때문에 우리가 또한 그와 함께 살 줄 믿는다가 된다. 이는 우리가 얻은 생명은 그리스도의 부활에 바탕을 두고 있다는 것을 나타낸다. 그리고 이는 우리가 세례를 통해 그리스도와의 부활에 연합되어 있기 때문에 주어진 축복이다(8절). 그러므로 그리스도의 부활에 관계된 모든 축복이 우리에게도 적용되게 된 것이다. 그러면 그리스도의 부활의 특징은 무엇인가? 그리스도의 부활은 죽은 자 가운데서 사시 사신 부활이다. 이는 그의 부활이 철학적 부활이나 정신적 부활이 아니라 육체적 부활이라는 것이다. 이 부활은 종말적 부활이다. 그래서 부활후 다시 죽었던 나사로의 부활과 같은 종류의 부활이 아니고 다시 죽지 않는 영원한 부활이다. 바울은 그리스도께서 죽은 자 가운데서 다시 살아 잠 자는 자들의 첫 열매가 되셨다고 말씀한다(고전15:20). 첫 열매는 이후 많은 열매의 수확을 예고한다. 즉 그리스도와 연합되어 종말에 영원히 썩지 않는 부활의 몸을 입고 성도들이 부활할 것을 예고하는 것이다.

9절 후반부에서 사망이 다시 그를 주장하지 못한다는 말씀은 아담의 범죄로 이 세상에 들어와 왕노릇했던 사망이 완전히 패했다는 것을 의미한다. 로마서 5:17절은 사망이 아담 한 사람으로 말미암아 왕노릇했다고 말씀한다. 이 사망안에서 죄가 왕노릇했었다. 그러나 그리스도께서 부활하심으로 이 사망을 이기시고 승리하셨다. 그러므로 비록 우리가 육신적으로 죽을지라도 영적으로 우리는 앞으로 부활해서 생명을 얻게 되는 것이다. 이는 사망이 그리스도에게 왕노릇할 수 없는 것처럼 우리에게도 왕노릇할 수 없기 때문이다. 따라서 우리가 그리스도안에서 얻은 새 생명은 종말에 있을 부활에 완성되게 되지만 현재 예수와의 연합을 통해서 우리에게 왕노릇하고 있다고 할 수 있다. 따라서 우리는 현재 새 생명가운데 행하는 삶을 살아야 되는 것이다(롬6:4).

로마서 6:10절의 접속사 갈왜냐하면은 9절 내용의 이유를 도입한다: "그의 죽으심은 죄에 대하여 단번에 죽으심이요 그의 살으심은 하나님께 대하여 살으심이니". 여기서 바울은 계속해서 그리스도의 죽음과 부활의 특징을 설명하고 있다. 이는 우리가 누리게 될 부활의 특징이기도 하다. 그의 죽음의 특징은 무엇인가? 그의 죽으심은 죄에 대하여 단번에 죽으심이다. 이 표현은 로마서 6:2절에서 우리가 죄에 대해 죽었다는 표현과 병렬된다. 그러면 죄를 알지도 못하셨던 분이 죄에 대해 죽으셨다는 말씀은 무엇인가? 우리가 죄에 대해 죽었다는 것과 예수께서 죄에 대해 죽으셨다는 것은 어떻게 같고 어떻게 다른가? 예수께서는 죄가 없으신 하나님이시지만 성육신하셔서 스스로 죄악된 세상에 들어 오셨다. 그러나 죄는 없으셨다. 히브리서 4:15절은 우리 대제사장이신 예수께서는 우리와 한결같이 시험을 받은 자로되 죄는 없으시다고 말씀한다. 히브리서 2:18절은 예수께서 시험을 받아 고난을 당하신 것은 시험받는 자들을 능히 도우시기 위해서라고 말씀한다. 이 점에서 보면 예수께서는 죄악된 세상에 들어오셔서 죄의 권세아래 살던 우리와 함께 되시고 그 죄를 이기심으로써 예수와 연합한 우리도 그와 함께 그 죄를 이기도록 하신 것이다. 따라서 예수께서는 육신적 죽으심으로 죄에 대해서 죽으셨다.[1388] 이를 바탕으로 우리도 예수와 연합하여 죄에 대해 죽게 된 것이다. 예수님의 죄에 대한 죽으심의 두번째 특징은 단번에 일어난 사건이라는 것이다(고전15:6; 히7:27; 9:12; 10:10). 예수님께서는 반복해서 돌아가실 필요가 없다. 이와 마찬가지로 우리가 죄에 대해 죽은 사건은 일회적 사건이다. 우리는 예수와의 연합을 통해서 단번에 죄에 대해서 죽었다. 이는 우리가 더이상 죄의 권세아래 살지 않게 되었다는 것을 말한다. 이는 성도의 윤리의 확고한 토대다 즉 우리는 죄의 권세에서 해방되었기 때문에 죄에게 종노릇하지 말고 의의 종으로 살아야 하는 것이다.

그러면 예수님의 부활의 특징은 무엇인가? 그의 살으심은 하나님께 대하여 살으심이다. 이는 우리의 부활도 하나님께 대한 부활이라는 것을 말한다. 여기서 바울은 죄에 대하여와 하나님께 대하여를 대조하고 있다. 예수께서 죽으심은 죄에 대하여 단번에 죽으심이요 그의 살으심은 하나님께 대하여

1388 Ridderbos, *Paul*, 208.

살으심이다. 여기서 우리는 바울이 예수께서 의에 대하여 살으심이라고 말씀하지 않고 하나님께 대하여 살으심이라고 한 점을 발견할 수 있다. 죄의 반대는 의라고 볼 때 당연히 예수께서 다시 사신 것은 우리에게 의를 입히기 위해서 사셨다고 말씀할 수도 있었을 것이다. 베드로전서 2:24절은 예수께서 친히 나무에 달려 그 몸으로 우리 죄를 담당하셨으니 이는 우리로 죄에 대하여 죽고 의에 대하여 살게 하려 하심이라고 말씀한다. 이 관점에서 보면 로마서 6:10절에서 예수께서 하나님께 대하여 살으심은 베드로전서 2:24절에서 우리가 의에 대하여 사는 것과 병렬관계에 있다고 할 수 있다. 그렇다면 예수님의 부활은 하나님께 대하여 살으심이라는 말씀은 우리가 하나님께 대하여 사는 삶을 가능하게 하신 부활이다. 즉 이는 바울이 로마서 6:12절이하에서 가르치는 우리의 의로운 삶, 거룩한 삶, 생명의 삶을 다 가능하게 하는 구속사적 부활이라는 것을 말한다. 이와 같은 윤리적 권면을 하기 이전에 바울은 11절에 우리도 하나님께 대하여 산 자로 여기라고 다짐해 놓는다.

로마서 6:11절은 10절의 내용과 병렬관계에 있다. 그와 동시에 11절은 10절의 내용의 결과를 다루고 있다.[1389] 즉 10절에서 바울은 그리스도께서 죄에 대해 단번에 죽으셨고 하나님께 대하여 살으셨다고 말씀한 후 11절에서는 후토우스 카이so also로 시작하면서 이를 예수안에 있는 우리에게 적용하고 있다.[1390] 즉 그러므로 예수안에서 우리도 죄에 대하여는 죽은 자요 하나님을 대하여는 산 자로 여겨야 한다는 것이다. 여기서 여기다로기조마이는 동사는 명령형이다. 모리스는 이는 로마서에 나오는 첫 명령형이라고 주석한다.[1391] 반면에 피츠마이어는 이는 로마서에 나오는 두 번째 명령형이라고 생각한다.[1392] 그 문법적 형태로 보면 로마서 3:4절의 기네스쏘우become도 명령형으로 되 있지만 이는 하나님이 그 목적어이기 때문에 진정한 명령으로 볼 수 없다. 그리고 로마서 6:5절의 에소메싸는 미래형이지만 명령의 의미를 가지고 있다. 이렇게 보면 11절의 명령법은 로마서에 나오는 두 번째 명

1389 Käsemann.
1390 Siber, *Mit Christus Leben*, 239; Cranfield.
1391 Morris.
1392 Fitzmyer.

령법이라고 할 수 있다. 그러면 "여기라"는 말씀의 뜻은 무엇인가? 우리가 실제로는 죄에 대하여 죽지 않았지만 죄에 대하여 죽은 것처럼 여기라는 뜻인가? 만일 그렇다면 이 가르침은 윤리적으로 왜곡된 가르침이 될 것이다. 바울은 우리가 죄에 대해 죽지 않았는데 죄에 대해 죽었다고 여기라고 말씀하는 것이 아니다. 로마서 6:2절은 우리는 이미 죄에 대하여 죽었기 때문에 더이상 죄가운데 살 수 없다고 말씀한다. 이는 우리가 그리스도안에서 죄에 대해서 죽었다는 것은 하나님 앞에서 법적으로 선언받은 것인 만큼 구속사적으로 객관적인 사건임과 동시에 우리가 실제로 누리고 있는 영적인 상태라고 보아야 한다.[1393] 이 관점에서 11절에서 바울의 명령을 우리가 되어지고 있는 그 상태가 되어라become what you are in the process of becoming라는 의미로[1394] 해석하는 것은 죄에 대해 예수의 십자가에서의 죽으심과 함께 우리가 예수와 함께 죽었던 과거의 단회적 사건을 고려하지 않고 있다.[1395] 우리는 세례를 통해서 예수와 연합되었다. 이를 바탕으로 예수의 죽으심과 부활이라는 구속사적인 경험에 우리가 실제로 참여한 것으로 하나님 앞에서 여겨지게 되었다. 그러므로 우리는 우리 자신이 죄에 대해 죽었고 하나님에 대해 살았다고 여겨야 되는 것이다. 이는 사실이 아닌 것을 사실인 척하면서 살라고 하는 명령이 아니다. 혹은 우리가 아직 이르지 못한 위치에 이르도록 하라는 명령이 아니다. 만일 그렇다면 11절부터 시작되는 바울이 사용하는 모든 명령법의 가르침은 그 기초를 잃게 될 것이다. 이 점에서 스토트의 비유는 매우 적절하다.[1396] 결혼한 여자가 마치 자신이 결혼하지 않고 혼자 사는 사람인 것처럼 살 수 있는가? 그럴수 있다는 것이다. 그래서 그 녀가 자신이 누구인지 일깨워 줄 필요가 있다. 그 녀가 남편과 하나가 되었다는 사실을 상징하는 결혼 반지를 껴보게 해야 한다. 그러면 그 녀는 다시 결혼 생활에 충실한 삶을 살 마음이 일어날 것이다. 이와 마찬가지로 우리도 죄에 대해 죽었다는 사실을 모르고서 죄에 종노릇하는 삶을 살려고 할 때가 있다. 이

1393 H. Thielicke, *Theological Ethics*, vol. 1: *Foundations* (Grand Rapids: Eerdmans, 1966) 85.
1394 Deidun, *New Covenant Morality*, 239-43; Schreiner.
1395 Oborne.
1396 Stott.

때 우리는 우리가 죄에 대하여 단번에 죽었다는 사실을 깨달아야 한다. 이는 우리가 예수와 연합되어 얻게 된 새 생명가운데 살 수 있는 힘을 줄 것이다.

바울은 우리가 그리스도와 연합된 사실을 "그리스도안에서"in Christ의 어구로 표현하고 있다. 이는 4-10절 사용된 "그리스도와 함께"with Christ와 같은 기능을 하는 표현으로써 바울 서신에 사용된 고유의 표현이다. 여기서 전치사 엔in의 기능에 대해 많은 해석이 제시되었다.[1397] 크랜필드는 "그리스도안에서"는 장소적 관점이나 성례적 관점의 개념이 아니고 신의 결정의 개념이라고 주석한다.[1398] 즉 우리는 하나님의 결정안에서 예수와 함께 죽었고 예수와 함께 하나님에 대하여 살았다고 여겨지게 되었다는 것이다. 이 밖에도 "그리스도안에서"는 도구적 관점이나 교회론적 관점 혹은 법적 관점에서도 이해되어 진다.[1399] 이 어구의 의미를 이해하려면 우리는 전치사 엔의 문법적 기능과 더불어 이 어구가 사용된 문맥에서 그 신학적 의미를 찾는 일이 중요하다.[1400] 신학적으로는 로마서 5장에서 보았듯이 예수님은 믿음안에 있는 모든 자들의 머리시다. 그러므로 모든 성도는 성령을 통해서 예수안에 속한 사람들이다. 따라서 우리가 그리스도안에 있다는 말씀은 존재론적으로 우리가 예수에게 속해있다는 종말적 개념으로 보는 것이 11절에서 말씀하는 의미일 것이다. 즉 예수에게 속해있는 우리는 예수가 죄에 대해 죽었을 때 우리도 죄에 대해 죽었고 살으셨을 때 하나님에 대하여 살으신 것처럼 우리도 하나님에 대하여 살아났다는 말씀인 것이다. 역으로 말하면 우리는 하나님앞에서 죄로 인해 죽은 자들이 아니라 예수 그리스도의 부활을 인하여 살아 있는 자들이 된 것이다. 바로 이 점은 바울이 권면하는 윤리적 삶에 대한 신학적 기초이다.

1397 Richard N. Longenecker, *Paul: Apostle of Liberty* (New York, 1964) 160-70; C. F. D. Moule, *The Origin of Christology* (Cambridge, 1977) 55-69.

1398 Cranfield.

1399 Bouttier, *En Christ*, 5-22; A. Oepke, *TDNT* 2:541.

1400 A. J. M. Wedderburn, "Some Observations on Paul's Use of the Phrases 'in Christ' and 'with Christ,' " *JSNT* 25 (1985) 83-90; Goppelt, *Theology*, 2:105.

(나) 죄의 속박에서 해방되어 의의 종된 삶(롬6:12–23)

바울은 11절에서 명령법을 사용하기 시작해서 12절에 한 번 13절에 두 번 19절에 한 번 사용한다. 이 만큼 로마서 6:12–23절에는 권고의 내용이 집중되어 있다. 이는 로마서 6:1–11절의 직설법의 내용에 바탕을 두고 있다. 직설법은 우리가 세례를 통해서 하나님으로 부터 부여 받은 축복을 묘사한다. 즉 우리는 세례를 통해서 예수와 함께 죽었고 장사되었고 부활했다. 그리고 우리 옛 사람이 예수와 함께 십자가에 못박혀서 죄의 몸이 멸해졌고 의롭다 하심을 얻었다. 그리고 우리는 그리스도와의 연합을 통해서 죄에 대해서 죽었고 하나님에 대해서는 산 자가 되었다. 이러한 종말적 새시대의 축복은 가공의 것이 아니라 실제적인 사실이다. 이제 이를 바탕으로 바울은 성도들이 죄의 종으로 살지 않고 의의 종이 되어 하나님께 순종하는 삶을 살도록 권면하고 있다. 이 점에서 로마서 6장의 전반부는 칭의에 관한 가르침이라고 한다면 후반부는 성화에 관계된 가르침이라고 할 수 있다. 이와 같이 성화는 칭의를 바탕으로 한다. 그러나 이 둘은 시간차를 두고 발생한다고 볼 수 없다. 이 둘은 동전의 앞뒤면과 같이 분리될 수 없고 서로 섞일 수도 없다. 케제만은 성화는 행동과 고난의 들판에서 유지되는 칭의라고 묘사한다.[1401] 성화는 칭의를 증명하기 위해서 우리가 성취하려고 노력하는 윤리적 명제가 아니다.[1402] 성화는 이미 칭의때부터 시작되었고 칭의로부터 말미암아 필연적으로 유발되는 도덕적 삶인 것이다. 성화는 우리가 얻은 도덕적 위치에 합당한 삶을 사는 것이다. 성화는 우리가 성취하려고 발버둥치는 도덕적 이상의 상태를 이루어 가는 과정이 아닌 것이다. 하나님께서는 이미 예수 그리스도의 속죄제사의 피로써 우리를 정결하게 씻기셨다. 우리는 법적으로 이미 거룩한 백성으로 죄에 대해 죽은 자로 여겨져 있는 것이다. 이제 우리에게 따라온 명령은 이 선언에 합당한 거룩한 삶을 사는 것이다.become what we are

로마서 6:12절은 접속사 운그러므로으로 시작하여 그 내용이 11절의 내용에 바탕을 두고 있다는 것을 나타낸다. 즉 우리가 우리 자신을 죄에 대하여 죽

1401 Käsemann.
1402 Schreiner.

은 자요 그리스도 예수 안에서 하나님에 대하여는 산 자로 여기기 때문에 우리는 죄가 우리 죽을 몸에 왕노릇하지 못하게 하여 몸의 사욕을 순종치 말아야 하는 것이다. 회심하기 전에 죄의 권세는 우리에게 왕노릇해서 우리로 하여금 몸의 사욕을 순종하게 했다. 그러나 이제 죄의 권세는 죄에 대해 죽은 우리에게 왕노릇할 수 없다. 그러므로 우리는 죄의 유혹에 빠져 육신의 정욕대로 살지 않을 수 있게 된 것이다. 만일 이 은혜의 선물이 없었다면 바울이 우리에게 죄로 하여금 우리에게 왕노릇하지 못하게 하라는 명령이 쓸모 없게 된다. 머레이는 종에게 종처럼 행동하지 말라고 명령하는 것은 그를 조롱하는 말이 될 것이라고 말한다.[1403] 그러나 해방된 종에게 이제 자유인처럼 사고하고 행동하라고 명령하는 것은 적절한 것이다. 이 점에서 현재 명령어구 메이 바실레우에토우를 "죄의 권세가 계속 지배하도록 하지 말라"let not sin continue to reign고[1404] 번역하는 것은 바울의 직설법과 명령법을 잘 반영하는 번역이 아니다(고전10:28; 고후6:14; 갈5:1; 엡4:26; 빌4:6; 골3:9; 살전5:19; 살후3:15). 피츠마이어는 그리스도인들도 죄의 권세의 영향으로 몸의 사욕을 순종할 수 있다고 주석한다. 왜냐하면 이들도 이들이 가진 죄의 몸body of sin을 통해서 죄의 지배를 받을 수 있기 때문이라는 것이다. 그러나 이 견해는 바울이 로마서 6:1-11절에서 직설법으로 가르친 내용을 잘 반영하고 있지 않다. 바울은 우리 옛 사람이 예수와 함께 십자가에 못박힌 것은 죄의 몸이 멸해서 우리가 죄의 권세에 종노릇하지 않게 하려함이라고 말씀했다(롬6:6). 따라서 우리가 몸의 사욕을 좇는 행동을 했다면 그것은 우리가 죄의 지배하에 다시 들어갔기 때문이 아니다. 그것은 우리가 죄에 대하여 죽었고 하나님께 대하여 살았다는 사실을 망각하고 죄에게 굴복했기 때문이다. 이러한 관점에서 우리는 12절 초반의 부정 명령형을 "너희는 죄로 너희 죽을 몸에 왕노릇하지 못하게 하라"let not sin reign라고 번역하는 것이 맞다.[1405]

여기서 "죽을 몸"mortal bodies은 우리 육체를 가리킨다고 보는 견해와 한 사

1403 Murray.

1404 Fitzmyer; Cranfield; contra B. Fanning, *Verbal Aspect in New Testament Greek* (Oxford: Clarendon, 1990) 335-37.

1405 NIV; KJV; TNIV.

람 전체를 가리킨다고 보는 견해가 있다. 욕망은 몸을 통해 추구된다는 점에서 죽을 몸은 육신을 의미한다고 볼 수 있다.[1406] 그러나 이는 죄의 유혹과 싸우고 있는 한 사람 전체를 가리킨다고 보는 것이 더 타당하다. 죽을 몸은 육신과 마음과 뜻을 다 포함하는 개념으로써 아담의 타락후 육신적으로 죽을 수 밖에 없는 사람의 전체를 가리킨다고 보는 것이 좋을 것이다. 무는 "죽을 몸"은 아직도 이 시대와 관계된 이 세상에 사는 성도의 존재 형태라고 해석한다.[1407] 이는 욕망을 생산하는 몸이다. 여기서 욕망에피쑤미아은 육체적 욕망 뿐 아니라 시기 질투 분쟁 등 마음의 욕망도 포함한다(롬1:24; 7:7, 8; 13:14; 갈5:16, 24; 엡2:3; 4:22; 골3:5; 살전4:5; 딤전6:9; 딤후2:22; 3:6; 4:3). 로마서 1:24절에서 바울은 하나님께서 불의한 자들을 그 마음의 욕망대로 내버려두셨다고 말씀한다. 욕망은 하나님께 대항하는 모든 종류의 자아의 갈망으로써 이것에 순종하는 것은 죄의 종의 되는 삶을 사는 것이다. 그러므로 바울은 옛 사람이 죽은 우리에게 죄로 우리 죽을 몸을 지배하지 못하도록 하라고 명령한다. 이는 우리가 계속해서 죄의 지배를 받고 있었는데 이를 중지하라는 말씀이 아니고 우리가 죄의 지배는 받지 않고 있지만 혹시 영적으로 태만해져서 죄의 욕망에 굴복하는 일이 없도록 하라는 경고의 말씀이다.

11-12절과 같이 로마서 6:13절에서도 바울은 계속 명령법을 사용해서 가르친다. 이 절에서 바울은 파리스테이미드리다를 두 번 명령형으로 사용하고 있는데 이 절의 전반부에서는 부정문과 함께 현재형으로 후반부에서는 긍정문과 함께 과거형으로 사용한다: "또한 너희 지체를 불의의 병기로 죄에게 드리지 말고 오직 너희 자신을 죽은 자 가운데서 다시 산 자 같이 하나님께 드리며 너의 지체를 의의 병기로 하나님께 드리라". 머레이는 여기서 지체멜레이는 팔과 같은 몸의 부분을 가리키고 있다고 주석한다.[1408] 그것은 12절의 "죽을 몸"이 육신을 가리키기 때문이라는 것이다. 그러나 우리는 "죽을 몸"

1406 Murray; Gundry, "*Sōma*", 29-31; Jewett, *Anthropological Terms*, 293-94.
1407 Moo; Calvin; Cranfield.
1408 Murray; Godet.

은 육신이 아니라 한 사람 전체를 가리키는 것이 더 좋다는 것을 보았다. 그리고 13절 후반부에서 바울은 너희 자신을 죽은 자 가운데서 다시 산 자 같이 하나님께 드리라고 말씀하는데 여기서 재귀대명사 "너희 자신"헤아우투스은 이 절의 지체멜레이와 병렬을 이룬다. 즉 멜레이는 너희 자신과 등가의 단어라는 것을 알 수 있다. 이런 관점에서 우리는 여기서 멜레이는 개인, 타고난 능력, 혹은 사람의 능력을 의미한다고 볼 수 있다.[1409] 이를 밑받침하기 위해서 크랜필드는 로마서 7:23절의 "내 지체 속에서"엔 토이스 멜레신 무는 로마서 7:17절과 20절의 "내 속에"엔 에모이와 같은 의미를 나타내고 있다고 말한다.[1410]

우리는 우리 지체를 불의의 병기로 죄에게 드리지 말아야 한다. 여기서 동사 드리다는 현재형이다. 이는 우리가 우리 지체를 불의의 병기로 죄에게 드릴 수 있는 유혹을 항상 계속해서 극복해야 된다는 말씀이다. 죄의 유혹은 어제 극복했다고 해서 오늘도 저절로 극복되는 것이 아니다. 육신의 욕망은 우리가 죽을 몸에 거하는 동안 항상 우리를 삼키려고 할 것이다. 그 때마다 우리는 우리 지체를 사용해서 불의를 행하지 않도록 해야 한다. 여기서 병기호플라는 수단 도구[1411] 혹은 무기를 뜻한다. 바울 서신에서 이 명사는 항상 복수로 쓰이고 있고 군사적 뉘앙스를 가진다(롬13:12; 고후6:7; 10:4).[1412] 이 구절에서 바울은 죄를 의인화해서 사령관으로 가정하고 우리가 우리 지체를 사령관인 죄에게 불의를 행하는 무기로 바치는 일을 하지 말라고 명령하는 것으로 해석할 수 있다. 그런 점에서 여기서 이 단어는 무기 혹은 병기라고 번역되는 것이 낫다.

접속사 알라그러나는 이 절의 전반부와 후반부를 극명하게 대조하고 있다. 즉 우리는 자신을 죽은 자 가운데서 다시 산 자 같이 하나님께 드리며 우리 지체를 의의 병기로 하나님께 드려야 한다. 여기서 드린다는 동사는 과거 명

1409 Barrett; Black; Moo; Cranfield; Dunn.

1410 Cranfield.

1411 F. S. Malan, "Bound to do Right," *Neot* 15 (1981) 123.

1412 K. G. Khun, *TDNT*, 5:294; Lagrange; Dunn; Moo; R. C. Tannehill, *Dying and Rising with Christ: A Study in Pauline Theology*. Beihefte zur Zeitschrift für die neutestamentliche Wissenschaft 32 (Berlin: Töpelmann, 1967) 15-16.

령형이다. 터너는 이는 드리기 시작해야 된다는 의미라고 본다.[1413] 머레이는 이는 우리가 하나님께 우리를 죽은 자 가운데서 다시 산 자 같이 단번에 드려야 한다는 뜻이라고 본다.[1414] 모리스는 이는 우리 마음 전체를 하나님께 드리고 완전히 헌신해야 된다는 뜻이라고 말한다.[1415] 고뎃은 이는 시급히 드려야 된다는 뜻이라고 주석한다.[1416] 그러나 무는 헬라어의 과거형이 이러한 뉴앙스를 가지는 경우는 없으며 문맥에서 볼 때 위의 어느 뜻도 분명하지 않다고 말한다.[1417] 그렇지만 이 절의 전반부에서 동사 파리스테이미드리다가 현재형으로 사용되면서 우리가 계속 반복적으로 우리 자신을 불의의 병기로 죄에게 드리지 말아야 하듯이 이 절의 후반부에서도 우리는 계속 반복적으로 우리 자신을 죽은 자 가운데서 다시 산 자처럼 하나님께 드려야 한다는 것을 의미한다고 주장한다. 그러나 이 해석은 헬라 문법을 충분히 반영하지 않고 있다. 헬라어에서 과거 명령은 지속이나 반복의 사건이 아닌 단회적 사건을 명령할 때 사용한다. 이 관점에서 우리는 머레이의 견해가 제일 타당한 해석이라고 볼 수 있다. 즉 우리는 항상 우리 지체를 불의의 병기로 죄에게 드리지 말아야 한다. 그러나 이와 반대로 우리는 우리 자신을 죽은 자 가운데서 다시 산 자 같이 하나님께 단번에 드려야 한다. 이는 우리가 죽은 자 가운데서 다시 살아난 것이 일회적 사건이듯이 우리가 우리 자신을 하나님께 드리는 것도 일회적 사건이라는 것이다. 그것은 우리가 우리 자신을 죽은 자 가운데서 다시 살아난 것 같이 하나님께 드리 않을 수도 있는 일이 단 한 번도 있을 수 없다는 뜻이 내포되어 있다. 이는 우리가 실수로 우리 지체를 불의의 병기로 죄에게 드리는 경우가 있을 수 있다는 점과 분명한 대조를 이룬다.

또 우리는 우리 지체를 의의 병기로 하나님께 드려야 한다. 던은 여기서

1413 Turner, 76.

1414 Murray.

1415 Morris.

1416 Godet; A. B. du Toit, "Dikaiosyne in Röm. 6. Beobachtungen zur ethischen Dimension der paulinischen Gerechtigkeitsauffassung," *ZTK* 76 (1979) 274-75.

1417 Moo; E. Stagg, "The Abused Aorist," *JBL* 91 (1972) 222-31; Porter, *Verbal Aspect*, 336-52.

1418 Dunn; Käsemann; J. Reumann, *"Righteousness" in the New Testament: "Justification" in the United*

"의"는 권능의 뜻으로 쓰였다고 주석한다.[1418] 그것은 우리가 우리 지체를 의의 병기로 하나님께 드렸을 때 의는 더이상 우리가 통제할 수 있는 것이 아니게 되고 오히려 우리를 통제하는 것이 되기 때문이라는 것이다. 즉 의는 우리들이 행할 수 있는 권능이 아니라 우리가 섬기도록 되어 있는 하나님의 권능이라는 것이다. 로마서 6:18, 19, 20절에서 바울이 의를 의인화해서 하나의 권능으로 묘사하고 있는 점을 보면 위의 해석도 타당한 듯이 보인다. 그러나 13절에서 의는 불의의 반대 개념으로 사용되고 있다. 그리고 "불의"아디키아는 로마서 1:18, 29; 2:8; 3:5절에서 권능의 개념으로 의인화되어 사용되지 않는다. 오히려 도덕적으로 옳지 않은 태도나 일을 가리키고 있다. 이 점에서 13절의 후반부의 "의"도 도덕적 개념으로 사용되었다고 보는 것이 더 맞다고 볼 수 있다.[1419] 즉 우리는 우리 지체를 거룩한 삶을 사는 병기 혹은 도구로 하나님께 단번에 바쳐야 한다. 이것은 번복되거나 취소될 수 없는 일회적 행위이다. 다시 말해 성도는 자신의 지체를 거룩한 삶을 사는 병기로 완전히 하나님께 드려야 한다는 뜻이다.

로마서 6:14절은 접속사 갈왜냐하면로 시작하면서 12-13절의 내용의 이유를 설명한다. 즉 그리스도인들이 그 지체를 불의의 병기로 죄에게 드리지 않고 의의 병기로 하나님께 드려야 하는 이유는 죄가 그들을 주관치 못하리니 이는 그들이 법 아래 있지 않고 은혜 아래 있기 때문이다. 여기서 로이드 존스는 전반부의 구절의 쿠리에우세이will rule를 미래로 번역한다.[1420] 이는 죄는 언젠가 미래에 너희를 다스리지 못할 것이다라는 의미가 된다. 그러나 이 번역은 14절의 접속사 "왜냐하면"의 기능을 약화시킨다. 왜냐하면 만일 죄가 현재 우리를 지배하고 있다면 우리가 죄로 우리 죽을 몸에 왕노릇하지 못하게 하는 일이 불가능하게 된다. 바울은 우리가 은혜안에 있기 때문에 죄가 사망안에서 우리에게 왕노릇하지 못한다고 말씀했다(롬5:21). 그리고 우리는 죄에 대해 죽었기 때문에 더이상 몸의 사욕을 좇지 않고 우리 지체를 의

States Lutheran Catholic Dialogue, with Responses by Joseph A. Fitzmyer and Jerome D. Quinn (Philadelphia: Fortress, 1982) 81-84; Schreiner.

1419 Moo; Ridderbos, Paul, 262; Schnelle, *Gerechtigkeit und Christusgegenwart*, 86.

1420 Lloyd-Jones.

의 병기로 하나님께 드릴 수 있게 된 것이다. 14절은 이와 같이 우리가 예수 안에서 얻은 축복을 직설법으로 요약해 주고 있다. 이와 반면에 피츠마이어는 쿠리에우세이를 명령형으로 번역한다.[1421] 그러면 이 어구는 죄가 너희를 다스리지 못하게 하라로 번역된다. 이 번역은 14절의 접속사 "왜냐하면"을 무용하게 만들고 나아가 12절의 명령과 중복된다는 점에서 타당하지 않은 번역이다.[1422] 그래서 무는 이 동사를 직설법적으로 해석한다: 죄는 지금부터 계속 너희를 지배하지 않을 것이다.[1423] 이 번역은 18절과 상응한다. 즉 우리가 죄에서 해방되고 의에게 종이된 것은 과거에 단번에 이루어진 사건이다. 그러므로 죄도 현재 우리에게 왕노릇하지 못하게 된 것이다.

바울은 14절 후반부를 접속사 갈왜냐하면로 시작하면서 죄가 현재 우리에게 왕노릇할 수 없게 된 이유를 설명한다. 즉 우리는 현재 법아래 있지 않고 은혜아래 있기 때문이다. 머레이는 여기서 노모스율법는 모세의 율법이 아니라 일반적 법이라고 말한다.[1424] 그 이유는 모세의 율법의 시대에 살던 많은 사람들도 은혜를 입고 은혜아래 거했기 때문이다. 배렛은 이것은 종교를 가리킨다고 주장한다.[1425] 그러나 다수의 신학자들은 여기서 노모스는 모세의 율법을 가리킨다고 주장한다.[1426] 필자도 이 다수 견해에 동의한다. 로마서 5:13절에서 바울은 법적으로 죄있다고 선언되는 일은 모세의 율법이 주어진 후 작동하게 되었다고 말씀한다. 또 율법이 가입한 것은 범죄를 더하게 하려 함이라고 말씀함으로써 죄의 권세가 율법이 주어진 후 더 강하게 작동하게 되었다는 것을 언급하고 있다(롬5:20). 로마서 5:14절은 아담부터 모세까지 아담의 범죄와 같은 죄를 짓지 않은 자들 위에도 사망이 다스렸다고 말씀함으로써 율법이 주어지지 않은 시대에도 죄와 사망이 다스리고 있었음을 말씀하고 있다. 바울이 이 가르침의 연장선에서 로마서 6:14절에서 노모스를

1421 Fitzmyer; J. A. Brooks and C. L. Winbery, *Syntax of New Testament Greek* (Lanham, Md.: University Press of America, 1979) 88.

1422 Cranfield.

1423 Moo.

1424 Murray.

1425 Barrett.

1426 Moo; Schreiner; Dunn; Fitzmyer;

사용한다고 볼 때 노모스는 모세의 율법을 가리킨다고 보는 것이 문맥에 맞는 해석이다.

바울이 로마교회 성도들이 율법아래 있지 않고 은혜아래 있다고 말씀하는 의미는 무엇인가? 크랜필드는 율법아래 있다는 표현은 율법의 정죄 아래 놓여 있다는 것을 말한다고 해석한다.[1427] 그러나 죄가 우리를 주관하지 못하는 이유는 우리가 율법의 정죄로 부터 벗어났기 때문이 아니다. 바울이 죄가 우리를 주관하지 못한다고 말씀하는 것은 우리가 율법의 정죄의 기능 뿐 아니라 다른 기능도 포함하는 율법 그 자체로부터 벗어나 있기 때문이다. 그리고 갈라디아서 4:4, 21; 5:18; 고린도전서 9:20절 등에서 사용된 후포 노몬율법 아래도 율법의 정죄 아래라는 의미를 가지지 않는다.[1428] 이와 반면에 케제만은 우리가 율법아래 있지 않고 은혜아래 있다는 말씀은 우리가 의롭다하심을 얻었기 때문에 모세의 율법을 지키는 의무로부터 자유로와져 있는 상태를 가리킨다고 주석한다.[1429] 그러나 이 견해는 로마서 6:15절의 내용과 정면으로 충돌된다. 바울은 케제만과 같은 반응를 보이는 사람들에 대해 곧 바로 반박한다: "그런즉 어찌하리요 우리가 법 아래 있지 아니하고 은혜 아래 있으니 죄를 지으리요 그럴 수 없느니라". 바울은 우리가 의롭다하심을 얻은 이후 율법을 폐기하는 것이 아니라 오히려 율법을 굳게 세운다고 말씀했다(롬3:31).

우리가 율법아래 있지 않다는 말씀에 대해 던은 이는 유대인의 민족적 수호천사라고 해석한다.[1430] 즉 이는 유대주의하에서 경험했던 것처럼 구 시대 아래 살던 삶의 형태를 특징짓는 것이라는 것이다. 만일 14절에서의 율법이 유대주의의 민족적 경계를 유지하기 위한 법이라면 어떻게 이 민족적 의미의 법으로부터의 해방으로 인해 죄가 모든 그리스도인들을 주관하지 못하게 되는 지 설명할 길이 없다. 또 여기서 바울이 사용하는 이인칭 복수 명사 후모운(너희의)은 로마교회의 유대인과 이방인 모두를 가리킨다. 율법 아래 있

1427 Cranfield.
1428 Moo.
1429 Käsemann.
1430 Dunn.

지 않고 은혜 아래 있는 "너희"는 유대인만을 가리키는 말이 아니고 이방인도 가리키고 있다.

무는 여기서 율법아래 있지 않고 은혜아래 있다는 표현을 구원 역사의 관점에서 이해해야 된다고 해석한다.[1431] 즉 (i)율법 아래under the law와 은혜 아래under grace는 구 시대와 새 시대의 대조와 상응하는 하나의 영역이나 권세를 가리키는 개념이라는 것이다. (ii)그리고 바울이 율법 아래라는 표현을 사용할 때는 모두 모세의 율법의 지배하에 들어 있는 객관적인 상황을 의미한다. 이 관점에서

"율법 아래"는 구 시대의 상태를 특징짓는다. 즉 모세의 율법은 죄를 깨닫게 하고(롬3:20), 진노를 가져오고(4:15), 범하게 하고(4:15), 정죄되게 하고(5:13), 범죄를 더한다(5:20). 따라서 율법 아래 있는 것은 곧 죄의 권세 아래 있는 것과 상통한다. 이는 율법으로부터의 해방이 없이는 죄의 권세로부터의 해방도 있을 수 없다는 말도 된다. 이런 관점에서 무는 "율법 아래" 있는 것은 구 시대의 제한하고 죄를 강화하는 체제안에 있는 것이고 "은혜 아래" 있는 것은 죄의 권세로부터 자유가 있는 새 시대안에 있는 것이라고 해석한다. 이 해석이 옳다면 율법 아래 있는 것을 전체의 모세의 시대안에 있는 것이라고 해석하는 쉬라이너의 견해는 오해를 가져올 수 있는 해석이다.[1432] 왜냐하면 전체의 모세의 시대에도 모세나 여호수아와 같이 은혜 아래 있던 사람들이 있기 때문이다. 그리고 반대로 은혜의 시대가 시작된 후에도 모든 사람이 다 은혜 아래 있는 것은 아니다. 지금도 믿음을 떠나 율법을 지킴으로써 의롭다하심을 얻으려고 하는 사람들은 아직도 율법 아래 있는 자들이라고 할 수 있다.

이런 관점에서 우리가 율법아래 있지 않다는 말씀은 유대인들이 율법을 지킴으로써 의롭다하심을 얻으려 한 반면 그리스도인들은 율법을 떠나서 믿음으로 의롭다하심을 받았기 때문에 율법의 요구로부터 자유로와 진 상태에

1431 D. J. Moo, "The Law of Moses or the Law of Christ," in *Continuity and Discontinuity: Perspectives on the Relationship between the Old and New Testaments. Essays in Honor of S. Lewis Johnson, Jr.* (ed. J. S. Feinberg; Westchester, IL: Crossway, 1988) 210-17; Westerholm, "Letter and Spirit," 242-43.

1432 Schreiner.

있다는 것을 의미한다고 할 수 있다(롬3:28). 그러나 이것이 우리가 율법을 폐기해도 된다는 말이 아니다. 이는 우리가 의롭다고 여김을 받는데 있어서 율법의 기능이 효력을 잃게 되었다는 것이다. 그러나 우리가 의롭다하심을 얻은 후에도 율법은 우리에게 우리가 율법을 이룰 수 없는 용서받은 죄인들이라는 사실을 깨닫게 해주고 예수 그리스도의 은혜가 없이는 우리는 모두 정죄 될 수 밖에 없는 존재라는 것을 나타내 준다(롬7:7). 그러므로 율법은 본질적으로 거룩하다(롬7:12). 그리고 그로 말미암아 죄가 심히 죄되게 한다는 점에서 율법은 영적인 것이다(롬7:14).

로마서 6:15절은 티 운what then으로 시작한다. 이는 티 운으로 시작하는 로마서 6:1절과 병렬된다. 1절에서 바울은 "그런 즉 우리가 무슨 말 하리요 은혜를 더하게 하려고 죄에 거하겠느뇨"라고 말씀한다. 15절은 "그런즉 어찌하리요 우리가 법아래 있지 아니하고 은혜 아래 있으니 죄를 지으리요. 그럴 수 없느니라"라고 말씀한다. 1절은 5:21절을 바르게 이해하지 못하고 바울의 가르침을 왜곡하는 사람들에 대해 대답하고 있고 15절은 14절의 내용을 잘못 이해하고 무법주의에 빠지려고 하는 자들에 대해 대답하고 있다. 두 대답 모두 단호히 메이 게노이토(그럴 수 없느니라)다. 그렇지만 그 이유는 좀 다르다. 로마서 6:3-14절은 우리가 죄를 지을 수 없는 이유를 우리가 그리스도와 연합했다는 것을 기초로 설명하고 있고 로마서 6:16-23절은 우리가 의에게 종이 되어 있다는 것을 토대로 설명하고 있다.[1433] 그리고 3-11절은 우리가 죄에 대해 죽었고 하나님에 대해서는 살았기 때문에 우리가 새 생명 가운데 행해야 된다고 가르치는 반면에 16-23절은 우리가 죄에서 해방되고 하나님께 종이 되었기 때문에 거룩한 삶을 살아야 된다고 가르친다.

또 1절과 15절에서 발견되는 차이는 1절에서는 우리가 죄에 거하겠는가라는 표현에서 현재형 동사를 사용하고 있는 반면 15절에서는 우리가 죄를 지으리요라는 표현에서 과거형 가정법 동사를 사용하고 있다는 것이다. 1절의 현재형 동사는 계속되는 행위를 가리킨다. 즉 우리는 은혜에 거하기 위해 계속해서 죄에 거해서는 않된다는 것을 나타낸다. 반면에 15절의 과거형 가정

1433 Stott.

법 동사 죄를 지으리요는 지속적으로나 반복적으로 죄를 지으리요의 뜻이 아니라 어떤 특정한 죄를 짓겠는가하는 뜻을 나타낸다.[1434] 이는 율법 아래 있지 않다는 이유로 율법이 명시하는 어느 항목을 어기는 죄를 짓겠는가라는 뜻으로 볼 수 있다. 이렇게 바울은 죄에 거하는 태도와 특정한 죄를 짓는 것을 모두 금함으로써 로마교회에 출몰한 무법주의를 분명하게 대처하고 있다. 16절부터 바울은 이에 대한 상세한 설명을 덧붙인다.

로마서 6:16절은 "너희는 알지 못하느냐"욱 오이다테로 시작하면서 15절의 내용을 더욱 견고하게 한다: "너희 자신을 종으로 드려 누구에게 순종하든지 그 순종함을 받는 자의 종이 되는 줄을 너희가 알지 못하느냐 혹은 죄의 종으로 사망에 이르고 혹은 순종의 종으로 의에 이르느니라".[1435] 즉 우리가 우리 자신을 종으로 드려 우리가 순종하는 그 자의 종이 된다. 우리가 죄에게 종이 되면 그 결과는 사망이고 순종의 종으로 살면 의에 이른다. 그러면 왜 바울은 성도가 죄에게 종이 되어 사망에 이를 수 있다고 말씀하는 것일까. 14절에서 바울은 죄가 우리를 주관할 수 없다고 확인하고 있다. 그러나 우리가 몸의 사욕을 좇는 삶을 살 때 죄의 종이 되는 것이다. 케제만은 이는 우리가 다시 죄의 권세로 돌아가는 것을 말한다고 말한다.[1436] 그러나 우리가 세례로써 우리의 옛사람이 죽은 후 다시 옛 사람이 우리에게 되돌아 올 수 없듯이 우리가 죄의 권세에 죽은 사실은 다시 번복 될 수 없는 구속사적으로 단회적 사건이다. 따라서 우리가 죄의 유혹에 빠져 죄의 종이 된다면 그것은 어떤 특정한 죄에 대해서 종이 되었다는 것을 나타내는 것이지 우리가 죄의 종인 상태에 머물러 있다는 말이 아니다. 따라서 여기서 죄는 권세라는 광의의 개념을 유지하지만 특정한 죄의 행위들을 배제하지 않는 개념이다. 이것은 이미 15절에서 사용된 동사 하말타노우죄짓다가 내포하는 뜻이며 19절에 사용된 단어 부정아카쌀시아과 불법아노미아도 이 의미를 뒷받침하고 있다.[1437]

1434 Schreiner; Morris.
1435 롬11:2; 고전3:16; 5:6; 6:2-3, 9, 15-16, 19; 9:13, 24.
1436 Käsemann.
1437 Schreiner.

그러면 여기서 바울은 왜 종이 됨의 주제를 사용해서 성도가 죄를 지을 수 없다는 것을 강조하고 있는가. 종으로써 섬긴다 혹은 순종하다는 지배하다 혹은 왕노릇하다의 역의 개념이다. 바울은 누가 지배하느냐의 관점에서 죄와 은혜를 대조시키며 그리스도인들이 새 시대에 받은 은혜도 죄의 권세와 같이 하나의 권세라는 사실을 말씀해 왔다. 예를 들어 아담 때부터 모세 때까지도 사망이 왕노릇했다(롬5:14). 죄가 사망안에서 왕노릇했듯이 은혜도 또한 의로 말미암아 왕노릇한다(롬5:21). 은혜와 의의 선물을 넘치게 받은 성도들도 그리스도로 말미암아 생명안에서 왕노릇한다(롬5:17). 사망이 다시 주관하지 못한다(롬6:9). 죄가 왕노릇하지 못하게 하라(6:12). 죄가 너희를 주관하지 못한다(6:14). 이 구절들에서 우리가 발견하는 것은 바울이 왕노릇하다바실레우오우와 다스리다/주관하다쿠리에우오우를 반복적으로 사용하고 있다는 것이다. 그리고 주관하다는 동사는 로마서 6:9, 14절에 사용하면서 그 반대 개념인 종이 되는 삶을 살지 말아야 한다는 가르침을 준비하고 있다. 이를 바탕으로 바울은 로마서 6:16-20, 22절에서 우리가 누구의 종으로 살아야 되는가를 집중적으로 설명하고 있는데 역으로 말해서 우리가 누구의 지배를 받고 살아야 되겠느냐 하는 것이다. 그 주인은 죄 혹은 순종이다.

여기서 바울은 주인을 죄와 하나님으로 제시하지 않고 왜 죄와 순종으로 제시하고 있는가. 우리는 먼저 순종의 의미를 살펴볼 필요가 있다. 고뎃은 여기서 순종은 믿는 것을 가리킨다고 해석한다.[1438] 이 해석은 16절 끝부분에서 바울이 우리가 순종의 종으로 의에 이른다는 구절이 이신칭의를 가리킨다고 해석하면 타당한 듯이 보인다. 그러나 이와 대비되는 어구인 "죄의 종"은 불신앙의 종을 의미하지 않는다. 그리고 여기서 죄는 도덕적인 불의를 포함하는 개념이기 때문에 여기서 명사 순종도 도덕적인 순종을 포함하는 개념으로 이해할 수 있다. 오스본은 바울이 여기서 하나님 대신 명사 순종후파코에이스을 죄와 대비시킨 것은 신자들이 하나님을 순종해야 하는 윤리적 책임을 강조하기 위해서라고 해석한다.[1439] 그리고 예외 없이 누구나 둘 중 하

1438 Godet; Käsemann.
1439 Osborne.

나를 순종하고 사는데 그것은 죄와 하나님이다. 사람들은 하나님께 대한 종으로 살든지 죄에 대한 종으로 살든지 양자 중 선택하고 살고 있는데 그 절충은 없다. 만일 누가 중립의 입장을 선택한다면 그것은 죄를 선택한 것과 같다. 왜냐하면 그것은 하나님을 섬기는 것을 거부한다는 의미를 내포하는 선택이기 때문이다. 필자도 오스본의 해석이 타당하다고 생각한다. 여기서 바울이 죄와 순종을 대비시키는 것은 하나님께 대한 순종의 중요성을 강조하기 위해서다.[1440] 이 사실은 로마서 6:22절에 우리가 하나님께 종이 되어 거룩함에 이르는 열매를 얻었다는 말씀에 나타나 있다. 또 17절에 보면 우리가 하나님의 종으로 사는 삶은 우리에게 전하여 준 바 교훈의 본을 마음으로 순종하는 것이다. 이런 관점에서 보면 16절의 죄의 종과 순종의 종의 대비는 죄의 종이 되는 삶과 진리에 대한 가르침에 대한 순종의 종이 되는 삶의 대비라고 이해할 수 있다.

여기서 죄의 종으로 사망에 이른다는 말씀에서 사망은 포괄적인 개념으로써 육체적 사망, 영적 사망, 영원한 지옥형벌 등의 의미를 다 내포한다.[1441] 그 마지막 의미는 로마서 6:23절에서 사망이 영생과 대조되고 있는 점에서 확인된다. 반면에 성경의 가르침에 순종하는 삶은 의에 이른다. 여기서 "의"의 의미는 무엇인가. 첫째, 피츠마이어는 16절의 의는 하나님을 기쁘시게 하는 도덕적 의를 가리킨다고 생각한다.[1442] 로마서 6:13, 17-20절에서 의는 도덕적 개념을 함축하고 있는듯이 보인다. 그러나 16절에서 의는 사망과 대조되고 있다. 따라서 여기서 의는 생명이란 뜻을 함축하고 있다고 보여진다. 둘째로 여기서 의가 칭의를 말한다고 보는 견해는 순종이 믿음의 순종을 의미한다고 전제해야 된다.[1443] 그러나 우리가 앞서 보았듯이 여기서 순종은 도덕적 행위를 내포하는 개념이라고 볼 때 "의"를 로마서 5:17절에 언급된 의와 동일한 개념으로 보기 힘들다. 셋째, 머레이는 여기서 "의"는 칭의, 도덕적 삶, 종말적 의의 선언 등 모든 의의 개념을 다 포괄한다고 해석한

1440 Cranfield; Schreiner.
1441 Moo.
1442 Fitzmyer; Moo.
1443 Stott.

다.[1444] 이 해석도 앞의 해석들과 마찬가지로 이 구절에서 의의 종이 죄의 종과 대조되는 개념이라는 것을 반영하지 못하는 해석이다. 넷째, 여기서 의는 마지막 때의 의롭다고 하시는 선언이라는 것이다.[1445] 이 해석은 6:22, 23절에서 말씀하는 영생이 16절의 "의"와 병렬되는 개념이라는 점에서 타당한 해석이다. 그리고 16절의 사망이 영벌을 포함하는 개념이고 또 이 개념과 대조되고 있다는 점에서 더욱 무게 있는 해석이다. 그러나 이 해석은 도덕적 순종이 마지막 때의 칭의의 선언에 이르게 한다는 의미를 내포한다. 그리고 우리의 구원이 궁극적으로 우리의 도적적 순종에 달려 있다는 입장을 지지하는듯 하다. 그러나 16절에서 바울은 도덕적 행위에 바탕을 둔 구원론을 말씀하는 것이 아니다. 그는 법 아래 있지 않고 은혜 아래 있는 성도가 몸의 사욕을 순종하지 않고 하나님께 순종하는 삶을 살다가 그 결국에 이르게 되는 곳이 하나님 앞에서의 의롭다하심이라는 것을 말씀하고 있을 뿐이다. 바로 이점을 로마서 6:22절은 이렇게 말씀한다: "그러나 이제는 너희가 죄에게서 해방되고 하나님께 종이 되어 거룩함에 이르는 열매를 얻었으니 이 마지막은 영생이라".

16절의 내용을 배경으로 로마서 6:17-18절에서 바울은 성도가 죄의 종에서 의의 종으로 변화된 사실을 인해서 하나님께 감사드린다. 따라서 의의 종이 된 것은 자신의 힘으로 된 것이 아니라 전적으로 하나님의 은혜로 된 것이다. 의의 종을 도덕적인 거룩한 삶을 사는 종이라고 보면 칭의 뿐 아니라 성결한 삶도 하나님의 은혜로써 가능한 삶의 모양이라는 것을 알 수 있다. 17절의 접속사 데는 16절 내용과 역접의 내용을 도입한다: "하나님께 감사하리로다 너희가 본래 죄의 종이더니 너희에게 전하여 준바 교훈의 본을 마음으로 순종하여". 즉 성도는 두 주인 중 하나님을 주인으로 택한 사람들이다. 여기서 바울은 두 가지 삶의 형태를 대조하고 있다. 회심하기 전의 우리의 삶은 죄의 종으로 살던 삶이었다. 그러나 회심후 우리는 우리에게 맡겨진 그 가르침의 형태본에 순종한다. 그러면 여기서 바울은 왜 그냥 가르침이라

1444 Murray.
1445 Cranfield; Dunn; Schreiner; Stuart; Meyer; Pfleiderer, *Paulinism*, 1.180-81.

고 말씀하지 않고 "가르침의 본"투폰 디다케이스이라고 말씀하는가. 학자들은 이는 도덕적 가르침,[1446] 기독교 가르침의 모범,[1447] 세례때 제시되는 복음의 요약,[1448] 고린도전서 11:23; 15:2의 기본적 전통,[1449] 혹은 이 모든 요소를 다 포함하는 뜻을[1450] 가리킨다고 해석한다. 고뎃은 이 개념은 바울이 그가 가르치는 복음의 내용을 로마교회 성도들이 들었던 가르침의 형태와 대조시키고 있다고 생각한다.[1451] 던은 여기서 "본"투포스은 성도가 다른 성도들에게 본이 된다는 의미에서 "본"을 의미한다고 말한다.[1452] 그러나 여기서 "본"은 초기 기독교 가르침을 암시하고 있다고 볼 수 있다. 그리고 이는 유대주의의 가르침과 대조되는 가르침으로써 "가르침의 형태"인 것이다.[1453] 그리고 이 가르침의 본은 성도들을 성도로 형성하는 기능을 한다.[1454]

여기서 과거 수동태 파레도쎄이테hand over는 "너희"를 주어로 하고 있다. 이는 건네진 것은 가르침이 아니고 "너희"다는 것을 가리킨다. 즉 로마교회 성도들은 가르침의 형태/전통에 건네졌다는 것이다. 이는 이 동사가 고린도전서 11:2, 23; 15:3에서 사용될 때 가르침의 전통이 성도들에게 건네졌다고 표현하는 것과 비교해 보면 특이한 표현이라고 할 수 있다. 어떤 학자는 이 표현너희가 가르침의 본에 건네졌다은 나중에 삽입된 어구라고 본다.[1455] 그러나 이는 사본학적으로 근거없는 주장이다.[1456] 불트만도 이 구절에서 두 표현에크 칼디아스와 투포스 디다케이스은 바울의 글이 아니라고 주장한다.[1457] 그는 17절 전

1446 Bruce; Murray; F. W. Beare, "On the Interpretation of Romans vi.17." *NTS 5* (1958-59) 209f.

1447 Cranfield; Moo; Stuhlmacher.

1448 Sanday and Headlam; Fitzmyer.

1449 Ridderbos.

1450 Stott.

1451 Godet.

1452 J. D. G. Dunn, "Paul' s Knowledge of the Jesus Tradition: The Evidence of Romans," in *Christus Bezeugen: Für Wolfgang Trilling* (ed. K. Kertelge, T Holtz, and C.-P. M?rz; Freiburg/Basel/Vienna: Herder, 1990) 196-97.

1453 Dunn; Moo; Käsemann; Kaye, *Thought Structure*, 131.

1454 Moo; Cranfield; Goppelt, *TDNT,* 8:250.

1455 Bornkamm, *Early Christian Experience*, 86; Furnish, *Theology and Ethics*, 197-98; Gäumann, *Taufe und Ethik*, 94-96.

1456 Stuhlmacher, *Biblische Theologie*, 351; R. A. J. Gagnon, "Heart of Wax and a Teaching That Stamps: *ΤΥΠΟΣ ΔΙΔΑΧΗΣ*(Rom 6:17b) Once More," *JBL* 112 (1994) 671-73.

1457 R. Bultmann, "Glossen", 283.

반부와 18절이 자연스럽게 논리적으로 연결되므로 17절 후반부는 나중에 삽입된 부분이라고 해석한다. 그러나 17절 후반부의 동사 순종하다는 18절 후반부의 동사 종이 되다와 병렬된다. 그리고 17절 전반부의 "너희가 본래 죄의 종이더니"와 대조를 이루며 16절의 순종의 종의 개념을 더 자세히 설명하고 있다. 따라서 크랜필드의 말처럼 17절 후반부는 여기서 바울의 가르침의 문맥에 잘 들어맞는 내용으로써 바울 자신의 글이라고 봐야한다.[1458] 무는 이 표현은 의도적인 것으로써 바울은 그리스도인이 된다는 것은 자신을 하나님께서 주신 기독교 가르침의 권위아래 자신을 두는 것이라고 해석한다.[1459] 크랜필드는 이 동사의 원형 파라디도우미는 종이 한 주인에게서 다른 주인으로 옮겨지는 것을 말한다고 해석한다.[1460] 그렇다면 이 의미는 성도들이 유대주의적 가르침에서 기독교 가르침으로 옮겨진 것을 뜻한다고 볼 수 있다. 배렛의 말대로 그리스도인들은 가르침의 전통의 주인이 아니다. 그들은 하나님의 말씀으로 창조되며 그것에 종속되어 있는 것이다.[1461] 여기서 이 동사의 시제가 과거인 것은 성도들이 회심을 통해서 유대주의적 가르침에 대한 순종에서 기독교적 가르침에 대한 순종으로 단번에 옮겨진 것을 의미한다.[1462] 이 뿐 아니라 이들의 기독교적 가르침에 대한 순종은 "마음으로부터 우러나서"에크 칼디아스 하는 순종이다. 던은 여기서 이 표현은 단지 압력이나 강제로 인한 피상적인 순종과 대조되는 의미를 내포하는 것이라고 해석한다.[1463]

로마서 6:18절의 접속사 데그리고는 순접의 내용을 도입한다: "죄에게서 해방되어 의에게 종이 되었느니라". 18절은 17절의 내용을 간결하게 요약하면서 19절 내용을 준비하고 있다. 그리고 18절은 직설법을 사용한 가르침이고 19절은 이에 바탕을 둔 명령법을 사용한 가르침이다. 또한 18절은 로마서 6

1458 Cranfield; Fitzmyer.

1459 Moo.

1460 Cranfield; Dunn; J. Kürzinger, "*ΤΥΠΟΣ ΔΙΔΑΧΗΣ* und der Sinn von Röm 6,17f.," *Bib* 39 (1958) 163-64; Beare, "On the Interpretation of Romans VI.17," 207.

1461 Barrett.

1462 Morris.

1463 Dunn.

장의 후반부 문단에서 22절과 그 내용이 병렬을 이룬다. 18절은 과거수동태 분사 엘레우쎄로우쎈테스해방되어로 시작된다. 그리고 이는 주동사 에둘로우쎄이테종이 되다와 반대된다. 이 두 동사가 수동태인 것은 우리가 죄로부터 해방되고 의의 종이 된 사건은 모두 하나님의 절대적 능력에 의해 성취된 것이라는 것을 나타낸다. 이는 물론 우리가 자유의지를 바탕으로 믿음을 가지게 된 일이 아무 것도 아니라는 말씀은 아니다. 그러나 우리가 사망의 권세로부터 은혜의 시대로 옮긴 것은 성령을 통해서 우리에게 부어진 하나님의 사랑이 아니었으면 불가능한 일이었음을 나타낸다. 던은 여기서 두 동사가 수동태이면서 과거형인 것은 매우 강한 매서운 의미를 내포하는 것이라고 주석하면서 이는 노예는 법적으로 자유인이 아니기 때문에 자신이 해방되거나 이것을 거부할 자유가 없다는 것을 말한다고 해석한다. 우리가 의의 종이 되기 위해 죄로부터 해방되었다는 것이 의미하는 신학적 통찰력은 던이 말하듯, "피조물로써 사람은 오직 그보다 우월한 권세에 의존한 상태로 존재할 수 있으며 그의 나타난 자유나 독립은 하나의 환상일 뿐이다. 만일 그가 하나님에게 종이 되지 않으면 죄의 종이된다. 그는 아담안에 있든지 그리스도안에 있다. 이 둘의 중간지대는 없는 것이다!"[1464]

이와 같이 죄로부터의 자유는 도덕적 삶의 스타일로부터의 자유를 의미하지 않는다. 죄로부터의 자유는 도적적으로 거룩한 삶의 스타일을 살도록 하는 자유다. 이제 그리스도인들은 도덕적인 삶을 사는 것을 하나의 율법의 멍에로 생각하지 않고 하나님의 종이 된 특권을 누리는 것으로 여긴다. 바울은 18절 후반부에서 명사 "의"를 의인화하고 있다. 22절과 연관해서 보면 이는 하나님과 상응하는 개념이다.[1465] 그렇다고 의를 하나님과 동일시하는 것도 신학적으로 용납될 수 있는 해석은 아니다. 여기서 의는 분명히 죄의 권세와 대조되는 하나의 권세를 나타내는 의미로 사용되고 있다. 그러면서도 죄와 대조된다는 점에서 윤리적인 개념도 내포하고 있다고 볼 수 있다.[1466] 이는

1464 Dunn.
1465 Dunn.
1466 Moo; Schreiner.

19절에서 이와 병렬된 구절에 사용된 거룩이란 개념을 볼 때 확실히 알 수 있다.

18절의 직설법적 가르침을 바탕으로 19절에서 바울은 명령법으로 다시 돌아간다: "너희 육신이 연약하므로 내가 사람의 예대로 말하노니 전에 너희가 너희 지체를 부정과 불법에 드려 불법에 이른것 같이 이제는 너희 지체를 의에게 종으로 드려 거룩함에 이르라". 여기서 바울은 명령하기 전에 먼저 자기 변명 같은 어구를 첨가한다: "너희 육신이 연약하므로 내가 사람의 예대로 말하노니". 이 구절을 나중에 삽입된 문장으로 보는 것은 잘못이다.[1467] 이 구절에 대해 학자들은 바울이 로마교회 성도들에게 당시에 민감한 주제인 주인과 노예의 관계에 비유하면서 가르치고 있는 것을 변명하고 있다고 말한다.[1468] 그러나 모리스는 바울이 자신의 비유의 부적절함을 변명하는 것이 아니라 자신의 가르침을 더욱 분명히 하고 있는 것이라고 해석한다.[1469] 여기서 "너희 육신이 연약하므로"에 대해 배렛은 저희가 잘 이해하지 못하는 연약이라고 본다. 반면에 기포는 이를 도덕적 측면의 연약함으로 본다.[1470] 이 두 해석 모두 따르지 않고 렌스키는 이를 인간이 가진 일반적 연약함이라고 주석한다.[1471] 그러나 저들의 육신의 연약을 인해서 사람의 예로 다시 종의 비유를 사용하고 있는 점에서 저들의 "연약"아스쎄네이안은 이해가 더딘 연약함 즉 지적인 연약이라고 보는 것이 더 좋을 것 같다.

19절 후반부는 바울이 종종 사용하던 관용구 호우스펠…후토우스as…so를[1472] 사용하여 성도의 회심하기 전의 모습과 회심한 후의 상태를 비교한다. 이는 13절의 내용과 유사하다. 이 두 절 모두 지체라는 명사를 사용하고 있고 그 지체를 의의 병기로 하나님께 혹은 의에게 종으로 드리라는 명령도 유사하다. 다른 점은 13절에서는 부정 명령과 긍정 명령을 사용하는 반면 19절에서는 서술형과 명령형을 사용한다는 것이다. 즉 전에는 성도들이 그 지체

1467 *Contra* W. H. Hagen, "Two Deutero-Pauline Glosses in Romans 6," *ExpTim* 92 (1981) 364-67.
1468 Stott; Cranfield; Dunn; Gale; Eichholz; Wilckenz; Fitzmyer.
1469 Morris; Moo.
1470 Gifford; Käsemann.
1471 Lenski.
1472 롬5:12, 18, 19, 21.

를 부정과 불법에 드려 불법에 이르렀지만 이제는 그들이 지체를 의에게 종으로 드려 거룩함에 이르러야 한다는 것이다. 여기서 부정아카쌀시아은 바울 서신에서 대개 성적 죄를 가리키는 명사다(롬1:24).[1473] 명사 불법아노미아은 로마서에서 이곳 한 곳에만 나온다. 스툴마커는 이 단어들이 로마서 1:18–32절이나 고린도전서 6:9절 이하와 연결되고 있고 이는 예수 믿기 전 이런 타락한 상태에 있었던 로마교회내의 이방인 성도들을 염두에 두고 쓴 구절이라고 주석한다.[1474] 그러나 우리가 전에 보았듯이 로마서 1:18–32절이 이방인들에게만 해당하는 내용이라고 단정할 수 없다. 그리고 19절이 13절의 내용과 유사한 점에서 6장 후반부의 가르침 전체를 이방인에게 우선 적용되는 부분으로 보기는 어렵다. 이방인 뿐 아니라 유대인들도 예수님을 믿기 전에는 그 지체를 부정과 불법에 드렸었다. 여기서 드렸다는 동사는 과거시제로 되어 있다. 이는 그들이 단번에 그 지체를 부정과 불법에 드렸다는 의미가 아니라 그들이 죄의 권세 아래 죄의 종으로 살면서 전적으로 육신의 사욕을 쫓는 삶을 살았다는 것을 의미한다.[1475] 그 결과는 불법이다. 여기서 전치사구 에이스 테인 아노미안에서 전치사 에이스는 목적이라기 보다 결과라고 볼 수 있다. 즉 그들은 회심하기 전에 부정과 불법에 자신을 드려 그 결과 더 큰 불법에 이르렀다는 것이다. 영어 성경 NIV는 이를 점점 증가하는 악함 ever–increasing wickedness이라고 번역하고 NRS는 점점 더 큰 부당성greater and greater iniquity이라고 번역한다. 이는 부정과 불법을 자행하면서 더 큰 악행을 하게되는 타락의 사이클과 그것의 심화를 말하는 것이라고 볼 수 있다. 그러나 하나님께서는 우리를 이러한 불법의 악순환에서 해방시켜 주셨다.[1476] 그러니 이제 우리는 우리 지체를 의에게 종으로 드려 거룩함에 이르러야 한다.

여기서 과거명령형 파라스테이사테는 13절에 사용된 것과 똑같다. 즉 우리는 우리 지체를 단번에 의에게 종으로 드려야 한다. 그 결과는 거룩함에

1473 고후12:21; 갈5:19; 엡4:19; 5:3; 골3:5; 살전2:3; 4:7. Schreiner.
1474 *Stuhlmacher, Romans*, 96; Morris; Althaus.
1475 Morris; Dunn.
1476 F. S. Jones, *"Freiheit" in den Brief en der Apostels Paulus. Eine historische, exegetische und religionsgeschichtliche Studie* (Göttinger Theologische Arbeiten 34; Göttingen: Vandenhoeck & Ruprecht, 1987) 113-14.

이르는 것이다. 명사 거룩함하기아스모스은 신약에서 자주 나오는 단어가 아니다. 이 단어가 제물로 바쳐진 거룩한 상태를 말하는지[1477] 아니면 성화되어 가는 과정을 의미하는 지에[1478] 대해 의견이 나뉜다. 케제만은 데살로니가전서 4:7절이나 고린도전서 6:11절에서 세례받은 사람은 거룩한 사람이라고 부르고 있는 점에서 이 명사는 세례의 단어라고 해석한다.[1479] 바울은 하기아스모스의 원래 유대주의의 제사적 문맥에서 사용되던 개념을 종말의 윤리적 개념으로 바꾸어 사용한다는 것이다. 그리고 로마서에서 성화의 개념은 칭의의 결과 매일 매일의 삶의 과제로 규정되고 있다는 것이다. 여기서 성도의 거룩함이 성화의 진전이라는 개념을 포함한다는 것은 의심할 여지가 없다. 왜냐하면 19절 후반부 문장에서 에이스 아노미안이 불법을 통해 성장하는 불법을 가리킨다면 에이스 하기아스몬도 지체를 의에게 종으로 드리는 삶을 통해서 성화가 발전되는 것을 나타내기 때문이다. 반면에 22절에서 이 단어는 거룩한 상태를 의미한다고 볼 수 있다. 이는 사람의 도덕적 노력을 통한 성화의 과정으로 성취되는 개념이 아니라 구 시대에서 새 시대로 옮겨진 성도가 하나님 앞에서 흠없는 제물로 서있는 상태라고 볼 수 있다. 그러면 우리가 이 두 관점을 함께 고려할 때 성도의 거룩함은 절대적으로 주어진 하나의 상태라고 할 수 있고 이를 바탕으로 그들은 매일 매일 자신의 지체를 의에게 종으로 드리는 거룩한 삶을 살아야 한다는 것을 알 수 있다.

로마서 6:20절은 호테 갈when for로 시작하며 성도들이 왜 그 지체를 의의 종으로 드려 거룩함에 이르러야 하는지 설명하고 있다. 그 첫째 이유는 그들이 죄의 종으로 있었을 때는 의에 대하여 자유했기 때문이다. 여기서 바울은 다시 죄와 의를 대조하면서 이 양자간에 중간지대가 없다는 것을 암시하고 있다. 그리고 전에 본 것처럼 여기서 죄는 죄의 권세를 의미하지만 특정한 죄악된 행위도 포함하는 개념이라는 점에서 그 반대 개념인 의도 의의 권세의 개념이외에 도덕적으로 의로운 행위를 포함하는 개념으로 보아야 한

1477 Sanday and Headlam; Murray; Schlier; Lagrange; Godet.
1478 Schreiner; Moo; Dodd; Taylor; Cerfaux; Schürmann; Cranfield; Ziesler.
1479 Käsemann.

다.[1480] 20절은 18절의 내용과 직접적으로 대조를 이룬다. 18절은 회심한 후 성도들이 죄에게서 해방되어 의에게 종이 되었다고 말씀하고 있고 20절은 회심하기 전에 그들은 죄의 종으로 있었고 의에 대해 자유했었다고 말씀한다. 이 말씀은 그들이 죄의 종으로 있었을 때는 의로운 삶을 살지 못했었다는 것이다. 이는 로마서 3:10-12절의 내용과 일치한다. 즉 우리가 죄의 권세 아래 있었을 때 다 한 가지로 치우쳐 무익하게 되고 선을 행하는 자는 없었나니 한 사람도 없었다.

21절에서 접속사 운그러므로을 사용하여 바울은 계속해서 19절의 명령의 이유를 보강하며 설명하고 있다: "너희가 그 때에 무슨 열매를 얻었느뇨 이제는 너희가 그 일을 부끄러워하나니 이는 그 마지막이 사망임이니라". 여기서 바울은 그 열매가 불법이었다고 쓰고 있지는 않지만 우리는 이를 19절의 내용을 통해서 짐작할 수 있다. 이 해석은 이 절에서 물음표가 헬라어 본문의 그 때(토테) 다음에 온다는 것을 전제로 한다. 그러면 이 절의 번역은 "그러므로 너희는 그 때 무슨 열매를 거두었느냐? 지금 너희는 그것을 부끄러워하나니 이것들의 끝은 사망이다"가 된다.[1481] 이 번역은 21절과 22절이 대조적 병렬 관계에 있다는 것을 잘 보여준다. 즉 그 때 그들은 죄의 종이었으나(21절) 지금은 죄에서 해방되었다(22절). 그 때의 열매는 부끄러움을 가져왔으나(21절) 지금의 열매는 성화를 가져왔다(22절). 마지막으로 그 때 그 열매의 결과는 사망이지만 지금의 열매의 결과는 영생이다.

그러나 헬라어 본문에서 물음표가 부끄러워하다에파이스쿠네스쎄 다음에 온다는 견해를 따르면 이 절의 번역은 "그러므로 너희는 너희가 지금 부끄러워하는 무슨 열매를 그 때 거두었느뇨? 그것들의 끝은 사망이다"가 된다.[1482] 머레이는 이 번역과 앞의 번역이 다 가능하다고 전제하면서도 다음과 같은 이유에서 후자의 번역을 채택한다. 첫째, 전자의 번역은 열매칼포스가 부정적인 뜻의 열매라는 것을 전제해야 되는데 그것은 신약에서 이 단어가 대개 긍정

1480 Moo.
1481 NEB; NJB; Stuhlmacher; Moo; Morris; Dunn; Cranfield; Godet; Michel; Barrett; Käsemann.
1482 KJV; NRSV; NIV; NASB; TEV; NAB; Murray; Lenski; Hodge; Schreiner; S-H.

적인 뜻을 가지고 사용되는 것과 배치된다. 둘째, 후자는 그 질문과 대답이 부드럽게 연결된다. 즉 너희가 지금 부끄러워하는 무슨 열매를 그 때 거두었느뇨의 질문에 대한 대답은 아무 열매도 거두지 못했다이다. 그리고 이 대답은 그러므로 그것들의 끝은 사망이다의 결론과 잘 맞아 떨어진다. 셋째, 후자의 번역은 그들이 지금 왜 부끄러워하는가를 잘 설명해 준다. 즉 아무 열매가 없었다는 것이다. 넷째, 후자는 그 때 열매를 거두지 못했던 사실과 지금 열매를 거둔 사실을 더 뚜렷이 대조한다. 이와 같은 이유가 있음에도 불구하고 필자는 전자의 번역을 택한다. 그 이유는 첫째, 열매칼포스는 신약에서 항상 긍정적인 의미로 쓰이고 있지 않기 때문이다. 즉 고린도전서 9:7; 빌립보서 1:22; 디모데후서 2:6절에서 이 단어는 중립적인 의미로 쓰이고 있고 마태복음 7:16-20절은 좋은 열매와 나쁜 열매가 있다는 것을 보여준다. 둘째, 21절과 22절의 대조에 있어서 전자는 더 뚜렷한 대조를 성립시킨다. 즉 전자는 그러므로 그 때 너희는 무슨 열매를 거두었는가의 질문에 대해 그 대답은 좋지 않은 열매를 거두었다가 된다. 이는 지금 그들이 하나님의 종이 되어 좋은 열매를 거두고 있는 것과 분명한 대조를 보인다. 셋째, 아무 열매를 거두지 못했기 때문에 사망에 이르는 것 보다 좋지 않은 열매를 거두었기 때문에 사망에 이른다는 결론이 더 확실하다.

무는 신약에서 "열매"는 분명한 행위들과 일반적 성격의 특성들을 묘사한다고 말한다.[1483] 그런데 21절에서 열매는 이 두 가지 의미를 다 가지고 있다. 그리고 성도가 예수 믿기 전의 삶의 열매에 대해서 부끄러워하는 것은 긍정적 효과가 있다.[1484] 즉 "자기 자신에 대해 진정으로 불쾌해하게 되고 자신의 형편없음에 대해 어리둥절하게 되는 것을 체득한 사람만이 기독교 철학의 원칙들에 고취된다." 과거의 자기의 악한 행실을 부끄러워하는 것은 성화의 필수적 요소다.[1485] 따라서 전자의 번역에 의하면 성도가 이제 부끄러워하는 이유는 그 불법의 열매 때문 뿐 아니라 그 결과는 사망이라는 사실

1483 Moo.
1484 Calvin.
1485 Cranfield.

때문이기도 하다. 여기서 바울은 그들이 부끄러워하는 일은 로마서 1:23-27절에서 묘사하는 죄악된 행위들을 염두에 두고 있을 가능성이 있다.[1486] 여기서 발견되는 대조는 불신자들은 불법을 행하면서도 부끄러워하지 않고 계속 불법을 저지르는 악순환의 삶을 사는 반면에 신자들은 과거에 행한 불법을 부끄러워하면서 통회하는 삶을 살면서 성화되고 있다는 것이다.

로마서 6:22절의 누니 데그러나 이제는는 바로 이 대조를 도입한다: "그러나 이제는 너희가 죄에게서 해방되고 하나님께 종이 되어 거룩함에 이르는 열매를 얻었으니 이 마지막은 영생이라". 바울은 "누니 데"를 이미 로마서 3:21절에 사용하면서 율법의 시대와 은혜의 시대를 대조하고 있다. 로마서 6:22절도 20-21절의 내용과 대조하면서 회심한 후 성도가 죄에게서 해방되고 하나님께 종이 되어 거룩함에 이르는 열매를 얻었고 그 마지막은 영생이라고 말씀한다. 머레이는 22절은 18절과 같은 내용을 다루고 있는데 그 다른점은 의의 종이 되었다는 표현(18절)과 하나님께 종이 되었다는 표현(22절)이라고 해석한다.[1487] 여기서 의의 종이 되었다는 것은 하나님의 완전하심이 요구하는 "의로움"인 반면에 하나님께 종이 되었다는 것은 의의 구체적이고 실제적인 요구에 순종하는 것으로 나타나는 것이라고 한다. 그러나 우리가 전에 보았듯이 18절에서 의의 종이 되었다는 개념도 도덕적으로 의로운 삶을 산다는 개념을 포함한다. 이렇게 보면 22절은 18절의 내용을 반복하면서 강화하고 있다고 볼 수 있다. 강화된 것은 성도가 하나님의 종이 되어 거룩함에 이르는 열매를 얻었다는 것이고 그 끝은 영생이라는 것이다.

22절 후반부에서 너희는 얻었다에케테는 현재형이다. 이를 바탕으로 로이드 존스는 성도가 거룩함에 이르는 열매를 이미 가지고 있다는 것을 강조한다.[1488] 그렇지만 에이스 하기아스몬into holiness은 실제로 성화되는 과정을 암시하는 어구라고 볼 수 있다. 그렇다면 여기서 바울은 우리가 종말적인 거룩함에 이른 상태와 열매를 맺음을 통해서 거룩함에 이르는 과정 모두를 함축

1486 Dunn.
1487 Murray.
1488 Lloyd-Jones.

하고 있다는 것을 다시 보게 된다.[1489] 이는 이미와 아직의 종말적 긴장이 우리의 성화에 있어서도 그 신학적 시간적 문맥으로 작용하고 있다는 것을 말한다. 이 관점에서 열매를 성화와 동일시 하는 것은 바울의 가르침을 혼돈시킨다. 영어본 RSV나 NRSV는 "너희가 가지는 이점은 성화다"라고 번역한다. 그리고 배렛은 "너희의 열매는 성화임을 알 수 있다"고 번역한다.[1490] 그러나 바울은 전체사 에이스into를 사용하여 열매가 성화에 이르게 한다고 분명히 말씀하고 있다. 이는 열매가 없이는 거룩함에 이르지 않는다는 것을 나타낸다. 즉 우리의 거룩함은 하나의 상태이면서도 구체적인 성화의 열매를 수반하고 있다는 것이다. 그리고 그 끝은 영생이다. 던은 이 마지막 구절은 로마서 5:21절의 내용의 반복이며 이는 5:21절을 읽고 오해하는 것을 막기 위한 표현이라고 주석한다.[1491] 그러나 여기서 우리는 로마서 5:21절은 이신칭의를 말씀하고 로마서 6:22절은 행위구원을 말씀하는 것이라고 이원화시키면 않된다. 성도가 열매를 맺음으로써 거룩함에 이르고 그 끝이 영생이라는 것은 열매와 거룩함과 영생의 시간적 관계를 묘사하고 있는 것이지 조건적 관계를 가르치고 있는 것이 아니다. 만일 그렇다면 로마서 4장에서 바울이 입증한 이신칭의론은 무의미해지고 만다. 따라서 성화의 가르침에 있어서 우리가 얻은 종말적 거룩함의 상태는 매일 진전하는 성화의 과정의 기초로 작용한다. 따라서 매일 성숙해 가는 성화의 과정은 거룩함의 상태를 더욱 빛나게 해 주는 역할을 하고 있는 것이지 우리가 거룩함의 상태를 획득하기 위한 조건이 아닌 것이다. 이러한 거룩함의 상태와 과정의 종말적 결과는 영생이다. 이것들은 영생의 조건은 아닌 것이다.

로마서 6:23절의 접속사 갈왜냐하면은 앞 절의 내용의 이유를 도입한다: "죄의 삯은 사망이요 하나님의 은사는 그리스도 예수 우리 주 안에 있는 영생이니라". 이 절은 21-22절에 대한 결론일 뿐 아니라 로마서 6장 전체의 결론이기도 하다. 그리고 로마서 5:21절의 내용과 병렬을 이루고 있다. 국부적으로

1489 Dunn.
1490 Barrett.
1491 Dunn.

보면 23절 전반부는 21절의 요약이요 23절 후반부는 22절의 요약이라고 볼 수 있다. 로이드 존스는 23절에 내재된 세 가지 대조를 관찰한다. 그것은 죄와 하나님, 사망과 영생, 그리고 삯과 선물이다. 여기서 삯의 개념은 6장에 처음 도입되는 개념이다. 어떤 학자는 명사 옵소우니아는 공급, 제공provision을 의미한다고 본다.[1492] 그러나 이 의미는 이 단어에 내재된 임금이란 의미를 간과하고 있다. 스토트는 이는 종에게 주어지는 주머니돈을 의미한다고 주석한다.[1493] 그러나 본문의 문맥에서 더 적합한 뜻은 행한 일에 대한 삯을 의미하며 그 군사적인 뉘앙스를 감안하면 군인이 받는 삯을 의미한다고 볼 수 있다(눅3:14; 고전9:7; 고후11:8; 1 Esdr. 4:56).[1494] 바울은 이 비유를 사용해 죄가 그 종인 죄인에게 삯을 지불하는 이미지를 묘사하고 있다. 여기서 그 삯은 사망인데 이는 팁으로 받는 것이 아니고 그 행한 죄악의 노동에 대한 임금이다.[1495] 이 점에서 삯은 값없이 주는 선물과 직접적 대조를 이룬다. 즉 죄의 종으로 불법을 쌓은 사람은 사망을 그 삯으로 얻는다. 반면에 의의 종으로 거룩의 열매를 맺는 사람들에게는 은혜로써 영생이 선물로 주어진다. 이는 영생이 수고하여 얻어지는 상급이 아니라 값없이 주어지는 선물이라는 것이다. 이 대조는 의도적인 것으로 보인다. 오스본은 이는 사람은 행위로 심판을 받지만(계20:12-14) 영생은 행위로 얻을 수 있는 것이 아님을 나타내는 것이라고 해석한다(롬3:20, 27-28; 4:2-5, 14).[1496]

23절 후반부에서 바울은 영생은 그리스도 예수 우리 주안에 있는 영생이라고 표현한다. 로마서 5:21절에서는 우리 주 예수 그리스도를 통해서 영생에 이른다고 말씀한다. 여기서 전치사 "안에서"와 "통해서"가 큰 의미의 차이를 가지는 것은 아니다.[1497] 쉬라이너는 이것은 영생이 우리가 그리스도와의 연합을 통해서 주어지는 것을 나타내는 것이라고 생각한다.[1498] 그것은

1492 C. C. Caragounis, "*ΟΨΩΝΙΟΝ*: A Reconsideration of Its Meaning," *NovT* 16 (1974) 35-57.
1493 Stott; Ziesler, *Romans*, 171; Cranfield; S. H. Travis, *Divine Retribution in the thought of Paul* (Cambridge Ph.D. thesis, 1970) 100, n. 7.
1494 Schreiner; Käsemann; Heidland, *TDNT*, 5:592.
1495 Murray; D. J. Moo, *Romans 1-8*. Wycliffe Exegetical Commentary (Chicago: Moody, 1991) 425.
1496 Osborne.
1497 Morris.
1498 Schreiner.

영생의 선물이 그리스도의 우리를 위한 대속적 죽음과 부활이 없이는 완성될 수 없었기 때문이다. 영생은 곧 예수 그리스도안에 있는 생명이 그 죽으심과 부활하심을 통해서 우리에게 주어진 것이다(요5:11). 이렇게 영생을 우리에게 주시는데 있어서 그리스도의 절대적 역할을 강조하기 위해 바울은 그리스도 예수 우리 주라는 정식 이름을 다시 사용한다.[1499] 즉 메시아이신 성육신하신 예수는 우리의 하나님이시라는 뜻이다. 이는 율법을 온전히 지킴으로써 구원받을 수 있다고 믿어왔던 유대인 성도들에게 완전한 신앙의 혁명을 요구하는 것으로써 바울은 그 복음이 영생의 선물에 대한 복음이요 예수 그리스도로 말미암은 복음이라는 사실을 다시 분명히 강조하고 있다.

(4) 율법과 성도의 삶(롬7:1-25)

바울은 로마서 7:1절에서 율법의 효용에 대해 언급하면서 로마서 7장에서 주제는 율법과 죄의 역동적 관계라는 것을 암시한다. 이 관점에서 우리는 로마서 7장을 세 단락으로 나눌 수 있다. 로마서 7:1-6절은 우리가 더 이상 율법 아래 있지 않다는 것을 죽음의 비유로 설명한다. 이는 로마서 6:14-15절의 가르침 즉 우리가 율법아래 있지 않고 은혜 아래 있다는 가르침을 반복 심화시키는 것이다. 즉 아내가 그 남편이 죽으면 법적으로 그에게서 해방되는 것처럼 우리도 예수와 연합을 통해서 죽었기 때문에 율법에서 벗어나 은혜아래 들어오게 되었다는 것이다. 둘째 단락은 로마서 7:6-13절이다. 여기서 바울은 율법이 들어온 이후 죄가 기회를 타서 계명으로 말미암아 우리 속에서 각양 탐심을 이루었다고 말한다. 따라서 율법은 악하지 않지만 죄가 살아나는 도화선이 되었다. 그렇지만 본질적으로 율법은 거룩하다. 그리고 계명도 거룩하며 의로우며 선하다. 율법에서 해방된 우리에게 여전히 해결되어야 하는 숙제는 죄를 소멸시키는 일이다. 셋째 단락은 로마서 7:14-25절이다. 여기서 바울은 계속해서 율법은 본시 영적이지만 우리 안에 거하는 죄

1499 롬1:4, 7; 5:1, 11, 21; 7:25; 8:39; 13:14; 15:6, 30.

가 육신을 통해서 악을 행하게 한다는 것을 말씀하면서 율법에서 해방된 성도의 마음에서 하나님의 법과 죄의 법이 싸우는 모습을 서술한다.

이 세 단락에서 바울이 사용하는 대명사를 관찰하면 바울이 전개하는 가르침을 따라가기가 쉬워진다. 로마서 7:1-6절에서 바울은 "너희"(1, 4), "우리"(4, 5, 6, 7, 14)를 주로 사용하다가 로마서 7:7-25절에서는 일인칭 "나"(7, 8, 9, 10, 11, 13, 14, 15, 16, 17, 18, 19, 20, 21, 22, 23, 24, 25)를 주로 사용한다. 이는 율법에서 자유로와진 성도들이 죄가 틈을 타고 침입하는 육신의 소욕을 극복하는 과정에서 율법이나 혹은 자신의 의지가 전혀 무용지물이라는 사실을 상세하게 묘사한다. 이 긴 설명은 로마서 8장의 성도의 거룩한 삶의 역학에서 성령의 법의 절대적 역할을 가르치기 위한 준비작업이라고 할 수 있다. 이런 관점에서 보면 로마서 7:7-25절의 "나"는 율법 아래 있지 않고 은혜 아래 있는 그리스도인을 대표하는 인물로 볼 수 있다. "나"는 거룩한 삶을 살려고 노력하는데 그 육신을 타고 역사하는 죄의 법과 계속해서 투쟁할 수 밖에 없다. 이 투쟁은 실존적인 현실이며 우리가 육신안에 거하는 동안 끝나지 않는 과정이다. 그래서 "나"는 외친다. 아 이 곤고한/가련한 사람아 누가 나를 이 사망의 몸에서 건져내랴. 여기서 이 곤고한 사람이 중생한 그리스도인인가 아니면 중생하지 못한 불신자인가에 대해 많은 논쟁이 있다. 이것은 로마서 7장의 내용과 관련된 내용이면서 로마서 전체와 관련해서 해석해야 되는 어려운 주제이다. 이는 기독교 성화론에 큰 영향을 주는 가르침으로써 이에 대한 신학자들의 의견도 다양하다. 바클레이는 바울이 여기서 처럼 복잡하고 어렵게 말씀하는 부분은 드물다고 말한다. 도드는 바울의 예는 처음부터 혼돈스럽고 결국 그가 말하는 것을 무시하며 사실과 경험 사이에서 그가 진정 말하는 것이 무엇인지 물어봐야 된다고 말한다. 이 문제는 그리스도인에게 법의 효용이 무엇인지 바울이 가르치는 내용과 맞물려 있다. 그만큼 이 주제는 도전적인 주제여서 피츠마이어는 로마서 7장은 로마서에서 가장 이해하기 힘든 장이라고 말한다.[1500]

1500 Fitzmyer; Barclay; Dodd.

바울의 율법의 효용에 대한 가르침을 해석하면서 스토트는 유익한 주석을 남겼다.[1501] 즉 우리가 율법 아래 있지 않다는 것은 두 가지 의미를 가진다. 바울이 로마서 6:14절 이하에서 우리가 율법 아래 있지 않고 은혜 아래 있다는 것은 의롭다하심을 얻는 것이 율법을 지킴으로써가 아니고 믿음으로써 은혜로 된다는 것을 말하고 갈라디아서 5:18절에서 우리가 성령으로 인도함을 받으면 우리는 율법 아래 있지 않다고 하신 말씀은 우리의 성화는 율법을 지키려고 노력함으로써가 아니라 우리에게 내주하시는 성령의 능력으로써 되는 것이라는 것을 말씀하는 것이다. 그러나 이 두 가지가 우리가 율법에 대해 아무 상관이 없는 사람들이 되었다는 것이 아니다. 일세기의 율법주의자들legalists은 바울의 가르침을 오해하고 바울을 반율법주의자로 공격했을지도 모른다. 이에 대해 바울은 로마서 7장에 대답하면서 율법의 세번째의 사용the third use of the law에 대해서 설명하고 있다고 보여진다. 스토트는 이 관점에서 로마서 7:1-6절은 율법주의에 대한 바울의 대답이고 로마서 7:7-13절은 반율법주의에 대한 바울의 대답이고 로마서 7:14-25절은 율법을 성취하는 자유를 발견한 사람들의 경험에 대한 이야기라고 주석한다.[1502]

(가) 율법으로부터의 자유(롬7:1-6)

로마서 7:1-6절은 율법을 부정적인 관점에서 서술하고 있고 그런 점에서 죄의 권세와 병렬관계에 있다는 것을 보여준다. 즉 성도는 죄에 대해 죽었듯이(롬6:2) 율법에 대해서 죽었다(롬7:4). 죄에서 해방되었듯이(6:18) 율법으로부터 해방되었다(7:3). 죄는 우리에게 더이상 왕노릇하지 않듯이(6:14) 율법도 더이상 우리를 주관하지 못한다(7:1). 우리가 죄에서 해방된 것은 하나님의 종이 되어 의의 열매를 맺게하려 함이듯이(6:18-22) 우리가 율법에서 해방된 것은 우리로 하나님을 향해 열매를 맺게 하려 함이다(7:4-6). 이와같은 죄와 율법의 병렬 관계를 바탕으로 우리는 로마서 6:15-23절과 로마서 7:1-6절을 한 문단으로 묶어서 분석해도 무난하다. 그리고 로마서 7:7-13절

1501 Stott.
1502 Stott.

은 율법과 죄의 권세의 관계를 다루고 있고 로마서 7:14-25절은 죄의 권세와 우리의 육신의 연약을 다루고 있는 점에서 성화를 다루는 로마서 6장과 연결된다. 이런 점에서 로마서 7:1-6절에서 바울은 계속해서 로마서 6장의 직설법과 명령법의 관계를 율법의 효용이라는 관점에서 다시 확인하고 있다. 즉 우리는 율법에서 벗어났다(직설법). 그러므로 우리는 하나님을 위해 열매 맺는 삶을 살아야 한다(명령법).

로마서 7:1-6절의 구조를 보면 1절은 직설법의 기초가 되는 논지를 편다. 즉 율법은 사람이 살 동안만 그 사람을 주관한다. 2-3절은 결혼의 비유를 사용해서 1절의 논지를 입증한다. 즉 아내가 그 남편이 죽으면 남편에게서 자유롭게 된다는 것이다. 그래서 다른 남자에게 갈지라도 음부가 되지 않는다. 4절은 접속사 호우스테로 시작하며 그 논리적 결과를 서술한다. 즉 성도들도 그리스도의 몸으로 말미암아 율법에 대해 죽임을 당했으므로 예수께 가서 하나님을 위해 열매를 맺어야 한다는 것이다. 이렇게 명령법의 가르침을 준 후 5-6절에서 바울은 우리가 회심하기 전 율법으로 말미암는 죄의 정욕 가운데 살았던 것을 상기시키고 회심한 후 우리가 영의 새로운 것으로 섬겨야 함을 다시 강조하고 있다. 이를 바울은 두 가지 대조법을 이용해 표현한다. 즉 육과 영의 대조(갈5:16-21)요 영의 새로운 것과 의문의 묵은 것(고후3)의 대조다. 이로써 바울은 이미 로마서 7:5-6절에서 롬8장에서 그가 성령의 법의 절대적 역할을 가르칠 것을 예고하고 있다.

로마서 7:1절에서 바울은 호격 "형제들아"아델포이를 사용해서 주제를 전환한다: "형제들아 내가 법 아는 자들에게 말하노니 너희는 율법이 사람의 살 동안만 그를 주관하는 줄 알지 못하느냐". 바울은 이미 로마서 1:13절에서 로마교회 성도들을 형제들아라고 불렀다. 그 후 처음으로 로마서 7:1절에서 "형제들아"를 사용하는데 7:4절에서 다시 이 호격을 사용하는 것은 특이하다. 쉴리어는 이는 바울이 여기서 주는 가르침이 민감한 주제인 만큼 그들이 잘 이해해 주기를 원하는 마음이 나타나 있는 표현이라고 해석한다.[1503] 바

1503 Schlier, *Römerbrief*, 214.

울은 이 호격을 로마서 8:12; 10:1; 11:25; 12:1; 15:14, 30; 16:17절에 쓰면서 자신의 가르침을 절실히 권면하는 마음을 잘 나타내고 있다. 따라서 로마서 7:1절과 4절에 이 호격을 연이어 쓰면서 로마서 7:1-6절에서 바울은 성도들이 자신들이 율법에서 해방되었다는 것을 아는 이상 예수로 말미암아 하나님께 열매 맺는 삶을 사는데 열심이 있어야 한다는 것을 강조하고 있다고 볼 수 있다. 여기서 형제들은 모세의 율법을 잘 알던 유대인 성도들이라고 하는 해석이 있다.[1504] 그러나 로마서 7장의 가르침의 일반적 성격상 7:1-6절의 가르침을 유대인에게만 해당하는 것으로 볼 수 없다. 따라서 여기서 형제들은 유대인 성도들 뿐 아니라 이방인 성도들을 포함하고 있다고 보아야 한다.

그들은 율법이 사람의 살 동안만 그를 주관하는 줄 안다. 여기서 율법노모스은 로마법이라는[1505] 견해와 일반적인 법이라는[1506] 견해와 모세의 율법이라는[1507] 견해가 있다. 7:1절에서 첫번째 노모스는 정관사 없이 쓰이고 있기 때문에 일반적인 법을 가리킨다고 하는 견해는 설득력이 없다. 왜냐하면 바울은 로마서 3:28, 31절 등에서도 정관사 없이 노모스를 사용하여 모세의 율법을 가리키고 있기 때문이다. 그러나 법이 일반적인 법을 가리킨다는 것은 문맥을 통해 알 수 있다. 즉 율법은 사람이 살 동안만 그를 주관한다는 것은 하나의 격언과 같은 진리로써 누구나 아는 사실이다. 그런 만큼 여기서 법은 모세의 율법보다 넓은 의미의 법을 가리킨다고 해도 바울이 말씀하는 의미를 왜곡하지는 않는다.[1508] 반면에 여기서 형제들은 이방인 성도를 포함하는 개념이고 이들은 모세의 율법을 잘 몰랐을테니까 여기서의 법은 일반적인 법을 가리킨다고 하는 견해도 수긍하기 어렵다. 많은 주석가들이 동의하는 것처럼 로마교회의 이방인 성도들은 회심하기 전에 유대교로 개종한 사람들이었을 가능성이 있고 그렇지 않았다고 해도 그들은 사도들의 가르침을

1504 Minear, *The Obedience of Faith*, 62, 64; Segal; W. B. Russell, "Insights from Postmodernism's Emphasis on Interpretive Communities in the Interpretation of Romans 7." *Journal of the Evangelical Theological Society* 37 (1994) 520.

1505 Käsemann; Lightfoot; Jülicher; Weiss; Lagrange.

1506 NEB; Sanday and Headlam; Bultmann; Goodspeed; Lyonnet.

1507 Moo; Schreiner; Barrett; Cranfield; Leenhardt; Lietzmann; Michel; Minear; Murray; Wilckens; Schlatter; Fitzmyer; Dunn.

1508 Morris.

통해서 구약의 법을 잘 알고 있었을 것이기 때문이다.[1509]

율법이 사람이 살 동안만 그를 주관한다는 구절은 랍비문학의 구절들과 일치한다는 점에서 바울이 이 글들로부터 인용하고 있다는[1510] 가설은 옳지 않다. 왜냐하면 이 격언적 명제는 그 당시 문화에 널리 알려진 사실일 수 있기 때문이다. 그리고 바울은 여기서 동사 쿠리에우오우주관하다를 사용하고 있다. 이는 그가 로마서 6:9, 14절에도 사용하는 동사로써 율법이 그 주관하는 기능에 있어서 죄나 사망과 같은 위치에 있다는 것을 나타내고 있다. 이 율법과 죄와 사망의 밀접한 관계는 바울이 이미 로마서 5–6장에서 자주 암시해 왔고 로마서 7:8–11절에 상세히 설명하고 있다. 이 만큼 바울에게는 율법으로부터의 자유는 죄와 사망으로부터 자유를 얻은 것과 비례하는 개념이며 성도에게 놀라운 소식이 아닐 수 없다. 이는 성도가 율법의 종이 되어 그것을 지킴으로써 거룩함을 이루려고 하는 것이 얼마나 자가당착적인가 하는 것을 나타내고 있다.

로마서 7:2–3절에서 바울은 1절의 명제를 결혼의 비유로서 설명하고 있다. 즉 남편이 있는 여인이 그 남편 생전에는 법으로 그에게 매여 있지만 만일 그 남편이 죽으면 그 남편의 법에서 벗어난다. 그러므로 만일 그 남편의 생전에 다른 남자에게 가면 음부라 이르되 남편이 죽으면 그 법에서 자유하게 되어 다른 남자에게 갈지라도 음부가 되지 않는다. 이 말씀은 구약이나 유대주의에 기초한 것임을 알 수 있다. 왜냐하면 로마법에서는 남편이 있는 여인도 자유롭게 이혼을 할 수 있었기 때문이다.[1511] 그리고 남편에게 매인 바 되다후판드로스는 형용사도 유대 문화적인 개념이다. 이 말씀을 풍자법allegory으로 해석하면 남편이 있는 여인은 그리스도인을 가리키고 첫 남편은 율법 그리고 둘째 남편은 그리스도를 가리킨다고 볼 수 있다.[1512] 그러면 그 첫 남편 즉 율법이 죽으면 그리스도인은 둘째 남편 즉 그리스도에게 갈 수 있

1509 Fitzmyer; Dunn; Brändle and Stegemann, "The Formation of the First 'Christian Congregations' in Rome," 124.

1510 W. Diezinger, "Unter toten Freigewerden: Eine Untersuchung zu R?m. III-VIII," *NovT* 5 (1962) 271-74.

1511 P. E. Gorbett, *The Roman Law of Marriage* (Oxford: Clarendon, 1930) 249; Dunn.

1512 Bruce, *Romans*, 137.

다. 그러나 바울은 2절에서 남편이 죽으면 부인이 그 남편의 법에서 해방된다고 말씀한다. 그리고 4절 말씀에서 율법이 죽는 것이 아니라 율법에 대하여 죽은 자는 그리스도인이다. 여기서 사람들을 혼동스럽게 하는 측면이 있다. 즉 이 풍자법이 논리적으로 성립하려면 그리스도인이 아니라 율법이 죽었다고 말씀해야 했다. 이러한 괴리를 해결하기 위해 여러 대안적 해석이 제시되었다.[1513] 고뎃은 여기서 남편 있는 여인을 자기 자신으로, 첫 남편을 옛 사람, 그리고 둘째 남편을 그리스도라고 해석했다.[1514] 그러나 이 해석은 4절과 맞지 않는다. 4절에서 바울은 옛 사람이 죽는 것이 아니라 그리스도인 자신이 죽어 예수께로 간다고 말씀하고 있다. 이러한 풍자법적 해석이 본문을 해석하는데 맞지 않자 학자들은 2-3절이 풍자적 목적으로 쓰인 것이 아니라 예증을 목적으로 써졌다고 생각한다. 그리고 여기서 단 하나의 주제는 죽음이 우리를 율법으로부터 해방시킨다는 것이다.[1515]

실제로 2-3절은 풍자적 해석을 요구할 어떤 점도 발견되지 않는다.[1516] 이 두 절은 4절이 아니라 1절을 설명하고 있다. 즉 죽음은 그 사람을 법으로부터 해방시킨다는 것이다. 그리고 4절은 1-3절 전체에 대한 결론이라고 할 수 있다.[1517] 즉 우리가 율법에 대하여 죽었기 때문에 우리는 율법에서 자유로와졌고 새 남편인 그리스도에게 가서 하나님을 위하여 열매 맺는 삶을 살 수 있게 되었다는 것이다. 따라서 이 비유는 죽음과 해방이라는 주제 뿐 아니라 결혼과 연합이라는 주제도 내포하고 있다.[1518] 이는 우리가 율법으로부터 그리스도로 옮겨졌다는 사실을 구체적으로 보여주는 것이다.[1519] 바울은 6절에서 "영의 새로운 것"이란 표현으로 이 점을 나타내고 있다. 문학구조상

1513 S. J. Hafemann, *Paul, Moses, and the History of Israel: The Letter/Spirit Contrast and the Argument from Scripture in 2 Corinthians 3* (Wissenschaftliche Untersuchungen zum Neuen Testament 81. Tübingen: Mohr, 1995) 177.

1514 Godet.

1515 Kuss; Cranfield; Fitzmyer; Stuhlmacher; Murray; Käsemann.

1516 Murray; J. A. Little, "Paul' s Use of Analogy: A Structural Analysis of Romans 7:1-6," *Catholic Biblical Quarterly* 46 (1984) 82-90.

1517 Cranfield; Murray; Dunn; Fitzmyer; Nygren.

1518 Moo; Osborne.

1519 J. D. Earnshaw, "Reconsidering Paul' s Marriage Analogy in Romans 7.1-4." *New Testament Studies* 40 (1994) 68-88; A. Gieniusz, "Rom 7,1-6: Lack of Imagination? Function of the Passage in the Argumentation of Rom 6,1-7,6." *Biblica* 74 (1993) 389-400.

이 율법으로부터의 자유와 그리스도에게로의 연합은 로마서 7장과 8장에서 각각 상세히 설명되고 있다. 따라서 로마서 7:1-6절에서 주된 주제를 율법으로 생각하고 결혼의 주제를 단지 그것을 설명하기 위한 생활에서의 실례라고 보는 것은 본문에 존재하는 구 시대의 윤리 원칙과 새 시대의 윤리 원칙의 대조를 올바로 파악하지 못한 것이다.[1520]

로마서 7:4절에서 바울은 1-3절의 내용에 결론을 내리며 이렇게 말씀한다: "그러므로 내 형제들아 너희도 그리스도의 몸으로 말미암아 율법에 대하여 죽임을 당하였으니 이는 다른이 곧 죽은 자 가운데서 살아나신 이에게 가서 우리로 하나님을 위하여 열매를 맺히게 하려 함이니라". 여기서 "내 형제들아"는 그리스도인들이 율법에 대해 죽었다는 사실을 명심해야 된다는 것을 간절히 부탁하는 뜻을 담고 있다. 그리고 전반부의 "너희도"는 후반부에서 일인칭 복수 "우리로"로 바뀌고 있는데 이것은 이 가르침의 내용을 자신에게 적용하며 말하고 있다는 것을 나타낸다. 이 일인칭 복수는 5-7절에 계속 유지되고 있고 바울은 7절에서 일인칭 단수로 바꾸고 있다. 이는 7절이하의 가르침에서 율법이 일반적으로 모든 사람에게 초래했던 역할을 설명하기 위한 방편이라고 볼 수 있다. 모리스는 여기서 율법은 "모든 법"이라고 해석한다.[1521] 이는 바울이 가르치는 대상이 로마교회의 이방인 성도를 포함한다고 볼 때 타당한 해석이다. 그러나 본문의 문맥에서 볼 때 이를 일차적으로 모세의 율법이라고 보는 것이 더 낫다. 왜냐하면 로마서 7:7절에서 보듯이 바울이 구약의 법을 배경으로 그리스도인들이 법으로부터 자유로와 진 신분을 가진 후 법의 역할에 대해서 어떤 자세로 살아야 할 것인가의 주제를 설명하고 있기 때문이다.

그러면 우리가 율법에 대해 죽임을 당했다는 것은 무슨 의미인가? 무는 이는 그리스도인들이 모든 율법의 권세로부터 자유로와졌다는 것을 말한다고 해석한다.[1522] 그는 캘빈의 율법의 기능에 대한 구분법을 따르지 않는다.

1520 Osborne.
1521 Morris.
1522 Moo.

즉 캘빈은 율법을 그 사무실안의 율법law in its office과 삶의 규칙으로의 율법law as rule of life으로 구분한다.[1523] 이 때 첫째 기능은 그 규칙들과 정죄의 권세를 가리키는데 이는 은혜의 시대에는 폐기되었다. 그러나 두번째 기능 즉 도덕법으로써의 율법은 은혜의 시대에도 폐기되지 않고 유효하다고 믿는다. 이를 바탕으로 캘빈은 우리가 율법에 대해 죽었다는 것은 율법의 정죄로부터 해방되었다는 것을 가리킨다고 해석한다. 그러나 이 해석처럼 그리스도인이 율법에 대해 죽었다고 했을 때 율법의 특정한 기능정죄의 기능에 대해서만 죽었다는 것을 의미한다고 하는 것으로 보기 어렵다. 무의 주장처럼 우리는 율법 전체에 대해서 죽었다고 보는 것이 문맥에 맞는 해석이다.[1524] 이 후자의 해석이 타당한 또 다른 이유는 이 구절은 로마서 6:2, 11절에서 우리가 죄에 대해 죽었다는 말씀과 병렬된다는 사실이다. 율법은 정죄의 기능을 할 뿐 아니라 사람들에게 하나님 앞에서 의롭다하심을 얻을 수 있는 도덕적 기준을 제시한다. 그래서 모든 사람들이 율법을 범함으로써 자신들의 힘으로는 선을 행할 수 없다는 것을 깨닫게 만들었다. 이와 같이 율법은 인간의 무능력을 깨닫게 할 뿐이지 인간이 선을 행하게 할 능력을 제공하지는 못한다. 율법은 오히려 죄를 더 범람하게 만드는 결과를 가져왔다(롬7:7-11). 이 점을 놓고 볼 때 바울이 우리가 율법에 대해 죽었다고 말씀하는 것은 율법 전체에 대해 죽었다는 것을 의미하는 것으로 해석하는 것이 맞다고 보여진다. 그러나 우리가 율법에 대해 죽었다고 해서 율법이 폐기된 것은 아니다. 율법은 죄를 깨닫게 해 주기 때문에 본질상 영적인 것이다(롬7:14). 그러나 이제 은혜안에서 성령의 인도함을 받는 우리는 더이상 율법의 정죄로부터 고민하거나 율법을 지키려고 발버둥치지 않는다. 우리는 성령의 인도하심으로 하나님의 뜻을 따라 걷는 삶을 살기 때문에 율법을 이루는 삶을 살고 있는 것이다. 이 점을 강조하기 위해서는 무는 여기서 바울은 구약 전체를 말씀하는 것이 아니고 오직 모세의 율법에 대해서만 말씀하는 것이라고 부록을 단다. 그래서 성도들이 율법의 권세로 부터 해방되었다는 것이 율법을 전혀 지키지 않아

1523 Calvin, *Institutes*, 2.11.9.
1524 Käsemann.

도 되는 자격증을 갖는 것이라고 보면 않된다는 것이다. 따라서 성도는 모세의 율법아래 더이상 살지 않는 것이지 광의의 의미의 율법의 구속은 받고 있다는 것이다. 그렇다면 결과적으로 무의 견해와 캘빈의 견해는 크게 다를 것이 없다. 무는 캘빈과 달리 율법의 종류를 구분하지 않았을 뿐이지 그 효과면에서 나타나는 구분은 인정하고 있는 것이다. 여기서 필자의 해석은 좀 차이가 있다. 율법의 종류를 구분하지 않아야 한다는데 있어서는 무에 동의하지만 아직도 우리가 구속을 받는 율법이 있다고 보는 것에 대해서는 동의하지 않는다 그 이유는 우리가 아직도 어떤 율법에 구속을 받고 있다면 우리가 율법에 대해 죽었다고 말씀하는 바울의 가르침과 모순되기 때문이다. 그렇다면 그리스도인이 십계명과 같은 도덕법을 지켜야 된다는 사실은 우리가 율법에 대해 죽었다고 말씀하는 것과 어떻게 공존하고 있는가. 그것은 우리가 십계명을 지킬 때 그 율법아래 구속되어 있기 때문이 아니라 그것이 하나님의 기뻐하시는 뜻이기 때문에 그 뜻을 따라 사는 결과 율법을 지키는 효과를 가지는 삶을 살게 된다는 것이다. 성도는 더아상 율법의 정죄함이나 인도함에 구애받지 않게 되었다. 그러나 하나님께 대해 열매맺는 삶을 살게 되었다. 바로 이것이 바울이 말씀하는 구속사적 영역의 변환이다. 우리는 율법의 영역에서 벗어나 하나님의 뜻에 따라 사는 은혜의 영역으로 옮겨진 것이다.

바로 이 점을 바울은 4절 후반부에서 말씀하고 있다. 우리는 율법에 대해서 완전히 죽었다. 그 결과 우리는 예수에게 속하게 되었다. 이는 우리가 하나님께 열매를 맺게 하기 위해서이다. 이 구절을 주석하기 전에 우리는 4절 전반부에서 바울이 우리가 그리스도의 몸으로 말미암아 율법에 대해 죽임을 당했다고 말씀하는 구절에서 "그리스도의 몸"의 의미를 해석할 필요가 있다. 영어본 NEB는 이 어구를 교회라고 해석한다. 이는 터털리안도 동의했던 해석이다. 이 해석의 문제는 우리가 교회를 통해서 율법에 대해 죽었다는 가르침이 되는데 이는 타당한 개념이 아니라는 것이다.[1525] 이를 성례시의 예수의 몸이라고 보는 것도 타당한 해석으로 볼 수 없다.[1526] 던도 지적하듯

1525 Morris.
1526 Wilckens.

이 이는 일회적 사건인 예수의 죽음에 대한 간접적 언급을 약화시킬 뿐 아니라 죽었다는 동사의 수동태가 가지는 의미를 잃어버리는 해석이기 때문이다.[1527] 그래서 다수의 주석가들이 동의하듯이 우리는 "그리스도의 몸"은 그리스도의 십자가의 죽음을 의미한다고 보는 해석을 옳은 해석이라고 할 수 있다.[1528] 이는 예수의 죽음을 통해서 우리가 죄에 대해 죽었다는 가르침과 병렬된다. 바로 이 예수의 죽으심과 부활이 바울의 가르침의 틀속에서 우리의 예수와의 연합을 간접적으로 언급하고 있다는 것은 전치사구 에이스 토 게네스싸이 후마스 헤테로우so that you may belong to another에 나타나 있다. 다시 말해 우리가 율법에 대해 죽은 것은 십자가에서 죽으셨다가 다시 부활하신 예수와 연합을 통해서 말미암은 구속사적 은혜의 사건인 것이다. 이제 우리 성도들을 구속한 율법은 그 권세를 잃었다. 그러나 우리는 율법을 폐기하지 않고 오히려 세운다. 그것은 율법 중 우리 성도들을 구속하는 부분이 아직도 남아있기 때문이 아니다. 그것은 우리가 하나님께 열매를 맺는 삶을 살기 때문이다. 즉 율법에 대해 죽은 성도의 윤리는 아직도 해당되는 몇몇 율법을 지킴으로써 비롯되는 것이 아니라 보다 적극적인 의미에서 하나님께 열매맺는 삶을 삶으로써 비롯되는 것이다.

여기서 하나님께 열매를 맺는다칼포포레오우는 무엇을 말하는가. 샌데이와 헤들램은 이는 아이를 임신하는 것을 가리킨다고 해석한다.[1529] 배렛도 이는 하나님께 애를 낳아드리는 것을 의미하는 것으로 어떻게 보면 사려없는 은유로 보일지라도 바로 이 사려없음이 여기서 중요한 점이라고 해석한다.[1530] 로이드 존스도 로마서 7:2–3절에 내포된 결혼의 이미지 때문에 여기서 열매는 자식들을 의미한다고 볼 수 있다고 생각한다.[1531] 그리고 자식들은 거룩함의 열매, 성령의 열매를 가리킨다는 것이다. 그러나 크랜필드는 이 해석을 기괴한 해석이라고 비판한다.[1532] 던도 이 해석이 불필요하며 부적절한 해석

1527 Dunn.
1528 Schreiner.
1529 Sanday and Headlam.
1530 Barrett.
1531 Lloyd-Jones, *Romans*, 6:51-66.
1532 Cranfield.

이라고 비판한다.[1533] 필자는 다음과 같은 점에서 전자의 해석에 동의하지 않는다. 첫째, 문맥에서 바울은 풍자법allegorization이나 비유법parable을 사용하지 않고 있다. 둘째, 신약에서 열매칼포스는 자식들을 가리키는 명사로 사용되지 않는다.[1534] 셋째, 열매를 맺는 것과 대조적 개념인 우리가 율법에 대해 죽임을 당했다는 가르침이 이전에 율법이 우리가 하나님께 자식을 낳아드리는 데 있어서 장애물로 작용했다는 의미를 내포하는 것은 아니기 때문이다. 스툴마커는 이는 그리스도인들이 복음을 전파해서 하나님께 영적 자녀를 낳아드리는 것을 의미한다고 주석한다.[1535] 이 해석은 바울의 선교적 지상명령을 참고한 좋은 해석이나 본문에서 중심적인 주제는 아니라고 보여진다. 따라서 가장 적절한 해석은 윤리적/성화적 해석으로 보여진다. 롬6-8장이 성화에 대한 주제를 가르치고 있고 로마서 6:22절은 우리가 죄에서 해방되어 하나님께 종이 되어 거룩함에 이르는 열매를 얻었다고 말씀한다. 이런 관점에서 여기서 열매는 갈라디아서 5:22-23절에서 말씀하는 성령의 열매 혹은 로마서 1:5, 6:16-19, 16:26절에서 말씀하는 순종의 열매라고 할 수 있다. 즉 우리가 율법의 권세에서 완전히 해방되었다는 것이 우리를 무법주의antinomianism로 흐르게 하지 않는다. 반대로 우리는 하나님께 종이 되어 하나님의 기뻐하시는 열매를 맺게 된다. 이는 가르침의 교훈에 순종하는 거룩한 삶이다. 이는 우리가 도덕법을 따라 사는 것이 우리가 율법의 정죄로 부터 벗어났지만 아직 도덕법 등에 구속받기 때문이 아니다. 우리는 율법 전체에 대해 죽었다 그러나 이에 따라 우리는 의의 종이 되게 되었다(롬6:18). 이는 우리가 성령의 능력으로 말미암아 하나님의 기뻐하시는 뜻을 분별할 수 있게 되었고 그 뜻대로 살아 율법의 요구를 성취하는 효과를 가지는 삶을 살 수 있게 된 것을 가리키고 있다.

5절의 접속사 갈왜냐하면은 이전 구절에 대한 이유를 도입한다: "우리가 육신에 있을 때에는 율법으로 말미암는 죄의 정욕이 우리 지체 중에 역사하여

1533 Dunn.
1534 Stott.
1535 Stuhlmacher.

우리로 사망을 위하여 열매를 맺게 하였더니". 로마서 7:5–6절은 4절의 내용을 강화하면서 회심이전의 성도의 상태를 상기시키며 이제 회심후 새로운 삶을 살 것을 확인해 주고 있다. 그러면 회심 이전의 우리는 어떤 상태에 있었는가. 첫째, 바울은 우리가 회심 이전에는 육신에 있었을 때라고 말씀한다. 여기서 전치사구 엔 테이 살키in the flesh는 우리가 육신의 정욕대로 사는 상태를 의미한다.[1536] 명사 삵스flesh는 신약에 147회 사용되고 있고 바울 서신에는 91회 사용되고 있다. 그것은 살(고전15:50), 사람(롬1:3; 고전1:29; 고후4:11; 갈4:13, 14; 엡5:29), 인간 본성(롬9:5), 이 세상의 삶(빌1:24), 인간의 획득(빌3:3) 등의 뜻을 가진다. 도덕적인 문맥에서는 이 명사는 우리 육신의 연약함 곧 도덕적 연약함을 가리킨다.[1537] 무는 로마서 7:5절에서 삵스는 구속사적 관점에서 해석되야 한다고 주장한다. 즉 바울은 삵스를 영Spirit에 대비되어 있는 구 시대의 권세로 그리고 있다는 것이다.[1538] 만일 이 해석이 옳다면 로마서 7–8장에서 삵스를 일관되게 도덕적 연약함으로 번역하는 영어 버젼 NIV의 번역은 오해를 가져올 수 있는 번역이라고 할 수 있다. 따라서 회심 이전에 우리가 육신안에 있던 자로 묘사되는 것은 우리가 단지 도덕적 연약함 속에 있던 자들이라는 것보다 더 광의의 의미를 가진다. 즉 우리는 죄와 사망과 율법의 권세아래 있던 자들이었다는 것이다. 이 해석은 5절 후반부에서 율법으로 말미암는 죄의 정욕이 우리 지체 중에 역사해서 우리로 사망의 열매를 맺게 했다는 말씀과 부드럽게 들어 맞는다.

여기서 명사 파쎄이마타는 바울 서신에서 대개 고난을 의미한다.[1539] 그러나 이 절에서는 욕망에피쑤미아의 뜻으로 사용되고 있다. 이 욕망은 율법을 지키려고 하는 욕망이 아니라 죄의 욕망이다. 여기서 소유격 하말티오운은 근원적 소유격으로 해석하면 욕망은 죄로부터 생성한다는 뜻이 된다.[1540] 그러나 이 해석은 여기서 하말티아죄가 복수로 사용되고 있다는 점에서 맞지 않

1536 NIV; Moo; Morris; Cranfield.
1537 Morris.
1538 Moo; W. B. Russell, "Does the Christian Have 'Flesh' in Gal 5:13-26?" *JETS* 36 (1993) 179-87.
1539 롬8:18; 고후1:5, 6, 7; 빌3:10; 골1:24; 딤후3:11.
1540 Schlatter.

는다. 고뎃은 이 소유격을 목적격으로 해석하는데 그러면 욕망은 죄를 야기한다라는 뜻이 된다.[1541] 이를 질적 소유격으로 보면 욕망의 질적 특성은 죄악된 것이라는 뜻이 되어 "죄악된 욕망"이라고 번역할 수 있다.[1542] 우리는 여기서 이 마지막 해석을 제일 나은 해석으로 볼 수 있다. 그리고 여기서 죄는 복수로 사용되고 있는 점에서 어떤 의도된 죄악된 조건이나 원칙을 의미하는 것이 아니라 구체적 범죄를 가리키고 있다고 볼 수 있다.[1543]

여기서 놀라운 것은 바울은 율법으로 말미암는 이 죄의 정욕이 우리 지체중에 역사하고 있다고 말씀하고 있다는 사실이다. 지글러는 여기서 동사 에네일게이토를 능동형으로 해석하면서 죄가 율법을 통해서 더 분명하게 되어지고 있다는 것을 나타내는 것으로 해석할 수 있다고 생각한다.[1544] 그러나 여기서 문법적으로 뒷부분의 정관사구 타 디아 투 노무는 앞부분의 명사를 수식하고 있다. 다시 말해 죄의 정욕은 다른 것이 아니라 율법을 통한 죄의 정욕이라는 것이다. 따라서 바울은 죄의 정욕이 율법을 통해서 우리 지체에 역사하는 것이 아니라 율법을 통해 존재하는 죄의 정욕이 우리 지체안에 역사하고 있다는 것을 말씀하고 있다. 이는 율법이 없었다면 우리가 죄의 정욕을 그 만큼 죄의 정욕으로 인식하지 못했을 것이라는 뜻도 된다. 따라서 여기서 욕망파쎄이마타을 자신의 의를 세우려는 욕망이라고 해석하는 것은 문맥에 맞지 않는다.[1545] 욕망은 율법을 통해서 분명해지는 죄의 욕망인 것이다. 이는 율법이 죄의 욕망을 불러 일으킨다는 뜻은 아니다.[1546] 롬7:8절 말씀대로 계명을 통해서 죄가 사람속에서 탐심을 이루듯이 법이 없으면 죄가 죽은 것과 같다. 이 점에서 5절은 7-13절에서 죄와 율법과의 관계를 더 자세히 설명하기 위한 예비적 언급이라고 할 수 있다.

1541 Godet; Bandstra, *The Law and the Elements of the World*, 127.

1542 Murray; Käsemann.

1543 Cranfield.

1544 Ziesler, Romans, 176-77.

1545 Bultmann, "Romans 7," 154-55; Furnish, *Theology and Ethics*, 141-42.

1546 Ridderbos, Paul, 145-46; H. Räisänen, "Legalism and Salvation by the Law: Paul' s Portrayal of the Jewish Religion as a Historical and Theological Problem," in *Die Paulinische Literatur und Theologie* (ed. S. Pedersen; Teoloiske Studien 7; Århus: Aros, 1980) 69-71; idem, "Zum Gebrauch von *ΕΠΙΘΥΜΙΑ* und *ΕΠΙΘΥΜΕΙΝ* bei Paulus," *ST* 33 (1979) 85-99.

여기서 에네일게이토역사하여가 불완전과거형인 것은 죄의 정욕이 우리 지체안에 항상 역사하고 있었던 것을 나타내고 있다. 우리 지체멜레신는 로마서 6:13, 19절에서 보았듯이 우리 육체 뿐 아니라 감정과 인식의 영역까지 포함하는 개념이라고 할 수 있다. 즉 회심 이전에 우리는 지정의의 모든 면에서 죄의 정욕이 역사하고 있었다는 사실이다. 이는 율법이 우리를 선하게 하지 못했다는 사실을 반증한다. 그리고 율법을 지킴으로써 선해질 수 있다고 믿었던 유대주의의 관념을 뒤집는 가르침이다. 회심하기전 육신에 거하던 우리는 죄의 정욕의 역사로써 사망을 위한 열매를 맺고 있었다. 여기서 전치사구 에이스 토 칼포포레이사이는 목적이라기 보다는 결과로 볼 수 있다. 따라서 회심 이전의 우리는 사망의 열매를 맺기 위하여 죄의 정욕이 우리 지체가운데 역사하고 있었다는 말씀이 아니라 죄의 정욕이 우리 지체가운데 역사함으로써 그 결과 사망을 위한 열매를 맺고 있었다는 뜻이다.

로마서 7:6절은 누니 데but now로 시작하면서 5절에서 묘사한 우리가 육신에 거할 때와 대조하고 있다. 즉 회심 후 "이제는 우리가 얽매었던 것에 대하여 죽었으므로 율법에서 벗어났으니 이러므로 우리가 영의 새로운 것으로 섬길 것이요 의문의 묵은 것으로 하지 않는다". 여기서 우리가 얽매었던 것에 대하여 죽었다는 것은 4절에서 우리가 율법에 대하여 죽임을 받았다는 말씀과 병렬된다. 이 구절의 관계대명사 호우가 중성이면 그 선행사는 육신 혹은 옛 사람이 된다.[1547] 그러나 그 선행사는 율법이라고 보는 것이 더 맞다.[1548] 그 이유는 첫째, 5절에서 명사 율법이 6절의 관계대명사 호우에 더 가까이 놓여있다. 둘째, 바울은 우리가 얽매었던 것에 대하여 죽었다고 말씀할 때 2절에서 아내가 남편 생전에 법으로 그에게 매인 바 되었다는 말씀을 배경으로 말씀하고 있다고 보여진다. 즉 우리는 우리를 얽매고 있던 율법에 대해 죽었기 때문에 율법에서 벗어나게 된 것이다. 셋째, 바울 서신에서 육신이 우리를 얽매고 있었다고 표현하는 곳은 없다는 것이다. 여기서 동사 얽매였다카테코우는 사로잡다 포로로 하다 혹은 묶다 구속하다는 뜻을 가지는데

1547 Sanday and Headlam; Lagrange; Jülicher.
1548 Cranfield; Dunn; Fitzmyer.

이 절에서 불완전과거 수동태로 쓰였다. 이는 우리가 회심하기 전에 항상 율법에 종이 되어 살던 상태를 묘사하고 있다.[1549] 그러나 이제 예수님을 믿고 의롭다하심을 얻은 후 우리는 율법에서 벗어나게 되었다. 크랜필드는 우리가 율법에서 벗어났다는 것은 우리가 율법의 정죄로부터 벗어난 것을 의미한다고 주석한다. 그러나 이 해석은 바울이 의미하는 바를 너무 축소하고 있다. 이미 우리가 5절에서 살펴본 것처럼 율법은 총체적 율법으로 보아야 한다. 따라서 우리는 율법의 권세와 그 총체적 기능으로부터 벗어난 것이라고 해석하는 것이 그리스도의 구속이 가져다 준 은혜의 총체적 크기와 병렬을 이루는 해석이라고 할 수 있다.

그러면 율법으로부터의 자유가 우리를 무법주의자로 살게 면허증을 발부한 것을 말하는가? 아니다. 바울은 6절 후반부에서 우리가 율법으로부터의 자유를 받은 결과를 접속사 호우스테so that를 사용하며 묘사하고 있다. 즉 이제 우리는 "영의 새로운 것으로 섬길 것이요 의문의 묵은 것으로 아니한다". 이 구절은 이중 대조법을 지닌다. 즉 영Spirit과 의문letter 그리고 새로운 것과 묵은 것의 대조다.[1550] 영과 의문의 대조는 이미 로마서 2:29절에 나타나 있다. 즉 진정한 할례는 영적인 것이며 의문에 있는 것이 아니다. 고린도후서 3:6-7절에서 바울은 하나님께서 우리를 의문으로써가 아니라 영으로써 새 언약의 일군으로써 합당하게 만드셨다고 가르치고 있다. 이 구절들에서 의문은 정확히 율법 그 자체를 가리키는 것인가 아닌가. 크랜필드는 의문은 정확히 율법이 아니라 율법에 대한 잘못된 해석에 바탕을 둔 원칙들이라고 본다.[1551] 그러나 머레이나 쉬라이너는 이를 구약의 법이나 의롭다하심을 가져오지 못함이라고 해석한다.[1552] 무는 영과 의문의 대조는 구언약과 새언약 즉 구시대와 새시대의 대조를 말한다고 해석한다.[1553] 이는 로마서 7:6절에

1549 Cranfield; Kümmel, *Römer* 7, 42.
1550 B. Schneider, "The Meaning of St. Paul' s Antithesis 'The Letter and the Spirit,' " *CBQ* 15 (1953) 203.
1551 Cranfield; Dunn.
1552 Murray; Schreiner.
1553 Moo; Dunn; J. Kremer, " 'Denn der Buchstabe t?tet, der Geist aber macht lebendig.' Methodologische und hermeneutische Erwägungen zu 2 Kor 3,6b," in *Begegnun mit dem Wort (für Heinrich Zimmermann)* (ed. J. Zmijewski and E. Nellessen; BBB 53; Bonn: Peter Hanstein, 1980) 220-29; Westerholm, "Letter and Spirit," 238-39.

서 영과 의문의 대조가 고린도후서 3:6-7절의 영과 의문의 대조와 병렬을 이루고 있기 때문이다. 고린도후서 3:7절에서 바울은 구언약의 계시를 담당한 모세의 사역을 묘사하면서 "돌에 써서 새긴 죽게 하는 의문의 직분도 영광이 있어 이스라엘 자손들이 모세의 얼굴의 없어질 영광을 인하여 그 얼굴을 주목하지 못"했다고 말씀한다. 여기서 의문은 돌판에 새긴 율법을 가리키고 있다. 로마서 7-8장은 이 영과 의문의 대조를 상세하게 거룩한 삶의 능력이란 관점에서 설명하면서 모세의 율법의 무력함과 성령의 능력을 대조하고 있다. 이런 관점에서 우리는 로마서 7:6절에서 영과 의문의 대조는 거룩한 삶을 살게 하는 능력의 관점에서 영의 능력과 의문의 무능력을 가리키고 있다고 볼 수 있고 이 때 의문은 모세의 율법을 가리킨다고 보는 것이 맞는 해석이라고 할 수 있다.[1554] 이 해석은 이 절의 전반부에서 우리가 율법에서 벗어났다고 하는 말씀과 잘 들어맞는다.

여기서 영의 새로운 것카이노테이티 뉴마토스은 무엇을 뜻하는가. 비슷한 표현이 로마서 6:4절에 쓰이고 있다. 여기서는 카이노테이티newness가 소유격 명사 생명life과 연결되어 있고 개역·성경은 이를 "새 생명"으로 번역한다. 그러나 7:6절에서 위 어구를 새 성령으로 번역하는 것은 옳지 않다. 샌데이와 헤들램은 여기서 소유격 뉴마를 그 앞의 명사 "새로움"과 동격으로 보고 새로움안에서 즉 성령안에서라고 해석한다.[1555] 또 다른 가능성은 소유격 뉴마를 기원의 소유격genitive of origin으로 보고 성령으로부터 말미암은 새로움안에서라고 해석하는 것이다.[1556] 필자는 후자의 해석을 더 나은 해석으로 보고 있다. 그것은 이제 의롭다하심을 받은 그리스도인들의 성화는 거룩한 삶을 살려고 노력하는 성도 자신에게 달린 문제이면서도 전적으로 성령의 새롭게 하시는 능력과 은혜에 의존해 있다는 사실이 바울의 가르침에 잘 나타나 있기 때문이다. 그 가르침이 체계화 되어 있는 부분이 로마서 8장이다. 이 관점에서 볼 때 바울은 율법에서 벗어난 성도는 이제 성령의 새롭게 하심을 따

1554 Murray; Sanday and Headlam.
1555 Sanday and Headlam.
1556 Cranfield.

라 거룩을 이루어 간다고 가르치고 있다는 것을 알 수 있다. 이는 우리가 선택할 수 있는 사항이 아니고 하나의 구속사적 상태라는 사실이 동사 둘레우에인종이 되다에 나타나 있다. 바울은 이 동사를 로마서 6:18절에서 사용하면서 우리가 죄에게서 해방되어 의에게 종이 되었다고 표현하고 있다. 이는 우리가 한 주인으로부터 풀려나 다른 주인에게 묶이는 것을 나타낸다. 다시 말해 로마서 7:6절은 우리가 율법에서 벗어난 결과 이제 성령께서 인도하시는 새롭게 하시는 삶의 스타일에 종이 되게 되었다는 것을 말한다. 바울은 이 사실을 로마서 8장에서 상세히 설명하기 전에 먼저 의문의 묵은 것에 묶인 삶을 사는 형태를 로마서 7:7-25절에 설명한다. 이 점에서 우리는 로마서 7:5절은 로마서 7:7-25절과 병렬되고 로마서 7:6절은 로마서 8장과 병렬되고 있다고 볼 수 있다.

(나) 죄에 대해 죽음(롬7:7-12)

로마서 7:4절에서 바울은 우리가 율법에 대하여 죽임을 당하였고 6절에서는 우리가 율법에서 완전히 벗어났으니 우리가 이제는 영의 새로운 것으로 섬길 것이요 의문의 묵은 것으로 아니할 것이라고 말씀했다. 이는 모세의 율법이 그리스도인의 성화를 위해서 아무 도움이 되지 못한다는 뜻이다. 이 가르침은 갈라디아서에서 바울이 그리고 있는 율법의 부정적 측면과 연결된다. 즉 그리스도는 율법의 저주에서 우리를 속량하셨다(갈3:13); 율법은 범법함을 인해 더한 것이다(갈3:19); 의는 율법으로 말미암지 못한다(갈3:21). 율법이 이같이 효용이 없다면 이제 새 시대에 율법은 폐기되었는가. 아마도 할례당이나 이들의 영향 아래 있던 로마교회 몇몇 유대인 성도들은 이러한 질문을 던졌을 것이다. 바울은 이미 이러한 태도를 방지하기 위해서 로마서 3:31절에서 우리가 믿음으로 말미암아 율법을 폐하느뇨 그럴수 없느니라 도리어 율법을 굳게 세우느니라라고 말씀한 바 있다. 성화의 측면에서도 율법의 가치는 충분히 있다. 로마서 7:7절부터 바울은 이 율법의 가치를 변호하기 위해서 두가지 질문을 던진다. 이는 그의 반대자들의 질문을 인용하는 것으로 볼 수 있다. 첫째, 율법이 죄냐는 것이다(7절). 둘째, 그런즉 선한 것이 내게 사망이 되었는가이다(13절). 이 두 질문을 축으로 로마서 7:7–12절은 죄가 계명을 타고 "나"를 속이고 죽였다는 것을 밝힘으로써 율법은 죄를 깨닫게 하는 기능을 가진 것을 나타낸다. 그리고 율법은 본래 거룩하고 의로우며 선한 것이라는 것을 확인한다. 로마서 7:13–25절은 영적 싸움의 현장인 우리 마음에 있어서 죄가 법을 타고서 역사하는 모습을 인류학적인 측면에서 묘사하고 있다. 율법은 우리가 죄를 짓게 하지 못하는데 있어서 아무 도움이 되지 못한다. 그것은 우리의 육신이 연약하기 때문이다.

이 문단 해석에 있어서 중요한 요소는 7–25절에서 바울은 일인칭 단수를 쓰고 있다는 것이다. 이 문단의 중심주제는 인류학이 아니라 율법의 효용이다. 그러나 이는 "나"가 누구냐를 올바로 이해함이 없이 제대로 이해하기 어려운 주제이다. 그런데 로마서 7:7–12절의 "나"와 로마서 7:13–25절의 "나"가 동일한 사람이 아닐 수도 있다. 그 가장 큰 이유는 7–12절의 주동사는 과거형이고 13–25절의 주동사는 현재형이라는 것이다. 일단 로마서 7:7–12절의 "나"에 대한 해석을 살펴보면, (i)"나"는 바울[1557], (ii)유대인, (iii)아담[1558], (iv)이스라엘[1559], (v)인류라는[1560] 견해가 있다. 이 견해를 각각 살펴보기 전에 우리는 먼저 각 절을 면밀히 주석할 필요가 있다. 이는 로마서 7:13–25절의 "나"를 이해하는데 있어서 필수적 해석의 단계다.

로마서 7:7절의 접속사 운그러므로은 이전 문단에 대한 추가적 설명을 도입

1557 J. D. G. Dunn, "Rom. 7,14-25 in the Theology of Paul," *TZ* 31 (1975) 201; A. Deissmann, *Paul: A Study in Social and Religious History* (2d ed.; New York: Harper & Row, 1927) 91; R. H. Gundry, "The Moral Frustration of Paul before his Conversion: Sexual Lust in Romans 7:7-25," in *Pauline Studies: Essays Presented to Professor F. F. Bruce on his 70th Birthday* (Ed. D. A. Hagner and M. J. Harris. Exeter, 1980) 232-33; Calvin; Murray.

1558 Ziesler; D. B. Garlington, "Romans 7:14-25 and the Creation Theology of Paul." *Trinity Journal* n.s. 11 (1990) 197-235; R. Longenecker; Dunn; Stuhlmacher; S. Lyonnet, "L' histoire du salut selon le chapitre vii de l' épître aux Remains," *Bib* 43 (1962) 117-51; idem, " 'Tu ne convoiteras pas' (Rom. 7.7)," in *Neotestamentica et Patristica: Eine Freundesgabe, Herm Professor Dr. Oscar Cullmann zu seinem 60. Geburtstag überreicht* (NovTSup 6; Leiden: Brill, 1962) 158-64.

1559 Chrysostom; Wright, "Messiah and People of God," 93-96, 145-48; P. Trudinger, "An Autobiographical Digression? A Note on Romans 7:7-25." *Expository Times* 107 (1995-96) 173-74; M. W. Karlberg, "Israel' s History Personified: Romans 7:7-13 in Relation to Paul' s Teaching on the 'Old Man,' " *TrinJ* 7 (1986) 68-69; J. Lambrecht, "Man before and without Christ: Romans 7 and Pauline Anthropology," *Louvain Studies* 5 (1974) 18-33; E. Stauffer, *TDNT*, 2:358-62.

1560 Fitzmyer; Kümmel, *Römer 7*, 124; 132; G. Bornkamm, "Sin, Law and Death: An Exegetical Study of Romans 7," in *Early Christian Experience* (New York: Harper & Row, 1969) 83-94.

한다: "그런즉 우리가 무슨 말 하리요 율법이 죄냐 그럴 수 없느니라 율법으로 말미암지 않고는 내가 죄를 알지 못하였니 곧 율법이 탐내지 말라 하지 아니하였더면 내가 탐심을 알지 못하였으리라". 여기서 바울은 다시 "티 에루멘"우리가 무슨 말 하리요으로 시작함을 알 수 있다(롬3:5; 6:1). 이 표현은 바울이 반대자들이 던지는 질문에 대해 대답하기 위해 도입하는 표현이다. 그들은 바울의 가르침에 반박해서 그러면 율법이 죄냐고 공격했을 것이다. 이에 대한 바울의 대답은 단호하다: "그럴 수 없느니라".메이 게노이토 그 이유는 무엇인가. "율법으로 말미암지 않고는 내가 죄를 알지 못하였으니 곧 율법이 탐내지 말라 하지 아니하였더면 내가 탐심을 알지 못하였"을 것이라는 것이다. 율법으로 말미암지 않고는 내가 죄를 알지 못하였을 것이라는 말씀은 죄가 율법이 있기 전에도 이 세상에 있었다(롬5:13)는 말씀과 모순되지 않는다. 7:7절에서 알지 못하였을 것이다에그노운는 율법이 없는 상황에서 죄를 죄로 알지 못한다는 뜻이다. 이는 5:13절 후반의 "율법이 없을 때는 죄를 죄로 여기지 않는다"는 말씀과 일치하는 개념이다. 바울은 이 구체적 예를 들고 있다. 즉 "율법이 탐내지 말라 하지 아니하였더면 내가 탐심을 알지 못하였"을 것이라는 것이다. 여기서 탐심에피쑤미아은 로마서 1:24, 6:12절에도 사용되고 있는 명사로써 이웃의 소유를 탐하지 말라는 십계명의 제 10계명을 언급하고 있다.[1561] 그러나 바울은 이 명사의 뜻을 더 포괄적 의미로 사용하고 있다고 보아야 한다. 건드리는 이를 바울이 소년 시절 가졌던 성적 욕망을 의미하는 것이라고 해석하지만 이 탐심은 성적 욕망 뿐 아니라 모든 종류의 욕망을 망라하는 것으로 모든 죄의 뿌리에 놓여 있는 육적인 성향이라고 보아야 한다.[1562] 이 개념은 로마서 7:8절의 파산 에피쑤미안every kind of covetous desire의 표현으로 명확히 되고 있다. 로마서 13:14절에서 우리가 오직 주 예수 그리스도로 옷입고 정욕을 위하여 육신의 일에피쑤미아스을 도모하지 말라는 말씀은 모든 종류의 욕망을 추구하지 말라는 포괄적 의미임을 알 수 있다(약1:15).

1561 J. A. Ziesler, "The Role of the Tenth Commandment in Romans 7," *JSNT* 33 (1988) 41-56.
1562 Gundry, "Moral Frustration," 232-33.

7절에서 바울은 안다는 뜻의 동사 두가지를 사용하고 있다. 즉 에그노운과 에이데인이다. 이 두 동사는 고전적 헬라어에서는 의미의 차이가 있다. 즉 에그노운의 원형 기노우스코우는 경험을 통해서 안다는 의미를 가지고 있고 에이데인의 원형 오이다는 통찰력으로 안다는 의미를 가지고 있다. 그렇다면 바울은 구체적으로 죄의 예를 들면서 탐심을 경험상 안다고 하는 의미로써 에그노운을 사용하여 "내가 탐심을 알지 못했으리라"라고 말씀했어야 했는데 통찰력적 앎인 에이데인을 사용하여 이를 표현하고 있다. 이것은 코이네 헬라어 시대에 와서 이 두 동사의 의미론적 구분이 소멸되었다는 것을 나타낸다.[1563] 이와함께 고려해야 되는 것은 바울이 안다는 헬라어 동사를 사용할 때 히브리적 개념의 경험적 앎의 의미를 배경으로 표현할 수 있다는 것이다.[1564] 그러나 이 뜻을 본문에 주입하는 것은 주의를 요한다.[1565] 왜냐하면 경험적 지식이 인식적 고백을 유발하지는 않기 때문이다. 즉 율법이 없을 때도 사람들은 경험적으로 죄를 지었다. 그러나 그들이 그것을 죄로 인식하지는 못했던 것이다. 따라서 로마서 7:7절에서는 율법이 아니었으면 죄를 경험하지 못했을 것이라는 뜻보다는 죄를 죄로 인식하지 못했을 것이다라고 해석해야 옳다. 여기서 두 동사 모두 직설법으로 사용되고 있지만 영어본 NIV와 NRS는 이를 가설법으로 번역하고 있다.[1566] 즉 율법이 아니었으면 내가 죄를 알지 못했다가 아니라 죄를 알지 못하였을 것이다라고 번역하고 있다. 이 두 번역 모두 바울이 현재 율법으로 말미암아 죄를 죄로 알고 있다는 사실을 나타내고 있는 점에서 차이가 없다. 또 에그노운은 과거형이고 에이데인은 불완전과거형이다. 이 시제의 차이가 두 동사의 의미의 차이를 가져온다고 볼 수는 없다.[1567] 왜냐하면 오이다는 과거형이 존재하지 않기

1563 M. Silva, "The Pauline Style as Lexical Choice: *ΓΙΝΩΣΚΕΙΝ* and Related Verbs," in *Pauline Studies: Essays Presented to Professor F. F. Bruce on His Seventieth Birthday* (Edited by D. A. Hagner and M. J. Harris. Grand Rapids: Eerdmans,1980) 184-207; D. W. Burdick, "*Οἶδα* and *Γινώσκω* in the Pauline Epistles." in *New Dimensions in New Testament Study* (Edited by R. N. Longenecker and M. C. Tenney. Grand Rapids: Zondervan, 1974) 350-51; Cranfield.

1564 *Γινώσκω*: 롬1:21; 고전8:3; 갈4:9; 빌3:10; *Οἶδα*: 고전2:2; 갈4:8; 살전4:4, 5; 5:12; 살후1:8; 딛1:16.

1565 Moo.

1566 E. Fuchs, *Die Freiheit des Glaubens. Römer 5-8 auslegt* (BEvT 14; Munich: Kaiser, 1949) 55.

1567 Barrett; Godet; Moo.

때문에 바울은 그 불완전과거형인 에이데인을 사용할 수 밖에 없었을 것이기 때문이다. 그리고 본문의 문맥에서 의미를 고려해 볼 때 죄를 죄로 알지 못했을 것이다와 탐심을 탐심으로 알지 못했을 것이다의 행위에 그 시제상의 차이가 있다고 보기 어렵다. 그것이 탐심이든 아니든 죄를 죄로 알지 못했을 것이라는 점에서는 차이가 없다. 즉 불완전과거형 에이데인의 의미를 탐심을 "계속" 알지 못한다는 것을 내포하는 뜻으로 보지 않아도 된다는 것이다.[1568]

로마서 7:8절의 접속사 데그러나는 7절의 내용과 대조되는 내용을 도입한다: "그러나 죄가 기회를 타서 계명으로 말미암아 내 속에서 각양 탐심을 이루었나니 이는 법이 없으면 죄가 죽은 것임이니라". 즉 율법이 들어온 이후 일어난 변화가 무엇인가. 그것은 죄가 기회를 타서 계명으로 말미암아 내 속에서 각양 탐심을 이루었다는 것이다. 바울은 여기서 명사 죄를 의인화하면서 죄의 권세를 가리키고 있다. 죄의 권세는 율법이 없이는 힘이 약해져 있다. 그러나 율법으로 말미암아 교두보를 얻어 탐심을 생산한다. 여기서 명사 아폴메이기회는 군사적 뉘앙스를 가지고 있는데 기회, 출발점, 교두보, 작동판 등으로 번역될 수 있다. 이 점에서 죄는 악하지만 율법은 죄가 탐심을 부추기는 도화선이라고 할 수 있다. 이를 설명하기 위해 모리스는 어거스틴의 고백에서 좋은 예를 인용하고 있다.[1569] 어거스틴은 친구들과 함께 배서리를 했는데 그것은 그것을 먹기 위해서가 아니라 법을 어기는 것이 재미있었기 때문이었다는 것이다. 막 트웨인에 의하면 사람의 기질은 당나귀와 같다고 한다. 당나귀는 그 주인이 원하는 바의 반대로 행동하는 습성이 있는데 자신도 그와 같은 기질이 있어서 종종 비열할 때는 비열함이 그 목적일 때가 있다는 것이다. 그러나 이 예들은 율법이 들어오기 전의 인간의 죄성의 상태를 설명하고 있기도 하다. 인간의 마음은 부패해서 하나님을 항상 거스르고 있었다. 그러나 율법이 들어온 후 인간이 짓는 죄는 하나님께 대한 그 불순종의 의도가 더 적나나하게 드러나게 된 것이다. 그래서 로마서 3:19절에서 바

1568 Cranfield.
1569 Morris.

울은 율법이 말하는 바는 모든 입을 막고 온 세상으로 하나님의 심판아래 있게 하려함이라고 말씀한다.

8절에서 바울은 노모스율법 대신 엔톨레이계명를 사용한다. 쉴리어는 율법과 계명은 사실상 동의어로 보아야 한다고 주장한다.[1570] 그러나 케제만은 계명은 율법과 다른 것이라고 주석한다.[1571] 즉 계명은 특정한 명령을 의미한다는 것이다. 즉, 노모스가 모세의 율법 전체를 가리킨다고 보면 엔톨레이는 이와 반드시 일치하지 않을 수도 있다. 아담과 이브가 에덴동산에서 하나님께로부터 받은 명령은 엔톨레이라고 할 수 있지만 모세의 율법이라고 할 수는 없기 때문이다. 그러나 피츠마이어도 주장하듯이 계명은 모세의 율법에서 특정한 명령을 가리킬 수도 있다.[1572] 이 점에서 율법과 계명은 서로 호환될 수 있는 명사라고 할 수 있다.

8절의 끝부분에서 법이 없으면 죄가 죽은 것이라는 어구는 법이 들어오기 전에 죄가 없었다는 뜻이 아니라 죄가 활발하게 작용하지 않았다는 뜻으로 주석가들은 해석한다. 이 어구를 이해할 수 있도록 크랜필드는 창세기 2:17절의 내용을 배경으로 이렇게 비유한다.[1573] 죄가 힘이 없었다는 것은 하나님께서 명령을 주시기 전에는 뱀은 움직이지 않고 숨어 있었다. 그러나 명령이 주어진 후 뱀은 아담과 이브를 유혹하기 위해 움직이기 시작했다는 것이다. 그렇다면 모세의 율법이 들어오기 전에도 죄는 힘이 없어 웅크리고 있었는가. 로마서 5:13절은 율법이 없을 때도 죄가 있었다고 말한다. 좋은 예는 창세기 6장에서 묘사하는 사람들의 불법이다. 따라서 법이 없으면 죄가 죽은 것이라는 것은 죄가 약해져 있다는 뜻이라기 보다 죄를 죄로 심판할 근거가 없어진다는 뜻으로 보는 것이 맞다. 즉 법이 없으면 죄도 없는 것이다. 이런 측면에서 야고보서 2:17, 26절에서 야고보가 행함이 없는 믿음은 죽은 믿음이라고 가르칠 때 사용된 형용사 네크라의 뜻이 로마서 7:8절에서 사용된 이 단어의 뜻과 호응한다고 할 수 있다. 이 점에서 8절의 후반부는 무가 주

1570 Schlier; Dunn; Kümmel, *Römer* 7; Schrenk, *TDNT*, 2:550f; Moo.
1571 Käsemann.
1572 Fitzmyer.
1573 Cranfield.

석하는 것처럼 모세의 율법이 있기 전에는 죄가 활발하지 않았다라고 해석하는 것보다[1574] 법이 없으면 죄가 죽었다고 해석하는 것이 바울의 의도를 더 잘 전달하고 있다고 볼 수 있다.[1575] 즉 바울은 로마서 4:15절에서 율법이 없는 곳에는 범함도 없다고 말씀했다.[1576] 이와 관련해서 8절 후반부의 법이 없으면 죄가 죽은 것이다에서 술부 동사가 없는 것은 시사할 만한 점이 있다. 영어본 KJV은 과거형 was를 삽입해 번역하고 있고 NIV는 현재형 is를 삽입해 번역한다. 머레이는 여기서 과거형을 삽입하는 것이 맞는데 그것은 바울 자신의 과거의 경험을 나타내는 것이기 때문이라는 것이다. 그러나 현재형 서술이 더 맞아 보이는 이유는 바울이 여기서 율법의 현재의 기능에 대해 암시하는 면 때문이다. 은혜의 시대에도 죄가 율법으로 기회를 타서 우리에게 각양 탐심을 이룰 수 있기 때문에 율법이 필요없는 존재인가. 아니다. 율법이 없으면 죄가 죽었고 심판의 근거도 없어진다. 그리고 사람들은 죄를 지으며 더욱 오만해 질 수 있는 것이다.

로마서 7:9절은 8절의 내용의 논리적 귀결을 다루고 있다: "전에 법을 깨닫지 못할 때에는 내가 살았더니 계명이 이르매 죄는 살아나고 나는 죽었도다". 8절에서 법이 없으면 죄는 죽은 것이라고 말씀했다. 이는 곧 법이 없으면 내가 살았다는 것을 말한다. 그런데 계명이 이르매 죄는 살아나고 나는 죽어 있었다. 여기서 우리는 이중대조법을 발견한다. 즉 죄가 죽고 내가 살고 또 죄가 살아나고 내가 죽었다는 점이다. 머레이는 내가 살았다는 것은 로마서 6:11절의 말씀과 같이 내가 하나님에 대하여 살았다는 뜻이 아니고 죄를 자각하기 전에 자기의 의에 빠져 자만하던 때를 가리키고 있다고 말한다.[1577] 마찬가지로 내가 죽었다는 뜻은 로마서 6:2절에서 말씀한대로 내가 그리스도와 연합을 통해 죄에 대해 죽었다는 뜻이 아니다. 그것은 자기 확신과 자만의 죽음을 말한다고 해석한다. 그 이유는 로마서 7:9절에서 죽음은 그리스도의 죽음으로 인한 죽음이 아니라 계명의 도입으로 인한 죽음이기

1574 Moo; Dunn; Cranfield; Osborne; Stuhlmacher; Fitzmyer.
1575 Murray; 개역성경.
1576 롬5:13; 고전15:56.
1577 Murray; Dodd; Lloyd-Jones; Gundry, "Moral Frustration," 232-33.

때문이다. 또 다른 한 이유는 이 죽음은 죄에 대한 죽음이 아니고 죄가 준동함으로 인한 죽음이기 때문이다.[1578] 그러나 여기서 살았음과 죽었음은 영생과 영적 죽음을 의미하는 것으로 볼 수 있다. 이러한 나의 살아있음을 죽어있음으로 변환되게 한 것은 계명의 도래다. 그러면 바울은 나에게 계명이 언제 이르렀다고 말씀하는가. 이 질문은 일인칭 단수 대명사 "나"의 정체와 관련이 있다. 이 질문에 대한 학자들의 해석은 다양하다. 즉 나는 아담, 혹은 이스라엘, 혹은 바울 자신, 혹은 일반적인 사람이라는 해석이다. 첫째, 여기서 나는 아담이라는 해석은 9절의 내용과 잘 들어맞는듯이 보인다. 아담에게 하나님의 계명이 임하기 전에 그는 자기의 의 속에 빠져 있었다. 그러나 계명이 임하고 이를 어겼을 때 죄는 살아나고 그는 심판을 받게 되었다. 생명에 이르게 할 그 계명이 그를 사망에 이르게 한 것이다(10절). 이 점에서 9-10절의 자서전적 고백은 아담의 삶과 꼭 들어맞는듯이 보인다.[1579] 그러나 여기서 계명을 모세의 율법으로 보면 이 고백은 에덴동산에서 아담이 경험한 것이라고 볼 수 없게 된다.[1580] 나아가 만일 바울이 여기서 아담을 언급하고 있다면 왜 아담이라는 이름을 사용하지 않고 있는가 하는 점을 이해하기 어렵다. 또 로마서 7:14-25절에도 바울은 계속해서 일인칭 대명사를 사용하고 있는데 이 부분의 내용은 아담의 에덴동산에서의 경험과는 맞지 않는다. 이 괴리를 해결하기 위해서 롱게네커는 다음과 같이 주장한다. 즉 로마서 7:7-13절은 아담안에 있는 나를 묘사하고 있고 로마서 7:14-25절은 내안에 있는 아담을 묘사하고 있다.[1581] 이와 같이 본다면 아담의 에덴동산에서의 경험은 개개인이 그 삶에서 경험할 수 있는 형태라고 할 수 있다. 따라서 바울은 아담의 경험을 배경으로 이것을 모든 사람이 일반적으로 경험하는 형태로 묘사하고 있다고 생각할 수 있다.

둘째, 여기서 "나"는 이스라엘이라고 하는 해석이다. 크리소스톰 이래로 로마서 7:7-25절의 "나"는 이스라엘 백성을 나타낸다고 하는 해석이 있

1578 Murray.
1579 Lyonnet, "L' histoire," 130ff.; R. Longenecker, *Paul*, 88-95; Käsemann; Dunn; Stuhlmacher.
1580 Kümmel, *Römer 7*, 86f; Bornkamm, "Sin," 93f., 97; Brandenburger, *Adam*, 214; Beniot, "Loi," 11.
1581 R. Longenecker, *Paul*, 88-95.

다.[1582] 이는 구속사적인 해석인데 이에 따르면 이스라엘백성들은 모세의 율법을 받기 전에는 자기들의 의에 있어서 살아있었지만 율법이 이른 후 그들은 더욱 하나님께 불순종해서 하나님의 심판아래 빠지게 되었다는 것이다. 이 해석은 로마서 7:14–25절이 묘사하는 "나"의 영적 싸움은 모세의 율법아래 놓여있는 유대인들의 심리적 상황을 가리킨다고 본다. 로마서 7:9–10절이 묘사하는 "나"의 경험은 이스라엘 백성의 경험을 잘 대변하는듯 하다. 그러나 이 해석도 약점은 있다. 쉬라이너는 여기서 율법이 들어오기 전에 내가 살았다는 어구에서 "살다"자오우는 신학적 의미에서 살아 있다는 뜻이 아니고 영적 의미에서 살았다는 뜻이라고 주장한다.[1583] 그 이유는 내가 죽었다는 표현이 영적으로 심판아래 놓이게 된 것을 의미한다고 볼 때 그 반대의 표현인 내가 살았다는 것은 영적으로 하나님 앞에서 살아있다는 것을 의미한다고 보아야 한다는 것이다. 이 점에서 그는 이스라엘이 모세의 율법이 이르기 전에 하나님 앞에서 영적으로 살아 있었다고 볼 수 없기 때문에 여기서 "나"는 이스라엘 백성들의 구속사적 경험을 대표하는 언어라고 볼 수 없다는 것이다. 필자는 쉬라이너가 "살다"는 의미를 영적으로 살았다고 해석하는 것에 동의한다. 모세의 율법이 이르기 전에 이스라엘 백성들은 에굽에서 종살이를 하고 있었다. 따라서 그들이 영적으로 살아 있어서 다 구원받았다고 주장할 신학적 근거는 없다. 9절에서 "살다"는 동사는 머레이가 해석하듯이 자신의 죄를 깨닫지 못하고 자기 의에 빠져 있는 상태를 가리킨다고 볼 수 있는 문법적 근거는 없다. 그렇다면 여기서 "나"가 이스라엘을 가리킨다고 하는 주석적 근거는 박약하다. 여기서 "나"가 바울 자신의 자서전적 경험을 반영하고 있다면 "나"가 이스라엘 백성의 경험과 양립될 수 있는 여지는 있다. 그러나 이 구속사적 해석의 큰 장애물은 바울이 여기서 이스라엘 백성의 경험을 묘사하려고 했다면 왜 일인칭 단수 "나"를 사용했는가 하는 점이다. 무는 바울이 이스라엘을 묘사하기 위해서 일인칭 단수 "나"를 사용할 수 있다

1582 Wright, "Messiah and People of God," 93-96, 145-48; Karlberg, "Israel' s History Personified"; Berkhof, *Chrisitan Faith*, 260; Whiteley, *Theology*, 51-53; Moo, Romans, 426.
1583 Schreiner.

고 생각한다. 그 이유는 예레미야 10:19-22; 미가7:7-10; 애가1:9-22; 2:20-22절 등에서 "나"가 예루살렘이나 이스라엘 국가를 가리키고 있기 때문이라는 것이다.[1584] 이렇게 성경에서 단수 명사를 예루살렘이나 이스라엘과 같은 집단적 의미로 사용할 수는 있다. 그러나 그렇다고 해서 로마서 7:9-10절에서 "나"가 자동적으로 이스라엘 백성을 나타내는 것은 아니다. 왜냐하면 바울의 가르침의 문맥에서 "나"의 단수성이 중요하다. "살았다" 혹은 "죽었다" 혹은 "내속에 거하는 죄" 등의 표현은 율법 아래 있는 개인이 죄와 영적으로 싸우는 상황을 묘사하는 것이지 국가나 집단이 마음에서 경험하는 것을 가리키는 언어가 아니기 때문이다. 이와 같은 맥락에서 바울이 7장에서 제시하는 가르침은 거룩한 삶이라는 관점에서 특정한 상황에서 한 개인이 경험하는 것을 다루고 있지 국가나 집단의 경험을 다루는 것이 아니라는 것을 고려할 필요가 있다.

셋째, 여기서 "나"는 바울 자신의 자서전적 경험을 대표한다고 하는 해석이다.[1585] 이 해석의 강력한 근거는 로마서 7:7-25절에 나타난 분명한 개인의 고백적 음조다. 그 대표적인 구절은 "오호라 나는 곤고한 사람이로다 이 사망의 몸에서 누가 나를 건져 내랴"이다(24절). 만일 여기서 바울이 자신의 경험을 바탕으로 쓰고 있지 않다면 이 구절에 나타난 감정적 표현은 멜로드라마적이고 인위적이며 경이로울 정도로 꾸민 것이라고 할 수 있을 것이다.[1586] 이 해석에 동의하지 않는 학자들은 여기서 9절 전반부의 "전에 법을 깨닫지 못할 때에는"의 시기는 바울이 회심하기 이전을 가리킬 수 없다고 말한다. 그리고 9절 후반부와 관련해서 그의 회심이 죄가 살아나고 그가 죽는 것을 가져온 것으로 보기 힘들다는 것이다.[1587] 그렇다면 9절 전반부는 그가

1584 Moo.

1585 Dunn, "Rom.7,14-25," 201; J. Denney, *St. Paul's Epistle to the Romans*. The Expositor's Greek New Testament (ed. W. R. Nicoll, London: Hodder & Stoughton, 1900) 640; Zahn, 341-44; Gundry, "The Moral Frustration," 232-33.

1586 J. I. Packer, "The 'Wretched Man' in Romans 7." in *Studia Evangelica*, vol. 2: *Papers Presented to the Second International Congress on New Testament Studies Held at Christ Church, Oxford, 1961*, part 1: *The New Testament Scriptures* (Edited by F. L. Cross. Texte und Untersuchungen 87. Berlin: Akademie-Verleg, 1964) 623; Gundry, "The Moral Frustration", 229; Cranfield, *Romans*, 344-47.

1587 Kümmel, *Römer 7*, 76-84, 111-17; Benoit; Leenhardt; Achtemeier; Dunn, *Romans*, 382.

13세에 성년이 되기 전의 시기를 가리키고 있는가. 랍비주의에서는 유대 소년이 13세에 계명의 아들이 되었다고 선언한다.바 미쯔와 그러나 유대의 소년은 어린 시절부터 율법을 사랑한다는 전통이 있었다.[1588] 그리고 유대의 부모들이 자녀들이 어렸을 때부터 율법에 대한 기초교육을 철저히 했다는 것을 볼 때[1589] 바울 당시 유대의 남자가 율법 밖에 있던 자신의 생애를 상상하기도 힘들었을 것이다.[1590] 이와 같은 이유 때문에 네번째 해석으로써 큄멜은 여기서 "나"는 바울이 아니고 수사적 효과로써의 "나"라고 해석한다.[1591] 다시 말해 여기서 "나"는 일반적인 사람을 가리키는 수사적 표현이지 아담, 혹은 이스라엘 혹은 바울 같은 특정한 사람들을 가리키고 있지 않다는 것이다. 그는 일인칭 대명사는 바울서신이나 유대주의 혹은 헬라 문헌에서 수사적 표현으로 사용되는 것을 관찰할 수 있다고 말한다.[1592] 그러나 이 해석의 문제점은 "나"가 수사적 표현으로써 일반적인 사람을 가리키고 있다면 바울을 왜 여기서 제외시키고 있느냐하는 점이다.[1593] 그리고 수사적 표현으로써의 "나"에고우는 바울 서신에서 항상 조건절이나 가정법에서 사용되고 있다는 것이다.[1594] 그래서 로마서 7:7-25절에서와 같이 긴 서술에서 "나"가 사용될 때 그 자서전적 요소를 무시하는 것은 옳지 않은 해석이다.[1595]

결론적으로 우리가 로마서 7:7-25절의 "나"가 바울 자신의 자서전적 경험을 나타내는 것으로 본다면 "나"는 그리스도인인가 아니면 회심이전의 유대인 바울인가. 로마서 7:14-25절의 "나"의 정체에 대해서는 그리스도인으로

1588 G. Theissen, *Psychological Aspects of Pauline Theology* (Translated by J. P. Galvin. Philadelphia: Fortress) 1987, 251 n.52.

1589 Philo, *Legat.*210; Josephus, *Ap*. 2.178.

1590 Kümmel, *Römer 7*, 81.

1591 Kümmel, *Römer 7*, 124, 132; G. Bornkamm, "Sin, Law and Death: An Exegetical Study of Romans 7," in *Early Christian Experience*, 83-94; Brandenburger, *Adam und Christus*, 210-16; Kuss; Patte, *Paul's Faith*, 266-77.

1592 롬3:5, 7; 고전6:12, 15; 10:29; 11:31-32; 13:1-3, 11-12; 14:11, 15; 갈2:18.

1593 Schreiner.

1594 Moo.

1595 D. H. Campbell, "The Identity of ἐγώ in Romans 7,7-25," *Studia Biblia* III (JSNTSup 3; Sheffield: JSOT, 1980) 59-60; A. R. Segal, "Romans 7 and Jewish Dietary Law," *SR* 15 (1986) 361-62; J. Lambrecht, *The Wretched "I" and Its Liberation: Paul in Romans 7 and 8* (Louvain Theological and Pastoral Monographs 14; Louvain: Peters/GrandRapids: Eerdmans, 1992) 73-91; Dunn, "Rom. 7,14-25," 261; Beker.

써의 바울을 묘사한다는 견해와 중생이전의 바울을 묘사하고 있다는 견해가 팽팽히 맞선다. 그러면 로마서 7:7-13절의 "나"는 어느 시기의 바울을 묘사하는가. 무는 로마서 7:7-11절의 "나"는 시내산에서 율법을 받은 후 죄에 대해 살아난 이스라엘 백성의 일원으로써 바울 자신을 포함하고 있다고 주석한다.[1596] 그러나 이 해석의 문제는 로마서 7:7-13절의 내용이 바울의 회심이전의 개인적 경험과 완전히 일치하지 않는다는 점이다. 그리고 무는 여기서 계명을 모세의 율법이라고 해석하고 있는데 이 문단에서 계명이나 율법은 넓은 의미의 일반적 법으로 볼 수도 있다는[1597] 측면에서 "나"가 유대주의적 이스라엘이나 랍비 바울이 아니라 일반적 사람을 가리킬 수도 있다는 점을 무시하면 않된다는 것이다. 이런 관점에서 필자는 로마서 7:9-10절의 "나"는 아담이나 이스라엘이나 바울 같은 구체적인 사람을 가리킨다기 보다는 일반적인 사람을 가리킨다고 보는 것이 더 낫다고 생각한다. 그리고 계명도 에덴 동산에서 주어진 계명이나 시내산에서 주어진 모세 율법이 아니라 이들을 다 포함하는 일반적인 법을 가리킨다고 볼 수 있다. 이 관점에서 바울은 탐심을 하나의 대표적인 법의 예로써 사용하면서 법과 죄의 역동적 상관관계를 자신을 포함한 일반적인 사람의 경험의 각도에서 사실적으로 묘사하고 있다고 생각할 수 있다. 즉 누구나 법을 떠나서는 자기가 의롭다고 착각하면서 살아있다. 그러나 법 앞에 서면 누구나 자신이 법을 어겼다는 사실이 적나나하게 들어나고 자기의 의는 사그러들게 된다. 이러므로 율법은 죄가 죄로 드러나게 하는 기능을 가지고 있다(13절). 그렇기 때문에 그로 인해 사람들을 죽게 만든다(13절). 그러므로 죄아래 팔린 내가 잘못된 것이지 죄를 심히 죄되게 하는 율법 그 자체는 거룩하며 신령한 것이다(14절). 이와 같이 여기서 바울이 묘사하는 것은 자신을 포함한 일반적인 사람의 연대기적 경험을 자세히 말씀하려는 것이 아니라 구속사에 있어서 율법의 사용에 대해 말씀하는 것이다. 그 결론은 율법은 거룩하며 계명도 거룩하며 의로우며

1596 R. B. Sloan, "Paul and the Law: Why the Law Cannot Save," *NovT* 33 (1991) 55-56; D. J. Moo, "Israel and Paul in Romans 7.7-12," *NTS* 32 (1986) 122-35.

1597 Morris; Stuhmacher, "Paul' s Understanding of the Law," 98-99.

선하다는 것이다(12절).

로마서 7:10절에서 바울은 사람에게 이른 계명이 가져온 결과를 서술하고 있다: "생명에 이르게 할 그 계명이 내게 대하여 도리어 사망에 이르게 하는 것이 되었도다". 즉 "나"는 죽었다. 죽었다는 것은 하나님의 심판에 이르렀다는 영적인 뜻으로 볼 수 있다. 이는 10절 후반부에 쓰인 명사 죽음싸나토스이 영적 죽음을 의미하는 것과 호응하는 뜻이다. 계명은 "나"를 아담으로 해석하는 학자들은 에덴동산에서 하나님께서 주신 명령을 의미하는 것으로 해석하고[1598] "나"를 이스라엘이라고 해석하는 학자는 계명을 모세의 율법으로 해석한다. 그러나 앞서 본대로 우리는 계명을 일반적인 하나님의 법이라고 해석한다.[1599] 그리고 그 법 앞에 섰을 때 자신의 죄가 드러나고 사망에 이르게 되는 것이다. 이는 율법이 없이 범죄한 사람은 자기 양심에 새긴 법을 기준으로 심판에 이르게 된다는 말씀과 호응한다(롬2:14-15). 원래 사람이 법을 완전히 지킬 수 있었다면 이를 바탕으로 생명에 이를 수 있었을 텐데 완전히 법대로 살 수 없기 때문에 생명에 이르게 하는 법이 도리어 내게 사망에 이르게 하는 결과를 가져오게 된 것이다(롬2:6-10).[1600]

로마서 7:11절의 접속사 갈왜냐하면은 이전 절의 이유를 도입하고 있다: "죄가 기회를 타서 계명으로 말미암아 나를 속이고 그것으로 나를 죽였는지라". 이는 8절의 전반부를 반복하고 있다. 다른 점은 죄가 나를 속였다는 것이다. 속이다는 동사 엑사파타오우는 창세기 3:13절을 배경으로 하고 있는 고린도후서 11:3; 디모데전서 2:14절에도 쓰이고 있다. 즉 죄는 뱀을 통해서 이브를 속이고 금지된 선악과를 따먹게 했던 것이다. 그렇다면 바울은 로마서 7:11절에서 아담의 에덴동산에서의 경험을 언급하고 있다고 이해할 수 있다.[1601] 그러나 모리스가 경고하듯이 우리는 이 구절을 창세기3장의 이야기와 고집스럽게 연결할 필요는 없다.[1602] 왜냐하면 바울은 우리가 아담안에서 죄를

1598 Hofius, "Das Gesetz," 270.

1599 Stuhlmacher, "Paul' s Understanding of the Law," 98-99.

1600 D. J. Moo, "The Law of Christ as the Fulfillment of the Law of Moses: A Modified Lutheran View," in *The Law, the Gospel, and the Modem Christian: Five Views* (ed. W. Strickland; Grand Rapids: Zondervan, 1993) 324-27.

1601 Dunn.

지었다고 말씀하고 있지 이브안에서 죄를 지었다고 말씀하고 있지 않기 때문이다. 무도 이 동사가 로마서 16:18; 고린도전서 3:18; 데살로니가후서 2:3절에도 쓰이고 있는데 이 구절들은 에덴동산의 이야기와 관계가 없기 때문에 로마서 7:11절을 아담의 범죄를 배경으로 해석하는 것은 무리가 있다고 생각한다.[1603] 그 대신 무는 이를 율법을 행함으로써 생명을 얻을 수 있다고 미혹된 이스라엘을 가리키는 것으로 해석한다. 그러나 바울은 속이는 주체를 율법이 아니라 죄라고 말씀하고 있다. 율법은 죄의 권세가 우리를 속이는데 사용하는 도구이지 그 주체는 아니다. 이로써 율법은 악하지 않다는 것이 증명되게 되었다. 바울은 이를 12절에 분명히 선언하고 있다. 11절 후반부에서 죄가 계명을 사용해서 나를 죽였다는 말씀은 10절 후반부와 병렬을 이룬다. 이로써 바울은 율법이 우리가 사망에 이르는 빙거로 작용하는 것이지 사망을 유발하는 것은 율법이 아니라 죄의 권세 그 자체임을 분명히 하고 있다.

로마서 7:12절은 7–11절의 내용의 결론이라고 할 수 있다. 그리고 직접적으로 7절에서 제기한 질문 "율법이 죄냐"에 대한 대답 "아니다"에 대한 명확한 부연설명이라고 할 수 있다. 즉 "율법도 거룩하며 계명도 거룩하며 의로우며 선하다". 무는 여기서 율법과 계명은 모두 모세의 율법을 가리키고 있고 율법은 그 몸통에 해당하고 계명은 그 안의 특정한 명령들을 가리킨다고 주석한다.[1604] 율법과 계명은 거룩하다. 그것은 그것을 주신 하나님께서 거룩하시기 때문이다. 이와 함께 이들이 목적으로 하는 바가 거룩이기 때문에 이들이 거룩하다는 점도 생각할 수 있다.[1605] 또 계명은 의롭다. 그것은 계명에는 어떤 틀린 점도 존재하지 않기 때문이다.[1606] 이와 함께 계명은 하나님의 공의를 밝혀준다는 점에서 의롭다고 생각할 수 있다.[1607] 던은 언약의 관점에서 이를 해석하며 이렇게 말한다. "계명이 의로운 이유는 그것이 창조주

1602 Morris.
1603 Moo.
1604 Moo; Godet; Morris; Barrett.
1605 Käsemann.
1606 Calvin.
1607 Morris; Cranfield; Moo.

와 피조물간에 맺어진 언약에 합당한 관계들과 행위를 규정하기 때문이다." [1608] 마지막으로 계명은 선하다. 그것은 사람들에게 가장 좋은 이익이 되도록 하기 때문이다.[1609] 윗슨은 바울이 율법이 선하다고 표현하는 것은 사실상 거짓 칭찬으로 그것을 저주하는 것이라고 주석한다.[1610] 그러나 이는 계명이 거룩하고 의로운 측면을 도외시하는 주석이다. 피츠마이어는 이렇게 말한다. "율법이 거룩하고 계명이 거룩하고 의롭고 선한 이유는 율법은 하나님께서 그 순종하는 자들에게 생명을 주시기 위해서 주셨고 그것은 인간이 악을 행하라고 명령하지 않고 악의 수단으로 작용하지도 않고 그 자체로 선하기 때문이다".[1611]

(다) 율법에 억눌린 삶(롬7:13-25)

로마서 7:13절부터 바울은 초점을 개인의 심리에 맞춘다. 그리고 율법을 행하기 원하는 마음과 이를 행하지 못하게 하는 자기안의 죄의 갈등을 고백적으로 묘사한다. 이 점에서 로마서 7:13-25절은 로마서 7:7-12절과 같이 구속사적 시각보다는 개인의 경험적 시각에서 로마서 7:7-12절에서 설명했던 율법과 죄의 상호관계가 육신이라는 공간에서 어떻게 작용하는지 미시적으로 그려주고 있다. 율법은 신령하다. 그리고 내가 원치 않는 그것을 하므로 "나"는 율법이 선한 것을 시인한다. "나"는 선을 행하기 원하지만 원하지 않는 악을 행한다. 이는 육신을 타고 역사하는 죄의 영향때문이다. "나"는 속으로는 하나님의 법을 즐거워한다. 그러나 "나"의 지체속에 한 다른 법이 "나"의 마음의 법과 싸워 "나"의 지체 속에 있는 죄의 법아래로 "나를 사로잡아 오는 것을 본다. 오 나는 곤고한 사람이다. 누가 사망의 몸에서 나를 건져낼 것인가. "나"는 마음으로는 하나님의 법을 육신으로는 죄의 법을 섬긴다. 여기서 바울의 가르침의 주제는 율법이다.

그러면 여기서 바울은 이 율법이 그리스도인에게 나타나는 역할을 그려주

1608 Dunn.
1609 Cranfield; Barrett; Murray.
1610 Watson, *Paul*, 156.
1611 Fitzmyer.

고 있는가 아니면 비그리스도인에게 나타나는 역할을 그리고 있는가. 초기 어거스틴은 여기서 내적 갈등속에 있는 "나"는 중생하기 전의 사람이라고 해석했다가 나중에 펠라기우스와 논쟁을 하게 되면서 "나"는 중생한 사람을 의미한다고 견해를 바꾸었다.[1612] 종교 개혁기의 루터나 캘빈도 "나"는 중생한 사람을 의미한다고 해석했다.[1613] 그 후 경건주의자들과 웨스리 같은 알미니안주의자들은 "나"는 중생하지 못한 사람을 가리킨다고 생각했다.[1614] 또 어떤 학자들은 비그리스도인으로써 "나"는 율법아래서 씨름하는 사람이라고 본다.[1615] 근대에 와서 "나"의 정체에 대한 해석은 균등하게 나뉘어 있다. 쿰멜이 "나"는 자서전적 개인을 가리키는 "나"가 아니라 수사적 기법으로써의 나라고 주장했지만 그 후 학자들은 이를 비판하면서 나는 자서전적 개인을 가리킨다고 주장해 왔다. "나"는 중생한 사람도 아니고 중생하지 못한 사람도 아닌 사람을 가리킨다고 보는 학자도 있다.[1616] 마틴 로이드 존스는 "나"는 비그리스도인이지만 복음을 듣고 죄에 찔림을 받고 괴로워하는 사람이라고 주석한다.[1617] 이와 반대로 다른 학자들은 "나"는 신자나 불신자 모두 일 수 있다고 본다. 즉 "나"는 누구든지 "내 안의 아담" 즉 죄를 짓는 성향을 가리킨다는 것이다.[1618] 최근에 와서 "나"가 중생하지 못한 사람을 가리킨다고 보는 대표적 학자는 무와 리더보스이고 중생한 사람을 가리킨다고 보는 학자는 모리스, 크랜필드, 머레이, 패커 등 다수가 있다. "나"를 중생한 사람으로 보는 해석이나 중생하지 못한 사람으로 보는 해석 모두 문법적 주

1612 Augustine, *Retractions* 1.23.1; 2.1.1 (ET in *The Fathers of the Church*, vol.60 [Washington: Catholic University of America, 1968], 101-4); *Against Two Letters of the Pelagians* 1.10-11.

1613 Calvin; Luther.

1614 Morris.

1615 E. Fuchs, "Existentiale Interpretation von Römer 7,7-12 und 21-23," *ZTK* 59 (1962) 285-314; K. Kertelge, "Exegetische Überlegungen zum Verständnis der paulinischen Anthropologie nach Römer 7," *ZNW* 62 (1971) 105-14; B. L. Martin, "Some Reflections on the Identity of ego in Rom. 7:14-25," *SJT* 34 (1979) 39-47; Käsemann.

1616 Griffith Thomas; Morris.

1617 Lloyd-Jones.

1618 R. Y.-K. Fung, "The Impotence of the Law: Toward a Fresh Understanding of Romans 7:14-25," in *Scripture, Tradition and Interpretation* (ed. W. W. Gasque and W. S. LaSor; Grand Rapids: Eerdmans, 1978) 34-48; Bruce, *Paul*, 198; D. Wenham, "The Christian Life: A Life of Tension? A Consideration of the Nature of Christian Experience in Paul," in *Pauline Studies*, 80-94.

석적 근거가 탄탄하다. 따라서 이 주제를 해석하는 것은 매우 어렵고 도전적인 과제다. 필자는 로마서 7:13-25절의 "나"를 중생한 사람으로 본다. 우리는 이를 여기서 따로 다루지 않고 본문의 각 절을 살펴보면서 귀납적으로 분석해 보려고 한다.

로마서 7:13절의 접속사 운그러므로은 이 문단이 7-12절의 결론적 요약이라는 것을 나타낸다: "그런즉 선한 것이 내게 사망이 되었느뇨 그럴 수 없느니라 오직 죄가 죄로 드러나기 위하여 선한 그것으로 말미암아 나를 죽게 만들었으니 이는 계명으로 말미암아 죄로 심히 죄되게 하려 함이니라". 이 절은 14-25절의 도입부라고 볼 수도 있다. 그래서 주석가들은 13절을 이전 문단과 함께 분류하기도 하고[1619] 14절 이후 문단과 함께 묶기도 한다.[1620] 어떻게 분류하든지 상관없이 13절은 로마서 7장의 분수령이라고 할 수 있다. 여기서 바울은 죄와 율법과 사망과 "나"의 관계를 총체적으로 설명하고 있다. 즉 율법은 죄를 죄로 드러나게 하기 위해 "나"를 죽게 만들었다는 것이다. 계명은 죄로 심히 죄되게 하는 역할을 한다. 따라서 나를 사망에 이르게 하는 본질적 원인은 죄지 율법이 아니다. 율법은 단지 죄에 의해 이용되었을 뿐이다. 그리고 "나"는 죄를 이기지 못한 것이다. 그러면 왜 죄를 이기지 못하는가. 그것은 죄가 나의 육신에 거하기 때문이다. 바울은 죄와 육신의 관계를 14절 이하에서 더 깊이 설명하고 있다. 우리는 13절을 그 앞부분과 함께 연결하지 않고 14절 이하와 함께 묶은 이유는 13절이 7절과 같이 의문문으로 시작하기 때문이다. "그런즉 선한 것이 내게 사망이 되었느뇨". 바울은 9-10절에서 율법이 사망에 이르게 한다고 오해하게 할 수 있다는 것을 느끼고 이에 대해 분명히 대답을 해 놓고자 한다. 그럴 수 없다는 것이다. 사망을 이룬것은 율법이 아니라 죄다. 이 헬라 문장에서 바울은 죄를 문장의 시작부분에 놓고 히나 절을 술부 앞에 삽입해 "죄가 죄로 드러나기 위하여"를 강조하고 있다. 그리고 그 다음 문장에서 바울은 또 다시 히나 절을 사용함으로써 죄가 나에게 선한 것을 통해서 사망을 이룬 것은 죄가 계명으로 말미암아

1619 Fitzmyer; Käsemann; Osborne; Murray.
1620 Morris; Dunn; Schreiner; Moo; Stuhlmacher.

심히 죄되게 하려 함이라고 설명한다. 이를 다시 풀어 쓰면, 죄가 선한 것을 사용해서 "나"에게 사망을 이룬 것은 죄가 죄로 드러나게 하기 위함이고 이는 죄가 계명으로 말미암아 심히 죄되게 하려 함이라는 것이다. 이 문장에서 죄가 나에게 사망을 이룬 것은 두 가지 목적이 있다는 것이 확실히 드러난다. 첫째는 죄가 죄로 나타나는 것이고; 둘째, 죄가 심히 죄되게 하는 것이다. 이 세 문장에서 주어는 모두 죄다. 그리고 죄가 이용하는 도구는 선한 것, 즉 계명이다. 이 말씀은 8절과 11절의 내용을 반복 강화하고 있는 것이다. 바울은 이를 바탕으로 14절에서 본격적으로 죄와 "나"의 역동적 상호작용을 깊이 있게 설명하고 있다.

로마서 7:14절의 접속사 갈왜나하면은 13절에 대한 이유를 도입한다: "우리가 율법은 신령한 줄 알거니와 나는 육신에 속하여 죄 아래 팔렸도다". 바울은 죄와 육신의 상호작용을 본격적으로 설명하기 전에 우리가 율법은 신령한 줄 안다고 말씀함으로써 율법의 긍정적 특징을 다시 한번 확인하고 있다. 이로써 이 문단에서 다루는 본론은 율법의 의의라는 것을 확실히 나타내고 있다. 율법이 신령한 이유는 그것이 하나님으로부터 말미암았기 때문이고 성령의 뜻을 담고 있기 때문이다. 로마서 7장에서 바울은 성령이라는 단어를 6절이외에는 한 군데도 사용하지 않는다. 그러나 14절에 간접적으로 언급되어 있다고 볼 수 있다. 율법이 신령한 반면에 "나"는 육신에 속했다. 여기서 형용사 살키노스육신의의 뜻에 대해서 던은 이는 "나"가 죄와 사망에 의해 지배되는 아담의 시대에 속해 있다는 것을 말한다고 주석한다.[1621] 던은 여기서 이 사람은 중생이후의 바울도 포함하고 있다고 생각한다. 여기서 육신적인 이 사람이 그리스도인을 가리킨다고 보는 견해는 고린도전서 3:1절에서 바울이 고린도교회 성도들을 육신의 사람 즉 그리스도안에서 어린아이를 대함과 같이 한다는 말씀을 볼 때 타당한 듯이 보인다. 그러나 무는 로마서 7:7-25절이 비그리스도인들을 육신안에 있는 자들로 묘사하고 있다는 점을 지적하며 14절의 "나"는 비그리스도인이라고 해석한다. 여기서 해석상의 문제는 살키노스육신의가 "육신안에"in flesh를 의미하는가 혹은 "육신의"를

1621 Dunn.

의미하는가 하는 것이다. 그리스도인들은 육신안에 거하지 않지만 때론 연약해서 육신의 소욕대로 삶을 살 수 있다. 따라서 머레이는 여기서 이 사람은 육신안에 거하고 있는 사람이라기 보다는 이 사람의 육신에 거하는 죄의 법이 이 사람으로 하여금 그 마음에 원하는 것과 반대되는 일을 행하게 하고 있는 사람이라고 말한다.[1622] 그렇다면 이 사람은 로마서 7:5절이나 로마서 8:8절에서 말씀하는 육신안에 있는 사람이 아니고 육신의 연약함으로 말미암아 육신적으로 사는 사람을 가리킨다고 볼 수 있다.

이 절에서 해석상 어려운 부분은 "나"가 죄아래 팔려 있다는 표현이다. 크랜필드는 그리스도인들도 죄 아래 팔려 있는 상태로 살 수 있다고 생각한다.[1623] 던도 그리스도인들이 육신적인 삶을 살 때는 아직 죄 아래 있을 수 있다고 주석한다.[1624] 그러나 케제만은 로마서 6장과 8장에 따르면 로마서 7:14절에 묘사된 특징은 그리스도인들은 이미 벗어 버린 것들이며 이에 따라 그것은 바울의 회심의 내용과는 아무 상관이 없다고 반박한다.[1625] 그는 14절의 술어가 현재형이라는 것이 그리스도인들이 현재 경험하는 것을 묘사하는 단서로 볼 수 없다고 주장한다. 오히려 14절의 내용은 로마서 1:18-30절의 비그리스도인들의 비도덕적 상태와 일치하고 있다는 것이다. 무도 여기서 "나"는 비그리스도인이라고 보는 견해에 동의한다. "나"는 지금 현재 죄 아래 팔려 있고 그렇기 때문에 "나"는 중생한 사람이 아니라는 것이다. 그는 바울이 구속사적 관점에서 신자가 영적으로 경험한 것을 묘사하는 구절에 주의해야 된다고 생각한다. 즉 로마서 6:2절에서 바울은 중생한 우리는 죄에 대해 죽었다고 말씀했다. 18절과 22절은 우리가 죄에서 해방되었다고 말씀한다. 이 점에서 7:14절에서 "나"가 죄 아래 팔렸다는 것은 중생한 사람이 아닌 것을 나타낸다는 것이다. 이 구절에 대한 논쟁에서 서로 대립되는 두 해석 모두 신학적인 관점을 해석을 결정하는 단서로 놓고 있다. 그 문제점은 문법적 측면을 도외시하고 있다는 것이다. 여기서 과거완료분사 페프

1622 Murray.
1623 Cranfield.
1624 Dunn.
1625 Käsemann.

라메노스는 "나"가 육적이다는 주절을 수식하는 종절로 번역이 가능하다. 즉 과거에 내가 죄아래 팔려 있은 후 나는 지금 육신적인 사람이라는 것이다. 이는 "나"가 현재 죄아래 팔려있다는 의미가 아니라 과거에 "나"가 죄아래 팔려 있었던 만큼 그 영향으로 지금도 육신적인 삶을 살 때가 있다는 의미로 볼 수 있다. 필로넨코가 과거완료시제는 과거의 행위가 현재의 상태에 영향을 미치는 것을 함축한다고 지적하는 것은 바로 필자가 말하는 점을 인식하고 있는 것이라고 할 수 있다.[1626] 만일 이 문법적 해석이 옳다면 여기서 "나"는 무가 생각하는 것처럼 비그리스도인이 아닐 수도 있다. 신자도 과거에 죄 아래 팔려 있었던 그 후유증 때문에 현재 예수 안에 있지만 때로 육적인 삶을 살 수도 있는 것이다. 던은 이 사람이 내적으로 가진 죄의식은 성숙된 신자들이 경험하는 고도의 도덕적 지각능력을 가리키고 있다고 생각한다.[1627] 오스본은 여기서 바울이 내가 죄 아래 팔렸다고 하는 노예의 비유는 죄에 의해 조절되는 삶을 강조하는 과장법으로 보아야지 신자가 실제로 죄 아래 노예로 팔린 것을 의미하는 것은 아니라고 주석한다.[1628]

그렇다고 해서 여기서 "나"는 반드시 신자를 의미한다고 단정하는 것은 옳지 않다. 왜냐하면 이 "나"는 원하는 이것은 행하지 않고 미워하는 그것을 하는 사람으로 묘사되어 있다(15절). 과연 그리스도인들이 그 도덕적 행위에 있어서 이런 모순을 계속적으로 경험하며 살고 있는가. 이를 분석하기 위해서 우리는 로마서 7:15절부터 25절까지 주의깊은 주석을 하지 않으면 않된다. 로마서 7:15절에서 바울은 "나"의 율법에 명령된 대로 행할 수 없는 무능력을 적나나하게 고백하고 있다: "나의 행하는 것을 내가 알지 못하노니 곧 원하는 이것은 행하지 아니하고 도리어 미워하는 그것을 함이라". 이 절의 시작부분의 접속사 갈왜냐하면은 15절이 14절을 설명하고 있다는 것을 나타낸다. 학자들은 15절은 14절의 "육신에 속하여 죄 아래 팔렸다"는 표현을 설명하고 있다고 해석한다.[1629] 그러나 이 어구는 분사구로써 "나"가 육신적인

1626 M. Philonenko, "Sur l' expression 'vendue au péché' dans l' Épître aux Romains." *RHR* 203 (1986) 41-52; Dunn.
1627 Dunn; Cranfield; Barrett; Stuhlmacher; Murray.
1628 Osborne.

사람이라는 것을 말씀하고 있는 주절을 수식하고 있는 만큼 15절은 죄 아래 팔린 것이 무엇인지를 설명하고 있는 것이 아니라 "나"가 육신적이라는 것이 무엇을 말하는 지를 설명하고 있다고 보아야 한다. 이 점은 "나"가 현재 죄 아래 팔린 상태에 있는 것이 아니기 때문에 15절에서 바울이 현재 그가 경험하는 바와 거리가 있다는 점에서도 그렇다고 보아야 한다. "나"가 육신적인 이유는 원하는 이것은 행하지 않고 미워하는 그것을 하기 때문이다. 이것은 율법에 쓰여진 선한 명령을 따라 살기 원하지만 이를 실행하지 못한다는 의미로 이해할 수 있다. 이를 좀 더 깊이 분석하기 전에 우리는 이 절의 전반부에서 바울이 "내가 알지 못한다"우 기노우스코우라고 말씀한 표현을 살펴볼 필요가 있다. 쉬라이너는 이 표현은 이 사람이 자신에게 존재하는 죄의 깊이를 완전히 이해하지 못한다는 것을 뜻한다고 말한다.[1630] 그러나 본문에서 동사 "알다"의 목적어는 이렇게 심오한 뜻이 아니라 "자신이 행하는 것", 곧 자신의 행위의 결과 초래되는 것호 카텔가조마이을 말한다. 크랜필드는 이 표현은 "나는 알지 못한다" 혹은 "이해하지 못한다"는 의미로 해석될 수 없는데 그 이유는 이 사람은 자신이 행하는 것이 무엇인지를 잘 알고 있는 사람이기 때문이라는 것이다.[1631] 따라서 15절 후반부에서 분명히 나타난대로 이 표현은 "나는 용납하지 않는다" 혹은 "나는 동의하지 않는다"라고 해석해야 된다는 것이다(KJV). 이와 같은 해석의 입장에서 머레이도 여기서 "안다"는 동사는 사랑하다 혹은 기뻐하다의 뜻으로 해석되어야 하는데 그것은 15절 후반부의 미워하다는 의미의 반대 개념을 함축하고 있기 때문이라는 것이다.[1632] 이것은 이 사람이 어떤 행위를 한 후 그 미처 예상하지 못한 결과를 후회하기 때문에 내가 행하는 것을 동의하지 못한다는 뜻이다. 또 다른 해석은 여기서 기노우스코우는 자기가 원하는 것과 원하지 않는 것 중에서 무엇을 하게 될 지 자신이 알 수 없다는 의미로 보는 것이다. 그것은 자신의 육신에 거하는 죄의 권세 때문이다. 자신은 선을 행하려는 마음을 가지고

1629 Morris; Cranfield.
1630 Schreiner.
1631 Cranfield; Barrett; Lightfoot; *contra* NIV; NAS.
1632 Murray.

있지만 그 선을 행할 능력이 자신에게 없는 것이다. 이 사람은 원함과 행함 사이에 존재하는 이 괴리를 잘 인식하고 있다. 그렇기 때문에 자신이 어떤 선택을 하게 될 지 장담할 수 없는 것이다. 이런 실존적인 상태에서 말하는 고백이 바로 "나는 나의 행하는 것을 알지 못한다"라고 이해할 수 있다. 그러나 이 해석은 본문에 너무 많은 심리분석적 의미를 주입하고 있다. 따라서 필자는 여기서 "안다"는 인식한다는 뜻보다 동의한다는 뜻으로 해석하는 것이 낫다고 본다. 이 해석은 동사 카텔가조마이가 무엇을 낳는다produce는 것을 의미하는 것과 일치하는 해석이다.

15절에서 바울은 행한다는 뜻의 세 가지 동사를 사용한다. 카텔가조마이produce, 포이에오우do, 그리고 프라소우practise가 그것이다. 바울은 이 동사들을 21절까지 계속 번갈아 사용하고 있다. 크랜필드는 프라소우는 다른 두 동사의 뜻과 비교해서 보다 덜 명확한 뜻으로써 결정되지 않은 행위를 의미할 때 쓰이며 신약에서 대개 바람직하지 못한 행위를 가리킬 때 쓰인다고 말한다(롬7:15, 19).[1633] 이와 반면에 카텔가조마이와 포이에오우는 행한 일이 완성된 사실을 가리키는데 사용된다는 것이다. 이와 반면에 무는 신약에서 이 세 동사의 의미는 구분할 수 없을 정도로 대동소이하다고 말한다.[1634] 하지만 카텔가조마이가 다른 두 동사의 의미보다 약간 더 강한 뉘앙스를 지니고 있다고 할 수 있다.[1635] 로마서 2:9; 4:15; 5:3; 7:13절에서 바울은 카텔가조마이를 사용하면서 결과로써 가져온다produce는 뜻을 함축하고 있다. 이 관점에서 보면 15절에서도 이 동사는 같은 의미를 가지는 것으로 보인다. 이 점에서 15절 전반부는 바울이 자신이 행하는 행위를 자신의 뜻대로 제어할 수 없는 만큼 자신의 행위로써 가져오는 결과에 동의할 수 없다는 뜻을 내포하고 있다고 볼 수 있다.

바울은 자신이 원하는 이것은 행하지 않고 미워하는 그것은 한다고 고백한다. 여기서 "원한다"쎌로우는 동사는 15-21절에 일곱 번 사용되고 있다. 원

1633 Cranfield; Bultmann.
1634 Moo; Schreiner.
1635 Moo, *Romans*, 455; H. Braun, *TDNT*, 6:478.

하는 것은 곧 자신의 뜻이며 마음에 있는 소망이다. 피츠마이어는 이 동사는 고전헬라어에서는 자유의지로 내린 의도적 결정이 아니라 노력하지 않는 단순한 바람의 뜻을 가진다고 말한다.[1636] 머레이는 이 동사는 15절에서 단순한 바람보다 강한 의미 즉 실행적인 의지executive volition는 아니지만 온전한 의지fullest extent of volition를 의미한다고 해석한다.[1637] 이 관점에서 보면 여기서 "나"는 율법이 선한 것을 알고 그 명령대로 살기 원하는 마음이 있는 것을 알 수 있다. 그러나 자신의 바람과는 달리 율법을 어기며 사는 자신을 발견하고 있는 것이다. 여기서 이 사람의 바람과 행함 사이에 왜 괴리가 있는 것일까. 오스본은 이것은 우리 육신에 거하는 죄의 권세 때문이라고 말한다.[1638] 스토트는 이 사람은 중생한 사람이지만 성령의 도움이 없이 자신의 힘으로 율법을 이루려고 하기 때문에 항상 실패하는 사람이라고 말한다.[1639] 무는 이 사람은 자신이 원하는 바를 하지 못하는 항상 실패와 좌절을 경험하는 사람으로써 율법아래 의를 성취하려고 했던 유대인으로써의 바울의 경험을 대표하고 있다고 주석한다.[1640] 중생한 후 바울은 자신이 바리새인으로써 율법아래에서 갈등을 겪었던 심리적 상태를 좀 더 명확히 이해하고 서술할 수 있게 되었는지 모른다. 그러나 모든 유대인들이 이런 갈등을 겪었다고 말할 수도 없다. 빌립보서 3:6절에서 바울은 자신이 율법의 의로는 흠이 없는 자라고 묘사하고 있다. 그럼에도 불구하고 무는 이 사람은 육적인 사람이며 죄의 권세 아래 있는 사람이라고 생각한다. 따라서 이는 그리스도인의 삶을 대변하고 있지 않다고 주장한다. 이와 반면에 크랜필드는 15절에서 묘사된 이 사람의 내면의 갈등과 영적 전투는 성령에 의해서 거룩하게 되지 않은 사람이 경험할 수 없는 것이라고 강조한다. 죄에 대한 혐오, 자신이 원했던 도덕적 기준을 맞추지 못하는 삶에 대한 분명한 인식 등은 성령의 사역을 떠나서는 경험할 수 없는 그리스도인의 심리를 묘사하고 있다는 것이다.[1641] 필자는

1636 Fitzmyer.
1637 Murray.
1638 Osborne.
1639 Stott.
1640 Moo; Gaugler.
1641 Cranfield.

이 후자의 견해에 본질적으로 동의한다.

그러나 여기서 우리는 이 사람의 정체에 대해서 해석하면서 중생한 사람의 특징과 중생하지 못한 사람의 특징을 관점으로 해석하면 자기 식의 해석에 빠지기 쉽다는 점을 주의해야 한다. 본문의 해석에 있어서 완전히 신학적 시각을 탈피하면서 해석하는 것은 불가능하다. 그렇지만 해석자는 본문의 문맥을 바탕으로 한 문법적 주석에 먼저 충실할 필요가 있다. 필자가 앞에서 말한 바대로 로마서 7장의 주제는 율법의 역할이다. 따라서 15절에서도 바울의 주제는 이 사람에게 작용하는 율법의 역할이다. 즉 이 사람은 율법이 신령한 것을 인정하고 있다(14절). 또 율법이 선한 것도 인정하고 있다(16절). 그렇다면 이 사람은 율법을 지키려고 하는 사람이라는 것을 알 수 있다. 바울은 여기서 이 사람이 중생한 사람인지 중생하지 않은 사람인지를 밝히는 것을 자제하고 있다. 만일 그것을 밝혔다면 바울이 가르치고 자 하는 율법의 역할에 대한 측면이 희석될 것을 염려했을 것이다. 이 사람은 율법을 통해서 하나님의 요구를 이루려고 하는 사람이다. 그것이 의롭다하심의 요구이든지 거룩한 삶에 대한 요구이든지에 관계없이 율법의 요구를 이루려는 소망을 가지고 있는 사람이다. 우리는 바울이 여기서 묘사하는 이 사람의 모습이 로마서 2:17절 이하에 그려진 유대인들의 모습과 거리가 있음을 본다. 일 세기의 유대인들은 자기 의에 빠져 자신들이 율법을 온전히 지키는 자라고 생각했다. 그리고 바울이 로마서 7:14절 이하에서 묘사하고 있듯이 온전한 삶을 이루지 못해 죄책감에 빠져 번민하는 모습과 거리가 있다. 이러한 번민은 그 양심이 예수의 보혈로 씻겨진 자만이 가지게 되는 성화에 따른 고통의 한 측면을 나타내고 있다고 볼 수 있다. 그러나 이 사람의 문제는 율법을 바탕으로 자유를 얻으려고 하는 점이다. 그러나 이 율법에 붙잡혀 있는 한 이 율법을 이용해서 작용하는 죄의 영향은 더 커지게 된다(8, 11절). 이 죄는 율법을 교두보로 삼고 육신의 연약함을 이용해서 나로 하여금 악을 행하게 하고 있는 것이다. 따라서 이 사람에게 필요한 것은 율법의 요구를 따라 사는 삶이 아니라 성령의 뜻에 맡기는 삶을 사는 것이다. 여기서 바울은 율법이 우리에게 칭의를 도와 줄 수도 거룩한 삶을 도와 줄 수도 없다는 것을 적나나하게 고발하고 있다. 율법은 신령하며 선하지만 그것은 내가 율법을 이룰 수 없다는 사실을 더 명확히 밝혀 주고 있을 뿐이다. 그렇다면 율법은 우리에게 율법에서 벗어나 다른 신랑 즉 예수 그리스도에게 나아가게 하는 역할을 하고 있는 것이다. 이 점에서 율법이 의로우며 선하다는 사실은 적절하게 입증되었다. 문제는 이 사람에게 있다. 만일 이 사람이 중생한 사람이면 이 사람은 자신이 율법에 대해 죽었다는 사실을 깨닫고 새 신랑 즉 예수께 나가야 하고(롬7:4) 이제 의문의 묵은 것으로 아니하고 영의 새로운 것으로 섬기는 삶을 살아야 되는 것이다(롬7:6).

로마서 7:16절은 15절의 결론이다. 즉 "만일 내가 원치 아니하는 그것을 하면 내가 이로 율법의 선한 것을 시인한다"는 것이다. 이 결론은 12-14절의 내용의 반복이다. 즉 율법은 선하다는 것이다. 그러면 왜 나의 원치 않는 그것을 하는 것이 율법의 선함을 인정하게 만드는가. 그것은 나의 원치 않는 그것은 선이 아니라 악이다. 그리고 율법은 악을 금하고 있다. 그렇지만 나는 나의 바람을 어기고 악을 행한다. 이는 율법이 잘못된 것이 아니라 나에게 잘못이 있는 것이다. 결론적으로 율법은 아무 잘못이 없다. 율법은 선하다. 그리고 "나"는 율법이 선하다는 것에 동의하게 된다. 그러면 나는 왜 내가 원하는 율법의 명령대로 행하지 않고 그것을 거슬러 행하는 것일까. 바울은 이에 대한 답을 로마서 7:17절에서 제공한다. 즉 내가 원치 않는 것을 행하는 것은 내가 아니고 내속에 거하는 죄라는 것이다. 문제는 율법에 있는 것이 아니라 내안에 거하는 죄의 권세다. 17절을 시작하는 누니 데now then는 시간적 의미가 아니라 논리적 의미를 가지고 있다.[1642] 바울은 8절에서 죄를 의인화하듯이 17절에서도 죄를 의인화하고 있다. 죄는 내 속에 거하는 불법거주자다.[1643] 그렇다면 이 사람에게 아담의 원죄는 아직도 씻겨지지 않았는가. 이 사람은 불신자인가. 무는 그렇다고 대답한다. 무는 우리가 아담의 죄를 이어받았기 때문에 죄는 모든 사람에게 거하는 주민이 되었고 그리스도 밖에 있는 사람은 죄의 권세에 저항할 수 없다라고 말한다.[1644] 로마서 6:6

1642 Käsemann; Wilckens; Moo; Schreiner; *contra* Dunn; Nygren.
1643 Morris.

절에서 바울은 우리 옛사람이 예수와 함께 십자가에 못박힌 것은 죄의 몸이 멸하여 다시는 우리가 죄에게 종노릇 하지 아니하려 함이라고 말씀하고 있고 7절은 죽은 자가 죄에서 벗어나 의롭다하심을 얻었다고 말씀한다. 이는 죄의 권세의 종이되어 사는 삶과 의롭다하심을 얻은 자의 삶은 한 사람에게 공존할 수 없다는 것을 가리킨다. 그렇다면 이 사람이 만일 신자라면 어떻게 17절의 내용을 고백할 수 있단 말인가. 죄에 대해 죽은 그리스도인에게 죄의 권세가 지배할 수는 없다. 여기서 "내 안에 거하는 죄"의 문제는 로마서 7:15–20절의 핵심 주제 중의 하나다. 만일 이것이 아직도 해결받지 못한 내 안에 있는 아담이라면 이 사람은 중생한 사람이라고 볼 수 없다.

그러나 여기서 우리가 함께 고려해야 할 측면은 이 사람이 자신이 행하는 악에 대해서 결백하다고 볼 수 없다는 것이다. 이 사람은 죄를 짓는 책임을 죄의 권세에 전가하고 하나님 앞에서 죄없다고 주장할 수 없다.[1645] 이 사람이 지은 죄는 이 사람 자신이 지은 죄라는 점에서 개인적으로 도덕적 책임이 있는 것이다. 다시 말해 17절에서 바울이 말씀하는 "내안에 거하는 죄"의 문제는 구속사적 측면에서만 논의될 수 없다는 것이다. 구속사적으로 "나"는 죄의 권세에서 자유함을 받았지만 여전히 나는 도덕적으로 선악의 선택의 기로에 서있고 내가 하는 각각의 결정이 율법의 기준에 따라 판단받게 된다. 이는 우리의 행동이 선한가 악한가 하는 사실이 율법의 판단 아래 되어지는 이상 우리는 정죄함을 받을 위험을 항상 안고 살고 있다는 것을 말한다. 만일 우리가 율법에서 자유로와져 있다면 우리는 더 이상 율법의 판단을 받지 않게 될 것이다. 이는 우리가 곧 우리 안에 거하는 죄로부터 자유로와진다는 사실을 의미한다. 만일 여기서 필자가 설명한 "나", 죄, 율법의 관계가 타당한 것이라면 이는 중요한 점을 시사한다. 즉 여기서 "나"는 율법아래 살면서 그 율법의 판단으로 인해 발생하는 죄에 대한 자각으로 인해 괴로와하고 있는 사람이라는 것이다. 이 사람이 회심하기 전의 유대인 바울이라면 바울은 그리스도의 은혜 밖에 있을 때 이런 심리적 분열증 속에 살았던 사람이라고

1644 Moo, *Romans*, 458.
1645 Murray.

볼 수 있다. 그러나 우리가 회심하기 전의 어떤 사람이 자신의 죄에 대한 자각을 이렇게 솔직하게 할 수 있을까 하는 의문이 남는다. 또 바울이 그리스도인이 된 후 중생한 바울로써 자신의 회심하기 전의 심리적 상황을 이렇게 현재형 술어로써 묘사했겠는가 하는 점도 받아들이기 어렵다. 그렇다면 여기서 "나"는 중생을 했지만 아직도 율법에 죽지 못한 채 율법으로써 거룩한 삶을 살려는 그리스도인의 모습을 서술하고 있다고 해석하는 것이 논리적으로 맞는 해석이라고 볼 수 있다. 그러면 내 안에 거하는 죄는 아직도 나를 지배하는 죄의 권세라기 보다는 율법에 매여 있는 "나", 율법의 판단으로 인해 자각하게 된 자신에게 있는 죄를 가리키는 개념이라고 볼 수 있다.

로마서 7:18절에서 바울은 내 안에 거하는 죄의 문제는 바로 "나"의 육신에 선한 것이 거하지 않기 때문이라고 설명하면서 육신의 실존적 문제를 조명한다: "내 속 곧 내 육신에 선한 것이 거하지 아니하는 줄을 아노니 원함은 내게 있으나 선을 행하는 것은 없노라". 여기서 내 육신에 선한 것이 거하지 않는다는 것은 17절의 죄가 내 속에 거한다는 것의 다른 표현이다. 그러면서도 죄가 활동하는 기반인 내 속은 다른 곳이 아닌 내 육신삵스이라는 점을 명확히 하고 있다. 이 점에서 바울은 인간이 가지고 있는 삵스의 문제를 여기서 집중적으로 조명하고 있다. 삵스는 살, 육신, 사람, 죄의 본성, 고기 등으로 번역된다. 이는 사람의 비물질적 부분인 영혼과 대비되는 물질적 존재 양식이라고 할 수 있다. 이는 몸body과도 중복되는 개념이다.[1646] 그리고 하나님께서 창조하신 사람의 본래의 요소 중의 하나라는 점에서 이는 원래 악한 요소가 아니었다.[1647] 그러나 아담의 원죄이후 사람들은 죄 아래 팔린 삶을 살게 되었고 육신의 욕망을 도모하는 존재가 되었다. 이런 점에서 바울은 사람의 삵스를 율법을 통해서 죄의 권세가 지배하는 장소로 제시하고 있다. 삵스는 인간의 욕망이 발원하는 처소라는 점에서 죄가 거하는 거주지인 것이다. 그러나 바울이 삵스 자체를 악한 것으로 제시하고 있지는 않다.[1648] 따라

1646 던은 삵스는 현재의 시대에 속한 것이고 몸(쏘우마)은 구 시대와 현 시대를 통과하는 개념이라고 보는데 이는 삵스가 가지는 의미를 너무 신학적으로 확대하는 것이라고 볼 수 있다. Dunn, *Romans*, 391.

1647 *contra* Pfleiderer, *Paulinism*, 1.47-67.

서 삶스를 죄의 본성sinful nature이라고 번역하는 영어본 NIV의 번역은 옳은 번역이라고 볼 수 없다.[1649] 또 삶스를 인간의 타락한 본성이라고 이해하는 것도[1650] 단순히 마음과 대비되는 삶스의 의미를 너무 확대하는 것이다(롬 7:23). 이 점에서 삶스를 랍비주의 개념인 예쨰르 하라악의 충동와 같은 개념으로 보는 것도 바울이 의미하는 삶스의 개념은 아니다.[1651]

이 삶스에는 선한 것이 거하지 않는다. 17절에 의하면 이 삶스에는 죄가 거하고 있다. 그 결과 "원함은 내게 있으나 선을 행하는 것은 없다". 개역성경의 이 번역은 바울의 가르침을 잘 반영하지 못한다. 바울은 여기서 원함과 행할 능력을 대조하고 있지 않다. 바울이 여기서 원함쎌레인과 대조하는 것은 "선을 가져오는 것"이다. 그 이유는 형용사 아가쏘스good나 칼로스good가 윤리적인 개념으로 제한되어 있지 않다는 것이다. 케제만이 말하듯이 이 형용사들은 하나님께서 인정하시는 "선함"이며[1652] 로마서 2:7절에서 말씀하는 구원얻기에 합당한 "선"이라고 보는 것이 더 맞다. 이 의미를 뒷받침하는 것은 같은 절에 사용된 동사 카텔가조마이가 단순히 행한다는 뜻보다는 낳는다, 가져온다, 생산하다, 이루다는 뜻을 의미한다는 것이다. 만일 그렇다면 바울이 여기서 말씀하는 것은 내가 선을 행하기 원하는 마음이 있어도 이를 행할 수 있는 능력이 나에게 없다는 것이 아니라 내가 선을 행하기 원해도 내가 선을 이루는 것은 나에게 없다는 것이다. 이는 단순히 윤리적 측면의 무능함에서 나아가 구원론적 측면에서 무능함을 뜻하는 것이다. 사람의 삶스에 거하는 죄 때문에 이 사람에게 선을 행하기 원하는 마음이 있지만 이 사람은 하나님 앞에서 선한 열매를 생산하는 것은 없는 것이다. 이러한 진퇴양난의 궁지에서 바울이 외치는 자유의 환호는 로마서 8:1절에 나와 있다. 즉 그리스도 예수 안에 있는 자에게는 결코 정죄함이 없다는 것이다. 바울은 이 진리를 더 확고히 제시하기 위해서 의문의 낡은 것에 의존해서 성화를 이

1648 Moo; Morris; *contra* Barrett; Murray; Käsemann.
1649 NRS는 flesh라고 번역한다.
1650 Cranfield.
1651 Dunn, *Romans*, 391; *contra* Str-B, 4:466-83; Davies, *Paul*, 25-27.
1652 Käsemann.

루려고 하는 사람의 곤경을 로마서 7:14-24절에서 삶스의 관점에서 분석하고 있는 것이다. 삶스는 인간이 구속의 날까지 벗어날 수 없는 존재 형태이고 그리스도인이라고 할지라도 예외일 수는 없다. 이 사람이 율법에 얽매어 선을 이루려고 한다면 이 사람이 느끼는 좌절은 더 커질 것이다. 이 관점에서 본다면 이를 율법아래서 의를 성취하려고 노력하는 유대인이나 나아가 비그리스도인들의 실존적 상황에 대한 묘사라고 보는 것은 무리가 있다.[1653] 중생하지 않은 유대인들 중 율법을 지킴으로써 선을 행하려고 노력한 사람이 있었을 수도 있다. 이 때 이들은 율법을 지키지 못함으로 스스로 자책하기 보다는 오히려 율법을 온전히 지켰다는 자신감에 빠질 가능성이 더 많았다(롬2:17-23; 빌3:4-6). 이들이 로마서 7:18절에서 느끼는 좌절과 스스로에 대한 자책을 가졌을 것으로 보기 힘들다. 또 내 속에 죄가 거한다든지 내 속에 선한 것이 없다라고 고백했을 리는 없다. 마찬가지 이유로 바울이 여기서 비그리스도인의 상황을 묘사하고 있다고 볼 수도 없다. 비그리스도인들이 하나님께서 규정하시는 선을 행하기 위해서 노력한다고 볼 수 없다. 이는 로마서 1:18-31절에서 바울이 묘사하는 비그리스도인들의 타락한 상태와 맞지 않는다. 오히려 던이 말하는 것처럼 18절에서 이 사람이 경험하는 원함과 행함의 모순은 새로와진 자각된 마음과 아직 구속받지 못한 죽을 몸 사이의 긴장의 결과라고 보는 것이 구속사적으로나 실존적으로나 더 타당한 해석이라고 볼 수 있다.[1654] 바울이 묘사하는 이 사람의 정체는 필자가 앞에서 밝힌대로 중생해서 새로와진 마음을 가졌음에도 불구하고 율법의 요구를 이루지 못하는 자신을 자책하는 그리스도인이라고 할 수 있다.

로마서 7:19절은 15절의 내용을 반복하고 있다. 그리고 18절 후반부의 내용을 더 자세히 설명하고 있다: "내가 원하는 바 선은 하지 아니하고 도리어 원치 아니하는 바 악은 행하는도다". 이로써 15절에서 이 사람이 미워하는 것은 악카코스이라는 것이 밝혀지고 있다. 이 절에서 악을 행한다는 동사는 프라소우이며 이와 반대로 선을 행한다고 표현할 때 그 동사는 포이에오우이

1653 Moo.
1654 Dunn, *Romans*, 391.

다. 이는 15절에서 설명한대로 바울이 이 동사들을 현재의 문단에서 사용할 때 그 뉴앙스에 차이를 두고 있다는 것이 분명하다.

로마서 7:20절은 16-17절의 내용의 축약이다: "만일 내가 원치 아니하는 그것을 하면 이를 행하는 자가 내가 아니요 내 속에 거하는 죄니라". 여기서 생략된 부분은 16절 후반부의 율법이 선한 것을 시인한다는 구절이다. 이로써 바울이 강조하는 것은 내 속에 거하는 죄의 역할이다. 이것은 내가 행하는 죄에 대한 책임을 회피하는 것은 아니다. 마음은 선을 행하기 원하지만 그 행한 악에 대한 책임은 여전히 나에게 있다.[1655] 내 안에 거하는 죄가 실질적인 만큼 이것의 활동 영역으로 기능하는 나의 육신삵스은 내 삶속에 필연적으로 따르는 곤경이다.

로마서 7:21절은 15-20절의 결론이다: "그러므로 내가 한 법을 깨달았노니 곧 선을 행하기 원하는 나에게 악이 함께 있는 것이로다". 여기서 깨닫는다는 동사 휴리스코우는 여기서 발견한다 혹은 경험을 통해서 안다는 뜻을 가진다.[1656] 이 절에서 명사 노모스는 모세의 율법을 의미한다는 견해와[1657] 일반적 원칙이나 법을[1658] 의미한다는 견해가 있다. 만일 이 절에서 노모스가 모세의 율법을 의미한다고 보면 톤 노모스는 직접 목적격accusative이 되고 이 절은 "나는 모세의 율법에 있어서 선을 행하기 원하는 나에게 악이 함께 있다는 것을 깨닫는다"로 번역되게 된다. 이 번역이 불가능한 것은 아니지만 문맥에서 이미 같은 의미의 구절들이 반복되고 있기 때문에 우리는 여기서 노모스가 원칙 혹은 법칙을 의미한다고 해석하는 것이 더 자연스럽다. 이는 노모스가 발견한다는 동사의 직접 목적어가 되므로 문법적으로 더 부드러운 번역이다. 그리고 23절의 죄의 법이라는 표현에 있어서 법은 원칙을 의미한다는 점과 병렬되는 번역이다. 또 23절의 "한 다른 법"도 모세의 율법 이외의 법을 의미한다고 볼 때 21절의 법과 상응하는 개념이라고 할 수 있다. 즉

1655 Seifrid, *Justification by Faith*, 239.

1656 Morris.

1657 Dunn; Wilckens; Schreiner; Wright, *Climax*, 198; K. Snodgrass, "Spheres of Influence: A Possible Solution for the Problem of Paul and the Law," *JSNT* 32 (1988) 105.

1658 SH; Lietzmann; Osborne; Cranfield; Käsemann; Morris; Fitzmyer; Moo; Barrett; Hodge; NEB; JB.

이 사람은 자신이 원하는 선은 행하지 않고 미워하는 악을 행하는 것을 경험하면서 자신에게 죄가 거하고 있다는 것을 깨닫는다. 이를 바탕으로 이 사람은 선을 행하기 원하는 자신에게 악이 함께 있다는 법/원칙을 발견하고 있는 것이다. 이 법은 내 지체속에서 마음의 법과 싸우고 있는 한 다른 법이며 곧 죄의 법과 상응하는 개념이라고 볼 수 있다(23절). 여기서 자신에게 있는 악은 17, 20절에서 말씀하는 내 속에 거하는 죄다. 그리고 이는 죄의 권세가 아니라 죄의 법이라고 묘사되고 있다(23절). 이 죄의 원칙은 나의 육신속에 거하고 있으며 이 관점에서 중생한 그리스도인도 이 원칙을 벗어나지 못하고 있다고 보아야 한다. 다시말해 그리스도인도 이 죄의 몸을 벗어나기 전에는 죄의 법에서 자유롭지 못하며 항상 성령의 법을 따라 사는 헌신이 필요한 것이다. 이 점에서 21-25절에서 바울이 말씀하는 노모스의 의미는 사람이 육신에 거하여 살면서 경험하는 도덕적 갈등을 해결하는 중요한 단서로 제시되고 있다.

로마서 7:22절은 접속사 갈왜냐하면로 시작하는데 이는 22절은 21절의 내용을 설명하고 있다는 것을 나타낸다. 즉 "내 속 사람으로는 하나님의 법을 즐거워한다." 여기서 하나님의 법은 일반적인 법이라기 보다는 모세의 율법을 가리킨다고 볼 수 있다. 그리고 이는 23절의 "내 지체속에 있는 한 다른 법"이나 "죄의 법"과 반대의 개념이라고 할 수 있다. "내"가 하나님의 법을 즐거워한다는 것은 단지 하나님의 법을 동의한다는 의미보다 강한 뉘앙스를 가진다. 영어성경 NIV나 NRS는 시편 119:14절 후반부를 주의 증거와 도를 즐거워하였다고 번역한다. 시편 기자는 곧이어 "내가 주의 법도를 묵상하며 주의 도에 주의하며 주의 율례를 즐거워하며 주의 말씀을 잊지 아니하리이다"고 노래한다. 이는 하나님의 법을 사랑하고 그 법에 순종하는 열심을 나타내고 있다. 이 뜻은 로마서 7:21절에서 "내"가 선을 행하기 원한다는 말씀과 상응하는 개념으로 볼 수 있다. 무는 이 표현은 그리스도인이 아니고 경건한 유대인의 열심을 나타내고 있다고 주석한다.[1659] 그러나 던은 이에 동

1659 Moo; Michel; Schmidt.

의하지 않는다. 그 이유는 경건한 유대인에게는 바울이 여기서 묘사하는 영적인 "나"와 육적인 "나"의 긴장이 존재하지 않기 때문이라는 것이다.[1660] 이 해석을 결정하는데 있어서 고려해야 될 것은 이 절에 사용된 "속 사람"에 소우 안쓰로우폰의 뜻이다. 여기서 "나"를 그리스도인이라고 보는 학자들은 이 구절은 바울서신에서 그리스도인을 가리키는 관용구라고 주장한다. 즉 고린도후서 4:16절이나 에베소서 3:16절에서 이 어구는 그리스도인을 가리키고 있기 때문에 로마서 7:22절에서도 그리스도인을 가리키는 것으로 보아야 한다는 것이다. 던은 여기서 "속사람"은 새 시대에 속한 사람을 말하며 롬6:6절의 옛 사람과 반대의 개념이라고 주석한다.[1661] 머레이도 이는 중생한 사람의 자아의 영적이며 도덕적인 가장 깊은 곳을 가리킨다고 생각한다.[1662] 그러나 무는 "속 사람"은 "새 사람"과는 다른 개념이며 로마서 7장에서 이 어구는 몸과 대조되는 정신이나 마음의 기능과 상응하는 개념이라고 생각한다. 레엔하르트도 로마서 7장에 성령의 새롭게 하심의 역할에 대한 언급이 없는 만큼 "속 사람"은 심리학적으로 사람의 비육체적 부분을 가리키는 개념으로 보아야 한다고 주석한다.[1663] 필자도 여기서 "속사람"이라는 어구는 23, 25절의 마음누스과 같은 개념을 가지는 말로써 이 어구 자체는 이 사람이 중생한 사람인지 아닌지를 나타내고 있지 않다고 생각한다. 그것은 문맥의 뜻을 통해서 결정되는 것이다. 그러나 이 사람이 중생하지 않은 유대인을 가리키고 있다면 이 사람이 과연 속 사람으로 하나님의 법을 즐거워할 수 있는 사람인지가 의문으로 남는다. 로마서 10:2-3절에서 바울은 유대인들이 하나님께 열심이 있었으나 지식을 좇은 것이 아니었고 하나님의 의를 모르고 자기 의를 세우려고 힘써 하나님의 의를 복종치 아니하였다고 말씀한다. 또 로마서 2:27-29; 3:27절이 나타내는 유대인의 열심은 육신과 행위의 피상적 수준에서의 열심이지 마음으로부터의 순종을 나타낸다고 보기 어렵다. 이 점에서 우리는 22절에서 묘사하는 "나"는 유대인이라기 보다 그리스도인

1660 Dunn.
1661 Dunn; Barrett.
1662 Murray.
1663 Leenhardt.

을 가리키는 것으로 보는 것이 맞다고 할 수 있다. 모리스도 지적하듯이 여기서 하나님의 법을 즐거워하는 자는 자신에게 역사하는 하나님의 영을 통해서 깨달음을 얻은 사람이라고 보아야 맞다.[1664]

로마서 7:23절은 접속사 데그러나로 시작하면서 22절의 내용과 대조되는 내용을 담고 있다는 것을 나타낸다. 22절은 "내 속사람은 하나님의 법을 즐거워한다"고 말씀했다. 그러나 "내 지체 속에서 한 다른 법이 내 마음의 법과 싸워 내 지체 속에 있는 죄의 법 아래로 나를 사로잡아 오는 것을 본다." 여기서 "한 다른 법"은 23절 후반부의 어구 "죄의 법"과 동일한 법이며 "하나님의 법" 혹은 "내 마음의 법"과 반대되는 개념이다. 그러면 여기서 법은 모세의 율법인가 아니면 일반적 원칙 혹은 법을 뜻하는가. 이 절에서 법(노모스)을 모세의 율법이라고 주석하는 학자들은 바울이 여기서 두 종류의 법에 대해 말씀하는 것이 아니라 법의 기능의 두 측면을 수사법적으로 표현하는 것이라고 생각한다.[1665] 즉 법은 하나님의 도덕적 기준을 제시하고 우리에게 죄를 깨닫게 해 주기 때문에 영적이며 선하다. 이는 하나님의 법으로 표현하고 있다. 이와 반면에 법은 죄의 교두보로 작용하면서 우리가 육신의 탐심의 종이 되도록 더욱 부추기고 죄를 증대시킨다. 법의 이런 부정적 측면은 "죄의 법"이라는 숙어로 표현하고 있다는 것이다. 이 견해는 주석적 신학적 결함을 가지고 있다. 첫째, 주석적으로는 23절의 "한 다른 법"헤테론 노몬이 22절의 "하나님의 법"과 같은 법이라면 바울이 이 법을 왜 한 다른 법이라고 불렀겠는가 하는 의문이 생긴다. 헬라어에서 형용사 헤테로스는 종류가 다른 두 개체를 구분하는 "다른"의 뜻을 가진다. 둘째, 신학적 측면에서 15-21절에서 "나"의 성화를 방해하는 것은 내 속에 거하는 죄이다. 그러나 23절에서는 내 지체속에 있는 한 다른 법이 나를 죄의 법아래로 나를 사로잡아 온다고 말씀한다. 이는 한 다른 법이 하나님의 법을 뜻한다면 곧 하나님의 법모세의 율법이 나의 성화를 방해하는 개체로 나타난다. 그러나 이는 바울이 율법

1664 Morris; Cranfield.

1665 Wilckens; Dunn; Snodgrass, "Spheres of Influence," 106-7; B. Reicke, "Paulus über das Gesetz," *TZ* 41 (1985) 242-44; Wright.

이 본질적으로 선하며 영적이라고 설명한 가르침과 맞지 않는다.

이런 이유들 때문에 23절의 "한 다른 법" 혹은 "죄의 법"에 있어서의 법은 모세의 율법이 아니라 지배적 권위를 가지는 원칙 혹은 법으로 해석해야 된다는 것이 자명해진다.[1666] 바울은 법이라는 단어를 수사적으로 사용하여 "죄의 법"이라고 표현함으로써 모세의 율법의 요구가 권위를 가지는 원칙이듯이 죄도 권위를 가지고 우리 육신을 지배하려고 요구하는 요소라는 것을 문학적으로 대비시켜 표현하고 있다. 이 죄의 법은 마음의 법과 대조되는 개념이다. "나"는 마음으로 하나님의 법을 즐거워한다. 따라서 마음의 법은 마음에 하나님의 법을 따르고자 하는 원칙이라기 보다는 하나님의 법과 같은 개념으로 볼 수 있다. 그렇게 볼 때 "마음의 법"에 있어서의 법은 "원칙"이 아니라 모세의 법을 가리키는 것으로 이해할 수 있다.

이 두 법의 개념을 통해서 바울은 내 지체 안에 있는 죄의 법과 내 마음의 법이 서로 싸우는 전쟁의 이미지를 사용해 이 사람에 존재하는 영적 갈등을 서술하고 있다. 로마서에서 바울은 군사적 용어를 즐겨 사용하고 있다. 즉 "무기"(6:13), "기회"(7:8), "삯"(6:23), "원수"(8:7), "죽이다"(8:13), "팔리다"(7:14), "종이 되다"(6:16-20), 전쟁하다(7:23), 사로잡다(7:23) 등이다. 바울이 전쟁을 나타내는 은유적 용어를 사용해 하나님의 법과 죄의 법이 우리 마음안에서 싸우는 모습을 묘사하는 것은 이 영적 투쟁이 낭만적인 이야기가 아니라 영토를 획득하거나 빼앗기는 것과 같이 매우 처절한 투쟁이라는 것을 나타내기 위한 것이다. 그리고 우리 원수인 죄는 율법을 이용해서 우리 육신안에 거하면서 항상 우리의 마음을 정복하고 우리를 죄에 빠트려서 하나님과 원수가 되게 하려는 살아있는 실체라는 사실을 일깨워주고 있다. 그러면 이 영적 갈등은 누구에게 존재하는가. 무는 불신자의 마음도 지각이 있어서 하나님의 법을 옳다고 인정하며 이성적인 반응을 할 수 있다고 주장한다.[1667] 그러나 던은 이런 영적 갈등은 모든 신자들에게 일반적으로 존재하

1666 Moo; R. Bergmeier, "Rom 7,7-25a (8,2): Der Mensch - der Gesetz - Gott - Paulus - die Exegese im Widerspruch?" *KD* 31 (1985) 168-70; W. Gutbrod, *TDNT*, 4:1071; Deidun.
1667 Moo.

는 현상이라고 주석한다.[1668] 필자는 이 영적 갈등은 성령의 역사를 통해 죄를 자각한 그리스도인들에게만 존재하는 축복이라고 생각한다. 바울 시대 유대인들 혹은 중생하기 전의 유대인으로써의 바울은 영적으로 할례받지 못한 상태에서 의문의 묵은 것을 지킴으로써 자만심에 빠져 있었다. 로마서 2:17절 이하가 잘 묘사하듯이 유대인들은 율법을 소유한 사실을 자랑했지 행위로는 율법을 어기는 삶을 살고 있었다. 그 당시 혹은 구약 시대에 하나님의 법을 즐거워하던 경건한 유대인도 있었을 것이다. 그러나 바울이 로마서 7:7-25절에서 묘사하는 "나"는 유대인 중 어떤 특정한 계층 즉 경건한 유대인만을 가리키는 말씀이 아니다. 이 문단에서 "나"는 구속사에 있어서 한 단계에 위치한 일반적인 모든 사람에게 존재하는 영적 특징을 대표하는 사람이다. 이 관점에서 보면 로마서 7:13-25절의 "나"는 일부 경건한 유대인이나 도덕적 이방인들을 가리키는 것이 아니라 죄를 자각하고 자신의 실수에 대해 자택감을 느낄 수 있는 능력을 받은 모든 중생한 신자를 대표하고 있다고 보아야 한다.

23절에서 "나"가 중생한 사람이라는 해석을 지지하는 또 다른 이유는 이 사람이 죄의 법아래로 사로잡혀 오는 것이 항상 반복되는 현상이 아니라는 점이다. 무는 이 사람에게서 죄의 법은 마음의 법을 항상 제압하기때문에 이 사람은 항상 죄에 굴복하는 패배자라고 해석한다.[1669] 그렇지만 그리스도인은 죄의 권세로부터 해방된 사람들이며 죄의 권세에 팔려 있는 사람들이 아니라는 것이다. 이에 대해 "나"를 중생한 사람이라고 보는 학자들은 이 측면을 간과하고 지나가거나[1670] 아니면 이 사람은 중생했지만 육신을 신뢰하며 사는 사람이며 아직 성령안에서 승리하는 삶을 체험하지 못한 사람이라고 폄하하고 만다.[1671] 즉 7:13-25절에서 이 사람은 성령의 능력밖에서 항상 패배하는 사람이지만 로마서 8장에 와서 성령안에서 승리하는 사람으로 바뀌게 된다는 것이다. 그러나 과연 이것이 바울이 로마서 7:7-25절에서 "나"의

1668 Dunn.
1669 Moo.
1670 Cranfield.
1671 Osborne.

모습을 통해 보여주려한 것인가는 의문이다. 필자는 여기서 바울이 "나"는 항상 죄에 대해 패배하는 사람으로 묘사하고 있지 않다고 생각한다. 이 절에서 사로잡다는 동사 아이크마로우티조우는 현재분사이다. 헬라어에서 동사가 현재형인 경우 계속되거나 혹은 반복적인 행위를 나타낸다. 그러나 서술적 현재분사predicate participle는 주동사를 수식하는 용법으로 사용되기 때문에 시제가 나타내는 의미에 제한받지 않는다. 다시 말해 이 절에서 "나"가 죄의 법아래로 사로잡혀 오는 것은 하나의 관찰된 현상을 가리키는 것이지 항상 반복되는 현상을 가리키는 것이 아니라는 것이다. 즉 바울은 중생한 그리스도인으로써 한 다른 법이 그 마음의 법과 싸워 그 지체 속에 있는 죄의 법 아래로 자신을 사로잡아 오는 것을 본다고 말하고 있다. 이는 바울이 자신의 경험을 관찰자의 입장에서 서술하는 표현이지 자신이 항상 죄의 법아래로 사로잡혀 오고 있다는 것을 말씀하는 것이 아니다. 던은 이 사람이 영적 투쟁에서 항상 패배하는 것은 그 마지막 상태를 나타내는 것은 아니라고 말한다. 즉 이 영적전투의 최종 결과는 아직 미지수라는 것이다. 이 해석은 오스본의 해석과 같은 입장을 택하고 있다. 그러나 필자는 이 절에서 바울이 "나"가 계속 죄에게 지고 있다고 하는 것을 밑받침할 만한 어떤 신학적 문법적 단서도 포함하지 않고 있다고 생각한다. 바울이 말씀하는 것은 이 사람은 자신이 하나님의 법을 즐거워하되 자신의 지체 속에서 한 다른 법이 그 마음의 법과 싸워 그 지체 속에 있는 죄의 법아래로 자신을 사로잡아 오는 사실 그 자체를 보고 있다는 것이다.

여기서 이 죄의 법의 역학속에 말려 들어 있는 것은 "내 지체"(멜로스)다. 명사 "지체"는 로마서 6:13, 19; 7:5절에도 쓰이고 있다. 이는 마음과 대조되는 개념으로 보면 육체를 의미한다고 볼 수 있다. 그러나 23절에서 "나"와 "나의 지체"는 큰 차이가 없다. 내 안에 있는 한 다른 법이 내 안에 있는 죄의 법 아래로 나를 사로잡아 온다고 할 때 나의 육체 뿐 아니라 내 마음까지도 죄에 의해서 영향을 받고 있다고 볼 수 있다. 내 지체는 24절의 사망의 몸과 같은 개념이라고 할 수 있다. 죄가 거하는 우리 몸은 사망의 몸이다. 우리가 육신에 거하는 한 죄는 율법을 교두보로 삼아 기회를 타서 우리에게 각양 탐심을 이루고 우리에게 죄짓도록 만든다. 따라서 우리는 이 몸에 거하는 율법과 죄의 역학을 벗어나야 하는데 이러한 곤경을 심리적으로 의식하는 동안에는 절박한 고통을 토로하게 된다. 바로 이 육신의 곤경으로 인한 탄식이 24절에 표출되고 있다: "오호라 나는 곤고한 사람이로다 이 사망의 몸에서 누가 나를 건져 내랴".

로마서 7:24절의 형용사 "곤고한"탈라이포우로스은 비참한, 가련한의 뜻을 가진다. 이는 "나"가 항상 죄의 법과 싸워 패배해서 죄로부터 해방될 희망이 없기 때문에 표출되는 탄식이라기 보다는 "나"의 육신에 작용하는 율법과 죄의 역학으로부터의 해방은 이 몸을 떠나기 전에는 될 수 없는 사실을 자각한데 따른 고뇌의 표출이라고 할 수 있다. 이는 전혀 희망이 없는 상태에서 표출된 절망의 탄식이 아니라 앞으로 있을 구원을 바라보면서 율법과 죄의 역학에 매여 있는 육신의 문제를 자신의 노력이 아닌 예수 그리스도의 은혜 안에서 해결받을 수 있다는 사실을 강조하기 위한 수사적 기법이라고 볼 수 있다. 이 사망의 몸은 은유적인 사망의 짐을[1672] 의미하는 것이 아니라 로마서 6:12절의 "죽을 몸"과 같은 개념으로 볼 수 있다. 이는 죄의 몸(6:6), 나의 육신(7:18), 내 지체(7:23)와 병렬적 개념이다.[1673] 이 사망의 몸에서의 해방은 육신안에 살면서 죄로부터 해방을 고대하는 절규가 아니라 죄가 거하는 육신으로부터의 해방을 고대하는 절규라고 보아야 맞다. 이는 이 죽을 몸이 부활의 몸을 입고 사망의 쏘는 것을 극복하는 그 순간에 대한 강한 소망의 외침이라고 볼 수 있다(고전15:51-56).[1674] 바로 이 종말적 구원의 완성은 죄와 율법으로부터 완전히 자유로와지는 순간이다(고전15:56). 바울은 고린도전서 15:42절 이하에서 육의 몸 즉 죽을 몸이 신령한 몸으로 다시 살 것을 가르친 후 고린도전서 15:57절에서 우리 주 예수 그리스도로 말미암아 이김을 주시는 하나님께 감사하듯이 로마서 7:14-24절에서 죄가 거하는 죽을 몸에서 건져질 것을 소망하면서 로마서 7:25절에서도 우리 주 예수 그리스도

1672 Hodge.

1673 Dunn.

1674 Murray; R. Banks, "Romans 7:25a: An Eschatological Thanksgiving?' *AusBR* 26 (1978) 34-42; Dunn, "Rom. 7,14-25," 263-64.

로 말미암아 하나님께 감사드린다고 고백하고 있다. 그러나 무는 이 곤고한 자의 외침은 중생하지 못한 율법아래 있는 사람이라고 생각하면서 다음과 같이 말한다: 바울이 로마서 7:7-23절에서 묘사하는 사람의 상태는 24절에서 묘사하는 상황이 표현하듯 "영적인 사망선고 아래서 정죄를 받아 지옥에 갈 사람의 처지를 가리킨다."[1675]

무는 로마서 7:14-24절의 "나"가 중생하지 못한 사람을 가리키고 있다고 생각하며 그 이유를 다음과 같이 열거한다.[1676] 첫째, 로마서 7:14, 18, 25절에서 보듯이 "나"는 육삵스과 강하게 연결되어 있는데 이는 로마서 7:5절에서 묘사하는 "육신에 있는 사람"의 모습과 같다는 것이다. 육신에 있는 사람은 율법으로 말미암는 죄의 정욕이 우리 지체 중에 역사하여 사망을 위해 열매를 맺는 사람이다. 그러나 로마서 7:14-25절에서 바울은 이 사람이 "육신안에"엔 테이 살키 있는 사람이라고 말씀한 적이 없다. 이 사람은 "육신적인"살키노스 삶을 사는 자기 모습을 한탄하고 있지 육신안에 갇혀있는 구 시대에 속한 사람이 아니다. 그리고 로마서 7:18, 25절에서 말씀하는 것은 이 사람이 육의 사람이라는 점이 아니라 이 사람의 육신안에 죄가 거하고 있는 모든 인간이 가지고 있는 실존적인 문제다. 따라서 바울은 그리스도인이 죄에서 해방되어 이제 죄와 완전히 상관없는 거룩한 사람들이 되었다고 말씀하지 않는다. 그리스도인들도 죄를 짓는다. 그 이유가 무엇일까. 그것은 그리스도인도 이 육신안에 거하는 죄의 문제를 가지고 있다는 사실을 자각하고 이 문제를 해결받아야 한다는 것이다. 이 해결의 방법은 로마서 8장에 상세히 설명되어 있다. 우리는 문제를 파악해야 해결의 방법을 찾을 수 있다. 마찬가지로 그리스도인도 자신이 죄를 짓는 이유는 아직도 육신안에 역사하는 죄의 문제 때문이고 이 죄는 율법을 이용해서 우리에게 탐심을 이룬다는 것이다.

1675 Moo; Gundry, "Moral Frustration," 239; Wilckens.

1676 Moo, *Romans*, 442-53; P. Althaus, "Zur Auslegung von Röm. 7,14ff.: Antwort an Anders Nygren." *Theologische Literaturzeitung* 77 (1952) 475-80; Lambrecht, *The Wretched "I"*, 87-89; Fitzmyer; Fee; Stuhlmacher; D. Davies; G. Bornkamm, *Early Christian Experience* (Translated by Paul L. Hammer. London: SCM, 1969) 87-104; Kertelge; A. J. Hoekema, *The Christian Looks at Himself* (Grand Rapids: Eerdmans, 1975) 61-67; Wilckens; Byrne; Beker; Bultmann; Käsemann; Gundry; B. Martin; Ridderbos; Theissen; Ziesler; Schnackenburg.

따라서 이 탐심이 생기는 것을 없애려면 우리는 율법을 타고 세력을 얻는 육신의 욕망을 제압해야 한다는 것이다. 이를 위해서는 우리에게 내주하시는 성령의 능력에 의지해야 한다. 그 방법은 성령 충만의 삶을 사는 것이다. 이 성령 충만의 삶은 항상 주님의 뜻을 바라보고 하나님의 기뻐하시는 뜻대로 살려고 하는 헌신을 통해서 유지된다(롬12:1-2). 바로 이 점이 바울이 갈라디아서 5:16-18절에서 강조하는 성령의 소욕을 따라 사는 거룩한 삶이다. 바울은 우리 그리스도인들이 가지고 있는 삵스육의 문제에 대해 경종을 울리고 있다. 이 삵스의 문제는 우리 몸이 죽기까지 우리가 이 땅에서 완전히 해결받지 못하는 문제이다. 바로 이 점을 바울은 로마서 7:24절에서 탄식하고 있는 것이다. 이는 비관과 절망의 탄식이 아니라 완전 성화가 이 땅에서 불가능한 점에 대한 종말의 구원의 관점에서 표출하는 희망의 탄식이라고 할 수 있다.

둘째, 무는 이 문단에서 "나"는 성령의 도우심이 없이 또 다른 자신ego과 싸우고 있다고 말한다. 그렇지만 바울은 여기서 이 사람이 성령받지 못한 사람이라고 명시하지 않듯이 성령 받은 사람이라고도 말씀하지 않는다. 저울의 추는 어느 쪽으로도 기울어질 수 있다. 그것은 바울이 율법이 성화를 이루는데 아무 도움을 주지 못한다는 것을 강조하기 위한 문학적 재치라고 할 수 있다. 그러나 바울은 율법이 선하고 영적spiritual이라고 말한다. 그리고 이 사람은 하나님의 법을 마음으로 즐거워한다(22절). 이는 이 사람도 영적인 사람임을 암시하는 표현이다. 이는 곧 이 사람이 성령 받은 사람임을 나타내는 표현이다.[1677] 또 다른 측면에서 이 주제를 보면, 롬6장에서 바울은 우리가 예수와 연합된 사람임을 가르치고 있다. 그러나 6장에서 바울은 성령이란 단어를 한 번도 사용하지 않는다. 그렇다고 해서 예수와 연합된 이 사람이 성령받지 못한 사람이라고 말할 수 없다. 로마서 7:15-19절은 이 사람이 선을 사랑하고 악을 미워하는 사람이라고 묘사한다. 이는 오직 그리스도인들에게 해당하는 묘사이다.[1678] 성령받지 못한 비그리스도인 유대인들도 하

1677 Garlington, "Romans 7:14-25," 218-21.
1678 Nygren, *Romans*, 290-91.

나님의 법을 즐거워할 수 있다. 이는 성경의 저자인 다윗이나 모세와 같은 선지자들에게 해당하는 사실이다. 그러나 대다수의 유대인들은 하나님의 법을 즐거워한 사람들이라고 볼 수 없다. 그들은 단지 자신들이 아브라함의 후손으로써 선민임을 자부하고 모세의 율법을 전수받은 민족임을 자랑하고 있던 사람들이다. 그리고 자신의 의를 율법주의적으로 이루려고 열심있던 사람들이다. 이런 사람들은 이 썩어져 죽을 몸에 죄가 역사하고 있다는 사실에 대해서 한탄하는 탄식을 했던 사람들이라고 볼 수 없다.[1679]

셋째, 그리스도인들은 죄의 권세로부터 해방된 사람들이다(롬6:2, 6, 11, 18-22). 그러나 로마서 7:14-25절의 "나"는 죄의 권세 아래 있는 사람이라는 것이다(롬7:14b). 쉬라이너도 전치사 후포아래는 죄아래(3:9), 율법아래(6:14-15)와 같이 비그리스도인과 구 시대를 나타낼 때 사용된다는 측면에서 로마서 7:14절에서도 "죄아래"의 표현은 중생하기 전의 바울의 경험을 가리키는 것이라고 주석한다.[1680] 그러나 필자가 로마서 7:14절에 대한 주석에서 밝혔듯이 14절에서 사용된 과거완료분사 페프라메노스는 이 사람이 현재 죄의 권세 아래 팔려있다는 것을 의미하지 않는다. 그것은 이 사람이 현재 육적인 삶을 사는 것은 아담의 원죄로 인해 죄가 세상에 들어온 결과 자신도 죄의 권세 아래 팔려 있었고 아담이 그 원죄로 심판을 받아 죽게 된 육의 몸을 자신도 입고 있는 사실을 가리키는 것이다. 즉 "나"는 중생이전에 죄아래 팔려 있었다. 그 결과 썩어져 죽을 몸을 입고 살게 되었다. 그래서 중생한 지금도 그 죽을 몸을 입고 살기 때문에 이 몸을 통해서 죄가 역사하고 있다. 이러한 육과 죄의 역학을 죽는 날까지 떠날 수 없는 한 나는 육적인살키노스 인간이라는 것이다. 이 모습은 그리스도인이 죽을 때까지 계속 경험하는 인간의 실존적 문제이다.

넷째, 23절은 "나"를 "죄의 법의 죄수"라고 표현하고 있다는 것이다.[1681] 그러나 로마서 8:2절은 그리스도인들은 죄와 사망의 법에서 해방된 사람들

1679 Schreiner, *Romans*, 381; Barrett.
1680 Schreiner, *Romans*, 389.
1681 NIV.

이라고 묘사하고 있다는 것이다. 그러나 23절의 현재분사 아이크마로우티존타는 "나"를 죄의 법의 죄수로 가두어 놓고 있다는 것을 말씀하고 있는 것이 아니다. 여기서 그 주어는 한 다른 법이고 이는 이 절에 사용된 죄의 법과 같은 개념이다. 따라서 바울이 말씀하는 것이 "나"의 지체속에 있는 죄가 나의 마음의 법과 싸워 나를 죄짓도록 만든다는 것이다. 여기서 분명한 것은 내 지체속에 있는 죄가 나의 마음의 법과 싸우고 있다는 것이고 내가 죄를 짓도록 한다는 것이다. 이는 죄안에 갇혀 있는 사람의 모습과 거리가 멀다. 죄 안에 갇혀 죄수로 있는 사람은 그 마음에서 죄와 싸우지 않는다. 그리고 죄가 이미 그 사람을 가두어 놓고 있기 때문에 그 사람을 죄안으로 사로잡아 올 필요도 없다. 이 사람은 죄에서 해방되어 있는 사람이다. 그렇기 때문에 그 지체 안에 있는 죄가 이 사람의 마음의 법과 싸워 이 사람을 다시 죄안으로 사로잡아 오려고 하는 것이다. 이 해석이 맞다면 로마서 7:23절은 죄의 노예로 있는 사람이 경험하는 마음속의 영적 투쟁을 묘사하는 것이 아니라 이미 죄에서 해방되어 있는 그리스도인이 그 마음에 경험하는 영적 투쟁을 묘사하고 있다고 보아야 맞다. 그리스도인들의 지체속에 있는 죄는 끊임없이 그 마음속에서 탐심을 유발하고 이 사람들이 죄짓도록 이 사람들을 죄안에 사로잡아오려고 하고 있는 것이다. 따라서 이 사람이 죄의 감옥에 갇힌 죄수로써 이 감옥을 빠져나올 힘이 전혀 없는 사람이라고 해석하는 것은 잘못된 해석이다.[1682] 이 사람은 죄의 감옥에서 이미 풀려 나온 사람이다. 그렇기 때문에 죄는 계속 이 사람을 이 죄의 감옥안으로 사로잡아 오려고 하는 것이다.

다섯째, 무는 로마서 7:14-25절은 "나"가 죄와 투쟁하는 모습이 아니라 죄에 패배하는 모습을 그리고 있다고 말한다. 그러나 그리스도인들은 항상 죄에 패해 죄짓고 마는 사람들이 아니라는 것이다. 그러나 우리가 로마서 7:14-24절의 주석에서 상세히 살펴보았듯이 이 문단에서 "나"가 죄에 항상 패하고 있다고 말씀하는 문법적 주석적 근거는 희박하다. 로마서 7:18절에

1682 Schreiner.

서 "나"는 선을 행하기 원하지만 선을 행하는 것은 없다는 표현은 동사 카텔가조마이를 제대로 반영한 해석이 아니다. 카텔가조마이는 나에게 하나님께서 원하시는 선칼로스을 이루는 것이 없다는 것을 의미한다. 다시 말해 여기서 바울은 행위구원의 불가능성을 말씀하고 있는 것이다. 이는 선을 행하는 사람이 아무도 없다는 로마서 3:12절 말씀과 같은 의미이다. 그래서 하나님께서는 율법이외에 다른 한 길 즉 예수그리스도를 통한 의롭다하심을 제공하신 것이다(롬3:21). 이 사람에게는 영적인 투쟁이 있다. 그러므로 자신의 육신의 욕망을 성령의 능력으로 이길 때도 있을 것이다. 그리고 승리의 순간은 패배의 순간보다 점점 더 많아지게 된다. 그러나 중생하지 못한 사람들에게는 이런 영적 투쟁 마저도 존재하지 않는다. 그들은 항상 죄의 감옥에 갇혀 있다. 그리고 죄와 함께 먹고 마시고 있다. 로마서 7:14-24절의 "나"는 이런 사람들의 모습과는 거리가 멀다. 크랜필드는 여기에 적절한 코멘트를 다음과 같이 한다: "사람들이 그리스도인의 삶의 방식에 진전을 이룰수록 그들의 제자도도 더욱 성숙해진다. 그들이 하나님께서 그들에게 요구하시는 높이를 더 분명히 인식할수록 그들이 다다르고자 하는 것이나 다다르러야만 하는 것과 그들이 다다른 것의 차이를 고통스러움과 함께 더욱 날카롭게 인식하게 된다."[1683]

여섯째, 여기서 "나"는 모세의 율법의 요구를 이루려 하고 있다. 그러나 로마서 6:14; 7:4-6절에서 보듯이 바울은 그리스도인들이 율법의 요구로부터 해방되어 있다고 말씀하고 있다. 그러나 이 반박은 로마서 7:7-25절에서 바울이 "나"가 하나님의 법을 기뻐하고 모세의 율법에 따라 사는 것 자체를 잘못된 것으로 서술하고 있지 않다는 사실을 간과하고 있다. 로마서 3:31절에서 바울은 우리가 율법을 폐하는 것이 아니라 굳게 세운다고 말씀한다. 그리고 율법은 선하며 영적이다. 율법은 하나님의 뜻을 알게 해 준다. 따라서 우리가 율법의 요구를 이루려고 하는 것 자체가 문제될 것은 없다. 여기서 "나"가 가진 문제는 육신을 타고 역사하는 죄이고 죄가 율법을 교두보로 삼

1683 Cranfield.

고 우리에게 영향을 미치고 있다는 것이다. 바울이 말씀하는 것은 우리가 예수 안에서 율법을 초월하게 되었다는 것이 아니다. 우리가 율법아래 있지 않다는 것은 우리가 율법의 요구를 이루어 의롭다하심을 얻는 것이 아니라는 뜻이다. 새 시대에 있어서도 율법은 폐해지지 않았다. 그리고 성령은 하나님의 법을 무시하시지 않는다. 그래서 성령안에 있는 그리스도인들은 성령의 능력으로 하나님의 뜻을 따라 살 때 율법의 요구를 이룬 것으로 여김받는 축복도 함께 경험하는 삶을 살 수 있다.

이러한 요소들과 함께 우리는 로마서 7:14-25절의 "나"가 중생한 그리스도인의 경험을 묘사하고 있다는 단서들을 관찰할 수 있다.[1684] 첫째, 로마서 7:14절부터 바울은 현재형 동사를 사용하면서 자신에게 있는 두 종류의 자아간의 투쟁이 현재 진행되는 일로 묘사하고 있다. 그러나 포터는 현재형 동사가 일의 현재성을 의미하는 것은 아니라고 주장한다.[1685] 그러나 우리는 바울이 로마서 7:7-11절에서 불완전과거형 동사를 사용하다가 14-24절에서 현재형 동사를 집중적으로 사용하는 것은 현재 자신이 경험하는 것을 반영하는 것이라는 것을 간과하면 않된다. 둘째, 여기서 "나"는 선을 행하기 원하는 자아와 죄의 영향을 받는 자아로 나뉘어 있다. 이 영적 갈등은 신자들이 경험하는 현상이다. 불신자들은 죄의 영향을 계속 받지만 그 마음에 하나님의 법을 즐거워하고 선을 행하기 원하는 마음이 없다. 그들도 선을 행할 때도 있지만 그것은 자신의 이익이나 목적의 실현을 위한 것이지 하나님의 영광을 바라보고 하는 선이라고 볼 수 없다. 그들의 마음은 하나님과 원수되어 있는 마음이다.[1686] 셋째, 로마서 7:25절에서 "나"는 주 예수 그리스도로 말미암아 하나님께 감사드린다. 그리고 곧이어 바울은 "그런즉 내 자신이 마음으로는 하나님의 법을 육신으로는 죄의 법을 섬긴다"고 말씀한다. 이 사람이 중생하기 전의 바울이라고 생각하는 학자들은 25절 후반부의 반전anticlimax에 당황한다. 왜냐하면 바울이 14-24절에서 불신자의 모습을 그리고 있

1684 Calvin; Luther; Melanchthon; Murray; Cranfield; Dunn; D. H. Campbell; D. Wenham; J. M. Espy, "Paul's 'Robust Conscience' Re-examined." *New Testament Studies* 31 (1985) 161-88; Fung; Dockery.
1685 Porter, *Idioms*, 20-49.
1686 롬1:28; 엡4:17; 골2:18; 딤전6:5; 딤후3:8; 딛2:15; Moo, *Romans*, 446.

다가 비로소 25절 전반부에서 신자의 모습을 묘사하고 있는데 갑자기 25절 후반부에서 14-24절의 모습과 같은 "나"의 모습(육신으로는 죄의 법을 섬기노라)을 다시 기술하고 있기 때문이다. 그래서 케제만은 25절 후반부가 나중에 삽입된 구절이라고 주장한다.[1687] 그러나 그 사본학적 근거는 없다.[1688] 따라서 25절에서 바울이 묘사하는 "나"는 14-24절에서 묘사하는 "나"와 같다고 보아야 한다. 그리고 25절 후반부가 묘사하는 "나"의 경험은 바로 그리스도인들이 경험하는 모습이라고 할 수 있다. 넷째, 로마서 7:14-25절에서 말씀하는 "나"의 영적 경험은 신자가 종말론적으로 이미와 아직 사이의 긴장속에 살기 때문에 가지는 것이라고 할 수 있다. "나"는 이미 중생해서 새 시대에 속한 천국 시민이 되었지만 그 썩어질 몸이 썩지 않을 신령한 몸을 입는 완전한 구속은 아직 미래에 이루어질 사건이다(8:10-11, 23). 그래서 이미와 아직의 사이에 존재하는 동안 중생한 "나"는 나의 육신에 존재하는 죄와 영적 투쟁을 하게 된다. 여기서 우리는 매순간 육신의 소욕을 따라 사는 선택을 하지 않고 성령의 소욕을 따라 사는 선택을 해야 된다. 로마서 7:14-25절은 바로 이 선택에 있어서 갈등을 겪는 신자들의 마음의 내면 속의 역학을 적나나하게 드러내고 있는 것이다.

다섯째, 로마서의 구조를 보면 로마서 5장은 칭의의 열매를 서술하고 있고 6장은 신자의 삶에 있어서 성화의 필연성을 기술하고 있다. 로마서 7:1-6절에서 바울은 그리스도인들이 율법에 대해 죽었고 그리스도와 함께 결혼했다는 사실을 상기시키며 이제부터는 영의 새로운 것으로 섬겨야 함을 가르치고 있다. 로마서 8장에서 영의 새로운 것으로 섬길 수 있는 성령론의 가르침을 제시하기 전에 바울은 잠시 멈추어서 로마서 7:7-25절에서 성령을 받은 신자들이 육신때문에 초래되는 현재의 죄의 실존적 문제를 다룬다. 그것은 신자들이 육신을 장으로 역사하는 죄와 율법의 역학을 바로 이해야만 육신의 욕망을 성령의 능력을 통해서 더 효과적으로 다스릴 수 있기 때문이다. 죄를 짓기 쉬운 나의 내면의 역학을 잘 파악하는 것은 그로인해 발생하는 죄

1687 Käsemann.
1688 Cranfield; Laato; Stuhlmacher.

의 문제도 더 효과적으로 처리할 수 있게 한다. 이 점에서 로마서 7:7-25절은 중생한 "나"의 내면의 역학을 진단하는 부분이라고 할 수 있다. 이를 바탕으로 바울은 로마서 8장에서 육신의 소욕을 따르는 삶을 살면 않된다는 것을 엄히 경고하면서 그 대안으로 제공된 성령안에서의 삶의 축복을 밝히 보여 주고 있다. 성령안에서의 삶만이 육신의 욕망을 다스리는 유일한 대안이다. 만일 로마서 7:7-25절에서의 신자의 내면의 역학에 대한 진단이 없었다면 롬8장의 성령에 이끌리는 삶이 목적으로하는 내용즉 육신의 역학을 제어하는 것도 분명히 전달될 수 없었을 것이다. 이 점에서 볼 때 로마서 7:7-25절을 로마서 7:5절을 풀어내는 내용으로 해석하는 것은 잘못이다. 앞서 보았듯이 로마서 7:7-25절은 육신과 죄와 율법의 역학에 대한 설명이지 "육신안에"엔 테이 살키 사는 사람의 모습과 거리가 멀다.

따라서 우리는 로마서 7:14-25절의 "나"는 중생한 사람의 경험을 대표하는 인물로써 회심후 바울 자신의 경험을 설명하고 있다고 볼 수 있다. 그러나 "나"에 대한 로마서 7:14절이나 23절의 내용이 불신자의 경험을 나타내는 측면도 내재하기 때문에 "나"는 신자도 아니고 불신자도 아닌 또 다른 종류의 사람의 경험을 대변한다고 보는 해석도 있다. 이 관점에서 로이드 존스는 여기서 "나"는 사경회에 참석한 불신자가 복음을 듣고 찔림을 받아 심리적 고통을 격는 모습을 나타내고 있다고 주장한다.[1689] 그러나 스토트도 지적하듯이 로이드 존스의 견해는 타당하지 않다. 그것은 바울이 여기서 묘사하는 "나"는 사경회에 참석하는 특정한 사람들에게 해당되는 내용이 아니라 육신에 존재하는 죄의 역학으로 신음하는 일반적인 사람들의 경험을 묘사하고 있기 때문이다.[1690] 쉬라이너는 여기서 "나"는 중생한 사람도 아니고 중생하지 않은 사람도 아니라는 입장을 제시한다. 그러나 이 견해는 신학적으로만이 아니라 논리적으로도 타당한 입장이 아니다. "나"는 중생한 사람이면서 동시에 중생하지 않은 사람일 수는 없다. 반대로 "나"는 이 양자에 속하지 않은 제 삼의 영적 영역에 속한 존재일 수도 없다. 이 점 때문에 스토트

1689 Lloyd-Jones, 6:229.
1690 Stott.

도 이 문단의 주석 초반부에서는 쉬라이너와 같은 입장을 가지고 있다가 그의 주석 후반부에서는 입장을 바꾸어 "나"가 중생한 사람이지만 성화의 과정에 있어서 성령에 의지하지 않고 율법에 의지하고 있는 사람이라고 주장한다.[1691] 이 견해도 타당한 면이 있다. 그러나 필자는 롬7:18-25절은 율법보다는 육신에 작용하는 죄의 역학을 중점적으로 서술하고 있기 때문에 여기서 바울은 신자의 삶에 있어서의 율법의 역할보다는 신자의 인간으로써 지니고 있는 실존적인 문제를 드러내는데 더 초점을 두고 기술하고 있다고 본다. 따라서 여기서 기술된 "나"에 대한 묘사가 성숙한 신자의 경험인가 미성숙한 신자의 경험인가의 문제는 바울이 이 문단에서 가르치고자 하는 내용의 의도와는 직접적 관련이 없어 보인다.

로마서 7:25절 전반부에서 바울은 "우리 주 예수 그리스도로 말미암아 하나님께 감사드린다"고 찬양한다. 이는 24절의 탄식에 대한 희망찬 대답이다. 즉 이 사망의 몸에서 우리를 건져주실 분은 예수님이시기 때문에 예수님을 통해서 구속을 이루신 하나님께 우리는 감사를 드리게 된다. 이는 예수님을 통해 우리가 죄에서 해방되고 정죄함이 없다는 사실 이외에도 죽어 썩어질 몸이 종말에 영원히 썩지 않는 부활의 몸을 입게 되는 것에 대한 확신에 찬 희망의 표현이다. 따라서 이 대답은 로마서 8:1-4절보다는 로마서 8:11, 17절과 더 상응하는 구절이라고 볼 수 있다. 무는 그러나 이 대답은 그리스도인으로써 바울이 갑자기 이곳에 집어넣은 감탄사라고 간주한다. 그것은 이 구절에 사용된 일인칭 복수대명사 "우리의"가 그 신호라는 것이다. 그러나 이 해석은 전혀 근거없는 것이다. 만일 바울이 비그리스도인 "나"의 경험을 로마서 7:14-24절에서 묘사하고 있었다면 갑자기 여기서 그리스도인의 감탄사를 표출하고 다시 25절 후반부에서 비그리스도인의 경험을 기술할 리가 없다. 따라서 "나"를 중생하지 않은 사람으로 해석하는 학자들은 25절 후반부의 소위 반전anticlimax에 놀란다. 그리고 여러 해결책을 제시한다. 첫째, 어떤 학자들은 25절 후반부를 23절 바로 뒤로 옮긴다.[1692] 그러면 25절

1691 Stott; Osborne.
1692 Moffatt; Dodd; F. Müller; Michel.

전반부부터 그리스도인에 대한 기술이 시작되어 8:1절로 매끄럽게 연결되는 것으로 볼 수 있다는 것이다. 둘째, 또 다른 학자들은 25절 후반부를 15-23절을 해설하는 간결한 주석gloss이라고 간주한다.[1693] 그러나 이 두 견해를 뒷받침할만한 사본적 근거는 전무하다.[1694] 셋째, 고글러는 25절을 그대로 인정하면서 25절 전반부는 롬8장의 내용을 예비하는 구절이라고 해석한다.[1695] 그러면 25절 후반부의 반전은 설명되지 않은 채 그대로 남는다. 넷째로 샌데이와 헤들렘은 25절 전반부는 "나"가 죽을 몸에서 이미 건져진 사실을 나타내고 25절 후반부가 나타내는 것은 "나"의 실존적 상황이 아니라 만일 예수님의 구속이 아니었다면 "나"가 아직도 이런 자아의 분열 상태에 있었을 것이라는 것을 기술하고 있다는 것이다.[1696] 그러나 25절 후반부에서 주동사 둘레우오우섬긴다는 직설법 현재형 동사로써 어떤 가정적 의미를 나타내고 있지 않기 때문에 바울의 현재의 신앙적 경험을 기술하고 있다고 보아야 한다.

25절 후반부는 접속사 아라 운so then으로 시작한다. 이 어구는 바울의 독특한 표현법으로써 로마서에 여덟번 사용되고 있다. 바울은 이를 그 이전에 말씀된 내용의 논리적 결과를 강조할 때 흔히 사용한다.[1697] 그러면 우리는 25절 후반부는 15-24절의 요약으로 볼 수 있다. 즉 "내 자신이 마음으로는 하나님의 법을 육신으로는 죄의 법을 섬긴다." 이 구절은 7:22-23절의 내용의 반복에 가깝다. 이 자아의 분열적 상태는 그리스도인이 이미와 아직의 사이에서 마음은 영으로 새롭게 되어 하나님의 법을 즐거워하고 섬기지만 육신은 썩어질 몸이기 때문에 죄가 율법을 통해 역사하는 놀이터와 같다는 것을 말한다. 이 육신은 곧 죽을 몸이고 우리가 이 죽을 몸에서 해방되는 것은 우리가 종말에 예수안에서 부활의 몸을 입을 때다. 그 때까지 그리스도인들은 성령안에서 마음을 새롭게 하고 하나님의 기뻐하시는 뜻을 분별하고 그

1693 Michelsen; Jülicher; Bultmann; Käsemann.
1694 Stuhlmacher; Cranfield; Moo.
1695 Gaugler, 232.
1696 Sanday and Headlam, *Romans*, 178; Denney, 643.
1697 Morris, Romans, 238.

말씀에 순종하며 살아가야 한다(롬12:1-2). 이와 같이 바울은 로마서 7:14-25절에서 이미와 아직 사이의 긴장속에서 영적 투쟁을 통해 성화를 이루어 가는 그리스도인의 모습을 기술하고 있다. 따라서 여기서 "나"가 롬6장의 가르침을 잊고 있다든지 아니면 아직 로마서 8장의 단계로 가지 못했다든지 라고 해석하는 것은[1698] 바울이 로마서 7:14-25절에서 기술하는 그리스도인의 구속사적 성화의 내면적 역학을 충분히 이해하지 못한 것이다. 또한 여기서 바울이 묘사하는 "나"가 아직도 죄의 종으로 사는 것은 "나"가 아직도 타락한 본성을 가지고 있다고 주석하는 것도 로마서 6:2절이 말씀하는 예수와 연합되어 죄에 대해 죽은 그리스도인의 영적인 상태를 반영하고 있지 못하다.[1699] 로마서 7:25절에서 바울이 "나"가 육신으로는 죄의 법을 섬긴다고 표현하는 것은 "나"가 죄의 종으로써 산다는 말씀이 아니다. 여기서 죄의 종으로 섬긴다는 것과 죄의 법을 섬긴다는 것은 전혀 다른 의미를 가진다. 그리스도인들은 죄의 종에서 해방되어 하나님의 종으로써 살게 된 사람들이다(롬6:22). 그러나 로마서 7:23절에서 말씀한 대로 그리스도인들은 아직도 육신 즉 죽을 몸을 입고 살기 때문에 죄의 법, 즉 율법을 교두보로 사용해서 육신에 역사하는 죄의 역학에서 완전히 해방되어 살지 못하고 있다는 것을 의미한다. 그러나 우리가 중생했지만 죽을 때까지 이 육신과 율법과 죄의 역학 즉 죄의 법에서 벗어나지 못한다고 해서 절망하지 않는다. 그 이유는 로마서 8:1절에 말씀되어 있다: "그러므로 이제 그리스도 예수 안에 있는 자에게는 결코 정죄함이 없다." 이는 그리스도인들이 습관적으로 죄를 지으며 사는 것을 정당화하는 말씀이 아니다. 바울은 이 점을 로마서 8장에서 성령론을 바탕으로 구체적으로 가르치고 있다.

(5) 성령안에서 영생의 확신(롬8:1-39)

로마서 8장에서 바울은 성령뉴마이란 단어를 스물 한 번 사용하고 있다. 이

1698 Dunn.
1699 Cranfield.

는 롬1-7장에서 다섯 번 그리고 로마서 9-16장에서 여덟 번 사용하고 있는 것과 큰 대조를 이룬다.[1700] 바울은 로마서 8장에서 두 절에 한 번 꼴로 성령이란 단어를 언급할 정도로 성령의 사역을 집중적으로 조명하고 있다. 성령의 사역은 곧 죄와 사망의 법에서 우리를 해방하고(2절), 그 뜻을 따라 사는 자에게는 율법의 요구를 이룬 것처럼 되고(4절), 우리에게 내주하심으로써 그리스도의 사람이 되게 하시고(9절), 우리의 죽을 몸을 앞으로 살리시고(11절), 우리를 인도하셔서 하나님의 아들이 되게 하시고(14절), 하나님을 아바 아버지라 부르게 하시고(15절), 우리 영으로 더불어 우리가 하나님의 자녀임을 증거하시고(16절), 그 처음 익은 열매를 주시고(23절), 우리를 위해 중보기도해 주신다(26-27절). 여기서 우리는 바울이 성령의 사역을 성화에 국한하고 있지 않고 우리의 칭의, 성화, 견인, 확신, 영화 등 성도의 현재의 삶과 미래의 영화에 이르는 모든 과정에 항상 함께 계시면서 우리의 구원을 완성하시고 계시다는 것을 보여 주고 있다. 성령님은 예수 그리스도께서 이루신 구속을 그리스도인들에게 적용하시는 사역을 하시는데 그것은 중생부터 영화에 이르기까지 우리 구원에 없어서는 않되는 역할을 하고 계시는 것이다. 따라서 무가 롬8장에서의 성령의 사역을 "확신"assurance이라고 요약하는 것은 그 보다 포괄적으로 서술되어 있는 성령의 사역을 단순화 하는 경향이 있다.[1701]

로마서 8:1절은 그리스도 예수 안에 있는 자에게는 결코 정죄함이 없다라고 말씀한다. 이 절에서 바울은 정죄하다는 단어를 사용하고 있는데 이 동사는 로마서 5:16, 18절에도 사용되고 있다. 이 점에 있어서 로마서 8:1-13절과 로마서 5:12-21절은 병렬관계에 있는 듯이 보인다. 그래서 무는 죄와 율법의 위협이라는 관점에서 로마서 8:1-13절은 로마서 5:12-21절을 해설하는 역할을 하고 있다고 주장한다. 나아가 전체적으로 로마서 5장과 8장은 문학적으로 고리구조를 띠고 있다고 볼 수 있는데 로마서 8:18-39절은 로마서 5:1-11절과 병렬되고 있고 로마서 8:1-17절은 로마서 5:12-21절과 병렬을

1700 Cranfield.
1701 Moo, *Romans*, 468.

이루고 있다는 것이다.[1702] 이 고리구조를 바탕으로 무는 로마서 8장이 로마서 7:25절과 그 내용이 직접적인 연관이 없다고 생각한다. 그러나 무가 제시하는 로마서 8장과 5장의 문학구조적 관계는 무가 로마서 7장의 "나"를 중생하기 전의 바울의 모습이라고 이해하는 것과 무관하지 않다. 만일 로마서 7:14-25절의 "나"를 육신을 입고 살기 때문에 그 죽을 몸에 역사하는 죄의 법을 인식하는 일반적인 그리스도인으로 이해한다면 로마서 8:1-13절은 로마서 7:14-25절의 내용의 종결에 해당한다는 것을 알 수 있다. 즉 그리스도인들은 마음으로 하나님의 법을 즐거워하고 그 뜻에 순종하기 원한다(7:22). 그렇지만 그 육신에 거하는 죄가 율법을 교두보로 삼고 우리의 마음의 법과 싸워 그 죄의 법아래로 우리를 사로 잡아오는 것을 알 수 있다(7:23). 이러한 상황에서 우리가 가진 기쁜 소식은 예수 안에 있는 자에게는 결코 정죄함이 없다는 것이며 예수 그리스도안에 있는 생명의 성령의 법이 우리를 죄와 사망의 법에서 해방했다는 사실이다(8:1-2). 다시 말해 그리스도인들은 죄와 사망의 법 아래 살고 있지 않다. 그러나 우리 육신에 거하는 죄는 자꾸 우리를 그 법아래로 사로잡아 오려고 한다. 이 때 그리스도인들은 예수께서 육신을 입고 오사 그 육신에 죄를 모두 뒤집어 쓰시고 돌아가셨고 부활하셨기 때문에 예수안에 있는 우리는 그 육신에 거하는 죄를 이길 힘도 지니고 있다는 것을 알아야 한다(8:4). 그것은 우리가 마음 속에서 죄의 유혹과 싸울 때 육신의 소욕을 좇지 않고 영의 생각을 좇는 것으로 가능하다. 즉 육신의 모든 탐심은 죄를 유발한다. 그래서 이를 제어하는 것은 마음에서 진행하는 영적 싸움에서 시작한다. 이 때 우리는 육신의 소욕을 따르지 않고 영의 생각을 좇아 살면 죄의 유혹을 이길 수 있고 몸의 행실을 죽일 수 있는 것이다(8:13). 이 해석이 타당하다면, 우리는 로마서 8:1-13절은 로마서 7:14-25절에서 묘사한 그리스도인이 가진 실존적인 문제에 대해 직접적 해결을 제시하는 문단으로 이해할 수 있다. 이 한 근거로 로마서 7:14-25절에서 바울은 육신과 마음의 충돌을 묘사하고 있다. 이와 연관해서 로마서 8:1-13절에서 바울은

1702 Moo, *Romans*, 469.

“육신”이란 단어를 열 세 번 사용하면서 이 육신에 작용하는 죄의 법을 어떻게 제어할 것인지 상세히 설명하고 있다. 이는 로마서 8:1-13절은 로마서 7:14-25절에서 제기한 문제를 해결하는 문단임을 보여 준다.

로마서 8장의 구조를 보면 로마서 8:1-13절은 성령안에서 육신의 생각을 제어하는 승리하는 삶을 가르치고 있고 로마서 8:14-17절은 성령안에서 우리가 하나님의 자녀임을, 로마서 8:18-27절은 성령안에서 견인을, 로마서 8:28-30절은 구원의 확신을, 로마서 8:31-39절은 예수 그리스도안에서의 영원한 구원을 가르치고 있다. 전체적으로 로마서 8:1절은 그리스도 예수 안에서 정죄함이 없음을 로마서 8:31절은 그리스도 예수 안에서 끊을 수 없는 영원하신 하나님의 사랑을 말씀하고 있다는 측면에서 문학기법 Inclusio의 형태를 가지고 있다.

(가) 정죄함이 없음(롬8:1-4)

로마서 8:1절은 그리스도 예수 안에 있는 자에게는 결코 정죄함이 없다고 말씀한다. 이는 로마서 5:1절에서 칭의의 결과 우리가 하나님과 화평의 관계가 되었다고 말씀하는 것과 내용이 병렬된다. 이에서 나아가 로마서 5:1-11절이 칭의의 열매를 설명하듯이 바울은 로마서 8:1-4절에서 칭의가 가져온 결과가 어떠한 성령의 열매로 나타나는지 설명하고 있다. 그것은 죄와 사망의 법에서 우리를 해방했다는 것이다(8:2). 이는 로마서 6장의 내용의 간결한 요약에 해당한다. 로마서 8:3절에서 바울은 다시 그리스도께서 이루신 구속을 상기시키고 있는데 이는 로마서 5:12-21절의 내용의 요약에 해당한다. 로마서 8:4절에서 바울은 다시 그리스도인의 거룩한 삶을 언급하면서 로마서 6장의 내용을 다시 상기시킨다. 그러나 바울은 여기서 로마서 6장에서 언급하지 않은 점을 추가하고 있다. 그것은 그리스도인들은 육신을 좇지 않고 성령을 좇는 삶을 산다는 것과 이런 자들에게는 율법의 요구가 이루어졌다는 사실이다. 이는 로마서 7:14-25절의 내용을 대조하면서 발전시키고 있다. 이렇게 바울은 로마서 8:1-4절에서 로마서 5-7장의 내용을 반복 전개시키고 있는 것을 알 수 있다. 이로써 바울은 거룩한 삶을 가능하게 하는 기초는 성령의 뜻을 따라 사는 것이라는 것을 강조하고 있다. 그리고 새 시대에 속한 그리스도인들은 율법에서 해방된 자들이지만 이것은 율법이 폐기된 것을 의미하는 것이 아니라 오히려 이 의문의 낡은 것으로부터의 해방은 성령안에서 율법의 요구를 이루게 하려 함이라는 것을 밝히고 있다.

로마서 8:1절의 아라 눈그러므로 이제은 로마서 7:25절에 쓰인 아라 운so then보다 바로 그 이전의 구절과 직접적인 관련이 적다는 것을 나타낸다.[1703] 이는 로마서 7:25절의 후반부육신으로는 죄의 법을 섬긴다가 8:1절과의 연결이 부드럽지 못한 것과도 관련이 있다. 이 점에서 아라는 로마서 5-7장의 내용 전체를 종결지으며 전개시키는 로마서 8장의 내용을 도입하는 접속사로 볼 수 있다.[1704] 바울은 "이제 그리스도 예수안에 있는 자에게는 결코 정죄함이 없다"고 말씀한다. 여기서 "그리스도 예수안"은 그리스도와의 연합을 나타내는 관용어로써 로마서 6:1-11절의 내용과 상응한다. 즉 그리스도인은 예수의 죽으심과 연합되어 그와 함께 장사되었고 또 그의 부활과 연합되어 함께 부활했다. 그리고 이는 우리를 죄와 사망에서 해방되게 했다. 그러므로 이제 그리스도인들에게는 정죄함이 없다. 그러면 이 일은 언제 일어나고 있는가. 로마서 8:1절에는 주동사가 없다. 따라서 정죄함이 없는 것은 종말적인 사건으로 볼 수도 있고 현재 완성된 영적 상태라고 볼 수도 있다. 어떤 의미를 택하든지 법정에서 선언된 칭의의 의미를 가지고 있는 것이 확실하다(롬5:16, 18). 그러나 머레이는 정죄함카타크리마이 없음을 칭의적 개념으로 보는 것은 로마서 8:2절과 맞지 않는다고 생각한다.[1705] 왜냐하면 로마서 8:2절은 접속사 "왜냐하면"갈으로 시작하기 때문이다. 그리고 그 내용은 성화에 관계되어 있다. 이는 로마서 8:1절의 칭의가 로마서 8:2절의 성화에 바탕을 두고 있다는 의미가 된다. 바울은 로마서 5장에서 칭의를 가르치고 로마서 6장에서 성화를 가르치고 있는데 여기서 이 순서가 바뀌는 것은 옳지 않은 듯이 보인다. 그러나 여기서 카타크리마를 성화적 개념을 포함하는 단어로 해석할 수

1703 Dunn, *Romans*, 415.
1704 Fitzmyer, *Romans*, 481.
1705 Murray, *Romans*, 274-75; Gundry, "Grace, Works, and Staying Saved," 31-32.

도 있다.[1706] 왜냐하면 첫째, 로마서 8:1절의 의미는 로마서 8:1-4절의 문맥에서 도출되어야 한다. 즉 그리스도인들은 영의 생각을 좇아 살면 율법의 요구를 이룬 것으로 간주된다(8:4). 따라서 그리스도인들을 정죄할 수 있는 것은 없다. 이 정죄함이 없는 것은 그리스도인이 미래에 부여받을 특권일 뿐 아니라 현재에도 이미 누리는 영적 지위라고 볼 수 있다. 성령을 좇아 행하는 우리는 율법을 이룬 것과 같고 하나님 앞에서 거룩한 사람들이다. 그러므로 지금 현재도 정죄할 수 없는 사람들인 것이다. 둘째, 우덴 카타크리마정죄함이 없다를 성화적 개념으로 볼 수 있는 직접적 근거는 "예수 그리스도안에"의 표현이다. 이 표현은 바울 서신에서 그리스도와의 연합을 의미하는 관용구이다. 그리고 이는 로마서 8:1-4절이 성화를 가르치는 로마서 6:1-11절과 직접적인 관계가 있다는 것을 가리킨다. 셋째, 바울은 칭의를 절대성화를 포함하는 개념으로 제시하는 경우가 있다. 즉 고린도전서 6:11절에서 바울은 고린도교회 성도들이 하나님의 성령안에서 씻음과 거룩함과 의롭다 하심을 얻었다고 말씀함으로써 성화와 칭의는 시간적으로 분리될 수 없다는 것을 나타내고 있다. 넷째, 로마서 6:22절에서 바울은 거룩함의 결과를 영생이라고 말씀한다. 이는 사망이 없는 상태를 말한다. 바로 로마서 8:2절이 말씀하는 내용이다. 그리고 이 내용을 바탕으로 로마서 8:1절의 가르침이 성립해 있다. 그러므로 예수안에 있는 우리에게 정죄함이 없는 것은 우리가 죄와 사망의 법으로부터 해방된 상태 즉 거룩한 상태에 있기 때문이라는 가르침이 성립한다. 이를 종합하면 로마서 8:1절에서 우리가 예수안에서 정죄함이 없다는 사실은 칭의적 개념이면서 동시에 성화적 개념이라고 볼 수 있다.[1707] 그렇다면 문학구조적으로 로마서 8:1절이 로마서 7장의 내용과 무관하고 로마서 5:12-21절과 직접적인 관계가 있다고 보는 것은 신중하지 못한 해석이라고 볼 수 있다.

로마서 8:2절은 접속사 갈왜냐하면로 시작하며 1절의 내용을 뒷받침하는 설명을 제공한다: "이는 그리스도 예수 안에 있는 생명의 성령의 법이 죄와

1706 Schreiner, *Romans*, 399.
1707 Moo, *Romans*, 477.

사망의 법에서 너를 해방하였음이라". 즉 누구든지 예수안에 있는 자에게는 정죄함이 없는데 그 이유는 생명의 성령의 법이 예수안에서 너를 죄와 사망의 법에서 해방했기 때문이다. 여기서 바울은 생명의 성령의 법과 죄와 사망의 법을 대조하고 있다. 던은 이 두 어구에서 사용된 노모스법는 모두 모세의 율법을 가리킨다고 주장한다.[1708] 이 이유는 첫째, 바울은 성령과 율법을 긍정적인 시각에서 연결하고 있다(롬7:10, 14). 둘째, 바울은 율법이 육신을 통해서 죄와 작용하면 구시대에 속한 의문으로써 기능하고 사망을 가져오지만 성령의 능력과 연결되면 거룩을 가져온다는 것이다. 셋째, 성령의 법은 종말적 법이므로 로마서 8:1-2절은 예수께서 성취하신 새 시대의 관점에서 이해되어야 한다는 것이다. 넷째, 로마서 8:2절과 갈라디아서 3:21절의 모순은 해결이 가능한 모순이라는 것이다. 그러나 무는 이 절에서 생명의 성령의 법이나 죄와 사망의 법에서 법노모스은 모두 모세의 율법이 아니라 원칙이나 권위를 가리킨다고 해석한다.[1709] 그 이유는 첫째, 로마서 3-7장에서 바울은 율법을 통해서 의를 이룰수 없다는 것을 분명히 설명했다. 그리고 로마서 7장에서도 바울은 율법은 성화를 이룰 수 있는 능력이 없다는 것을 말씀하고 있다. 둘째, 로마서 8:2절에서 우리를 죄와 사망의 법에서 해방하는 것이 모세의 율법이라면 로마서 8:3절에서 말씀하는 내용과 모순된다. 3절에서 바울은 육신에 거하는 죄를 일시에 소멸하신 분은 육신으로 오시어 그 육신에 모든 죄를 다 전가하시고 십자가에서 우리를 대신해서 형벌을 받으신 예수님이시라는 것을 말씀하고 있다. 바로 이것이 로마서 3:21절에서 말씀하는 율법이외에 나타난 한 의다. 셋째, 바울은 모세의 율법을 성령, 의, 생명과 반대되는 실체로 제시하고 있다(롬3:21; 갈2:15-3:14). 넷째, 하나님의 약속

1708 Dunn, *Romans*, 416-17; P. von der Osten-Sacken, "Befreiung durch das Gesetz," in *Richte unsere Füsse auf den Weg des Friedens* (ed. A. Baudis et al.; Munich: Kaiser, 1979) 349-55; E. J. Schnabel, *Law and Wisdom from Ben Sira to Paul* (WUNT 2.16; Tübingen: Mohr, 1985) 288; E. Reinmuth, *Geist und Gesetz: Studien zu Voraussetzungen und Inhalt der paulinischen Paränese* (Theologische Arbeiten 44; Berlin: Evangelische, 1985) 68-69.

1709 Moo, *Romans*, 474-75; Dodd, Nygren; Murray; Leenhardt; Cranfield; Deidun; Räisänen; L. E. Keck, "The Law and 'The Law of Sin and Death' (Rom 8:1-4): Reflections on the Spirit and Ethics in Paul," in *The Divine Helmsman: Studies on God's Control of Human Events, presented to Lou H. Silberman* (ed. J. L. Crenshaw and S. Sandmel; New York: KTAV, 1980) 41-57.

은 율법을 통해서가 아니라 오직 믿음을 통해서 얻어질 수 있다(롬4:12-15; 갈3:15-18). 다섯째, 그리스도인들은 하나님이 기뻐하시는 열매를 맺기 위해서 예수와 연합을 통해서 율법으로부터 놓여남을 받아야 한다(롬7:4-6). 실제로 로마서 7:14절은 율법의 긍정적인 측면을 언급하고 있다. 그러나 율법이 신령하다고 해서 바울은 이것이 그리스도인들을 죄와 사망의 법에서 해방시키는 능력이라고 말씀하지 않는다. 따라서 율법의 기능의 양면성을 가정하는 해석은 본질적으로 틀린 것이다.

스토트는 여기서 생명의 성령의 법은 복음이라고 생각한다. 즉 성령안에서의 복음이야말로 우리를 죄와 사망의 노예상태로부터 건져낸다는 것이다.[1710] 그러나 복음은 예수 그리스도의 구속의 완성에 대한 기쁜 소식이지 바울이 로마서 7:23절에서 묘사하는 그리스도인들이 가진 죄의 법의 작용을 해결하지는 않는다. 그것은 성령의 법으로 가능한 것이다. 여기서 생명의 성령의 법을 로마서 7:22절의 마음의 법과 동일한 의미로 보는 것도 타당하지 않다. 왜냐하면 한 다른 법이 마음의 법과 싸워 우리를 죄의 법아래로 사로잡아 온다는 것은 이 마음의 법이 한 다른 법을 극복하지 못하고 있는 것을 가리킨다. 이 때 이 한 다른 법을 이기지 못하는 마음의 법을 성령의 법이라고 해석하는 것은 로마서 8;2절의 가르침과 맞지 않는다. 따라서 우리는 생명의 성령의 법은 생명을 주시는 성령의 능력 혹은 원칙이라고 해석하는 것이 제일 낫다고 본다.

그러면 죄와 사망의 법은 무엇인가. 쉬라이너는 이것은 죄와 사망을 가져오는 모세의 율법이라고 해석한다.[1711] 이 해석은 로마서 7장의 내용이 밑받침하고 있다는 것이다. 그러나 로마서 7:23절의 죄의 법이 모세의 율법이 아닌 죄의 원칙, 권위를 의미하는 것처럼 로마서 8:2절에서 죄와 사망의 법도 죄와 사망의 원칙, 혹은 권위라고 보는 것이 옳다. 바울은 로마서 8:2절에서 명사 노모스법를 성령의 법과 죄와 사망의 법에 다 적용해서 사용함으로써

1710 Stott, *Romans*, 218; Bengel; Hodge.

1711 Schreiner, *Romans*, 400; Thielman, *Paul and the Law*, 202; Dunn; Schmidt; Moule; Lohse; Hahn; Osten-Sacken; Wilckens; Schnabel.

모세의 율법과 다른 법을 대조하고 있다고 볼 수 있다. 로마서 7:23절에서는 한 다른 법을 모세의 율법과 대조하고 있고 로마서 8:2절에서는 성령의 법을 모세의 율법과 대조하고 있다. 그러나 생명의 성령의 법이나 죄와 사망의 법은 모세의 율법과 같이 기록된 법이 아니다. 이 법들은 모세의 율법과 같은 권위를 가지는 하나의 원칙이나 능력이다. 따라서 바울은 생명의 성령의 권능이 우리를 우리 육신에 역사하는 죄와 사망의 원칙으로부터 해방했다고 말씀하고 있는 것이다. 이는 로마서 8:2절이 로마서 7:23절에서 기술한 문제를 해결하고 있다는 우리의 분석과도 일치하는 해석이다. 생명의 성령의 권능이 모세의 율법과 투쟁해서 우리를 그 권능에서 해방하는 것이 아니다. 모세의 율법은 신령하다. 그러나 죄가 이것을 교두보로 사용해서 우리를 그 법아래로 사로잡아 오려고 한다. 이 때 우리가 육신의 소욕을 따르지 않고 성령의 뜻을 따라 살면 생명의 성령의 능력이 우리 육신에 작용하는 죄의 원칙에서 헤어나오게 하고 우리로 하여금 사망에 이르지 않게 하는 것이다. 여기서 동사 엘루쎄로오우(해방하다)의 시제는 과거시제인 아오리스트다. 이는 성령의 법이 죄와 사망의 법에서 우리를 해방한 것은 과거에 완결된 사건이라는 뜻을 가진다. 그렇지만 과거에 완성된 이 죄의 법에서의 해방이 우리가 현재 자동적으로 죄의 법을 이기게 하지는 않는다. 우리는 롬8:3-11절 말씀대로 육신을 좇지 않고 영을 좇아 행하는 삶을 살아야 하는 것이다. 그 결과는 생명이다. 이 생명의 삶을 살 수 있는 것은 성령의 법이 죄와 사망의 법에서 우리를 이미 해방했기 때문에 따라오는 결과인 것이다.

로마서 8:2절에서 전치사구 "예수 그리스도안에"가 생명의 성령의 법을 수식한다고 보면 예수 그리스도안에 있는 생명의 성령의 법이 된다.[1712] 그러나 이 전치사구가 그 뒤에 따라오는 주동사와 연결되는 것으로 보면 생명의 성령의 법이 예수 그리스도안에서 우리를 죄와 사망의 법에서 해방한다고 번역된다.[1713] 던은 전자의 해석은 기독론과 성령론에 흥미있는 요소를 추가할 것이며 바울 서신에서 이러한 표현이 없다는 점을 들어 후자의 해석

1712 Nygren; Boylan; Leenhardt; Dodd; Lagrange; Michel.
1713 Cranfield; Shedd; Dunn; Sanday and Headlam; Fitzmyer.

을 지지한다.[1714] 그러나 예수 그리스도안에 있는 생명의 성령의 법이란 표현이 바울의 성령론과 일치하지 않는다고 볼 근거는 없다. 따라서 이 전치사구는 그 앞의 어구나 그 뒤의 동사 어느 쪽에 연결해서 번역해도 다 가능하다고 볼 수 있다.[1715] 이 절에서 바울은 이인칭 단수 세너를 사용하고 있다. 바울이 로마서 7:14-25절에서 일인칭 단수 "나"를 사용한 것을 생각할 때 이 절에서 인칭의 변화는 중요한 의미를 가진다고 볼 수 있다. 즉 이는 로마서 7:7-25절의 "나"에 대한 기술은 그리스도인들이 일반적으로 경험하는 하나의 패러다임이라는 것을 나타낸다. 바울은 롬8:4절에서 일인칭 복수 대명사 "우리"를 사용함으로써 이 점을 더 분명히 하고 있다.

로마서 8:3-4절은 어떻게 그리스도안에 있는 생명의 성령의 법이 우리를 죄와 사망의 법에서 해방했는지를 설명하고 있다. 그것은 하나님께서 그리스도를 이 땅에 보내시어 십자가의 구속으로 육신의 죄를 벌하셨고(3절) 영을 좇아 행하는 우리에게 율법의 요구가 이루어지게 했기 때문이다(4절). 로마서 8:3절의 헬라어 본문은 번역하기 어려운 구문을 가지고 있다. 주석가들은 3절의 첫어구를 파격구문anacolouthon으로 보고 동사 "하다"do를 삽입해서 이 절을 번역한다: "율법이 육신으로 말미암아 연약하여 할 수 없는 그것을 하나님은 하시나니 곧 죄를 인하여 자기 아들을 죄있는 육신의 모양으로 보내어 육신에 죄를 정하사.[1716] 그러나 3절의 첫어구를 절대주격nominative absolute으로 보고 번역하면 동사 "하다"를 집어 넣지 않고 번역할 수 있다.[1717] "율법이 육신을 통해서 약하므로 할 수 없으므로 하나님께서 죄를 인해 자기 아들을 죄있는 육신의 모양으로 보내어 육신에 있는 죄를 심판하셨다". 여기서 토 아두나톤불가능한은 초대교회 교부들은 대부분 능동의 의미인 "할수 없는"incapable으로 번역하고 현대 주석가들은 수동의 의미인 "불가능한"impossible으로 번역한다.[1718] 그러나 어느쪽으로 번역하든지 율법이 죄를 이기게 하

1714 Dunn, *Romans*, 418.
1715 Morris; Murray.
1716 개역성경; NIV; RSV.
1717 KJV; Alford; Gifford.
1718 Käsemann; Leenhardt; Lagrange.

는 기능을 가지지 않는다는 의미를 나타낸다.[1719] 전치사 디아는 소유격과 함께 쓰이면 "통하여"의 의미를 가진다. 이는 율법과 육신의 상호작용으로 율법이 죄의 교두보로 기능하게 됨에 따라 죄를 극복하는 면에서 그 기능이 약화되는 것을 의미한다. 따라서 율법이 육신때문에 약화된다고 번역하는 것은 전치사 디아의 의미를 잘 반영하는 번역이 아니다. 여기서 육신삵스은 우리 몸이 아니라 우리의 죄성sinful nature를 가리킨다고 보는 견해는[1720] 로마서 7:23-25절에서 삵스가 의미하는 것과 괴리를 초래한다. 삵스는 7:23절의 "지체"나 24절의 "사망의 몸", 8:11절의 "죽을 몸"과 같은 의미를 가지는 것으로 보아야 한다. 즉 삵스는 우리 욕망이 분출하는 바탕이지 그 자체가 죄악된 장소는 아니다. 이 점에서 바울은 로마서 8:3절 전반부에서 율법이 육신을 통해서 약하다는 점에 있어서(육신에 있는 죄를 극복)할 수 없기 때문에라고 말씀하는 것을 알 수 있다.

이와 대조적으로 하나님께서는 육신에 있는 죄를 그리스도를 통해서 정죄하시고 심판하셨다. 여기서 바울이 하나님께서 그 아들을 보내셨다고 표현할 때 사용하는 동사 펨포우보내다는 의외다. 이 동사는 보통 요한복음에 자주 사용되는 동사다. 여하튼 학자들은 이 동사는 예수님의 선재preexistence를 가리킨다고 생각한다.[1721] 스토트는 하나님께서 구약시대에 선지자들을 보내셨다는 의미에서 보내다는 동사 자체가 예수님의 선재를 나타내는 것이 아니고 예수 그리스도께서 하나님 자신의 아들이시다는 표현이 동사 보내다와 함께 예수님의 선재를 가리킨다고 말한다.[1722] 이와 반면에 던은 바울이 여기서 예수님의 선재를 의미할 수 없다고 주장한다. 그것은 예수님의 선재론은 요한이 발전시킨 개념이기 때문에 요한복음보다 훨씬 이전에 써진 바울서신에 그 개념이 녹아있을 리는 없다는 것이다.[1723] 케제만도 바울서신에 예수의 인성과 신성에 대한 개념이 그 발전된 형태로 채택되지는 않았을 것

1719 Moo; Dunn.
1720 Murray; Moo.
1721 Cranfield; Zeller; Fitzmyer; Byrne; Schreiner.
1722 Stott, *Romans*, 219.
1723 Dunn, *Romans*, 420-421.

이라고 주장한다.[1724] 그러나 빌립보서 2:7절에서도 알 수 있듯이 예수님의 선재론은 바울 당시 그리스도인들이 일반적으로 믿고 있던 교리였음이 분명하다. 그것은 이것이 요한에 의해서 발전된 것이 아니라 예수님의 가르침에 바탕을 두고 있기 때문에 더욱 그랬을 것이다. 따라서 바울이 롬8:3절에서 말씀하는 것이 예수님의 성육신에 대한 것임을 부정할 수 없는 만큼 이는 예수님의 선재를 함축하는 개념이라고 할 수 있다.

바울은 하나님께서 예수님을 죄있는 육의 모양으로호모이오우마티 살코스 하말티아스 보내셨다고 말씀한다. 여기서 호모이오우마티는 바울이 로마서 6:5; 5:14절에서 사용하고 있다. 바울이 3절에서 하나님께서 예수님을 죄의 육신으로 보내셨다고 말씀하지 않고 죄의 육신의 모양으로 보내셨다고 말씀하는 것은 두 가지 뜻을 함축한다. 첫째, 하나님께서 예수님을 죄가 거하는 육신을 입고 성육신하게 하셨다는 것이다. 이는 일 세기의 가현론자도세티스트들의 주장을 일축하는 것이다. 즉 예수께서는 육신을 입고 성육신하신 완전한 인간이셨다. 따라서 빌립보서 2:7절에서 바울이 "사람의 모양"으로 예수께서 오셨다고 표현한 것을 바탕으로 로마서 8:3절은 예수께서 사람과 완전히 동일한 형태로 오신 것이 아니라고 하는 주장은 잘못된 것이다.[1725] 둘째, 여기서 "죄의 육신"은 예수께서 아담의 원죄를 유전으로 이어받고 이 땅에 오셨다는 의미가 아니다. 죄의 육신은 24절의 사망의 몸과 상응하는 표현이다. 이는 죄의 유혹에 빠지기 쉬운 육신이라는 뜻이다.[1726] 이러한 뜻을 더욱 분명하게 하기 위해 바울은 죄의 육신의 "모양"이라고 기술하고 있다. 브래닉은 여기서 호모이오우마티는 항상 전적으로 동일한 것을 의미하기 때문에 예수께서는 우리의 모습과 같이 죄있는 육신으로 이 땅에 오셨다고 주장한다.[1727] 이는 예수께서 죄인으로 이 땅에 오셨다는 것이다. 그러나 이는 "죄의 육신"의 뜻을 잘못 이해한 결과 초래되는 해석이다.

1724 Käsemann, *Romans*, 217.

1725 J. Schneider, *TDNT*, 5:191.

1726 Fitzmyer, *Romans*, 485.

1727 Branick, "The Sinful Flesh", 248-50; F. M. Gillmann, "Another Look at Romans 8:3: 'In the Likeness of Sinful Flesh,' " *CBQ* 49 (1987) 598-600.

결론적으로, 바울은 예수께서 완전한 인간으로 오셨지만 죄는 없으시다는 것을 말씀하고 있다. 그러나 예수께서도 육신을 입고 계신 동안 죄의 법의 작용으로부터 자유롭지는 않았을 것이다. 그래서 히브리서 4:15절은 이렇게 말씀한다: "우리에게 있는 대제사장은 우리 연약함을 체휼하지 아니하는 자가 아니요 모든 일에 우리와 한결같이 시험을 받은 자로되 죄는 없으시니라". 예수께서는 육신을 마당으로 삼고 역사하는 죄의 법을 체험하신 분이시다. 그러나 죄의 법아래로 사로잡혀 오지 않고 성령의 능력으로 죄를 전혀 짓지 않으신 것이다. 바로 예수님의 이 능력이 그 십자가의 구속의 완성으로 말미암에 성령을 통해서 우리에게도 적용되게 되었다. 로마서 8:4절은 이 점을 설명하고 있다.

8:3절에서 "죄에 관하여"페리 하말티아스는 일반적으로 "죄 때문에" 혹은 "죄를 없애시기 위해"를 의미한다고 볼 수 있다.[1728] 이 번역들은 죄를 어떻게 없애는지에 대해서는 암시하지 않는다. 그러나 신약은 예수께서 십자가에서 희생 제물이 되심으로 구속을 이루셨다고 분명히 가르치고 있다. 이 관점에서 "속죄제물", "죄를 위한 희생" 등으로 번역하는 것도 가능하다.[1729] 톰 라이트는 칠십인역에서 페리 하말티아스는 구약의 카타아 혹은 카타트의 번역으로써 쉰 네 번 사용되고 있는데 이 중 마흔 네 번이 속죄제sin offering를 가리킨다고 주장한다.[1730] 그리고 히브리서 10:6, 8; 13:11절에서 사용된 이 어구는 분명히 속죄제를 의미한다. 또 로마서 3:25절에서 바울은 하나님께서 예수를 화목제물로 삼으셨다고 가르침으로써 예수님은 사람들의 죄를 사하시기 위해 보내지셨다는 것을 분명히 말씀하고 있다.[1731] 이 관점에서 8절의 구문을 이해하면 페리 하말티아스는 그 뒤에 따라오는 동사 카테크리넨심판하다이 아니라 "보내셨다"를 한정하고 있다고 보아야 한다.

로마서 8:3절의 끝부분에서 바울은 하나님께서 육신에 거하는 죄를 심판

1728 AV; RSV; REB; Cranfield; Barrett; Murray; Osten-Sacken; Black; Lietzmann.
1729 NIV; NEB; NJB.
1730 Wright, *Christian Origins*, 220-25; Schweizer, *TDNT*, 8:383-84; Wilckens.
1731 N. T. Wright, "The Meaning of περί ἁμαρτίας in Romans 8:3," in *Studia Biblica* 1978, III, 453-59.

하셨다고 말씀한다. 여기서 "육신에"는 그리스도의 성육신을 의미한다고 보는 견해가 있다.[1732] 어떤 학자들은 이는 십자가에서 못박히신 예수의 살을 의미한다고 본다.[1733] 무는 "육신에"는 구속을 이루시기 위해서 그리스도께서 들어오신 인간의 연약한 영역을 가리킨다고 해석한다.[1734] 그러나 죄 사함은 예수 그리스도의 구속적 사건을 통해서 완성된 만큼 "육신에"를 죄인 혹은 우리의 육신 등 예수의 살 이외의 것을 가리킨다고 보는 것은 문맥에 맞지 않는다.[1735] 즉 하나님께서는 예수님의 십자가의 죽음을 통해서 죄를 심판하신 것이다. 여기서 죄를 심판하셨다는 것은 죄의 권세를 깨셨다는 의미다.[1736] 이는 다음의 의미를 갖는다. 첫째, 이 심판은 법적인 심판이다. 하나님께서는 죄를 정죄하셨고 동시에 십자가의 형벌을 받는 그리스도의 육신을 통해 죄를 벌하셨다.[1737] 따라서 누구든지 그리스도안에 있는 자에게는 심판과 형벌이 면제된다(1절). 둘째, 그와 동시에 하나님께서는 육신에 거하는 죄의 권세를 제거하신 것이다. 그리스도의 육신에 형벌이 가해졌음으로 인해서 누구든지 육신의 소욕을 따르지 않고 성령의 소욕을 따르면 죄의 권세를 극복할 수 있다(4절). 이를 종합하면 우리는 예수안에서 죄로 인한 심판 뿐 아니라 죄의 지배로부터도 해방된 것을 말한다. 이는 그리스도께서 십자가에서 우리를 대신해 형벌을 받으셨기 때문이고 나아가 그 예수의 형벌을 통해 육신에 거하는 죄가 심판받았기 때문이다.

로마서 8:4절은 3절의 목적을 기술한다. 즉 하나님께서 자기 아들을 죄있는 육신의 모양으로 보내어 육신에 있는 죄를 심판하신 이유는 "육신을 좇지 않고 영을 좇아 행하는 우리에게 율법의 요구를 이루어지게 하려 함이다." 여기서 율법의 요구토 디카이오우마 투 노무가 무엇인가. 스토트는 이는 도덕법의 계명 전체를 의미한다고 해석한다.[1738] 지즐러는 신구약에서 디카이오우마

1732 Irenaeus; Athanasius; Cranfield; Lagrange; Zahn.
1733 John Chrysostom; Thomas Aquinas; Dunn; Kuss; Sanday and Headlam; Käsemann.
1734 Moo, *Romans*, 480.
1735 Schreiner, *Romans*, 403-04.
1736 Cranfield; Dunn; Käsemann; Schreiner; Osborne.
1737 Stott, *Romans*, 220.
1738 Stott, *Romans*, 221; Lyonnet; Bandstra; Schrenk; Cranfield; Wilckens.

는 도덕법 전체를 가리키는 일이 없다고 주장하면서 이는 십계명을 가리키고 있다고 제시한다.[1739] 다른 학자들은 이는 로마서 13:8-10절에서 바울이 가르치는 이웃사랑의 계명을 언급한다고 본다.[1740] 하지만 케제만은 이것이 도덕적 삶에 대한 신의 이상에 대한 선언을 가리킨다고 말하는 것은 바울이 의미하는 바를 왜곡하는 것이라고 말한다.[1741] 무는 율법의 요구는 넓은 관점에서 하나님의 백성에게 율법이 요구하는 것의 요약이라고 해석한다.[1742] 이 정의는 디카이오우마가 복수 명사가 아니라 단수 명사라는 점에서 설득력 있는 해석이다. 그렇지만 이 해석은 동어반복적tautological 해석이다. 즉 율법의 요구는 곧 율법이 요구하는 모든 것을 나타내는 어구라는 해석은 율법이 요구가 무엇인지 그 내용을 밝혀주고 있지 않다. 이 율법의 요구가 "의"를 의미한다고 볼 수도 없다. 그것은 로마서 8:4절의 내용과 모순된다. 즉 성령을 좇아 행하면 율법의 요구 즉 "의"가 이루어진다는 것은 바울의 이신칭의론과 모순된다. 따라서 필자는 여기서 율법의 요구는 성화적 개념이라고 보고 이것을 거룩함holiness이라고 해석한다. 그 이유는 첫째, 바울은 로마서 8:1-3절에서 칭의의 기초에 대해 하나님께서 하신 일을 상술한 가운데 로마서 8:4절에서 접속사 히나를 사용하며 그리스도인들이 행해야 할 바를 설명하고 있다. 이는 믿음보다는 행위에 관계된 가르침이다. 둘째, 로마서 6:22절에서 바울은 그리스도인이 하나님의 종이 되어 거룩함에 이르는 열매를 얻었다고 가르치고 있다. 여기서 하나님의 종으로써 사는 삶은 로마서 8:4절의 성령을 좇아 행하는 삶과 같은 개념으로 볼 수 있다. 이 두 절의 병렬관계를 관점으로 보면 거룩함의 열매는 곧 율법의 요구와 병렬되는 개념으로 볼 수 있다. 셋째, 레위기 11:44-45절에서 알 수 있듯이 하나님께서 모세를 통해서 율법을 주신 것은 이스라엘 백성들이 거룩하신 하나님의 거룩함에

1739 J. A. Ziesler, "The Just Requirement of the Law (Romans 8.4)." *AusBR* 35 (1987) 78-79.

1740 Kühl; R. W. Thompson, "How Is the Law Fulfilled in Us? An Interpretation of Rom 8:4." *Louvain Studies* 11 (1986) 31-40; H. M. W. van de Sandt, "Research into Rom. 8,4a: The Legal Claim of the Law," and "An Explanation of Rom. 8,4a," *Bijdragen* 37 (1976) 252-69 and 361-78; S. Lyonnet, "Le Nouveau Testament à lumière de l' Ancien. A propos de Rom 8,2-4," *NRT* 87 (1965) 582-84; Bandstra, *The Law and the Elements of the World*, 107-8.

1741 Käsemann, *Romans*, 218.

1742 Moo, *Romans*, 482.

참여하도록 하기 위함이다. 그러나 그들은 죄를 범함으로 거룩한 삶을 살지 못했다. 그 결과 하나님께서는 예레미야를 통해서 새언약을 주시면서 하나님의 법을 그들의 마음 속에 새기시겠다고 약속하셨다(렘31:33). 바로 이 말씀은 바울이 로마서 2:28-29절에서 그리스도인들이 성령을 통해서 마음에 받은 할례를 통해서 성취되었다. 이를 통해 보면 로마서 8:4절은 성령을 통한 거룩한 삶의 완성과 관계가 있는 말씀으로 볼 수 있다. 넷째, 로마서 8:13절에서 알 수 있듯이 로마서 8:1-17절은 성령을 통한 거룩한 삶이 그 주제이다. 이 관점에서 보면 율법의 요구도 거룩한 삶에 대한 요구임을 알 수 있다.

그러면 이 율법의 요구를 어떻게 이룰 수 있는가. 바울은 로마서 8:4절에서 이룬다 성취하다는 동사 플레이오오우를 수동태로 사용함으로써 이 율법의 요구는 우리가 이루는 것이 아니라 이루어 지는 것으로 표현하고 있다. 이에 대한 해석은 크게 두 가지로 분류된다. 첫째, 칭의적 해석이다. 이는 우리가 성령을 통해서 예수와 연합되면 자동적으로 율법의 요구가 이루어진다는 해석이다. 즉 예레미야 31:31-34; 에스겔 36:26-27절에 말씀된대로 하나님의 법이 우리 마음에 새겨진다는 것은 돌판에 법이 새겨지는 것과 같지 않고 새롭게 하는 변화의 성령이 우리 마음에 직접 부어지는 것을 의미한다. 이 점에서 이제 그리스도인들은 모세의 율법을 좇아 사는 것이 아니고 성령의 뜻을 좇아 사는 것이다. 무는 플레이오오우가 수동태인 것은 우리가 무엇을 이루는 것이 아니고 우리안에 이루어진 것을 나타낸다고 해석한다.[1743] 그리고 그리스도인들은 이 땅에 살면서 완전히 순종하는 삶을 성취할 수 없기 때문에 우리가 예수와 연합됨으로써만 율법의 요구가 이루질 수 있다. 이미 그리스도께서 모든 율법의 요구를 다 이루신 상황에서 율법의 요구를 완전히 만족시킬 수 있는 방법은 그리스도인들의 순종적인 삶을 통해서가 아니고 예수와의 연합을 통해서 이루어진다. 둘째, 성화적 해석이다. 즉 성령을 좇아 살면서 율법의 요구를 이루는 것은 하나님의 명령에 순종하는 삶을

1743 Moo, *Romans*, 483; Calvin; Hodge; Fitzmyer; Nygren; Barrett.

1744 Murray; Cranfield; Morris; Schreiner; Ridderbos; Thielmann; Fee; Deidun; Hendriksen; Lloyd-Jones; Denney.

사는 것을 가리킨다는 것이다.[1744] 쉬라이너는 로마서 8:4절을 법률적 관점에서 해석하는 것은 옳지 않다고 생각한다. 그리고 플레이오오우가 수동태로 쓰인 것이 우리가 성령을 좇아 살면서 율법의 요구를 능동적으로 이루어야 한다는 의미를 배제하지 않는다는 것이다.[1745] 그리고 영을 좇아 행한다고 할 때의 동사 페리파테오우걷다는 바울이 유대주의의 가르침의 관점에서 사용하는 단어로써 하나님의 법에 순종하는 삶을 나타낸다는 것이다.[1746] 여기서 바울이 가르치는 것은 예수께서 구속을 완성하신 이후 우리에게 내주하시는 성령께서 우리로 하여금 하나님의 뜻에 순종하는 삶을 살 수 있는 능력을 주신다는 것이다. 따라서 그리스도인들은 율법의 요구를 이루는 순종하는 삶을 살 수 있는 성령의 능력을 받은 사람들이다. 쉬라이너는 만일 바울이 여기서 율법의 요구를 칭의적 개념으로 가르치며 율법의 요구를 이루는데 있어서 순종을 절대적 요소로 가르치지 않았다면 이는 바울의 가르침을 반율법주의로 오해하고 있던 로마의 유대인 성도들이 바울의 가르침에 등을 돌리게 했을 것이라고 주장한다.

여기서 우리는 위 두 해석이 서로 모순관계에 있지 않다고 생각할 수 있다.[1747] 즉 율법의 요구는 십자가에서 율법을 이루신 예수 그리스도와 우리가 성령을 통해 연합함으로써 이루어진 측면이 있고 이와 동시에 우리가 성령을 좇아 행하면서 이것을 이루는 측면이 다 포함되어 있다고 할 수 있다. 2-3절에서 말씀하는대로 예수께서 속죄제물로 하나님께 바쳐졌기 때문에 우리가 죄와 사망의 법에서 해방을 받았다. 이는 전적으로 그리스도께서 이루신 것으로써 우리가 이를 위해 협력한 적이 없다. 이런 측면에서 바울은 "이루어졌다"는 수동태를 사용하고 있다. 그렇다고 해서 우리가 이제 면책특권을 가지고 육신의 소욕을 좇아 살아도 되는 것은 아니다. 이미 하나님께서 그리스도를 통해서 율법의 요구를 이룬 바탕위에서 우리는 그 영을 좇아 살도록 되었다. 이는 우리가 능동적으로 순종하는 측면을 가리키고 있다. 그

1745 Schreiner, *Romans*, 405; Heinz Giesen, "Befreiung des Gesetzes aus der Sklaverei der Sünde als Ermöglichung der Gesetzeserfüllung (Röm?8,1-4)." *Biblische Zeitschrift* 53/2 (2009) 179-211.

1746 Stott, *Romans*, 223.

1747 Osborne, *Romans*, 197.

렇지만 우리의 순종은 이미 예수께서 율법의 요구를 이룬 것에 무엇을 보탤 수 있는 것은 전혀 아니다. 우리의 순종은 성령의 내주하심을 바탕으로 따라오는 결과일 뿐이다. 이런 측면에서 4절의 "우리에게"엔 헤이민는 도구적 전치사구나[1748] 조건적 전치사구가[1749] 아니라 서술적 전치사구라고 볼 수 있다.[1750] 즉 육신을 좇지 않고 그 영을 좇아 행하는 우리에게우리안에서 율법의 요구가 이루어지는 것이다. 이는 우리가 모세의 율법이나 다른 어떤 법을 이루려고 해서 이루어진다는 말씀이 아니다. 로마서 7:1–6절에서 바울은 그리스도인들은 율법아래 있는 사람들이 아니라고 분명히 말씀하고 있다. 이제 율법을 이루는 방식은 구 시대의 방법과 다르다. 이제 그것은 영의 새로운 것으로 섬기며 이루어진다(롬7:6).

그러면 여기서 육신을 좇지 않고 그 영을 좇아 행한다는 것이 무엇일까. 던은 믿음으로 사는 것은 그 영을 좇아 사는 것이고 율법아래 사는 것은 육신을 좇아 사는 것이라고 해석한다.[1751] 다른 학자들은 영을 좇아 사는 것은 거룩한 삶을 사는 것이라고 말한다.[1752] 무는 육신을 좇는 삶은 "하나님께 대항해서 이 세상의 가치에 따라 결정되고 인도되는 삶"이라고 정의한다.[1753] 그리고 성령을 좇는 삶은 "종말의 선물로써 하나님의 영에 의해 만들어지고 다스려지는 새 시대의 가치들에 의해 조절되고 그 가치들에 따라 사는 삶"이라고 정의한다. 여기서 분명한 사실은 육신을 좇는 삶과 영을 좇는 삶은 서로 양립되지 않는다는 것이다. 여기서 육신을 좇는 삶은 육신안에 거하는 삶이라고 할 수 있다. 바울은 전치사구 카타 살카육신을 따라서를 고린도후서 10:3절에서도 사용한다. 이는 로마서 7:5절의 "육신안에"엔 테이 살키 사는 삶과 일치한다. 육신안에 사는 삶은 죄의 종이 되어 사는 삶이다. 이 삶은 자신이 죄를 짓고 있다는 인식도 할 수 없는 어둠속의 삶이다. 바울은 이러한 육신안에 거하는 삶은 하나님과 원수가 되는 삶이고 사망에 이르는 삶이라고 분명

1748 Cranfield, *Romans*, 385.
1749 Fitzmyer, *Romans*, 488.
1750 Moo; Schreiner; Käsemann.
1751 Dunn, *Romans*, 425.
1752 Shedd; Chrysostom; Bengel.
1753 Moo, *Romans*, 485.

히 가르치고 있다(롬8:6-7). 육신을 좇는 삶 혹은 육신안에 사는 삶은 육신의 연약함을 지니고 사는 육신적인살키노스 삶과는 다르다(7:14). 그리스도인들도 육신의 연약함 때문에 육신의 소욕을 좇으며 사는 순간도 있다. 그러나 이는 바울이 이러한 육신적인 삶을 이해하며 동의한다는 의미가 전혀 아니다. 바울이 로마서 8:4-13절에서 가르치는 것은 그리스도인들이 육신을 따라서 살면 사망에 이른다는 것이다(6-7절). 그리스도인들은 육신적인 삶을 살지 않을 수 있는 영적 축복을 이미 받았다. 그것은 우리에게 내주하시는 성령의 능력이다. 따라서 우리가 성령의 뜻을 따라 살면 육신에 역사하는 죄의 법을 이기며 율법의 요구를 이루는 삶을 살게 되는 것이다.

그러면 성령을 따라 걷는 삶은 무엇인가. 바울은 갈라디아서 5:16절 이하에서 성령을 좇으라고 권면하면서 이는 성령의 인도함을 받는 삶이라고 가르친다(롬8:14; 갈5:25). 성령께서는 우리 안에서 말할 수 없는 탄식으로 간구하면서 우리가 하나님의 뜻대로 살도록 하신다. 하나님의 뜻은 그 부르신 자녀들이 낙오없이 종말의 영광에 참여하는 것이다(롬8:28-30). 이 점에서 성령을 좇는 삶은 모세의 율법을 좇아 사는 삶이나 단순히 거룩한 삶을 사는 것으로 정의될 수 없는 포괄적이고 총체적인 개념의 삶이다. 성령을 좇는 삶은 성령의 인도함을 받아 하나님의 뜻대로 사는 삶이다. 우리는 하나님께 온전히 바쳐진 제물로써 헌신된 삶을 살아야 한다. 이는 마음을 새롭게 함으로 변화를 받는 삶이며 이로써 하나님의 선하시고 기뻐하시고 온전하신 뜻이 무엇인지 분별할 수 있는 삶이다(롬12:1-2). 이는 곧 매순간 하나님과 동행하는 삶이며 성령의 열매를 맺는 삶이다(갈5:22-23). 이는 율법아래 있지 않지만 모든 율법을 다 이루는 영적 삶인 것이다.

(나) 육의 삶과 영의 삶(롬8:5-13)

로마서 8:5절은 우리가 왜 육신을 따라 살지 않고 성령을 따라 살아야 하는지 이유를 말씀하고 있다. 그것은 육신을 좇는 자는 육신의 일을 영을 좇는 자는 영의 일을 생각하기 때문이다. 학자들은 여기서 접속사 갈왜냐하면은 성령을 좇아 살아야 하는 이유가 5-11절의 문단 전체에 말씀되어 있다는 것을 가리킨다고 생각한다.[1754] 이는 내용상으로 타당한 해석이다. 그러나 문학구조로 보면 그렇지 않다. 왜냐하면 6절에서도 바울은 접속사 갈을 사용하며 5절의 내용의 이유를 설명하고 있기 때문이다. 그리고 7절은 6절의 내용에 대한 이유를 설명하고 있고 8절은 이를 부연 설명하고 있다.[1755] 이 점에서 5-8절은 육을 따라 사는 삶과 영을 따라 사는 삶을 대조하는 소문단으로 기능하고 있다.

여기서 학자들이 논쟁하는 주제는 육신에 따른 사람들과 영에 따른 사람들이 존재론적 개념인가 행위론적 개념인가 하는 것이다. 이를 존재론적 개념으로 보는 학자들은 육신에 따른 사람들은 육신안에 있는 사람들과 같은 개념이고 영에 따른 사람들은 "영에 있는 사람들"과 같은 개념이라고 생각한다.[1756] 따라서 여기서 바울의 가르침은 이 두 부류의 사람들의 삶의 특징을 서술하고 있는 것이지 육에 따른 삶을 버리고 영을 따르는 삶을 살라고 권면하고 있는 것이 아니라는 것이다. 그러나 이를 행위론적으로 이해하는 학자들은 바울이 여기서 두 부류의 사람들을 각각 묘사하는 고도로 정제된 신학적 용어를 사용하고 있는 것은 아니라고 말한다.[1757] 그리고 육신에 따른 사람들은 단지 육신을 좇아 사는 사람들을 가리키고 있을 뿐이라는 것이다. 그러나 이 해석은 바울의 이 용어는 로마서 7:5절의 "육신안에 거하는 자"와 같은 개념임을 간과하고 있다. 이는 중생하지 못한 불신자를 가리키는 개념임이 분명하다. 바울은 로마서 7:14절에서 육신적인 유혹에 빠질 수 있는 죄의 메커니즘을 분석하면서 형용사 살키노스를 사용하고 있다. 이는 육신안에 있는 사람이 아니라 육신의 연약함을 가지고 있는 사람을 묘사하는 단어다. 이와 같이 바울은 육신안에 있는 사람과 육신의 욕망의 유혹에 빠지는 경우를 분명히 구분하고 있다. 그렇다면 바울은 여기서 카타 뉴마와 카타 살카라는 숙어를 사용해서 성령안에 거하는 중생한 사람들의 삶의 특징과 육신안에 거하는 중생하지 못한 사람들의 삶의 특징을 조목조목 대조하며

1754 Schreiner; Cranfield; Dunn
1755 Murray, *Romans*, 284.
1756 Schreiner; Fitzmyer; Moo; Fee; Lietzmann; Osborne.
1757 Cranfield, *Romans*, 385; Dunn.

나열하고 있는 것으로 볼 수 있다. 바울이 사용하는 이 용어상의 구분을 잘 이해하지 못하면 중생한 신자도 육신을 따라 사는 삶의 스타일 속에 거할 수 있다고 해석하게 되는데 이는 잘못된 해석이다.[1758] 바울은 육신을 따라 사는 삶의 스타일은 육신안에 거하는 자들의 삶의 스타일이며 그 결과는 사망이라는 것을 분명히 명시하고 있다(6절). 이와 대조적으로 중생한 사람들은 영안에 거하며 몸의 행실을 죽이며 영생을 얻는다(6절)

5절에서 이 두 부류의 사람들의 대조적 특징은 "육신에 따른 사람들은 육신의 일을(생각하고) 영에 따른 사람들은 영의 일을 생각한다"는 것이다. 여기서 생각한다프로네오우는 것은 사람의 의지의 방향을 의미하며 사람의 마음뿐 아니라 전인격과 관계된 개념이다.[1759] 이 동사는 신약에 26번 사용되고 있고 그 중 바울서신에 23번 사용되고 있다. 그 명사형 프로네이마는 바울서신에만 4번 사용되고 있다. 크랜필드는 육신의 일/영의 일을 생각하는 것은 육신/영의 쪽을 취하는 것이라고 이해한다.[1760] 이 정의는 5–6절에 흐르는 바울의 가르침을 혼동시키는 결과를 가져온다.[1761] 그러나 바울의 가르침에서 육신의 일을 생각하는 것은 육신의 편을 택하는 것이 아니라 "육신의 생각" 자체를 가리키는 것이며 영의 일을 생각하는 것은 영의 편을 택하는 것이 아니라 "영의 생각" 자체를 가리키는 개념이다(6절). 육신의 일을 생각하고 영의 일을 생각한다는 것은 단순히 선택을 통해 육적 행위 혹은 영적 행위로 나타난다는 의미가 아닌 그 보다 더 본질적인 존재론적 성격을 나타내고 있다. 즉 육신의 일을 생각하는 것은 타락한 마음의 상태[1762] 자체를 가리키고 있다고 볼 수 있고 영의 일을 생각하는 것은 성령으로 마음이 새롭게 되어 하나님을 향하는 총제적 마음의 태도를 가리키고 있다고 볼 수 있다. 머레이는 "육신안에", "육신의 생각", 그리고 "육을 좇아 걷는" 삶이 서로 엮여 있다고 설명한다.[1763] 즉 "육신안에" 있다는 것은 육신적인 기본 도덕적

1758 Dunn, *Romans*, 425.
1759 Calvin.
1760 Cranfield, *Romans*, 385; Dunn.
1761 Moo, *Romans*, 487.
1762 Osborne, *Romans*, 198.
1763 Murray, *Romans*, 285.

상태를 가리키고 육신의 생각은 그로부터 발생하는 내적 마음의 틀을 나타내고 육을 좇아 걷는 삶은 이 두 요소가 유발하는 행동이라는 것이다. 이와 마찬가지로 "성령안에", "영의 생각", 그리고 "영을 좇아 걷는" 삶도 육신을 좇는 삶과 대조되어 서로 밀접히 연결되어 작용하는 요소들이다. 즉 성령안에 있는 자는 영의 생각을 하며 그 결과 성령의 뜻을 따라 사는 삶을 살게 된다. 이는 존재론적 양태가 행위적 양태와 서로 밀접히 연결되어 있다는 것을 말한다.

로마서 8:6절을 시작하는 접속사 갈은 6절이 5절을 설명하는 것을 가리키는 것이 아니라 6절은 5절에 이어 계속해서 육신에 따른 삶과 영에 따른 삶에 대해 서술하고 있는 것을 나타낸다.[1764] 즉 "육신의 생각은 사망이요 영의 생각은 생명과 평안이다." 여기서 명사 생각프로네이마은 신약 전체에 4번 사용되고 있는데 이 네 번 모두 롬8장에 나타나 있다(6, 7, 27절). 크랜필드는 여기서 육신의 생각은 육신적 관점, 가정, 가치, 욕망, 목적을 나타내고 영의 생각은 마찬가지로 영적 관점, 가정, 가치, 욕망, 목적을 나타낸다고 말한다.[1765] 던은 이 정의를 현학적이라고 말하면서 여기서 생각은 마음에 고정된 사고방식을 의미한다고 본다.[1766] 무는 육신의 생각은 이 세상적 태도라고 정의한다.[1767] 크랜필드는 여기서 소유격 "육신의"와 "영의"는 주격이라고 말한다. 그러면 이는 육신이 주장하는 생각/영이 주장하는 생각을 말씀하는 것이 된다. 그러나 이를 목적격으로 보면 육신을 생각하는 생각 혹은 영을 생각하는 생각이 된다. 또 이를 근원적 소유격으로 보면 이는 육신에서 말미암은 생각 혹은 영에서 말미암은 생각이 된다. 이 모든 해석이 다 가능한 해석이라고 할 수 있다.

육신의 생각은 사망이다. 여기서 사망은 종말적 사망을 가리킨다고 볼 수 있다. 그러나 예수 밖에 있는 삶은 생명이 없는 사망이다. 모리스는 여기서 바울이 말씀하는 것은 육신의 생각의 결과는 사망이라는 것이 아니라고 말

1764 Moo, *Romans*, 487.
1765 Cranfield, *Romans*, 386.
1766 Dunn, *Romans*, 426.
1767 Moo, *Romans*, 487.

한다. 육신에 매여 있는 것 자체가 이미 사망이라는 것이다.[1768] 육신의 생각을 하는 자들을 중생하지 못한 사람들이라고 존재론적으로 해석하면 이 해석은 타당하다고 볼 수 있다. 이들이 육신의 생각을 함으로써 그 결과 사망의 상태에 있는 것이 아니라 중생하지 못한 상태가 이미 사망의 상태이고 이는 육신의 생각을 할 수 밖에 없는 존재적 상태이다. 이와 반대로 영의 생각은 생명과 평안이다. 무는 여기서 생명과 평안은 주관적 상태가 아니라 그리스도인들이 칭의를 통해서 가지게 된 마음속의 객관적 상태를 의미한다고 해석한다.[1769] 그러나 모리스는 이 단어들이 칭의적 개념의 평화와 생명을 의미하는 것이 아니고 칭의적 평화의 바탕위에 그리스도인들이 매일 누리는 평화와 생명을 의미한다고 생각한다.[1770] 이 해석에 동의하면서도 던은 이 단어들이 일차적으로 종말적 생명과 평화를 의미한다고 해석한다.[1771] 필자는 여기서 이 단어들이 칭의적 관점과 종말적 관점의 의미를 다 포함하고 있다고 본다. 그러면서도 바울이 말씀하는 이 숙어적 표현들의 현재적 의미를 간과하면 않된다고 생각한다. 즉 현재 가지는 육신의 생각은 사망과 관련된 것이고 현재 하는 영의 생각은 생명과 평안에 관련된 것이다. 바울이 이 문장에서 서술동사를 생략하고 있는 것은 육신의 생각이 사망을 가져오고 영의 생각이 생명과 평안을 가져온다는 원인과 결과의 의미를 수사적으로 희석시키고 있다고 볼 수 있다.

로마서 8:7절은 접속사 디오티왜냐하면로 시작하며 6절의 전반부의 이유를 설명하고 있다. 즉 육신의 생각은 사망이다. 왜냐하면 "육신의 생각은 하나님과 원수가 되고 이는 하나님의 법에 굴복하지 않을 뿐 아니라 굴복할 수도 없기 때문이다". 육신의 생각은 하나님과 원수이다. 마태복음 5:27-28절은 나타난 행위 이면에 존재하는 마음의 상태로 이미 정죄된다는 것을 말씀하고 있다. 마음의 생각은 도덕적 태도를 반영하는 산실이다. 육신에서 나오는 생각은 탐욕으로 대표된다. 그리고 탐심은 죄다. 따라서 육신의 생각은 하나

1768 Morris, *Romans*, 306.
1769 Moo, *Romans*, 488.
1770 Morris, *Romans*, 306.
1771 Dunn, *Romans*, 426; Schreiner, *Romans*, 412.

님과 원수다. 그리고 하나님의 법에 굴복하지 않는다. 여기서 하나님의 법은 모세의 율법을 의미하는 것으로 볼 수 있다. 무는 이는 일반적인 하나님의 요구를 의미한다고 주석한다. 그러나 바울은 로마서 7:22, 25절에서 하나님의 법을 언급할 때 모세의 율법을 가리키고 있고 로마서 8:7절에서도 마찬가지로 하나님의 법은 모세의 율법을 의미한다고 보아야 한다.[1772] 여기서 바울은 모세의 율법에 대한 긍정적 관점을 유지하고 있다. 즉 지금도 모세의 율법은 폐기되지 않았고 행위를 판단하고 심판하는 기준으로써 기능하고 있다(롬3:31). 이 모세의 율법에 육신의 생각은 굴복하지 않는다. 그리고 이 점에서 육신의 생각은 이 율법을 도덕의 기준으로 세우신 하나님과 원수이다. 여기서 동사 후포타소우는 권위나 권세 앞에 복종한다는 뜻이다(롬13:5; 고전14:34). 이 율법의 권위에 육신의 생각은 굴복하지 않는다. 그리고 굴복할 수도 없다. 이는 전적 무능력 상태total inability를 의미한다. 이는 육신에 있는 사람의 부패한 상태total depravity를 가리키고 있다. 중생하지 못한 사람은 하나님의 선을 만족시킬 수 있는 능력이 없다. 이는 8절에 육신의 생각이 하나님을 기쁘시게 할 수 없다는 말씀과 상응한다. 중생하지 못한 사람은 그 부패한 마음의 상태에서 하나님을 사랑할 수도 없고 그 이웃을 사랑할 수도 없다. 이는 세상을 사랑하며 자신을 사랑하는 상태라고 할 수 있다. 이는 육신의 정욕과 안목의 정욕과 이생의 자랑으로 대표된다(요일2:15-16). 여기서 바울은 예수를 믿지 않던 유대인들이 아브라함의 전통을 자랑하고 율법을 자랑하고 자기 몸에 행한 할례를 신봉하는 것을 배경으로 말씀하고 있는 지도 모른다(롬2:17-24). 그리고 나아가 하나님을 사랑하지 않고 이 세상의 것을 신봉하는 모든 생각을 반율법적이며 하나님께 적대적인 것으로 규정하고 있다. 자기중심적인 선은 이 세상 기준으로 선이 될 수 있을 지 몰라도 하나님을 기쁘시게 하는 선은 아니다(롬3:10-12). 중생하지 않은 사람이 자기 노력으로 의를 이루려고 하는 행위는 본질적으로 하나님 보시기에 악한 것이

1772 Schreiner; Osborne; G. Schrenk, *Gottesreich und Bund im älteren Protestantismus vornehmlich bei Johannes Cocceius, zugleich ein Beitrag zur Geschichte des Pietismus und des heilsgeschichtlichen Theologie* (Gütersloh: Mohn, 1923) 63-64.

다.

로마서 8:8절의 접속사 데그리고는 순접의 내용을 도입한다: "육신에 있는 자들은 하나님을 기쁘시게 할 수 없느니라". 8절은 7절의 내용을 더 명확하게 하고 있다. 7절은 육신의 생각을 다루고 있고 8절은 육신안에 있는 자를 다루고 있다. 여기서 육신의 생각을 가지고 있는 자와 육신안에 있는 자는 같은 사람이다. 이는 5절의 육신을 따라 사는 자나 4절의 육신을 따라 행하는 자와 같은 사람이다. 이 점에서 바울이 여기서 "육신의 생각"을 상황적인 개념이 아니라 존재론적 개념으로 가리키고 있는 것이 분명하다.[1773] 다시 말해 육신의 생각을 가지면 육신안에 있는 자가 되는 것이 아니라 육신 안에 있기 때문에 육신의 생각을 하는 것이다. 그리고 이런 자는 하나님을 기쁘시게 하지 못한다.[1774] 여기서 바울은 예수안에 있는 자가 육신의 생각을 가지면 육신안에 있는 자가 된다고 말씀하고 있지 않다.[1775] 육신안에 있는 자는 중생하지 못한 사람을 가리키고 예수안에 있는 자는 중생한 사람을 가리키는 용어이다.

로마서 8:9절은 접속사 데그러나로 시작하며 5-8절의 내용과 대조적 내용을 가르치고 있다: "만일 너희 속에 하나님의 영이 거하시면 너희가 육신에 있지 아니하고 영에 있나니 누구든지 그리스도의 영이 없으면 그리스도의 사람이 아니라". 5-8절은 육신에 따른 삶의 특징을 나열한 반면 9-11절은 영에 따른 삶의 특징을 가르치고 있다. 바울은 9절에서 "만일 너희속에 하나님의 영이 거하시면 너희가 육신에 있지 않고 영에 있다"고 말씀한다. 이는 반대로 "누구든지 그리스도의 영이 없으면 그리스도의 사람이 아니라"는 것을 말한다(9절 후반부). 여기서 바울이 가정법 "만일"을 사용한 것은 로마에 있는 성도들이 모두 성령을 받은 사람이라고 가정하지 않고 있다는 것을 시사한다.[1776] 만일 바울이 그것을 믿었다면 접속사 갈을 사용해서 "너희속에 하나님의 영이 거하시기 때문에 너희가 육신안에 거하지 않고 영에 있다"라

1773 Stott, *Romans*, 224.
1774 contra Dunn, *Romans*, 427.
1775 contra Cranfield, *Romans*, 387.
1776 Moo, *Romans*, 490.

고 말씀했을 것이다. 이론상 모든 그리스도인에게 성령이 거하신다고 말할 수 있다. 그러나 중생한 자와 그리스도인은 반드시 일치하는 것은 아니다. 교회안에는 내적 소명internal calling을 받지 못하고 외적 소명external calling만 받은 사람도 있기 때문이다. 하지만 9절에서 바울이 분명히 가르치는 것은 "육신안에"엔 살키와 "성령안에"엔 뉴마티는 완전히 대조적인 존재 형태라는 것이다. 육신안에 있는 사람은 육신을 따라 사는 사람이며(4절) 육신의 일을 생각하는 사람이다(5절). 이 사람은 죄와 사망에서 해방되지도 않았고 아직 율법아래 사는 사람이다(7:4-5). 그러나 성령안에 있는 사람은 죄와 사망에서 해방된 자요 영의 일을 생각하며 영을 좇아 행하며 하나님을 기쁘시게 하는 사람들이다. 중생한 사람은 육신안에 거할 수가 없다. 바울은 이를 9절 후반부에서 분명히 확인하고 있다. 즉 누구든지 그리스도의 영이 없으면 성령안에 있지 않는 것이고 따라서 이 사람은 그리스도의 사람이 아니다. 여기서 바울은 하나님의 영을 그리스도의 영이라고 표현한다. 이는 자신이 발전한 신학이 아니라 예수님께서 가르치신 성령론을 바탕으로 이렇게 표현한 것이라고 볼 수 있다. 구약에서 "하나님의 신"이 선지자들에게 임하셔서 지혜와 능력을 입히셨다.[1777] 동일한 하나님의 신이 성도들에게 임하셔서 중생과 칭의와 각종 성령의 선물을 주신다. 이 신약의 하나님의 신은 예수 그리스도에 대해 증거하시고 중생한 신자들에게 내주하신다. 요한은 이 하나님으로부터 내려오신 영을 보혜사 성령으로 가르치고 바울은 이 동일한 하나님의 영이 다른 분이 아닌 그리스도의 영이라고 말씀함으로써 삼위일체론을 더욱 분명하게 가르치고 있다. 삼위일체론은 바울이 발전시킨 신학이 아니고 바울이 구약을 통해 발견하고 예수님의 가르침을 통해서 확인하고 성령의 감동을 통해서 분명히 교회에 전달한 진리이다.

9절에서 바울은 성령이 그리스도인들에게 내주하심을 동사 오이케오우거하다로 표현하고 있다. 샌데이와 헤들렘은 이 동사는 영원히 고착된 관통하는 영향을 나타내고 있다고 주석한다.[1778] 그러나 하나님께서 성령을 통해서 믿

1777 출35:31; 삿3:10; 6:34; 삼하23:2; 대하15:1; 사11:2; 겔11:5; 미3:8.
1778 Sanday and Headlam, *Romans*, 196.

는 자들에게 거하신다는 것은 영향을 미치는 기능을 가리키는 언어가 아니고 "일체"unity가 된다는 개념으로 보아야 한다. 로마서 6:1-4절에서 말씀하듯이 성령이 오심으로써 믿는 자들은 예수의 죽으심과 함께 연합하여 죽었고 예수의 부활하심과 합하여 함께 부활했다. 따라서 성령이 우리안에 거하시는 것은 우리가 예수님과 연합되어 예수님의 뜻을 따라 살며 하나님의 영광에 참여해서 하나님의 자녀로써 예수님의 유업을 함께 이어받는 것까지 포함하는 총체적 개념을 가진다고 보아야 한다. 하나님께서 우리에게 거하시는 것은 에베소서 1:13절이 말씀하는 성령의 인치심 즉 우리가 예수님의 것이라는 하나님의 보증이라고 이해할 수 있다. 바울은 이 사실을 로마서 8:15, 16, 23절에서 직접적으로 언급하고 있다. 예수님과의 연합은 하나님의 영이 우리안에 거함으로써 성취되었고 신자의 시각에서 보면 이는 우리가 그리스도의 영을 가지고 있는 것이라고 표현할 수 있다(9절 후반부). 이는 우리는 하나님의 소유지만 동시에 그리스도의 영은 우리의 소유로써 우리에게 주신 선물이라는 것을 말한다. 바울은 여기서 가지다는 동사 에코우를 사용하며 그리스도의 영을 목적어로 두고 있다. 고린도전서 7:40절에도 바울은 이 동사를 사용하며 그 목적어를 하나님의 영으로 두고 있다. 로마서 5:1절에 우리는 칭의의 결과 평화를 소유하고 있다고 말씀한다. 이 관점에서 그리스도인들이 소유한 그리스도의 영은 하나님께서 그들에게 주신 영적 선물이라는 것을 가리킨다.

로마서 8:10절은 접속사 데그러나로 시작하며 그 전반부가 9절의 후반부와 대조를 이루고 있음을 나타낸다. 즉 그리스도의 영이 없으면 그리스도의 사람이 아니다(9b). 그러나 "그리스도께서 너희안에 계시면 몸은 죄로 인해 죽은 것이나 영은 의를 인해 산 것이다"(10절). 바울은 9절의 그리스도의 영을 10절에서 그리스도로 대체하고 있다. 9절 전반부에서는 "너희 속에 하나님의 영이 거하시면"이라고 표현하고 11절에서는 성령이 우리안에 계시면이라고 표현하고 있다. 이는 하나님의 영과 그리스도의 영 그리고 성령님이 그리스도인에게 영생을 주시는 일에 있어서 밀접히 함께 일하시는 것을 나타내고 있다. 이 삼위일체 하나님의 동역은 성도의 미래의 부활의 바탕이 되고 있다(11절). 헨드릭센은 이 점에 대해서 성부 성자 성령 하나님의 일체unity는 존재적 하나됨 뿐 아니라 우리 구원을 실현하는 점에 있어서도 일체이시다라고 주석한다.[1779] 9-11절에서 바울은 그리스도께서 우리안에 계시는 것은 성령을 통해서 실현되고 있다는 것을 말씀하고 있다. 그 결과는 비록 우리 몸은 죄로 인해 죽은 것이나 영은 의를 인해 생명을 가지고 있다는 것이다. 어떤 학자는 여기서 몸은 나의 전체를 의미하고 죽은 것이라는 것은 죄에 대해서 죽은 것을 말한다고 주석한다.[1780] 던은 여기서 바울은 우리 몸이 회심 때 죽은 것을 의미하는 것이 아니라 우리의 인성humanity이 영적으로 죽은 상태를 의미한다고 주장한다.[1781] 즉 여기서 몸은 이 시대에 속한 죄의 몸(6:6) 혹은 사망의 몸(7:24)과 같은 것이라는 것이다. 이는 신자들이 종말 때까지 지니는 양면성을 나타낸다고 본다. 즉 신자의 몸은 죄의 지배 아래 이 시대에 속해 있고 죄의 지배는 부활 때까지 종결되지 않는다는 것이다. 그러나 이 해석은 로마서 8:2절의 가르침과 맞지 않는다. 바울은 그리스도 예수 안에 있는 생명의 성령의 법이 죄와 사망의 법에서 우리를 해방했다고 말씀한다. 나아가 던의 해석은 우리가 곧 보게 되듯이 10절의 후반부에서 바울이 말씀하는 바를 명확히 밝히지 못한다. 따라서 여기서 몸은 육신을 의미한다고 보는 것이 맞다.[1782] 이에 따라 죽음은 육신적 죽음을 말하고 있는 것이다. 이 해석은 11절의 우리 죽을 몸이 장차 부활한다는 말씀과 호응한다.

이 해석이 타당한 또 하나의 이유는 10절의 후반부의 말씀에 근거한다. 즉 영은 의를 인해 산다는 것이다. 어떤 학자들은 여기서 영은 성령을 의미한다고 해석한다. 그 이유는 첫째, 여기서 명사 조우에이는 항상 생명life을 의미하지 "살아있는"alive이라고 번역되지 않는다. 둘째, 바울이 사람의 영을 생명이라고 한 적은 없지만 성령을 생명과 밀접히 연결해서 말씀한다는 사실이다. 즉 "생명의 성령"(8:2), "영의 생각은 생명과 평안"(8:6), 성령은 부활의

1779 Hendriksen, *Romans*, 253.
1780 Barrett, Romans, 149; Käsemann, *Romans*, 224; Ziesler, *Romans*, 211.
1781 Dunn, *Romans*, 430-31.
1782 Moo; Schreiner, Gundry; Cranfield; Morris; Osborne.
1783 Schreiner; Moo; Dunn; Osborne; Barrett; Cranfield; Murray; Morris; NRSV; REB; TEV.

영(8:11) 등이다.[1783] 이렇게 롬8:1-11절에서 영을 성령을 의미하는 단어로 사용하다가 10절에 와서 갑자기 사람의 영을 가리킨다고 볼 수 없다는 것이다. 그러나 여기서 영은 사람의 영이라고 보는 것이 더 낫다.[1784] 그 이유는 첫째, 바울은 여기서 사람의 몸과 영을 대조하고 있지 사람의 몸과 성령을 대조하고 있지 않다는 것이다. 즉 그리스도께서 우리안에 계시면 몸은 죄로 인해 죽은 것이나 영은 의를 인해 산 것이다. 둘째, 여기서 "의를 인해"는 "생명"과 같이 하나님께로부터 받은 것이다. 그런데 만일 성령이 의를 인해 생명이시다고 하면 성령의 생명이 무엇에 의존해 있다는 뜻이 되는데 이는 맞지 않는 사실이다. 셋째, 여기서 영을 성령님으로 해석하면 동어반복적 인상을 준다. 즉 그리스도께서 우리안에 계시면 성령께서는 의를 인해 생명이시다고 번역할 수 있는데 이는 그리스도께서 우리안에 계시기도 하고 그 결과 우리 의를 인해 생명이 되신다는 의미가 된다. 이는 11절에서 종말에 하나님께서 성령을 통해 우리 죽을 몸을 부활하실 것이란 말씀과 잘 연결이 되지 않는다. 넷째, 여기서 바울은 로마서 7:14-25절의 마음과 육신의 대조를 상기시키고 있다. 즉 마음으로는 하나님의 법을 섬기지만 그 지체에는 죄의 법이 작용하고 있는 것이다. 이 지체는 썩어 없어질 사망의 몸이며(7:24), 죽을 몸(8:11)인 것이다. 이 영광스럽지 못한 몸도 앞으로 부활을 통해서 썩지 않는 몸으로 변화될 것이다. 이는 우리 영이 의를 인해서 살아 있는 것과 연결된 개념이다. 만일 우리 영이 죽어 있다면 앞으로 영광된 부활도 없다. 그러나 우리 영이 칭의를 통해서디아 디카이오수네인 생명을 가지고 있기 때문에 그 죽을 몸도 썩지 않을 몸으로 부활해서 영생을 이루는 것이다. 케제만은 여기서 "의"는 칭의적 개념이 아니고 윤리적/성화적 개념이라고 본다.[1785] 무는 이를 칭의적 개념으로 보고 있고[1786] 모리스는 이 두 개념이 다 녹아 있다고 본다.[1787] 필자는 여기서 "의"는 칭의적 개념이라고 본다. 그 이유는 이 절에서 바울이 "죄"와 "의"를 대조하고 있기 때문이다. 죄는 성화를 통해서가 아

1784 Stott; Sanday and Headlam; Fitzmyer; Wright; NIV; RSV; NASB.
1785 Käsemann, *Romans*, 224.
1786 Moo, *Romans*, 492; Schrenk, *TDNT*, 2:209.
1787 Morris, *Romans*, 310.

니라 칭의를 통해서 씻겨진 것으로 여겨진다(롬5:21; 6:2; 8:1–2).

로마서 8:11절은 영은 의를 인해 산 것이라는 10절 후반부의 말씀을 더 풀어주고 있다: "예수를 죽은 자 가운데서 살리신 이의 영이 너희 안에 거하시면 그리스도 예수를 죽은 자 가운데서 살리신 이가 너희 안에 거하시는 그의 영으로 말미암아 너희 죽을 몸도 살리실 것이다". 이는 칭의 때 있어지는 영적 소생도[1788] 아니고 그리스도인의 삶에 있어지는 죄의 소멸을 가리키는 말씀도 아니다.[1789] 이는 하나님께서 그 성령을 통해서 우리 죽을 몸을 장차 부활하실 것이라는 말씀이다.[1790] 여기서 예수를 죽은 자 가운데서 살리신 이의 영은 곧 하나님의 영을 가리킨다(9절). 그리고 그리스도 예수를 죽은 자 가운데서 살리신 분은 하나님이시다. 그리고 너희 안에 거하는 그의 영은 성령이시다. 이 말씀은 장차 우리 몸의 부활은 예수 그리스도의 부활에 바탕을 두고 있다는 것을 나타낸다. 그리스도는 부활하심으로써 부활의 첫열매가 되셨다(고전15:20). 그리스도의 부활에 하나님과 성령님이 관여하셨듯이 우리 몸의 부활 때도 하나님께서 그 성령을 통해서 그것을 이루실 것이다. 어떤 학자는 이 절을 시작하는 접속사 에이만일는 완성된 조건을 나타낸다고 말한다.[1791] 하나님의 영은 모든 신자안에 거하신다는 것이다. 이는 맞는 해석이다. 그러나 여기서 "만일"의 조건적 의미를 희석하는 것은 문법적 반란이다. 왜냐하면 로마서의 수신자들이 신자라고 할지라도 그들 모두가 참신자여서 하나님의 신이 그들 모두에게 실제로 거하시는 지는 장담할 수 없기 때문이다. 그 사람이 정말 중생한 사람이라면 하나님의 신이 그에게 거하신다는 것은 완성된 사실로 받아들일 수 있다. 바울은 11절에서 하나님의 영이 그리스도를 죽음에서 부활하셨다는 표현을 두 번 반복하면서 한 번은 고유명사 예수 그 다음에는 그리스도를 사용하고 있다. 쉬라이너는 명사 예수는 예수의 인성을 나타내고 그리스도는 신자들이 연합해 있는 조합적 그리스도

1788 Lietzmann; Stuart.
1789 Calvin.
1790 Fitzmyer; Cranfield; Moo; Schreiner; Augustine; Chrysostom.
1791 Schreiner, Dunn, Käsemann.
1792 Schreiner, *Romans*, 416.

corporate Christ를 가리킨다고 주석한다.[1792] 그러나 여기서 예수와 그리스도를 분리해서 표현했다고 해서 하나님의 영이 예수님을 죽음에서 부활하셨다는 의미가 변동되는 것은 아니다(고전15:15). 만일 당시 로마교회에 인간 예수는 부활했지만 그리스도는 신성을 의미하기 때문에 부활과 관계 없다고 믿는 사람들이 있었다면 바울은 여기서 의도적으로 예수와 그리스도를 분리해서 표현하면서 부활하신 분은 다른 분이 아닌 그리스도 예수님이시라는 것을 분명히 말씀하고 있는 지도 모른다. 던은 여기서 바울이 예수/그리스도의 부활을 반복하는 것은 첫째, 부활시키신 분은 성령이 아니시고 하나님이심을 강조하기 위해서, 둘째, 예수님은 부활에 있어서 성령님에게 종속된 분이 아니라는 점을 나타내기 위해서라고 주석한다.[1793] 그러나 여기서 "너희안에 계시는 그의 영"은 성령님인 동시에 하나님의 영이시고 그리스도의 영이시다. 따라서 바울이 그리스도의 성령님에 대한 종속을 염려했을 것 같지는 않다. 고린도전서 15:45절에 그리스도께서는 부활로 말미암아 "살리는 영"이 되셨다고 말씀하고 있고, 고린도후서 3:17절은 주는 영이시라고 말씀하고 있다. 따라서 로마서 8:11절에서 바울이 강조하는 것은 그리스도 예수의 부활의 메커니즘과 성도의 부활의 메커니즘의 연속성이다. 즉 두 경우 모두 삼위일체 하나님의 동사coworkmanship에 그 바탕을 두고 있다.

머레이는 우리 죽을 몸이 장차 부활한다는 말씀은 미래의 부활의 몸은 현재의 몸의 연속성 위에서 변화된 몸일 것이라고 생각한다.[1794] 그러나 고린도전서 15:50-51절 말씀을 보면 썩어질 몸과 썩지 않을 몸의 연속성은 존재하지 않는다는 것을 알 수 있다. 따라서 우리 몸이 부활 때 홀연히 썩지 않을 몸으로 변화된다는 것은 미래에 우리가 썩지 않을 부활의 몸을 입고 부활한다는 것을 의미하는 은유적 표현이라고 할 수 있다. 던은 "죽을 몸"은 육체적 몸을 의미하는 것이 아니고 이 시대를 사는 썩어질 인간의 몸을 나타내는 표현이라고 해석한다.[1795] 이는 10절의 죄의 몸과 같은 개념이라는 것이다.

1793 Dunn, *Romans*, 433.
1794 Murray, *Romans*, 291.
1795 Dunn, *Romans*, 432.

그러나 우리가 앞에서 본대로 10절의 죄의 몸과 11절의 죽을 몸은 죄의 지배하에 있는 인간 전체를 나타내는 표현이 아니라 로마서 7:24절에서 말씀하는 사망의 몸, 즉 마음과 대조되는 우리 몸의 육체적 부분을 가리키는 용어이다. 마지막으로 11절의 전치사 디아는 목적격이 아니라 소유격으로 볼 수 있다.[1796] 어떤 헬라사본에는 디아가 목적격과 함께 되어 있다. 이는 성령께서 우리안에 계시기 때문에 하나님께서 우리를 장차 죽을 몸에서 부활시키실 것이라는 의미를 나타낸다. 그러나 이 표현은 부활에 있어서 성령의 역할을 절대적인 것으로 너무 강조하는 결과를 가져온다. 이는 바울이 강조하는 우리 부활에 있어서 삼위일체 하나님의 동사의 측면을 희석시키는 것이다. 부활에 있어서도 그리스도의 역할은 감소되지 않는다. 10절에서 그리스도께서 우리안에 계시므로 우리 영이 산다는 말씀은 성령께서 가져오실 우리 몸의 부활도 근본적으로 그리스도께서 완성하신 구속의 완성의 개별적 구현이라는 점을 나타내고 있다.

로마서 8:12절은 아라 운그러므로으로 시작하며 1-11절 내용의 결론을 내리고 있다: "그러므로 형제들아 우리가 빚진 자로되 육신에게 져서 육신대로 살 것이 아니니라". 즉 우리안에 하나님의 영이 거하시므로 우리는 육신안에 있지 않고 영에 있다. 그러므로 우리는 빚진 자로써 육신에게 져서 육신대로 살지 않는다. 이 구절에서 바울은 "형제들아"아델포이를 네 번째 사용하고 있다. 그만큼 정감있는 어조로 12절의 내용을 기술하고 있다. 그것은 우리가 빚진 자들오페일레테이스 이라는 것이다. 그렇지만 육신에게 빚진 자들은 아니다. 다시 말해 우리는 육신에 따라서 살도록 육신에게 빚진 자들이 아니다. 무는 여기서 육신삵스은 육체나 죄성만을 의미하지 않고 하나님을 대항하는 이 세상에 속한 모든 것을 가리키고 있다고 정의한다.[1797] 그러나 이는 삵스의 문자적 의미인 육flesh에 과도한 신학적 의미를 부가하는 정의라고 할 수 있다. 여기서 바울이 말씀하는 삵스는 로마서 8:1-11절에서 설명하는 삵스의 의미를 벗어나지 않는다. 그것은 우리가 입고 있는 육이다. 던은 여기서

1796 Cranfield; Schreiner; Dunn.
1797 Murray; Moo, *Romans*, 494.

육신삶스은 신자들도 어쩔 수 없이 속해 있는 구 시대에 속한 육신의 영역을 의미한다고 주석한다. 그러나 바울은 우리가 육신안에 있지 않고 영안에 있다고 분명히 말씀하고 있다(롬8:9). 무는 여기서 바울이 말씀하는 것은 우리가 육의 영역에서 벗어났지만 육의 영향이나 접촉으로부터 벗어나 있지 않다는 것이다.[1798] 즉 우리가 육신의 형태로 살고 있다는 점에서 우리는 아직도 죄와 사망의 영역과 계속해서 관계를 가지고 살고 있다는 것이다. 그래서 해방된 노예가 옛습관이 되살아나 그 옛주인의 말을 복종하는 것처럼 그리스도인들도 옛주인 즉 육신의 목소리를 청종할 수 있다는 것이다. 그러나 이 해석은 바울이 로마서 8:1-11절에서 말씀하는 바를 제대로 반영하고 있지 못하다. 바울은 그리스도인들이 죄와 사망에서 완전히 해방되었다고 말씀하고 있지 아직도 그 육신 때문에 어쩔수 없이 육신의 목소리를 듣고 있다고 말씀하지 않는다(2절). 그리스도인들은 육신을 좇아 행하지 않고 영을 좇아 행한다(4절). 그리스도인들은 육신의 일을 생각하지 않고 영의 일을 생각한다(5절). 하나님의 영은 그리스도인들안에 거하시기 때문에 그들은 육신에 있지 않고 영에 있다(9절). 그리스도께서 그들안에 계시기 때문에 그들의 영은 의를 인해 살아 있다(10절). 이 가르침들에서 볼 수 있듯이 육에 있는 자와 영에 있는 자는 존재론적으로 완전히 구분되어 있다. 그리고 그 행위론적인 구분도 뚜렷하다. 따라서 영에 있는 자가 육을 좇아 행하며 육의 생각을 할 수는 없는 것이다.

학자들이 이렇게 로마서 8:1-11절의 바울의 가르침을 제대로 이해하지 못하는 것은 바울이 로마서 7:14-25절에서 기술하고 있는 중생한 자안에 작용하는 죄의 메커니즘을 제대로 이해하지 못한 것과 관련이 있다. 이들의 옛사람은 완전히 죽었다(롬6:6). 따라서 이들은 구시대를 접촉하며 살 수 없는 사람들이다. 여기서 우리가 7:14-25절에서 본 내용을 반복할 필요는 없다. 그것은 바울이 로마서 8:12절에서 그 내용을 간명하게 결론짓고 있기 때문이다. 즉 그리스도인들안에 그리스도의 영이 거하시기 때문에 그들은 영안에

1798 Moo, *Romans*, 494.

있으며, 그러므로 육신에 따라 살지 않는다는 것이다. 이는 로마서 8:4-8절의 내용의 요약이기도 하다. 12절에서 바울은 그리스도인들이 육신에 따라 살지 말라고 권면하고[1799] 있는 것이 아니라 중생한 성도는 육신에 따라 살지 않는다는 것을 직설법으로 서술하고 있다. 이는 부정사 투 제인to live이 결과가 아니라 설명적 보족 소유격epexegetical이란[1800] 점과 일치하는 해석이다. 즉 중생한 그리스도인들은 육신에게 빚진 자들이 아니다. 이는 그들이 육신에 따라 살지 않는다는 것을 말한다. 이는 행위론적인 측면에서 신자가 구 시대와 새 시대의 긴장속에 있다거나[1801] 아니면 구 시대를 접촉하는 가능성이 있다고 말씀하는 것이 아니다. 다시 말해 바울이 로마서 7:14-25절에 말씀하는 것은 이러한 주장들을 믿받침하고 있지 않다. 로마서 7:14-25절에서 바울이 말씀하는 바는 행위론적인 측면이 아니라 신자가 마음에서 죄의 법과 싸울 때 경험하는 육신삵스의 역할과 관련이 있다. 즉 신자가 육신안에 있지 않지만 그 입고 있는 육신 때문에 생기는 욕망으로 인해 율법을 교두보로 삼아 죄의 법이 공격할 가능성이 존재한다는 사실이다. 바울은 이 측면을 이용해서 성도가 죄를 짓는데 핑계로 삼을 수 있도록 만들지 않는다. 성도는 영안에 있는 사람들이고 영의 생각을 하며 영을 따라 걷는 사람들이다. 따라서 마음에 경험할 수 있는 죄의 법과의 싸움은 성도의 영적 승리로 결말이 난다.

로마서 8:13절은 접속사 갈왜냐하면로 시작한다: "너희가 육신대로 살면 반드시 죽을 것이로되 영으로써 몸의 행실을 죽이면 살리니". 13절의 전반부는 12절의 원인이 아니라 12절의 내용을 설명하고 있다. 즉 우리 그리스도인들은 육신에 따라 살도록 육신에 빚진 자들이 아니다. 다시 말해 우리가 육신대로 살면 반드시 죽는다. 그러나 영으로써 몸의 행실을 죽이면 산다. 10절에서 바울은 우리 몸은 죄로 인해 죽은 것이라고 이미 말씀했다. 그런데 여기서 육신대로 살면 죽는다는 것은 영적으로 죽는다는 것을 의미한다. 6절

1799 Dunn, *Romans*, 448; Murray, *Romans*, 293.
1800 Moulton; Morris; Moo, *Romans*, 493; Schreiner, *Romans*, 419.
1801 Moo; Schreiner; Dunn; Cranfield.

에서 바울은 이미 육신의 생각은 사망이라고 말씀했다. 이 연장선에서 육신에 따른 삶에는 지옥 형벌이 그 삯으로 따라오게 된다. 여기서 현재형 동사 멜로우는 그 사망의 미래성 뿐 아니라 확실성을 나타내고 있다.[1802] 반면에 영으로써 몸의 행실을 죽이면 산다. 여기서 바울은 육의 행실이라고 표현하지 않고 "몸의 행실"프락세이스 투 소우마토스이라고 표현한다. 어떤 학자들은 몸과 육은 동일한 개념이라고 본다.[1803] 로마서 6:6절은 우리 죄의 몸이 멸했다고 말씀하고 로마서 7:24절은 사망의 몸을 언급하고 있다. 이와 같은 선상에서 바울은 로마서 8:3절에 죄의 육신이라는 표현을 하고 있다. 이 점에서 볼 때 우리 몸과 육은 죄가 실행되는 기관이며 본질적으로 그 의미가 겹치고 있다. 그러나 다른 학자들은 바울이 그 서신에서 몸을 육과 동일하게 여기는 구절은 없다고 주장한다.[1804] 그리고 육의 행실이 몸을 통해서 표현된다는 점에서 이 둘의 의미를 구별해야 된다고 생각한다. 실제로 바울은 롬8:13절에서 우리가 육신대로 살지 않고 영으로써 몸의 행실을 죽이면 산다고 표현함으로써 육은 악이 역사하는 장소 그리고 몸은 이것이 행동으로 나타나는 장소를 의미하는 것처럼 보인다. 그리고 로마서 8:1-11절에서 바울은 육의 생각과 영의 생각, 그리고 육에 따른 삶과 영에 따른 삶을 대조하고 있지 몸의 생각과 영의 생각, 몸에 따른 삶과 영에 따른 삶을 대조하고 있지 않다. 따라서 여기서 육은 탐심의 발원과 관계된 부분으로써 윤리적 뉘앙스를 지닌 개념으로 이와 반면에 몸은 신체를 의미하는 중립적 개념으로 구분된다고 볼 수 있다. 이의 연장선에서 케제만은 육의 권세가 몸을 공격하는 순간이 있다고 말한다.[1805] 그러나 이는 육과 몸의 중복된 개념을 간과하고 양자를 완전히 별개의 개념으로 본다는 점에서 타당한 견해로 볼 수 없다.

그러면 몸의 행실은 무엇인가. 케제만은 이는 추상적으로 행위의 형태나

1802 Cranfield; Dunn.
1803 Cranfield; Dunn; Fitzmyer.
1804 Moo; Schreiner; Gundry; Deidun.
1805 Käsemann, *Romans*, 226.
1806 Maurer, *TDNT*, 6:643f.
1807 Billerbeck.
1808 Käsemann, *Romans*, 225-26.

1806 악한 충동을[1807] 의미하는 것이 아니고 이 땅에 사는 동안 하는 자동적인 행위를 가리킨다고 해석한다.[1808] 즉 이를 도덕적인 개념으로만 보는 것은 옳지 않다는 것이다. 그러나 13절은 몸의 행실은 육신에 따라 사는 삶의 스타일과 관계가 있다는 것을 가리키고 있다. 그리고 이는 하나님의 법을 즐거워하는 삶의 스타일의 반대 개념을 가진다고 볼 수 있다(롬8:5-8). 던은 이는 인간의 야망과 욕구만을 만족시키는데 관심있는 행위들이라고 정의한다.[1809] 이 정의는 너무 구체적이며 그 개념이 좁다. 스토트는 이는 하나님과 이웃을 위해서가 아니라 오직 자신만을 위해 몸을 통해 행하는 모든 것이라고 해석한다.[1810] 그러나 몸의 행실은 이 보다 광의의 개념이라고 할 수 있다. 무는 이는 육의 영향하에 몸을 통해 실행된 행위들이라고 정의한다.[1811] 기본적으로 무의 해석에 동의하면서, 필자는 여기서 몸의 행실은 같은 절 전반부에서 말씀하는 육신에 따른카타 살카 삶이라고 생각한다. 이는 로마서 7:5절에서 말씀하는 죄의 정욕을 좇는 삶이며 7:8절에서 말씀하는 각양 탐심에 이끌리는 행위들이다. 이는 곧 옛사람에 속하는 행위이며 하나님 앞에서 악한 행위들인 것이다(골3:9).

그러면 우리는 어떻게 몸의 행실을 죽이는가. 여기서 죽인다는 동사는 첫째, 몸의 행실을 완전히 소멸시킨다는 뜻이다. 이는 각양 악한 행실들이 우리 몸에 다시 부활하는 일이 없도록 하는 것이다. 둘째, 죽이는 주체는 성도인 우리 자신들이다. 이는 우리가 영의 일을 생각하고 영에 따라 걷는 삶을 능동적으로 하는 삶을 말한다. 우리 마음에 하나님의 법을 즐거워하고 우리 마음의 법이 죄의 법아래 사로잡혀 오지 않도록 해야 된다. 영적 싸움의 전투장은 마음이다. 육신의 생각은 사망이고 마음에 하는 영의 생각은 생명과 평안이다(8:6). 셋째, 죽인다는 동사는 현재형이다. 이는 우리 마음의 법이 죄의 법을 이기는 일이 일시에 끝나는 것이 아니고 그 죽을 몸이 미래에 변화될 때까지 계속된다는 것이다. 넷째, 이는 성령안에서 하는 것이다. 이 절

1809 Dunn, *Romans*, 449.
1810 Stott, *Romans*, 228.
1811 Moo, *Romans*, 495.

에서 명사 뉴마티영는 여격으로 쓰여있다. 이는 보통 도구적 의미를 가진다. 그러나 여기서 우리는 성령은 우리가 죄를 죽이는데 있어서 사용하는 도구라고 해석하면 않된다. 몸의 행실을 죽이는 것이 가능한 것은 성령을 통해서 우리가 예수님과 연합되어 있기 때문이다. 그리스도 예수안에 있는 생명의 성령의 법이 죄와 사망의 법에서 우리를 이미 해방했다(8:2). 이는 죄의 소멸의 기초다. 즉 죄의 법을 이길 힘을 주시는 분은 성령이시다. 우리는 하나님의 영으로 인도함을 받는 사람들이다(14절). 그리스도인인 우리는 영을 좇아 사는 사람들이다(4-5절). 이는 단순히 율법을 기준으로 삼고 사는 것보다 더 포괄적인 영적 삶을 사는 것을 말한다. 데이던은 이렇게 말한다: "그리스도인의 명령형은 자신에게 말미암지 않았으나 자신의 존재 중심에 이미 사실상 실제하는 움직임에 계속해서 예라고 대답할 것을 요구한다".[1812] 이는 단순한 금욕적 삶이나 옳고 바른 행위를 자신의 이익과 관계없이 추구하는 것보다 더 적극적인 삶 곧 자기를 부인하고 제 십자가를 지고 예수님을 좇는 삶을 사는 것을 말한다.

그 결과는 사는 것이다. 여기서 산다는 동사는 미래형으로써 종말에 구원을 받는 것을 말한다. 이는 몸의 행실을 죽이며 사는 것이 미래의 구원의 조건이라는 것은 아니다. 이는 중생한 자가 필연적으로 가지게 되는 삶의 방식을 서술하고 있는 것이다. 그러면 중생한 자가 몸의 행실을 죽이지 못하고 육신을 따라 살다가 멸망을 당하게 되는 일이 있는가. 캘빈주의는 그렇지 않다고 믿는다. 그러나 알미니안주의는 그럴수 있다고 믿는다. 무는 로마서 5:9-10, 21; 8:1-4, 10-11절의 문맥에서 캘빈주의적 접근이 옳다고 생각한다.[1813] 알미니안주의인 오스본은 그리스도인인 것처럼 보이는 교인들 중 육신을 따라 살다가 죽는 일이 있을 수 있다고 생각한다.[1814] 그리고 그들의 배교는 그들이 진정한 신자가 아니었다는 것을 나타낸다는 것이다. 오스본의 견해는 중생한 신자도 배교할 수 있다는 것을 전제하는 것이다. 그렇다면 배

1812 Deidun, *New Covenant Morality*, 80.
1813 Moo, *Romans*, 494-95.
1814 Osborne, *Romans*, 203.

교한 신자에게도 그리스도의 영이 계셨는가. 그리스도의 내주하심으로 그 영이 의를 인해 살았다가도 배교함으로 멸망받을 수 있는가. 성령의 내주하심이 그 사람의 배교를 막을 수는 없는가. 이러한 질문은 성령론과 구원론에 관계된 중요한 질문들이다. 이에 대한 대답은 로마서 8:14절 이후의 가르침에서 도출될 수 있다.

(다) 성령안에서의 확신(롬8:14-17)

어떤 학자들은 로마서 8:1-11절을 한 문단으로 보고 12절부터 두 번째 문단이 시작되는 것으로 본다.[1815] 그것은 12절이 접속사 아라 운그러므로으로 시작하며 새 문단이 시작되는 것을 나타내기 때문이다. 그러면 12-17절은 5-11절의 내용을 바탕으로 따라오는 결과를 서술하는 것으로 볼 수 있다. 그러나 우리는 여기서 1-13절을 첫 문단으로 보고 두 번째 문단은 14절에서 시작되는 것으로 이해한다. 그것은 바울이 13절까지 육신에 따른 삶과 영에 따른 삶을 대조하며 기술하고 있기 때문이다. 14-17절은 하나님의 자녀라는 주제가 분명히 나타나 있는 문단이다. 여기서 바울은 중생한 자들은 하나님의 자녀로써 성령의 인도하심을 받는다고 말씀하심으로써 13절까지의 권고적인 내용이 본질적으로 존재being적 사실에 바탕을 두고 있다는 것을 자녀론sonship의 관점에서 조명하고 있다.

로마서 8:14절을 시작하는 접속사 갈왜냐하면은 14절이 13절 후반부를 설명하고 있는 것을 나타낸다: "무릇 하나님의 영으로 인도함을 받는 그들은 곧 하나님의 아들이라". 즉 영으로써 몸의 행실을 죽이면 산다. 그것은 무릇 하나님의 영으로 인도함을 받는 그들은 곧 하나님의 아들이기 때문이다. 여기서 관계대명사 호소이all who는 제한적인 의미를 가지는가[1816] 아니면 포괄적인 의미를 가지는가[1817] 하는 것은 별 관계가 없다. 두 의미 다 보는 관점에 따라서 채택될 수 있기 때문이다.[1818] 그러면 여기서 하나님의 영으로 인도

1815 Schreiner; Morris; Dunn; Murray; Stuhlmacher.
1816 Lagrange; Michel.
1817 Cranfield; Schlier.
1818 Schreiner, *Romans*, 422; Dunn; Käsemann.

함을 받는다는 것은 무슨 의미인가. 케제만은 고린도전서 12:2절에서 바울은 열성분자들이 우상에게 이끌려 갔다는 것도 동사 아고우를 사용해서 표현하고 있다는 것을 지적한다.[1819] 따라서 우리가 여기서 윤리적 결정 능력이 있는 양 이 동사를 인도함을 받는다로 번역해서 그 열정의 의미가 약화되게 하면 않된다고 본다. 바울은 갈라디아서 2:20절에서도 그리스도께서 우리안에 계시다고 말씀한 것은 성령이 우리와 구분되는 능력으로써 은혜로서 역사한다는 것을 나타낸다고 본다. 그리고 우리의 몸은 결정이 내려지는 전투장과 같아서 결정을 내리는 자는 궁극적으로 우리 자신이 아니다. 그러므로 우리는 주님께서 우리를 통해서 역사하시도록 해야 한다는 것이다. 이 견해는 우리의 의지로 내린 결정까지도 우리 자신에게 책임이 없다고 여긴다. 이는 로마서 7:14-25절에서 묘사하는 인간의 마음의 메커니즘을 반영하지 않고 있는 해석이다. 그리스도인들은 그 마음으로 하나님의 법을 즐거워한다. 따라서 인도함을 받는다는 수동태가 인도함을 받는 사람의 의지와 그에 따른 책임이 무관하다는 것을 나타내는 것은 아니다. 그러나 케제만의 해석에 동의하면서 던은 그리스도인에게 성령과의 관계에 있어서 감정의 강렬함이 내재되 있는 것이 사실이라고 말한다.[1820] 그리고 바울은 그리스도인의 삶은 도덕적 노력과 마음속 깊이 느끼는 내적 충동을 전체적으로 균형을 맞추는 것으로 이해하고 있다는 것이다. 따라서 성령의 인도함을 받는 것은 무신경적 황홀경을 위한 면허증은 아니라는 것이다. 던의 이 해석은 동사 아고우의 의미에 너무 과중한 이질적인 의미를 부여하고 있다고 할 수 있다. 여기서 바울은 성령의 인도함을 받는 것이 열정, 황홀, 내적 충동의 요소로 되어 있다고 말씀하고 있지 않다. 이것은 종교적 광신을 나타내는 요소들이다. 바울의 의미하는 성령의 인도함을 받는다는 것은 13절의 영으로써 몸의 행실을 죽인다는 관점에서 이해해야 옳은 해석이라고 할 수 있다.[1821]

1819 Käsemann, *Romans*, 226-27.

1820 Dunn, *Romans*, 450.

1821 Deidun, *New Covenant Morality*, 78-79; B. Byrne, *"Sons of God"?"Seed of Abraham": A Study of the Idea of the Sonship of God of All Christians in Paul against the Jewish Background* (Analecta Biblica 83. Rome: Pontifical Biblical Institute Press, 1979) 98.

쉬라이너는 "인도하다"는 하나님의 뜻을 결정하는데 있어서 매일 하는 결정을 위한 안내를 의미하는 것이 아니라고 말한다.[1822] 그것은 성령에 의해서 조절되고 결정되고 다스려지는 것을 말한다는 것이다.[1823] 무는 이는 성령의 안내를 받는다guided는 의미가 아니라 그리스도인의 삶 전체의 방향이 성령에 의해 결정된다는 것을 의미한다고 주석한다. 이는 곧 바울이 4-9절에서 기술한 성령에 따른 삶의 여러 측면을 요약하는 표현이라는 것이다. 필자는 성령에 인도함을 받는 것은 로마서 6:18-19절의 의의 종이 된 삶, 22절의 하나님께 종이 된 삶과 같은 개념이라고 생각한다. 로마서 8:4-5절에서 우리가 영을 좇는 삶을 사는 것은 성령의 인도함을 받는 것을 전제하고 있는 개념이다. 13절에는 성령의 인도하심과 이에 바탕을 둔 우리의 능동적 행위가 함께 엮여 있다는 점이 나타나 있다.[1824] 성령의 인도함을 받는 그 첫번째 영역은 우리의 마음이다. 즉 우리는 육의 생각이 아니라 영의 생각을 함으로써 성령에 따른 삶을 살게 된다. 마음의 생각과 행위는 서로 분리될 수 없는 요소들이다. 따라서 바울은 우리가 마음을 새롭게하여 변화를 받아 하나님의 선하신 뜻이 무엇인지 분별하도록 하라고 권면한다(롬12:2). 성령의 인도하심은 마술적인 힘이나 충동에 의해서 되는 것이 아니라 우리 마음에 계시는 예수 그리스도의 영이 무엇이 하나님의 선하시고 기뻐하시는 뜻인지 깨닫게 하시고 그것에 따라 살 수 있는 의지를 가지고 행동하도록 힘주시는 것을 말한다고 할 수 있다.

바울은 성령의 인도하심을 받는 자들은 하나님의 아들들이라고 말씀한다. 구약성경은 이스라엘을 하나님의 아들로 가리키고 있다.[1825] 그러나 바울은 그리스도에 의해 구속이 완성된 상태에서 하나님의 아들은 성령의 인도함을 받는 자들이라고 재정의하고 있다.[1826] 여기서 바울은 성령의 인도함을 받은 결과 사람들이 하나님의 자녀가 된다고 말씀하는 것은 아니다. 다시 말해 성

1822 Schreiner, *Romans*, 422.
1823 Murray; Lloyd-Jones; Moo; Fee; Byrne.
1824 Murray, *Romans*, 295.
1825 출4:22; 신14:1; 사43:6; 렘3:19; 31:9; 호1:10; 11:1.
1826 Dunn, *Romans*, 449-50.

령이 우리에게 오심으로써 우리가 하나님의 자녀가 되는 것은 아니라는 것이다.[1827] 갈라디아서 4:6절에서 바울은 "너희가 아들인고로 하나님께서 그 아들의 영을 우리 마음 가운데 보내사 아바 아버지라 부르게 하셨다"고 말씀한다. 따라서 우리가 하나님의 자녀이기 때문에 성령의 인도함을 받는다고 말할 수 있다.[1828] 하나님의 자녀의 특징은 성령의 인도함을 받는다는 것이다. 로마서 8:14-21절에서 바울은 "자녀"테크나와 "아들들"후이오이을 교환하며 같은 개념으로 사용하고 있다.[1829] 무는 여기서 아들이 가지는 신학적 의미를 잘 설명하고 있다. 즉 그리스도는 하나님의 아들로써 바울의 아들론의 핵심적 개념이다. 예수는 하나님의 아들이시지만 인간의 몸으로 다윗의 혈통으로 이 땅에서 오셔서 구속을 이루시고 부활하시어 능력으로 하나님의 아들로 인정되셨다(롬1:3-4). 따라서 우리를 아들로 인정하신 것은 그리스도의 영광의 형상을 본받게 하시기 위해서다(8:29). 우리가 그 유업을 아들과 함께 이어받기 위해서 그 아들의 고난에까지도 함께 참여하는 것을 말한다(8:17). 이 점에서 성령의 인도함을 받는 우리는 그리스도와의 연합을 통해서 그의 죽으심과 고난과 부활과 영광에 이르기까지 일체unity를 이루는 것을 말한다(요17:22-26; 롬8:28-30).

로마서 8:15절은 접속사 갈왜냐하면로 시작한다: "너희는 다시 무서워하는 종의 영을 받지 아니하였고 양자의 영을 받았으므로 아바 아버지라 부르짖느니라". 케제만은 15절은 14절을 증명하는 내용이라고 본다.[1830] 그러나 던은 이를 부정한다.[1831] 쉬라이너는 15-16절은 함께 14절의 내용을 명확하게 해주고 있다고 본다.[1832] 14-16절은 성령을 통해서 그리스도인들이 하나님의 아들 혹은 자녀라는 사실을 반복하며 확인하는 문단이다. 기본적으로 14절과 15절의 내용은 반복적이며 병렬적이라고 할 수 있다. 하나님의 영으로 인도함을 받는 것(14a)과 양자의 영을 받은 것(15a)이 병렬을 이루고 하나님

1827 Moo, *Romans*, 499.
1828 Morris, *Romans*, 313.
1829 Schreiner; Byrne; Käsemann; Moo; Dunn; Rensburg.
1830 Käsemann, Romans, 227; Fitzmyer, *Romans*, 499.
1831 Dunn, *Romans*, 451.
1832 Schreiner, *Romans*, 423.

의 아들이다(14b)와 아바 아버지라 부르짖는다(15b)가 병렬을 이룬다. 그러면서도 15절은 14절의 내용을 전개시키고 있다. 즉 그리스도인이 하나님의 아들인 것은 객관적 사실일 뿐 아니라 자신들이 그것을 인식하고 하나님을 아버지라고 부르짖는다는 것이다. 성도들의 이 인격적 반응도 그 안에 내주하시는 성령님의 역사로 되어진다는 것이다. 양자의 영을 받았다는 것은 과거시제로 표현되어 있는데 이는 과거에 성령을 받은 사실을 가리킨다. 이는 세례를 받은 사실[1833] 혹은 회심의 사건을[1834] 가리키고 있다고 볼 수 있다. 여기서 바울은 로마서 2:29절과 로마서 5:5절을 가리키고 있다고 볼 수 있다. 즉 우리가 성령을 받은 때는 성령께서 우리 마음에 부어져 마음에 할례를 주신 때를 가리킨다. 그 때는 회심의 때라기 보다 중생의 때라고 할 수 있다. 그것은 우리가 성령을 오시도록 만든 것이 아니라 하나님께서 성령을 우리에게 부어 주신 것을 가리킨다.

여기서 바울은 종의 영과 양자의 영을 대조하고 있다. 기포드와 래그레인지는 여기서 두 영은 모두 사람의 영이라고 생각한다.[1835] 이 때 영은 사람의 기질이나 기분을 의미한다고 본다. 그러나 무서워하는 종의 영이 사람의 영이라고 한다면 이 영을 언제 받았는가 하는 점이 의문이다. 반면에 머레이는 두 영 모두 성령님으로 주석한다.[1836] 그리고 여기서 바울이 의미하는 것은 "너희는 성령을 종의 영으로 받은 것이 아니라 양자의 영으로 받은 것이다"라는 것이다. 퓨리턴들도 종의 영에 있어서 영은 성령을 가리키는 것으로 보았다. 따라서 "종의 영"은 성령의 확신아래 마음에서 역사하는 하나님의 법으로 말미암은 노예상태를 가리킨다고 이해했다.[1837] 그러나 성령은 그리스도인들을 율법아래 종으로 사로잡아 오지 않는다. 오히려 바울은 법은 신령하다고 말씀한다(롬7:14). 그리스도인들이 예수와 연합하여 의의 종이 되었고 하나님의 종이 되어 거룩함에 이르는 열매를 맺는다(6:22). 그러나 이는

1833 Cranfield.
1834 Dunn; Schreiner.
1835 Gifford; Lagrange; NASB; JB.
1836 Murray, *Romans*, 297.
1837 Moo, *Romans*, 500; J.-M. Cambier, "Le Liberté du spiritual dans Rom.8.12-17," in *Paul and Paulinism*, 211; Chrysostom; Morris; Luther; Calvin; Wilckens; Dunn.

부정적 뉘앙스를 가지는 표현인 "종의 영"과 관계없는 내용이다. 따라서 "종의 영"에 있어서 영은 성령을 가리킨다기 보다 하나의 수사적 표현이라고 보는 것이 옳은 것 같다.[1838] 바울은 이 절에서 그리스도인들이 종의 영을 받지 않고 양자의 영을 받았다는 것을 말씀하면서 성령님은 종의 영이 아니라는 사실을 강조하고 있다. 즉 우리가 받은 성령은 우리를 다시 죄와 사망의 종이 되게 하시는 분이 아니라 하나님의 양자가 되게 하시는 영이시라는 것이다(6:6, 17; 8:2). 여기서 명사 포보스두려움는 종말의 심판에 대한 두려움이라고 볼 수 있고 이는 율법아래서 죄의 종이 되어 유죄 상태에 있는 자들의 심리상태를 가리킨다고 할 수 있다. 이는 바로 우리가 중생하기 이전에 있던 상태이며 다시 그 상태로 돌아가면 않되기 때문에 바울은 여기서 다시(팔린)라는 부사를 사용하고 있다. 무서워하는 종의 영을 가진 상태를 로마서 7:14-25절의 상태라고 보는 것은[1839] 여기서 "나"가 중생한 사람을 가리킨다고 보는 필자의 해석과는 맞지 않는 견해이다.

바울은 우리가 양자의 영을 받았으므로 아바 아버지라고 부르짖는다고 말씀한다. 바울은 그 서신에서 양자후이오쎄시아라는 단어를 다섯 번 사용한다.[1840] 이 단어는 헬라어 구약성경에 사용되지 않는 반면 헬라 문학에 자주 등장하는 단어이기 때문에 유대적 개념이 아니라 그리스-로마의 개념을 바탕으로 하고 있다고 볼 수 있다.[1841] 그러나 양자의 개념이 유대전통에 전혀 없다고 볼 수는 없다.[1842] 역대상 28:6절에 하나님께서 솔로몬을 양자를 삼고 그 아비가 되시겠다고 하신 것은 바로 양자의 개념을 그 바탕으로 하고 있다. 로마서 9:4절에 하나님께서는 이스라엘을 양자로 삼으시고 언약과 율법을 맡기셨다는 개념도 이런 전통을 간접적으로 시사해 준다. 이 전통을 바

1838 Schreiner, *Romans*, 424; Barrett; Fitzmyer; Cranfield; Wilckens.

1839 Osborne, *Romans*, 205.

1840 롬8:15, 23; 9:4; 갈4:5; 엡1:5.

1841 Bruce; Cranfield; Dunn; F. Lyall, "Roman Law in the Writings of Paul ? Adoption," *JBL* 88 (1969) 458-66; idem, *Slaves, Citizens, Sons: Legal Metaphors in the Epistles* (Grand Rapids: Zondervan, 1984) 67-99.

1842 Fitzmyer, Romans, 500; Cranfield, *Romans*, 397; Moo, Romans, 501; J. M. Scott, *Adoption as Sons of God: An Exegetical Investigation into the Background of Υἱοθεσία in the Pauline Corpus* (Wissenschaftliche Untersuchungen zum Neuen Testament 2/ 48. Tübingen: Mohr, 1992) 3-114.

탕으로 바울은 이제 하나님께서 그리스도인들을 성령을 통해서 양자를 삼으시고 그리스도의 모든 유업을 이어받게 하셨다고 말씀한다(8:17). 우리가 성령을 통해 양자가 된 것은 현재 이미 성취된 사실이다. 이는 우리가 아바 아버지라고 부르짖는 것은 현재 진행되는 사실이라는 점이 나타낸다. 물론 로마서 8:23절에서 말씀하는 것처럼 우리가 양자로 나타나는 것은 종말에 완성될 것이다. 그러나 바울은 이 종말적 축복은 성령을 통해서 이미 성취되었고 그 종결은 미래에 되어질 것이라고 말씀하고 있다. 따라서 양자의 영을 미래적 관점에서만 보고 "우리가 양자가 될 것을 기대하는 영"이라고 번역하는 것은 잘못이다.[1843]

여기서 성령님의 사역은 우리가 양자인 것을 확인하시는 것인가 아니면 양자가 되도록 하시는 것인가. 여기서 우리는 15절은 후자를 16절은 전자를 나타내고 있다고 볼 수 있다. 15절의 양자의 영은 양자가 되게 하시는 영이라고 해석이 가능하다. 고린도전서 12:3절에서 바울은 성령이 아니시면 우리가 그리스도를 주시라고 할 수 없다고 말씀한다. 또 디도서 3:5절에서 중생의 씻음과 성령의 새롭게 하심은 같은 의미를 나타낸다. 이는 성령님을 통해서 우리가 중생하며 하나님의 자녀가 됨을 의미한다. 로마서 8:16절에서 바울은 성령이 친히 우리 영으로 더불어 우리가 하나님의 자녀인 것을 증거하신다고 말씀한다. 이 주제와 함께 여기서 우리가 고려할 문제는 명사 양자 후이오쎄시아 뒤에 콤마가 오느냐 마침표가 오느냐이다. 영어버전 RSV는 후이오쎄시아 다음에 마침표가 오는 것으로 보고 아바 아버지라 부르짖는다는 구절을 16절과 연결해서 번역한다. 그러면 이는 우리가 아바 아버지라고 부르짖을 때 성령께서 우리 영으로 더불어 우리가 하나님의 자녀인 것을 증거하신다로 된다.[1844] 이 번역도 잘못된 것은 없지만 우리는 후이오쎄시아 다음에 콤마가 있는 것을 옳은 것으로 본다.[1845] 그러면 우리가 아바 아버지라고 부르짖는다의 구절이 15절 후반부와 연결되어 번역되게 된다. 이 번역은

1843 Barrett, *Romans*, 153.
1844 Stott, *Romans*, 232.
1845 Cranfield, *Romans*, 398-399.

"우리가 양자의 영을 받았으므로 아바 아버지라 부르짖는다"가 된다. 이는 우리가 양자의 영을 받은 것과 우리가 아바 아버지라고 부르짖는 것이 인과 관계에 있다는 것을 명확하게 한다. 이 사실은 후이오쎄시아 다음에 오는 전치사구 엔 호우가성령에 의하여by means of로 번역될 수 있다는 사실에서 더 확인된다.[1846]

여기서 아람어 명사 아바는 아버지를 의미한다. 그런데 아바 다음에 그 번역인 헬라어 파테일아버지을 함께 말하며 부르짖는다는 것은 독특하다. 마가복음 14:36절에서 예수께서는 하나님을 아바 아버지라고 부른다. 또 예수께서는 제자들에게 기도를 가르치시면서 하나님을 하늘에 계신 우리 아버지라고 부르도록 가르치신다(마6:9). 이 전통을 이어서 초대교회는 예배시에 하나님을 아바 아버지라고 불렀을 것이다.[1847] 그러나 케제만은 주기도문에서 아바 아버지라고 부르는 전통이 시작되었을 것으로 보지 않는다.[1848] 그는 이 중복적 호칭이 예수님으로부터 유래되었을 것으로 생각하지 않는다. 그러나 요아킴 예레미야는 그의 연구에서 하나님을 가족의 일원으로 부르는 이 중복적 호칭이 예수님 고유의 언어였을 것으로 확신한다.[1849] 아바는 유대인 가정에서 매일 사용되던 호칭으로써 고대 유대인들이 하나님을 아바라고 부르지는 않았을 것이라는 것이다. 그러나 학자들은 쿰란 공동체에서 기도중에 하나님을 부를 때 아람어 아바에 해당하는 히브리말을 사용했던 것을 확인했다.[1850] 그리고 어린 아이들만 아바라는 단어를 사용하지 않았다는 것이다.[1851] 이 예레미야의 해석에 대한 이런 비판에도 불구하고 스토트는 그의 견해가 가진 통찰력을 인정한다.[1852] 즉 예수께서는 제자들에게 하나님을 아바 아버지로 부르도록 가르치심으로써 어린아이가 아버지를 부르는 친밀함을 가지고 하나님께 나아가도록 하셨을 것이라는 것이다. 이는 종

1846 Schreiner, *Romans*, 425; Dunn, *Romans*, 452; Cranfield; Wilckens; Scott.
1847 Lietzmann; Leenhardt; Barrett; Black.
1848 Käsemann, *Romans*, 228.
1849 Jeremias, *The Central Message*, 22.
1850 Moo, *Romans*, 503.
1851 E. Haenchen, *Der Weg Jesu* (Berlin: Töpelmann, 1966) 492-94; J. Barr, "'Abba, Father' and the Familiarity of Jesus' Speech," *Theology* 91 (1988) 173-79.
1852 Stott, *Romans*, 233.

의 영을 받아 하나님 앞에서 무서워하는 이미지와 정반대되는 평화와 안전의 관계를 나타낸다.[1853] 던도 예레미야의 견해를 일부 인정하면서 일부 랍비들 혹은 유대인들이 일반적으로 하나님을 부르는 이 중복 호칭을 사용하지 않았을 것으로 생각한다.[1854] 이는 예수님께서 사용하신 독특한 언어였기 때문에 그를 믿던 제자들도 이 중복 호칭을 사용함으로써 자신들도 하나님의 아들의 신분을 예수님으로부터 이어받은 자들임을 확신하게 되었을 것이다.

여기서 동사 부르짖는다크라조우의 의미는 무엇인가. 쉬랭크는 이는 시편에서 경건한 사람이 기도중에 하나님께 부르짖는 것과 같은 것이라고 본다.[1855] 또 리엔하르트는 이는 엄숙한 선포라고 해석한다.[1856] 복음서는 귀신들린 자들이 경련하고 부르짖을 때 혹은 병자들이 절규하며 예수를 부를 때 이 동사를 사용한다.[1857] 따라서 케제만은 이는 감정적으로 열광된 상태에서 환호하는 것이라고 해석한다.[1858] 즉 아바 아버지라고 부르짖는 것은 주 예수여 혹은 어서 오소서마라나타 라고 부르짖는 것과 같이 큰 소리로 외치는 것을 가리킨다는 것이다. 로마서 9:27; 갈라디아서 4:6절에 쓰인 비슷한 구절을 바탕으로 던은 크라조우는 강렬한 큰 소리로 부르는 것을 가리킨다고 본다.[1859] 즉 예배 중에 성령에 이끌려서 깊은 격정으로 열심을 가지고 부르짖는 것을 말한다는 것이다. 이는 차분한 기도속에 부르는 것이 아니라 성령의 감동으로 절규하는 외침이라는 것이다. 그러나 무는 여기서 바울이 성령께서 부르짖는 것이 아니라 우리가 부르짖는다고 한 점을 지적한다.[1860] 즉 부르짖음은 사로잡혀 정신없는 상태에서의 외침이 아니고 의식이 있는 상태에서 하는 외침이라는 것이다. 그러나 신비주의적 요소만 제거된다면 무는 기본적으로 크라조우에 담긴 감정적 열정적 측면을 인정한다. 필자는 기본적

1853 *TDNT*, 1:6.
1854 Dunn, *Romans*, 453-54.
1855 G. Schrenk, *TDNT*, 5:1006; Grundmann, *TDNT*, 3:902-3; Cranfield, *Romans*, 399.
1856 Leenhardt, *Romans*, 214; Fitzmyer, *Romans*, 501.
1857 눅9:39; 마9:27; 15:23; 막5:5; 10:47.
1858 Käsemann, *Romans*, 228; Kuss.
1859 Dunn, *Romans*, 453.
1860 Moo, *Romans*, 502.

으로 무의 견해에 동의한다. 단 한가지 추가하고 싶은 것은 크라조우가 보통 무엇을 강렬히 요구하면서 외칠 때 사용되는 동사라는 점이다. 사도행전 7:60절은 스데반이 순교하면서 저들의 죄를 저들에게 돌리지 마옵소서라고 크게 외쳤다고 표현할 때 이 동사를 사용한다. 요한복음 7:37절은 예수께서 초막절 끝날 백성들에게 누구든지 목마르거든 내게로 와서 마시라고 외치셨다고 서술하면서 이 동사를 사용한다.[1861] 따라서 우리가 성령을 통해 아바 아버지라고 부르짖는 것은 신앙고백의 외침이나[1862] 혹은 방언기도시의 의미를 모르고 하는 부르짖음이 아니라 하나님께 간절히 열심히 무엇을 구할 때 부르짖는 외침이라고 할 수 있다(계6:10).[1863]

로마서 8:16절은 접속사 없이 시작한다: "성령이 친히 우리 영으로 더불어 우리가 하나님의 자녀인 것을 증거하시나니". 그래서 15절과 16절의 관계가 분명히 나타나 있지 않다. 그러나 우리는 16절이 15절 후반부를 설명하고 있다는 것을 곧 알 수 있다. 즉 15절 후반부에서 바울은 그리스도인들은 양자의 영을 받았으므로 아바 아버지라고 부르짖는다고 말씀한다. 그리고 16절은 그 이유를 설명한다. 즉 이는 "성령이 친히 우리 영으로 더불어 우리가 하나님의 자녀인 것을 증거하"시기 때문이다. 여기서 동사 숨말투레오우(증거하다)는 …와 함께 증거하다 혹은 …에게 증거하다 두 가지로 번역이 가능하다. 전자의 번역은 성령께서 우리 영과 함께 우리가 하나님의 자녀임을 증거하신다는 뜻을 나타낸다.[1864] 로마법상 양자로 채택되기 위해 두 사람의 증거가 필요했던 것을 배경으로 해석하면 우리가 하나님의 양자로 받아들여지는데 성령의 증거와 우리 자신의 증거가 함께 필요하다는 것을 알 수 있다.[1865] 이 해석이 타당한 듯이 보이는 또 다른 이유는 바울이 16-29절에서 전치사 순함께 합성 단어를 아홉 번 사용하고 있다는 것이다. 그리고 이 단어들은 전치사 순함께의 뜻을 유지하고 있다. 그러나 여기서 성령님의 증거와

1861 마14:30; 15:22; 20:30-31; 21:9; 27:23; 막3:11; 10:48; 11:9; 15:13-14; 눅18:39; 요7:28, 37; 12:44; 18:40; 19:6.
1862 Osborne, *Romans*, 206; Fabricius, "Urbekenntnisse," 22f.
1863 Cranfield, *Romans*, 399.
1864 NEB; JB; Murray; Scheiner; Moo; Osborne.
1865 Moo, *Romans*, 504.

우리 영의 증거를 구분할 수 있는 방법은 없다. 그리고 우리가 성령님의 증거 없이 독자적으로 우리 자신이 하나님의 자녀인 것을 알 수는 없다. 따라서 우리가 하나님의 자녀라는 사실은 성령께서 우리에게 먼저 증거해 주는 것으로 보아야 한다. 이런 관점에서 보면 숨말투레오우는 성령께서 우리에게 증거하신다로 번역해야 옳다.[1866] 어떤 학자들은 여기서 "우리 영"은 성령께서 우리에게 주신 선물[1867] 혹은 새 성품이라고[1868] 해석한다. 그러나 영을 새 성품으로 볼 주석적 근거는 없다. 다른 학자들은 "우리 영"의 영은 성령을 가리킨다고 본다.[1869] 그러나 일인칭 복수 소유격 "우리"는 "영"이 사람의 영을 가리킨다는 것을 나타낸다.[1870] 그리고 그것이 여격이기 때문에 그 이전의 동사와 함께 성령이 우리 영에게 증거하신다로 자연스럽게 번역된다. 여기서 하나님의 자녀는 14절의 아들과 호환적 의미로 사용되고 있다.[1871] 따라서 양자의 영을 받은 그리스도인들은 누구나 자신이 하나님의 자녀라는 증거를 가지고 살고 있다. 성령의 황홀경을 경험한 사람만이 이 사실을 깨달을 수 있다고 보는[1872] 것은 바울이 이 문단에서 강조하는 육신과 영의 대조의 일반적 의미를 잘 반영하지 않는 해석이다. 회심한 그리스도인이면 누구나 자신이 하나님의 자녀라는 성령의 내적 증거를 가지고 살고 있다고 할 수 있다.[1873]

로마서 8:17절은 16절과 18절을 이어주는 기능을 하고 있다: "자녀이면 또한 후사 곧 하나님의 후사요 그리스도와 함께한 후사니 우리가 그와 함께 영광을 받기 위하여 고난도 함께 받아야 될 것이니라". 이 구절은 16절의 자녀라는 주제와 18절의 고난의 주제를 함께 포함하고 있다. 우리가 자녀이면 또한 상속자 곧 하나님의 상속자요 그리스도와 함께 한 상속자다. 이 조건은

1866 Luther; Calvin; Hodge; Leenhardt; Morris; Cranfield; Stott.

1867 Chrysostom.

1868 Schlatter, 266.

1869 Käsemann; Cranfield; Schweizer.

1870 Wilckens, *Römer*, 137-38.

1871 Dunn; Moo; *contra* Alford; Godet.

1872 D. M. Lloyd-Jones, *Romans: An Exposition of Chapter 8:5-17: The Sons of God* (Grand Rapids: Zondervan, 1975) 285-399.

1873 Stott, *Romans*, 235-36; Schreiner, *Romans*, 427.

우리가 그와 함께 영광을 받기 위해 고난도 함께 받는 것이다. 여기서 상속자클레이로노모스는 하나님의 상속자다. 갈라디아서 3-4장에도 상속자의 개념이 잘 설명되어 있다. 바울은 누구든지 그리스도안에 있으면 아브라함의 자녀로 여김을 받고 그의 상속자가 된다는 것을 언급하고 있다. 로마서에서는 이 사실을 4:13-14절에 언급하고 있다. 따라서 8:17절에서 아브라함을 언급하지 않는다고 해서 바울이 이 구절에서 가르치는 상속자에 대한 내용이 갈라디아서 3-4장에서 가르치는 상속자에 대한 내용과 다르다고 볼 수 없다.[1874] 갈라디아서에는 하나님의 상속자라는 표현이 없지만 4:6절에서 우리가 하나님을 아바 아버지라고 부른다고 한 표현은 바로 이 개념이 이 구절에 담겨있다는 것을 보여준다. 따라서 로마서 8:17절과 갈라디아서 4:6절에서 상속자의 개념과 자녀의 개념은 서로 밀접히 엮여 있다고 볼 수 있다. 여기서 놀라운 사실은 그리스도인들은 하나님께서 약속하신 것들을 유업으로 이을 뿐 아니라 하나님 자신을 상속한다는 사실이다. 이 관점에서 로마서 8:17절의 소유격 쎄우하나님는 근원이나 주격이 아니라[1875] 목적격이라고 볼 수 있다.[1876] 하나님 자신이 그 백성의 유업이라는 가르침은 신명기 18:2; 32:9절에 기록되어 있다. 경건한 이스라엘 백성은 하나님 밖에 자신의 분깃이 없다고 노래하고 있다(시73:25).[1877] 우리가 하나님의 상속자인 것은 우리가 그리스도와 함께 상속자라는 것과 뗄 수 없이 엮여 있다. 하나님은 원래 예수 그리스도의 아버지시다. 그런데 그리스도께서는 자신과의 연합을 통해 제자들에게 하나님을 아바 아버지로 부르도록 자격을 부여하셨다. 이를 기반으로 그리스도인들은 그리스도와 함께 하나님의 상속자가 되게 된 것이다.

이러한 놀라운 축복은 현재 성취된 사실이지만 또한 미래의 완성을 바라보고 있다. 그것은 우리가 그리스도의 고난에 함께 참여하는 것을 조건으로 하고 있다. 그리고 우리가 그의 고난에 동참하는 것은 장차 그와 함께 영광

1874 contra Cranfield, *Romans*, 406-07.
1875 Moo, *Romans*, 505.
1876 Murray; Cranfield.
1877 Stott, *Romans*, 235.

을 받기 위해서다. 여기서 고난은 현재형 동사로 표현되어 있다. 따라서 그리스도인들이 현재 받는 고난을 가리키고 있다. 무는 이 고난은 매일의 염려, 긴장, 핍박을 의미한다고 주석한다.[1878] 그러나 필자는 이 고난을 그리스도를 믿는 믿음 때문에 야기되는 고난으로 본다.[1879] 매일의 염려나 긴장은 예수님을 믿지 않는 사람도 가질 수 있는 고난이다. 그러나 이 고난 때문에 그들이 장차 예수님의 영광에 함께 참여한다고 말할 수는 없다. 바울이 말씀하는 고난은 요한복음 15:18절 이하에서 말씀하는 고난을 가리킨다고 할 수 있다. 이 고난은 우리가 육을 따라 살지 않고 성령의 인도하심을 따라 살기 때문에 초래되는 고난이다. 이 점에서 이 고난은 로마서 5:3절의 환난이나 로마서 8:35절의 고난과 같은 종류의 고난으로 볼 수 있다.[1880] 여기서 접속사 에이페르는 조건절을 이끌고 있다. 그러면 우리가 장차 영광에 참예하기 위해서 현재 예수와 함께 고난에 참여하는 것을 조건으로 우리는 그리스도와 함께 상속자가 된다는 뜻이 된다.[1881] 그러나 다른 한편으로 우리는 이미 그리스도와 함께한 상속자라고 볼 수 있다. 그것은 우리가 현재 그리스도의 고난에 함께 참여하고 있기 때문이다. 진정한 신자라면 누구나 그리스도로 인한 고난을 당한다고 볼 수 있다. 이 관점에서 우리는 에이페르는 이유를 나타내는 접속사 갈왜냐하면과 같은 뜻을 나타낸다고 볼 수도 있다.[1882] 그러면 17절 전반부의 접속사 에이만일는 조건을 후반부의 에이페르(만일)는 이유를 나타내는 것으로 된다. 그러나 바울이 17절에서 사용하는 에이(만일)와 에이페르만일의 뜻을 다른 것으로 보는 것은 문법적으로 근거가 희박하다. 따라서 9절에서 에이페르가 조건의 뜻을 담고 있다고 보듯이 17절에서도 조건의 뜻을 내포하는 것으로 보는 것이 일관성 있는 해석이다.

17절 후반부에서 바울은 그리스도인들이 예수님의 고난에 동참하는 이유는 장차 그의 영광에도 참여하기 위해서라고 말씀한다. 고난은 영광에 이르

1878 Moo, *Romans*, 506.
1879 Stuhlmacher, *Romans*, 131.
1880 골1:24; 빌1:29; 3:10; 고후1:5-8.
1881 Schreiner; Moo; Dunn; Fitzmyer; Morris.
1882 Cranfield, *Romans*, 407; Black; Lietzmann; Michel; Schmidt.

는 길이다. 로마서 5:3절에서 바울은 고난/환난은 칭의의 열매 중 하나로 제시한다. 베드로는 믿음의 시련이 불로 연단함과 같은 것은 장차 그리스도께서 재림하실 때 칭찬과 영광과 존귀를 얻게 하려함이라고 말씀한다(벧전1:7). 이는 마태복음 5:11-12절의 예수님의 가르침에 바탕을 두고 있다고 볼 수 있다. 그런데 로마서 5:17절에서 바울은 미래의 영광을 목적으로 현재 고난을 당하는 것을 말씀하고 있다. 여기서 동사 숨파스코멘은 권면이 아니고 직설형이다. 이는 그리스도의 고난과 그리스도인들의 고난은 함께 연합되어 있는 것을 나타낸다.[1883] 그리고 그리스도께서 그 고난을 통해서 영광에 이르렀듯이 그리스도인들도 그 영광에 참여하기 위해서 현재의 고난을 참고 인내하는 것을 가리킨다. 여기서 접속사 히나…을 위하여가 가지는 목적의 뜻을 완화해서 해석할 필요는 없다.[1884] 우리의 고난과 그리스도의 고난이 연결되어 있다고 할지라도 장차 그의 영광에 참여할 희망은 현재의 고난을 인내하며 참고 나가는 동력으로 작용할 수 있다. 다른 한편으로 그리스도와의 연합의 관점에서 바울은 그리스도인들의 영광이 이미 현재 성취된 것으로 표현하고 있다(롬8:30).

(라) 성령안에서의 견인(롬8:18-27)

로마서 8:1-17절에서 바울은 그리스도인들이 성령의 일을 생각하며 성령과 함께 걷는 삶을 산다는 것을 말씀했다. 그것은 그들이 믿음으로 하나님의 자녀가 되어 있기 때문에 부여받은 축복이다. 이 문단에서 바울은 성도들이 그리스도를 통해 선물로 받은 법률적 지위와 이에 따른 거룩한 삶의 스타일이 매우 밀접히 연결되어 있음을 가르치고 있다. 17절에서 바울은 성령에 인도된 삶의 특징중의 하나는 예수 그리스도의 고난에 함께 참여하는 것이라고 가르치고 있다. 그리고 18절부터 바울은 성도들이 고난을 당하면서 미래의 영광을 바라보며 인내하는 삶을 보여주고 있다. 따라서 필자는 18-30절의 주제는 성도의 견인이라고 본다. 성도의 견인은 성령의 인도함이 없이는

1883 고후1:5; 빌3:10; 골1:24; 딤후2:11-12.
1884 *contra* Cranfield, *Romans*, 408.

불가능하다(14절). 이를 바울은 로마서 8:26-27절에서 직접적으로 언급하고 있다. 이 관점에서 문단 구조를 보면 18절은 이 문단의 도입부에 해당한다. 19-22절은 피조물들이 하나님의 아들들이 나타나는 것을 고대하는 것에 대해 기술한다. 23-25절은 하나님의 아들들 자신들이 인내하면서 그 영광의 때가 오기를 기다리는 것에 대해 기술한다. 그리고 26-27절은 성령께서 중보기도를 통해서 하나님의 아들들이 참고 인내할 수 있도록 돕는 것에 대해 서술하고 있다.

18절에서 바울은 17절의 내용을 더 강화하고 있다. 즉 성도들은 장차 그리스도의 영광에 함께 참여하기 위해서 현재 고난을 당하고 있는데, "생각하건데 현재의 고난은 장차 우리에게 나타날 영광과 족히 비교할 수 없다"는 것이다. 이 말씀에는 현재 고난을 당하는 그리스도인들에게 비교할 수 없이 큰 미래의 영광을 바라보면서 이 고난의 시간을 참고 이겨나가야 한다는 권면의 뜻이 내포되어 있다. 여기서 동사 로기조마이여기다는 고난과 영광의 인과관계에 대한 바울의 확신을 담고 있다.[1885] 이 세상에서 사람이 당하는 고난에 대한 기술은 어디서나 발견된다.[1886] 그리고 고난후에 면류관이 따라오는 개념도 중간사 문헌에 흔히 발견된다.[1887] 구약의 시편, 욥기, 다니엘서도 고난과 그에 따라오는 영광된 종결을 잘 설명하고 있다. 따라서 바울이 여기서 말씀하는 고난과 영광의 인과관계는 구약의 전통을 배경으로 하고 있다고 볼 수도 있다. 던은 바울이 그 이전 시기 유대문학에 나타난 고난과 그 해결의 종말적 도식을 로마서 8:17절에 채택해서 기독교에서 강조하는 성령의 역할과 함께 짜맞추고(23, 26-28), 29절에서 이것을 기독론적 측면에서 제시하고 있다고 주석한다.[1888] 그러나 이 해석은 로마서 8:17절에서 바울이 말씀하는 그리스도와의 연합의 측면을 약화하고 있다. 즉 바울은 여기서 단지 고난과 영광의 인과관계에 관심이 있는 것이 아니다. 바울이 강조하는 것

1885 Schreiner; Käsemann.

1886 Fourth Eclogues; Stuhlmacher, *Romans*, 133.

1887 2 *Apoc. Bar*. 15:8; *Jub*.23.22-31; *T.Mos*.5-10; 1 QH3.28-36; *Sib.Or*.3.632-56; Dunn, *Romans*, 469; Stuhlmacher, *Romans*, 132.

1888 Dunn, *Romans*, 469.

은 현재 성도가 겪는 고난은 본질적으로 그리스도를 믿는 믿음이라는 관점에서 그리스도와 함께 겪는 고난이다. 그렇기 때문에 성도의 고난은 그리스도의 영광을 위해서 그 증인으로써 겪는 고난이다. 이 고난이 성령을 통해서 그리스도와 함께 겪는 고난인 만큼 그 해결도 자신의 영광을 위한 해결이 아니다. 성도의 현재의 고난은 그리스도께서 들어가신 종말적 부활의 영광에 부활의 몸을 입고 참여하는 것으로 해결된다. 바울이 여기서 말씀하는 성도의 고난과 영광은 그리스도께서 경험하신 고난과 영광을 떠나서 설명될 수 없다. 이 점에서 바울이 고난과 인내의 결과 따라올 수 있는 상급과 번영을 예찬하는 유대문학의 가르침을 배경으로 그리스도인의 고난과 영광의 메커니즘을 재구성했다고 하는 것은 그리스도께서 이루신 구속의 역사적 객관적 결과를 희극화하는 것과 다를 바 없다.

바울이 로마서 8:17-18절에서 말씀하는 고난이 그리스도와의 연합을 통한 고난이며 그리스도와 함께 겪는 고난이라고 볼 때 이 고난을 사람들이 당하는 일반적인 고난으로 보는 것은 잘못이다.[1889] 무는 22절에 피조물의 탄식과 고통이 그리스도인들의 고난과 비교된 것을 볼 때 이 고난은 그리스도 때문에 겪는 고난이 아니라 모든 형태의 고난을 가리킨다고 본다. 그러나 22절에서 바울이 말씀하는 피조물의 고통은 주님 재림 직전에 구로하는 여인의 진통과 연관되어 있다. 즉 공관복음의 감람산 비유를 보면 주님 재림 직전에 성도들은 환난을 통과하게 될 것임이 예언되어 있다. 이 때 예수께서는 이들의 환난을 여인의 구로하는 고통에 비유하시며 이 고난의 시기를 인내하며 나가야 된다고 권면하셨다.[1890] 이 계시문학적 배경은 로마서 8:26-27절에도 흐르고 있다. 성령께서는 말할 수 없는 탄식으로 고난을 통과하는 성도를 위해 기도하신다고 말씀한다. 이 고난은 그 아들의 형상을 본받게 하는 것과 관련이 있다. 히브리서 5:8절에서 저자는 그가 아들이시라도 받으신 고난으로 순종함을 배웠다고 말씀한다. 그리고 12:11절에서 저자는 아버

1889 *contra* Moo, *Romans*, 511.

1890 마24:8; 막13:8; Dongsu Kim, "Revisiting Paul' s Concept of Suffering in Romans 8: Christological vs. Generic", ETS annual meeting, Providence RI, 2008.

지로부터의 징계를 통해서 그 연달한 자에게 의의 평강한 열매를 맺는다고 말씀한다. 로마서8장에서 바울이 말씀하는 열매는 "선"이다(8:28). 이는 장차 우리가 부활의 몸을 입고 하나님의 상속자가 되는 것이 성취되는 것이다.

여기서 성도의 고난이 그리스도를 믿는 믿음으로 인한 고난이라는 사실은 명사 파쎄이마의 뜻에도 담겨있다.[1891] 고린도후서 1:5절에서 바울은 그리스도의 고난이 우리에게 넘친 것 같이 우리의 위로도 그리스도로 말미암아 넘친다고 말씀한다. 여기서 놀라운 사실은 바울은 고린도교회 성도들의 고난과 바울 자신의 고난이 그리스도와의 연합을 통해 서로 연합되어 있어 서로가 고난을 통해 위로를 받고 있다고 고백한다는 것이다(고후1:6). 이 위로는 그리스도의 고난에 참여한 자에게 필수적으로 따라오는 결과라고 할 수 있다(고후1:7). 베드로는 성도들이 그리스도의 고난에 참예하는 것을 즐거워하라고 권면한다. 이는 그의 영광을 나타내실 때 즐거워하고 기뻐하게 하려 함이다(벧전4:13). 이런 관점에서 바울은 그의 서신에서 파쎄이마를 로마서 5:3절의 쓸립시스와 같이 그리스도인이 예수와 함께 받는 고난을 가리키는 단어로 사용하고 있다고 볼 수 있다.

18절에서 바울은 성도들이 현재 받는 고난은 장차 우리에게 나타날 영광과 족히 비교할 수 없다고 말씀한다. 그 이유는 두 가지로 생각할 수 있다. 첫째, 현재의 고난은 잠시 있다가 없어질 고난이다(벧전 1:6; 5:10; 계 2:10).[1892] 고린도후서 4:17절에서 바울은 "우리의 잠시 받는 환난의 경한 것이 지극히 크고 영원한 중한 것을 우리에게 이루게 함이니"라고 말씀한다. 여기서 현재 받는 환난의 일시적임과 장차 임할 영광의 영원함이 대조되고 있다. 둘째, 현재 우리가 당하는 환난은 감당하기 힘든 것이 아니다. 그러나 앞으로 우리에게 임할 영광은 감당하기 힘든 중한 것이다. 이 종말의 영광은 그리스도의 영광이고 그의 사랑 가운데 존재하는 영광이다. 이 영광은 그리스도의 사랑으로 보장되어 있다. 따라서 바울은 우리를 그리스도의 사랑에서 끊을 수 있는 것은 아무것도 없다고 선언한다(롬8:35-39). 그리스도의 중

1891 빌3:10; 골1:24 고후11:23-28; 딤후3:11 갈4:13; W. Michaelis, *TDNT*, 5:931-34.
1892 Osborne, *Romans*, 210.

한 사랑은 우리를 영원한 감격속에 살게 할 것이다. 18절에 사용된 동사 멜로우는 장차 임할 영광의 미래성을 나타낸다.[1893] 반면에 케제만은 이 동사가 영광의 임함의 긴박성을 가리킨다고 생각한다.[1894] 그러나 이를 뒷받침하는 주석적 근거는 없다. 따라서 이는 장차 우리에게 임할 영광의 확실성을 나타낸다고 보는 해석이 제일 나아 보인다.[1895]

전치사구 에이스 헤이마스우리에게는 여러 가지로 번역될 수 있다. KJV와 NIV는 장차 우리안에in us 나타날 영광으로 번역한다. 그러나 바울은 그 서신에서 대개 전치사 에이스into를 엔in의 뜻으로 사용하지 않는다.[1896] 반면에 NRSV, NASB, TEV는 우리에게to us 나타날 영광으로 번역한다. 그러나 이 번역은 영광이 우리 것이 아니라 우리에게 나타나기만 한다는 뉴앙스를 풍긴다.[1897] 바울은 여기서 우리가 현재 고난을 당하지만 장차 영광의 모습으로 우리가 나타날 것을 말씀하고 있다. 이 뜻을 가장 잘 나타내 주는 전치사는 에이스into라고 할 수 있다. 이 점에서 NEB의 번역 "우리를 위해 예비된" which is in store for us이 바울의 의도를 잘 전달하는 것으로 보인다. 그러나 이 영광은 단지 예비된 영광이 아니라 이미 우리가 참여한 영광이다(롬8:30). 따라서 이 영광이 장차 나타난다는 것은 우리에게 이 종말의 영광이 부활을 통해서 실현된다는 것을 의미한다고 볼 수 있다. 따라서 필자는 크랜필드의 견해를 따라 "우리안에 나타날 영광"으로 번역하는 것이 신학적으로 제일 타당한 번역이라고 생각한다.[1898]

로마서 8:19절은 접속사 갈왜냐하면로 시작한다: "피조물의 고대하는 바는 하나님의 아들들의 나타나는 것이니". 이는 19절이 18절과 논리적 인과관계가 있다는 것을 나타낸다. 무는 19-25절은 18절의 내용을 뒷받침하고 있다

1893 Cranfield, *Romans*, 409.

1894 Käsemann, *Romans*, 232.

1895 Moo; Morris; Schreiner; H. R. Balz, *Heilvertrauen und Welterfahrung: Strukturen der paulinischen Eschatologie nach Römer 8,18-39* (Beiträge zur evangelischen Theologie 59. Munich: Chr. Kaiser, 1971) 100.

1896 Zerwick, 106-10; Turner, 256.

1897 Moo, *Romans*, 512.

1898 Cranfield, *Romans*, 410.

1899 Moo, *Romans*, 513.

고 생각한다.[1899] 그러면 이 두 부분의 관계를 어떻게 이해할 수 있는가. 고뎃은 19-25절은 18절에서 언급하는 고난을 설명하고 있다고 본다.[1900] 머레이는 19-25절은 우리가 왜 고난을 인내하고 참아야 하는지 그 이유를 말씀하고 있다고 주석한다.[1901] 메이어는 미래에 나타날 영광의 확실성을 말씀하고 있다고 제시한다.[1902] 알포드는 영광의 초월적 위대함의 증거를 제공하고 있다고 믿는다.[1903] 무는 이 모든 해석들이 바울이 여기서 말씀하는 피조물과 그리스도인들이 미래에 공유할 변화됨에 대한 염원을 간과하고 있다고 평가한다. 즉 19-25절에서 바울은 18절에 언급된 "나타나는 것"을 두 가지 점을 보여줌으로써 발전시키고 있다고 본다. 첫째, 피조물과 그리스도인들은 함께 현재 불완전성incompleteness과 질식frustration의 고통을 겪고 있다. 둘째, 이 둘은 모두 궁극적 변화됨을 열렬히 갈망하고 있다. 그러나 여기서 무는 19-25절에 나타난 고난에 대한 인내의 주제를 간과하고 있다고 할 수 있다. 피조물은 아담의 원죄이후 자신의 썩어진 상태를 인해 고통을 겪고 있다. 이는 성도들이 현재 당하는 고난과 병렬을 이룬다. 이는 현재 불완전한 자신의 상태에 대한 고통일 뿐 아니라 외적 요인에 기인한 고통이라는 점에서 성도가 핍박으로 인해 당하는 고통과 병렬된 개념이다. 둘째, 이는 단지 미래의 변화됨에 대한 갈망 뿐 아니라 현재의 고난으로부터의 해방에 대한 갈망도 포함한다. 이 고난을 인내하며 나갈 수 있도록 지탱하는 힘은 미래에 참여할 부활의 영광이 너무 크다는 사실이다. 우리가 여기서 분명히 알 수 있는 것은 예수와의 연합을 통해 영광에 참여하는 것은 그리스도인 뿐이지 피조물은 아니다는 것이다. 따라서 바울은 피조물의 열망을 수사적 기법으로 사용하고 있다고 할 수 있다. 피조물 자체가 미래에 새로운 모습으로 변화될 것인지에 대해서는 토론의 여지가 있다. 여기서 바울이 강조하는 것은 피조물의 변화가 아니라 피조물들도 하나님의 아들들이 미래에 참여하게 될

1900 Godet.

1901 Murray, *Romans*, 301.

1902 Meyer.

1903 H. Alford, *Alford's Greek Testament: An Exegetical and Critical Commentary*, vol. 2: Acts-Corinthians (Grand Rapids: Guardian Press, 1976) 393; Schreiner, *Romans*, 434.

영광의 확실성을 바라보고 있다는 점이다. 이 확실한 미래의 영광은 현재 하나님의 아들들이 고난속에서 인내하며 나갈 수 있는 동기로 작용한다.

19절에서 바울은 명사 "나타남"아포칼륩시스을 사용하며 18절에 언급된 "나타난다"아포칼륩토우는 개념을 전개시키고 있다. 18절은 우리에게 영광이 나타난다고 말씀하고 있는 반면에 19절은 하나님의 아들들이 나타난다고 말씀한다. 이는 미래에 하나님의 아들들이 영광된 형태로 나타나게 될 것을 의미한다. 이는 23절이 말씀하는 우리 몸의 구속을 가리키는 것이고 우리가 부활의 영광의 몸을 입고 예수님과 함께 하나님의 영광에 참예하는 것을 가리킨다(17절). 여기서 학자들의 논쟁의 쟁점이 되어 왔던 주제는 피조물이 무엇을 가리키고 있는가 하는 것이다. 어떤 학자들은 이는 문자적으로 온 우주를 포함하는 개념으로 본다.[1904] 오리겐은 이는 우주적 개념을 가지는 단어로써 천사들도 포함한다고 믿었다.[1905] 그러나 천사들은 아담의 원죄로 인해 썩어짐의 종노릇을 한 적이 없다. 따라서 여기서 바울이 말씀하는 피조물에 포함되지 않는다고 볼 수 있다. 사탄이나 악령들은 장차 하나님의 아들들이 영광중에 나타나는 것을 고대하지 않는다. 따라서 이들도 제외된다.[1906] 그러면 여기에 불신자들도 포함되는가. 20절은 피조물이 자기 뜻으로 허무한데 굴복하게 된 것이 아니라고 말씀하기 때문에 이 피조물이 신자이든 불신자이든[1907] 상관없이 인류를 그 범주에 포함하고 있지 않다는 것이 분명해진다.[1908] 따라서 우리는 여기서 "피조물"은 인류를 제외한 모든 살아있는 생물과 무생물을 지칭한다고 볼 수 있다.[1909] 시편 65:12-13절은 언덕과 목초지와 계곡이 기쁨으로 외치며 함께 노래한다고 말씀한다.[1910] 이러한 구약의 수사법 의인화법을 사용해서 바울은 여기서 피조물의 열망을 의인화함으로써 앞으로 하나님의 아들들이 영광중에 나타나는 것은 온 우주가 목도하는

1904 Barth, *Shorter*, 99; W. Foerster, *TWNT*, 3:1030.

1905 Cranfield, *Romans*, 411.

1906 Murray, *Romans*, 301-302.

1907 Schlatter, 269-275; Vögtle, *Zukunft*, 184ff.; Käsemann, *Romans*, 233.

1908 Moo, *Romans*, 514.

1909 Godet, Zahn; Kuss; Cranfield; Murray; Sanday and Headlam; Lietzmann; Lagrange; Gaugler; Calvin; Moo; Dunn.

1910 사24:4, 7; 렘4:28; 12:4.

역사적 사건이 될 것이라는 것을 분명히 하고 있다. 피조물의 이에 대한 기대아포카라도키아는 기다리는 것이 도착하는지 목을 길게 뻗고 바라다 보는 것을 가리킨다.[1911] 이 단어는 이 곳과 빌립보서 1:20절에 사용되는데 신약성경 이외의 고대 문헌에는 발견되지 않는다.[1912] 버트램은 이 단어에 염려의 뉴앙스가 담겨있다고 주장한다.[1913] 그러나 덴튼은 이를 반박하며 이 단어는 열망적인 기대, 확신있는 기대를 의미한다고 말한다.[1914] 이 명사는 같은 절에 사용된 동사 "열렬히 기다리다"아페크데코마이와 중복된다. 이를 문자적으로 번역하면 피조물의 열망적 고대가 하나님의 아들들의 출현을 열정적으로 기다린다가 된다. 모리스는 이 절에서 바울이 이 독특한 중복적 합성단어를 사용함으로써 숨죽이는 고대를 강렬히 묘사하고 있다고 주석한다.[1915] 바울은 이 동사를 23, 25절에서 그리스도인들의 기다림을 표현하는데도 사용한다.[1916] 이 모두가 기다리는 때는 시간상 그리스도의 재림의 때와 일치한다. 이 점에서 우리는 바울의 이 문단에서의 가르침이 예수님의 종말에 대한 가르침을 배경으로 하고 있다는 것을 감지할 수 있다. 이것이 온 세상이 새롭게 될 것을 예언하는 유대의 계시문학적 요소를 직접적으로 배경으로 하는지에 대해서는 논란의 여지가 있다.[1917]

그리스도의 재림과 함께 하나님의 아들들이 영광중에 나타날 것인데 여기서 명사 아포칼륍시스나타남는 종말에 하늘로부터 막이 올려지는 뉴앙스를 가진다.[1918] 즉 우리는 이미 하나님의 아들들이다. 그러나 현재 고난을 통과하는 그들의 영광의 상태는 막 뒤에 가려져 있다. 그러나 연극에서 무대의 막이 오르면 극의 인물들의 모습이 선명히 나타나듯이 종말에 하늘 무대의 커튼이 열리면 하나님의 아들들의 영광된 모습이 모든 피조물들 앞에 드러

1911 Cranfield, *Romans*, 410.
1912 *TDNT*, 1:393.
1913 G. Bertram, "*ἀποκαραδοκία*," *ZNW* 49 (1958) 264-70.
1914 D. R. Denton, "*Ἀποκαραδοκία*", *ZNW* 73 (1982) 138-40; Dunn, *Romans*, 469.
1915 Morris, *Romans*, 321.
1916 히9:28; 벧전3:20; 고전1:7; 갈5:5; 빌3:20.
1917 H. Paulsen, *Überlieferung und Auslegung in Römer 8* (WMANT 43; Neukirchener/Vluyn: Neukirchener, 1974); Osten-Sacken, *Römer 8*, 78-101; Moo, Romans, 514.
1918 Dunn, *Romans*, 470.

나게 될 것이다. 그들은 부활의 몸을 입고 예수와 함께 하나님의 상속자로써 그 영광에 참예하게 될 것이다.

로마서 8:20절의 접속사 갈왜냐하면은 20-21절이 19절의 내용을 설명하고 있다는 것을 나타낸다. 즉 "피조물이 허무한데 굴복하는 것은 자기 뜻이 아니요 오직 굴복하게 하시는 이로 말미암은 것이다." 그렇기 때문에 피조물이 바라는 것은 그 썩어짐의 종노릇한데서 해방되어 하나님의 자녀들의 영광의 자유에 이르는 것이다(21절). 여기서 21절은 19절의 내용과 중복되고 있음을 알 수 있다. 피조물이 하나님의 아들들이 나타나는 것을 고대하는 것은 그 시간이 피조물이 그 썩어짐의 종노릇함에서 해방되는 때와 맞물려 있기 때문이다. 20절에서 굴복하다는 동사는 과거 수동태이다. 이것은 피조물이 허무한데 굴복한 것은 자신의 뜻으로 한 것이 아님을 나타낸다. 그것은 굴복하게 하신 이에 의해서 그렇게 된 것이다. 그러면 누구에 의해서 그렇게 되었는가. 그것은 아담이 아니다.[1919] 그리고 사탄도 아니다.[1920] 이들은 피조물을 허무한데 굴복하도록 명령할 권한을 가지지 않았다. 오직 하나님 한 분만이 피조물을 그 명령에 복종하게 하실 수 있다.[1921] 하나님께서 피조물을 그 허무한데 복종하게 하신 것은 피조물들을 벌하시려 하신 것이 아니고 아담과 이브에게 벌을 내리신 것과 함께 처해진 상황으로 볼 수 있다. 피조물이 처해진 상황을 나타내는 명사 마타이오테이스허무한 것는 헛됨futiltiy을 의미한다. NIV는 이를 좌절frustration이라고 번역하고 보그한은 이는 전도서 1:2절이 말씀하는 헛됨을 의미한다고 주석한다.[1922] 그러나 이 보다 나은 해석은 21절의 단어 "썩어짐"프쏘라의 관점에서 이를 주석하는 것이다. 많은 학자들은 여기서 바울은 창세기 3:17-19절을 배경으로 이 구절을 쓰고 있다고 본다.[1923] 즉 하나님께서는 아담의 원죄를 벌하시면서 땅을 저주하시고 그에게 가시덤불과 엉겅퀴를 내게 하셨다. 이는 이들이 원죄를 짓기 이전의 상황과

1919 *contra* Chrysostom; Godet; Zahn; Schlier; Robinson; O' Neill; G.W.H. Lampe, "The New Testament Doctrine of Ktisis," *SJT* 17 (1964) 458; Balz, *Heilsvertrauen*, 41.

1920 *contra* Godet.

1921 Käsemann; Michel; Cranfield; Fitzmyer; Moo; Schreiner; Morris.

1922 Bauernfeind, *TDNT*, 4:523.

1923 Cranfield, *Romans*, 413; Murray; Schreiner, Moo.

는 다른 것이며 하나님께서 보시기에 좋았던 상태와는 거리가 먼 상황이다. 이는 피조물들이 그 창조된 본래 목적의 기능을 하지 못하는 상태가 된 것을 의미한다. 바울은 이를 헛됨 혹은 썩어짐의 상태라고 표현하고 있다.

어떤 학자들은 피조물을 헛된 상태에 굴복하게 하신 분이 하나님이시라는 주석에 동의하지 않는다.[1924] 그 이유는 전치사 디아가 소유격이 아니라 목적격과 함께 쓰였기 때문이다. 이는 문자적으로 "하나님 때문에"라고 번역될 수 있고 굴복하게 한 대리인은 따로 존재한다는 것을 의미하고 있다는 것이다. 그러나 만일 그 자가 아담이라면 바울이 아담의 원죄가 피조물을 허무한데 굴복하게 했다고 말씀했어야 한다.[1925] 그러나 디아+목적격은 하나님께서 아담에게 피조물을 허무한데 복종하게 하도록 임무를 주셨다는 의미를 내포한다. 그러나 이는 타당한 해석으로 볼 수 없다. 따라서 우리는 여기서 바울이 디아+목적격을 디아+소유격의 의미로 사용하고 있다고 볼 수 있다.[1926] 즉 피조물은 하나님의 뜻으로 말미암아 썩어짐의 상태에 놓이게 되었다. 그리고 그것은 희망이 전혀 없는 처참한 종결로 끝나지 않는다. 그것은 앞으로의 회복을 "희망안에서"에프 엘피디 전제로 한 것이다. 여기서 전치사 에피는 함께with 혹은 안에in로 번역이 가능하다. 그리고 희망은 창세기 3:15절에서 말씀하는 여인의 후손이 뱀의 자식의 머리를 상하게 하는 예언을 가리키고 있다고 할 수 있다.[1927] 그러나 로마서 8:20절에서 말씀하는 희망은 예수님의 십자가에서의 승리보다는 종말에 완성될 구속을 가리키고 있다고 보는 것이 문맥에 더 맞는 것 같다.[1928] 그러면 이 전치사구는 어느 동사를 수식하는가. 피츠마이어는 이 전치사구가 바로 그 앞에 있는 동사 후포타산타굴복하게 하다를 수식한다고 본다. 반면에 다른 학자들은 그 보다 멀리 있는 후포타게이굴복하게 하다를 수식한다고 본다.[1929] 필자는 후자의 해석이 옳다고 본다. 그것은 후포타게이가 이 문장의 주동사로써 피조물이 허무한데 굴복

1924 Zahn; Robinson.
1925 Dunn, *Romans*, 471.
1926 BAGD 181; BDF 223; 계12:11; 13:14; 요6:57; Moo, *Romans*, 516; Schreiner, *Romans,* 435.
1927 Cranfield, *Romans*, 414; Moo, *Romans*, 516.
1928 Fitzmyer, *Romans*, 508.
1929 Sanday and Headlam; Murray; Cranfield; Moo.

한 것은 희망이 없이 된 것이 아니라 희망안에서 된 것이라는 것을 나타내기 때문이다. 이는 24-25절에 분명히 반복된 미래에 있을 종국적 해결에 대한 소망과 같은 개념이다(롬5:4). 현재 피조물이 썩어짐의 종노릇을 하는 상태는 그 종국적 해결에 대한 희망을 전제로 하고 있다. 다시 말해 희망은 굴복하게 됨의 조건이라고 할 수 있고 피조물에게 부과된 허무함과 썩어짐을 계속해서 조절한다.[1930]

로마서 8:21절의 접속사 호티는 간접 목적절을 이끄는 that[1931] 혹은 20절의 엘피디희망를 설명하는 because왜냐하면로[1932] 번역되고 있다. 고대 사본 중에 호티 대신 디오티because를 포함하는 사본도 있다. 원전비평적 관점에서 우리는 호티가 원문일 가능성이 높다고 볼 수 있는데 그러면 이는 21절의 명사절을 이끄는 접속사로 기능한다고 볼 수 있다.[1933] 즉 20절의 끝에 쓰인 전치사구 "희망안에서"의 내용은 21절에 설명되고 있다: "그 바라는 것은 피조물도 썩어짐의 종노릇한데서 해방되어 하나님의 자녀들의 영광의 자유에 이르는 것이다". 여기서 썩어짐의 종노릇을 어떻게 이해해야 되나. 먼저 명사 "프쏘라"는 종말의 심판을 의미한다(갈6:8). 그러나 이 단어가 피조물과 관련되어 있기 때문에 "썩어짐"decay을 의미한다고 볼 수 있다. 다시 말해 프쏘라는 타락과 같은 도덕적 개념을 내포하고 있다고 볼 수 없다.[1934] 피츠마이어는 이 단어는 부패를 의미할 뿐 아니라 피조물의 현재 상태를 나타내는 무기력, 추함, 활력이 없음을 의미한다고 해석한다.[1935] 그러면 "썩어짐의 종노릇"의 구절에 표현된 소유격은 어떤 기능을 하고 있는가. 그것을 주격으로 보면 이는 종의 상태가 부패로부터 말미암는다는 뜻이 된다.[1936] 이를 질적qualitative으로 보면 부패로 특징되는 노예상태를 가리킨다.[1937] 이를 동격

1930 Murray, *Romans*, 304.
1931 NIV; Bruce; Lenski; Moo.
1932 KJV; RSV; Cranfield; Boylan; Morris.
1933 Moo, *Romans*, 516; Schreiner, *Romans*, 440.
1934 Murray, *Romans*, 304; 골2:22; 벧후2:12.
1935 Fitzmyer, *Romans*, 509.
1936 Cranfield.
1937 Turner, *A Grammar*, 213.
1938 Lenski; Murray.

appositional으로 보면 노예상태 즉 썩어짐을 말한다.[1938] 그리고 이를 목적격으로 보면 "부패에 이르는 노예상태"의 뜻이 된다.[1939] 필자는 여기서 두 번째와 세 번째 해석이 그 중 나은 해석이라고 생각한다. 피조물은 하나님의 선언으로 타락한 인간이 처하는 상태에 같이 빠지게 되었는데 이는 부패한 상태이며 곧 노예상태이다. 이는 아담의 원죄 때문에 죄의 종이 되어 있는 인간의 상태와 병렬되는 상태다. 인간은 사망의 상태에 놓이게 되었고 피조물은 썩어짐의 상태에 놓이게 된 것이 병렬된다.

미래에 피조물이 이 썩어짐의 상태에서 해방되는 것은 그들이 하나님의 자녀들의 영광의 자유에 이르는 것과 동시에 될 것이다. 여기서 긴 소유격 어구 "하나님의 자녀들의 영광의 자유"를 어떻게 해석해야 되는가. 크랜필드는 이 소유격을 주격으로 보고 미래의 자유는 하나님의 자녀들이 영광을 얻는 것으로 인해 발생한다고 해석한다. 여기서 소유격을 소유를 나타내는 것으로 보면 영광의 상태에 속한 자유가 된다.[1940] 그러나 필자는 여기서 소유격 "영광의"를 질적으로 보는 것이 제일 낫다고 본다. 즉 하나님의 자녀들의 영광으로 특징된 자유라고 볼 수 있다.[1941] 이는 그 이전의 어구 "썩어짐으로 특징된 노예상태"와 대조적으로 병렬된다. 즉 노예상태는 자유와 그리고 썩어짐은 영광과 병렬된다. 그러나 여기서 영광으로 특징된 자유는 피조물의 것이 아니라 하나님의 자녀들에게 속한 것이다. 이는 장차 하나님의 자녀들이 영광 가운데 나타날 때 피조물도 이와 함께 썩어짐의 상태에서 해방되게 된다는 것을 의미한다. 이는 피조물의 회복이 하나님의 자녀의 영화에 달려 있다는 것을 말한다고 볼 수도 있다.[1942] 그러나 여기서 내포된 인과적 의미를 무시하지 않은 채 우리는 그 주된 뜻은 시간적 동시성이라고 할 수 있다. 즉 미래의 피조물의 회복은 그리스도인들이 하나님의 양자로써 완성

1939 Moo; Byrne.

1940 Alford; Byrne, 107; Moo, *Romans*, 517.

1941 NIV의 번역 "영광스런 자유"(glorious freedom)는 이 문단에서 강조하는 미래의 영광의 주제를 희석시키는 결과를 가져온다.

1942 J. Baumgarten, *Paulus und die Apokalyptic: Die Auslegung apokalyptischer Überlieferungen in den echten Paulusbriefen* (WMANT 44; Neukirchen/Vluyn: Neukirchener, 1975) 175-78; Bindemann, *Die Hoffnung*; A. Vögtle, "Röm 8, 19-22: eine Schöpfungstheologie oder anthropologisch-soteriologische Aussage?" in *Mélanges bibliques in hommage au Béda Rigaux*, 351-66.

될 때 성취되게 되는 것이다. 역사적 전천년설에 의하면 이 때가 천 년 전을 의미하는지 천 년 후를 의미하는 지 혼동스럽게 된다. 이루어진 천년설amillennialism에 의하면 이러한 혼동은 사라지게 된다. 즉 그리스도의 재림으로 모든 것이 완성되게 됨으로 인해 천 년의 과도기가 필요 없는 것이다.

로마서 8:22절의 접속사 갈왜냐하면은 21절 내용의 설명을 도입한다: "피조물이 다 이제까지 함께 탄식하며 함께 고통하는 것을 우리가 아나니". 동사 "우리가 안다"오이다멘는 그 말하려는 내용의 사실성을 강조하는 말이다(2:2; 3:19; 7:14; 8:28). 즉 모든 피조물이 이제까지 함께 탄식하며 함께 고통하는 것을 우리가 안다. 여기서 동사 함께 탄식하다수스테나조우는 신약에서 오직 이 절에만 사용되고 있다. 이는 피조물들이 함께 탄식하고 있다는 것이지 그리스도인들과 함께 탄식한다는 의미는 아니다. 23절에는 그 단순형 탄식하다스테나조우를 그리스도인들의 탄식을 묘사하는데 사용하고 있다(고후5:2, 4). 동사 함께 고통한다수노우디노우도 오직 이 절에만 사용되고 있다. 그리고 그 단순형 고통한다는 갈라디아서 4:19, 27; 요한계시록 12:2절에 사용되고 있다. 여기서 바울은 피조물들의 해산의 고통을 명시하고 있는 것이 분명하다. 마가복음 13:8절은 고통한다의 명사형 오우딘을 사용하여 마지막 때 직전의 고통의 시기를 묘사하고 있다(마24:8; 요16:20-22). 그러면 바울도 여기서 피조물들의 마지막 때의 해산의 고통을 묘사하고 있는가. 피츠마이어는 메시야의 도래 직전의 비통은 랍비문헌에 발견되는 개념으로써 바울 당시 사람들이 이를 인식하고 있었는지는 분명하지 않다고 말한다.[1943] 그러나 던은 바울이 묘사하는 피조물의 고통은 종말적 색채를 강하게 지니고 있다고 주장한다.[1944] 그리고 이 개념은 신약 뿐 아니라 계시문학이나 랍비문헌에 공통적으로 발견되고 있다고 말한다.[1945] Tsumura는 이 개념의 구약의 배경은 창세기 3:16-17절에서 찾을 수 있다고 말한다.[1946] 즉 이브가 겪는 해산의 고통은 그녀의 자손인 메시아의 최후의 승리와 기쁨을 알리는 전조라는

1943 Fitzmyer, *Romans*, 509; Morris.
1944 Dunn, *Romans*, 472-73.
1945 막13:8; 요16:21; 행2:24; 살전5:3; 계12:2; 1 Enoch 62.4; 4 Ezra 10.6-16; Str-B, 1:950; Kuss, 630-33.
1946 D. T. Tsumura, "An OT Background to Rom 8.22." *NTS* 40 (1994) 620-21; Osborne, *Romans*, 213.

것이다. 바울은 피조물의 해산의 고통이 "지금까지"아크리 투 눈 계속되고 있다고 말한다. 여기서 눈지금은 종말적 구원의 시간을 알리는 부사로써 현재의 해산의 고통은 메시아의 재림의 임박함을 알리는 전조라고 할 수 있다. 이를 단지 이 세상의 비통의 계속되는 현상 정도로 보는 것은 신약에서 사용되는 이 단어들이 가지는 종말적 의미를 간과하고 있는 것이다. 이 종말적 비통은 17-18절에서 말씀하는 그리스도로 인한 고난과 관계가 있다고 할 수 있다. 이 그리스도인들의 고난은 23-25절에 그들의 탄식과 연결된다. 즉 이들의 탄식은 35-39절에 자세히 설명되어 있는 현재의 환난과 관련되어 있다. 그리스도인들이 그 신앙 때문에 고난을 당할 때 그 몸의 구속을 고대하는 탄식은 고독하지 않다. 왜냐하면 피조물들도 함께 탄식하며 하나님의 아들들이 영광을 얻는 순간이 빨리 오기를 고대하기 때문이다.

로마서 8:19-22절은 현재 썩어짐의 종노릇 상태에서 탄식하는 피조물에 대해 말씀하는 반면 로마서 8:23-25절은 미래의 영화를 기다리며 현재 고난을 인내하며 탄식하는 그리스도인들에 관해 서술한다. 피조물과 그리스도인들은 몇가지 공통된 점을 가지고 있다. 첫째, 피조물이 현재 썩어짐의 상태에서 고통을 겪는 것 처럼 그리스도인들도 현재 그 육신을 이용해 역사하는 죄를 인해 고통을 겪고 있다. 둘째, 피조물이 썩어짐의 노예됨으로부터 해방을 고대하는 것처럼 그리스도인들도 양자될 것 곧 미래의 몸의 구속을 기다린다. 셋째, 피조물이 현재 탄식하며 고통을 겪는 것처럼 그리스도인들도 현재 고난을 참으며 탄식한다. 여기서 탄식한다는 것은 말로 표현하는 탄식이 아니라 마음속에 무언으로 하는 한숨이라고 할 수 있다.[1947] 탄식하다 혹은 탄식은 칠십인역에서 자주 사용되는 단어들이다. 그리고 빈번히 억압 속에서 하나님께 구원을 간청하면서 발하는 탄식을 의미한다(시38:9).[1948] 바울이 동사 스테나조우(탄식하다)를 사용해 그리스도인들의 탄식을 서술하는 것은 이 시대의 권세의 억압으로부터 건져달라는 탄식으로 볼 수 없

1947 Moo; Murray; Osborne; Cranfield; Dunn.

1948 고후5:2; 막7:34; 행7:34; 창3:16; 애1:22; 겔24:17; 시6:6; 12:5; 31:10; 38:9출2:24; 6:5; 삿2:18; Moo, *Romans*, 519.

1949 *contra* Moo.

다.[1949] 왜냐하면 그리스도인들은 이미 구 시대로부터 해방되어 새 시대로 옮겨졌기 때문이다. 혹은 여기서 탄식은 그리스도인들이 헬라 철학 사상의 영향를 받아 이 물질 세계나 육신의 감옥에서 해방될 것을 기대하는 탄식도 아니다.[1950] 여기서 그리스도인들의 탄식은 핍박으로 인한 억압으로부터 건져지기를 기도하는 탄식일 가능성이 있다. 22절에 사용하고 있는 동사 수노우디노우함께 고통한다의 명사형이 복음서에서 쓰일 때 이는 재림 전에 신자들에게 임할 환난을 가리키고 있다. 그리고 로마서 8:35절 이하에서 바울은 그리스도인들이 당하는 환난을 매우 사실적으로 서술하고 있다. 따라서 여기서 그리스도인들의 탄식은 이 사망의 몸으로부터 해방되어 몸의 완전한 구속을 고대하는 광의의 탄식과 핍박으로부터의 구원을 고대하는 협의의 탄식을 모두 포함하는 것으로 볼 수 있다.

그러면 우리는 성령의 처음 익은 열매를 받았기 때문에 탄식하는가 아니면 성령의 처음 익은 열매를 받았음에도 불구하고 탄식하는가. 이는 23절의 분사 에콘테스have의 문법적 기능을 어떻게 보느냐에 따라 해석이 달라진다. 캘빈은 피조물도 탄식하는데 하물며 성령의 처음 익은 열매를 받은 우리는 얼마나 더 탄식하겠는가라고 해석한다.[1951] 구원의 완성을 위한 성령의 역할을 생각할 때 우리는 인과적 관계를 강조해서 우리가 성령의 처음 익은 열매를 받았기 때문에 종말의 구원을 바라보며 탄식한다고 이해할 수 있다.[1952] 그러나 성령을 받지 않은 피조물도 탄식하고 있는 것을 보면 이 탄식이 성령의 내주하심과 인과적 관계에 있지 않다고 볼 수도 있다. 케제만은 분사 에콘테스는 인과적 의미가 아니라 양보적concessive 의미를 가진다고 주석한다.[1953] 즉 미래의 영광을 고대하지만 현재 고난 가운데 있기 때문에 성령을 받았음에도 불구하고 탄식한다는 것이다. 이 두 해석 모두 타당한 면을 가지고 있다. 그러나 필자는 분사 에콘테스를 상황적circumstantial 의미를 나타내는

1950 Dunn, *Romans*, 474.
1951 Calvin.
1952 Moo; Dunn; Scott, *Christianity according to St. Paul*, 257; Byrne, *Romans*, 264; Schreiner.
1953 Käsemann, Romans, 237.
1954 Fee, *God' s Empowering Presence*, 574.

것으로 본다.[1954] 즉 성령의 처음 익은 열매를 가진 상태에서 우리는 우리 몸의 구속을 기다리며 탄식하고 있는 것이다.

그러면 여기서 성령의 처음 익은 열매는 무엇을 말하는가. 먼저 명사 아팔케이첫열매는 구약에서 여호와 하나님께 드린 수확한 열매 중 첫 열매를 의미한다.[1955] 그러나 신약에서 아팔케이는 빈번히 은유적 의미를 가진다.[1956] 따라서 이 단어가 구약적 희생물을 의미한다고 보는 것은 무리다.[1957] 출생증명서를 의미하는 것은 더욱 아니다.[1958] 따라서 여기서 첫열매는 보증아라보운을 의미한다고 보는 것이 낫다.[1959] 즉 하나님께서 우리에게 보증으로 주신 성령은 앞으로 구속의 날에 무한히 부어질 성령을 예표한다고 볼 수 있는 것이다. 이렇게 볼 때 우리는 여기서 소유격 "성령의"는 동격으로 보는 것이 적절하다. 즉 우리는 첫열매 즉 성령을 가지고 있는 상태에서 양자될 것, 몸의 구속을 기다리며 탄식한다. 여기서 명사 양자됨후이오쎄시아이 나중에 원문에 삽입되었다고 하는 견해가 있다. 그것은 바울이 로마서 8:15절에서 그리스도인들이 이미 양자의 영을 받았다고 말씀한 것과 23절에 말씀하는 양자될 것을 기다리는 것이 모순되기 때문이라는 것이다. 스웨트남은 15절과 23절의 충돌을 다른 방법으로 해결하려 한다.[1960] 즉 동사 아페크데코마이를 기다리다가 아니라 추론하다infer로 번역한다. 그러면 우리가 탄식을 통해서 현재의 양자됨을 추론하므로 양자됨은 현재 우리의 지위와 맞게 된다는 것이다. 그러나 19절과 25절에서 이 동사가 기다리다를 의미하는 것을 볼 때 스웨트남의 번역은 타당하지 않다.[1961] 우리는 15절과 23절은 모순이 아니고 긴장 관계에 있다고 보는 것이 옳다. 이는 바울의 종말론에 내포된 이미와 아직의 개념을 바탕으로 하고 있다. 즉 우리는 양자의 영을 이미 받았다. 그러나 진정한 양자됨은 미래의 몸의 구속을 의미한다. 여기서 우리 몸의 구속

1955 민5:9; 신18:4; 대하31:5-6.

1956 즉 어떤 지역의 첫 회심자들(롬16:5; 고전16:15), 혹은 하나님의 구속 사역의 첫단계(약1:18; 계14:4; 살후2:13), 혹은 부활의 첫열매가 되신 그리스도(고전15:20, 23) 등이다; Moo, Romans, 520.

1957 Dunn, *Romans*, 473.

1958 C. C. Oke, "A Suggestion with Regard to Romans 8:23." *Interpretation* 11 (1957) 455-60.

1959 엡1:14; 고후1:22; 5:5; Moo; Schreiner; Käsemann; Fee.

1960 J. Swetnam, "On Romans 8,23 and the 'Expectation of Sonship,' " *Bib* 48 (1967) 102-08.

1961 Schreiner, *Romans*, 439; Dunn.

은 우리가 장차 썩지 않을 몸을 입고 부활하는 것을 의미한다(고전15:53-54).

로마서 8:24절에서 접속사 갈왜냐하면은 우리가 우리 몸의 구속을 기다리면서 탄식하는 이유는 우리가 이 희망안에서 구원을 받았기 때문이라는 것을 설명하고 있다. 즉 우리가 하나님의 양자됨이 장차 완성되는 것은 이미 우리가 받은 구원을 전제로 하고 있는 것이다. 그래서 바울은 구원하다는 동사를 과거 수동태로 표현하고 있다. 바울이 구원하다는 동사를 과거시제로 표현하는 것은 그의 문법적 스타일이 아니라고 할 수 있다.[1962] 그러나 29-30절의 모든 주동사의 시제가 과거형으로 표현된 것을 보면 현재 그리스도인들이 가진 의롭다는 법률적 지위가 확고 불변의 지위라는 것을 말한다. 즉 우리 믿음은 하나님의 영원한 주권적 예정속에 되어진 사건이다. 이 관점에서 현재 우리가 가진 구원은 미래의 영화와 분리될 수 없는 관계에 있다는 것을 말한다. 이 때문에 바울이 24절에서 말씀하는 희망은 불안함 속에 가지고 있는 실낱같은 희망이 아니라 미래에 완성될 구원에 대한 확신가운데 가지는 희망이다.

24절의 접속사 갈왜냐하면은 23절 내용에 대한 설명을 도입한다: “우리가 소망으로 구원을 얻었으매 보이는 소망이 소망이 아니니 보는 것을 누가 바라리요”. 이 절에서 여격 테이 엘피디는 여러 방식으로 번역되어 왔다. 이를 도구적 여격으로 보면 “우리가 소망으로써 구원을 얻었다”가 된다.[1963] 기회적 여격dative of advantage으로 보면 “소망을 위해서”로[1964], 연관적associative 여격으로 보면 “소망과 함께”[1965], 양상적modal 여격으로 보면 “소망안에서”로 번역할 수 있다.[1966] 여기서 필자는 다수 견해를 따라 양상적 여격을 옳은 해석이라고 본다. 즉 우리는 구원받은 사람으로써 소망의 상태 속에서 살고 있는 것이다. 믿음과 소망은 서로 밀접한 관계에 있다. 그것은 믿음은 앞으로

1962 Dunn, *Romans*, 475.
1963 TEV; KJV; Phillips; Barclay; Schlatter; Robertson.
1964 Lenski; Kühl.
1965 JB; Moo; Schreiner.
1966 NIV, NASB, NRSV; Käsemann; Cranfield; Bengel; S-H; Byrne; Murray.

성취될 구원을 바라고 있기 때문이다. 만일 우리가 그것을 현재 가지고 있다면 소망도 믿음도 필요없을 것이다. 24절의 헬라어 본문의 두 번째 문장에서 첫 번째 "소망"은 소망하는 것을 가리킨다. 그리고 두 번째 "소망"은 소망하는 마음을 가리킨다.[1967] 즉 보이는 소망은 소망이 아니다. 왜냐하면 아무도 현재 보고 있는 것을 소망할 사람은 없기 때문이다. 이 마지막 문장은 문헌비평적 관점에서 논쟁이 되어 온 문장이다. 시내사본은 이 절에 접속사 카이와 동사 후포메노우를 가지고 있다. 그러면 번역은 "보고 있는 것에 대해서 누가 또한 참으리요?"가 된다. 그리고 알렉산드리아 사본은 이 절에 부정대명사indefinite pronoun 티스와 접속사 카이, 동사 후포메노우참는다를 포함한다. 그러면 번역은 "누군가 보고 있는 것에 대해서 왜 그가 또한 참아야 하는가?"가 된다.[1968] 24절에 있어서 이 사본들의 본문은 25절에 사용된 명사 후포모네이참음에 일치시켜 동사 후포메노우를 집어 넣었을 가능성이 있다. 그러나 말씀의 흐름상 24절에는 참는다는 동사보다 바라다는 동사가 있었다고 보는 것이 더 자연스럽다. 따라서 우리는 NIV와 NRSV가 바탕으로 하고 있는 바티칸 사본의 본문에 따라 "보는 것을 누가 바라리요"가 원문일 것으로 보는 견해를 따른다.[1969]

로마서 8:25절은 23절의 내용을 반복 강조하고 있다. 그리고 23-25절의 내용의 결론이다: "만일 우리가 보지 못하는 것을 바라면 참음으로 기다린다." 여기서 참음으로디 후포모네이스는 수반하는 상황을 나타낸다.[1970] 즉 우리가 우리 몸의 구속을 기다리는 것은 참음으로 해야 된다는 것이다. 참음이 없이 기다리는 것은 초조하게 될 수 있다. 그리고 참기만 하고 기다림이 없는 것은 패배주의적 체념을 의미한다. 신약에서 참음으로 기다림은 환난의 상황에 그리스도인들에게 요구되는 가르침이다.[1971] 이는 극심한 억압속에 참는다는 의미가 내포되어 있다.[1972] 이러한 상황에서 장차 올 구속에 대한

1967 Murray, *Romans*, 309; Moo.
1968 Lietzman; Käsemann; Schmidt.
1969 Wilckens; Cranfield; Moo.
1970 Käsemann, *Romans*, 239.
1971 롬5:3-4; 야1:3, 4; 5:11; 계13:10; 14:12
1972 Moo, *Romans*, 522.

간절한 기다림이 없다면 그리스도인들은 배교의 유혹을 느낄 수도 있을 것이다. 그만큼 간절한 기다림은 장차 임하게 될 구속에 대한 소망과 굳게 연결되어 있다. 그러므로 이렇게 소망에 대해 가르치는 문맥에서 바울은 간절히 기다리다아페크데코마이는 동사를 세 번 반복하고 있다(롬8:19, 23, 25). 또 로마서에 여섯 번 사용하는 명사 참음후포모네이을 8장의 문맥에 사용함으로써 17-18장에서 말씀하는 고난은 일반적인 고난이 아니라 극심한 압박 속의 고난임을 암시한다. 이러한 상황에서 그리스도인들이 참고 견딜 수 있는 것은 그들안에 내주하시는 성령께서 능력을 공급하시기 때문이다. 이 점에서 바울은 26-27절에서 성도의 견인에 있어서 성령의 역할을 기술하고 있다.

로마서 8:26절의 호우사우토우스이와 같이에 대한 해석은 다양하다. 어떤 학자들은 소망이 우리가 고난을 참고 나가게 하듯이 성령께서 우리의 연약을 도우신다라고 해석한다.[1973] 혹은 신자들이 세상의 문제에 있어서 도움을 받드시 그들의 연약함에 있어서 도움을 받는다고 해석한다.[1974] 또 다른 학자들은 피조물과 그리스도인들이 함께 탄식하며 함께 고통하듯이 성령님도 탄식하며 친히 우리를 위해 간구하신다고 해석한다.[1975] 이 마지막 해석에 대해 어떤 학자들은 명사 탄식스테나그모스이 앞의 부사 "이와 같이"로부터 너무 멀리 떨어져 있다는 이유로, 혹은 성령의 탄식은 이 절의 주요 주제가 아니다는 이유로 반박한다.[1976] 그러나 필자는 이 마지막 해석이 제일 나은 해석이라고 생각한다. 19-22절에서 바울은 피조물이 함께 탄식하며 고통하며 하나님의 아들들이 나타나는 것을 고대한다고 말씀했다. 23-25절에서는 성령을 받은 우리도 탄식하며 우리의 양자될 것을 기다린다고 말씀한다. 이와 같이 성령도 말할 수 없는 탄식으로 우리를 위해 중보기도하시며 돕고 계신다. 이는 우리의 몸의 구속을 위한 것이다. 따라서 부사 "이와 같이"는 피조물, 성도, 성령님이 모두 다 함께 탄식하며 하나님의 아들들이 나타나도록 기다리고 있다는 뜻으로 볼 수 있다. 돕는다순안티람바노마이는 동사는 칠십인역

1973 Osborne; Murray; Haldane; Harrison.
1974 Morris.
1975 Cranfield; Dunn; S-H; Godet.
1976 Moo; Schreiner.

에 오직 세 번 사용되고 있다. 출애굽기 18:22; 민수기 11:17절에서는 모세를 돕도록 임명된 사람들이 "짐을 함께 진다"라고 말한다. 누가복음 10:40절에서 마르다는 예수께서 마리아에게 그녀를 함께with 돕도록 말씀해 달라고 간청한다. 따라서 이 동사의 접두어 순함께의 의미가 이 구절들에 있어서 의미를 미치고 있음을 알 수 있다.[1977] 성령께서는 우리가 그 연약함을 극복할 수 있도록 우리를with us 돕고 계신다.

여기서 연약함아스쎄네이아은 광의의 의미로써 일반적인 인간의 연약함을 의미할 수 있다.[1978] 이는 구 시대와 새 시대 긴장속에 놓인 하나님의 자녀들의 연약함으로 볼 수 있다. 즉 우리가 병고침이나 경제적 이유나 인간관계에 있어서 기도드릴 때 하나님의 뜻이 무엇인지 모를 때가 많다. 이 때 성령께서는 우리의 기도에 관계없이 하나님의 뜻이 이루지도록 도우신다고 할 수 있다.[1979] 그러나 이것이 본문의 문맥에서 바울이 말씀하는 것인지 확실하지 않다. "연약함"의 협의의 의미는 기도에 있어서 연약함을 의미한다고 볼 수도 있다.[1980] 이 해석은 이 절에서 갈왜냐하면로 연결되는 두 번째 문장이 지지한다. 즉 우리는 마땅히 빌 바를 알지 못하나 오직 성령께서 말할 수 없는 탄식으로 우리를 위해 친히 간구하신다. 우리가 마땅히 빌 바를 알지 못하는 것은 마땅한 기도의 방식을 알지 못한다는 것인가[1981] 아니면 마땅한 기도 내용을 알지 못한다는 것인가. 만일 바울이 여기서 기도의 방법을 말씀하려 했다면 의문 대명사 티what 대신에 포우스how를 사용했을 것이다.[1982] 따라서 우리는 여기서 마땅히 빌 바를 알지 못한다는 말씀은 무엇을 하나님께 간구해야 될 지 모른다는 의미로 이해할 수 있다. 어떤 학자는 우리가 여기서 드리는 기도의 내용은 다른 것 보다도 하나님의 영광을 구현하기 위한 간구라

1977 Moo, *Romans*, 523; *contra* Cranfield.

1978 Murray; Dunn; Fitzmyer; K. Niederwimmer, "Das Gebet des Geistes, R?m. 8, 26f." *ThZ* 20 (1964), 257-59.

1979 Osborne, *Romans*, 216-17.

1980 Cranfield; Schreiner; Sanday and Headlam.

1981 RV; NEB; Sanday and Headlam; Lagrange.

1982 Schreiner, *Romans*, 443.

1983 Byrne, 112; Niederwimmer, "Das Gebet des Geistes," 254.

1984 Moo, *Romans*, 524.

고 해석한다.[1983] 그러나 무는 이 해석에 반박한다.[1984] 즉 바울의 언어는 그보다 일반적 내용을 포함하고 있다는 것이다. 바울이 마땅히 빌 바카쏘 데이라고 말씀하는 것은 27절의 하나님의 뜻대로카타 쎄온와 같은 의미를 가진다는 것이다. 그리고 우리는 많은 내용의 기도를 하나님께 드릴 때 하나님께서 원하시는 기도의 내용을 모른다. 이 점은 우리가 이 땅에 사는 동안 해결될 수 없는 한계요 연약함이다. 이 때 성령께서 그 중보 기도를 통해서 우리의 연약함을 도우신다는 것이다. 그러나 이 해석은 성령께서 말할 수 없는 탄식으로 중보 기도하시는 내용이 피조물이 함께 탄식하며 고통하고 또 성도들이 탄식하며 몸의 구속을 간절히 기다리는 종말적 산고birth pain의 문맥과 관련이 있다는 것을 고려하지 않고 있다. 즉 피조물의 탄식, 성도들의 탄식, 그리고 성령의 탄식은 장차 하나님의 아들들이 나타나는 소망 아래 이루어지고 있다. 그리고 바로 이것이 바울이 본문에서 말씀하는 하나님의 뜻이라고 할 수 있다. 이는 29절에도 분명히 나타난다. 즉 하나님께서 미리 아신 자들로 그 아들의 형상을 본받게 하기 위하여 미리 정하셨다. 이는 그로 많은 형제 중에서 맏아들이 되게 하려 하심이다. 이 말씀은 우리가 하나님의 자녀로써 예수님과 함께 후사가 되었다는 말씀과 같다(16-17절). 그렇다면 본문에서 바울이 말씀하는 "하나님의 뜻"은 그리스도인들이 장차 그 영광에 참예하는 것으로 좁혀진다. 따라서 성령의 중보 기도의 내용도 하나님의 자녀들의 양자됨의 완성에 맞춰져 있다고 볼 수 있다(23절).

그러면 성령께서 말할 수 없는 탄식으로 간구하신다는 것은 무슨 의미인가. 여기서 말할 수 없는알랄레이토스의 뜻에 대해서 열띤 논쟁이 있다. 케제만은 말할 수 없는 탄식의 기도는 예배시에 회중들이 방언 기도를 하면서 말로 표현할 수 없는 한숨을 내쉬는 것을 말한다고 주석한다.[1985] 그 성경적 배경은 고린도전서 14:15절과 고린도후서 12:4절이다. 바울이 삼층천의 하나님 계신 곳에 올려 갔을 때 말로 표현할 수 없는 말을 들었다. 이는 천사의 방언으로써 고린도교회의 열정적 신도들도 성령의 은사를 받고 예배시에 말할

1985 Käsemann, *Romans*, 240-41.

수 없는 천사의 방언을 탄식으로 표현했다는 것이다. 이는 성령의 간구와 성도의 간구가 섞여서 방언으로 표현된다는 것을 말한다. 이 점에서 알랄레이토스는 "무언의"wordless가 아니라 말로 표현할 수 없는inexpressible을 의미한다고 본다. 그러나 성령께서는 표현되지 않은inarticulate 이 언어를 아시고 하나님의 뜻에 맞게 중보 기도 하신다는 것이다. 그러나 이 해석은 다음의 이유에 근거해서 반박을 받는다. 첫째, 여기서 만일 말할 수 없는 탄식이 방언 기도하는 성도의 탄식이었다면 바울은 "우리의"헤이모운라는 소유대명사를 삽입했을 것이다. 그렇지 않기 때문에 여기서 탄식은 성령의 탄식이라고 해야 옳다.[1986] 둘째, 방언기도는 모든 그리스도인들이 할 수 있는 기도가 아니다. 그러나 여기서 바울이 말씀하는 성령의 중보 기도는 모든 그리스도인들에게 역사한다.[1987] 따라서 성령의 도우심이 방언기도를 할 수 있는 신자들에게만 제공된다고 하는 것은[1988] 바울이 이 구절에서 말씀하는 바가 아님을 알 수 있다. 셋째, 본문의 문맥에서 우리는 성령의 도우심이 예배의 상황에서 이루어진다고 하는 해석을 확인할 근거가 없다. 그러므로 여기서 성령의 중보기도는 예배의 상황이든지 아니든지 신자들에게 함께 하는 도우심으로 보아야 한다. 넷째, 여기서 탄식은 들리는 소리가 아니고 마음에서 하는 외침을 의미한다. 성령께서 탄식하신다고 표현하는 것은 의인화법이라고 할 수 있다. 그만큼 성령께서 간절히 간구하신다는 것을 의미한다. 다섯째, 여기서 알랄레이토스는 사전적으로 "말하여 지지 않은"unspoken을 의미한다.[1989] 이 점을 종합하면 우리는 이 절에서 스테나그모이스 알랄레이토이스는 방언 기도가 아니라 성령께서 우리 마음에서 우리가 인식할 수 없는 탄식을 발하시는 것을 표현하는 어구라고 할 수 있다. 성령의 이 말로 표현되지 않은 탄식은 우리가 기도할 때 이루어지는 것이다. 우리는 무엇을 기도드려야 할 지 알지 못한다. 우리가 이 세상에서 고난을 당할 때 그 고난으로 부터 건져주시도록

1986 Moo, *Romans*, 525.

1987 C. C. Mitchell, "The Holy Spirit' s Intercessory Ministry," *BSac* 139 (1982) 230-42; J. Schniewind, "Das Seufzen des Geistes, Rom 8.26, 27," in *Nachgelassene Reden und Aufsätze* (Beriin: Töpelmann, 1952) 82; Moo.

1988 Fee, *God' s Empowering Presence*, 580-81.

1989 A. J. M. Wedderburn, "Romans 8:26 - Towards a Theology of Glossolalia," *SJT* 28 (1975) 372-73.

기도드려야 할 지 아니면 그 고난을 인내하며 견디도록 기도드려야 할 지 알지 못한다.[1990] 이 때 하나님의 뜻을 아시는 성령께서 우리가 알 수 없는 탄식으로 우리 마음에서 중보 기도를 하시면서 우리가 하나님의 뜻대로 기도하게 하신다. 이 좋은 예는 예수께서 십자가에 달리시기 전날 밤 겟세마네 동산에서 기도하실 때 "내 아버지여 만일 할만 하시거든 이 잔을 내게서 지나가게 하옵소서 그러나 나의 원대로 마옵시고 아버지의 원대로 하옵소서"라고 말씀하셨다(마26:39). 여기서 예수께서는 기도하시면서 하나님의 뜻에 순종하도록 자신의 의지를 다스리고 있음을 알 수 있다. 바울도 자신에게 있는 육체의 가시를 제거해 달라고 하나님께 세 번 기도드렸지만 이 문제가 해결되지 않자 이것이 하나님의 뜻임을 알고 이에 순복했다. 그는 자신의 육체의 가시가 자신이 받은 계시가 지극히 크므로 너무 자고하지 않게 하시려고 하나님께서 자기 몸에 설치하신 장치임을 깨닫는다(고후12:7).

26절에서 탄식이 성령의 탄식이 아니라 기도하는 성도의 탄식이라고 주석하는 학자들이 있다.[1991] 이들은 27절의 "마음"칼디아은 사람의 마음이기 때문에 26절에서 언급된 탄식은 사람이 그 마음속에 하는 탄식이며 성령께서는 이 탄식의 기도를 분명한 표현으로 바꾸어 하나님께 올린다는 것이다. 그러나 이 해석은 이 구절에서 바울이 말씀하는 의도를 잘 반영하지 않고 있다. 여기서 말씀된 탄식은 성령님의 탄식이다. 이 탄식은 은유적 표현으로써 성령님께서 우리가 들을 수 있도록 탄식하신다는 말씀이 아니다. 여기서 바울의 요지는 성령께서 우리를 위해 간구하심으로 우리의 구원이 완성될 수 있도록 우리를 돕고 계신다는 것이다. 우리는 하나님의 뜻을 알지 못한다. 그래서 우리는 우리 자신의 연약함에 따른 기도를 드릴 수 있다. 그러나 이 때 성령께서는 우리 마음속에서 하나님의 뜻대로 간구하신다. 그리고 우리 마음의 생각을 아시는 하나님께서 성령의 생각을 아시므로 그 말할 수 없는 탄식으로 우리를 위해 간구하시는 기도를 받으시고 우리가 고난 가운데서

1990 Stott, *Romans*, 245.

1991 Schreiner; Schlatter; Murray; Stott; P. T. O' Brien, "Romans 8:26, 27. A Revolutionary Approach to Prayer?" *RTR* 46 (1987) 67.

믿음을 저버리지 않고 몸의 구속을 참음으로 기다리게 하시는 것이다. 여기서 성령님의 중보 기도는 하늘에서 예수님께서 하시는 중보기도의 이 땅에 사는 성도들 마음에서의 반사라고 할 수 있다.[1992] 성령의 중보 기도가 예수님의 중보기도의 반영이라고 할 때 이 때 성도의 마음에서 발해지는 탄식은 성령의 탄식이지 기도하는 사람의 탄식이라고 볼 수 없다. 그 이유는 예수님께서 하늘 보좌에서 하시는 중보 기도의 내용을 성령께서는 아시지만 우리는 알 수 없기 때문이다(34절). 26절에 언급된 탄식이 성령의 탄식인 또 다른 이유는 바울은 기도하는 사람의 탄식에 대해서는 23절에 이미 언급하고 있다는 것이다.

성령의 중보기도의 유래에 대해서 던은 이는 유대주의에서 천사를 중보자로 믿었던 전통을 배경으로 하는 것이라고 말한다.[1993] 그러나 유대주의에서 천사의 중보는 성도들의 견인과 무관하다.[1994] 그리고 그들은 성도의 마음속에서 말할 수 없는 탄식으로 기도하지 않는다. 그러나 신약에서는 예수님이나 성령님께서 중보자로 묘사된다. 그리고 그 기도 내용은 성도들이 가지는 이 땅에서의 일반적인 문제의 해결이 아니라 성도의 구원을 위한 견인을 보증하는 것과 관련이 있다.[1995] 이에 반해 성도들이 하는 중보기도는 교회를 위한 기도로 특징지어진다. 그리고 성도들의 견인을 보증하는 기도는 우리가 할 수 있는 기도의 범주를 벗어난다(히6:4-6; 요일5:16). 이 점에서 볼 때 성령의 중보기도는 하나님의 매우 특별한 주권적 사역의 범주에 속한다. 그리고 그것은 예수께서 완성하신 구속의 적용의 관점에서 역사하고 있다. 따라서 로마서 8:26절에서 말씀하는 성령의 중보기도는 예수 그리스도의 구속의 완성을 택자에게 적용하는 보혜사 성령님의 증거적 사역의 한 측면이라고 볼 수 있다.

로마서 8:27절은 26절과 28절의 내용을 이어주고 있다: "마음을 감찰하시

1992 Käsemann; Stuhlmacher; Murray.
1993 Dunn, *Romans*, 478.
1994 욥33:23-26; 1 Enoch 9.3; 15.2; 99.3; 104.1; *TDNT*, 5:810-11; Balz, 87-90; E. A. Obeng, "The Spirit Intercession Motif in Paul." *Expository Times* 95 (1983-84) 361.
1995 누가22:31-32; 히7:25; 9:24; 요일2:1.

는 이가 성령의 생각을 아시나니 이는 성령이 하나님의 뜻대로 성도를 위하여 간구하심이니라". 26절에서 바울은 성령의 중보기도를 언급하고 있다. 27절에서는 하나님께서 성령의 생각을 아신다고 말씀한다. 28절은 그 결과 성도들에게는 모든 것이 합력하여 선을 이룬다고 말씀한다. 여기서 선은 구원을 가리킨다고 볼 때 성도가 당하는 환난이나 질고나 고난 이 모든 것도 성도의 구원을 방해하지 못한다. 그들은 성령님의 중보기도의 도우심으로 하나님의 뜻대로 구원을 받고야 마는 것이다. 27절에서 "마음을 감찰하시는 이"는 하나님이시다. 맥크래는 여기서 마음을 감찰하시는 이가 성령이라고 해석한다.[1996] 그래서 "성령이 사람의 마음에 품는 생각을 아신다"라고 번역한다. 그러나 이 해석은 성령의 중보기도를 말씀하는 26절 내용과 상치된다. 그리고 또한 성경에서 성령께서 사람의 마음을 검사하신다는 구절은 발견되지 않는다. 여기서 동사 에라우나오우조사하다는 칠십인역에 한 번도 사용되지 않고 있다. 그러나 구약에도 하나님께서 사람의 마음속의 생각을 아신다는 가르침이 많다.[1997] 사무엘하 16:7절에서 하나님께서는 "…사람은 외모를 보거니와 나 여호와는 중심을 보느니라"라고 말씀한다. 또 시편44:21절은 "…대저 주는 마음의 비밀을 아시나이다"라고 말씀한다.

27절에서 "성령의 생각"은 성령께서 하시는 중보기도의 내용을 의미한다고 볼 수 있다.[1998] 여기서 접속사 호티의 의미에 대한 견해가 갈린다. 이를 인과적causal으로 보면 27절 후반부는 "왜냐하면 성령께서 하나님의 뜻대로 성도를 위해 간구하시기 때문이다"로 번역된다.[1999] 그러면 하나님께서 성령께서 하나님의 뜻대로 하시는 기도로 말미암아 성령의 생각을 아시는다는 의미가 될 수 있다. 그러나 호티를 해설적explicative으로 보면 "즉 성령은 하나님의 뜻대로 성도를 위해 간구하고 계신다"로 번역될 수 있다.[2000] 그러면 호티절은 하나님께서 아시는 성령의 생각이 무엇인지 설명하고 있어야 하는

1996 G. MacRae, "A Note on Romans 8:26-27," *HTR* 73 (1980) 229-30.
1997 왕상8:39; 시44:21; 139:1-2, 23; 잠15:11; Zeller.
1998 Schreiner, *Romans*, 446.
1999 KJV; NRSV; NIV; Wilckens; Moo; Schniewind; Haldane; Käsemann.
2000 Cranfield; S-H; Michel; Black; Kuss.

데 그렇지 않다는 반박을 받을 수 있다.[2001] 그러나 필자는 이 두 해석 모두 무방하다고 본다.[2002] 단 호티절이 성령의 생각을 설명해 놓고 있지 않다고 주장하는 점에 대해서 그렇지 않다고 말할 수도 있다. 즉 호티절은 성령의 생각은 하나님의 뜻과 똑 같다는 것을 나타내고 있다. 하나님의 뜻은 그 자녀들이 양자로 완성되는 것이다. 성령께서도 이 뜻대로 중보기도하고 계신다. 따라서 하나님께서는 성령의 생각을 아신다.

여기서 중보하다엔투그카노우는 동사는 26절에 쓰인 복합동사 후페르엔투그카노우의 단순형으로써 청원하다 간청하다는 의미를 가진다.[2003] 그 기도를 올리는 대상이 하나님이시므로 이 해석이 가능하다. 34절에서 바울은 예수님께서도 하나님께 기도를 올리시는 것을 서술하고 있다. 이는 삼위일체론에서 세 분의 하나님의 권세와 존재가 동등하시지만 택자의 구원을 완성하는 사역에 있어서 담당하시는 역할이 구분되어 있음을 나타낸다. 이 가르침은 예수님의 가르침에 바탕을 두고 있고 초대교회에 널리 알려져 있던 교리라고 볼 수 있다(요10:29; 히5:8). 27절에 바울은 명사 "성도"하기오스에 정관사를 붙이지 않고 있다. 이는 어떤 특정의 거룩한 구룹을 가리키고 있지 않다는 것을 말한다.[2004] 이는 성령의 중보기도가 예언이나 방언의 은사를 받은 특정한 성도에게 주어진 특권이 아니라 성령의 내주하심을 입은 모든 성도에게 주어진 축복임을 나타내고 있다.

(마) 믿음의 확신(롬8:28-30)

로마서 8:28-30절은 많은 그리스도인들이 즐겨 암송하는 구절중의 하나다. 동시에 이 구절은 줄곧 잘못 이해되는 구절이기도 하다. 바울이 19-26절에서 피조물, 성도, 그리고 성령이 모두 한 목표 즉 성도의 영화를 위해 탄식하며 간절히 기다리고 있다는 것을 기술했다. 26절은 성령께서는 하나님의 뜻을 따라 성도들의 연약을 인해 탄식하며 기도하고 계시다는 것을 말씀하

2001 Käsemann, *Romans*, 242.
2002 Schreiner; Morris; Dunn; Osborne.
2003 Dunn, Romans, 480; Morris, *Romans*, 327.
2004 Fitzmyer, *Romans*, 520.

고 있다. 28-30절은 이 하나님의 뜻이 무엇인지 밝히 말씀하고 있다. 즉 그것은 하나님께서 영원전에 구원하시기로 택하신 사람들이 반드시 종말의 영광의 구원에 이르게 하시는 것이다.

28절은 "우리가 알거니와"오이다멘로 시작한다. 이는 바울이 지금 가르치는 내용이 불변의 진리로써 확신있게 로마 교회 성도들에게 말씀하고 있는 것이라고 볼 수 있다. 즉 "하나님을 사랑하는 자 곧 그 뜻대로 부르심을 입은 자들에게는 모든 것이 합력하여 선을 이룬다". 여기서 동사 합력하여 이룬다 수네르게오우의 주어가 무엇인가에 대해 열띤 논쟁이 있어 왔다. 어떤 헬라 사본에는 이 구절에서 명사 "하나님"을 포함한다.[2005] 그러면 우리는 하나님께서 모든 것을 합력하여 선을 이루신다로 번역할 수 있다. 이 번역은 문맥에서 바울의 가르침을 제일 잘 반영하는 번역이다. 그러나 학자들이 이 본문을 채택하지 않는 이유는 대부분의 헬라 사본이 명사 "하나님"을 이 구절에 포함하지 않고 있기 때문이다. 그래서 그들은 필경사가 이 구절의 뜻을 분명하게 하기 위해 명사 "하나님"을 삽입했을 것이라고 주장한다.[2006] 이 주장을 믿받침하는 또 다른 사실은 동사 "함께 이룬다"가 보통 자동사로 사용된다는 것이다.[2007] 그러면 28절에서 명사 "하나님"이 없는 본문을 원문이라고 한다면 세 가지 해석이 파생할 수 있다. 첫째, 함께 선을 이루다의 주어를 성령으로 보는 해석이다.[2008] 그것은 26절의 주어는 성령이고 또 "함께"순를 포함한 복합동사를 사용하고 있는 점 때문에 성령을 28절의 복합동사 수네르게오우의 주어로 생각할 수 있다는 것이다. 그러나 다른 학자들은 이 해석을 반박한다. 그것은 28절에서 바울은 오이다멘 데그리고 우리가 아는대로를 사용하며 새로운 문단의 시작을 알리고 있고 그리고 27절의 주어는 하나님이시

2005 P^{46}, A, B, 81.

2006 C. D. Osburn, "The Interpretation of Romans 8:28," *WTJ* 44 (1982) 109; Metzger, 518.

2007 J. M. Ross, "Pánta synergeî, Rom. VIII.28." *Theologische Zeitschrift* 34 (1978) 83-84; Moo, *Romans*, 528.

2008 NEB; J. Wilson, "Romans viii.28: Text and Interpretation." *Expository Times* 60 (1948-49) 110-11; M. Black, "The Interpretation of Romans viii 28." in *Neotestamentica et Patristica: Eine Freundesgabe, Herrn Professor Dr. Oscar Cullmann zu seinem Geburtstag überreicht* (Supplements to Novum Testamentum 6. Leiden: Brill, 1962) 166-72; Bruce, *Romans*, 166; Best, Romans, 100-101; Fee, *God's Empowering Presence*, 588-90.

라는 점이다. 29-30절에도 주어는 명확히 나타나 있지 않지만 성령보다는 하나님을 주어로 보는 것이 제일 좋다. 그리고 만일 성령이 이 동사의 주어라면 이 절의 카타 프로쎄신목적에 따라이 하나님의 목적인지 성령의 목적인지 분명하지 않다.[2009] 둘째, 함께 이루다의 주어를 "모든 것"판타으로 보는 것이다. 그러면 번역은 "모든 일이 합력하여 선을 이룬다"가 된다.[2010] 이 번역을 채택하는 이유는 형용대명사 "모든 것"이 주어로 사용된 경우가 많이 발견된다는 것이다.[2011] 이 번역이 타당하게 보이는 또 다른 이유는 동사 "함께 이룬다"가 자동사라는 점이다. 그래서 모든 일이 선을 이루도록 합력한다는 뜻이라고 볼 수 있다. 셋째, 함께 이루다의 주어를 하나님으로 보는 해석이다.[2012] 스토트는 모든 일이 자동적으로 선을 향해서 합력하지 않는다고 말한다.[2013] 그리고 합력하여 선을 이루다의 주어를 "모든 것"으로 보는 학자들도 모든 것을 합력하여 선을 이루시는 분은 하나님이시다는 것을 인정하고 있다.[2014] 여기서 바울은 유대문학의 전통을 배경으로 하나님께서 선을 이루시는 분으로 말씀하고 있을 가능성이 크다.[2015] 따라서 필자는 28절의 동사 "함께 이룬다"의 주어는 하나님이시라고 생각한다. 우리는 27절에서 "마음을 감찰하시는 이"는 하나님이시고 하나님께서 성령의 간구하심을 응답하시어 모든 일을 합력하여 선을 이루신다고 이해할 수 있다. 이에 따라 우리는 이 구절을 "하나님께서는 모든 일에 있어서 선을 이루도록 그를 사랑하는 자들과 합력하신다"라고 번역할 수 있다. 이 번역은 27절의 성령도 우리 연약함을 도우신다는 말씀과 일치한다.

그러면 하나님께서 누구와 합력하시는가. 하나님께서 성령의 간구를 들으시어 성령과 함께 합력하신다고 볼 수도 있다. 그러나 그것은 삼위일체 하나님의 일체성과 맞지 않는 해석이다. 다시 말해 하나님께서 하나님과 합력하

2009 Cranfield, *Romans*, 426.
2010 KJV; Godet; Barrett; Schreiner; Moo; Murray; Käsemann; Fitzmyer; Balz; J. B. Bauer.
2011 고전3:21; 6:12; 8:6; 10:23; 16:14; 고후4:15; 골1:16; Schreiner.
2012 NIV; Sanday and Headlam; Lagrange; Ziesler; L. Keck, *Romans*, 216.
2013 Stott, *Romans*, 247.
2014 Moo; Schreiner.
2015 창50:20; 전8:12; Sir 39:27; Str-B; Zeller; Dunn, *Romans*, 481.

신다는 개념은 중복적이다. 하나님께서 피조물이나 모든 일들과 함께 합력하셔서 선을 이루신다는 것도 타당하지 않다. 따라서 동사 수네르게이는 하나님께서 성도와 함께 합력하신다로 해석할 수 있다. 이 절에서 여격 "하나님을 사랑하시는 자들"은 관계적associative 여격으로 볼 수 있다. 그리고 이는 동사 수네르게이에 걸린다. 따라서 하나님께서는 하나님을 사랑하는 자들과 함께 모든 일에 합력하셔서 선을 이루신다는 뜻으로 볼 수 있다. 여기서 하나님을 사랑하는 자는 성도들 중에 하나님을 사랑하는 자들을 가리키는 것이 아니라 모든 성도를 가리키고 있다고 보아야 한다. 이들은 곧 하나님께서 영원전에 그 뜻대로 부르시려고 예정하신 사람들이다(28-29절).

"모든 것"판타은 수네르게이의 직접목적어로 볼 수 있다.[2016] 그러나 수네르게이를 자동사로 본다면 이는 맞지않는 해석이다. 그래서 우리는 "모든 것"은 관점의 목적격accusative of respect으로 볼 수 있다. 즉 모든 점에 있어서 하나님께서는 성도와 함께 선을 이루도록 일하시는 것이다. 여기서 "모든 것"의 우선적 뜻은 18절과 연관해서 성도들이 현재 겪는 고난이라고 할 수 있다. 크랜필드가 지적하는대로 "모든 것"은 35-39절이 말씀하는 환난과 핍박을 가리킨다고 볼 수 있다.[2017] 그러면 "모든 것"이 성도들이 짓는 죄까지 포함하는가. 그는 그렇다고 말한다.[2018] 그러나 필자는 "모든 것"이 문자적으로 사람에게 관계된 모든 것을 의미한다고 보지 않는다. 왜냐하면 로마서 8장의 문맥에서 "모든 것"은 성도들을 탄식하게 만드는 모든 것을 의미한다고 볼 수 있기 때문이다. 그리고 우리가 전에 해석한대로 하나님께서 모든 것에 있어서 성도와 함께 일하시는데 성도들이 짓는 죄에 있어서도 함께 일하신다고 보는 것은 하나님을 악의 공모자로 만드는 해석이 될 수 있다. 만일 "모든 것"을 "함께 이룬다"의 주어로 본다면 "모든 것"의 의미를 제한적으로 보지 않을 수도 있을 것이다. 즉 사람의 죄나 악까지도 함께 합력해서 결국 선을 이룬다는 의미가 된다.

2016 NASB; S-H.
2017 Cranfield, *Romans*, 428.
2018 Osborne, *Romans*, 219; Moo; Cranfield; Murray; Schreiner.

그러면 여기서 "선"아가쏜이란 무엇인가. 구약의 가르침에서 "선"은 종말에 따라올 축복을 가리키고 있다.[2019] 대부분의 학자들은 28절에서 선은 구원을 가리킨다고 본다.[2020] 그러나 여기서 "선"을 포괄적으로 보는 학자들은 "선"이 종말의 구원에 이르는데 도움이 되는 우리가 이 세상에서 누릴 수 있는 모든 좋은 것을 포함한다고 말한다.[2021] 그것은 성령의 은사나 심지어 물질적 안정도 포함할 수 있다. 그러나 필자는 여기서 "선"은 구원론적 개념이라고 생각한다. 그것은 28절에서 우리가 제시한 번역의 관점에서 보아도 일치한다. 즉 하나님께서는 우리와 선을 이루시기 위해서 모든 일에 있어서 합력하신다. 이 때 하나님께서 우리에게 좋은 직장이나 안락한 삶 혹은 화려한 성령의 은사를 주시기 위해서 모든 일에 우리와 합력하고 계신다고 말씀하는 것이 여기서 바울이 의도한 가르침이라고 보기는 어렵다. 바울은 형용사 아가쏘스를 로마서 2:7, 10절에 구원론적 관점에서 사용하고 있다. 그리고 로마서 7:18; 12:9, 21; 13:3, 4; 14:16; 15:2, 14; 16:19절에서는 윤리적 관점에서 이 형용사를 사용한다. 따라서 "선"을 윤리적 관점에서 보면 그것은 우리가 성령의 인도하심을 따라 살면서 이 땅에서 거룩한 삶을 사는 성화적 측면을 포함한다고 할 수도 있다. 그리고 궁극적으로 이 점진적 성화도 그 열매가 구원이라고 볼 때 구원론적 선의 개념에 포함될 수 있다(롬6:19, 22).

28절에서 "그 뜻대로 부르심을 입은 자"에서 그 뜻프로쎄시스은 하나님의 뜻 혹은 목적을 의미한다. 오리겐은 이는 사람의 뜻이라고 해석했는데 이는 29-30절의 말씀과 일치하지 않고 9:11절 말씀과도 맞지 않는 해석이다.[2022] 여기서 하나님의 목적은 29절에 설명되어 있듯이 우리가 그 아들의 형상을 본받게 하시는 것이다. 이 점에서 그 뜻대로 부르심을 입은 자는 성도를 말한다. 그리고 이는 그 앞의 어구 "하나님을 사랑하는 자"와 동격이다. 어떤 주석가들은 여기서 형용사 클레이토스는 보편적인 부르심을 의미한다고 주

2019 사32:42; 52:7; 렘8:15; Sir 39:25, 27; W. Grundmann, *TDNT* I, 14; Schlier; Moo, *Romans*, 529.
2020 Cranfield; Käsemann; Stott.
2021 Moo, *Romans*, 529.
2022 Cranfield, *Romans*, 429-30.
2023 Chrysostom; Godet.

장한다.[2023] 그러나 이 단어의 원형 칼레오우부르다의 주어가 하나님이실 경우 이는 유효소명effectual calling을 의미한다.[2024] 이 유효한 부르심을 받은 자들은 마지막 때 영화에 이른다(29-30절). 이는 하나님께서 모든 일에 있어서 이들의 구원을 완성하시기 위해서 이들과 함께 일하시기 때문이다. 그 한 측면은 바울이 26-27절에 기술하고 있는 성령님의 중보기도이고 34절에 기술하고 있는 예수님의 중보기도다. 이와 함께 성도들은 이 땅에서 그리스도의 고난에 동참하면서 탄식하면서 참고 인내하며 그 몸의 구속을 기다린다. 이 점에서 하나님은 성도들과 동역하시고 계시다고 할 수 있다. 그러나 그것은 하나님께서 우리를 먼저 부르시고 성령을 통해서 인도하시고 도와주시기 때문에 가능한 것이다. 우리가 하나님을 사랑하는 것은 결코 우리 자신의 독립적인 공로나 구원의 조건이 될 수 없다.

로마서 8:29-30절은 28절을 설명하고 있다. 29절에서 바울은 "하나님이 미리 아신 자들로 또한 그 아들의 형상을 본받게 하기 위하여 미리 정하셨으니 이는 그로 많은 형제 중에서 맏아들이 되게 하려 하심이니라"라고 말씀한다. 즉 하나님께서는 자신의 뜻대로 부르신 자들과 모든 일에 있어서 함께 일하시어 그들의 구원을 이루신다(28절). 그 이유는 하나님께서 미리 아신 자들로 또한 미리 정하셨고(29절) 또 미리 정하신 그들을 또한 부르시고 부르신 그들을 또한 의롭다고 하셨고 의롭다하신 그들을 또한 영화롭게 하셨기 때문이다(30절). 이 세 절의 밀접한 논리적 관계속에서 29절의 하나님이 미리 아신 자들로 그 아들의 형상을 본받게 하기 위해 미리 정하셨다는 말씀은 28절의 그 목적프로쎄신대로 부르셨다는 말씀을 풀어주고 있다. 그러면 29절에서 하나님께서 미리 아셨다는 것은 무슨 의미인가. 여기서 과거시제 동사 프로에그노우의 뜻에 대해 학자들의 견해가 나뉜다. 그 사전적인 의미는 "미리 알다"이다. 그러나 예정론을 믿는 학자들은 이 동사의 원형인 프로기노우스코우는 단순히 알다는 의미를 넘어 미리 정한다는 의미를 가지고 있

2024 롬4:17; 9:12, 24, 25, 26; 고전1:9; 7:15, 17, 18, 20, 21, 22, 24; 갈1:6, 15; 5:8, 13; 엡4:1, 4; 골3:15; 살전2:12; 4:7; 5:24; 살후2:14; 딤전6:12; 딤후1:9. 그 파생어 클레이토이는 그리스도인을 의미한다. 롬1:6, 7; 고전1:1, 2, 24; 유1; 계17:14; Moo, *Romans*, 530-31; Cranfield.

2025 Murray; Cranfield; Hendriksen; Schreiner; Moo; Bruce; Morris; Stott; Käsemann.

다고 생각한다.[2025] 그 첫째 이유는 이 동사는 히브리어 동사 야다[알다]를 배경으로 하고 있는 만큼 단순히 인식적인 알다는 의미를 넘어 경험적인 차원에서 미리 관계를 가진다는 의미를 내포한다는 것이다.[2026] 아모스 3:2절에서 하나님께서는 "내가 땅의 모든 족속 중에서 너희만 알았다"고 말씀하신다. 이는 단지 이스라엘 백성을 미리 알았다는 말씀이 아니고 그들을 택했다는 의미를 내포하고 있다. 둘째, 29절에서 미리 알다는 동사는 바로 그 뒤에 따라오는 동사 미리 정하다[프로오리조우]와 동의어로써 사용되고 있다는 것이다. 셋째, 하나님께서 미리 아신다는 것은 사람들이 어떤 선택을 할지를 미리 아신다는 의미를 넘어서 그들을 사랑하신다는 주권적 행위를 나타낸다는 것이다. 넷째, 29-30절에서 바울이 네 동사를 사용해서 묘사하는 하나님의 주권적 행위는 모두 사슬처럼 연결되어 있기 때문에 하나님의 예지의 차원을 넘어서 주권적 은혜의 결정을 나타내고 있다는 것이다. 알미니안주의자인 오스본은 이 견해를 반박한다.[2027] 그 이유는 첫째, 29-30절에 사용된 다섯 개의 동사들이 서로 동격이 아니고 각 동사는 그 뒤에 따라오는 동사를 준비하고 있는 것일 뿐이라는 것이다. 둘째, 동사 미리 안다는 그 뒤의 동사 미리 정하다와 동의어가 아니다. 셋째, 여기서 하나님께서 아시는 것은 신자들이 믿음에 있어서 어떤 결정을 할지를 미리 아시는 것이다. 마샬은 바울이 칭의는 믿음으로써 된다는 것을 가르치고 있기 때문에 하나님께서 미리 정하시는 것은 사람이 그 자유의지로 믿음을 선택할 지를 미리 아심에 바탕을 두고 있다고 주장한다.[2028]

그러나 알미니안주의 해석의 결점은 사람이 예수님을 믿는 선택을 하는 것을 구원을 위한 도구로 이해한 나머지 하나님의 주권적 은혜의 측면을 소홀히하고 있다는 것이다.[2029] 둘째, 알미니안주의는 믿음을 선택한 사람이 나중에 배교해서 구원 받지 못하게 되는 경우를 논리적 일관성을 가지고 설

2026 창18:19; 출33:17; 삼상2:12; 시18:43; 잠9:10; 렘1:5; 아3:2

2027 Osborne, *Romans*, 221-222.

2028 I. H. Marshall, *Kept by the Power of God: A Study of Perseverance and Falling Away* (London: Epworth, 1969) 93; J. Cottrell, "Conditional Election," in *Grace Unlimited* (ed. C. Pinnock; Minneapolis: Bethany, 1975) 57-62.

2029 Stott, *Romans*, 249.

명할 수 없다. 신자가 배교하는 것은 하나님께서 미리 아시고 정하신 것이 효력이 없어서인가 아니면 하나님께서 예정을 하시지 않았기 때문인가. 바울은 29절에서 미리 정하다는 동사를 사용하고 있다. 여기서 만일 이 예정이 사람의 미래의 선택에 대한 예지에 바탕을 두고 있다고 주장하면 배교자의 멸망은 전적으로 자신의 자유의지로 내린 선택의 결과 그렇게 된 것이라고 설명하게 된다. 이는 바울이 가르치는 하나님의 예정과 영화의 끊을 수 없는 관계를 반영하지 않는 해석이다. 즉 신자가 배교해서 멸망을 받는 것은 신자의 자유의지가 하나님의 예정을 무효화시킬 수 있는 능력이 있기 때문이 아니라 이 사람은 처음부터 하나님께서 구원하시기로 예정되지 않은 사람이기 때문이다. 셋째, 알미니안주의는 바울이 로마서 8:9-17절에서 말씀하는 우리 구원을 위한 성령의 내주하심의 유효성을 간과하고 있다. 즉 예수님의 구속을 우리에게 적용하시는 성령님의 사역은 우리 구원의 완성을 위한 절대적 요소이다. 이는 하나님의 주권적 뜻에 따라 되어지는 역사이며 우리의 자유의지적 선택에 바탕을 두고 있지 않다. 다시 말해 성령의 중보의 사역은 신자의 선택에 따라 변경될 수 있는 것이 아니고 신자가 연약함에도 불구하고 하나님께서 구원하시기로 예정하신 사람이 믿음을 떠나지 않도록 힘주시는 주권적 사랑의 행위이다. 만일 성령의 중보기도의 사역이 사람의 선택에 대한 예지에 바탕을 두고 있다면 구원은 사랑에 바탕을 둔 은혜의 선물이 아니라 인간의 선택에 대한 하나님의 기계적 반응이게 될 뿐이다. 넷째, 인간은 아담의 원죄로 인해 본질적으로 영적으로 죽은 상태에 있기 때문에 하나님께서 그 마음에 빛을 비춰 주셔야만 복음을 믿을 수 있다(고후4:4-7).[2030] 이는 복음을 들은 사람이 믿음의 선택을 내리는 것은 그 이전에 하나님의 주권적 은혜의 빛이 미리 선택된 그 사람 마음에 비추어 졌다는 것을 말한다.

29절에서 바울은 미리 정하다프로오리조우는 동사를 사용해서 하나님의 예정이 사람의 선택에 대한 예지에 의존하고 있는 것이 아니라 하나님의 목적에 바탕을 두고 있다는 것을 가리키고 있다. 만일 하나님의 예정이 사람의 선택

2030 Stott, *Romans*, 250.

에 대한 예지에 바탕을 두고 있다면 사람이 믿음을 저버리고 멸망하는 것도 하나님의 예정하에 있다는 뜻이 된다. 그렇다면 그 예정된 사람이 예수 그리스도의 형상을 닮도록 목적하신 하나님의 예정도 무효화되게 된다는 것을 말한다. 이는 하나님의 예정의 행위 자체가 무의미해진다는 것을 의미한다. 이를 뒤집어 말하면 하나님께서 어떤 사람을 구원하시기로 예정하신 것은 그로 하여금 예수님의 형상을 닮도록 하시기위한 것이기 때문에 변경될 수 없는 것이라고 할 수 있다. 그렇다면 하나님의 예정은 사람의 선택에 따라 변경될 수 없는 만큼 사람의 선택을 선한 방향으로 규정하는 역할을 하는 것도 포함하는 주권적 행위라고 이해할 수 있다. 우리의 이 추론은 바울이 29-30절에서 다섯 개의 동사가 의미하는 사건을 서로 뗄 수 없는 관계에 있는 것으로 표현하는 것과 일치한다.

여기서 아들의 형상아이코운은 창세기 1:26-27절의 말씀을 배경으로 하고 있는 것이 분명하다.[2031] 즉 하나님께서는 자신의 형상대로 사람을 창조하셨다. 그러나 아담의 원죄로 인해 사람은 이 형상에 심한 훼손을 입었다. 그러나 이제 예수 그리스도의 구속으로 인해 누구든지 예수안에 있는 자는 예수 그리스도의 형상을 본받게 되었다. 이것은 사람의 영적 회복이 아담의 형상의 상태로 되돌아 가는 것이 아니라 그 보다 더 높은 차원의 형상을 입는 것을 말한다. "하나님의 아들의 형상"이란 표현은 예수님의 부활의 영광의 형상을 가리키고 있다는 점에서 이론의 여지가 없다.[2032] 동시에 우리가 예수의 형상을 닮는 것을 8:10절 이하에서 말씀하는 성령의 내주하심을 통한 그리스도와의 연합의 관점에서 보면 우리가 그리스도의 고난과 복종에 함께 동참하는 것도 포함한다고 볼 수 있다.[2033] 나아가 그리스도의 형상을 닮는 것은 현재 그리스도인들이 도덕적/윤리적으로 그리스도의 형상에 까지 성화되어 가는 과정도 포함한다고 생각할 수 있다.[2034]

하나님께서 우리를 미리 아시고 그 아들의 형상을 본받게 하기 위해 미리

2031 J. Kürzinger, "*συμμόρφους τῆς εἰκόνος τοῦ υἱοῦ αὐτοῦ*(Rom 8,29)," *BZ* 2 (1958) 294-99.
2032 Murray; Barrett; Dunn; Byrne.
2033 Cranfield, *Romans*, 432; Moo; Nygren; Wilckens; Sanday and Headlam.
2034 Hendriksen, *Romans*, 284.

정하신 또 다른 이유는 그로 많은 형제 중에서 맏아들이 되게 하려 하셨기 때문이다. 여기서 형용사 프로우토토코스맏아들는 예수님께서 부활의 첫열매가 되셨다는 말씀의 관점에서 이해할 수 있다(고전15:20).[2035] 그와 동시에 롬8장의 문맥에서 그리스도는 하나님의 독생하신 아들로써 믿음으로써 하나님의 양자가 된 모든 하나님의 자녀 중 으뜸이라는 뜻도 가진다(골1:18).[2036] 예수 그리스도는 교회의 머리이신 것이다(엡1:22).

로마서 8:30절은 소위 황금사슬golden chain의 다섯 사건 가운데 네 사건을 언급한다. 즉 29절에서는 하나님께서 미리 아신 자들을 미리 정하셨다고 말씀한다. 30절에서는 "또 미리 정하신 자들을 또한 부르시고 부르신 그들을 또한 의롭다하시고 의롭다하신 그들을 또한 영화롭게 하셨다"고 말씀한다. 여기서 부르셨다는 동사는 28절의 형용사 클레이토이스와 연결된다. 따라서 부르심은 일반적 부르심이 아니라 유효적effective 부르심을 가리킨다. 피츠마이어는 여기서 부르심은 그리스도를 따르도록 하나님의 계획에 따라 부르심을 받고 그 소명안에 서있는 것을 말한다고 주석한다.[2037] 오스본은 여기서 하나님의 부르심은 선택적 부르심이지만 사람이 거절할 수도 있다고 이해한다.[2038] 그러나 이 해석은 하나님께서 그 아들의 형상을 본받게 하기위해서 그 미리 아신 자들을 정하시고 정하신 자들을 부르셨다는 말씀을 바르게 이해하지 못하고 있다. 하나님께서는 예정하지 않은 자들도 함께 부르시는 것이 아니고 예정한 자들을 부르셨다. 30절에서 바울이 사용하는 지시대명사 투투스those는 바로 이 점을 가리키고 있다. 또한 부르신 자들을 의롭다하셨다는 말씀도 이 부르심이 유효한 부르심이라는 것을 나타낸다. 만일 부름을 받은 자들이 이를 거절했다면 이들투투스이 의롭다하심을 받았다고 말씀하지 않았을 것이다. 여기서 의롭다하심을 받은 자들은 또한 영화롭게 되었다.

여기서 바울의 가르침이 독특한 것은 첫째, 영화롭게 되었다는 동사가 과

2035 Schreiner, *Romans*, 453.
2036 Larsson, *Christus als Vorbild*, 303; Morris; Fitzmyer.
2037 Fitzmyer, *Romans*, 524.
2038 Osborne, *Romans*, 223.

거시제라는 점이다. 우리가 영화롭게 되는 것은 우리가 소망가운데 기다리는 것으로써 미래에 이루어질 사건이다. 그러나 바울은 우리가 이미 영화롭게 되었다고 말씀한다. 어떤 학자들은 여기서 과거시제는 진입하는ingressive 과거라고 주석한다. 즉 영화는 회심과 함께 시작하고 미래에 완성된다는 것이다.[2039] 케제만은 영화는 세례를 통해서 우리가 예수의 형상을 닮을 때 실현된다고 주석한다.[2040] 그러나 대부분의 학자들은 영화는 장차 우리가 미래에 입게 될 것으로써 바울이 여기서 과거시제를 사용한 것은 미래에 우리에게 임할 영화의 확실성을 가리키는 것이라고 주석한다.[2041] 이 해석은 타당하다고 볼 수 있지만 동시에 우리가 여기서 간과하지 말아야 할 것은 이 과거시제가 가지는 신학적 의미다. 즉 하나님께서는 그 택하신 자들의 구원과 영화를 이미 창세 전에 선언하셨다. 이는 하나님의 관점에서 성도의 영화가 미래의 시간에 제한됨이 없이 이미 완성된 사실이라는 것을 의미한다.[2042] 이는 바울의 이미와 아직의 긴장의 관점에서 종말적 사건이 우리에게 이미 이루어진 측면을 묘사하고 있는 것이다. 이는 우리가 이미 부활해서 예수님과 함께 하늘에 앉히어져 있다는 말씀과 상응하는 가르침이다(엡 2:6).

둘째, 여기서 바울은 칭의와 영화 사이에 성화를 생략하고 있다. 이에 대해 크랜필드는 바울이 29절에서 우리가 예수님의 형상을 본받도록 예정되었다는 말씀에 성화의 개념을 포함하고 있기 때문에 30절에 이를 언급할 필요가 없었다고 주석한다. 나아가 영화롭게 하셨다는 것을 이 땅에서의 성화와 미래의 영화를 다 포함하는 개념으로 볼 수 있다는 것이다.[2043] 이에 반해 던은 의롭다하셨다는 것은 회심으로부터 미래의 영화까지 전 과정을 이어주는 사건이라고 주석한다.[2044] 따라서 크랜필드처럼 칭의와 성화를 독단적으로 구분해서 해석하는 것은 의롭다하심의 잠재적 개념의 너비를 보지 못한

2039 Schlatter, *Romans*, 195; Marshall, *Kept by the Power of God*, 93.
2040 Käsemann, *Romans*, 245; Schlier; Paulsen.
2041 Barrett; Murray; Stuhlmacher; Schreiner; Dunn.
2042 Byrne, 121-22; Alford; Michel; Gifford; Cranfield; Moo, *Romans*, 536.
2043 Cranfield, *Romans*, 433; Stott, *Romans*, 253.
2044 Dunn, *Romans*, 485.

것이라고 평한다. 던의 해석은 칭의와 성화가 밀접히 연결되어 있는 개념임을 파악하고 있다. 그러나 이것은 그가 믿듯이 칭의가 우리의 성화의 수준에 따라 변개될 수 있는 것이라는 것을 의미하지 않는다. 나아가 미래의 칭의는 성화의 진전에 달려있다는 의미도 아니다. 칭의는 우리가 이미 하나님앞에서 정죄되지 않는다는 선언이며 죄와 사망에서 해방되었다는 것을 의미하므로 우리가 이미 거룩하게 되었다는 선언도 포함하는 포괄적 개념이라고 할 수 있다. 다시 말해 성화는 칭의의 윤리적 측면을 나타내므로 하나님께서 우리를 의롭다고 하신 후 우리가 거룩하게 되었다고 따로 선언하실 필요가 없는 것이다. 우리를 이미 영화롭게 하신 것은 우리를 이미 거룩하게 하신 것의 결과다.

셋째, 여기서 의롭다하시고 영화롭게 하신 것은 개인의 구원에 관계된 개념이지 어떤 구룹의 구원에 관계된 개념이 아니라는 것이다. 라이트는 바울이 로마서에서 하나님께서 개인을 구원하시기로 예정하신다고 말씀하는 구절은 없다고 말한다.[2045] 그 대신 하나님께서 교회를 택하셨다는 것을 알 수 있다는 것이다. 그러나 이는 바울의 가르침을 잘못 해석한 것이다. 로마서 8:28-30절에서 바울은 하나님께서 개인들을 구원하시기로 예정하셨다는 것을 말씀하고 있다. 그것은 26-27절에 기술된 성령님의 중보기도가 개인의 칭의와 영화와 관계된 사실이라는 점에서도 분명한 사실이다. 또 29절에서도 하나님께서는 그 아들의 형상을 본받게 하기 위해 그 아신 자들을 미리 정하셨다는 것은 하나님께서 교회를 택하신 것이 아니고 개인 개인을 택하셨다는 것을 가리킨다. 그 아들의 형상을 본받게 하신다는 것을 성화적 개념으로 보면 이는 개인에 관계된 가르침이지 교회에 관계된 가르침이 아님이 더욱 분명해진다.

(바) 영원한 구원(롬8:31-39)

로마서 8:31절의 타우타these things는 28-30절에서 말씀한 내용을 가리키

2045 N. T. Wright; R. Shank, *Elect in the Son: A Study of the Doctrine of Election* (Springfield, MA: Westcott, 1970) 45-55, 154-55.

고 있다. 즉 하나님께서 예정하신 자는 반드시 영화에 이른다는 것에 대해서 누가 이의를 달겠느냐는 것이다. 바울은 이 구원의 확신을 31-39절에서 하나님의 우리에 대한 사랑의 확실성의 관점에서 설명하고 있다. 이 문단의 가르침은 로마서 5:1-11절의 내용을 상기시킨다. 그러면서도 로마서 1:1-8:30절의 내용들과 단어들을 종종 언급하고 있다.[2046] 이 문단의 문학적 성격에 대해서 학자들은 다양한 해설을 제시한다. 즉 "시적 미"[2047], 찬송가적임[2048], 논박법의 수사적 스타일[2049], 승리의 노래[2050] 등이다. 이 문단이 포함하는 고조된 음조, 수사적 질문들, 특이한 단어들 때문에 이 문단이 바울 자신의 글이 아니라 예배의 전통으로부터 인용한 것이라는 주장은 설득력이 없다.[2051] 이 문단의 구조에 있어서 대다수의 학자들은 이 문단을 여러 개의 소문단으로 나눈다.[2052] 그러나 필자는 이 문단을 두 개의 소문단으로 나누어 이해하는 해석을 따른다.[2053] 그 첫 문단인 31b-35절은 재판의 이미지를 배경으로 구원을 위한 하나님과 그리스도의 역사를 기술하고 있다. 즉 우리가 의롭다고 판결이 난 상황에서 이에 도전할 수 있는 자는 아무도 없다는 것이다. 35-39절은 이 세상의 세력의 모든 도전을 통과한 성도들의 최종적 승리를 노래하고 있다. 이는 로마서 8:1절의 그리스도 예수안에 있는 자들에게는 정죄함이 없다는 칭의의 선언과 연결되고 있고 그 최종 완성을 묘사하는 것이다.

로마서 8:31절의 접속사 운그러므로은 그 앞 절들의 결론을 도입한다: "그런즉 이 일에 대하여 우리가 무슨 말 하리요 만일 하나님이 우리를 위하시면 누가 우리를 대적하리요". 여기서 지시대명사 타우타이 일들가 로마서 8:28-

2046 Dunn, *Romans*, 499.
2047 Dodd; Julicher; Kühl.
2048 Fitzmyer; Huby; Leenhardt; Schlier; Johannes Weiss, "Beiträge zur paulinischen Rhetorik." In *Theologische Studien: Herrn Professor D. Bernhard Weiss zu seinem 70. Geburtstage dargebracht* (Ed. Caspar R. Gregory et al. G?ttingen: Vandenhoeck & Ruprecht, 1897) 165-247.
2049 Barrett; Käsemann.
2050 Morris; Wilckens.
2051 Moo, *Romans*, 538; Schreiner; *contra* Osten-Sacken, Römer 8, 20-47; G. Schille, "Die Liebe Gottes in Christus, Beobachtungen zu Rm 8 31-39," *ZNW* 59 (1968) 230-44.
2052 Bengel; Cranfield; Michel; Dunn; Fitzmyer; Käsemann.
2053 Schreiner; Moo; Balz, *Heilvertrauen und Welterfahrung*, 117-18.

30절의 내용에 걸릴 뿐 아니라 로마서 5-8장 전체에 걸린다고 주장하는 학자들이 있다.[2054] 반면에 던은 타우타가 로마서 6-8장에 걸린다고 본다.[2055] 이 해석들은 본문의 문맥에서 "이 일들"은 하나님께서 우리에게 보장하신 축복들을 폭넓게 가리키고 있다는 것을 나타낸다. 피츠마이어는 타우타가 5-8장 전체에 걸린다고 하지 않을지라도 로마서 8:18-30절의 내용을 가리킨다고 생각한다.[2056] 그러나 타우타가 우리의 구원의 확실성을 위한 하나님의 모든 역사를 가리킨다고 볼 수 있고 이 때 이 축복들은 직접적으로 로마서 8:28-30절 말씀과 관계있다고 볼 수 있다. 이 해석이 옳다면 우리는 31절의 타우타이 일들는 28-30절의 내용을 가리키고 있다고 볼 수 있다. 즉 하나님께서 그 미리 아신 자들을 그 아들의 형상을 본받도록 미리 정하시고 미리 정하신 그들을 또한 부르시고 부르신 그들을 또한 의롭다하시고 의롭다하신 그들을 또한 영화롭게 하신 일이다. 이 일들에 대해 우리가 무슨 말을 하겠는가. 만일 하나님이 우리를 위하시면 누가 우리를 대적하겠는가하는 뜻이다. 그리스도인들을 대적하는 것들은 많다. 그것은 환난 곤고 핍박 기근 적신 위험 칼 사망 생명 천사 권세자 높음 깊음 또 많은 다른 피조물들이다(35-39절). 그리스도인들에 대한 이 도전들은 바울 자신이 직접 경험한 바로써 고린도후서 11장에 잘 서술되어 있다. 이러한 도전을 당하면서 그리스도인들이 장차 영화에 이르게 되는 것은 그들이 믿음을 저버리지 않고 끝까지 믿음을 가지고 견인하기 때문이다(23-25절). 이 견인할 수 있는 바탕은 우리 마음에 내주하시는 성령께서 우리가 하나님의 자녀라는 사실을 증거하시고 또 우리 연약함을 도우시기 때문이다. 성령의 생각을 아시는 하나님께서는 우리가 당하는 모든 일에 있어서 우리와 합력하셔서 선을 이루신다. 곧 우리가 영화에까지 이르게 하시는 것이다.

여기서 접속사 만일에이은 불확실한 사건에 대한 조건적 의미를 가지는 것이 아니고 설명을 위한 주절을 도입하고 있다. 즉 이는 "하나님께서 우리를

2054 Moo; Schreiner; Cranfield; Morris.
2055 Dunn, *Romans*, 499.
2056 Fitzmyer, *Romans*, 530.

위하시므로 누가 우리를 대적하겠는가"를 의미한다. 후페르 헤이모운for us 은 카쓰 헤이모운against us과 대조적 관계에 있다. 하나님께서 우리를 위하신다는 것은 이미 29-30절에 설명되어 있고 32절 이하에서 다시 반복 강조되고 있다. 즉 그것은 하나님께서 자기 아들을 우리를 위해 내어 주셨고, 또 모든 것을 선물로 우리에게 주시고, 우리를 의롭다하시고, 그 아들로 우리를 위해 중보기도하게 하시고, 우리를 영원히 사랑하신다는 것이다(32-39절). 이 점에서 볼 때 후페르 헤이모운은 단지 하나님께서 우리 편이시다[2057] 혹은 하나님께서 우리를 위해 싸우신다는 의미가 아니라 하나님께서 모든 일에 있어서 우리를 도와 장차 우리가 구원의 영화에까지 이르도록 하신다는 뜻으로 보아야 한다.[2058] 이는 핍박하는 자들이 우리를 핍박하지 못하도록 하신다는지 우리 몸에 가시가 있을 때 바로 없애주시겠다든지의 의미가 아니라 우리에게 이 모든 도전들이 닥칠지라도 우리가 실족하지 않고 소망가운데 인내하며 영광의 날까지 기다리도록 힘 주시겠다는 뜻이라고 할 수 있다.

던은 이 구원의 보증에 대한 개념이 구약에도 발견된다고 말한다.[2059] 그리고 하나님께서 그 언약의 백성들에게 약속했던 축복들이 이제는 성령안에 사는 자들에게 적용되었다고 말한다. 이는 한 편으로 타당한 관점이다. 그러나 그리스도인들이 성령을 통해서 가지는 구원의 확신은 구약의 이스라엘이 받았던 언약의 축복보다 더욱 완성된 축복이라고 할 수 있다. 왜냐하면 구약시대에 언약의 공동체속에 있던 유대인들은 하나님의 언약의 약속이 예수 그리스도를 통해서 성취될 것을 바라보고 있었기 때문이다. 그리고 모세의 율법을 지키는 것이 그들을 의롭게 하지도 못했다. 그러나 그리스도 예수안에 있는 성도에게는 칭의에서 영화까지 모든 종말의 축복이 확보되어 있다. 그러므로 이는 구약의 언약의 축복이 이방인에게 확대되어 적용된 것이 아니라 누구든지 예수안에 있는 자들에게 성취된 것이다. 다시 말해 "하나님이

2057 Cranfield, *Romans*, 435.
2058 Murray, *Romans*, 323.
2059 이사야 40장 이하; 시23:4; 56:9, 12; 118:6-7; Dunn, *Romans*, 500.

우리를 위하신다"는 바울의 가르침을 하나님께서 구약의 언약에 대해 성실하시기 때문에 유대인들을 다시 위하시고 부르신다고 해석하는 것은 바울이 지금까지 말씀하는 구약의 언약이 그리스도를 통해서 성취되었고 이에 따라 누구든지 믿는 자마다 의롭다하심을 입는다는 개인적 구속의 속성을 간과하는 해석이다. 31절에서 "우리"는 그리스도인들을 의미하고 이는 유대인이나 이방인이나 종이나 자유자를 물론하고 모든 하나님의 택자를 다 포함하는 "우리"다. 따라서 여기서 "우리"를 구약의 언약적 관점에서 민족적 유대인들에게 적용해서 하나님께서 유대인들의 구원을 특별히 보장하신다고 해석하는 것은 타당한 해석이 아니다. 구약의 언약은 그리스도를 통해서 성취되었고 그리스도안에 있는 유대인들도 이방인 그리스도인들과 함께 하나님께서 보장하신 구원의 확신의 축복을 누리게 되는 것이다.

로마서 8:32절부터 바울은 31절에서 하나님께서 우리를 위하신다고 언급한 것을 예를 들며 설명하고 있다. 즉, "자기 아들을 아끼지 아니하시고 우리 모든 사람을 위하여 내어주신 이가 어찌 그 아들과 함께 모든 것을 우리에게 은사로 주지 아니하시겠느냐"라는 것이다. 여기서 예수님을 하나님 "자신의 아들"이라고 표현한 것은 우리가 하나님의 양자라는 사실과 비교되고 있다. 어떤 학자들은 "자신의 아들을 아끼지 않았다"는 구절은 창세기 22:12, 16절을 인용한 것이라고 주장한다.[2060] 즉 아브라함이 자신의 아들 이삭을 하나님께 제물로 드리려고 한 것처럼 하나님께서 자신의 아들을 우리에게 화목제물로 주셨다는 것이다. 그러나 슈월츠는 여기서 바울이 가리키는 구약의 구절은 창세기 22장이 아니라 사무엘상 21:1-14절이라고 주장한다.[2061] 피츠마이어는 대속적 죽음의 개념이 랍비문학의 아모라임시대에 와서 처음 발견 되는 만큼 바울 당시에 이삭에 관련된 아케다 전통이 대속적 죽음의 사상

2060 Origen; Cranfield; Dahl; Dunn; Lyonnet; Michel; Ridderbos; Zahn; Moo; A. F. Segal, " 'He who did not spare his own Son . . .' : Jesus, Paul and the Aqedah," in *From Jesus to Paul: Studies in Honour of Francis Wright Beare* (ed. P. Richardson and J. C. Hurd; Waterloo, Ont.: Wilfrid Laurier University, 1984) 169-84; Robert J. Daly, "The Soteriological Significance of the Sacrifice of Isaac." *CBQ* 39 (1977) 45-75.

2061 D. R. Schwartz, "Two Pauline Allusions to the Redemptive Mechanism of the Crucifixion," *JBL* 102 (1983) 264-66.

2062 Fitzmyer, *Romans*, 531; Philip R. Davies, and Bruce D. Chilton, "The Aqedah: A Revised Tradition History." *CBQ* 40 (1978) 514-46.

을 내포하고 있었다고 볼 수 없다고 말한다.[2062] 따라서 바울은 여기서 아케다 전통과 관련있는 창세기 22장의 구절을 인용했을 가능성이 적다는 것이다. 그는 어떤 학자들은 이 사실 자체에 대해 침묵하고 있다고 말한다.[2063] 필자는 여기서 바울이 창세기 22장의 아케다 전통을 배경으로 할 가능성은 적다고 생각한다. 그것은 모리아산에서 아브라함이 하나님께 드린 제물은 이삭이 아니고 하나님 자신이 준비하신 수양이었다는 사실이다(창22:13). 그리고 이삭은 궁극적으로 제물로 바쳐지지 않았기 때문에 대속적 죽음의 모형으로 받아들여지기에는 적절하지 못하다. 이와 반면에 예수 그리스도는 우리 범죄함을 위하여 내어 줌이 되었다(롬4:25). 그리고 내어 주신 이는 하나님 자신이셨다(8:32).

32절에서 "우리 모든 사람"은 그 다음에 오는 문장의 "우리"와 병렬된다고 볼 때 모든 인류를 의미하는 것이 아니라 로마교회 성도들과 나아가 모든 신자들을 가리키고 있다고 볼 수 있다.[2064] 동사 내어주다파라디도우미는 로마서 1:24, 26, 28절에도 사용되고 있다. 구약성경에서 "내어주다"는 동사의 주어가 하나님이실 경우 보통 하나님께서 그 불순종의 백성들을 징벌하는 손에 내어주는 것을 의미한다.[2065] 하나님께서 예수님을 십자가의 형벌에 내어주신 것은 그가 우리를 대신해서 징벌을 받게 하시도록 했기 때문이다.[2066] 따라서 여기서 전치사 후페르for는 단순히 우리의 "유익을 위해"를 가리키고 있다고 볼 수 있지만 그 보다 깊은 신학적 뜻이 담겨있다고 볼 수 있다. 즉 예수께서는 우리 죄를 위해서 하나님께서 내어주신 대속적 희생 제물이시다. 이렇게 하나님께서 자기 아들도 아끼지 않으시고 우리 모든 사람을 위해 내어 주셨는데 어찌 그 아들과 함께 모든 것을 우리에게 주시지 않겠는가. 주신다는 것이다. 여기서 "그 아들과 함께"는 "모든 것"과 동격이라고 할 수 있다. 즉 그 아들도 주셨으므로 "모든 것"도 함께 주신다는 의미다. 그러면 여기서 "모든 것"은 무엇을 의미하는가. 학자들은 이것이 구원의 축

2063 Huby; Lagrange; Lietzmann; Nygren.
2064 Morris, *Romans*, 336.
2065 삿2:14; 6:1; 삼상24:11; 대하13:16; 24:24; 36:17.
2066 Perrin, "The Use oi (Para)didonai," 94-103.

복들[2067] 혹은 종말에 주어질 최종적 축복들[2068] 혹은 포괄적으로 현재와 미래의 축복들을[2069] 의미한다고 주석한다. 필자는 "모든 것"이 포괄적인 축복을 가리킨다고 보는 해석이 맞다고 본다. 로마서 5:1-11절에서 바울은 믿음으로 따라오는 열매들 곧 평화, 화목, 영생, 기쁨, 인내, 소망 등을 언급했다. 그리고 우리는 죄에서 해방되어 의의 종이 되어 거룩함의 열매를 맺게 되었다. 그리고 로마서 8:2-3절은 우리가 예수와 연합을 통해 죄와 사망에서 해방되었다는 것을 가르치고 있다. 그리고 우리는 성령을 가지고 있기 때문에 하나님의 양자로 그 지위가 격상되었다. 로마서 8:26-27절은 성령께서 중보기도를 통해서 우리를 도와 주심을 말씀하고 있다. 그리고 하나님의 사랑으로 말미암아 우리의 믿음을 좌초시키고 멸망시킬 수 있는 세력은 이 세상에 아무도 없다. 따라서 이 구절의 미래동사 카리조마이거저 주다는 주는 것이 미래적 사건으로 국한되어 있다는 것을 의미하지 않는다.[2070] 그 반대로 하나님께서는 이미 우리에게 많은 것을 주셨고 종말에 그 축복을 완성하실 것이다.

로마서 8:33-34절은 구두점을 어디에 두느냐의 문제에 대한 논쟁이 있다. 어떤 학자들은 매 문장마다 의문문으로 보아야 옳다고 생각한다.[2071] 그러나 필자는 NIV의 번역을 바른 번역이라고 생각한다. 이 번역에 의하면 33절의 첫문장은 의문문이고 그 다음 문장은 이에 대한 대답이다. 그리고 34절의 첫문장도 의문문이며 그 다음 문장은 이에 대한 대답이다. 이에 따라 33절은 다음과 같이 번역된다: "누가 능히 하나님의 택하신 자들을 송사하리요 의롭다하신 이는 하나님이시다." 여기서 미래시제 동사 에그칼레오우송사하다는 법률적 개념으로써 마지막 때 사탄이나 원수들이 우리를 송사한다는 해석과[2072] 역사상 계속되는 반대나 저항을 의미한다는 해석이 있다.[2073]

2067 Fitzmyer; Morris; Cranfield.
2068 Dunn; Scott; Grundmann; Stuhlmacher.
2069 Hendriksen; Käsemann; Stott; Moo; Barrett; Schreiner.
2070 Schreiner, *Romans*, 461; *contra* Dunn, *Romans*, 502.
2071 Barrett; Moffatt.
2072 Barrett; Dunn; Moo; Schreiner.
2073 Calvin; Cranfield; Osborne; Fitzmyer; Stott.

필자는 여기서 후자의 해석이 더 옳다고 본다. 그러면 송사하다의 미래시제는 격언적gnomic 미래라고 볼 수 있다. "하나님의 택하신 자들"은 29-30절에서 언급된 예정된 사람들이다. 이는 구약에 말씀된 남은 자 혹은 택함받은 이스라엘 뿐 아니라 이방인 택자까지 포함하는 개념이다.[2074] 여기서 많은 학자들은[2075] 바울이 이사야 50:8-9절을 암시하고 있다고 주석한다: "나를 의롭다 하시는 이가 가까이 계시니 나와 다툴 자가 누구뇨 나와 함께 설지어다 나의 대적이 누구뇨 내게 가까이 나아올지어다 주 여호와께서 나를 도우시리니 나를 정죄할 자 누구뇨 그들은 다 옷과 같이 해어지며 좀에게 먹히리라". 이는 이사야가 가리키는 택자가 이방인 그리스도인들을 포함하고 있다는 것을 말하며 하나님께서는 역사상 그 택자들을 계속해서 신원하고 계시다는 것을 의미한다.

즉 의롭다 하시는 이는 하나님이시다. 여기서 현재시제 디카이오운의롭다고하다은 하나님께서 미래에 택자들을 의롭다고 선언하시는 것을 의미한다는 해석과[2076] 현재 계속되는 행위라는 해석이 있다.[2077] 그러나 이를 격언적 현재라고 보는 것이 낫다.[2078] 이는 앞의 송사하다는 동사의 미래형 시제를 격언적 미래라고 본 것과 같은 논리다. 현재에나 미래에나 하나님의 택자를 송사할 수 있는 자는 없다. 그것은 하나님께서 우리를 이미 의롭다고 선언하셨기 때문이다. 이는 법률적 선언으로써 단회적 사건이며 우리가 가진 법적 지위를 나타낸다. 여기서 스토트는 양심, 사탄, 혹은 원수들을 송사하는 자로서 제시한다.[2079] 이 해석도 목회적 가치를 가지고 있는 것이 분명하지만 동시에 우리는 여기서 바울의 이 표현이 가지는 수사적 효과를 간과하면 않된다. 바울이 말씀하는 것은 특정한 송사하는 자들이 아니라 우리를 송사할 자가 아무도 없다는 그 사실이다.

2074 대상16:13; 시89:3; *TDNT*, 4:182-84; 행9:15; 롬9:11; 11:5, 7; 16:13; 골3:12; 살전1:4; 딤후2:10; 딛1:1; 마24:22, 24; 막13:20, 22; 눅18:7; 벧전1:1; 벧후1:10; Murray, *Romans*, 327-28.

2075 Stuhlmacher; Cranfield; Sanday and Headlam; Osten-Sacken.

2076 Michel; Black.

2077 Dunn, *Romans*, 503.

2078 Moo, *Romans*, 542; Schreiner.

2079 Stott, *Romans*, 256.

로마서 8:34절은 접속사 없이 33절 내용과 병렬되고 있다: "누가 정죄하리요 죽으실 뿐아니라 다시 살아나신 이는 그리스도 예수시니 그는 하나님 우편에 계신 자요 우리를 위하여 간구하시는 자시니라". 이 절의 첫 문장 "누가 정죄하리요"는 33절의 첫문장 "누가 송사하리요"와 같이 법률적 개념이다. 우리가 전에 송사하다가 현재적 격언적 의미를 가진다고 말한 바 있듯이 34절에서 정죄하다도 미래적 종말적 사건이라기[2080] 보다는 현재적 격언적 사건으로 볼 수 있다.[2081] 그 이유는 현재 그리스도인들이 받은 의롭다 하심은 현재적 법률적 선언으로써 종말의 심판때까지 유효한 단회적 사건으로 보기 때문이다. 이 해석을 믿받침하는 또 하나의 요소는 34절에서 이 문장 다음에 따라오는 가르침이 신자들의 현재의 신앙 여정과 관계된 내용이기 때문이다. 그 중의 하나는 예수님께서 현재 하늘에서 우리를 위해서 중보기도하시고 계신다는 사실이다. 이는 미래적 사건이 아니라 현재 신자들에게 적용되고 있는 축복이다. 33절에서 바울은 누구도 하나님의 택자들을 정죄할 수 없는 이유는 하나님께서 이들을 의롭다고 하셨기 때문이다고 대답한다. 34절에서 바울은 이 법률적 내용을 다시 반복하면서 이제는 그리스도의 사역적 측면에서 이에 동일하게 대답한다. 즉 아무도 그리스도인들을 지금부터 최후 심판 때까지 정죄할 수 없다. 그 이유는 "죽으실 뿐 아니라 다시 살아나신 이는 그리스도 예수시니 그는 하나님 우편에 계신 자요 우리를 위하여 간구하시는 자시기 때문이다". 이 대답에서 바울은 예수님의 완성하신 사역들을 요약하고 있다. 그것은 예수님의 죽으심, 부활, 승천과 하나님 우편에 계심, 그리고 중보기도다. 여기서 바울은 예수님의 재림을 언급하지 않고 있는데 그가 언급하고 있는 중보기도가 예수님의 재림에 해당하는 사역이라고 보는 것은 옳지 않다. 바울이 여기서 강조하는 것은 성도들의 구원에 대한 보장assurance이다. 성도들의 구원의 확인은 예수님께서 완성하신 위의 네 가지 사역에 바탕을 두고 있다. 그러나 예수님의 재림은 구원의 보장이 아니라 구원의 최후 완성에 관계된 사건이다. 주님의 재림에 대해서는 데살

2080 Cranfield; Dunn; Fitzmyer; Schreiner; Gundry Volf.
2081 Sanday and Headlam.

로니가전서 4:13-18; 데살로니가후서 1:3-2:12절에서 상세히 기술하고 있다.

34절에서 어떤 헬라 사본은 예수님의 이름에 있어서 그리스도 예수 대신에 그리스도만 포함하고 있다. 그러나 그리스도 예수는 많은 사본이 포함하는 어구이고 또 34절의 엄숙한 선언적 음조에도 어울리는 이름이다.[2082] 그러나 로마서 1:1; 3:24; 6:3, 11, 23; 8:1, 2, 39; 15:5, 16, 17; 16:3절에서 바울은 예수 그리스도나 예수가 아니라 그리스도 예수를 채택하고 있다. 34절에서 예수의 죽으심을 서술할 때 그리스도라는 이름을 사용한 것은 구약의 메시야의 대속적 죽음을 암시하고 있다. 그리고 부사 말론보다은 예수님의 부활이 그 죽음보다 그리스도인의 구원에 더 중요한 부분을 차지 하고 있다는 것을 암시한다. 바울이 고린도전서 15장에서 말씀하듯이 만일 그리스도께서 부활하시지 않았다면 그가 전하는 복음도 헛된 것이 되었을 것이다. 여기서 동사 에게이로우일으키다는 수동태 분사이다. 이는 예수님을 죽음에서 부활시키신 분은 하나님이시라는 것을 의미하고 있다.

바울은 이어서 관계대명사절을 사용해서 예수님께서 현재 하나님의 우편에 계신 것과 우리를 위해 중보기도하시고 계시는 것을 말씀한다. 하나님 우편에 계신 것과 우리를 위해 중보기도 하시는 것은 밀접한 관계가 있다. 하나님 우편에 계시다는 것은 은유적 표현으로써 예수님께서 우주를 통치하는 하나님의 대리인으로 등극하신 왕의 지위를 가리키고 있다. 에베소서 1:20-21절에서 바울은 하나님께서 예수를 하늘에서 자기의 오른편에 앉히시고 모든 정사와 권세와 능력과 주관하는 자와 이 세상 뿐 아니라 오는 세상에 일컫는 모든 이름 위에 뛰어나게 하셨다고 기술한다. 이제 교회의 머리이신 예수께서 하늘에서 통치하시는 중요한 사역 중의 하나는 택자들의 구원을 보장하시는 것이다. 그것은 그들을 위해 중보기도하시며 대제사장으로써 사역하시는 것이다.[2083] 이는 예수님께서 하나님 앞에서 택자들의 죄를 계속해서 씻어 주시는 것과 관계가 있다. 그러나 아무도 그들을 정죄할 자가 없는

2082 Moo, *Romans*, 537.
2083 히7:25; 요일2:1.

이상 그리고 그들이 죄와 사망에서 완전히 해방된 이상 그들에게 필요한 것은 더이상 원죄의 도말이 아니고 그들이 이 세상에서 살면서 대적하는 세력들의 도전 앞에 믿음을 잃지 않고 견인하도록 하는 것이다. 여기서 바울이 예수님의 중보기도에 대해 가르치는 것은 유대문학에서 가르치는 영웅이나 천사의 중보기도와 질적으로 다르다.[2084] 첫째, 예수님은 고난을 받으시고 부활하시고 지극히 높으신 하나님의 보좌 우편에 앉아 계시면서 중보하신다. 둘째, 이는 택자들이 이 세상에서 당하는 어려움으로부터의 보호가 아니라 택자들이 당하는 고난 가운데서도 믿음에서 실족하기 않도록 하시는 중보라는 것이다.

예수님의 중보기도가 대속적 중보라기 보다 믿음으로부터 실족하지 않도록 보호하는 중보기도라는 점은 택자들이 실족하지 않고 반드시 영화에 이르게 하시는 하나님의 뜻의 완성과 관계가 있다고 볼 수 있다(롬8:29-30). 하나님께서는 택자들이 그 아들의 형상을 본받기 원하신다. 이는 그들이 실족하지 않고 예수님의 하늘의 영광에 동참하는 것이다. 이는 그들도 예수님의 고난에 동참함으로써 성취된다(롬8:17). 이 때 이들은 미래의 영광을 소망하며 오늘의 고난을 참고 인내한다(롬8:24-25). 이 인내를 도우시는 분은 성령님이시다. 성령께서 우리 연약을 아시고 말할 수 없는 탄식으로 중보기도 하시며 우리를 도우신다(롬8:26-27). 이는 해산의 고통을 옆에서 돕는 산파의 역할보다 더욱 직접적인 도움이다. 즉 성령께서는 신자들의 마음속에서 신자들과 함께 탄식하시며 오늘의 고난을 참을 수 있도록 믿음의 확신을 더해 주시는 것이다. 이 때 성령님의 기도는 예수님의 중보기도와 일치하는 기도라고 할 수 있다. 성령은 하나님의 뜻대로 기도하신다. 이는 아들 하나님의 뜻이기도 하다. 이 뜻은 예수님의 중보기도를 기록하고 있는 요한복음 17장에 잘 나타나 있다. 예수님께서는 하나님께서 그 이름으로 그 자녀들을 보전하시고 하나 되게 해 달라고 간구하신다(요17:11). 예수께서 요한복음 17:15절에서 저희가 악에 빠지지 않게 해달라고 기도하시는 것은 저희가 실

2084 1 Enoch 13.4; Dunn, *Romans*, 504.

족해서 믿음을 떠나지 않게 해 달라는 뜻으로 볼 수 있다. 그래서 그 결과는 저들도 장차 하늘의 아들의 영광을 보고 그 영광에 참여하게 해 달라는 것이다. 이 내용은 로마서 8:29-30절의 내용과 일치한다. 삼위일체 하나님께서는 택자들이 실족하지 않고 종말의 영광에 참예하는 것을 원하신다. 그리고 이 목적의 성취를 위해서 성령 하나님께서는 아버지 하나님의 뜻대로 신자들의 마음속에서 중보 기도하고 계시고 아들 하나님께서는 하나님 우편에서 중보 기도하고 계시는 것이다.

예수님의 중보기도가 택자들이 믿음에서 실족하지 않도록 보호하는데 목적이 있다는 것은 누가복음 22:31-32절에도 나타나 있다. 예수께서는 베드로가 자신을 배반할 것을 아시고 그를 위해 중보기도하셨다. 그리고 베드로가 믿음을 떠나지 않고 회개하고 교회에 남아 복음전파에 동참할 수 있도록 하셨다. 펠라기우스는 예수님의 중보기도에 대해서 설명하면서 예수님의 대제사장적 사역은 그 아버지께 대한 맹세로써 그가 입으신 인성을 그 앞에 계속해서 보이시고 바치심으로써 완성되었다고 말한다.[2085] 그러나 대속적 구속은 예수님의 죽으심과 부활로 성취된 것이지 예수님의 중보기도로써 성취된 것은 아니다. 그리고 예수님의 중보기도가 그 인성을 아버지께 계속 보이시는 행위와 동일한 것도 아니다. 구약의 대제사장은 속죄소위에 동물의 피를 뿌리며 죄 사함을 위해 기도했지만 예수님의 대제사장적 사역은 십자가에서 완전히 이루셨기 때문에 하늘 보좌에서의 대제사장적 사역은 택자를 잃어버리지 않게 하시는데 그 목적이 있다.[2086] 아버지께서 그에게 주신 양 한 마리도 잃어버리지 않는 것이 하나님의 뜻이며 예수님의 중보기도의 제목이다: "내가 저희와 함께 있을 때에 내게 주신 아버지의 이름으로 저희를 보전하와 지키었나이다 그 중에 하나도 멸망치 않고 오직 멸망의 자식 뿐이오니 이는 성경을 응하게 함이니이다"(요17:12). 예수님의 중보기도에 있어서 그가 인성을 입고 계신 것이 중요한 이유는 예수께서 친히 인간의 육을 입고 성육신 하셨기 때문에 우리의 연약을 아시고 우리를 위해서 무엇을 간

2085 A. Souter, ed., *Expositio in Romanos*, 70; Cranfield, *Romans*, 439; Morris, *Romans*, 338.
2086 Murray, *Romans*, 329-330; Stott, *Romans*, 257; Hodge, 290; Stuhlmacher, *Romans*, 140.

구하셔야 할 지 아신다는 것이다(히2:17-18). 바로 이 사실은 하나님께서 "마음을 감찰하시는" 하나님이시라는 사실과 관계된다(롬8:27). 예수께서는 베드로가 자신을 세 번 부인할 것을 미리 아셨다. 하나님께서는 우리 연약을 아신다. 하나님께서는 우리 마음을 감찰하시고 예수님께서는 우리의 생각을 아시기 때문에 성령께서는 이를 바탕으로 우리 연약함을 도우시어 우리 마음속에서 하나님의 뜻대로 말할 수 없는 탄식으로 중보기도하시는 것이다. 따라서 성령님의 중보기도는 본질적으로 그리스도의 중보기도의 적용이라고 할 수 있고 그리스도의 중보기도는 택자들이 칭의에서 영화에 이르기까지 보장하는 안전핀과 같다고 할 수 있다.

로마서 8:35절은 의문문으로 시작하며 구원의 확실성이란 관점에서 그 내용이 그 앞 절과 병렬된다: "누가 우리를 그리스도의 사랑에서 끊으리요 환난이나 곤고나 핍박이나 기근이나 적신이나 위험이나 칼이랴". 35절은 39절까지 연결된 소문단의 시작이다. 여기서 바울은 성도들의 믿음의 확신 또는 구원의 보장을 확인하고 있다. 그들의 믿음을 끊을 수 있는 대적자는 이 세상에 없다(31절). 이 대적하는 것을 구체적으로 예를 들면서 이것들이 아무리 극심한 상황속에 우리를 빠트린다고 할지라도 예수님의 사랑 때문에 우리는 믿음을 떠나지 않을 것이며 장차 종말의 영광에 참예하게 될 것이라는 사실을 기술하고 있다. 35절에서 "그리스도의 사랑"은 주격 소유격으로 보아야 한다. 즉 그리스도의 우리에 대한 사랑이다. 이 사실은 34절에서 서술된 그리스도의 우리를 위한 중보기도를 가리키고 있다. 그리스도께서 우리를 위해서 십자가에서 구속을 이루신 것도 그 사랑의 표현이며 또 성령을 우리에게 부어 주셔서 우리로 하여금 중생하게 하신 것도 사랑의 표현이다(롬5:5). 나아가 예수님의 사랑은 지금도 우리가 시험이나 핍박을 당할 때 믿음을 잃어버리지 않도록 하나님께서 우리를 지켜주시도록 중보기도하시는데 있어서 계속 역사하고 있다. 바울은 "하나님의 사랑"이란 표현을 로마서 5:5; 8:39; 고린도후서 13:13; 데살로니가후서 3:5절에서 사용하고 있고 "예수님의 사랑"이란 표현을 로마서 8:35; 고린도후서 5:14; 에베소서 3:19절에서 사용하고 있다. 하나님의 우리에 대한 사랑과 예수님의 우리에 대한 사랑은 본질적으로 같은 것이라 볼 수 있다. 이를 39절에는 "우리 주 그리스도 예수안에 있는 하나님의 사랑"이라고 분명히 표현하고 있다.

이 절의 두 번째 문장에서 바울은 우리를 대적하는 것들을 예를 들고 있다: "환난이나 곤고나 핍박이나 기근이나 적신이나 위험이나 칼이랴". 여기서 바울이 말씀하는 환난이 종말적 환난을 가리키는가 혹은 그 보다 넓은 의미에서 우리가 일상 생활에서 당하는 어려움까지 포함하는 고난인가에 대해 학자들의 견해가 갈린다. 여기서 필자는 전자의 견해를 따른다. 그 첫째 이유는 36절에서 바울이 시편 44:22절을 인용하고 있는데 이는 이스라엘이 열방에 의해서 환난을 당하는 것을 묘사하고 있다. 스토트가 말하듯 그들은 하나님을 잊었기 때문에 혹은 이방신을 섬겼기 때문에 환난을 당하고 있는 것이 아니라 하나님께 대한 충성때문에 발생한 고난을 당하고 있던 것이다.[2087] 케제만은 랍비들은 경건한 자의 순교를 가리킬 때 이 구절을 인용했다고 말한다.[2088] 바울이 이 말씀을 본문의 문맥에서 인용하는 것은 그리스도인들도 그 당하는 환난과 고난을 통해서 그 믿음이 참믿음인가 아닌가 시험되기 때문이라고 할 수 있다. 둘째, 환난쓸립시스과 곤고스테노코우리아는 종말의 무서운 환난을 가리키고 있다.[2089] 모리스는 여기서 환난이 포도를 밟는 것과 같은 강한 압박을 의미하며 그 성격은 규정되어 있지 않다고 말한다.[2090] 사도행전 7:11은 이스라엘 백성들이 애굽에서 흉년 때문에 환난을 당했다고 묘사할 때 이 단어를 사용한다. 그러나 마태와 마가는 마지막 때 성도들이 통과할 환난을 서술하면서 이 단어를 사용한다(마24:21; 막13:19). 그리고 로마서 2:9절이나 5:3절도 일반적 환난이 아니라 협의의 개념의 환난을 가리키고 있다. 셋째, 바울이 여기서 사슬에 연결하듯이 환난, 곤고, 핍박, 기근, 적신, 위험, 칼을 함께 묶어 제시하는 것은 이들이 서로 다른 사실이나 현상을 가리키고 있는 것이 아니라 그리스도인들이 예수님을 믿기 때

2087 Stott, *Romans*, 257.
2088 Käsemann, *Romans*, 249.
2089 Dunn, *Romans*, 504.
2090 Morris, *Romans*, 339.
2091 Stuhlmacher; Dunn; Käsemann; Michaelis; Paulsen; Stott.

문에 당하는 종말의 출산의 고통을 나타내고 있다고 볼 수 있다.[2091] 넷째, 바울은 여기서 남성 의문대명사 티스누가를 사용한다. 그리고 사용하는 명사는 남성이거나 여성이다. 중성은 하나도 없다.[2092] 그러나 무는 이것은 바울의 문장 스타일일 뿐이지 그 이상의 의미는 없다고 본다.[2093] 건드리 볼프는 여기서 환난의 의미를 핍박과 관계된 것으로 국한하는 것은 옳지 않다고 본다.[2094] 그것은 38-39절이 넓은 의미의 고난을 의미하기 때문이라는 것이다. 그러나 이 해석은 바울이 36절에 인용하는 시편의 구절이 좁은 의미의 환난 즉 핍박이나 순교를 의미하고 있다는 것을 고려하지 않고 있다.

던은 여기서 핍박디오우그모스은 종교적 이유로 유발되는 핍박을 의미한다고 말한다(막4:17; 고후12:10; 살후1:4).[2095] 그리고 기근리모스은 계시문학에서 서술하는 종말의 현상이고(막13:8; 계6:8;18:8) 헐벗음굼노테이스도 이와 함께 나타나는 현상이다. 위험킨두노스은 어떤 형태든지 위험을 말하며 칼마카이라은 끔직한 죽음이나 전쟁을 나타낸다. 모리스는 칼은 참수를 상징하며 바울 자신이 곧 당하게 될 환난을 가리킨다고 말한다.[2096] 이 점에서 볼 때 여기서 바울이 제시하는 환난의 리스트는 유대 계시문학이 서술하는 종말의 환난을 배경으로 하고 있다고 볼 수 있다.[2097] 또 고린도후서 11:23-27절에 바울이 자신이 당한 환난을 상세히 서술하듯이 핍박에 기인한 환난은 모든 그리스도인들이 이 세대에 통과하는 종말적 출산의 고통이라고 할 수 있다.[2098] 이 종말적 산고는 피조물이 다 함께 종말적 출산의 고통을 겪고 있는 것과 같은 맥락의 사건이다(롬8:22). 그리고 이러한 종말적 환난도 성도를 그리스도의 사랑에서 끊을 수 없는 것은 그들이 예수님을 끝까지 부인하지 않고 증거할 것이기 때문이고 그 이면에 예수님께서 이들을 위해서 하늘에서 드리시는

2092 Morris, *Romans*, 338.

2093 Moo, *Romans*, 543.

2094 J. M. Gundry Volf, *Paul and Perseverance: Staying in and Falling Away* (Louisville: Westminster/John Knox, 1990) 56; Schreiner; Morris; Fitzmyer.

2095 Dunn, *Romans*, 505.

2096 Morris, *Romans*, 339.

2097 Jub. 23.13; *1 Enoch* 103.9-15; Pss. Sol. 15.7; W. Schrage, "Leid, Kreuz und Eschaton: Die Peristasen-Katalog als Merkmale paulinische Theologia crucis und Eschatologie," *EvTh* 34 (1974) 143-46; V. P. Furnish, *2 Corinthians* (AB; Garden City, NY: Doubleday, 1984); Dunn, *Romans*, 505.

2098 Michel; Käsemann; Paulsen, *Überlieferung*, 172-73.

중보기도와 함께 하나님께서 이들을 악한 자의 손에서 지키시기 때문이다 (요일5:18).[2099]

로마서 8:36절은 시편 44:22절을 인용하면서 35절의 내용을 뒷받침하고 있다: "기록된바 우리가 종일 주를 위하여 죽임을 당케 되며 도살할 양 같이 여김을 받았나이다 함과 같으니라". 즉 35절의 환난의 리스트는 36절에서 "우리가 종일 죽임을 당하며"와 병렬된다. 그리고 35절의 "칼"은 36절의 "도살할 양"과 직접 병렬된다. "우리가 당신을 위하여"는 시편의 문맥에서 여호와 하나님을 가리킨다. 그리고 로마교회의 그리스도인들에게는 예수 그리스도를 가리킨다(마5:11; 막8:35; 계1:9). 이 절에서 NIV의 "우리가 종일 죽음을 맞는다"는 번역은 약한 번역이고 KJV의 "우리가 종일 죽음을 당한다"가 더 옳은 번역이다. 그리고 도살할 양같이 여김을 받았다의 구절에서 동사 "여기다"는 과거시제다. 이는 그리스도인들이 핍박의 대상이라는 것은 정해진 사실이라는 것을 나타낸다.[2100] 그리스도인들이 핍박을 받는 것은 하나님께서 이들을 사랑하시지 않는다는 것의 증거가 아니라 사랑하신다는 증거다.[2101] 그리스도인들이 신앙때문에 목숨을 잃는 것은 그리스도에 대한 사랑을 의심하게 하는 이유가 되지 않고 오히려 십자가에 달리신 그리스도와 연합되 있다는 것을 나타낸다.[2102] 바울은 여기서 성도들이 믿음 때문에 환난을 당하는 것은 피할 수 없는 운명임을 나타낸다.[2103] 이를 로마서 8:18절과 관련해 보면 성도가 당하는 고난은 선택사항이 아니라 필연적 과정이며 그 고난의 성격은 일반적인 질고가 아니라 믿음때문에 그 대적하는 자들에 의해서 초래되는 환난임을 더 분명히 알 수 있다(빌1:29; 고후1:4-9).

로마서 8:37절을 시작하는 접속사 "그러나"[알라]는 35-36절의 핍박과 환난의 내용과 대조를 이룬다: "그러나 이 모든 일에 우리를 사랑하시는 이로 말미암아 우리가 넉넉히 이기느니라". 즉 이런 환난 가운데도 그리스도인들은

2099 Murray, *Romans*, 331; Stuhlmacher, *Romans*, 140.
2100 Morris, *Romans*, 339.
2101 Fitzmyer, *Romans*, 534.
2102 Stott, *Romans*, 258.
2103 Schreiner, *Romans*, 464.

우리를 사랑하시는 이로 말미암아 넉넉히 승리한다. 여기서 동사 후페르니카오우승리하고도 남는다는 니카오우승리하다의 강조형이다. 쉴리어는 바울이 전치사 후페르와 결합된 복합동사를 사용하기를 즐겨한다고 말한다.[2104] "승리하고도 남는다"는 표현은 성도들이 이 환난의 시험에 져서 믿음을 떠나는 것이 아니고 이 환난에도 불구하고 죽음을 무릅쓰고 신실하게 믿음을 지킬 것이라는 확신이 담겨있다. 이 확실한 승리는 성도 자신의 힘으로 이루어지는 것이 아니다. 그것은 우리를 사랑하시는 이로 말미암아 성취된다. 여기서 아가페이산토스우리를 사랑하시는 이는 과거분사다. 이는 과거에 우리에게 제공된 사랑을 의미한다. 이는 십자가를 통해서 우리에게 주신 사랑을 의미한다고 볼 수 있다.[2105] 그러나 이 사랑은 과거에만 국한하지 않고 지금도 하늘 보좌에서 하시는 그 중보기도를 통해서 우리에게 계속 부어지고 있다.[2106] 이렇게 볼 때 "우리를 사랑하시는 이"는 예수님을 가리키고 있다고 할 수 있다.[2107] 이 해석은 35절이 뒷받침한다. 그러나 31-32절에서 보듯이 그 아들을 우리를 위해 주신 분은 하나님이시다. 따라서 우리를 사랑하시는 이는 아버지 하나님을 가리킨다고 볼 수도 있다. 이 점에서 바울은 "우리를 사랑하시는 이"에 있어서 아버지 하나님과 예수님을 구분하지 않고 있다고 할 수 있다.[2108]

로마서 8:38절은 접속사 갈왜냐하면로 시작하면서 우리가 왜 넉넉히 이기는지를 설명한다(37절). 즉 바울이 확신하는 것은 "사망이나 생명이나 천사들이나 권세자들이나 현재 일이나 장래 일이나 능력이나 높음이나 깊음이나 다른 아무 피조물이라도 우리를 우리 주 그리스도 예수 안에 있는 하나님의 사랑에서 끊을 수 없"기 때문이다(38-39절). 여기서 바울은 방해요소 리스트에 10가지 요소를 열거함으로써 우리의 구원을 방해하는 모든 것들을 망

2104 Schlier; Dunn, *Romans*, 506.
2105 Stott, *Romans*, 258.
2106 Murray, *Romans*, 332.
2107 Käsemann, *Romans*, 250; Shedd; G. Eichholz, *Die Theologie des Paulus im Umriss* (Neukirchen-Vluyn: Neukirchener Verlag, 1972) 169f.
2108 Morris, *Romans*, 340.
2109 Stuhlmacher, *Romans*, 140.

라하고 있다.[2109] 그리고 페이쏘우설득하다의 과거 완료 수동태를 사용함으로써 이 세상 어느 것도 우리를 하나님의 사랑에서 끊을 수 없다는 진리는 불변이며 확고하다는 사실을 나타내고 있다. 우리가 장차 구원받기까지 만날 수 있는 방해요소는 첫째, 사망이나 생명이다. 사망은 35절의 칼과 직접 연결되고 있다. 그리스도인들은 죽음의 위협 앞에 마음이 약해져서 예수님을 부인하려는 유혹에 빠질 수 있다. 그래서 히브리서기자는 "또 죽기를 무서워하므로 일생에 매여 종노릇하는 모든 자들을 놓아주려 하심"이라고 말씀한다(히2:15). 그리스도인들은 믿음을 지키되 피를 흘리기까지 한다(히12:4). 그것은 그리스도 예수의 사랑이 저희 마음을 지키시기 때문이다. 여기서 생명은 우리가 가진 생명 때문에 우리가 믿음을 저버리는 일은 없다는 뜻이다. 이 땅에서 생명을 유지하기 위해서 먹을 것 마실 것 입을 것 직장의 보장 등이 필요하다.[2110] 그리고 이 물질 때문에 믿음을 떠나는 일은 없다는 뜻이다(딤전6:10). 바울이 여기서 "생명"을 이렇게 구체적 의미로 사용하지 않는다는 견해가 있다.[2111] 그리고 사망과 생명이 하나의 숙어로써 성도가 직면할 수 있는 모든 형태의 상황을 의미한다고 볼 수도 있다.[2112] 둘째로 "천사들이나 권세자들"이다. 여기서 천사들은 하나님의 심부름군들이다. 그러나 이들이 성도의 믿음이 약해지게 방해한다고 볼 수는 없다. 따라서 이들은 악한 영들을 수종하는 영들이라고 할 수 있다.[2113] 아니면 공중에 거하면서 나라들을 지배하는 천사라고 볼 수 있다.[2114] 여기서 천사들에 대한 부정적 해석은 그와 짝을 이루고 있는 단어 아르케이지배자 때문이다. 아르케이는 통치자라는 긍정적 의미로 쓰이기도 하지만 바울 서신에서 이 단어가 타락한 천사들을 의미하는 단어들과 함께 쓰일 때는 공중의 악한 지배자들을 의미한다.[2115] 이 해석이 옳다면 이와 함께 쓰인 단어 앙겔로이천사들도 착한 천사가

2110 Godet.
2111 Moo, *Romans*, 545.
2112 Dunn, *Romans*, 507.
2113 고전6:3; 11:10; 고후12:7; 갈3:19; 골2:18.
2114 고후12:2; 신32:8; 단10:13; Sir.17:17; Jub.15.31-32; Dunn, *Romans*, 507.
2115 엡1:21; 3:10; 6:12; 골1:16.
2116 Schreiner, *Romans*, 465.

아니라 악한 천사들을 의미한다고 보아야 한다.[2116] 그러나 바울이 여기서 사용하는 수사법 메리즘merism을 고려할 때 "천사들과" "지배자들"은 대조적 관계에 있다고 할 수도 있다. 그렇다면 여기서 "천사들"은 선한 천사들을 의미한다고 볼 수 있다.[2117] 반면에 피츠마이어는 "천사들과 지배자들"은 수사법으로써 영계의 모든 종류의 천사들을 총칭하는 숙어로 이해한다.[2118] 그렇다면 여기서 바울이 강조하는 것은 어떤 천사도 우리를 하나님의 사랑에서 끊을 수 없다는 것이다.[2119]

셋째, 현재 일이나 장래 일이다. 이 어구는 39절 초반부의 "높음이나 깊음"과 함께 시공의 모든 것을 뜻한다. "현재 일이나 장래 일"은 영들을 의미한다는 해석이 있다.[2120] 그러나 그 증거가 빈약하다. 그리고 어떤 대적하는 세력을 꼭 가리키고 있다고 볼 수도 없다. 여기서 특이한 것은 "능력"두나미스은 짝이 없이 단독으로 쓰이고 있다는 것이다. 어떤 학자들은 이는 기술적으로 점성술의 능력을[2121] 의미한다고 보거나 또는 기적을 가리킨다고 본다.[2122] 그러나 이 단어도 신약에서 천사를 가리키는 단어들과 함께 사용되고 있는 것을 볼 때 천사를 의미하는 것으로 볼 수 있다.[2123] 어떤 비잔틴 사본의 이 구절에서 이 단어는 천사를 의미하는 아르카이 바로 뒤에 놓여 있다. 그래서 어떤 학자는 이 단어가 원래 천사를 의미하는 단어들과 함께 놓여 있다가 사고로 빠지게 되었는데 다시 삽입될 때는 38절 끝에 잘못 놓이게 되었다고 추측한다. 그러나 이 추측은 근거 없는 추측일 뿐이다.[2124]

로마서 8:39절의 "높음이나 깊음"에 대해 어떤 학자들은 이것은 천문학에서 가장 높은 별과 낮은 별을 가리키며 이것들은 사람의 인생을 결정짓는다

2117 Murray; Moo; Morris; W. Carr, *Angels and Principalities: The Background, Meaning, and Development of the Pauline Phrase "hai archai kai hai exousiai"* (Society for New Testament Studies Monograph Series 42. Cambridge: Cambridge University Press, 1981) 112-14.

2118 Fitzmyer; W. Wink, *Naming the Powers: The Language of Power in the New Testament* (Philadelphia: Fortress, 1984) 49.

2119 Cranfield, *Romans*, 442.

2120 Wilckens; Moo, *Romans*, 545.

2121 Barrett, *Romans*, 174.

2122 Murray, *Romans*, 334; Pelagius; 고전12:10, 28-29; 고후12:12.

2123 고전15:24; 엡1:21; 벧전3:22; Morris, *Romans*, 341; Cranfield; Moo.

2124 Cranfield, *Romans*, 443.

고 믿었다고 말한다.[2125] 이와 같은 관점에서 다른 학자들은 이는 하늘의 권세들을 가리킨다고 본다.[2126] 그러나 이 해석들의 문제는 이 단어들이 신약에서 별이나 천사의 능력을 가리키고 있지 않다는 것이다.[2127] 따라서 바울은 이 단어들을 단순히 공간적 의미로 사용하고 있다고 볼 수 있다. 즉 우주 전체 혹은 천상 위와 지구 아래 혹은 하늘과 땅 자체를[2128] 가리키고 있다고 할 수 있다.이 해석은 38절 후반부의 "현재 일이나 장래 일"과 더불어 시공의 영역을 가리키며 하나님의 창조의 시공의 공간을 망라해서 존재하는 어떤 능력도 우리를 하나님의 사랑에서 끊을 수 없다는 것을 나타낸다.

바울은 이를 다시 확인이라도 하듯이 고정핀을 박는다. 즉 "다른 아무 피조물"이라도 우리를 하나님의 사랑에서 끊을 수 없다는 것이다. 여기서 다른 아무 피조물은 신자 자신을 포함하는 개념인가. 무는 그렇다고 대답한다.[2129] 그것은 35절의 "누가"가 넓은 의미를 가지며 38-39절의 리스트가 우리를 포함하고 있기 때문이라는 것이다. 이는 신자들이 환난이나 고난이나 죽음의 상황에서도 믿음을 저버리지 않는 것은 하나님의 크신 사랑이 지켜주시기 때문이라는 것이다. 이 해석은 우리 마음을 아시는 하나님께서 그 뜻대로 기도하시는 성령의 생각을 아시고 우리와 모든 일에 있어서 합력하시어 선을 이루신다는 바울의 가르침과 일치한다(26-30절). 우리 자신을 포함한 이 세상 어떤 것도 우리가 믿음을 떠나 배교하도록 하지 못한다.[2130] 그것은 하늘에서 기도하시는 예수님의 중보기도를 따라 성령께서 우리 마음에서 말할 수 없는 탄식으로 중보기도 하시고 하나님께서는 이를 응답하시어 우리 마음을 지키시고 우리가 인내하며 종말의 영광의 순간을 참으면서 기다리게 하시기 때문이다. 이 영원한 구원의 보장은 우리의 믿음을 떠나서 작동하지 않지만 동시에 예수그리스도를 통해서 표현되신 하나님의 사랑을 떠

2125 *TDNT*, 8:613; Stuhlmacher, *Romans*, 141.

2126 Schlatter; Lietzmann; Black; Käsemann.

2127 Moo, *Romans*, 546.

2128 Hodge.

2129 Moo, *Romans*, 547; Gundry Volf; Schreiner.

2130 contra Marshall, *Kept by the Power of God*, 93-94; Sanday and Headlam; Godet; J. A. Bengel, *Gnomon of the New Testament*, vol. 2 (Translated by C. T. Lewis and M. R. Vincent (Philadelphia: Perkinpine & Higgins, 1860) 98-99.

나서는 존재할 수 없다. 우리에 대한 하나님의 사랑은 유효하며 불변적이다. 그리고 그 중심은 우리를 위해 화목제물이 되신 그리스도 예수시다. 따라서 스토트가 말하듯이 성도의 견인론은 성도에 대한 하나님의 견인론으로 이름이 바뀌어야 한다.[2131]

2131 Stott, *Romans*, 260.

4. 이스라엘에 대한 하나님의 의(롬9:1-11:36)

로마서 5-8장에서 칭의의 열매와 성화 그리고 구원의 확신을 가르친 뒤 바울은 로마서 9-11장에서 유대인과 이방인의 관계의 문제를 다룬다 그리고 로마서 12-15장에서 윤리의 실천에 대해 가르치고 있다. 어떤 면에서 로마서 8:39절과 로마서 12:1절은 직접적으로 자연스럽게 연결될 수 있는 주제를 다루고 있다. 이 점에서 어떤 학자들은 로마서 9-11절이 괄호 안의 내용[2132] 혹은 부록과[2133] 같은 부분이라고 평한다. 실제로 로마서 9-11장는 로마서 1-8장에서 다루는 주제나 단어가 극히 축소되어 있다. 예를 들어 로마서 9-11장에는 성령이란 단어는 두 번(9:1; 11:8), 생명은 한 번(11:15), 영광은 한 번(9:23) 나온다. 이는 로마서 9-11장이 로마서 1-8장과 주제상 연관성이 적다는 것을 나타낸다. 그래서 도드는 로마서 9-11장은 나중에 편집자가 추가한 부분이라고 추측한다.[2134] 그러나 다른 학자들은 로마서 9-11장의 내용은 본질적으로 로마서 1-8장의 내용과 밀접히 엮여 있다고 주장한다. 즉 로마서 9:6; 11:1절에서 제기된 문제는 사실상 로마서 3:1, 3절에 이미 언급되었었다. 그리고 로마서 1:16-17절에서 바울은 복음이 유대인에게 먼저 전파되고 이방인에게 전파된다고 말씀했지만 이를 구체적으로 설명하는 것을 로마서 9-11장에 미루어 놓고 있었다고 할 수 있다.[2135] 로빈슨은 로마서 9-11장은 로마서 3장의 내용과 병렬 관계에 있다고 주장한다.[2136] 또 라이트는 주제적으로 로마서 1-8장은 로마서 9-11장이 없으면 그 가르침이 완성될 수 없다고 생각한다.[2137] 이와 같이 이 두 부문의 밀접한 상관성을 인정하는 것을 지나 로마서 9-11장이 로마서의 가장 핵심적인 부분이라고 생각하는 학자들도 있다.[2138] 그러나 이 과격한 주장은 롬1-4장에서 강조하는

2132 Sanday and Headlam; Bultmann; Davies; F. Refoulé, "Unité de l' Épitre aux Romains et histoire du salut," *RSPT* 71 (1987) 219-42.

2133 Lloyd-Jones.

2134 Dodd.

2135 Morris, *Romans*, 343.

2136 J. A. T. Robinson, *Wrestling with Romans* (Philadelphia: Westminster, 1979) 109.

2137 N. T. Wright, 'The Messiah and the People of God: A Study in Pauline Theology with Particular Reference to the Argument of the Epistle to the Romans' (Ph.D. diss. Oxford University, 1981) 220.

이신칭의론을 거부하거나 축소하려는 의도에 종종 그 바탕을 두고 있다.[2139]

필자는 로마서 9-11장이 부록이다거나 혹은 로마서의 핵심이라고 하는 두 극단적 주장을 따르지 않는다. 로마서 9-11장은 8장과 12장의 사이에 놓여 그 전체의 가르침과 잘 융합되고 있다. 그리고 꼭 필요한 내용을 담고 있다고 할 수 있다. 첫째, 바울은 로마서 1-4장에서 하나님은 유대인들을 특별대우 하시지 않는다는 것을 말씀한다(롬2:11). 그리고 누구든지 구원 받기 위해서는 육체가 아니라 마음에 할례를 받아야 된다고 가르친다(롬2:28-29). 마음에 할례를 받는 것은 우리를 위해 화목제물이 되신 예수 그리스도를 믿는 것이다(롬3:25). 이 믿음이 없이는 하나님을 기쁘시게 할 수 없다. 구약에서 이 믿음의 대표적인 예는 아브라함의 믿음이다(롬4장). 아브라함은 불의한 중에 하나님의 약속을 믿어 의롭다하심을 얻었다(롬4:5). 따라서 하나님께서 아브라함에게 주신 언약은 믿음으로 의롭다하심을 얻을 모든 자손을 위한 것이며 이에는 유대인과 이방인 택자가 모두 포함되고 있었다(롬4:16-18). 나아가 로마서 5-8장에서 바울은 믿음으로 의롭다하심을 얻은 택자는 하나님의 무한하신 사랑의 보호를 입어 실패함이 없이 장차 영광에 이른다는 구원의 확신을 상세하게 설명하고 있다. 여기서 우리가 직면하는 질문은 그러면 하나님께서는 왜 어떤 유대인들을 버리셨는가 하는 점이다(롬9:30-32). 이 질문에 대해 많은 학자들은 로마서 9-11장에서 바울은 이 질문에 답하고 있다고 생각한다. 즉 바울은 유대인들이 하나님의 심판아래 있지 않다고 보았다는 것이다.[2140] 많은 학자들은 최소한 바울이 하나님께서 신실하신 하나님이시며 민족적 유대인들을 다시 참감람나무에 접붙이실 것이라는

2138 F. C. Baur, *Paul the Apostle of Jesus Christ: His Life and Works, His Epistles and Teachings: Two Volumes in One* (Peabody, MA: Hendrickson, 2000) 1.315-41; Stendahl, *Paul*, 4; Becker, 87; Wright, *Climax of the Covenant*, 236; Fitzmyer, *Romans*, 541; B. W. Noack, "Current and Backwater?in the Epistle to the Romans," *ST* 19 (1965) 164-65.

2139 Moo, *Romans*, 552.

2140 L. Gaston, "Israel' s Misstep in the Eyes of Paul," in *Paul and the Torah*, 135-50 (rpt. in Donfried, 309-26); idem, "Israel' s Enemies in Pauline Theology," *NTS* 28 (1982) 400-23; Gager, *Anti-Semitism*, 197-212; P. van Buren, "Paul, The Church and Israel: Romans 9-11," *The Princeton Seminary Bulletin* 11 (1990) 10-11; S. G. Hall, *Christian Anti-Semitism and Paul' s Theology* (Minneapolis: Fortress, 1993) 88-93, 113-27.

것을 말씀하고 있다고 믿는다.[2141] 필자는 여기서 로마서 9-11장이 로마서 1-8장에서 제기된 질문에 답하고 있다는 견해에는 동의한다. 그러나 바울이 말씀하는 그 답의 내용을 이해하는데 있어서 위의 견해와 다르다. 즉 하나님께서는 유대인을 버리지 않으셨다. 그러나 모든 민족적 유대인들을 버리지 않으신 것이 아니고 택함받은 유대인을 버리시지 않은 것으로 본다. 이 점에 대해서 각 절을 주석하면서 자세히 살펴볼 것이다.

따라서 두 번째로, 로마서 9-11장이 다루는 내용은 하나님께서 그 언약을 폐기하지 않으셨다는 것이다. 그렇지만 이는 유대민족 전체를 회개하게 하시고 구원받게 하신다는 의미가 아니다. 바울은 하나님께서 아브라함에게 주신 언약은 그 택자들의 부르심으로 택자 공동체를 통해서 실현되고 있다는 것을 강조하고 있다. 흔히 이 언약이 교회를 통해서 성취되었다고 주장함으로써 교회가 이스라엘을 대체했다고 주장한다는 오해를 받는다. 그러나 이는 바울이 여기서 가르치는 내용을 잘 이해하지 못해 초래된 결과다. 바울은 교회가 이스라엘을 대체했다고 가르치지 않는다. 바울이 강조하는 것은 하나님의 택자는 유대인이든 이방인이든 모두 구원받게 되며 이로써 하나님께서는 아브라함에게 주신 언약을 신실하게 지키신다는 점이다. 이는 두 가지 점을 설명한다. 하나는 하나님께서 유대인 모두를 버리신 것은 아니라는 것이다. 하나님께서는 그 그루터기를 남겨 놓으셨다. 그리고 다른 하나는 택함받은 이방인들은 아브라함의 영적 자손들이라는 점이다. 그들은 믿음으로써 구원받음으로써 구약의 언약의 공동체와 다른 집단이 아니라 한 올리브나무의 뿌리의 진액을 빨아먹는 한 언약의 가족이 되었다는 것이다.

셋째, 바울은 이렇게 유대인 성도들과 이방인 성도들이 한 올리브나무의 가족이 되었다는 것을 강조함으로써 로마서 12-15장에서 이들이 서로 사랑하며 하나님의 집을 든든히 세워갈 것을 당부하고 있다. 이 관점에서 이들은 율법주의적 신앙이나 반율법주의적 신앙을 버리고 사랑으로 율법을 이루는 신앙을 실천해야 된다고 가르치고 있다. 이렇게 유대인 성도와 이방인 성도

2141 Moo; Schreiner; Cranfield; Dunn; Morris; Murray; Hafemann.

가 하나인 만큼 이들은 힘써 헌금하고 이방인 선교를 위한 주님의 지상 명령의 성취를 위해서 바울을 도와서 함께 전진해야 되는 것이다. 이렇게 볼 때 바울은 로마서 9-11장에서 언약의 성취를 이스라엘 공동체와 교회 공동체로 양분해서 보지 않고 하나의 택자 공동체인 올리브 나무에 비유하고 있다. 이와 함께 이 공동체는 새롭게 규정된 공동체가 아니라 택자 개개인의 집합으로 구성된 공동체로써 구약의 언약의 공동체와 연속성을 가지는 공동체라는 것을 보여 주고 있다. 이방인 성도들은 모세의 율법과 상관없이 부름받은 택자들이 아니라 모세의 율법이 이미 그리스도를 통해 바라보고 있던 언약의 씨들이다. 바울은 이를 입증하기 위해 로마서 9-11장에서 구약의 많은 구절들을 인용하고 있다.[2142] 로마서에서 인용하는 구약의 구절 중 그 절반 이상이 로마서 9-11장에 나온다. 그리고 그 중 40퍼센트가 이사야서의 인용구절이다.[2143] 이는 하나의 택자 공동체가 하나의 언약의 성취의 열매라는 사실을 보여주려한 것이다. 그리고 그리스도를 통한 이 공동체의 하나됨의 성취는 헤아릴 수 없이 오묘한 하나님의 지혜의 작품이다(롬11:32-36).

이렇게 볼 때 로마서 9-11장의 주제를 교회와 이스라엘로 보는 것은 맞지 않는다.[2144] 이는 하나의 올리브 나무로 대표되는 택자 공동체의 본질을 왜곡한다. 또 "교회와 회당"으로 표현하는 것도 옳지 않다.[2145] 반면에 로마서 9-11장의 주제는 온 택자를 구원하시는 하나님의 신실하심이라고 할 수 있다. 이 신실하심은 택자 구원의 확실성을 의미하는 것이지 민족적 이스라엘의 회복이라든지[2146] 대규모의 유대인의 구원의[2147] 성취를 의미하지 않는

2142 J. W. Aageson, "Scripture and Structure in the Development of the Argument in Romans 9-11," *CBQ* 48 (1986) 265-89; B. Chilton, "Romans 9-11 as Scriptural Interpretation and Dialogue with Judaism," *Ex Auditu* 4 (1988) 27-31.

2143 A. Maillot, "Essai sur les citations vétérotestamentaires contenues dans Romains 9 à 11, ou comment se servir de la torah pour montrer que le 'Christ est la fin de la Torah.'" *ETR* 57 (1982) 55-73; Dunn, *Romans*, 520.

2144 Eichholz, *Theologie* 10. Kap.; M. Rese, "Die Rettung der Juden nach Römer 11." In *L'Apôtre Paul* (ed. A. Vanhoye. BETL 73. Leuven University, 1986) 422-30; idem, "Israel und Kirche in Römer 9." *NTS* 34 (1988) 208-17.

2145 E. Peterson, *Die Kirche aus Juden und Heiden* (Salzburg: Pustet, 1933).

2146 Cranfield, *Romans*, 450.

2147 Schreiner, *Romans*, 474-75.

다. 로마서 9–11장의 구조를 보면 9:1–5절은 바울의 탄식으로서 이 문단의 도입부이고 11:33–36절은 송영이다. 이 사이의 몸체는 네 부분으로 나눌 수 있다. 9:6–29절은 모든 민족적 이스라엘이 영적 이스라엘이 아니라는 사실을 말씀하고 있다. 9:30–10:21절은 유대인이나 이방인이나 모두 복음의 진리를 받아들이고 믿음으로써 구원받도록 되어있다는 것을 확인한다. 11:1–10절은 하나님께서 모든 유대인을 버리신 것이 아니고 택함받은 유대인은 남겨놓으셨다는 것을 말씀하고 있고 11:11–32절은 택함받은 유대인과 이방인이 모두 구원을 받는다는 것을 확인하고 있다. 따라서 결론은 하나님은 그 언약을 지키시는 신실하신 하나님이시라는 것이다.[2148]

(1) 유대인의 언약의 축복들(롬9:1–5)

로마서 9:1절은 접속사 없이 로마서 8:39절과 연결되고 있다. 이는 바울이 1–2절에서 표출하는 감정적 고통이 얼마나 큰가를 보여주고 있다. 어쩌면 이 격한 심정을 지금까지 참고 있다가 여기와서 분출하고 있는지도 모른다. 하나님의 의는 믿음을 통해서 주어지는데 그 동족들은 예수 그리스도를 배척하고 자신을 핍박하고 있었다. 자신은 결코 동족들에게 대적의 역할을 하려한 것이 아니었다. 그러나 그는 유대주의를 정면으로 부정하는 첨병 역할을 하는 자로 비춰졌을 것이다.[2149] 이러한 배경에서 그는 자신이 얼마나 동족의 구원을 염원하고 바라는 지 솔직하게 고백할 자리를 찾고 있었을 것이다. 이제 그는 언약의 민족인 유대 민족의 구속사에 있어서의 위치와 역할을 다루지 않을 수 없다. 이 주제를 다루는 도입부에 그는 유대민족이 얼마나 특별한 민족이었는가를 다시 상기시키고 있다. 이제 그가 하는 말은 인간 바울의 지어낸 말이 아니다. 그것은 성령께서 보증하시는 참 고백이다. 이를 표현하면서 바울은 이렇게 말한다: "내가 그리스도 안에서 참말을 하고 거

2148 *Contra* M. Wolter, "Das Israelproblem nach Gal 4,21-31 und Röm?9-11." *Zeitschrift für Theologie und Kirche* 107/1 (2010) 1-30.

2149 Stuhlmacher, *Romans*, 145; Moo; Barrett; Black; Kühl; *contra* Cranfield.

짓말을 아니하노라. 내게 큰 근심이 있는 것과 마음에 그치지 않는 고통이 있는 것을 내 양심이 성령 안에서 나로 더불어 증거하노니". 여기서 전치사구 "그리스도 안에서"는 바로 앞 동사 "말하다"레고우에 연결된다고 할 수 있다.[2150] 즉 그는 그리스도안에서 참말을 하고 거짓말을 아니한다. 이는 그가 동족을 위해 느끼는 고통을 그리스도께서 아신다는 의미다. 이를 증거하는 것은 바울 자신 뿐 아니라 바울의 양심이다. 양심은 각자 타고난 도덕적 기준의 메커니즘이다.[2151] 불신자의 양심은 죄로 어두워져 있다. 그러나 신자인 바울의 양심은 성령으로 씻겨 있다. 따라서 그의 양심이 성령안에서 하는 증거는 참이고 거짓이 아니다. 여기서 바울은 자신의 증거와 양심의 증거를 통해서 자신의 말의 진실성을 두 증인을 요구하는 구약의 증거확립 기준을 배경으로 제시하고 있다고 할 수 있다.[2152]

2절에서 바울은 "내게 큰 근심이 있는 것과 마음에 그치지 않는 고통이 있다"고 고백한다. 여기서 근심과 고통은 이사야 35:10; 51:11절에도 함께 사용되고 있다. 고뎃은 근심루페이은 내적 슬픔이고 고통오두네이은 슬픔의 표현이라고 해석한다.[2153] 그러나 이 두 단어의 뜻의 의미론적 차이를 나타내는 증거는 없다.[2154] 바울은 그의 마음에 그치지 않는 고통이 있다고 표현하고 있다. 이는 그가 가진 고통의 깊이와 진실함을 나타내는 표현이다. 구약에서 예레미야는 임박한 유다의 재난을 바라보면서 이러한 고통의 탄식을 표출했다.[2155] 이 재난은 이미 결정된 것이고 돌이킬 수 없는 것이었다. 따라서 바울의 고통도 유대인들의 복음의 배척과 하나님의 그들에 대한 유기가 돌이킬 수 없는 사실이라는 점에 대한 인식을 바탕으로 하고 있다. 바울이 만일 로마서 11:26절에서 온 이스라엘의 회복을 유대민족 공동체가 종말직전에 그리스도에게 다시 돌아온다는 의미로 말씀했다면 이렇게 그의 마음에 그치

2150 Cranfield, *Romans*, 451.
2151 Moo, *Romans*, 556; 롬2:15; 11:5; 고전8:7, 10, 12; 10:25, 27, 28, 29; 고후1:12; 4:2; 5:11; 딤전1:5, 19; 3:9; 4:2; 딤후1:3; 딛1:15.
2152 민35:30; 신17:6; Cranfield, *Romans*, 452.
2153 Godet; S-H.
2154 Moo, *Romans*, 557.
2155 렘4:19; 14:17; 애가; 단9:3.

지지 않는 고통을 가졌을 리가 없다. 오스본은 바울이 이 고통 중에 그들의 종말적 회복을 기대했을 것이지만 그들이 현재 하나님의 은혜로부터 끊어져 있는 상태를 슬퍼하는 것이라고 해석한다.[2156] 이는 가능한 해석이다. 그러나 바울의 그치지 않는 슬픔은 유대민족 중 참감람나무로부터 잘려나간 자들의 회복의 불가능성에 대한 인식에 바탕을 두고 있다고 보는 것이 더 옳다. 이는 로마서 11:26절이 말씀하는 "온 이스라엘"이 민족적 이스라엘이 아니라 영적 이스라엘이라고 보는 필자의 해석과 일치한다.

로마서 9:3절의 접속사 갈왜냐하면은 2절에서 말씀한 바울이 느끼는 고통의 이유가 3절에서 설명되고 있다는 것을 말한다. 우리가 여기서 예상할 수 있는 것은 자신의 이스라엘 동족들이 예수님을 배척하고 하나님의 언약의 축복으로부터 끊어졌다는 설명이다.[2157] 그러나 바울이 이 설명을 생략한 것은 그 슬픈 감정 때문이었는 지도 모른다.[2158] 바울은 그 설명을 생략하고 다음과 같이 말씀한다: "나의 형제 곧 골육의 친척을 위하여 내 자신이 저주를 받아 그리스도에게서 끊어질지라도 원한다". 여기서 명사 아나쎄마는 긍정적인 의미로 하나님께 바쳐진 제물을 의미한다.[2159] 그리고 부정적 의미로 구약의 헤렘의 뜻을 가진다. 즉 하나님의 심판의 객체를 말한다.[2160] 로마서 9:3절에서 이 명사는 종말적 심판 즉 그리스도에게서 끊어져 지옥에 가는 것을 의미한다(갈1:8, 9; 고전12:3). 그리고 동사 에우코마이는 원하다 혹은 기도하다의 의미를 가진다. 그 시제는 불완전과거다. 그래서 어떤 학자들은 과거에 바울이 기도했었다라고 번역한다.[2161] 그러나 이 문맥에서 바울은 과거의 사실을 가리키고 있지 않다.[2162] 또 이를 능동conative의 불완전과거시제로 보는 학자도 있다. 즉 이는 바울이 기도할 마음이 있었지만 실천에 옮기지 않은 것을 가리킨다는 것이다.[2163] 이 해석도 조금은 일리가 있지만 더 나

2156 Osborne, *Romans*, 236.
2157 H. Räisänen, "Römer 9-11: Analyse eines geistigen Ringens," *ANRW* 25.4.2891-2938.
2158 Calvin, *Romans*, 191; Schreiner, *Romans*, 481.
2159 삿16:19; 수6:17; 17:12; 눅21:5.
2160 레27:28; 신7:26; 13:17; 수22:20 대상2:7; 슥14:11.
2161 Pelagius.
2162 Porter, *Verbal Aspect*, 208-11.
2163 Robertson, 886; Turner, 65; K. L. McKay, "Time and Aspect in New Testament Greek," *NovT* 34

은 해석은 이를 현재 가정으로 보는 것이다.[2164] 만일 불완전과거시제에 바울의 의지가 더 강하게 담겨있다고 보면 크랜필드의 번역도 타당하다고 볼 수 있다.[2165] 즉 만일 내가 저주를 받아 그리스도로부터 끊어져서 그들이 돌아오게 될 수만 있다면 나는 그렇게 기도할 것이다. 이는 두 가지 뜻을 함축한다. 첫째, 이는 실현될 수 없는 바램이다. 둘째, 이것은 이스라엘 민족의 강퍅한 마음이 다시 부드러워지지 않는다는 것이다. 바울이 이렇게 동족의 구원을 간절히 소망하는 것은 모세의 중보기도를 상기시킨다.[2166] 모세는 이스라엘 백성들이 금송아지에게 자기 신이라고 부르며 절했을 때 하나님께서 그들을 용서해 주실 것을 구하며 기도하기를 만일 하나님께서 그들의 죄를 사하시지 않는다면 자신의 이름을 생명책에서 제해달라고 했다(출32:30-32). 그러나 모세의 기도는 열납되지 않았다. 바울도 이 대속적 기도를 드리지 않은 이유는 자신의 기도가 열납되지 않을 것을 알았기 때문이었을 것이다. 그리고 자신을 그리스도의 사랑에서 끊을 수 있는 것은 이 세상에 아무것도 없다는 것을 이미 로마서 8:38-39절에서 말씀한 바 있다. 나아가 그는 잘려나간 이스라엘 백성들이 돌아오지 않으리라는 것을 이미 알고 있었다(롬9:31-33; 10:16-21; 11:1-10). 그것은 그들의 마음을 강퍅하게 하신 분은 하나님 자신이시기 때문이다(롬11:8-10). 바울은 이 사실 때문에 그들의 회복을 염원하기 보다는 하나님께서 유대인들 중에 택한 자들 즉 남은 자들을 남겨놓으셨다는 사실에서 큰 위로를 가진다(롬11:2-5).

로마서 9:3절에서 "나의 형제"는 유대인 즉 바울의 골육의 친척(숭게네이스)을 말한다. 이는 4절의 "이스라엘 사람"과 같은 의미다. 바울은 로마서에서 "형제"라는 단어를 보통 그리스도인들을 지칭하며 사용한다. 여기서 유대인 형제를 지칭하며 이 단어를 사용하는 것은 그들도 그리스도안에서 한 형제라든지 아니면 그들도 택자 공동체의 일원이라는 것을 의미하지 않는

(1992) 213.

2164 "나는…을 바랄텐데". NRSV; NASB; NIV; KJV; Murray, *Romans*, II, 3; Burton, *Syntax of the Moods and Tenses*; Bruce.

2165 Cranfield, *Romans*, 454-56; Moo; Stott; G. P. Wiles, *Paul's Intercessory Prayers: The Significance of the Intercessory Prayer Passages in the Letters of St. Paul* (SNTSMS 24: Cambridge: Cambridge University, 1974) 256-57.

다.[2167] 즉 "카타 살카"육신으로는가 "형제"와 "친족"에 다 걸리는 전치사구라고 볼 수 있다. 그들은 바울에게 육신적으로 형제이고 육신적으로 친척이다. 그러나 이것이 그들 모두가 다 택자라는 의미는 아니다. 왜냐하면 모든 이스라엘이 다 이스라엘이 아니기 때문이다(롬9:6). 크랜필드는 이스라엘의 문자적 의미와 영적 의미를 구분하지 않고 있다. 그리고 바울이 유대인들을 형제라고 부르는 것은 그들도 택자 공동체의 일원임을 나타낸다고 말한다.[2168] 그러나 만일 그들도 구원받은 하나님의 백성의 일원이라면 바울이 여기서 그들의 구원을 위해서 자신이 그리스도에게서 끊어져도 좋다고 말씀할 리가 없다.[2169] 이 절에서 전치사 후페르위하여는 바울이 자신의 형제 즉 육신의 친족을 대신해서 저주를 받아 지옥 형벌을 받겠다는 의미다.

로마서 9:4절은 관계대명사 호이티네스whoever를 통해서 3절에 언급한 바울의 육신적 동족인 유대인들의 특징을 나열하고 있다: "저희는 이스라엘 사람이라 저희에게는 양자 됨과 영광과 언약들과 율법을 세우신 것과 예배와 약속들이 있고". 첫째로, 그들은 이스라엘 사람이스라에일리테이스이다. 바울은 로마서 1-8장에서 이들을 가리켜 유대인이라는 단어를 주로 사용했다. 그런데 여기서 이스라엘 사람이라고 부르는 것은 특별한 의미가 있다. 유대인이우다이오스은 원래 남부 유다지파를 가리키는 말이었다. 그러나 바벨론 유수이후 이방인들은 이스라엘 사람을 일반적으로 유대인이라고 칭했다. 따라서 유대인이란 단어는 민족적 의미를 나타내는 단어다. 그리고 새로 전파되는 기독교를 대적하는 유대인 구룹도 유대인이라고 부르는 것을 볼 때 유대인이란 단어는 유대의 전통을 고수하는 유대인이라는 종교적 의미도 담고 있다(살전2:14).[2170] 반면에 이스라엘은 야곱으로부터 유래된 이름으로써 왕국 분열이전 열 두 지파를 지칭하는 단어였다 그러나 분열후 북쪽 지파 사람

2166 P. Bratsiotis, "Eine exegetische Notiz zu Röm. IX.3 und X.1," *NovT* 5 (1962) 299-300.

2167 Fitzmyer; M. Cranford, "Election and Ethnicity: Paul' s View of Israel in Romans 9.1-13." *Journal for the Study of the New Testament* 50 (1993) 29-30; Moo, *Romans*, 559; *contra* Cranfield.

2168 Cranfield, *Romans*, 459.

2169 Schreiner, *Romans*, 481.

2170 요한5:16; 6:41; 7:13; 8:48, 57; 9:22; 10:31, 33; 11:8; 18:36, 38; 19:7, 12, 21, 31, 38; 20:19; 행9:22, 23, 29; 12:3; 13:45, 50; 14:2, 19; 18:12, 14, 19; 20:3, 19; 21:27; 23:12; 25:15; 26:21; 28:19; 고후11:24; 계2:9; 3:9.

들을 가리키는 단어로 사용되다가 이들이 앗시리아에 의해 병합된 후 남쪽 왕국을 가리키는 단어로 의미 전환이 이루어졌다(미3:1; 사5:7).[2171] 그러나 바벨론유수이후 쓰여진 역대상하는 그 시대의 열 두 지파 전체를 이스라엘이라고 부르고 있다.[2172] 이는 유수이후에도 열 두 지파 전체가 하나님의 한 백성임을 나타낸다. 그리고 이스라엘은 원래 왕국이 분열되기 전의 열 두 지파를 가리키는 단어였기 때문에 하나님께서 야곱과 맺으신 언약이 그 의미의 배경으로 깔려있다.[2173] 따라서 바울이 로마서 9-11장에서 유대인 대신 이스라엘을 사용하는 것은 유대주의나 민족적 범주를 탈피해 하나님께서 아브라함에게 주신 언약적 관점에서 이스라엘 사람들을 조명하고 있고 나아가 그리스도를 통해서 언약의 백성으로 포함될 이방인 그리스도인들을 그 범주에 포함할 수 있도록 의도한 신학적 개념이라고 생각할 수 있다. 즉 로마서 11:26절의 "온 이스라엘"은 일반적 하나님의 백성을 가리키기 때문에 민족적 개념이 아니라 언약적 개념이다.[2174] 이는 그리스도를 통해 하나님의 백성이 된 이방인 그리스도인들도 그 범주에 포함하는 신학적 개념인 것이다.

4절은 이스라엘 사람들의 특권의 리스트에 여섯 가지를 제시한다. 학자들은 여섯개의 항목이 세 개씩 두 종류로 나뉘어 병렬되고 있다고 말한다.[2175] 즉 양자됨은 율법을 주신 것과, 영광은 예배와, 그리고 언약은 약속과 병렬되고 있다는 것이다. 양자됨후이오쎄시아은 구약이나 유대문학에서 이스라엘의 특권으로 언급된 적이 없다. 그래서 피츠마이어는 바울이 헬라문화의 양자의 개념을 도입해서 이스라엘 백성이 하나님의 선택된 양자임을 나타내고 있다고 말한다.[2176] 그러나 신명기 14:1절처럼 이스라엘 백성이 하나님의 자녀라는 가르침은 구약에 전제된 사실이다.[2177] 그러면 이들은 믿음이 없이도 구원을 받는다는 것인가. 고전적 세대주의자들은 그렇게 믿는다. 이 두 언약

2171 Fitzmyer, *Romans*, 545.
2172 대상4:10; 9:1; 11:1, 3, 4, 10; 12:38, 40; 13:5; 15:12; 29:27; 에3:1; 6:21; 느2:10; 9:1; 10:39.
2173 롬9:4절의 리스트에 언약이란 단어가 포함된 것은 이를 반증한다.
2174 이는 롬11:27-29절이 언약의 모티프를 기술하고 있는 것과 관계있다.
2175 Schreiner; Cranfield; Dunn; Piper; Osborne.
2176 Fitzmyer, *Romans*, 545; 출4:22; 신14:1; 사1:2; 렘3:19-22; 31:9; 호11:1.
2177 Cranfield, *Romans*, 461.

주의를 따르지 않지만 이스라엘 백성이 하나님의 자녀로써의 지위를 계속 유지한다고 보는 학자들도 있다.[2178] 그러나 여기서 바울이 말씀하는 양자됨은 그리스도인들이 하나님의 양자의 신분을 받은 것과 같은 의미로 보기 어렵다.[2179] 바울은 누구든지 하나님의 영으로 인도함을 받는 그들은 하나님의 아들이라고 말씀했다(롬8:14). 이는 마음에 할례를 받은 사람을 가리키는 것이 분명하다(롬2:29). 그리고 바울이 로마서 3:9–20절에서 유대인이나 이방인이나 모두 의에 이르지 못했다고 기술하는 내용에 비추어 보면 바울이 그리스도를 떠나 이스라엘 백성들이 하나님의 양자의 신분을 유지하고 있다고 말씀하는 것으로 보기 어렵다. 그렇다면 여기서 양자됨은 로마서 9:5–6절의 내용에 구속되는 개념으로 볼 수 있다. 즉 양자됨의 신분이 모든 이스라엘 백성들에게 속한 것이 아니라 영적 이스라엘에게 속한 특권이라는 뜻이다. 이 해석은 언약이나 약속도 그리스도를 통해서 성취되었다는 사실과 일치한다. 이 점에서 바울은 로마서 9:5절에서 그리스도를 언급함으로써 유대인들의 모든 민족적 특권이 그리스도를 통해 성취된 것임을 나타내고 있다. 이와는 달리 무는 이스라엘 백성의 양자됨은 로마서 8:15–17절이 말씀하는 양자와 같은 의미가 아니라고 주석한다.[2180] 이스라엘 백성들이 하나님의 양자였다는 것은 이스라엘 민족이 구언약과 함께 따라온 모든 권리와 특권의 수혜자였다는 것을 가리킨다는 것이다. 그렇지만 이 양자됨의 축복이 이스라엘 백성 모두의 구원을 가져오는 것은 아니라는 것이다. 그러나 무도 이스라엘 백성이 양자라는 바울의 표현은 로마서 11:25–28절에서 예언하는 이스라엘의 민족적 구원을 암시하는 것이라고 말한다. 그러나 필자는 이보다도 이스라엘 백성의 양자됨은 하나님의 택자 구원이라는 언약의 실현의 관점에서 이해해야 옳다고 본다. 로마서 9–11장은 바로 이점을 확인하는 역할을 하고 있다.

2178 Piper, *The Justification of God*, 32-33; Schreiner, *Romans*, 484; Osborne; U. Luz, *Das Geschichtsverständnis des Paulus* (Beiträge zur evangelischen Theologie 49. Munich: Chr. Kaiser, 1968) 271.

2179 Moo, *Romans*, 562; Murray, *Romans*, 5.

2180 Moo, *Romans*, 562.

"영광"독사은 하나님께서 이스라엘백성들이 출애굽할 때, 홍해을 건널 때, 광야에서, 그리고 예루살렘 성전에서 그 백성들에게 보이셨던 영광을 가리킨다고 할 수 있다.[2181] 쉬라이너는 여기서 영광은 이스라엘백성이 미래에 참여할 종말적 영광을 포함하는 개념이라고 말한다.[2182] 이 주석은 여기서 이스라엘이 택함받은 영적 이스라엘을 가리킨다고 볼 때 타당성이 있다. 그러나 민족적 이스라엘로 보면 그 근거가 없다. 만일 이스라엘 민족이 미래에 종말의 영광에 들어간다면 바울이 왜 그토록 이 민족을 위해 그치지 않는 고통을 느껴야 했는지 납득할 수 없다. 여기서 "언약"디아쎄이케이은 복수로 쓰여 있다. 신구약에서 이 단어가 보통 단수로 쓰이고 있는 것을 볼 때 이는 특이한 표현이다. 던은 이는 하나님께서 아브라함에게 주시고 이삭과 야곱을 통해 다시 확인하셨던 언약으로 본다.[2183] 배렛은 이는 하나님께서 모세에게 호렙에서, 모압평지에서, 그리고 그리심산과 에발산에서 주셨던 언약이라고 제시한다.[2184] 크랜필드는 위 두 가지 해석에 하나님께서 노아에게 주신 언약과 다윗에게 주신 언약을 더한다.[2185] 파이퍼는 여기에 하나님께서 예레미야에게 주신 새언약까지 포함한다.[2186] 무는 중간사 문학에서 언약은 보통 "아비"fathers들과 맺은 모든 언약을 다 포함하고 있고 에베소서 2:12절의 "약속의 언약들"도 이 의미를 가지기 때문에 크랜필드의 해석에 동의한다. 그러나 여기서 하나님께서 예레미야에게 주신 새언약을 빼야될 신학적 근거는 없다. 왜냐하면 이 새언약은 하나님께서 아브라함에게 주신 언약의 연장선에 있다고 이해할 수 있기 때문이다.

여기서 "율법을 주심"노모쎄시아은 율법을 주시는 행위를 가리키는가 아니면 그 행위의 결과 즉 율법이나 입법을 가리키는가. 무는 율법이 죄의 권세와

2181 출16:7, 10; 24:16; 40:34-35; 레9:6, 23; 민14:10, 21; 16:19, 42; 왕상8:11; 겔1:28; Fitzmyer; Michel; Kuss; Cranfield; J. L. De Villiers, "The Salvation of Israel according to Romans 9-11." *Neotestamentica* 15 (1981) 201.

2182 Schreiner; Piper.

2183 Dunn; Kuss.

2184 Barrett.

2185 Cranfield; Murray; Stott; Moo.

2186 Piper, 19-20; E. J. Epp, "Jewish-Gentile Continuity in Paul - Torah and/or Faith?" *HTR* 79 (1986) 83; H. L. Ellison, *The Mystery of Israel: An Exposition of Romans 9-11* (Grand Rapids: Eerdmans, 1966) 36-37; L. Cerfaux, "Le privilège d' Israel selon S. Paul," *ETL* 17 (1940) 13-16.

함께 작용하는 부정적 효과를 가지기 때문에 여기서 노모쎄시아는 하나님께서 율법을 주시는 행위를 가리킨다고 생각한다.[2187] 반면에 크랜필드는 후자의 의미를 채택한다.[2188] 그러나 던은 이 구분이 의미상 차이가 없다고 본다. 이스라엘 백성들은 모세를 통해서 하나님으로부터 율법을 받고 하나님의 뜻인 의와 거룩에 이르는 기준을 알게 된 복된 민족이었다. "예배"라트레이아는 광의적 의미로써 회당에서의 예배 등 일반적 예배를 포함하는 것으로 볼 수도 있지만[2189] 여기서는 좁은 의미로써 성전에서의 제사의식을 가리킨다고 할 수 있다.[2190] "약속들"에팡겔리아은 아브라함과 그외 족장들 그리고 다윗이나 예레미야를 통해서 약속하신 것을 가리킨다.[2191] 이는 앞의 "언약들"과 병렬되는 개념으로써 두 단어들이 모두 복수인 점에서 일치하고 있다(갈 3:16, 21).

로마서 9:5절은 관계대명사 호운으로 시작하면서 4절의 여섯 가지 특징과 5절에 포함된 두 가지 특징을 문학적으로 분리하면서 4절의 여섯 가지 항목이 문학적 병렬구조에 있다는 것을 분명히 나타낸다: "조상들도 저희 것이요 육신으로 하면 그리스도가 저희에게서 나셨으니 저는 만물 위에 계셔 세세에 찬양을 받으실 하나님이시니라 아멘". 여기서 "조상"은 아브라함과 이삭과 야곱을 말한다.[2192] 머레이는 여기에 다윗을 포함한다.[2193] 그리고 크랜필드는 야곱의 열 두 아들까지 포함한다.[2194] 무는 여기에 더해서 출애굽 당시의 이스라엘 세대도 포함된다고 생각한다.[2195] 그러나 이는 너무 넓은 해석이다. 이스라엘의 여덟번째 특권은 그리스도께서 육으로는 그들로부터 나셨다는 것이다. "육으로는"카타 살카은 예수님의 신성과 대조된다. 따라서 하

2187 Moo; Luz; Epp; Käsemann; Kuss; Meyer; Schmidt.

2188 Cranfield, *Romans*, 463; Fitzmyer; Morris.

2189 Cranfield.

2190 H. Strathmann, *TDNT*, 4:59-62; Dunn, *Romans*, 527; Schreiner, *Romans*, 484; Osborne; 출12:25, 26; 13:5; 수22:27; 대상28:13.

2191 창12:7; 13:14-17; 17:4-8; 22:16-18; 26:3; 28:13; 삼하7:12, 16, 28; 사9:6; 렘23:5; 31:31; 겔34:23; 37:24.

2192 Schreiner, *Romans*, 486.

2193 Murray, *Romans*, II, 6.

2194 Cranfield, *Romans*, 464.

2195 Moo, *Romans*, 564.

나님이신 그리스도께서 육으로는 이스라엘 백성으로부터 이 땅에 나셨다는 것은 이스라엘 민족에게는 무한한 축복이 아닐 수 없다. 그러나 그들 대부분은 그를 믿지 않고 배척했다. 이 때문에 바울은 그 마음에 그치지 않는 고통을 가지고 있었다.

5절에서 해석의 쟁점은 그 후반부의 분사절의 해석이다. 그것은 헬라본문에는 구두점이나 콤마가 없기 때문에 해석자의 판단에 따라 결정될 수 있기 때문에 야기되는 논쟁이다.[2196] 첫째 견해는 "육신"살카 뒤에 콤마를 두는 것이다.[2197] 이는 분사절이 그 앞의 단어 그리스도를 수식한다고 보게 된다. 그리고 그 번역은 "만물 위에 계셔 세세에 찬양을 받으실 하나님이신 그리스도"이다. 그리고 이 절의 어디에 콤마를 두느냐에 따라 두 가지 번역이 가능하다. (i)그그리스도는 만물위에 계시고 세세에 찬양받으실 하나님이시다(KJV). 혹은 (ii)그는 만물위에 계신 세세 무궁토록 찬양받으실 하나님이시다(NIV). 둘째 견해는 종지부를 그리스도 다음에 두는 것이다.[2198] 그러면 송영은 그리스도께가 아니라 하나님께 올려지는 것이 된다. 그리고 이 절의 번역은 "하나님은 만물위에 계시고 세세에 찬양을 받으실 자시다"가 된다. 따라서 그리스도께서 하나님이시라는 의미가 도말된다. 이 경우도 마지막 분사절의 어디에 콤마를 두느냐에 따라 두 가지 번역이 파생된다. (i)만물위에 계신 하나님께 세세에 찬양할지라(RSV). 혹은 (ii)모든 것위에 뛰어나신 하나님께 세세에 찬양이 있을 지어다(NEB).

여기서 우리는 이 두 해석 중 첫번째 해석이 옳다고 본다. 이는 그리스도의 신성을 증거하는 해석이다. 그 이유는 (i)여기서 호 오운으로 시작되는 분사절은 그 앞의 명사 그리스도를 수식하는 것으로 보는 것이 문법적으로 자

2196 B. M. Metzger, "The Punctuation of Rom. 9:5," in *Christ and Spirit in the New Testament: In Honour of Charles Francis Digby Moule* (ed. B. Lindars and S. Smalley; Cambridge: Cambridge University, 1973) 99-100.

2197 Huby; Cullmann; Best; Bruce; Schlier; Barrett; Metzger; Murray; Moo; Cranfield; Schreiner; Osborne; Stott; Fitzmyer; Morris; Hendriksen; Hodge; Zahn; Gifford; Moule; Schlatter; Leenhardt; Lenski; Shedd; Liddon; Calvin; M. J. Harris, Jesus as *"God": Theos as a Christological Term in the New Testament* (Grand Rapids: Baker, 1992) 144-72.

2198 Dodd; Barth; Kuss; Taylor; Käsemann; Bultmann; Meyer; Wilckens; Dunn; Zeller; Stuhlmacher; Schmithals; Gaugler; Lietzmann.

연스럽다. (ii)"육신으로는"카타 살카은 그리스도의 신성을 전제하는 표현이다. 유대교적인 메시야 개념으로써 메시야가 이스라엘 백성으로부터 나왔다는 것은 5절을 극적으로 끝맺는 개념이 될 수 없다. 모든 것 위에 계신 하나님이신 그리스도께 세세 무궁토록 찬양을 돌리는 기독론적 관점에서 그리스도께서 이스라엘 백성으로부터 나셨다는 사실은 놀라운 특권으로 제시될 수 있는 것이다.[2199] (iii)칠십인역에서 하나님께 대한 송영은 보통 율로게이토스 호 쎄오스blessed be God이다. 그러나 5절에서는 쎄오스 율로게이토스God blessed이다. 시편 67:19절도 로마서 9:5절에서처럼 호 쎄오스 율로게이토스라고 표현되어 있다. 그러나 이 경우는 송영이 아니고 확인의 표현이다.[2200] 마찬가지로 로마서 9:5절의 이 표현은 송영이 아니고 확인의 표현으로 볼 수 있다. (iv)여기서 바울이 하나님께 송영을 올리고 있다고 보는 해석은 본문의 문맥에 흐르는 주제가 갑자기 바뀌었다는 것을 말한다. 그러나 본문에서 주제는 바뀌지 않고 있다. (v)초대교회때 부터 중세교회에 이르기까지 헬라어에 정통한 주석가들은 이 해석을 채택해 왔다.[2201]

두번째 해석, 즉 바울이 갑자기 하나님께 독립된 송영을 올리고 있다는 해석을 채택하는 이유는 (i)그리스도를 직접적으로 하나님으로써 서술하는 구절이 바울서신에 존재하지 않는다. 그러나 이는 반박될 수 있다. 바울은 데살로니가후서 1:12절에서 그리스도의 신성을 암시하고 있다. 빌립보서 2:6절 혹은 골로새서 2:9절도 그리스도의 신성을 제시하고 있다. 던은 바울이 그리스도를 하나님으로 표현하는 것을 자제하는 경향이 있다고 주장한다.[2202] 그러나 그것은 바울이 그 서신에서 아버지 하나님께 하나님이란 이름을 사용하고 예수 그리스도께는 주라는 이름을 주로 사용해서 두 분을 구분하기 때문이다. 그러나 이 경향 때문에 로마서 9:5절에서도 바울이 그리스도를 하나님으로 서술하지 말아야 된다는 법은 없다.[2203] 디도서 2:13절에

2199 Schreiner; Murray; Sanday and Headlam; Moo.
2200 Murray, *Romans*, II:245; 시112:2; 대하9:8; 욥1:21.
2201 오리겐; 크리소스톰; 몹수스티아의 씨오도르; 암브로지애스터; 어거스틴; 펠라기우스; 애벌라드; 아퀴나스; Cranfield.
2202 Dunn.

서 바울은 분명히 그리스도를 하나님으로 서술하고 있다. (ii)이스라엘에 대한 하나님의 축복을 생각하는 유대인이라면 보통 이렇게 이스라엘의 하나님께 송영을 올림으로 마친다.[2204] 그러나 바로 이점이 바울이 9:5절에서 표현하고자 하는 것이다. 즉 이스라엘의 하나님이신 그리스도께 송영을 올리고 마치는 것이다. 이는 그가 그 동족들의 구원을 위해서 왜 그토록 안타까와 하는지 그 이유이다. (iii)모든 것의 위에 계신 하나님이란 표현은 전형적인 바울의 표현이다. 그러나 "모든 것의 위에 계신"의 표현이 그리스도의 주되심이라는 가르침과 연결된 구절은 많다.[2205] (iv)로마서 11:33–36절의 송영은 그리스도께 올리는 것이 아니다. 그러므로 로마서 9:5절에서도 송영은 하나님께 올려지는 것이다. 그러나 앞에서도 보았듯이 이 해석은 9:5절의 문법적 주석을 바탕으로 뒷받침되고 있지 못하다. 따라서 결론적으로 우리는 첫번째 해석 즉 그리스도의 신성을 증거하는 번역이 바울이 이 절에서 의도한 말씀이라고 볼 수 있다. 그러면 우리는 이 해석을 채택한 KJV과 NIV 번역중 어느 번역을 옳은 번역으로 채택할 것인가. 쉬라이너는 NIV의 번역은 그리스도께서 아버지 하나님위에 우주적 주권을 행사하시는 것을 암시할 수도 있기 때문에 "그그리스도는 만물위에 계시고 세세에 찬양받으실 하나님이시다"…who is over all, God blessed forever. Amen를 맞는 번역으로 채택한다.[2206] 그러나 NIV의 번역 "그는 만물위에 계신 세세 무궁토록 찬양받으실 하나님이시다"…the human ancestry of Christ, who is God over all, forever Praised Amen가 예수 그리스도께서 하나님 위에 계시는 분으로 서술한다고 볼 수는 없다.[2207] 따라서 이 두 버젼의 번역 모두 수용 가능하다. 결론은 로마서 9:5절에서 하나님은 그리스도를 수식하고 있다는 것이다. 이는 바울서신에서 그리스도의 신성을 직접 증거하는 대표적인 구절이다. 무는 이에 대해 다음과 같이 정리한다: 5절 후반부에서 "하나님을 그리스도와 연결하는 것은 주석적으로 더 좋

2203 Cranfield; Murray

2204 Dunn.

2205 롬1:4; 14:9; 엡1:20-23; 빌2:9-11; 골1:18, 19; 마28:18; 요3:35; 행2:36; 히1:2-4; 8:1; 벧전3:22; Murray, *Romans*, II:248.

2206 Schreiner; Cranfield; Moo; Murray.

2207 Osborne; Stott.

고 신학적으로 반대할 수 없고 문맥에서 볼 때 적절하다".[2208]

(2) 하나님의 주권적 선택과 유기(롬9:6-29)

로마서 9:1-5절에서 이스라엘 백성들에게 속했던 모든 영적 특권들을 열거한 후 바울은 로마서 9:6절에서 하나님의 말씀이 폐하여진 것 같지 않다고 말씀하면서 이스라엘에게서 난 그들이 다 이스라엘이 아니라고 말씀한다. 이 말씀은 하나님의 언약과 약속이 육적인 이스라엘 백성에게 주어진 것이 아니라 영적 이스라엘에게 주어진 것을 말씀한다. 따라서 예수님을 배척하고 멸망받는 유대인들 때문에 하나님께서 그 조상들과 맺은 언약에 신실하시지 않다고 말할 수 없다. 여기서 하나님의 택함은 어떤 임무를 위한 택함이[2209] 아니고 구원을 위한 택함이다. 따라서 이삭 야곱 모세 택자들은 구원을 위해 택함받은 자들이고 이스마엘 에서 바로 불택자들은 구원받도록 택함받지 못했다. 구원받도록 택함받은 사람들은 자신들의 공로로 말미암은 것이 아니고 전적으로 하나님의 무조건적 은혜로 된 것이다. 그러므로 아무 자랑할 이유가 그들에게 존재하지 않는다. 여기서 은혜는 하나님의 택함이 어떤 외적 조건에 바탕을 두고 있지 않다는 것을 의미하는 개념이다. 이를 택함받지 못한 사람들도 하나님의 은혜로 구원받는다고 하는 것은 바울이 본문의 문맥에서 말씀하는 예정론의 구원론적 속성을 간과하는 것이다. 로마서 9:27절은 구원하다는 동사를 포함하고 있고 29절에서 하나님의 징벌로 멸망받은 소돔과 고모라를 말씀하는 것은 하나님의 택함과 부르심이 어떤 사명 감당을 위한 기능적인 개념이 아니고 택함받고 부름받은 사람을 구원하신다는 구속적 개념임을 분명히 알 수 있다. 만일 여기서 바울이 말씀하는 하나님의 택하심의 행위가 기능적 사명 감당을 위한 택함이었다면 바울이 2절에서 그 마음에 그토록 그치지 않는 고통을 느끼고 있던 것을 납득하기 어렵다. 결론적으로 로마서 9:6-29절은 로마서 8:28-30절과 더불어 바

2208 Moo.
2209 Cranfield, *Romans*, 472.

울의 예정론을 대표하는 대표적 구절로 여겨져 왔다.[2210] 이는 바울이 로마서 9–11장에서 가르치는 유대인 택자와 이방인 택자의 영적 관계를 정립하는 신학적 기초라고 할 수 있다.

그 내용을 분석해 보면, 로마서 9:6–13절에서 바울은 하나님의 택함의 축복과 불택함이 사람의 의지와 관계없이 그 절대 주권으로 말미암았다는 사실을 증거한다. 로마서 9:14–23절은 바로왕의 마음을 강퍅하게 하신 하나님의 주권적 예정은 하나님의 영광을 온 인류에게 비추도록 하기위함이었다고 말씀한다. 이는 하나님께서 복음을 배척하고 멸망받는 유대인들의 마음을 강퍅하게 하신 목적을 암시한다. 즉 그것은 택함받은 이방인들을 불러모으기 위한 것이며 이로 인해 하나님의 영광을 만방에 드러내시기 위함이라는 것이다. 로마서 9:24–29절은 하나님께서 그 택한 유대인과 이방인을 부르셔서 하나님의 백성이 되게 하셨다는 것을 말씀하고 있고 "이스라엘"은 본시 민족적 공동체가 아니라 영적 공동체였다는 사실을 나타내고 있다. 유대인 택자과 이방인 택자로 구성된 하나님의 백성의 공동체의 일체와 단일성은 롬11장에서는 올리브나무 비유로써 설명된다. 로마서 9:6–29절의 구조는 교차평행법chiasm으로 되어 있다.[2211] 즉 로마서 9:6–9절과 26–29절이 병렬된다. 이 부분은 이스라엘, 부르다, 씨, 하나님의 자녀, 말씀 등의 단어를 공유한다. 그 다음 로마서 9:10–13절과 24–25절이 교차적으로 병렬된다. 이 부분은 부르다, 사랑하다의 단어를 공유한다. 그리고 로마서 9:14–18절과 19–23절이 병렬되는데 이 부분은 자비, 원하다 등의 단어를 공유한다. 어떤 학자들은 로마서 9:6–29절이 구약의 구절을 집중적으로 인용하고 있기 때문에 이에 대한 바울의 미드라쉬라고 주장한다.[2212] 그러나 랍비문학의 미드라쉬는 주석의 형태를 가지고 있기 때문에 로마서 9:6–29절의 형태와는 거리가 있다.[2213]

2210 Origen; John Chrysostom; Augustine; Abelard; Thomas Aquinas; Calvin; Arminius; Fitzmyer, *Romans*, 559; Sanday and Headlam, *Romans*, 269-75.

2211 Dunn; J. -N. Aletti, "L' argumentation paulinienne en Rm 9." *Biblica* 68 (1987) 41-56.

2212 W. R. Stegner, "Romans 9.6-29 - a Midrash," *JSNT* 22 (1984) 37-52.

2213 Moo.

(가) 민족적 이스라엘과 영적 이스라엘(롬9:6-13)

로마서 9:6절에서 바울은 이스라엘에게서 난 그들이 다 이스라엘이 아니라고 말씀하면서 그 구체적 예를 7절부터 들고 있다. 즉 아브라함에게서 이삭과 이스마엘이 났지만 이삭만이 아브라함의 자녀로 여김을 받는다. 이에 대해 혹자는 이스마엘은 에굽 여자 하갈의 아들이기 때문에 그렇다고 생각할 것이다. 이에 대해 바울은 이삭에게 리브가를 통해서 야곱과 에서가 났지만 야곱이 하나님의 택함을 받았다고 말씀한다. 하나님께서 야곱을 택하시고 에서를 버리신 것은 사람의 뜻이나 행위로 된 것이 아니고 하나님의 절대 주권에 기초한 예정으로 말미암았다. 많은 학자들은 여기서 예정은 기능적 예정이며 에서가 지옥형벌을 받도록 예정된 것은 아니라고 주장한다. 그러나 이 주장은 본문의 문맥에서 바울의 예정론이 구원론적 예정이라는 사실을 고려하지 않고 있다. 무는 바울이 여기서 언급하는 예정이 개인의 구원을 위한 예정이라는 점에 동의하면서 그 세가지 증거를 제시한다.[2214] 첫째, 바울은 자기 시대에 왜 그토록 많은 유대인이 예수님을 배척하고 구원받지 못하는가를 답하고 있다. 이를 구원의 역사를 통해서 나타난 개인이나 사람들의 역할에 대한 예정으로 보는 것은 본문의 구원론적 모티프를 설명하지 못한다. 둘째, 본문에 사용된 단어들이 이를 말하고 있다. 하나님의 자녀(8절), 자손(7-8절), 여김받다(8절), 약속의 자녀(8절), 이름 혹은 부름(7, 12절), 행위로써가 아님(12절) 등의 단어들은 바울의 가르침에서 일관되게 개인의 구원에 적용되는 단어들이다. 셋째, 24-29절에 계속되는 6b-13절의 내용은 하나님께서 유대인과 이방인 중에서 택한 개인들을 구원하시기 위해서 부르신다는 것이다.

로마서 9:6절의 우크 호이온 데 호티는 우크 호이온not such as과 우크 호티not that의 합성어구라고 볼 수 있다.[2215] 그리고 무엇이 아닌 것 같다it is not as if라고 번역된다(NIV, NRSV, RSV). 개역성경은 "또한 하나님의 말씀이 폐하

2214 Moo; Schreiner, "Does Romans 9 Teach"; *contra* W. W. Klein, *The New Chosen People: A Corporate View of Election* (Grand Rapids: Zondervan, 1990) 173, 197-98; Zahn.

2215 Cranfield; Moo.

여진 것 같지 않도다"라고 번역한다. 여기서 "하나님의 말씀"은 바울 서신에서 보통 복음을 의미한다.[2216] 그러나 여기서 하나님의 말씀은 4-5절에 언급된 이스라엘 백성의 특권에 대한 구약의 하나님의 말씀 혹은 약속으로 보는 것이 문맥에 맞다.[2217] "폐하여지다"에크펩토우는 실패하다, 길을 벗어나다, 실족하다의 뜻을 가진다.[2218] 이는 많은 이스라엘 사람들이 복음을 배척하는 것을 볼 때 하나님께서 구약시대에 조상들을 통해서 약속하신 말씀이 이탈한 것 같지는 않다는 것이다. 그 이유는 접속사 갈왜냐하면로 연결된다. 즉 그것은 "이스라엘에게서 난 그들이 다 이스라엘이 아니"기 때문이다. 즉 복음을 배척하고 멸망하는 유대인들 때문에 하나님의 약속이 폐기되었다고 보면 않되는데 그것은 그들은 진정한 이스라엘이 아니기 때문이라는 것이다. 여기서 바울은 이스라엘이스라에일과 "이스라엘에게서 난 자들"판테스 호이 엑스 이스라에일을 구분한다. "이스라엘"은 영적 이스라엘이며 "이스라엘에게서 난 모든 자들"은 육신적 이스라엘 즉 믿지 않는 유대인이다. 이는 로마서 2:29절의 마음에 할례를 받은 유대인과 육신에만 할례를 받은 유대인의 구분과 일치한다. 혹은 모든 유대인이 다 유대인이 아니다라는 구분과도 일치한다.[2219] 바울은 여기서 혈연적 유대인들이 자동으로 하나님의 약속의 수혜자가 되는 것이 아님을 확인하고 있다. 그러면 여기서 영적 이스라엘은 누구를 가리키는가. 어떤 학자들은 교회를 가리킨다고 주장한다.[2220] 이 해석은 타당한 듯이 보인다. 그것은 바울이 이미 로마서 4:16-18절에서 이방인도 믿음으로써 아브라함의 자손이 되도록 되어 있었다고 말씀하고 있고, 갈라디아서 3:29

2216 고전14:36; 고후2:17; 4:2; 골1:25; 살전1:8; 2:13; 딤전4:5; 딤후2:9; 딛2:5. 15. E. Güttgemanns, "Heilsgeschichte bei Paulus oder Dynamik des Evangeliums? Zur structurellen Relevanz von Röm 9-11 für die Theologie des Römerbriefs," *Studia Linguistica Neotestamentica* (BEvT 60; Munich: Kaiser, 1971) 40-41; R. D. Kotansky, "A Note on Romans 9:6: *Ho Logos Tou Theou* as the Proclamation of the Gospel," *Studia Biblica et Theologica* 7 (1977) 24-30.

2217 Gaugler; Munck; Godet; Murray; Dunn; Käsemann; Moo; Zeller; Schreiner.

2218 BAGD, 243-44.

2219 Murray, *Romans*, II, 9.

2220 Schmidt; Schmithals; Wright; Johnson; Volf; G. Klein; Althaus; F. Watson; Aageson; E. Dinkler, "Prädestination bei Paulus ? Exegetische Bemerkungen zum Römerbrief," in *Signum Crucis: Aufsätze zum Neuen Testament und zur christlichen Archäologie* (Tübingen: Mohr, 1967) 249-50; D. Sänger, "Rettung der Heiden und Erwählung Israels. Einige vorläufige Erwägungen zu Römer 11,25-27," *KD* 32 (1986) 106.

절에서는 이방인도 그리스도안에서 다 아브라함의 자손이요 약속대로 유업을 이을 자라고 말씀하고 있다. 빌립보서 3:3절은 그리스도인들을 "할례받은 자"페리토메이라고 표현하고 있고 갈라디아서 6:16절은 이방인 그리스도인들을 포함한 그리스도인들을 "하나님의 이스라엘"이라고 부르고 있다.[2221] 그리고 무엇보다도 롬9:24-29절에서 바울은 하나님께서 이방인들로부터 부르셔서 하나님의 백성이 되게 하셨다고 말씀함으로써 로마서 9:6-13절의 내용을 설명하고 있다. 그러나 이 해석에 반대하는 학자들은 다음과 같은 이유를 제시한다.[2222] 첫째, 로마서 9:1-5절이 롬9-11장의 이스라엘이란 단어의 의미를 민족적 이스라엘로 한정한다. 로마서 9-11장에서 바울은 이스라엘과 이방인을 뚜렷이 구분하고 있기 때문에 문맥이 분명히 영적 이스라엘을 가리키고 있지 않는 한 이스라엘은 민족적 이스라엘로 보아야 한다는 것이다. 둘째, 로마서 9:7-13절은 6b를 육신적 이스라엘의 문맥속에서 설명하고 있다. 셋째, 로마서 9:27-29절은 6-13절의 내용과 맞물리고 있는데 여기서 바울은 민족적 이스라엘로부터 부름받은 남은 자들을 가리키고 있다. 이 남은 자들은 민족적 이스라엘이다.

필자도 6절에서 이스라엘을 교회라고 보는 해석에 전적으로 동의하지는 않는다. 그 이유는 첫째, 로마서 9-11장에서 바울은 교회라는 단어를 사용하지 않고 있고[2223] 둘째, 바울이 영적 이스라엘과 육적 이스라엘을 구분하고 있는 문맥에서 교회안에 존재하는 택함받은 신자와 택함받지 못한 신자를 구분해서 그들의 이스라엘과의 관계를 분석하는 것이 신학적으로 옳기 때문이다. 이스라엘로부터 나온 모든 자들이 이스라엘이 아니듯이 교회에 들어온 자들 모두가 참교인은 아니다. 이 점에서 필자는 로마서 9:6절의 영적 이스라엘은 그 일차적 의미는 믿는 유대인을 가리키지만[2224] 로마서 9-11장의

2221 N. A. Dahl, "Der Name Israel: Zur Auslegung von Gal 6,16," *Judaica* 6 (1950) 161-70; Longenecker, *Galatians*, 297-99; *contra* P. Richardson, *Israel in the Apostolic Church* (SNTSMS 10; Cambridge: Cambridge University, 1969) 74-84.

2222 Moo, *Romans*, 574. .

2223 Schreiner, *Romans*, 494.

2224 Schreiner, Dunn; Sanday and Headlam; Munck; Beker; W. Campbell; Hofius; B. Longenecker; Mounce; Richardson; Murray; Cranfield; Osborne; Fitzmyer; Piper.

문맥에서 볼 때 믿는 이방인도 포함하는 신축성있는 개념이라고 생각한다. 즉 그것은 혈통에 관계없이 모든 믿는 자들을 의미한다. 이는 로마서 11:26절이 민족적 이스라엘이 아니라 언약적 영적 이스라엘이며 믿음으로 약속의 자손이 된 이방인 신자도 포함하는 개념이라는 점과 상통한다. 이 축소 확대된 이스라엘의 개념은 로마서 9:5절에 바탕을 두고 있다. 로마서 9:5절은 이스라엘의 특권을 언급하는 로마서 9:4-5절의 내용을 한정하고 있다. 즉 이스라엘이 받은 양자됨, 언약, 율법, 예배, 약속은 모두 그리스도를 가리키고 있었고 그리스도를 통해서 성취되었다. 그러므로 그리스도를 통해서 아브라함의 자손이 된 택함받은 이방인들은 이스라엘의 모든 특권의 수혜자가 되게 된 것이다. 이 관점에서 영적 이스라엘은 원래 민족적 개념이 아니었고 처음부터 이방인 택자를 포함하는 개념으로 주어진 것이다.

여기서 이스라엘을 혈통적이며 믿는 유대인이라고 보는 학자들은 바울이 로마서 9:6-13절에서 육신적 이스라엘의 범주내에서 아브라함의 진정한 자손이 누구냐는 것을 설명한다는 점을 지적한다. 그러나 진정한 아브라함의 자손의 키질은 여기서 끝나지 않고 로마서 9:6-29절 전체에 걸쳐 되고 있다는 것을 알 수 있다. 즉 첫째는 이삭과 이스마엘의 분리요. 둘째는 야곱과 에서의 분리다. 그 다음은 멸하기로 준비된 진노의 그릇과 영광받기로 예비한 긍휼의 그릇의 분리다(22-23절). 24절에서 바울은 이 긍휼의 그릇의 범주에 유대인과 이방인 중에서 불려진 모든 사람을 다 포함하고 있다. 이를 증명하기 위해 25-29절은 구약의 이에 대한 예언을 인용하고 있다. 그리고 마지막으로 30-33절은 믿음으로 의롭게 된 이방인들과 믿지 않음으로 실족한 유대인을 직접적으로 대조하고 있다. 이를 볼 때 바울이 로마서 9:6-29절에 걸쳐 서술하는 택자와 불택자의 분리의 패턴은 본질적으로 아브라함의 자손이 하나님의 긍휼하심을 바탕으로 택함받은 유대인과 이방인을 포함한다는 것을 보여주려 한 것이다. 다시 말해 여기서 바울은 하나님께서 택함받은 유대인을 사랑하시고 믿음을 통해 구원받게 하시는 점에서 그 언약에 신실하신 하나님이심을 보여줄 뿐 아니라 동시에 구약의 예언 대로 이방인 택자들이 부름을 받고 아브라함의 백성이 되게 하시는 하나님의 그 언약에 대한 신실하심도 함께 조명하고 있다. 즉 우리가 로마서 9:7절의 아브라함의 자녀는 로마서 4:16–18절과 연결된 개념이고 로마서 9:8절의 하나님의 자녀는 로마서 8:14–16절과 연결된 개념으로 이해하는 것이 바울이 여기서 의도한 가르침이라고 볼 수 있는 것이다.

로마서 9:7절은 6절을 설명하고 있다: "또한 아브라함의 씨가 다 그 자녀가 아니라 오직 이삭으로부터 난 자라야 네 씨라 칭하리라 하셨으니". 7절을 시작하는 우데 호티를 KJV과 NIV는 인과절로 번역하고 있다. 그래서 이 부분을 "그들이 아브라함의 후손스펠마이기 때문에 그들 모두 아브라함의 자손테크나은 아니다"로 번역한다. 개역성경은 "또한 아브라함의 씨스펠마가 다 그 자녀테크나가 아니라"로 번역한다. 이 번역을 따르면 테크나자녀들는 영적 자녀를 스펠마씨는 넓은 의미의 자손들을 의미하는 것이 된다. 그러나 필자는 여기서 호티를 목적절을 이끄는 접속사로 보는 것이 맞다고 생각한다.[2225] 그러면 번역은 "모든 자녀테크나가 다 아브라함의 씨스펠마는 아니다"로 된다. 이 번역에 따르면 7절의 판테스 테크나모든 자녀는 6절의 "판테스 호이 엑스 이스라에일"이스라엘에게서 난 자들과 그리고 8절의 타 테크나 테이스 살코스육신의 자녀와 같은 의미를 가지는 것이 된다. 그리고 7절의 스펠마는 6절의 "이스라에일"과 그리고 8절의 "하나님의 자녀"테크나 투 쎄우 혹은 "약속의 자녀"테크나 테이스 에팡겔리아스와 같은 신학적 의미를 가지는 것이 된다. 이 후자의 번역이 더 바람직한 번역인 이유는 첫째, 7절의 동사 에이신이 복수형이다. 따라서 판테스 테크나를 그 주어로 보는 것이 문법적으로 맞다. 둘째, "씨"스펠마가 7–8절에서 긍정적인 의미를 가지고 있고 바울 서신의 다른 구절에서도 이 의미로 쓰이고 있기 때문이다.[2226] 셋째, 7절의 판테스 테크나가 6절의 "판테스 호이 엑스 이스라에일"이스라엘에게서 난 자들과 병렬되기 때문이다.[2227]

모든 아브라함의 자손이 다 그의 씨로 여김받는 것은 아니라는 것을 증거하기 위해 바울은 창세기 21:12절을 인용한다. 즉 오직 이삭으로부터 난 자

2225 Barrett, *Romans*, 169; Dunn; Rese, "Israel und Kirche," 209-10; Hays, 65, 206; Moo, *Romans*, 575; Schreiner, *Romans*, 495.

2226 롬4:13, 16, 18; 9:29; 11:1; 고후11:22; 갈3:16, 19, 29.

2227 Schreiner, *Romans*, 495.

라야 네 씨라 칭하리라 하셨다. 여기서 전치사 엔in은 장소적 혹은 도구적 의미를 가진다고 볼 수 있다. 그리고 스펠마씨는 여기서 단수지만 복수적 의미를 가지고 있다고 할 수 있다. 머레이는 스펠마를 단수로 해석해서 이삭만이 아브라함의 참 씨라고 번역한다.[2228] 그러나 8절에서 스펠마는 약속의 자녀들과 병렬되는 개념으로 쓰이고 있다. 그리고 스펠마는 7-8절에서 같은 신학적 개념으로 쓰이고 있으며 영적 아브라함의 자녀의 집합을 가리킨다고 볼 수 있다. 미래 수동태 동사 칼레오우부르다는 단순히 "인식되다"로 번역할 수 있지만 여기서는 언약의 축복의 수혜자로 부름을 받게 된다는 유효적 소명effectual calling의 개념을 가진다고 볼 수 있다.[2229] 즉 이삭으로부터 난 자들이 언약의 축복에 참예하도록 선택된 자들이라는 뜻이다. 그러나 어떤 학자들은 하나님께서 이스마엘을 크게 번성하게 하시고 큰 나라를 이루게 하셨기 때문에(창17:20), 이스마엘이 하나님의 특별한 목적을 위해 선택되지 못했다고 해서 그가 하나님의 자비로부터 배제되었다고 보는 것은 옳지 않다고 말한다.[2230] 그러나 창세기 전체에서 보듯이 하나님께서는 아브라함에게 주신 언약을 이삭이 이어받게 하신 것을 알 수 있다. 그리고 로마서 9장의 문맥에서 언약의 축복은 그리스도를 통한 구원의 축복으로 성취된다. 따라서 이스마엘도 하나님의 자녀에 포함된다고 보는 것은 주석적으로 근거가 없는 해석이다.[2231] 본문의 문맥에서 이스마엘은 제유법으로써 협의적으로는 믿지 않는 유대인들을 의미하고[2232] 광의적으로는 혈통을 초월해 모든 믿지 않는 자들을 대표한다고 볼 수 있다.

로마서 9:8절은 투트 에스틴that is으로 시작한다. 이는 무엇을 설명하거나 분명히 하고자 할 때 사용되는 숙어다.[2233] 따라서 여기서 바울은 6b의 내용

2228 Murray, *Romans*, II, 10-11.

2229 롬4:17; 8:28, 29; 9:12, 24, 25, 26; C. Müller, *Gottes Gerechtigkeit und Gottes Volk: Eine Untersuchung zu Römer 9-11* (Forschungen zur Religion und Literatur des Alten und Neuen Testaments 86. Göttingen: Vandenhoeck & Ruprecht, 1964) 28; Michel, *Römer*, 232; Wilckens; Dunn; Schreiner, *Romans*, 495; Moo, *Romans*, 576.

2230 Cranfield, *Romans*, 475; Morris.

2231 Schreiner, *Romans*, 497.

2232 Segal, *Paul the Convert*, 277; Schreiner, *Romans*, 497; *contra* Cranfield, *Romans*, 471, 474.

2233 마27:46; 막7:2; 행1:19; 19:4; 롬7:18; 10:6, 8; 몬12; 벧전3:20; 히2:14; 7:5; 9:11; 10:20; 11:16; 13:15; Dunn, *Romans*, 541.

을 계속 설명하고 있다.[2234] 곧 육신의 자녀가 하나님의 자녀가 아니고 오직 약속의 자녀가 씨로 여김을 받는다는 것이다. 그렇기 때문에 이스라엘에게서 난 그들이 다 이스라엘이 아닌 것이다. 이 점에서 우리는 8절은 창세기 21:12절의 주석이라고 할 수 있다. 하나님께서는 아브라함의 자녀가 하늘의 별보다 많게 하시겠다고 약속하셨다(창15:5). 이 약속은 이삭을 통해서 성취되었다. 아브라함에게는 이스마엘 외에 자식이 더 있었다. 곧 그 후처 그두라로부터 얻은 시므란과 욕산과 므단과 미디안과 이스박과 수아다(창25:2). 그러나 오직 이삭만이 약속으로 말미암아 사라로부터 얻은 아들이다. 창세기 21:10절에서 사라는 이것을 언급하고 있다. 그리고 하나님께서는 이를 승인하셨다(창21:12). 여기서 바울은 하나님의 자녀테크나 투 쎄우라는 어구를 사용함으로써 약속으로 말미암은 자녀들은 단지 아브라함의 자녀일 뿐 아니라 하나님의 자녀 곧 구원받을 자녀임을 가리키고 있다.[2235] 그리고 약속은 그리스도 예수를 통해서 성취되었다. 이로써 그리스도 예수를 구주로 믿는 누구나 약속의 자녀, 곧 아브라함의 자녀가 되게 되었다. 이 내용은 본문에서 뒤로는 로마서 4:13, 14, 16, 20절의 말씀과 연결되고 있고 앞으로는 로마서 9:24-29절의 말씀과 연결되어 전개된다. 따라서 바울은 "약속", "씨"라는 개념을 "그리스도"를 통해서 영적으로 정의하면서 이방인 그리스도인들도 하나님의 자녀로 여김받게 된 사실을 설명하고 있다. 이는 로마서 9:6절의 "이스라엘"이 민족적 개념에서 나아가 아브라함과의 언약 혹은 약속이란 관점에서 이해될 때 이방인 택자도 그 개념에 포함하는 것이라는 것을 나타낸다. 뿐만 아니라 4-5절의 모든 특권도 영적 개념임을 나타낸다. 양자됨 영광 언약 율법 예배 약속 조상 이 모든 것이 그리스도를 통하지 않고는 성취될 수 없는 특권들이다. 이는 약속의 자녀라야 아브라함의 씨로 인정된다는 말씀에 집약되어 있다(7-8절). 그리고 본문에서 이삭이 약속의 자녀로써 모든 믿는 자들을 모형론적으로 대표하고 있다고[2236] 볼 때 이는 로마서 9:23절

2234 Piper, *The Justification of God*, 49.
2235 롬8:16, 17, 21; 엡5:1; 빌2:5; Moo, *Romans*, 577.
2236 Segal, *Paul the Convert*, 277; Schreiner, *Romans*, 497.

의 하나님의 긍휼하심을 입은 자들을 바라보는 개념이고 24절 이하에서 말씀하는 바와 같이 이방인 택자를 그 안에 포함하는 개념임이 분명해 진다. 바울이 하나님의 백성의 구성을 언약적 시각에서 설명하는 작업은 로마서 9:9-13절에 더 분명히 되어지고 있다. 이와 같이 하나님의 언약이 그리스도를 통해서 성취되었고 택함받은 유대인과 이방인이 약속의 자녀로써 복음을 통해서 하나님의 백성 공동체속으로 불려지고 있다는 사실은 바울이 그 마음에 그치지 않는 고통으로부터 해방되게 하는 이유다.

6절부터 시작해서 바울은 이스라엘, 이삭, 하나님의 자녀, 약속의 자녀, 씨를 설명하는 가운데 로마서 9:9절에 와서 이스마엘이 아니라 이삭이 왜 약속의 자녀인가를 설명한다. "약속의 말씀은 곧 이것이다. 명년 이 때에 내가 이르리니 사라에게 아들이 있으리라"는 것이다. 이는 바울이 창세기 18:10, 14절을 바탕으로 요약한 것이다.[2237] 이삭이 사라로부터 태어난다는 것은 새로운 약속이 아니라 창세기 12:1-3절에서 주신 약속의 성취의 시작을 알리는 것이다. 따라서 혈통이 아닌 하나님의 언약의 약속을 따라 어떤 자가 약속의 자녀로 여김을 받게 된 것은 혈통적으로 아브라함의 자녀가 아닌 이방인 택자들이 아브라함의 자녀, 하나님의 자녀로 여김 받게 되는 기초가 된다. 따라서 "약속"에팡겔리아은 하나님의 언약이 혈통적으로 성취되지 않고 이 약속을 따라 성육신하신 메시야, 즉 그리스도를 믿음으로 성취된다고 하는 언약 신학의 바탕이 되는 개념이다. 이 약속에 바탕을 둔 언약의 성취를 고려하지 않고 여기서 바울이 말씀하는 것은 민족적 이스라엘의 구원에 대한 약속이라고 주석하는 것은 옳지 않다.[2238]

로마서 9:10절은 우 모논 데and not only this로 시작하며 9절의 내용에서 한 걸음 나아가 왜 육신의 자녀가 아니라 약속의 자녀가 하나님의 자녀인지 설명한다(10-13절): "이뿐 아니라 또한 리브가가 우리 조상 이삭 한 사람으로 말미암아 잉태하였는데". 혹자는 하나님께서 이스마엘이 아니라 이삭을 택하신 이유는 이스마엘은 아브라함의 첩 애굽 여자 하갈의 소생이기 때문이

2237 *contra* Stanley, *Paul and the Language of Scripture*, 104.
2238 Schreiner, *Romans*, 496.

라고 반박할 지도 모른다. 이에 대해서 바울은 선택과 유기의 원칙이 한 배에서 나온 두 아들의 운명에도 적용됨을 보여준다. 즉 리브가에게서 난 이삭의 두 아들 야곱과 에서 중 야곱이 선택된 것은 전적으로 하나님의 약속에 바탕을 둔 것이라는 것이다. 왜 그런가. 그것은 사라처럼 리브가도 아이를 가지지 못하는 상태에서 하나님의 약속을 받고 잉태할 수 있었다(창25:21). 리브가는 그 남편 이삭과 동침을 통해 쌍둥이를 임신하게 되었다. 그런데 이를 설명하는 바울의 표현에 깊은 의미가 담겨있다. 여기서 바울이 사용하는 명사 코이테이는 부부의 침대(눅11:7; 히13:4), 성교(레15:21-26; 롬13:13; 지혜서3:13, 16) 혹은 정자(레15:16-17, 32; 18:20; 22:4; 민5:20)를 의미한다.[2239] 개역 성경은 "우리 조상 이삭 한 사람으로 말미암아 잉태"했다고 번역한다. 그러나 이 번역은 바울이 여기서 의도한 의미를 잘 전달하지 못하고 있다. 여기서 헬라어 본문에는 직설법 동사가 없고 분사 에쿠사have가 사용되고 있다. 그 주어를 리브가로 보면 이는 분사의 절대주격nominative absolute 용법에 해당한다.[2240] 따라서 이를 직역하면 "리브가는 하나로부터 정자를 가졌다"가 된다. 크랜필드는 이를 리브가가 이삭의 정자의 한 번의 사출을 받고 아들 쌍동이의 어머니가 되었다고 해석한다.[2241] 그 신학적 의미는 무엇인가. 그것은 야곱과 에서가 임신과 출생에 있어서 그 우열을 가릴 수 없는 관계라는 것이다. 그들은 한 어머니와 아버지를 두고 있다. 그리고 한 번의 부부관계를 통해서 쌍동이로 임신되었다. 그 후 에서가 먼저 태어났기 때문에 그가 장자권을 가지게 되었지만 이 장자권도 하나님의 약속의 자녀의 신분을 보장하는 조건이 되지 못한다. 그 결론은 야곱이 약속의 자녀로 여김받게 된 것은 전적으로 하나님의 은혜로 되었다는 것이다.[2242] 이는 아브라함이 세상의 후사가 된다는 약속을 받은 것은 율법을 통해서가 아니라 오직 믿음의 의로 말미암은 것이라는 말씀과 연결된다(롬4:13).[2243] 믿음을 통하

2239 M. Silva, "New Lexical Semitisms?" *ZNW* 69 (1978) 255; BAGD; Cranfield; Michel; Dunn; Moo.
2240 Fitzmyer, *Romans*, 562.
2241 Cranfield, *Romans*, 477; Moo
2242 Osborne, *Romans*, 245.
2243 Murray, *Romans*, II, 13.

지 않는다면 이방인 택자들이 아브라함의 자손이 되지 못했을 것이고 하나님께서 아브라함에게 주신 약속도 성취되지 못했을 것이다. 따라서 이삭이나 야곱을 통해서 약속의 자녀가 불려지게 된 것은 앞으로 이방인 택자의 구원을 바라보고 있는 것이다. 이 점에서 바울이 "우리" 조상 이삭이라고 말씀하는 것은 민족적 개념의 "우리"가 아니라 언약적 개념, 즉 영적 개념의 "우리"를 가리킨다고 보아야 한다.[2244] 바울은 로마서에서 일인칭 복수 소유격 대명사 헤이모운우리의을 40회 사용하고 있다. 그것은 로마교회에 있는 유대인 신자와 이방인 신자 모두를 지칭한다고 볼 수 있다. 로마서 9:10절에서도 "우리의"는 로마교회 성도 전체를 가리키는 대명사 "우리의"지 로마교회 내 이방인 신자는 제외한 유대인 성도의 "우리의"가 아니다. 이는 바울이 쓴 이 서신의 목적에 반대되는 해석이 된다. 바울은 로마교회 성도들이 서로 사랑하며 하나 되기를 기도하며 이 서신을 쓰고 있다. 그리고 11장에서 이들이 한 감람나무 뿌리로부터 똑같이 즙을 빨아들이며 사는 가지로 비유하고 있다. 이 문맥에서 바울이 "우리의 조상 이삭"의 어구를 통해 "우리의 유대인 조상 이삭"을 의미했을 것 같지 않다. "우리의 조상 이삭"은 "우리 그리스도인들의 영적 조상 이삭"을 의미한다고 보는 것이 바울이 여기서 의도한 의미라고 보아야 맞다.

로마서 9:11절의 접속사 갈왜냐하면은 앞 절에 대한 설명을 도입한다: "그 자식들이 아직 나지도 아니하고 무슨 선이나 악을 행하지 아니한 때에 택하심을 따라 되는 하나님의 뜻이 행위로 말미암지 않고 오직 부르시는 이에게로 말미암아 서게 하려 하사". 이 절은 10-12절에서 기술하는 하나님께서 리브가에게 주시는 언약의 상황을 설명하고 있다. 하나님께서 리브가에게 주신 약속은 큰 자가 어린 자를 섬긴다는 것이다. 그런데 이는 그들의 행위로 말미암은 결정이 아니다. 그것은 하나님의 예정의 목적에 따른 것이다. 헬라어 본문을 보면 11절은 두 개의 과거 분사를 포함하는데 그 주어가 명시되어 있지 않다. 그러나 문맥에서 그것은 야곱과 에서임을 알 수 있다. 이 주어가

2244 *contra* Schreiner; Fitzmyer; Cranfield; Morrs; Moo; S-H.

나타나 있지 않은 절대속격genitive absolute은 파격적 문법 구조로써 하나님의 예정이 사람의 뜻으로 말미암지 않고 하나님의 절대 주권으로 말미암은 것임을 명확히 해 주고 있다. 여기서 목적프로쎄시스은 구원의 계획 혹은 디자인을 의미한다(롬8:28; 엡1:11; 3:11; 딤후1:9). 그리고 예정에크로게이은 어떤 일을 맡기기 위해 선택한다는 의미도 있지만[2245] 여기서는 구원을 위한 예정을 의미한다.[2246] 바울은 하나님의 주권적 예정을 강조하기 위해 이 중요한 두 단어를 히나in order that절에서 함께 사용하고 있다. 이를 직역하면 "하나님의 목적이 그 예정에 따라 서게 하려고"가 된다. 커스는 여기서 카타 에크로게인according to election은 목적프로쎄시스을 서술하는 어구로써 이는 하나님의 "예정의 목적"을 가리킨다고 이해한다.[2247] 반면에 머레이는 하나님의 목적은 그 예정을 성취하기 위해서 발생한 것으로써 이를 하나님의 예정에 바탕을 둔 목적이라고 이해한다.[2248] 그러나 여기서 하나님의 목적은 예정에 우선하는 개념으로 볼 수 있다. 그리고 예정은 이 목적을 이루는 수단으로 이해할 수 있다.[2249] 이 점에서 이 구절은 "예정의 과정을 통해 실현되는 하나님의 계획"이라고 이해할 수 있다.

여기서 동사 메노우남는다는[2250] 6절의 폐하다에크핍토우와 반대 개념이다. 하나님의 예정에 따른 그 목적은 변하지 않고 서있다. 만일 예정이 사람의 행위로 말미암았다면 그것은 오래 전에 폐기되었을 것이다. 이는 하나님의 언약이 약속의 자녀를 통해서 성취되고 있는 사실을 말한다. 이는 야곱으로 대표되는 모든 믿는 자들을 가리킨다. 이는 혈통에 따른 것이 아니라 약속을 성취하신 그리스도를 믿는 믿음에 따른 것이다. 그러나 여기서 예정은 믿음을 전제로 한 것이 아니기 때문에 바울은 믿음이란 단어를 전혀 사용하지 않는다. 이 점에서 바울은 예정의 조건은 하나님의 절대주권 그 자체라는 점을

2245 TDNT, 4:177-78; Michel, *Römer,* 302, n.15; *Pss. Sol.* 9.4; 18.5; Josephus, *War* 2.165; Dunn, *Romans*, 543.

2246 살전1:4; 롬11:5, 7, 28; 행9:15; 벧후1:10.

2247 Kuss; Moo, *Romans*, 581.

2248 Murray, *Romans*, II, 15.

2249 Käsemann; Moo.

2250 사40:8; 14:24; 잠19:21; 시33:11; 요6:27; 12:34; 고전13:13; 고후3:11; 9:9; 히7:3, 24; 12:27; 벧전1:23, 25; 요일2:17; 3:15; Cranfield, *Romans*, 478.

분명히 하고 있다. 그리고 이 사실을 14절 이하에서 출애굽기의 이야기를 배경으로 더 자세히 풀어놓고 있다. 따라서 던이 바울이 여기서 말씀하는 것은 한 백성으로써 이스라엘을 택하는 것이 아니라 하나님의 선택이 어떻게 시행되는가이다라고 말하는 것은 11절의 내용을 잘못 이해한 것이다.[2251]

로마서 9:12절의 욱 엑스 엘고운 알라 엑 투 칼룬토스(12a)행위로 말미암지 않고 오직 부르시는 이에게로 말미암아는 11절의 "무슨 선이나 악을 행하지 아니한"과 병렬된다. 이는 본문의 문맥에서 불필요한 사족이다라고 주석하는 학자도 있다.[2252] 그러나 12a가 11b(그 예정에 따라 하나님의 목적이 서게 하시려고)의 명사 예정에크로게이 혹은 동사 남는다메노우에 걸린다고 보면 12a는 바울의 가르침의 요지를 더 명확하게 하는데 필요한 어구임을 알 수 있다. 던은 여기서 행위엘고운는 "율법의 행위"를 가리키기 때문에 바울은 여기서 율법의 요구를 따름으로써 선택받을 수 있다고 믿었던 당시의 유대주의의 한 입장을 반박하고 있다고 주장한다.[2253] 그러나 우리가 로마서 3:20절에서 보았듯이 여기서 엘고운행위은 어떤 특정한 율법을 지키는 행위를 가리키는 것이 아니라 일반적인 행위 즉 공로를 의미하는 것으로 보아야 한다. 이는 야곱이나 에서가 태어날 때 아직 모세의 율법이 주어지지 않았다는 것을 생각할 때 당연한 사실이다. 여기서 행위는 믿음을 포함하지 않는다고 생각하는 학자들도 있다.[2254] 즉 하나님께서 야곱의 믿음을 미리 아시고 그를 택하셨다는 것이다. 이는 창세기 25:23절을 주석하면서 하나님의 선지미리 아심를 지적하는 파일로의 견해와 일치한다.[2255] 그러나 이 견해는 바울이 반박하는 유대주의의 한 입장 그 자체다.[2256] 바울이 행위로가 아니라 그 부르시는 이로 말미암아 하나님의 예정의 목적이 선다고 말씀하는 것은 야곱의 믿음 자체도 그 예정의 조건이 되지 않았다는 것을 의미한다.[2257] 여기서 바울이 대조하는

2251 Dunn, *Romans*, 543.
2252 Dodd; SH.
2253 Dunn, Romans, 543.
2254 Chrysostom; Photius Theodoret; Pelagius; Godet; S-H; Nygren; Morison; J. W. Cottrell, "Conditional Election," 51-73.
2255 Philo, *Leg. All.* 3.88.
2256 Schelkle, *Paulus*, 337.
2257 Moo, *Romans*, 582-83; Schreiner, *Romans*, 500.

것은 믿음과 행위가 아니라 행위와 하나님의 부르심이다.[2258] 만일 믿음을 예정의 조건으로 제시한다면 바울은 이를 문맥에서 분명히 밝혔을 것이다. 그러나 본문에서 이를 전혀 언급하지 않는 것은 시사하는 점이 크다.[2259] 따라서 바울이 여기서 강조하는 것은 하나님의 예정의 목적이 행위가 아니라 부르시는 이에 의해서 발효되고 있다는 사실이다. 여기서 부르신다칼레오는 것은 복음을 전한다는 의미가 아니라 구원을 위한 유효한 부르심을 의미한다.[2260] 그 이유는 야곱을 부르시고 약속의 자녀로서 열 두 지파의 조상이 되게 하시고 그로부터 메시야가 나게 하신 하나님의 예정의 목적이 실현되었기 때문이다. 이는 야곱을 부르셔서 그 언약을 지키게 하시고 이를 바탕으로 그 예정의 목적이 발효되게 하신 것이 아니라는 것이다.

12b는 10절의 리브가와 연결된다. 리브가가 아들 쌍동이를 임신했을 때 하나님께서 그녀에게 말씀하셨다에레쎄이: "큰 자가 어린 자를 섬기리라." 이는 바울이 창세기 25:23b를 문자적으로 헬라어로 번역한 것이다. 이는 야곱과 에서의 나이의 상대적 차이를 표현한 것으로써 헬라어 메이조운큰과 엘라소운작은이 의미하는 것과 차이가 있다. 바울은 히브리어구 "버라브 아보드 짜이르"를 헬라어로 문자적으로 번역함으로써 이 헬라 단어들이 히브리어의 개념을 전달하도록 빌려 쓰고 있다.[2261] 크랜필드는 여기서 야곱과 에서는 개인들을 대표하는 것도 아니고 두 나라의 조상을 가리키는 것도 아니라고 주석한다.[2262] 그리고 이 말씀은 개인이나 이 두 조상으로부터 성립된 두 나라 사람들의 영원한 운명에 대한 것도 아니라고 말한다. 즉 이 말씀은 구속의 역사상의 이 두 나라의 상호관계를 기술하는 것이지 종말적 구원이나 영벌에 관한 것이 아니라는 것이다. 필자는 이 견해에 동의하지 않는다. 첫

2258 Schreiner, *Romans*, 500; H. Hübner, *Gottes Ich und Israel: Zum Schriftgebrauch des Paulus in Römer 9-11* (Forschungen zur Religion und Literatur des Alten und Neuen Testaments 136. Göttingen: Vandenhoeck & Ruprecht, 1984) 24-25; H. Räisänen, "Paul, God, and Israel: Romans 9-11 in Recent Research." in *The Social World of Formative Christianity and Judaism: Essays in Tribute to Howard Clark Kee* (Edited by J. Neusner, E. S. Frerichs, P. Borgen, and R. Horsley. Philadelphia: Fortress, 1988) 182; Moo, *Romans*, 583.

2259 Moo, *Romans*, 583.

2260 Moo; Leenhardt; *contra* Dunn.

2261 Moo, *Romans*, 584.

2262 Cranfield, *Romans*, 479.

째로 야곱과 에서는 집단을 대표한다. 그러나 야곱은 혈통적 이스라엘을 에서는 에돔을 대표하는 것이 아니다. 본문에서 야곱은 약속의 자녀 즉 하나님의 자녀를 대표하고 에서는 육신의 자녀를 대표한다. 야곱은 혈통적 이스라엘이 아닌 영적 이스라엘(6절)을 대표하는 자로써 그리스도를 믿고 하나님의 자녀가 될 이방인 그리스도인들도 대표한다. 이는 23-29절이 분명히 가리키고 있는 점이다. 만일 야곱이 혈통적 이스라엘을 가리키고 있다고 보면 이는 바울이 본문에서 가르치는 내용과 모순된다. 만일 야곱의 혈통적 후손인 많은 육신적 이스라엘이 예수를 믿지 않고 멸망해 가는 것이 하나님께서 야곱을 택하신 결과라면 하나님의 약속은 폐하여졌다는 것을 말한다. 그러나 바울은 바로 이 점을 반박하고 있다. 그것은 육신적 이스라엘이 모두 이스라엘 곧 하나님의 자녀가 아니기 때문이다. 야곱으로 대표되는 영적 이스라엘 즉 하나님 자녀들은 하나님의 예정의 목적대로 예수님을 배척하지 않고 믿음을 통해서 구원을 받게 되었다. 그러므로 하나님의 약속의 언약은 계속 발효중인 것이다.

둘째, 야곱과 에서는 개인도 가리키고 있다는 것이다. 즉 하나님의 예정은 개인에 대한 것이고 하나님으로부터 부름받은 이들의 집합은 바로 온 영적 이스라엘판 이스라에일을 형성하게 되는 것이다.[2263] 개인에 대한 구속적 예정은 본문의 문맥에서 잘 나타나 있다. 케제만이 지적하듯이 바울이 바로의 예를 들고 있는 것은 구속적 예정의 개인적 차원을 가리키고 있다.[2264] 또한 바울이 로마서 8장에서 자세히 설명하고 있듯이 종말의 영광에 참여하기 위해 오늘 고난을 견디며 나가는 성도는 믿는 자 개개인을 가리키고 있다. 그리고 성령께서 성도를 위해서 중보기도하실 때 성도 개개인의 마음안에서 중보기도하신다. 이와 함께 로마서 8:28-30절에서 말씀하듯이 하나님께서 예정하

2263 T. R. Schreiner, "Corporate and Individual Election in Romans 9: A Response to Brian Abasciano", *JETS* 49 No 2 (June 2006) 373-86; idem, "Does Romans 9 Teach Individual Election unto Salvation? Some Exegetical and Theological Reflections," *JETS* 36 No 1 (March 1993) 25-40; *contra* Fitzmyer; Cranfield; Morris; Lagrange; Lyonnet; Peterson; N.T. Wright; Abasciano; Sanday and Headlam; Johannes Munck, *Christ and Israel: An Interpretation of Romans 9-11* (Philadelphia: Fortress Press, 1967) 70; W. S. Campbell, "The Freedom and Faithfulness of God in Relation to Israel." *JSNT* 13 (1981) 39.

2264 Käsemann, *Romans*, 265.

시고 부르시고 의롭다하시고 영광스럽게 하신 사람들은 개개인이지 교회와 같은 단체가 아니다. 라이트는 하나님께서는 개개인을 구원하시기로 택하시지 않았고 교회를 언약의 공통체로 택하셨다고 말한다.[2265] 그리고 누구든지 예수님을 믿음으로써 교회의 멤버가 된다고 말한다. 그리고 그들의 구원은 전적으로 그들의 선한 행위에 따라 종말에 판결날 것이라는 것이다. 이는 바울이 여기서 말씀하는 개인별 예정의 개념과 거리가 먼 주장이다. 셋째, 개인별 구속적 예정과 유기는 영생과 영벌과 각각 관계되어 있다는 것이다. 만일 예정이 구원과 관계없이 구속의 역사에 있어서 담당할 역할을 맡기는데 목적이 있었다면[2266] 로마서 9:2-3절에서 바울이 멸망하는 유대인을 보고 마음에 그치지 않는 고통을 가졌어야 할 이유가 없다. 그리고 바로도 멸망을 위한 진노의 그릇으로 선택된 것이 아니었다면 혹자가 하나님의 선택이 불공평하다고 따지지 않았을 것이다. 그리고 바울이 로마서 9:19-24절에서 토기장이와 토기의 비유를 들면서 이를 반박할 이유도 없었을 것이다.

여기서 바울은 큰 자가 어린 자를 섬긴다는 말씀을 인용하고 있다. 그런데 창세기에서 보면 에서가 야곱을 섬기기 보다는 오히려 야곱이 에서를 섬기는 모습을 볼 수 있다. 따라서 이 가르침은 영적으로 해석해야 된다. 즉 하나님으로부터 받은 언약의 약속은 에서가 아니라 야곱에게 유산되었다는 것을 말한다. 마찬가지로 이를 그 후손에게 적용한다면 하나님의 약속은 육신의 자녀들에게 물려진 것이 아니고 약속의 자녀들에게 물려졌다는 것을 말한다. 이 약속의 자녀는 혈통이나 행위가 아니라 부르신 자로 말미암아 예정된 사람들이다. 이들은 유대인과 이방인 가운데로부터 불려진 자들이고 한 감람나무에 속하는 자들이다. 이로써 하나님의 약속은 성취되게 되었다. 그리고 하나님께서는 그 언약에 신실하신 하나님이시라는 사실이 증명되었다.

로마서 9:13절은 말라기 1:2-3절을 인용하여 말씀하고 있다. "기록된 바 내가 야곱은 사랑하고 에서는 미워하였다 하심과 같으니라." 이 말씀은 12b

---

2265 N. T. Wright, "Justification: Yesterday, Today, and Forever," *Journal of the Evangelical Theological Society* 54 No 1 (March 2011) 53; idem, *Paul in Fresh Perspective* (Minneapolis: Fortress, 2005).

2266 Morris; Morison; Bruce; Klein; Ellison; Cranfield; Fitzmyer; W. Campbell; Leenhardt.

의 말씀을 더 강화하는 역할을 한다. 케제만은 여기서 야곱과 에서는 유대인 그리스도인과 일반적 유대인을 각각 대표한다고 주석한다.[2267] 그러나 무는 이 해석은 야곱과 에서의 대조를 너무 강조하는 해석이라고 생각한다. 그는 이 절에서 바울은 하나님께서 그 백성을 모으시는 기준을 보여주고 있는 것이라고 생각한다.[2268] 필자는 이에서 나아가 바울은 여기서 야곱과 에서를 혈통적 의미를 초월하여 그리스도인들과 비그리스도인들을 대표하는 모형으로 제시하고 있다고 본다. 그들은 분명히 리브가의 아들들이지만 본문에서 그 이상의 은유적 의미를 함축하고 있다고 볼 수 있다. 그것은 에서와 야곱의 대조는 진노의 그릇(22절)과 긍휼의 그릇(23절)의 대조와 병렬을 이루고 있기 때문이다. 야곱이 선택된 것은 그 행위로 된 것이 아니고 전적으로 하나님의 은혜로 된 것이라는 것이다. 그런 의미에서 모든 긍휼의 그릇을 대표하는 인물이라고 볼 수 있다. 이는 그 이름이 이스라엘이기 때문이다. 그리고 그와 같이 긍휼히 여김을 받고 택함 받은 자들은 유대인이든지 이방인이든지 다 영적 이스라엘의 공동체의 일원으로 부름받은 것이라는 것을 나타낸다.

하나님께서는 야곱을 사랑하셨다. 이는 그를 구원하시기로 택하셨다는 의미다. 그리고 하나님께서 에서는 미워하셨다는 것은 에서를 구원받도록 택하지 않으셨다는 의미다. 하나님의 사랑을 받는다는 것은 하나님의 긍휼의 그릇이 된 것을 의미하고 미움을 받는다는 것은 진노의 그릇이 된 것을 의미한다. 어떤 학자는 하나님은 이와 같이 사람의 의지와 상관없이 그 운명을 결정하시는 하나님이 아니시라고 생각한다. 그래서 여기서 미워하다는 적게 사랑한다는 뜻이라고 해석한다.[2269] 이 해석은 구약의 몇몇 구절의 밑받침을 받는다. 야곱이 레아를 미워했다고 할 때 그것은 야곱이 라헬을 사랑하는 것 보다 레아를 적게 사랑했다고 해석할 수 있다(창29:31; 신21:15).[2270] 그러나 본문에서 야곱과 에서는 이삭과 이스마엘과 병렬되고 있기 때문에 하

2267 Käsemann, *Romans*, 204.
2268 Moo, *Romans*, 586.
2269 Tholuck; Shedd; Hodge; Fitzmyer.
2270 Fitzmyer, *Romans*, 563.

나님께서 에서를 미워하셨다는 것은 에서를 언약의 자손으로 택하지 않으셨다는 의미로 이해해야 한다. 다시 말해 야곱은 택함을 받았고 에서는 버림을 받은 것이다. 그러나 크랜필드는 여기서 에서가 버림을 받았다고 해서 구원받지 못했다고 해석할 수 없다고 주장한다.[2271] 이스마엘이나 에서는 버림받은 후에도 하나님의 보살핌을 받았다는 것이다. 즉 이삭은 에서에게 축복 기도를 해 주었고(창27:30), 그의 족보가 창세기 36장에 포함되었고, 신명기 23:7절은 형제국인 에돔을 혐오하지 말라고 경고하고 있다는 것이다. 그러나 이삭이 에서에게 한 축복은 야곱이 받은 풍성한 영적 축복과 거리가 먼 보잘 것 없는 육신적인 것이었다(창27:39–40). 그리고 말라기 1장은 여호와께서 에서는 미워하셨고 그의 산들을 황무하게 하였고 그의 산업을 광야의 시랑에게 붙였다고 말씀한다(3절). 그리고 그들이 황폐된 곳을 다시 쌓을지라도 여호와께서 다시 허물 것이며 사람들은 그곳을 일컬어 악한 지경이라 할 것이며 여호와의 영원한 진노를 받은 백성이라 할 것이라고 말씀한다(4절).[2272] 그리고 히브리서 12:16절 이하에서 히브리서 저자는 에서가 장자의 명분을 판 망령된 자라고 기술하고 있다. 그 후 에서는 축복을 기업으로 받으려고 눈물을 흘리며 구했지만 버린 바 되어 회개할 기회를 얻지 못했다(17절).[2273]

여기서 바울이 강조하는 것은 하나님의 언약의 자녀들은 전적으로 하나님의 주권적 예정에 따라 부름받은 사람들이라는 것이다. 하나님의 예정은 사람의 혈통이나 행위를 바탕으로 하지 않는다. 그리고 하나님의 선행적 은총 prevenient grace에 근거한 사람의 믿음에 대한 예지에 의존하지도 않는다. 그러나 하나님의 예정이 로마서 3:21–4:25절이나 로마서 9:30–10:21절에서 바울이 강조하는 개개인의 믿음을 불필요한 것으로 만들지는 않는다. 하나님의 예정과 사람의 믿음은 구원을 이루기 위해서 서로 모순되지 않고 함께 작

2271 Cranfield, *Romans*, 480; Campbell, "The Freedom and Faithfulness of God," 29; C. L. Blomberg, "Elijah, Election, and the Use of Malachi in the New Testament." *Criswell Theological Review* 2 (1987) 109-16; Morris, *Romans*, 353; Ziesler, *Romans*, 241.

2272 R. L. Smith, *Micah-Malachi* (WBC; Waco, TX: Word, 1984) 305; Schlier; Michel.

2273 Jub.26.34; 29.14-20; 35.9, 13-17; 37.1-38.24; 1 Enoch 89.11-12; 2 Esdr.3.16; Odeberg, *TDNT*, 1:605.

용하는 두 절대적 요소이다. 이 두 요소의 모순되지 않는 양립은 우리에게 하나의 신비의 영역으로 남아있다.[2274] 다른 한편으로 하나님의 예정을 그 은혜의 교리를 설명하는 과정에서 얻어지는 교리로 본다든지 혹은 당시에 유대인들이 민족적으로 예정의 개념을 정의하는 것에 대한 바울의 직접적 공격으로 보는 것은 바울이 로마서 8:28-30절과 로마서 9장 전체에서 설명하는 예정론을 잘 이해하지 못하는 것이다.[2275] 바울이 강조하는 예정은 인간의 자유의지로 인한 결정에 대한 하나님의 반응으로써 얼마든지 뒤바뀔 수 있는[2276] 것이 아니다. 믿지 않는 유대인들이 참감람나무에서 잘려나간 것은 그들이 복음을 배척함으로써 예정의 지위를 박탈당했기 때문이거나 혹은 그들이 하나님의 예정을 거부했기 때문이 아니다. 바울은 그들이 처음부터 하나님의 언약의 백성으로써 예정되지 못한 자들이었다고 말씀하고 있는 것이다. 반대로 만일 참감람나무에 접붙임을 받은 돌감람나무가 배교해서 다시 잘려 나간다면 그 돌감람나무는 처음부터 예정된 긍휼의 그릇이 아니라고 보아야 한다. 만일 예정이 인간의 자유의지에 근거한 것이라면 하나님의 예정의 목적은 무의미해진다. 그 결과로 남는 것은 하나님의 법에 순종한 인간의 신념과 교만 즉 스스로 예정을 취한 인간의 능력만이 빛나게 될 것이다. 바로 이것이 바울이 로마서 2:17절 이하에서 책망하는 이스라엘 백성들의 선민의식이다. 이를 반면교사로 삼아 참감람나무에 접붙여진 이방인 그리스도인들이 겸손히 그 나무에 거할 수 있는 이유는 자신들이 그 나무에 접붙여지기 위해 기여한 아무 공로가 없다는 사실을 인식하는 것이다. 그들에게 있는 믿음도 하나님의 예정의 결과 성령을 통해 주어진 하나님의 사랑의 선물인 것이다(롬5:5).

2274 D.A. Carson, *Divine Sovereignty and Human Responsibility: Biblical Perspectives in Tension* (Grand Rapids: Baker Books, 1994).

2275 Dunn, *Romans*, 545.

2276 Sigurd Grindheim, *The Crux of Election: Paul's Critique of the Jewish Confidence in the Election of Israel* (WUNT 202; Tübingen: Mohr Siebeck, 2005).

(나) 하나님의 예정의 목적: 하나님의 영광(롬9:14-23)

로마서 9:6-13절에서 바울은 하나님께서는 그 주권적 목적에 따라 자유로이 한 사람은 택하시고 다른 사람은 버리실 수 있다는 것을 말씀했다. 이 예정론에 입각한 구원론은 혈통과 전통에 입각한 구원론을 반박하는 것이다. 이는 당시에 왜 많은 유대인들이 예수님의 복음을 믿지 않고 버림받고 있는가에 대한 대답으로써 제시되고 있고 하나님의 그 언약에 대한 신실하심을 증명하고 있다. 그러면 언약의 축복으로부터 잘려나간 사람의 입장에서 유대인들은 반박할 수 있다. 즉 하나님은 불공평하신 분이시다라고. 즉 하나님께서 우리가 선택하기도 전에 이미 모든 것을 결정하셨다면 우리가 상황을 돌릴 수 있는 길이 없었던 것이며 그렇다면 하나님께서 우리를 심판하시는 것은 불공정하다라고. 이러한 반박에 대해 바울은 14절부터 논박법 diatribe을 사용해서 가르치고 있다. 14절은 질문을 제기하며 가르침을 도입하고 있다. 15-18절은 출애굽기 3:10-12:36절의 말씀을 바탕으로 모세와 바로의 대조적 삶의 기능과 운명을 설명하고 있다. 19-23절은 예레미야 18:2-6절의 말씀을 배경으로 하나님의 절대주권적 행위를 더욱 분명하게 설명하고 있다. 바울의 가르침의 핵심은 토기인 우리가 토기장이이신 하나님께 하나님은 불공평하시다고 따질 수 없다는 것이다. 여기서 알미니안주의자들은 바울이 인간의 자유의지론에 대해 언급하지 않고 있는 점에 대해 불평한다.[2277] 그리고 바울의 가르침이 논리적이지 않다고 비평한다. 모리스는 그 이유는 우리가 바울의 가르침을 근대 서구의 시각에서 이해하려 하기 때문이라고 말한다. 그러나 이 문화적 해석은 바울이 여기서 인간의 자유의지론을 다루지 않는 이유를 바로 설명하지 못한다. 바울은 하나님의 주권적 선택을 설명함으로써 바로 이러한 논리적 비평에 대해 명료하게 대답하고 있다. 즉 우리가 하나님의 선하신 주권적 결정에 대해 반박하는 것은 무용한 것이라고. 로마서 3:1-20절이 상세히 보여주는 것처럼 인간은 어짜피 선행으로써 자신을 구원할 수 없다. 그렇기 때문에 하나님께서 그 길을 제시하셔야

2277 O' Neill; Dodd.

하는데 그것은 예수님을 믿어야 되는 길이다. 그런데 믿을 수 있는 사람은 오직 택자밖에는 없는 것이다. 나머지 사람들의 마음은 그 죄악된 상태에 버려 두셨다(롬1:18-32). 택함받지 못한 유대인들도 이러한 강퍅한 마음의 상태에 버려진 것이다(롬11:8-10). 그것은 하나님께서 만국 백성 앞에 그 영광을 드러내시기 위함이다(롬9:17). 그 하나님의 공의 앞에 모든 사람은 무릎을 꿇게 될 것이다.

로마서 9:14절은 티 운 에루멘그런즉 우리가 무슨 말 하리요으로써 논박법에 따른 대화를 시작한다: "그런즉 우리가 무슨 말 하리요 하나님께 불의가 있느뇨 그럴 수 없느니라". 바울은 "티 운 에루멘"을 로마서 3:5; 6:1; 7:7절에도 사용하고 있는데 다같이 바울의 가르침에 논박하는 내용을 가정하는 표현이다. 즉 하나님께 불의가 있느냐는 것이다. 그 대답은 메이 게노이토아니다다. 여기서 명사 불의아디키아는 로마서 1:18, 29; 2:8; 3:5; 6:13; 9:14절에 사용되고 있다. 이는 의롭지 못하다는 뜻이다. 파이퍼는 이 명사는 하나님의 진실하심에 반대되는 거짓, 속임의 뜻을 가진다고 말한다.[2278] 즉 하나님께서 그 언약에 신실하지 못한 분이시냐는 것이다. 유대인들은 자신들이 하나님의 택한 민족임에 대해 긍지를 가지고 있었다. 만일 하나님께서 혈통에 근거하지 않고 자신의 목적에 따라 개인 개인을 예정하시고 부르신다면 하나님께서 조상들에게 주신 언약에 신실하지 못하신 하나님이 되는 것이라고 느꼈을 것이다.[2279] 그러나 하나님의 의는 사람의 논리에 의해 정의되는 개념이 아니라 하나님 자신의 인격에 대해 신실하심을 의미한다.[2280] 따라서 하나님께서 불의가 있으신가라는 질문은 그 자체가 신성모독적 질문이다. 따라서 바울은 이 질문을 그들의 말을 빌려 간접적으로 표현하고 있다. 그리고 즉각 단호히 대답한다: 아니다. 하나님께서 야곱과 에서를 차별적으로 다루시는 것이 정당하지 못하다고 생각하는 것은 이 두 사람 다 하나님의 의를 요구할 자격을 가지지 못한 사람들이라는 것을 잊은 것이다.

2278 Piper, *The Justification of God*, 94-96.
2279 Wright, *Messiah*, 211.
2280 Moo, *Romans*, 591.

로마서 9:15절은 접속사 갈왜냐하면로 시작하며 하나님께서 왜 불의하시지 않으신지 설명하고 있다: "모세에게 이르시되 내가 긍휼히 여길 자를 긍휼히 여기고 불쌍히 여길 자를 불쌍히 여기리라 하셨으니". 여기서 바울은 출애굽기 33:19b를 인용한다. 출애굽기 본문에서 하나님의 긍휼은 하나님의 이름과 하나님의 영광의 반포와 밀접한 관계가 있는 개념이다.[2281] 본문의 주위에 있는 이야기는 이스라엘 백성들이 모세가 시내산에서 내려오지 않고 있는 동안 금송아지를 만들어 이가 그들을 에굽에서 이끌어 낸 신이라고 숭배하며 하나님을 진노하게 한 사건이다. 이에 모세가 하나님께 그 백성을 위해 드리는 중보기도를 들으시고 하나님께서는 그들에 대한 징벌을 후일로 연기하신다(출32:33-34). 그리고 하나님께서는 그들과 함께 가나안 땅에 들어가시지 않겠다고 말씀한다(출33:3). 그 이유는 그 백성들이 목이 곧은 백성이라서 하나님께서 그들을 다시 치실까 염려하시기 때문이다. 이에 모세는 다시 하나님께 중보기도를 올리고 하나님께서 그들과 함께 가시어 그들이 하나님께 은총을 입은 백성임을 보여달라고 간구한다. 이 때 하나님께서 모세에게 이르시기를 너는 내 목전에 은총을 입었고 내가 이름으로도 너를 앎이니라라고 말씀하셨다(출33:17). 여기서 모세는 그 백성들이 하나님께 은총을 입은 백성으로 여겨 달라고 간구하지만 하나님께서는 모세에게 은총을 입은 자라고 대답하신다. 이 때 모세가 하나님께 주의 영광을 내게 보여달라고 간청하자 하나님께서는 가라사대 "내가 나의 모든 선한 형상을 네 앞에 지나가게 하고 여호와의 이름을 네 앞에 반포하리라 나는 은혜 줄 자에게 은혜를 주고 긍휼히 여길 자에게 긍휼을 베푸느니라"라고 말씀하신다(출33:19). 이 문맥에서 놀라운 것은 하나님의 긍휼을 입은 사람은 모세 자신이고 이스라엘 백성이 아니라는 것이다. 이 긍휼은 하나님 자신의 뜻에 따라 선택된 자에게 임하는 것이고 모세의 중보기도도 그 조건이 되지 못함을 알 수 있다. 그 역사적 문맥은 배교였다. 마찬가지로 일세기의 유대인들의 역사적 문맥도 그 하나님께 대한 배교다. 따라서 바울 시대에도 하나님께서는 긍

2281 Piper, *The Justification of God*, 55-68.

휼히 여기실 자를 긍휼히 여기시고 불쌍히 여길 자를 불쌍히 여기신다. 바울 자신도 그 긍휼히 여기심을 받고 그 강퍅함에서 건져진 자이고 불의한 가운데 있던 이방인들도 긍휼히 여김을 받고 믿음으로써 구원받게 되었다. 따라서 구속의 역사에서 지속적으로 하나님의 긍휼히 여기심은 절대적으로 그 의에 바탕을 두고 있지 사람의 혈통이나 행위의 조건에 바탕을 두고 있지 않다. 아무도 하나님의 긍휼히 여기심을 받을 자격이 없다. 그러나 하나님께서는 그 택하신 자를 긍휼히 여기신다. 이를 불공평하다고 따질 수 있는 사람은 아무도 없다. 사람은 하나님께서 모든 사람들에게 다 구원을 베푸시는 것이 공평한 것이라고 생각하겠지만 원래 하나님께서 그들의 행위에 따라서 갚으신다면 하나님께서는 그들 모두를 징벌하셔야만 하셨을 것이다.[2282] 그러나 하나님께서는 그들 중 긍휼히 여길 자를 긍휼히 여기신다. 이 점에 있어서 하나님께는 불의가 없으신 것이다.

로마서 9:16절은 아라 운so then으로 시작하며 15절의 결론을 내리고 있고 11-12절의 내용을 반복하고 있다: "그런즉 원하는 자로 말미암음도 아니요 달음박질하는 자로 말미암음도 아니요 오직 긍휼히 여기시는 하나님으로 말미암음이니라". 이 절에는 세 개의 소유격 분사가 있다. 그러나 그 주어가 분명하지 않다. 학자들은 그 선택, 혹은 긍휼 혹은 구원[2283] 등을 주어로 제시한다. 그러나 15절과 연결해서 보면 "하나님의 긍휼히 여기심"을 주어로 보는 것이 문맥에 맞다.[2284] 하나님의 긍휼히 여기심은 원하는 자로 말미암음도 아니고 달음박질하는 자로 말미암음도 아니다. "원하는 것"은 인간의 내적 욕망이나 목적을 가리키고 "달음박질"은 그것을 실행하는 것을 가리킨다.[2285] 인간이 원하는 것과 달음박질 하는 것은 함께 인간의 능력의 전부를 가리킨다고 볼 수 있다.[2286] 어떤 학자는 달음박질트레코우은 운동장에서 달리기 경주하는 것을 말한다고 해석한다.[2287] 이 문자적 의미를 배제할 수 없지

2282 Leenhardt; Morris, *Romans*, 359.
2283 Hodge.
2284 Moo; S-H; Kuss; Cranfield.
2285 Moo, *Romans*, 593.
2286 Dunn, *Romans*, 553.
2287 고전9:24, 26; 갈2:2; 5:7; 빌2:16; 살후3:1; Cranfield, *Romans*, 485; Käsemann, *Romans*, 267; V. C.

만 여기서 트레코우는 자신을 드리기 힘쓰는 경건한 유대인의 삶의 스타일을 가리킨다고 보는 것이 더 좋다.[2288] 나아가 이는 인간의 모든 도덕적 노력을 가리킨다고 볼 수 있다. 바울은 앞서 말씀한대로 이 절에서도 인간은 노력해서 하나님의 긍휼히 여기심을 획득할 수 없다는 것을 다시 강조하고 있다. 오직 긍휼히 여기시는 하나님으로 말미암아 하나님의 긍휼히 여기심이 부어진다.

로마서 9:17절의 접속사 갈왜냐하면은 이 절의 내용이 14절을 해설하고 있음을 나타낸다: “성경이 바로에게 이르시되 내가 이 일을 위하여 너를 세웠으니 곧 너로 말미암아 내 능력을 보이고 내 이름이 온 땅에 전파되게 하려 함이로라 하셨으니”.[2289] 15-16절은 하나님의 긍휼하심을 17-18절은 하나님의 심판을 설명하고 있다. 출애굽기 9장을 보면 하나님께서 애굽을 여섯 번째 재앙으로 치신 후 다시 모세를 바로에게 보내어 내 백성을 보내라고 말하게 하셨다. 이 때 바로에게 말한 것은 모세였는데 바울은 이를 인용하면서 “성경이 바로에게 이르시되”라고 표현한다. 이는 이 역사적 상황에서 모세가 바로에게 한 말은 성경의 권위를 가지는 것으로 여기고 있음을 알 수 있다. 즉 이 말씀은 “내가 이 일을 위하여 너를 세웠으니 곧 너로 말미암아 내 능력을 보이고 내 이름이 온 땅에 전파되게 하려 함이로라”이다. 이는 칠십인역 출애굽기 9:16절과 비교할 때 좀 차이가 있다. 첫째, “이 일을 위하여”에이스 아우토 투토는 카이 헤네켄 투투그리고 이 일 때문에를 대체하고 있고 둘째, 엑세이게이라너를 일으켰다는 디에테이레이쎄이스너는 보존되었다를 대체하고 있다. 샌데이와 헤드램은 바울이 이 단어들을 사용하는 것은 여기서 그가 말씀하고자 하는 바를 더 명확하게 하기 위해서라고 주석한다.[2290] 크랜필드는 바울이 칠십인역보다 히브리어 성경의 표현을 더 따른 이유는 그 표현이 하나님

Pfitzner, *Paul and the Agon Motif: Traditional Athletic Imagery in the Pauline Literature* (Supplements to Novum Testamentum 16. Leiden: Brill, 1967) 135-36.

2288 Dunn, *Romans*, 553; B. W. Noack, “Celui qui court (Rom. IX, 16),” *ST* 24 (1970) 113-116; G. Maier, *Mensch und freier Wille nach den juedischen Religionsparteien zwischen Ben Sira und Paulus* (WUNT 12, Tübingen, 1971) 368-70; Piper, *The Justification of God*, 132-33; Moo, *Romans*, 593.

2289 Piper, 138-39; Schreiner, *Romans*, 508.

2290 Sanday and Headlam, *Romans*, 256.

의 주권적 역사를 더 명확히 표현하기 때문이라고 말한다.[2291] 하나님께서 바로를 처음 여섯 재앙의 해를 통해 살아남게 하신 것은 그 목적을 성취하시기 위함이었다. 바울은 하나님께서 그 목적의 성취를 위해 그를 일으키신 것이라고 표현한다. "일으키다"는 동사는 이 일을 위해 바로가 태어나게 하셨다는 것을 의미한다.[2292]

바로을 일으키신 목적은 이 절에 두 번 사용된 접속사 호포우스…을 목적으로로 표현된다. 첫째, 하나님께서 그를 사용하셔서 그 능력을 보이시고 둘째, 이를 통해 하나님의 이름을 온 세상에 전파하시는 것이다. 여기서 능력두나미스과 이름오노마은 서로 병렬적 개념으로 사용되고 있다. 바울은 칠십인역에 사용된 이스쿤능력을 두나미스능력로 대체하고 있다. 이 단어의 선택은 로마서 1:16, 20절이 두나미스를 사용하고 있기 때문일지도 모른다. 크랜필드는 로마서 1:16절에서 두나미스는 하나님의 구속적 능력을 가리키고 있기 때문에 9:17절에서도 두나미스는 하나님의 구원하시는 능력을 가리키고 있다고 주장한다.[2293] 그러나 바울의 가르침의 배경인 출애굽기의 열 재앙을 통해 나타난 하나님의 능력은 두 가지 측면을 내포한다. 하나는 이를 통해 하나님께서 바로와 애굽을 심판하신 것이고 다른 하나는 그로 인해 이스라엘을 바로의 손에서 구원하신 것이다. 하나님의 두나미스능력는 구원과 심판의 능력 모두를 포함하는 개념이다. 9:22절은 두나미스능력가 심판의 능력도 가리킨다는 것을 분명히 나타내고 있다. 다시 말해 바로는 하나님의 진노의 그릇으로 선택된 사람이다. 여기서 어떤 학자들은 두 가지를 지적한다. 첫째 바로는 바로 개인을 가리키는 것이 아니고 애굽을 가리키는 은유적 표현으로써 하나님께서 애굽을 심판하셨다는 것을 의미한다.[2294] 둘째, 하나님께서 바로를 강퍅하게 하신 것은 하나님 자신의 영광을 나타내시기 위해서였고 바

2291 Cranfield, *Romans*, 487; 민24:19; 삿2:16; 3:9, 15; 삼하12:11; 박1:6; 슥11:16; 행13:22; Michel.

2292 G. K. Beale, "An Exegetical and Theological Consideration of the Hardening of Pharaoh' s Heart in Exodus 4-14 and Romans 9," *TrinJ* 5 (1984) 151; Murray; Moo.

2293 Cranfield, *Romans*, 487; Dunn.

2294 Ellison, *The Mystery of Israel*, 49; Munck, *Christ and Israel*, 45; R. T. Forster and V. P. Marston, *God' s Strategy in Human History* (Wheaton, 111.: Tyndale, 1973) 66-67; Cranfield, *Romans*, 489; Ziesler, *Romans*, 243; Fitzmyer, *Romans*, 568.

로를 영원한 형벌에 던지시기 위함이 아니었다는 것이다.[2295] 그러나 필자는 이 두 가지 견해 모두 반대한다. 첫째, 여기서 바로는 바로 개인을 의미한다. 그 이유는 (i)본문의 문맥에서 바울은 주로 단수를 사용하고 있다[2296]; (ii)문맥에서 바로는 모세 개인과 대조되고 있다; (iii)하나님께서는 애굽 전체를 강퍅하게 하신 것이 아니다. 바로 개인의 마음을 강퍅하게 하신 것이다; (iv)이스라엘이 애굽을 떠나지 못하도록 한 사람은 바로왕 자신이었다. 나아가 두 번째로, 하나님께서 바로를 진노의 그릇으로 택하신 것은 그를 구원하시지 않기로 정하신 것이라는 것을 알 수 있는 이유는 (i)"긍휼히 여기다"엘레에오우는 동사는 여기서 구원론적 개념을 가진다.[2297] (ii)바울은 강퍅하게 하다는 동사들을 복음을 배척하고 구원받지 못한다는 개념과 연결해서 사용한다[2298]; (iii)바로는 믿지 않는 유대인들과[2299] 모든 믿지 않고 멸망하는 자를 대표하는 사람이다.

여기서 맨 마지막 요점을 좀 더 설명할 필요가 있다. 바울은 본문에서 모세와 바로를 구원론적 관점에서 예리하게 대조하고 있다. 그리고 이를 바탕으로 당시의 믿지 않는 유대인의 마음을 강퍅하게 하신 것은 하나님께서 그 목적을 이루시기 위해 주권적으로 결정하신 일이라는 점을 설명하고 있다. 그러나 던은 하나님께서 믿지 않는 이스라엘 백성의 마음을 강퍅하게 하신 이유는 이방인들을 구원하시기 위해서 그렇게 하신 것이기 때문에 그들은 결국 구원받게 되어 있다고 주석한다.[2300] 바르트는 바로나 믿지 않는 이스라엘 백성들은 다같이 하나님의 구속의 은혜를 강퍅한 마음으로써, 믿지 않음으로써, 그리고 배은망덕한 증인들로써 증거하는 기능을 하고 있다는 것이다.[2301] 그러므로 때가 되면 그들도 로마서 9:15절에 입각해서 하나님의

2295 Barth; Cranfield; Dunn.

2296 15, 18절의 관계대명사 혼(whom), 분사 투 쎌론토스(바라는 자), 투 트레콘토스(달리는 자); Schreiner, *Romans*, 511.

2297 롬11:30, 31, 32; 15:9; 엡2:4; 딤전1:13, 16; 딤후1:16, 18; 딛3:5; Schreiner, *Romans*, 511.

2298 스클레이로테이스 (완악함), 포우룬(강퍅하게 하다), 포우로우시스(강퍅함); 롬2:5; 11:7, 25; 고후3:14; 엡4:18; Schreiner, *Romans*, 511.

2299 Cranfield; Byrne; Räisäanen, "Paul, God, and Israel," 182-83; Hübner, *Gottes Ich und Israel*, 53; Schreiner, *Romans*, 511.

2300 Dunn, *Romans*, 555.

2301 K. Barth, *Church Dogmatics* II (Translated by T. H. L. Parker, W. B. Johnston, H. Knight & J. L. M.

긍휼을 입고 돌아오게 된다는 것이다. 그러나 마음이 강팍해진 이스라엘 백성은 구원받지 못하고 결국 멸망을 받는다. 그렇지 않다면 로마서 9:2-3절에서 바울이 그 마음에 그치지 않는 고통을 가지고 있던 것을 설명할 수가 없게 된다. 그리고 로마서 9:6-23절에서 바울은 두 부류의 사람들을 기능적 관점이 아니라 구원론적 관점에서 대조하고 있다는 사실을 고려해야 된다. 즉 이스마엘, 에서, 바로, 믿지 않는 유대인들은 모두 하나님의 진노의 그릇으로 정해진 사람들인 반면에 이삭, 야곱, 모세, 믿는 유대인과 믿는 이방인들은 모두 긍휼의 그릇으로 예정된 사람들이라는 것이다. 만일 이 구원론적 관점이 무시되고 기능론적 관점을 통해 본문을 해석한다면 본질적으로 바울의 구원론은 행위구원주의 혹은 보편적 구원론으로 묘사되게 된다. 이는 로마서에서 바울이 가르치는 이신칭의론과 양립될 수 없는 해석이고 해석자의 주관적 의미를 본문에 주입한 결과로 밖에 볼 수 없다.

쉬라이너는 본문에서 바울의 가르침이 이중예정double predestination을 나타내고 있다고 말한다.[2302] 바울이 가르치는 하나님의 긍휼의 그릇과 진노의 그릇의 대조법을 보면 이 개념이 분명히 녹아있다고 볼 수 있다. 그러나 그것을 이중예정이라고 신학적으로 단정하면 많은 사람들의 정서를 부정적으로 자극하게 된다. 과연 하나님께서는 어느 부류의 사람들을 그들이 태어나기도 전에 영벌을 받도록 예정하시는가. 많은 사람들은 이를 흔쾌히 받아들이지 못한다. 그것은 하나님의 자비의 속성과 공평하심의 속성과 맞지 않는다는 것이다. 그래서 사람들은 행위구원주의 혹은 보편구원론에 더 매력을 느끼는 지도 모른다. 자신의 운명은 자신이 결정한다고 볼 때 모든 일이 공평해 보인다. 또 예수를 믿지 않아도 착하게 살면 구원받는다고 믿을 때 더 공평해 보이는 것이다. 이러한 사상은 인간이 본질적으로 선하며 자신이 선행을 쌓아 하나님 앞에서 자신의 의로움을 증명할 수 있다는 것을 전제하고 있다. 그러나 로마서 1:18-32절과 3:1-20절에서 바울은 이 성선설과 행위구원론을 단숨에 부정하고 있다. 만일 이를 인정한다면 이는 예수님의 속죄

Haire. Edinburgh: T&T Clark, 1957) 256.

2302 Schreiner, *Romans*, 510; Moo; Calvin.

론을 부정하는 것과 같다. 만일 사람들이 자신의 도덕적 능력으로써 공로를 쌓아 하나님께 담대히 나갈 수 있고 종말의 심판 때 구원받을 수 있다면 예수님의 성육신과 십자가에서의 구속으로써 원죄를 도말하심, 그리고 그 보좌 우편에서 지금도 중보 기도하시는 모든 구속적 사역을 부정하는 것이 된다. 그리고 성령께서 우리에게 오셔서 구속을 발효시키시고 우리가 하나님의 자녀라는 사실을 증거하시는 사역을 무용지물로 여기는 것이다. 이러한 인본주의적 해석을 떠나 우리는 바울의 가르침을 로마서 전체의 문맥속에서 해석해야 된다. 즉 성령은 보편적으로 모든 사람에게 오시어 내주하시지 않는다. 하나님께서 미리 아시고 예정하신 사람들에게 오셔서 그들로 믿게 하시고 성화되게 하시고 영화에 이르게 하시는 것이다. 사람들은 불의와 음란에 빠져 있다(롬1:18). 하나님께서는 그들 중 택자만을 부르신 것이다(롬4:5; 5:6). 그리고 부름받지 못한 사람들은 계속 악에 빠져 있다가 심판을 받게 된다(롬2:12). 이 갈라진 두 종류의 귀결에 대해서 하나님께 대들 수 있는 사람은 아무도 없다(롬9:20). 하나님은 긍휼의 하나님이시다(롬9:15-16). 그리고 그 하나님의 긍휼하심 때문에 긍휼의 그릇은 택함받은 것이고 그들에게는 택함받을 만한 어떤 이유도 존재하지 않는다. 바로 이것이 하나님의 긍휼의 원리이며 그 의로우심의 법칙이다.

로마서 9:18절은 아라 운그런즉으로 시작하면서 가깝게는 15-17절의 내용의 결론, 멀게는 6-17절의 내용의 결론을 짓고 있다: "그런즉 하나님께서 하고자 하시는 자를 긍휼히 여기시고 하고자 하시는 자를 강퍅하게 하신다." 여기서 강퍅하게 한다스클레이루노우는 의학용어로써 뼈의 단단함을 의미한다.[2303] 본문에서 이 동사는 완고하게 하다(NEB), 혹은 영적으로 무감각하게 하다를 의미한다.[2304] 대부분의 학자들은 하나님께서 바로의 마음을 강퍅하게 하신 것은 구원의 역사에서 그에게 특정한 역할을 수행하게 하실 목적으로 그렇게 하신 것이며 그의 구원과는 관계가 없다고 주석한다.[2305] 그

2303 K. L. and M. A. Schmidt, *TDNT*, 5:1030.

2304 신10:16; 대하30:8; 느9:16, 17, 29; 시94:8; 렘7:25; 17:19; 19:15; Moo, *Romans*, 596.

2305 L. J. Kuyper, "The Hardening of Heart according to Biblical Perspective," *SJT* 27 (1974) 459-74; Gaugler; Munck, *Christ and Israel*, 44-45.

러나 여기서 하나님께서 바로의 마음을 강퍅하게 하신 것은 그에게 구원의 은총을 베풀지 않았다는 뜻으로 이해해야 한다. 그 이유는 이미 17절의 주석에 밝힌 바 있다. 그러면 바로는 (i)자기 스스로 마음을 강퍅하게 했기 때문에 하나님께서 이를 더욱 강퍅하게 하신 것인가 아니면 (ii)하나님께서 먼저 그의 마음을 강퍅하게 하셨기 때문에 스스로 마음을 더 강퍅하게 한 것인가. 많은 학자들이 전자의 견해를 채택한다.[2306] 이들은 사람들이 먼저 마음을 강퍅하게 하고 죄악 속에 빠져 있기 때문에 하나님께서는 그들을 그 강퍅한 마음에 던져 놓으신 것이라고 주장한다(롬1:24, 26, 28). 따라서 하나님께서 이들의 마음을 강퍅하게 하시는 것은 법률적 행위로써 하나의 심판으로 보아야 한다는 것이다.[2307] 나아가 이 강퍅하게 하심은 영원한 심판이 아니고 나중에 하나님께서는 이들이 회개하고 돌아오게 하신다는 것이다. 그러나 이 해석은 본문에 없는 의미를 자의적으로 주입한 결과 생성한 해석이다. 첫째, 출애굽기 4:21; 7:3절에서 하나님께서는 모세에게 바로의 마음을 강퍅하게 하시겠다고 말씀하고 계신다. 이는 예언이 아니라 주권적 계획을 말씀한 것이다. 이에 따라 출애굽기 7:22절은 바로의 마음이 강퍅하게 되었다고 말씀하고 8:15절은 바로가 자기 마음을 강퍅하게 했다고 증거하고 있다. 우리는 여기서 하나님께서 바로의 마음의 강퍅함을 주도하셨다는 것을 알 수 있다. 둘째, "하고자 하시는 자를 강퍅하게 하신다"는 것은 그 결정이 다른 외적인 어떤 요인에 달려있지 않다는 것을 말한다. 이는 하나님께서 야곱이 어떤 행위를 하지 않은 상태 즉 그 어미의 뱃속에 있었을 때 그를 택하신 것을 리브가에게 약속하신 것과 병렬된다. 셋째, 만일 바울이 사람의 악을 보시고 하나님께서 그 사람의 마음을 강퍅하게 하신다고 말씀했더라면 하나님께서 사람의 행위에 관계없이 사람의 운명을 결정한다고 하는 바울의 가르침을 반대하는 사람들의 입을 효과적으로 막을 수 있었을 것이다.[2308] 그러나 바

2306 Stott; Morris; Murray; Leenhardt; Godet; Brunner; Klein; Fitzmyer; Chrysostom; J. Morison, *Exposition of the Ninth Chapter of the Epistle to the Romans* (London: Hodder & Stoughton, 1888) 134-47.

2307 Morris, *Romans*, 361; Murray.

2308 Moo, *Romans*, 598; Augustine, *Letters* 194.8.35 (PL 33.886); J. Calvin, *Institutes*, 22.3.8.

울은 그렇게 말씀하고 있지 않다. 이는 하나님께서 사람의 행위와 관계없이 먼저 그의 마음을 강팍하게 하실 수 있다는 것을 의미한다. 넷째, 하고자 하시는 자를 긍휼히 여기시고 하고자 하시는 자를 강팍하게 하신다는 것은 하나님의 결정이 항상 그 주권적 자유에 의해 내려진다는 것을 의미한다. 만일 강팍하게 하시는 일은 사람의 악에 근거해 이루어진다면 긍휼히 여기시는 일도 사람의 공로에 근거해 이루어진다는 말씀이 된다. 이는 바울의 가르침과 모순되는 개념이다. 긍휼히 여기시는 일이 사람의 행위에 근거하지 않고 이루어지듯이 강팍하게 하시는 일도 하나님의 주권적 행위로 이해하는 것이 바울이 본문에서 의도한 의미라고 보아야 한다.[2309]

그러면 바로의 강팍하게 된 마음이 나중에 부드러워질 수 있는가. 어떤 학자들은 그렇다고 생각한다.[2310] 이들은 하나님께서 바로의 마음을 강팍하게 하신 것은 그가 구원받지 못하도록 하신 것이 아니라고 말한다. 그러나 이 해석은 로마서 9:22-23; 11:7절 말씀을 고려하지 않고 있다. 반면에 이 해석은 로마서 11:26절 말씀에 너무 큰 무게를 두고 있다. 그러나 무가 바르게 지적하듯이 로마서 9장은 하나님의 개개인에 대한 예정을 말씀하고 있다. 그렇기 때문에 하나님의 긍휼히 여기심을 받은 자와 그 마음을 강팍하게 하신 자들의 나뉨은 근본적이며 최종적인 사건으로 이해해야 한다.[2311] 그리고 로마서 11:26절도 마음이 강팍해진 이스라엘의 마음이 다시 부드럽게 된다는 것을 예고하고 있는 것은 아니다. 나중에 자세히 고찰해 보겠지만 "온 이스라엘"도 개인적인 시각에서 해석되어야지 단체적인 관점에서 이해되어야 할 개념이 아니다. 여기서 함께 확인할 수 있는 중요한 사실은 하나님께서 그 마음을 강팍하게 하신 자들이 그 책임을 하나님께 돌리 수 없다는 것이다. 그들은 이미 아담의 원죄로 인해 불의와 부도덕 가운데 있던 사람들이다. 따라서 하나님께서 그들의 마음을 강팍하게 하신 것에 대한 책임도 자기

2309 Schreiner; Calvin; Meyer; Michel; Schmidt; Moo; Käsemann; Kuss; Maier; Beale; Piper; Luz; Räisänen; P. K. Jewett, *Election and Predestination* (Grand Rapids: Eerdmans, 1985) 71-72.

2310 Cranfield; Dunn; Morris; Barrett; G. Schrenk, *Die Weissagung über Israel im Neuen Testament* (Zürich: Gotthelf, 1951) 30-33; O. Hofius, "Das Evangelium und Israel: Erwägungen zu Römer 9-11," *ZTK* 83 (1986) 300-306.

2311 Moo, *Romans*, 599; Schreiner; Murray.

자신들에게 있는 것이다. 반면에 하나님께서 긍휼히 여기신 자들은 자신들의 공로 때문에 긍휼히 여기심을 받은 것이 아니다. 그들은 아무 자격이 없이 긍휼히 여기심의 은혜를 입은 것이다.

로마서 9:19절에서 바울은 논박법을 사용하여 18절의 가르침에 대해 반박하는 사람들의 질문을 기술한다: "혹 네가 내게 말하기를 그러면 하나님이 어찌하여 허물하시느뇨 누가 그 뜻을 대적하느뇨 하리니". 바울의 가르침에 논박하는 사람들은 어떤 특정한 부류의 사람들이라고[2312] 볼 수 없고 일반적인 사람들로 볼 수 있다.[2313] 이들이 제기하는 질문은 만일 하나님께서 하고자 하시는 자를 강퍅하게 하셔서 그들이 그리스도의 복음을 배척해서 구원받지 못하게 된다면 그 궁극적 책임은 자신들에게 있지 않고 하나님께 있지 않느냐는 것이다. 그리고 하나님께서 그들을 벌하신다면 그래도 하나님께서 공의로운 하나님이시냐는 것이다. 이 절에서 동사 멤포마이허물하다는 불평하다보다도 흠잡다가 더 나은 번역이다.[2314] "하나님께서 어찌 허물하시느뇨"라는 이들의 반박은 하나님께서 허물하시면 않된다는 의미가 내포되어 있다. 그 이유는 그 다음 질문에 담겨있다: "누가 그 뜻을 대적하느뇨". 이 문장에서 안씨스테이미저항하다는 과거완료 직설법으로 쓰였다. 이는 현재시제의 의미로 번역된다.[2315] 그리고 이 문장은 "누가 그 뜻을 대적할 수 있는가"보다는[2316] "누가 그 뜻을 대적하겠는가"로[2317] 번역하는 것이 문법적으로 옳은 번역이다. 즉 아무도 하나님의 뜻을 대적하지 않는다는 것이다. 만일 모든 일이 하나님의 뜻대로 발생한다면 그들의 자유의지는 사용되지 않은 것이며 그들이 그리스도를 믿지 않은 것에 대한 책임도 그들에게 없다는 것이다. 바울은 이에 대해 하나님의 주권과 사람의 자유의지의 관계를 융합해서 대답하려 하지 않는다. 그 두 요소를 그대로 병치한 채 그 상관관계를 해결

2312 Dunn이나 Michel은 이 반박하는 자들이 유대인들이었을 것이라고 주장한다; Maier, *Mensch*.
2313 Murray, *Romans*, II, 31.
2314 Moo, *Romans*, 600.
2315 Kuss; Käsemann; Schlier; Fitzmyer.
2316 RSV; NRSV; TEV; REB; NEB; Michel; Barrett.
2317 NIV; Cranfield; Fitzmyer; Moo.
2318 Stevens, *Pauline Theology*, 110-15; Carson, *Divine Sovereignty*.

하려 하지 않는다.[2318] 오히려 로마서 9:30-10:21절에서 바울은 믿지 않는 유대인들이 복음을 믿지 않음으로써 실족하게 되었다고 대답하고 있다. 이는 하나님께서 강팍하게 하셔서 이들이 복음을 배척하게 되었어도 그 복음을 받아들이지 않은 책임은 그들 자신에게 있다는 것을 의미한다. 바울은 이것이 왜 그런가를 신학적으로 설명하고 있지 않다. 따라서 우리도 이 선에서 이 주제에 대한 토론을 접어야 한다. 왜냐하면 하나님의 주권과 인간의 자유의지의 관계는 영원한 신비로 남아 있고 이를 철학적으로 융화시킬 수 있는 사람은 아무도 없다. 바울이 여기서 확실하게 말씀하는 것은 각자가 복음을 믿어야 구원받을 수 있다는 사실이다.

로마서 9:20절은 19절에서 서술한 반대자들의 반박에 대한 20-23절에서 기술하는 바울의 대답 중 첫 대답을 기술한다. "이 사람아 네가 뉘기에 감히 하나님을 힐문하느뇨 지음을 받은 물건이 지은 자에게 어찌 나를 이같이 만들었느냐 말하겠느뇨". 여기서 "이 사람아"오우 안쓰로우페는 힐난하는 호칭이 아니라 "친애하는 분이여"의 정중한 호칭이다.[2319] 조사 메눈 게indeed는 무엇을 강조할 때[2320] 혹은 무엇을 정정할 때[2321] 사용된다. 이 절에서는 이 두 가지 의미가 다 포함된 것으로 볼 수 있다. 안트아포크리노마이answer back는 복합동사로써 사람이 하나님께 말대꾸하는 것은 불경스러운 것이라는 뉘앙스가 담겨 있다.[2322] 개역성경의 "감히 힐문하느뇨"는 이 의미를 적절히 전달하는 번역이다. 여기서 이인칭 단수 대명사 수(너)는 피조물인 이 사람과 창조주이신 하나님의 위치를 대조하는 강조법이라고 할 수 있다. 피조물인 사람이 하나님의 하시는 일에 대해서 반박할 수 있는 권리도 자격도 없는 것이다. 사람이 하나님 앞에 따지는 것은 "'조그마한, 무력한, 그리고 무식한 사람' 웨슬리이 사람과 민족을 이동시키시고 그 목적이 온 세상을 운행하시는 위대하신 하나님에게 대드는 것과 같"은 것이다.[2323] 바울은 이 점을 강조하기

2319 Barrett.
2320 Schmidte; Kuss; Schlier.
2321 S-H; Cranfield; Wilckens.
2322 Dunn, *Romans*, 556; Morris; Bruce.
2323 Morris, *Romans*, 364.

위해서 구약의 토기장이와 진흙의 모티프를 비유로 사용한다. 빚어진 것플라스마이 빚은 분토우 플라산티에게 나를 어찌 이같이 만들었느냐 말할 수 없는 것이다. 구약에 이 모티프는 이사야 29:16; 45:9-11; 예레미야 18:1-6절에 나와있다.[2324] 바울은 구약의 이 구절들 중 어느 한 구절을 직접적으로 인용하고 있지는 않다. 그러나 로마서 9:20b의 처음 여섯 단어는 이사야 29:16a와 일치한다. 그리고 "어찌 나를 이같이 만들었느냐"는 이사야 45:9b의 내용을 반영하고 있다. 진흙이 토기장이에게 대들 수 없는 것은 자식이 아비에게 당신이 무엇을 낳았습니까라고 따질 수 없는 것과 같다(사45:10). 그런 자에게는 화가 있을 것이다.

로마서 9:21절에서 바울은 계속해서 토기장이가 진흙에 대해 가지는 권위와 자유를 설명한다: "토기장이가 진흙 한 덩이로 하나는 귀히 쓸 그릇을 하나는 천히 쓸 그릇을 만드는 권이 없겠느냐." 여기서 권위를 가지다에케인 엑수시안는 논쟁의 여지없는 절대적 권위를 말한다.[2325] 명사 케라메우스토기장이는 20절의 만들다플라소우와 관계된 단어다. 동사 플라소우는 구약에서 하나님의 이스라엘의 선택과 관련해 사용되고 있다.[2326] 그리고 하나님의 세상의 창조와 관련해서 하나님을 창조자로 서술할 때 사용된다.[2327] 따라서 여기서 진흙은 직접적으로 유대인 그리고 간접적으로는 모든 사람들을 가리키고 있다고 할 수 있다. 하나님께서는 이를 귀히 쓸 그릇티메인 스케우오스과 천히 쓸 그릇아티미안으로 각각 만드실 권을 가지고 계시다. 여기서 귀히 쓸 그릇은 이삭, 야곱, 모세, 믿는 유대인과 이방인을 가리키고 천히 쓸 그릇은 이스마엘, 에서, 바로, 믿지 않는 유대인과 이방인을 가리킨다. 많은 학자들은 여기서 이 두 종류의 그릇의 구분은 기능적인 구분이지 구원론적으로 다른 운명에 처하는 것을 의미하지 않는다고 생각한다.[2328] 이들은 22절을 시작하는 데그러

2324 Wis.15:7; Sir.33:7-13; T. Naph.2.2, 4; 1QS11.22; 1QH9[1].21; 11[3].23-24; 12[4].29; 19[11].3; 20[12].26, 32; Schreiner, *Romans*, 516.

2325 고전7:37; 9:4-6; 살후3:9.

2326 신32:6; 사43:1, 7; 44:2, 21, 24; 49:5, 8; 53:11; Dunn, *Romans*, 557.

2327 창2:7; 욥10:8-9; 시33:15; 딤전2:13.

2328 Munck, *Christ and Israel*, 58, 67; Cranfield, *Romans*, 492, 495; Dunn, *Romans*, 557; Fitzmyer, *Romans*, 569; H. H. Rowley, *The Biblical Doctrine of Election* (London: Lutterworth, 1950) 40-42.

나는 역접 접속사로서 22절은 21절의 내용과 개념적으로 상관이 없다는 것을 가리킨다고 주장한다. 즉 귀히 쓸 그릇과 천히 쓸 그릇은 긍휼의 그릇과 진노의 그릇을 각각 가리키고 있지 않다는 것이다. 그러나 필자는 이 해석에 동의하지 않는다. 왜냐하면 21절과 22-23절은 주제적으로 서로 단절될 수 없는 관계에 있기 때문이다. 바울은 로마서 9장 전체의 문맥에서 구원론을 다루고 있다. 이 관점에서 약속의 자녀와 육신의 자녀를 구분하고 있고 긍휼의 그릇과 진노의 그릇을 구분하고 있는 것이다. 이 관점에서 천히 쓸 그릇은 진노의 그릇과 같은 의미를 가지며 하나님의 뜻안에서 종말적 심판 때 진노의 대상으로 예비된 자들을 가리킨다. 이는 직접적으로는 믿지 않는 유대인을 가리키는 은유적 표현이며 궁극적으로 모든 믿지 않는 인류를 그 대상에 포함한다.

그러면 하나님께서는 어떤 토기는 부수기 위해서 만드셨는가. 다시 말해 하나님께서는 어떤 사람들을 지옥에 보내시기 위해서 창조하셨는가. 많은 학자들은 이 개념을 정서적으로 거부한다.[2329] 그것은 하나님의 도덕적 속성과 맞지 않는다는 것이다. 하나님께서 천히 쓸 그릇을 만드시는 이유는 구속의 역사에서 이들에게 담당시키신 기능이 다를 뿐이라는 것이다. 그러나 전에도 설명한 바와 같이 이 기능적인 해석은 바울이 로마서 9-11장에서 말씀하는 종말적 구원론에 있어서 배교에 대한 엄한 경고의 문맥과 맞지 않는다. 유대인이 자고해서 감람나무에서 잘려나간 것과 같이 믿는 이방인들도 믿음을 저버리면 감람나무에서 잘려져 나갈 수 있다는 것을 명심하고 자중해야 한다. 그리고 겸손히 믿음에 거해야 한다. 만일 바울이 긍휼의 그릇을 어떤 기능적인 역할을 담당한 자들로 생각했다면 이러한 엄한 경고를 하는 것은 문맥에 맞지 않는 말씀으로 볼 수 있다. 하나님께서 진노의 그릇을 벌하시는 것은 전적으로 그들의 강퍅함과 불의 때문이다. 그러나 그 이전에 하나님께서 이방인 구속의 계획의 성취를 위해 유대인 일부가 잘려나가도록 미리 정하셨다는 사실을 바울은 분명히 말씀하고 있다. 이것을 인간의 관점

2329 Hodge; Stott; Cranfield; Morris; Dunn; Barrett.

에서 하나님께서 어떤 사람들을 멸하시기 위해서 그들을 창조하셨다고 이해하는 것은 하나님의 주권적 자유를 인간의 정서적 위안의 수준에 맞게 변형시키는 것이다. 하나님의 주권적 권위는 하나님 이외의 어떤 요인도 다툴 수 없는 지고의 차원에 있다. 죄인들을 구원하시기 위해서 그 아들을 이 땅에 사람의 형상으로 보내시고 십자가의 형벌을 받도록 하신 하나님의 주권적 역사를 믿을 수 있다면 토기를 그 목적에 따라 부수기 위해서 만드시는 권이 하나님께 있음도 인정할 수 있어야 한다. 바울은 하나님의 절대적 주권이 약속의 자녀를 예정한 독자적 바탕임을 가르치고 있고 멸망하는 자들은 그들이 믿지 않음으로 멸망한다는 것을 명시함으로써 하나님의 의로우심은 어떤 자도 따질 수 없는 하나님의 속성임을 밝히고 있다.

로마서 9:22-23절은 18, 21절의 내용을 더 확장하면서 명확히 해주고 있다: "만일 하나님이 그 진노를 보이시고 그 능력을 알게 하고자 하사 멸하기로 준비된 진노의 그릇을 오래 참으심으로 관용하시고"(22절). 18절은 하고자 하는 자를 긍휼히 여기시고 하고자 하는 자를 강퍅하게 하신다고 말씀한다. 21절은 토기장이가 진흙 한 덩이로 하나는 귀히 쓸 그릇을 하나는 천히 쓸 그릇으로 만드는 권이 있다고 말씀한다. 22절은 진노의 그릇을 만드신 목적을 23절은 긍휼의 그릇을 만드신 목적을 설명하고 있다. 22절을 시작하는 접속사 데그러나는 역접의[2330] 기능보다 순접의[2331] 기능을 가진다고 볼 수 있다. 그래서 22-23절은 21절의 내용을 더 자세히 설명하면서 확장하고 있다고 볼 수 있다. 이 해석은 이 절을 전체적으로 어떻게 해석할 것인가 하는 질문과 맞물려 있다. 첫째 논쟁점은 바울이 22절의 조건절에서 종절을 쓰지 않은 채 미완성으로 남겨 놓고 있다는 것이다. 어떤 학자들은 23절이 종절이라고 주장하기도[2332] 하고 혹은 22-24절 전체를 종절이 생략된 조건절로 보는 사람들도 있다.[2333] 바울은 그 서신에서 생략법ellipsis을 자주 사용

2330 NEB; REB; Schlier; Cranfield; Robinson.

2331 TEV; Schreiner, Moo.

2332 G. Stählin, *TDNT*, 5: 426; Nygren; F. Siegert, *Argumentation bei Paulus: gezeigt an Röm 9-11* (WUNT 34; Tübingen: Mohr, 1985) 132-33.

2333 Stuart; Huby; Kuss; Godet; Zeller; Maier.

한다. 요한복음 6:62; 사도행전 23:9절에서도 그렇듯이 이와 같이 종절 전체를 생략하는 것이 이상한 작문법은 아니다.[2334] 개역성경은 가상의 종절을 첨가해서 "만일 하나님이…하고자 하셨을찌라도 무슨 말 하리요"라고 번역하는데 이는 타당한 번역으로 볼 수 있다.

이 절의 현재분사 쎌로운원하다은 두 가지로 번역이 가능하다. 첫째는 이를 양보적 의미로 보고 "비록…했을지라도"라고 번역하는 것이다.[2335] 이는 22-23절을 다음과 같이 이해한다: "그러나 만일 하나님께서 그 진노를 보이시고 그 능력을 알게 하고자 하셨을지라도 멸하기로 준비된 진노의 그릇을 오래 참으심으로 관용하시고 또한 영광받기로 예비하신 바 긍휼의 그릇에 대하여 그 영광의 부요함을 알게하고자 하셨을지라도…". 이 번역은 하나님께서 진노의 그릇을 오래 참으심으로 나중에 이들이 회개하게 하신다고 보면 그 양보절과 자연스런 대조를 이룬다. 그리고 하나님께서 이들에게 그 영광의 부요함을 알게 하고자 오래 참으셨다는 것을 나타낸다. 그러나 이 번역의 문제점은 22절의 진노의 그릇이 회개를 통해 23절의 긍휼의 그릇으로 바뀌었다고 전제하고 있다는 것이다. 그러나 본문은 이런 극적 변화가 이들에게 일어났다는 어떤 언어학적 흔적도 제시하지 않는다.[2336] 또 23절의 히나…을 위해절과 22절의 "하나님의 진노의 그릇을 오래참으심"이 내용상 연결이 자연스럽지 못하다.[2337] 그러나 쎌로운을 인과적으로 보면 이 문제가 해결된다. 이 인과적 번역은 분사를 "…때문에"라고 번역한다. 이는 22-23절을 다음과 같이 번역한다: "만일 하나님께서 그 진노를 보이시고 그 능력을 알게 하고자 하셨기 때문에 멸하기로 준비된 진노의 그릇을 오래 참으심으로 관용하시고 또한 영광받기로 예비하신 바 긍휼의 그릇에 대하여 그 영광의 부요함을 알게하고자 하셨을지라도…". 이 번역은 22절이 로마서 9:17절

2334 그래서 영어버젼들은 "What if"로 번역한다 (KJV; NIV; RSV; NRSV; NASB); Cranfield; Moo.

2335 Denney; Morison, *Exposition*, 155; Sanday and Headlam, *Romans*, 261; A. T. Hanson, "Vessels of Wrath or Instruments of Wrath? Romans IX.22-3." *Journal of Theological Studies* n.s. 32 (1981) 440; S-H; Leenhardt; Meyer; Lenski; Prat; Fitzmyer.

2336 J. C. Beker, "Romans 9-11 in the Context of the Early Church." *Princeton Seminary Bulletin Supplement* 1 (1990) 46; Schreiner; Moo.

2337 Cranfield, *Romans*, 494.

의 내용을 설명하고 있는 것을 밝혀준다. 그리고 바울이 로마서 9장에서 일관되게 대조하는 진노의 그릇과 긍휼의 그릇의 정반대의 운명을 선명하게 그리고 있다. 따라서 필자는 분사 쩰로운을 인과적 의미로 보는 견해에 동의한다.[2338]

이 관점에서 우리는 하나님께서 멸하기로 준비된 진노의 그릇을 오래 참으심으로 관용하시는 것은 그들에게 진노를 보이시고 그 능력을 알게 하고자 하시기 때문이며 또 영광받기로 예비하신 바 긍휼의 그릇에 대하여 오래 참으사 이들이 회개하게 하시고 그 영광의 부요함을 알게 하신다는 것을 알 수 있다. 즉 하나님의 참으심마크로쑤미아은 두 가지 결과를 동시에 목적으로 하고 있는 것이다. 긍휼의 그릇인 아브라함도 의롭다고 여기심을 받은 것은 그가 불의한 사람이었을 때였다(롬4:5). 그러나 하나님께서는 그에게 은혜를 주시어 믿게 하시고 의롭다고 하신 것이다. 그렇기에 바울은 이 믿음이 하나님께로부터 주어진 선물gift이라고 표현한다(롬4:4). 이삭, 야곱, 모세, 모든 믿는 자들도 마찬 가지로 자신들의 공로 때문에 믿고 의롭다하심을 받은 것이 아니다. 이들은 영광 받기로 하나님께서 예비하신 자녀들이기 때문에 예수님을 믿게 된 것이다. 그리고 이들에게 하나님의 영광의 부요함을 알게 하고자 하셨을지라도 하나님께 따지는 자는 있을 수 없다. 그것은 그들에게 주어진 선물이기 때문이다. 반면에 하나님께서 바로의 마음을 강퍅하게 하시고 이스라엘 백성들을 보내지 않도록 하신 것은 그 내리신 열 재앙을 통해서 나라들이 하나님의 광대하신 능력과 영광을 볼 수 있도록 하시기 위해서였다. 하나님께서 멸하기로 준비된 진노의 그릇인 바로를 오래 참으신 것은 그가 회개하기를 기다리신 것이 아니다.

크랜필드는 여기서 하나님께서 오래 참으시는 것은 진노의 그릇으로 하여금 회개하고 긍휼의 그릇이 되는 것을 원하시기 때문이라고 말한다.[2339] 그는 바울이 에베소서 2:3절에서 신자들이 회심하기 전에 하나님의 진노의 자녀였다고 표현하는 것을 상기시킨다. 그러나 바울이 여기서 말씀하는 것은

2338 Calvin; Murray; Barrett; Cranfield; Käsemann; Moo; Wilckens; Zeller; Piper; Schreiner; Räisänen.
2339 Cranfield, *Romans*, 495.

우리가 회심하기 전에 불의한 자였음을 가리키는 것이지 로마서 9:22절의 진노의 자녀였다는 것을 가리키는 것이 아니라는 것을 상기해야 한다. 바울은 에베소서 2:8절에서 우리가 행위로 구원받은 것이 아니고 하나님의 은혜로 구원받았다는 것을 강조하고 있다. 여기서 바로가 멸망의 그릇인 이유는 22절에서 그가 준비된 진노의 그릇이라는 표현에 내포되어 있다. 여기서 동사 카탈티조우는 과거완료로써 중간태middle 혹은 수동태로 볼 수 있다. 이를 중간태로 보면 진노의 그릇들은 자신들이 멸망을 위해서 스스로 준비했다는 의미가 된다.[2340] 혹은 이들이 멸망에 이르도록 무르익었다라고 볼 수도 있다.[2341] 또 어떤 학자는 사탄에게 그 책임이 있다고 본다.[2342] 그러나 이 동사의 주어는 본문의 문맥에서 하나님이심을 알 수 있다.[2343] 이는 17-18절에서 하나님께서 바로를 세우시고 그의 마음을 강퍅하게 하셨다는 점이 확인해 주고 있다. 이 두 구절(17, 22)에서 바울은 보이다엔데이크누미, 능력두나미스을 다같이 사용하고 있다. 또한 로마서 9:22절에서 아포우레이아멸망는 바울 서신에서 항상 최후 심판을 의미한다(빌1:28; 3:19; 살후2:3).[2344] 이와 동일 어원의 동사 아폴루미는 영원한 멸망을 의미한다(롬2:12; 고전1:18; 고후2:15; 4:3). 따라서 바로와 같은 진노의 그릇을 영원한 멸망을 위해 예비하신 분은 하나님이시다. 그것은 하나님의 영광을 만국에 보이시기 위함이고 다른 한편으로 긍휼의 그릇으로 하여금 하나님의 영광의 부요하심을 크게 찬양하도록 하기 위함이다.

로마서 9:23절의 카이 히나and that는 22절의 분사 쎌로운want이나 주동사 에이넥켄참다에 걸린다: “또한 영광 받기로 예비하신바 긍휼의 그릇에 대하여 그 영광의 부요함을 알게 하고자 하셨을지라도 무슨 말 하리요”. 필자는 여기서 히나절은 히나에서 멀리 있는 쎌로운보다 이 단어에 가까이 있는 주동사 참다에 걸린다고 본다. 그러면 하나님께서 멸하기로 준비된 진노의 그

2340 Chrysostom; Stott; Morris; Wesley.

2341 Cranfield; Fitzmyer.

2342 Hendriksen; Lenski.

2343 Hodge; Meyer; Luz; Käsemann; Piper; Moo; Calvin; Michel; Watson; Maier.

2344 Moo, *Romans*, 607.

릇을 오래 참으시는 목적이 두 가지가 된다. 첫째 목적은 하나님께서 진노의 그릇에 종말 때 그 진노를 보이시고 그 능력을 알게 하시는 것이고, 둘째 목적은 23절에 묘사된 대로 영광받기로 예비하신 바 긍휼의 그릇에 대해 그 영광의 부요함을 알게 하시기 위함이다. "영광의 부요함"은 하나님의 영광을 묘사하는 독특한 표현이다. 여기서 소유격 명사 영광을 성질 소유격qualitative genitive으로 보면 "영광된 부요함"으로 번역할 수 있다. 그러나 본문의 문맥에서 강조점은 "영광" 그 자체에 있기 때문에 이 해석은 제외된다. 이를 설명적epexegetical 소유격 혹은 동격appositional으로 보면 "영광의 부요함" 혹은 "부요함 즉 영광"으로 번역할 수 있다.[2345] "긍휼의 그릇"은 하나님의 긍휼의 여기심의 대상 즉 택자들을 가리킨다. 그리고 22절의 "진노의 그릇"과 대조되는 구룹의 사람들이다. 동사 프로에토이마조우미리 예비하다는 22절의 카탈티조우준비하다와 병렬된다. 그리고 전치사 프로미리가 접두사로 첨가되어 있기 때문에 이 단어는 예정론의 개념을 내포한다. 즉 이 택자들은 하나님의 영광에 참예하기로 미리 예비된 자들이다.

그러나 크랜필드는 이 구절을 로마서 9:30-11:36절의 문맥에서 해석해야 된다고 주장하며 하나님께서 반항하는 이스라엘을 참으시는 궁극적인 목적은 그들도 회개하고 긍휼의 그릇이 되게 하시기 위해서라고 주석한다.[2346] 그러나 이 해석의 문제점은 바울이 여기서 뚜렷하게 두 부류의 사람들을 구분하고 있다는 것을 고려하지 않고 있다는 것이다. 만일 하나님께서 진노의 그릇이 변해 긍휼의 그릇이 되기 원하신다면 처음부터 그들을 진노의 그릇과 긍휼의 그릇으로 나누신 일 자체가 헛된 일로 판명된다. 하나님께서 그 목적하신 바가 어리석은 일로 보여지는 일을 목적하실 수 있을까. 하실 수 없다. 그것은 하나님의 전지전능하심의 속성과 맞지 않는다. 바울이 야곱과 에서의 이야기에서 설명한 것처럼 하나님의 긍휼히 여기심은 사람이 나지 않은 상태에서 미리 사랑하신 자들에게 부어지는 절대적 은혜다. 만일 하나님께서 진노의 그릇을 긍휼히 여기셨는데 그들이 멸망해 간다면 하나님께서

2345 Moo, *Romans*, 608.
2346 Cranfield, *Romans*, 497; Dunn; Barth.

는 그들을 구원하실 능력이 없는 하나님이 되시며 이는 전지전능하신 하나님께서 초래하실 수 없는 현상이다. 만일 진노의 그릇이 멸망한다면 그것은 하나님께서 그들을 멸망받도록 정하신 목적대로 된 것이다. 그리고 이 정해진 것은 변하지 않는 하나님의 선포decree에 바탕을 두고 있다(롬9:22). 그렇지만 멸망으로 치닫는 자들은 하나님께서 나를 이렇게 정하셨기 때문에 내가 이렇게 불의한 사람이 되었다고 하나님을 비난할 수 없다. 그 불의에 대한 책임은 그 사람 자신에게 있는 것이며 그에 따른 결과는 심판이다.

앞에서 설명한 것처럼 하나님께서 어떻게 나지도 않은 자들을 멸망받도록 미리 정하실 수 있는가는 신학적으로 논쟁이 되어 왔고 앞으로도 계속 논쟁이 될 주제이다. 그러나 분명한 것은 우리가 하나님의 속성을 인간의 구미에 맞게 변형시킬 수 없다는 것이다. 이는 성경의 진리와 상관 없는 이 세상의 종교 철학자들이 하는 일이다. 우리가 성경의 무오성을 믿고 그 말씀에 복종한다면 하나님께서 바울을 통해서 계시하신 예정론의 진리 앞에 숙연히 항복할 수 밖에 없다. 바로 이것이 하나님의 절대주권 앞에 겸손히 자신을 드리는 사람의 자세다. 만일 이에 대항한다면 그 사람은 자신을 스스로 구원할 수 있다고 믿는 사람이고 결과적으로 창조주 하나님과 대결하겠다는 태도를 가지고 있는 사람이다. 크랜필드의 견해와 달리 필자는 로마서 9:30-11:36절이 이스라엘 중 진노의 그릇이 변해 긍휼의 그릇이 될 것을 가르치고 있다고 해석하지 않는다. 앞으로 상세히 살펴 보겠지만 이 견해는 본문에 대한 잘못된 주석을 바탕으로 하고 있다. 강퍅해진 이스라엘이나 이방인들은 회개하지도 않을 것이고 다시 감람나무에 접붙여 질 수도 없다. 왜냐하면 그들은 멸망받기로 준비된 진노의 그릇이기 때문이다. 그들이 만일 회개할 수 있다면 그것은 그들이 긍휼의 그릇으로 변화되었기 때문이 아니라 처음부터 택자들이었기 때문이다. 마음이 부드러워져 복음을 받아들이고 그리스도의 자녀가 되는 유대인과 이방인들은 처음부터 영광받기로 예비된 긍휼의 그릇들이다. 이들은 구원을 선물로 받았기 때문에 하나님의 영광의 부요를 더욱 절실히 깨닫게 되는 것이며 감사와 찬양을 하나님께 세세 무궁히 돌리게 되는 것이다.

본문과 관계된 중요한 또 하나의 질문은 하나님께서 긍휼의 그릇이 하나님의 영광의 부요함을 알게 하도록 하시기 위해서 왜 진노의 그릇이 계속 악을 행하는 것을 참으시는가 하는 점이다. 다시말해 하나님께서 멸하기로 준비된 진노의 그릇을 오래 참으시는 것이 어떻게 긍휼의 그릇으로 하여금 하나님의 영광의 부요함을 더욱 절실히 깨닫게 할 수 있느냐는 것이다. 이에 대한 대답은 로마서 9:6절 이하의 문맥 전체에서 얻어진다. 여기서 진노의 그릇은 불의한 자들이며 긍휼의 그릇을 핍박하는 역할을 하는 자들임을 알 수 있다. 이스마엘은 이삭을 핍박함으로써 사라가 노여워지게 하고 궁극적으로 아브라함의 가정에서 축출되는 결과를 가져왔다. 에서는 야곱을 핍박해서 야곱이 밧단아람에 있는 외삼촌 집에서 20년간 머슴처럼 살아야 하는 결과를 가져왔다. 바로는 애굽에서 이스라엘 백성을 억압하던 자였다. 그리고 바울 당시 믿는 신자들은 믿지 않는 자들의 핍박에 처해 있었다(롬8:17, 35; 12:12). 이와 같이 믿는 자들 곧 긍휼의 그릇은 예수님을 믿는 믿음 때문에 이 세상에서 진노의 그릇에 의해 억압과 핍박을 당한다(롬8:17). 이들이 이를 참으며 기도 중 탄식하며 인내하면서 종말에 하나님의 구속을 맞을 때 이들이 장차 맛보게 될 영광의 부요함은 지극히 클 수 밖에 없다. 따라서 하나님께서 멸하시기로 준비된 진노의 그릇을 오래 참으시는 것은 긍휼의 그릇에 대한 이들의 계속된 억압과 핍박으로 초래되는 환난을 긍휼의 그릇이 참고 인내하며 연단을 받으면서 나가면서 종말의 영광에 대한 더 큰 소망을 가지게 하는 역할을 한다. 우리의 "믿음의 시련이 불로 연단하여도 없어질 금보다 더 귀하여 예수 그리스도의 재림 때 칭찬과 영광과 존귀를 얻게 하려 함이다"(벧전1:7).

(다) 유다의 남은 자와 이방인 택자의 부르심(롬9:24-29)

로마서 9:24절은 20-23절에서 구분된 긍휼의 그릇과 진노의 그릇에 대한 요약으로 볼 수 있다. 즉 그 긍휼의 그릇은 바로 "우리"다. 여기서 우리는 로마교회 성도를 가리키고 있다. 그런데 그 성도들은 유대인과 이방인을 다 포함한 성도다. 바울은 이 말씀을 이곳에서 하기까지 인내하며 기다려 왔다. 6

절에서 혈통의 이스라엘이 다 이스라엘이 아니며 약속의 자녀라야 하나님의 자녀가 된다는 사실은 이방인 택자들도 그 안에 포함된다는 사실을 이미 바라보고 있었다. 바울은 이 사실을 증명하기 위해서 7-13절에서는 족장들의 이야기를 사용하고 있고 14-18절에서는 출애굽기의 이야기를 배경으로 하고 있다. 24-29절에 와서 바울은 선지서 특히 이사야와 호세아를 인용하면서 하나님의 언약의 자녀는 이방인 택자도 원래 포함하는 개념임을 증거한다.[2347] 바울은 구약을 인용함에 있어서도 변화를 주고 있다. 7-23절에서는 구약의 말씀을 인용하면서 자신의 해석도 곁들이고 있다. 25-29절에서는 자신의 해석을 가함이 없이 일련의 구절을 사슬에 꿰듯이 급하게 나열하고 있다. 그리고 이를 바탕으로 구약의 선지자들도 예정된 이방인들이 아브라함의 자녀로 여겨지는 것을 이미 바라보고 있었다는 것을 강조한다. 다른 한편 바울은 그 당시 많은 유대인들이 복음을 배척하고 멸망하는 것도 설명한다. 7-13절에서는 그들이 육신적 자녀임을 14-23절에서는 그들이 진노의 그릇임을 밝혔다. 25-29절에서는 그 반대 개념인 "남은 자"라는 단어를 사용한다. 즉 하나님께서는 모든 육신적 유대인들을 언약의 백성으로 정하신 것이 아니고 오직 "남은 자"들만 그 부르심에 믿음으로써 반응하도록 하셨다는 것이다. 이로써 영적 이스라엘의 구성원은 유대의 남은 자와 이방인 택자라는 것이 분명히 밝혀졌다. 그 결론은 하나님께서는 그 언약에 신실하신 하나님이시라는 것이다.

로마서 9:24절에서 바울은 긍휼의 그릇의 정체를 밝힌다: "이 그릇은 우리니 곧 유대인 중에서 뿐아니라 이방인 중에서도 부르신 자니라". 여기서 관계대명사 후스whom절은 구문론적으로 여러 해석이 가능하다. 첫째, 22-23절의 문장이 완전히 끝나고 24절부터 새 문장이 시작된다고 볼 수 있다. 둘째, 24절의 일인칭 복수 목적격 대명사 헤이마스우리를 23절의 "긍휼의 그릇들"과 동격으로 보고 후스절을 이를 수식하는 관계대명사절로 보는 것이다.[2348] 셋째, 24절의 관계대명사 후스가 23절의 "긍휼의 그릇들"을 수식한

2347 Moo, *Romans*, 610.

2348 KJV; NIV; RSV; Moule, *Idiom Book*, 168; Barrett, *Romans*, 189.

다고 보는 것이다.[2349] 여기서 첫째와 셋째 경우 관계대명사 후스의 선행사는 "긍휼의 그릇들"이 되고 대명사 "우리"는 이의 동격으로 생각할 수 있다. 명사 "그릇"은 중성이지만 관계대명사 후스는 남성 복수 목적격인데 이는 대명사 "우리"에 성을 일치시킨 것으로 볼 수 있다.[2350] 필자는 이 중 세 번째 해석을 제일 좋은 것으로 채택한다. 그러나 이 세 가지 문법적 해석 모두 이 절이 의미하는 바에 차이를 가져오지 않는다. 바울이 관계대명사 후스를 문장의 머리에 둔 것은 24절이 23절과 내용상 연결되 있다는 것을 나타낸다. 그런데 목적어 "우리"를 삽입한 것은 바로 "우리" 즉 유대인중에서 뿐 아니라 이방인 중에서 부르신 그리스도인들이 긍휼의 그릇이라는 사실을 분명히 서술하기 위한 의도적인 작문 스타일이라고 볼 수 있다.[2351] 바울은 이 절 이후에서 진노의 그릇에 대해 더이상 언급하지 않는다. 이와 동시에 긍휼의 그릇의 구성원이 누구인지 분명히 제시하고 있다. 이들은 유대인과 이방인 중에서 부르신 자들이다. 바울은 이를 25절 이하에서 호세아와 이사야의 예언을 인용하면서 증거하고 있다. 이는 긍휼의 그릇 즉 약속의 자녀 혹은 하나님의 자녀는 혈통이나 행위에 근거하지 않고 오직 하나님의 주권적 예정에 의해서 하나님께서 부르신 자들로 구성되어 있다는 것을 밝히고 있다. 이는 로마서 11장에서 비유로 제시된 감람나무에 속한 사람들이다. 이를 교회라고 서둘러 규정하는 것은 바울이 여기서 심혈을 기울여 설명하고 있는 언약의 백성의 구성원의 구속사적 근거를 이해하지 못하게 할 수도 있다.[2352] 로마서에서 바울은 교회라는 단어를 로마서 16:1절에 처음 사용하고 있다. 그가 로마서 1-15장에서 교회라는 단어를 전혀 사용하지 않고 있는 것은 매우 시사하는 바가 크다. 바울은 이 하나님의 백성의 공동체가 하나님께서 아브라함에게 주신 언약에 바탕을 둔 단일 공동체임을 강조하는데 우선을 두고 있다. 즉 이 공동체는 영적 이스라엘이다(롬9:6). 그리고 이 영적 이스라엘의 구성원 즉 하나님께서 택하신 긍휼의 그릇의 모든 구성원이 다 불러 모

2349 Cranfield, *Romans*, 497-98; Morris; Moo.
2350 Cranfield; Kuss; Wilckens; Morris.
2351 Dunn, *Romans*, 570.
2352 Cranfield; Käsemann; Stuhlmacher.

아질 때 하나님께서 영광받기로 예비하신 "온 이스라엘"이 구원되게 되는 것이다(롬11:26).

로마서 9:25-26절에서 바울은 호세아의 예언을 인용하며 하나님께서 이방인 중에 택한 자를 부르시는 것을 증명하고 27-29절은 이사야의 예언을 인용하며 유대인 중 남은 자만을 부르시는 것을 확인하고 있다. 25절은 호세아 2:23절을 바탕으로 하고 있는데 엄밀히 말해 바울은 칠십인역이나 히브리성경의 표현을 그대로 따르고 있다고 할 수 없다.[2353] 학자들은 바울이 이 인용구를 직접 썼다기 보다 이미 존재하던 주석집을 이용했다고 주장하기도 한다.[2354] 그러나 우리는 여기서 "부르다"와 같은 분명한 바울의 가르침의 내용을 나타내는 표현을 볼 수 있기 때문에 이 구절들은 바울이 직접 쓴 구절들이라고 볼 수 있다.[2355] 호세아 2:23절은 이렇게 말씀한다: "내가 나를 위하여 이 땅에 심고 긍휼히 여김을 받지 못하였던 자를 긍휼히 여기며 내 백성 아니었던 자에게 향하여 이르기를 너는 내 백성이라 하리니 저희는 이르기를 주는 내 하나님이시라하리라". 그러나 바울은 25절에서 이렇게 말씀한다: "호세아 글에도 이르기를 내가 내 백성 아닌 자를 내 백성이라 사랑치 아니한 자를 사랑한 자라 부르리라". 여기서 바울은 칠십인역의 에로우I will say를 칼레소우I will call로 바꾸고 있다. 이는 하나님께서 이방인들을 유효하게 부르신다는 뜻을 가지고 있다. 즉 하나님께서 그 백성을 부르시는 것은 어떤 임무를 맡기시기 위해서 부르시는[2356] 것이 아니라 그 자녀로써 구원하시기 위해 효력있게 부르시는 것을 가리킨다.[2357] 이는 24절의 그 백성을 부르신다는 말씀과 연결하기 위한 표현으로 볼 수 있다. 또한 바울은 호세아 2:23절의 내용의 앞뒤 순서를 바꾸고 있다. 이것도 24절의 내용을 신속히 증명하려고 하는 그의 의도를 나타낸다. 그리고 칠십인역의 긍휼히 여기다엘레에오우를 사랑하다아가파오우로 바꾸고 있다. 이 변경은 본문의 문맥에서 긍휼

2353 Morris, *Romans*, 370.
2354 Michel; Wilckens.
2355 Moo, *Romans*, 612.
2356 Fitzmyer, *Romans*, 573.
2357 Murray; Moo; Schreiner.

히 여기심이 뚜렷한 주제임을 비추어 볼 때 놀랍다고 할 수 있다. 그 이유가 무엇일까. 던은 바울이 이 단어를 여기서 삽입한 것이라고 본다.[2358] 코흐는 바울이 사용한 사본이 사랑하다는 단어를 포함하고 있었을 것이라고 추측한다.[2359] 린다스는 이는 바울이 히브리성경을 자유로이 번역한 것이라고 주장한다.[2360] 그러나 이 모든 추측들을 떠나 필자는 여기서 하나님께서 이방인 택자를 부르시는 것은 그 사랑에 근거한 것임을 나타낸다고 생각한다. 즉 바울은 로마서 9:12-13절 말씀대로 하나님께서 야곱이 태어나기 전부터 이미 사랑하셨다는 예정의 관점에서 하나님께서 이방인을 부르고 계시다는 것을 나타내고 있다고 할 수 있다. 곧 하나님께서 이방인 택자를 부르시는 것은 그들의 행위가 아니라 전적으로 하나님의 은혜에 바탕을 둔 것이다.

여기서 중요한 해석의 주제는 바울이 호세아가 북쪽 왕국인 이스라엘백성을 향해 예언한 말씀을 이방인 택자에게 적용하여 말씀하는 것을 해석학적으로 어떻게 이해해야 되느냐 하는 것이다. 어떤 학자는 바울은 호세아의 구절을 이방인이 아닌 유대인의 부르심에 적용하고 있다고 주석한다.[2361] 그러나 27절에서 바울은 이사야의 예언을 인용하면서 그 유대의 남은 자를 부르시는 것을 말씀하는 것을 볼 때 25-26절에서는 이방인에 대한 부르심을 말씀하고 있는 것이 분명하다. 다른 학자들은 하나님께서 이방인들을 부르시는 것은 북쪽 이스라엘 백성과의 회복의 약속에 내포된 원리와 같은 원리에서 실현되는 것이라는 것을 비유적으로 보여주는 것이라고 해석한다.[2362] 무는 이스라엘의 회복에 대한 구약의 예언이 교회를 통해서 성취되는 것을 말한다고 주석한다.[2363] 이 해석은 타당하게 보이지만 교회를 통해 이방인

2358 Dunn, *Romans*, 571.

2359 D. -A. Koch, *Die Schrift als Zeuge des Evangeliums: Untersuchungen zur Verwendung und zum Verständnis der Schrift bei Paulus* (Beiträge zur historischen Theologie 69. Tübingen: Mohr, 1986) 55; Stanley, *Paul and the Language of Scripture*, 112.

2360 Lindars, *New Testament Apologetic*, 243.

2361 J. A. Battle, Jr., "Paul' s Use of the Old Testament in Romans 9:25-26," *Grace Theological Journal* 2 (1981) 115-29.

2362 S. L. Johnson, "Evidence from Romans 9-11," in *A Case for Premillennialism: A New Consensus* (ed. D. K. Campbell and J. L. Townsend; Chicago: Moody, 1992) 207-10; J. N. Aletti, *Comment Dieu est-il juste? Clefs pour interpréter l' épître aux Romains* (Rome: Editions du Seuil, 1991) 219-22; Morison, *Expostion*, 161-62; Godet.

을 부르시는 것과 27-29절에 말씀된 유대의 남은 자를 부르시는 것을 구속사적으로 나누어 보게 한다는 점에서 잘못된 해석이라고 할 수 있다. 필자는 캘빈의 견해를 따라서 호세아의 예언이 이방인 택자의 부르심을 바라보고 있었다고 해석한다.[2364] 여기서 바울은 호세아의 예언을 이방인 택자의 부르심에 자의적으로 적용하고 있는 것이 아니다. 바울은 호세아가 의도한 의미를 25-26절에서 인용하면서 이미 도래한 종말의 관점에서 그 의미의 성취를 명확히 밝혀 주고 있는 것이다. 그렇지 않다면 바울이 24절에서 말씀한 내용을 증명하기 위해서 호세아의 예언을 인용하는 것은 그 타당성을 결여하게 된다. 바울이 이를 인식하지 못했을 리가 없다. 이 관점에서 보면 로마서 9:25절이 하나님께서 버리신 이스라엘을 다시 부르시는 것을 포함한다고 보는 것은[2365] 바울의 가르침을 왜곡하는 것이다. 하나님께서는 배교하고 하나님을 떠난 이스라엘 백성을 회복시키신 적이 없다. 바울은 호세아의 이 구절이 하나님께서 택함받은 이방인을 부르시는 것을 예언하는 것으로 인용하고 있지 배교한 이스라엘을 다시 부르시는 것을 말씀하는 것으로 인용하고 있지 않다.

로마서 9:26절에서 계속해서 바울은 호세아 1:10절을 인용하면서 이방인들이 하나님의 아들들이 되게 되는 것은 하나님의 언약속에 있었다는 것을 확인하고 있다: "너희는 내 백성이 아니라 한 그곳에서 저희가 살아계신 하나님의 아들이라 부름을 얻으리라 함과 같으니라." 여기서 "그곳에서"엔 토우 토포우는 개역성경에는 빠져있는 단어 "거기서"에케이와 같은 지정학적 장소를 가리키고 있다고 볼 수 있다. 이곳은 문자적으로는 북쪽 이스라엘 백성이 유배중인 땅을 가리키고 있다고 할 수 있다. 어떤 학자들은 이곳은 예루살렘을 가리키며 이방인들이 예루살렘에 불려 모아지고 그 후 이스라엘 백성이 다

2363 Moo, *Romans*, 613; H. K. LaRondelle, *The Israel of God in Prophecy: Principles of Prophetic Interpretation* (Berrien Springs, MI: Andrews University, 1983) 98-108; Hübner, *Gottes Ich und Israel*, 56-57; E. Earle Ellis, "Jesus' Use of the Old Testament and The Genesis of New Testament Theology," *BBR* 3 (1993) 122; Dunn; Schreiner; S. J. Hafemann, "The Salvation of Israel in Romans 11:25-32: A Response to Krister Stendahl." *Ex Auditu* 4 (1988) 47.

2364 Calvin; Kertelge.

2365 Cranfield, *Romans*, 500; Dunn, *Romans*, 571; Osborne.

시 예루살렘에 불러 모아지는 것을 말한다고 주장한다.[2366] 그러나 이 해석은 바울이 사용한 사본이 "거기서"에케이를 포함하고 있었는가에 따라 그 타당성이 결정된다. 그리고 우리는 "거기서"가 예루살렘을 가리킨다고도 확실히 말할 수 없다.[2367] 그러나 "그곳에서"엔 토우 토포우가 "세계 모든 곳"을[2368] 가리킨다고 보면 "거기서"에케이가 본문에 있든지 없든지 바울이 여기서 가르치는 의미에 차이를 가져오지 않는다. 다른 학자들은 이 부사구가 특정한 지정학적 장소를 가리키는 것으로 이해할 필요가 없다고 생각한다.[2369] 이 견해는 여기서 소개한 바로 그 이전의 견해와 실질적으로 의미상 차이가 없다. "너희가 내 백성이 아니다"우 라오스 무 후메이스는 이들이 회심이전에는 하나님의 백성이 아니었다는 것을 말한다. 이는 베드로의 말씀을 상기시킨다: "너희가 전에는 백성이 아니더니 이제는 하나님의 백성이요"(벧전2:10). 이는 믿음이 없이 영적 암흑 상태에 있던 이방인이 믿음을 통해 하나님의 백성이 되게 된 것을 가리킨다. 따라서 이는 원래 하나님의 백성이었다가 불순종으로 잘려나간 이스라엘 백성이 회개하고 다시 하나님의 백성의 신분을 회복하게 되는 것을 가리키는 말씀이 아니다.[2370]

"살아계신 하나님의 아들"은 로마서 8:14절의 "하나님의 아들"과 연결된다. 이들은 성령을 통해서 예수에게 속한 자들이다. 미래 수동태 직설법 동사 클레이쎄이손타이they will be called는 하나님의 유효한 부르심을 의미한다. 이는 24-25절에 사용된 같은 동사와 연결되며 로마서 8:30절의 부르심 즉 하나님의 예정에 입각한 부르심으로 볼 수 있다. 다시 말해 하나님께서 세계 모든 지역에서 그 백성을 부르심은 택자인 이방인들을 부르시는 것을 말한다. 이들은 혈통이나 행위로 하나님의 자녀가 되는 것이 아니라 하나님의 예

2366 사2:2-4; 60:1-22; 미4:1-3; 슥8:20-23; Munck, *Christ and Israel*, 72-73; Black; Godet.

2367 엘3:16; 아1:2; Cranfield, *Romans*, 500.

2368 Murray; Hodge; Sanday and Headlam.

2369 Dunn; Fitzmyer; Wilckens; Cranfield.

2370 *contra* Hays, *Echoes of Scripture*, 67; W. A. Meeks, "On Trusting an Unpredictable God: A Hermeneutical Meditation on Romans 9-11," in *Faith and History: Essays in Honor of Paul W. Meyer* (Edited by J. T. Carroll, C. H. Cosgrove, and E. E. Johnson. Atlanta: Scholars Press, 1990) 112; C. H. Cosgrove, "Rhetorical Suspense in Romans 9-11: A Study in Polyvalence and Hermeneutical Election." *Journal of Biblical Literature* 115 (1996) 275-76.

정을 통해서 부름을 받고 예수님을 구주로 믿음으로써 의롭다하심을 얻게 되는 사람들이다(롬9:30-10:21). 구약에는 나라와 민족들이 시온산에 와서 하나님께 예배드리는 것을 예언하는 구절들이 많다.[2371] 유대주의 전통은 이 예언들을 이방인들이 유대교로 개종하는 것으로 이해했다.[2372] 그러나 바울은 이 예언들이 예수 그리스도를 통해서 성취되는 것으로 이해하고 복음을 전파함으로써 이방인 택자를 불러모으는 일을 자신의 사도적 사명으로 인식하고 그 일을 위해 죽기까지 헌신했다(롬9:30-10:15; 15:15-20).

로마서 9:27-29절에서 바울은 하나님께서 유대인 중에서 부르실 긍휼의 그릇에 대해 예언한 구약의 구절들을 인용하면서 모든 이스라엘 백성들이 다 긍휼의 그릇에 속하는 것이 아니고 오직 "남은 자"만 이에 속하게 된다는 것을 말씀하고 있다. 비록 대다수의 유대인들이 영적 이스라엘에 속하지 못하고 하나님으로부터 버려지지만 이것은 하나님께서 그 언약의 약속을 폐기하신 것이 아니고 원래 언약의 약속에 내포된 뜻이었다는 것을 바울은 분명히 밝히고 있다: "또 이사야가 이스라엘에 관하여 외치되 이스라엘 뭇자손의 수가 비록 바다의 모래 같을지라도 남은 자만 구원을 얻으리니". 여기서 바울은 "이스라엘 자손의 수"는 호세아 1:10절에서 가져오고 그 뒷부분은 칠십인역 이사야 10:22-23절을 인용하고 있다. 그리고 인용할 때 이사야의 구절에 포함된 몇몇 단어들을 생략한다. 그것은 바울이 사용한 사본에 그 단어들이 존재하지 않았거나 혹은 그 단어들이 로마서 9:27절에서 바울이 전달하려는 내용과 맞지 않기 때문에 생략했을 가능성이 있다.[2373] 즉 바울은 칠십인역의 카탈레임마남은 자를 후포레임마남은 자로 대체하고 있다. 그리고 롬 9:28절에서 인용하는 이사야 10:23절의 후반부의 어구가 약간 수정된 것은 이사야 28:22절에 포함된 그와 동일한 어구에 그 표현을 일치시키려 했기 때문이라고 할 수 있다.[2374] 사실 이 두 구절은 순텔레오우이루다와 순템노우

2371 시22:27; 사56:6-8; 슥2:11; 14:16; *Tob* 13:11; 14:6-7; *Pss. Sol.* 17:34; *Sib.* Or. 3:710-20; 772-75; *T. Zeb.* 9:8; *T. Ben.* 9:2; Dunn, *Romans*, 572; E. P. Sanders, *Jesus and Judaism* (Philadelphia: Fortress, 1985) 214.

2372 *Jos. As.* 19:8; *Sib.* Or. 3:719; *Jub.* 2:19.

2373 Moo, *Romans*, 614.

2374 Cranfield, *Romans*, 502.

줄이다 두 단어를 공유하고 있다.

27절의 접속사 데는 이 절이 26절의 내용과 연결되어 있다는 것을 나타낸다. NIV는 이의 번역을 생략하고 있고 NEB는 역접 "그러나"로 번역한다. 그러나 필자는 순접 "그리고"(NASB)를 옳은 번역이라고 생각한다. 바울은 긍휼의 그릇의 구성원으로써 25-26절에서는 이방인 중에서 택자를 부르심에 대해서 27-29절에서는 유대인 중에서 남은 자를 부르심에 대해서 말씀하고 있기 때문에 이 두 부분이 대조적 관계에 있는 것이 아니고 병렬 관계에 있기 때문이다. 이사야가 "외친다"크라조우는 표현은 위협적인 의미보다는[2375] 그 강렬함과 긴박성의 의미를 내포한다.[2376] 그리고 그 외치는 내용의 중요성을 나타낸다. 전치사 후페르in behalf of는 페리concerning와 같은 의미로 사용되고 있다. 미래 수동태 직설법 동사 구원하다소우조우는 칠십인역의 표현을 그대로 인용한 것이다. 이는 히브리성경의 동사 돌아오다슈브의 번역이다. 이는 끌려 갔던 백성들이 다시 돌아온다는 것을 의미하며 여호와께로 다시 돌아온다는 의미를 내포한다. 이를 칠십인역이 구원론적 개념으로 번역한 것은 신학적으로 옳은 번역이라고 할 수 있다.

여기서 남은 자후포레임마는 "남은 자"가 아니라 "그 남은 자"이다. 이는 신학적 "남은 자"이지 우연히 남은 자가 아니라는 것을 가리킨다.[2377] 구약의 남은 자의 개념은 보통 심판의 말과 희망의 말을 포함한다.[2378] 여기서 심판의 개념은 이스라엘 백성의 수가 바다의 모래 같이 많을지라도 오직 남은 자만 구원받는다는 데 있다.[2379] 그리고 희망의 말씀은 그들의 죄가 아무리 크고 편만할지라도 하나님께서 그 남은 자를 보전하시고 구원하신다는 것이다.[2380] 이로써 하나님께서는 그 언약에 신실하신 하나님이시라는 점이 분

2375 Godet.

2376 Dunn.

2377 Lenski; Morris, *Romans*, 371.

2378 G. F. Hasel, *The Remnant: The History and Theology of the Remnant Idea from Genesis to Isaiah* (Andrews University Monographs 5; Berrien Springs, MI: Andrews University, 1972); R. E. Clements, " 'A Remnant Chosen by Grace' [Romans 11.5]," in *Pauline Studies: Essays Presented to Professor F. F. Bruce on His Seventieth Birthday* (Edited by D. A. Hagner and M. J. Harris. Grand Rapids: Eerdmans, 1980) 108-18.

2379 Moo, *Romans*, 615; 왕하21:14; 사14:22, 30; 겔5:10.

2380 창45:7; 왕하19:31; 미4:7; 5:7-8; Sir 44:17; 47:22; 1 Macc 3:35; Dunn, *Romans*, 573; *TDNT*, 4:196-

명히 나타난다. 많은 학자들은 이 개념을 바탕으로 로마서 11:26절의 "온 이스라엘"이 많은 잃어버린 이스라엘 백성들이 예수께로 돌아올 것을 가리킨다고 믿는다.[2381] 그러나 바울이 여기서 말씀하는 것은 종말이 임박해서 육신적 이스라엘이 극적으로 영적 이스라엘로 바뀌는 기적이 아니라 현재의 교회 시대에 유대인 중 남은 자들이 주님 오실 때까지 계속 예수님을 믿고 구원받고 있는 사실이다.

로마서 9:28절의 접속사 갈[왜냐하면]은 28절이 27절을 설명하고 있다는 것을 나타낸다: "주께서 땅 위에서 그 말씀을 이루사 필하시고 끝내시리라 하셨느니라". 즉 오직 남은 자만 구원받는 이유는 하나님께서 이 땅을 틀림없이 심판하실 것이기 때문이다. 이 절에서 바울은 이사야 10:23절과 28: 22b에서 뽑은 말씀들을 합해서 인용하고 있다. 특히 순텔레오우[이루다]와 순템노우[줄이다]는 9:28절과 이사야 28:22b에 공통으로 사용되고 있다. 순텔레오우는 완성하다 혹은 이루다는 뜻을 가지고 있다. 순템노우는 잘라내다 혹은 줄이다의 뜻을 가진다. 그러면 무엇을 줄인다는 것인다. 이에 대해 네 가지 해석이 제시되었다: (i)약속을 제한적으로 성취한다는 뜻[2382]; (ii)이스라엘을 영적 이스라엘로 축소한다는 뜻[2383]; (iii)시간을 줄여서 신속히 심판한다는 뜻[2384]; (iv)형 집행의 결정적임과 최종적임.[2385] 이사야는 이 땅에 대한 하나님의 심판이 작정되었다는 것을 말씀한다. 바울은 이 구절을 인용하면서 로마서 9:29절에 소돔과 고모라에 대한 하나님의 심판을 언급한다. 이 심판의 배경속에서 선지자는 하나님께서 그 남은 자를 건져주신다는 것을 예언한다. 즉 남은 자의 구원은 돌이킬 수 없는 하나님의 심판을 배경으로 성취된다. 이 점에서 필자는 위의 해석중 네 번째 해석이 제일 타당한 해석이라고 생각한다. 바울 당시에도 배교한 이스라엘에 대해서 하나님의 심판은 작정된 사항이었다. 이 상황에서 하나님께서 그 남은 자를 구원하지 않으셨다면

214.

2381 Schreiner, Fitzmyer, Dunn; Morris; Murray; Osborne; Barrett; Moo.

2382 Leenhardt.

2383 Calvin; Wilckens; Dunn; Fitzmyer; Schlier.

2384 NIV; NASB; Murray; Morris; Zahn; Schmidt.

2385 NRSV; S-H; Cranfield; Moo; Schreiner; Osborne; G. Delling, *TDNT*, 8:64.

그들은 소돔과 고모라와 같이 멸망했을 것이다. 이 점에서 "남은 자"는 구원론적 개념이며 하나님의 심판의 대상이 되지 않는 유대인 택자들을 가리킨다는 것이 분명하다.

로마서 9:29절은 칠십인역 이사야 1:9절과 어휘가 일치한다. 그리고 칠십인역의 이 구절은 히브리성경 구절에 대한 신실한 번역을 반영하고 있다. 이사야는 하나님께 대한 그 백성들의 배교와 타락을 꾸짖으면서 예언을 시작한다(사1:2-5). 그리고 그 결과 하나님의 심판으로 인해 그 땅은 황무하고 그 성읍들은 불에 탔고 그들의 토지는 이방인에게 짓밟혔다고 말씀한다(사1:7). 그리고 "만일 만군의 여호와께서 우리를 위하여 조금 남겨 두지 아니하셨더면 우리가 소돔 같고 고모라 같았었으리로다"라고 말씀한다. 바울은 이 말씀을 적용하여 일 세기의 유대인들의 배교와 타락을 지적하고 있다: "또한 이사야가 미리 말한바 만일 만군의 주께서 우리에게 씨를 남겨 두시지 아니하셨더면 우리가 소돔과 같이 되고 고모라와 같았으리로다 함과 같으니라". 여기서 동사 에그카타레이포우뒤에 남기다는 28절의 명사 후포레임마(남은 자)와 개념상 일치한다. "남은 자"는 에그카타레이포우뒤에 남기다의 결과다. 씨스페르마는 후포레임마남은 자와 일치하는 개념이다. 로마서 9:7-9절도 명사 "씨"를 포함한다. 어떤 학자는 7-9절에서 "씨"는 부정적 색깔을 띠고 있고 29절에서 "씨"는 긍정적 어조를 지닌다고 말한다.[2386] 그러나 그 의미는 똑같이 아브라함의 씨 곧 하나님의 약속의 자녀를 가리킨다. 모리스는 29절의 씨의 의미는 7-8절의 씨의 의미와 다르다고 주석한다.[2387] 29절의 씨는 심판으로부터 살아남은 자들이라는 것이다. 그러나 이는 역사적으로 본토로 돌아온 이스라엘 사람을 가리키지만 영적으로는 하나님께 돌아온 구원받은 자를 가리킨다. 이 점에서 29절에서 "씨"도 영적 의미 곧 27절의 "남은 자"와 같은 의미로 해석하는 것이 바울의 가르침의 문맥에 맞는 해석이다.[2388]

2386 Moo, *Romans*, 616.
2387 Morris, *Romans*, 373.
2388 Murray; Osborne; Moo; Dunn; Schreiner; Barrett.

유대주의 전통에서 소돔과 고모라는 종말의 심판을 상징하는 모형으로 인식된다.[2389] 바울은 유대인에 대한 심판을 언급하는 문맥에서 사1:9절을 인용하면서 종말은 그리스도의 죽으심과 부활로 이미 시작되었고 이 시기에 복음을 배척하는 유대인들에게 하나님의 진노가 이미 임하여 있다는 것을 나타낸다.[2390] 그렇지만 하나님의 긍휼하심 때문에 그들 중 "남은 자"들은 믿지 않는 자들과 함께 멸망하지 않고 구원을 받게 되었다.[2391] 이는 하나님의 주권적 긍휼하심에 바탕을 둔 역사다. 이에 대해 하나님께 따지는 사람은 있을 수 없다. 로마서 9:30-10:21절에서 바울이 자세히 설명하듯이 믿지 않는 자들은 왜 나를 긍휼히 여기시지 않았느냐고 따질 수 없다. 그들은 자신들이 복음을 배척한 행위에 대한 결과로 심판을 받게 되는 것이다.

(3) 율법을 성취하신 그리스도와 유대인의 배교(롬9:30-10:21)

로마서 9:6-29절은 하나님께서 구약의 족장들과 맺으신 언약을 폐기하신 것이 아니라 구원하시기로 예정하신 자들을 통해서 그것을 성취하신다는 점을 설명하고 있다. 로마서 9:30-10:21절은 하나님께서 의로우시고 그 언약에 신실하신 분이시라는 점을 영적 관점에서 설명하고 있다. 즉 이방인들은 복음을 듣고 믿었지만 유대인들은 복음을 믿지 않고 율법을 지킴으로써 의를 이루려고 하다가 실족하고 말았다(롬9:30-33). 이에 따라 그들은 하나님의 심판의 대상으로 전락하고 말았다. 바울은 그들이 심판을 받게된 그 책임은 하나님께 있지 않고 모두 그들 자신에게 있다고 분명히 밝히고 있다. 바울은 하나님께서 그 언약에 신실하신 분이시라는 것을 설명하기 위해서 로마서 9장에서 하나님의 주권에 조명하고 있고 로마서 10장에서는 인간의 자유의지의 주제에 조명하고 있다. 바울은 이 두 요소를 병렬시키며 이들을 신학적으로 조합하려고 하지 않는다.[2392] 이 두 요소는 서로를 침해하지 않으

2389 신32:32-35; *Jub*.16-5-6; 마10:15; 11:23-24; 눅17:28-30; 벧후2:6; 유다7; 계11:8; Wilckens.

2390 H. -M. Lübking, *Paulus und Israel im Römerbrief: Eine Untersuchung zu Römer 9-11* (European University Studies 23/260. New York: Peter Lang, 1986) 76; Dunn, *Romans*, 574.

2391 contra Cranfield; Morris; Dunn.

면서 상호작용함과 동시에 결국 하나님의 주권적 뜻을 이루어 나간다. 그리고 인간의 철학이나 신학적 사고가 그 원리를 법칙화해서 이해하는 것을 허용하지 않는다. 이는 하나님의 지혜의 헤아릴 수 없는 속성 때문이기도 하다. 만일 우리가 모든 것을 하나님의 수준에서 다 알 수 있다면 유대인들도 복음을 배척하는 어리석은 선택을 하지 않았을 지 모른다. 그리고 하나님의 이방인 구원을 위한 그 계획도 성취되지 못했을 지도 모른다.

로마서 9:30-10:21절이 한 문단으로 묶이는 것은 이 문단이 인간의 선택의 문제를 다루기 때문이다. 이 부분이 로마서 9:6-29절과 구분되는 언어적 특징은 많다. 첫째, 로마서 9:30절의 티 운 에루멘그런즉 우리가 무슨 말 하리요은 바울이 주제를 바꿀 때 종종 사용하는 숙어다. 즉 유대인들이 하나님께서 남은 자들만 구원하시는 것에 대해 저항할 수 있겠는가. 아니라는 것이다. 그 이유는 이방인들이 언약의 자손으로 유입되게 된 것은 그들의 믿음 때문이고 유대인들이 그로부터 잘려나간 것은 그들의 불신앙 때문이기 때문이다. 이 주제가 이 문단에 다루지고 있는 만큼, 이 문단에는 믿음, 믿는다,[2393] 의[2394] 등의 단어가 많이 사용된다. 이 단어들이 로마서 9장에서 전혀 사용되지 않는 것과 비교할 때, 로마서 9:30-10:21절의 주제는 믿음과 불신앙의 대조라는 것이 밝히 드러난다. 그리고 이 문단의 주제는 유대인들의 불신앙과 그 책임을 고발하는 것인 만큼 그 내용이 로마서 2:17-29절의 내용과 공통된다는 것을 알 수 있다. 즉 유대인들은 모세의 율법을 지킴으로써 의를 이루려고 하다가 그 율법의 목적이신 예수 그리스도를 배척하는 비극을 가져왔다. 그들은 육신의 할례를 중시하다가 마음에 할례를 받지 못했으며 유대 민족주의에 빠져 있다가 이방인에게 진리의 빛을 비추는 역할을 하지 못했다. 이들이 변명할 수 없는 것은 구약성경이 바울이 전하는 복음을 이미 바라보고 있었다는 것이다. 즉 율법(롬10:6-8, 19), 선지서(롬9:32b-33; 10:15-16, 20-21), 기록들(롬10:18) 모두 믿음에 관한 메세지를 포함하고 있었다.[2395]

2392 Schreiner, *Romans*, 531; Moo, *Romans*, 617; Kuss, *Der Römerbrief*, 3.743.
2393 롬9:30, 32, 33; 10:4, 6, 8, 9, 10, 11, 14, 16, 17.
2394 롬9:30, 31; 10:3, 4, 5, 6.

그 핵심은 로마서 10:4절 말씀처럼 그리스도 예수시다. 이들에 대한 책망은 로마서 10:21절에 집약되어 있다: "이스라엘을 대하여 가라사대 순종치 아니하고 거스려 말하는 백성에게 내가 종일 내 손을 벌렸노라 하셨느니라".

이 문단에서 로마서 9:30-33절은 이방인의 믿음과 유대인의 불신앙을 대조하고 있다. 로마서 10:1-4절은 유대인들이 자기 의를 세우려고 하다가 하나님의 의에 이르지 못했다는 것을 말씀하고 있다. 로마서 10:5-13절은 이전에 율법을 지킴으로써 의를 이루는 방법은 어렵지만 이제 믿음으로써 의를 이루는 방법은 쉽다는 것을 말씀하고 있다. 로마서 10:14-15절은 선지자들이 유대인들에게 복음을 전했다는 사실을 확인하고 있고 로마서 10:16-21절은 유대인들이 선지자들의 증거를 배척했다는 사실을 상기시키고 있다. 놀랍게도 유대인이 복음을 배척하는 주제는 로마서 9:30-32절과 10:16-21절에 반복되고 있다. 이는 이 문단의 주제가 유대인의 강퍅함과 복음의 배척이라는 사실을 밝히고 있다. 따라서 문학구조상 이 문단은 inclusio[봉입형]의 형태를 가지고 있다는 것을 알 수 있다. 이는 로마서 9:30-10:21절이 로마서 9-11장의 문맥에서 사족에 해당한다고 보는 견해는[2396] 이 문단이 하나님의 신실하심을 증거하는 역할을 하고 있다는 것을 고려하지 않고 있다는 것을 나타낸다.

(가) 하나님의 의와 유대인과 이방인(롬9:30-10:13)

로마서 9:30-10:13절의 핵심 주제는 믿음과 의다. 바울은 이 개념을 바탕으로 하나님의 언약의 성취에 있어서 유대인과 이방인의 태도에 나타난 극명한 대조를 서술하고 있다. 첫째로 이방인들은 의를 좇지 않았다. 그러나 이스라엘은 의의 법을 좇았다. 둘째로, 이방인은 믿음에 의지했다. 그러나 유대인은 행위에 의지했다. 셋째, 그 결과 이방인은 의롭다하심을 얻었다.

2395 Moo, *Romans*, 618.

2396 N. A. Dahl, "The?Future of Israel," *Studies in Paul: Theology for the Early Christian Mission* (Minneapolis: Augsburg, 1977) 148; Bertold Klappert, "Traktat für Israel (Römer 9-11): Die paulinische Verhältnisbestimmung von Israel und Kirche als Kriterium neutestamentlicher Sachaussagen über die Juden." In *Jüdische Existenz und die Erneuerung der christlichen Theologie* (Abhandlungen zum jüdisch-christlichen Dialog 11. ed. Martin Stöhr. Munich: Kaiser, 1981) 80-81; Hays; Moo, *Romans*, 618.

반면에 유대인은 부딪힐 돌에 부딪혀 넘어졌다. 로마서 10:1절부터 바울은 왜 유대인들이 행위에 의지했는가 설명하고 있다. 그것은 자기 의를 세우려고 하나님의 의를 복종하지 않았기 때문이다(10:3). 율법으로 말미암는 의를 성취하기는 어려워도 복음을 믿음으로 얻는 의는 가까이 우리 입에 있고 우리 마음에 있다(10:8).

로마서 9:30절에서 바울은 티 운 에루멘그런즉 우리가 무슨 말 하리요으로 시작한다: "그런즉 우리가 무슨 말 하리요 의를 좇지 아니한 이방인들이 의를 얻었으니 곧 믿음에서 난 의요".[2397] "티 운 에루멘"은 바로 그 다음에 종종 또 다른 의문문을 수반한다. 그러나 30b-31절이 의문문이기에는 너무 문장이 길다. 또 32절은 디아 티왜의 의문문이기 때문에 30b-31절은 서술문으로 보는 것이 더 낫다.[2398] 여기서 이방인들이 의를 추구하지 않았다는 것은 이들이 도덕적 선을 추구하지 않았다거나 도덕적 이상을 가지지 않았다거나[2399] 혹은 이를 열심히 추구하지 않았다는[2400] 말씀이 아니다. 이는 이들이 하나님과의 바른 관계라는 의미의 의를 추구하지 않았다는 의미다.[2401] 이 절에서 좇는다디오우코우와 얻는다카타람바노우는 달리기 시합에서 골인 지점까지 경주하는 것을 의미한다.[2402] 그러나 무는 이 단어들이 광의의 의미를 가지기 때문에 이와 같은 특정한 의미를 지니지 않는다고 말한다.[2403] 윌켄스는 이는 트레코우달리다와 같은 의미를 가진다고 말한다.[2404] 바울은 로마서 9:16절에도 달리기의 비유를 사용하고 있다. 이러한 문맥에서 볼 때 이방인들이 하나님과의 옳바른 관계를 위해 열심히 노력하지 않았다는 것을 의미한다고 할 수 있다. 그러나 그들은 의를 얻었다. 이 "의"는 하나님 앞에서 법률적으로 의롭다하심을 얻는 것을 말한다. 이 법률적 의는 로마서 1:16; 3:28-29절의

2397 롬4:1; 6:1; 7:7; 8:31; 9:14.
2398 Schreiner; Sanday and Headlam; Fitzmyer; Moo.
2399 Jülicher.
2400 Dodd; Althaus.
2401 Barrett; Murray; Dunn; Käsemann; Cranfield; Morris.
2402 빌3:12; R. Badenas, *Christ, the End of the Law. Romans 10.4 in Pauline Perspective* (Journal for the Study of the New Testament Supplement Series 10. Sheffield: JSOT Press, 1985) 101; Shedd; Leenhardt; Schreiner.
2403 Moo, *Romans*, 621.
2404 Wilckens.

"의"와 일치한다. 이 의는 믿음을 통해서 은혜로 주어지는 의다.

로마서 9:31절의 접속사 데그러나는 이 절의 내용이 30절의 내용과 대조된다는 것을 나타낸다: "의의 법을 좇아간 이스라엘은 법에 이르지 못하였으니". 즉 이방인들은 의를 좇지 않았지만 믿음을 통해서 의에 이르렀다. 그러나 이스라엘은 의의 법을 좇아갔지만 법에 이르지 못했다. 여기서 바울이 이스라엘이 의에 이르지 못했다고 말씀해야 이방인들이 의에 이르렀다는 말씀과 명확히 대비된다. 그런데 왜 이스라엘이 법에 이르지 못했다고 말씀하는가. 그 대답을 찾기 위해서 여기서 "의의 법"노몬 디카이오수네이스이 무엇을 의미하는가를 알아야 한다. 첫째, 여기서 법노모스은 원칙이나 규칙을 의미한다는 해석이 있다.[2405] 그러면 이 절의 번역은 "의의 원칙을 좇아간 이스라엘은 원칙에 이르지 못했다" 혹은 "의의 원칙을 좇아간 이스라엘은 법에 이르지 못했다"가 된다. 즉 이스라엘은 의에 이르도록 하는 질서나 제도를 준수했지만 그 법에 이르지 못했다는 것이다.[2406] 31절에서 바울은 노모스법를 두 번 사용한다. 그러나 이 해석은 첫번째 노모스와 두 번째 노모스의 뜻의 관계를 명확히 밝히지 않는다. 그리고 "의의 법"에 있어서 "법"은 제도나 질서보다 광의의 의미를 가진다고 볼 때 이 해석은 여기서 제일 좋은 해석으로 볼 수 없다. 둘째, 노모스가 구약성경을 가리킨다고 보는 해석이다(롬3:21).[2407] 그러나 이 해석에 따르면 이스라엘이 의를 증거하는 구약성경을 좇았다는 것을 의미하는데 이 개념은 좀 모호하다. 노모스가 구약성경 전체를 가리킬 때도 있지만 31절에서 바울이 노모스를 이렇게 광의의 의미로 사용하고 있는가는 확실하지 않다. 그리고 31절 후반부의 노모스의 의미와의 관계가 명확하지 않다. 셋째, 노모스가 모세의 율법을 의미한다고 보는 해석이다. 즉 이스라엘은 의에 이르기 위해서 모세의 율법을 좇았지만 법에 이르지 못했다는 것이다. 이 해석은 로마서 10:5절의 내용율법에 기반한 의의 지지를 받는다. 그리고 32절의 내용과 일치한다. 즉 이스라엘은 모세의 율법을 좇아 행위로

2405 롬3:27b; 7:21, 23; 8:2; Murray; S-H.

2406 Murray, *Romans*, II,43.

2407 Rhyne, *Faith Establishes the Law*, 99-101; Badenas, *Christ the End of the Law*, 104-5; Cranfield.

써 의를 이루려고 했지만 율법의 요구를 만족시키지 못했다는 것이다.

"의의 법"에 있어서 소유격 "의"의 기능에 대해서는 여러 해석이 있다. 이를 형용사적 소유격으로 보면 의로운 법이 된다.[2408] 주격으로 보면 "의의 성격을 가진 법"이 된다.[2409] 그러나 대다수의 학자들은 이를 목적격 소유격 objective genitive으로 본다. 즉 "의의 법"은 의를 이루는 법이다. 이와 같은 시각에서 "의의 법"을 의를 약속하는 율법,[2410] 의를 요구하는 율법, 의를 가져오는 율법, 의의 수단으로써의 율법으로 해석할 수 있는데 이 해석들은 "의의 법"의 어구에 너무 많은 개념을 부여하는 결과를 낳는다.[2411] 여기서 어떤 학자들은 바울이 "법의 의"를 "의의 법"으로 환치시켰다고 보고 "의의 법"은 "법의 의"를 의미한다고 주석한다.[2412] 그러나 바울이 우연히 이 어구를 환치시켰다고 볼 수는 없다. 그 이면에는 분명한 의도가 있다. 그것은 그 당시 모세의 율법의 요구를 이루기 위해 열심이었던 경건한 유대인들에게 큰 충격을 줄 수 있는 표현이다. 바울이 31절에서 30절과 완전한 대조법을 구성하는 것을 피한 이유는 바로 이 변증적 효과를 크게 하기 위해서라고 볼 수 있다.[2413] 바울은 여기서 율법의 의가 아니라 "의의 법" 즉 율법 자체를 강조하고 있다. 그리고 율법을 좇아간 이스라엘은 의에 이르지 못했다고 서술하지 않고 법에 이르지 못했다고 말씀한다. 이는 그들이 율법을 완전히 지키지 못했다는 것을 의미한다. 이 점에서 31절의 두 번째 노모스법를 "원칙"으로[2414] 해석하는 것은 부자연스럽다.[2415] 이스라엘이 이르지 못한 것은 원칙이 아니라 율법의 요구를 성취하지 못한 것을 말한다. 즉 그들은 하나님의 의에

2408 Barrett; Meyer.

2409 J. Toews, "The Law in Paul's Letter to the Romans: A Study of Romans 9:30-10:13" (Ph.D. diss., Northwestern University, 1977) 117-18, 132.

2410 Lietamann; Schlier; Rhyne; Hübner; Käsemann.

2411 Dunn, *Romans*, 581.

2412 RSV; NJB; Calvin, Romans, 217; Shedd; Schmithals, *Römerbrief*, 363; O. Hofius, " 'All Israel Will Be Saved' : Divine Salvation and Israel's Deliverance in Romans 911." *Princeton Seminary Bulletin Supplement* 1 (1990) 24-25.

2413 Dunn, *Romans*, 582.

2414 Calvin; Hodge; Zahn; Hofius.

2415 C. E. B. Cranfield, "Some Notes on Romans 9:30-33," in *Jesus und Paulus* (Festschrift für Werner Georg Kümmel zum 70. Geburtstag. Ed. E. E. Ellis and E. Grässer; 2d ed.; Göttingen: Vandenhoeck & Ruprecht, 1978) 36-37.

이르지 못한 것이다. 이는 로마서 1:17절이 말씀하는 칭의에 이르지 못한 것을 의미한다고 볼 수 있다. 어떤 학자는 이 절의 동사 프싸노우이르다를 "먼저 오다"로 번역한다.[2416] 이는 이스라엘이 법에 이르지 못한 것이 아니라 이방인 보다 먼저 법에 이르지 못했다는 것을 의미한다는 것이다. 살전4:15절에서 이 동사는 "먼저 오다" 혹은 "앞서다"를 의미한다. 그러나 바울 서신의 다른 구절에서 이 동사는 항상 "도착하다", "이르다"를 의미한다.[2417] 여기서 이 동사는 30절의 카타람바노우얻다와 같은 의미를 가진다고 할 수 있다.[2418]

로마서 9:32절은 디아 티why로 시작하면서 의의 법을 좇아간 이스라엘이 왜 법에 이르지 못했는가 묻는다: "어찌 그러하뇨 이는 저희가 믿음에 의지하지 않고 행위에 의지함이라 부딪힐 돌에 부딪혔느니라". 이 절에서 호티왜냐하면절은 "디아 티"의 질문에 대한 답을 제공하고 있다. 즉, "그것은 저희가 믿음에 의지하지 않고 행위에 의지함이다". 이 문장은 주동사를 생략하고 있다. 케제만은 "살다"를 이 문장에 넣어 "저희가 믿음으로 살지 않고 행위에 의지해서 살"았기 때문이라고 주석한다. 윌크켄스는 프싸노우미리 오다를 집어 넣어 저희가 행위에 의지해서 미리 법에 이르렀다고 해석한다.[2419] 그러나 이는 바울이 본문의 문맥에서 말씀하는 내용과 모순된다. 그러나 대부분의 주석가들은 디오우코우좇다를 집어 넣어 "저희가 믿음으로써가 아니라 행위로써 좇"았기 때문이라고 해석한다.[2420] 그러면 여기서 "좇다"의 목적어는 무엇인가. 어떤 학자들은 이를 "의"라고 보고 저희가 믿음으로 의를 좇지 않고 행위를 좇았기 때문에 법에 이르지 못했다고 이해한다.[2421] 그러나 본문의 문맥에서 뚜렷한 주제는 의가 아니라 법이라는 점이 분명하다. 그리고 31절과 함께 생각할 때 저희가 좇은 것은 의의 법이라는 것을 알 수 있다. 즉 저희가 의의 법을 좇아 갈 때 법에 이르지 못한 것은 믿음으로부터 의의 법을 좇은 것이 아니고 행위로부터 의의 법을 좇았기 때문이다. 그 결과 법이

2416 Badenas, *Christ the End of the Law*, 104; Thielman, *From Plight to Solution*, 112-13.
2417 고후10:14; 빌3:16; 마12:28; 눅11:20; G. Fitzer, *TDNT*, 9:88-92.
2418 Schreiner, *Romans*, 538.
2419 Wilckens, *Römer*, 212.
2420 NIV; Osborne; Cranfield; Schreiner; Moo; Morris.
2421 Morris; Ziesler; Meyer; Hodge.

가져오는 의에도 이르지 못한 것이다. 바울은 여기서 접속사 호우스as를 엑스 엘고운out of works 앞에 놓아 마치 이스라엘이 행위로부터 법에 이를 수 있는 양 의의 법을 좇았다고 묘사하고 있다. 고든은 32a의 주어가 "법"이라고 생각한다.[2422] 그래서 법이 믿음에 바탕을 두지 않고 행위에 바탕을 두었다고 해석한다. 이는 갈라디아서 3:12a율법은 믿음에서 난 것이 아니다와 병렬된다는 점에서 흥미로운 주장이지만 이는 접속사 호우스as의 의미를 설명하기 어려운 주장이라는 점에서 받아들이기 어려운 해석이다.[2423]

여기서 분명한 것은 이스라엘이 의의 법을 좇아간 것 자체는 옳았다는 것이다. 그러나 그들이 이를 통해 법에 이르지 못한 이유는 그들이 믿음으로부터 의의 법을 좇지 않고 마치 행위로써 법에 이를 수 있는 양 의의 법을 좇은 것이다.[2424] 그들은 율법을 믿음으로써 지키려고 하지 않고 행위로써 지키려고 한 결과 율법의 요구에 이르지 못했다. 이스라엘의 문제의 핵심은 율법주의라고 할 수 있다. 이와 달리 던은 이스라엘의 문제는 율법을 의식과 제도로 규정하고 율법을 너무 협의로 이해한 결과 유대 민족주의의 장벽을 쌓고 이방인들을 언약의 축복으로부터 배제한 것이라고 주장한다.[2425] 그러나 바울은 본문의 문맥에서 법을 이렇게 협의의 의미로 사용하지 않고 있다. 샌더스는 여기서 이스라엘의 유일한 문제는 예수 그리스도를 믿지 않은 것이라고 주장한다.[2426] 그러나 바울이 지적하는 그들의 문제는 그들이 자신의 무능력을 인식하지 못하고 율법을 지킴으로써 의롭다하심을 받을 수 있다고 믿은 것이다. 그리하여 그들은 율법이 가리키는 분 즉 그리스도 예수를 보지 못하게 되었다. 율법을 그리스도 예수 위에 놓은 결과 복음을 배척하게 되었다. 그들은 율법이 가리키는 예수에게 이르지 못하고 율법을 지키려고만 하

2422 T. D. Gordon, "Why Israel Did Not Obtain Torah-Righteousness: A Translation Note on Rom 9:32," *WTJ* 54 (1992) 163-66.

2423 Moo, *Romans*, 626; Schreiner, *Romans*, 538.

2424 Moo; Badenas; Cranfield; Morris; Fuller; Fitzmyer; Rhyne.

2425 Dunn, *Romans*, 582; Toews, "The Law in Paul' s Letter," 141-45; Longenecker, *Eschatology*, 217; Ziesler, *Romans*, 251-54.

2426 Sanders, *Paul, the Law*, 42; Wilckens, *Römer*, 215-16, 232; W. Reinbold, "Paulus und das Gesetz: Zur Exegese von Röm 9,30-33." *Biblische Zeitschrift* n.s. 38 (1994) 253-64; Räisänen, *Paul and the Law*, 174-75.

다가 율법의 요구 자체도 만족시키지 못하고 멸망에 이르게 된 것이다. 율법을 완전히 지킴으로써 의에 이를 수 있는 사람은 없다. 그것은 인간이 아담에게서 유산 받은 원죄와 그로 인한 타락한 마음 때문이다.[2427] 이 인간의 곤경의 상황을 해결하기 위해서 하나님께서 주신 길이 예수님을 구주로 믿어 의롭게 되는 것이다(롬3:21-26). 그러나 이스라엘은 예수님을 배척했고 하나님의 진노의 대상이 되게 되었다. 이를 32b는 "저희가 부딪힐 돌에 부딪혔다"고 표현한다. 여기서 돌리쏘스이 법을 가리킨다고 보는 것은 옳지 않다.[2428] 왜냐하면 본문의 문맥에서 법은 부정적 의미를 내포하지 않기 때문이다. 돌이 복음을 가리킨다고 보는 것도 정확한 해석은 아니다.[2429] 라이트는 돌은 법과 그리스도를 함께 가리키고 있다고 본다.[2430] 그러나 로마서 10:11절이 분명히 말씀하듯이 여기서 돌은 예수 그리스도를 가리킨다고 보는 것이 제일 맞는 해석이다. 이 해석은 33절의 내용과 일치하며 그리스도를 돌 혹은 반석으로 제시하는 초대교회의 가르침과도 일치한다.[2431] 여기서 소유격 프로스콤마토스stumbling는 사역적 의미를 가지며 이 돌은 넘어지게 하는 돌임을 나타낸다. 이 능동의 의미는 하나님께서 이들의 마음을 강퍅하게 하신 주권적 역사와 병렬된다. 부딪히다프로스콥토우는 넘어지다는 것을 의미한다. 그 시제가 아오리스트과거 시제인 것은 이미 넘어져서 다시 일어설 수 없음을 나타낸다. 이를 우리가 30-31절의 달리기 경주를 배경으로 이해하면 바울은 이스라엘이 넘어지게 하는 돌에 부딪혀 넘어짐으로써 고울 지점에 이르지 못한 것을 생생하게 묘사하고 있다는 것을 알 수 있다.[2432]

로마서 9:33절에서 바울은 이사야 28:16; 8:14절을 인용하면서 이스라엘이 행위에 의존함으로써 넘어지게 되는 것은 이미 구약성경이 예언하고 있

2427 Westerholm; Martin; Thielman; Schreiner; Gundry; Moo.

2428 C. K. Barrett, "Rom 9:30-10:21: Fall and Responsibility of Israel," in *Essays on Paul* (Philadelphia: Westminster, 1982) 111-12; Gaston, *Paul and the Torah*, 129; P. W. Meyer, "Romans 10:4 and the 'End' of the Law," in *The Divine Helmsman: Studies on God's Control of Human Events, Presented to Lou H. Silberman* (Edited by J. L. Crenshaw and S. Sandmel. New York: Ktav, 1980) 64.

2429 Fitzmyer, *Romans*, 579.

2430 Wright, *Climax of the Covenant*, 244.

2431 막12:10-11; 행4:11; 벧전2:6-8; Cranfield; Wilckens; Dunn; Moo; Harrisville; Schreiner.

2432 Murray, *Romans*, II, 44.

다는 것을 말씀한다: "기록된 바 보라 내가 부딪히는 돌과 거치는 반석을 시온에 두노니 저를 믿는 자는 부끄러움을 당치 아니하리라 함과 같다". 이사야 28:16절은 "그러므로 주 여호와께서 가라사대 보라 내가 한 돌을 시온에 두어 기초를 삼았노니 곧 시험한 돌이요 귀하고 견고한 기초 돌이라 그것을 믿는 자는 급절하게 되지 아니하리로다"라고 말씀한다. 그리고 이사야 8:14절은 "그가 거룩한 피할 곳이 되시리라 그러나 이스라엘의 두 집에는 거치는 돌, 걸리는 반석이 되실 것이며 예루살렘 거민에게는 함정, 올무가 되시리니"라고 말씀한다. 이사야는 앗시리아의 위협을 배경으로 그 백성들이 하나님을 믿고 의지할 것을 경고하고 있다. 즉 그들이 믿지 않을 때 하나님께서 그들에게 거치는 돌 걸리는 반석이 되신다는 말씀을 바울은 예수님을 믿지 않을 때 예수께서 그들에게 부딪히는 돌, 거치는 반석이 되신다고 말씀하고 있다. 이렇게 이사야의 예언을 예수님을 믿지 않는 유대인들에게 적용함에 있어서 바울은 이사야의 구절을 그대로 옮기지 않고 그에 수정을 가하고 있다. 즉 칠십인역의 엠발로우던지다를 티쎄이미놓다로, 에이스 타 쎄멜리아 시오운주춧돌로써 시온에을 엔 시오운시온에으로, 그리고 카타이스쿤쎄이과거 가정법 수동태를 카타이스쿤쎄이세타이미래 수동태 직설법로 대체하고 있다. 그리고 로마서 9:33절과 이사야 28:16(LXX)절은 카타이스쿠노우수치를 당하다와 에프 아우토우그를를 포함하고 있는 반면에 히브리성경은 단지 그 원형이 무엇인지 확실하지 않은 동사 형태 야히쉬급절하게 되다를 포함하고 있다. 따라서 이사야 28:16절의 인용에 있어서 바울은 히브리성경보다 칠십인역에 더 의존하고 있다고 볼 수 있다. 그러나 이사야 8:14절의 "부딪히는 돌과 거치는 반석"리쏜 프로스콤마토스 카이 페트란 스칸달루의 인용은 히브리어성경 구절에 더 가깝다고 할 수 있다. 따라서 바울은 이 두 이사야의 구절로부터 취한 어구들을 합해서 그리스도 예수의 관점에서 로마서 9:33절에 재구성하고 있다고 할 수 있다. 이사야의 "돌"을 메시아적 관점에서 이해하는 것은 이미 바울 이전의 문학에 발견되고 있다.[2433] 그리고 놀라운 것은 베드로전서 2:8절도 이사야의 이

2433 1QH6:26-27; 1 QS8:7; Isaiah Targum (cited in Cranfield); Str-B, 3.276; J. Jeremias, *TDNT*, 4:272-73.

두 구절을 합성해서 인용하고 있다는 것이다. 그리고 이사야 8:14절의 인용에 있어서 로마서 9:33절과 베드로전서 2:8절은 모두 아퀼라, 심메쿠스, 데오도션의 구절과 매우 가깝다. 따라서 어떤 학자들은 메시아적 "돌"에 대한 이사야의 예언들이 초대교회의 신앙고백집에 이미 합성되어 있었다고 주장한다.[2434] 바울이 이를 인용해서 로마서 9:33절을 기록하고 있는지는 확실하지 않다.[2435] 케제만은 메시아적 돌에 대한 이사야의 예언 구절들의 합성이 문서로써 보다는 구전으로 널리 퍼져 있었을 것이라고 생각한다.[2436] 또한 로마서 9:33절은 칠십인역이나 히브리어 성경 구절과는 다른 표현들을 내포하고 있기 때문에 바울이 초대교회의 고백집을 사용했다기 보다는 이미 초대교회에 정립되어 있던 이사야의 "돌"에 대한 메시아적 변증을 배경으로 9:33절을 썼다고 볼 수 있다.[2437]

로마서 9:33절에서 바울은 이사야 28:16절의 "귀하고 견고한 기초 돌"을 이사야 8:14절의 "거치는 돌 걸리는 반석"으로 대체해서 "저를 믿는 자는 부끄러움을 당하지 아니하리라함과 같다"고 말씀한다. "저를"은 히브리성경에는 없는 표현이고 "부끄러움을 당하지 않는다"는 히브리어 성경의 "급절하게 되지 않는다"를 대체하고 있다. 스칸달론은 프로스콤마와 비슷한 의미를 가진다. 사전적 의미로써 이는 "공격"을 의미하고 대항하게 만드는 것 혹은 분노의 대상을 가리킨다.[2438] 신약에서 이 단어는 "넘어지게 하는 것"을 의미한다.[2439] 이사야는 여호와를 믿고 의지하는 자는 앗시리아 군대의 침입 속에서도 급히 도망가는 수모를 겪지 않을 것임을 서술하고 있다. 바울이 이를 부끄러움을 당하지 않으리라고 표현한 것은 믿는 자들이 당황스러운 순간을 만나지 않을 것이라는 말씀이 아니고 마지막 심판 때 영벌을 면하게 될

2434 Lindas, *New Testment Apologetic*, 177-79; Michel; *Bibel*, 40ff.

2435 *contra* Dunn, *Romans*, 584; Koch, *Die Schrift*, 59-60; Stanley, *Paul and the Language of Scripture*, 123-24; C. H. Dodd, *According to the Scriptures: The Sub-structure of New Testament Theology* (New York: Scribner, 1953) 43; Stählin, *TDNT*, 7:353.

2436 Käsemann, *Romans*, 279.

2437 마21:42; 눅20:17-18; 행4:11; 고전3:11; 엡2:20; 벧전2:4-8; Morris, *Romans*, 376; Hultgren, Romans, 380.

2438 Dunn, *Romans*, 585.

2439 마16:23; 고전1:23; 갈5:11; TDNT, 7:342.

것이라는 것을 의미하는 것이다.[2440] 여기서 그를 믿는다피스테우에인 에피는 예수님을 믿고 신뢰하는 것을 말한다. 이와 같이 바울은 그리스도 예수께서 믿지 않는 자들에게는 넘어뜨리는 돌이 되고 믿는 자들에게는 구원의 반석이시라는 것을 명료하게 서술하고 있다. 이는 동사 티쎄이미두다에 나타나 있듯이 하나님께서 주권적으로 예정하신 것이다.[2441] 따라서 유대인들이 복음을 배척하고 이방인이 복음을 믿는 것은 충격적인 일이 아니다. 왜냐하면 이는 구약의 예언이 이미 가리키고 있던 일이기 때문이다. 로마서 10장에서 바울은 이 사실을 더 자세히 설명하고 있다.

로마서 10:1절의 호격 "형제들아"아델포이는 바울이 여기서 주제를 바꾸는 신호라고 볼 수 있다: "형제들아 내 마음에 원하는 바와 하나님께 구하는 바는 이스라엘을 위함이니 곧 저희로 구원을 얻게 함이라".[2442] 그러나 바울이 로마서 10:2-3절에서 말씀하는 바는 로마서 9:30-33절의 내용의 반복이다. 따라서 필자는 로마서 10:1-13절을 로마서 9:30-33절과 함께 한 문단으로 본다. 여기서 바울이 설명하는 것은 유대인들이 행위로써 의를 이루려다가 예수님을 믿지 못하게 되었고 하나님의 의에 이르지 못하게 되었다는 것이다. 샌데이 헤들렘은 1절에서 유도키아는 "선의"good will 혹은 "즐거움"good pleasure을 의미한다고 주석한다.[2443] 그러나 시락 18:31에서 이 명사는 인간의 원하는 바를 의미한다.[2444] 그리고 본문의 문맥에서 바울이 마음에 "원하는 것"desire이란 뜻이 더 잘 어울리는 의미다.[2445] "마음"카르디아은 사람의 내적 인격의 중심을 가리킨다. 바울이 그 마음에 원하는 것은 그가 그 동족 이스라엘의 구원을 위해서 기도하는 마음의 진실성을 가리키고 있다. "기도"데에이시스는 후페르 아우토운그들을 위해서에 걸린다. 그리고 그 목적은 에이스 소우테이리안for salvation이다. 배렛은 이는 로마서 11:26절에 걸리는 기도로써

2440 Osborne, *Romans*, 263; Käsemann, *Romans*, 279; Byrne, *Romans*, 314; Schreiner, *Romans*, 541.
2441 Müller, *Gottes Gerechtigkeit*, 36; Dunn, *Romans*, 584.
2442 롬1:13; 7:1, 4; 8:12; 11:25; 12:1; 15:14, 30; 16:17.
2443 살후1:11; Ps. Sol. 16.12; 빌1:15; 엡1:5; Sanday and Headlam, *Romans*, 282; G. Schrenk, *TDNT*, 2:746.
2444 Sirach 18:31; 대하15:15; 시145:9; Dunn, *Romans*, 585.
2445 Schreiner; Michel; Cranfield; Wilckens; Fitzmyer; Moo; Dunn.

이스라엘의 강퍅함이 나중에 반전될 것을 가리키고 있다고 말한다.[2446] 그러나 바울이 자신의 기도로써 하나님께서 강퍅하게 하신 사람의 마음이 녹아질 수 있다고 믿지는 않았을 것이다. 왜냐하면 바울은 로마서 11:8-10절에서 이스라엘의 넘어짐이 돌이킬 수 없는 배교의 사건임을 분명히 밝히고 있다. 또 로마서 9:32절의 동사 프로스콥토우넘어지다도 과거시제아오리스트로써 진노의 그릇에 속하는 유대인들의 배교가 되돌릴 수 없는 결정적 사건임을 나타내고 있다. 이스라엘의 배교의 시기에도 하나님께서는 그 남은 자후포레임마를 기억하셨다(롬9:27; 11:5). 따라서 바울의 기도는 그 남은 자들의 회심을 위한 기도라고 보는 것이 로마서 9장에서 그가 설명한 하나님의 예정론과도 일치하는 해석이다. 그러나 레엔하르드트는 바울이 이스라엘의 구원을 위해서 기도하는 것은 앞에서 한 로마서 9장의 예정론적 해석을 약화시킨다고 주석한다.[2447] 한편으로 바울이 그 동족의 구원을 위해서 기도하는 마음은 분명히 인간이 예정론을 앞세워 운명주의에 빠져서는 않된다는 것을 상기시킨다. 그렇지만 동시에 사람의 기도가 하나님의 주권적 결정을 바꿀 수 없다는 가르침이 성경에 많이 발견된다.[2448] 따라서 하나님의 예정이 사람의 간절한 탄원으로 바뀔 수 있는 것으로 보는 것도 로마서 9장의 예정론적 가르침을 약화시키는 해석이라고 할 수 있다. 바울의 간절한 탄원은 하나님께서 구원하시기로 예정하신 자들의 회심과 관계되어 있다고 볼 수 있다. 하나님의 예정과 인간의 책임은 서로 결속되어 있지 서로 배타적이거나 모순적이지 않다.[2449]

로마서 10:2절은 접속사 갈왜냐하면로 시작하며 바울이 왜 이스라엘의 구원을 위해서 기도하는지 설명하고 있다: "내가 증거하노니 저희가 하나님께 열심이 있으나 지식을 좇은 것이 아니라". 동사 "증거하다"마르투레오우는 "직접 체험한 지식을 바탕으로 일이나 경험에 대한 사실을 선언하거나 확인하

2446 Barrett; Fitzmyer.

2447 Leenhardt, *Romans*, 264; Dunn, *Romans*, 586.

2448 출32:33이하; 렘11:14-17; 14:11-12; 마12:31-32; 히6:4-6; 10:26-29; 요일5:16; *contra* Käsemann; Bengel; F. W. Maier, *Israel in der Heilsgeschichte nach Römer 9-11* (Biblische Zeitfragen 12/11-12, Münster: Aschendorff, 1929) 69.

2449 Schreiner, *Romans*, 542.

는 것"을 말한다.[2450] 유대인들의 하나님께 대한 열심은 바울 자신이 바리새인으로써 유대교를 열심히 믿은 경험을 통해서 잘 알고 있는 사실이다. "하나님께 대한 열심"제일론 쎄우은 마카비, 열심당, 쿰란, 랍비 사회에서 비느하스와 엘리야의 본을 따른 유대 경건주의를 가리키는 숙어라고 한다.[2451] 명사 제일로스열심는 긍정적 의미로[2452] 혹은 부정적 의미로[2453] 사용된다. 로마서 10:2절에서는 이 단어가 긍정적인 의미를 가지고 있다고 볼 수 있다.[2454] 그러나 이스라엘의 문제는 하나님께 대한 열심을 지식을 좇아 하지 않은데 있었다. 샌데이와 해들렘은 여기서 에피그노우시스지식는 그노우시스지식와 달리 보다 높고 완전한 지식을 의미한다고 말한다.[2455] 반면에 로빈슨은 그노우시스는 광의적 지식을 의미하고 에피그노우시스는 특정한 대상에 대한 지식을 의미한다고 주장한다.[2456] 다른 학자들은 에피그노우시스는 실질적인 지식을 그노우시스는 이론적인 지식을 의미한다고 생각한다.[2457] 크랜필드는 여기서 그들의 "지식"은 하나님에 대한 지식을 의미한다고 생각한다.[2458] 그래서 그들은 하나님을 알았지만 이해하지perceive는 못하고 있었다고 해석한다. 그러나 3-4절을 통해 보면 바울은 여기서 그들이 믿음으로 하나님의 의를 이룬다는 지식이 없었다는 것을 가리킨다는 것을 알 수 있다. 그들은 하나님께 대한 열심이 중요하다는 지식은 가지고 있었다. 그러나 행위를 통해서가 아니라 믿음을 통한 열심이 필요하다는 것은 몰랐던 것이다.

로마서 10:3절은 그들의 열심이 지식을 바탕으로 하지 못한 이유를 설명한다. 그것은 "하나님의 의를 모르고 자기 의를 세우려고 힘써 하나님의 의

2450 H. Strathmann, *TDNT*, 4:496.

2451 삿9:4; *Jub*. 30.5-20; 창 34; 민25:10-13; Sir 45:23-24; 1 Macc 2.26, 27, 50, 54; 2 Macc 4:2; 4 Macc18.12; 1QS4.4; 9.23; 1QH 14.14; Martin Hengel, *Die Zeloten: Untersuchungen zur jüdischen Freiheitsbewegung in der Zeit von Herodes I. bis 70 n. Chr* (AGJU 1; Leiden: Brill, 1961) 152ff.; Käsemann, *Romans*, 280; Dunn, *Romans*, 586.

2452 고후7:7, 11; 9:2; 11:2; 고전12:31; 14:1, 39; 딛2:14.

2453 롬13:13; 고전3:3; 고후12:20; 갈5:20; 고전13:4; Dunn, *Romans*, 586.

2454 Morris, *Romans*, 378.

2455 Sanday and Headlam, *Romans*, 283.

2456 Robinson, Ephesians, 248-54; Morris, *Romans*, 379.

2457 Godet; Michel; Wilckens; Käsemann; Moo, *Romans*, 632.

2458 Cranfield, *Romans*, 514; Osborne.

를 복종하지 않"았기 때문이다. 이 절에서 두 개의 분사 아그눈테스모르다와 제이툰테스구하다는 후페타게이산복종하다을 수식한다. 동사 아그노에오우는 모르다는 뜻 외에 무시하다는 뜻을 가지는데 이 절에서는 후자의 뜻으로 사용되고 있다. 이는 이들이 하나님의 의를 능동적으로 무시했다는 것을 나타내며 그 책임도 그들에게 있다는 것을 의미한다.[2459] "하나님의 의"는 로마서 1:17절에서 본 바 대로 하나님의 (i)구속적 신실하심[2460]; (ii)하나님의 능력[2461]; 혹은 (iii)의의 신분을[2462] 의미한다. 곧 이는 우리가 예수를 믿음으로써 하나님께로부터 부여받는 의롭다하심의 신분을 의미한다. 이는 하나님께서 우리의 믿음을 통해서 우리를 의롭다고 하시는 행위를 포함한다. 유대인들은 이 하나님의 의롭다하심에 의지한 것이 아니라 자신들의 행위에 의지해서 스스로 의롭다하심의 지위를 획득할 수 있는 것으로 착각했다. 이들은 자신들의 의를 세우기를 힘썼다. 여기서 제이테오우는 2절의 제일로스와 상응하는 단어로써 유대인들이 자신의 의를 세우려고 열심이 노력하는 것을 가리킨다. 테인 이디안their own은 문맥에서 자기들의 "의"를 가리키는 것이 분명하다.[2463] 이는 하나님께서 부여하시는 "의"의 지위를 자신들의 노력으로 획득하려고 한 것을 의미한다. 이는 이들의 율법주의를 가리키고 있다.

그러나 바울에 대한 신관점을 가진 학자들은 여기서 "자기들의 의"는 안식일, 할례, 절기 등과 같은 율법을 통해서 유대인의 민족적 의를 이루는 것을 말한다고 주장한다.[2464] 그러나 이 해석은 옳지 않다. 그 이유는 (i)로마서 9:31-32a; 10:5절에서 알 수 있는 것처럼 "자기들의 의"는 "자기 의"self-righteousness를 의미한다고 보는 것이 문맥에 맞다; (ii)빌3:6-9절에서 알 수 있듯이 하나님의 의와 자신의 의가 대조될 때 하나님의 의는 믿음에 바탕을

2459 Dunn, *Romans*, 587.

2460 Wilckens; Schreiner; Williams.

2461 Käsemann.

2462 Godet; Murray; Cranfield; Stuhlmacher; Müller.

2463 Calvin; Schreiner; Moo; Fitzmyer; Godet; Murray; Michel; Hofius; Cranfield; Barrett; Wilckens; Käsemann; Westerholm.

2464 Sanders, *Paul, the Law and the Jewish People*, 44-45; Longenecker, *Eschatology*, 219; Gaston, *Origins of Anti-Semitism*, 249-50; Dunn, *Romans*, 587-88; S. R. Bechtler, "Christ, the Τέλος of the Law: The Goal of Romans 10:4." *Catholic Biblical Quarterly* 56 (1994) 297-98.

두고 있고 자신의 의는 자신의 노력에 바탕을 두고 있다. 이는 개개인의 노력을 의미하지 이스라엘의 노력을 의미하는 것이 아니라는 것을 말한다; (iii)"자기들의 의"는 구약의 "자기자신의" 의와 상응하는 개념이다(신9:4-6). 즉 그들이 약속의 땅을 획득하게 된 것은 그들 자신의 의 때문이 아니라 하나님께서 그들을 자신의 백성으로 삼으신 은혜 때문이었다.[2465] 이 점에서 하나님의 의는 하나님으로부터 말미암는 "의"지 하나님과 관계없이 자신이 획득하는 의가 아니다. 이것을 무시하고 유대인들은 하나님의 의에 복종하지 않았다. 여기서 후포타소우복종하다는 과거시제아오리스트다. 이는 이들이 메시아를 배척한 역사적 사건만을 의미하는 과거시제가[2466] 아니라 많은 유대인이 복음을 배척한 것을 요약하는 포괄적 단순과거constative aorist다. 이를 수동태로[2467] 볼 것인가 중간태로[2468] 볼 것인가는 의미에 차이를 가져오지 않는다. 그들이 자기 자신들을 하나님의 의에 복종하지 않았다는 의미는 문맥에서 확실하다.

로마서 10:4절을 시작하는 접속사 갈왜냐하면은 4절의 내용이 3절 그리고 나아가 1-3절의 내용을 설명하고 있다는 것을 나타낸다. 즉 저희가 자기 의를 세우려고 힘써 하나님의 의를 좇지 않았다는 말씀을 바울이 하는 이유는 "그리스도께서 모든 믿는 자들에게 의를 이루기 위해서 율법의 마침이 되셨다"는 사실 때문이다. 여기서 텔로스는 세가지로 번역이 가능하다. (i)목적.[2469] 즉 그리스도는 율법의 목적이셔서 모든 믿는 자들에게 의를 가져오셨다가 된다. 배디너스는 성경밖의 헬라어에서 텔로스는 보통 목적 혹은 의도를 의미한다고 주장한다.[2470] 로마서 9:30-33절의 경주race의 주제를 배경으로 이 구절을 해석하면 그리스도는 이 경주의 목적으로써 유대인들은 예수를 믿지 않음으로써 그 목적을 이루지 못하고 넘어졌다는 뜻이 된다. 이

2465 Moo, *Romans*, 635.
2466 Cranfield, *Romans*, 515.
2467 Morris.
2468 KJV; NASB; REB; TEV; Sanday and Headlam, *Romans*, 283.
2469 Chrysostom; Barth; Howard; Cranfield; Meyer; Rhyne; Wilckens; Bring; Badenas; Fitzmyer; F. Flückiger, "Christus, des Gesetzes τέλος," TZ 11 (1955) 153-57; Jewett; Fuller; Aletti; Osten-Sacken; Snodgrass; Ziesler; Thielman; Bechtler; Stowers.
2470 Badenas, *Christ the End of the Law*, 38-80.

목적론적 해석을 따라 그리스도께서 율법의 완성fulfillment[2471] 혹은 실체substance시라고[2472] 번역해도 무방하다. 이에 따르면 유대인들이 율법을 통해서 그리스도를 보았어야 한다는 추론이 가능하다. 그러나 그들은 율법 그 자체를 지키는데 열심이었지 율법이 가리키는 그리스도를 보지 못했다고 볼 수 있다. 이 해석은 본문의 문맥에서 맞는 해석이고 해석사적으로 많은 지지를 얻고 있다. 그러나 그 타당성이 있음에도 불구하고 이 해석이 최선의 해석이 될 수 없는 이유가 있다. 첫째, 바울은 오직 믿는 자들에게 그리스도께서 율법의 목적이시라고 말씀하고 있다는 것이다. 그리고 바울은 그리스도께서는 모든 사람에게 하나님의 의시라고 말씀하고 있다(3절). 즉 모든 믿는 자들에게 율법은 하나님의 의를 이루기 위한 통로가 아니다. 따라서 만일 바울이 그리스도께서 율법의 목적이시다라고 말씀하려 했다면 10:4절은 "모든 믿는 자들에게"의 어구 없이 "그리스도는 의를 위해서 율법의 목적이시다"라고 했을 것이다.[2473] 왜냐하면 그리스도는 믿는 자든지 믿지 않는 자든지 관계없이 모든 사람들에게 의를 이루기 위해 율법의 목적이시라고 할 수 있기 때문이다. 둘째, 4절에서 텔로스는 술어로 기능한다. 그러나 만일 그리스도께서 율법의 목적이시다고 말씀하려 했다면 바울은 텔로스를 술어가 아니라 주어로 표현했을 것이다.[2474] 셋째, 바울 서신에서 오직 디모데전서 1:5절에서만 바울은 텔로스를 "목적"의 의미로 사용하고 있다.[2475] (ii)정점culmination, consummation, climax.[2476] 무는 경주race는 끝나는 지점을 향해서 달리는 것이므로 목적의 의미를 내포한다고 주장한다. 이와 동시에 경주가 끝난다는 의미도 가지기 때문에 텔로스를 정점으로 번역하는 것이 제일 낫다고 주장한다. 이와 비슷한 입장은 텔로스가 "끝"이라는 의미와 "목적"의 의미를 다 가진다고 보는 견해다.[2477] 그러나 이 해석은 앞의 해석처럼 바울이 믿음을 통한 하

2471 Munich; Kaiser; Bockmuehl; Schelkle; Cranfield; Barth.
2472 Calvin; Cranfield; Chrysostom.
2473 Murray, *Romans*, II, 50.
2474 Murray, *Romans*, II, 49.
2475 Sanday and Headlam, *Romans*, 285.
2476 Moo, *Romans*, 641.
2477 Barrett; Bring; Bruce; Leenhardt; Zeller; Black; Achtemeier; Bandstra; Ellison; Beker; Seifrid; Lindars; Schnabel; Boers; *contra* Fitzmyer.

나님의 의와 율법의 행위를 통한 자기 의를 대조하고 있는 점을 반영하지 않고 있는 약점이 있다. 즉 4절에서 바울은 믿는 자들에게 의를 위해서 그리스도께서 율법의 마침이 되셨다는 것을 말씀하고 있는 것이다. 이 번역은 그리스도를 믿음으로써 의롭다하심을 입는 축복이 시작되었다는 것을 밝혀준다. 이는 로마서 9:30–33절의 내용과 일치한다. 이 점에서 필자는 다음의 해석이 더 낫다고 본다. (iii)마침 혹은 종결.end, termination[2478] 즉 모든 믿는 자들에게 의를 이루기 위해 그리스도는 율법의 마침이시다. 이 해석이 제일 나은 이유는 첫째, 이 해석은 바울이 3, 5–10절에서 믿음으로 주어지는 의와 율법의 행위를 대조하는 것을 잘 반영하고 있다. 둘째, 로마서 7:5절의 말씀과 같이 그리스도인들이 그리스도의 몸으로 말미암아 율법에 대해 죽임을 당하였다고 하는 사실과 일치한다. 셋째, 4절의 전치사구 에이스 디카이오수네인(의를 위해서)은 그 이전 문장 전체에 걸린다고 볼 수 있다.[2479] 머레이는 이 전치사구가 그 이전에 놓인 노무율법를 수식한다고 주장한다.[2480] 그래서 그리스도께서 의를 이루기 위한 율법에 대해 마침이 되셨다고 해석한다. 필자는 이 해석에 기본적으로 동의한다. 그러나 이 해석은 전치사구가 그 이전 문장 전체를 수식한다고 보아도 변함이 없다. 따라서 필자는 이 전치사구를 결과나 목적을 이끄는 절로 해석하는 것에 동의하지 않는다.[2481] 왜냐하면 판티 토우 피스테우온티모든 믿는 자들에게는 그 앞부분 전체에 걸리기 때문이다. 만일 에이스를 결과나 목적을 이끄는 절로 기능한다고 해석하면 "모든 믿는 자들에게"는 그 이전 문장과 문법적 연계가 없어진다. 그리고 이는 텔로스를 마침termination으로 해석하는 것을 약화시킨다. 넷째, 텔로스는 신약에서 주로 마침을 의미한다.[2482]

이 점에서 개역 성경의 번역 "그리스도는 모든 믿는 자에게 의를 이루기

2478 Schreiner; Käsemann; Bammel; Sanday and Headlam; Michel; Schlier; Althaus; Bultmann; Augustine; Mussner; Robinson; Westerholm; Schmithals; Reumann; Räisänen; Schmidt; Nygren.

2479 KJV; NASB; Käsemann, *Romans*, 283; Cranfield; Dunn; Sanders; Badenas.

2480 Murray; S. K. Williams, "The 'Righteousness of God' in Romans," *JBL* 99 (1980) 284; Zeller; Morris.

2481 *contra* NIV; Moo; M. A. Seifrid, "Paul's Approach to the Old Testament in Rom 10:6-8," *TrinJ* 6 (1985) 8-9; Schreiner.

2482 마10:22; 24:6, 14; 막3:26; 눅1:33; 요13:1; 롬6:21; 고전1:8; 15:24; 고후1:13; 3:13; 11:15; 빌3:19; 히6:11; 7:3; 벧전4:7; Murray, *Romans*, II, 49.

위하여 율법의 마침이 되시니라"는 잘 된 번역이라고 할 수 있다. 그러면 여기서 노모스법의 뜻은 무엇인가. 학자들은 이는 일반적인 법, 구약의 법, 율법주의, 혹은 모세의 율법을 의미한다고 본다. 필자는 이 모든 해석이 다 타당성이 있다고 본다. 그러나 본문의 문맥에서 바울이 유대인들의 행위구원론을 질책하고 있기 때문에 여기서 법의 일차적 뜻은 모세의 율법이라고 보는 것이 더 낫다.[2483] 그러나 율법주의는 모세의 율법을 가지지 않은 이방인들도 빠지기 쉬운 오류임을 볼 때 그리스도께서는 어떤 종류의 법이든지 그 마침이 되셨다고 해석할 여지가 남아 있다.[2484] 그러나 우리가 잊지 말아야 할 것은 이신칭의론이 율법을 완전히 무효화하지 않았다는 것이다. 로마서 3:31절 말씀대로 우리는 율법을 폐하지 않고 굳게 세운다. 율법은 본질적으로 영적인 것이며 우리에게 거룩함의 기준을 제시해 준다(롬13:8-10). 그러나 로마서 10:4절에서 바울이 말씀하는 것은 유대인이나 이방인이나 율법을 지킴으로써 자기의 의를 이루려고 하는 것은 하나님께서 제시하신 더 쉽고 확실한 길을 무시하는 것이라는 것이다. 그것은 그리스도께서 믿는 자들에게 의를 이루시기 위한 율법의 마침이시기 때문이다.

로마서 10:5절을 시작하는 접속사 갈왜냐하면은 5-8절이 4절의 내용을 설명하고 있다는 것을 나타낸다. 즉 그리스도께서 모든 믿는 자들에게 의를 이루기 위해 율법의 마침이 되셨는데 그 이유는 모세의 율법에 기록된 바와 같다. 바울은 이를 설명하기 위해 5절에서 예레미야 18:5절을 그리고 6절에서 신명기 30:12-14절을 인용하고 있다. 이 두 구절은 모두 율법을 잘 지키면 생명과 번영이 주어진다는 것을 말씀하고 있다. 바울은 5절과 6절을 접속사 데그리고 혹은 그러나로 연결하고 있다. 그러면 이 두 절을 계속적인 관계로 볼 것인가 아니면 대조적 관계로 볼 것인가하는 점이 주석적으로 중요한 질문이다. 그리고 이 질문은 5절의 "율법으로 말미암은 의"의 의미를 어떻게 이해할 것인가 하는 질문과 맞물려 있다. 이를 논하기 앞서 우리는 5절의 어떤 헬라어 본문을 원문으로 채택할 것인가를 결정해야 한다. 네슬Nestle은 5절에

2483 Moo; Cranfield; Morris; Fitzmyer; Osborne.
2484 Murray; Gifford; Denney.

서 접속사 호티that를 동사 그라페이write 다음에 두고 있다. 이에 따라 5절은 "모세가 기록하되 율법으로 말미암는 의를 행하는 사람은…"으로 번역된다(개역성경, NASB).[2485] 반면에 UBS성경은 호티를 노무율법 다음에 놓는다. 그러면 5절은 "모세가 율법으로 말미암는 의에 대해 기록하되 이것들을 행하는 사람은…"으로 번역된다(NIV).[2486] 필자는 후자를 원문으로 채택한다. 그것은 믿을 만한 여러 고대 사본이 이 형태의 본문을 채택하고 있기 때문이고 또 고대 필경사가 접속사 호티를 주동사 그라페이 다음에 옮겨 놓은 이유를 쉽게 이해할 수 있기 때문이다. 즉 호티가 노무 다음에 오면 구문적으로 자연스럽지 못하다고 생각해서 호티를 그라페이 다음으로 옮겨 놓았을 가능성이 많다.[2487] 그러면 이 본문에 따르면 테인 디카이오수네인의의 목적격은 관점의 목적격으로 해석할 수 있다. 그리고 "율법에 바탕을 둔 의"는 6절의 "믿음으로 말미암은 의"와 곧 바로 대조되고 있는 점이 드러난다. 이 두 종류의 의의 대조는 바울이 로마서 9:30절 이하에서 일관되게 유지하는 대조다.

이 UBS 헬라어 원문의 채택은 5절의 "율법에 바탕을 둔 의"가 율법주의를 통해 이루려고 하는 의를 가리키고 있다는 것을 나타낸다. 그리고 율법을 완전히 지키는 것이 불가능하다는 의미를 내포한다. 그러나 어떤 학자들은 "율법에 바탕을 둔 의"는 "믿음으로 말미암은 의"와 같은 의미를 가진다고 주석한다.[2488] 그러면 6절을 시작하는 접속사 데는 대조의 기능을 가지는 것이 아니라 연속의 기능을 가지는 것으로 이해되게 된다. 이 해석을 제시하는 이유는 첫째, 바울이 여기서 예레미야 18:5절은 부정적인 관점에서 인용하고 신명기 30:12-14절은 긍정적인 관점에서 인용하고 있다고 보는 것은 구

2485 Murray; Schlatter; Cranfield; Bandstra; Wilckens; Käsemann; Sanday and Headlam; Rhyne.

2486 Fitzmyer; Zahn; Kuss; Black; Dunn; Morris; Godet; Meyer; Koch; Metzger.

2487 Moo, *Romans*, 643.

2488 W. C. Kaiser Jr., "The Law as God' s Gracious Guidance for the Promotion of Holiness," in *Five Views on Law and Gospel, Counterpoints*, ed. Stanley N. Gundry (Grand Rapids: Zondervan, 1996) 184; Toews, "The Law," 252-62; R. Bring, *Christus und das Gesetz* (Leiden: Brill, 1969) 54; G. E. Howard, "Christ the End of the Law: The Meaning of Romans 10:4ff.," *JBL* 88 (1969) 333-36; D. P. Fuller, *Gospel and Law: Contrast or Continuum? The Hermeneutics of Dispensationalism and Covenant Theology* (Grand Rapids: Eerdmans, 1980) 66-68; Davies, *Faith and Obedience*, 189-200; Stowers, *A Rereading of Romans*, 308-10.

약의 말씀으로 구약의 말씀을 부정하는 것을 의미하기 때문에 적절하지 않다는 것이다. 둘째, 모세의 이 두 구절은 모두 율법을 잘 지킬 것을 명령하고 있고 모두 믿음에 바탕을 두고 율법을 잘 지켜야 함을 말씀하고 있다는 것이다. 이 해석은 신명기 30:6절에서 모세가 하나님께서 장차 그들의 마음에 할례를 베푸실 것이라고 말씀하고 있다는 점에서 설득력이 있다. 그러나 우리는 다음의 이유들 때문에 이 해석에 동의할 수 없다. 첫째, 예레미야 18:5절과 신명기 30:12-14절은 모두 율법을 잘 지켜야 된다는 말씀을 하고 있지만 그 신학적 문맥이 전혀 다르다는 점이다. 즉 예레미야 18장은 그들이 하나님의 언약의 백성으로써 율법을 지켜야 됨을 말씀하고 있지만 신명기 30장은 언약의 갱신이라는 점에서 말씀하고 있다. 다시 말해 신명기 30장에서 모세는 그들이 하나님께로부터 징벌을 받아 열국에 좇겨간 후 하나님께서 그들을 다시 불러 모으실 것이며 그들의 마음에 일방적으로 할례의 축복을 베푸실 것이라고 예언하고 있다. 바울은 마음에 받는 할례를 로마서 2:29절에서 예수님을 믿는 믿음으로 이해하면서 하나님께서 주권적인 예정으로 그 남은 자들을 복음을 통해 불러모으시는 선교적 관점에서 적용하고 있다. 이 점에서 볼 때 예레미야 18:5절은 명령인데 반해 신명기 30:12-14절은 그들이 불러모아져서 마음에 할례를 받게 될 때 하나님의 법을 잘 지키는 사람이 될 것이라는 예언이라고 볼 수 있다. 바울은 이 예언이 그리스도의 복음을 믿음으로써 율법의 요구가 이루어지는 것을 가리키는 것으로 이해하고 로마서 10:6-8절에서 인용하고 있는 것이다.

둘째, 율법에 바탕을 둔 의와 믿음으로 말미암는 의를 같은 의미로 보는 것은 로마서 9:30-10:13절에 일관되게 유지되고 있는 율법의 행위와 믿음의 대조를 잘 반영하지 못한다. 예수 그리스도께서는 믿는 자들에게 의를 이루기 위해 율법의 마침이 되셨다. 그런데 예레미야 18:5절을 믿음에 바탕을 두고 율법을 잘 지켜야 하는 명령으로 해석하면 의를 이루는데 있어 율법의 역할이 끝났다는 것을 잘 반영하지 못한다. 그리고 오직 믿음으로 의롭다하심을 받는다고 하는 로마서 10:9-10절의 말씀과 모순된다. 셋째, 빌3:6-9절에서 율법에 바탕을 둔 의는 믿음으로 하나님께로부터 말미암은 의와 예리하고 대조되고 있다. 로마서 10:5-8절은 빌립보서 3:6-9절과 직접적으로 병렬되는 구절이라고 볼 수 있다. 이 점에서 로마서 10:5절의 "율법에 바탕을 둔 의"는 6절의 믿음으로 말미암은 의와 대조되는 개념이라고 보아야 한다. 그러나 이 해석과는 약간 달리 크랜필드는 5절의 "율법에 바탕을 둔 의"를 그리스도께서 율법에 완전히 복종하심으로써 획득한 의를 가리킨다고 해석한다.[2489] 그러나 이 해석은 로마서 10:5절에서 바울이 예레미야 18:5절을 긍정적으로 인용하고 있다고 보는 점에서 바울이 갈라디아서 3:12절에서 예레미야 18:5절을 부정적인 관점에서 인용하는 점과 모순된다. 그리고 로마서 10:5절이 말씀하지 않고 있는 신학적 개념을 본문에 주입하는 결과를 낳는다.

이러한 관점에서 필자는 5절의 "율법에 바탕을 둔 의"는 율법주의로써 이루려고 하는 의를 의미한다고 보는 견해를 옳다고 생각한다.[2490] 그리고 이는 사람이 율법을 완전히 지킬 수 없기 때문에 믿음으로 말미암은 의가 그 대신 제시될 것이라는 사실을 준비하고 있다. 5절의 갈왜나하면은 4절의 내용을 설명하는 5-8절의 문단을 도입하는 신호로 볼 수 있다. 바울은 5절에서 유대인들이 율법을 완전히 지킴으로써 의롭다하심을 얻으려 했지만 실패한 것을 가리키고 있고 6절에서는 믿음으로써 의를 이루는 다른 한 길이 그리스도께서 율법을 성취하심으로써 제시되게 된 것을 가리키고 있다. 이 목적을 이루기 위해 바울은 예레미야 18:5절과 신명기 30:12-14절을 각각 인용하고 있다. 그리고 예레미야 18:5절은 율법을 통한 생명을 약속하고 있고 신명기 30:12-14절은 복음을 통한 하나님의 주권적 은혜를 가리키고 있다. 이 두 가지 대조적 사실은 로마서 10:4절의 말씀의 내용을 잘 설명하고 있다. 즉 그리스도께서는 예레미야 18:5절과 신명기 30:12-14절의 말씀을 동시에 충족하시고 모든 믿는 자들에게 의를 이루기 위해 율법의 마침이 되신 것이다.

로마서 10:6절은 접속사 데그러나로써 5절의 내용과 대조적 내용을 담고

2489 Cranfield, *Romans*, 522; Hendriksen; Campbell; Barth; Dinter.
2490 Murray, *Romans*, II, 51; Moo; Hübner, Gottes Ich und Israel, 93; Schreiner, *Romans*, 556.

있다는 것을 나타낸다. "믿음으로 말미암는 의는 이같이 말씀한다: 네 마음에 누가 하늘에 올라가겠느냐 하지 말라 하니 올라가겠느냐함은 그리스도를 모셔 내리려는 것이다". 여기서 바울은 신명기 9:4절너의 마음에 말하지 말라과 신명기' 30:12절누가 하늘에 올라가겠느냐을 인용하고 있다. 그리고 그에 대한 설명올라가겠느냐함은 그리스도를 모셔 내리려는 것이다을 가하고 있다. 그러면 바울이 인용하고 있는 신명기 30:12-14절이 믿음으로 말미암는 의를 말씀하고 있는가. 어떤 학자는 아니라고 말한다. 그리고 여기서 바울의 구약의 인용은 무감각하고[2491] 완전히 공상적이라고[2492] 혹평한다. 다른 학자들은 바울은 여기서 신명기 30:12-14절을 인용하고 있는 것이 아니라 단지 넌지시 언급하고 있을 뿐이라고 생각한다.[2493] 그러나 로마서 10:6b-8절과 신명기 30:12-14절의 언어의 일치는 간과될 수 없을만큼 분명하다. 그리고 투트 에스틴that is은 인용한 어구에 대한 설명을 도입하는 표현이기 때문에 바울이 신명기의 말씀을 인용하고 있다는 것을 나타낸다. 그리고 동사 말하다레게이는 구약의 구절을 인용할 때 도입하는 단어로 종종 사용되는 것을 볼 때[2494] 10:6b는 구약의 인용 구절이라고 보는 것이 맞다. 이렇게 바울이 신명기 30:12-14절을 6b-8절에서 인용하는 점에 있어서 생기는 또 하나의 질문은 과연 이 인용이 자의적 해석에 의한 것인가 아니면 성경신학적으로 바른 것인가 하는 것이다.

이에 대해 세 가지 해석이 있다. 첫째로, 신명기 30:12-14절은 일세기 유대주의 문학에 잘 알려져 있던 구약의 구절이었다. 파일로를 비롯해서 바룩 등 지혜서는 모세의 율법을 지혜로 해석하고 그 독자들에게 지혜를 간직해야 됨을 주지하고 있다.[2495] 따라서 바울도 이 지혜문학의 영향을 받아 율법

2491 Gaugler.

2492 Dodd.

2493 Fitzmyer; Denney; Sanday and Headlam; W. Davies; S-H; Hodge; Zahn; R. N. Longenecker, *Biblical Exegesis in the Apostolic Period* (Grand Rapids: Eerdmans, 1975) 121-23.

2494 롬9:15, 17, 25; 10:11, 16, 19, 20, 21; 11:2, 4, 9.

2495 Philo, *Posterity and Exile of Cain*, 84-85; *Change of Names*, 236-37; *Rewards and Punishments*, 80; *Virtues*, 183; Bar. 3:29-30; 4:1; Sir. 24:1-29; Dunn, *Romans*, 604; Schnabel, *Law and Wisdom*, 247-49; B. Lindars, "The Old Testament and Universalism in Paul." *Bulletin of the John Rylands University Library of Manchester* 69 (1987) 519; E. E. Johnson, *The Function of Apocalyptic and Wisdom Traditions in Romans* 9-11 (Society of Biblical Literature Dissertation Series 109. Atianta: Scholars Press, 1989) 133-37; M. J. Suggs, " 'The Word is Near You' : Romans 10:6-10 within the Purpose of the Letter." in

을 그리스도로 대체하고 있다고 볼 수도 있다. 그러나 우리는 바울이 지혜서의 영향을 받아 신명기 30:12-14절의 모세의 율법을 그리스도로 대체하고 있다고 단언하기 힘들다. 그리고 바울 서신에서 그리스도를 지혜와 동일시하는 가르침은 분명하게 나타나지 않는다. 둘째, 구속사의 문맥에서 바울은 신명기 30:12-14절을 새언약의 시대에 적용하고 있다고 보는 것이다.[2496] 이스라엘이 모세의 율법을 알지 못했다고 변명할 수 없듯이 유대인이나 이방인들도 예수 그리스도의 복음을 들어본 적이 없다고 변명하지 못한다는 점에서 신명기 30:12-14절과 로마서 10:6-8절에 하나님의 은혜의 주제가 공통으로 내포되어 있다는 것이다. 이는 바울이 신명기 30:12-14절을 정확히 주석하고 난 뒤 그 해석에 맞게 새언약에 적용한 것이 아니라는 것을 의미한다. 다시 말해 신명기 30:12-14절은 믿음으로 말미암는 의에 대해 말씀하고 있지 않은데 바울이 자의적으로 자신의 가르침을 정당화하기 위해 이 구절을 가져다 인용하고 있다는 의미가 된다. 이 페셔pesher 혹은 미드라쉬 해석은 바울 당시 쿰란 공동체나 랍비주의가 구약 해석과 적용에서 이용했던 성경해석 방법이다. 바울이 이러한 해석방법을 사용해서 구약의 예언을 그리스도에게 적용했다고 말하는 것은 모세의 언약과 그리스도의 언약을 서로 분리하는 것과 다름없다. 그래서 신구약의 언약의 일체성을 부정하는 것이나 마찬가지라고 할 수 있다. 셋째, 바울이 신명기 30:12-14절을 인용하는 것은 단지 그 구절만을 인용하는 것이 아니라 신명기 말씀 전체의 문맥에서 그 구절이 의미하는 바를 인용하고 있다고 볼 수 있다.[2497] 신명기 29-30장은 모세가 이스라엘 백성들에게 임할 하나님의 징벌과 회복을 기술하고 있다. 먼 훗날 그들의 자손이 유배에서 돌아올 때 하나님께서는 그들의 마음에 할례를 행하시고 그들로 그 법을 좇게 하실 것을 예언하고 있다. 바울은

Christian History and Interpretation: Studies Presented to John Knox (Edited by W. R. Farmer, C. F. D. Moule, and R. R. Niebuhr. Cambridge: Cambridge University Press, 1967) 289-312; S. Kim, *The Origin of Paul's Gospel* (Grand Rapids: Eerdmans, 1982) 130-31.

2496 Moo, *Romans*, 653; cf., Calvin; Godet; Murray; Cranfield; Seifrid.

2497 Thielman, *From Plight to Solution*, 113-14; Schreiner, *Romans*, 557-558; W. Strickland, "The Inauguraiton of the Law of Christ with the Gospel," in *The Law, the Gospel, and the Modern Christian: Five Views* (Grand Rapids: Zondervan, 1993) 250; cf. J. H. Sailhamer, *The Pentateuch as Narrative* (Grand Rapids: Zondervan, 1992) 473-74.

이 예언이 그리스도를 통해서 성취된 것으로 이해했다고 볼 수 있다.[2498] 이는 로마서 2:26-29; 빌립보서 3:3절에 나타나 있다. 신명기 29:3-4; 30:6절은 모세의 율법을 당시 백성들이 완전히 지킬 수 없고 오는 시대에 성취될 것이라는 의미를 함축하고 있다.[2499] 무는 신명기 30:11절에서 1-10절에서 나타난 미래적 관점이 사라졌다고 주장한다. 그러나 앞서 말한 대로 신명기 30:12-14절의 말씀은 신명기 29-30장 전체의 맥락에서 볼 때 미래적 종말적 의미를 내포하고 있다고 볼 수 있다. 율법의 준수가 신명기 30:6절의 마음에 받는 할례를 전제로 하고 있다고 볼 때 그 미래적 관점은 남아 있는 것이다. 이 점에서 볼 때 바울은 신명기 30:12-14절을 자의적으로 그리스도에게 적용하고 있는 것이 아니라 신명기 말씀의 종말적 성취에 대한 정확한 해석에 바탕을 두고 이를 인용하고 있다고 할 수 있다. 따라서 바울은 로마서 10:5절에서 예레미야 18:5절을 인용하면서 율법에 바탕을 둔 의를 말씀하고 있고 6절에서는 신명기 30:12-14절을 인용하면서 그리스도의 복음의 믿음을 통한 의에 대해 서술하고 있는 것이다.

6절의 "네 마음에 말하지 말라"는 신명기 9:4절 말씀의 인용이다. 그 맥락은 모세가 이스라엘 백성이 가나안에 들어가서 자신들의 공로로 가나안 정복을 성취한 것으로 그 마음에 생각해서는 않된다고 경고하는 것이다. 마찬가지로 그리스도인들도 자신들의 공로로 의롭다하심을 얻은 것으로 생각해서는 않된다. 따라서 믿음으로 말미암은 의를 설명하면서 바울이 신명기 9:4절의 이 어구를 인용하는 것은 적절한 것으로 볼 수 있다. "누가 하늘에 올라가겠느냐"는 신명기 30:12절로부터의 인용이다. 이는 그 명령을 하늘로부터 가지고 내려올 자가 없다는 것을 뜻한다. 오직 그리스도외에는 하늘에서 내려오신 분이 없다. 따라서 이 구절을 그리스도의 성육신으로 해석하는 것은 신명기 30:12절의 종말적 의미를 잘 반영한 해석이다.[2500] 바울이 "곧" 투트 에스틴 "그리스도를 모셔 내리려는 것이다"라고 말씀하는 것은 신명기

2498 Thielman, *Paul and the Law*, 209-10.
2499 Schreiner, *Romans*, 557-558.
2500 Moo; Murray; Seifrid; Barrett; Nygren; Fitzmyer; Schreiner.

30:11절의 "명령"미쯔바이 그리스도와 병렬됨을 가리킨다. 여기서 투트 에스틴은 구약의 예언이 공동체에서 실현된 것으로 이해하고 적용하는 페셔 해석이라고 볼 수 없다.[2501] 왜냐하면 모세의 예언 "누가 하늘에 올라가겠느냐"는 그리스도를 통한 메시아적 성취를 바라보고 있었기 때문이다.[2502] 곧 하나님의 그 명령은 그리스도의 복음으로 성취되었고 이미 우리 입에 있으며 우리 마음에 있다. 따라서 그리스도를 하늘에서 끌어 내리려고 하는 것은 이미 전파되고 있는 복음을 듣지 않고 배척하는 것과 같은 것이다.[2503]

로마서 10:7절의 접속사 "혹은"에이은 7절이 6절에 이어 계속 신명기 30장의 인용구를 포함하고 있다는 것을 나타낸다: "혹 누가 음부에 내려가겠느냐 하지 말라 하니 내려가겠느냐 함은 그리스도를 죽은 자 가운데서 모셔 올리려는 것이라". 이 절에서 바울이 6절에서 말씀한 경고의 메세지는 계속된다:(네 마음에 말하지 말라) "누가 음부에 내려가겠느냐". 어떤 학자들은 이 구절은 신명기 30:13절이 아니라 시편 107:26절에서 인용된 것이라고 주장한다.[2504] 그 이유는 신명기 30:13절은 명사 바다쌀라사를 사용하는 반면에 시편 107:26절과 로마서 10:7절은 명사 아부소스음부를 사용하고 있기 때문이다. 그러나 다른 학자들은 바울이 7절에서 신명기 30:13절의 바다를 음부깊은 곳로 대체한 것은 의미상 큰 차이를 가지지 않는다고 생각한다.[2505] 그것은 구약이나 당시 유대 문학에서 바다와 음부는 서로 비슷한 개념으로 사용되고 있기 때문이다.[2506] 예를 들어 요나2:3-10절은 요나가 물고기 배에 3일 있었던 것을 표현하는데 있어서 명사 바다마임와 음부터홈를 병렬적으로 사용하고 있다. 그리고 로마서 10:6, 8절은 신명기 30:12-14절의 구절을 인용하고 있기 때문에 7절도 신명기 30:13절을 인용하고 있다고 보는 것이 무리가

2501 contra Michel; Cranfield; Wilckens.

2502 Cranfield, *Romans*, 524; contra Moo.

2503 Murray, *Romans*, II, 53.

2504 Hultgren, *Romans*, 386-387; Kuss; Fitzmyer.

2505 Schreiner, *Romans*, 559; Moo, *Romans*, 655; Dunn.

2506 Bietenhard, *NIDNTT*, 2:205; 창1:2; 7:11; 8:2; 신33:13; 욥28:14; 38:16; 시71:20; 잠3:20; 8:24; 사44:27; 51:10; 63:12-13; 겔26:19; 31:4, 15; 아7:4; 욘2:3-10 (LXX); 하3:10; Sir.24:5-6, 29; 43:23; Schreiner, *Romans*, 559; Moo, *Romans*, 655; A. M. Goldberg, "Torah aus der Unterwelt? Eine Bemerkung zu Röm 10,6-7," *BZ* 14 (1970) 127-31.

없다. 그리고 시편 107:26절은 여호와께서 하늘과 깊음 사이에서 재난에 빠진 그 백성을 구원하신다는 메세지를 담고 있기 때문에 로마서 10:6-8절의 문맥과도 일치하지 않는다. 따라서 바울은 신명기 30:13절의 "바다를 건너가서 그 명령을 우리에게로 가지고 와서"를 로마서 10:7절에서 "누가 음부에 내려가겠느냐"로 바꾸어 표현하면서 그리스도를 만나기 위해서 음부에 내려갈 필요가 없다는 것을 상기시키고 있다. 왜냐하면 그리스도는 이미 부활하셨기 때문이다. 이는 7절에서 구약의 인용구절을 설명하기 위한 도입어 "투트 에스틴"that is이하에 쓰여 있다. 즉 그것은 "그리스도를 죽은 자 가운데서 모셔 올리려는 것이다". 어떤 학자들은 7b의 이 말씀은 예수께서 돌아가신 후 3일동안 지옥에 가셨다고 믿던 전통을 반영하고 있다고 생각한다.[2507] 그러나 이 해석은 음부아부소스가 지옥을 의미하지 않고 죽음을 의미하고 있다는 것을 간과하고 있다. 우리는 7절에서 바울은 지옥게에나이란 단어를 사용하지 않고 에크 네크로운from the dead을 사용하고 있다는 점을 상기해야 한다. 여하튼 사람들이 마음 속에 누가 하늘에 올라가겠느냐라고 말하는 것은 그리스도의 성육신을 믿지 않는 것이고, 혹은 누가 음부에 내려가겠느냐라고 생각하는 것은 그리스도의 부활을 믿지 않는 것이다. 믿음의 말씀은 선포되어졌고 이미 그들 입에 그리고 그들의 마음에 와 있다. 그러므로 그리스도의 복음을 믿지 않는 행위는 징벌을 자초할 것이고 이에 대한 책임은 각자가 지게 된다는 것이다.

로마서 10:8절의 접속사 알라그러나는 이 절이 6-7절의 내용과 대조된다는 것을 나타낸다. 즉 믿음으로 말미암는 의는 이같이 말하되 네 마음에 말하지 말라 누가 하늘에 올라가겠는가하고 혹은 누가 음부에 내려가겠는가하고(6-7). "그러면 무엇을 말하겠는가. 곧 말씀이 내게 가까와 네 입에 있으며 네 마음에 있다 하였으니 곧 우리가 전파하는 믿음의 말씀이다." 8a는 신 30:14절로부터의 인용구이다. 신명기30:14절에서 말씀흐레이마은 명령율법을 가리키고 있다. 그러나 로마서 10:8절에서 말씀흐레이마은 바울이 전파하는 믿

2507 Käsemann, *Romans*, 288; Kuss; Dunn; Sanday and Headlam.

음의 말씀이다. 바울은 여기서 로고스를 사용하지 않고 흐레이마를 사용하고 있다. 이는 복음이 하나님의 명령임을 나타낸다. 누구나 복음에 순종해야 하고 만일 이에 순종하지 않는 것은 종말적 징벌을 가져오는 것이다. 또한 이 절에서 놀라운 것은 모세가 전하는 하나님의 명령율법이나 바울이 전하는 믿음의 말씀이 모두 우리 입과 마음에 와 있다는 사실이다. 이는 예레미야 31:31절 이하의 새언약의 말씀을 가리킨다고 볼 수 있다. 히브리서 8:10; 10:16절은 이 새언약이 성령이 우리 마음에 부어짐을 통해서 성취된 것으로 설명하고 있다. 로마서 10:9절에서 바울은 우리가 믿음의 말씀을 마음으로 믿어 구원을 얻는다고 말씀함으로써 말씀이 우리 인격의 중심에 자리잡고 이를 통해 역사하시는 성령의 인도를 받는 것을 가리키고 있다. 이 점에서 바울은 신명기 30:14절과 로마서 10:8절의 가르침이 말씀이 우리 마음에 자리하는 그 위치에 있어서 유사성을 가지고 있을 뿐 아니라 모세의 예언은 그리스도를 통한 하나님의 새 언약의 성취에 관계되어 있다는 점을 인식하고 있음을 볼 수 있다.[2508]

"믿음의 말씀"흐레이마 테이스 피스테오우스은 (i)복음의 선포를 가리킨다고 보는 해석이 있다.[2509] 그리고 (ii)선포된 메세지의 내용을 의미한다는 해석이 있다.[2510] 나아가 이 두 의미를 다 포함한다고 생각하는 해석이 있다.[2511] 필자는 "믿음의 말씀"은 우리가 믿는 것 즉 믿는 내용 곧 그리스도의 복음을 의미한다고 본다. 왜냐하면 만일 이것을 믿음에 초대하는 말로 해석하면 8절의 후반부의 동사 "우리가 전파하는"케이루소멘과 중복된다. 그리고 신명기 30:14절의 말씀이 율법을 의미한다고 볼 때 이는 모세의 설교라기 보다는 그 율법의 내용을 의미한다고 볼 수 있고 바울이 전하는 말씀은 이와 병렬되기 때문에 그의 복음에의 초대의 말이 아니라 복음의 내용을 가리킨다고 보는 것이 더 낫다. 이 해석은 바울이 9절에서 우리가 예수님의 부활을 믿음으로 구원에 이른다고 가르치는 말씀과 논리적으로 연결된다. 즉 바울이 전하는 믿음

2508 *contra* Moo.
2509 Morris; Moo; Meyer; S-H; Murray; Cranfield.
2510 Käsemann; Schlier, *Römerbrief*, 312; Bultmann; Fitzmyer; Michel, *Brief an die Römer*, 258.

의 말씀은 예수님의 구주되심과 죽으심과 부활하심이다. 이 말씀은 이미 우리 입에 와 있고 우리 마음에 와 있다.

로마서 10:9절을 시작하는 접속사 호티는 목적절을 이끄는 것that으로 혹은 인과적 "왜냐하면"because으로 번역이 가능하다. 무는 전자의 번역은 8절 후반의 투트 에스틴that is과 중복되어 구문적으로 자연스럽지 못하고 또 나아가 호티를 왜냐하면으로 번역하면 9절이 8절의 내용을 설명하고 있는 것으로 자연스럽게 연결된다고 생각한다.[2512] 그러나 우리가 입으로 예수님을 시인하며 부활하신 주로 우리 마음에 믿기 때문에 믿음의 말씀이 우리의 입과 마음에 가까이 계시다고 이해한다면 복음 전파와 믿음의 순서를 바꾸어 이해하는 것이 된다. 따라서 필자는 호티를 믿음의 말씀을 설명하는 절을 이끄는 접속사that로 번역하는 것이 더 낫다고 본다.[2513] 즉 믿음의 말씀은 다른 것이 아니고 "네가 만일 네 입으로 예수를 주로 시인하며 또 하나님께서 그를 죽은 자 가운데서 살리신 것을 네 마음에 믿으면 구원을 얻는다"는 것이다. 9절에서 시인하고 믿는다는 원래 믿고 시인한다의 순서로 써져야 옳다. 이 뒤바뀐 순서는 8절이 말씀하는 "네 입에 있으며 네 마음에 있다"의 순서에 일치시키고 있는 것으로 볼 수 있다. 그리고 10절에는 그 순서를 올바로 나열하고 있다. 예수를 주시다고 시인하는 것은 초대교회의 신앙고백의 형태로 보여진다.[2514] 이는 고린도전서 16:22절에서 아람어 마라나싸의 헬라어식 표기에 나타나듯이 아람어를 사용하던 초대교회는 예수께서 주시다는 고백을 이미 시작했었다는 것을 말한다. 예수께서 주님이시다고 고백하는 것은 예수께서 하나님의 거룩, 권세, 능력, 위대함, 영원하심, 이름, 그리고 그 속성을 모두 공유하시는 참 하나님이시라는 것을 고백하는 것이다.[2515] 예수님께서 하나님과 동등하신 주님이시라는 고백은 복음서와 서신서에 일관되게 나타난다.[2516] 예수께서 주시라는 신앙고백의 구원론적 중요성은 주

2511 Schreiner; Osborne; Dunn.

2512 NRSV; NLT; Moo, *Romans*, 657; Cranfield; Dunn.

2513 NIV; Murray; Schreiner; Osborne; Barrett; Fitzmyer; Morris; Wilckens; Müller; Käsemann.

2514 행2:36; 10:36; 고전8:6; 12:3; 16:22; 고후4:5; 빌2:11; 골2:6; 히1:3; 벧전3:22.

2515 Cranfield, *Romans*, 529; Osborne; *contra* Dunn.

2516 마10:22; 누가12:8; 요9:22; 12:42; 딤전6:12; 요일2:23; 4:15; 요이7.

님의 가르침에서 직접 유래된 것으로 보인다.

그러면 예수님께서 주님이시라고 고백하는 것과 이신칭의는 어떤 관계를 가지는가. 바울은 믿음외에 구원을 위한 하나의 조건을 더하고 있는가. 그렇지 않다. 바울은 믿음과 신앙고백은 동전의 앞뒤면과 같아서 서로 분리될 수 없는 것으로 설명하고 있다. 예수님을 믿는다고 말하면서 고백하지 않는 것은 믿음의 확신이 부족한 것을 말한다. 반면에 신앙을 고백하면서 마음에 진정한 믿음이 없다면 그것은 위선적인 신앙이다. 따라서 우리가 예수님을 마음속에 진정으로 믿는다면 밖으로 고백하는 것은 자연스러운 것이다. 그리고 만일 고백하지 않는다면 그 믿음은 진실이 결여된 믿음이다. 마태복음 10:32-33절에서 예수께서는 "누구든지 사람 앞에서 나를 시인하면 나도 하늘에 계신 아버지 앞에서 저를 시인할 것이요 누구든지 사람 앞에서 나를 부인하면 나도 하늘에 계신 내 아버지 앞에서 저를 부인하리라"라고 말씀하신다. 마태복음 10장의 핍박에 대한 주제와 공회에서 배교하지 말 것을 가르치는 말씀의 문맥에서 이 말씀은 초대교회에 배교에 대한 분명한 경고를 던지고 있다. 그리고 요한복음 18:15절 이하에서 베드로가 예수님을 부인하는 이야기의 기술에서 있어서 요한이 공관복음의 배교의 언어 "나는 그를 모른다"의 형태를 따르지 않고 "나는 아니다"의 형태로 베드로의 부인을 기술하는 것은 초대교회에 "예수님은 주시다"는 고백이 핍박의 상황에서 그리스도인들에게 요구되는 고백이었을 것이라는 추측을 가능하게 한다. 그렇지만 예수님은 주님이시다는 고백의 기원이 핍박의 상황이라고 규정할 근거는 없다. 왜냐하면 이는 세례의 상황이나 예배의 때에[2517] 항상 하는 고백이었을 것이기 때문이다.

예수님께서 주님이시라는 고백은 일세기에 그렇게 독특한 고백으로 들리지 않았을지도 모른다. 왜냐하면 예수는 헬라세계의 많은 주와 신들 중 하나에 불과한 것으로 여겨졌을 수도 있기 때문이다.[2518] 따라서 바울은 예수님이 주님이시라는 고백에 중요한 사실을 첨가한다. 그것은 "하나님께서 그를

2517 Käsemann, *Romans*, 291.
2518 Barrett, *Romans,* 187; Cranfield, *Romans*, 530.

죽은 자 가운데서 살리"셨다는 것이다. 우리가 이를 믿지 않으면 구원받을 수 없다. 그리스도인들의 부활신앙은 바울이 로마서 4:24에서 서술하는 아브라함의 부활신앙과 연결되어 있다. 우리의 신앙은 그 개념이 비어 있는 신에 대한 신앙이 아니라 메시아 예수를 부활시키신 하나님을 믿는다는 점에서 아브라함의 신앙과 구속사적으로 일치되어 있다. 이는 바울이 하나님도 한분이시요 신앙도 하나라고 하신 말씀의 가르침을 설명해 준다. 이와 같이 예수님의 부활은 바울의 가르침에 있어서 중심적인 위치를 차지한다.[2519] 고린도전서 15:14-17절 말씀처럼 그리스도께서 죽은 자들 가운데 부활하셔서 부활의 첫 열매가 되지 않으셨다면 우리의 믿음은 헛것이 되고 우리는 아직도 죄 가운데 있었을 것이다. 우리의 구원은 종말에 부활의 몸을 입고 예수님의 부활에 참여함으로써 완성될 것이다. 따라서 이 절에서 미래형 소우쎄이세이will be saved는 미래의 구원을 가리키고 있다고 할 수 있다.[2520] 그러나 동시에 이 미래형은 우리가 예수를 주로 시인하며 그의 부활을 믿음으로 구원을 얻는다는 논리적 미래를 나타내고 있다는 점도 간과할 수 없다.[2521] 우리는 로마서 8:30절에서 바울이 성도의 미래적 영광을 과거시제를 사용해서 표현하고 있다는 점을 상기해야 할 필요가 있다.

로마서 10:10절의 접속사 갈왜냐하면은 10절이 9절의 내용의 이유를 설명하고 있다는 것을 나타낸다. 9절은 "네가 만일 네 입으로 예수를 주로 시인하며 또 하나님께서 그를 죽은 자 가운데서 살리신 것을 네 마음에 믿으면 구원을 얻는다"고 말씀한다. 그 이유는 "사람이 마음으로 믿어 의에 이르고 입으로 시인하여 구원에 이르"기 때문이다(10절). 여기서 "마음에"는 장소적locative 여격이고 "입으로"는 도구적instrumental 여격임을 알 수 있다. 그리고 전치사 에이스into는 결과를 나타낸다. 9절에서 입으로 시인하고 마음으로 믿는 것은 구원을 가져온다고 말씀하는 반면에 10절에서는 마음으로 믿어 의에 이르고 입으로 시인하여 구원에 이른다고 말씀한다. 이는 의에 이르는

2519 롬4:24; 6:4, 9; 7:4; 8:11, 34; 10:9; 13:11; 갈1:1; 고전6:14; 15:4, 12, 20; 고후4:14; 살전1:10; 골2:12; 엡1:20; 행3:15; 4:10; 10:40; 벧전1:21.

2520 Schreiner; Barrett; Cranfield; Dunn; Morris.

2521 Moo, *Romans*, 658; Osborne, *Romans*, 270.

것과 구원에 이르는 것이 동일한 개념임을 말한다.[2522] 또 이 두 동사는 모두 삼인칭 수동태 현재형이다. 따라서 그 주어는 일반적인 사람이라고 할 수 있고 9절의 내용을 요약하기 위해서 채택된 형태라고 할 수 있다.[2523] 이는 로마서 1:17절의 말씀과 연결된다. 로마서 1:17절에서 바울은 오직 의인은 믿음으로 말미암아 산다고 말씀했다. 마찬가지로 사람이 마음에 그리스도의 성육신과 부활을 믿으면 현재 하나님으로부터 의롭다하심을 받는다. 이는 구원의 현재적 성취를 의미한다. 요한복음 5:24절에서 예수님은 우리가 예수를 믿으면 현재 영생을 얻었고 심판에 이르지 않나니 사망에서 생명으로 옮겼다고 말씀한다. 마찬가지로 바울은 로마서 8:30절에서 성도의 미래적 영화를 이미 이루어진 것으로 말씀하고 있고 에베소서 2:6절은 성도가 이미 그리스도와 함께 부활해서 그리스도안에서 함께 하늘에 앉히웠다고 말씀한다. 따라서 로마서 10:10절에서 의로와지고 구원에 이르는 것은 현재적 사건을 가리키고 있다고 할 수 있다. 그러나 이것이 그 미래적 완성을 배제하는 것은 아니다. 로마서 6:22절은 성도의 영생을 미래적 종말적 사건으로 바라보고 있다. 여기서 바울은 현재적 칭의와 미래적 구원의 완성을 구속의 연속선상에서 말씀하고 있는 것이 확실하다.

로마서 10:11절의 접속사 갈왜나하면은 11절이 9-10절을 설명하고 있다는 것을 나타낸다. 이를 위해 바울은 이사야 28:16절을 인용한다: "성경에 이르되 누구든지 저를 믿는 자는 부끄러움을 당하지 아니하리라 하니". 이 구절은 로마서 9:33절에도 인용된 말씀이다. 그런데 차이가 있다면 로마서 10:11절에서는 파스누구든지가 첨가 된 것이다. 이 단어는 히브리성경이나 칠십인역에는 포함되어 있지 않다. 이것은 바울이 첨가한 단어라는 것을 말한다. 바울은 "누구든지"를 삽입함으로써 예수를 믿는 자가 구원을 받는데 있어서 차별이 없다는 것을 말씀하고 있다. 이는 보편구원론을 의미하는 것이 아니고 믿음으로 구원을 얻는데 있어서 유대인이나 헬라인이나 남자나 여자나 종이나 자유자나 차별이 없다는 것을 말한다(롬3:22, 29; 10:4; 갈3:28). "부

2522 Schreiner, *Romans*, 560; Moo; Fitzmyer; Cranfield; Morris.
2523 Moo, *Romans*, 658; Barrett.

끄러움을 당하지 않는다"는 것은 종말의 심판 때 벌을 받지 않는다는 의미다. 이 점에서 이 동사는 9절의 구원받는다소우쎄이세이와 같은 의미라고 할 수 있다.[2524]

로마서 10:12-13절에서 바울은 접속사 갈왜냐하면을 세 번 사용하며 믿음으로 구원받는 것의 보편성을 설명하고 있다: "유대인이나 헬라인이나 차별이 없음이라 한 주께서 모든 사람의 주가 되사 저를 부르는 모든 사람에게 부요하시도다". 믿음으로 말미암은 구원은 첫째, 유대인에게나 헬라인에게나 차별이 없다. 로마서 3:22절은 모든 사람이 죄인인 것은 유대인이나 헬라인이나 다 마찬가지라고 말씀한다. 이제 역으로 로마서 10:12절에서 바울은 믿음으로 의롭게 되는 것에 있어서 유대인에게나 헬라인에게나 차별이 없다고 말씀한다. 이는 유대인에게는 그들이 누리던 특권이 더이상 존재하지 않는다는 것을 의미한다.[2525] 이 가르침은 유대민족주의를 바탕으로 이방인들을 차별하고 장벽을 쌓고 있던 유대인들에게 충격적인 가르침일 수 있다. 이제 그리스도를 통해서 유대인과 이방인 사이에 놓였던 담이 허물어졌다(엡 2:14-16). 그리고 이 두 구룹은 새 언약의 백성으로써 하나가 되게 되었다. 둘째, "한 주께서 모든 사람의 주가 되사 저를 부르는 모든 사람에게 부요하시"다. 여기서 한 주the same lord는 9절의 가르침과 연결되어 예수님을 가리키는 것이 분명하다. 베드로는 고넬료 가정에서 설교하면서 예수 그리스도는 만유의 주시라고 말씀한다(행10:36). 구약은 야훼 하나님을 만유의 주시라고 부른다(삼상12:17-18; 삼하22:7; 엘3:5). 이 이름을 예수님께 적용하는 것은 예수님의 신성을 의미하는 것이라고 볼 수 있다.[2526] 삼위일체의 관점에서 예수님의 신성하나님과 동등되심은 그 하시는 일에서도 증명된다. 즉 저를 부르는 모든 사람을 부요하게 하신다. 저를 부른다에피칼레오우는 것은 구약에서는 하나님의 이름을 부르는 것을 의미한다(신4:7; 삼상12:17-18; 시4:1; 14:4; 사55:6; 창4:26; 12:8; 13:4; 21:33).[2527] 크랜필드는 12절에서 바울이

2524 Cranfield, *Romans*, 531; Schreiner; Osborne.
2525 Sanday and Headlam, *Romans*, 291.
2526 빌2:11; 고전2:16; 살전5:2; 살후2:2; Schreiner, *Romans*, 561; Cranfield; *contra* Dunn.
2527 *TDNT*, 3:498-500.

그리스도인들이 예수님의 이름을 부른다고 표현하는 것은 그리스도께 기도한다는 뜻을 의미한다고 주석한다.[2528] 던은 이 동사가 어떤 것을 간청한다는 뜻보다도 예수님께 그 언약을 기억하시도록 청원한다는 뜻을 가지는 것으로 생각한다.[2529] 그러나 케제만은 이 동사의 의미를 기도한다는 뜻에 제한하는 것은 옳지 않다고 말한다. 이 동사는 예배의 상황에서 예수님의 이름을 부르는 것까지 의미한다는 것이다.[2530] 그렇다면 바울은 예수님께서 예배를 받으시는 야훼 하나님과 동등하신 분이시라는 것을 서술하고 있다고 할 수 있다. 이제 유대인이든 이방인이든 예수의 이름으로 하나님께 예배를 드리게 되었다.

그 결과 예수님은 그의 이름을 부르는 자들을 부요하게 하신다. 여기서 부요하시다플루테오우는 동사는 하나님의 친절, 오래참으심, 영광의 부요하심(엡2:7), 자비의 부요하심(엡2:4)을 가리킨다. 이 하나님의 부요하심은 그 백성들에게 부어진다.[2531] 로마서 10:12절에서 예수 그리스도께서 그를 부르는 자들에게 부요하시다는 것은 그들에게 구원을 주시는 은혜의 부요하심을 가리킨다고 볼 수 있다(엡3:8; 고후8:9).

로마서 10:13절은 갈왜냐하면을 세 번째 사용하여 믿음의 보편성을 설명한다. 즉 "누구든지 주의 이름을 부르는 자는 구원을 얻"는다. 여기서 바울은 요엘 2:32절을 인용하고 있다. 접속사 갈왜냐하면만 제외하고 13절은 칠십인역 요엘 3:5절을 그대로 인용하고 있다. 요엘은 마지막 때 주의 날에 여호와께서 그 백성들 가운데 계시며 그들의 하나님이 되시고 그들에게 그 신을 부어 주셔서 그 자녀들이 장래일을 말할 것이고 늙은이는 꿈을 꾸며 그들 중 젊은이는 이상을 볼 것이라고 예언한다. 그리고 누구든지 여호와의 이름을 부르는 자는 구원을 얻을 것이라고 말씀한다. 요엘은 주쿠리오스로 여호와 하나님을 가리키고 있다. 그러나 바울은 쿠리오스로 예수님을 가리키고 있다. 이는 그가 예수 그리스도를 여호와 하나님과 동등한 분으로 여긴다는 것을

2528 행7:59; 22:16; Cranfield, *Romans*, 532.
2529 Dunn, *Romans*, 611; Moo; 행9:14; 딤후2:22; 벧전1:17; 고전1:2.
2530 Käsemann, *Romans*, 292; Sanday and Headlam, *Romans*, 291; Murray, *Romans*, II, 57; Godet.
2531 롬2:4; 9:23; 11:33; 엡1:7, 18; 2:7; 3:16; 빌4:19; 골1:27; 딤전6:17; Osborne, *Romans*, 273.

가리킨다.[2532] 13절에서 부른다에피칼레오우는 동사는 그 의미가 12절에서와 같이 주를 찬양하며 예배한다는 뜻이다. 여기서 "누구든지"파스는 11-13절에 4번 사용되고 있다. 그러나 이 단어가 보편구원론을 가리키는 것은 아니다. 그것은 주의 이름을 부른다는 어구의 수식을 받기 때문이다. 이는 11절의 누구든지 저를 믿는 자와 같은 의미다. 여기서 놀라운 사실은 어떤 혈통이나 전통이 아니라 누구든지 주의 이름을 믿는 자는 구원을 받게 되었다는 사실이다. 그리고 바울은 이 사실이 이미 요엘 선지자에 의해 예언되었다고 제시한다는 점이다. 이는 초대교회에 널리 인식되고 있던 사실인데 그것은 사도행전 2:17-21절에서 베드로가 요엘의 예언을 오순절 성령강림의 문맥에서 적용하여 설교하고 있는데 잘 나타나 있다. 하나님께서 그 신을 남녀노소에게 차별없이 부어주신다는 예언은 성령께서 오셔서 중생하게 하시고 칭의의 선물을 가져오심으로써 성취되었다(롬5:5; 딛3:6). 여기서 우리는 바울이 요엘서를 인용하면서 요엘의 예언 전체 문맥에 흐르는 종말적 성취의 주제를 사용하고 있다는 것을 알 수 있다.[2533] 따라서 요엘이 말씀하는 "누구든지"는 민족적 개념이 아니라 기독론적 종말적 개념이라는 것이 확실하다. 즉 이방인들이 하나님의 백성이 되는 것은 구약의 예언이 미리 바라보고 있었고 누구든지 그리스도의 복음을 믿음으로써 성취되게 되어 있었다는 것이다.

(나) 유대인들의 배교(롬10:14-21)

로마서 10:14-15절에서 바울은 일련의 수사적 질문을 던지면서 누구든지 주의 이름을 부르지 않아 멸망한다면 그에 대한 변명을 할 수 없다는 것을 분명히 말씀하고 있다. 즉 복음은 이미 선지자들을 통해서 그들에게 선포되었다는 것이다. 그러나 그들은 복음을 믿음으로 받아들이지 않았다. 바울은 이 사실을 입증하기 위해 16절에서 이사야 53:1절을 인용하고 있다. 즉 이사

2532 행9:14, 21; 22:16; 고전1:2; 딤후2:22; Murray, *Romans*, II, 57; J. A. Fitzmyer, "The Semitic Background of the New Testament kyrios Title," in *A Wandering Aramean: Collected Aramaic Essays* (SBLDS 25; Missoula, MT: Scholars Press, 1979) 115-42; *contra* G. Howard, "The Tetragram and the New Testament," *JBL* 96 (1977) 63-83.

2533 Schreiner, *Romans*, 562.

야가 전한 말씀은 곧 믿음의 말씀이며 이는 그리스도의 복음에 관한 것이었다는 것이다. 17절은 이사야의 말씀과 그리스도의 말씀을 병렬로 놓고 있다. 18절이하에서도 바울은 이스라엘이 그리스도의 복음을 들었지만 이를 배척했다는 사실을 지적한다. 20절에서 바울은 이사야 65:1절 말씀을 인용하며 이방인들이 복음을 받아들인 사실을 말씀하고 있다. 21절은 이와 대조적으로 이사야 65:2절을 인용하며 복음의 말씀을 배척한 이스라엘의 완악을 대비시키고 있다. 복음에 대한 이방인과 유대인의 대조적 반응은 로마서 9:30-33절에서 말씀한 바와 같다. 이 점에서 로마서 9:30-10:21절은 문학 구조적 측면에서 봉입형inclusio이라고 볼 수 있다. 즉 그 공통의 주제는 유대인과 이방인의 대조다. 즉 이방인은 복음을 받아들였고 유대인은 복음을 배척했다는 것이다.

이 문단에서 바울이 말씀하는 대상은 누군가. 어떤 학자들은 일반적인 모든 사람이라고 생각한다.[2534] 그것은 14-18절에서 바울은 불특정 삼인칭 복수 명사indefinite third person plural를 사용하고 있기 때문이다. 그러나 로마서 9:30-10:21절을 한 문단으로 볼 때 우리는 바울이 유대인의 복음의 배척과 이방인의 복음에 대한 순종을 일관되게 대조하고 있다는 것을 알 수 있다. 그리고 16절에서 "저희"는 이사야 65장의 문맥에서 하나님을 떠난 이스라엘을 가리키고 있고 19절에서는 "이스라엘"이란 단어를 명시하며 바울은 유대인들의 복음에 대한 불순종을 직접적으로 지적하고 있다. 그리고 로마서 11:1절에서 바울은 구속사에서 하나님께서 이스라엘을 완전히 버리셨는가 묻고 있다. 이는 로마서 10장에서 그가 다루고 있는 주제는 이방인들의 불순종이 아니라 유대인들의 배교라는 사실을 알 수 있다. 이 점에서 볼 때 로마서 10:14-21절에서 바울이 서술하는 사람은 이방인이 아니라 유대인들이라는 것을 알 수 있다. 유대인들은 자신들이 그리스도를 믿지 않고 배척한 것에 대해 변명할 근거가 전혀 없다는 것이다. 이와 동시에 이 구절에 있어서의 바울의 질책속에는 일반적으로 복음을 배척하는 모든 이방인들도 마찬가

2534 Black; Wilckens; Murray; Bell; Munck; Dunn; Käsemann.

지로 변명할 수 없다는 의미가 내포되어 있다고 볼 수 있다.[2535]

로마서 10:14절의 접속사 운그러므로은 역접 접속사라기 보다는[2536] 14절이 새로운 주제로 옮겨가는 것을 가리키는 것으로 볼 수 있다. 바울은 14-15절에서 의문사 포우스how를 네 번 사용하여 삼단논법적인 결론을 도출한다: "그런즉 저희가 믿지 아니하는 이를 어찌 부르리요 듣지도 못한 이를 어찌 믿으리요 전파하는 자가 없이 어찌 들으리요." 즉 전파하는 자가 있어야 들을 수 있고 들을 수 있어야 믿을 수 있으며 믿어야 주의 이름을 부를 수 있다. 이 절에서 동사 "부르다", "믿는다", "듣는다"는 모두 삼인칭 복수로 되어 있다. 학자들은 이는 일반적인 사람들 혹은 이방인들[2537] 혹은 유대인과 이방인 모두를[2538] 가리키고 있다고 주석한다. 그러나 필자는 바울은 여기서 유대인들을 가리키고 있다고 본다. 그것은 로마서 9:32; 10:2, 3절에서 쓰인 삼인칭 복수가 유대인을 가리키고 있고 그 의미가 14절에까지 이어지고 있기 때문이다.[2539] 또 로마서 10장에서 바울은 유대인의 곤경을 그 주제로 다루고 있다.[2540] 이는 로마서 9:33절과 11:1절이 그 대상을 유대인으로 구체적으로 지목하고 있는 점에 잘 나타나있다. 따라서 로마서 10:14-21절에서 바울이 서술하는 일차적 대상은 유대인들이라고 할 수 있다. 관계대명사 소유격 후of whom는 동사 아쿠오우듣다와 함께 그리스도를 가리키고 있다.[2541] 즉 사람들이 그리스도를 들을 때 그를 믿을 수 있다. 이를 그리스도에 관해 듣는다든지[2542] 그의 말씀을 듣는다고 해석하는 것은 문법적으로 바르지 않다. 그리스도를 듣는 사람들은 그 분을 주님으로 믿게 된다. 그리고 우리가 그리스도 예수를 믿을 때 그의 이름을 부르게 되는 것이다.

이 절에서 바울은 믿는다는 동사를 전치사 에이스into와 함께 쓰고 있다. 이 형태피스테우에인 에이스는 바울 서신에 잘 사용되지 않는 형태이다.[2543] 이는

2535 Moo, *Romans*, 662-63.
2536 *contra* Morris, *Romans*, 389.
2537 Hodge; Watson; Gaston; Calvin.
2538 Schreiner; Dunn; Munck; Denney; Black.
2539 Cranfield, *Romans*, 533.
2540 Morris, *Romans*, 389.
2541 Fitzmyer; S-H; Lagrange;
2542 Murray; Cranfield; Dunn; Barrett; Moo.

9절에서 말씀하는 복음의 내용, 즉 예수님의 성육신과 죽음에서의 부활을 믿는다는 것을 의미한다고 볼 수 있다.[2544] 이 동사구는 요한복음과 요한서신에 많이 사용되는 형태이다. 그러나 요한은 피스테우에인 에이스의 형태에 어떤 특별한 신학적 개념을 내포하지는 않는다. 피스테우오우믿는다의 절대형전치사 없이 쓰인 동사도 문맥에 따라서 진실된 믿음참 믿음을 나타내는 경우가 많다. 따라서 14절에서 동사구 피스테우에인 에이스에 과중한 신학적 개념을 부과하는 것은 바울의 의도를 넘어서는 해석으로 보여진다. 마지막으로 "전파하는 자가 없이 어찌 들으리요"는 복음을 전파하는 자가 없이 자연계시를 통해서 그리스도를 믿을 수는 없다는 것을 가리킨다. 여기서 동사 전파하다케이룩소우는 선포하다는 뜻도 가지고 있다. 이는 예배 때 설교자가 복음을 전하는 것만을 가리키지 않고 그 보다 광의적으로 복음이 전파되는 것을 의미한다. 따라서 전도지를 가지고 복음을 전하는 행위도 포함한다고 볼 수 있다. 전치사 코우리스without는 명사 케리룩스설교자와 함께 사용되어야 하는데 분사 케이루손토스와 함께 쓰인 것은 복음을 전파하는 행위를 생생하게 묘사하고 있다.[2545]

로마서 10:15절의 접속사 데그리고는 순접의 내용을 도입한다: "보내심을 받지 아니하였으면 어찌 전파하리요 기록된바 아름답도다 좋은 소식을 전하는 자들의 발이여 함과 같으니라". 15절은 14절에 이어서 전파하는 일은 보내심을 받는 것을 전제로 한다는 것을 말씀한다. 보내신 분은 하나님이시다. 그리고 복음을 전파하는 자는 하나님의 사자 혹은 대사이다. 보내심을 받지 않았는데 복음을 전하는 일은 없다. 보내심을 받지 않은 자들은 보내신 분의 일을 할 수 없다.[2546] 반대로 보내심을 받은 자가 전하는 복음을 반대하고 배척하는 것은 그를 보내신 하나님을 대적하는 것과 같다. 이를 강조하기 위해 바울은 이사야 52:7절 말씀을 인용한다. 이를 인용하면서 바울은 칠십인역보다 히브리성경의 본문에 더 의존한 것 같다.[2547] 이사야가 예언하는 평화

2543 갈2:16; 빌1:29; 골2:5.
2544 Cranfield, *Romans*, 534.
2545 Morris, *Romans*, 390.
2546 Morris, *Romans*, 390.

의 선언을 바울이 복음의 전파로 대체해서 말씀하는 것은 복음이 하나님과 우리의 관계에 화목을 가져오고 평화를 이루기 때문인 것으로 보인다(롬 5:1). 또 이사야의 "사자"herald는 단수인데 비해 로마서 10:15절의 복음 전파자는 복수인 것은 복음전파의 종말적 성취가 사도들과 선지자들에 의해 되어진다는 것을 나타낸다.[2548] 이사야 52:7절이 바울 당시에 종말적으로 메시야를 바라보는 예언으로 인식되고 있었다는 것은 11QMelch 15-19에서도 알 수 있다.[2549] 이는 이스라엘에 복음이 이미 전파되었다는 것을 나타내는 증거다. 형용사 호우라이오이는 아름다운 혹은 시기적절한의[2550] 뜻을 가지고 있다. 여기서는 "아름다운"이라고 번역하는 것이 더 낫다.[2551] 그리고 아가싸good는 복음을 가리키고 있고 동사 유앙겔리조우복음을 전파하다는 케이루소우설교하다와 그 의미가 병렬된다.

로마서 10:16절의 접속사 알라그러나는 16절이 14-15절과 역접관계라는 것을 나타낸다: "그러나 저희가 다 복음을 순종치 아니하였도다 이사야가 가로되 주여 우리의 전하는 바를 누가 믿었나이까 하였으니". 즉 하나님께서 사자들을 보내셔서 복음을 전하게 하셨지만 그것을 듣는 자들은 복음을 받아들이지 않았다. 여기서 우 판테스not all는 완서법litotes 혹은 곡언법meiosis이라고 볼 수 있다.[2552] 즉 들은 자의 대부분이 그들이 전한 것을 믿지 않았다는 것이다. 그러면 이들은 누구인가. 앞서 본대로 어떤 사람들은 이들은 이방인 혹은 이방인과 유대인 모두를 가리킨다고 생각한다. 그러나 필자는 이들은 유대인들을 가리키고 있다고 생각한다.[2553] 따라서 NIV성경이 16절에 명사 이스라엘사람들Israelites을 삽입한 것은 적절한 것이다. 바울은 이들이 믿지 않았다고 표현하지 않고 복종하지 않았다후파쿠오우고 표현한다. 그 이유는 (i)바울이 "믿는다" 대신 "복종한다"를 사용함으로써 14-15절의 여러 동

2547 Hultgren; Dunn; Fitzmyer; Schreiner.
2548 Barrett; Munck; Schreiner; Stuhlmacher; Cranfield; Käsemann.
2549 Str-B, 3.282-83; Dunn, *Romans*, 622.
2550 Fitzmyer; Dunn; Moo; Käsemann.
2551 Osborne; Schreiner; Oswalt.
2552 Schreiner; Cranfield; Stuhlmacher; Murray; Sanday and Headlam; Munck; *contra* Dunn; Michel.
2553 Schreiner; Moo; Morris; Stott; Osborne.

사의 고리chain가 16절에서 계속되지 않음을 나타내기 위한 것이고; (ii)발음이 비슷한 후파쿠오우로써 14절의 동사 듣다아쿠오우를 상기시키며 저들의 불순종을 풍자하는 언어유희wordplay 효과를 발생하고; (iii)복음에 대한 순종은 구원에 있어서 절대적으로 필요한 것이라는 점을 강조하기 위해서이다.[2554] 복음을 들은 유대인 중 일부 만이 이에 순종했다는 것은 로마서 9:6절이 말씀하는 모든 이스라엘이 다 이스라엘이 아니라는 사실과 상응한다. 그리고 로마서 9:27절에서 말씀하는 오직 남은 자remnant만이 구원을 얻는다는 가르침과 일치한다.

바울은 이스라엘 백성들이 복음을 믿기를 거부한 사실을 분명히 입증하기 위해 이사야 53:1절을 인용하고 있다. 이 구절은 주여퀴리에만 제외하면 히브리어 성경MT이나 칠십인역LXX과 완전히 일치하고 있다. 사도 요한도 이 구절을 인용하면서 유대인들이 복음을 배척한 것을 설명하고 있는 것을 볼 때 이사야 53:1절은 초대교회에서 유대인들이 복음을 거부한 것을 이해하는 중요한 구약의 예언으로 알려져 있었음을 나타낸다(요12:38).[2555] 여기서 아코에이message는 (i)청각 기관(고전12:7); (ii)듣기; (iii)들은 것보고, 메세지을 의미한다.[2556] 이 명사를 개역 성경이 "우리의 전한 바"로 번역한 것은 적절하다고 할 수 있다. 바울은 이 명사를 17절에도 사용한다. 이사야도 52:7절과 53:1절에서 모두 이 명사를 사용하고 있다. 이는 바울이 15-16절에서 이사야의 구절을 인용할 때 이사야의 예언의 전체적인 문맥을 배경으로 인용하고 있다는 것을 나타내 준다.[2557] 그것은 여호와께서 메시야를 보내실 것이며 그를 통해 구속의 길을 제공하신다는 것이다. 그러나 그 백성들은 그를 배척할 것이라는 것이다. 이로써 유대인들이 복음을 배척한 것은 그들이 들을 기회를 가지지 못했기 때문이 아니라 들을 기회가 많았지만 이를 고의적으로 거부한 것이라는 점이 분명히 입증되었다. 다시 말해 그들은 하나님 앞에서 변명할 수 없다는 것이다.

2554 롬1:5; 6:16-17; 15:18; 16:19, 26; 고후10:5; 살후1:8; Dunn, *Romans*, 622.
2555 Dodd, *According to the Scriptures*, 39.
2556 Fitzmyer, *Romans*, 598.
2557 Dunn, *Romans*, 622-23.

로마서 10:17절의 접속사 아라그러므로는 17절이 16절의 내용의 결과임을 나타낸다: "그러므로 믿음은 들음에서 나며 들음은 그리스도의 말씀으로 말미암았느니라". 17a에서 바울은 믿음은 들음에서 난다고 말씀하여 14절의 내용을 반복하고 있다. 이는 접속사 아라의 인과적 의미와 맞지 않는다. 그래서 어떤 학자들은 17절이 논리적으로 맞지 않는 위치에 놓였다고[2558] 주장하거나 혹은 17절은 나중에 삽입된 주해라고 주장한다.[2559] 그러나 우리는 17a는 17b를 말씀하기 위한 도입부로써 역할하며 14절의 내용을 반복하고 있고 17b에서 바울은 들음의 내용이 그리스도의 말씀이라는 사실을 강조하고 있다는 것을 알 수 있다. 그리고 17절은 18-21절의 내용을 도입하는 역할을 하고 있다. 즉 그들은 분명히 주의 말씀을 들었고 알았으나 이를 고의적으로 거부한 것이다. 따라서 그들은 변명할 수 없는 것이다. 21절은 이와 같이 복음에 대한 그들의 불순종을 서술하며 16절의 내용을 다시 확인하고 있다. 이렇게 볼 때 17절은 16절에서 인용하는 이사야의 예언 즉 저희가 복음을 듣고도 거부했다는 사실을 입증하는 역할을 한다.

17절은 주동사를 포함하지 않고 있다. 그리고 바울은 16절에서 사용한 명사 아코에이를 두 번 반복한다. KJV은 16절에서 아코에이를 "메세지"로 17절에서는 "듣는 것"hearing으로 번역한다. 그러나 NIV는 16, 17절 모두 메세지로 번역한다.[2560] 필자는 여기서 KJV의 번역이 더 낫다고 본다.[2561] 그 이유는 아코에이를 "듣는 것"hearing으로 번역하는 것이 14,18절의 동사 아쿠오우듣는다와 일치하고, 17절에서 바울이 아코에이듣는 행위와 흐레이마토스말씀의 뜻을 구분하고 있다고 보는 것이 더 낫기 때문이다.[2562] 즉 이사야의 예언에서 알 수 있듯이 믿음은 들음에 바탕을 두고 있고 들음은 그리스도의 말씀을 통해 되어진다. 여기서 전치사 "통해서"디아는 전치사 엑스out of와 같은 의미로 사용되고 있다고 볼 수 있다.[2563] 즉 들음은 그리스도의 말씀에 바탕을 둔

2558 Barrett.
2559 Bultmann; Michel; Luz; Schmithals.
2560 NRSV; Meyer; Kuss; Michel; Eckstein.
2561 S-H; Moo; Barrett; Murray; Dunn; Cranfield.
2562 Dunn, *Romans*, 623; Moo, *Romans*, 666.
2563 Moo, *Romans*, 666.

다. 여기서 "그리스도의 말씀"흐레이마토스 크리스투은 소유격 크리스투를 주격으로 보면 그리스도께로부터 말미암은 말씀을 의미한다.[2564] 그러나 크리스투를 목적격으로 보면 그리스도에 관한 말씀을 의미한다.[2565] 모리스는 여기서 이 두 의미가 다 내포되어 있다고 생각한다.[2566] 머레이는 이는 예수께서 하신 말씀을 의미한다고 주석한다.[2567] 크랜필드는 이는 그리스도께서 그 사자들의 입을 통해 하시는 말씀이라고 주석한다.[2568] 필자는 흐레이마말씀가 신약에서 보통 말하여진 말씀을 가리키고 있는 것을 볼 때 17절의 "그리스도의 말씀"은 그리스도께서 제자들에게 하신 말씀을 의미한다고 본다. 즉 그리스도께서 하신 말씀이 우리가 듣는 행위hearing의 바탕이라는 것을 의미한다. 이는 8절의 "믿음의 말씀"은 곧 그리스도의 가르침에 바탕을 두고 있다는 것을 말한다.

로마서 10:18절의 접속사 알라그러나는 17절의 말씀과 대조되는 내용을 도입하고 있다: "그러나 내가 말하노니 저희가 듣지 아니하였느뇨 그렇지 아니하다 그 소리가 온 땅에 퍼졌고 그 말씀이 땅끝까지 이르렀도다 하였느니라". 즉 저희가 복음을 들은 적이 없는가. 그 대답은 "진정으로"(들었다)이다. 여기서 "저희"는 이방인들이 아니고 유대인을 가리킨다. 그것은 16, 19, 21절 모두 분명히 유대인들이 복음을 배척한 것을 다루고 있기 때문이다. 이를 입증하기 위해 바울은 또 구약의 구절을 인용한다: "그 소리가 온 땅에 퍼졌고 그 말씀이 땅끝까지 이르렀도다 하였느니라". 여기서 혼동스러운 것은 시편19:4절은 하나님의 자연계시를 말씀하고 있는데 바울은 이를 특별계시인 복음의 전파에 적용해서 인용하고 있다는 것이다. 캘빈은 바울이 여기서 말씀하는 것은 자연계시 그 자체라고 생각한다. 그래서 바울이 서술하는 것은 하나님의 자연계시가 이방인 전체에 펼쳐져 있는 것이라고 주석한다. 그

2564 Käsemann; Maier, *Isarel*, 93; C. Plag, *Israels Wege zum Heil. Eine Untersuchung zu Römer 9 bis 11* (Stuttgart, 1969) 29; Munck, *Christ and Israel*, 94.

2565 Osborne; Hultgren; S-H; Moo; Sanday and Headlam; Fitzmyer.

2566 Morris, *Romans*, 392.

2567 요한3:34; 5:47; 6:63, 68; 12:47, 48; 17:8; 행5:20; 엡5:26; 6:17; 벧전1:25; Murray, Romans, II, 61; Käsemann.

2568 Cranfield, *Romans*, 537.

러나 여기서 그들이 전한 흐레이마타말씀는 17절이 언급한 그리스도의 말씀을 가리키고 있다. 이는 자연계시가 아니라 특별계시를 가리킨다. 레엔하르트는 이(잘못된) 인용은 바울의 기억력이 어두워져 초래된 것이거나 고의적인 책략이라고 주장한다.[2569] 헤이즈의 견해를 채택하면서 무는 여기서 바울은 시편 19:4절을 문자적으로 인용하는 것이 아니라 이를 바탕으로 특별계시가 온 세상에 전파된 사실을 비유적으로 묘사하고 있는 것이라고 주장한다.[2570] 즉 하나님의 자연계시가 온 세상에 편만히 이루어진 것처럼 하나님의 특별계시 즉 복음도 온 세상에 전파된 사실을 말씀하고 있다는 것이다. 그러나 머레이는 시편 19:1–6절은 자연계시를 언급하고 있지만 7–14절은 특별계시를 말씀하고 있는 점에 주목한다.[2571] 따라서 바울은 시편의 이 구절을 잘못 인용하고 있는 것이 아니다. 바울은 그리스도의 복음이 자연계시처럼 온 땅에 전파된 사실을 말씀하고 있다는 것이다. 그래서 유대인들이 이 복음을 들어 본 적이 없다고 변명할 수 없다는 것이다.

그러면 진정으로 그 소리가 온 땅에 퍼졌고 그 말씀이 땅 끝까지 이르렀는가. 로마서를 쓸 당시 바울은 스페인에 가서 복음을 전할 계획을 가지고 있었다. 이렇게 복음이 아직 스페인까지 전파되지 않은 상태에서 어떻게 복음이 땅 끝까지 이르렀다고 말씀할 수 있는가. 어떤 학자들은 이는 과장법이라고 일축한다(골1:23).[2572] 바울은 로마서 1:8절에서도 로마교회 성도의 믿음이 "온 세상"에 알려지고 있다고 표현한다. 여기서 온 세상은 지중해 일대의 나라들을 가리키고 있다고 볼 수도 있다. 즉 로마제국 전체에 퍼지고 있다는 뜻이다.[2573] 브루스는 여기서 바울은 복음이 대체적으로 유대인과 이방인 나라에 골고루 전파된 사실을 가리킨다고 주장한다.[2574] 즉 이는 복음의 대표적 보편주의representative universalism를 말하고 있다는 것이다. 즉 유대인들이

2569 Leenhardt.

2570 Moo, *Romans*, 666-67; Sanday and Headlam.

2571 Murray, *Romans*, II, 61; J. W. Aageson, "Typology, Correspondence, and the Application of Scripture in Romans 9-11." *Journal for the Study of the New Testament* 31 (1987) 60; Schreiner.

2572 Stott.

2573 Wilckens; Schmithals.

2574 Bruce; Morris; Munck, *Christ and Israel*, 95-99; Hultgren; Osborne.

공동체를 이루고 사는 지역에는 복음이 전파된 것으로 여길 수 있다는 것이다. 그러나 18절에서 바울이 말씀하는 것은 복음이 땅끝까지 전파되었다는 사실이다. 이는 크랜필드가 말하는 것처럼 복음이 대체적으로 세상 나라들에 널리 전파된 사실 그 자체를 가리키고 있다고 볼 수 있다.[2575] 복음이 모든 개인에게 다 미치지는 못했지만 그들이 복음을 들어 보지 못했다고 변명할 수 없을 정도로 충분히 널리 세상에 전파된 사실을 의미한다. 이에 따른 결론은 유대인들도 마찬가지로 복음을 들어본 적이 없다고 변명할 수 없다는 것이다.

로마서 10:19절에서 바울은 18절에서 사용한 "알라 레고우"그러나 내가 말하노니를 반복하며 18절의 내용을 발전시키고 있다: "그러나 내가 말하노니 이스라엘이 알지 못하였느뇨 먼저 모세가 이르되 내가 백성 아닌 자로써 너희를 시기나게 하며 미련한 백성으로써 너희를 노엽게 하리라 하였고". 18절의 내용을 더욱 전개하며 바울은 18a의 질문 "저희가 듣지 아니하였느뇨"와 병렬되는 질문을 하고 있다: "이스라엘이 알지 못하였느뇨". 그 대답은 물론 저희가 알고 있었다는 것이다. 그렇다면 저희가 무엇을 알고 있었는가. 대부분의 학자들은 저희가 그리스도의 복음을 알고 있었던 것이라고 주석한다. 그러나 19-21절에서 바울이 인용하고 있는 세 가지 구약의 구절들은 다른 해석을 하게 한다. 바울은 19절에서 신명기 32:21절을 칠십인역을 따라 인용하고 있다. 19절에서는 "그들"을 "너희들"로 신명기 말씀을 좀 더 개인적인 차원으로 바꾸고 있지만 그 뜻에는 변함이 없다. 하나님께서는 모세를 통해서 "내가 백성 아닌 자로써 너희를 시기나게 하며 미련한 백성으로써 너희를 노엽게 하리라"라고 말씀하셨다. 여기서 "백성 아닌 자"는 로마서 9:25절에 인용된 호세아 1:10절의 "내 백성 아닌 자"를 상기시킨다. 이들은 사마리아인들(Sir 50:25-26)이나 바벨론 사람들(Tg. Yer.) 혹은 북아프리카 사람들을[2576] 가리키는 것으로 해석될 수 있는데 바울은 이를 이방인 선교에 적용하

2575 Cranfield, *Romans*, 537; Stuhlmacher; Fitzmyer.
2576 Str-B, 3:284-85; Dunn, *Romans*, 625.
2577 Bruce.

고 있다.[2577] 이스라엘 백성들은 광야에서 하나님을 섬기지 않고 신이 아닌 우상을 자기 신이라고 섬김으로써 하나님을 시기나게 하고 노엽게 했다. 이에 대해 하나님께서 자기 백성이 아닌 자들을 백성으로 삼아 이들을 시기나게 하고 노엽게 하신다는 것이다. 그러므로 많은 유대인이 그리스도의 복음을 배척하고 이와 반대로 많은 이방인들이 믿음으로 구원을 받는 것에 대해 그들은 당황할 필요가 없다는 것이다.[2578] 왜냐하면 그들은 이미 이 사실을 알고 있었기 때문이다. 이에 대한 예언은 모세가 먼저 증거했고 그 후 이사야 등 선지자들을 통해서 선포되었다. 여기서 모세가 먼저 말씀했다고 할 때 형용사 프로우토스first가 그 앞에 있는 동사 에그노우알다를 수식한다고 보는 것은 그 의미가 자연스럽지 못하다.[2579] 그것은 19a의 질문이 18a의 질문과 병렬되기 때문에 의문표가 에그노우 다음에 온다고 보는 것이 더 낫기 때문이다. 그리고 20절에서 바울이 이사야 65:1절을 인용하고 있기 때문에 19a에서 모세의 글을 먼저 인용하면서 모세가 이사야보다 먼저 증거하고 있다고 말씀하는 것으로 이해하는 것이 자연스런 해석이다.

로마서 10:20절은 이사야 65:1절을 인용하면서 19a의 질문에 대한 답을 계속 이어가고 있다. 즉 이스라엘은 알았다. 그러면 무엇을 알았는가: "내가 구하지 아니하는 자들에게 찾은 바 되고 내게 문의하지 아니하는 자들에게 나타났노라"라고 말씀한 것을. 이 인용구절은 "나타나다"엠파네이스 에게노메인와 "찾다"유레쎄인의 순서를 뒤집은 것 말고는 칠십인역과 일치한다. 던은 이것은 아마도 이 인용이 기억에 의존하고서 한 것이기 때문이라고 생각한다.[2580] 이 단어들이 뒤바뀐 것이 이사야나 바울이 말씀하는 바를 변형하지는 않는다. 그것은 하나님께서 그 원하시는 자들에게 자기 계시를 하신다는 의미를 가진다. 이사야의 이 예언은 이사야의 문맥에서 볼 때 배교한 이스라엘 백성을 향한 예언이었다. 그러나 바울은 이 예언이 이방인들이 복음을 믿음으로 받아들이게 될 것을 가리키는 예언으로 이해한다. 무는 앞에서 처럼 바울은

2578 Schreiner; Moo; Murray; R. H. Bell, *Provoked to Jealousy: The Origin and Purpose of the Jealousy Motif in Romans 9-11* (WUNT 2/63. Tübingen: Mohr, 1994) 102-3; Byrne, *Romans*, 326.

2579 Cranfield, *Romans*, 539; Leenhardt; Morris; Moo; Murray; Dunn.

2580 Dunn, *Romans*, 626.

비유의 원칙을 바탕으로 유대인에게 하신 말씀을 이방인에게 적용하고 있다고 주장한다.[2581] 즉 두 그룹 다 하나님을 구하지 않은 자들이라는 점에서 같다는 것이다. 캘빈은 바울이 이 예언을 종말적 이방인 선교에 대한 것으로 이해하는 것이 이사야의 문맥에 일치하는 해석이라고 주석한다.[2582] 이사야의 표현 "나를 구하지 아니하던 자", "나를 찾지 아니하던 자", "내 이름을 부르지 아니하던 나라"는 이방인을 가리키고 있다고 볼 수 있다. KJV은 이사야65:1절 후반부의 "내 이름을 부르지 않던 나라"를 "내 이름으로 불리워지지 않던 나라"라고 번역하고 있다. 이는 분명히 이방인들을 가리키는 표현이다.[2583] 그렇다면 로마서 10:20절은 이사야 65:1절을 인용하면서 이방인들이 하나님의 백성이 되게 된 것을 말씀하고 있고 그리고 10:21절은 이사야 65:2절을 인용하면서 이스라엘의 배교를 묘사하고 있다고 볼 수 있다. 이는 로마서 9:30-33절에 나타난 대조를 다시 반복하는 것이다. 이는 구속사에 있어서 엄청난 충격을 동반하는 사건이라고 볼 수 있다. 하나님께서 구하지 아니하는 자들에게 찾은 바 되시고 하나님께 문의하지 아니하는 자들에게 나타나신 것은 전적으로 하나님의 주권적 은혜로써 그렇게 하신 것이다. 믿음에 바탕을 둔 구원은 행위와 관계없고 전적으로 하나님의 주권적 은혜에 바탕을 두고 있다. 이는 로마서 11:1절에서 바울이 하나님께서 이스라엘을 완전히 버리신 것이 아니라는 것을 말씀하기 위한 준비작업이라고 할 수 있다. 하나님께서는 이스라엘을 완전히 버리신 것이 아니다. 그들의 일부를 감람나무로부터 자르신 것은 택한 이방인들을 부르시기 위한 것이다. 그리고 이 이방인들의 구원으로 이스라엘을 시기나게 하셔서 그들중 택자를 구원받게 하시는 것이 하나님의 계획이었다. 이는 로마서 11장에 구체적으로 설명되고 있다.

20절의 아포톨마오우담대하다는 이사야의 심리적 담대함을 가리킨다기 보

2581 Moo, *Romans*, 669.

2582 Calvin, *Romans*, 236.

2583 J. A. Alexander, *Commentary on the Prophecies of Isaiah* (rpt.; 2 vols. in 1; Grand Rapids: Zondervan, 1953) 2.437-38; A. MacRae, "Paul' s Use of Isaiah 65:1," in *The Law and the Prophets: Old Testament Studies Prepared in Honor of Oswald Thompson Allis* (ed. J. H. Skilton; Philadelphia: P&R, 1974) 369-76.

다는 이사야 65:1절이 말씀하는 놀라운 사실 자체를 묘사하는 동사로 볼 수 있다.[2584] 그리고 그 시제가 현재형인 것은 이사야가 현재 예언의 말씀을 주고 있는 것 같은 효과를 지닌다. 그리고 현재 분사 제이투신찾다과 에페로우토우신문의하다의 그 현재 시제적 의미가 희석되지 않게 하고 있다. 즉 하나님께서는 자신을 계속해서 찾지 않는 불의한 자들에게 주권적 은혜로써 자신을 나타내시고 그들에게 믿음의 선물을 주신다는 의미를 가진다.

로마서 10:21절의 접속사 데그러나는 20절의 내용과 대조적 내용을 도입하고 있다: "이스라엘을 대하여 가라사대 순종치 아니하고 거스려 말하는 백성에게 내가 종일 내 손을 벌렸노라 하셨느니라". 여기서 전치사 프로스to는 "에게"가 아니라 "에 관해서"라고 번역해야 옳다.[2585] 하나님께서 하나님을 찾지도 않고 문의하지도 않은 자들에게 스스로 보이신 것과 반대로 "순종하지 아니하고 거스려 말하는 백성에게 내가 종일 내 손을 벌렸노라"고 말씀하신다. 이는 이사야 65:2절의 칠십인역을 인용하고 있다. 그러나 이와 달리 바울은 올레인 테인 헤이메란종일을 인용 문장 맨 앞부분에 옮겨 놓음으로써 이 어구를 강조하고 있다. 이는 하나님께서 그들에 대해 오래 참으심을 나타낸다. 하나님께서 그들에게 그 손을 벌리셨다는 것은 간청의 의미 보다 그 교제에의 초대를 의미한다고 볼 수 있다. 그 시제가 아오리스트과거인 것은 하나님께서 중단 없이 계속해서 그들에게 문을 열어 놓고 계셨다는 것을 말한다. 이와 반면에 그들은 순종하지 않고 거스려 말하는 자들로 묘사되어 있다. 아페이쎄오우불순종하다는 복종하다(롬10:3)나 순종하다(롬10:16)의 반대 개념이다. 그리고 안티레고우거스려 말하다는 예수님을 믿고 고백하는 행위의 반대 개념이다(롬10:8-10, 14).[2586] 그러면 여기서 바울은 하나님의 이들에게 벌린 손 즉 그의 자비를 강조하고 있는가 아니면 이스라엘의 배교를 강조하고 있는가. 여기서는 후자에 강조점이 있다고 보는 것이 로마서 9:30-10:21절에 일관되게 유지되는 대조점과 일치한다.[2587] 그러나 이와 반면에

2584 Cranfield, *Romans*, 540.
2585 Morris; Dunn.
2586 Dunn; *contra* Cranfield.
2587 Murray; Michel; Godet.

로마서 11장에서 바울이 강조하는 하나님의 그 언약에 대한 신실하심의 관점에서 볼 때 하나님의 이스라엘에 대한 자비에 대한 바울의 강조도 무시될 수 없다.[2588] 따라서 우리는 21절에 내포되어 있는 이 양자의 균형을 인정해야 한다.[2589]

로마서 10장에서 바울은 하나님의 자비로운 초대에도 불구하고 이스라엘이 그리스도의 복음을 배척했다는 사실을 구약의 구절을 인용해 가며 분명하고 확실하게 고소하고 있다. 유대인들은 자신들은 복음을 듣지 못했다거나 이방인들의 회개와 회심에 대한 선지자들의 예언을 몰랐다고 말할 수 없다. 그들은 마음을 부드럽게 하고 그리스도의 복음을 받아들이고 믿었어야 했다. 그러나 그들은 행위 구원에 의존함으로써 그리스도의 보혈의 피를 무용한 것으로 여겼다. 따라서 하나님의 진노의 대상으로 전락하게 되었다. 그들이 자기 죄로 인해 징벌을 당하게 된다는 이 사실이 바울이 로마서 9장에서 말씀한 예정론을 퇴출시키지는 않는다.[2590] 즉 이들의 불신앙도 하나님께서 미리 예정하신 것이다. 그와 동시에 그들은 자신들의 불신앙과 불순종에 대한 책임을 져야 한다. 이렇듯 하나님의 예정과 인간의 책임은 서로 모순되지 않으면서 공존한다. 이 관계를 억지로 풀려고 하는 것은 이 양자를 병렬시키며 제시하는 바울을 앞서 가려 하는 것이다. 이방인들은 자신들이 택함받았다고 오만에 빠지면 않된다. 그들도 유대인들처럼 배교하면 감람나무에서 잘려지는 징벌을 당할 수 있기 때문이다. 바울은 이에 대해 로마서 11장에서 엄숙하고 철저히 설명하고 있다.

(4) 유대인중 남은 자와 유기된 자(롬11:1-10)

대부분 학자들은 로마서 11장이 네 문단으로 나눠진다고 이해한다. 로마서 11:1-10절은 하나님께서 유대인 중 남은 자들을 구원하신다는 주제를, 로

2588 Dunn; Fitzmyer; Morris; Cranfield.
2589 Osborne; Moo.
2590 Käsemann, *Romans*, 297.

마서 11:11-24절은 유대인들의 강퍅함은 일시적인 것이라는 것을, 로마서 11:25-32절은 하나님께서 장차 모든 이스라엘을 구원하신다는 것을 말씀하고, 로마서 11:33-36절은 하나님의 측량할 수 없는 지혜에 대한 송영이라는 것이다.[2591] 그러나 필자는 로마서 11:11-32절을 한 단락으로 본다.[2592] 그것은 로마서 11:1-10절과 11-32절이 가지는 공통의 문학적 특징때문이다. 즉 (i)1절과 11절이 같은 어구로 시작되고(그러므로 내가 말하노니); (ii)그 다음은 부정의 대답을 유도하는 질문이 따라오고(하나님이 자기 백성을 버리셨느뇨; 그들은 실족하기 위해 넘어졌느뇨); (iii)그 뒤에는 부정의 대답이 내려진다(그럴 수 없느니라); (iv)그리고 각 단락의 후반부에는 구약의 긴 인용구절이 첨가되고 있다(롬11:9-10; 26-27).[2593]

이를 바탕으로 우리는 로마서 11장을 세 단락으로 나눌 수 있다. 그리고 이때 첫 문단인 로마서 11:1-10절은 하나님께서 이스라엘 백성 모두를 버리신 것이 아니라는 것을 말씀하고 있다. 그 이유는 하나님께서 유대인들중 그 남은자들을 구원하시기 때문이다. 이는 로마서 9:6절에서 말씀한 두 종류의 이스라엘의 주제와 연결된다. 즉 이스라엘에는 그 마음이 강퍅해져 진노의 그릇에 속한 자들(11:7-10)이 있고 하나님의 은혜로 택함받아 복음을 받아들여 구원받는 남은 자들이 있다(롬11:5-6; 9:6b-13; 15-16, 18a, 22-23, 27-29). 이는 하나님께서 그 언약에 신실하신 하나님이시라는 것을 가리키고 있고 26b-29절의 내용과 연결된다. 둘째 문단인 로마서 11:11절이하에서 바울은 이스라엘이 넘어진 것은 아무 이유없이 그렇게 된 것이 아니라는 것을 설명한다. 즉 하나님께서 감람나무에서 그들 중 얼마를 잘라내신 것은 이방인 택자로 하여금 감람나무에 접붙임받게 하시기 위함이었다는 것이다. 그러므로 구원받은 이방인 신자들은 오만해지지 않고 겸손해야 된다. 그리고 자신들도 믿음을 잃고 배교해서 감람나무에서 잘려나가는 일이 없도록 주의해야 한다. 이렇게 바울은 이 둘째 문단에서 이방인 신자들이 배교하지 않도록 경

2591 Fitzmyer, *Romans*, 602; Osborne; Cranfield; Barrett; Käsemann; Lagrange; Nygren; Sanday and Headlam; Stuhlmacher.

2592 Stott, *Romans*, 291.

2593 Moo, *Romans*, 671.

고하면서 하나님의 새언약의 공동체는 하나라는 사실을 분명히 밝히고 있다. 그리고 이방인들의 구원으로 유대인들에게 질투가 일어나 그들도 복음을 믿고 구원을 받게 되는 순환적 회심의 상호작용이 주님 오실 때까지 계속될 것을 설명하고 있다. 이로써 온 이스라엘은 구원받게 되는 것이다. 이 점에서 로마서 11:11-32절은 온 이스라엘이 구원받게 되는 메커니즘을 설명하고 있다. 이 절묘한 하나님의 구원의 계획을 측량할 자는 아무도 없었다. 이에 대해 바울은 마지막 문단인 로마서 11:33-36절에서 하나님께 영광과 찬송을 올린다.

로마서 11:1절의 "그러므로 내가 말하노니"레고우 운는 로마서 10:18, 19절과 로마서 11:11절에도 사용되는 표현으로써 주제가 바뀌고 있다는 것을 알린다: "그러므로 내가 말하노니 하나님이 자기 백성을 버리셨느뇨 그럴 수 없느니라 나도 이스라엘인이요 아브라함의 씨에서 난 자요 베냐민 지파라". 접속사 운그러므로은 로마서 9:6-10:21절에서 말씀한 것을 받고 있다. 즉 하나님께서 그 남은 자를 구원하시고 대부분의 유대인들을 그 마음에 강퍅한대로 내버려두셨는데 이는 하나님께서 그 백성을 버리셨다는 것을 의미하는가. 그 대답은 단호히 아니다이다. 이는 바울이 이 의문문에서 의문조사 메이not를 사용함으로써 부정의 대답을 기대하게 하는 점에 분명히 나타나 있다. 또한 "그 백성"라온 아우투은 이방인에쓰네이과 대비되는 표현으로 구약에서 선지자들이 말씀하는 "자기 백성"을 연상하게 한다.[2594] 하나님께서 자기 백성을 버리지 않으셨다는 것을 보여주기 위해 첫째로 바울은 자신의 예를 먼저 든다. 즉 그는 이스라엘인이요, 아브라함의 씨요, 베냐민 지파다. 이는 자신이 유대인으로써 하나님께서 이스라엘을 버리신다는 것은 상상할 수 없는 일이라는 것을 가리키는 표현은 아니다.[2595] 이는 하나님께서 유대인 중의 하나인 자신을 버리시지 않은 것을 볼 때 이스라엘을 다 버리신 것이 아니라는 점이 확실하다는 것을 가리키고 있다. 즉 이는 하나님께서 이스라엘 중 택한 자들을 가리키고 있다. 3-4절에서는 엘리야 시대에 바알에게 절하지

2594 삼상12:22; 시94:14; 롬9:25-26; 10:21; 11:1-2; 15:10-11; 고전10:7; 14:21; 고후6:16.
2595 contra Sanday and Headlam; Dunn; Byrne.

않은 칠천 명의 남은 자를 예로 들고 있다. 그리고 5-6절은 은혜로 택하심을 받은 남은 자에 대해 말씀하고 있다.[2596] 따라서 하나님께서 자기 백성을 버리지 않으신 것은 모든 이스라엘 백성을 버리시지 않았다는 말씀이 아니고 이스라엘 중 택한 자 즉 아브라함의 씨스펠마 혹은 약속의 자녀들(롬9:8)을 버리지 않으셨다는 말씀이다.

바울이 자신을 이스라엘인이라고 묘사할 때 이는 로마서 9:6절의 두 번째 이스라엘 즉 영적 이스라엘을 가리키고 있다고 볼 수 있다. 그리고 아브라함의 씨는 로마서 9:7절의 이삭으로부터 난 씨와 연결된다. 즉 자신이 육신에 따른 아브라함의 자녀가 아니라 약속에 따른 아브라함의 자녀라는 의미다. 그러면 자신을 왜 베냐민 지파의 사람이라고 소개하고 있는가. 그것은 이스라엘의 첫 번째 왕이었던 사울왕이 베냐민 지파 사람이기 때문이 아니요; 베냐민 지파가 홍해를 처음 건넌 지파였기 때문도 아니다.[2597] 그것은 그만큼 확실히 자신이 이스라엘 사람이라는 사실을 명확히 하기 위한 표현이다.[2598] 그런 자신이 택함을 받고 구원받는 것을 볼 때 하나님께서는 이스라엘을 버리신 것이 아니라는 것을 알 수 있다는 것이다.

로마서 11:2절은 하나님께서 그 아신 백성을 버리지 않으신 두 번째 예를 묘사하고 있다: "하나님이 그 미리 아신 자기 백성을 버리지 아니하셨나니 너희가 성경이 엘리야를 가리켜 말한 것을 알지 못하느냐 저가 이스라엘을 하나님께 송사하되". 이는 3-4절이 언급하는 엘리아 시대에 하나님께서 남은 자들을 구원하신 사건을 가리킨다. 여기서 2a(하나님이 그 미리 아신 자기 백성을 버리지 아니하셨나니)는 시편 94:14절과 사무엘상 12:22절을 인용한 것이다. 이 구약의 두 구절 중 어느 것을 일차적으로 인용했는 지는 분명하지 않다. 다만 2절 본문이 칠십인역을 따르고 있는 것은 확실하다. 그러나 칠십인역과 차이점은 아포우쎄오우버리다의 현재 시제를 여기서는 아오리스트과거시제로, 주쿠리오스를 하나님쎄오스으로 바꾼 것이다. 바울이 여기서 아포

2596 Schreiner, *Romans*, 579.
2597 Käsemann; Str-B.
2598 Cranfield, *Romans*, 545; Schreiner; Calvin.

우쎄오우의 과거시제를 채택한 것은 하나님께서 그 미리 아신 자들을 현재 뿐 아니라 모든 시대에 있어서 버리신 적이 없음을 나타내고 있다. 그리고 "주"를 "하나님"으로 대체한 이유는 그의 서신에서 "주"는 관용적으로 예수님을 가리키고 있기 때문이다.[2599] 여기서 해석의 논쟁점은 그 미리 아신 백성톤 라온 아우투 혼 프로에그노우이 누구냐는 것이다. 어떤 학자들은 로마서 11:1절에서 라오스백성는 민족적 이스라엘을 가리키고 있기 때문에 2절에서도 라오스백성는 민족적 이스라엘을 가리킨다고 생각한다. 즉 하나님께서는 이스라엘 민족과 맺으신 언약을 폐기하지 않고 지키시는 분이시라는 것이다. 이는 로마서 11:25-26절이 말씀하듯이 장차 온 이스라엘을 구원하시는 계획과 연결되어 있다는 것이다.[2600] 그러나 필자는 "하나님께서 미리 아신 그 백성"은 택함받은 영적 이스라엘 백성을 의미한다고 생각한다.[2601] 그 이유는 다음과 같다. 첫째, 바울은 동사 미리알다프로기노우스코우를 하나님의 예지 뿐 아니라 특정한 자들을 구원하시기로 예정한 것을 가리키는 단어로 줄곧 사용한다는 사실이다.[2602] 로마서 8:28-30절에서 이 동사가 특정한 사람들을 구속하기 위해서 예정하셨다는 것을 가리키듯이 로마서 11:2절에서도 민족적 이스라엘 중 영적 이스라엘을 예정하시고 버리시지 않았음을 의미한다고 볼 수 있다. 둘째, 이는 로마서 9:6-29절에서 바울이 일관되게 설명한 것과 일치한다. 즉 유대인 중에도 육으로 아브라함의 자녀인 자들과 영으로 아브라함의 자녀인 자들이 구분된다. 로마서 9:6절은 하나님께서 그 언약을 폐기하셨는가라고 묻고 하나님께서 영적 이스라엘을 긍휼의 그릇으로 택하시고 구원하시기 때문에 하나님께서는 그 언약에 신실하신 하나님이시라는 것을 설득력있게 설명하고 있다. 마찬가지로 로마서 11:1절에서도 하나님께서 자기 백성을 버리셨는가라고 묻고 바울은 2절에서 이스라엘 중 그 택한 자

2599 Dunn, *Romans*, 636.

2600 S-H; Murray; Cranfield; Moo; Osborne; Gundry Volf; Hafemann; Morris; Sanday and Headlam.

2601 Schreiner; Calvin; Hodge; Haldane; F. Refoulé, "Et ainsi tout Israël sera sauvé": Romains 11:25-32 (Paris: Cerf, 1984) 147-54; F. Dreyfus, "Le passé et le présent d' Israël (Rom 9:1-5; 11:1-24)," in *Israelfrage nach Röm 9-11* (Rome: Abtei von St Paul von den Mauern, 1977) 142-44; F. Davidson, *Pauline Predestination* (London: Tyndale, 1946) 17.

2602 고전8:3; 갈4:9; 딤후2:19; 아3:2; Schreiner, *Romans*, 580.

들을 버리시지 않으시기 때문에 하나님께서는 자기 백성을 버리신 것이 아니라고 말씀하고 있다. 셋째, 로마서 11:3-4절에서 바울은 로마서 9:27-29절과 연결해서 유대인 중 그 남은 자들을 하나님께서 구원하신다는 말씀을 하면서 예정predestination을 제한적 의미로 사용하고 있다. 넷째, 5절에서 "은혜로 택하심을 따라 남은 자"는 구속적 개념의 예정을 가리키고 있지 기능적 개념의 예정을 가리키는 어구가 아니다. 다섯째, 7절에서 바울은 이스라엘이 구하는 그것을 얻지 못하고 오직 택하심을 입은 자가 얻었고 그 남은 자들은 완악해졌다고 말씀한다. 이 가르침은 로마서 9:6-29절이 치밀하게 보여주고 있는 두 종류의 유대인에 대한 가르침과 연결된다. 그리고 "하나님께서 미리 아신 그 백성"은 바로 택하심을 입은 개개인 이스라엘을 의미하는 개념임을 분명히 밝혀준다.

2절 후반부의 "너희는 알지 못했는가"에이 욱 오이다테는 그 당시 로마교회 회중들이 바울이 본문에 인용하는 구약의 구절(왕상19:10, 14)을 다 알고 있었다는 것을 가리킨다. "엔 에일리아"in Elijah는 성경에 엘리아에 관한 구절을 말한다.[2603] 엘리아는 갈멜산에서 바알 선지자들과 영적 대결을 통해 그들을 제압하고 진멸한 뒤 그를 죽이려는 이세벨 여왕을 피해 호렙산에 이르렀다. 그리고 하나님께 기도드리면서 하소연했다. 바울은 그 내용을 3-4절에서 간략하게 요약하고 있다. 따라서 엘리야가 이스라엘을 쳐서 하나님께 하소연하는 기도는 구약의 말씀에 바탕을 두고 있다. 그가 임의로 자작한 이야기가 아니다.[2604] 동사 엔투그카노우애원하다는 전치사 후페르와 함께 중보하다 혹은 청원하다는 뜻을 가진다(롬8:26-27). 그러나 이 절에서는 전치사 카타against와 함께 사용되어 고소한다는 의미를 가진다(1 Macc.8:32; 10:61, 63; 11:25).[2605]

로마서 11:3절은 2절 내용의 연장이다: "주여 저희가 주의 선지자들을 죽였으며 주의 제단들을 헐어버렸고 나만 남았는데 내 목숨도 찾나이다 하니".

2603 막12:26; 롬9:25; S-H; Str-B, 3:288; Dunn, *Romans*, 636.
2604 contra Dunn, *Romans*, 636.
2605 Morris, *Romans*, 399; Murray; Käsemann; Lietzmann.

여기서 바울은 열왕기상 19:10, 14절을 인용하며 하나님께 올린 엘리야의 이스라엘에 대한 송사의 내용을 짧게 소개하고 있다. 바울은 "주의 선지자들을 죽였으며 주의 제단들을 헐어버렸고"라고 말씀하며 열왕기상 19:10절의 문장의 순서를 바꾸고 있다. 크랜필드는 이는 바울이 기억에 의존해서 구약의 구절을 인용하기 때문에 생긴 결과라고 본다.[2606] 그러나 이는 바울 자신이 핍박을 당하면서 항상 죽음의 위협아래 놓여 있는 상황 때문에 죽음의 주제를 제단을 허무는 주제 앞에 쓰고 있는 지도 모른다.[2607] 여기서 바울이 자신을 엘리야와 직접적으로 비교하고 있다고 말할 수는 없다.[2608] 그러나 엘리야 당시 대부분의 이스라엘 사람들이 배교했고 오직 남은 자들만 구원을 얻었던 것은 바울 당시 대부분의 유대인들이 배교했고 오직 남은 자들만이 구원을 얻는 것과 같은 상황이라고 볼 수 있다.[2609] 3절의 마지막 문장 "나만 남았는데 내 목숨도 찾나이다"라는 엘리야의 탄식은 하나님의 택자들이 이 땅에서 우상숭배에 가담하지 않고 그 신앙을 지키는데 있어서 고난이 따른다는 것을 나타낸다. 이는 로마서 8:17, 35-36절의 고난에 대한 가르침에 연결된다. 이 서신의 윤리적 가르침의 부분이 로마서 12:12절도 성도는 이 땅에서 환난을 당하는 것임을 서술하고 있다. 그러나 이 때 성도는 자신만이 홀로 남아 핍박을 당한다고 생각하면 않된다. 하나님께서는 항상 환난을 참고 나가는 신실한 택자들을 남겨 놓고 계시기 때문이다.

로마서 11:4절의 접속사 알라그러나는 3절 내용에 대한 대조적 내용을 도입한다: "저에게 하신 대답이 무엇이뇨 내가 나를 위하여 바알에게 무릎을 꿇지 아니한 사람 칠천을 남겨 두었다 하셨으니". 이는 엘리야의 이스라엘에 대한 송사의 기도에 대한 하나님의 응답이다. 4a의 크래이마티스모스는 신약성경의 오직 이곳에만 쓰인 명사하팍스레고메논로써 권위있는 신탁divine oracle을 의미한다.[2610] 엘리야가 호렙산의 동굴에서 하나님의 말씀을 받은 것은

2606 Cranfield, Romans, 546; Dunn; Osborne. Wilckens; E. Johnson.

2607 Käsemann; Munck; Ziesler.

2608 Schreiner, *Romans*, 581.

2609 Sanday and Headlam, *Romans*, 311; Munck, *Christ and Israel*, 109; Hafemann, "Salvation of Israel," 49; Müller, *Gottes Gerechtigkeit*, 44-45; Käsemann.

2610 A. T. Hanson, "The Oracle in Romans XI.4," *NTS* 19 (1973) 300-302; *contra* Moo.

모세가 시내산에서 하나님의 율법을 받은 것과 공통점이 있다. 하나님께서는 엘리야에게 "내가 나를 위하여 바알에게 무릎을 꿇지 아니한 사람 칠천을 남겨 두었다"고 하셨다. 이는 열왕기상 19:18절을 축약해서 인용한 말씀이다. 바울은 칠십인역의 이 구절에서 몇 단어들을 생략하며, 재귀대명사 에마우토우나 자신를 첨가해 의미를 강화하고 있고, 동사의 미래 시제를 과거시제로 바꾸어 자신의 시점을 반영하고 있다. 동사 카타레이포우남기다는 5절의 레임마남은 자와 직접적으로 연결되고 로마서 9:27절의 후포레임마남은 자와 연결된다. 이는 하나님께서 "자신을 위해서" 남겨놓으신 택자들을 가리키는 용어다. 이는 2절에서 말씀하는 "미리 아신 백성들"과 일치하는 개념이다. 이는 바알신에게 무릎을 꿇지 않은 신실한 신자들이다. 여기서 하나님을 믿는 신앙은 타협될 수 없는 충성심loyalty을 동반하는 것임을 알 수 있다. 그렇기에 바울은 "환난이나 곤고나 핍박이나 기근이나 적신이나 위험이나 칼"도 우리를 그리스도의 사랑에서 끊을 수 없다고 말씀하고 있다(롬8:35-36).

여기서 "칠천"7000은 칠의 배수로써 상징적 의미를 가지는 것으로 보여진다.[2611] 그렇다면 이는 완성 혹은 완전을 의미한다고 볼 수 있다. 즉 "남은 자"들의 구원의 완성을 의미한다고 볼 수 있다. 그러나 무는 "칠천"이 본문의 문맥에서 어떤 상징적 의미를 가진다는 증거가 없다고 말한다.[2612] 그러나 벵겔은 열왕기상 20:15절에서 아합이 벤하닷의 군대를 이겼을 때 이스라엘 군대의 수가 칠천이었음에 의미가 있다고 생각한다.[2613] 그리고 비얼은 요한계시록 11:13절에서 지진에 죽은 사람이 칠천인 것은 엘리야 시대에 순교한 칠천의 신실한 신자들의 피로 인한 하나님의 징벌이라고 해석한다.[2614] 그렇다면 성경신학적으로 칠천이 가지는 상징적 의미를 근거없는 것으로 단언할 수는 없다. 칠전의 수는 비록 작은 수지만 이 남은 자들을 하나님께서 구원하시는 것은 하나님께서 그 언약에 대해 신실하시다는 사실을 증명하기에 충분하다.[2615] 여기서 바울은 "바알" 앞에 여성 관사를 쓰고 있다. 사무엘

2611 Cranfield; Calvin; Morris; Gundry Volf; Schreiner; Osborne.
2612 Moo, *Romans*, 676.
2613 Bengel; Morris, *Romans*, 401.
2614 G. K. Beale, *The Book of Revelation* (NIGTC; Grand Rapids: Eerdmans, 1999) 602.

상 7:4절에는 바알과 아스다롯이 모두 여성으로 묘사되어 있다.[2616] 이는 히브리 성경에서 바알을 사용하기를 회피하고 이를 보쉐트부끄러움로 대체하는 경향 때문인 것 같다(렘3:24; 삼하2:8).[2617] 즉 바알을 숭배하는 것은 부끄러운 일이라는 의미다. 그리고 보쉐트의 헬라어 번역은 아이스쿠네이인데 이는 여성 명사다(왕상18:19, 25). 센데이와 헤들램은 구약성경이 이방신 바알이란 이름을 어떻게 다르게 표현했는가에 대해 상세히 설명하고 있다.[2618]

로마서 11:5절은 후토우스 운그러므로으로 시작하며 3-4절의 논리적 결과를 서술한다: "이와 같이 이제도 은혜로 택하심을 따라 남은 자가 있느니라". 하나님께서 엘리야 시대에 바알을 숭배하지 않은 자 칠천을 남겨 놓으셨듯이 이제도바울 당시에도 은혜로 택하심을 따라 남은 자가 있다. 여기서 엘리야는 바울에 대해 모형론적typological 역할을 하고 있다. 엘리야가 그 시대에 하나님을 신실하게 섬기는 성도의 모형이라면 바울은 예수 그리스도를 전하기 위해 부름받은 사도로써 엘리야가 바라보고 있던 참된 신앙의 종말적 성취라고 볼 수 있다. 여기서 남은 자레임마는 신약성경에 오직 이곳에만 쓰이고 있는 명사로써 4절의 카타레이포우남기다와 연결된다. 동사 남기다의 주어가 하나님이시고 그 시제가 아오리스트과거인 것은 남은 자를 선택하시는 분은 하나님이시고 그 선택의 행위는 변치않는 것임을 나타낸다. 5절의 레임마(남은 자)는 하나님의 남기시는 행위의 결과 모아진 사람들이다. 엘리야 때에는 칠천이었고 바울 당시에도 선택된 유대인들의 수는 많지 않았다. 어떤 학자는 이 "남은 자"의 개념이 로마서 11:26절의 "온 이스라엘"의 구원과 연결되어 있다고 본다.[2619] 만일 "온 이스라엘"을 영적 개념으로 볼 때 이 해석은 타당하다. 왜냐하면 "남은 자"는 로마서 9:7-8절의 약속의 자녀, 아브라함의 씨, 하나님의 자녀와 같은 개념이기 때문이다. 그러나 "온 이스라엘"을 민족적 개념으로 보면 위의 해석은 타당하지 않다. 왜냐하면 바울은 로마서

2615 Murray, *Romans*, II, 69.

2616 렘2:23; 7:9; 11:13, 17; Cranfield, *Romans*, 547.

2617 Moule, *Idiom Book*, 183; Moo, *Romans*, 676.

2618 Sanday and Headlam, *Romans*, 312; A. Dillmann, "Über Baal mit dem weiblichen Artikel," *Monatsbericht der königlichen preussischen Akademie der Wissenschaften* (1881) 601-20.

2619 Dan G. Johnson, "The Structure and Meaning of Romans 11," *CBQ* 46 (1984) 96; Cranfield; Dunn.

11:5절에서 "남은 자"는 하나님의 은혜로 택하심을 따라 된 자들이라고 말씀하고 있기 때문이다. 즉 "남은 자"는 민족적 유대인 전체와 같은 개념이 아니고 유대인으로 부터 구별된 택함받은 사람을 말한다.[2620] 다시 말해 유대인들이라고 하더라도 혈통이나 공로로 "남은 자"의 구릅에 들어갈 수 있는 것이 아니다. 오직 하나님의 은혜로 택함 받은 유대인만 남은 자가 될 수 있는 것이다. 이는 로마서 9:6-29절에서 바울이 심혈을 기울여 설명한 바와 같다. 즉 "남은 자"는 하나님께서 택하신 "긍휼의 그릇"과 같은 개념이다.[2621] 이 점에서 유대인들은 이방인들과 차이가 없다. 유대인이나 이방인이나 오직 하나님의 은혜를 바탕으로 선택된 사람들만이 구원받을 수 있는 것이다(롬9:24).[2622] 이는 전적으로 하나님의 은혜의 선물이요 믿음을 통해서 의롭다하심으로 귀결된다.[2623] 즉 바울이 말씀하는 이신칭의는 은혜의 선택론과 불가분리의 관계에 있다. 만일 하나님께서 택자를 예정하시지 않았다면 믿음도 없었을 것이고 칭의도 불가능했을 것이다(롬8:28-30).

5절의 과거완료 동사 게고넨become은 하나님의 은혜의 택하심으로 "남은 자"가 결정되어 변함이 없다는 것을 가리킨다.[2624] 이를 과거의 행위로 말미암은 현재의 상태로[2625] 보든지 아니면 단순 상태로[2626] 보든지 그 의미의 차이는 없다. 따라서 "남은 자"의 수를 유동적인 것으로 보는 것은 문법적으로 근거가 없는 해석이다.[2627] "남은 자"의 개념은 하나님의 은혜의 선택의 행위와 연결되어 있고 그 하나님의 선택은 과거에 완료된 행위이기 때문에 사람의 선택choice에 의해 변하지 않는다. 다시말해 이방인이 구원받는 것은 "남은 자"의 수의 팽창을 가져오는 것이 아니라, 원래 하나님의 "남은 자"에 속해 있는 이방인들이 부름받고 구원받는 것이다(롬8:28-30). 이와 마찬가지로 하나님의 은혜의 선택 밖에 있던 민족적 이스라엘이 "남은 자"의 수에

2620 *contra* Dunn, *Romans*, 638.
2621 Barrett.
2622 롬3:24; 4:16; 5:2, 15, 17, 20-21; 6:14; 8:33; 9:11; 11:5, 7, 28; 16:33; Osborne, *Romans*, 287.
2623 Michel.
2624 Morris, *Romans*, 402.
2625 Dunn.
2626 Porter, *Verbal Aspect*, 265; Moo, *Romans*, 677.
2627 Cranfield, *Romans*, 548; Käsemann.

들어오게 됨으로써 장차 온 이스라엘이 구원받게 되는 것이 아니다. 마음이 원래 부드러워 예수님을 믿고 구원받는 유대인들은 처음부터 하나님께서 은혜로써 선택하신 "남은 자"들이었다.

로마서 11:6절은 5절의 내용을 더 자세히 설명한다: "만일 은혜로 된것이면 행위로 말미암지 않음이니 그렇지 않으면 은혜가 은혜되지 못하느니라". 즉 하나님께서 그 남은 자들을 은혜로 선택하신 것은 행위로 된 것이 아니다. 만일 사람의 행위를 바탕으로 남은 자들을 선택하셨다면 은혜가 은혜되지 못했을 것이다. 여기서 "은혜"는 전적으로 하나님의 주권적 사랑과 관계된 개념이다. 은혜는 자격이 없는 자에게 하나님의 사랑과 은총이 주어지는 것을 말한다(롬5:5).[2628] 따라서 이는 인간의 공로나 행위와 완전히 반대되는 개념이다. 여기서 행위엘곤는 율법의 행위라고 볼 수도 있지만 본문에서 이 해석을 증명하는 근거는 없다. 따라서 여기서 행위는 넓은 의미의 인간의 공로 혹은 행위를 가리킨다.[2629] 우케티no longer는 시간적 개념이 아니라 논리적 개념으로 보아야 한다.[2630] 즉 구원이 구약시대에는 행위로 말미암았지만 이제는 더이상 행위에 근거하지 않고 은혜에 근거한다고 말씀하고 있는 것이 아니다. 이는 만일 남은 자의 선택이 행위로 말미암았다면 은혜는 더이상 은혜되지 못한다는 의미다. 접속사 에피for otherwise는 "그렇지 않았다면"으로 번역하는 것이 옳다.[2631]

어떤 학자들은 하나님의 은혜가 사람들이 믿음을 가질 것을 미리 아심을 바탕으로 선택하는 개념을 포함한다고 해석해도 은혜의 개념을 손상하지 않는다고 생각한다.[2632] 그러나 이 해석은 사람들의 믿음은 은혜의 바탕이 아니라 은혜의 결과라는 것을 고려하지 않고 있다.[2633] 하나님의 은혜의 선택은 하나님의 주권적 뜻 이외의 어떤 외부적 변수에도 바탕을 두지 않은 것이다. 하나님께서 아브라함을 선택하신 것도 그 행위나 그의 믿음을 미리 아심

2628 롬3:24; 4:4, 16; 5:2, 15, 20, 21; 6:1, 14, 15; 12:3; 15:15; 16:20.
2629 Moo; Osborne; Schreiner; *contra* Dunn.
2630 Käsemann; Michel; Cranfield; Dunn; contra Wilckens.
2631 Fitzmyer; Dunn; Moo; Käsemann.
2632 Godet, *Romans*, 395.
2633 Moo, *Romans*, 679.

에 바탕을 두고 있지 않다(롬4:2-8). 야곱을 택하시고 에서를 버리신 것도 그들의 행위를 미리 아심에 바탕을 두고 있지 않다(롬9:10-13). 배렛트가 말하는 것처럼 하나님의 예정은 영원한 것이다. 그래서 예정은 인간의 행위와는 관계없이 되어졌다.[2634] 만일 그렇지 않다면 하나님의 은혜는 더이상 은혜가 되지 못할 것이다.

로마서 11:7절의 티 운그런즉 어떠하뇨은 로마서 9:30-11:6절[2635] 혹은 로마서 11:2b-6절의[2636] 내용의 결론을 도입한다고 볼 수도 있다. 그러나 필자는 이 어구는 로마서 11:1-6절의 내용의 결론을 도입하고 있다고 본다.[2637] 즉 하나님께서 이스라엘을 다 버리신 것이 아니고 은혜로 택함받은 남은 자들이 있다(1-6절). "그런즉 어떤가. 이스라엘은 구하는 그것을 얻지 못하고 오직 택하심을 입은 자가 얻었고 그 남은 자들은 완악해졌다". 로마서 9:6, 30-31절처럼 여기서도 바울은 이스라엘에 두 종류의 이스라엘이 있다는 것을 다시 한 번 서술한다. 즉 택함받은 이스라엘과 "그 남은 자"들이다. 여기서 택하심을 얻은 이스라엘은 로마서 9:6-29절에 설명된 약속의 자녀 곧 하나님의 자녀들을 말한다. 바울은 여기서 에크렉토이택자들 대신 에크로게이선택를 사용한다. 즉 선택(선택받은 자가)이 (그것을) 얻은 것이다. 이는 의롭다하심을 얻은 것은 선택받은 자의 역할과 관계없이 하나님의 선택에 바탕을 둔 것임을 강조하는 표현이다.[2638] 다시 말해 남은 자들이 완약해진 것은 선택받지 못함에 그 이유가 있다. 이 은혜로 선택된 자들은 로마서 9:27; 11:5절의 "남은 자"후포레임마 혹은 레임마와 같은 의미다. 이는 이스라엘인 전체를 가리키는 것이 아니라 머레이가 자세히 설명하는 바와 같이 유대인 개개인 택자들을 가리킨다.[2639] 이는 로마서 11:1절이 바울 개인을 택자로 예를 들고 있고 3절이 엘리야 개인을 택자로 예를 들고 있고 4절이 바알에게 무릎을 꿇지 않은 칠천 명의 이스라엘인을 가리키고 있는 점에서 증명된다. 5절의 "남은

2634 Barrett, *Romans*, 194.
2635 Schreiner.
2636 Osborne; Moo.
2637 Murray; Cranfield; S-H.
2638 Murray; Morris; Cranfield; Sanday and Headlam, Romans, 313; contra Hultgren; Moo.
2639 Murray, *Romans*, II, 71-73.

자"레임마도 전체 이스라엘 공동체가 아니라 하나님께서 자신을 위해 이스라엘로부터 남겨 놓으신 자들을 가리킨다. 이와 반면에 선택받지 못한 "그 남은 자들"호이 로이포이은 완악해졌다. 이들은 유대인의 다수를 차지하는 사람들로써 택하심을 입은 자들과 반대되는 사람들이다. 여기서 바울은 후포레임마남은 자나 레임마남은 자를 쓰지 않고 로이포스나머지를 사용하고 있다. 이들은 구원을 위해 택함받은 남은 자레임마들과 대조되는 사람들이다. 이들은 믿음이 아닌 행위로 의롭다하심을 얻으려고 노력한 사람들이다. 여기서 바울이 구하다에피제이테이의 현재시제를 사용한 것은 바울 당시 이들이 자기 노력으로 의롭다하심을 얻으려는 노력을 계속하고 있는 것을 나타내고 있다.[2640] 그러나 이들은 (그것을) 얻지 못했다.욱 에페투켄 즉 그들은 의에 이르지 못했다. 이는 생명에 이르게 하는 의를 가리키고 있기 때문에 이들은 생명 즉 영생에 이르지 못하는 사람들이라고 보아야 한다. 로마서 9:18-22절에 설명된 것과 같이 이들은 하나님의 진노의 그릇으로 예비된 사람들에 속하는 사람들이다.

그러면 이들은 예수님을 믿지 않았기 때문에 버려졌고 결국 마음이 완악하게 되었는가. 아니면 하나님께서 그들의 마음을 완악하게 하셨기 때문에 예수님을 믿지 않고 자기 의를 이루려고 하다가 멸망에 이르게 되는가. 크리소스톰과 그 이후의 많은 신학자들은 하나님께서 사람들의 마음을 강퍅하게 하시는 것은 그들의 죄 때문이라고 주장한다.[2641] 그러나 캘빈 등 개혁주의 신학자들은 하나님께서 어떤 자들을 멸망으로 던지시기위해 그들의 마음을 강퍅하게 하시는 것은 하나님의 주권적 뜻에 의한 결정이라고 주장한다.[2642] 필자는 이 후자의 견해가 옳다고 생각한다. 그것은 로마서 9:6-29절에서 바울이 두 종류의 이스라엘을 설명하면서 하나님께서 어떤 자를 택하시고 어떤 자를 버리시는 것은 그들의 뜻이나 공로나 혈통에 따른 것이 아니고 하나님의 주권적 뜻에 의한 것임을 분명히 하고 있기 때문이다. 그리고 만일 하

2640 McKay, "Time and Aspect"; *contra* Porter; Moo, *Romans*, 679.
2641 Stott; Murray; Morris; Sanday and Headlam.
2642 Calvin; Schreiner

나님께서 그들의 죄를 보시고 마음을 강퍅하게 하셨다면 모든 사람들이 죄에 이르렀기 때문에 모든 사람들의 마음이 강퍅하게 되었어야 한다. 그러나 하나님께서는 그 기쁘신 뜻대로 택하신 자들의 마음을 부드럽게 하시어 그들로 하여금 예수님을 믿고 구원받게 하시는 것이다. 하나님의 이 주권적 강퍅하게 하심은 동사 포우로오우harden가 과거 수동태임에 나타나 있다. 로마서 9:18절은 이 동사 대신 이와 동의어인 스클레이루노우harden를 사용한다. 포우로오우는 의학적으로 담낭에 결석이 생기는 것 혹은 부러진 뼈를 붙였을 때 뼈가 굳어지는 것을 의미한다.[2643] 신약에서 이 동사는 은유적으로 마음의 완악함을 가리킨다.[2644] 그리고 그렇게 하시는 분은 하나님이시다. 이는 8-10절에서 인용된 구약의 구절들이 설명하는 바와 같다.

그러면 이들의 완악한 마음이 나중에 부드럽게 될 수 있는가. 어떤 학자들은 로마서 11:25절을 근거로 하나님께서 장차 이스라엘 민족의 마음을 부드럽게 하실 것이라고 생각한다.[2645] 던은 바울이 7절에서 명사 로이포이남은 자를 사용하는 것은 이 택함받지 못한 로이포이남은 자들도 나중에 선택받게 된다는 것을 암시한다고 주장한다.[2646] 그러나 호이 로이포이남은 자들가 나중에 그 마음이 부드러워진다는 주석적 근거는 희박한다. 곧 자세히 보겠지만 로마서 11:25절이 그 대표적 구절이라고 생각하는 것은 문법적으로 오류가 있는 해석이다. 11절이 이스라엘의 회복을 기대한다고 보는 해석도 문법적/신학적으로 타당하지 않다. 만일 하나님께서 완악하게 하신 자가 나중에 마음이 부드럽게 될 수 있다면 논리적으로 볼 때 하나님께서 택하신 자도 마음이 완악하게 될 수 있다는 것을 의미한다. 그러면 하나님께서 행위에 의하지 않고 은혜에 따라 선택하셨다는 말씀과 모순된다. 그리고 이는 우리를 다시 행위 구원론으로 돌아가게 하는 교리가 된다. 이러한 주장에 반박이라도 하듯이 로마서 11:10절은 "저희 등은 항상 굽게 하옵소서"라고 예언한다. 무가 옳게 지적하듯이 하나님께서 어떤 유대인들을 강퍅하게 하신 것은 그들이 선

2643 K. L. and M. A. Schmidt, *TDNT*, 5: 1025-26.

2644 막6:52; 8:17; 요한12:40; 고후3:14; Moo, *Romans*, 680.

2645 Moo; Cranfield; Dunn; Osborne; Stott; Murray; Schreiner; Hendriksen; Ridderbos.

2646 Dunn, *Romans*, 640.

택한 죄에 영원히 묶이게 하신 것이다.[2647] 크랜필드가 잘못 말하듯 "택하심을 입은 자가 얻었"다는 표현이 그 남은 자들의 마음이 완악하게 된 것이 임시적인 것임을 가리킨다고 보는 것은 주석적으로 근거가 없는 해석이다.[2648] 이는 하나님께서 이스라엘을 그 구속사적 기능을 위해서 단체적으로 택하신 것과 이들 중 얼마를 구원하시기 위해서 개인적으로 선택하신 것을 혼동한 결과다.

로마서 11:8-10절에서 바울은 구약을 인용하며 그의 가르침이 하나님의 계시에 의한 것임을 분명히한다. 그가 인용하는 구약의 구절들은 신명기 29:4; 이사야 29:10; 시편 69:22절로써 이는 그의 가르침이 구약의 율법, 선지서, 기록writings 이 세 부분 모두의 가르침과 일치한다는 것을 나타낸다. 8절은 신명기 29:4절과 이사야 29:10절을 바탕으로 하고 있다. 신명기 29:4절은 "깨닫는 마음과 보는 눈과 듣는 귀는 오늘날까지 여호와께서 너희에게 주지 아니하셨다"라고 말씀한다. 바울은 이에 "혼미한 심령"을 덧붙여 "기록된 바 하나님이 오늘날까지 저희에게 혼미한 심령과 보지 못할 눈과 듣지 못할 귀를 주셨다 함과 같"다고 말씀한다. 여기서 바울은 신명기 29:4절의 부정문(너희에게 주지 아니하셨다)을 긍정문(저희에게…주셨다)으로 바꾸로 "너희에게"를 "저희에게"로 바꾸고 있다. 여기서 "저희"는 예수를 믿지 않는 유대인을 가리킨다. 또 단순부정사simple infinitives를 관사부정사articular infinitives로 표현한다. 이는 목적이나 결과의 의미를 분명히 한다. 즉 하나님께서 저들에게 눈을 주셔서 보지 못하게 하시고 귀를 주셔서 듣지 못하게 하신 것이다. 또 8절의 "혼미한 심령"뉴마 카타눅쎄오우스은 이사야 29:10절에서 인용한 어구이다. 명사 카타눅쎄오우스는 신약에서는 로마서 11:8절에만 쓰이고 있고 칠십인역에는 시편 60:3; 이사야 29:10절에만 쓰여 있다. 이 단어는 동사 누스타조우깊이 잠들다에서 파생했다는 해석도 있지만 크랜필드가 말하는 것처럼 이 명사는 카타누소우찌르다에서 파생한 단어로써 무기력함을 의미하는 것으로 보는 것이 낫다. 그래서 뉴마 카타눅쎄오우스는 "영적 무감각"을 의

2647 Moo, *Romans*, 681; Barrett; Michel.
2648 Cranfield, *Romans*, 549.

미한다.[2649]

바울은 구약의 구절들의 문맥에 나타난 전체 주제가 예수를 믿지 않고 배교하는 유대인들의 상황과 일치하고 있다고 이해하는 시각에서 이 구절들을 인용하고 있다.[2650] 이사야는 29장에서 이스라엘을 쳐서 예언하여 하나님께서 그들에게 우둔한 심령을 주시어 그들이 묵시를 들어도 깨닫지 못하게 될 것임을 말씀하고 있다. 신명기 29:3-4절에서 모세는 이스라엘 백성들이 광야에서 이사와 기적을 무수히 보았지만 그것을 이해하지 못했던 것은 하나님께서 그들에게 보지 못할 눈과 듣지 못할 귀를 주셨기 때문이라고 말씀한다. 여기서 분명한 것은 이들에게 이러한 기능하지 못할 감각기관을 주신 분은 하나님이시라는 점이다. 이는 은유적 표현으로써 그들이 하나님의 권능의 역사를 보고도 이를 믿음으로 받아들이지 않았다는 것을 말한다. 그리고 그 이면에 하나님의 주권적 역사가 있었다는 것을 가리킨다. 이사야 29장에서 하나님께서 이스라엘백성들에게 혼미한 심령을 주셔서 묵시를 깨닫지 못하게 하신 것은 그들의 배교에 대한 하나님의 심판이라는 주제가 내재되어 있다. 그리고 신명기 29장은 심판의 주제보다는 하나님의 주권의 주제가 더 강하게 나타나있다. 따라서 8절에서 바울이 신명기와 이사야의 구절을 섞어 인용하는 것은 하나님의 주권적 강퍅하게 하심과 그들의 불순종에 대한 심판으로써 강퍅하게 하신다는 두 가지 의미를 다 함축하기 위해서라고 볼 수 있다. 린다스는 8절이 구약의 이사야 6:9-10절을 배경으로 하고 있을 것으로 생각한다.[2651] 문법적으로 보면 8절은 이사야 6:9-10절을 간접적으로 언급하고 있는 것 같지 않다. 그러나 주제적으로 보면 양자의 상관관계를 부정할 수 없다. 이사야 6:9-10절은 목이 곧은 이스라엘 백성이 보기는 보아도 보지 못하고 듣기는 들어도 듣지 못하게 된 이면에 하나님께서 그들을 그렇게 되도록 만드신 주권적 역사가 있음을 설명하고 있다(막4:12; 요12:40; 행28:26-27). 바울은 8절에서 관사부정사를 두 번 사용함으로써 그들의 감각

2649 Cranfield, *Romans*, 550; Dunn; Sanday and Headlam.
2650 Murray, *Romans*, II, 73; contra Cranfield.
2651 Lindars, "Old Testament and Universalism," 523.

기관이 제대로 기능하지 못하는 것과 하나님의 그렇게 만드심의 인과관계를 더 분명히 표현하고 있다.

"오늘날까지"는 내일이나 미래에 이 징벌이 끝나고 그들의 눈이 다시 보게 되며 그들의 귀가 다시 듣게 될 것이라는 것을 가리키고 있지 않다.[2652] 이는 동사 에도우켄주셨다이 아오리스트과거형임에 나타나 있다. 이 과거형은 지속적 과거형constasive aoris라고 할 수 있다. 다시 말해 하나님께서 그들에게 혼미한 영을 주신 것은 그들을 진노의 그릇으로 삼으셨다는 것을 의미한다. 왜냐하면 로마서 11:1-7절에서 바울은 택자와 택함받지 못한 남은 자들의 두 갈래의 운명을 자세히 서술하고 있다. 그리고 8절에서 그가 구약의 구절들을 인용하는 것은 마음이 완악해진 그 남은 자들이 복음을 들어도 듣지 못하고 보아도 보지 못하는 것은 하나님께서 듣지 못할 귀를 주셨고 보지 못할 눈을 주셨기 때문이라는 것을 보여 주기 위해서다. 따라서 마음이 완악해진 이 불택자들은 항상 그 상태로 있다가 멸망에 이른다고 하는 것이 바울이 여기서 의도한 의미라고 할 수 있다(10절).

로마서 11:9-10절에서 바울은 저주의 시인 시편 69:22-23절을 인용한다: "또 다윗이 가로되 저희 밥상이 올무와 덫과 거치는 것과 보응이 되게 하옵시고". 이 시편은 다윗이 그 원수들에 의해 고난 당할 때 하나님께서 그들을 심판하여 주시도록 간구하는 저주의 기도다. 신약의 저자들은 이 시편의 예언이 고난 당하신 예수 그리스도의 삶에 있어서 성취되었다고 보고한다.[2653] 바울은 로마서 11:9-10절에서 이 시편을 예수를 믿지 않는 유대인들에게 적용하고 있다. 그러면 믿지 않는 유대인들이 교회를 핍박했는가. 실제로 복음서는 예수를 배척한 유대인들이 예수를 핍박하고 돌아가시게 한 주역으로 묘사하고 있다. 바울 자신도 할례당이나 예루살렘에서 온 거짓 사도들의 핍박을 받고 있었다. 따라서 바울이 이 저주의 시편을 예수를 믿지 않는 유대인들에게 적용하는 것은 적절한 것이다. 여기서 바울의 시편 인용은 칠십인

2652 *contra* Dunn; Cranfield; Schreiner.

2653 마27:34, 48; 막3:21; 15:23, 36; 누가13:35; 23:36; 요한2:17; 15:25; 19:29; 행1:20; 롬15:3; 빌4:3; 히11:26; 계3:5; 16:1; Schreiner, *Romans*, 588.

역을 그대로 따르고 있다. 단 여기에는 에노우피온 아우토운before them이 빠져있고 카이 에이스 쎄이란그리고 덫이 삽입되어 있다. 이 후자의 표현은 시편 35:8절에서 따온 어구로 보인다. 그러면 저희 밥상트라페자은 무엇을 가리키는가. 학자들은 이는 유대인의 희생 의식의 상징[2654], 하나님의 섭리의 풍부함[2655], 유대인들이 성경말씀을 잘못 사용하는 것[2656], 율법을 신뢰함[2657], 유대인들의 잘못된 안전보장을[2658] 가리킨다고 제안한다. 그러나 무가 지적하는대로 여기서 밥상의 의미가 무엇인지 찾으려고 하는 것은 소득이 없는 일이다. 그것은 유대인들의 행위구원론 혹은 율법주의 혹은 전통일 수 있다. 그리고 이것들은 저들이 믿음을 가지는데 방해요소로 작용하기 때문에 그들에게 올무와 덫과 거치는 것과 보응이 될 뿐이다. 올무(파기스)는 종종 자신을 위해 만든 올무를 말하고[2659] 예레미야 48:43-44; 에스겔 29:4절에서는 하나님의 심판을 가리킨다. 덫쎄이라도 에스겔 12:13; 17:20; 32:3; 호세아 7:12절에서 하나님의 심판을 가리킨다. 거치는 것스칸달론은 넘어지게 하는 것이다(수23:13; 삿2:3; 8:27; 삼상18:21; 시106:36). 보응안타포도마은 칠십인역에서 종종 징벌을 의미한다(창50:15; 시28:4; 요엘3:7). 이렇게 바울이 9절에서 전치사 에이스into를 심판을 의미하는 명사들과 함께 네 번 사용하면서 하나님의 심판의 이미지를 강조하는 것은 마음이 완악해진 유대인들의 멸망이 변개될 수 없는 것임을 나타낸다.

10절의 "저희 눈은 흐려 보지 못하고"는 8절의 "보지 못할 눈"과 연결된다. "저희 등은 항상 굽게 하옵소서"는 율법아래 종이 되어 있는 상태[2660], 혹은 유대인들이 그 짐에 눌려 있는 상태[2661], 혹은 그들의 삶에 존재하는 공포나 두려움을[2662] 의미할 수 있다. 저희 눈이 어두워 보지 못하고 그 등이

2654 Dunn; Käsemann.
2655 Murray.
2656 Morris.
2657 Barrett; Sanday and Headlam.
2658 Stott.
2659 시9:15; 57:6; 잠6:2; 12:13; 18:7; 29:6; Tob 14:10; Sir 27:26, 29; 1QH 2.29; Dunn, *Romans*, 643.
2660 Barrett; Stuhlmacher.
2661 Goodspeed; Wilckens.
2662 Murray; Schreiner.

항상 굽어 있게 해 달라고 기도하는 것은 그들이 배교하며 완악해진 상태에서 벗어날 수 없게 해 달라는 간구다. 여기서 디아 판토스forever는 "계속해서"라기 보다는 "영원히"를 의미한다.[2663] 9-10절에서 바울은 다윗이 사용하는 세 개의 명령형 동사를 그대로 유지하고 있다. 이는 그 당시 예수님을 믿지 않던 유대인들에게 이 저주의 예언이 성취되었다는 것을 나타낸다. 이는 하나님의 주권적 예정에 따른 결과로써 되돌리거나 바뀌어질 수 있는 상태가 아니다. 따라서 여기서 바울이 다윗의 예언의 구체적인 표현에는 관심이 없었다든지[2664] 또는 그들의 눈이 어두워진 것이 일시적인 현상이라고 보는 것은 본문의 문맥에서 바울이 의도한 의미를 이해하지 못하고 있는 것이다.[2665]

(5) 유대인 택자와 이방인 택자의 하나됨(롬11:11-32)

로마서 11:11절에서 바울은 "그러므로 내가 말하노니"레고우 운의 어구를 통해서 새 문단의 시작을 알린다. 필자는 11-32절을 세 문단으로 나눈다. 11-15절은 이스라엘 중 다수의 마음이 완악해진 결과를 서술한다. 첫째, 이들이 넘어짐으로써 구원이 이방인에게 이르렀다. 둘째, 이방인들의 구원은 이스라엘을 시기나게 한다. 셋째, 택함받은 이스라엘이 구원받음으로써 모든 하나님의 자녀의 구원이 완성된다. 어떤 학자는 11-16절을 첫 문단으로 본다.[2666] 그것은 16절이 첫 문단과 둘째 문단의 다리 역할을 하기 때문에 야기되는 혼동 때문이다. 16절은 "뿌리"와 "가지"라는 단어를 포함하여 감람나무 비유를 도입하고 있기 때문에 둘째 문단에 함께 묶는 것이 더 낫다. 이 점에서 둘째 문단은 16절부터 시작해서 24절까지 연결된다. 여기서 바울은 이방인들에 대한 엄숙한 경고를 내리고 있다. 논박법을 사용해서 17-24절에서

2663 RSV; NEB; JB; NIV; Moffatt; Weymouth; Barrett; Barclay; Osborne; contra Schreiner; Cranfield; Dunn; Fitzmyer.
2664 Moo, *Romans*, 683; Cranfield.
2665 *contra* Dunn; Gaugler.
2666 Dunn; Schreiner.

는 이인칭 단수를 사용하고 25-32절에서는 이인칭 복수를 사용해서 이방인들과 대화하듯 훈계하고 있다. 그 훈계의 내용은 세 가지로 압축된다. 첫째, 이방인 그리스도인들은 자긍하면 않된다. 그 이유는 그들이 그 뿌리의 진액을 함께 받는 자가 되었기 때문이다. 둘째, 이들도 믿음에서 떠나 배교하면 감람나무에서 잘려나가게 된다. 셋째, 원가지도 믿음을 통해서 자기 감람나무에 접붙임을 받을 수 있다. 바울이 이방인 그리스도인들에게 주는 이 경고는 이들이 감람나무에 접붙임받아 아브라함의 후손이 되었다는 것을 전제로 하고 있다.[2667] 다시 말해 이들도 영적 이스라엘의 일부인 것이다. 그렇지 않다면 바울이 주는 이 배교에 대한 경고는 그 근거를 잃게 된다. 이는 이방인 교회와 유대인 회당의 이분법에 익숙한 신자들에게는 중요한 교훈이 된다. 이방인 신자와 유대인 신자는 서로 다른 회중에 속한 것이 아니고 한 하나님의 백성의 회중에 속한 사람들이다. 따라서 이방인 신자들이 유대인 신자에 대해 우월감을 가진다든지 구약의 언약의 전통으로부터 독자적인 신앙공동체로 존재하려고 하든지 하면 않된다.

25-32절에서 바울은 택함받은 하나님의 백성들이 구원받게 되는 메커니즘을 다시 한번 서술하면서 이로써 하나님의 언약의 불변성을 확인한다. 이방인 택자들의 구원은 유대인들중 얼마가 감람나무에서 잘려 나갔기 때문에 가능하게 되었다. 나아가 이방인들의 구원은 유대인 택자를 시기나게 해서 그들도 예수를 믿고 구원받게 한다. 이같이 하나님께서 많은 사람들을 완악하게 하신 것은 택함받은 모든 사람들로 하여금 복음에 순종하여 구원받게 하려 하심인 것이다.

(가) 유대인의 강퍅케 됨의 목적(롬11:11-15)

로마서 11:1-10절에서 바울은 이스라엘백성중 하나님께서 택하신 자들과 버림받은 "남은 자"들의 상반된 결과를 극명히 대조하고 있다. 그러면 그 마음이 완악하게 된 "남은 자"들은 아무 의미도 없이 저주받고 멸망받게 되는

2667 Nygren, *Romans*, 400; Hofius; Schmidt; Stuhlmacher; Refoulé; Fitzmyer, *Romans*, 610.

가. 바울은 11-15절에서 이 질문에 답하고 있다. 위에서 이미 본 것처럼 유대인 불택자들의 배교와 넘어짐은 아무 의미없이 그렇게 된 것이 아니다. 그들의 넘어짐은 곧 감람나무에서 잘려나간 것을 의미한다. 그리고 그 목적은 이방인들이 믿고 구원을 얻게 하려 하심이다. 이는 곧 그들이 감람나무에 접붙임받아 아브라함의 자녀로 인정되게 되는 것을 말한다. 그리고 이방인들이 구원받고 언약의 축복을 받게 됨에 따라 이를 본 이스라엘이 시기나게 되고 이들 중 택함받은 사람들은 믿고 구원받게 된다. 이러한 구원의 상호작용 속에서 바울은 자신의 이방인 선교의 의의를 궁극적으로 유대인 구원의 성취라는 시각에서 찾는다(13-14절).

로마서 11:11절의 접속사 운그러면은 앞 절의 가르침의 추론을 도입한다: "그러므로 내가 말하노니 저희가 실족하기 위해서 실족하였느뇨. 결코 아니다. 저희의 넘어짐으로 구원이 이방인에게 이르러 이스라엘로 시기나게 하려 함이다". 레고우 운은 "내가 다시 묻노니"(NIV)보다 "내가 다시 말하노니"(KJV)가 더 나은 번역이다. 이 어구는 바울이 11절에서 주제를 바꾸고 있다는 것을 나타낸다. 1-10절에서 바울은 하나님께서 그 은혜로 택한 유대인들을 제외한 그 남은 자들의 마음을 완악하게 하셨다고 말씀했다. 그리고 그들은 마음이 어두워져 있어 복음의 빛을 받아들이지 않는 상태로 항상 있게 되었다. 그렇다면 저희가 "실족하기 위해서 실족했는가". "그렇지 않다". 저희의 넘어짐은 구원이 이방인에게 이르게 하고 이는 이스라엘로 시기나게 하도록 하기 위함이다. 여기서 논쟁점은 의문문 "저희가 실족하기 위해서 실족했는가"의 해석이다. 이 문장에서 동사 프타이오우는 넘어지다 곱드러지다의 뜻을 가진다. 어떤 학자들은 이 동사의 의미는 그 뒤에 따라오는 동사 핍토우넘어지다와 다르다고 주장한다. 즉 프타이오우는 넘어져서 다시 일어설 수 있는 여지가 있지만 핍토우는 넘어져서 다시 일어나지 못하는 것을 가리킨다는 것이다.[2668] 던은 프타이오우는 칠십인역에서 "패하다"의 의미를 가지며 히브리성경 신명기 7:25절에서 덫에 걸리다는 야카쉬의 니팔 동사be ensnared의 번역어로 쓰이고 있다고 말한다.[2669] 이 동사의 명사형 모케이쉬

2668 Dunn; Cranfield; Moo; Sanday and Headlam; Fitzmyer.

는 덫, 함정을 의미하는 스칸달론으로 번역된다(롬11:9절). 로마서 9:33절도 명사 스칸달론을 사용하고 있는 점에서 바울은 프타이오우를 덫에 걸려 넘어진다는 의미로 사용하고 있을 가능성이 크다. 이는 프타이오우가 넘어져서 다시 일어날 수 있다는 의미를 내포하지 않는다는 것을 말한다.[2670] 이 관점에서 볼 때 프타이오우의 의미와 핍토우의 의미를 구분하는 것보다 이 두 단어를 동의어로 보는 것이 정확하다.[2671] 이 의미는 접속사 히나의 해석에 중요하다. 영어권 학자들은 11절의 히나는 결과를 나타낸다고 주장한다.[2672] 만일 프타이오우가 단순히 넘어지다는 뜻이고 핍토우가 완전히 넘어져서 일어나지 못한다는 뜻이면 히나를 결과로 보아도 의미가 통한다. 그러나 이 두 동사의 뜻이 완전히 같다고 보면 히나를 결과로 보면 뜻이 어색하다. 바울이 여기서 그들이 넘어진 결과 넘어졌는가라고 묻지는 않을 것이기 때문이다. 따라서 여기서 히나는 목적으로 해석하는 것이 더 낫다.[2673] 왜냐하면 그들이 넘어진 것은 하나님의 구원의 마스터프랜에 따른 것이기 때문이다. 바울은 그들이 넘어지기 위해서 넘어졌는가라고 묻는 것이 분명하다.[2674] 이는 그들이 아무 의미없이 넘어졌는가라고 묻는 것과 같다. 그 대답은 아니다이다. 여기서 바울은 두 가지 이유를 제시한다. 첫째는 그들의 넘어짐으로 이방인에게 구원이 이르렀고, 둘째 이는 이스라엘을 시기나게 한다는 것이다. 따라서 택함받지 않은 유대인이 넘어지는 것은 하나님의 구원의 계획이 성취되기 위해 필요한 과정으로 제시되고 있다. 이는 바로의 마음을 강퍅하게 하셔서 그가 이스라엘 백성들이 에굽을 떠나도록 허락하지 않게 하신 것은 궁극적으로 하나님의 영광이 만민에게 드러나게 하는 기능을 하는 것과 병렬되는 사건이다.

명사 파랍토우마는 발을 헛디딤을 의미하는 것이 아니라 범죄를 가리킨

2669 Dunn, *Romans*, 652.
2670 벧후1:10; Dongsu Kim, “Reading Paul’ s *καὶ οὕτως πᾶς Ἰσραὴλ σωθήσεται* (Rom 11:26a) in the Context of Romans”, *Calvin Theological Journal* 45, No 2 (2010) 331.
2671 Morris, *Romans*, 406.
2672 Sanday and Headlam; Cranfield; Dunn; Morris.
2673 Winer; Schreiner; Wilckens; Munck; Käsemann.
2674 Murray, *Romans*, II, 76.

다.[2675] 바울은 이 명사를 16번 사용하고 있는데 그 중 6번이 로마서 5:15-21절에 나타난다. 이는 여기서 아담의 범죄함을 가리킨다. 아담은 동산 중앙에 있는 선악과 열매를 먹지 말라는 하나님의 명령을 불순종했다. 마찬가지로 택함받지 못한 유대인들은 복음에 순종하지 않는 죄를 짓는 자들로 묘사되고 있다. 이들의 불순종은 로마서 10:21절의 말씀과 연결된다. 이는 행위구원론을 신뢰하며 예수를 배척하는 죄와 일치한다. 그리고 이들의 불신앙의 결과 이방인들에게 구원이 이르렀다. 여기서 바울은 동사를 생략하고 있기 때문에 우리는 서술동사를 삽입해서 번역해야 한다. 던은 구원의 미래적 속성을 감안해서 "다가오다"is coming를 삽입할 것을 제안한다. 그러나 이 본문의 논리에서 볼 때 구원이 이미 이방인들에게 이르렀다는 의미가 강하다. 따라서 "이르렀다"게고넨를 삽입해서 번역하는 것이 더 바람직하다(NIV, KJV). 그리고 파랍토우마의 여격은 도구적 여격으로 볼 수 있지만 인과적 여격으로 볼 수도 있다. 즉 그들의 범죄함을 인해서 구원이 이방인에게 이른 것이다. 이는 바울의 선교 여정에 잘 나타나 있다. 그는 그의 동족 유대인들에게 복음을 전하다 배척을 받고 핍박을 당했다. 그 결과 그는 그들을 등지고 이방인에게 복음을 전하는 일에 전념하게 되었다(행13:45-48; 18:6; 28:24-28).

마지막으로 이방인들의 구원은 이스라엘로 하여금 시기나게 하도록 하는 하나님의 목적이 담겨있다. 여기서 동사 파라제이로오우는 바울서신에 총 네 번, 칠십인역에 일곱 번 사용되는 단어로써 하나님의 그 백성들에 대한 시기(고전10:22; 시77:58)나 사람들의 다른 사람들에 대한 시기(시36:1, 7, 8)를 의미한다. 여기서 바울은 신32:21절을 인용하는 로마서 10:19절을 상기시키고 있는데 신명기 32:21절과 로마서 11:11절에서 이 단어는 사람들이 긍정적인 시각에서 가지는 시기를 나타내고 있다.[2676] 즉 이방인들이 구원받고 언약의 축복을 누리는 것을 보고 이스라엘이 시기나게 되어 예수를 믿고 그들도 구원받게 되는 것이다. 이로써 하나님의 구원의 숨은 계획은 완전히

2675 Cranfield; Dunn; Schreiner; contra Sanday and Headlam; Barrett; Munck.
2676 Moo, *Romans*, 688.

성취되게 된다. 이는 로마서 11:30-32절의 내용의 전조이다. 그러나 여기서 믿고 구원받는 유대인들은 7절이 말씀하는 마음이 완악해진 “그 남은 자”들이 아니다.[2677] 이들은 5절의 “은혜로 택하심을 따라 남은 자”들이다. 만일 마음이 완악해진 자들이 시기나게 되어 믿고 구원받게 된다면 바울이 2-7절에서 말씀한 예정론은 무너져버린다. 이는 로마서 9:6-29절의 예정론도 무용지물이 되게 할 것이다. 나아가 로마서 11:11-24절에서 바울이 이방인들이 자고해서 믿음에서 멀어지지 않게 경고하는 것도 의미가 없어진다. 왜냐하면 그들이 만일 믿음을 떠나 완악해질지라도 언제나 다시 회개하고 회복될 가능성이 있기 때문이다. 따라서 우리가 여기서 분명히 해야할 점은 7절에서 하나님께서 마음을 완악하게 하신 유대인들은 하나님의 영광을 위해서 진노의 그릇으로 예정하신 사람들이라고 보아야 한다. 이는 구속의 계획을 성취하기 위한 기능적 예정이 아니라 하나님의 주권적 사랑의 은혜를 받지 못하도록 심판의 예정을 입은 것을 말한다. 그러나 이 점이 그들이 불신앙에 대한 책임을 모면하게 한다는 것은 아니다. 그들이 복음에 순종하지 않아서 받는 심판에 대한 책임이 그들 자신에게 있다는 것은 로마서 9:30-10:21절에서 바울이 상세히 설명하고 있다.

로마서 11:12절의 접속사 데는 역접(NIV)이 아니라 순접(KJV)의 의미를 가진다고 할 수 있다. “만일 저희의 넘어짐이 세상의 부요함이 되며 저희의 실패가 이방인의 부요함이 되거든 하물며 저희의 충만함이리요.” 바울은 여기서 조건절 접속사 에이를 사용하며 그 서술동사를 생략하고 있다. 이는 에이가 가정법이 아니라 실제적 사실을 가리킨다는 것을 알 수 있다.[2678] 바울은 이 “에이” 접속사를 로마서 11:14, 15, 16, 17, 21, 24절에 계속 사용한다. 이는 모두 실제적 사실을 가리키고 있고 23절에서 접속사 에안과 이루어진 가정법적 조건과 대조를 이룬다. 23절의 접속사 에안과 그 이후 따라오는 가정법 동사는 유대인들이 불신앙으로부터 회개하고 돌아오는 것이 실제로 일어난다는 의미가 아니라 만일 그들이 그렇게 된다면 논리적으로 생각할

2677 *contra* Cranfield.
2678 Lenski; Morris.

때 그것은 그들을 다시 감람나무에 접붙임받게 할 것이라는 말씀이다. 이 말씀은 바울이 이것을 미래에 현실화될 것으로 믿고 혹은 기대하고 말씀한 것이 아니다. 12절의 파랍토우마는 11절에서 의미한 것처럼 복음에 순종하지 않은 것을 가리킨다. 삼인칭 복수 대명사 "그들의"는 택함받지 못한 유대인들 즉 하나님께서 그 마음을 강퍅하게 하신 유대인들을 말한다. 곧 그들의 범죄함불신앙/불순종은 세상의 부요함이 된다. "부요함"플루토스은 영적 축복의 부요함을 가리킨다.[2679] 이는 이방인들이 예수님을 믿고 구원받고 영적인 축복을 누리는 포괄적인 개념을 나타낸다. 이 사실은 그 다음 어구에서 반복된다. 곧 "저희의 실패가 이방인의 부요함이" 된다. 여기서 명사 헤테이마는 실패 혹은 패배를 의미한다는 견해와 부족 혹은 결핍을 의미한다고 보는 견해가 있다. 헤테이마를 "결핍"으로 보는 이유는 이 절에서 이와 대조되는 명사 플레이로우마가 양적인 의미인 "많음"을 의미한다고 보기 때문이다.[2680] 그러나 헤테이마가 쓰이는 이사야 31:8절과 고린도전서 6:7절에서 이 단어는 패배를 의미한다. 그리고 12절에서 헤테이마는 파랍토우마범죄와 병렬되는 개념이다. 또한 플레이로우마가 양적 의미가 아니라 질적 의미인 충만함 즉 영적 충만복음에 대한 순종을 의미한다고 볼 수 있기 때문에 헤테이마의 의미를 실패 혹은 패배로 보는 것이 더 낫다.[2681] 즉 그들은 복음을 순종하지 않아서 거치는 돌에 넘어진 것을 말한다. 이를 경주에서 넘어진다는 비유를 배경으로 볼 때 그들은 경주에서 실패하고 하나님의 징벌을 받게 되었다는 것을 의미한다. 이 관점에서 볼 때 12절에서 세상의 부요함과 이방인의 부요함은 병렬되는 어구라고 할 수 있다. 즉 여기서 세상코스모스은 이 절에서 이방인을 가리키고 있는 점에서 환유법metonymy이라고 볼 수 있다. 여기서 간과될 수 없는 수사적 표현은 언어놀이word-play다. 이 절에서 바울은 끝이 마로 끝나는 명사들을 열거하고 있다. 즉 파랍토우마범죄, 헤테이마패배, 그리고 플레이로우마충만함이다.

2679 롬2:4; 9:23; 11:33; 엡1:7, 18; 2:7; 3:8, 16; 빌4:17; 골1:27; Moo, *Romans*, 688.
2680 Wilckens; Barrett.
2681 Moo; Schreiner; Murray; Käsemann; Cranfield; S-H; Kuss; Fitzmyer.

바울은 포소우 말론how much more을 사용해서 그들의 넘어짐과 그들의 충만함을 대조하고 있다. 여기서 어떤 학자들은 플레이로우마충만함를 양적 개념으로 보고 "남은 자"들에 많은 유대인의 수가 추가 되어 장차 많은 유대인들이 구원받게 되는 것을 가리킨다고 주장한다.[2682] 그러나 다른 학자들은 이를 질적 개념으로 보고 하나님께서 이스라엘을 회복시키시고 그 언약을 성취하시는 것을 의미한다고 해석한다.[2683] 그러나 필자는 이 두 해석 모두 본문에서 바울이 말씀하는 의도를 반영하지 못하고 있다고 생각한다. 왜냐하면 플레이로우마충만함는 파랍토우마범죄나 헤테이마패배와 대조를 이루고 있다. 따라서 이는 택함받은 유대인들이 복음에 순종하여 예수님을 주님으로 믿는 것을 의미한다고 볼 수 있다. 12절의 "그들의 충만함"은 15절의 프로스레임시스acceptance와 병렬된다. 즉 이는 하나님께서 그 택하신 유대인들을 받아들이시는 것 곧 구원을 말한다. 다시 말해 그들의 넘어짐이 이방인들의 구원을 가져왔다면 그들이 예수님을 주님으로 믿는다면 얼마나 더 부요함을 이 세상에 가져오겠는가 하는 뜻이다. 그리고 12절에서 세 번째 아우토운그들의은 첫 번째와 두 번째 아우토운의 의미와는 다르다. 이는 5절의 레임마남은 자나 7절의 헤이 에크로게이택자에 걸리는 대명사다.[2684] 만일 이 해석이 맞다면 12절과 15절에서 바울은 미래의 이스라엘의 회복을 말씀하는 것이 아니라 유대인들이 믿음을 가질 때 따라올 풍요로운 결과를 강조하고 있다고 볼 수 있다. 이 관점에서 볼 때 "그들의 충만함"은 바울이나 베드로 같은 사도들과 일세기의 많은 유대인들이 믿고 구원받은 것과 그 후 지금까지 수많은 유대인들이 믿고 구원받은 것을 가리키고 있다고 할 수 있다.[2685] 그 결과 복음은 이방인에게 전파되어 지난 이천년의 교회 시대에 엄청난 수의 이방인들이 구원을 받게 되었다. 따라서 여기서 바울은 미래의 이스라엘의 기적적 회복과 그 민족적 회심을 말씀하고 있는 것이 아니라 유대인 회심과 이방

2682 Bruce; Cranfield; Dunn; Wilckens; Fitzmyer; Kuss; Moo; Schreiner; Osborne; Godet; Meyer; Barrett; Gundry Volf.

2683 Murray; Hendriksen; Lenski; Hodge.

2684 *contra* Moo.

2685 Lenski; Hendriksen.

인 회심의 선순환적 상호작용의 원리를 말씀하고 있는 것이다.

로마서 11:13절의 접속사 데그리고는 보충적 내용을 도입한다: "내가 이방인인 너희에게 말하노라 내가 이방인의 사도인만큼 내 직분을 영광스럽게 여기노니". 여기서 "내가 이방인인 너희에게 말하노라"는 바울이 그 가르침을 이방인들에게 향하고 있다는 것을 나타내며 이는 바울이 이인칭 단수 동사를 사용하는 24절까지 계속된다. 많은 학자들은 여기서 바울이 직접적으로 로마교회의 이방인 신자들을 주목하며 말씀을 주는 것은 로마교회에서 그들이 다수 구룹이라는 것을 나타낸다고 생각한다.[2686] 그러나 케제만이 지적하는 것처럼 이 구절이 로마교회 내 다수 구룹이 이방인이었다는 것을 증명하지는 않는다. 바울은 여기서 로마교회 내 이방인들을 향해 이 말씀을 줄 필요가 있다고 느꼈을 것이다. 왜냐하면 그들 중에 어떤 사람들은 하나님께서 유대인들을 완전히 버리시고 촛대가 이방인 신자들에게 옮겨졌다고 생각했을 수 있기 때문이다. 그래서 그들이 영적으로 교만해지고 새로운 선민의식에 빠진다면 이들도 유대인들의 전철을 밟아 믿음을 떠나 감람나무에서 잘려나가게 되지 말라는 법이 없는 것이다. 바울은 11장 전체 그리고 나아가 9-11장 전체에서 이 영적 자만의 위험에 대해 엄중한 경고의 가르침을 주고 있다. 그러면 여기서 바울은 무엇을 말씀하고 있는가. 13절에는 그 첫째 요점이 나와있다. 즉 바울은 이방인의 사도인만큼 자신의 직분을 영광스럽게 한다는 것이다.

여기서 관용구 에프 호손은 …하는 한for as long as 보다 …인 만큼inasmuch as 으로 번역하는 것이 낫다.[2687] 이는 그가 다메섹 도상에서 부활하신 주님의 음성을 듣고 이방인의 사도로 부름받은 사실을 가리키고 있다(행26:17-18). 그리고 그가 예루살렘 교회의 기둥 사도들을 만나서 전도의 영역을 구획할 때 이방인에게 복음을 전파할 것을 확인받은 사실을 배경으로 하고 있다(갈 2:8). 에쓰노운 아포스톨로스이방인의 사도에 관사가 없는 것은 하나의 칭호를 가리킨다고 볼 수도 있다.[2688] 이는 자신도 이방인들을 향해 복음을 전하는

2686 Godet; S-H; Moo; Dunn; Lagrange; Kuss; Fitzmyer; Sanday and Headlam.
2687 마25:40, 45; Dunn; Fitzmyer; Käsemann; *contra* Hultgren.

사도의 한 사람이라는 일반적 사실을 묘사하고 있다고 할 수 있다.[2689] 조사 멘on the one hand은 대개 데but를 동반하는데 13절에는 데가 사용되지 않고 있다. 그래서 멘 운indeed therefore은 문법적으로 난해한 어구이다. 던은 멘 운은 11-12절의 내용을 요약하는 기능을 하고 있다고 주석한다.[2690] 크랜필드는 여기서 조사 멘은 바울이 이방인들이 기대하지 않고 있던 내용을 말하려는 것을 나타내고 있다고 주석한다.[2691] 그것은 이방인의 사도로써 자신의 직분을 영광되게 하는 것인데 그 한 이유는 자신이 이방인들에게 복음을 전파함으로써 그 골육을 시기나게 해서 그들중 얼마를 구원하려 함이기 때문이다. 이는 자신이 이방인의 사도로써 유대인에게 복음을 전하는 일을 등한히 하고 있다고 말하는 유대인 신자들의 불평을 잠재우는 자기 변호가 될 수도 있다.[2692] 13절의 명사 디아코니안은 바울의 이방인에 대한 사도로써의 직분을 가리킨다고 할 수 있다.[2693] 동사 독사조우는 영광을 돌리다 혹은 감사 기도를 올리다 보다는 영광스럽게 한다는 뜻으로 볼 수 있다. 이는 바울이 이방인 전도에 심혈을 기울임으로써 자신에게 부여된 이방인의 사도로써의 직분을 영광되게 한다는 의미다.[2694] 그 이면에는 자신이 이방인들에게 복음을 전하는 것이 사실은 더 효과적으로 유대인의 회심을 가져오게 하는 방법이라는 뜻이 담겨 있다.[2695]

로마서 11:14절의 에이 포우스if somehow는 바울이 자신의 이방인을 위한 사도 직분을 영광되게 하는 목적을 도입하고 있다. 그것은 "곧 내 골육을 아무쪼록 시기케 하여 저희 중에서 얼마를 구원하려 함이"다. 접속사 에이만일는 동사 파라제이로오우시기나게 하다와 소우소우구원하다에 걸린다. 이 두 동사는 미래 직설법 혹은 과거 가정법으로 해석될 수 있다. 필자는 후자의 뜻이 앞선다고 본다. 바울은 자신이 이방인들에게 복음을 전파해서 자신의 시대의

2688 Käsemann; Moo; Munck, *Christ*, 122.
2689 롬1:5; 12:3; 15:15, 16; 갈2:7-9; 엡3:3-6; 6:19-20; 골1:26-27; 행26:17, 18.
2690 Dunn, *Romans*, 655.
2691 Cranfield, *Romans*, 559; Moo.
2692 Barrett.
2693 Cranfield; contra Käsemann.
2694 Sanday and Headlam, *Romans*, 324; Dunn; Cranfield; Käsemann; Murray.
2695 Fitzmyer, *Romans*, 612.

유대인들을 시기나게 하고 그들중 얼마가 구원받도록 하는 것을 목적으로 하고 있다. "내 골육"무 테인 살카은 유대인들을 가리킨다. 이는 로마서 9:3절의 "나의 형제 곧 골육의 친척"과 병렬되는 표현이다. 여기서 의문점은 바울이 왜 그들중 얼마티나스 엑스 아우토운를 구원하기를 원했는가 하는 것이다. 바울은 로마서 13:12; 15:19, 23절에서 자신이 주님의 재림전에 성취되어야 할 이방인 복음 전파의 완성을 위해 쓰임받고 있는 사람이라는 것을 분명히 믿고 있었다. 이 점에서 볼 때 자신이 유대인들 중 "얼마"가 구원받기 원하는 것은 로마서 11:26절에서 기대하는 "온 이스라엘"의 구원과 비교해서 앞뒤가 맞지 않는 표현이다. 멍크는 "얼마"티나스는 얼마가 아니라 많은 수를 의미한다고 해석한다.[2696] 그러나 이는 문법적으로 근거가 없는 해석이다. 어떤 학자들은 이 표현은 외교적 신중함의 표현이라고 주장한다.[2697] 아니면 이는 바울이 자신이 "온 이스라엘"을 구원하는데 있어서 하나님께서 사용하시는 도구가 아니라고 생각했기 때문인가[2698] 아니면 그들중 얼마가 구원받는 것이 미래의 많은 유대인들이 구원받는 것의 전조라고 믿었기 때문인가.[2699] 이러한 해석들보다 주석적으로 더 나은 해석은 바울은 다수의 유대인들이 예수님 재림전에 회심하게 될 것을 믿고 있지 않았다는 것이다. 자신이 이방인 선교를 통해 유대인들을 시기나게 해서 그들중 얼마를 구원하기를 원한다는 것은 "남은 자"레임마의 수가 많지 않다는 것과 병렬되는 개념이다(11:4–5). 엘리야 때에도 다수가 배교하는 중에 하나님께서 자신을 위해 남겨 놓은 바알에게 무릎을 꿇지 않은 자는 칠천인밖에 되지 않았다. 그리고 12절의 플레이로우마충만함가 많은 유대인의 구원이 아니라 유대인이 예수님을 믿는 믿음에 있어서의 충만함을 의미한다는 해석과 병렬된다. 이 해석은 앞으로 구체적으로 설명하겠지만 로마서 11:26절의 "온 이스라엘"이 종말에 많은 수의 유대인의 회심을 가리키는 표현이 아니라는 것과 일치한다.

로마서 11:15절의 접속사 갈왜냐하면은 15절이 13–14절의 내용을 설명한다

2696 Munck, *Christ and Israel*, 120-21.
2697 Cranfield; Morris; Käsemann.
2698 Moo; Murray.
2699 Barrett; Cranfield; Dunn.

는 것을 나타낸다: "저희를 버리는 것이 세상의 화목이 되거든 그 받아들이는 것이 죽은 자 가운데서 사는 것이 아니면 무엇이리요".[2700] 즉 바울이 이방인에게 복음을 전함으로써 유대인들을 시기나게해서 그들중 얼마를 구원하려는 것의 이유는 곧 그들을 버리는 것이 세상의 화목이 되거든 그 받아들이는 것이 죽은 자 가운데서 사는 것이 아니면 무엇이겠는가 하는 것이다. 동시에 15절은 12절의 내용을 반복하며 더 명확히 하고 있다. 즉 15절은 유대인들의 충만함(12절)이 가져올 결과를 자세히 설명하고 있다. 12절에서 바울은 저희의 넘어짐이 세상의 부요함이 되며 저희의 실패가 이방인의 부요함이 되거든 하물며 저희의 충만함이리요라고 말씀하며 저희의 충만함이 가져올 보다 큰 이방인의 부요함을 암시하고 있다. 15a에서 바울은 저희를(잃어)버리는 것이 세상의 화목이 되거든이라고 말씀하며 12절의 내용을 하나님의 주권적 섭리의 관점에서 반복한다. 15b에서 바울은(그들이 복음을) 받아들이는 것이 죽은 자 가운데서 사는 것이 아니면 무엇이리요라고 말씀하며 유대인들의 회심이 이 세상에 가져올 영적 회복을 분명히 말씀하고 있다. 15a의 헤이 아포볼레이 아우토운에서 아포볼레이는 수동적 의미의 손실loss 혹은 능동적 의미의 버림rejection을 의미한다고 할 수 있다. 후자를 택하는 학자들은 다음과 같은 이유를 제시한다. 첫째, 15b의 "받아들이는 것"프로스레임시스은 직접적으로 아포볼레이와 대조되고 있다.[2701] 그리고 프로스레임시스의 동사 프로스람바노우는 로마서 14:3; 15:7절에서 하나님 혹은 그리스도께서 신자들을 받아들인다는 의미를 가진다. 이는 15절에서 프로스레임시스는 하나님께서 유대인들을 받아들이시는 것을 의미한다고 볼 수 있고 이에 따라 그 반대 개념인 아포볼레이는 하나님께서 유대인들을 버리신 것을 의미한다고 해석할 수 있다. 둘째, 로마서 11:8-10절에서 바울은 유대인들을 영적으로 우둔하게 하신 분이 하나님이시라는 점을 강조하고 있다. 그리고 17절이 그들이 감람나무에서 잘려나갔다고 표현하는 것은 하나님께서 그들을 버리셨다는 것을 의미한다고 볼 수 있다. 그렇게 볼 때 소유격 대명사 아

2700 Schreiner; Moo; Cranfield; *contra* Sanday and Headlam.
2701 Moo, *Romans*, 693; KJV; NIV; Dunn.

우토운그들의은 주격이 아니라 목적격이라고 할 수 있다. 즉 유대인들이 하나님을 버렸다기보다 하나님께서 그들을 버리셨다는 것을 의미한다.[2702] 그러나 아포볼레이를 수동적 의미인 손실loss로 보면 "그들의"는 소유격possessive genitive이라고 볼 수 있다. 그리고 15a가 12절(저희의 범죄함)과 병렬되고 있는 점에서 보면 아포볼레이 아우토운은 저희가 하나님을 버린 것을 의미한다고 볼 수 있다. 그러면 아우토운은 주격 소유격이라고 할 수 있다.[2703] 필자는 여기서 아우토운을 주격 소유격으로 보는 것이 더 낫다고 본다. 15b에서 바울은 아우토운을 생략하고 프로스레임시스받아들임라고 쓰고 있다. 따라서 프로스레임시스는 하나님께서 유대인들을 받아들인다는 의미보다 유대인들이 복음을 받아들인다는 의미가 강하다. 그리고 이는 12절의 플레이로우마충만함와 병렬된다. 앞에서 본 것처럼 플레이로우마는 양적 의미가 아니라 그들의 믿음의 충만을 가리킨다고 볼 때 15절의 프로스레임시스가 이들이 복음을 받아들인다는 의미와 상통한다.

15a의 "세상의 화목"카탈라게이 코스무은 로마서 5:10-11절과 연결된다. 이는 그리스도를 믿음으로써 우리가 하나님과 화목되게 된 것을 가리킨다. "세상"코스모스은 12절의 세상과 같은 의미로써 이방인들을 가리키고 있다고 할 수 있다. 즉 유대인들이 그리스도(복음)를 버리는 것이 이방인들이 믿음을 통해서 하나님과 화목되게 하는데 하물며 유대인들이 복음을 받아들이면 어떻게 되겠는가. 그것은 "죽은 자 가운데서 사는 것"조우에이 에크 네크로운이다. 조우에이 에크 네크로운을 문자적으로 보는 학자들은 이는 그리스도의 재림 때 있게 될 신자들의 부활을 가리킨다고 본다.[2704] 반면에 이 어구를 은유적으로 보는 학자들은 이는 세상의 구원이나 이스라엘의 회복과 같은 전에 없던 큰 영적 회복을 가리킨다고 본다.[2705] 여기서 전자의 해석을 뒷받침하는

2702 Munck; Cranfield; Wilckens; Schreiner; Sanday and Headlam; Murray; Moo; Dunn.

2703 Fitzmyer; Donaldson.

2704 고전15:22-24; 마25:31-46; 빌3:10-11; 살전4:16; 계20:4-6; Origen; Theodore of Mopsuestia; Chrysostom; Theodoret; Lietzmann; Meyer; Zahn; Lagrange; Sanday and Headlam; S-H; Barrett; Bruce; Black; Käsemann; Nygren; Schmidt; Schlier; Schreiner; Cranfield; Dunn; Zeller; Moo; Wilckens; Stuhlmacher; Allison, Hofius.

2705 Osborne; Murray; Hodge; Gifford; Stuart; Godet; Leenhardt; Denney; Morris; Haldane; Lenski; Huby;

요소는 다음과 같다. 첫째, 신약에서 에크 네크로운죽은 자 가운데서은 47번 나타난다. 그 중 한 가지 경우를 제외하고 이 어구는 항상 부활을 말씀하는 문맥에 사용된다. 둘째, 로마서 11:25-26절에 의하면 이방인의 충만한 수가 들어오고 온 이스라엘이 구원받은 후에는 주님의 재림과 죽은 자의 부활이 따라온다. 따라서 15절의 "그 받아들이는 것"(하나님께서 유대인들을 받아들이시는 것, 곧 온 이스라엘의 구원)이 죽은 자 가운데서 사는 것을 가져온다고 할 때 이는 이스라엘의 회복 혹은 온 세상의 구원을 의미할 수 없게 되는 것이다. 셋째, "죽은 자 가운데서 다시 사는 것"은 세상의 끝에 일어날 일이다. 그리고 로마서 11:12-32절이 계시문학적 가르침을 포함하고 있기 때문에 이를 배경으로 하고 있는 15b는 세상 끝에 일어날 일로써 일반적 부활 general resurrection을 가리키고 있다는 것이다.

그러나 필자는 조우에이 에크 네크로운은 이 세상의 대규모의 영적 회복을 의미한다고 본다. 그 이유는 첫째, 로마서 6:13절에서 에크 네크로운은 육체적 부활이 아니라 영적 부활을 가리키고 있다. 즉 이는 예수를 믿고 새생명을 얻는 것을 의미한다. 둘째, 조우에이 에크 네크로운은 육체적 부활을 의미하는 경우가 없다. 그리고 생명조우에이은 부활을 의미하는 경우가 있지만(요5:29; 11:25; 고후5:4) 대부분은 그리스도안에서의 새생명을 의미한다.[2706] 셋째, 로마서 11:15절에서 육체적 부활을 말씀하려 했다면 바울은 직접적으로 부활아나스타시스이란 단어를 사용했을 것이다.[2707] 따라서 "죽은 자 가운데서 사는 것"은 육체적 부활이 아니라 영적 부활후 따라오는 새생명을 가리킨다고 보아야 한다. 넷째, 15절에서 바울은 유대인 구원과 이방인 구원의 시간적 순서를 말씀하고 있는 것이 아니다. 무는 로마서 11:25-26절에서 바울은 이방인 구원이 성취된 후 많은 수의 유대인들이 구원받게 된다고 말씀하고 또 이는 종말에 이루어질 사건이기 때문에 15b의 말씀에서 많은 유

Viard; Ladd; Calvin; Fitzmyer; Ziesler; Wright; Stott; D. Judant, *Les deux Israël: essai sur le mystère du salut d' Israël selon l' économie des deux Testaments* (Paris: Cerf, 1960) 182-91.

2706 행11:18; 롬5:18; 6:4; 8:6; 고후2:16; 엡4:18; 빌2:16; 요일3:14; 5:11-13; Murray, *Romans*, II, 83.

2707 롬1:4; 6:5; 고전15:12, 13, 21, 42; 빌3:10; 행4:2; 17:32; 23:6; 24:15, 21; 26:23; 히6:2; 벧전1:3; Murray, *Romans*, II, 83; Stott; Morris.

대인들이 구원받은 후 "죽은 자 가운데서 사는 것"은 일반 부활general resurrection밖에 생각할 수 없다고 주장한다.[2708] 그러나 앞서 본바와 같이 프로스레임시스는 "온 이스라엘"의 구원(롬11:26)을 가리키는 것이 아니라 유대인들이 일반적으로 복음을 받아들이는 것을 의미하기 때문에 조우에이 에크 네크로운은 유대인의 회심이 온 세상에 불러오는 대규모의 회심을 가리킨다고 볼 수 있다. 다섯째, 로마서 11:12-32절의 계시문학적 가르침의 요소는 이미 성취된 종말의 관점에서 이해될 수도 있다는 점을 고려해야 한다. 즉 바울은 로마서 11:30-31절에서 "지금"now이라는 부사를 3번 사용하면서 자신의 시대와 관련해서 이스라엘의 회복을 말씀하고 있다. 따라서 15b에서 바울이 말씀하는 유대인이 복음을 받아들이는 것이 불러오는 "죽은 자 가운데서 사는 것"은 전 세계적 규모의 이방인 구원을 가리키는 것으로 보아야 한다.[2709] 다시 말해 주님의 성육신과 죽으심과 부활로 종말은 이미 시작되었다. 그리고 복음은 예루살렘으로부터 시작되어 유대와 사마리아와 온 세상에 전파되게 되었다. 이로 인해 지난 이천년 기독교 역사에서 수많은 나라와 백성이 복음을 듣고 구원받게 되었다. 이는 베드로 바울 그리고 오순절에 회심한 수많은 디아스포라의 유대인들이 복음을 이방인들에게 전했기 때문이다. 따라서 복음이 먼지 유대인들에게 전파되고 그후 이방인들에게 전파되는 순서는 바뀌지 않는다. 로마서 11:25-26절의 가르침에서 이 순서가 바뀐다고 보는 것은 올바른 주석에 근거한 주장이 아니다.[2710]

여기서 조우에이 에크 네크로운이 유대인들의 회심을 가리킨다고 보는 것은 옳지 않다.[2711] 던은 이스라엘 회심이후에는 일반 부활이 있게 되기 때문에 조우에이 에크 네크로운은 이를 말하는 것이라고 생각한다.[2712] 그러나 조우에이 에크 네크로운이 이스라엘의 회심이 아닌 이유는 15절과 12절의

2708 Moo, *Romans*, 695; Schreiner; Cranfield.

2709 Murray; D. P. Fuller, *Unity of the Bible: Unfolding God's Plan for Humanity* (Grand Rapids: Zondervan, 1992) 437-38; Stott; M. D. Nanos, *The Mystery of Romans: The Jewish Context of Paul's Letter* (Minneapolis: Fortress, 1996) 264-74.

2710 contra Käsemann.

2711 contra Fitzmyer; R. H. Mounce, *Romans* (New American Commentary 27. Nashville: Broadman & Holman, 1995) 219; Leenhardt, *Romans*, 285; Hultgren, *Romans*, 409.

2712 Dunn, *Romans*, 658.

내용의 병렬관계에서 찾아진다. 12절에서 바울은 유대인의 넘어짐이 세상의 부요함이 된다고 말씀하면서 유대인의 충만함이 어떠한 결과를 가져오겠느냐고 묻고 있다. 15절은 그 결과를 설명한다. 즉 유대인들이 복음을 받아들이는 것은 조우에이 에크 네크로운이 아니고 무엇이겠느냐는 것이다. 이는 세상의 부요함 보다 더 큰 규모의 어떤 것이어야 한다. 만일 그것이 이스라엘의 회심이라면 그것은 앤티클라이맥스용두사미가 되고 만다. 뿐만 아니라 그것은 유대인과 관계된 내용이 아니라 유대인의 구원이 이방인의 회심에 초래하는 사건과 관계되어 있다. 그것은 머레이가 말하는 지금까지 없었던 세상의 각성an unprecedented quickening for the world을 가리킨다.[2713]

(나) 이방인 신자들에 대한 경고(롬11:16-24)

로마서 11:16-24절에서 바울은 로마교회내의 유대인 신자와 이방인 신자들의 갈등을 간접적으로 다루고 있다. 로마서 14장에서 이 문제를 보다 직접적으로 다루기 전에 여기서 바울은 구속사적 관점에서 이방인 신자들의 위치를 설명하고 있다. 그들은 하나님께서 새로 택하신 백성으로써 유대인들을 대체하거나 그들보다 우월한 위치에 있는 것이 아니다. 이방인 신자들은 감람나무에 접붙임받은 가지이다. 바울은 감람나무 비유를 통해서 이방인 신자들이 그 나무뿌리의 진액을 흡수하는 축복을 누리고 있음을 상기시킨다. 이는 자신들이 받은 영적 축복이 하나님께서 이스라엘 족장들에게 약속하신 언약의 축복에 바탕을 두고 있음을 숙지시키고 있다. 그리고 그들로 하여금 유대인 신자들의 언약의 전통을 존중하며 모세의 율법에 바탕을 둔 규범을 가볍게 보지 말아야 한다는 것을 아울러 상기시킨다. 그들이 만일 오만해져서 믿음을 떠난다면 그들도 잘려나가게 될 것을 두려워해야 된다. 여기서 바울이 강조하는 것은 하나님의 백성의 일체unity이다. 이는 신구약을 통털어서 유대인과 이방인 택자들의 합과 일치한다. 이는 로마서 11:26절에서 말씀하는 "온 이스라엘"이다. 이는 곧 로마서 9:7-8절에서 말씀한 아브라함

2713 Murray, *Romans*, II, 84.

의 씨요 언약의 자손이요 하나님의 자녀들이다. 이 점에서 로마서 11:16-24절의 감람나무 비유는 로마서 9-11장에서 바울이 말씀하고 있는 하나님의 주권적 예정에 바탕을 두고 실현된 언약covenant의 실제를 가시적으로 표현하고 있는 비유이다. 이제 영적으로 아브라함의 씨로 여김받게 된 이방인 신자들이 주의해야 될 것은 혈통적 유대인들의 범죄를 본받지 말아야 하는 것이다. 곧 이들도 믿음을 떠나 배교하는 일이 없도록 해야 하는 것이다.

로마서 11:16절에서 바울은 15절에 이어서 계속해서 이스라엘이 구속사에서 가지는 의의를 설명한다: "제사하는 처음 익은 곡식 가루가 거룩한즉 떡덩이도 그러하고 뿌리가 거룩한 즉 가지도 그러하니라." 이 절의 전반부는 민수기 15:17-21절을 바탕으로 한다. 여기서 하나님께서는 이스라엘 백성들이 가나안땅에 들어간 후 곡식가루 반죽의 처음 것을 하나님께 제물로 바치도록 하셨다. 그러나 여기서 "처음익은 곡식가루"아파르케이가 거룩한즉 떡덩이도 그렇다는 개념은 없다.[2714] 그럼에도 불구하고 바울의 논리는 일세기에 무리없이 받아들여졌을 것이다. 왜냐하면 성전의 거룩함은 예루살렘과 그 성산에 미친다고 여겨졌다.[2715] 그리고 어떤 바리새인들은 성전에서 행하는 정결의식을 통해서 성전의 거룩함이 그 날에 그 땅 전체에 미치도록 했다.[2716] 그러면 이 비유에서 "처음 익은 곡식 가루"아파르케이와 떡덩이푸라마는 무엇을 가리키는가. 학자들은 아파르케이가 그리스도[2717], 혹은 유대인 그리스도인[2718], 혹은 아브라함과 같은 족장을[2719] 가리킨다고 본다. 그리스도를 아파르케이로 보는 것은 고린도전서 15:20, 23절을 바탕으로 타당하게 보인다. 그러나 그리스도께서 부활의 첫열매가 되셨다는 개념과 떡덩이의 일부

2714 Moo; Schreiner.

2715 느11:1, 18; 사11:9; 48:2; 66:20; 렘31:23, 40; 겔20:40; Dunn, *Romans*, 658.

2716 J. Neusner, *Judaism in the Beginning of Christianity* (Philadelphia: Fortress Press, 1984)

2717 Origen; Theodore of Mopsuestia; Barth; Ellison, *Mystery of Israel*, 86; Hanson, *Studies in Paul's Technique and Theology*, 104-25.

2718 Gaugler; Leenhardt; Bruce; Cranfield; Fitzmyer; Barrett; D. Johnson, "The Structure and Meaning", 92, 98-99; Hafemann, "The Salvation of Israel," 51; P. von der Osten-Sacken, *Christian-Jewish Dialogue: Theological Foundations* (Philadelphia: Fortress, 1986) 106-7.

2719 Chrysostom; Godet; S-H; Michel; Moo; Schreiner; Murray; Gundry-Volf; Luz; Maurer, *TDNT*, 6:989; Munck; Wilckens; Käsemann; O. Hofius, "Das Evangelium und Israel: Erwägungen zu Römer 9-11." Pp. 175-202 in *Paulusstudien* (Tübingen: Mohr, 1989) 186; Schlier; M. M. Bourke, *A Study of the Metaphor of the Olive Tree in Romans XI* (Washington, D.C: Catholic University of America, 1947) 75-76.

를 처음익은 곡식가루로 제물로 드린다는 개념은 관련성이 없다. 그리고 로마서 8:23절은 그리스도가 아니라 성령을 처음 익은 열매로 제시하고 있다. 아파르케이를 유대인 그리스도인들로 보는 것은 로마서 16:5; 고린도전서 16:15절에서 바울이 그 지방에서 처음으로 그리스도인이 된 사람들을 첫열매로 부르고 있는 점에서 가능한 해석이다. 그러나 로마서 11:16절에서 유대인 그리스도인 남은 자들이 가람나무로 비유되는 전체 하나님의 백성의 첫열매라고 할 수는 없다. 감람나무인 이스라엘은 바로 바울이 로마서 9:6절 이하에서 말씀하는 아브라함 이삭 야곱과 같은 족장들로부터 시작되었다. 크랜필드는 유대인 그리스도인들이 믿지 않는 유대인들 전체를 거룩하게 하는 역할을 할 수 있다고 주장한다.[2720] 그러나 16절의 떡덩이는 같은 절의 가지와 병렬되는 개념이다. 그리고 가지는 믿는 유대인들을 가리키기 때문에 떡덩이도 믿지 않는 유대인이 아니라 믿는 유대인을 가리킨다고 보아야 한다. 이는 아파르케이가 믿는 유대인을 가리키고 있다고 볼 수 없는 이유가 된다. 따라서 아파르케이는 아브라함과 같은 이스라엘의 족장을 가리킨다고 보는 것이 가장 적절한 해석이다. 이 족장들이 거룩한 백성으로 택함받았다면 떡덩이 곧 약속의 자녀 전체도 거룩한 것이다. 이 말씀은 약속의 자녀가 뿌리를 떠나 스스로 거룩한 것처럼 자만하면 않된다는 것이다.

아파르케이와 푸라마떡덩이 이 두 단어는 16절의 후반부에 나오는 다른 두 명사뿌리, 가지와 병렬된다. 던은 뿌리가 거룩한 즉 가지도 그러하다는 말씀은 이스라엘을 포도나무에[2721] 비유하는 구약의 말씀이나 이새의 뿌리에서 나오는 한 가지에 대한 메시야에 대한 종말적 기대를 예언하는[2722] 구약의 말씀을 배경으로 하고 있다고 주석한다. 그러나 메시야에 대한 구약의 예언에서 "가지"는 메시야를 가리키지만 로마서 11:16절에서는 믿는 신자들을 가리킨다. 여기서 뿌리는 그리스도[2723], 혹은 유대인 그리스도인들[2724], 혹은 족

2720 Cranfield, *Romans*, 564; *contra* Moo.

2721 시80:8-18; 렘2:21; 겔17.

2722 사11:1, 10; 렘23:5; 33:15; 슥3:8; 6:12; Dunn, *Romans*, 659.

2723 Barth; Ellison, *Mystery of Israel*, 86; Hanson, *Studies*, 104-25.

2724 Barrett; D. Johnson, "The Structure", 92, 98-99; Hafemann, "The Salvation", 51; Osten-Sacken,

장을[2725] 가리킨다는 해석이 있다. 그리스도를 감람나무의 뿌리로 보는 것은 그 감람나무 밖에 계시며 감람나무인 택함받은 백성을 모으시는 하나님이신 그리스도와 일치하지 않으므로 타당한 해석이 아니다. 그러나 요한복음 15:1절에서 예수께서는 자신이 참포도나무요 그 제자들은 가지라고 말씀하셨다. 이 관점에서 감람나무의 뿌리는 그리스도를 가리킨다고 볼 수도 있다. 그러나 16절에서 뿌리와 "처음 익은 곡식가루"가 병렬되기 때문에 이 해석은 유보하는 편이 낫다. 또한 유대인 그리스도인들 남은 자가 뿌리라고 볼 수도 없다. 이들이 이방인 그리스도인들을 영적으로 지탱하는 뿌리즙을 제공하는 기초라고 여길 수는 없다. 따라서 필자는 여기서 흐리자(뿌리)는 아브라함과 같은 족장을 가리킨다고 본다. 로마서 11:28절은 유대인들은 택하심으로 하면 조상들을 인해 사랑을 입은 자라고 말씀한다. 그리고 유대문학에서 아브라함이나 족장들을 뿌리라고 부르는 경우가 있다.[2726]

쉬라이너는 16절에서 처음 익은 곡식가루와 떡덩이의 관계는 뿌리와 가지의 관계와 병렬된다고 본다.[2727] 그리고 이 두 짝이 나타내는 의미도 동일하다. 바울은 감람나무 비유를 17절에 시작하기 위해 16절 후반에서 뿌리와 가지의 비유를 도입하고 있고 그리고 이 비유 전체를 도입하는 것은 처음 익은 곡식가루와 떡덩이의 비유다. 그리고 이를 뿌리와 가지의 주제에 연결해 주는 주제는 "거룩"이다. 따라서 거룩이란 관점에서 떡덩이와 가지도 동일한 의미를 가진다. 무는 가지는 유대인들을 가리킨다고 생각한다.[2728] 가지가 유대인 그리스도인들이 아닌 이유는 16절에서는 아직 가지가 잘려나가지 않았기 때문이라는 것이다.[2729] 그렇다면 16절에서 아직 이방인 신자들이 감람나무에 접붙임이 되지 못했기 때문에 뿌리의 진액을 아직 받아들이지 못하고 있다고 말해야 되는가. 이 해석은 바울이 본문에서 말씀하는 의도와 맞

Christian-Jewish Dialogue, 106-7.
2725 Moo; Schreiner; Murray; Gundry-Volf; Luz; Maurer, *TDNT*, 6:989; Munck; Wilckens; Käsemann.
2726 *T. Judah* 24.5; *1 Enoch* 93:5, 8; *Jub.*16:26; 21:24; Moo, *Romans*, 699.
2727 Schreiner, *Romans*, 600-01.
2728 Moo; Schreiner; Barrett.
2729 Moo, *Romans*, 699; Bourke, *Olive Tree*, 72-73.
2730 Cranfield, *Romans*, 563-65.

지 않는다. 크랜필드도 가지는 유대인이라고 본다.[2730] 그리고 족장들의 거룩함이 믿지 않는 유대인들을 거룩하게 한다는 것이다. 그는 고린도전서 7:14절이 그의 해석을 지지한다고 생각한다. 그러나 16절 전체에는 서술어가 생략되어 있다. 따라서 "거룩하게 한다"는 개념은 이 절에 존재하지 않는다. 또한 바울이 사용하는 형용사 하기오스거룩한는 구원에 합당한 구별된 상태를 말한다. 이는 여기서 일반적으로 특별한 구속사적 목적을 위해 구별되었다는 의미를 가지지 않는다.[2731] 이는 17-24절의 감람나무 비유는 구속사적 기능을 위해서 부름받은 사람을 나타내는 것이 아니라 구속받은 택자의 공동체를 가리키고 있다는 사실과도 관계되어 있다. 만일 그렇지 않다면 바울이 여기서 감람나무에서 잘려나가고 혹은 접붙임받고 하는 일들에 대해 엄중히 말씀하는 경고의 의미가 사라진다. 따라서 필자는 여기서 떡덩이와 가지는 로마서 9:8-9절이 말씀하는 아브라함의 씨 곧 모든 약속의 자녀를 가리킨다고 본다.[2732] 이들은 유대인과 이방인을 포함한 모든 영적 자녀 곧 "온 이스라엘"이다. 이들은 다 함께 그 뿌리에서 올라오는 진액을 함께 받는 자들이다(17-18절). 잘려나간 유대인 가지는 뿌리의 진액을 받을 수 없다. 그래서 거룩하지 않다. 즉 뿌리가 거룩하기 때문에 모든 혈통적 이스라엘이 거룩하다든지 앞으로 이들이 미래에 회심하고 거룩해 질 것이라고[2733] 해석하는 것은 본문에 없는 의미를 본문에 삽입하는 해석이다. 바울은 여기서 감람나무에 붙어 있는 가지(이방인 신자를 포함한 가지)와 그 뿌리와의 관계를 설명하고 있는 것이지 이미 잘려나간 믿지 않는 유대인의 회복을 말씀하고 있는 것이 아니다. 다시 말해 이 말씀을 듣고 있는 이방인 신자들(가지)은 뿌리(족장들)와 상관없이 스스로 거룩함을 입은 것으로 생각하지 말아야 한다는 것이 주된 메세지이다(17-18절). 그리고 그들도 감람나무의 가지이기 때문에 배교해서 잘려나가는 일이 없도록 믿음에 항상 거해야 한다는 것이다

2731 contra Moo; Bourke, *Olive Tree*, 67-72; G. D. Fee, *The First Epistle to the Corinthians* (NICNT; Grand Rapids: Eerdmans, 1987) 300-301; Dunn; Osborne; J. L. Burns, "The Future of Ethnic Israel in Romans 11," in *Dispensationalism, Israel and the Church: The Search for Definition* (ed. C. A. Blaising and D. L. Bock; Grand Rapids: Zondervan, 1992) 203-7.

2732 Cf. Dunn; Lenski.

2733 Schreiner; Osborne; Cranfield; Moo; Barrett; Murray; Stuhlmacher.

(20-22절).

로마서 11:17-22절에서 바울은 감람나무 비유를 사용해서 이방인 그리스도인들을 경고하고 있다. 17-18절에서 바울은 그들이 스스로 교만해지지 말아야 되는 이유는 그들이 돌감람나무로써 참감람나무 가지중에 접붙임이 되어 참감람나무 뿌리의 진액을 함께 받는 자가 되었기 때문이라고 말씀한다. 그리고 그들이 뿌리를 보전하는 것이 아니라 뿌리가 그들을 보전하기 때문이다. 17절의 접속사 데는 그 앞의 에이와 함께 "그러나" 가 아니라 "이제"를 의미한다: "또한 가지 얼마가 꺾여졌는데 돌감람나무인 네가 그들 중에 접붙임이 되어 참감람나무 뿌리의 진액을 함께 받는 자 되었은즉".[2734] 여기서 접속사 에이(if)는 가정적 조건절이 아니라 사실적 조건절factual condition을 이끌고 있다.[2735] 이 조건절의 종절은 18절 전반부의 명령문 "그 가지들을 향하여 자긍하지 말라"이다. 조건절의 내용은 두 가지로 분석할 수 있다. 첫째, 가지중 얼마가 잘려졌다. 여기서 가지는 예수님을 믿지 않는 유대인을 가리킨다. 얼마티네스는 완서어법meiosis이다. 실제로는 유대인 중 많은 수가 불신앙으로 잘려나갔다. 그러나 바울은 이를 축소해서 서술한다. 이는 14절의 "얼마를"티나스과 연결되는 수사법이다. 동사 에크클라오우절단하다는 수동태로 표현되고 있다. 이는 그 주어는 하나님이시라는 점을 나타내고 있다.divine passive 그리고 바울이 여기서 사용하는 과거형아오리스트은 포괄적 단순과거constative aorist로써 이 믿지 않는 유대인들이 잘려나간 것은 하나의 절대적 사건으로써 변경될 수 없는 것임을 나타낸다. 다시 말해 그들은 다시 감람나무에 접붙임을 받게 될 가능성이 없다. 그리고 이는 그 뒤에 오는 동사 에그켄트리조우접붙이다의 아오리스트시제와 연결되는데 이는 돌감람나무가 참감람나무에 접붙여진 사건도 절대적 사건으로써 변경될 수 없는 일임을 나타낸다. 이는 22-24절의 해석에 중요한 단서가 된다. 앞으로 이를 자세히 설명하겠지만 23절에서 바울은 잘려나간 가지가 회개하고 다시 접붙임을 받게 될 것을 기대하고 말씀하고 있지 않다. 바울은 접붙임을 받은 돌감람나무 가

2734 Morris, *Romans*, 413.
2735 Moo, *Romans*, 701; Zerwick.

지인 이방인 신자들이 오만해져서 배교하지 말것을 강조하기 위해서 논리적 조건법을 사용하고 있는 것이다.

17절의 조건절의 두번째 내용은 "돌감람나무인 네가 그들 중에 접붙임이 되어 참감람나무 뿌리의 진액을 함께 받는 자 되었"다는 것이다. 여기서 돌감람나무아그리에라이오스는 예수를 믿는 이방인 그리스도인들이다. 돌감람나무는 원래 묘목으로써 가치가 없고 그 기름도 저급이다.[2736] 이를 이방인 그리스도인들에게 적용하는 것은 바울이 유대인 우월주의를 믿고 있었기 때문이 아니라 이방인들이 그리스도밖에 있을 때 믿음의 족장들의 언약의 전통 밖에 있었고 이로 말미암아 영적 축복을 누리지 못하고 있었던 사람들이라는 것을 나타낸다(엡2:12-13).[2737] 그리고 돌감람나무 가지인 그들이 참감람나무 가지에 접붙임받은 것은 전적으로 하나님의 은혜에 기초한 믿음으로써 된 것이기 때문에 그들이 자긍하면 않된다는 강조의 의미도 내포되어 있다. 어떤 학자들은 여기서 아우토이스그들를 잘려나간 유대인들로 생각하고 그 앞의 전치사 엔in을 …에 대체하여in place of로 번역한다.[2738] 그러나 대명사 "그들"은 감람나무에 붙어있는 가지들을 의미하고 전치사 엔은 …중에among로 보는 것이 더 옳은 해석이다.[2739] 이제 참감람나무 가지들 사이에 접붙임된 이방인 신자들은 그 뿌리의 진액을 함께 받게 되었다. 명사 수그코이노우노스는 전치사 순함께과 함께 된 복합명사로써 이방인 신자들이 유대인 신자들과 함께 뿌리의 진액을 받는 자가 되었다는 것을 의미한다(고전9:23; 빌1:7; 계1:9). 여기서 소유격 피오테이토스진액는 신약에 오직 이곳에만 발견된다. 이를 형용사적adjectival으로 보면 그 앞의 명사 뿌리를 수식해서 "기름진 뿌리"가[2740] 되고 동격appositional으로 보면 "뿌리 즉 진액"으로[2741] 번역할 수 있다. 이 번역의 모호함을 해결하기 위해 어떤 사본들은 뿌리와 진액 사이에

2736 Sanday and Headlam, *Romans*, 328.

2737 *contra* Hultgren; W. D. Davies, "Paul and the Gentiles: A Suggestion concerning Romans 11:13-24." In *Jewish and Pauline Studies* (Philadelphia: Fortress, 1984) 158-63.

2738 Wilckens; Ziesler; Stuart; Davies.

2739 Moo; Käsemann; Michel; Murray; Cranfield; Donaldson; Fitzmyer; Dunn; S-H.

2740 NIV; Murray; Lietzmann; Barrett.

2741 Michel; Cranfield.

접속사 "그리고"를 집어넣기도 하고[2742] 또는 명사 뿌리를 생략하기도 한다.[2743] 그러나 이는 사서들이 원문의 "진액의 뿌리"를 더 이해하기 쉽게 고친것으로 볼 수 있다.[2744] 바울은 여기서 색다른 소유격의 고리로 표현함으로써 접붙여진 이방인 가지와 그 뿌리의 관계를 강조하고 있다고 할 수 있다.

17절에서 바울의 감람나무 비유는 원예학적 관점에서 논쟁을 가져왔다. 즉 바울이 돌감람나무 가지가 참감람나무 가지에 접붙여진다고 말씀하는 것은 일세기의 원예학에서 쓰던 방식과 반대된다는 것이다. 이에 대해 도드는 바울이 도시인으로써 원예에 대한 지식이 없이 썼기 때문이라고 말한다.[2745] 램세이는 일세기에 돌감람나무 가지를 늙은 참감람나무에 접붙여서 이를 소생시키기도 했기 때문에 바울의 비유는 원예학적으로 틀리지 않다고 말한다.[2746] 그러나 로마서 11:17-24절에서는 참감람나무에 접붙여진 돌감람나무가 참감람나무를 소생시키는 역할을 하는 것이 아니라 오히려 참감람나무의 진액을 받아서 누린다. 어떤 학자는 바울이 24절에서 돌감람나무가 "본성을 거스려"파라 푸신 참감람나무에 접붙임되었다고 말씀하는 것은 일세기 원예학을 알고 있었다는 증거라고 말한다.[2747] 그리고 본문에서 그가 이에 반대되는 접붙임의 개념을 사용하는 것은 돌감람나무 가지가 하나님의 은혜로 참감람나무에 접붙임되었다는 것을 나타내기 위해서였다는 것이다. 무는 이 세가지 해석 모두 신빙성 있는 해석은 아니라고 말한다.[2748] 바울은 그 신학적 사고에 따라 그 비유에 맞는 용어를 고르기 때문이라는 것이다.

그러나 바울의 감람나무 비유가 우리가 어떤 신학적 추론도 하는 것을 용

2742 ℵ^{c} A D$^{b.c}$ P^{33}

2743 P^{46} D* G

2744 ℵ* B C ψ; Metzger; Morris, *Romans*, 413.

2745 Dodd; Lietzmann.

2746 W. M. Ramsay, "The Olive-Tree and the Wild Olive," in *Paul and Other Studies in Early Christian History* (London: Hodder and Stoughton, 1908) 219-50; A. G. Baxter and J. A. Ziesler, "Paul and Arboriculture: Romans 11.17-24," *JSNT* 24 (1985) 25-32; Columella, *De re rustica* 5.9.16; Palladius, *De insitione*, 53-54; Dunn, *Romans*, 661.

2747 K. H. Rengstorf, "Das Ölbaum-Gleichnis in R?m 11:16 ff." In *Donum Gentilicium* (FS D. Daube, ed. C. K. Barrett et al. Oxford: Clarendon, 1978) 145-46; S-H; Viard.

2748 Moo, *Romans*, 703.

납하지 않는다고 보는 것도 극단적 견해다.[2749] 여기서 감람나무 비유는 예레미야 11:16; 호세가 14:5-6절을 배경으로 하고 있다. 그리고 유대문학은 이스라엘을 하나님께서 심은 것 혹은 감람나무로 비유하고 있다.[2750] 바울은 원래 이스라엘을 가리키던 감람나무를 로마서 11장에서는 예수를 믿는 유대인 그리스도인과 이방인 그리스도인 즉 하나님의 백성에게 적용하고 있다.[2751] 이는 중요한 신학적 의미를 가진다. 데이비스는 바울이 이방인 그리스도인들을 돌감람나무에 비유한 것은 이방인 세계에 대한 그의 비판적인 입장을 반영하고 있다고 주장한다.[2752] 무는 이는 이방인들의 교만을 누르기 위한 것이라고 본다. 필자가 보는 바울의 감람나무 비유가 가지는 의의는 다음과 같다. 첫째, 참감람나무는 아브라함의 씨를 대표하고 있다는 것이다. 이는 유대인 그리스도인과 이방인 그리스도인을 함께 포함하는 측면에서 로마서 11:26절의 "온 이스라엘"의 의미를 이미 규정하고 있다. 다시 말해 "온 이스라엘"은 혈통적 개념의 이스라엘이 아니라 참감람나무로 대표되는 영적 이스라엘을 가리키는 용어라는 것이다. 둘째, 이방인 신자들은 믿음을 통해서 구약의 전통으로부터 자유로와진 것이 아니라 오히려 족장들의 언약의 전통속에 흡수되게 되었다는 것이다. 그리스도인들은 로마서 3:31절 말씀대로 모세의 율법을 폐기한 것이 아니라 오히려 굳게 세운다. 이는 가지가 그 뿌리의 진액을 받아들이는 비유로 보여지고 있다. 로마서 4장에서 바울은 아브라함이 어떻게 믿음으로 의롭다하심을 받았는지 설명하고 있다. 따라서 뿌리의 진액은 그리스도를 믿는 믿음으로 대표된다. 그리고 성령을 통해 우리 마음에 부어진 하나님의 사랑으로 집약된다. 셋째, 로마서 11:20-22절 말씀대로 그리스도인들은 그 믿음을 떠나 배교하면 참감람나무에서 잘려나갈 수 있다는 것이다. 이는 성도들의 견인을 격려하는 말씀이다. 넷째, 참감람나무에서 잘려지지 않은 유대인 그리스도인들이 있다는 것이다. 이들은

2749 contra Moo; Murray; Cranfield; Barrett; Godet.

2750 *1 Enoch* 10:16; 93:2, 5, 8, 10; *2 Macc* 1:29; *Jub*. 1:16; 16:26; 21:4; 1QS 8:5; 11:8; 1QH 6:15-16; 8:5-7, 9-10; Philo, *Sobr*. 13§65.

2751 Schreiner; Munck; Fitzmyer; Nygren; Moo; Barrett; Sanday and Headlam.

2752 Davies, "Paul and the Gentiles", 153-63, 356-60.

마음이 강퍅해지지 않은 유대인들로써 하나님께서 남겨 놓으신 택자들이다(롬11:5, 7). 이들의 회심은 주님께서 재림하실 때까지 계속될 것이며 이방인 택자들이 모두 회심하고 구원받게 되면 하나님의 구원의 계획은 완성되게 되는 것이다. 바울은 로마서 11:26절에서 이를 "온 이스라엘"의 구원으로 표현하고 있다.

로마서 11:18절의 전반부는 17절의 조건절의 종절에 해당한다: "그 가지들을 향하여 자긍하지 말라 자긍할지라도 네가 뿌리를 보전하는 것이 아니요 뿌리가 너를 보전하는 것이니라". 참감람나무에 접붙임받은 이방인 신자들은 "그 가지들을 향하여 자긍하지 말"아야 한다. 머레이는 이방인 신자들이 "가지들이 꺾이운 것은 나로 접붙임을 받게 하려 함이라"고 자랑하기 때문에(19절) 여기서 가지는 잘려나간 유대인들을 가리킨다고 본다.[2753] 그러나 로마서 14:1-15:13절에서 바울은 이방인 그리스도인들이 유대인의 전통을 가볍게 여기고 그리스도인의 자유를 남용하지 말것을 가르치고 있다. 만일 그렇다면 이들이 유대인 신자들에 대해서 우월감을 가지고 있었다고 추측할 수 있다. 이렇게 보면 18절의 "가지"는 불신앙 때문에 잘려나간 유대인들과 참감람나무에 붙어 있는 믿는 유대인 모두를 가리킨다고 할 수 있다.[2754] 이 당시 로마교회의 이방인 신자들이 반셈족주의antisemitism를 띠고 있었는지는 분명하지 않다. 던은 로마교회내의 이방인들은 원래 유대주의에 호감을 가진 사람들일 경우가 많기 때문에 바울이 반셈족주의와 싸우기 위해 로마서를 썼다는 주장은 근거가 약하다고 설명한다.[2755] 여기서 "자긍하다"카타카우카오마이는 단순히 자랑하다는 의미가 아니라 전치사 카타against가 접두어로 붙어 있기 때문에 …에 대해서against 자랑하다는 것을 의미한다. 일 세기에 검투사가 싸움에서 승리하고 그 패배한 상대에 대해서 우쭐해 할 때도 이 단어가 쓰였다.[2756] 이는 이방인 그리스도인들이 유대인들에 대해 우월감을

2753 Murray, *Romans*, II, 86; Barrett; Michel; Bultmann, *TDNT*, 3:654.

2754 Osborne; Moo; Morris; Dunn; Cranfield; Godet; S-H.

2755 Dunn, *Romans*, 662; *contra* Minear, *Obedience*, 79; W. Lütgert, *Der Römerbrief als historisches Problem* (BFCT 17/2, 1913) 79-90.

2756 BAGD; Morris, *Romans*, 414.

가지고 있었다는 것을 암시한다. 그들은 유대인들이 하나님의 은혜를 받지 못하고 믿음에 이르지 못했다고 판단했을 수도 있다. 그리고 이제 그리스도께서 구속을 이루신 새 시대는 이방인들이 은총을 입는 시대라고 우쭐했을 수도 있다. 바울은 이방인 신자들의 이 교만한 태도에 대해 "높은 마음을 품지 말고 도리어 두려워 하라"고 경고한다. 그들도 하나님의 인자에 거하지 않으면 찍혀버린 유대인들처럼 자신들도 잘려나갈 수 있기 때문이다. 만일 이 추측이 옳다면 로마교회 내 어떤 이방인 신자들은 로마서 2:17-29절에서 바울이 유대인을 책망하는 그 위선의 죄를 짓고 있었다고 볼 수 있다. 하나님께서 택하시고 구원받게 하신 것은 전적으로 은혜의 선물이다. 이 때문에 교만해진다면 하나님의 은혜의 선물을 욕되게 하는 것이다.

18절 중반의 조건절에는 종절이 생략되어 있다. 따라서 우리는 "생각해보라"consider를 삽입해서 번역할 수 있다(NIV). 던은 동사 "보전하다"바스타조우는 물리적으로 받쳐주다는 뜻도 있지만 여기서는 열매를 맺도록 한다는 뉴앙스도 있다고 주석한다.[2757] 바울은 여기서 이방인 신자들이 하나님의 백성의 회에서 자신들이 주체라고 착각하는 것을 고쳐주고 있다고 할 수 있다. 하나님의 백성의 회에서 주체는 족장들이다. 이방인 신자들은 돌감람나무에 불과했지만 하나님의 은혜로 참감람나무에 접붙임되어 그 뿌리의 진액에 유대인들과 함께 참여하게 되었을 뿐이라는 것이다. 또한 이방인 신자들은 언약의 축복의 전통에 기여한 것이 아무 것도 없다. 그들은 하나님께서 족장들과 맺으신 언약의 축복에 참예하게 되었을 뿐이다.

로마서 11:19절에서 바울은 로마서 9:19절에서처럼 논박법diatribe을 사용하고 있다. 13-18절에서 바울은 하나님께서 유대인들중 얼마를 버리셨지만 다 버리신 것은 아니며 그들을 버리신 것은 이방인들에게 구원의 은혜가 비추어지게 하고 나아가 택함받은 유대인으로 하여금 시기나서 예수를 믿도록 하시기 위한 것이라고 설명하고 있다. 그리고 이방인 신자들은 참감람나무의 뿌리의 진액에 함께 참여하게 되었기 때문에 마치 유대인들보다 더 의로

2757 Dunn, *Romans*, 663.

운 양 자긍하지 말라고 말씀한다. 19절에서 바울은 이에 대해 이방인들이 말할 수 있는 반박을 대화하듯이 도입하며 20절에 대답할 준비를 하고 있다. "그러면 네 말이 가지들이 꺾이운 것은 나로 접붙임을 받게 하려 함이라 하리니". 여기서 바울은 그들의 말을 인용하고 있다고 보여진다. 이 구절은 17절의 내용과 비슷하다. 17절에서 바울은 가지 얼마가 꺾여졌고 이방인 신자들이 그들 중에 접붙임되었다고 설명한다. 그러나 19절에서는 이 표현에 변화가 있다. 즉 가지들이 꺾이운 것은 나로 접붙임을 받게 하려 함이라는 것이다. 이 표현은 가지들이 꺾이운 것은 그 이유가 하나님의 주권적 뜻이나 유대인들의 불신앙 때문보다도 나로 접붙임받게 하려고 그렇게 되었다는 의미를 함축한다. 이는 유대인 가지가 잘려나간 주된 목적은 이방인 가지를 접붙임받게 하기 위해서라는 의미다. 다시말해 이는 하나님께서는 유대인들보다 이방인인 우리를 더 사랑하신다는 뜻도 된다.[2758] 이는 이방인 신자가 유대인들에 대해 우월감을 가지고 있기 때문에 할 수 있는 말이다.[2759] 던은 이방인들의 이 정서는 이후 시대에 반셈족주의의 논리를 펴는데 사용되었다고 말한다.[2760] 이는 바람직한 신앙인의 태도가 아니다. 유대인들도 이러한 우월감과 선민의식을 가지고 안주하며 있을 때 믿음에서 떠나 배교하게 되었다. 20-22절에서 바울은 이 점에 있어서 이방인 신자를 향해 엄한 경고를 내리고 있다.

로마서 11:20절에서 "옳도다"칼로우스는 비꼬는 말이라기 보다는 절반의 동의라고 할 수 있다: "옳도다 저희는 믿지 아니하므로 꺾이우고 너는 믿으므로 섰느니라 높은 마음을 품지 말고 도리어 두려워하라".[2761] 여기서 바울은 이방인 신자들이 접붙임받도록 하기 위해서 유대인 가지가 잘려 나갔다고 서술하지 않고 유대인들이 참감람나무에서 잘려나간 것은 그들의 믿음없음 때문이라고 설명한다. 그리고 이방인들이 참감람나무에 접붙임받게 된 것은 하나님께서 그들을 유대인들보다 더 사랑하시기 때문이 아니라 그들이 가진

2758 Barrett, *Romans*, 202.
2759 Cranfield; Moo.
2760 Dunn, *Romans*, 663.
2761 Cranfield; Moo; Dunn; Käsemann; Schreiner; Wilckens.

믿음 때문이다. 여기서 여격 테이 아피스티아믿지 않으므로는 원인의 여격으로[2762] 볼 수 있다. 그러나 또 다른 여격 테이 피스테이믿으므로는 원인 혹은 도구적 여격으로 볼 수 있다.[2763] 과거완료 동사 헤스테이카스stand는 11절의 핍토우fall와 반대 개념이다. 이는 이방인 신자들이 믿음으로 구원받은 것을 가리킨다.[2764] 이들이 믿음으로 구원받았다면 자랑할 이유가 전혀 없다. 그리고 이들도 만일 믿음에 거하지 않으면 잘려나갈지도 모른다. 따라서 이들은 높은 마음을 품지 말고 도리어 두려워해야 된다. 후브세일라 프로네이는 높은 생각을 하다는 긍정적인 뜻도 있지만 여기서는 자기자신을 높이 생각하다는 부정적 의미를 가진다(롬12:16; 딤전6:17). 명령형 "두려워하라"포부는 하나님을 경외함으로 영광을 돌리는 태도를 말한다(빌2:12). 그러나 오스본의 말대로 경고의 말씀에 예배의 뜻을 주입하는 것은 본문의 의미를 벗어나는 것이다.[2765] 본문에서 바울이 경고하는 것은 이방인 신자들도 믿음을 떠나 유대인들처럼 잘려나가지 않도록 해야 한다는 것이다. 바울은 여기서 이방인 신자들이 배교할 수 있을 것으로 예상하는 것이 아니라 배교하지 않도록 경고하고 있다.[2766]

로마서 11:21절의 접속사 갈왜냐하면은 이방인 신자들이 왜 두려워해야 하는지의 이유를 도입하고 있다: "하나님께서 원 가지들도 아끼지 아니하셨은즉 너도 아끼지 아니하"실 것이기 때문이다. 여기서 바울은 신자들이 배교할 수 있다고 보고 있는가. 던은 그렇다고 생각한다.[2767] 그러나 필자는 그렇지 않다고 본다. 참감람나무에서 잘려나간 가지는 믿지 않아서 그렇게 된 것이다. 이들이 믿지 않은 것은 그 이면에 하나님의 주권적 버림이 있었기 때문이다(8-10절). 다시 말해 잘려나간 유대인들은 택자들이 아니라 그 마음이 완악해진 자들이다(7절). 4절에서 하나님께서 자신의 영광을 위해서 바알에게 무릎을 꿇지 않은 칠천명을 남겨놓으셨다는 것은 참감람나무에 붙어 있

2762 Turner; Moo; Käsemann.
2763 R. Bultmann, *TDNT*, 6:218; Dunn.
2764 롬5:2; 고전7:37; 10:12; 15:1; 고후1:24; Moo, *Romans*, 705.
2765 Osborne, *Romans*, 299.
2766 Schreiner. *Romans*, 607.
2767 Dunn, *Romans*, 664.

는 가지에 해당한다. 그리고 접붙임받았다는 동사 에그켄트리조우가 계속 포괄적 단순과거로 쓰이고 있는 것은 접붙임받은 이 이방인 가지들이 참감람나무에서 잘려나갈 수 없다는 의미를 함축한다.

로마서 11:22절은 접속사 운그러므로을 사용하여 20-21절에서 말씀한 이방인 신자에 대한 명령과 경고를 다시 반복하고 있다: "그러므로 하나님의 인자와 엄위를 보라 넘어지는 자들에게는 엄위가 있으니 너희가 만일 하나님의 인자에 거하면 그 인자가 너희에게 있으리라 그렇지 않으면 너도 찍히는 바 되리라". 여기서 바울은 하나님의 엄하심에 대해 먼저 설명한다. 즉 넘어지는 자들에게는 가혹함이 있다. 넘어지다핍토우는 11절에 사용된 동사로써 배교를 의미한다(롬14:4; 고전10:12; 히4:11). 명사 아포토미아는 하팍스로써 법률적 엄격함 혹은 심지어 긍휼이 없는 혹심함을 의미한다.[2768] 그리고 찍히다에크콥토우는 나무둥치를 잘라낸다는 의미를 가진다(마3:10; 7:19; 눅13:7, 9). 이는 본문에서 그 신학적인 의미에 있어서 에크클라오우(17, 19, 20)의 동의어이다. 나무둥치를 자르면 그것이 죽듯이 이는 돌이킬 수 없는 하나님의 단호한 심판을 가리킨다. 고린도전서 10장에서 바울은 광야에서 하나님을 대적하던 백성들이 가나안에 들어가지 못하고 다 죽은 사건을 상기시키면서 고린도교회 성도들에게 믿음으로써 인내할 것을 가르치고 있다. 히브리서 기자는 믿음으로 견인하지 못할 때 약속된 하늘나라의 안식에 들어가지 못하게 됨을 상기시키며 경고하고 있다. 따라서 배교의 죄는 사함받지 못하는 죄이다. 배교의 죄를 지은 후 다시 감람나무에 접붙임받을 수 있다고 주석하는 것은 성경말씀이 가르치는 사함받지 못하는 죄의 결과의 혹심함을 이해하지 못하고 주석한 것이다.[2769] 만일 배교한 자들이 회개함으로써 회복될 수 있다면 바울은 배교의 죄에 대해서 본문에서 이렇게 반복적으로 엄히 경고할 필요가 없었을 것이다(히6:4-6; 10:26-29). 이와 반대로 이방인 신자들이 만일 하나님의 인자크레이스토테이타에 거하면 하나님의 인자가 그들에게 거할 것이다. 인자는 친절과 선하심을 의미하며 이들이 참감람나무의

2768 Wisdom of Solomon 5:20, 22; 6:5; 12:9; 18:15; H. Köster, "ἀποτομία, κτλ," *TDNT*, 8:106-9.
2769 *contra* Gundry Volf; Osborne; Stott.

진액을 계속 섭취하게 해 주신다는 것을 말한다. 이는 궁극적으로 족장들이 들어갔던 하늘의 안식에 들어가는 것을 포함한다(히11장). 동사 에피메노우 거하다는 메노우abide와 같은 의미를 가지지만 이를 더 강조하는 뉘앙스를 가진다.[2770] 이는 신자가 믿음을 잃지 않고 견인하는 것을 의미한다(골1:23). 예수께서는 요한복음 15:1-10절에서 이 동사를 아홉 번 사용하시면서 가지가 포도나무에 거해야 열매를 맺는다는 것을 강조하고 계신다. 히브리서 6:4절이하는 배교한 자들이 열매맺지 못하고 가시와 엉겅퀴를 내고 버림을 당하고 그 마지막으로 불사름이 된다고 말씀한다. 이와 같이 신자들이 믿음에 거하는 것은 이미 받은 구원이 종말에 성취되는데 있어서 필수적이다. 여기서 바울이 조건절에서 접속사 에안과 가정법 동사를 사용하는 것은 하나님의 친절에 거하는 것이 미래의 구원에 필수적임을 나타내는 것이다. 바울은 이방인 신자들이 끝까지 믿음에 거했는지 확인할 수 없기 때문에 사실적 조건에 사용하는 에이if 플러스 직설법의 표현을 사용하지 않고 있다.

여기서 바울은 진정으로 마음에 할례받아 중생한 신자가 믿음을 버리고 배교할 수 있다고 가정하고 있는 것은 아니다. 무는 만일 이방인 신자중 배교하게 된다면 그는 참감람나무에 속한 것처럼 보였을 뿐이지 처음부터 참감람나무에 속한 사람은 아니었다고 생각한다. 마찬가지로 바울은 그 가르침의 논리에 입각해서 잘려나간 유대인들이 참감람나무의 가지였다고 표현한 것 뿐이지 사실 이들은 처음부터 참감람나무에 속한 사람들이 아니라는 것이다.[2771] 그러나 이에 반박하며 오스본은 본문에서 바울이 교회에 다니지만 믿지 않는 신자들에게 경고하고 있다는 증거가 없다고 말한다.[2772] 그러나 바울은 본문에서 위선자들에게가 아니라 진정한 신자들에게 경고하고 있다. 위선자들에게 경고하는 것은 무의미하다. 그러나 진정한 신자에게 경고는 배교를 방지하는 신학적 장치이다. 따라서 필자는 무의 해석이 타당하다고 본다. 왜냐하면 잘려나간 유대인과 이방인 신자들은 배교자들이다. 이들

2770 Morris, *Romans*, 416.
2771 Moo, *Romans*, 707; Schreiner.
2772 Osborne, *Romans*, 301.

은 하나님께서 그 마음을 강퍅하게 하신 진노의 그릇인 것이다. 메레이가 말하듯이 뒤돌아보면 우리는 하나님의 구속의 감싸안으심과 견인은 서로 연결되어 있는 것을 알 수 있다(딤후2:11-21; 요일2:19).[2773] 그렇다고 경고가 불필요하지는 않다. 그것은 구속적 예정을 성취하는데 필요한 신학적 장치이며 인간이 자유의지에 입각해서 힘쓰는 견인과 맞물려 있다.

바울은 21-22절에서 이방인 신자들에게 배교에 대한 경고를 하는데 반해 로마서 11:23-24절에서는 잘려나간 유대인들이 회개함으로써 다시 참감람나무에 접붙여질 수도 있다는 것을 가정함으로써 믿음을 가지는 것이 구원의 절대조건임을 다시 한번 일깨워준다. 23절의 카케이노이그리고 그들도는 주제가 바뀌고 있음을 강조하고 있다: "저희도 믿지 아니하는데 거하지 아니하면 접붙임을 얻으리니 이는 저희를 접붙이실 능력이 하나님께 있음이라". 여기서 바울은 참감람나무에 속한 "너"접붙임받은 이방인 신자와 "저희"잘려나간 유대인들를 명확히 대조한다. 만일 저희가 믿지 않는데 거하지 않으면 접붙임을 얻나니 이는 저희를 접붙이실 능력이 하나님께 있기 때문이다. 바울은 22절에서 사용한 동사 에피메노우를 23절에 다시 사용함으로써 거하는 것의 중요성을 다시 일깨워준다. 그러나 이 절에서는 불신앙에 계속 거하지 않는다는 것이 다시 접붙임받는 것의 조건이다. 그 이유는 하나님께서는 저희를 다시 접붙이실 수 있는 능력이 있으시기 때문이다. 크랜필드는 바울이 여기서 이스라엘이 영원히 교회로 대체되었다고 믿던 이방인 신자들의 잘못된 생각을 고쳐주고 있다고 생각한다.[2774] 피츠마이어는 바울은 여기서 불신앙으로 감람나무에서 잘려졌던 유대인들이 예수님을 믿음으로써 감람나무에 다시 접붙여지게 될 것을 기대하고 있다고 주석한다.[2775] 하나님께서 완전히 이스라엘을 버리신 것이 아니라는 것이다. 던은 이방인들이 잘려나간 유대인들이 다시 회복되지 못할 것이라고 생각했다면 유대인들이 이방인들이 하나님의 언약에서 배제되었다고 오해한 것과 같은 잘못을 범하는 것이라고 주석

2773 Murray, *Romans*, II, 88.
2774 Cranfield, *Romans*, 570-571.
2775 Fitzmyer, *Romans*, 616; Schreiner; Osborne; Moo; Stott; Stuhlmacher; Käsemann; Barrett.

한다.[2776] 그러나 머레이는 이 절에서 유대인들이 그 불신앙에서 떠나게 될 것이라는 바울의 확신은 존재하지 않는다고 말한다. 여기서 강조된 것은 이스라엘이 믿음을 가지면 다시 접붙임받을 수 있다는 사실이라는 것이다.[2777] 필자는 머레이의 해석이 옳다고 본다. 여기서 조건절은 에안 플러스 가정법 동사로 되어 있다. 이는 미래의 불확실한 사실을 가정하는 조건법의 표현이다. 다시 말해 바울은 미래에 유대인들이 불신앙을 버리고 하나님께 돌아올 것이라는 것을 확신하고 있지 않다. 단지 그들이 만일 믿음을 가지게 된다면 하나님께서는 그들을 다시 감람나무에 접붙이실 능력이 있다는 사실을 확인하고 있을 뿐이다. 위 학자들은 이 조건법에 표현된 미묘한 뉴앙스를 고려하지 않은 채 24절을 25-26절의 말씀 곧 이스라엘의 회복이라는 관점에서 해석하고 있다. 그러나 곧 보겠지만 이스라엘의 회복은 미래적 사건이 아니라 현재 진행되는 사건이다. 즉 바울 당시 택함받은 유대인들은 예수님을 믿음으로써 참감람나무에 접붙임을 받고 이방인 신자들과 함께 그 뿌리의 진액을 받아 누리고 있었다. 그리고 유대인들의 회심과 이들이 감람나무에 접붙여지는 축복은 지난 이천년 동안 계속되어 오고 있다. 바울은 여기서 배교한 이스라엘 공동체가 다시 감람나무에 접붙임을 받는다고 말씀하고 있지 않다.

로마서 11:24절은 유대인들이 믿음으로 감람나무에 접붙임받게 되는 환경을 설명하고 있다: "네가 원 돌감람나무에서 찍힘을 받고 본성을 거스려 좋은 감람나무에 접붙임을 얻었은즉 원 가지인 이 사람들이야 얼마나 더 자기 감람나무에 접붙이심을 얻으랴." 여기서 조건절은 에이if 플러스 직설법 동사를 사용해서 사실적 조건을 서술한다. 카타 푸신by nature은 명사 "거친 감람나무"아그리엘라이우를 수식하는[2778] 것이 아니고 그 잘려진 가지가 그 원나무와 가지는 관계를 수식한다.[2779] 즉 네가 원래 거친 감람나무에 속해 있다 찍혔다는 의미가 아니라 네가 거친 감람나무에 원래 속해 있다 찍혔다는 의미

2776 Dunn, *Romans*, 665-66.
2777 Murray, *Romans*, II, 89.
2778 NRSV; NIV; NASB; Barrett; Käsemann; Schreiner.
2779 Cranfield; Moo; Osborne.

다. 이 의미는 이 절의 두번째 카타 푸신이 잘려진 유대인 가지가 참감람나무와 가지는 관계를 의미하고 있다는 점에서 분명하다. 즉 잘려진 유대인 가지는 참감람나무에 원래 속해 있었기 때문에 만일 불신앙을 떠나 그들이 예수님을 믿게 된다면 얼마나 더 참감람나무에 다시 접붙임을 받겠는냐는 것이다. 카타 푸신은 파라 푸신본성을 거스려과 반대 개념이다. 포소우 말론얼마나 더은 얼마나 더 확실히certainly 혹은 얼마나 더 쉽게순조롭게, easily 보다는 얼마나 더 적절히fitting를 의미한다고 볼 수 있다.[2780] 바울은 여기서 유대인들이 믿음으로 이방인들 보다 더 쉽게 감람나무에 접붙임이 될 수 있다는 것을 말씀하고 있는 것이 아니다. 유대인들은 혈통적으로 족장들의 후손이며 그 종교 문화적 전통속에 있었기 때문에 더 자연스럽게 감람나무에 접붙임 받을 준비가 되어 있다는 뜻이다.

(다) 모든 택자 구원의 완성(롬11:25-32)

11-24절에서 이방인 신자들이 유대인들에 대해 우월감을 가지고 오만해져서는 않된다는 이유를 설명한 바울은 25-32절에서 11장에서 말씀한 가르침의 결론을 내리고 있다. 그 가장 핵심적인 주제는 "온 이스라엘"이 구원받게 된다는 것이다. 바울은 26b-27절에서 구약을 인용하면서 이를 더 확실히 굳히고 있다. 실로 하나님께서는 이스라엘을 버리신 것이 아니다. 그것은 그 택자들을 구원하시기 때문이다. 이 점에서 하나님께서 조상들과 맺으신 언약을 신실하게 지키시는 분이시다. 그리고 이 언약은 이방인 택자들을 감람나무에 접붙임받게 하심으로써 완성되게 되었다. 20세기에 들어 많은 신학자들이 25-26절을 해석할 때 연대기적으로 해석해 왔다. 즉 유대인중 일부가 마음이 강퍅해져 있고 그동안 이방인의 충만한 수가 하나님의 백성의 성회에 들어오고 그 이후 유대인들의 마음이 녹아져서 전대미문의 회심의 사건이 뒤따라온다는 것이다. 이로써 모든 혈통적 유대인이 구원받게 된다는 것이다. 세대주의자들은 혈통적 유대인들이 그리스도를 믿지 않고도 구

2780 Morris, *Romans*, 417.

원에 이르게 된다고 생각한다.[2781] 그러나 다수의 신학자들은 종말에 수많은 유대인들이 구원받게 되는데 이 때 이들은 예수님을 구주로 믿음으로써 구원받게 될 것이라고 본다.[2782] 현대의 소수의 신학자들은 여기서 "온 이스라엘"은 민족적 개념이 아니고 영적 개념이라고 생각한다.[2783] 즉 택함받은 이방인 신자들이 구원받음으로써 비로소 온 이스라엘이 구원받게 되는 계획이 완성되게 된다는 것이다. 필자는 이 영적 해석을 본문의 바른 해석이라고 생각한다. 왜냐하면 바울이 15-24절에서 설명한 감람나무 비유는 바로 "온 이스라엘"을 비유적으로 형상화하고 있는 것이며 이방인 신자가 참감람나무에 접붙임되었다는 비유는 25절에서 말씀하는 이방인의 충만한 수가 들어온다는 것과 동격의 개념이기 때문이다. "온 이스라엘"의 구원은 종말에 완성될 것이다. 그러나 이는 일 세기에 이미 시작되었다. 따라서 지난 이 천년 동안 택함받은 유대인들과 이방인들은 계속해서 구원받아오고 있고 앞으로 주님이 재림하실 때까지 이 회심의 역사는 계속될 것이다. 바울은 바로 이 점을 25-26절에 요약하고 있고 이로써 로마서 9-11장에서 기술하는 하나님께서 그 언약에 신실하신 하나님이시라는 것과 그 구원의 신비로운 계획이 오묘하다는 사실이 25-32절에 마무리되고 있다.

로마서 11:25절의 접속사 갈왜냐하면은 25-28절이 24절의 내용을 설명하고 있다는 것을 나타낸다: "형제들아 너희가 스스로 지혜 있다 함을 면키 위하여 이 비밀을 너희가 모르기를 내가 원치 아니하노니 이 비밀은 이방인의 충만한 수가 들어오기까지 이스라엘의 더러는 완악하게 된 것이라". 바울은 택함받은 유대인들이 예수님을 믿고 감람나무에 접붙임을 받게 될 것을 확신하고 있다. 그 내용의 분수령은 25-26절이다. 25절에서 "형제들아"는 이방인 신자 뿐 아니라 로마교회의 성도 전체를 부르는 호격으로써[2784] "너희가 모르기를 내가 원치 않는다"의 말씀과 함께 바울은 이들이 이 절에서 자

2781 Stendahl; Getty; P. Lapide and P. Stuhlmacher, *Paul, Rabbi and Apostle* (Minneapolis: Augsburg, 1984) 47-54.

2782 Cranfield; Moo; Schreiner, Osborne; Morris; Fitzmyer; Stott; Murray; Barrett.

2783 Robertson; Wright; Jocz; Kim, "Reading Paul' s καὶ οὕτως."

2784 롬1:13; 7:1, 4; 8:12; 10:1; 11:25; 12:1; 15:14, 30; 16:17.

신이 밝힐 하나님의 비밀에 귀를 기울일 것을 요청한다. "이 비밀"토 무스테이리온 투토은 무엇인가. 애티카Attica의 엘레우시스Eleusis 신비주의나 이집트의 사교 이시스Isis 혹은 이란의 사교 미쓰라Mithra와 같은 일 세기의 신비주의 종교들은 "비밀" 즉 감추어있는 사실들을 중심으로 하고 있던 종교다.[2785] 그러나 여기서 바울이 말씀하는 무스테이리온비밀은 구약의 "비밀"의 개념을 그 배경으로 하고 있고, 감추어진 비밀이 아니라 감추어져 있다가 하나님의 계시를 통해서 드러나게 된 것을 가리킨다.[2786] 크랜필드는 바울이 선지자로써 이 비밀을 계시를 통해 하나님으로부터 직접 받았을[2787] 가능성을 배제하지 않으면서도 그가 복음의 관점에서 구약을 읽으면서 깨달은 것일 가능성이 있다고 생각한다.[2788] 던은 바울이 성경의 묵상과 초자연적 계시의 두 방법을 통해서 이 비밀을 받았을 것이라고 주석한다.[2789] 바울서신에 있어서 "비밀"의 주된 내용은 예수 그리스도와 그의 구속의 사역(롬16:25; 고전2:1; 엡1:9; 6:19; 골2:2; 4:3; 딤전3:16); 혹은 이방인 선교다(엡3:3-6; 골1:26-27). 그러면 25절에서 이 비밀의 내용은 무엇인가. 그것은 세가지로 대표된다. 첫째, 이스라엘의 더러는 완악하게 되었다는 것; 둘째, 이방인의 충만한 수가 들어와야 한다는 것; 셋째, 이로써 온 이스라엘이 구원을 받게 된다는 것. 그러면 이 세가지 중 바울이 받은 "비밀"의 핵심은 무엇인가. 한은 이스라엘의 일부가 완악하게 됨이라고 본다.[2790] 크랜필드는 온 이스라엘이 구

2785 D. E. Aune, "Religions, Greco-Roman." In *Dictionary of Paul and His Letters* (Edited by Gerald F. Hawthorne, Ralph P. Martin and Daniel G. Reid. Downers Grove, III.: InterVarsity Press, 1993) 792-93.

2786 단2:17-30; 14:5; 1 Enoch 51:3; 103:2; 2 Enoch 24:3; 4 Ezra 10:38; 12:36-38; P. T. O' Brien, "Mystery." In *Dictionary of Paul and His Letters* (Edited by Gerald F. Hawthorne, Ralph P. Martin and Daniel G. Reid. Downers Grove, 111.: InterVarsity Press, 1993) 622; *TDNT*, 4:803-8; *Wisd Sol* 14:15, 23; R. E. Brown, *The Semitic Background of the Term "Mystery" in the New Testament* (FBBS 12; Philadelphia: Fortress, 1968); J. Coppens, " 'Mystery' in the Theology of Saint Paul and Its Parallels at Qumran," in *Paul and the Dead Sea Scrolls* (ed. J. Murphy-O' Connor; New York: Crossroad, 1990) 132-58.

2787 Dunn; Schmidt; Michel; U. B. Müller, *Prophetie und Predigt im Neuen Testament. Formgeschichtliche Untersuchungen zur urchristlichen Prophetie* (SNT 10; Gütersloh: Gerd Mohn, 1975) 225-32.

2788 Cranfield, *Romans*, 572-74; Stuhlmacher; Hübner, *Gottes Ich und Israel*, 120-21; Hofius, "All Israel Will Be Saved," 38.

2789 Dunn, *Romans*, 678; Moo.

2790 F. Hahn, "Zum Verständnis von Römer 11.26a: '. . . und so wird ganz Israel gerettet werden.' " in *Paul and Paulinism: Essays in Honour of C. K. Barrett* (Edited by M. D. Hooker and S. G. Wilson. London: SPCK, 1982) 224.

원받게 되는 것이라고 생각한다.[2791] 피츠마이어는 이 양자 모두라고 생각한다.[2792] 그러나 무는 이스라엘의 일부가 완악하게 되었다는 것은 이미 7b–10절이 말씀하고 있는 사실이고 온 이스라엘이 구원받는다는 것도 바울 당시 유대인들에게 널리 알려진 사실이기 때문에 여기서 바울이 받은 "비밀"은 이스라엘 중 일부가 강퍅해져 있는 동안 이방인의 충만한 수가 구원을 받고 그 이후 많은 민족적 이스라엘이 믿고 회개하고 구원을 받게 되는 순서sequence라고 주석한다.[2793]

그러나 필자는 여기서 무스테이리온비밀은 이방인의 충만한 수가 들어오기까지 이스라엘의 일부가 완악해져 있는 것이라고 생각한다. 26a는 접속사 카이 후토우스로 새 문장을 시작하며 25b의 결과를 서술한다.[2794] 따라서 25절이 말씀하는 비밀의 내용은 접속사 호티that가 이끄는 절에 국한하여 표현되고 있다고 볼 수 있다. 바울은 복음이 유대인에게 먼저 전파되고 그 다음에 이방인들에게 전파되며(롬1:16); 선을 행하는 각 사람에게 영광과 존귀와 평강이 있으리니 첫째는 유대인에게요 또한 헬라인에게라고 말씀한다. 하나님의 언약의 축복도 먼저 유대인에게 주어졌고 그 다음에 이방인들에게 나누어지게 되었다. 이 사실은 로마교회의 신자들이 다 알고 있었을 것이다. 그러나 그들이 알지 못했던 비밀은 이방인의 충만한 수가 들어올 때까지 이스라엘의 얼마는 강퍅해져 있게 될 것이라는 것이다. 바울은 11절에서 이 내용을 이미 암시한 바 있다. 그리고 25절에서 이를 명확히 밝히고 있다고 할 수 있다. 곧 유대인들이 넘어진 것은 이방인들이 구원받게 하기위해서다. 그러나 신비로운 것은 이방인의 충만한 수가 구원받을 때까지 택함받지 못한 유대인들은 완악해져 있게 될 것이라는 것이다. 이는 침울한 소식으로 들릴 수 있지만 반대로 그 이면에는 희망적 메세지도 담겨 있다. 즉 이방인의 충만한 수가 들어오는 동안에도 택함받은 유대인들은 예수님을 믿고 계속 구원받게 된다는 사실이다. 택함받은 유대인들은 항상 구원받아 왔다. 지금 달

2791 Cranfield, *Romans*, 575; Bruce, *The Letter of Paul*, 208.
2792 Fitzmyer, *Romans*, 621.
2793 Moo, *Romans*, 716.
2794 KJV; NRSV; NIV; TEV; S-H; Meyer; Denney; Kuss.

라진 사실은 완악해지고 넘어지는 유대인들로 인해서 많은 수의 이방인들이 믿고 구원받게 되었다는 것이다. 따라서 바울이 25b에서 말씀하는 것은 유대인 택자와 이방인 택자의 구원의 병렬적 동시성concurrence이다. 이 비밀은 하나님께서 바울을 통해서 구속사에 있어서 비로소 계시하신 사실이다.

바울은 여기서 저희가 스스로 지혜있다함을 면키 위하여 이 비밀을 밝히고 있다. 지혜있다는 것은 좋은 일이다(잠17:27-28; 18:14-15). 그러나 여기서는 부정적 뉘앙스를 가지고 있다(잠3:7; 롬12:16; 고전4:10; 고후11:19). 쉬라이너는 바울이 이방인 신자들이 스스로 지혜있는 것처럼 오만에 빠지지 않게 하기 위해서 이 비밀의 말씀을 주고 있다고 생각한다(11-24절).[2795] 그러나 유대인 신자들도 함께 이 비밀의 말씀을 들었을 것이고 강퍅하게 된 자기 동족들이 계속 그 완악한 상태에 있게 될 것이라는 말씀은 유대인 신자들도 자고하지 못하게 하는 역할을 했을 것이다. 그리고 우리는 이 절에서 호격 "형제들아"가 이방인 신자만을 가리키는 단어라는 문법적 근거를 발견하기 힘들다. 따라서 바울은 여기서 이방인에게 주는 경고(11:20절)와 유대인들에게 주는 경고(롬2:17-24) 모두를 상기시키고 있다고 할 수 있다.[2796]

포우로우시스완악함는 로마서 11:7절의 포우로오우완악하게 하다의 명사형이다(막3:5; 엡4:18). 완악함이 이스라엘의 일부에게 왔다는 것은 이스라엘의 일부가 완악해졌다는 말과 같다. 그 주어는 7절에서 본 것처럼 하나님이시다. 바울이 여기서 기노마이become의 과거완료형 게고넨을 사용하는 것은 강퍅해진 이스라엘의 일부는 계속 그 강퍅한 상태에 있게 된다는 뜻이다.[2797] 다시 말해 그 마음이 강퍅해져 있던 유대인들의 마음이 녹아지게 되는 일은 없다는 것이다. 여기서 전치사구 아포 메루스in part는 동사 게고넨을 수식하는가 아니면 명사 이스라엘을 수식하는가. 전자의 해석은 부분적 완악함이 이스라엘에게 왔다는 의미이고[2798] 후자의 해석은 이스라엘의 일부가 완악하

2795 Schreiner, *Romans*, 613-14; Moo; Osborne; Morris.
2796 Wilckens; Dunn, *Romans*, 679.
2797 Morris, *Romans*, 420.
2798 NEB; Dunn; Hultgren; Hodge.
2799 RSV; NJB; Barrett; Käsemann; Moo; Wilckens; Hofius; Murray.

게 되었다는 것을 의미한다.[2799] 그러나 무가 언급하듯이 이 두 해석의 의미에 큰 차이는 없다.[2800] 크랜필드는 아포 메루스를 동사 게고넨을 수식하는 부사구로 보지만 이는 이스라엘의 일부가 완악해져 있는 사실을 가리킨다고 생각한다.[2801] 필자는 이 해석이 로마서 11:7절의 내용과 일치하는 해석이라고 생각한다. 바울은 여기서 이스라엘의 일부가 완악해져 있지만 택함받은 유대인들은 믿음으로써 영적 감람나무에 계속 접붙임을 받고 있다는 것을 암시하고 있다. 이들이 감람나무에 접붙임을 받을 때 자기 조상의 전통의 뿌리의 진액을 받는 축복에 있어서 얼마나 잘 그것을 누리겠는가. 이는 이방인들이 상상할 수 없는 복된 것이다. 바울은 24-25절에서 바로 이 점을 강조하고 있는 것이다.

"이방인의 충만한 수가 들어오기까지"에서 아크리스 후until는 그 뒤에 과거 가정법 동사 아이셀쎄이come in가 오기 때문에 동안while이 아니라 "까지" until를 의미한다.[2802] 많은 주석가들은 이방인의 충만한 수가 들어오기까지 일부 이스라엘이 완악해져 있다는 것은 이방인의 충만한 수가 들어온 즉시 이들 일부 이스라엘의 마음이 녹아져서 회개하게 된다고 주석한다. 그러나 필자는 이 해석에 동의하지 않는다. 그 이유는 첫째, 앞에서 본대로 과거 완료동사 게고넨은 이미 결정되어서 계속되는 사실을 가리킨다. 이는 강퍅해진 유대인들의 마음이 계속 강퍅해 있게 된다는 것을 의미한다. 둘째, 25절에서 아크리스 후는 상황의 반전이 있게 된다는 의미를 함축하지 않는다. 무는 전치사 아크리가 신약에서 48회 사용되고 있고 이 중 37번 시간적 의미로 사용되고 있다고 말한다. 이 중 25번 이 단어는 상황의 반전의 의미를 내포한다고 생각한다.[2803] 그는 예를 들어 고린도전서 15:25절에서 아크리 후가 상황이 반전된다는 의미를 함축하고 있다고 생각한다. 고린도전서 15:25절은 "저가 모든 원수를 그 발아래 둘 때까지 불가불 왕노릇 하시리니"라고

2800 Moo, *Romans*, 717.

2801 Cranfield, *Romans*, 575.

2802 Murray, *Romans*, II, 92; Cranfield.

2803 누가1:20; 4:13; 행1:12; 3:21; 7:18; 13:11; 20:6, 11; 22:22; 27:33; 롬1:13; 고전11:26; 15:25; 갈3:19; 4:2; 빌1:6; 히3:13; 6:11; 계2:25, 26; 7:3; 15:8; 17:17; 20:3, 5; Moo, *Romans*, 717.

말씀한다. 이는 예수께서 그 모든 원수를 그 발 아래 두시게 되면 왕노릇하시는 일이 멈추게 된다는 것이다. 그러나 이 해석은 타당하지 않다. 오히려 그 반대로 예수께서는 그 모든 원수를 그 발 아래 두시게 된 후에도 계속 왕중의 왕 만주의 주님으로 다스리시게 될 것이다. 마찬가지로 로마서 11:25절도 이방인의 충만한 수가 들어오게 될 때에도 일부 유대인들의 마음은 계속 완악한 채 남아 있게 될 것이라는 의미를 함축하고 있다.[2804] 셋째, 위의 해석은 이방인의 충만한 수가 들어온 이후 이제 이방인들은 더이상 회심할 수 없고 이제 부터 유대인들의 구원이 시작되게 된다는 해석을 내포한다.[2805] 그러나 성경 어느 곳에도 장차 이방인 전도가 완성되는 순간부터 이방인 선교는 닫히게 된다는 가르침은 존재하지 않는다. 또 이방인 전도가 완성된 후 유대인 전도가 비로소 대규모로 시작될 것이라는 개념은 "첫째는 유대인에게요 또한 헬라인에게로다"라는 말씀에서 그 순서가 뒤집히는 것이다(롬 1:16). 다시 말해 이방인 선교의 완성후 대규모의 유대인의 회심이 있게 된다는 순서는 바울의 가르침과 일치하지 않는 해석이다.[2806] 나아가 이방인 선교 완성 후 유대인의 대규모의 회심의 순서는 사도행전 1:8절에서 주님께서 말씀하신 선교의 진행순서와도 맞지 않는다. 넷째, 이방인 선교완성 후 대규모의 유대인 회심이 있게 된다는 것은 전천년설 특히 세대주의적 전천년설에 맞추어진 해석이다. 그러나 세대주의적 전천년설은 성경의 문법적/신학적 해석의 측면에 있어서 그 타당성이 논쟁이 되고 있고 로마서 11:25-26절의 해석에 있어서 이를 중심적 관점으로 사용하는 것은 자기해석eisegesis의 오류를 범하는 것이다. 다른 한편으로 바울은 데살로니가전서 4:13-5:5; 데살로니가후서 1:3-10절에서 예수께서 장차 재림하실 때 죽은 자의 부활과 휴거 그리고 최후 심판이 한꺼번에 일어나게 됨을 말씀하고 있다. 이 종말론의 시각에서 보면 장차 이방인의 구원이 완성된 후 유대인의 대규모의 회심

2804 Calvin; H. Ponsot, "Et ainsi tout Israel sera sauv?: Rom., XI,26a," *RB* 89 (1982) 412-13; Lenski; M. H. Woudstra, "Israel and the Church: A Case for Continuity," in *Continuity and Discontinuity: Perspectives on the Relationship Between the Old and New Testaments* (ed. J. S. einberg. Westchester, Ill.; Crossway, 1988) 236; Wright, *Climax of the Covenant*, 249.

2805 Schreiner, *Romans*, 614; Hafemann, "The Salvation of Israel", 52; *contra* Murray.

2806 contra Schreiner; Käsemann; Wilckens; Stuhlmacher; Byrne; Moo.

의 시간이 삽입될 수 있는 시간상의 공간은 존재하지 않는다. 다시 말해 이방인의 구원과 이와 동시에 진행되고 있는 마음이 부드러운 상태에 있는 유대인들의 회심은 주님 재림 때까지 계속 될 것이며 이 때 이방인의 충만한 수를 불러들이시는 계획은 완성되고 온 이스라엘의 구원도 더불어 완성되게 되는 것이다. 이는 26절에서 보게 될 "온 이스라엘"을 영적 이스라엘로 보는 해석과 일치한다.

25절의 플레이로우마fullness는 12절의 같은 단어와 병렬되고 있다. 앞에서 우리는 이 명사를 양적으로나 질적 개념으로 보지 않고 믿음의 충만을 의미하는 것으로 보았다. 그러나 25절에 이 명사는 질적 양적 개념을 다 함축하는 것으로 볼 수 있다. 즉 하나님께서 구원하시기로 예정하신 이방인들 즉 긍휼의 그릇의 충만한 수 혹은 완전한 수가 하나님의 백성의 무리에 들어오는 것을 가리킨다고 볼 수 있다.[2807] 플레이로우마를 일반적으로 이방인의 충분한 구원[2808] 혹은 이방인의 대표적인 수의 구원[2809] 혹은 세계 각 지역의 이방인에 대한 복음전파를[2810] 의미한다고 보는 것은 로마서 9–11장에 나타나 있는 예정론을 고려하지 않는 오류를 범한다. 어떤 학자는 동사 아이셀쎄이의 의미는 종말에 이방인들이 예루살렘에 들어오는 것을[2811] 혹은 이방인들이 이스라엘의 언약의 공동체에 들어오는 것을[2812] 가리킨다고 본다. 크랜필드는 이는 이방인의 충만한 수가 하나님의 나라 혹은 생명으로 들어온다는 것을 의미한다고 본다.[2813] 그러나 피츠마이어는 이는 이방인 신자들이 감람나무에 접붙임받는 것과 같은 의미로 본다.[2814] 이 해석은 26절의 "온 이스라엘"의 구원과 연관하여 중요한 의미를 가진다. 즉 택함받은 이방인들이 믿고 참감람나무에 접붙임을 받을 때까지 "온 이스라엘"의 구원은

2807 Dunn; Moo; Michel; Kuss; Schlier; Murray.
2808 Murray, *Romans*, II, 92-95.
2809 Godet; Meyer; Leenhardt.
2810 Munck, *Christ and Israel*, 133-35.
2811 R. Stuhlmann, *Das eschatologische Mass im Neuen Testament* (FRLANT 132. Göttingen: Vandenhoeck & Ruprecht, 1983) 166-67.
2812 Hofius, "Das Evangelium und Israel," 313.
2813 막9:43, 45, 47; 10:15, 23, 24, 25; 마5:20; 7:13, 14, 21; 18:3; 19:17; 요한3:5; Cranfield, *Romans*, 576.
2814 Fitzmyer, *Romans*, 622; Schreiner.
2815 Sanday and Headlam, *Romans*, 335.

성취되지 않은 것이라는 의미다.

로마서 11:26절의 접속사 카이 후토우스and so는 26절에서 새 문장의 시작을 알린다: "그리하여 온 이스라엘이 구원을 얻으리라 기록된바 구원자가 시온에서 오사 야곱에게서 경건치 않은 것을 돌이키시겠고". 샌데이 해들렘에 의하면 카이 후토우스가 새 문장의 시작을 알리는 이유는 첫째, 카이 후토우스…소우쎄이세타이그리하여 온 이스라엘이 구원을 얻으리라가 25절의 호티절이방인의 충만한 수가 들어오기까지 이스라엘의 더러는 완악하게 된 것과 연결된다고 보는 것은 온 이스라엘이 구원을 얻는 것이 이스라엘의 더러가 완악하게 된 조건의 결과라는 의미가 되는데 이는 바울이 의도한 의미가 아니기 때문이라는 것이다. 둘째, 26a는 독립적 문장으로써 더 강한 뜻을 전달할 수 있다는 것이다.[2815] 그러나 필자는 카이 후토우스 이하의 절이 25절의 호티절의 내용과 논리적으로 연결되어 있다고 본다. 그것은 앞으로 보게될 "온 이스라엘"의 뜻과 직접적 관계가 있다. 그러면 카이 후토우스는 무슨 뜻인가. 어떤 학자는 이를 시간적 의미를 가지는 것으로 보고 "그리고는"and then 온 이스라엘이 구원받는다라고 번역한다.[2816] 그러나 헬라말 후토우스가 시간적 의미를 가지는 경우는 없다.[2817] 또 어떤 학자들은 카이 후토우스를 그 뒤에 오는 접속사 카쏘우스와 연결된다고 보고 '구원자가 시온에서 오사 야곱에게서 경건치 않은 것을 돌이키시겠고라고 기록되어 있듯이 온 이스라엘이 구원을 얻을 것이다' 라고 번역한다. 그러나 카이 후토우스와 카쏘우스가 이렇게 문법적으로 연결되어 사용되는 경우는 헬라말에 존재하지 않는다.[2818] 또 다른 학자들은 카이 후토우스를 방식manner으로 본다.[2819] 그리고 이스라엘의 더러가 완악

2816 Althaus; Barrett; Sanders, *Paul, A Very Short Introduction*, 174-75; Käsemann; Stuart; B. Corley, "The Jews, the Future and God(Romans 9-11)," *Southwestern Journal of Theology* 19 (1976) 51.

2817 고전11:28; 14:25; 살전4:17; Fitzmyer, *Romans*, 622; J. Jeremias, "Einige vorwiegend sprachliche Beobachtungen zu Röm 11,25-36." in *Die Israelfrage nach Röm 9-11* (Edited by L. De Lorenzi. Monographische Reihe von 'Benedictina,' Biblisch-ökumenische Abteilung 3. Rome: Abtei von St Paul vor den Mauern, 1977) 198.

2818 *contra* Stuhlmacher; Luz, *Das Geschichtsverständnis*, 294; Müller, *Gottes Gerechtigkeit*, 43; W. G. Kümmel, "Die Probleme von Römer 9-11 in der gegenwärtigen Forschungslage." in *Die Israelfrage nach Röm 9-11* (Edited by L. De Lorenzi. Monographische Reihe von 'Benedictina,' Biblisch-ökumenische Abteilung 3. Rome: Abtei von St Paul vor den Mauern, 1977) 207.

2819 S-H; Godet; Sanday and Headlam; Wilckens; Cranfield; D. W. B. Robinson, "The Salvation of Israel in

해져 있고 그동안 이방인의 충만한 수가 들어온다. 그리고 이스라엘의 완악해져 있던 사람들의 마음이 녹아진다. 그리고 이 방식으로 대규모의 민족적 이스라엘이 구원을 받는다는 것이다. 이 해석은 25b와 26a사이에 너무 많은 개념을 자의적으로 삽입하고 있다. 즉 마음이 강퍅해 있던 이스라엘의 마음이 녹아진다든지 대규모의 이스라엘이 구원받게 된다든지 하는 것은 25-26절에 존재하지 않는 개념이다. 이 개념을 본문에 주입해서 해석하는 것은 자기해석eisegesis의 오류를 범하는 것이다. 뿐만 아니라 카이 후토우스를 '이와 같은 방식으로' in this manner라고 번역하는 것은 25b와 26a를 논리적으로 연결해주지 않는다. 즉 25b(더러의 유대인의 마음이 완악해 있는 것)의 결과 26a(온 이스라엘의 구원)가 있게 되는데 25b의 방식으로 26a가 일어나게 된다는 표현은 의미가 어색하다. 따라서 필자는 여기서 카이 후토우스가 논리적 의미를 가지는 것으로 보는 것이 제일 낫다고 본다. 즉 26a를 25b의 결과consequence로 보아 '그리고 그 결과 온 이스라엘이 구원받을 것이다' 라고 번역하는 것이다.[2820] 그러나 무는 바울서신에서 후토우스는 74회 사용되고 있고 오직 네 번만 이 논리적 의미를 가지며 다른 모든 경우는 방식manner을 의미한다고 말한다.[2821] 그러나 피츠마이어는 카이 후토우스가 논리적 의미를 가지는 것으로 보고 오직 충만한 이방인의 수가 들어올 때 그 결과 온 이스라엘의 구원이 일어나게 된다고 생각한다.[2822]

이 해석은 "온 이스라엘"이 무엇을 의미하는가의 질문과 밀접히 연결되어 있다. 이 질문은 네 가지 해석을 유발했다. 첫째, 온 이스라엘을 민족적 이스라엘로 보는 것이다. 이 해석은 세가지로 나누어진다. (i)민족적 이스라엘이 통시대적으로 그리스도를 믿는 것과 상관없이 다 구원받는다는 것이다.[2823]

Romans 9-11." *Reformed Theological Review* 26 (1967) 93; Dunn; Jeremias, "Einige vorwiegend sprachliche", 198-99; Beker, *Paul the Apostle*, 334; Moo; Sanders, *Paul, the Law*, 193-94.

2820 Fitzmyer; Michel; Dodd; Hofius, " 'All Israel Will be Saved,' " 35; Gundry Volf, *Paul and Persevernace*, 179-80.

2821 롬1:15; 6:11; 고전14:25; 살전4:17; Moo, *Romans*, 720.

2822 살전4:17; 고전11:28; 14:25; Fitzmyer, *Romans*, 623; Hofius, "Das Evangelium und Israel," 315.

2823 K. Stendahl, *Paul among Jews and Gentiles and Other Essays* (Philadelphia: Fortress, 1976) 3; Rese, "Römer 11," 429; F. Mussner, *Tractate on the Jews: The Significance of Judaism for Christian Faith* (Translated and with an introduction by L. Swidler. Philadelphia: Fortress, 1984) 32-34; Gager, *Origins of*

그 이유는 하나님께서 아브라함과 맺으신 언약에 신실하시기때문에 그 은혜를 통해서 모든 유대인을 구원하신다는 것이다. 그러나 이 해석은 로마서 1:17; 3:24-26; 4:4-11절 등에서 바울이 강조하는 누구든지 오직 믿음으로 구원받게 된다는 가르침과 상충된다. 그리고 바울은 또 로마서 10:9-13절에서도 유대인이든지 이방인이든지 예수님을 마음으로 믿고 입으로 시인해야 구원받는다고 다시 강조하고 있다. 따라서 "특별한 길"Sonderweg이 유대인의 구원을 위해 존재한다는 두언약설two covenant theory은 주석적으로 지지하기 어렵다.[2824] (ii)민족적 이스라엘이 예수님 재림때 동시대적으로 모두 구원받는다는 것이다.[2825] 이는 그리스도를 믿는 것을 전제로 한다. 물론 모든 유대인 개개인이 다 구원받는 것은 아니다. 왜냐하면 여기서 "이스라엘"은 집합적 개념을 가지기 때문이라는 것이다.[2826] 그러나 그 규모는 굉장히 클 것으로 본다. 머레이는 로마서 11:12절의 "저희의 충만함"플레이로우마 아우토운, 15절의 "그 받아들이는 것"프로스레임시스, 23-24절의 잘려나간 유대인 가지가 감람나무에 다시 접붙임받는 것 등을 바탕으로 26절의 "온 이스라엘"의 구원은 25절의 "이방인의 충만한 수"에 필적하는 대규모의 유대인의 구원을 가리킨

Anti-Semitism, 252, 261; Bell, *Provoked to Jealousy*, 140-43; Gaston, *Paul and the Torah*, 92-99; Stowers, *A Rereading of Romans*, 306; Hultgren.

2824 Schreiner; Moo; Dunn; R. Hvalvik, "A 'Sonderweg' for Israel: A Critical Examination of a Current Interpretation of Romans 11.25-27," *JSNT* 38 (1990) 87-107; Becker, *Paul*, 469-72; E. P. Sanders, "Paul' s Attitude toward the Jewish People," *USQR* 33 (1978) 180-83; B. W. Longenecker, "Different Answers to Different Issues: Israel, the Gentiles, and Salvation History in Romans 9-11." *Journal for the Study of the New Testament* 36 (1989) 99-100; R. P. Martin, *Reconcilation: A Study of Paul' s Theology* (Revised edition, with a new appendix. Grand Rapids: Zondervan, 1989) 131; Segal, *Paul the Convert*, 130-33; Hahn, "Zum Verständnis"; Johnson, *The Function of Apocalyptic*, 176-205; Fitzmyer, *Romans*, 620; Hafemann, "The Salvation of Israel"; D. A. Hagner, "Paul' s Quarrel with Judaism." in *Anti-Semitism and Early Christianity: Issues of Polemic and Faith* (Edited by C. A. Evans and D. A. Hagner. Minneapolis: Fortress, 1993) 146-49; Hofius, "Das Evangelium und Israel", 197-98; P. Stuhlmacher, "Zur Interpretation von Römer 11:25-32." in *Probleme biblischer Theologie: Gerhard von Rad zum 70. Geburtstag* (Edited by H. W. Wolff. Munich: Chr. Kaiser, 1971) 562-64; D. Zeller, "Christus, Skandal und Hoffnung. Die Juden in den Briefen des Paulus," in *Gottesverächter und Menschenfeiende?* (ed. H. Goldstein. D?sseldorf, 1979) 270-78; Wright, *Climax of the Covenant*, 254.

2825 Moo; Cranfield; Schreiner; Osborne; Godet; S-H; Michel; Murray; Dunn; Luther; Stott; Bell; Byrne, *Romans*, 354; Sanday and Headlam; Hvalvik, "A 'Sonderweg' for Israel", 101; Fitzmyer; Hafemann, "The Salvation of Israel", 53; Hofius, "Das Evangelium und Israel", 194-95.

2826 Moo; Morris; Fitzmyer; F. C. Conybeare and G. Stock, *Grammar of Septuagint Greek* (Boston: Ginn and Company, 1905) 63; Turner, *A Grammar*, 199-200.

2827 Murray, *Romans*, II, 96-98.

다고 주석한다.[2827] "온 이스라엘"을 택함받은 유대인의 구원으로 해석하는 것은 26절의 내용의 문학적 절정을 삭감하는 것이라고 본다. 그리고 25절에서 말씀하는 "비밀"의 내용이라고 하기에는 부족하다는 것이다. 그러나 이 해석은 로마서 9장의 내용과 상충된다. 로마서 9:27절은 이스라엘 뭇자손의 수가 비록 바다의 모래 같을지라도 남은 자만 구원을 얻는다고 말씀한다. 엘리야의 시대에도 하나님께서 바알에게 무릎을 꿇지 않은 자들을 자신을 위해 남겨놓으셨는데 그 수는 칠천인밖에 되지 않았다(롬11:5-7). 따라서 어떤 학자들은 로마서 9장과 11장의 내용이 서로 모순된다고 지적한다.[2828] 그러나 로마서 11:11-32절의 내용을 문법적으로 바르게 주석하며 26절의 "온 이스라엘"을 영적 개념으로 해석하면 로마서 9-11장의 내용은 모순되지 않고 논리적으로 일관된 내용을 담고 있다는 것을 명확히 알 수 있다. 나아가 로마서 11:12절의 "저희의 충만함"은 양적 질적 의미를 가지는 것이 아니라 15절의 "그 받아들이는 것" 즉 택함받은 이스라엘의 믿음을 가리킨다고 볼 수 있다. 그리고 23-24절의 가정법은 미래의 불확실한 사실을 나타내는 가정법으로써 사실적 가정법이 나타내는 의미를 내포하지 않는다. 다시말해 이 절에서 바울은 완악해진 이스라엘의 마음이 녹아져서 회개하게 된다는 것을 예언하고 있는 것이 아니다. 그리고 앞서 말한대로 이방인들의 충만한 수가 들어온 뒤에 주님의 재림이 있게 되지 이스라엘의 충만한 구원이 있게 되는 것이 아니다. 만일 그렇지 않다면 로마서 1:16절에서 말씀한 유대인 구원과 그 후에 있게 되는 헬라인 구원이라는 순서와 맞지 않게 된다.

따라서 필자는 이 보다 나은 해석은 (iii)"온 이스라엘"을 영적 이스라엘 즉 택함받은 혈통적 이스라엘이라고 보는 것이다.[2829] 로마서 9:6절은 모든 이스라엘이 다 이스라엘이 아니라고 말씀한다. 이 해석에 대한 가장 대표적인

2828 Sanders, *Paul, the Law*, 193, 197-99; Hübner, *Gottes Ich und Israel*, 122; Watson, *Paul, Judaism*, 170; Räisänen, "Paul, God, and Israel, 192-96; Kümmel, "Die Probleme von Römer 9-11", 31; E. Grässer, *Der Alte Bund im Neuen: Exegetische Studien zur Israelfrage im Neuen Testament* (Wissenschaftliche Untersuchungen zum Neuen Testament 35. Tübingen: Mohr, 1985) 229.

2829 Hendriksen; Ridderbos; Lenski; C. M. Horne, "The Meaning of the Phrase 'And Thus All Israel Will Be Saved' (Romans 11:26)," *JETS* 21 (1978) 331-34; Refoulé, *Tout Israël*, 135-42, 179-81.

2830 Moo, *Romans*, 722; Morris; Schreiner.

비판은 25b에서 이스라엘은 민족적 이스라엘을 의미하기 때문에 26a에서 이스라엘도 일반적으로 민족적 이스라엘을 의미한다는 것이다.[2830] 그러나 로마서 9:6절에서 바울은 전자의 이스라엘을 민족적 이스라엘로 후자의 이스라엘로 영적 이스라엘을 의미하고 있다. 그리고 로마서 9-11장에서 일관되게 예정론을 바탕으로 한 구원론을 서술하고 있다. 따라서 26절의 "온 이스라엘"도 예정론의 관점에서 해석하는 것은 로마서 9-11장의 신학적 문맥을 고려한 지극히 타당한 해석으로 볼 수 있다. 그리고 이와 연관해서 앞서 말한대로 하나님께서 강퍅하게 하신 사람들의 마음을 부드럽게 하시지는 않는다는 점도 고려해야 한다. 쉬라이너도 맞게 지적하듯이 로마서 9:21-23절에 진노의 그릇이 긍휼의 그릇으로 바뀔 수 있다는 암시는 존재하지 않는다.[2831] 따라서 "온 이스라엘"은 강퍅해 있다가 녹아진 사람들이 아니라 처음부터 하나님께서 남겨 놓으신 "남은 자"레임마와 일치하는 구룹의 사람들이라고 보아야 한다. 즉 이들은 아직 낳기도 전에 하나님의 사랑을 받은 야곱과 같이 하나님의 약속의 자녀들에 속하는 사람들이다. 이는 26b의 야곱의 주제와 연결되어 구원받는 이스라엘의 수가 제한적이며 그에 따라 택자의 수와 일치하는 것임을 암시한다.

만일 "온 이스라엘"에 대한 이 영적 해석이 옳다면 우리는 (iv)"온 이스라엘"은 이방인 택자도 그 안에 포함하는 개념이라고 생각할 수 있다.[2832] 그러나 무는 로마서 9-11장에서 바울은 "이스라엘"을 열 번 사용하는데 모두 혈통적 이스라엘을 의미하고 있다고 말한다.[2833] 그리고 25b에서 이스라엘은 분명히 혈통적 개념이기 때문에 바울이 그 의미를 26a에서 영적 개념으

2831 Schreiner, *Romans*, 618.

2832 Irenaeus; Clement of Alexandria; Theodore of Mopsuestia; Theodoret; Augustine; Calvin; Jeremias, "Einige vorwiegend sprachliche", 200; Wright, *Christian Origins*, 236-46; Whiteley, *The Theology of St. Paul*, 97; C. H. Giblin, *In Hope of God's Glory: Pauline Theological Perspectives* (New York: Herder and Herder, 1970) 303; C. Anderson, "Another Word on 'All Israel Shall Be Saved' (Rom 11:26): Dramatic Tension, Hearing the Text, and the Davidic Connection." (Paper presented at the forty-sixth annual meeting of the Evangelical Theological Society, Chicago, Illinois, 17-19 November, 1994); P. E. Hughes, "The Olive Tree of Romans XI," *EvQ* 20 (1948) 44-45; Ponsot, "Tout Israel," 413-15; Aageson, "Scripture and Structure," 285; Chilton, "Romans 9-11," 27, 31, 34; Martin, Reconciliation, 134; D. Kim; P. Robertson.

2833 Moo, *Romans*, 721; Schreiner; Osborne; Dunn; Cranfield; Hultgren; Stott; Morris; Stuhlmacher.

2834 Moo, *Romans*, 723-24.

로 바꿀 가능성은 없다고 주장한다. 그리고 이보다 더 분명한 이유는 로마서 11:11-32절에 내포된 청유적 의미라고 한다. 즉 바울은 로마서 11장에서 이방인 신자들이 자기들이 이제 하나님의 백성으로 인정되게 되었다는 교만한 태도를 누르는 것을 목적으로 한다는 것이다. 그런데 만일 바울이 여기서 이방인 신자들을 이스라엘이라고 부른다면 이는 이들이 자신들이 참 이스라엘이라고 자랑하게끔 불을 지르는 것이 된다는 것이다. 그러나 이 추측은 신빙성을 가지고 있다고 할 수 있지만 반면에 바울이 로마서 11장에서 말씀하는 다른 측면을 간과하고 있다. 즉 이방인 신자들이 믿음을 떠나 배교해서 감람나무에서 잘려나가지 않게 경고하는 것은 그들이 이미 감람나무에 속한 가지로써 족장들의 뿌리의 진액에 함께 참여하는 자들이 되었다고 일깨워주는 것이다. 이는 이스라엘이라고 부르는 영예보다 더 큰 신학적 각성을 제공하는 것이다. 왜냐하면 이스라엘 역사에서 혈통적으로 아브라함의 후손이지만 영적 이스라엘이 되지 못한 유대인들이 많기 때문이다. 뿐만 아니라 바울은 로마서 2:28-29절에서 믿음으로써 마음에 할례받은 사람들이 진정한 유대인임을 말씀하고 있고 로마서 4:13-18절에서는 아브라함이 믿음으로 하나님의 백성이 된 이방인들의 조상이 되었다고 말씀한다. 그리고 갈3:29절은 누구든지 예수안에서 아브라함의 자손이 되었고 약속대로 유업을 이을 자라고 선언한다. 무의 추측과는 반대로 오히려 로마교회의 문제중의 하나는 자기들이 영적으로 이스라엘 백성으로 여김받게 되었다고 말하는 이방인 신자들 앞에서 이 사실을 인정하지 못하고 당황하는 유대인 신자들의 닫힌 마음의 태도일 수 있다. 이러한 상태에서 로마서 12-14장의 실천신학적 가르침이 보여주듯이 바울은 로마교회내 성도들의 융화를 도모해야 될 필요가 있었다. 이 때 이방인 신자들도 "이스라엘"이라고 가르치는 것은 이들이 믿음안에서 하나되게 하는 신학적 기초로써 제일 쉽게 제시할 수 있는 교리였을 것이다. 실로 "온 이스라엘"을 유대인과 이방인 택자의 총수라고 해석하는 것은 로마서 전체가 강조하는 성도의 일체unity의 주제와 조화된다. 바울은 엡2장에서처럼 그리스도의 구속의 완성을 통해 유대인과 이방인의 담이 무너졌고 이들이 하나님의 자녀로써 유업을 함께 이을 자임을 강조하고 있다.

이를 배경으로 바울은 25절에서 이방인의 충만한 수가 이스라엘에 들어와야 된다는 것을 구약의 예언을 바탕으로 설명하고 있고 이와 더불어 이들이 이스라엘에 합류함으로써 비로소 "온 이스라엘"의 구원이 완성된다는 것을 명시하고 있는 것이다. 그렇다면 "온 이스라엘"은 집단적 개념corporate sense이 아니라 개인적 개념distributive sense이라고 할 수 있다. 즉 이는 종말때까지 구원받게 될 모든 유대인과 이방인 택자의 총수를 가리킨다고 볼 수 있다.

구원하다의 미래 수동태 소우쎄이세타이는 "온 이스라엘"의 구원의 완성이 미래의 사건임을 나타낸다. 무는 이를 확인하는 이유를 다음과 같이 제시한다.[2834] 첫째, 12절의 "그들의 충만함", 15절의 그 받아들이는 것, 24절의 유대인들이 감람나무에 다시 접붙임받는 것 등은 미래적 사건을 암시한다. 둘째, 그들이 복음을 받아들이는 것과 죽은 자의 종말적 부활이 연결되어 있다(15절). 셋째, 이방인 선교가 종말이전에 닫혀질 가능성은 없기 때문에 유대인들의 완악함이 녹아지는 것도 미래적 사건이다. 넷째, 26b-27절에서 인용된 구약의 구절들도 메시야의 미래의 재림을 가리키고 있다. 다섯째, 구약과 유대 계시문학은 종말에 유대인들이 함께 모아지는 것을 바라보고 있다. 이는 장차 유대인들의 대규모의 영적 각성을 예견하는 것으로 볼 수 있다는 것이다. 무의 해석은 타당한 해석이다. 이방인의 충만한 수가 들어오는 것은 주님의 재림때 성취될 것이다. 그러나 26b이하에서 보겠지만 바울이 인용하는 구약의 구절들은 메시야의 초림을 바라보고 있는 예언으로 해석할 여지가 있다. 그리고 이와 함께 바울은 예루살렘 방문때 동반한 이방인 신자들을 성전에서 예물로 하나님께 바침으로써 이사야 66:20절의 예언이 성취된 것으로 생각했다(롬15:16). 또 바울은 예상하는 유대인들의 회심이 미래적 사건이 아니라 바울 당대에 진행되는 사건으로 인식하고 있다. 이는 로마서 11:30-31절에 부사 "지금"눈을 세 번 사용하고 있는 점에 나타나 있고 로마서 13:12절에 암시된 임박한 파루시아재림의 개념에 내포되어 있다. 이는 종말에 대규모의 혈통적 이스라엘이 회심할 것이라는 해석과 맞지 않는다.

2835 Alexander, *Commentary*, 377.

따라서 "온 이스라엘"의 구원은 이미 시작된 종말적 사건으로써 주님 재림 때 완성될 것이다. 이 점에서 미래동사 소우쎄이세타이의 미래시제는 논리적 미래gnomic future 용법이라고 해석할 수 있다. 그리고 바울이 여기서 강조하는 것은 미래의 대규모의 유대인들의 회심이 아니라 이방인의 충만한 수가 이스라엘에 들어오게 된다는 것과 이와 함께 온 이스라엘의 구원이 완성된다는 사실이다.

이 가르침을 확고히 하기 위해 바울은 26b-27a에서 이사야 59:20-21a를 인용하고 있다: "기록된 바 구원자가 시온에서 오사 야곱에게서 경건치 않은 것을 돌이키시겠고." 여기서 바울은 칠십인역을 그대로 따르고 있는데 몇 가지 다른 점이 발견된다. 첫째, 이사야 59:20절은 전치사 헤네켄위하여을 사용하는 반면 바울은 전치사 에크…로 부터를 사용한다. 둘째, 이사야 59:20절은 접속사 카이그리고를 두 번 사용하는 반면 바울은 이들을 생략하고 있다. 이사야 59:20절의 히브리성경과 26b를 비교하면 바울은 분사 "돌이키는 자들에게"리샤베이를 "그는 돌이키시리라"아포스트렙세이로 바꾸고 있고 히브리어 전치사 러to를 에크out of로 바꾸고 있다. 알렉산더는 히브리어 전치사 러는 일반적인 "…에 대하여"with respect to의 뜻을 가지는데 칠십인역에서 이를 의역해서 …을 위하여헤네켄로 번역했을 것이라고 생각한다.[2835] 머레이는 히브리 전치사 러는 …로to와 …로 부터from의 두 가지 뜻을 가지는데 바울은 이 중 후자를 택한 것이라고 본다.[2836] 이는 바울이 여기서 시편 14:7절의 "이스라엘의 구원이 시온에서 나오기를 원한다"를 배경으로 전치사 에크를 선택했을 수도 있음을 말한다(시53:7; 110:2).[2837] 케제만은 바울은 예수께서 재림하실 때 하늘의 시온에서 오실 것을 가리키기 위해 전치사 에크를 사용하고 있다고 주석한다.[2838] 히브리서 12:22절은 하늘의 도성 예루살렘을 시온이라고 부르고 있다. 그래서 무는 바울은 예수께서 재림때 이스라엘을 그 죄에서 건지실 것을 분명히 하기 위해 여기서 전치사 에크를 사용했을 것이라

2836 Murray, *Romans*, II, 99.
2837 Cranfield; Bruce; Murray; Leenhardt; Meyer.
2838 Käsemann; Dunn; S-H; Moo.
2839 Moo, *Romans*, 728.

고 주석한다.[2839] 그러나 롱게네커는 이사야 28:16절을 인용하는 로마서 9:33절을 바탕으로 26절의 “시온”을 해석해야 된다고 제안한다.[2840] 하나님께서는 부딪히는 돌과 거치는 반석을 시온에 두셨다. 그러나 믿는 자의 입장에서 보면 예수님은 하나님께서 시온에 두신 “보배롭고 요긴한 모퉁이돌”이시다(벧전2;6). 이는 구원자께서 이미 시온에 오셨다는 것을 가리킨다. 이 관점에서 바울은 구원자가 시온에서부터 야곱의 경건치 않은 것을 돌이키실 것이라고 말씀하고 있다. 이 해석은 바울이 여기서 전치사 에크를 사용하는 것이 구원자가 유대인을 통해 나오시게 되는 것,[2841] 혹은 복음전파는 예루살렘에서부터 시작되는 것을 가리킨다는 것[2842] 등의 해석과 양립될 수 있다. 이와 동시에 이 해석은 바울이 이사야 59:20절이 현재 자기 시대에 성취되고 있음을 인식하고 있었다는 의미를 내포한다.

26b에서 구원자호 흐루오메노스는 하나님 자신이신가 아니면 예수 그리스도이신가. 헐트그런은 오직 하나님만이 야곱에게서 경건치 않은 것을 제하실 수 있고 또 로마서 9-11장은 하나님께서 이스라엘을 회복하시는 것이 중심 주제이기 때문에 26b에서 구원자는 하나님으로 볼 수 있다고 주장한다.[2843] 사실 이사야 59:20절에서 구원자는 야훼 하나님이시다. 그러나 로마서 9:5절은 예수께서 하나님이심을 말씀하고 있고 로마서 5:6-11절은 그리스도께서 경건치않은 자들을 위해서 죽으셨고 그 피를 인하여 우리를 하나님의 진노로부터 구원하셨다고 말씀한다. 따라서 다수의 학자들은 여기서 구원자는 예수님을 가리킨다고 생각한다(살전1:10).[2844] 그러면 예수께서 시온으로부터 오사 야곱에게서 경건치 않는 것을 돌이키시는 때는 언제인가. 케제만은

2840 B. Longenecker, “Different Answers,” 117, n.21.

2841 Murray; Fitzmyer; Johnson.

2842 Wilckens.

2843 Hultgren, *Romans*, 422; Lloyd Gaston, “Israel' s Misstep in the Eyes of Paul.” In *The Romans Debate* (revised edition. Edited by Karl P. Donfried, Peabody, MA: Hendrickson Publishers, 1991) 143; C. D. Stanley, “ ‘The Redeemer will comeἐκ Σιων’: Romans 11.26-27 Revisited.” in *Paul and the Scriptures of Israel* (JSNTSupp 83. Studies in Scripture in Early Judaism and Christianity 1. Edited by C. A. Evans and J. A. Sanders. Sheffield: JSOT Press, 1993) 137-38.

2844 S-H; Morris; Cranfield; Kuss; Wilckens; Hofius, “Das Evangelium und Israel,” 318; Moo; Osborne; Schreiner; Luz, *Das Geschichtsverständnis*, 294-95; Käsemann; Stuhlmacher.

2845 Stuhlmacher, “Interpretation,” 561; Käsemann; Dunn; Jeremias; Davies.

이는 예수님의 재림 때라고 본다.[2845] 이 견해는 이 문장에 사용된 두 동사의 시제가 미래시제라는 점의 지지를 받는다. 그리고 26a를 혈통적으로 "온 이스라엘"이 주님 재림 때 대규모로 구원받는다고 해석하면 26b의 사건의 때도 미래가 된다. 그러나 우리가 앞에서 본 것처럼 26a의 "온 이스라엘"을 영적 개념으로 보고 소우쎄이세타이를 논리적 미래로 보면 26b의 구원자가 시온에서 오시는 때는 초림 때와 연결되 있는 것을 알 수 있다.[2846] 피츠마이어는 로마서 9-11장의 어느 구절도 재림과 관계된 구절은 없다고 말한다.[2847] 그리고 헤이코우오다의 미래시제 헤익세이도 주님의 재림을 암시하지는 않는다. 로마서 9:33절이 시사하는 바대로 바울은 구원자가 시온에 오시는 것을 이미 성취된 사건으로 이해하고 있었을 것이라는 것이다.[2848] 이 해석은 로마서 11:30-31절에서 바울이 "지금"이란 부사를 세 번 사용하면서 하나님의 언약이 택자들의 구원으로 현재 이루어지고 있음을 밝히고 있는 점에서 지지를 받는다: "이와 같이 이 사람들이 순종치 아니하니 이는 너희에게 베푸시는 긍휼로 이제 저희도 긍휼을 얻게 하려 하심이니라."

여기서 "야곱"은 문자적으로 혈통적 이스라엘과 같은 개념을 가지는 것으로 볼 수 있다. 그러나 예레미야는 이는 유대인과 이방인을 포함하는 모든 약속의 자녀를 가리키는 단어라고 주석한다.[2849] 즉 26a의 영적 개념의 "온 이스라엘"과 동의어라는 것이다. 로마서 9:13절은 야곱을 하나님의 사랑을 받은 약속의 자녀를 나타내는 단어로 사용하고 있다. 이는 9:23절이 말씀하는 긍휼의 그릇과 동격의 단어다. 그렇다면 우리는 26b의 야곱을 11:16절의 "뿌리"의 개념을 통해 보면 이는 야곱으로부터 진액을 받는 가지들을 가리킨다고 볼 수 있다. 이 해석이 옳다면 26b의 야곱은 참감람나무에 접붙임받은 이방인 신자도 포함하는 개념이라고 할 수 있다. 유대인과 이방인 택자들

2846 Lenski; Wright, *Climax of the Covenant*, 250-51; D. Zeller, "Israel unter dem Ruf Gottes (Röm 9-11)," *Internationale Katholische Zeitschrift* 2 (1973) 296; Räisänen, "Römer 9-11," 2919-20; Luz, *Das Geschichtsverständnis*, 294-95.

2847 D.-A. Koch, "Beobachtungen zum christologischen Schriftgebrauch in den vorpaulinischen Gemeinden," *ZNW* 71 (1980) 187; Fitzmyer, *Romans*, 625.

2848 Hvalvik, "A 'Sonderweg' for Israel, 93; *contra* Schreiner; Wilckens, *Römer*, 2.257, n.1155; Dunn.

2849 Jeremias, "Einige," 200.

2850 Schreiner, *Romans*, 620; Hvalvik, "A 'Sonderweg' for Israel, 95.

은 예수님을 믿고 회심하기 전에는 모두 불경건한 사람들이었다. 그러나 주님께서는 구원자로 시온에 오셔서 그들의 믿음을 통해서 그들의 경건치 않은 것을 돌이키셨다. 여기서 명사 경건치 않은 것아세베이아은 로마서 1:18절에도 사용되고 있는데 하나님의 택자들도 회심하기전에는 모두 불신자들과 같이 불경건한 상태에 있었음을 나타낸다. 그 핵심적 특징은 불신앙이다. 그렇지만 하나님께서 그 은혜로써 이들을 행위가 아니고 믿음으로써 의롭다하시는 축복을 선물로 주셨다(롬4:5; 5:6).[2850] 이는 이들에게 부어주신 성령으로써 성취되게 되었다. 이들이 경건치 않음에서 돌이키는 것이 하나님께로부터 말미암았다는 의미는 26b의 동사 아포스트렙세이에 나타나 있다. 이 동사는 제거하다는 뜻도 가진다.[2851] 26b에서 이 동사의 주어는 구원자시다. 따라서 야곱의 경건치않음을 제거하신 분은 신자 자신들이 아니다. 그 분은 시온에 오셔서 우리를 위해 화목제물이 되신 예수 그리스도이시다. 이 하나님의 주권적 축복은 신자들의 믿음을 불필요한 것으로 면제시키지 않는다. 로마서 10:9-10절이 강조하는 것처럼 하나님의 주권적 구원의 축복은 개인 개인의 믿음을 통해서 나타난다. 여기서 바울은 하나님의 주권적 은혜와 우리의 믿음을 통합하지 않고 병렬시킨 채 놔두고 있다.

로마서 11:27절의 전반부는 이사야 59:21a를 인용하고 있다: "내가 저희 죄를 없이 할 때에 저희에게 이루어질 내 언약이 이것이라 함과 같으니라". 여기서 "언약"디아쎄이케이은 로마서 9:4절과 연결된다. 그리고 28절에서 족장들을 또 언급하고 있는 만큼 이 언약은 하나님께서 아브라함과 맺으시고 그 후손들에게 유업으로 잇게 하신 언약이라고 할 수 있다.[2852] 그러나 이는 예레미야 31:34절의 새언약과 연결되는 개념이라고도 볼 수 있다.[2853] 그 이유는 27b의 내용이 하나님께서 주권적으로 그 백성들의 죄를 도말하시겠다는 약속이기 때문이다. 27b(내가 저희 죄를 없이 할 때에)는 이사야 27:9절(그 죄를 없이 함을 얻을)로부터의 인용이다. 이는 이사야 59:21절의 하나님께

2851 Dunn, *Romans*, 683.
2852 Moo, *Romans*, 728.
2853 Murray; Morris; Fitzmyer; Cranfield.
2854 *contra* Moo; Morris.

서 성령과 그 말씀을 그들에게 두시고 영원히 그들을 떠나지 않게 하시겠다고 하신 말씀과 내용이 본질적으로 같다. 이 점에서 바울은 하나님께서 아브라함과 맺으신 언약은 예레미야에게 주신 새언약으로 다시 확인되었고 그리스도의 구속으로 성취되었다는 사실을 가리키고 있다고 할 수 있다. 즉 하나님의 언약은 본질적으로 하나인 것이다. 그렇다면 바울은 이 언약은 유대인과 이방인들 모두 그리스도를 믿음으로써 성취되고 있다는 것을 의미하는 것이며 26b의 야곱에게서 그 경건치 않음을 돌이키시는 것은 주림의 초림과 함께 성취되어 온 사건임이 분명하다. 이는 접속사 호탄whenever이 그들의 죄가 사해지는 때를 주님의 재림의 때라고 명시하지 않는 점이 뒷받침한다.[2854] 즉 하나님께서 그들의 죄를 도말하시는 때는 그들이 믿음으로 의롭다하심을 얻는 때이다. 이 때는 신자 개개인의 회심의 때인 만큼 특정한 때로 규정하지 않은 채 남겨 두고 있는 것이다.

바울은 여기서 이사야 27:9의 "그야곱의 죄"아우투 테인 하말티안를 "그들의 죄"타스 하말티아스 아우토운로 바꾸고 있다. 이는 야곱이 모든 언약의 자녀를 대표하는 집합명사로 쓰이고 있다는 필자의 주석을 지지하고 있다. 여기서 바울이 강조하는 것은 택함받은 유대인들의 구원의 확실성이다. 따라서 이방인 신자들은 유대인들의 구원의 시대가 끝나고 하나님의 촛대가 이방인 교회로 옮겨진 것으로 생각하면 착각이다. 이방인들의 충만한 수가 감람나무에 접붙여지는 동안에도 택함받은 유대인들도 계속 그 감람나무에 확실하게 접붙여지고 있는 것이다. 이는 하나님께서 그 조상들과 맺으신 언약을 바탕으로 이들을 기억하고 계시기 때문이다(28절). 머레이는 이는 미래의 이스라엘의 회복을 가리키는 것이라고 주석한다.[2855] 무도 이사야29:6-8절의 말씀을 바탕으로 하나님께서는 이스라엘을 회복시키실 것이며 이스라엘이 강퍅해 있는 것은 일시적인 사건이라고 믿는다.[2856] 오스본은 이에 동의하면서도 하나님께서 어떻게 이스라엘을 회복시키실 지에 대해서 확신이 없다. 그것

2855 Murray, *Romans*, II, 100.
2856 Moo, *Romans*, 729.
2857 Osborne, *Romans*, 308.

은 예수님의 재림을 서술하는 성경구절들이 성도의 부활(살전4:13-20; 고전15:51-57)이나 하나님의 원수들의 멸망(살전5:1-10; 살후2:8-12; 계19:17-21)을 언급해도 이스라엘의 회복은 언급하지 않기 때문이다.[2857] 쉬라이너도 미래의 이스라엘의 회복에 대해 동의한다. 그러면서도 이와 상충되는 성경구절에 대한 당혹감을 드러낸다.[2858] 즉 데살로니가전서 2:14-16절은 성도들을 핍박하는 유대인들에 대한 하나님의 진노하심이 끝까지 임하시게 될 것이라고 말씀한다. 이는 완악한 유대인들의 마음이 부드러워질 것이라는 믿음에 상충되는 말씀이다. 그러면 이스라엘의 회복에 대한 성경말씀의 가르침이 서로 모순될 수 있는가. 분명히 그것은 아니다. 위 신학자들이 본문에서 간과하는 것은 바울이 로마서 11:26b-27절에 말씀하고 있듯이 이스라엘의 회복은 이미 예수님의 초림때부터 시작되었고 지금까지 계속되어오고 있고 앞으로 주님께서 재림하실 때까지 계속될 것이라는 것이다. 이는 하나님께서 남겨두신 "남은 자"레임마들이 예수님을 믿음으로 의롭다하심을 받음으로써 성취되고 있는 현재 진행되는 사건이다.[2859] 바울은 바로 이 점을 지적하며 하나님께서 그 언약에 신실하신 하나님이심을 강조하고 있는 것이다. 신학자들이 미래에 이스라엘의 대규모의 회심을 갈망하며 본문에 이 의미를 집어넣으며 해석하는 것은 바울의 가르침을 곡해하는 자기해석eisegesis이다. 이 해석은 현재 팔레스타인에서 이스라엘이 팔레스타인인들을 인종청소하는 정책을 묵인하거나 혹은 정책적으로 돕는 일을 직접간접적으로 지지하는 결과를 가져올 수 있다. 그랜필드가 옳게 지적하듯이 이스라엘의 회복은 영적인 것이며 성경은 현대 팔레스타인에 이스라엘 민족국가를 수립하는 것을 뒷받침하고 있지 않다.[2860]

로마서 11:28절의 시작부분에는 접속사가 없다. 이는 28절 내용이 27절에 직접 연결되고 있지 않다는 것을 나타낸다.[2861] 그리고 28절은 32절까지 한

2858 Schreiner, *Romans*, 622-23.
2859 Schreiner, *Romans*, 622.
2860 Cranfield, *Romans*, 579; *contra* Kaiser.
2861 Moo, *Romans*, 729; Morris.
2862 Barrett.

문단을 이루고 있다. 이 문단에서 바울은 11-14절의 내용을 언약의 관점에서 반복 설명하고 있다. 즉 하나님께서 유대인의 마음을 완악하게 하시고 이와 함께 이방인들로 하여금 믿음으로 감람나무에 접붙임받게 하신다. 그리고 이를 인해 이스라엘이 시기나게 하셔서 그들로 하여금 믿음으로 감람나무에 접붙임받게 하시는 것이다. 이 유대인과 이방인의 구원의 상호작용은 하나님께서 그 택자를 구원하시기 위한 "비밀"이다. 이 신비한 하나님의 섭리로 인해서 하나님께서 족장들과 맺으셨던 언약에 따라 "온 이스라엘"은 구원받게 된다. 이 점에서 28절은 로마서 9-11장의 내용을 요약하는 기능을 하고 있다. 즉 하나님께서 택하시지 않은 유대인들은 복음을 배척함으로써 하나님과 원수가 되었고(롬9:30-10:21) 하나님께서 택하신 유대인들은 복음을 믿음으로써 구원받게 된다는 것이다(롬9:6b-29; 11:1-27). 그러므로 하나님께서 자기 백성을 버리신 것이 아니라는 것이다(롬11:1-2).

28절은 대조법으로 구성되어 있다. 즉 "복음으로 하면 저희가 너희를 인하여 원수된 자요; 택하심으로 하면 조상들을 인하여 사랑을 입은 자"이다. 여기서 복음유앙겔리온은 복음전파의 즉각적 결과,[2862] 혹은 하나님께서 복음을 세상에 전파되게 하시는 원칙들,[2863] 혹은 세상에서 복음의 진전을[2864] 의미한다기 보다 바울이 이 서신에서 일관되게 말씀하는 복음의 내용 즉 예수 그리스도께서 주님이신 것과 하나님께서 그를 죽은 자 가운데서 살리신 것을 말한다(롬10:9).[2865] 디 후마스on account of you는 "너희를 위해서"[2866] 혹은 "너희 때문에"를[2867] 의미한다. 이는 11절의 내용과 연결된다. 즉 이스라엘이 실족한 것은 실족하기 위해서 실족한 것이 아니다. 저희의 넘어짐으로 구원이 이방인에게 이르게 하려 함이었다. 저희가 엑쓰로이원수라는 것은 저희가 복음에 순종하지 않아 하나님과 원수가 되었다는 뜻이다. 어떤 학자들은 엑쓰로이가 능동의 의미로써 "하나님을 싫어한 자"들을 가리킨다고 본

2863 Sanday and Headlam, *Romans*, 337.
2864 Cranfield, *Romans*, 579-80.
2865 롬1:1, 9, 15, 16; 2:16; 10:15, 16; 15:16, 19, 20, 29; 16:25.
2866 Sanday and Headlam, *Romans*, 337.
2867 Fitzmyer, *Romans*, 625-26.
2868 Schlier; Barrett; Schmidt; Munck, *Christ and Israel*, 138; Dunn; Müller, *Gottes Gerechtigkeit*, 48;

다.[2868] 다른 학자들은 엑쓰로이가 수동의 의미로써 하나님의 싫어하신 바 된 자들"을 가리킨다고 생각한다.[2869] 엑쓰로이와 병렬되는 아가페이토이 beloved가 수동의 의미로써 하나님의 사랑하심을 입은 자들을 가리키고 있는 점에서 엑쓰로이도 그 수동의 의미가 일차적 의미라고 볼 수 있다. 그러나 던이 말하듯이 엑쓰로이와 아가페이토이는 이 절에서 그 형태에 있어서 병렬관계에 있는 것이지 그 의미에 있어서도 병렬관계에 있는 것은 아니다.[2870] 그리고 로마서 5:10절에서 엑쓰로이는 능동의 의미가 강하다.[2871] 이 점에서 28절에서 엑쓰로이는 수동의 의미와 능동의 의미를 다 포함하는 것으로 해석하는 것이 바람직하다.[2872]

반면에 "택하심으로 하면"카타 테인 에크로게인 저들은 조상들을 인하여 사랑을 입은 자들이다. 어떤 학자들은 여기서 에크로게인택함은 "남은 자"레임마를 가리키는 것이 아니고 민족적 이스라엘 전체가 택함받은 것을 의미한다고 본다.[2873] 그것은 여기서 바울이 그 문장의 주어를 원수된 자들로부터 사랑을 받은 "남은 자들"로 갑자기 바꾸는 것은 부적절하기 때문이라는 것이다.[2874] 그래서 여기서 택함은 1-2절에서 말씀하는 유대 민족 전체에 대한 택함을 의미한다는 것이다. 그리고 이는 구원을 보장하는 택함이 아니라 기능적 선택을 가리킨다는 것이다. 그러나 필자는 이 해석에 동의하지 않고 여기서 택함은 5-7절에서 말씀하는 "남은 자"의 택함과 같은 의미라고 본다.[2875] 그 이유는 첫째, 바울은 그 서신에서 "사랑한다"는 동사를 택하심과 연관해서 사용하고 있다(롬9:13, 25; 엡1:4-5; 2:4; 골3:12; 살전1:4; 살후2:13). 이 때 택함은 기능적 택함이 아니라 구속적 택하심을 의미한다. 둘째, 저들이 조상

Hofius, "Das Evangelium und Israel," 321.

2869 Godet; Oepke, *TDNT*, 2:70; Murray; Michel; Cranfield; Wilckens; Gundry Volf, *Paul and Perseverance*, 189; Refoulé, *Tout Israēl*, 199-200.

2870 Dunn, *Romans*, 684.

2871 롬5:10; 8:7; 12:20; 고전15:25-26; 갈4:16; 5:20; 빌3:18; 골1:21; 살후3:15; Dunn, *Romans*, 685.

2872 Osborne; Käsemann; Moo; Schreiner.

2873 Murray; Moo; Schreiner; Morris; Fitzmyer; Dunn; Cranfield; Osborne; Hultgren; Barrett; Stuhlmacher; Sanday and Headlam.

2874 Moo, *Romans*, 731.

2875 Meyer; Lenski; Hafemann, "Salvation of Israel," 53; Refoulé, *Tout Israēl*, 214-15; Dreyfus, "Le passē et le présent d' Israel," 143.

을 인해서 사랑하심을 입은 자들이라면 저들 모두 구원받게 된다는 것을 의미하는데 이는 바울이 본문에서 의미하는 바가 아니다. 유대인으로 태어났어도 이들이 구원받기 위해서는 예수님을 주님으로 고백해야 한다(롬10:9-10). 그렇다면 여기서 사랑받은 유대인들은 5-7절에서 말씀하는 예수님을 믿는 유대인을 가리킨다고 보아야 한다. 셋째, 28절에서 하나님과 원수된 유대인들은 사랑받은 유대인들과 대조되고 있다. 다시말해 원수된 유대인들은 택함받지 못한 유대인 즉 8-10절에서 말씀하는 하나님께서 그 마음을 강퍅하게 하신 유대인을 가리키고 있고 사랑받은 유대인들은 5절의 은혜로 택하심을 받은 유대인을 가리키고 있다. 즉 이들은 같은 구룹의 사람들이 아니다. 바울이 여기서 말씀하는 것은 하나님께서 모든 유대인들을 원수되게 하시고 그 다음에는 그들을 사랑받는 유대인들로 바꾸신다는 것이 아니다. 28a의 유대인들과 28b의 유대인들은 로마서 9:22-23절에서 대조하는 "진노의 그릇"과 "긍휼의 그릇"의 관계와 병렬관계에 있다. 넷째, 바울이 28절에서 접속사를 사용하지 않고 또 주어를 생략하고 있는 것은 28a의 주어가 27절의 그들(하나님께서 그 죄를 사하여 주실 사람들)과 불연속상에 있기 때문이며 나아가 28b의 주어와도 대조적 관계에 있기 때문이다. 이렇게 본다면 복음에 있어서 이방인들을 인해서 하나님과 원수된 유대인들은 로마서 9:6절의 육적 이스라엘을 가리키고 있다. 반면에 조상들을 인해서 사랑을 입은 유대인들은 영적 이스라엘을 가리키고 있다고 할 수 있다.

28b에서 "조상들을 인하여"디아 투스 파테라스는 조상들 때문에because of를 의미한다. 그러나 이 표현이 랍비문학에서 말하는 조상들이 쌓은 덕을 인하여를 가리키는 것이 아니다.[2876] 또는 이들이 조상들과 가진 혈연관계를 의미하는 것도 아니다. 이는 하나님께서 아브라함과 맺으신 언약을 가리키는 것으로써 하나님께서 족장들과 맺으신 언약에 신실하심을 인하여란 뜻이다.[2877] 그 언약의 내용은 로마서 9:6-13절에서 말씀하는 약속의 자녀를 주시는 것을 가리킨다. 이는 창세기 12:1-3; 15:1-6을 배경으로 하고 있다. 그

2876 A. Marmorstein, *The Doctrine of Merits in the Old Rabbinical Literature* (London, 1920).
2877 사41:8-10; 겔36:28; 47:14.

러나 이 때문에 유대인들이 복음이외에 다른 구원의 길을 가지고 있다는 의미는 아니다. 그것은 하나님의 언약은 갈라디아서 3:16절에서 말씀하듯이 모든 자손을 가리키고 있던 것이 아니고 예수 그리스도를 가리키고 있었고 그리스도의 구속의 완성을 통해서 성취되었기 때문이다. 이로인해 그리스도를 믿는 각 사람은 아브라함의 자손으로 여김받게 되었다. 따라서 유대인들도 믿음이 없이는 약속의 자녀로 인정되지 못하게 되는 것이다. 즉 이방인들뿐 아니라 유대인들도 예수 그리스도를 믿음으로만이 아브라함의 유업을 잇는 후손으로 여김받을 수 있다.[2878] 그리고 택함받은 유대인들이 믿음으로 감람나무에 접붙임받는 것은(28b) 미래적 사건이 아니라 현재 진행되고 있는 사건이다.[2879] 바울은 28절에서 이 측면을 28a(복음에 있어서 유대인들이 하나님과 원수된 사실)와 대조함으로써 더욱 분명히 나타내고 있다.

로마서 11:29절의 접속사 갈왜냐하면은 29절의 내용이 28절의 내용을 밑받침한다는 것을 나타낸다. 즉 택함을 받은 유대인들이 하나님의 사랑을 받은 자들인 것은 "하나님의 은사와 부르심에는 후회하심이 없"기 때문이다. 여기서 은사카리스마와 부르심클레이시스은 무엇을 의미하는가. 크랜필드는 은사와 부르심을 서로 다른 것으로 구분한다.[2880] 케제만은 이 둘을 하나로 보아 "부르심의 혜택들"이라고 주석한다.[2881] 반면에 무는 부르심을 은사의 한 특별한 종류로 해석한다.[2882] 던은 이 세가지를 다 타당한 해석으로 수용한다.[2883] 이 해석들을 평가하기 위해서는 바울이 의미하는 카리스마와 부르심을 이해해야 한다. 쉬라이너는 여기서 은사들카리스마타은 로마서 9:4-5절에 열거된 은사들을 말한다고 주석한다.[2884] 즉 양자됨과 영광과 언약들과 율법을 세우신 것과 예배와 약속들과 조상들이 저희 것인 것들을 포함한다.

2878 롬2:28-29; 4:13-24; 8:14-17; 9:6; 갈3:7-29.

2879 Murray, *Romans*, II, 100; *contra* Stuhlmacher, "Interpretation," 564-65; Longenecker, "Different Answers".

2880 Cranfield, *Romans*, 581; Morris.

2881 Käsemann; Calvin.

2882 Moo; Michel.

2883 Dunn, *Romans*, 686.

2884 Schreiner; Osborne; Cranfield; Moo; Morris; Dunn; Murray; Sanday and Headlam; Stott; Käsemann; Stuhlmacher.

그러나 바울이 29절에서 은사를 민족적 개념으로 사용하는지는 확실하지 않다. 만일 여기서 은사가 민족적 개념의 은사라면 이 민족적 개념의 은사들이 영원히 혈통적 유대인들에게 주어져 있다는 것은 바울이 29절에서 의도한 의미라고 볼 수 없다. 왜냐하면 로마서에서 바울은 예수님을 믿는 관점에서 하나님의 백성을 "약속의 자녀들"로 영적으로 규정하고 있기 때문이다. 따라서 여기서 은사는 구속적 개념이라고 볼 수 있다. 바울은 명사 카리스마은사를 로마서 1:11; 5:15, 16; 6:23; 12:6절에서 구속적 개념으로 사용하고 있다. 그리고 28-32절에서 바울은 택하신 유대인들의 구속의 확실성을 강조하고 있다. 이 점에서 29절의 은사는 구속과 관계된 은사고 택함받은 이방인들이 받은 은사와 일치하는 개념으로 볼 수 있다.

어떤 학자들은 부르심클레이시스도 민족적 개념으로 이해한다.[2885] 즉 하나님께서 유대인들을 하나님과 특별한 관계를 가지고 구속사에 있어서 특별한 역할을 하도록 하나님의 특별한 백성으로 부르셨다는 것이다. 부르심에 기능적 부르심의 개념이 있는 것은 사실이다. 그러나 바울이 29절에서 부르심을 기능적 부르심의 의미로 사용하고 있는지는 불확실하다. 왜냐하면 바울은 26-32절에서 하나님께서 그 백성들의 죄를 사해주시고 구원받게 하실 것이라는 점을 강조하고 있다. 그런데 여기서 부르심을 민족적 부르심으로 해석하면 모든 유대인들은 자동적으로 구원받도록 부르심을 입은 민족이라는 뜻이 된다. 이는 로마서 11:8-11절과 직접적으로 상충되는 해석이다. 따라서 여기서 부르심은 로마서 8:30절의 부르심과 연결된 개념이라고 할 수 있다.[2886] 즉 하나님의 부르심은 그 택하신 백성을 구원받도록 부르신 것이고 이 점에서 변함이 없으시다는 것이다. 이 부르심은 내적 부르심internal calling이라고 할 수 있고 28b의 사랑받은 유대인 즉 영적 유대인의 부르심을 가리키는 것이다. 이 해석을 채택하면 "은사들"은 26-28절에 열거된 축복들을 가리킨다고 볼 수 있다. 즉 구원을 위한 하나님의 택하심, 죄사함을 받음, 하나님의 사랑을 입음이다. 부르심은 이러한 영적 축복을 받아 누리도록 세

2885 Cranfield; Hultgren; Schreiner; Fitzmyer.
2886 고전1:26; 7:20; 엡1:18; 4:1, 4; 빌3:14; 살후1:11; 딤후1:9; 히3:1; 벧후1:10; Cranfield, *Romans*, 581.

상으로부터 불려진 은사를 가리킨다고 할 수 있다. 이 점에서 29절의 "은사들과 부르심"은 로마서 8:29-30절에 열거된 모든 구속적 축복들과 같은 개념이라고 할 수 있다.

형용사 아메타멜레이타는 후회하심이 없다는 뜻이다. 이는 하나님께서 약속하신 것을 폐기하지 않으신다는 뜻이다. 이는 법적 개념으로 볼 수도 있지만[2887] 하나님의 속성중 그 영원불변하심immutability을 가리키는 개념이다. 크랜필드는 이와 함께 성경에서 하나님의 슬퍼하심후회하심을 나타내는 구절들을 상기시키며 하나님께서 사울의 죄를 슬퍼하시고 그를 버리신 것(삼상15:35; 렘18:10)과 이스라엘의 불순종을 슬퍼하시고 벌하시는 것(삼하24:16; 렘18:8; 욜2:13)은 개념상 다른 것이라고 해석한다.[2888] 그러나 이 해석은 성경신학적으로 뒷받침되기 어려운 해석이다. 그리고 로마서 11:29절은 8-10절과 연결해서 해석하는 것이 문맥에 맞다. 즉 하나님께서는 에서를 그 모태에서 출생하기 전부터 미워하셨듯이택하지 않으셨듯이 어떤 유대인들은 진노의 그릇으로 지으셨다. 그리고 이방인 택자들을 감람나무에 접붙이시기 위해서 이 유대인들에게 혼미한 심령과 보지 못할 눈과 듣지 못할 귀를 주셨다. 그러나 반대로 야곱을 그 모태에서 나기전부터 사랑하셨듯이 어떤 유대인들은 긍휼의 그릇으로 지으시고 이방인들의 구원을 통해 시기나게 하셔서 저들도 예수님을 믿고 감람나무에 접붙임받도록 하셨다. 이들은 하나님의 사랑을 받은 유대인들이고 이 점에서 언약의 백성 즉 약속의 자녀를 부르시겠다는 아브라함과 맺으신 언약을 그리스도를 통해서 성취하셨다. 이 점에서 하나님의 은사와 부르심은 폐기되지 않았다는 것을 알 수 있다.

로마서 11:30절의 접속사 갈왜냐하면은 앞 절에 대한 설명을 도입한다: "너희가 전에 하나님께 순종치 아니하더니 이스라엘의 순종치 아니함으로 이제 긍휼을 입었는지라". 호우스페르just as는 31절의 후토우스 카이so로 결론이 난다. 바울은 30절과 31절에서 수사적 병렬법을 사용해서 11-29절에서 서술했던 택함받은 유대인과 이방인들의 구원의 상호 전진을 반복 요약하고

2887 Munck, *Christ and Israel*, 138-39; Schreiner.
2888 Cranfield, *Romans*, 582.

있다. 30절의 "너희"후메이스는 이방인 신자를 가리키고 투토운이들과 대조되고 있다. 여기서 바울은 전에 이방인들이 하나님께 불순종했지만 지금 순종하게 되었다고 말씀하지 않고 지금 긍휼을 입었다고 말씀한다. 이는 구원이 하나님의 주권적 긍휼에 바탕을 두고 있다는 것을 나타낸다.[2889] 즉 구원받은 이방인들은 하나님께서 긍휼의 그릇으로 택하셨기 때문에 구원받은 것이다. 여기서 포테전에와 눈지금의 대조는 구속사적 관점에서 이방인들이 하나님 은혜 밖에 있던 구시대에서 그의 은혜의 새시대로 들어온 것을 나타낸다. 그리고 동시에 이는 이방인 개개인이 회심을 통해서 구시대에서 새시대로 옮겨진 사실도 포함한다.[2890] 여기서 여격 테이 투토운 아페이쎄이아이들의 불순종으로를 어떻게 해석해야 하는가. 어떤 학자들은 이를 인과적 여격causal dative으로 보고 유대인들이 불순종했기 때문에 이방인들이 하나님으로부터 긍휼을 입게 되었다고 해석한다.[2891] 그러나 터너는 이를 시간적 여격temporal dative으로 보고 유대인들이 불순종할 때 이방인들이 긍휼을 입게 되었다고 해석한다.[2892] 그러나 크랜필드는 이를 도구적 여격instrumental dative으로 본다.[2893] 필자는 이를 인과적 여격으로 보는 것이 바울이 11-29절에서 말씀하는 택함받은 유대인과 이방인의 구원의 상호 전진과 일치하는 의미라고 본다. 즉 하나님께서 유대인들의 마음을 강퍅하게 하신 것은 이방인 택자를 부르시는 바탕이 되고 있다.

로마서 11:31절의 "후토우스 카이"는 30절의 종절을 도입한다: "이와 같이 이 사람들이 순종치 아니하니 이는 너희에게 베푸시는 긍휼로 이제 저희도 긍휼을 얻게 하려 하심이니라". 여기서 바울은 유대인의 구원에 초점을 맞추며 30절에서 서술한 이방인의 구원과 병렬시키고 있다. 즉 전에 이방인들이 하나님께 불순종한 것과 같이(30a) 유대인들은 지금눈 불순종하고 있다(31a). 그것은 저들이 지금 유대인들의 불순종을 인해서 긍휼을 입은 것같이

2889 Morris, *Romans*, 425.
2890 *contra* Moo.
2891 Morris; Fitzmyer; Wilckens; Schreiner; Käsemann.
2892 Turner, *Grammar*, 243; Moule, *Idiom Book*.
2893 Cranfield, *Romans*, 584.

(30b) 그들도 지금 긍휼을 얻게 하기 위해서이다(31b). 여기서 해석의 논쟁점은 여격 토우 후메테로우 엘레에이너희에게 베푸시는 긍휼로가 (i)그 앞의 동사 불순종하다에이페이쎄이산를 수식하는가 아니면 (ii)그 뒤에 히나을 위하여절의 끝에 있는 동사 긍휼을 얻다엘레에이쏘우신를 수식하는가이다. 대다수의 학자들은 후자의 해석(iii)을 채택한다.[2894] 그 이유는 첫째, 후자의 해석은 30절과 31절의 병렬관계를 잘 살려준다. 즉 너희와 그들, 전에는과 지금, 불순종했다와 불순종했다, 지금과 지금, 긍휼을 입다와 긍휼을 얻다가 병렬된다. 그리고 30b의 여격 "그들의 순종하지 아니함으로"는 긍휼을 입다를 수식한다. 따라서 이 병렬관계가 존속되려면 31a의 여격 "너희에게 베푸시는 긍휼로"가 31b의 긍휼을 얻다를 수식하는 것으로 이해해야 한다. 둘째, 이 해석은 11절의 내용과 일치한다. 즉 유대인들이 실족함으로써 이방인들이 믿음으로 구원을 얻게 되었다. 그리고 이로 말미암아 유대인들이 시기나서 예수님을 믿고 구원 얻게 된다. 이와 마찬가지로 31절에서도 유대인들이 지금 불순종하는 것은 이방인들에게 베푸신 긍휼로 말미암아 저희도 긍휼을 얻게 하려는 것이다. 셋째, "너희에게 베푸시는 긍휼로"를 히나절 끝에 있는 동사를 수식하면서도 히나절 앞에 둔 것은 이 어구를 강조하기 위해서다.[2895]

그러나 전자의 해석(i)을 채택하는 학자들은 다음의 이유를 제시한다.[2896] 첫째, 유대인들은 지금 너희에게 긍휼을 베푸시기 위해 불순종하고 있다고 표현해도 11절이하에서 바울이 주는 가르침과 일치한다. 즉 그들의 넘어짐이 세상의 부요함이 된다(12절). 저희를 버리는 것이 세상의 화목이 된다(15절). 가지들이 꺾이운 것은 이방인들로 접붙임받게 하려는 것이다(19절). 둘째, 구문론적으로 "너희에게 베푸시는 긍휼로"는 히나절 끝에 있는 동사 긍휼을 얻다보다 바로 그 앞의 불순종하다를 수식하는 것으로 보는 것이 자연

2894 NIV; RSV; KJV; NRSV; NASB; NJB; Sanday and Headlam; Munck, *Christ and Israel*, 140; Bell, *Provoked to Jealousy*, 148; Cranfield; Godet; Michel; Fitzmyer; Murray; Boylan, *Romans*, 186-87; A. Feuillet, "L' espérance de la 'conversion' d' Israël en Rm11,25-32: L' Interprétation des versets 26 et 31," in *De la Tôrah au Messie: Études d' exégèse et d' herm?neutique bibliques offertes à Henri Cazelles . . .* (ed. M. Carrez et al. Paris: Descl?e, 1981) 487-91; Stott.

2895 행19:4; 고후2:4; 갈2:10; 골4:16; Cranfield, *Romans*, 583-84.

2896 GNB; Barrett; Schreiner; Moo; Kuss; Osborne; Käsemann; Dunn; Müller, *Gottes Gerechtigkeit*, 47; Wilckens; Schlier; Zeller.

스럽다. 셋째, 전자의 해석은 30b와 31a에 존재하는 교차평행법chiasm을 존속시킨다. 즉 그들의 불순종으로(a) 너희는 긍휼을 입었다(b)는 너희에게 베푸시는 긍휼로 인해(b') 그들은 불순종했다(a')와 교차대조되고 있다. 이와 같은 이유 이외에 필자는 31절의 구조가 11절의 구조와 병렬되고 있는 점에서 전자의 해석을 따른다. 즉 11절에서 유대인의 실족과 이에 따른 이방인 구원 그리고 그 결과 따라오는 유대인의 구원이라는 구조는 31절에서 유대인의 불순종과 이방인에 대한 긍휼 그리고 그 결과 따라오는 유대인에 대한 긍휼의 구조와 일치한다.

31b는 부사 눈지금을 포함하고 있다. 이 단어를 포함하지 않는 고대사본 때문에 이 단어가 원래 31절에 존재했었는지에 대해 논쟁이 있어왔다. 필자는 "지금"이 이 절에 원래 있었다고 생각한다. 그것은 시내사본 등 믿을 만한 고대 사본이 이 단어를 포함하고 있고 이 단어가 다른 사본에 빠져 있는 것은 필경사가 이 단어를 고의로 생략했을 가능성이 크기 때문이다.[2897] "지금"이 31b에 원래 있었다고 보면 유대인들은 지금 긍휼을 얻는다는 의미가 된다.[2898] 이로써 장차 예수님 재림 때 긍휼을 얻게 된다는 의미가 약화된다. 그래서 어떤 학자들은 이는 바울이 예수님의 임박한 재림을 믿고 있었던 증거라고 주석한다.[2899] 그러나 배렛은 부사 "지금"이 바울이 당시에 모든 유대인들이 구원을 받게 되리라고 믿고 있었다는 것을 말하지는 않는다고 말하면서 대규모의 유대인의 구원이 미래적인 사건임은 변함이 없다고 생각한다.[2900] 무는 여기서 "지금"은 문자적으로 현재가 아니라 유대인들이 "언제라도"at any time 긍휼히 여기심을 받게 된다는 것을 의미한다고 주석한다.[2901] 그러나 "지금"을 종말적 "지금"으로 규정하는 것은 본문의 문맥에서 "지금"이 의미하는 것을 희석할 수 있다. 즉 31a에서 지금은 과거시제 동사 불순종하다를 수식하고 있다. 이는 유대인들이 과거로부터 지금까지 불순종해온

2897 Morris; Cranfield; Michel; Fitzmyer; Barrett; Käsemann; Moo; Schreiner; Dunn.

2898 D. Judant, "À propos de la Destinée d' Israël: Remarques concernant un verset de l' épître aux Romains XI, 31," *Divinitas* 23 (1979) 111-25.

2899 Käsemann; Michel; Dunn.

2900 Barrett; Hultgren.

2901 Moo; Schreiner; Osborne.

것 전체를 가리키고 있다.[2902] 바울은 이 점과 병렬시켜 31b에서 "지금"을 삽입함으로써 유대인들이 긍휼히 여김을 받는 것의 현재적 시점을 강조하고 있다. 다시 말해 유대인들이 긍휼히 여김을 받는 것은 언제라도 일어날 수 있는 불확정의 사건이 아니라 유대인들이 현재 불순종하는 것과 병렬해서 현재 진행되고 있는 사건임을 나타내고 있다. 이 해석이 옳다면 26절의 "온 이스라엘"의 구원도 장차 있을 사건이 아니라 이미 바울 당시 현재 진행되고 있는 사건임을 알 수 있다. 아니면 바울은 택함받은 유대인들의 구원이 최소한 자신의 시대에 이미 시작된 사건임을 나타내고 있다.[2903]

로마서 11:32절의 접속사 갈왜냐하면은 32절의 내용이 30-31절의 내용을 믿받침한다는 것을 나타낸다. 30절은 이방인의 불순종과 유대인의 불순종을 31절은 유대인의 불순종을 서술하고 있다. 32절은 이 불순종의 배후에 하나님의 주권적 섭리가 있음을 설명하고 있다. 즉 "하나님이 모든 사람을 순종치 아니하는 가운데 가두어 두심은 모든 사람에게 긍휼을 베풀려 하심이다." 여기서 순에크레이센가두다은 물고기를 그물에 가둔다는 의미의 "가두다"를 의미한다(눅5:6). 갈라디아서 3:22-23절에서 바울은 성경이 온 세상을 죄아래 가두었다고 말씀한다(출14:3; 수6:1). 이는 로마서 1:24, 26, 28절에서 바울이 하나님께서 불경건한 사람들을 그 죄악속에 던져넣으셨다고 하신 말씀을 상기시킨다. 여기서 모든 사람투스 판타스은 이 세상 모든 사람을 의미하지 않는다는 것이 분명하다. 왜냐하면 바울은 5-7절에 하나님께서 바알에게 무릎을 꿇지 않은 칠천인을 남겨 놓으셨다고 말씀하고 있다. 그리고 하나님께서 이스라엘인인 바울 자신도 버리시지 않고 남겨 놓으셨다. 이 관점에서 보면 "모든 사람"은 로마서 1:18절 이하에서 서술하는 하나님을 떠난 불경건한 사람을 의미한다고 볼 수 있다. 30-31절에서 볼 수 있듯이 이 사람들은 불의하고 불경건한 모든 유대인들과 이방인들을 가리킨다. 하나님께서 이 "모든 사람들"을 순종치 아니하는데 가두어 두셨다는 것은 이들이 자신의 의지와 능력으로 이 불순종의 상태를 벗어날 수 없다는 것을 말한다.

2902 BAGD, 545; Moule, *Idiom Book*, 13; Moo, *Romans*, 734.
2903 Käsemann; Stuhlmacher; Michel.

이들이 이 불순종의 상태를 벗어나 복음에 순종하기 위해서는 하나님께서 성령을 통해서 그들의 마음에 사랑을 부어주셔야만 한다(롬5:5-6; 고후 4:6). 하나님께서 아담의 원죄하에 있는 모든 사람들을 불순종가운데 가두어 두신 데는 그 목적이 있다. 그것은 그 모든 사람들에게 긍휼을 베풀려하심이다. 어떤 학자는 여기서 바울은 보편 구원론salvific universalism을 말씀하고 있다고 주석한다.[2904] 즉 하나님께서 모든 개개인에게 긍휼을 베푸신다는 것은 모든 개개인을 구원시키신다는 것을 의미한다는 것이다. 그러나 이 해석은 누구든지 예수를 믿는 자를 의롭다하신다는 말씀과 모순된다(롬3:25). 오히려 하나님께서 모든 사람들에게 긍휼을 베푸시려하신다는 말씀은 로마서 9:15-23절 말씀과 연관해서 해석되어야 한다. 하나님께서는 모든 사람에게 긍휼을 베푸시는 것이 아니다. 오직 그 기쁘신 뜻대로 택하신 사람들에게 긍휼을 베푸시는 것이다. 그리고 그 마음을 강팍하게 하시기 원하시는 자들을 강팍하게 하신다(롬9:18). 이는 로마서 11:8절 말씀과 관계된다. 즉 하나님께서 불의한 유대인들에게 혼미한 심령과 보지 못할 눈과 듣지 못할 귀를 주셨다. 그것은 이방인들을 부르시기 위해서다(롬11:11, 25, 30). 그리고 이 과정을 통해 유대인 택자들에게 긍휼을 베푸시기 위해서다(롬11:11-12, 14-15, 24-28, 31-32). 하나님께서 누구를 불순종에 가두셨다는 사실은 우리를 우울하게 만들수도 있는 가르침이다. 어떤 자와 같이 그러면 하나님께서 우리를 왜 허물하시는가 물을 수도 있다(롬9:19). 그러나 바울이 이 가르침을 주는 것을 주저하지 않는 것은 우리의 구원은 전적으로 하나님의 은혜로 되어졌다는 것을 강조하기 위해서다. 이와 동시에 하나님의 자비는 누구에게나 열려 있다. 우리가 하나님의 자비의 대상을 마음대로 규정하려는 것은 월권이다.

일세기에 선민의식 속에 취해있던 유대인들은 하나님께서 오직 유대인들만 사랑하신다고 믿었을 것이다. 이들중에는 회심한 후에도 이방인들에 대한 우월의식을 떨치지 못하고 있었을 수도 있다. 로마서 14장 말씀에 볼 수

2904 Alford; Meyer; Dodd; O' Neill.

있듯이 로마교회내 유대인 신자들은 이방인 신자들을 판단하기를 주저하지 않았다. 이에 대해 바울은 유대인 신자들도 믿음으로 하나님의 영적 백성이 된 것은 전적으로 하나님의 긍휼을 입었기 때문이라는 것을 상기시키고 있다. 따라서 히나을 위하여절의 "모든 사람에게 긍휼을 베풀려 하심"이다에서 "모든 사람"은 예외없이 누구나가 아니라 차별없이 누구나를 의미한다.[2905] 즉 하나님께서는 유대인이나 헬라인 차별없이 모든 택자들에게 긍휼을 베푸신다는 것이다.[2906] 이 말씀은 로마서 5:19절과 연결된다: "한 사람의 순종치 아니함으로 많은 사람이 죄인 된 것 같이 한 사람의 순종하심으로 많은 사람이 의인이 되리라". 여기서 많은 사람호이 폴로이은 로마서 5:18절의 판타스모든 사람와 병렬되고 있고 로마서 11:32절의 투스 판타스그 모든 사람와도 병렬된다. 이는 수사법의 하나인 제유법synecdoche이라고 할 수 있다. 즉 하나님의 긍휼이 임하는 사람들은 모든 사람들이 아니라 예수 그리스도를 주님으로 믿고 고백하는 사람들을 가리키고 있다(롬10:9-10).

(6) 측량할 수 없는 하나님의 지혜를 찬양(롬11:33-36)

로마서 11:33-36절은 로마서 9-11장의 결론에 해당한다.[2907] 이와 동시에 그 찬양시의 관점에서 로마서 8:31-38절과 병렬된다. 피츠마이어는 33-36절이 로마서 1:16-11:36절의 결론도 된다고 생각한다.[2908] 로마서 1-11장이 구속사 전체에 역사하는 하나님의 구원의 계획의 성취 과정을 서술하고 있다고 보면 33-36절에서 하나님의 크고 오묘한 지혜와 지식에 대한 찬양은 로마서 1-11장에 서술된 하나님의 우리를 위한 구속의 역사의 내용 전체에 걸린다고 볼 수 있다. 그리고 로마서 9-11장에서 서술하는 유대인과 이방인 택자들의 구원의 상호 작용은 전체 구속사에서 하나님의 구원의 계획이 이뤄지는 원리를 미시적으로 보여주는 부분이라고 할 수 있다. 이렇게 보면 피

2905 Schreiner, *Romans*, 629; Byrne, Romans, 353; Calvin; Bruce; Murray.
2906 A. Schweitzer, *The Mysticism of Paul the Apostle* (New York, 1931) 185.
2907 Schreiner; Murray; Cranfield; Schlier; Käsemann.
2908 Fitzmyer; Bruce; Osborne.

츠마어어의 분석은 타당성이 있다고 볼 수 있다. 하나님께서 모든 사람들을 순종치 않는데 가두어 두신 것은 모든 사람에게 긍휼을 베풀려하심이다. 이는 택자들의 구원에 있어서 하나님의 주권적 선택의 자유가 그 바탕이 되고 있다는 것을 잘 묘사한다. 바울은 이에 대해 시로써 찬양을 드리고 있다. 아무도 유대인의 강퍅하게 됨이 이방인의 구원을 야기하고 이는 다시 택함받은 유대인들의 회심으로 이루어지는 상호작용을 상상도 할 수 없었다. 그러나 하나님께서는 이 비밀을 바울을 통해서 계시하셨다(롬11:25절). 이에 바울은 하나님의 측량치 못할 지혜를 찬양함에 있어서 세 가지의 감탄(33절)과 세 가지의 수사적 질문(34-35절), 그리고 선언과 찬송의 탄성(36절)을 포함한다. 이 찬양의 시는 바울이 직접 작시한 것으로 보지 않을 이유가 없다.[2909] 하나님의 지혜의 바쏘스깊음는 고린도전서 2:10절, 지식그노우시스은 고린도전서 2:16절에도 다뤄지고 있다. 또 구약의 욥기에도 바울이 이 문단에 포함하는 주제가 집중적으로 나타난다.[2910] 이 점에서 바울은 구약, 계시문학, 지혜의 전통, 헬라유대주의 등에 나타난 개념들을 사용해서 이 시를 작시했을 것으로 생각할 수 있다.[2911]

로마서 11:33절에서 하나님께 대한 찬양은 감탄사로 시작한다: "깊도다 하나님의 지혜와 지식의 부요함이여 그의 판단은 측량치 못할 것이며 그의 길은 찾지 못할 것이로다". "오우"오는 감탄사로써 하나님께 대한 경외를 나타낸다. 경외의 이유는 바쏘스깊음다. 그리고 그 뒤에 이를 수식하는 단어 세 개가 따라온다. 즉 하나님의 부요함과 지혜와 지식이다. 여기서 지혜와 지식이 플루투부요함에 걸린다고 보면 "지혜와 지식의 부요함의 깊이"가 된다.[2912] 쉬라이너는 이 해석을 지지하면서 플루투부요함를 절대적 의미즉 하나님의 무한한 자원로 보는 것은 부자연스럽다고 본다. 그것은 바울이 그 서신에서 플루투를

2909 Moo; Dunn; Cranfield; Schreiner; Osborne; Stuhlmacher; Morris; Fitzmyer.

2910 지혜(욥28); 판단(욥40:8); 측량할수없음(욥5:9; 9:10; 13:9; 28:27); 길(욥21:14; 26:14; 28:13, 23); Dunn, *Romans*, 698.

2911 G. Bornkamm, "Praise of God: Romans 11.33-36," *Early Christian Experience*, 105; Moo, *Romans*, 740-41; E. Norden, *Agnostos Theos* (Leipzig and Berlin, 1913) 240; G. Harder, *Paulus und das Gebet* (Gütersloh, 1936) 51-55; Cranfield, *Romans*, 589.

2912 KJV; NIV; NASB; Calvin; Godet; Fitzmyer; Schreiner; Moffatt; Lenski.

사용할 때 보통 그 내용을 명시하기 때문이다.[2913] 그러나 33절에는 플루투의 내용이 명시되어 있지 않다. 이 해석에 의하면 플루투 뒤에 오는 접속사 카이는 both둘 다로 번역하게 된다. 그러나 플루투부요함와 소피아스지혜와 그노우쎄오우스지식를 등가어로 보면 우리는 이 어구를 "하나님의 부요와 지혜와 지식의 깊이"로 번역할 수 있다.[2914] 그 이유는 플루투부요함의 내용이 로마서에 많이 언급되어 있기 때문이다.[2915] 이를 31-32절과 연결해서 보면 하나님의 부요하심은 그 자비와 친절함의 부요함을 가리키는 것으로 볼 수 있다. 플루투부요함를 지혜나 지식의 등가어coordinate word로 볼 수 있는 또 다른 이유는 이 세 단어가 의미하는 바가 34-35절에 병렬되어 있다고 보는 것이다.[2916] 즉 지식은 "누가 그 마음을 알았느뇨", 지혜는 "누가 그의 모사가 되었느뇨", 지식은 "누가 주께 먼저 드려서 갚으심을 받겠느뇨"와 연결된다는 것이다. 그러나 33a와 34-35절 사이에는 33b(그의 판단은 측량치 못할 것이며 그의 길은 찾지 못할 것이로다)가 있기 때문에 이 병렬법은 인위적 해석으로 보인다.[2917] 모리스는 위 두 해석 모두 다 가능한 해석으로 본다.[2918] 그러나 필자는 후자의 해석이 더 낫다고 본다. 그것은 첫번째 접속사 카이를 "둘 다"both로 두 번째 카이를 "그리고"and로 번역하는 것은 부자연스럽기 때문이다. 여기서 카이는 모두 "와/과"and, also로 번역하는 것이 문법적으로 자연스럽다.[2919]

여기서 하나님의 지혜는 인류의 구원을 위한 계획에 있어서의 지혜를 의미한다고 할 수 있다(고전1:17-2:16; 엡3:10). 이는 25-27절에 밝혀진 "비

2913 영광의 부요함(롬9:23; 엡1:18; 3:16; 빌4:19; 골1:27); 자유의 부요함(고후8:2; 딤전6:17); 은혜의 부요함(엡1:7); 선함의 부요함(롬2:4); 그리스도의 부요함(엡3:8); 확신의 부요함(골2:2); Moo, Romans, 741; Schreiner, *Romans*, 632-33.

2914 NRSV; TEV; REB; Stott; S-H; Kuss; Moo; Wilckens; Osborne; Cranfield; Dunn; Käsemann; Barrett; Murray.

2915 친절함, 관용, 인내의 부요함(롬2:4); 영광의 부요함(롬9:23); 모든 사람을 부르시는 부요함(롬10:12); Stott, *Romans*, 310.

2916 Moo; R. Deichgräber, *Gotteshymnus und Christushymnus in der frühen Christenheit* (Göttingen: Vandenhoeck & Ruprecht, 1967) 62; Wilckens, *TDNT*, 7:518; Murray; Bornkamm, "Faith and Reason", 107; Käsemann; Fitzmyer.

2917 Schreiner, *Romans*, 633; Cranfield, *Romans*, 590.

2918 Morris, *Romans*, 427-28.

2919 Fitzmyer, *Romans*, 634.

밀"mystery과 관련이 있다. 즉 앞서 우리가 본 유대인의 넘어짐과 이방인의 구원 그리고 이로 말미암은 유대인의 구원의 메커니즘이다. 지혜는 하나님의 지식과 밀접한 관계가 있다. 여기서 지식은 로마서 11:2절의 "미리 아심"과 연결되어 있다고 할 수 있고 이는 그 사랑하신 자들을 미리 아시고 택하신 행위를 나타낸다고 할 수 있다. 이를 민족적 이스라엘을 택하신 것으로 보는 것은[2920] 30-32절이 유대인과 이방인의 구원 모두를 언급하는 문맥과 맞지 않는 해석이다. 그리고 바울이 33-36절의 찬양시에서 하나님께서 유대인들에게 하신 것에 국한해서 찬양을 올린다고 보는 것은 그가 여기서 연발하는 감탄의 고조를 삭감하는 해석이 된다. 따라서 하나님의 지혜와 지식과 부요하심은 모두 함께 유대인과 이방인을 포함하는 하나님의 구원의 계획을 가리키고 있다고 보는 것이 문맥에 맞는 해석이다.

33b에서 바울은 감탄조사 호우스how로 시작하면서 하나님의 판단과 길은 헤아릴 수 없다는 것을 찬양한다. 바울은 이 두 소절에서 존재계사copulative verb를 생략하고 병렬적 구문을 사용하고 있다. 즉 서술 형용사 정관사 명사 소유대명사의 구문을 반복하고 있다. 그리고 각 소절은 "안"이 그 앞에 붙은 두 단어아넥세라우네이타, 아넥시크니아스토이로 시작한다. 이 두운법은 시의 음율을 더하는 기법이다. 아넥세라우네이타는 신약에는 이곳에만 발견되는 단어로써 "헤아릴 수 없는"unfathomable을 의미한다. 바울은 이 형용사를 하나님의 판단크리마타에 연결해서 측량할 수 없는 하나님의 판단을 묘사하고 있다. 그것은 하나님의 판단이 그 깊으신 지혜와 지식에 바탕을 두고 있기 때문이다.[2921] 여기서 판단크리마은 법률적 판결심판보다는 구속사에 관계된 일들을 결정하시는 것을 의미한다.[2922] "그의 길은 찾지 못할 것이로다"도 그 앞의 소절의 내용과 같은 의미를 묘사한다. "길"호도스은 "판단"크리마과 병렬되고 있고 아넥시크니아스토이untraceable는 아넥세라우네이타unsearchable와 의미가 같다. 아넥시크니아스토이는 에베소서 3:8절에서 그리스도의 풍성하심의

2920 Dunn; Fitzmyer; Moo; Cranfield; Wilckens; Bornkamm, "Praise of God," 107.
2921 Sanday and Headlam; Dunn, *Romans*, 700.
2922 시19:10; 36:7; 119:75; Schlier; Fitzmyer; Sanday and Headlam; Osborne.

찾을 수 없음을 묘사한다. 그리고 칠십인역의 욥기 5:9; 9:10; 34:24절에서도 사용되고 있다. "길"과 "판단" 이 두 단어는 칠십인역 시편 9:26절에도 함께 사용되고 있다. 로마서 11:33절에서 이 두 단어는 다같이 택자 구원의 메커니즘과 관계된 개념으로 사용되고 있다.[2923] 즉 하나님께서 모든 사람을 순종치 아니하는 가운데 가두어 두시고 모든 사람에게 긍휼을 베풀려 하신 그 길/판단은 헤아릴 수 없는 길인 것이다.

로마서 11:34절의 접속사 갈왜냐하면은 34절의 내용이 33b의 내용을 뒷받침하고 있다는 것을 나타낸다: "누가 주의 마음을 알았느뇨 누가 그의 모사가 되었느뇨". 즉 하나님의 길과 판단을 측량할 길이 없는 것은 우리가 하나님의 마음을 알 수 없기 때문이다. 바울은 34-35절에서 세 가지의 수사적 질문을 던지면서 부정의 대답을 유도한다. 첫째 질문 "누가 주의 마음을 알았느뇨"는 칠십인역 이사야 40:13절로부터 직접 인용한 문장이다. 그러나 바울은 이사야 40:13절의 관계대명사절 "그를 가르쳤으랴"호스 숨비바 아우톤를 34절에 포함하지 않고 그 대신 이를 고린도전서 2:16절에는 포함하고 있다. 반면에 고린도전서 2:16절에는 "누가 그의 모사가 되었느뇨"가 빠져있다. 이로써 우리가 주의 마음을 알수 없음과 우리가 그리스도의 마음을 가졌음을 대조하고 있다. 이 점에서 고린도전서 2:16절은 로마서 11:34절을 해석하는데 중요한 신학적 문맥을 제공하고 있다.[2924] 첫째, 우리가 주의 마음을 알지 못한다는 것은 우리가 구속사적으로 성취되어 온 주님의 구원의 계획의 세부 사항을 알지 못한다는 것이다. 이는 일반적 불가지론과는 다르다. 따라서 이는 로마서 1:19-20절에서 바울이 자연계시를 통해 우리가 하나님을 알 수 있다고 가르치는 것과 모순되지 않는다. 둘째, 우리가 비록 하나님의 구원의 계획의 세부사항을 알지 못하지만 계속 이에 대해 무지한 채로 있는 것이 아니라는 것이다. 그것은 우리가 성령을 통해 그리스도의 구속의 완성과 택자 구원의 성취에 대해 알게 되었기 때문이다. 셋째, 하나님의 택자 구원에 대한 계획은 전적으로 하나님께 속한 비밀mystery이라는 사실이다. 이는

2923 contra Murray; Schreiner.
2924 Schreiner, *Romans*, 636.

우리의 구원이 전적으로 하나님의 주권적 은혜에 바탕을 두고 있다는 것을 밝혀준다.

로마서 11:35절은 세 번째 수사적 질문을 포함하고 있다: "누가 주께 먼저 드려서 갚으심을 받겠느뇨". 이 구절은 욥기 41:3절로부터 인용한 것이다. 그러나 이는 칠십인역과 매우 다르고 히브리성경하늘의 모든 것이 내게 속했으니 누가 내가 그에게 갚기를 기대했겠는가과 가깝다.[2925] 따라서 바울이 히브리성경으로부터 직접 번역했을 수도 있고[2926] 아니면 그가 가지고 있던 다른 헬라어구약성경으로부터 인용했을 수도 있다.[2927] 아니면 바울이 여기서 욥기 35:7; 41:1을 간접적으로 언급하고 있다고 볼 수도 있다.[2928] 프로디도우미는 신약에 하팍스로써 "미리 주다" 혹은 "미리 지불하다"를 의미한다. 그리고 안타포디도우미는 "갚다" 혹은 "돌려주다"를 의미한다(눅14:14; 살전3:9). 여기서 바울은 아무도 하나님께 미리 드려서 갚으심을 받을 수 없다는 것을 강조하고 있다. 이는 먼저 선행을 함으로써 하나님께서 은혜를 주시도록 할 수 없다는 뜻도 포함한다고 볼 수 있다.[2929] 그러나 본문의 문맥에서 하나님의 지혜와 지식의 오묘막측함이 주제라는 관점에서 볼 때 바울이 여기서 강조하는 것은 아무도 하나님께 지혜나 조언을 드려 하나님의 계시를 상급받을 수 없다는 의미라고 할 수 있다.[2930] 즉 하나님의 구원에 대한 계시는 하나님께서 우리에게 밝히시는 정도만 우리가 알 수 있다는 뜻이다. 하나님은 누구에게도 그 지혜와 능력에 있어서 빚을 지고 계시지 않는다. 하나님께서는 자신의 지혜와 능력으로 택자의 구원을 계획하셨고 성취하시고 계시는 것이다.

로마서 11:36절의 접속사 호티왜냐하면는 36절이 34-35절의 내용을 설명하고 있다는 것을 나타낸다: "이는 만물이 주에게서 나오고 주로 말미암고 주에게로 돌아감이라 영광이 그에게 세세에 있으리로다 아멘". 즉 아무도 주께 먼저 드려서 갚으심을 받을 수 없는 이유는 "만물이 주에게서 나오고 주

2925 Schreiner, *Romans*, 636.
2926 Meyer; Dunn.
2927 Michel.
2928 Hultgren.
2929 Fitzmyer, *Romans*, 635; Dunn, *Romans*, 701.
2930 Schreiner, *Romans*, 636-37; Osborne.

로 말미암고 주에게로 돌아감이다". 여기서 바울은 세 개의 전치사를 사용하고 있다: "부터"에크, "통하여"디아, "에게로"에이스. 이는 하나님께서 창조주Creator이시며, 유지하시는 분Sustainer이시며, 지배자Ruler시라는 것을 나타낸다. 신에 대한 이러한 묘사는 스토아철학이나 파일로의 글에도 흔히 발견된다.[2931] 그러나 바울이 스토아철학에 내재된 다신론을 빌리고 있다고 할 수 없다.[2932] 따라서 우리는 바울이 헬라유대주의를 통해서 접한 문학적 형태를 사용해서 구약이나 유대주의에 내재된 신론을 표현한 것으로 볼 수 있다. 여기서 언급된 세 가지 요소를 바탕으로 바울이 여기서 삼위일체론을 묘사하고 있다고[2933] 보는 것은 타당하지 않다.[2934] 하나님으로부터 모든 것이 말미암았고엑스 아우투 예수님을 통해서(디 아우투; 시104:24; 잠3:19) 이루어졌다는 개념은 성경적이다. 그러나 만물이 성령께로 돌아간다는 개념에이스 아우톤은 성경적 표현이 아니다. 여기서 "만물"타 판타은 하나님의 창조세계 전체를 가리키며 우리를 구원하시기 위한 모든 계획도 포함하는 개념으로 볼 수 있다(고전15:28; 엡3:9; 계4:11).[2935]

만물이 하나님께 돌아간다는 것은 하나님께서 이 세상 모든 것을 창조하시고 이루셨을 뿐 아니라 이 창조의 목적이시다는 것을 나타낸다. 다시 말해 이는 만물이 드리는 모든 영광과 존귀가 하나님께 돌려져야 한다는 것을 말한다. 따라서 바울은 이 찬송시를 하나님께 영광을 돌림으로써 끝맺는다. 여기서 영광은 일반적 영광이 아니라 "그 영광"헤이 독사으로 표현되었다.[2936] 이는 바울 서신에 일관되게 사용된 표현으로써 하나님께 돌려져야 할 마땅한 영광, 혹은 태초부터 하나님께 속한 고유한 영광을 가리킨다고 할 수 있다. 이 영광을 "그에게"아우토우 돌릴 때 그 분은 삼위일체 하나님을 가리킨다고 볼 수 있다. 바울은 고린도전서 8:6절에서 만물이 아버지 하나님과 주 예수

2931 Pseudo-Aristotle, *De Mundo* 6; Philo, *Spec. Leg.* 1.208; Marcus Aurelius, *Medit.* 4.23; Dunn, *Romans*, 701.

2932 Moo; Schreiner; Barrett; Bornkamm, "Faith and Reason", 108; Cranfield.

2933 Olshausen.

2934 Schreiner; Morris; Moo; Cranfield; Sanday and Headlam.

2935 Käsemann, *Romans*, 321.

2936 롬16:27; 갈1:5; 엡3:21; 빌4:20; 살후4:18; 히13:21; 벧전4:11; 벧후3:18; 계1:6; 5:13; 7:12; 19:1; 21:23.

그리스도에게서 말미암았다고 말씀하고 골로새서 1:16-17절에서는 만물이 예수 그리스도를 위해서 창조되었다고 말씀한다. 따라서 예수 그리스도도 아버지 하나님과 함께 영광을 받으시기에 합당하시다. 이는 요한계시록 5장에서 천군천사들이 성도들과 함께 희생제물이 되신 어린양께 드리는 영광을 통해서 확인된다. 그 영광은 영원하신 영광으로써 누구에게도 빼앗기지 않으실 영광이다. 이 절의 마지막 단어인 "아멘"은 보통 예배시에 성도들이 화답으로 말씀하는 단어이다. 여기서 바울은 하나님께 영광을 돌리며 아멘으로써 마침으로써 자신이 하나님께 돌리는 영광이 말씀대로 그대로 이루어질 것에 대한 확신을 표시한다. 이로써 로마서 1-11장에서 바울이 서술한 하나님의 구속의 계획과 그리스도를 통한 그 완성 그리고 모든 택자 구원의 성취에 대한 결론이 하나님께 대한 영원한 찬송으로 끝맺는다. 하나님께서 우리를 구원해 주신 것은 우리로 하여금 하나님을 영원히 찬송하고 기뻐하도록 하시기 위함이다. 구원은 옳바른 예배를 드리기 위한 기초이다. 하나님께서는 옳바른/영적 예배자들을 불러 모으시기 위해서 그리스도를 통해서 구속을 성취하셨다. 바울은 이렇게 로마서 1-11장에서 그리스도를 통한 택자 구원의 원리를 서술한 다음 로마서 12장부터 성도들이 하나님께 드려야 될 바른 예배를 가르치고 있다.

5. 변화된 그리스도인의 삶(롬12:1-15:13)

로마서 1-11장에서 바울은 그리스도께서 우리 죄를 위해 화목제물이 되셨기 때문에 누구든지 예수를 주님으로 시인하면 구원받는다는 것을 밝히고 있다. 그러면 구원받은 성도는 어떻게 살 것인가. 바울은 이 기독교 윤리의 가르침을 로마서 12:1-15:13절에서 다루고 있다. 슈미쌀스는 로마서 12:1-15:13절이 원래 그 앞부분과 하나가 아니었고 바울이 나중에 쓴 편지였다가 로마서에 합쳐진 것이라고 주장한다.[2937] 그리고 디벨리우스도 윤리적 가르침을 담고 있는 로마서 12:1-15:13절은 신학적 논문을 담고 있는 로마서 1-11장과 직접적으로 관련성이 없다고 주장한다.[2938] 그러나 로마서 12:1절의 접속사 운그러므로이 가리키듯이 로마서 12:1절 이하는 그 앞부분의 가르침을 바탕으로 하고 있다.[2939] 내용적으로도 로마서 12:12절은 로마서 5:3-5절과 그리고 12:3, 16절은 11:20, 25절과 연결된다.[2940] 또 바울은 로마서 1:5절에 믿음에 바탕을 둔 순종을 언급하면서 이 서신을 시작하고 있고 또 이 주제를 이방인 성도들에게 강조하며 마지막으로 16:26절에서 이를 다시 상기시키면서 이 서신을 맺고 있다. 그리고 로마서 12:1-15:13절의 내용이 모든 교회에 적용될 수 있는 일반적인 청유적 내용을 포함하고 있지만 이와 동시에 로마교회가 처한 역사적 상황에 대한 윤리적 가르침을 담고 있다는 점도 이 부분이 로마서 1-11장과 원래 하나였다는 것을 말해준다. 즉 로마서 14장에서 바울은 로마교회내의 약한자와 강한자에 대해 다루고 있다. 그 내용은 고린도전서 8-10장에서 다루는 약한자와 강한자의 내용과 다르다. 또한 로마서 13:1-7절의 가르침은 로마에 살던 성도들이 직면한 문제를 직접적으로 다룬 것으로 보인다.[2941] 이 점에서 우리는 로마서 1-16장의 가르침의 내용의 통

2937 Schmithals.

2938 M. Dibelius, *From Tradition to Gospel* (New York: Scribner' s, n.d.) 238; C. H. Dodd, "The 'Primitive Catechism' and the Sayings of Jesus," in *More New Testament Studies* (Grand Rapids: Eerdmans, 1968) 11-13; R. J. Karris, "Romans 14:1-15:13 and the Occasion of Romans," in *The Romans Debate* (Ed. K. P. Donfried; Peabody, Mass.: Hendrickson, 1991) 81-84.

2939 Schreiner, *Romans*, 639; Ziesler, *Romans*, 291-92; Fitzmyer; Dunn; Cranfield; Sanday and Headlam.

2940 Dunn, *Romans*, 706.

일성과 일체성을 부인할 근거가 없다. 바울은 로마서 1-11장에서 신학적 강론을 다루는 반면에 로마서 12-15장에서는 이를 바탕으로 성도의 윤리를 가르치고 있다. 이 순서를 뒤바꾸지 않은 것은 성도의 윤리는 신학에 기초하기 때문이다.[2942] 다시 말해 바울은 윤리적인 삶을 통해 우리가 하나님과 관계를 회복할 수 있다고 말씀하지 않고 반대로 우리가 믿음을 통해서 하나님과 관계가 화목되었을 때 윤리적으로 바른 삶을 살게 된다는 것을 강조하고 있다. 즉 직설법indicative은 명령법imperative의 바탕이 된다. 이는 율법주의적 삶legalism을 통해 의를 이루려했던 유대인들의 잘못된 신앙을 고쳐주는 역할을 했을 것이다. 반대로 명령법이 없는 직설법은 반율법적인 제멋대로의 삶antinomianism의 스타일을 방치하게 된다. 따라서 바울은 로마서 12장이하에서 윤리적/거룩한 삶을 가르침으로써 마치 이신칭의가 구원을 가져다 주는 주문이나 암호인 것처럼 생각하고 제멋대로 살던 이방인 성도들의 왜곡된 윤리를 고쳐주고 있다. 실로 직설법과 명령법 곧 신학교리과 삶윤리은 서로 뗄수 없는 관계에 있다. 올바른 신학이 믿받침되지 않은 예배는 우상숭배에 빠지게 할 수 있고, 참예배가 결여된 신학은 생명이 결여된 형식적 종교생활을 가져올 뿐이다. 따라서 바울은 로마서에서 이 두 요소를 다룸에 있어서 교리를 먼저 다루고 그 다음에 윤리를 다루고 있다. 이러한 이분법 구조의 가르침은 그의 서신들에서 종종 채택된 것을 볼 수 있다. 바울은 갈라디아서, 에베소서, 골로새서, 데살로니가전후서에서도 교리적 가르침과 윤리에 대한 가르침을 문학구조적으로 서로 구분하지만 내용적으로는 밀접하게 연결해서 다루고 있다.

피츠마이어는 바울은 로마서 12:1-15:13절에서 내용을 체계적으로 제시하지 않고 산만하게 다루고 있다고 본다.[2943] 반면에 고뎃은 이 부분의 내용이 매우 체계적으로 써졌다고 평한다.[2944] 쉬라이너나 무는 중도적 견해를

2941 Moo, *Romans*, 746-47.
2942 Stuhlmacher, *Romans*, 185.
2943 Fitzmyer, *Romans*, 638; Leenhardt, *Romans*, 300; S-H, *Romans*, 351.
2944 Godet, *Romans*, 423; Dunn, *Romans*, 706.
2945 Schreiner; Moo; Stuhlmacher.

택한다.[2945] 즉 이 부분의 내용은 그 논리적 연결성이 다소 떨어진다는 것이다. 우리는 로마서 12:1-15:13절을 두 부분으로 나눌 수 있다. 로마서 12-13장은 성도들의 삶에 일반적으로 적용되는 윤리적 가르침을 포함하고 있다. 그리고 로마서 14:1-15:13절은 로마교회에 있던 유대인성도와 이방인성도간의 신학적/신앙적 갈등을 다루고 있다. 로마서 12-13장은 그리스도인들에게 공통적으로 적용될 수 있는 일반적 윤리의 가르침을 포함하고 있는 만큼 그 내용을 체계적으로 정돈하기 어려웠을 것이다. 12:1-2절은 로마서 12-15장 전체의 요절에 해당한다. 12:3-8절은 성도들이 교회안에서 자신의 은사대로 서로를 사랑으로 섬겨야함을 말씀하고 있고 12:9-21절은 경구와 잠언 스타일의 가르침으로써 사랑의 주제를 가르치고 있다. 13:1-7절은 다스리는 자들을 존경하도록 권면하고 13:8-10절은 다시 사랑의 주제를 반복한다. 13:11-14절은 다시 잠언 스타일의 짧은 경구적 가르침으로 끝맺는다. 로마서 14:1-15:13절은 로마교회내에 존재하는 유대인성도과 이방인 성도의 갈등을 다루고 있는 점에서 오직 그들에게만 적용되는 특수한 가르침이라고 단정하면 않된다. 왜냐하면 이웃을 판단하지 말아야 한다든지 다른 사람의 양심에 상처를 내는 일을 하지 않도록 조심해야 하는 것은 모든 그리스도인들에게도 해당하는 내용이기 때문이다. 이 점에서 바울은 로마서 12-13장에서 다루는 사랑의 주제를 로마서 14:1-15:13절에서 로마교회의 상황에 구체적으로 적용해서 가르치고 있다고 할 수 있다. 이 분석이 옳은 것은 로마서 12-13장에서와 마찬가지로 로마서 14:1-15:13절에도 예수님의 가르침을 연상하게 하는 가르침이 골고루 퍼져있다는 점이다. 즉 핍박하는 자를 저주하지 말고 축복하라(롬12:14; 눅6:28), 악을 악으로 갚지 말라(롬12:17; 마5:39), 누구와도 평화하라(롬12:18; 마5:9), 원수가 주릴 때 먹이라(12:20; 눅6:27), 통치자에게 세금을 내라(13:7; 막12:14, 17), 서로 사랑하라(13:8; 요13:34이하), 사랑은 율법을 이룬 것이다(13:8; 마22:37이하), 시대를 분별하라(13:11; 눅12:56), 자다가 깰때가 되었다(13:11; 막13:36; 눅21:28), 판단하지 말라(14:10, 13; 마7:1), 모든 사람이 하나님께 직고하리라(14:12; 마12:36), 형제에게 올무를 메지 말라(14:13; 마18:7), 모든 음식은 깨끗하다

(14:14, 20; 마15:10; 막7:19), 하나님의 나라는 먹고 마시는 것이 아니요 의에 있다(14:17; 마6:25, 33).[2946] 이는 바울이 예수님의 산상수훈을 로마교회의 상황에 적용한 것임을 나타낸다. 이 점에서 볼 때 바울의 윤리관은 예수 그리스도의 기독교 윤리에 대한 가르침의 전통에 바탕을 두고 있다고 할 수 있다.2947

(1) 온전한 영적 예배(롬12:1-2)

로마서 12:1-2절은 로마서 1-11장과 로마서 12:3-15:13절을 연결하는 기능을 하면서 이와 동시에 로마서 12:1-15:13절을 도입하는 요절이다. 따라서 이 문단은 두괄식의 형태를 가지고 있다고 할 수 있다. 로마서 12:1-2절은 구원받은 그리스도인들은 자신의 몸을 하나님께 거룩한 산제사로 드려야 하며 이웃과의 관계에 있어서는 하나님의 선하신 뜻대로 행해야 됨을 강조하고 있다. 이 가르침은 구원이 수직관계와 수평관계에 있어서 총체적인 새로운 삶을 가져온다는 것을 깨우쳐준다. 이는 로마서 1:18절이하에서 서술하는 불신앙과 우상숭배의 삶과 대조적인 삶의 형태이다. 이 점에서 로마서 12:1-2절은 성화론을 다루고 있는 로마서 6-8장과도 연결되고 있다.[2948] 그렇지만 로마서 12장 이하에서 바울은 로마서 6-8장의 내용을 반복하고 있는 것이 아니라 이를 믿음의 공동체안에서 성도들이 구체적인 문제에 직면해서 갈등과 분쟁보다는 융합과 일체를 이루어 가는 윤리적 교훈에 적용하여 풀어 놓고 있다.

로마서 12:1절의 접속사 운그러므로은 로마서 12:1-15:13절의 내용이 그 이전의 문단의 내용을 바탕으로 하고 있다는 것을 나타낸다: “그러므로 형제들아 내가 하나님의 모든 자비하심으로 너희를 권하노니 너희 몸을 하나님

2946 Michael B. Thompson, *Clothed with Christ: The Example and Teaching of Jesus in Romans 12.1-15.13* (JSNTSupp 59. Sheffield: JSOT Press, 1991) 29f.; Stott, *Romans*, 318-19; Peterson, “Worship and Ethics,” 276-79.

2947 Morris; *contra* Furnish, *Theology*, 53-58.

2948 “드리다”(롬6:13, 16, 19), “몸”(롬6:6, 12; 7:4, 24; 8:10, 11, 13, 23), “마음”(7:23, 25); Dunn, *Romans*, 708.

이 기뻐하시는 거룩한 산 제사로 드리라 이는 너희의 드릴 영적 예배니라". 어떤 학자는 접속사 "운"이 단순히 주제를 전환하는 조사라고 본다.[2949] 그러나 우리는 여기서 "운"의 의미의 중요성을 간과하면 않된다. 메이어는 운이 그 바로 앞의 로마서 11:35-36절에 걸린다고 보고[2950] 쉴리어는 운이 로마서 5-8장의 내용에[2951] 그리고 던은 운이 로마서 5-11장에[2952] 걸린다고 본다. 그러나 대부분의 학자들은 "운"그러므로이 로마서 1-11장 내용 전체에 걸린다고 본다.[2953] 호격 "형제들아"는 로마교회내의 모든 성도들을 가리키고 있다.[2954] 여기서 동사 파라칼레오우는 (i)간청하다(KJV; RSV; 고후12:8); (ii)권하다; (iii)위로하다(고후1:4)의 뜻을 가진다. 필자는 여기서 두번째가 맞는 번역이라고 본다. 그리고 여기서 이 동사는 명령의 의미를 가진다고 생각한다.[2955] 그러나 바울이 사도로써 여기서 모세와 같은 권위를 가지고 명령하고 있다고 볼 수는 없다.[2956] 그래서 크랜필드는 권하다exhort를 제일 좋은 번역으로 제시한다. 여기서 바울은 아무 권위도 없이 간청하고 있는 것이 아니라 사도적 권위를 가지고 권면하고 있다고 보는 것이다.[2957] 여기서 바울은 상관이 명령하는 태도로 권하는 것이 아니고 하나님의 진리의 매개자인 설교자의 권위를 가지고 로마교회 성도들에게 권면하고 있다고 볼 수 있다.[2958] "하나님의 모든 자비하심으로"에서 전치사 디아는 (i)도구적instrumental [2959] 혹은 (ii)인과적TEV; causal [2960] 혹은 (iii)근원적source 뜻을 가진다고 볼 수 있다. 바울이 여기서 형제들을 권하는 것은 하나님의 자비하심을

2949 C. Evans, "Romans 12.1-2: The True Worship," in Lorenzi, Dimensions, 30-31; Bjerkelund, *Parakalô*, 161-68.
2950 Meyer.
2951 Schlier.
2952 Dunn.
2953 Cranfield; Sanday and Headlam; Fitzmyer; Murray; S-H; Godet; Morris; Schreiner; Osborne.
2954 롬1:13; 7:1, 4; 8:12; 10:1; 11:25; 12:1; 15:14, 30; 16:17.
2955 M. H. Grumm, "The Gospel Call: Imperatives in Romans," *ExpTim* 93(1981-82)239-42; Morris, *Romans*, 432-33.
2956 Dunn, *Romans*, 708.
2957 Cranfield, *Romans*, 597; Schreiner, *Romans*, 642.
2958 Moo, *Romans*, 749; H. Schlier, "Vom Wesen der apostolischen Ermahnung nach Römerbrief 12,1-2," in *Die Zeit der Kirche* (2d ed.; Freiburg: Herder, 1958) 75-78.
2959 Dunn, *Romans*, 709; Furnish, *Theology*, 102; Schmidt.
2960 롬15:30; 고전1:10; 고후10:1; Moo; Schreiner, *Romans*, 643; Cranfield; Oepke, *TDNT*, 2:68.

수단으로 하고 있다고 볼 수는 없다. 따라서 두번째 혹은 세번째 번역이 맞다고 할 수 있다. 바울은 하나님의 자비하심을 바탕으로 혹은 하나님의 자비하심을 통해서 권면하고 있는 것이다.

여기서 명사 오이크틸모스자비는 복수이다. 이는 히브리어 라하밈의 번역이다.[2961] 바울이 여기서 이 명사의 복수형을 사용하고 있는 것은 로마서 9–11장에서 언급한 하나님의 자비의 여러 측면을 총체적으로 가리키고 있다고 할 수 있다.[2962] 하나님의 자비로 인한 구속이 없다면 여기서 바울이 권면하는 내용도 아무 의미없는 것이 되고 만다. "너희 몸"소우마타 후모운은 (i)문자적인 의미의 신체육체 [2963] 혹은 (ii)은유적 의미인 한 사람 전체entire person를[2964] 가리킨다고 볼 수 있다. 머레이는 여기서 몸은 이 두 의미를 동시에 나타내지 않고 문자적인 육체의 의미만 가진다고 본다.[2965] 그것은 바울이 그 서신에서 육체를 경시하는 헬라 철학의 문화와 싸우는 측면이 내재되어 있기 때문이라는 것이다. 즉 죄의 삯으로 육체는 흙으로 돌아간다(롬5:12). 우리의 미래의 부활은 육체적 부활이다(롬8:23; 고전15:54–56). 또한 로마서 6:6, 12; 8:10, 11, 23; 고린도전서 5:3; 6:13절 등에서 소우마몸는 문자적 의미인 육체를 가리키고 있다는 것이다. 이 견해는 타당한 면이 있다. 로마서 8:10절에서 몸은 육체를 가리키고 있는 것이 분명하다. 그렇다고 해서 로마서 12:1절에서 소우마몸가 육체만을 가리킨다고 보는 것은 문맥에 맞지 않다. 우리몸을 거룩한 산 제사로 하나님께 드리는 것이 영적 예배라는 점에서 우리 마음에 바른 자세를 가지는 영적 측면을 배제할 수 없기 때문이다. 따라서 여기서 "우리 몸"은 마음과 육신을 다 포함한 전 인격whole person을 의미한다고 보아야 한다.[2966]

"하나님이 기뻐하시는 거룩한 산 제사로 드리라"에서 제사를 수식하는 세

2961 창43:14; 신13:18; 삼하24:14; 대상21:13; 시25:6; 40:11; 51:1.

2962 롬9:15, 16, 18, 23; 11:30, 31, 32.

2963 Deidun, *New Covenant Morality*, 98-99; Murray; Gundry; Godet; Sanday and Headlam; S-H.

2964 NEB; Moo; Barrett; Cranfield; Ziesler; Schreiner; Fitzmyer; F. -J. Ortkemper, *Leben aus dem Glauben: Ghristliche Grundhaltungen nach Römer 12-13* (NTAbh n.s. 14. Münster in Westfalen: Aschendorff, 1980) 23-24; Calvin; Leenhardt.

2965 Murray, *Romans*, II, 110-111.

2966 Schreiner; Morris; Dunn, *Romans*, 709.

단어의 관계에 대해 여러 해석이 있다. 조우산living은 현재분사로써 "우리 몸"이 아니라 "제사"쑤시안를 수식하고 있다. 또 조우산을 그 뒤의 형용사 "거룩한"과 분리해서 번역하는 것도 잘못이다.[2967] 즉 세 단어는 모두 제사를 수식하고 있다: 우리 몸으로 거룩한, 하나님이 기뻐하시는, 산 제사를 드려야 한다.[2968] 던은 여기서 "산 제사"는 짐승을 희생으로 드리는 제사와 대조된다고 본다.[2969] 그러나 여기서 "살다"자오우는 믿음을 통해서 영적으로 살게 된 것을 가리킨다(롬1:17; 6:11, 13; 8:13). 우리가 우리 몸을 산 제사로 하나님께 드린다는 것은 우리가 죽을 몸으로 좇던 옛습성으로 다시 돌아가지 않는 것을 말한다. 우리 몸으로 불의를 좇는다든지 성령을 탄식하게 하는 일을 하는 것은 우리 몸을 하나님께 산 제사로 드리지 못하는 것이다. 영적으로 살아난 우리 몸으로 성령의 인도를 받아 의로운 일과 거룩을 좇아 행하면 이는 우리 몸을 산 제사로 하나님께 드리는 것이다.[2970] 여기서 "거룩한"에 대해서는 (i)제사를 드릴 때 흠없는 것을 의미한다는 견해와[2971] (ii)도덕적으로 깨끗한 것을 의미한다는[2972] 해석이 있다. 그러나 여기서 바울은 도덕적 삶에 대한 권면을 구약의 제사의 언어를 사용해서 표현하고 있다고 할 수 있다. 즉 우리가 도덕적으로 거룩하며 흠없는 삶을 사는 것은 우리 몸으로 하나님께 거룩한 제사를 드리는 것과 같은 것이다. 이러한 제사는 하나님께서 기뻐하시는 제사이다.[2973] 따라서 우리가 도덕적으로 거룩하며 흠없는 삶을 살지 못하면 하나님이 기뻐하지 않으신다. 다시 말해 우리가 구원받아 거룩한 삶을 사는 것은 궁극적으로 하나님을 기쁘시게 하기 위해서이다(엡5:10; 빌4:18; 골3:20; 히13:21). 여기서 동사 파리스테이미드리다는 제사를 드린다는 기술적 의미를 가진다.[2974] 이 동사의 과거시제아오리스트를 사용해서 바울

2967 NIV; RSV; NEB; RV; AV; Moffatt; Barrett.
2968 Cranfiled; Schreiner; Morris.
2969 Dunn, *Romans*, 710.
2970 Murray; Osborne; Cranfield; Schreiner; Moo; Morris; Thompson, Clothes with Christ, 79.
2971 Dunn; Käsemann.
2972 Cranfield; Moo.
2973 롬14:18; 고후5:9; 엡5:10; 빌4:18; 골3:20; 딛2:9; 히13:2.
2974 누가2:22; 엡5:27; 골1:28; 민16:9; 시5:3; Cranfield; Morris; Ridderbos; Käsemann; Moo; Schreiner; Sanday and Headlam; Dunn.

은 우리가 우리 몸을 하나님이 기뻐하시는 산 제사로 단번에 드려야 할 것을 권면하고 있다고 보는 학자들이 있다.[2975] 그러나 바울은 여기서 결정적 성화definitive sanctification를 다루고 있지 않고 매일 적용되어야 할 성도의 윤리를 다루고 있다. 그리고 로마서 12:2절에서 두 명령형의 시제는 현재시제이기 때문에 1절의 산 제사를 드리는 행위도 단회적인 것이 아니라 반복적으로 계속되어야 할 행위임을 나타낸다.[2976]

"이는 너희의 드릴 영적 예배니라"에서 "영적 예배"는 제사쑤시안에 걸리는 것이[2977] 아니고 드린다파라스테이사이 이하 전체 문장을 수식한다.[2978] 명사 라트레이아예배는 구약의 칠십인역에서 항상 제사를 가리킨다.[2979] 바울은 이 제사의 단어를 성도의 헌신적 삶에 적용해서 가르치고 있다. 따라서 성도에게 있어서 예배는 정해진 거룩한 성전에 국한된 것이 아니라 성도가 자신의 몸을 거룩한 산 제사로 하나님께 드리는 곳 마다 하나님께 올려진다. 그러나 성도 개개인의 차원의 이 광의의 의미의 예배가 교회의 공예배를 배제하는 것은 아니다.[2980] 바울이 여기서 예배의 의미를 성도의 삶의 관점에서 일반화하는 것은 성도의 삶 전체가 하나님의 영광을 찬양하는데 맞추어져 있는 속성과 관계되어 있다.[2981] 즉 성도는 하나님을 찬양하는 백성으로 부름받았다. 그리고 거룩한 제사장의 나라가 되었다(벧전2:5-9). 이 예배의 영적 개념에 대해서는 이미 구약의 선지자들도 서술하고 있다. 즉 하나님의 말씀에 대한 순종이 없는 제사는 위선적인 예배로써 하나님께서 열납하지 않으셨다.[2982] 따라서 이런 선지서의 전통에 정통한 바울은 유대주의의 제사의 영성화spiritualization의 전통을 배경으로 가르치고 있다고 볼 수 있다.[2983]

로기코스의 의미는 헬라철학적 개념을 배경으로 이해할 수 있다. 스토아

2975 Morris; R. Maddox, "The Use of the Aorist Tense in Holiness Exegesis." *Wesleyan Theological Journal* 16 (1981) 106-18.

2976 Schreiner, *Romans*, 643; Osborne.

2977 Barrett; Hodge.

2978 Moo; Denney; Ortkemper, 26; Cranfield; Sanday and Headlam; Schreiner; Wilckens; Dunn; Fitzmyer.

2979 출12:25, 26; 13:5; 수22:27; 대상28:13; 1 Macc 1:43; 2:19, 22. Cf. 요한16:2; 히9:1, 6.

2980 Käsemann; Cranfield; Osborne.

2981 D. Peterson, "Worship and Ethics in Romans 12," *TynBul* 44 (1993) 276.

2982 사1:10-17; 58:1-11; 아5:21-24; Cranfield, *Romans*, 601.

2983 Kittel, *TDNT*, 4:142; Schreiner, *ISBE*, 4:273-77.

철학자들은 로기코스 예배만이 진정 적절한 예배라고 강조했다.[2984] 이는 헬라시대에 팽배해 있던 미신적인 예배와 대조되는 예배를 가리킨다. 이 개념을 수용한 알렉산드리아의 유대철학자 파일로는 진정한 제사는 제물로 바쳐진 짐승의 수에 있는 것이 아니라 이성적 영혼의 참된 순결에 있다고 말한다.[2985] 구약의 칠십인역에는 이 단어가 사용되지 않았다. 신약에서 이 단어는 로마서 12:1절 외에 베드로전서 2:2절에 단 한 번 나온다. 여기서 베드로는 신령한로기콘 아돌론 젖을 사모하라고 말씀한다. 그리고 5절에서 "신령한 제사"뉴마티카스 쑤시아스라는 표현을 사용한다. 이는 로마서 12:1절의 "산 제사" 혹은 로기케인 예배를 연상시킨다. 그러면 로마서 12:1절의 로기코스의 의미는 무엇인가. 형용사 로기코스는 (i)"영적"spiritual 혹은 (ii)"합당한"reasonable 혹은 (iii)이성적인rational으로 번역된다. 어떤 학자들은 로기코스를 "영적"이라고 번역하여 영적 예배는 마음에서 정성으로 드리는 예배를 말한다고 주석한다.[2986] 이 해석은 로기코스와 뉴마티코스영적를 병렬관계로 놓고 있는 베드로전서 2:2-5절의 지지를 받는다. 다른 학자들은 로기코스를 "합당한" reasonable, logical으로 번역하여 로기코스 예배는 그리스도의 진리를 아는 자들에게 합당한 예배를 가리킨다고 해석한다.[2987] 이 번역은 영적 제사는 "합당한" 제사라고 말한 파일로나 Testament of Levi의 가르침의 지지를 받는다. 즉 우리가 우리 몸으로 하나님이 기뻐하시는 거룩한 산 제사를 드리는 것은 우리가 그리스도인들로써 드려야 할 합당한/논리적으로 당연한 예배라고 볼 수 있다. 이와 비슷한 개념에서 로기코스를 하나님의 뜻에 합당한rational의 의미로 볼 수도 있다.[2988] 다른 학자들은 로기코스를 "이성적인/합리적인"으로 번역하여 로기코스 예배는 이성적으로 이치에 맞는 예배를 가리킨

2984 Behm, *TDNT*, 3:186-89; G. Kittel, *TDNT*, 4:142; Ortkemper, 28-33; Epictetus, *Discourses* 1.16.20-21.

2985 *Spec. Leg*, 1.277; Cranfield, *Romans*, 602; T. Levi 3.6.

2986 ESV; NASB; NRSV; Ortkemper, 27; Bruce; Sanday and Headlam; Ziesler; Käsemann; Barrett; J. M. Nielen, "Die paulinische Auffassung der λογικὴ λατρεία(rationabile obsequium; Röm. 12,1) in ihrer Beziehung zum kultischen Gottesdienst," *TGI* 18 (1926) 696-97.

2987 KJV; NET; Godet; Schreiner; Peterson, "Worship and Ethics," 273-75.

2988 Dunn; H. D. Betz, "The Foundations of Christian Ethics According to Romans 12:1-2," in *Witness and Existence: Essays in Honor of Schubert M. Ogden* (ed. P. E. Devenish and G. L. Goodwin; Chicago: University of Chicago, 1989) 63, 69; P. Seidensticker, *Lebendiges Opfer (Röm 12,1): Ein Beitrag zur Theologie des Apostels Paulus* (NTAbh 20; M?nster: Aschendorff, 1954) 260-63.

다고 해석한다.[2989] 이 해석은 바울이 구약의 희생제사를 비이성적인 것으로 여겼다는 의미를 함축한다.[2990] 그러나 바울은 구약의 희생제사 전통을 바탕으로 그리스도께서 화목제물이 되셨다는 사실을 가르치고 있다(롬 3:25). 그리고 이 해석은 로마서의 이 구절을 해석하는데 있어 스토아철학의 이성의 개념에 의존한다는 비판을 면하기 어렵다. 따라서 필자는 첫번째나 두번째 번역이 맞다고 생각한다. 로마서 12:2절에서 바울은 마음을 새롭게 함으로 변화를 받으라고 말씀한다. 이 점에서 성도는 마음을 새롭게 함으로 변화를 받아 하나님의 뜻대로 행하는 것이 하나님이 기뻐하시는 산 제사를 드리는 것이다. 이를 성도가 드려야 할 "합당한 예배"라고 번역할 수도 있지만 이를 "영적 예배"라고 번역하는 것이 바울이 문맥에서 의도한 의미에 더 가깝다고 볼 수 있다. 여기서 바울은 성도의 거룩한 삶을 영적 예배와 같다고 말씀하는 것이지 영적 예배 자체를 정의하고 있지는 않다. 로기코스 예배는 성도가 드려야 할 "마땅한" 예배이며 이는 영적 예배이다. 로기코스에 담겨 있는 "영적"과 "합당한"의 의미를 다 포함하는 번역으로 "진정한/참" 예배를 로기케인 라트레이안의 번역으로 채택할 수도 있지만[2991] 로마서 12:1절의 주제는 참예배에 대한 정의가 아니라 성도의 거룩한 삶이 영적으로 예배에 해당하는 것으로 말씀하고 있는다는 점에서 좋은 번역이라고 볼 수 없다. 다시 말해 바울은 참예배를 성도가 자신을 거룩한 산 제사로 드리는 것이라고 정의하고 있지는 않다는 것이다. 왜냐하면 참예배는 공예배를 통해서도 올려질 수 있기 때문이다. 바울이 여기서 강조하는 것은 성도의 거룩한 삶과 기독교 윤리적 생활이 가지는 영적 의미이다. 그것은 하나님께서 이를 거룩한 산 제사로 열납하신다는 점이다.

로마서 12:2절의 접속사 카이[and]는 2절의 내용과 1절의 내용이 병렬되고 있음을 나타낸다: "너희는 이 세대를 본받지 말고 오직 마음을 새롭게 함으로 변화를 받아 하나님의 선하시고 기뻐하시고 온전하신 뜻이 무엇인지 분

2989 Fitzmyer; Gifford; Schreiner; S-H; Haldane; Cranfield.
2990 C. J. Roetzel, "Sacrifice in Romans 12-15," *Word & World* 6, no. 4 (1986) 414-15; Moo, *Romans*, 753.
2991 TEV; Schlier; Moo, *Romans*, 753.

별하도록 하라". 피츠마이어는 1절은 성도의 몸의 행실에 관련되어 있고 2절은 성도의 마음을 새롭게 하는 것과 관련되어 있다고 본다.[2992] 반면에 잔은 1절은 유대인 성도들에게 2절은 이방인 성도들에게 해당한다고 본다.[2993] 또 에반스는 2절은 1절의 내용의 수단을 제시하는 점에서 1절에 종속되어 있다고 본다.[2994] 즉 우리가 이 세상을 본받지 않고 마음을 새롭게함으로써만 우리가 우리 몸을 하나님이 기뻐하시는 거룩한 산 제사로 드릴 수 있다는 것이다. 필자는 2절의 두 명령형 동사는 1절의 부정사 "드리다"와 병렬되면서 1절의 내용에 상황circumstance을 제공한다고 본다. 즉 성도는 이 세상을 본받지 말고 마음을 새롭게 하면서 자신의 몸을 하나님께서 기뻐하시는 산 제사로 드려야 한다는 것이다. 2절의 첫번째 동사 수스케이마티조우form, mold는 중간태/수동태로 되어 있다. (i)KJV은 이를 수동태로 "맞추어지다"be conformed로 번역한다.[2995] (ii)TEV는 이를 중간태로써 "자신을 일치시키다"conform yourself로 번역한다.(iii)NIV는 자동사로써 "따르다"conform로 번역한다.[2996] 필자는 여기서 첫번째 번역이 문법적으로나 신학적으로 맞는 번역이라고 본다. 그것은 성도가 세상의 타락한 모습에 노출되어 있을 때 이에 영향을 받지 않도록 조심해야 한다는 것을 의미한다. 그렇지만 이 동사의 중간태가 가지는 재귀적 의미를 무시하면 않된다. 즉 성도 자신이 자발적으로 이 세상을 부러워하고 따라가면 않된다는 의미도 존재한다. 세번째 번역은 성도 자신이 능동적으로 세상을 좇지 말아야 하는 것만 나타내고 세상으로부터 영향을 받지 않아야 되는 측면은 포함하지 않는다는 측면에서 제일 맞지 않는 번역이라고 할 수 있다. 크랜필드는 이 동사가 현재형인 것은 성도가 세상을 따르고 있는 행위를 멈춰야함을 나타낸다고 생각한다.[2997] 그러나 본문에서 로마교회 성도가 세상을 따르고 있었다는 것을 나타내는 단어

2992 Fitzmyer, *Romans*, 640-41.
2993 Zahn.
2994 C. Evans, "Romans 12.1-2: The True Worship," in *Dimensions de la vie Chrétienne (Rm 12-13)* (ed. L. de Lorenzi; Rome: Abbaye de S. Paul h.l.m., 1979) 25.
2995 NASB; NRSV; Dunn.
2996 REB; NJB; Turner.
2997 Cranfield; Wilckens; contra Moo, *Romans*, 755.

는 없다. 헬라문법에서 현재형 동사는 반복적으로 계속되는 행위를 나타낸다. 따라서 여기서 현재 부정 명령 메이 수스케이마티제스쎄는 성도가 이 세대를 항상 본받지 말아야 함을 의미한다.

"이 세대"토우 아이오우니 투토우는 죄가 관영한 구시대 즉 아담에게 속한 시대를 가리킨다. 성도들은 믿음을 통해서 이 구시대로부터 건져내진 사람들이다.[2998] 로마서 6:6절은 우리 옛사람이 예수와 함께 십자가에 못 박힌 것은 죄의 몸이 멸하여 다시는 우리가 죄에게 종노릇하지 아니하려 함이라고 말씀한다. 그러나 로마서 7:14-24절은 우리가 육신flesh에 남아 있는 죄의 성향 때문에 마음의 하나님의 법이 이와 항상 영적으로 투쟁하고 있음을 보여준다. 따라서 성도가 이 세상을 이긴 것은 구속사적으로 이미 성취된 사실이지만 이를 매일 매일 성령의 인도함으로 영적으로 승리하는 삶을 사는 것은 자신이 담당해야 할 몫이다. 바울은 바로 성화에 있어서 이 한 측면을 "이 세대를 본받지 말라"는 명령으로 서술하고 있는 것이다. 바울은 성화에 있어서 다른 한 측면을 "마음을 새롭게 함으로 변화를 받"으라고 말씀한다. 여기서 현재 수동태 명령형 동사 메타몰푸스쎄는 "변화를 받는다"로 번역된다. 그러나 어떤 학자들은 이 동사는 내적으로 완전히 새로운 성질이 형성되는 것을 가리킨다고 해석한다.[2999] 반면에 그 앞의 동사 수스케이마티조우는 외적 동화를 가리킨다고 본다. 이에 반해 다른 학자들은 이 두 동사의 의미가 같다고 본다.[3000] 무는 스케이schēm를 어근으로 가진 동사가 피상적인 외적 동화를 의미할 경우가 있다고 본다(고후11:13-15).[3001] 그러나 빌립보서 3:21절에서 동사 메타스케이마티조마이변형하다는 본질적인 변화를 의미하고 빌립보서 2:6-7절에서 몰페이를 어근으로 한 동사와 스케이마를 어근으로 한 동사의 의미상의 차이를 발견하기 어렵다는 것이다. 이 견해에 동의하면서 쉬라이너는 동사 메타몰푸스쎄도 외적인 변화를 의미하는 경우에 쓰인다

2998 롬5:17, 21; 6:2-6, 14, 17-18, 22; 7:2-6; 8:2, 9; Moo, *Romans*, 755.

2999 J. B. Lightfoot; Morris; Murray; Dunn; Michel; S-H; Sanday and Headlam; Leenhardt; Chrysostom; Käsemann.

3000 Schreiner; Barrett; Cranfield; Moo; Behm, *TDNT*, 4:743-44; Ziesler, *Romans*, 294; Wilckens, *Römer*, 3:7; Evans, "Romans 12.1-2," 25-26.

3001 Moo, *Romans*, 756.

고 말한다.[3002] 마가복음 9:2절에서 이 동사는 예수님의 변형을 묘사하고 있으며 이는 외적 변형을 의미한다는 것이다. 그러나 이 구절이 쉬라이너의 주장을 지지하는지에 대해서는 논란의 여지가 남아 있다. 필자는 이 두 동사의 의미가 동의어인가 서로 다른가는 로마서 12:2절에서 바울이 의도한 말씀을 해석하는데 크게 중요하지 않다고 본다. 보통 이 두 동사의 의미는 그 본문의 맥락에서 그 의미가 규정되어야 한다. 로마서 12:2절에서 두 동사의 의미는 큰 차이가 없다고 볼 수 있다. 쉬라이너가 지적하듯이 성도가 이 세대를 본받지 말아야 하는 것은 그 마음에서 세상의 풍조를 좋아하고 따르지 않는 것을 포함하기 때문에 수스케이마티조우가 오직 외적 동화만을 의미한다고 정의하기는 어렵다. 동시에 메타몰푸스쎄는 본문에서 "마음을 새롭게 함으로"의 수식을 받기 때문에 내적 변화를 의미한다고 이해하는 것이지 이 동사의 의미 자체가 내적 변화만을 의미하는 것은 아니다.

"마음을 새롭게 함으로"에서 마음누스은 내적 상태 혹은 도덕적 태도를 가리킨다.[3003] 누스마음는 신약에 총 24번 사용되고 있는데 이 중 바울 서신에는 21번 사용되고 있다.[3004] 로마서 7:23절에서 바울은 그 지체속의 한 법이 그 마음의 법과 싸운다고 말씀한다. 따라서 마음은 도덕적 선택이 내려지는 상황실이라고 할 수 있다. 성도는 마음으로 육신의 생각을 좇지 않고 성령의 뜻을 선택하여 살아야 한다(롬8:4-14). 이 점에서 바울이 우리가 마음을 새롭게 함으로써 변화를 받아야 한다고 말씀하는 것은 우리가 매일 성령의 뜻에 거하면서 예수님의 형상을 닮아가야 한다는 것을 의미한다고 볼 수 있다. 여기서 명사 아나카이노우세이renewal는 우리가 마음을 새롭게 하는 능동적 측면과 성령님께서 우리 마음을 정하게 씻어 주시고 매일 인도하시는 수동적 측면을 다 포함한다고 볼 수 있다.[3005] 로마서 7:6절에서 바울은 "영의 새로운 것"카이노테이티 뉴마토스을 말씀하고 있다. 따라서 마음을 새롭게 하는 것은 영의 새로운 것 즉 성령의 뜻을 섬기는 것을 말한다. 우리는 성령의 뜻에

3002 Schreiner, *Romans*, 647.
3003 J. Behm; Denney; Moo.
3004 *TDNT*, 4:954-58.
3005 Fitzmyer, *Romans*, 641; Cranfield; Osborne.

따라 살 때 그리스도의 형상을 본받아 새생명카이노테이티 조우에이스의 삶을 살 수 있다(롬6:4). 이는 우리가 이미 새사람카이논 안쓰로우폰이 되었기 때문에 가능한 것이다(엡4:24).

전치사구 에이스 토 도키마제인은 목적[3006] 혹은 결과로[3007] 볼 수 있다. 즉 우리가 마음을 새롭게 함으로 변화를 받는 것은 하나님의 뜻을 분별하기 위해서다. 여기서 동사 도키마조우prove, approve는 우리가 하나님께서 우리가 행하기 원하시는 뜻을 분별하고 시인하는 것을 말한다(NIV).[3008] 이는 하나님의 뜻을 인식하고 이를 복종하는 의미를 포함한다.[3009] 로마서 1:28절에서 불신자들이 그들 마음에 하나님 두기를 싫어한다고 말씀할 때 이는 그들이 하나님을 고의적으로 시인하지 않는 것을 가리킨다. 어떤 학자는 하나님의 뜻을 분별하는 과정이 개인뿐 아니라 공동체에도 적용된다고 해석한다.[3010] 그러나 로마서 12:2절에서 우리가 마음을 새롭게 하는 것은 개인적 차원의 성화에 대한 가르침이라는 관점에서 볼 때 여기서 하나님의 선하신 뜻을 분별하는 것은 집단적 과정이 아니라 개인의 신앙에 관계된 가르침이라고 볼 수 있다. 2절에서 세 단어가 "하나님의 뜻"에 걸리고 있다. 그런데 이를 형용사적으로 볼 것인가(KJV)[3011] 아니면 등가적appositional으로[3012] 볼 것인가(NIV). 대부분의 학자들은 이를 등가적으로 본다. 따라서 "선하시고 기뻐하시고 온전하신 하나님의 뜻"으로 번역하지 않고 "하나님의 뜻 곧 선하시고 기뻐하시고 온전하신"으로 번역한다. 다시 말해 하나님의 뜻은 우리의 태도와 행위와 상관없이 선하시고 기뻐하시고 온전하신 것이다. 이 점에서 하나님의 뜻이 우리에게 어떤 것이 가장 좋은 지를 계시하신다는 점에서 선하고 온전하다고 보는 오스본의 해석은 타당하지 않다.[3013] 여기서 선아가쏘스은 도덕적 개념만이 아닌 종말적 개념을 포함한다고 볼 수 있다. 로마서

3006 Michel; Moo; Schreiner; Cranfield; Osborne.
3007 Lenski.
3008 빌1:10; 살전5:21; 엡5:10, 17; 요일4:1.
3009 Morris, *Romans*, 436.
3010 Ortkemper, 38; Dunn, *Romans*, 715.
3011 Godet.
3012 Morris; Murray; Cranfield; Schlier; Moo; Käsemann.
3013 Osborne, *Romans*, 322-323.

8:28절에서 모든 일이 합력하여 선을 이룬다고 할 때 하나님께서 생각하시는 종말적 선을 말한다(12:9, 21; 13:3-4). 따라서 하나님의 선하신 뜻은 우리에게 당장 선으로 보이지 않을 수도 있는 선을 포함한다. 선하신 하나님의 뜻은 궁극적으로 하나님 자신에게 모든 영광이 돌려지는 목적을 향해 있다. 형용사 유아레스토스well-pleasing는 하나님을 "기쁘시게 하는"을 의미한다. 도드는 이 단어가 이 구절에서 동어반복적tautological이라고 말한다.[3014] 즉 "하나님을 기쁘시게 하는 하나님의 뜻"이란 표현은 의미의 중복이라는 것이다. 그러나 유아레스토스가 본문에서 아가쏜good과 병렬관계에서 명사적substantival으로 사용되고 있기 때문에 의미의 중복은 발견되지 않는다.[3015] 마지막으로 하나님의 뜻은 온전하시다텔레이온. 크랜필드는 이 마지막 형용사는 그 앞의 두 형용사선하시고 기뻐하시고를 해석하고 있다고 말한다.[3016] 왜냐하면 하나님의 선하시고 기뻐하시는 뜻은 우리가 조절할 수 있는 것이 아니라 절대적 하나님의 요구이기 때문이라는 것이다. 실로 하나님의 뜻은 선하시면서 온전하시다. 이와 동시에 텔레이온에 담겨있는 종말적 의미도 간과되어서는 않된다. 하나님의 뜻이 온전한 것은 종말적으로 그 구원의 계획을 완성하시는 면에서 실수함이 없으시다는 의미도 포함한다. 여기서 바울은 성도가 하나님의 뜻에 복종하는 것이 성도의 궁극적 윤리라는 점을 분명히 말씀하고 있다. 이는 순종에 대해 강조하는 로마서 1:5절과 16:26절 말씀과 연결된다. 또 성도는 모세의 율법에서 벗어났지만 영의 새로운 것을 섬기는 사람들이 되었다는 말씀과도 일치한다(롬7:6). 이 점에서 성도는 성령의 인도하심을 따라 모세의 율법보다 더 정확하시고 포괄적인 세세한 하나님의 뜻을 따라 매 순간 이 땅에 살고 있는 하나님의 자녀들이라는 사실을 알 수 있다. 이 점에서 성도들은 반율법주의자들antinomians이 아니다. 하나님의 뜻을 따라 사는 것이 우리에게 짐이 될 수 없다. 그것은 하나님의 뜻이 절대적으로 선하시며 의로우시며 온전하시기 때문이다. 그리고 우리가 하나님의 뜻을

3014 Dodd.
3015 Cranfield, *Romans*, 610; Murray; Moo.
3016 Cranfield, *Romans*, 611.
3017 Stott, *Romans*, 324; Stuhlmacher, *Romans*, 189.

분별해서 살 수 있는 것은 우리에게 내주하시는 성령의 인도하심으로 가능하게 되었다(롬8:4-14; 렘31:31-34; 겔36:26-27).[3017]

(2) 겸손히 서로 섬겨 하나됨(롬12:3-8)

케제만은 로마서 12:3-8절은 1-2절의 내용과 직접적 연관이 없다고 말한다.[3018] 그러나 3절의 내용은 접속사 갈왜나하면이 나타내듯이 그 앞의 절의 내용을 뒷받침하고 있다. 배렛은 3-8절은 1-2절의 가르침을 구체적으로 적용하며 풀어 놓고 있다고 말한다.[3019] 4절도 접속사 갈왜나하면로 시작하며 3절의 가르침을 뒷받침하고 있다. 5절은 성도가 그리스도안에서 한 몸이 되어 있다는 것을 확인하며 6-8절에 묘사된 7가지 은사가 그리스도의 몸된 믿음의 공동체의 연합을 가져오는 역할을 함을 밝힌다. 여기서 바울이 서술하는 은사는 하나님께로부터 주어진 은사라는 점에서 본질적으로 성령의 은사와 차이가 없다고 할 수 있다. 그러나 이 문단에 서술된 7가지 은사는 고린도전서 12장에서 말씀하는 은사와 다르다.[3020] 고린도전서 12장에서 말씀하는 은사는 예배의 상황과 직접 관련된 카리스마적 은사라고 볼 수 있는 반면 로마서 12:6-8절에서 나열하는 은사는 예언의 은사를 제외하고는 모두 교회내에서 평상시 서로 섬기는 덕목과 관련된다. 그러나 고린도전서 12장과 로마서 12장의 은사에 대한 가르침을 너무 구분짓는 것도 바른 분석은 아니다. 왜냐하면 본질적으로 모든 은사는 하나님의 선물이며 그 목적은 성도들의 믿음을 고양하고 하나됨을 이루기 위한 것이기 때문이다. 바울은 5절에서 성도의 하나됨을 강조하고 있다. 이는 9절부터 강조되는 사랑에 대한 가르침을 예비하고 있다. 그리고 이는 로마교회 내의 유대인성도와 이방인성도간의 갈등의 해결을 위한 가르침을 제시하기 위한 교리적 바탕을 다지는 것이라 볼 수 있다(롬14:1-15:13).[3021]

3018 Käsemann, *Romans*, 332.
3019 Barrett, *Romans*, 216; Schreiner; Moo; Fee.
3020 Hultgren, *Romans*, 446.
3021 Smiga, "Romans 12:1-2," 268-69.

로마서 12:3절의 접속사 갈왜냐하면은 3절의 내용이 1-2절의 내용을 뮏받침하고 있는 것을 나타낸다: "내게 주신 은혜로 말미암아 너희 중 각 사람에게 말하노니 마땅히 생각할 그 이상의 생각을 품지 말고 오직 하나님께서 각 사람에게 나눠주신 믿음의 분량대로 지혜롭게 생각하라". 즉 우리가 마음을 새롭게 함으로써 변화를 받아 하나님의 뜻을 분별하는 것은 하나님께서 우리에게 주신 믿음에 바탕을 두고 있다. 다시 말해 성도가 새로와짐은 칭의의 결과지 칭의에 선행되는 것이 아니다. "말하노니"레고우는 1절의 "권하노니"파라칼레오우와 병렬된다. 그리고 바울이 사도적 권위로써 엄히 권면하는 것을 나타낸다. 이는 "내게 주신 은혜로 말미암아"의 표현에서 알 수 있다. 바울은 하나님께로부터 받은 사도직의 임무를 서술할 때 이 표현을 자주 사용한다(롬15:15-16; 고전3:10; 15:9-10; 갈2:9; 엡3:2, 7-8; 딤전1:12). 바울은 자신이 사도의 임무를 받은 것은 전적으로 하나님의 은혜에 바탕을 두고 있다는 것을 말한다. 그리고 로마교회내의 성도들도 여러 가지 성령의 은사를 받아 교회를 섬기게 된 것도 전적으로 하나님의 은혜를 인한 것이다(6절). 따라서 이와 마찬가지로 성도들도 자신이 가진 은사를 인해서 교만해지는 것은 하나님의 은혜를 잊은 결과다. 바울이 이 훈계를 로마교회내의 이방인성도나 혹은 카리스마주의자들 같은 어느 특정 구룹에게만 주고 있다고 할 수 없다. 그것은 "너희 중 각 사람에게"의 표현이 나타낸다. 즉 그들은 누구나 각기 하나님의 은혜로 말미암아 은사를 받은 자들이다. 이 은사는 서로의 믿음을 든든히 세워가는데 사용해야지 자신을 뽐내는데 사용하라고 주신 것이 아니다. 로마서 12장에서 은사에 대한 바울의 이 가르침은 고린도전서 12장에서 서술하는 방언 예언과 같은 협의의 의미의 은사론과는 달리 은사의 일반성/보편성을 주목하게 한다.

성도들을 권면하면서 바울은 단어의 끝음절의 발음이 같은 단어들후페르프로네인, 프로네인, 소우프로네인을 사용하여 그 가르침을 효과적으로 강조한다. 동사 프로네인은 로마서 8:5; 11:20절에도 사용되고 있고 로마서 8:6, 7, 27절은 그 같은 어족의 단어를 사용하고 있다. 무는 이 동사는 "생각하다"와 같은 지적 작용을 가리키는 것이 아니라 생각의 시각을 의미한다고 본다.[3022] 따라서 이 절에서 이 동사는 자신을 보는 방식을 의미한다는 것이다. 이 해석은 "자신을 높게 생각하다" 혹은 "거만하다"를 의미하는 그 앞의 동사 후페르프로네인의 의미와 관련해서 결정된 것처럼 보인다. 그러나 동사 프로네인 자체내에 자기 자신에 대해 가지는 견해라는 의미는 내재해 있지 않다. 프로네인은 어떤 대상에 대해 가지는 마음, 마음의 태도를 의미한다. 그리고 소우프로네인은 "이성적이다" 혹은 "분별력있다"를 의미한다. 그리고 문맥에서 후페르프로네인과 반대말로 사용되고 있다. 던은 이와 같은 어족의 단어 소우프로수네이는 겸손 절제를 의미하며 헬라시대에 4대 미덕 중 하나였고 교만후브리스과 반의어라고 말한다.[3023] 여기서 전치사구 에이스 토 소우프로네인은 프로네인의 목적이라기[3024] 보다 프로네인의 방식을 묘사하고 있다고 볼 수 있다. 즉 성도는 분별력 있기 위해 생각하는 것이 아니라 분별력을 가지고 생각해야 된다는 것이다. 따라서 이 점에서 바울은 여기서 성도들은 생각할 그 이상으로 생각하지 말고 이성적으로 혹은 지혜롭게 생각해야 한다는 것을 권면하고 있다. 케제만은 여기서 바울은 로마교회 내에 광적인 신자들을 향해 훈계하고 있다고 말한다.[3025] 그러나 본문에서 바울이 어떤 특정한 종류의 신자들을 향해 가르치고 있다는 근거는 없다.[3026] 이 절에서 바울은 "너희 중 각 사람에게" 말한다고 분명히 밝히고 있다.

"오직 하나님께서 각 사람에게 나눠주신 믿음의 분량대로"에서 "믿음의 분량"메트론 피스테오우스의 의미는 무엇인가. 크랜필드는 "분량"메트론의 의미를 (i)측량의 수단으로써 표준이나 법; (ii)측량의 결과로써 측정, 크기, 양, 길이; (iii)한계, 비율; (iv)미터, 절 등으로 구분한다. 그리고 "믿음"의 의미를(i) 신실함; (ii)신용; (iii)카리스마적 믿음; (iv)그리스도인들이 진리로써 믿는 것;(v) 신뢰 등을 의미한다고 구분한다. 그리고 소유격 "의"는 (i)분리 소유격 partitive genitive; 혹은 (ii)등가적 소유격appositional genitive으로 볼 수 있다. 이를

3022 Moo, *Romans*, 760.
3023 Dunn, *Romans*, 721; Spicq.
3024 Turner, 143.
3025 Käsemann, *Romans*, 332; Michel; Schlier; Friedrich, *TDNT*, 6:851.
3026 Dunn; Schreiner; Thompson, *Clothed with Christ*, 87; Fee, *God' s Empowering Presence*, 605.

조합하면 "믿음의 분량"의 뜻은 70가지의 해석이 가능하다.[3027] 여기서 다른 모든 조합의 의미보다 제일 나은 두 가지 의미는 (i)카리스마적 "믿음의 분량"으로써 양적 의미와 (ii)하나님께 대한 믿음으로써의 믿음이다. 크랜필드는 여기서 바울이 말씀하는 카리스마적 믿음은 모든 신자들이 소유하고 있는 은사가 아니기 때문에 본문이 말씀하는 의미가 아니라고 생각한다. 그러나 쉬라이너는 이 문장에서 동사 메리조우나누다가 메트론분량을 목적어로 하고 있기 때문에 메트론을 분량으로 해석하는 것이 낫다고 생각한다.[3028] 그리고 믿음을 기적을 일으키는 카리스마적 믿음으로 보는 것은 3절에서 바울이 로마교회내 모든 신자들에게 권면하고 있는 본문의 문맥에 맞지 않는다. 그래서 그는 믿음의 분량은 카리스마적 개념이 아니라 성도들이 각자 가진 믿음의 양을 가리킨다고 보는 것이 맞다고 해석한다. 사실 로마서 14:1절은 믿음이 약한 자를 언급하고 있다. 또한 12:6절은 "믿음의 정도"the proportion of faith를 언급하고 있다. 그러나 이와같이 "믿음의 분량"을 양적으로 해석하는 것은 해석상 취약점이 있다. (i)로마서에서 "믿음"은 하나님께 대한 반응을 가리킨다. 이 때 믿음을 하나님께서 신자 각자에게 다른 믿음의 분량을 나눠주신 결과라고 바울이 생각했다고 보는 것은 수긍하기 힘든 해석이다. (ii)이 해석은 큰 믿음을 가진 자가 약한 믿음을 가진 자에 대해 우월감을 가지게 하게 되기 때문에 3절에서 바울이 권면하는 내용과 상충된다.[3029]

위의 취약점 때문에 "믿음의 분량"을 믿음의 표준standard으로 보는 것이 더 나은 해석같이 보인다.[3030] 이 해석에서 믿음피스티스은 분량메트론에 대해 등가적appositional 의미를 가진다.[3031] 즉 하나님께서는 각자에게 다른 분량의 믿음을 주신 것이 아니라 똑 같은 분량의 믿음을 주셨다는 것이다. 그러나 이 해석은 앞서 본대로 동사 "나누다"메리조우의 의미를 반영하지 않고 있다는 비판을 모면하기 힘들다. 그리고 4절에서 우리가 한 몸에 많은 지체를 가졌

3027 C. E. B. Cranfield, "μέτρον πίστεως in Romans 12:3," *NTS* 8 (1961-62) 345-51.
3028 Schreiner, *Romans*, 652; Dunn.
3029 Cranfield, *Romans*, 614-15.
3030 마7:2; 23:32; 막4:24; 눅6:38; 계21:15, 17; Moo, *Romans*, 761.
3031 Wilckens; Fitzmyer; Moo; Cranfield.

으나 모든 지체가 같은 직분을 가진 것이 아니라는 말씀에서 서로 다른 직분이 요구하는 믿음의 종류가 다르다는 점을 고려하지 않고 있다. 따라서 여기서 "믿음의 분량"은 믿음의 강하고 약함이라는 수직적 의미보다는 각자 받은 은사와 직분에 관계된 믿음의 종류를 의미한다고 보는 것이 제일 타당한 해석으로 보인다. 어떤 학자들은 "믿음의 분량"을 서로 다른 은사를 가리키는 것으로 해석한다.[3032] 그러나 은사가 믿음의 분량에 따라 주어진다는 개념은 은사가 선물로 주어진다는 사실과 모순된다. 따라서 "믿음의 분량"은 은사 자체를 의미하는 것이 아니라 그리스도의 한 몸의 서로 다른 지체가 담당하는 직분에 따라 요구되는 다른 종류의 믿음을 가리킨다고 보는 것이 본문의 문맥에 제일 합치하는 해석이라고 할 수 있다. 머레이는 이 점에 대해 다음과 같이 말한다. "교회안에 각자에게 주어진 은사에 따라 자신에게 정해진 분량이 있다. 그리고 이에 따라오는 믿음의 한계내에서 은사는 사용되어야 한다."[3033]

로마서 12:4절의 접속사 갈왜냐하면은 4절의 내용이 3절의 내용을 밑받침하고 있는 것을 나타낸다: "우리가 한 몸에 많은 지체를 가졌으나 모든 지체가 같은 직분을 가진 것이 아니니". 즉 성도가 각자 하나님께로부터 받은 믿음에 따라 지혜롭게 분별해야 하는 것은 우리가 교회의 지체로써 모두 같은 직분을 가진 것이 아니기 때문이다. 바울이 그리스도의 교회를 우리 몸에 비유하는 것은 고린도전서 12장, 에베소서, 골로새서에 발견된다. 그러나 로마서에는 오직 이곳에만 간접적으로 언급되어 있다. 그러면 "그리스도의 몸"의 비유의 문헌적 배경은 무엇일까. 던은 여러 가능성을 제시한다.[3034] (i)그것은 로마서 1-11장에서 서술한대로 복음이 가지는 본질적 성격이다. 로마서 6장의 말씀대로 성도는 모두 "그리스도안"에 있는 지체기 때문에 교회는 그리스도안에서 한 몸이다; (ii)헬라시대의 메네니우스 아그립바는 로마의 평민군이 제국에서 독립해 자신들의 도시를 세우려 했을 때 로마는 한 몸으

3032 Barrett; Zahn; Bruce; Huby.

3033 Murray, *Romans*, 119; Schreiner; Dunn; Michel, 296-97; Leenhardt, 308-09; Schlatter, 231.

3034 Dunn, *Romans*, 722-23; L. Cerfaux, *The Church in the Theology of Paul* (New York: Herder, 1959); Ridderbos, *Paul*, 362-87; E. Percy, *Der Leib Christi* (LUÅ 38.1; Lund: Gleerup, 1942).

로써 각 지체는 위나 팔다리와 같이 없어서는 않되는 부분이라고 역설했다[3035]; (iii)사람은 근본적인 하늘의 사람의 조각들이라고 믿던 영지주의의 원초인간 신화primal man myth;(iv) 그리스도를 제 이의 아담으로 보는 아담 그리스도론Adam Christology(롬5; 6:3-8, 11); (v)롬4, 9-11장에서 서술된 집합적 이스라엘 개념이 새 시대에 그리스도의 몸으로 적용된 것; (vi)성만찬을 통해 교회 공동체가 하나라는 것이 상징되는 점(고전10:16-17).[3036] 이 많은 배경 중 제일 타당한 것은 (i)과(v) 이라고 볼 수 있다. 즉 구약의 이스라엘백성들은 아브라함의 씨로써 여겨지며 한 공동체의 일원이었다. 그리스도를 통해 완성된 새 시대에서 바울은 하나님의 새 언약의 공동체로써 성도들을 그 구성원으로써 이해하고 있다. 이 구성원들이 유대인성도만이 아닌 이방인성도를 포함하게 되었을 때 그 다양성은 일체성을 떠나서는 무의미해진다. 여기서 성도들은 자신들이 일체성을 이루어가는 것이 아니라 성령의 오심으로써 이룩된 그리스도의 한 몸안에 속한 지체로써 이에 합당한 마음의 태도로 살 것이 요구된다. 바로 이점에서 성도는 마땅히 생각할 그 이상의 생각을 품지 말고 오직 하나님께서 각 사람에게 나눠주신 믿음에 따라 지혜있게 분별해야 되는 것이다(3절). 3b의 "모든 지체가 같은 직분을 가진 것이 아니"다에서 직분프락시스은 로마서 8:13; 골로새서 3:9절에서는 행위act를 의미한다. 그러나 이 구절에서는 기능, 직분을 의미한다. 이 내용은 6-8절에 구체적으로 서술되어 있다. 즉 가르치는 자가 가르치는 자로써 행할 일이 있고 다스리는 자는 다스리는 자로써 다른 행할 일이 있는 것이다. 직분이 다른 성도들이 모두 다 같은 일을 행할 때 그 몸은 망가지게 될지도 모른다.

로마서 12:5절의 부사 후토우스이와 같이는 5절이 4절의 결론임을 나타낸다: "이와 같이 우리 많은 사람이 그리스도 안에서 한 몸이 되어 서로 지체가 되었느니라". 즉 우리 몸에 많은 지체가 있고 그 직분이 다르듯이 우리도 그리스도의 몸안에서 한 몸이 되어 서로 지체가 되었다. 여기서 바울은 성도들이

3035 Livy, *Hist*. 2.32; Epictetus, 2.10.4-5; Dodd; Lietzmann; *TDNT*, 7:1038-39, 1041; Dunn, *Romans*, 722-23; Cranfield; Barrett.

3036 Goppelt, *Theology*, 2:146; Ortkemper, 49-50, 56.

그리스도안에서 한 몸이 되었다는 것을 강조한다. 여기서 폴로이많은는 복수의 많은 사람을 가리키고 헨하나과 대조된다. 전치사 엔에서은 장소적 혹은 도구적으로 볼 수 있다. 그리스도의 몸은 은유적 표현만이 아니라 지역교회에 성도들이 모여 예배 드리는 측면을 형상화한다. 따라서 "그리스도안"엔 크리스토우은 장소적 의미를 배제한다고 볼 수 없다.[3037] 이와 동시에 그 은유적 관점에서 개개 성도가 믿음을 통해 그리스도와 연합되어 있기 때문에 성도간에 수평적 유기적 관계가 이룩되어 있다고 할 수 있다. 이 점에서 전치사 엔은 도구적 의미도 내포하고 있다고 볼 수 있다. 이는 이 절에 내재된 그리스도의 몸의 개념이 지역적 개념만이 아니라 보편적 개념도 가진 것을 말한다.[3038] "서로 지체가 되었느니라"토 데 카쓰 에이스 알레이로운 멜레이의 헬라어구는 특이한 형태를 가지고 있다. 여기서 카쓰 에이스는 각각each one을 의미한다. 그리고 토 데 카쓰 에이스는 "각각 따로"individually를 의미한다.[3039] 알레이로운 멜레이는 "지체 서로서로"members of one another를 의미한다. 이는 성도들이 그리스도의 몸의 지체일 뿐 아니라 서로 서로에게 지체로써 연관되어 있다는 것을 나타낸다.[3040] 이는 이들이 가진 은사가 자신의 것이 아니라 서로 공유하는 것임을 말한다. 이는 자기가 소유한 은사를 이양한다는 의미는 아니다. 성도는 각자 자신이 하나님께로부터 받은 은사를 통해서 서로 섬길 때 서로 서로의 신앙을 든든히 세워가게 됨을 의미한다. 이것이 바로 하나님께서 기뻐하시는 뜻의 일부라고 할 수 있다.

로마서 12:6절은 현재분사 에콘테스having로 시작하며 문장에 주동사가 없다: "우리에게 주신 은혜대로 받은 은사가 각각 다르니 혹 예언이면 믿음의 분수대로". 이 절에 주동사가 없기 때문에 6절의 에콘테스는 문법적으로 5절의 에스멘we are에 걸린다고 볼 수 있다. 그리고 6-8절은 구체적으로 어떻게 우리가 그리스도안에서 한 몸이 되어 서로 지체가 되고 있는지 묘사하고 있다고 할 수 있다. 그것은 우리에게 주신 은혜대로 각각의 은사를 받아 사

3037 *contra* Moule, The *Origin*, 72; Morris.
3038 Hultgren; Moo.
3039 Dunn, *Romans*, 724.
3040 Murray, *Romans*, II, 120.

용하면서 서로 지체가 되고 있다는 것이다.[3041] 그러나 어떤 학자들은 6절의 접속사 데그러나는 새 문장의 시작을 나타낸다고 본다.[3042] 그렇게 보면 이 문장에 주동사를 삽입하지 않으면 번역이 자연스럽지 못하게 된다. 그러면 어떤 동사가 적합한가. (i)NRSV는 직설법 동사를 삽입해서 번역한다. 이는 바울이 교회내에서 성도들이 받은 은사를 예언이면 믿음의 분수대로…긍휼을 베푸는 자는 즐거움으로 사용하고 있는 것을 묘사하고 있다는 것을 가리킨다.[3043] (ii)그러나 어떤 학자들은 바울이 본문의 문맥에서 사도적 권위와 함께 권면하고 있는 맥락에서 명령형 동사를 삽입해서 은사를 어떻게 사용해야 할 지를 가르치고 있다고 본다.[3044] 이에 따르면 우리는 6-8절을 "우리에게 주신 은혜대로 받은 은사가 각각 다르니 혹 예언이면 믿음의 분수대로…긍휼을 베푸는 자는 즐거움으로 해야 한다"라고 번역할 수 있다. 여기서 필자는 전자의 해석이 더 문법적으로 옳다고 생각한다. 바울이 여기서 권면의 끈을 놓지 않고 있는 것이 사실이지만 에이테whehter…에이테whether의 구절을 명령형으로 번역하는 것은 바울이 의도하는 의미를 지나치게 한정하는 것이다.

바울은 성도들이 가지고 있는 은사카리스마타에 대해 세 가지 측면을 분명히 서술하고 있다. 첫째,(로마교회내) 모든 성도가 은사를 가지고 있다; 둘째, 은사는 하나님의 은혜로 주어진 것이다; 셋째, 은사의 종류는 여러가지다. 바울은 6-8절에서 일곱 가지 은사를 나열하고 있다. 그 중 예언은 고린도전서 12:7-10, 28; 에베소서 4:11절에 그리고 가르침의 은사는 고린도전서 12:28; 에베소서 4:11절에도 언급되어 있다. 바울은 6-8절에서 성도가 받을 수 있는 모든 은사를 나열하고 있는 것은 아니다. 이 점에서 은사의 일곱 가지에 어떤 상징적인 의미를 부여하는 것은[3045] 지나친 해석이라고 볼 수 있다. 스토트는 이 은사를 예언 가르침 위로와 같은 말의 은사speaking gifts와 섬

3041 Dunn, *Romans*, 725; Denney; Moulton.
3042 RV; NIV; Morris; Schreiner; Moo; S-H; Shedd; Cranfield.
3043 Dunn, *Romans*, 727-28.
3044 NASB; RSV; NIV; NJB; KJV; TEV; Sanday and Headlam; Moo; Murray; Barrett; Osborne.
3045 Fitzmyer, *Romans*, 647.

김 기부 인도 양선과 같은 섬김의 은사 두 종류로 구분한다.[3046] 그리고 우리로 하여금 은사에 있어서 삼위일체적 하나님의 은혜에 주목하게 한다. 즉 로마서 12장에서는 하나님 아버지께서 은사를 내려 주시고 에베소서 4장에서는 아들 하나님께서 은사의 근원이시고 고린도전서 12장에서는 성령 하나님께서 은사의 제공자시다.[3047] 따라서 우리에게 은혜로 은사를 부어주시는데 있어서 삼위일체 하나님의 사역이 동시에 역사하고 있음을 알 수 있다. 우리가 하나님의 은혜로 말미암아 은사를 받았다는 사실은 중요한 의미를 가진다. 즉 우리는 은사를 자신의 재산과 같이 소유하고 있는 것이 아니다. 은사는 우리가 하나님과의 살아 있는 계속적인 관계를 바탕으로 사용될 수 있는 것이다.[3048] 그리고 지체 서로간에 은사가 사용될 때 하나님의 은혜의 실체로써 은사는 비로소 구체적으로 나타나게 된다.[3049] 다시 말해 하나님께서는 우리에게 각자 소유하고 만족하도록 은사를 주신 것이 아니라 서로를 위해서 은사를 사용해서 믿음의 공동체가 든든히 서도록 하기 위해 은사를 주신 것이다. 따라서 서로 다른 직분을 가진 지체들이 은사를 통해 섬김으로써 제 역할을 하지 못하면 공동체는 건강하게 존재할 수 없게 된다. 6-8절에서 바울은 고린도전서 12-14장에서처럼 각기 다른 직분이 얼마나 다른 지체에게 중요한 역할을 하는가에 대해 구체적으로 서술하지 않고 있다. 따라서 로마서 12:6-8절에서 바울은 초대교회 어느 곳에나 적용될 수 있는 일반적 은사론을 가르치고 있다고 할 수 있다.[3050] 이는 초대교회에서 하나님의 은혜로 말미암은 은사는 보편적인 현상이었다는 것을 말한다.[3051]

6-8절에서 일곱 가지 은사 중 바울은 첫째로 예언의 은사를 말씀한다. 고린도전서 12:28; 에베소서 4:11절에서 예언의 은사는 사도직의 은사 다음에 열거된다. 그러나 로마서 12:6-8절에는 사도직의 은사를 포함하지 않기 때

3046 Stott, *Romans*, 326.
3047 Stott, *Romans*, 328.
3048 Schrage, "Leid", 142-43; Dunn.
3049 Schlatter; Dunn, *Romans*, 726.
3050 U. Brockhaus, *Charisma und Amt: Die paulinische Charismenlehre auf dem Hintergrund der frühchristlichen Gemeindefunktionen* (Wuppertal: Brockhaus, 1972) 198-202.
3051 Dunn, *Jesus*, 253-57, 262-65.

문에 예언의 은사를 제일 먼저 말씀하는 것이 당연하다. 그만큼 예언의 은사는 중요한 은사이다(고전14:1, 39; 살전5:19-20). 그것은 예언이 다른 은사들보다 믿음의 공동체를 세우는데 큰 역할을 하기 때문이다(고전14:3-5).3052 예언은 성도들을 가르치고(고전14:31), 세우고(고전14:3), 권면하고(고전14:3), 위로하고(고전14:3), 혹은 꾸짖는다.[3053] 바울과 베드로 등 사도들은 예언의 은사를 함께 받은 지도자들이다. 그러나 아가보와 같은 예언의 은사를 받은 자들이 사도는 아니었다. 예언을 하는 자들의 예언은 사도적 권위를 가지고 받은 하나님의 계시가 아니었고 어떤 특정한 상황에 맞는 하나님의 말씀을 받아 공동체에 전달함으로써 성도들을 세우는 역할을 했다.3054 이들은 미래에 되어질 일들도 예언했다. 따라서 이들의 예언은 교회의 영적 지도자들에 의해 그 진위가 확인되어야 한다(고전14:29-32).

"혹 예언이면 믿음의 분수대로"아나로기안 테이스 피스테오우스에서 아나로기아는 수학에서 비례proportion를 의미한다.[3055] 이 명사는 신약에서 하팍스로써 "올바른 관계" 혹은 "비율"을 의미한다. 그러면 여기서 "믿음의 비례대로"는 무엇을 의미하는가. 이는 여기서 믿음의 의미가 무엇인가에 따라 결정된다. (i) 어떤 학자들은 여기서 믿음은 카리스마적 믿음이라고 본다.[3056] 그러나 바울은 본문의 문맥에서 카리스마적 신도들의 믿음의 폐단에 대해서 다루고 있지 않다. (ii)어떤 학자들은 여기서 믿음은 예언자 자신의 믿음fides qua을 가리킨다고 본다.[3057] 그것은 여기서 "믿음의 비례"는 3절의 "믿음의 분량"과 같은 의미로 해석해야 되기 때문이라는 것이다.[3058] 따라서 바울이 여기서 말씀하는 바는 예언은 그 믿음의 분량에 따라서 해야지 자신을 과시할 목적으로 혹은 공동체내에서 세력을 휘두르는데 예언을 사용하면 않된다는 것이

3052 Dunn, *Romans*, 727.
3053 Cranfield, *Romans*, 620.
3054 W. Grudem, *The Gift of Prophecy in 1 Corinthians* (Washington: University of America, 1982); D. E. Aune, *Prophecy in Early Christianity and the Ancient Mediterranean World* (Grand Rapids: Eerdmans, 1983).
3055 *TDNT*, 1:347; Michel.
3056 Gaugler; Leenhardt; Sanday and Headlam.
3057 Schreiner; Sanday and Headlam; Barrett; Murray; Dunn; Osborne; Schlatter, 232-33; Leenhardt, 310-11; Fee, *God' s Empowering Presence*, 607-11; Gaugler; S-H.
3058 Zahn; Michel; Dunn; Schreiner.

다. (iii)다른 학자들은 여기서 믿음은 교회 공동체가 가진 객관적 믿음fides quae creditur을 의미한다고 본다.[3059] 이들은 아나로기아를 비례가 아니라 표준 혹은 원칙으로 해석한다. 따라서 바울이 여기서 명령하는 것은 예언이 사도들의 고백의 전통에서 벗어나 성도들이 믿음에서 실족하지 않도록 해야 된다는 것이다(신13:1-5; 18:20-22; 고전14:37; 요일4:1-6). 이 견해는 고린도전서 14장의 예언에 대한 가르침과 일치하는 타당한 해석이다. 그러나 필자는 로마서 12:6-8절의 가르침이 명령법의 형태에 놓인 것이 아니라 직설법의 형태를 띠고 있다고 본다. 따라서 바울은 여기서 예언의 진위를 시험해 보아야 함을 말씀하는 것이 아니라 예언을 각자 믿음에 따라 사용해서 각 지체가 한 몸을 이루어 가는 측면을 설명하고 있는 것이다.[3060] 즉 바울같은 사도는 하나님의 계시를 받고 아시아로 향하지 않고 마게도니아로 전도의 발걸음을 옮겼다. 그러나 아가보와 같이 예언의 은사가 있는 사람은 바울이 예루살렘에 가면 붙잡힐 것이라고 예언함으로써 제자들이 이에 대비하도록 도왔다. 예언은 성경을 기록할 정도의 권위있는 예언이 있고 교회의 특정한 상황에서 성도들을 인도하는데 필요한 예언이 있다. 이 때 예언을 말씀하는 자가 자신의 예언에 지나친 권위를 가지고 성도들을 조절하려고 하면 않된다.[3061] 여기서 바울이 초점을 두는 측면은 각자 믿음의 정도에 따라 예언을 말씀하고 있는 측면이다. 거짓예언이나 예언의 사적 이용의 폐단의 문제는 고린도전서 14장에서 따로 다루고 있다.

로마서 12:7절에서 바울은 두번째와 세번째 은사를 기술한다: "혹 섬기는 일이면 섬기는 일로 혹 가르치는 자면 가르치는 일로". "혹 섬기는 일이면 섬기는 일로"에서 디아코니아는 보살핌 혹은 섬김을 의미하는데 신약에서 이 어족의 단어들은 식사대접(마4:11; 8:15; 막1:13, 31; 눅4:39; 10:40; 요한12:2; 행6:1, 2; 딤후1:18), 바울의 사역(행20:24; 21:19; 롬11:13; 고후3:8, 9;

3059 Moo; Cranfield; Stott; Käsemann; W. Schrage, *Die konkreten Einzelgebote in paulinischen Paränese: Ein Beitrag zur neutestamentlichen Ethik* (Gütersloh: Gerd Mohn, 1961) 185; Fitzmyer; Stuhlmacher; Ridderbos; Calvin; Melanchthon; Schlier; Hultgren; Ortkemper, 72-74; Wilckens; Aune.

3060 Dunn, *Romans*, 728.

3061 Barrett, *Romans*, 219; Murray, *Romans*, II, 123.

4:1; 5:18; 6:3; 딤전1:12), 사도의 사역(행1:17, 25), 말씀 사역(행6:4), 일반적 사역(고전16:15; 엡4:12; 골4:17; 딤후4:5,11), 일반적 영적 은사(고전12:5; 벧전4:10-11), 재정후원(행11:29; 12:25; 롬15:25, 31; 고후8:4, 19, 20; 9:1, 12, 13; 11:8) 등의 의미로 쓰인다.[3062] 어떤 학자들은 이 절에서 바울이 디아코니아를 일반적 의미로 사용하고 있다고 해석한다.[3063] 그 이유는 (i)8b가 가난한 자를 긍휼함으로 도와야 한다는 것을 말씀하고 있기 때문에 7절에서 디아코니아는 가난한 자를 재정후원하는 등의 협의의 의미를 가지지 않는다; (ii)디아코니아는 그 뒤에 오는 명사적 분사들가르치는 자; 권위하는 자 등을 도입하는 기능을 하면서 일반적으로 섬기는 직분을 총칭하고 있다는 것이다.[3064] 그러나 8b의 긍휼을 베푸는 자가 재정후원의 일을 담당하는 디아코니아의 일과 연관된 일인지는 분명하지 않다. 그리고 바울이 명사 디아코니아에서 명사적 분사 "가르치는 자"로, 즉 일에서 사람으로 표현을 바꾼 것은 디아코니아가 그 뒤에 오는 은사들의 제목으로 기능하기 때문이 아니라 일반적인 의미의 가르치는 일이 아니라 가르치는 직분을 가진 자들이 성실함으로 가르치는 것을 묘사하려고 했기 때문일 수도 있다. 따라서 우리는 바울이 이 절에서 디아코니아를 특정한 섬김의 일을 가리키는 단어로 사용하고 있다고 볼 수 있다. 그 이유는 (i)디아코니아를 일반적 섬김의 의미로 사용했다면 예언의 일도 그 안에 포함된다. 따라서 바울은 디아코니아의 은사를 예언의 은사 앞에 두었을 것이다; (ii)6-8절에 포함된 다른 여섯 가지 은사들 모두 특정한 은사를 의미하고 있다. 따라서 여기서 디아코니아는 협의적 의미의 섬김을 의미하고 있다고 보는 것이 자연스럽다. 그리고 이 점에서 디아코니아가 집사직분을 가리키고 있다는 것을 부정할 만한 이유는 없다고 본다. 어떤 학자들은 로마교회에 아직 집사직분이 도입되지 않았을 것이기 때문에 이 단어가 집사의 섬김의 일을 가리킨다고 볼 수 없다고 생각한다. 그러나 바울이 로마서를 쓸 당시 로마교회에 집사직이 존재했을 것으로 보는

3062 Schreiner, *Romans*, 657.
3063 Zahn; Lagrange; Schlier; Ortkemper; Huby; Jülicher.
3064 Cranfield, *Romans*, 622.

것이 자연스럽다. 이 추론이 옳다면 바울은 여기서 집사들이 섬기는 일로 그리스도의 몸된 교회의 지체의 기능을 하고 있음을 기술하고 있다고 볼 수 있다.[3065]

"섬기는 일로"엔 테이 디아코니아는 두 가지 극단적인 태도를 제어하는 가르침이다. (i)성도를 물질로 공궤하는 일을 저급한 일로 여기는 태도와 (ii)성도를 물질로 공궤하면서 집사 자신이 더 큰 권한/권위를 부여잡으려 하는 태도다.[3066] 예루살렘교회에서 사도들이 말씀 전하는 일에 집중하기 위해서 집사를 세우고 물질로 공궤하는 일을 전담하도록 한 것은 그리스도의 몸의 지체들이 섬김에 있어서 역할을 분담하는 길을 택한 것을 보여준다. 따라서 집사들이 자기 직분의 영역을 떠나 다른 직분까지 담당하려고 하는 것은 사역의 효율성을 저해하는 일이 될 수 있다. 집사는 물질 공궤의 일을 성실히 감당해야 된다. 그러나 쉬라이너는 여기서 디아코니아가 집사의 일을 가리키는 것으로 보는 것은 타당하지 않다고 생각한다. 이 단어는 섬김의 은사를 가리키고 있고 특히 물질을 공궤하는 섬김과 연관이 있다고 본다.[3067] 그러나 이 해석은 동어반복tautological의 의미를 가져오는 것으로 보인다. 던은 이 절에서 디아코니아는 일반적인 섬김과 집사로써 섬김의 중간에 해당하는 섬김을 가리킨다고 본다.[3068] 그러나 이 해석은 바울이 의도하지 않은 의미를 본문에 주입하는 해석으로 보인다. 보쉬는 여기서 디아코니아는 예언의 은사와 가르침의 은사 사이에 언급되어 있는 만큼 말씀으로 섬기는 것ministry of the Word을 의미한다고 본다.[3069] 그러나 예언의 은사와 가르침의 은사도 말씀으로 섬기는 직분이기 때문에 바울이 명사 다아코니아를 이 두 은사 사이에 삽입하며 말씀의 사역을 가리키려고 했는지는 확실하지 않다.[3070]

바울은 처음 두 은사는 추상명사로 표현하지만 세번째 은사인 가르치는

3065 Moo; Wilckens; Cranfield; Murray; S-H; Godet.
3066 Murray, *Romans*, II, 124-25.
3067 RSV; NIV; ESV; NET; Schreiner, *Romans*, 657; Sanday and Headlam; Barrett; Fitzmyer; Osborne.
3068 Dunn, *Romans*, 728-29.
3069 J. S. Bosch, "Le corps du Christ et les charismes dans l' épître aux Romains." In *Dimensions de la vie Chrétienne* (Rm 12-13) (ed. L. de Lorenzi. Rome: Abbaye de S. Paul h.l.m., 1979) 64-65.
3070 Moo, *Romans*, 767.

은사부터는 가르치는 사람을 가리키고 있다. 이는 문장 스타일에 준 변화일 뿐 여기서 그 이상의 신학적 의미를 찾으려 하는 것은 과한 해석일 수 있다. "가르치는 자면 가르치는 일"로 그리스도의 몸된 교회의 지체가 되고 있다. 가르치는 은사는 예언의 은사와 말씀의 사역이라는 점에서 같지만 그 내용에 있어서는 다르다. 즉 예언은 하나님께서 선지자의 입에 주시는 계시의 말씀인 반면에 가르치는 것은 교회에 전해 내려오는 사도의 가르침을 성도들에게 전수하는 것이다(행2:42; 고전11:2, 23-26; 15:3-6; 갈6:6; 살전4:1; 살후2:15; 3:6; 히5:12). 사도시대에 이미 교회에 가르치는 사역을 담당하는 자들이 일어났음이 확실하다.[3071] 고린도전서 12:28절은 교사를 사도와 선지자 다음에 놓고 있다. 에베소서 4:11절은 사도, 선지자, 복음전파자 다음에 목사와 교사를 놓고 있다. 이는 가르치는 자와 목사는 하나의 구룹에 속함을 보여준다.[3072] 로마서 6:17절은 그리스도에 대한 사도의 가르침의 전통에 성도가 복종함을 언급한다. 이 점에서 복음의 말씀을 가르쳐 전수하는 교사와 목사의 사역은 그리스도의 몸된 교회를 세우는 기둥과 같다고 할 수 있다. 따라서 가르치는 자들은 자신의 직분을 귀히 여기고 신실하게 이를 담당해야 된다.

로마서 12:8절은 네 가지 은사를 언급한다: "혹 권위하는 자면 권위하는 일로 구제하는 자는 성실함으로 다스리는 자는 부지런함으로 긍휼을 베푸는 자는 즐거움으로 할 것이니라". "권위하는 자면 권위하는 일로"에서 동사 파라칼레오우는 권하다(KJV; 고전4:16; 고후10:1; 살전5:11), 격려하다(NIV; TEV), 혹은 위로하다(고전4:13)를 의미한다.[3073] 이 동사가 가르치는 은사 바로 다음에 언급된 점으로 보아 복음의 진리를 가지고 권면하는 은사를 가리키고 있는 것으로 보인다.[3074] 사실 가르치는 것과 권위하는 일은 밀접한 관계가 있다(살전2:3; 딤전4:13).[3075] 그러나 두 일은 완전히 같지는 않다. 가

3071 딤전1:10; 3:2; 5:17; 딤후2:2; 3:10; 딛1:9; 2:1, 7, 10; K. Rengstorf, *TDNT*, 2:138-65; Aune, *Prophecy*, 217; Byrne, *Romans*, 373; H. Greeven, "Propheten, Lehrer, Vorsteher bei Paulus: Zur Frage der 'Ämter' im Urchristentum," *ZNW* 44 (1952-53) 1-43.

3072 Cranfield, *Romans*, 623.

3073 Dunn, *Romans*, 730.

3074 Osborne, *Romans*, 327.

르치는 일은 말씀의 일반적인 선포에 관계되어 있는 반면 권위하는 일은 복음의 말씀을 그리스도인들의 삶에 적용해서 복종하도록 독려하는 일이다.[3076] "권위하는 일로"엔 테이 파라클레이세이는 권위하는 일에 있어서를 의미한다. 이는 그 앞의 "가르치는 일에 있어서"와 구분된다. 그렇다면 전치사 엔in은 장소적 의미를 가진다고 볼 수 있다. 그러나 그 다음의 세 은사와 관련해서 사용될 때 전치사 엔은 태도나 방식manner을 의미한다고 할 수 있다.[3077] 그리고 바울은 이 마지막 세 은사를 언급할 때 에이테if를 사용하지 않는다. 이는 어떤 신학적 의미의 변화때문이 아니라 글의 스타일에 준 변화 때문이라고 할 수 있다.[3078] "구제하는 자"호 메타디두스는 여기서 언급된 다섯번째 은사다. 이는 (i)교회의 물품을 나누어 주는 일을 담당한 자[3079]; 혹은 (ii) 자신의 소유를 나누어주는 자(잠11:26; 롬1:11; 엡4:28; 살전2:8)를[3080] 가리킨다. 여기서 전자의 해석도 가능하지만 7절에서 언급된 집사의 역할이 이와 중복되기 때문에 우리는 후자의 해석이 더 타당하다고 할 수 있다. 이 해석은 전치사구 엔 하플로테이티성실함으로의 의미와 연관해서 볼 때 더 자연스러운 해석이다. 밴 우닉은 좀 더 구체적인 의미를 제시한다. 즉 자신의 소유를 나누어주는 자는 물질보다 하나님의 말씀을 나누어 주는 자를 의미한다는 것이다.[3081] 그러나 메타디도우미는 물질을 함께 나눈다는 의미이고 본문의 문맥에서도 물질을 나눈다는 의미가 더 적합한 뜻이다. 명사 하플로테이스는 순박함simplicity[3082] 혹은 너그러움generosity을[3083] 의미한다.[3084] 그러나 여기서 바울이 개인이 하는 구제를 가리키고 있는 점에서 하플로테이스는 순박

3075 Schreiner, *Romans*, 658.

3076 Schlatter, 234; Cranfield; Schreiner; Moo; C. J. Bjerkelund, *Parakalô* (Oslo: Universitetsforlaget, 1967) 26.

3077 Schreiner, *Romans*, 658-59; Murray.

3078 Moo, *Romans*, 767.

3079 Schlier; Calvin; Käsemann.

3080 Osborne; Schreiner; Cranfield; Ortkemper, 80-81; Moo; Murray; Godet; S-H; Dunn.

3081 W. C. van Unnik, "The Interpretation of Romans 12:8: *Ὁ μεταδιδοὺς ἐν ἁπλότητι*," in *On Language, Culture, and Religion: In Honor of Eugene A. Nida* (ed. M. Black and W. Smalley; The Hague: Mouton, 1974) 169-83.

3082 KJV; 고후11:3; 엡6:5; 골3:22; Murray; Cranfield; Black; Dunn; Godet; Moo.

3083 NRSV; TEV; NIV; 고후8:2; 9:11, 13; Morris; Spicq.

3084 Bauernfeind, *TDNT*, 1:386-87.

함을 의미하는 것으로 보는 것이 더 낫다. 만일 이 해석을 채택한다면 바울은 구제하는 자가 순전한 마음으로 구제해야지 어떤 숨은 의도를 가지고 구제하는 것은 바람직한 일이 아니라는 것을 가리킨다. 어떤 학자는 여기서 구제는 개인이 재정적으로 하는 구제를 가리킨다고 주장한다.[3085] 그러나 여기서 구제의 내용을 재정적 의미로 국한해야 될 근거는 본문에 존재하지 않는다.

여섯번째 은사인 호 프로이스타메노스다스리는 자는 (i)감독, 장로와 같은 교회 지도자[3086] 혹은 (ii)구제하는 일과 같은 일들을 담당하는 자를 의미한다는[3087] 해석이 있다. 던은 다음의 이유를 제시하면서 후자의 해석을 채택한다.[3088] 첫째, 만일 지도자를 의미하려 했다면 바울은 동사 프로이스테이미의 과거완료시제를 사용했을 것이다(삼하13:17; 잠23:5; 26:17; 아6:10); 둘째, 6-8절에서 은사의 서열이 존재하는 것을 부정할 수 없다. 따라서 만일 바울이 여기서 교회에서 다스리는 은사를 의미했다면 바울은 이 은사를 일곱가지 은사 중 앞부분에 삽입했을 것이다[3089]; 셋째, 이 은사가 구제의 은사와 긍휼을 베푸는 은사 사이에 삽입된 것은 이 은사도 구제의 사역과 관계있다는 것을 가리킨다. 이와 같은 이유를 바탕으로 이 은사는 자매 뵈뵈가 그랬듯이 성도의 소용되는 바를 공급하는 것을 의미한다는 것이다(롬16:1-2). 그러나 신약에서 프로이스테이미는 도움을 공급하다는 의미로 사용되지 않는다. 그리고 데살로니가전서 5:12; 디모데전서 3:4, 5, 12; 5:17절에서 이 동사는 교회 지도자를 의미한다. 따라서 우리는 호 프로이스타메노스는 장로와 감독같이 교회에서 다스리는 자를 의미한다고 볼 수 있다. 이들은 게으름이나 안이함으로 하지 말고 직분을 부지런히스푸데이 감당해야 한다.

일곱번째 은사인 "긍휼을 베푸는 자"호 엘레오운는 병문안, 노인과 약한 자를

3085 Sanday and Headlam, *Romans*, 357.

3086 NIV; NJB; 딤전3:4-5, 12; 5:17; Barrett; Schmidt; Lietzmann; Moo; Schreiner; Osborne; Stott; Sthuhlmacher; Murray; Schlatter; Käsemann; Calvin; Sanday and Headlam; Fitzmyer.

3087 Wilckens, Cranfield; Ziesler; Fee; Byrne; Dunn; Leenhardt; Huby; Lagrange; Gaugler.

3088 Dunn, *Romans*, 731.

3089 Ortkemper, 82-83.

3090 Moo; Murray; Cranfield; Wilckens; Godet; Fitzmyer; Morris; Calvin.

돌보는 일, 가난한 자를 돕는 것과 같이 일반적인 긍휼 사역을 감당하는 자를 가리킨다.[3090] 던은 이 은사는 유대주의의 경건한 구제의 일과 관계되어 있다고 주장하지만 여기서 바울이 이 특정한 일을 의미했다고 보기는 어렵다.[3091] 교회내에서 긍휼의 사역을 담당하는 자는 이 일을 짐으로 여기지 않고 즐거운 마음으로 해야 한다. 그렇지 않으면 하나님께서 기뻐하지 않으신다(고후9:7). 그리고 긍휼의 수혜자도 도움을 받는 것에 대해 미안함이나 부끄러운 마음을 가질 수 있다. 이는 긍휼의 사역의 뜻사랑과 화합을 저해하는 결과를 가져올 수 있는 것이다.

(3) 사랑의 실천(롬12:9-21)

로마서 12:9-21절의 핵심적 가르침은 사랑이다.[3092] 9절은 이 문단의 주제에 해당한다. 10-13절은 교회내의 성도간에 서로 사랑할 것을 가르치고 있고 14-21절은 성도가 불신자와의 관계에 있어서 사랑하며 참고 인내해야 함을 가르치고 있다.[3093] 그러나 이 문단은 이렇게 정확하게 두 부분으로 나뉘지는 않는다. 왜냐하면 14-21절도 넓은 의미에서 교회내 성도간의 관계에도 적용될 수 있기 때문이다.[3094] 무는 이 문단의 특징을 네가지로 제시한다.[3095] (i)바울은 이 문단에서 서술동사를 생략하고 짧은 경고를 열거한다 . (ii)이 문단에는 접속사나 조사가 거의 없기 때문에 각 절간의 논리적 관계를 파악하기 어렵다. (iii)이와 함께 소문단의 주제를 파악하기 힘들다. (iv)가르침의 배경이 구약(16c, 19c, 20), 예수님의 가르침(14, 17, 18, 21),[3096] 헬라철학적 잠언 등 다양하다. 이러한 이 문단의 내용분석에 내재된 난해함 속에서

3091 마6:2-4; 행9:36; Michel; Dunn, Romans, 731-32.

3092 W. T. Wilson, *Love without Pretense; Romans 12.9-21 and Hellenistic-Jewish Wisdom Literature* (WUNT 2/46. Tübingen: Mohr, 1991) 142-44; Stuhlmacher, *Romans*, 195; D. A. Black, "The Pauline Love Command: Structure, Style, and Ethics in Romans 12:9-21." *Filologia Neotestamentaria* 2 (1989) 15, 17; Dunn; V. P. Furnish, *The Love Command in the New Testament* (Nashville: Abingdon, 1972) 103.

3093 Fitzmyer; Cranfield; Leenhardt.

3094 Cf., Käsemann, *Romans*, 343; Schreiner.

3095 Moo, *Romans*, 771-72.

3096 Dunn, "Paul' s Knowledge of the Jesus Tradition", 193-207.

도 확실한 사실은 9-21절이 12:1-8절 그리고 13장과 직접적 관계가 없는 독립적인 내용이 아니라는 것이다. 9절에서 바울은 모든 성도들이 사랑의 은사가 있음을 가정하고 있다.[3097] 그것은 바울이 명사적 분사 "사랑하는 자"가 아니라 "사랑"을 언급하며 그 특징을 악을 미워하고 선에 속하는 것으로 묘사하기 때문이다. 사랑은 성도가 그리스도안에서 한 몸이 되어 서로 지체가 되는데 꼭 필요한 요소이다. 바울이 6-8절에서 일곱 가지 은사를 열거하고 9절에서 사랑을 언급하는 것은 고린도전서 12장에서 여러 은사를 열거한 후 13장에서 모든 은사에 양념 역할을 하는 사랑의 은사에 대해 서술하는 순서와 병렬된다. 이 점에서 9-21절은 6-8절을 강화해 주는 역할을 한다. 그리고 바울은 로마서 13:8-10절에서 다시 사랑의 주제를 서술하고 있는데 이는 사랑에 대한 가르침이 앞으로 다룰 유대인 성도와 이방인 성도간의 화목(14:1-15:13)에 대한 가르침을 준비하고 있는 것을 나타낸다.[3098] 이를 바꾸어 표현하면 바울은 로마교회의 특수한 상황에 적절한 가르침을 제공하면서 이를 기독교 윤리적 관점에서 일반화해서 표현함으로써 일반적으로 모든 성도들도 함께 이 말씀의 혜택을 얻게 하고 있다. 이 점에서 우리는 9-21절이 로마교회의 역사적 정황을 배경으로 하고 있다는 점을 간과하면 않된다.[3099] 바울은 특수한 역사적 상황을 플렛폼으로 삼아 일반적 가르침을 제공하는 경우가 종종 있다.[3100] 이 목적을 달성하는데 있어서 바울은 로마서 12장에서는 구약과 예수님의 가르침 등에서 뽑은 여러 자료를 함께 엮어 기술하고 있다.[3101]

로마서 12:9절은 앞서 언급한 것처럼 9-21절의 제목에 해당한다: "사랑엔 거짓이 없나니 악을 미워하고 선에 속하라". 명사 "사랑"[아가페이]은 주후 2-3세기 헬라 문학에는 잘 사용되지 않은 단어다. 구약의 칠십인역에는 20번

3097 Käsemann, *Romans*, 344.

3098 Fitzmyer, *Romans*, 652.

3099 Osborne; Wedderburn; R. Jewett, *Christian Tolerance: God's Message to a Modern Church* (Philadelphia: Westminster Press, 1982) 93-94; Black, "Pauline Love Command," 13-14; Moo, *Romans*, 772.

3100 고린도전후서; 데살로니가전후서 등.

3101 Wilson, *Love without Pretense*, 143; Dunn, "Paul's Knowledge," 193-207.

사용되고 있고 주로 사람간의 사랑을 가리키는 단어다(왕하1:26; 13:15).[3102] 유대문학에서 아가페이는 하나님의 사랑(Wisd Sol 3:9; Ep. Arist. 229)이나 사람의 하나님에 대한 사랑(렘2:2; Wisd Sol 6:18)을 표현하는 단어로 이미 쓰이고 있었다. 신약에서 사도들이 명사 아가페이를 자주 사용하는 것은 이 단어에 하나님의 사랑이란 특별한 개념이 내재해 있기 때문이 아니라 그리스도를 통해 구속이 완성됨과 함께 나타난 하나님의 사랑과 성도의 사랑을 표현하는데 있어서 이 단어를 유용한 언어적 수단으로 채택하고 애용했다는 것을 말한다.[3103] 바울은 하나님께서 성령을 통해서 성도에게 사랑을 부어주셨다고 서술한다(롬5:5). 하나님의 우리에 대한 사랑은 무조건인 사랑이다. 왜냐하면 우리가 아직 죄인되었을 때에 그리스도께서 우리를 위하여 죽으심으로 하나님께서 우리에게 대한 자기의 사랑을 확증하셨기 때문이다(롬5:8). 성도가 서로 사랑하는 것은 하나님께로부터 받은 사랑이 있기 때문에 가능하다. 바울은 중생한 성도가 하는 사랑의 특징을 로마서 12:9절이하에서 풀어 놓고 있다. 그 중요한 특질은 사랑에는 거짓이 없다는 것이다. 형용사 아누포크리토스는 진심의(NIV), 진실한(RSV, NRSV, ESV)을 의미하는데 문자적으로 "위선이 없는"을 의미한다(ASV, NET; 고후6:6; 딤전1:5; 벧전1:22). 이 단어의 같은 어족의 명사 후포크리테이스는 연극배우를 가리킨다. 이는 자기 얼굴에 가면을 쓰고 연기를 하는 사람이다. 복음서에 이 단어는 18번 사용되고 있다.[3104] 마태복음 6:2절에서 예수께서는 구제할 때에 외식하는 자가 사람에게 영광을 얻으려고 회당과 거리에서 하는 것 같이 너희 앞에 나팔을 불지 말라고 말씀하신다. 성도는 구제할 때든지 기도할 때든지 외식이 없이 진실한 마음으로 해야된다. 만일 사랑을 외식으로 한다면 이는 가장 혐오스러운 죄라고 할 수 있다. 예수께서는 가룟유다에게 "유다야 네가 입맞춤으로 인자를 파느냐"라고 물으셨다(눅22:48). 겉으로 사랑하는 척 하면서 실제로는 이와 모순되는 일을 하는 것은 가룟유다처럼 배신의 행

3102 Moo, *Romans*, 775; Spicq; Dunn, *Romans*, 739.
3103 Dunn, *Romans*, 739.
3104 마6:2, 5, 16; 15:7; 22:18; 23:13, 15, 23, 25, 27, 29; 누가12:56; 13:15.

위를 하는 것이다. 바울이 9a에서 "사랑에는 거짓이 없나니"라고 말씀할 때 거짓없는 사랑을 가리키고 있다. 이와 동시에 이 말씀은 사랑은 거짓이 없다는 속성을 서술한다. 이 의미를 6-8절과 연관해서 적용하는 것은 타당한 접근이라고 할 수 있다. 9a의 의미를 6-8절의 관점에서 보면 긍휼을 베풀 때 위선이 없이 하는 것이 사랑이다. 그리고 구제할 때도 숨은 의도가 없이 하는 것이 사랑이다. 가르칠 때도 위선이 없이 가르치는 것이 사랑이다. 만일 그렇지 않으면 바리새인이 받았던 책망을 듣게 될 것이다. 예언을 할 때도 위선이 없이 할 때 그리스도의 몸의 지체를 세우는 결과를 가져오게 된다.

9b에서 바울은 "악을 미워하고 선에 속하라"라고 말씀한다. 이 구절에서 그는 주동사가 없이 두 개의 현재분사를 사용한다. 이는 9a를 수식한다고 볼 수 있다. 즉 악을 미워하고 선에 속하면서 사랑은 거짓이 없는 것이다. 그러나 문법적으로 9a의 주어와 9b의 주어가 동일하지 않기 때문에 이 번역은 채택될 수 없다. 그리고 많은 영어 버젼에서 9a 다음에 마침표를 삽입해서 9b는 새 문장임을 알린다.[3105] 그리고 거의 모든 영어 번역은 9b의 분사를 명령형으로 번역한다. 그 문법적 유래는 (i)헬라어에서 분사가 명령형으로 쓰이게 되었다[3106]; (ii)랍비의 히브리문헌에서 분사는 직접 명령이 아니라 규칙이나 법규를 표현할 때 사용되었다. 그리고 로마서 12:9-13절에서 바울은 히브리어 분사적 용법을 차용하고 있다고 할 수 있다[3107]; (iii)헬라어에서 분사는 독립적으로 쓰이지 않고 문장의 다른 동사를 수식한다.[3108] 이 세 가지 문법적 해설 모두 본문의 분사의 용법을 적절히 설명하지 못한다. 피츠마이어는 기술적으로 9b의 분사가 명령의 의미를 가지지 않는다고 말한다.[3109] 밀러는 바울이 여기서 분사를 사용한 것은 이것이 명령형보다 덜 강제적이고 보다 더 외교적이기 때문이라고 말한다.[3110] 쉬라이너는 여기서 분

3105 NIV; KJV; ASV; ESV; NET.

3106 Moulton, 180-83; H. G. Meecham, "The Use of the Participle for the Imperative in the New Testament," *ExpTim* 58 (1947) 207-8.

3107 C. K. Barrett, "The Imperative Participle," *ExpTim* 59 (1948) 165-66; Moule, *Idiom Book*, 179-80; P. Kanjuparambil, "Imperatival Participles in Rom12:9-21," *JBL* 102 (1983) 285-88.

3108 G. B. Winer, *A Treatise on the Grammar of NT Greek Regarded as a Sure Basis for NT Exegesis* (3d ed.; Edinburgh: T&T Clark, 1882) 442.

3109 Fitzmyer, *Romans*, 653.

사들은 명령적 의미를 가지기 때문에 헬라어 분사의 문법적 기능에 대한 토론이 본문의 의미를 바꾸지는 못한다고 말한다.[3111] 그러나 여기서 명령적 뉘앙스를 부정할 수 없다고 할지라도 분사가 명령형으로 사용되고 있다고 말할 문법적 근거는 희박하다. 따라서 9-13절에서 분사들은 서술적 의미도 가지고 있다는 점을 무시해서는 않된다. 즉 사랑은 거짓이 없는데 이는 "악을 미워하고 선에 속하는 것이다." 동사 아포스투게오우는 하팍스로써 아주 심히 미워하는 것을 의미한다. 즉 악을 미워하지 않는 것은 진실한 사랑이라고 할 수 없다. 바울은 여기서 악을 구체적으로 정의하지 않고 있다. 디모데후서 4:18절에서 바울은 "주께서 나를 모든 악한 일에서 건져내시고 또 그의 천국에 들어가도록 구원하시리니"라고 말씀한다. 여기서 악한 일은 바울로 하여금 천국에 들어가지 못하게 하는 요인들을 가리킨다. 에베소서 5:3-5절에서 바울은 "음행하는 자나 더러운 자나 탐하는 자 곧 우상숭배자는 다 그리스도와 하나님 나라에서 기업을 얻지 못하리니"라고 말씀한다. 이 점에서 로마서 12:9절의 포네이로스악를 해석하면 포네이로스는 우리가 천국에 기업을 얻지 못하도록 방해하는 것을 포괄적으로 가리킨다고 볼 수 있다(롬13:12; 고전13:6; 골3:8; 살전5:21-22; 벧전2:1). 바울은 우리가 하나님의 사랑을 받은 자들로써 이런 것들을 심히 미워하는 사람들임을 서술하고 있다(시97:10; 아5:15). 동사 콜라오마이는 달라붙다, 합치다는 뜻을 가진다. 그리고 고린도전서 6:16, 17절에서 이 동사는 성적 교합; 마태복음 19:5절에서는 부부의 연합을 가리킨다. 로마서 12:9b에서 이 동사는 수동태로 사용되고 있는데 이는 성도가 성령을 통해서 선과 연합되어 있는 상태에 계속 머물러 있는 것을 의미한다. 여기서 아가쏘스선는 악포네이로스과 반대 개념을 가지기 때문에 이 선은 구원론적 개념과 윤리적 개념을 포괄하는 개념이라고 할 수 있다. 21절에서 바울은 우리가 선으로 악을 이기라고 말씀한다. 16:19절에서는 "너희가 선한데 지혜롭고 악한데 미련하기를 원"한다고 말씀한다.

3110 N. F. Miller, "The Imperativals of Romans 12," in *Linguistics and New Testament Interpretation: Essays on Discourse Analysis* (ed. D. A. Black; Nashville: Broadman, 1992) 173-74; Thompson, *Clothed with* Christ, 90.

3111 Schreiner, *Romans*, 664.

로마서 8:28; 12:2절과 함께 볼 때 선은 하나님께서 인정하시고 기뻐하시는 것을 포괄적으로 가리키고 있다고 할 수 있다(빌4:8, 9). 따라서 사랑이 거짓이 없는 것은 우리가 악을 심히 미워하고 하나님의 선에 연합되어 사는 것을 포함한다.

로마서 12:10절에서 바울은 계속해서 9a의 내용을 풀어주고 있다: "형제를 사랑하여 서로 우애하고 존경하기를 서로 먼저 하며". "형제애로써 서로 사랑하고"에서 명사 필라델피아는 형제자매 간의 사랑을 의미한다(살전4:9; 히13:1; 벧전1:22; 벧후1:7). 이는 성도들이 그리스도안에서 인종과 계급을 초월해서 연합된 한 가족임을 나타낸다.[3112] 테이 필라델피아는 여격인데 이는 …점에 있어서dative of respect를 의미하며 같은 절의 또 다른 여격 테이 티메이존경에 있어서와 병렬된다. 형용사 필로스톨고스는 하팍스로써 "소중히 사랑하는" 혹은 "헌신된"의 뜻을 가진다. 그 어원은 동사 스테르고우인데 부모와 자식간에 사랑하는 것을 의미한다.[3113] 이는 성도간의 사랑도 피를 나눈 혈연지간의 사랑과 같이 따뜻하고 소중한 사랑임을 나타낸다. 10b의 "존경하기를 서로 먼저하며"에서 현재분사 프로에이구메노이는 신약에서 하팍스인데 문자적으로 "먼저 가다", "더 낫게 생각하다", "능가하다"를 의미한다. 영어성경은 10b를 여러가지로 번역한다:(i) "존경하는데 있어서 서로서로를 능가하며"3114 혹은(ii) "존경으로 서로서로를 좋아하며"[3115]. 전자의 해석은 성도들이 존경하는데 있어서 서로 승해야한다는 경쟁의 의미를 내포하고 있는데 이는 본문에 없는 의미를 부여하는 것이다. 후자의 해석은 빌립보서 2:3절의 지지를 얻고 있는 점에서 더 나은 번역으로 보이지만 이 해석도 본문에 없는 "좋아하다"prefer의 의미를 부가하고 있다. 따라서 개역성경의 "존경하기를 서로 먼저하며"가 동사 프로에이게오마이먼저 가다의 의미를 제일 충실

3112 V. S. Poythress, "The Church as Family," in *Recovering Biblical Manhood and Womanhood: A Response to Evangelical Feminism* (Edited by J. Piper and W. Grudem. Wheaton, Ill.: Crossway, 1991) 233-47.

3113 Günther and Link, "Love," *NIDNTT*, 3:539.

3114 RSV; NRSV; Fitzmyer; Stuhlmacher; Moo; Dunn; Jewett, *Christian Tolerance*, 108; Osborne; Chrysostom.

3115 NIV; KJV; NASB; S-H; Schreiner; Cranfield; Michel; Sanday and Headlam; Wilckens; Barrett; Lagrange; Murray.

히 반영하는 번역으로 보인다. 10절의 가르침을 종합하면 성도는 형제애로써 서로 사랑하고 존경하기를 서로 먼저 한다. 이는 마음으로 변화를 받아 거짓없이 사랑하는 성도의 모습이고 하나님께서 기뻐하시는 일이다.

로마서 12:11절의 첫 단어 테이 스푸데이근면함에 있어서는 여격으로써 10절의 두 여격과 병렬된다: "부지런하여 게으르지 말고 열심을 품고 주를 섬기라". 테이 스푸데이가 10절의 여격과 병렬됨은 부지런함과 형제사랑이 연결되어 있다는 것을 나타낸다.[3116] 형용사 오크네이로스게으른는 마태복음 25:26절에서 주인으로부터 한 달란트 받은 자가 게으르게 이를 투자하지 않고 땅에 묻어둔 것을 서술할 때도 사용되고 있다(잠6:6, 9; 21:25; 26:13-16). 게으르지 않는 것은 주인이 돌아올 것을 기다리며 맡은 바 직분을 열심히 다하는 성도가 가져야 할 종말적인 태도다. 성도가 근면함으로써 게으르지 않는다는 것은 교회내의 문맥에서는 할 일들을 다른 사람에게 떠넘기지 않고 먼저 솔선수범한다는 의미도 내포한다. 따라서 부지런함은 사랑의 한 측면을 나타낸다고 할 수 있다(고후8:8, 16).3117 11b의 "성령안에서 열심을 내어"토우 뉴마티 제온테스에서 뉴마는 (i)성령[3118] 혹은 (ii)사람의 영을[3119] 가리킨다는 견해가 있다. 피츠마이어는 본문의 문맥에서 뉴마는 다른 권면들과 병렬되어 있고 또 11c의 주님을 섬기는 태도와 연관되어 있기 때문에 사람의 영을 가리키고 있다고 해석한다.[3120] 사실 바울서신에서 뉴마가 사람의 영을 가리키는 구절은 많다.[3121] 그리고 11절에서 사람이 그 영으로써 열심을 품는 것을 가리킨다고 볼 수도 있다. 그러나 성도는 성령의 내주하심과 권능을 통해서 영적으로 열정적일 수 있다. 그리고 여기서 동사 제오우는 램프가 환히 빛나는 것보다는 냄비안의 물이 끓고 있다는 것을 의미한다. 이는 불의 혀같이 역사하시는 성령의 힘주심이 없이 가능하지 않다.[3122] 이 점들을 종합해 볼 때 여기서 뉴마

3116 Moo, *Romans*, 778.

3117 Furnish, *Love Command*, 104; Black, "Pauline Love Command," 7-8.

3118 RSV; Cranfield; Moo; Käsemann; Calvin; Dunn; Barrett; Osborne; Stott; Jewett, *Romans*, 755.

3119 NIV; KJV; NJB; NEB; Fee, *God' s Empowering Presence*, 611-12; Murray; Fitzmyer; Schreiner; Godet; S-H.

3120 Fitzmyer, *Romans*, 654; Käsemann.

3121 롬1:9; 고전5:4; 14:14, 15; 갈6:18; 빌4:23; 살전5:23; Schreiner, *Romans*, 665.

3122 사4:4; 30:27-28; 마3:11; 누가3:16; 행2:3; 살전5:19; 계3:15; Michel; Dunn, *Romans*, 742; Schreiner.

는 성령을 가리킨다고 보는 것이 맞는 해석이다. 11c의 "주를 섬기며"에서 어떤 사본은 쿠리오스주가 아닌 카이로스때로 되어 있다. 카이로스가 원본에 해당한다고 보는[3123] 이유는 (i)이 단어가 쿠리오스보다 본문에 더 적합해 보이지 않는다more difficult reading; (ii)"주를 섬기며"는 본문에서 특색이 없다; (iii)12절의 "소망중에 즐거워하며"와 관련해서 종말적 뉘앙스가 담긴 카이로스가 더 적절해 보이는 단어다.[3124] 그러나 크랜필드는 (i)에 대해서는 "시간을 섬기다"는 개념이 헬라문헌에[3125] 종종 사용되고 있는 것을 볼 때 11절 본문에서 사용되기 불가능한 단어라고 볼 수 없다고 말한다. 그러나 "시간을 섬기다"는 "세월을 아끼라"(엡5:16)와 같은 표현은 아니며 바울이 사용했을 가능성이 없는 표현이다. 그리고 동사 섬기다둘레우오우는 종말적인 관점에서 결정되는 그리스도인들이 가지는 현재와의 관계를 표현하는 동사로써는 부자연스럽다. (ii)과(iii)의 이유도 쿠리오스가 원본에 있던 단어라는 점을 부정하기에는 약하다. 따라서 결론적으로 우리는 쿠리오스가 원본에 사용된 단어라고 볼 수 있다. 그러면 11c의 "주를 섬기며"는 너무도 당연한 평범한 표현이 아닌가라고 물을 수 있다. 그러나 바울은 그 앞에 "성령안에서 열심으로"라고 말씀했다. 성도들은 열심으로 섬길 때 주님의 관점에서 열심으로 하지 않아 교회의 질서를 해치는 결과를 가져올 수 있다. 따라서 성령으로 열심히 섬기는 것은 항상 주님의 관점에서 조절되어야 한다.[3126] 자신의 기분에 따른 자기 중심적인 열심은 그리스도의 몸된 지체에 누를 끼칠 수 있다. 그리스도인의 열심은 항상 주를 향한 열심이어야 한다. 따라서 "주를 섬기며"(11c)는 두 가지 기능을 한다: 나태에서 깨어나게 하고 열심을 조절한다.[3127]

로마서 12:12절에서도 바울은 계속 여격을 사용하여 소망 환난 기도에 관한 성도의 태도를 기술한다: "소망 중에 즐거워하며 환난 중에 참으며 기도

3123 Leenhardt; K. Barth; J. Weiss; Zahn; Käsemann; Kühl.

3124 Cranfield, *Romans*, 634.

3125 Plutarch, *Arat*. 43.2; Anth. Pal. 9.441; Cicero, *Att*. 8.3.6; 10.7.1; *Fam*. 9.17; *Sest*. 6.14; *Tusc*. 3.27.66; Cranfield, *Romans*, 635.

3126 Schreiner; Moo; Dunn; Cranfield; Murray.

3127 Murray, *Romans*, II, 131.

에 항상 힘쓰며". 여격 테이 엘피디소망 중에는 인과적[3128], 혹은 장소적[3129], 혹은 도구적[3130] 여격으로 볼 수 있다. 쉬라이너는 이 모든 뉴앙스가 이 여격에 다 함축되어 있고 바울이 이 중 어느 한 의미를 의도했다고 보기 어렵다고 말한다.[3131] 우리가 소망을 가지고 있기 때문에 즐거워하는 것이고 혹은 소망을 바라보며 즐거워한다고 할 수 있다. 그러나 우리가 소망으로 혹은 소망을 가지고 즐거워하는 면도 있기 때문에 여기서 여격은 상황적 여격circum-stantial dative이라고 할 수도 있다. 장차 하나님의 영광에 참예할 것에 대한 소망은 성도가 가지는 독특한 종말적 태도이다(롬5:2). 이 소망은 믿음으로 말미암아 초래될 수 있는 환난을 통해서 꺼지는 것이 아니라 오히려 강화된다(롬5:4). 성도가 가진 이 종말적 소망은 절대로 성도를 실망시키지 않는다. 그것은 성령으로 말미암아 하나님의 사랑이 우리 마음에 부은 바 되었기 때문이다(롬5:5). 성도가 환난속에도 소망을 가지고 즐거워하는 것은 장차 얻을 구속을 기다리기 때문이다(롬8:23-25). 따라서 성도가 역경속에 즐거워하는 것은 하나님의 사랑이 성령을 통해서 부어졌기 때문에 발생하는 종말적 현상이다.[3132] 소망가운데 즐거워하는 것은 환난 중에 참는 것과 연관되어 있다.[3133] 왜냐하면 성도에게 환난이 없고 이 땅에 사는 재미로 가득하다면 종말의 영광의 구속에 대한 소망도 시들어 버릴 것이기 때문이다.[3134] 명사 쓸립시스환난는 로마서 5:3절에서 우리가 가진 믿음으로 말미암아 초래되는 환난임을 보았다.[3135] 이 세상은 그리스도를 미워하고 십자가에 못박았기 때문에 이 세상이 그리스도인들을 미워하고 핍박하는 것은 당연한 결과다.[3136] 이 때 우리는 세상을 대항해서 싸워야 하는 것이 아니라 참으며 이 모든 광풍이 잠잠해지기를 기다려야 한다. 동사 후포메노우는 거하다 머물

3128 Cranfield, *Romans*, 636; Wilckens; Fitzmyer.
3129 Moo; Schlier; Käsemann.
3130 Murray; Michel.
3131 Schreiner, *Romans*, 666; Dunn; Osborne.
3132 롬14:17; 15:15; 고후6:10; 갈5:22; 빌1:4, 25; 2:17-18; 3:1; 4:1, 4; 살전3:9; 5:16; 행2:46; 13:52; 벧전1:8; 요일1:4; Dunn, *Romans*, 742.
3133 Cranfield, *Romans*, 637.
3134 벧전1:6; 약1:2-3; Osborne, *Romans*, 333.
3135 딤후3:12; 롬8:35; 고후12:10; 살후1:4; 딤후3:11; Murray, *Romans*, II, 132.
3136 마10:22; 막13:13; 누가21:17; 요한15:18이하.

다 인내하다는 의미를 가지며 바울서신에 총 네 번 사용되고 있다(롬12:12; 고전13:7; 딤후2:10, 12). 환난 중에 인내하며 믿음을 신실하게 지키는 것은 참신자에게서 볼 수 있는 대표적인 특징이다(계2:2-3, 19; 3:10; 13:10; 14:12).[3137] 바울은 로마서 8:35절에서 이미 이렇게 고백한 바 있다: "누가 우리를 그리스도의 사랑에서 끊으리요 환난이나 곤고나 핍박이나 기근이나 적신이나 위험이나 칼이랴". 이렇게 환난 중에 인내하는 것은 끊임없이 하나님께 드리는 기도로써 가능하다. 동사 프로스칼테레오우는 부지런히 어떤 일에 몰두하는 것을 말한다.[3138] 그리고 신약에서 기도와 연관해서 종종 사용된다(행1:14; 2:42; 6:4; 엡6:18; 골4:2). 주님께서도 제자들에게 시험에 들지 않게 깨어서 기도하라고 가르치셨고 바울도 제자들에게 쉬지 말고 기도하라고 말씀한다. 그것은 우리의 육이 약하기 때문에 환난을 당했을 때 믿음을 떠나지 않도록 방지하는 경고로 볼 수 있다.[3139]

로마서 12:13절의 "타이스 크레이아이스"쓸 것는 여격으로써 12절의 여격과 병렬된다: "성도들의 쓸 것을 공급하며 손 대접하기를 힘쓰라". "쓸 것"크레이아은 어떤 사본에는 "기억"므네이아으로 되어 있다.[3140] 그 뒤의 단어 "성도"하기오스가 초대교회에서 핍박으로 순교한 성도를 가리키기도 했기 때문에 순교자들을 기억하라는 의미로써 이 단어를 원본으로 생각했을 수도 있다.3141 그러나 본문에서 이를 뒷받침할 만한 근거는 없다.[3142] 그리고 13b가 손 대접하기를 힘쓰라고 말씀하고 있기 때문에 13a 원문에도 성도들의 쓸 것을 공급하라는 말씀이 놓였을 가능성이 크다. 또한 동사 코이노우네오우가 물질 혹은 금전적으로 돕는 것을 의미하기 때문에 13a는 므네이아보다는 크레이아가 원문에 있던 단어일 가능성이 크다. 크레이아는 일반적으로 "필요"를 의미한다.[3143] 그러나 본문에서는 개인적인 재정적 필요를 의미한

3137 롬5:3-4; 8:24-25; 15:4-5; 고전13:7; 고후1:6; 6:4; Osborne, *Romans*, 333.

3138 W. Grundmann, *TDNT*, 3:618.

3139 Sanday and Headlam, *Romans*, 362; Murray, *Romans*, II, 132.

3140 D* F G

3141 Zahn; Barth; Kühl.

3142 Cranfield, *Romans*, 638.

3143 마3:14; 막11:3; 누가15:7; 요한2:25; 고전12:21; 살전1:8; 5:1; 히5:12; Dunn, *Romans*, 743.

다고 볼 수 있다(행2:45; 4:35; 6:3; 20:34; 28:10; 엡4:28; 빌2:25; 4:16; 딛 3:14; 요일3:17). 바울이 여기서 성도의 쓸 것을 공급하며라고 말씀하는 것은 로마서 15:26절에 언급된 예루살렘 기금을 위한 후원을 의미한다고 볼 수도 있다.[3144] 그러나 본문에서 바울은 로마교회 성도들에게 이에 동참하도록 권고하지 않고 있다.[3145] 그리고 바울의 선교 여정상 이제 로마서를 로마교회에 띄운 후 바울은 곧 예루살렘으로 향할 것이기 때문에 로마교회 성도들에게 예루살렘 기금 헌금에 동참할 것을 권면했을 가능성은 없다. 또한 본문에서 코이노우눈테스는 현재분사이다. 이는 현재 로마교회 성도들이 성도의 필요를 함께 나누며 거짓없이 사랑하는 모습을 묘사하고 있다. 이를 예루살렘 기금 헌금에 후원하라는 명령으로 보아야 될 문법적 근거는 없다.

진실한 사랑은 교회안에서는 성도들의 쓸 것을 공급하면서 밖으로는 손님을 대접하기를 힘쓴다. 명사 필록세니아는 "손 대접"을 의미한다. 예수께서도 손 대접의 미덕을 앙양하셨다(막2:15-17; 눅14:1-24). 고대에는 현대와 같이 여관이나 음식 체인점이 발달해 있지 않았기 때문에 여행객들은 극심한 불편을 겪어야 했다. 그리고 당시 복음 전파자들은 순회 설교자들이었기 때문에 성도들의 집에서 유숙하는 호의없이 사역을 감당하기 매우 힘들었을 것이다(요이10-11; 요삼10). 따라서 신약에는 서로 대접하는 일을 권고하는 말씀이 자주 나온다(히13:2; 벧전4:9). 그리고 손 대접은 교회 지도자들의 중요한 덕목의 하나였다(딤전3:2; 딛1:8). 바울은 여기서 동사 디오우코우를 사용하고 있다. 이는 추구하다 찾다는 뜻도 가지고 있다. 이는 수동적으로 손 대접을 마지못해 하는 것이 아니라 능동적으로 적극적으로 도움이 필요한 자를 찾아서 대접하는 것을 가리키고 있다.

로마서 12:14절에서 바울은 현재분사(9-13절)에서 명령형으로 글의 스타일을 바꾸고 있다. 그리고 10-13절은 그리스도인들간의 관계를 다루고 있는 반면 14절은 불신자와의 관계를 다루고 있다: "너희를 핍박하는 자를 축복하라 축복하고 저주하지 말라." 이 절의 어떤 사본에는 두번째 "축복하다"가

3144 Dunn; Black; Ziesler; Fitzmyer.

3145 Schreiner, Romans, 666; Moo; Barrett; Schlier; Hultgren; Osborne.

빠져있다.[3146] 이것은 그 앞에 축복하라는 단어가 나오기 때문에 필경사가 14b에서는 이 단어를 빠뜨리는 실수로 초래된 것으로 보인다.[3147] 그리고 이 단어가 14b에 없어도 이 절의 의미에 차이는 없다. 그리고 어떤 사본에는 목적어 "너희를"후마스이 빠져있다.[3148] 크랜필드는 후마스가 원본에는 없었을 것으로 본다.[3149] 후마스가 본문에 삽입된 것은 마태복음 5:44절의 영향때문인 것으로 볼 수 있다. 그리고 "너희를"이 문장에 없어도 본문의 의미에 차이가 없다. 13절에서 사용된 동사 디오우코우가 14절에도 다시 사용되고 있기 때문에(손 대접하기를) 힘쓰는 사람들을 축복하라고 해석할 수도 있지만 14b에서 "저주하지 말라"는 말씀이 있기 때문에 14a의 디오우코우는 "핍박하다"로 번역하는 것이 맞다.[3150] 그리고 목적어 "너희를"이 없다고 할지라도 "핍박하는 자"는 일반적인 핍박자들이 아니라 너희를 핍박하는 자를 의미한다고 보는 것이 문맥에서 자연스런 의미다.[3151] 그렇다고 이 말씀이 타지역에서 성도들을 핍박하는 자들은 축복하지 않아도 된다는 의미는 아니다. 신약성경은 일반적으로 핍박에 대해 자주 언급하고 있다.[3152] 바울과 전도자들은 끊임없이 핍박의 위험에 직면했다(고전4:11; 고후11:24이하). 이 당시 로마교회는 아직 조직적 핍박하에 놓여 있었다고 볼 수는 없다. 그러나 회당을 중심으로 그리스도인들이 유대인들의 핍박의 표적이 되어 있었을 가능성은 배제할 수 없다. 그리고 이들이 로마의 치리자들의 힘을 이용했을 가능성도 배제될 수 없다(롬13:1-7). 이 때 성도는 핍박하는 자들을 축복해야 한다. 이는 입으로 축복의 말을 하는 것을 의미하지만 동시에 이들을 위해서 하나님께 중보기도를 해야된다는 의미도 포함된다.[3153] 예수께서는 우리가 원수를 사랑하며 우리를 핍박하는 자들을 위해 기도하라고 말씀하셨다(마

3146 P^{46} Ambr.

3147 Cranfield, *Romans*, 640.

3148 P^{46} B 1739 *pc* Cl.

3149 Cranfield; Wilckens; Moo.

3150 Fitzmyer, *Romans*, 655.

3151 Schreiner, *Romans*, 667; Cranfield.

3152 마5:10-12, 44; 10:23; 23:34; 누가11:49; 21:12; 고전4:9; 고후6:4-5; 11:24-25; 갈4:29; 5:11; 6:12; 살전2:14; 히10:32-33; 벧전3:13-17; 4:12-19.

3153 Osborne, *Romans*, 335.

5:44; 눅6:27-28). 구약의 "눈에는 눈 이에는 이"lex talionis의 전통을 볼 때 원수를 위해서 기도하며 사랑하라는 가르침은 진실로 독특한 기독교의 가르침이며 주님으로부터 말미암은 전통이다. 바울이 분명히 여기서 주님의 가르침을 언급하고 있지만[3154] "주께서 말씀하시기를"이란 도입어를 사용하지 않고 있는 점이 특이하다(고전7:10). 이는 주님의 말씀이 율법주의적 가르침으로 받아들여지지 않게 하기 위한 배려일 수 있다.[3155] 그러나 이 보다는 로마서 전체에 주님의 가르침이 내재되어 있는 측면에서 14절에서 특별히 도입어를 사용하는 것이 불필요하기 때문이었을 것으로 볼 수 있다.[3156] 던이 말하는 것처럼 바울 서신은 주님의 가르침을 매개하는 역할을 하고 있지 않다. 그것은 주님의 가르침은 이미 널리 퍼져 있었고 여러 상황에 적용되고 있었을 것이기 때문이다.[3157] 성도가 자신을 핍박하는 자들을 축복하고 저주하지 않는 것은 기독교가 로마의 국교가 될 때까지 기독교를 특징짓는 가장 강력한 도덕적 특징이었을 것이다.[3158] 그리고 이는 로마의 치리자들의 마음을 감동시키고 그들이 기독교로 개종되게 하는 가장 효과적인 요소였을 것이다.[3159]

로마서 12:15절에서 바울은 14절에서 사용한 명령형을 부정사infinitive로 대체한다. 많은 학자들은 여기서 부정사는 명령의 의미를 가진다고 주석한다.[3160] "즐거워하는 자들로 함께 즐거워하고 우는 자들로 함께 울라"는 권

3154 T. Holtz, "Paul and the Oral Gospel Tradition," in *Jesus and the Oral Gospel Tradition* (ed. H. Wansbrough. JSNTSup 64; Sheffield: JSOT Press, 1991) 391-92; *contra* F. Neirynck, "Paul and the Sayings of Jesus." in *L'Apôtre Paul: Personnalit?, style et conception du ministère* (Edited by A. Vanhoye. Bibliotheca Ephemeridum Theologicarum Lovaniensium 73. Leuven: University Press, 1986) 295-300; Wilson, *Love without Pretense*, 167-71; Ziesler, *Romans*, 303.

3155 Barrett, *Romans*, 222.

3156 롬1:16; 2:1; 11:25; 12:18; 13:7, 9; 14:13, 14, 17, 18; 15:1, 2; 16:19; Dunn, "Paul's Knowledge"; Thompson, *Clothed with Christ*, 109-10; D. Wenham, "Paul's Use of the Jesus Tradition: Three Samples," in *The Jesus Tradition Outside the Gospels* (ed. D. Wenham; Gospel Perspectives 5; Sheffield: JSOT, 1985) 15-17; D. C. Allison, "The Pauline Epistles and the Synoptic Gospels: The Pattern of the Parallels," *NTS* 28 (1982) 11-12; P. Stuhlmacher, "Jesustradition im Römerbrief? Eine Skizze." *Theologische Beiträge* 14 (1983) 247-48; Moo, *Romans*, 781.

3157 Dunn, *Romans*, 745.

3158 Stuhlmacher, *Romans*, 196-97.

3159 Osborne, *Romans*, 335.

3160 빌3:16; Turner; Moule, *Idiom Book*, 126-27; Dunn; Schreiner; Fitzmyer; Barrett.

면은 교회내 성도들간의 관계를 서술한다고 볼 수 있다(고전12:26).[3161] 그러나 우리는 여기서 바울이 성도들이 교회내에서만 즐거워하는 자들로 함께 즐거워하고 우는 자들로 함께 울라고 권면한다고 생각하며 15절의 의미를 제한할 이유는 없다.[3162] 성도는 불신자들과의 관계에서도 이렇게 사랑의 태도를 가지고 있을 때 그들에게 복음을 전할 기회가 커질 것이기 때문이다.[3163] 마태복음 25:31절 이하에서 주님께서는 "내가 주릴 때에 너희가 먹을 것을 주었고 목마를 때에 마시게 하였고 나그네 되었을 때에 영접하였고 벗었을 때에 옷을 입혔고 병들었을 때에 돌아보았고 옥에 갇혔을 때에 와서 보았느니라"라고 말씀하시면서 우리가 형제에게 한 것이 바로 주님께 한 것이라고 가르치신다. 이 때 곤경에 처한 자는 반드시 믿음의 공동체안에 있는 형제 자매에 국한되어 있다고 볼 수는 없다. 그리고 본문의 문맥에서 바울은 15-16절에서는 신자들과의 관계를 다루다가 17절부터는 다시 불신자와의 관계로 주제를 바꾸고 있다고 볼 수 없다. 14-21절은 신자들간의 관계와 불신자와의 관계 모두에 적용되는 가르침이라고 할 수 있다. 크리소스톰은 즐거워하는 자들과 함께 즐거워하는 것은 좀 더 고귀한 특질이라고 보았다.[3164] 그것은 사람들의 시기 질투심 때문에 즐거워하는 자들과 함께 즐거워하는 것은 그만큼 힘든 것으로 생각했기 때문이다. 그러나 여기서 바울은 이 가르침을 성령께서 내주하시는 성도들에게 주고 있다. 성도는 남을 나보다 낫게 여기고 존경하기를 먼저하는 사람들이기 때문에 다른 사람들의 즐거움에 진정으로 함께 기뻐해 줄 수 있는 사람들이다. 그리고 우는 사람들과 함께 우는 일이 결코 더 쉬운 일이라고만 말할 수는 없다. 중생하지 않은 사람들이 남의 불행을 기뻐하는 경우를 관찰하는 일은 어렵지 않다(잠17:5; 25:20). 따라서 15절도 19-20절과 연결해서 해석하는 것이 본문의 문맥에 맞는 해석이라고 볼 수 있다.

3161 Schreiner, *Romans*, 667; Moo, *Romans*, 782.

3162 Chrysostom; Morris; Dunn; Cranfield; Osborne; Furnish, Love Command, 106; Wilckens; Stuhlmacher.

3163 Cranfield, *Romans*, 642.

3164 Hultgren, *Romans*, 457.

로마서 12:16-19절에서 바울은 다시 분사를 사용하여 명령형을 나타내고 있다. 16절에서 바울은 프로를 어근으로 하는 단어를 세 번 사용하면서 성도가 가지는 마음의 자세가 중요함을 일깨워준다: "서로 마음을 같이 하며 높은데 마음을 두지 말고 도리어 낮은데 처하며 스스로 지혜 있는 체 말라"프로눈테스, 프로눈테스, 프로니모이. 첫째로 성도는 서로서로를 향해 한 마음을 가져야 한다(롬15:5; 고후13:11; 빌2:2; 4:2). 토 아우토 에이스 알레이루스 프로눈테스를 NIV는 "서로 조화롭게 살아라"라고 번역한다. 반면에 GNB는 "서로에게 같은 관심을 가져라"라고 번역한다. 이는 성도들이 서로에 대해서 똑 같은 생각을 하라는 의미다. 이는 사회적 지위나 재물의 정도에 따라서 사람을 차별하는 것이 아니라 모든 사람을 똑 같은 마음을 가지고 대하는 것을 가리킨다. 쉬라이너는 이는 바울이 교회내 성도들간의 관계에 대해 주시는 가르침으로 본다.[3165] 그러나 크랜필드는 14, 17-21절과 연관해서 볼 때 바울은 여기서 교회내 성도들이 서로 한 마음을 가지고 대할 때 교회 밖에 있는 사람들에게 가져올 좋은 영향을 염두에 두고 말씀하고 있다고 주석한다.[3166] 이 주석도 맞지만 16b나 16c는 교회내 성도간의 관계에만 적용된다고 보기는 힘들다. 성도는 누구하고든지 낮은데 처하며 스스로 지혜있는 체 하지 말아야 한다. 둘째, 성도는 높은데 마음을 두지 말고 도리어 낮은데 처해야 한다. 성도가 높은데 마음을 두지 말아야 하는 것은 신분이 높은 사람들과만 교제하려고 해서는 않된다는 뜻이 아니다.[3167] 이는 우리가 교만하면 안된다는 뜻이다(롬11:20; 12:3; 고전4:6; 고후5:12; 약1:10). 여기서 형용사 타페이노스는 (i)가난하고 천대받는 사람들과 같은 하류계층의 사람[3168], 혹은 (ii)구차하고 천한 일을[3169] 가리킨다. 머레이는 타페이노스가 그 앞의 형용사 훗세일로스높은와 병렬되기 때문에 타페이노스는 남성이 아니라 중성으로 보아야 한다고 생각한다. 그러나 타페이노스가 신약성경에서 항상 남성으로

3165 Schreiner, *Romans*, 668.

3166 Cranfield, *Romans*, 643.

3167 *contra* Godet.

3168 RSV; NRSV; NET; ESV; NIV; Fitzmyer; Schreiner; Cranfield; Käsemann; Lagrange; Hultgren; R. Leivestad, "TAPEINOS - TAPEINOFRWN," *NovT* 8 (1966) 45-46.

3169 Michel; Sanday and Headlam; Murray; Calvin.

사용되고 있다.[3170] 그리고 16c에서 "스스로 지혜있는 체 말라"는 말씀은 사람의 교만의 문제를 다루고 있다. 이 관점에서 본다면 16b도 천한 일을 맡아 하라는 의미보다는 지위가 낮은 사람들과 하나가 되라는 의미로 보는 것이 더 문맥에 맞다. 배렛은 헬라어에서 종종 단어의 의미를 의도적으로 불분명하게 사용하는 경우가 있기 때문에 타페이노스가 중성과 남성의 의미를 동시에 함축하고 있는 것으로 볼 수 있다고 생각한다.[3171] 머레이도 이 단어를 남성으로 보든 중성으로 보든 이중적 의미를 다 함축하는 것으로 해석할 수 있다고 주석한다.[3172] "낮은 자들과 함께 어울리라"는 말씀은 로마제국 당시 사회적으로 귀족들이 그리스도인으로 개종하게 되었을 때 평민이나 종의 신분을 가진 형제 자매들의 수준으로 낮아져 겸손하게 이들과 함께 어울려야 된다는 것을 말한다. 그리스도의 보혈로써 하나님의 자녀가 된 백성들이 교회안에서 귀족주의적 태도를 가지거나 파당을 형성하는 것은 모순이다(벧전 5:3). 겸손히 낮은 자들과 어울리는 것은 높은데 마음을 두지 않는 것과 서로 연결되어 있다.[3173] 셋째, 성도는 스스로 지혜있는 체 말아야 한다. 형용사 프로니모스는 "분별있는", "지혜있는"을 의미한다. 따라서 이 단어는 긍정적 의미를 가진다.[3174] 파라 헤아우토이스는 "자신의 눈에" 혹은 "스스로 생각하기를"을 의미한다. 자기 스스로 보기에 자신이 지혜롭다고 생각하는 것은 그 주관성과 오만을 나타낸다. 잠언 3:7절은 이를 여호와를 경외하지 않는 태도와 연결하고 있다.

로마서 12:17절은 14절에서와 같이 긍정 명령과 부정 명령을 병렬시키며 진정한 사랑의 한 측면을 가르치고 있다: "아무에게도 악으로 악을 갚지 말고 모든 사람 앞에서 선한 일을 도모하라". 악을 악으로 갚지 않는 것은 불신자들의 핍박이나 악에 대해 보복하지 않는 것을 의미한다(19-21절). 그러나 여기서 악카코스은 남을 판단하는 것(14:1)이나 교만(16절) 등의 넓은 의미도

3170 마11:29; 누가1:52; 고후7:6; 10:1; 약1:9; 4:6; 벧전5:5.
3171 Barrett, *Romans*, 222.
3172 Murray, *Romans*, II, 137; Dunn; Morris; Moo; Osborne.
3173 롬11:20, 25; 12:3; 15:5; 고전4:10; 고후13:11; 빌2:2, 5; 4:2.
3174 마7:24; 10:16; 24:45; 25:2, 4, 8-9; 누가12:42; 16:8; 고전4:10; 10:15; 고후11:19; Moo, *Romans*, 784.
3175 *contra* Moo; Schreiner.

가진다고 볼 때 17절의 가르침이 신자와 불신자와의 관계에만 해당한다고 볼 수는 없다.[3175] 교회안에도 미성숙한 신자나 혹은 중생하지 못한 신자들은 여전히 시기 질투 욕망 등에 기인한 악을 행할 수 있다. 이에 대해 성도가 같이 악으로 맞서는 것은 올바른 태도가 아니다. 악을 악으로 갚지 않아야 된다는 가르침은 구약에도(잠17:13; 20:22; 24:29; 출23:4-5; 대하28:8-15), 복음서에도(마5:38-39, 44; 눅6:29, 35), 서신서에도(살전5:15; 벧전3:9) 발견된다. 주님께서 몸소 이를 실천하시면서 십자가에서 구속을 이루신 후 선으로 악을 이기는 원칙은 교회의 중심적인 윤리적 입장으로 굳어졌다(마5:38-48; 눅6:27-36; 요13:34). 바울이 여기서 공관복음의 예수님의 가르침을 직접 인용했을 수도 있지만[3176] 이미 초대교회에 널리 퍼져있던 주님의 가르침을 간접적으로 인용했을 수도 있다.[3177] 17b의 "모든 사람 앞에서 선한 일을 도모하라"에서 전치사구 에노우피온 판토운 안쓰로우포운을 여격으로 번역하면 "모든 사람에게 선을 도모하라"라고 번역할 수 있다.[3178] 일부 주석가들이 이 번역을 채택하는 이유는 "모든 사람 앞에서 선한 일을 도모하라"는 번역은 불신자들이 선하다고 인정하는 일을 하라는 의미를 함축하고 이에 따라 불신자들이 선의 기준을 결정하는 사람들처럼 보이게 하기 때문이라는 것이다. 그러나 전치사 에노우피온은 "앞에서"를 의미하며 17b는 "모든 사람 앞에서 선한 일을 도모하라"고 번역해야 옳다.[3179] 성도는 불신자도 인정할 수 있는 선을 도모해야 한다. 그럼으로써 하늘에 계신 아버지 하나님께 영광을 돌릴 수 있다(마5:16; 잠3:4). 여기서 크랜필드는 칼로스 선한 일는 복음을 의미한다고 본다.[3180] 그 이유는 불신자들은 일반적으로 선이 무엇인지 인식하는 능력이 없기 때문에 그들이 느낄 수 있는 선은 복음을 통해 성도들이 보여줄 수 있는 높은 차원의 선이라는 것이다. 그러나 이 단

3176 Wenham, "Paul' s Use," 17-18; Allison, "The Pauline Epistles," 11-12; Dunn, "Jesus' Knowledge," 200-02; *contra* Thompson, *Clothed with Christ*, 107.

3177 Moo, *Romans*, 784.

3178 Käsemann; Wilckens; Schlier; Michel; Schmidt.

3179 Dunn; Fitzmyer; Moo; Schreiner; Murray; Osborne.

3180 Cranfield, *Romans*, 645-46.

어는 이러한 협의의 의미보다는 일반적으로 밖으로 드러난 "옳은 일"을 가리킨다.[3181] 그리고 17a의 일반적으로 악을 의미하는 형용사 카코스와 대조된다. 바울은 선한 일을 10-21절에서 구체적으로 열거하고 있다. 동사 프로노에오우는 "미리 생각하다", "고려하다"를 의미한다. 이는 다른 사람들 앞에서 선한 일들을 미리 생각해 보고 행하는 것을 말한다. 이는 좋은 의도 뿐 아니라 모든 사람들이 선하게 여길 수 있는 좋은 수단을 통해서 일을 하는 것을 포함한다.[3182]

로마서 12:18절은 17절의 내용의 연장에 있다: "할 수 있거든 너희로서는 모든 사람으로 더불어 평화하라". 악을 악으로 갚고 선한 일을 도모하지 않으면 모든 사람들과 더불어 평화하기가 힘들 것이다. 그러나 바울은 "만일 할 수 있거든"에이 두나톤이라고 토를 달면서 우리가 진리나 원칙을 어기면서까지 평화하라고 가르치지는 않는다. "만일 할 수 있거든"은 다른 사람들의 행위와 관계되어 있다.[3183] 즉 성도가 평화롭게 지내려고 노력한다고 해도 다른 사람들이 대적하며 갈등을 일으키면 평화하기가 어려울 것이다. 이 때는 악을 악으로 갚지 않으면서 선한 일을 도모하는 것이 바른 접근법이다(17절). 18절에서 그 다음에 오는 바울의 독특한 표현인 "토 엑스 후모운"에서 중성정관사 "토"는 관점을 나타내는 목적격accusative of respect이라고 할 수 있다.[3184] 그리고 전치사 에크out of는 이유를 가리킨다. 따라서 토 엑스 후모운은 평화에 영향을 주는 성도의 상황과 환경을 가리킨다.[3185] 즉 성도는 진리를 희생하면서까지 하나님을 떠난 이 어그러진 세대와 타협할 수는 없는 것이다. 캘빈의 말대로 그리스도의 군사인 성도들은 사탄의 지배하에 있는 이 세상과 언제까지나 평화할 수는 없는 것이다.[3186] 이와 반대로 성도들은 세상과 타협하지 않아야 된다는 명제를 가지고 불필요한 갈등관계를 초래할 필요도 없다(롬13:1-7; 딤전2:2). 여기서 바울이 "평화를 이루라"에이레이노포이

3181 Morris.
3182 Käsemann, Romans, 348; Murray.
3183 마24:24; 막14:35; 행20:16; 갈4:15.
3184 Moule, *Idiom Book*, 33-34.
3185 Murray; Schlier; Godet.
3186 Calvin.

에오우가 아니라 평화롭게 지내라에이레이네우오우고 표현한 것은 당시 로마교회가 불신자들과 갈등관계에 있지 않았다는 것을 암시한다. 로마교회 내의 유대인성도들과 이방인성도들의 갈등도 일세기 후반의 에베소교회와 같은 갈등은 아니었다고 볼 수 있다(요일2:19). 교회내에서 성도들끼리는 적극적으로 평화를 추구하면서 지내는 것이 종말적 구속을 얻은 사람으로써 지녀야 할 바른 태도이다(마5:9; 롬14:19; 고후13:11; 살전5:13; 히12:14).

로마서 12:19절은 17절에서 한 발짝 더 나아가 "너희가 친히 원수를 갚지 말"라고 말씀한다: "내 사랑하는 자들아 너희가 친히 원수를 갚지 말고 진노하심에 맡기라 기록되었으되 원수 갚는 것이 내게 있으니 내가 갚으리라고 주께서 말씀하시니라". 복수를 금지하는 구약의 구절은 많다(레19:18; 대하28:8-15; 잠20:22; 24:29). 구약에서는 우발적 살인을 저지른 자가 보복을 당하지 않도록 도피성에 피할 수 있도록 했다(출21:12-14; 민35:6-34; 신4:41-43; 수20:1-9). 그 만큼 원수 갚는 일은 인간의 정서에 잠재해 있다고 할 수 있다. 크랜필드는 "내 사랑하는 자들아"아가페이토이는 친히 원수갚지 않도록 매우 힘든 일을 권면하면서 삽입한 호격으로 본다.[3187] 동사 원수갚다에크디케오우는 구약에서 하나님께서 이스라엘의 원수나 혹은 이스라엘을 벌하시는 것을 묘사한다(렘5:9; 23:2; 호4:9; 요엘3:21; 아3:2, 14; 나훔1:2). 진노하삼에 맡기라에서 진노는 원수의 진노, 우리 자신의 진노, 혹은 치리자들의 진노가 아니라 하나님의 진노를 가리킨다(롬2:5, 8; 3:5; 5:9; 9:22; 엡2:3; 살전1:10; 2:16; 5:9).[3188] 이를 증명하기 위해 바울은 신32:35절을 인용한다: "원수 갚는 것이 내게 있으니 내가 갚으리라". "원수 갚는 것이 내게 있으니"에모이 에크디케이시스는 히브리어 본문에 가깝고 "내가 갚으리라"에고우 안타포도우소우는 칠십인역에 가깝다.[3189] 여기서 바울은 서로 다른 헬라어 성경을 바탕으로 하고 있을 수도 있다. 그리고 나중에 써진 탈굼Targum Neofiti; Fragmentary Targum이 이를 간접적으로 증거하고 있다.[3190] 선지서는 장차 올

3187 Cranfield, *Romans*, 646.
3188 *TDNT*, 8:206; Althaus; Hanson; Leenhardt; Murray.
3189 Hultgren, *Romans*, 459.
3190 Michel; Stanley, *Paul and the Language of Scripture*, 171-73.

하나님의 심판에 대해서 자주 예언한다(나훔1:2). 사도들은 이를 교회에 적용해서 성도들의 원수를 하나님께서 심판하실 것을 말씀하고 있다. 이 심판은 종말에 올 심판이지만 현재적 성취의 측면을 배제할 필요는 없다.[3191] 하나님께 심판을 맡기는 것은 우리가 친히 원수를 갚지 않고 선한 일을 도모하는 그 바탕이다.

로마서 12:20절은 접속사 알라그러나로 시작하며 그 내용이 19절의 내용과 대조됨을 나타낸다: "네 원수가 주리거든 먹이고 목마르거든 마시우라 그리함으로 네가 숯불을 그 머리에 쌓아 놓으리라". 즉 성도는 친히 원수를 갚지 말고 원수가 주리거든 먹이고 목마르거든 마시워야 한다. 그 결과 숯불을 그 머리에 쌓는 결과를 가져온다. 20a는 칠십인역의 잠언 25:21-22a절의 인용이다. 그러나 먹이라는 동사에서 칠십인역의 트레페대신 프소우미제를 사용하고 있다. 이는 칠십인역의 B바티칸 사본의 읽기reading와 일치한다. 따라서 학자들은 칠십인역 B 사본의 읽기가 로마서의 스타일과 조화를 이룬 것이라고 본다.[3192] 어떤 학자들은 이 말씀은 마태복음 5:44; 누가복음 6:27절을 간접적으로 언급한 것으로 본다.[3193] 성도는 원수에게 복수하지 말고 선대해야 된다. 그 대표적인 방법은 원수가 배고플 때 먹이고 목마를 때 마시우는 것이다. 그러면 그 머리에 숯불을 쌓아 놓는 결과를 가져온다. 피츠마이어는 학자들의 이 구절에 대한 해석을 몇 가지로 분류한다.[3194] (i)오리겐이나 어거스틴은 숯불을 머리에 쌓아 놓는다는 것은 부끄러움의 타는 고통을 의미한다고 본다.[3195] 크랜필드는 이로 인해 원수는 회개하고 친구로 변하게 된다고 해석한다. 머레이는 이 해석은 모든 사람으로 더불어 평화하고 선으로 악을 이기라고 말씀하는 본문의 문맥과 일치한다고 본다.[3196] 그러나 피츠마이어는 이러한 숯불의 상징적 의미는 5세기의 탈굼의 잠언 25:21-22절 외

3191 Osborne; Dunn; *contra* Schreiner.

3192 Dunn; Fitzmyer; Moo; Hultgren.

3193 Fitzmyer, *Romans*, 657.

3194 Fitzmyer, *Romans*, 657-58.

3195 Augustine; Origen; Furnish, *Love Command*, 107-8; W. Klassen, "Coals of Fire: Sign of Repentance or Revenge?" *NTS* 9 (1962-63) 337-50; Calvin; Cranfield; Dunn; Moo. Käsemann; Barrett; Morris.

3196 Murray, *Romans*, II, 142-43.

에는 증명되지 않는다고 말한다. (ii)모렌츠는 이집트의 의식을 기록하고 있는 3세기의 디모틱 문서Demotic text에 주목한다.[3197] 즉 이집트에서는 죄를 뉘우치는 자가 회개의 표시로 숯불을 담은 접시를 자기 머리에 올려 놓는 의식을 행했다고 한다. 이는 원수에게 우리가 호의를 베풀 때 그가 회개하는 결과를 가져오게 된다는 것이다. 그러나 바울이 1세기에 로마서를 쓸 때 이집트의 이 관행을 알고 있었는지는 불분명하다. 그리고 이 해석은 19절의 하나님께서 우리 대신 원수를 갚아 주실 것이라는 말씀과 맞지 않는다. (iii)크리소스톰은 숯불은 고상한 형태의 보복을 상징한다고 주석한다.[3198] 즉 우리가 원수가 주릴 때 먹이고 목마를 때 마시워도 그가 회개하지 않고 있으면 이는 그에게 하나님의 더욱 심한 형벌을 가져오게 한다는 것이다. 쉬라이너도 여기서 숯불은 하나님의 심판을 가리킨다고 본다. 이는 구약에서 숯불이 항상 부정적인 의미를 함축하고 있고 특히 하나님의 심판을 가리키는 언어라는 점에서 알 수 있다는 것이다(삼하22:9, 13; 시18:8, 12; 욥41:20-21; 시140:10; 잠6:27-29; 겔24:11). 그러나 학자들이 이 해석을 받아들이지 않는 이유는 우리가 원수에게 선을 행하는 것이 그들에게 하나님의 형벌이 임하게 만든다는 의미를 내포하기 때문이다. 즉 선을 행하는 목적이 원수가 벌받도록 하는 것이라는 것인데 이는 사랑을 강조하는 본문의 가르침과 맞지 않는다는 것이다. (iv)스텐달은 크리소스톰의 해석을 약간 수정해서 주석한다. 즉 원수가 주릴 때 먹이우고 목마를 때 마시우는 것은 원수에 대한 미움을 은밀히 표현하는 방법이라는 것이다(1QS 10:17-20; 9:21-22).[3199] 여기서

3197 S. Morenz, "Feurige Kohlen auf dem Haupt," in *Religion und Geschichte der alten Agypten, Gesammelte Aufsätze* (Weimar: Hermann Böhlaus, 1975) 433-44; Hultgren, *Romans*, 460-61; J. E. Yonge, "Heaping Coals of Fire on the Head," *The Expositor*, series 3, vol. 2 (1885) 158-59; A. T. Fryer, "Coals of Fire," *ExpTim* 36 (1924-25), 478; J. Steele, "Heaping Coals of Fire on the Head (Pr. xxv.22; Ro. xii.20)," *ExpTim* 44 (1932) 141; Stuhlmacher.

3198 Chrysostom; Haldane; Zeller; S. Légasse; S. Segert, " 'Live Coals Heaped on the Head' ," in *Love and Death in the Ancient Near East: Essays in Honor of Marvin H. Pope* (ed. J. H. Marks and R. H. Good; Guilford, CN: Four Quarters, 1987) 159-64; J. Piper, *Love Your Enemies: Jesus' Love Command in the Synoptic Gospels and in the Early Christian Paraenesis* (SNTSMS 38; Cambridge: Cambridge University, 1979) 115-18.

3199 K. Stendahl, "Hate, Non-Retaliation, and Love: 1QS x,17-20 and Rom. 12:19-21," *HTR* 55 (1962) 343-55.

바울이 시편 32장과 잠언 25장 말씀을 인용하고 있는 것은 하나님 앞에서 원수의 죄와 책임에 무게를 더하는 자격있는 방법인 것이다. 그러나 이 해석은 로마서 12:9절의 말씀에 모순된다. 성도는 거짓없는 사랑을 하는 사람들이다. 만일 성도가 원수를 미워하며 겉으로만 사랑하는 척하는 행위를 하며 종국에 그에게 더 큰 형벌을 가져오게 한다면 이는 하나님께서 기뻐하시지 않을 행위임이 분명하다. (v)오스본은 (i)과(iii)의 해석을 동시에 맞다고 본다.[3200] 즉 본문의 문맥에서는 숯불이 부끄러움을 의미한다고 볼 수 있고 동시에 숯불은 심판의 이미지imagery를 가지고 있다는 것이다. 베드로전서 2:12절 말씀과 같이 억압하는 자들이 성도의 착한 행실을 보고 권고하시는 날에 하나님께 영광을 돌리게 되고 만일 회개하기를 거부하면 나중에 하나님의 심판을 받게 된다는 것이다. 그러나 바울이 과연 본문의 문맥에서 원수들이 회개하고 성도의 친구가 될 것이라는 의미를 함축하고 있는지는 확실하지 않다. 바울이 20b를 20a와 접속사 갈왜냐하면로 연결하는 것을 볼 때 우리가 원수에게 선을 행하는 이유는 그렇게 함으로써 우리가 숯불을 그 머리에 쌓게 될 것이기 때문이라는 것이다. 이는 하나님께서 성도들의 원통함을 신원해 주실 것에 대한 확인이다. 그리고 19절의 내용과 정확히 일치한다. 즉 성도가 친히 원수를 갚지 않아야 하는 이유는 하나님께서 대신 원수를 갚아 주시기 때문이다. 20절에서는 원수에게 보다 능동적으로 행할 것을 가르친다. 즉 원수가 주리거든 먹이고 목마르면 마시워야 한다. 그 이유는 우리가 숯불을 그 머리에 쌓아 놓게 될 것이기 때문이다. 이는 우리가 더 큰 하나님의 심판이 원수에게 임하도록 할 목적으로 가지고 그에게 선을 행하라는 말씀이 아닌 것이 분명하다. 그 요점은 원수에게 능동적으로 선을 행하라는 것이다. 그리고 그 결과는 원수의 회개든지 아니면 멸망이든지 하나님께서 책임져 주신다는 사실을 확인하고 있다. 이는 성도 자신으로 하여금 악에 빠지지 않도록 보호하는 역할을 한다. 21절에 악에게 지지 말고 선으로 악을 이기라는 것은 원수에 대해 성도 자신이 악을 품는 죄에 빠지지 않아야 한다는 것을

3200 Osborne, *Romans*, 340; Stott.

확인하는 말씀이다. 악한 마음을 품는 것은 우리가 성령을 소멸하는 결과를 가져오게 되기 때문이다. 원수에게 선을 행하는 것은 우리가 성령 충만을 유지하는 비결이다.

로마서 12:21절의 "악에게 지지 말고 선으로 악을 이기라"는 말씀은 14-20절의 내용의 결론임과 동시에 9-20절 전체를 끝맺는 결론이기도 하다. 여기서 21a의 형용사 악카코스은 성도 마음에 있는 악인가 아니면 원수가 행하는 악인가. 머레이는 본문에서 악은 우리 마음에 복수심의 악을 의미하는 것이 아니라고 주석한다.[3201] 그것은 17절에서 언급된 악도 성도 마음에 있는 악이 아니라 악을 행하는 자의 악을 의미하기 때문이라는 것이다. 이는 타당한 해석으로 보인다. 그러나 우리가 악을 악으로 갚을 때 우리 마음은 악으로 가득차게 되고 옛시대의 영향하에 빠져서 하나님의 선하시고 기뻐하시는 뜻대로 살지 못하게 된다. 이는 로마서 12:1-2절에서 주신 가르침과 정 반대의 도덕적 태도를 가지는 것이다. 이 점에서 우리는 외부에서 오는 악뿐만 아니라 우리 마음으로부터 일어나는 악을 모두 극복해야한다.[3202] 악을 극복하는 길은 선을 행하는 것이다. 바울은 본문에서 선을 행하는 삶이 어떤 것인지 구체적으로 제시하고 있다. 즉 우리는 선에 속해 있기 때문에(9절) 우리를 핍박하는 자를 축복한다(14절). 그리고 악을 악으로 갚지 않고 선한 일을 도모한다(17절). 모든 사람으로 더불어 평화하며(18절) 친히 원수를 갚지 않는다(19절). 그리고 우리 원수가 주릴 때 먹이고 목마를 때 마시운다(20절). 이렇게 선한 행실로 우리는 우리 마음에 천국을 이룰 수 있고 모든 사람과 평화로운 관계를 유지할 수 있게 된다. 이는 곧 우리가 하나님과 평화를 이룬 천국백성들로써 사람들 앞에 하나님의 영광을 비추는 결과를 가져온다(벧전2:15). 요한 13:34절에서 예수께서는 "내가 너희를 사랑한 것같이 너희도 서로 사랑하라"고 말씀하셨다. 따라서 21절에서 바울의 가르침은 예수님의 가르침과 그 십자가의 사랑의 본에 바탕을 두고 있다고 할 수 있다

3201 Murray, *Romans*, II, 143-44; Schreiner; Moo.
3202 Osborne, *Romans*, 341.
3203 Dunn; Stuhlmacher; Cranfield; Wilckens; *contra* Zeller.

(롬15:3; 빌2:1-11; 벧전2:21-25).[3203] 바울 자신도 이를 실천하다가 순교까지 함으로써 그가 남긴 서신을 통해서 수많은 영혼을 하나님께 나아오게 하는 열매를 맺었다.

(4) 다스리는 자에 대한 복종(롬13:1-7)

로마서 13:1-7절은 그리스도인들이 지배자에게 복종할 것을 가르치는 문단이다. 로마서 13:8-10절은 사랑에 대한 가르침이며 이는 로마서 12:9-21절과 연결된다. 따라서 내용상 로마서 13:1-7절은 그 앞뒤 내용과 잘 연결되지 않는 것처럼 보인다. 이 점 때문에 어떤 학자들은 이 문단은 바울이 직접 쓰지 않았고 나중에 삽입된 부분이라고 주장한다.[3204] 그러나 이 주장은 신빙성이 없다. 그것은 로마서 13:1-7절에 사용된 단어들이 로마서 12장의 단어들을 공유하는 경우가 많다. 예를 들어 선/악(12:21; 13:3-4), 진노(12:19; 13:4-5), 원수갚다(12:19; 13:4), 모든 사람(12:17-18; 13:7), 빚/빚지다(13:7, 8) 등이 이 문단의 앞뒤 문단에서 공통으로 쓰이고 있다.[3205] 그리고 로마서 13:1-7절이 빠져있는 고대 로마서 사본은 존재하지 않는다. 그리고 이미 주후 2세기 후반에 이레이우스의 글에 이 문단의 구절이 인용되고 있다.[3206] 미첼도 로마서 13:1-7절은 초대 기독교의 가르침을 내포하지 않기 때문에 본문의 문맥에 이질적인 부분이라고 주장한다.[3207] 그 한 예는 이 문단에 기독론적인 요소가 없다는 것이다. 일 세기의 랍비나 철학자도 이와 비슷한 가르침을 설파했을 것이라는 것이다. 그러나 기독론이 로마서 13:1-7절에서 분명히 따로 다뤄져야 할 주제는 아니다. 바울은 이 문단에서 기독론적 가르침을 중심으로 성도가 지배자에 대해 가져야 할 태도를 설명하고 있는 것이

3204 W. Munro, *Authority in Paul and Peter: The Identification of a Pastoral Stratum in the Pauline Corpus and 1 Peter* (SNTSMS 45; Cambridge: Cambridge University, 1983), 16-19, 56-67; idem, "Romans 13:1-7: Apartheid' s Last Biblical Refuge," *BTB* 20 (1990) 161-68; O' Neill, *Romans*, 15, 207-8; Schmithals, *Problem*, 185-97; J. Kallas, "Romans XIII.1-7: An Interpretation," *NTS* 11 (1964-65) 365-74.

3205 Dunn, *Romans*, 758; Stuhlmacher, *Romans*, 199.

3206 Hultgren, *Romans*, 470; Irenaeus, *Against the Heresies* 2.4.1.

3207 Michel.

다.[3208] 크랜필도도 지적하듯이 로마서 13:1, 2, 4, 6절에서 언급된 하나님은 유대주의적 하나님이실 뿐 아니라 로마서에서 의미하는 예수님의 하늘에 계신 아버지로써의 하나님으로 이해하는 것이 본문의 문맥에 맞는 해석이다(8:34, 39; 15:6).[3209] 이 점에서 바울은 지배자들이 자신의 능력으로 지배하는 권세를 가지게 된 것이 아니고 하나님의 뜻을 이루는 대리인으로 제시한다.

케제만은 이 글이 바울의 것임을 의심하지는 않는다. 그러나 이 문단이 로마서 12:21절과 로마서 13:8절 사이에 놓인 것은 자연스럽지 못하다고 본다.[3210] 그러나 로마서 12–15장 전체의 문맥에서 보면 로마서 13:1–7절이 이곳에 놓인 것은 적절하다. 로마서 12:1–2절은 성도와 하나님의 관계를 서술하고, 9–13절은 성도와 성도의 관계를, 14–21절은 불신자와의 관계를 다루고 있는 점에서 13:1–7절에서 바울이 지배자에 대한 성도의 태도를 다루는 것은 합당하게 보인다. 또한 로마서 12:17–21절의 악에게 지지말고 선으로 악을 이기라는 말씀은 당시 그리스도인들이 지배자들의 횡포에 고통을 당하는 것을 배경으로 하고 있을 가능성이 있고 로마서 13:1–7절의 주제와 논리적으로 연결되고 있다.[3211] 억압과 핍박의 상황에서 그리스도인들이 선을 행하며 참고 인내하는 것은 로마서 13:1–7절의 지배자에게 복종하고 그들의 징세에 저항하지 말아야 한다는 가르침과 일치한다.[3212] 이 점에서 로마서 13:1–7절이 로마서 12장의 내용과 곧 바로 연결되지 않는다고 볼 수 없다.

바울이 지배자들이 하나님으로부터 권세를 위임받았다고 말씀하는 것은 구약과 유대주의의 가르침과 일치한다.[3213] 이와 동시에 이 가르침은 주님의 가르침을 배경으로 하고 있다고 볼 수 있다. 예레미야 29:1–23절은 이스라

3208 C. D. Morrison, *The Powers That Be: Earthly Rulders and Demonic Powers in Romans 13.1-7* (London, 1960) 63-68.

3209 Cranfield, *Romans*, 653-54.

3210 Käsemann.

3211 Osborne, *Romans*, 341; T. C. De Kruijf, "The Literary Unity of Rom 12,16-13,8a: A Network of Inclusions," *Bijdragen, tijdschrift voor filosofie en theologie* 48 (1987) 319-26.

3212 Moo, *Romans*, 792.

3213 J. Friedrich, W. Pöhlmann & P. Stuhlmacher, "Zur historischen Situation und Intention von Röm 13,1-7", *ZThK* 73 (1976) 135-46; F. Neugebauer, "Zur Auslegung von R?m. 13,1-7," *KD* 8 (1962) 152-59; U. Wilckens, "Römer 13,1-7," in *Rechtfertigung als Freiheit* (Paulusstudien. Neukirchen, 1974) 223-26.

엘 백성이 바벨론 유수 중에 그 바벨론 왕에게 충성을 다해야 할 것임을 명시하고 있다.[3214] 역사가 요세푸스에 의하면 성전이 66년에 훼파되기 전까지 제사장들은 하루에 두 번씩 로마 황제와 로마제국 백성들의 안녕을 위해 성전에서 제사를 올렸다고 한다.[3215] 또한 예수께서도 나라에 국세를 바치는 것이 합당하다고 가르치셨다(막12:13-17; 눅20:20-26). 이 구절에서 누가는 지배자라는 단어를 포함하고 있고 세를 바치라는 것을 언급하고 있는 점에서 로마서 13:1-7절의 가르침과 매우 비슷하다. 스툴마커는 바울이 누가의 구절을 기억하고서 로마서의 이 구절을 기록했을 것이라고 주장한다.[3216] 그러나 마태복음 22:15-22절에 다뤄진 예수님의 가르침은 이미 초대교회에 널리 알려진 가르침이었을 가능성이 많다(딤전2:1-2; 딛3:1; 벧전2:13-17).[3217] 그렇다면 로마서 13:1-7절은 구전된 예수님의 가르침을 바탕으로 써졌을 것으로 볼 수도 있다. 바리새인들이 예수께 와서 공세 문제를 가지고 시험한 것은 그 당시 공세를 바치는 것이 백성들에게 부담이었음을 시사해준다. 바울이 로마서 13:7절에서 공세 받을 자에게 공세를 바치고 국세 받을 자에게 국세를 바치라고 가르치는 것도 그 당시 세를 바치는 것을 거부하는 사람들이 있었음을 나타내준다. 보어그는 글라디우스 황제가 주후 49년에 로마에서 유대인들을 강제 퇴거시킨 후 재산을 몰수 당한 유대인들 중 로마제국에 반감을 가지고 팔레스타인 열심당원들과 함께 폭동을 일으키려했을 것이고 바울은 그리스도인들이 이에 가담하지 않도록 로마서 13:1-7절을 썼을 것으로 추측한다.[3218] 그러나 열심당원들에 의한 폭동은 주후 66년 이후에야 발발했기 때문에 이는 타당성이 없는 가설이다. 보다 설득력있는 가설은 로마 역사가들의 보고를 바탕으로 제시된다. 로마 역사가 타키투스Tacitus

3214 사45:1-3; 잠8:15-16; 24:21; 단2:21, 36-38; 4:17; Wis 6:3-4; Sir 10:14; 17:17

3215 Josephus, *Bell* 2.197; Stuhlmacher, *Romans*, 199.

3216 Stuhlmacher, *Romans*, 200.

3217 Michel, 396-97; A. F. C. Webster, "St. Paul' s Political Advice to the Haughty Gentile Christians in Rome: An Exegesis of Romans 13:1-7," *St. Vladimir' s Theological Quarterly* 25 (1981) 262-73.

3218 Calvin; Marcus Borg, "A New Context for Romans XIII," *NTS* 19 (1972-73) 205-18; E. Bammel, "Romans 13," in *Jesus and the Politics of his Day* (ed. E. Bammel and C.F.D. Moule; Cambridge: Cambridge University, 1984) 366-75; R. A. Culpepper, "God' s Righteousness in the Life of his People. Romans 12-15," *RevExp* 73 (1976) 456-57.

는 주후 57-58년경에 백성들이 세리들이 무자비하게 징세하는 것에 대한 불만을 황제에게 올렸다고 기록한다.[3219] 이에 황제는 간접세를 면제해 줄 것을 고려했지만 귀족들의 저항으로 실행에 옮기지 못했다. 그리고 이로인해 로마에 폭동이 발생했다. 바울이 만일 이를 알았다면 로마서 13:1-7절은 이를 배경으로 했을 가능성이 있다.[3220] 아니면 징세에 대한 저항은 보편적인 현상인 만큼 바울은 지배자에 대한 복종의 일례로 공세나 국세를 적법하게 바치는 것을 로마서 13:1-7절에 포함했을 가능성도 있다.

로마서 13:1-7절의 문학구조는 1, 5, 7절에 사용된 명령형을 중심으로 짜여 있다고 할 수 있다. 성도는 권세들에게 굴복해야 한다(1절). 그 이유는 권세는 하나님께로부터 말미암았기 때문이다. 만일 권세에 복종하지 않으면 하나님의 심판이 임한다(2절). 하나님께서 우리 위에 권세를 두신 이유는 악을 제어하시기 위함이다(3절). 만일 우리가 악을 행하면 권세자들은 하나님을 대신해서 악을 심판하는 일을 한다(4절). 두번째 명령은 5절의 양심을 인해 굴복하라이다. 셋째 명령은 7절의 "바치라"이다. 공세 받을 자에게 공세를 바치고 국세 받을 자에게 국세를 바쳐야 된다. 여기서 바울은 독재자들에게도 절대 복종할 것을 가르치는가. 어떤 학자는 바울은 여기서 불법의 독재자에게는 복종하라고 말씀하고 있지 않다고 본다. 따라서 권세자가 하나님의 말씀대로 다스리지 않을 경우 그리스도인들은 저항할 수도 있다는 것이다.[3221] 반면에 다른 학자들은 바울이 이 가르침을 주는 역사적 배경은 우리 시대에 있는 민주정이 아니라 절대권력을 가진 로마황제 네로의 통치기이기 때문에 바울의 가르침은 권세자의 선하고 악함을 떠나서 주신 것임을 지적한다.[3222] 바울은 예수께서 불의한 빌라도의 권세에 복종하시고 십자가에

3219 Tacitus, *Annals* 13.50-51; Suetonius, *Lives* [Nero] 6.10; J. I. H. McDonald, "Romans 13. 1-7: A Test Gase for New Testament Interpretation," *NTS* 35 (1989) 544-45; J. C. Walters, *Ethnic Issues in Paul's Letter to the Romans: Changing Self-Definitions in Earliest Roman Christianity* (Valley Forge, Pa.: Trinity Press International, 1993) 65-66.

3220 Schreiner, *Romans*, 679; Dunn, *Romans*, 759; J. Friedrich, et. al., "Zur historischen Situation," 153-59; F. Laub, "Der Christ und die Staatliche Gewalt: Zum Verständnis der 'politischen' Paränese Röm 13,1-7 in der gegenwärtigen Diskussion," *MTZ* 30 (1979) 257-65.

3221 Leenhardt; Achtemeier; Stuart; J. Hering.

3222 Haldane; Osborne, *Romans*, 341-43.

돌아가신 것을 알면서도 로마서 13:1-7절의 가르침을 주고 있다고 할 수 있다. 또 바울 자신도 갈리오의 권세에 굴복하면서 복음전파에 지장을 초래하지 않도록 했다(행18:12-17).[3223] 분명히 바울은 정의롭고 민주적인 정치체제의 구현을 위해 독재자에게 저항할 수 있다고 말씀하지 않고 있다. 그러나 모든 권세는 하나님께로부터 말미암았다는 것을 명시함으로써 권세자가 하나님의 절대권력을 대신 행사하려고 하는 것도 하나님의 뜻이 아님을 시사하고 있다.

로마서 13:1절은 접속사 없이 시작되어 내용의 전환을 알린다: "각 사람은 위에 있는 권세들에게 굴복하라 권세는 하나님께로 나지 않음이 없나니 모든 권세는 다 하나님의 정하신바라". 파사 프수케이각 사람는 직역하면 "모든 영혼"이다(KJV). 그러나 이는 "사람"을 의미하는 환유법metonymy이다. 따라서 개역성경의 "각 사람"은 바른 번역이다(NRSV; NASB; NIV; TEV; NJB). 여기서 바울은 "각 사람"을 그리스도인에게만 국한하지 않고 모든 사람을 가리키고 있다고 할 수 있다.[3224] "통치하는 권세들"엑수시아이스 후페르엑쿠사이스에서 명사 엑수시아는 신약에 93회 사용되고 있고 힘, 권세(마28:18), 권리, 관할구역(눅23:7), 사법권, 지배자(눅12:11; 딛3:1) 등을 의미한다.[3225] 로마서 13:1, 2, 3절에서 이 명사는 권세가 있는 자를 가리킨다. 어떤 학자들은 여기서 이 "권세있는 자"는 영적 권세 즉 천사악령들을 가리킨다고 본다.[3226] 사실 이 해석을 뒷받침하는 신약의 구절은 많다.[3227] 그러나 로마서 13:1-3절에서 권세있는 자엑수시아이는 지상의 통치자를 의미한다고 보는 것이 맞다.[3228] 그 이유는 (i)엑수시아가 악령을 가리킬 때는 항상 명사 "지배자들"아르카이과 함께 쓰인다. 그러나 로마서 13:1-3절에서는 엑수시아만 홀로 쓰이고 있다. (ii)권세자들에게 공세를 바치라는 권면은 악령에게 공세를 바

3223 행16:19-40; 22:22-29; 25:6-12.

3224 Murray; Wilckens; Dunn; Schreiner; Moo; Fitzmyer; Stuhlmacher; *contra* Cranfield; Schlier.

3225 G. Foerster, *TDNT*, 2:563.

3226 O. Cullmann, *The State in the New Testament* (New York: Harper & Row, 1956) 55-70, 95-114; Morrison; K. L. Schmidt, "Das Gegenüber von Kirche und Staat in der Gemeinde des Neuen Testaments," *TBI* 16 (1937) 1-16; G. Dehn; Wink, *Naming the Powers*, 45-47; K. Barth.

3227 고전15:24; 엡1:21; 2:2; 3:10; 6:12; 골1:16; 2:10, 15; 벧전3:22.

3228 Stott; Delling; *TDNT*, 8:29-30; Wilckens; Barrett; Leenhardt; Moo; Murray; Bruce; Stein.

치라는 뜻으로 해석될 수 없다. (iii)바울은 성도들에게 악령에게 굴복하라고 가르칠 리 없다.[3229] (iv)엑수시아는 신약에서 관리들을 가리키는 명사로도 사용된다(눅12:11; 딛3:1). (v)분사 후페르엑쿠사이스는 사람을 가리키는 단어로 사용되기도 하기 때문에 여기서 "위에 있는 권세"는 사람을 가리킨다고 할 수 있다(딤전2:2; 벧전2:13).[3230] 그리고 이 단어는 최상급이라기 보다는 비교급의 의미를 가지지 때문에 천사에 적용하기는 부적절하다.[3231] 이러한 점들 때문에 이전에 엑수시아가 악령을 의미한다고 해석했다가 나중에 이를 철회하는 학자도 있었다.[3232] 그러나 어떤 학자들은 이 해석을 완전히 버리지 않고 여기서 엑수시아가 천사(악령)와 지상의 통치자를 함께 가리키고 있다고 해석하기도 한다(고전2:8).[3233] 크랜필드는 고린도전서 6:3절에서 재판관은 천사의 권세를 대행하는 대리인을 의미하고 있다고 해석하며 로마서 13:1절의 엑수시아는 천사의 권세와 지상의 권세자를 동시에 가리킨다고 생각한다. 이는 컬만의 견해에 바탕을 두고 있다. 컬만은 개인을 수행하는 천사(마18:10; 행12:15), 교회에 지정된 천사(계2-3; 고전4:9; 엡6:12), 나라와 관련된 천사(신32:8; 단10:13, 20; 1 Enoch 20.5)를 바탕으로 로마서 13:1절의 권세자들도 인간 통치자와 이들 배후에 있는 천사를 동시에 가리킨다고 해석한다.[3234] 그러나 앞서 본대로 로마서 13:3-4절에서 엑수시아는 지상의 관리를 의미하고 있고 더욱이 복수형 엑수시아이는 선한 천사보다는 악한 천사를 가리키는 단어로 쓰이기 때문에 로마서 13:1절의 권세자가 내포하는 긍정적 기능과 맞지 않는다. 또 어떤 학자들은 여기서 엑수시아는 교회안의 치리하는 지도자들을 포함한다고 제시한다.[3235] 그러나 교회의 치리

3229 Carr, *Angels and Principalities*, 115-21; Campenhausen, "Zur Auslegung von Röm. 13," 81-96.
3230 Delling, *TDNT*, 8:523-24.
3231 Moo, *Romans*, 797; *contra* Godet; Cranfield.
3232 M. Dibelius, *Die Geisterwelt im Glauben des Paulus* (Göttingen: Vandenhoeck & Ruprecht, 1909); idem, "Rom und ide Christen im ersten Jahrhundert," in *Botschaft und Geschichte: Gesammelte Aufsätze II* (Tübingen: Mohr, 1956) 177-228.
3233 Cranfield, *Romans*, 657-59.
3234 Cullmann, *The State in the New Testament*, 113.
3235 A. B. Ogle, "What Is Left for Caesar? A Look at Mark 12:13-17 and Romans 13:1-7," *TToday* 35 (1978) 254-64; Luther.
3236 Barrett, 244; Sanday and Headlam; Moffatt.

자들이 칼을 가지고 다스린다고 볼 수 없다(4절). 또 성도가 그들에게 공세를 바쳐야 되는 것은 아니다(7절). 따라서 로마서 13장에서 "권세들"은 지상의 통치자들을 가리킨다고 해석해야 한다.

동사 후포타소우는 신약에 38회 사용되고 있다. 배렛은 이 단어의 뜻은 "복종하다"obey라고 생각한다.[3236] 그러나 무는 이 단어는 "복종하다"가 아니라 "굴복하다"submit로 번역해야 된다고 말한다.[3237] 그것은 통치자가 하나님의 뜻대로 통치하지 않을 때 불복종할 수 있는 여지를 남겨 놓는 것을 함축한다.[3238] 같은 맥락에서 크랜필드도 이 동사의 현재 수동태 명령형 후포타세스쏘우는 여기서 "복종하다"는 뜻을 가지지 않는다고 말한다.[3239] 신약에 복종하다는 뜻의 동사는 페이쏘마이, 페이싸르케오우, 후파쿠오우 등이 있다는 것이다. 바울은 동사 후포타소우를 사용해서 권세에 굴복하고(딛3:1), 영적 지도자에게 굴복하고(고전16:16), 서로 서로에게 굴복하고(엡5:21), 선지자는 다른 선지자에게 굴복하고(고전14:32), 교회는 그리스도에게 굴복하고(엡5:24), 아내는 남편에게 굴복해야(고전14:34; 엡5:24; 골3:18; 딛2:5) 된다고 말씀한다. 그러나 이 동사가 모든 일들은 그리스도에게 복종한다고 말할 때 이를 굴복한다로 번역하는 것은 맞지 않는다(고전15:27-28; 엡1:22; 빌3:21). 그리고 유대인들은 자기 의를 세우려고 힘써 하나님의 의를 복종하지후페타게이산 않았다(롬10:3). 이 점에서 볼 때 로마서 13:1절에서 이 동사를 굴복하다라고 번역해야 할 사전적 근거는 없다고 볼 수 있다. 바울이 이 동사의 수동태를 사용한 것은 능동적인 복종이 아니라 상하관계의 구조 속에서 성도가 권세자의 지배를 따라야 하는 것을 함축한다. 이는 불복종의 여지를 남기지 않는 표현이다. 다시 말해 공세 바칠 자에게 공세를 바치고 국세 바칠 자에게 국세를 바치는 데 있어서 예외는 없는 것이다. 바울은 여

3237 Moo, *Romans*, 797.

3238 S. Hutchinson, "The Political Implication of Romans, 13:1-7," *Biblical Theology* 21 (1971) 53-55; E. Jüngel, " 'Jedermann sei untertan der Obrigkeit…' Eine Bibelareit über Römer 13,1-7," in *Evangelische Christen…in unserer Demokratie: Beiträge aus der Synode der Evangelischen Kirche in Deutschland* (ed. E. Jüngel, R. Herzog, and H. Simon; Gütersloh: Mohn, 1986) 25-30; Victor Paul Furnish, *The Moral Teaching of Paul* (Nashville: Abingdon Press, 1979) 127.

3239 Cranfield, *Romans*, 660-61; Morris; Fitzmyer.

기서 시민의 권리 문제를 다루고 있지 않다. 따라서 우리가 사는 현대의 민주주의 개념을 바탕으로 동사 후포타소우의 의미를 정의하는 것은 바울이 고려하지 않았던 의미를 본문에 주입하는 해석이 된다. 각 사람이 위에 있는 권세에게 복종하는 것은 이들에게 권세를 주신 하나님께 복종하는 것이다. 그러나 이들이 성도로 하여금 우상숭배를 하게 할 때 이에 복종하는 것은 하나님을 모독하는 일이 된다.

로마서 13:1b는 우리가 왜 권세자들에게 복종해야 되는지 그 이유를 설명한다. 그것은 하나님께로부터 말미암지 않은 권세는 없으며 모든 권세는 하나님에 의해 세워졌기 때문이다. 여기서 전치사 후포는 "…에 의해서"by를 의미한다. 그리고 엑수시아는 지상의 통치자를 가리킨다.[3240] 명사적 분사 하이 우사이는 현재 존재하는 통치자들을 가리킨다. 그리고 동사 타소우는 임명하다, 결정하다, 맡기다 등 의미를 가진다. 여기서 이 동사의 과거완료 분사 테타그메나이는 하나님의 결정의 영원성을 의미한다.[3241] 이는 권세자가 지배하는 위치에 오르는 것은 절대적으로 하나님의 주권적 결정에 바탕을 둔 것임을 나타낸다. 바울의 이 가르침은 구약과 유대주의의 가르침에 바탕을 두고 있다고 할 수 있다.[3242]

로마서 13:2절의 접속사 호우스테그러므로는 2절은 1절의 내용의 결과를 서술하고 있다는 것을 나타낸다. 즉 모든 권세는 다 하나님의 정하신 바이기 때문에 "권세를 거스리는 자는 하나님의 명을 거스림이니 거스리는 자들은 심판을 자취"한다. 여기서 동사 안티타소우거스르다는 안씨스테이미저항하다와 의미상의 차이는 없고 작문 스타일에 변화를 준 표현이라고 할 수 있다.[3243] 안씨스테이미의 과거완료형 안쎄스테이켄은 저항하는 상태를 묘사한다.[3244] 이는 권세자의 개별적 정책에 일시적으로 반대하는civil protest 것이 아

3240 contra Chrysostom.
3241 Morris, *Romans*, 461.
3242 삼하12:8; 렘27:5이하; 단2:21, 37이하; 4:17, 25, 32; 5:21; 잠8:15-16; 사41:2-4; 45:1-7; Wis. 6:1-3; Josephus, *J.W.* 2.140; Sir 4:27; 10:4; 17:7; *1 Enoch* 46:5; *Ep. Arist.* 224; 2 *Apoc. Bar.* 82:9; Str-B, 3.303-4; Moo, *Romans*, 798; Wilckens, *Römer*, 3:33.
3243 행18:6; 약4:6; 벧전5:5; Dunn, *Romans*, 762; Moo.
3244 Porter, *Verbal Aspect*, 396.

니라 권세자의 통치에 대한 계속적인 항명의 상태civil disobeidence를 의미한다.[3245] 다이스만은 디아타게이를 "하나님의 제도"the institution of God라고 해석한다.[3246] 어떤 학자는 이를 "(로마)제국 헌법"이라고 본다.[3247] 그러나 무는 명사 디아타게이는 하나님께서 권세자들을 정하신 행위를 나타내는 것이지 하나님의 영원한 법령ordinance을 의미하는 것은 아니라고 말한다.[3248] 이 명사는 에스라 4:11; 사도행전 7:53절에도 사용되고 있고 공식적 법령을 의미하는 디아타그마와 구분된다(히11:23).[3249] 디아타게이는 1절의 테타그메나이와 말의놀이wordplay적 관계에 있는데 이 점에서 디아타게이는 하나님께서 권세자들에게 권력을 부여하신 영원한 행위를 가리킨다고 할 수 있다. 과거완료분사 안쎄스테이코테스거스리는 자들는 일시적인 저항이 아니라 계속되는 저항을 가리킨다. 이는 그 전의 과거완료형 동사 안쎄스테이켄의 의미와 연결된다. "심판을 자취하리라"에서 심판크리마은 (i)하나님의 심판(롬2:2, 3; 3:8; 5:16)[3250] 혹은 (ii)권세자가 주는 벌을 의미한다.[3251] 그러나 3-4절에 권세자들은 하나님의 대리인으로써 상이나 혹은 벌을 주는 자들로써 묘사되고 있기 때문에 2절의 심판은 위의 두 의미를 다 포함한다고 할 수 있다.[3252] 따라서 여기서 "벌"은 반드시 종말적 심판을 의미하는 것이 아니라 현재 가해질 수 있는 벌을 가리킨다고 할 수 있다.

로마서 13:3절의 접속사 갈왜냐하면은 3절의 내용이 2절을 설명하고 있는 것을 나타낸다: "관원들은 선한 일에 대하여 두려움이 되지 않고 악한 일에 대하여 되나니 네가 권세를 두려워하지 아니하려느냐 선을 행하라 그리하면

3245 Osborne, *Romans*, 344; Stott.

3246 NIV; Deissmann, *Light from the Ancient East*, 59; Morris.

3247 Fitzmyer, *Romans*, 667.

3248 Moo, *Romans*, 799; R. Walker, *Studie zu Römer* 13,1-7, TEH 132 (Munich: Kaiser, 1966) 23; *contra* KJV; Stuhlmacher.

3249 A. Strobel, "Furcht, wem Furcht gebührt: Zum profangriechischen Hintergrund von Rm 13,7," ZNW 55 (1964) 58-62; Dunn.

3250 Moo; Stein; Wilckens; Ziesler, *Romans*, 312; Dunn; Michel; G. Delling, *Römer* 13,1-7 *innerhalb der Briefe des Neuen Testaments* (Berlin: Evangelische Verlagsanstalt, 1962) 64-65.

3251 Schreiner; Sanday and Headlam; Calvin; Godet.

3252 Osborne; Cranfield; Murray; Morris; Nygren; Calvin; H. Merklein, "Sinn und Zweck von Röm 13,1-7: Zur semantischen und pragmatischen Struktur eines umstrittenen Testes," in *Neues Testament und Ethik: Für Rudolf Schnackenburg* (ed. H. Merklein; Freiburg: Herder, 1989) 245.

그에게 칭찬을 받으리라". 즉 권세를 거스리는 자는 심판을 자취하게 되는데 그것은 관원들은 선한 일에 대하여 두려움이 되지 않고 악한 일에 대하여 되기 때문이다. 3절에서 바울은 권세자를 가리키는 단어를 엑수시아에서 아르콘테스로 바꾸고 있다. 이는 글의 스타일에 변화를 준 것으로 볼 수 있다. 에베소서 2:2절의 단수형 아르코운은 공중 권세잡은 사탄을 의미한다. 그리고 고린도전서 2:6, 8절의 복수형 아르콘토운은 이 세상의 지배자들을 가리킨다(마20:25; 요7:26; 12:42; 행3:17; 4:5, 8, 26; 13:27; 14:5; 16:19). 로마서 13:3절에서 복수형 아르콘테스는 이 세상의 권세자를 가리킨다고 할 수 있고[3253], 1-2절의 권세자엑수시아가 영적 세계의 권세자들이 아니라 이 세상의 권세자들을 의미하고 있다는 사실을 밝혀주고 있다. 무는 3절의 명사 포보스는 두려움이 아니라 두려움의 원천을 의미한다고 본다.[3254] 그러나 여기서 두려움은 긍정적인 의미를 함축한다. 즉 권세자들이 두려움의 원천인 것은 그들이 난폭하게 권력을 휘두르기 때문이 아니라 악한 일에 벌을 주기 때문이다. 머레이는 3a에서 "선한 일"과 "악한 일"은 의인법이라고 본다.[3255] 던은 여기서 선한 일아가쏘우 엘고우은 구원에 관계된 선한 일이라기 보다는 사회나 공동체에서 성도가 행하는 선한일이라고 본다.[3256] 그러나 이를 광의의 시각에서 사랑에 기반한 행위로 보면 사회적 선과 구원론적 선을 정확히 나누기 어렵다(롬13:8). 3b를 배렛은 "네가 권세를 두려워하기 원치 않으면 선을 행하라"라고 번역한다.[3257] 그러나 이를 의문문으로 번역하는 것이 문맥에 더 맞다(KJV; NIV; 개역성경). 어떤 주석가들은 3c의 칭찬에파이노스은 하나님께서 주시는 칭찬을 가리킨다고 본다.[3258] 그러나 3절에서 칭찬은 두려움과 대조되기 때문에 그 원천도 권세자들이라고 할 수 있다. 권세자들이

3253 Dunn, *Romans*, 763; Fitzmyer; Carr, Angels and Principalities, 118-20.

3254 Moo, *Romans*, 800; Morris.

3255 NIV; Murray; Moffatt.

3256 Dunn; Schreiner; B. W. Winter, "The Public Honouring of Christian Benefactors: Romans 13.3-4 and 1 Peter 2.14-15," *JSNT* 34 (1988) 87-103.

3257 Barrett, *Romans*, 226; Turner, 319.

3258 Origen; Cranfield; V. Zsifkovits, *Der Staatsgedanke nach Paulus in Röm 13,1-7 mit besonderer Berücksichtigung der Umwelt und der patristischen Auslegung* (Wiener Beiträge zur Theologie 8. Vienna: Herder, 1964) 78-80; Walker, *Römer* 13,1-7, 36-37.

주는 칭찬은 로마시대에 지배자들이 후원자들의 이름을 돌에 새기는 것을 간접적으로 언급하는 것으로 볼 수도 있다.[3259] 그러나 지배자가 내리는 칭찬의 의미를 이렇게 협의적으로 해석할 주석적 근거는 없다. 권세자가 선을 포상하고 악을 벌하는 것은 동서고금의 현상이라고 할 수 있다(벧전2:14). 하나님께서 권세자들을 통해서 선한 행위를 상주시고 악을 벌하시는 것은 아담의 원죄이후 타락한 사회에 최소한의 질서를 유지하시는 하나님의 일반 은총의 하나임을 알 수 있다. 바울 자신도 지배자의 권세 아래 복종하며 로마에 가서 복음을 전할 수 있었고 결국 그 칼에 의해 참수됨으로써 그가 남긴 서신의 가르침의 진실됨을 증명하고 있다.

로마서 13:4절의 접속사 갈왜냐하면은 3절의 내용을 4절이 설명하고 있는 것을 나타낸다: "그는 하나님의 사자가 되어 네게 선을 이루는 자니라 그러나 네가 악을 행하거든 두려워하라 그가 공연히 칼을 가지지 아니하였으니 곧 하나님의 사자가 되어 악을 행하는 자에게 진노하심을 위하여 보응하는 자니라". 즉 관원이 선행을 칭찬하는 이유는 그가 하나님의 종으로써 "네게" 로마 성도들 선을 이루는 자이기 때문이다. 여기서 "디아코노스"종는 세상에서는 "관리"를 가리키는 말이었다.[3260] 구약에서는 궁중의 신하를 가리키고 있다(에1:10; 2:2; 6:3; 사45:1; 렘25:9). 4절에서 관원이 "네게" 대하여 하나님의 종이라는 것은 종교적인 의미에서 하나님의 종이라는 의미가[3261] 아니기 때문에 신앙 바깥 영역에서 하나님의 뜻을 대행하는 사람이라는[3262] 뜻으로 볼 수 있다. 전치사구 에이스 토 아가쏜선은 목적[3263] 혹은 결과로[3264] 볼 수 있다. "선"아가쏘스은 영적 선(롬8:28)이[3265] 아닌 사회의 평화나 질서를[3266] 의미한다. 2절의 내용을 받아서 바울은 관원이 가지는 부정적 기능을 다시

3259 Winter, "The Public Honouring"; Clarke, "The Good and the Just," 140-41; A. Strobel, "Zum Verständnis von Rm 13," *ZNW* 47 (1956) 79; Heiligenthal, *Werke als Zeugen*, 107-8; Dunn; Stuhlmacher; Wilckens; Käsemann.

3260 Princip. *Inerud*. 5.13.22-14.2; Black; Moo, *Romans*, 801.

3261 Barrett; Moo; Schreiner; Cranfield; Dunn.

3262 Osborne; Käsemann.

3263 NIV; Fitzmyer.

3264 Morris; Michel; Moo; Wilckens; Delling.

3265 Cranfield.

3266 Fitzmyer; Dunn; Althaus.

반복한다. 즉 백성이 악을 행할 때 그 관원을 두려워하는 이유는 그가 공연히 칼을 가지지 아니하였으니 곧 하나님의 사자가 되어 악을 행하는 자에게 진노하심을 위하여 보응하는 자이기 때문이다. 여기서 칼을 가졌다테인 마카이란 포레이는 것은 무슨 의미인가. 배렛은 이는 로마제국의 관리가 가지고 있던 사형권ius gladii, 칼의 법을 의미한다고 생각한다.[3267] 그러나 사형권은 군복무 중인 로마시민에 대한 것이었다.[3268] 바울이 여기서 칼의 의미를 이렇게 제한적으로 사용했을 리 없다. 크랜필드는 여기서 칼은 사형권capital punishment이나 혹은 반란자들을 진압하기 위해 군을 사용하는 권세를 가리킨다고 본다.[3269] 어떤 학자들은 여기서 관리가 칼을 가지고 있다는 것은 광의적 의미에서 관리가 악행을 벌하는 것을 상징하며 사람의 생명과 죽음을 결정할 수 있는 권한을 가지는 의미를 포함한다고 본다.[3270] 여기서 "악"카코스은 사회/정치적 의미의 악[3271] 뿐 아니라 도덕적 의미의 악을[3272] 가리킨다고 할 수 있다. 그러나 사실상 이 양자의 경계는 정확히 구분되지 않는다. "진노"오르게이는 관원의 진노[3273] 혹은 하나님의 진노를[3274] 의미한다. 그러나 이 두 의미 다 포함한다고 볼 수도 있다. 관원의 진노를 통해서 하나님의 진노가 나타나는 것이고 이는 악을 행하는 자들을 벌하는 도구적 기능을 가진다. 이 점에서 전치사 에이스는 "위하여"보다는 도구적 의미의 "…와 함께"를 의미한다고 할 수 있다. 형용사 에크디코스보응하는는 명사적으로 벌하는 자를 의미한다. 이는 로마서 12:19절의 보응하다에크디케오우와 보응에크디케이시스과 동족어이다. 원수 갚는 것은 하나님께 맡겨야 하는데 하나님께서는 관원의 진노를 통해서 악을 행하는 사람들을 벌하신다. 이는 이들에 대한 종말의 심판을 예고하고 있다고 할 수 있다.

3267 Barrett, *Romans*, 227.

3268 A. N. Sherwin-White, *Roman Society and Roman Law in the New Testament* (Oxford: Clarendon, 1963) 8-11.

3269 Cranfield, *Romans*, 667; Harrison; Borg; Michel.

3270 Murray; Dunn; Schreiner; Stott; Moo; Fitzmyer; Friedrich, Pöhlmann, and Stuhlmacher, "Zur historischen Situation," 140-44.

3271 Michel; Käsemann.

3272 Wilckens; Cranfield; Moo.

3273 Schreiner; Delling, Römer 13,1-7, 59; Lagrange.

3274 Morris; Moo; Calvin; Murray; Michel; S-H; Schlier; Dunn; Fitzmyer.

로마서 13:5절의 접속사 디오그러므로는 1-4절의 내용의 결론을 도입한다: "그러므로 굴복하지 아니할 수 없으니 노를 인하여만 할 것이 아니요 또한 양심을 인하여 할 것이라". 즉 로마교회 성도들이 관원에게 굴복해야 되는 것은 노를 인해서 뿐 아니라 양심을 인해서이다. 명사 아나그케이는 필요(히 7:12), 외적 내적 강요를 의미한다.[3275] 이는 백성이 그 지배자에게 복종하는 것은 자연적 이치라는 뜻이다.[3276] 그리고 바울은 1절에 사용했던 동사 후포타소우의 수동태를 5절에도 사용하고 있다. 따라서 성도들이 관원의 권세에 복종하는 것은 선택사항이 아니라 필요한 것이다. 그것은 진노를 인해서만이 아니고 양심을 인해서다. 권세를 가진 자들의 진노는 이들에게 복종을 유발하는 외적 환경이다. 그러나 그 내적 바탕은 성도의 양심이다. 명사 "양심"수네이데이시스은 신약에 30회 사용되고 있고 바울 서신에 14번 사용되고 있다.[3277] 이는 마음 속에 하나님께서 새겨놓으신 선악을 깨닫는 장치라고 할 수 있다(롬2:15).[3278] 로마서 13:5절에서 양심은 성령께서 깨닫게 하시는 하나님의 뜻을 아는 지식에 바탕을 두고 있다.[3279] 하나님께서 우리 마음에 설치하신 양심에 따라 관원에게 복종하는 것은 관원의 지배에 불복했을 때 따라오는 양심의 고통때문에 복종해야 된다는[3280] 의미가 아니라 그렇게 복종하는 것이 하나님의 뜻에 맞기 때문에[3281] 복종해야 된다는 의미다. 이는 성도가 관원들에게 소극적 자세를 유지하는[3282] 것이 아니라 적극적으로 그 정책에 복종하며 사회에 참여하는 것을 가리킨다.

로마서 13:6절의 디아 투토이를 인해서는 5절의 디오그러므로와 병렬되는 표현이라고 할 수 있다: "너희가 공세를 바치는 것도 이를 인함이라 저희가 하나

3275 BAGD.

3276 W. Grundmann, *TDNT*, 1:345-47.

3277 Hultgren, Romans, 472; 롬9:1; 고전8:7; 고후1:12; 4:2; 5:11; 딤전1:5; 3:9; 딤후1:3.

3278 Murray; Dunn; Schreiner; Osborne.

3279 Osborne, Romans, 346; Moo, *Romans*, 803.

3280 Pierce, Conscience, 65-71; Jewett, *Paul's Anthropological Terms*, 440.

3281 Thrall, "The Pauline Use of *συνείδησις*," 118-25; T. Engberg-Pedersen, *Paul and the Stoics* (Louisville: Westminster John Knox Press, 2000) 271-72; R. H. Stein, "The Argument of Romans 13:1-7." *Novum Testamentum* 31 (1989) 337; Eckstein, *Syneidesis*, 291-300; Moo; Michel; Dunn; Cranfield; Schreiner; Barrett.

3282 H. von Campenhausen, "The Christian and Social Life according to the New Testament," in *Tradition and Life in the Church: Essays and Lectures in Church History* (Philadelphia: Fortress Press, 1968) 147.

님의 일군이 되어 바로 이 일에 항상 힘쓰느니라". "디아 투토"를 5절 후반부와 연결되는 것으로 보면 우리가 공세를 바치는 것은 우리의 양심을 인해서라는 뜻이 된다.[3283] 고뎃은 "디아 투토"가 로마서 13:1-5절 전체에 걸린다고 보고 우리가 공세를 바치는 것은 관원에게 복종하기 때문이라고 해석한다[3284] 또 디아 투토가 6b에 걸린다고 보면 관원들이 하나님의 일군이 되어 이 일에 항상 힘쓰기 때문에 우리가 공세를 바친다는 뜻이 된다.[3285] 그러나 본문의 문맥에서 첫번째 해석이 가장 타당한 해석으로 보인다. 즉 실로 양심을 인해서 우리가 공세를 바치는 것이다. "공세"포로스는 원래 종주국에 바치는 공물을 의미한다. 바울은 이 명사를 세금의 뜻으로 사용하고 있다. 포로스는 재산세와 같은 직접세를 의미하고[3286] 7절의 텔로스는 물품세와 같은 간접세를 의미한다.[3287] 동사 텔레이테지불하다는 명령형이 아니라 직설법이다. 그 이유는 그 앞의 접속사 갈왜냐하면이 그 앞의 구절을 설명하는 절을 도입하기 때문이다. 명사 레이툴고스는 4절의 디아코노스보다 엄숙한 색채를 가진 단어인데 칠십인역에서는 성전안에서 섬기던 사람들을 가리킨다(민4:37, 41; 삼상2:11, 18; 3:1; 에7:24; 느10:40; 사61:6). 신약에서 이 명사는 주로 제사의식을 담당하는 사람이나(히8:2; 10:11) 혹은 일반적인 사역을 가리킨다(빌2:25; 히1:7). 그 동족어 레이툴기아는 제사(눅1:23; 히8:6; 9:21) 혹은 일반적인 사역(고후9:12; 빌2:17)을 뜻한다.[3288] 바울은 레이툴고스를 관원에게 적용해서 "하나님의 일군"이라고 표현한다. 일군에 "하나님의"라는 소유격이 사용된 것은 신성한 일과 세속의 일의 경계가 무너진 것을 뜻한다.[3289] 즉 관원은 하나님으로부터 위임된 일을 대행하고 있는 것이다. 그러나 이 묘사가 바울이 관원들이 세금을 걷는 것에 종교적 의미를 부여하고 있

3283 Cranfield; Moo; S-H; Murray; Walker.

3284 Godet; S. E. Porter, "Romans 13:1-7 as Pauline Political Rhetoric." *Filologia Neotestamentaria* 3 (1990) 134.

3285 Schreiner, *Romans*, 685; Stein, "The Argument of Romans 13:1-7." 340.

3286 Fitzmyer, *Romans*, 669; Weiss, *TDNT*, 9:81.

3287 Sanday and Headlam, *Romans*, 368.

3288 Moo, *Romans*, 804.

3289 Dunn; Barrett; Moo.

3290 Black; Meyer; Godet.

다고 보는 것은 과한 해석이다.[3290] 왜냐하면 레이툴고스는 그 당시 헬라어에서 일반적으로 공무원을 가리키는 단어로 널리 사용되었기 때문이다.[3291] 분사 프로스카르테룬테스전념하는는 술어 에이신is과 함께 우언적 용법periphrastic으보 보이나 "하나님의 일군"을 에이신의 술어로 보면 프로스카르테룬테스는 "하나님의 일군"을 수식하는 형용사적 분사로 볼 수 있다. 즉 "저희는 이 일에 항상 힘쓰는 하나님의 일군이다"(막3:9; 행1:14; 8:13; 10:7; 롬12:12; 골4:2). 여기서 "이 일"아우토 투토은 3-4절의 내용을 받는가[3292] 아니면 공세를 걷는 일(6a)을 받는가.[3293] 무는 여기서 "이 일"은 공무의 일 자체를 가리킨다고 생각한다.[3294] 그러나 투토는 중성 대명사이고 레이툴고스는 남성 명사이기 때문에 무의 해석은 문법적 뒷받침을 받지 못한다. 우리가 공세를 바쳐야 된다는 가르침은 분명 그리스도의 가르침에 바탕을 두고 있다고 할 수 있다(마17:24-27; 22:15-22).[3295] 쉬라이너는 여기서 바울의 표현은 누가의 표현에 가깝다고 본다(눅20:20-26).[3296] 이는 바울이 누가의 구절에 의존했다기 보다는 필경 누가가 바울의 가르침에 익숙해 있었기 때문이라고 할 수 있다.

로마서 13:7절은 6a의 확장이다: "모든 자에게 줄 것을 주되 공세를 받을 자에게 공세를 바치고 국세 받을 자에게 국세를 바치고 두려워할 자를 두려워하며 존경할 자를 존경하라". "모든 사람에게 줘야 할 것을 주되"에서 "모든 사람"파신은 일반적인 모든 사람이 아니라 6절의 "하나님의 일군"을 받는다고 할 수 있다. 명사 오페일레이빚, 채무는 재정적 빚을 의미하고 고린도전서 7:3절에서 이 단어는 부부관계의 의무를 의미한다.[3297] 과거 명령형 동사 아포도테갚다는 빚진 것을 갚다를 의미한다. 그러면 성도는 관원에게 주어야

3291 Strobel, "Zum Verständnis," 86-87; Schlier; Käsemann; Cranfield.

3292 Barrett.

3293 Hultgren; Murray; Cranfield; Dunn; Fitzmyer; Wilckens.

3294 Moo, *Romans*, 805; Stein, "Argument," 342; W. Grundmann, *TDNT*, 3:618; Stott.

3295 Thompson, *Clothed with Christ*, 112-20; Sanday and Headlam; Cranfield; Schreiner; Allison, "The Pauline Epistles", 16-17; Stuhlmacher, *Romans*, 200; *contra* Käsemann; Neirynck, "Paul and the Sayings of Jesus," 286-91.

3296 Schreiner, *Romans*, 686.

3297 F. Hauck, *TDNT*, 5:564.

할 것이 무엇인가. 바울은 네가지를 열거하면서 이를 두짝으로 나누어 제시한다. 즉 공세를 받을 자에게 공세를 바치고 국세 받을 자에게 국세를 바치고 두려워할 자를 두려워하며 존경할 자를 존경하는 것이다. 여기서 공세(포로스)는 앞서 말한대로 직접세를 가리키고 국세텔로스는 관세나 상품세와 같은 간접세를 의미한다. 로마황제 네로는 간접세를 철폐하려고 했다가 귀족들의 반발 때문에 이를 철회했다. 그리고 주후 58년에 과중한 세금에 항거하는 폭동이 있었다.[3298] 6-7절에서 바울의 가르침이 이를 역사적 배경으로 하고 있는 지는 확실하지 않다. 바울의 가르침이 예수님의 가르침을 바탕으로 하고 있다면 이는 마음을 새롭게 함으로써 변화된 성도들이 국가에 대한 납세의 의무에 대해 가져야 할 기본 자세를 설명하는 일반적 가르침이라고 할 수 있다(막12:17). 성도가 관원에게 주어야 할 두 번째 짝은 두려워함포보스과 존경티메이이다. 크랜필드는 신약에서 두려워할 대상은 항상 하나님으로 묘사되어 있기 때문에 여기서도 두려할 대상은 하나님이시며 그 반면에 존경할 대상은 관원이라고 해석한다.[3299] 그러나 3절에서 두려움의 대상은 관원이다. 그리고 문맥에서 바울은 성도가 "하나님의 일군들"에게 주어야 될 것들을 묘사하고 있기 때문에 두려워해야 될 대상도 "하나님의 일군들"이라고 보아야 한다.[3300] 만일 7절에서 바울이 하나님을 두려워할 대상으로 묘사하고자 했다면 이를 여기에 분명히 언급했을 것이다. 어떤 학자들은 두려워함은 지위가 높은 관원에 대해 가져야 할 태도이고 존경은 지위가 낮은 관원에 대해 가지는 태도라고 이해한다.[3301] 그러나 본문에 이를 구분하는 주석적 근거는 없다. 성도는 관원의 지위 고하를 막론하고 이들을 두려워하고 존경해야 한다.[3302]

그러면 바울은 지배자들에게 어떤 경우에도 절대적으로 복종하라고 가르치는가. 로마서 13:1-7절은 독재자들이 자신의 절대권력을 정당화하는데 악

3298 Tacitus; Osborne, *Romans*, 346.

3299 누가1:50; 18:2; 23:40; 행10:2, 22, 35; 13:16, 26; 계19:5; Cranfield, *Romans*, 671-72; Origen; Tertullian; Harrison; Wilckens; Ziesler.

3300 Murray, *Romans*, II, 156.

3301 Hultgren, *Romans*, 474; Fitzmyer.

3302 Murray; Schreiner; Dunn; Käsemann; Moo; Osborne.

용한 경우도 있다.[3303] 이 구절의 적용이 어려운 것은 신학자들이 제시한 다양한 해석에서도 발견된다.[3304] 무는 이를 일곱 가지로 분류해 제시한다.[3305] (i)로마서 13:1–7절은 나중에 삽입된 부분으로써 바울은 지배자에 대한 절대복종을 가르친 적이 없다.[3306] 그러나 이를 증명할 사본이 존재하지 않는다. (ii)바울이 로마서를 쓸 때는 네로가 포학해지기 전이었고 그는 정부가 폭력화될 가능성을 보지 못하고 있었다. 그러나 바울은 예수께서 빌라도에 의해서 십자가에 돌아가신 것을 알고 있었고 독재자의 억압하에 있던 자신의 민족의 역사를 잘 알고 있었을 것이다.[3307] (iii)바울은 곧 종말이 도래할 것을 예견하고 있었기 때문에 자신의 시대부터 곧 도래할 종말 때까지 성도들이 지배자들에 가져야 할 태도를 가르치고 있는 것이다.[3308] 그러나 본문에서 임박한 종말에 대한 언급을 발견할 수 없다. (iv)바울은 우리가 지배자들이 그리스도에게 복종할 경우에만 그들에게 복종하라고 가르치고 있다. 그러나 우리가 로마서 13:1절의 주석에 이미 언급했듯이 이 주장을 뒷받침할만한 언어론적 근거가 존재하지 않는다. (v)바울이 지배자들에게 복종하라는 가르침은 그 당시 로마제국하에 살던 그리스도인들에게만 해당한다.[3309] 그러나 바울이 민족국가의 생성을 알지 못했기 때문에 바울의 가르침은 독재적인 민족국가에는 적용되지 않는다고 할 수 없다. 로마서 13:1–7절은 분명히 국가에 대한 성도의 자세에 대해 가르치지 않는다. 다만 바울은 지배자와 관원들에 대해 성도가 복종해야 할 것을 가르치고 있다. 그러나 지

3303 Wilckens, *Romans*, 3:43-66.

3304 W. Affeldt, *Die weltliche Gewalt in der Paulus-Exegese. Röm. 13,1-7 in den Römerbriefkommentaren der lateinischen Kirche bis zum Ende des 13. Jahrhunderts* (Forschungen zur Kirchen- und Dogmengeschichte 22; Göttingen: Vandenhoeck & Ruprecht, 1969); B. C. Lategan, "Reception: Theory and Practice in Reading Romans 13," in *Text and Interpretation: New Approaches in the Criticism of the New Testament* (ed. P. J. Hartin and J. H. Petzer; NTTS 15; Leiden: Brill, 1991) 145-69.

3305 Moo, *Romans*, 806-10.

3306 Schmithals; O' Neill; J. Kallas, 365-74; W. Munro.

3307 W. Schrage, *Die Christen und der Staat nach dem Neuen Testament* (Gütersloh: Mohn, 1971) 52-53.

3308 Dibelius, "Rom und die Christen," 184.

3309 E Käsemann, 354, 359; idem, "Principles of the Interpretation of Romans 13," in *New Testament Quesitons for Today* (Philadelphia: Fortress Press, 1969) 196-216; Bammel, "Romans 13," 366-75; R. Heiligenthal, "Strategien conformer Ethik im Neuen Testament am Beispiel von Rom 13. 1-7," *NTS* 29 (1983) 55-61; A. J. Hultgren, "Reflections on Romans 13:1-7: Submission to Governing Authorities", *Dialog* 15 (1976) 269; Michel, 395-97; Wilckens, 3.40-42; Leenhardt, 328.

배자와 국가의 정책을 분리해서 생각하기는 어렵다. 그리고 하나님께서 모든 국가의 지도자들을 그 섭리가운데 두고 계시다는 점을 부인하기 어렵다. 이 점에서 로마서 13:1-7절은 일반적으로 모든 국가의 상황에 적용될 여지가 있다.[3310] (vi)바울은 지배자들이 로마서 13:3-4절의 가르침에 따라 통치할 경우에만 이들에게 복종해야 된다고 가르치고 있다. 그렇지 않을 때 성도들은 그들에게 불복종할 수 있다.[3311] 그러나 3-4절은 지배자들의 기능을 묘사하고 있을 뿐 그들에게 복종할 조건을 묘사하고 있지는 않다. 1-2절은 지배자들의 권세는 하나님으로부터 말미암았기 때문에 그들에게 복종하는 것은 하나님께 복종하는 것과 같다고 말씀하고 있다. (vii)바울은 성도가 권세자들에게 일반적으로 절대적으로 복종할 것을 가르치고 있지 않다. 권세자가 하나님의 명을 거스를 경우 성도는 이에 불복할 수 있다.[3312] 대부분의 복음주의 신학자들은 이 해석을 따르고 있다. 그리고 필자도 이 해석이 위 일곱 가지 해석 중 제일 주석적으로 타당하다고 본다. 그러나 권세자가 하나님의 명을 거스를 경우가 언제인지에 대해서는 여전히 논쟁의 여지가 남는다. 이 때문에 정부의 특정한 정치 경제적 정책에 대해서 교계내에서도 찬반이 갈릴 경우가 많다. 성도들이 권세자의 정책을 미시적 관점에서 분석하고 하나님의 명을 거스린다고 판단할 때 이에 불복할 수 있다면 성도는 그 체제가 제도적으로 허용하는 절차에 따라서 의견을 피력할 수 있을 것이다. 그러나 성도가 권세자의 지위나 권위 자체를 불신임하고 이에 도전하려고 하는 것은 이들을 기름부어 그 자리에 앉히신 하나님의 섭리에 도전하는 것임을 인식해야 된다. 반면에 권세자가 성도가 하나님께 올리는 예배를 금한다든지 자신을 신으로 섬기게 한다든지 하는 것은 자신을 임명하신 하나님의 권위 자체를 도전하는 행위이며 성도는 이에 불복종할 권리가 있다. 이는 사도행전5:29절; 다니엘 7장; 요한계시록 2-3장 등에 잘 예시되어 있다. 결론적으

3310 Ridderbos, *Paul*, 321-24; Calvin, *Institutes*, 4.20.2; K. Aland, "Das Verhältnis von Kirche und Staat nach dem Neuen Testament und den Aussagen des 2. Jahrhunderts," in *Neutestamentliche Entwürfe* (TBü 63; Munich: Kaiser, 1979) 26-123.

3311 Porter, "Romans 13:1-7"; Achtemeier, *Romans*, 205; Leenhardt, 323-25; Stuart; J. Hering, " 'Serviteurs de Dieu' : Contribution a L' exégèse pratique de Romains 13:3-4," *RHPR* 30 (1950) 31-40.

3312 Osborne; Moo; Schreiner; Ridderbos, *Paul*, 322; Stein, "The Argument", 334.

로 로마서 13:1–7절은 성도와 국가와의 관계를 총체적으로 다루고 있지 않다.[3313] 따라서 이 구절만을 바탕으로 이 주제를 다루는 것은 한쪽으로 치우치는 결론에 이르기 쉽다. 이 주제는 신구약 전체의 균형잡힌 연구를 바탕으로 한 분별있는 통찰과 이해를 요구한다.[3314]

(5) 사랑을 통한 율법의 완성(롬13:8–10)

로마서 12:9–21절에서 사랑의 주제를 가르치고 난 후 로마서 13:1–7절에서 성도가 권세자들에게 복종해야 될 것을 권면한 뒤 바울은 로마서 13:8–10절에서 다시 사랑의 주제를 가르치고 있다. 7절과 8절은 빚이라는 주제를 공유하고 있다. 이로써 1–7절은 성도가 관원에게 복종의 빚을 지고 있는 것을, 8–10절은 성도가 이웃에게 사랑의 빚진 자라는 주제를 중심으로 연결되어 있다. 다른 한편 이는 14:1–15:13절에서 다루게 될 로마교회 내의 유대인 성도와 이방인 성도간의 화목에 대한 권면을 준비하는 것으로 볼 수 있다.[3315] 이는 8–10절에 포함된 율법의 모티프를 통해서 분명히 알 수 있다. 로마서 14:1–15:13절도 안식일법과 음식법 등 모세의 율법에 관한 논쟁을 다루고 있다. 유대인 성도와 이방인 성도간의 논쟁을 다루는데 있어서 바울은 사랑이라는 해독제를 사용한다. 즉 사랑은 모든 율법의 완성이라는 것이다(8, 10절). 로마서 전체에서 사랑은 중요한 주제 중 하나다: 하나님의 그 백성을 사랑하심(5:5, 8; 8:35, 37, 39; 9:13, 25); 성령의 사랑(15:30); 성도의 하나님에 대한 사랑(8:28); 이웃 사랑(12:9; 13:8–10; 14:15)이 그것이다.[3316] 로마서 13:8–10절은 사랑은 율법의 완성이라는 측면을 조명한다. 로마서 3:31절에서 바울은 우리가 율법을 굳게 세운다고 말씀했다. 이는 율법을 문자적으로 지킴으로써가 아니라 사랑을 통해서라는 것을 알 수 있다. 9절에

3313 Stefan Krauter, "Auf dem Weg zu einer theologischen Wurdigung von Rom 13,1-7." *Zeitschrift für Theologie und Kirche* 109/3 (2012) 287-306.

3314 Stuhlmacher, *Romans*, 204.

3315 Fitzmyer; Moo; Räisänen.

3316 Fitzmyer, *Romans*, 677.

서 바울은 이웃 사랑의 원칙으로 십계명의 후반부의 조항 모두를 요약하고 있다. 율법은 사랑의 표현이다. 사랑이 없는 율법의 준수는 본질을 잃은 행위주의일 뿐이다. 이는 그리스도의 가르침에 바탕을 두고 있다.[3317] 로마서 12:9절에서도 바울은 사랑은 거짓이 없다는 점을 상기시키고 있다. 로마서 13:8–10절에서 바울은 사랑과 율법의 밀접한 상관관계를 교차대조법chiasm을 사용해서 강조하고 있다.[3318] 바울은 율법 폐기론을 주창한 것이 아니다. 오히려 그리스도를 통해서 율법이 완성되었고 성령의 인도함을 받는 그리스도인들에 의해서 율법이 사랑을 통해서 성취되고 있다는 것을 보여주고 있다.

로마서 13:8절은 접속사 없이 시작하며 주제의 전환을 암시한다: "피차 사랑의 빚 외에는 아무에게든지 아무 빚도 지지 말라 남을 사랑하는 자는 율법을 다 이루었느니라". 8a의 이중 부정 "메이데니 메이덴"은 명령을 강조한다. 따라서 오페일레테빚지다는 직설법이 아니라 명령형으로 보아야 한다.[3319] "에이 메이"는 (i)"오직", 또는 "그러나"[3320] 혹은 (ii)"…외에는"으로[3321] 번역할 수 있다. 전자를 채택할 경우 8a는 "아무에게도 아무 빚도 지지 말라. 그러나 너희는 서로 사랑해야 한다"라고 번역된다. 이 번역은 그 후반부 문장에 "…해야 한다"ought의 동사를 삽입하고 있다. 그리고 에이 메이 다음에 정관사 토the가 있기 때문에 타당성이 없다.[3322] 따라서 후자를 택하면 8a의 번역은 "피차 사랑의 빚 외에는 아무에게든지 아무 빚도 지지 말라"가 된다. 이 번역은 헬라어 문법상 8a의 충실한 번역이다. 그리고 이웃을 사랑하는 것은 갚아야 할 빚처럼 성도가 항상 당연히 실천해야 할 덕목이다. 알레이루스서로서로는 성도 서로간에 사랑해야 된다는 것을 나타낸다. 그러나 8b의 "남"

3317 마22:34-40; 막12:28-34; 누가10:25-28; 요한13:34-35; Dunn, "Paul' s Knowledge," 202; Thompson, *Clothed with Christ*, 121-40; Allison, "Paul' s Knowledge," 16-17.

3318 Moo, Romans, 811; A. L. Bencze, "An Analysis of 'Romans XIII.8-10'," *NTS* 20 (1974) 90-92; Dunn; Schmithals.

3319 Morris; Dunn.

3320 마12:4; 고전7:17; Murray; Barrett; Käsemann; Michel; Schlatter; F. Hauck, *TDNT*, 5:564; Stott.

3321 NRSV; NIV; 롬7:7; 9:29; 11:15; 13:1; 고전1:14; 2:2, 11; 7:17; 8:4; 10:13; 12:3; 14:5; 15:2; 고후2:2; 12:5, 13; 갈1:19; 6:14; 엡4:9; 빌4:15; 딤전5:19; Moo, *Romans*, 812-13; Cranfield; Dunn; S-H; Sanday and Headlam; Schreiner.

3322 Cranfield, *Romans*, 674.

톤 헤테론은 우리가 상대하는 일반적인 사람을 가리킨다고 볼 수 있다. 그리고 로마서 12:14-21절에서 바울은 우리를 핍박하는 자들도 사랑할 것을 가르치고 있다. 이 점에서 성도의 사랑은 불신자까지도 사랑하는 사랑이라고 할 수 있다.[3323] 막센은 8b의 헤테론이 "법"노몬을 수식한다고 보고 "다른 법"은 로마법이 아닌 모세의 율법을 가리킨다고 주석한다.[3324] 그러나 본문에서 로마법을 가리키는 말은 존재하지 않는다. 그리고 로마서 13:8절과 제일 가까운 구절(롬10:5절)에서 노모스는 모세의 율법을 가리키고 있다. 뿐만 아니라 8절에서 동사 "사랑하다"아가포운가 본문의 문맥에서 목적어 없이 사용되고 있다고 보기 어렵다. 그러므로 톤 헤테론은 다른 사람 곧 9절이 말씀하는 "너희 이웃"을 가리킨다고 보아야 한다. 8b의 톤 헤테론에서 정관사 톤은 이 이웃은 아무 이웃이[3325] 아니라 하나님께서 우리에게 이웃으로 주신 특정한 이웃임을 가리킨다.[3326]

8b(남을 사랑하는 자는 율법을 다 이루었느니라)에서 노몬법은 그리스도의 법(갈6:2) 혹은 "원칙"이[3327] 아니라 모세 오경을 가리킨다고 볼 수 있다.[3328] 그리고 완성하다의 과거완료형 페플레이로우켄은 (i)논리적 과거완료로[3329] 보면 다른 사람을 사랑하는 사람은 현재 율법을 완성하고 있다라는 의미가 되고; (ii)상태의 과거완료로[3330] 보면 다른 사람을 사랑하는 사람은 현재 율법을 완성한 상태에 있다는 의미가 된다. (iii)완료의 의미로[3331] 보면 다른 사람을 사랑하는 자는 이미 율법을 완성한 것이다는 의미가 되고, (iv)종말적 완성으로 보면[3332] 다른 사람을 사랑하는 사람은 율법을 종말적으로 완성한 것이다는 의미를 가진다. 이 네가지 해석 중 어느 것이 옳다기

3323 Dunn; Schreiner; Murray; Cranfield; Fitzmyer; Moo.
3324 W. Marxsen, "Der ἕτερος νόμος Röm. 13,8," *TZ* 11 (1955) 230-37; Leenhardt, *Romans*, 337; Zahn; O. Merk, *Handeln aus Glauben* (Marburger Theologische Studien 5. Marburg, 1968) 165.
3325 Barrett.
3326 고전6:1; 10:24, 29; 14:17; 갈6:4; Morris; Moo; Michel; Dunn; Cranfield.
3327 Sanday and Headlam.
3328 Dunn; Schreiner. Fitzmyer; Käsemann.
3329 Käsemann; Michel; Robertson.
3330 Moo, *Romans*, 814.
3331 Sanday and Headlam; Morris.
3332 Osborne; Cranfield.

보다 페플레이로우켄은 위 네 가지 뉘앙스를 다 포함하고 있다고 볼 수 있다. 그러나 바울이 이 동사의 현재형을 사용하지 않은 것은 율법의 완성의 현재진행성보다 그 성취의 의미를 나타내기 위해서라고 볼 수 있다. 그러면 이 구절의 의미는 무엇인가. (i)바울은 율법에 있어서 핵심은 사랑이라는 점을 말씀하고 있다. 다시 말해 사랑은 율법을 지키는 데 있어서 기본 원칙이라는 것이다.[3333] 그러나 이 해석은 "다 이루었다"는 과거완료의 의미를 반영하지 않고 있다.[3334] (ii)"다 이루었다"페플레이로우켄는 종말적 완성에 해당하는 율법의 완전한 성취를 의미한다. 즉 다른 사람을 사랑하는 사람은 모든 율법을 다 이룬 것으로 간주된다는 것이다. 따라서 이들은 다른 법을 지켜야 될 부담을 가지지 않아도 된다는 것이다.[3335] 그러나 우리가 다른 사람을 항상 완전히 사랑할 수 없다는 것은 종말적 율법의 요구를 다 이룰 수 없다는 것을 말한다. 따라서 사랑이 율법을 대체할 수는 없다. 무는 여기서 우리가 완전한 사랑을 할 수 없는 한 우리를 꾸짖고 인도할 율법이 필요하다고 주석한다.[3336] 그러나 이 해석은 성령을 통해 하나님의 사랑을 받은 성도가 믿음 안에서 모든 율법의 요구를 이룬 것으로 간주되었다는 사실을 간과하고 있다. 즉 바울은 성도의 특징은 이웃을 사랑하고 있는 자라는 것을 전제하고 있다(롬12:9-21). 이 점에서 볼 때 페플레이로우켄이 가지는 완료의 의미를 약화하는 해석은 8절에서 바울이 전달하는 메세지를 왜곡하는 것이다. 따라서 사랑하는 자는 율법을 다 이룬 것이다는 것은 믿는 성도들의 종말적 도덕적 완성의 상태를 묘사하는 표현이라고 할 수 있다. 성도들의 특징은 서로 사랑하는 것이다(롬12:9-10). 사랑은 율법을 이루는 동력이다.[3337] 또 율법을 이루며 사는 것은 사랑의 결과다. 그러나 율법의 내용이 사랑으로 대표되고 사랑이 율법과 동일한 것은 아니다. 사랑은 율법의 목적이요 그 바탕이라고 할 수 있다. 따라서 모든 계명은 네 이웃을 네 몸과 같이 사랑하라는 말씀

3333 Murray; Dunn Ridderbos, *Paul*, 280-81.
3334 Moo, *Romans*, 814.
3335 Nygren; Schmithal; Fitzmyer.
3336 Moo, *Romans*, 815.
3337 Murray, *Romans*, II, 161.

가운데 다 들어 있는 것이다(9절).

로마서 13:9절의 토the는 인용부호와 같은 기능을 한다: "간음하지 말라 살인하지 말라 도적질하지 말라 탐내지 말라 한 것과 그 외에 다른 계명이 있을지라도 네 이웃을 네 자신과 같이 사랑하라 하신 그 말씀 가운데 다 들었느니라".[3338] "토" 뒤의 접속사 갈왜냐하면은 9절이 8절을 설명하고 있는 것을 나타낸다. 즉 남을 사랑하는 자는 율법을 다 이룬 것과 같은데 그 이유는 모든 계명은 네 이웃을 네 자신과 같이 사랑하라 하신 말씀 가운데 다 들어 있기 때문이다. 9절에서 바울은 십계명 중 제 6, 5, 7, 9, 10 계명을 열거하고 있다. 그 언어는 출애굽기 20:13-17절과 신명기 5:17-21절의 칠십인역과 일치한다. 그러나 이 계명들의 순서는 히브리성경이나 출애굽기의 칠십인역과 일치하지 않고 신명기 5:17-18절의 칠십인역 B(바티칸) 사본과 일치한다. 계명들의 이 순서는 누가복음 18:30; 야고보서 2:11절; 파일로의 십계명 Decalogue 24; 36; 51; 121-37; 167-71 등과 일치한다. 따라서 계명들의 이 순서는 유대인들의 디아스포라에서 일반적으로 쓰이던 순서였던 것 같다.[3339] "그 외의 다른 계명"은 로마법이나[3340] 자연법이 아니라 사람들의 관계를 규율하는 다른 모든 유대법 즉 음식법 안식일법 등을 가리킨다. 그리고 여기서 "말씀"로고스은 계명을 가리킨다(출24:28; 신10:4).[3341] 9절 후반부에서 바울이 인용하는 구절 "네 이웃을 네 몸과 같이 사랑하라"(레19:18)는 레위기 19:18절과 신6:5절을 합성해 인용하신 예수님의 가르침에 바탕을 두고 있다고 할 수 있다(마24:34-40; 눅10:25-37).[3342] "네 이웃"은 앞서 말한대로 성도와 불신자를 함께 가리키고 있다.[3343] "네 몸과 같이"호우스 세아우톤는 자기 자신을 사랑하는 것을 정당화하는 것이 아니라 사람이 자기 자신을 사랑하

3338 Morris, *Romans*, 468.

3339 Dunn.

3340 Fitzmyer, *Romans*, 679.

3341 Philo, Heir 168; Josephus, *Ant*. 3.138; Moo, *Romans*, 815.

3342 Moo, *Romans*, 815-16; Dunn.

3343 히브리어 레이아 (이스라엘 동족)는 광의의 의미로 사용되기도 한다. 레19:34; *T. Zeb*. 5:1; *T. Asher* 5:7; *T. Naph*. 5:2; K. Berger, *Die Gesetzesauslegung Jesu: Ihr historischer Hintergrund im Judentum und im Alten Testament* (WMANT 40. Neukirchen-Vluyn: Neukirchener-Verlag, 1972) 99-136; Moo, *Romans*, 816.

는 본성을 비유로 이웃도 이와 같이 사랑해야 되는 것을 나타내는 표현이다.[3344] 동사 아나케팔라이오오우는 칠십인역에는 나오지 않고 신약에 유일한 다른 한 곳 에베소서 1:10절에도 사용되고 있다. 이 단어는 책이나 연설의 결론 혹은 요약을 가리킨다.[3345] 그러면 모든 계명이 이웃을 사랑하라는 말씀으로 요약된다는 것은 무엇을 말하는가. 이는 구약의 모든 율법이 사랑의 계명으로 축소된 것을 의미하는가.[3346] 아니면 구약의 계명이 도덕법으로써 신약시대에도 계속 구속하고 있다는 것을 말하는가.[3347] 이미 바울이 로마서 6-8장에서 가르친 것처럼 예수와 연합한 성도는 더 이상 율법 아래 살지 않는다(6:14, 15; 7:4; 8:4). 그대신 영의 새로운 것에 종노릇하게 되었다(롬 7:6). 이는 하나님의 선하시고 기뻐하시고 온전하신 뜻에 따라 사는 삶이다(롬12:1-2). 이는 성령에 인도되어 사랑으로 나타나는 삶이며 도덕법과 대치되지 않는다. 도덕법은 사랑의 계명을 구체적으로 풀어놓은 것이며 이 점에서 양자는 서로 분리될 수 없는 관계에 있다. 따라서 이웃 사랑이 율법을 대체했다고 하는 것은 우리가 율법을 더욱 굳게 세운다는 가르침과 모순된다(롬3:31; 7:14). 반면에 우리가 도덕법이나 의식법에 매여 이를 지키는 것에 가치를 둔다면 우리는 그 목적(사랑)을 상실한 채 행위주의의 껍질만 쓰게 될 것이다. 성도는 이웃을 사랑해야 한다. 이것은 도덕법을 지키기 위함이 아니고 성령을 통해 하나님의 사랑을 입은 자로써 율법을 온전히 지킬 능력을 부여받았기 때문이다. 그리고 이웃 사랑의 결과는 모든 율법을 다 이루는 것으로 간주되는 종말적 축복이다.

로마서 13:10절은 8-9절의 요약이다: "사랑은 이웃에게 악을 행치 아니하나니 그러므로 사랑은 율법의 완성이니라". 여기서 "사랑은 이웃에게 악을

3344 Cranfield, *Romans*, 677; Schreiner; Moo.

3345 H. Schlier, *TDNT*, 3: 681-82.

3346 H. D. Betz, "Das Problem der Grundlagen der paulinischen Ethik (Röm 12,1-2)." *Zeitschrift für Theologie und Kirche* 85 (1988) 199-218; Westerholm; Deidun; Moo, *Romans*, 816-17; Räisänen; A. Lindemann, "Die biblischen Toragebote und die paulinische Ethik," in *Studien zum Text und zur Ethik des Neuen Testaments. Festschrift zum 80. Geburtstag von Heinrich Greeven* (ed. W. Schrage; Berlin: de Bruyter, 1986) 262-63.

3347 Thompson, *Clothed with Christ*, 125; Schreiner, *The Law and Its Fulfillment*, 149-50; Stuhlmacher, *Romans*, 210-11; Thielmann, *From Plight to Solution*, 89-90; B. L. Martin, *Christ and the Law in Paul* (NovTSupp 62. Leiden: Brill, 1989) 151; Schrage, *Die konkreten Einzelgebote*, 255-56.

행치 아니하나니"는 사랑을 부정문으로써 정의하고 있다. 이는 9절에서 언급된 계명들이 부정문의 형태를 가지고 있고 이를 받고 있기 때문이다.[3348] 즉 사랑은 간음, 살인, 도적질, 탐내는 것 등과 같은 악을 행하지 않는 것이다. 10b의 "그러므로 사랑은 율법의 완성이다"에서 노무법는 하나님의 법과 로마법을 동시에 가리키고[3349] 있지 않고 모세의 율법을 가리킨다. 명사 플레이로우마는 완성, 성취를 의미한다. 무는 플레이로우마가 동사적 의미인 "완성하는"fulfilling을 의미한다고 생각한다.[3350] 이는 이 명사의 의미가 8절의 동사 플레이로오우의 의미의 관점에서 규정되어야 하기 때문이라는 것이다. 그러나 우리가 8절에서 본대로 과거완료형 페플레이로우켄은 완성의 의미를 내포한다. 그리고 10절의 이와 동족어 플레이로우마도 마찬가지로 완성의 의미를 내포한다. 플레이로우마는 종종 신약에서 충만fullness을 의미한다(요1:16; 롬15:29; 고전10:26; 갈4:4; 엡1:10; 3:19; 4:13; 골1:19; 2:9).[3351] 따라서 사랑하는 것은 율법을 충만히/완전히 이루는 것이다. 배렛은 사랑은 율법을 완성하는 것이 아니라 율법을 행하는 것이다라고 해석한다.[3352] 그러나 사랑의 이 협의적 정의는 유대주의적 관점에서의 정의이며 바울이 설명하는 광의적 사랑의 개념을 반영하지 않고 있다. 사랑은 율법을 지키는 동력이며 그것을 완성하는 바탕이지 율법을 행하는 것 자체와 같은 것은 아니다. 그렇지 않으면 율법을 가지지 않은 이방인들은 사랑할 방법도 없다는 의미가 되기 때문이다(고전9:21). 바울은 율법적 관점이 아니라 사랑의 관점에서 법의 성취를 가르치고 있다. 이를 그는 그리스도의 법을 성취하는 것이라고 서술하기도 한다(갈6:2). 그리스도는 율법의 완성이시기 때문에 그리스도를 믿음으로 의롭다하심을 입은 성도들은 그 영을 좇아 행하는데 이들에게는 율법의 요구가 이루어진 것으로 간주된다(롬8:4).

3348 Cranfield, *Romans*, 678.
3349 Leenhardt.
3350 RSV; Moo, *Romans*, 817; Cranfield; Wilckens; S-H; Dunn.
3351 Murray, *Romans*, II, 164.
3352 Barrett, *Romans*, 231; Dunn.

(6) 종말론적 도덕률(롬13:11-14)

로마서 13:11절의 카이 투토는 강조의 표현으로써 성도가 왜 이웃을 사랑해야 하는가를 설명한다. 즉 종말의 구원의 때가 가까이 왔기 때문이다. 이 점에서 로마서 13:11-14절은 로마서 12:1-13:10절에서 권면한 성도의 이웃 사랑의 종말적 긴급성을 묘사하고 있다. 우리는 정욕을 위해서 육신의 일을 도모하지 말아야 한다(롬13:14). 이는 마음을 새롭게 함으로 변화를 받아 하나님의 뜻대로 사는 삶과 병렬된다(롬12:1-2). 이 점에서 로마서 12-13장은 육적인 삶의 스타일을 지양하고 영적인 삶을 살아야 한다는 주제의 관점에서 봉합형의 구조inclusio를 가지고 있다.[3353] 로마서 13:11-14절은 예수님의 재림의 임박함을 강조하기 위해서 세 가지 대조자다/깨다; 밤/낮; 어두움/빛, 부정적 은유어두움의 일을 벗다와 긍정적 은유빛의 갑옷을 입자, 여섯가지 악방탕, 술취함, 음란, 호색, 쟁투, 시기을 열거한다. 이 내용은 종말론을 가르치는 데살로니가전서 5:1-10의 내용과 공통되며 에베소서 5:14절의 가르침의 내용과 비슷하다. 어떤 학자들은 이 공통된 내용은 초대교회의 세례의식으로부터 기원한 것이며 이에 따라 로마서 13:11-14절도 예배중의 설교의 일부일 것이라고 추측한다.[3354] 이는 신빙성 있는 해석이지만 그 확실한 근거는 없다.

로마서 13:11절은 접속사 카이그리고로 시작하며 그 앞절 내용의 귀결을 도입한다: "또한 너희가 이 시기를 알거니와 자다가 깰 때가 벌써 되었으니 이는 이제 우리의 구원이 처음 믿을 때보다 가까왔음이니라". 카이 투토그리고 이것는 숙어로써 "이외에"[3355] 혹은 "이 모든 것에 있어서"로[3356] 번역할 수 있다. 만일 동사가 생략된 것으로 보아 "하다"를 삽입한다면 "그리고 현시대를 앎으로 이를 하라"라고 번역할 수 있다.[3357] 그러나 여기에 동사를 삽입하는 것은 불필요하다.[3358] 카이 투토는 10절의 말씀을 더 고조시키는 환경을 도

3353 Moo; Leenhardt; Wilckens; Thompson.
3354 Schlatter; Schmithals; Stuhlmacher; Wilckens.
3355 NRSV; RSV; NJB; Murray; Cranfield.
3356 NEB; Dunn.
3357 NIV.
3358 Sanday and Headlam, *Romans*, 378.

입하는 기능을 하고 있다.[3359] "이것"투토은 8-10절을 받지만 넓게는 로마서 12:1-13:10절 전체에 걸린다고 할 수 있다.[3360] 그리고 바울은 이웃 사랑의 윤리를 따라 사는 삶의 당위성을 임박한 종말의 문맥에서 제시한다. 분사 에이도테스알다는 인과적 용법으로써 영적 삶을 살아야 되는 근거를 제시한다. 명사 카이로스정한 때는[3361] 크로노스연대기적 시간와 구분된다.[3362] 바는 카이로스의 개념에 신학적 개념을 주입하는 것을 엄중히 경고한다.[3363] 그러나 본문의 문맥에서 볼 때 카이로스는 종말적으로 정해진 때를 가리키는 것으로 볼 수 있다(막13:33; 눅21:8; 벧전1:5; 계11:18).[3364] 접속사 호티that는 이 종말적 시간을 더 상세히 설명한다. 즉 그것은 "자다가 깰 때"이다. 여기서 "때"호우라는 짧은 시간을 의미한다(고전4:11; 15:30; 고후7:8; 갈2:5). 그리고 11절에서도 이 평범한 의미를 가진다고 볼 수도 있다.[3365] 그러나 본문의 문맥에서 "호우라"는 "종말적 때"를 의미한다.[3366] 명사 후프노스잠는 영적 나태를 의미하는 은유법이다(엡5:14; 살전5:6-8). 영적 게으름을 의미하는 동사로는 카쎄우도우가 있는데 이 동사의 명사형은 신약에 사용된 적이 없다. 따라서 우리는 후프노스는 카쎄우도우의 명사형에 상응하는 의미를 가진다고 볼 수 있다.[3367] 그 의미는 12:1-2절과 연관되어 있다. 즉 이제 마음을 새롭게 함으로 변화를 받아 하나님의 기뻐하시는 뜻이 무엇인지 분별하는 것이다. 그리고 이웃을 사랑하는 것이다. 그것은 도덕적 차원에서 선을 행하며 악을 떠나는 것을 동반한다(12-14절).

3359 Cranfield; Morris.

3360 Barrett; Crafield; Moo; Schreiner; Stuhlmacher.

3361 마26:18; 누가19:44; 요한7:6, 8; 행17:26; 롬5:6; 9:9; 고후6:2; 갈6:9, 10; 살후2:6; 딤전2:6; 6:15; 딛1:3; 벧전5:6; Murray, *Romans*, II, 166.

3362 J. A. T. Robinson, *In the End God* (London, 1950); J. Marsh, *The Fulness of Time* (London, 1952).

3363 J. Barr, *The Semantics of Biblical Language* (Oxford, 1961); idem, *Biblical Words for Time* (London, 1962).

3364 Schreiner.

3365 Cranfield.

3366 요한4:23; 5:25; 12:34; 요일2:18; 계3:3, 10; 단8:17, 19; 11:35, 40; Dunn; Schreiner; Barrett; A. Vögtle, "Röm 13,11-14 und die 'Nah' -Erwartung." In *Rechtfertigung: Festschrift für Ernst Käsemann zum 70. Geburtstag* (Edited by J. Friedrich, W. Pöhlmann, and P. Stuhlmacher. Tübingen: Mohr/Göttingen: Vandenhoeck & Ruprecht, 1976) 557-73.

3367 Moo, *Romans*, 820; E. Lövestam, *Spiritual Wakefulness in the New Testament* (LUÅ 55.3; Lund: Gleerup, 1963) 25-27.

바울은 그 이유를 갈왜냐하면 이하에 설명하고 있다. "이는 이제 우리의 구원이 처음 믿을 때보다 가까왔"기 때문이다. 여기서 대명사 "우리의"헤이모운가 엥구스가까이를 수식한다고 보면[3368] 번역은 "구원이 우리가 처음 믿을 때보다 우리에게 더욱 가까이 있다"가 되고, "구원"을 수식한다고 보면[3369] 번역은 "이제 우리의 구원이 우리가 처음 믿을 때보다 더 가까이 왔다"가 된다. 무는 신약에서 종말적 가르침의 문맥에서 엥구스near는 목적 소유격을 동반하지 않는다고 말한다. 그러나 그 실질적 예는 존재하지 않는다.[3370] 그리고 여기서 구원은 개인의 경험에 존재하는 구원이 아니라 종말적 구원으로 보아야 하는 관점에서 우리는 전자를 보다 타당한 해석이라고 할 수 있다. 여기서 구원은 개인이 죽었을 때나 혹은 마지막 심판 때 얻게 되는 구원이라고 볼 수도 있다.[3371] 그러나 이 구원은 예수님의 재림과 함께 실현될 구속사적 구원이라고 보는 것이 본문의 종말적 가르침의 문맥에 더 맞다. 동사 믿는다의 과거형 에피스테우사멘은 진입적 과거ingressive aorist로써 처음 믿기 시작하다는 뜻을 내포한다.[3372] 우리가 처음 믿기 시작할 때보다 구원이 우리에게 가까이 와 있다는 것은 우리가 처음 믿기 시작할 때보다 지금 현재로부터 재림이 더 가까와졌다라고 볼 수도 있다.[3373] 그러나 이는 캘린더적 시간의 거리를 가리키는 것이 아니라 예수님께서 언제든지 재림하실 수 있다는 종말론적 표현이다.[3374] 바울이 자기 생애 중에 예수님께서 재림하실 것으로 믿은 것은 우리도 우리 생애 중에 예수께서 재림하실 것을 믿는 것과 같다. 바울은 이미 이루진 종말의 문맥에서 임박한 재림을 언급하는 것이지 예언적 관점에서 자신의 생애중 예수님께서 재림하실 것이라고 말씀하는 것이 아니다.[3375] 성도는 임박한 예수님의 재림을 기다리며 영적으로 육적인

3368 NRSV; REB; NASB; Wilckens; Cranfield; Schreiner; Barrett; Morris; Lagrange.
3369 KJV; NIV; TEV; Michel; Dunn; Moo.
3370 Schreiner, *Romans*, 697.
3371 Hodge; Lenski; Haldane; Stuart.
3372 NIV; NRSV; REB; Moo; Cranfield; Dunn; Schreiner; Moule, *An Idiom-Book*, 10-11.
3373 Barrett.
3374 J. A. Baird, "Pauline Eschatology in Hermeneutical Perspective," *NTS* 17 (1970-71) 314-27; A. L. Moore, *The Parousia in the New Testament* (NovTSup 13; Leiden: Brill, 1966); I. H. Marshall, "Is Apocalyptic the Mother of Christian Theology?" in *Tradition and Interpretation in the New Testament*, 32-42.

삶을 지양하고 영적인 삶을 사는데 힘을 써야 하는 것이다.

로마서 13:12절은 11절 내용을 전개한다: "밤이 깊고 낮이 가까왔으니 그러므로 우리가 어두움의 일을 벗고 빛의 갑옷을 입자". 이 절의 "밤이 깊고 낮이 가까왔으니"에서 밤은 어두움스코토스과 병렬되며 도덕적으로 악을 가리키고(시139:12; 사21:11-12; 요3:2; 9:4; 11:10; 13:30; 살전5:2, 5, 7), 낮은 빛포우스과 병렬되며 주의 날the Day of the Lord을 가리키는 은유metaphos이다. 성경에는 밤과 낮 혹은 어두움과 빛의 은유적 대조법이 자주 사용된다.[3376] 동사 프로콥토우는 "쇠를 망치로 늘이다"를 의미하며[3377] 신약에서 "진전하다"를 뜻한다(갈1:14; 딤후2:16; 3:9, 16). 12절에서 이 동사는 시간적으로 진전된 것을 의미하고 그 시제가 아오리스트과거인 것은 포괄적 단순과거constative aorist를 나타낸다. 엥기조우가까이 오다의 과거완료형 엥기켄은 낮이 성도에게 거의 와 있는 상태를 나타낸다. 이는 바울의 이루어진 종말론 즉 종말이 아직 완전히 성취되어 있지 않지만 이미 성취되기 시작했음을 가리킨다. 접속사 운그러므로은 12a를 바탕으로 권면의 문장(12b)을 도입한다: "우리가 어두움의 일을 벗고 빛의 갑옷을 입자". 여기서 벗다아포티쎄이미와 입다엔두오우는 대조법이며 동시에 은유적 표현이다(엡4:22, 25; 골3:8, 12). 어떤 학자들은 벗다/입다의 대조법은 초대교회의 세례의식에서 행하는 옷을 갈아입는 의식과 관계된 개념이라고 본다.[3378] 그러나 이 의식은 그렇게 고대의 의식이 아니었다.[3379] 어두움의 일을 벗는다는 것은 옛성품을 벗는다는[3380] 의미가 아니라 13-14절에서 열거한 것과 같은 모든 악에서 떠나는 것을 말한다. 어두움스코토스은 현재의 악한 시대를 가리키고, 낮헤이메라은 종말적 주의 날을 가리킨다.[3381] 바울이 이 두 동사의 아오리스트과거를 사용한 것은 어두움의

3375 Moo; *contra* Murray.

3376 시43:3; 사2:5; 9:2; 42:6; 60:1이하; 누가16:8; 요한1:4이하; 3:19; 8:12; 행26:18; 고후6:14; 엡5:8; 딤전5:4; Cranfield, *Romans*, 682.

3377 Morris, *Romans*, 471.

3378 Michel; Black.

3379 Dunn; Moo.

3380 Osborne.

3381 사13:6, 9; 겔13:5; 30:3; 엘1:15; 2:1, 11, 31; 3:14; 아5:18, 20; 오1:15; 스1:7, 14; 슥14:1; 말4:5; 마24:42-44; 행2:20; 고전5:5; 고후1:14; 살전5:2; 살후2:2; 벧후3:10; Schreiner, *Romans*, 698; Moo.

일을 단번에 벗어 버리고 빛의 갑옷을 단번에 입는 것을[3382] 말씀하는 것이 아니다. 로마에 있는 성도들은 이미 회심 때 이 경험을 했었다. 그리고 회심한 성도에게 필요한 것은 매일 악에서 떠나 선을 행하는 삶을 사는 것이다. 따라서 바울이 여기서 사용하는 일인칭 복수 아오리스트 가정법은 명령형이 아니라 청유형이다.[3383] 바울은 어두움의 일을 벗고 빛의 일을 입자라고 표현하지 않고 빛의 갑옷을 입자라고 표현한다. 갑옷호플라은 도구(6:13) 혹은 무기를 가리킨다. 12절에서 이 명사는 무기를 의미한다. 이는 공격용 무기와 방어용 무기를 다 포함한다(고후6:7; 엡6:14-17; 살전5:8).[3384] 우리가 빛의 무기를 입어야 하는 이유는 영적 전투를 승리하기 위해서다. 이는 14절의 우리가 주 예수 그리스도로 옷 입는다는 말씀과 병렬된다. 그리고 로마서 12:1-2절과 연결된다. 즉 이미 중생한 성도는 마음을 새롭게 함으로 변화를 받아 하나님의 기뻐하시는 뜻대로 살아야 한다. 이것이 바로 영적 싸움에서 승리하는 삶의 스타일이다.

로마서 13:13절은 12절에 이어서 계속 권면의 말씀을 한다: "낮에와 같이 단정히 행하고 방탕과 술 취하지 말며 음란과 호색하지 말며 쟁투와 시기하지 말고". 호우스 엔 헤이메라as in the day는 (i)문자적으로 낮의 시간 혹은 (ii) 은유적으로 종말인 주의 날을 가리킨다고 할 수 있다. 12절의 "낮"헤이메라의 종말적 의미가 13절에 연결된다고 보면[3385] 바울은 여기서 우리가 주의 새 시대에 살기 때문에 단정히 행하자고 말씀한다고 볼 수 있다. 부사 에우스케이모노우스는 문자적으로 "(외모가) 보기 좋은"을 의미한다. 13절에서 이 단어는 행위가 "단정한", "적절한", "품위있는"을 의미한다(고전14:40; 살전4:12).[3386] 동사 걷다페리파테이소우멘의 아오리스트과거 시제는 일인칭 복수와 함께 청유의 의미를 나타낸다. 걷는다는 것은 "행하다"를 의미하는 은유이다.[3387] 그리고 이 후에 오는 악의 리스트는 부사 "단정히"를 수식한다. 악의

3382 Lenski; Morris.

3383 Moo, *Romans*, 823; Fanning, *Verbal Aspect*, 362-63; *contra* Morris.

3384 Cranfield, *Romans*, 686; Osborne; Barrett.

3385 Osborne; Cranfield; Käsemann; Dunn; Schlier; Wilckens.

3386 Dunn, *Romans*, 789.

3387 롬6:4; 8:4; 14:15; 고전3:3; 7:17; 고후4:2; 5:7; 10:2, 3; 12:18; 갈5:16; 엡2:2, 10; 4:1, 17; 5:2, 8, 15; 빌

리스트는 세 짝으로 열거된다: "방탕과 술취하지 말며 음란과 호색하지 말며 쟁투와 시기하지 말고". 코우모스방탕는 축연을 의미한다. 그 부정적 의미로는 도에 지난 향연을 가리킨다(갈5:21; 벧전4:3; 2 Macc.6:4; Wis.14:23) 그리고 이 명사는 여기서 술취함메쎄이과 함께 중언법hendiadys으로써 술취하여 흥청대기를 의미한다.[3388] 즉 한바탕 과도하게 술마셔대기를 말한다. 그러나 한바탕의 향연과 술취함을 분리해서 보면 향연은 술취함에 이르게 하는 상황임을 알 수 있다. 바울은 여기서 과도한 향연 뿐 아니라 술취함이 없는 단정한 삶을 권면하고 있다. 바울이 여기서 술을 절대적으로 금하고 있다고 말할 수는 없지만[3389] 술 취하는 것은 낮에와 같이 단정히 행하는 삶이 아닌 것은 분명하다.[3390] 명사 코이테이음란는 문자적으로 침대 혹은 부부의 침대를 가리킨다. 그 부정적 의미로써 성적 부정행위를 의미한다.[3391] 아셀게이아호색는 모든 종류의 꼴사나운 것을 가리킨다. 그 중에서도 특히 성적 부정함을 가리키는 단어다.[3392] 사람들이 술에 취해서 음란과 호색에 이르게 되는 것은 동서고금의 현상이다.[3393]

여기서 마지막 짝인 쟁투에리스와[3394] 시기제일로스는 공동체를 무너뜨리는 역할을 하는 악이다. 무는 이들은 어두움의 행위들에 속하지 않는다고 말한다.[3395] 그러나 쟁투와 시기는 바울이 여기서 권면하는 사랑하는 삶의 스타일과 반대되는 양태이므로 밤에 속한 삶이라고 할 수 있다. 제일로스는 "열심"이라는 긍정적 의미도 가진다(요2:17; 롬10:2; 고후7:7, 11; 9:2; 11:2; 빌3:6; 히10:27). 그러나 여기서는 시기 질투를 의미하는 부정적 의미로 쓰였다(고전3:3; 갈5:20; 약3:14, 16). 쟁투는 로마교회내에 유대인 그리스도인들

3:17, 18; 골1:10; 2:6; 3:7; 4:5; 살전2:12; 4:1, 12; 살후3:6, 11; 벧전4:3; 요일1:6.

3388 Dunn.

3389 Schreiner, *Romans*, 699.

3390 Chrysostom.

3391 Morris, *Romans*, 473.

3392 H. Bauernfeind, *TDNT*, 1:490; 막7:22; 고후12:21; 갈5:21; 엡4:9; 벧전4:3; 벧후2:2, 7, 18.

3393 Schreiner; Osborne; Cranfield; T. Judah 14.1-8.

3394 롬1:29; 고전1:11; 3:3; 고후12:20; 갈5:20; 빌1:15; 딤전6:4.

3395 Moo, *Romans*, 825.

3396 Dunn, *Romans*, 790.

3397 롬1:29-31; 고전5:10-11; 6:9-10; 고후12:20; 갈5:19-21; 엡4:31; 5:3-5; 골3:5, 8; 딤전1:9-10; 6:4-5; 딤후3:2-4; 딛3:3.

과 이방인 그리스도인들간의 분쟁을 가리키고 있을 수도 있다. 시기는 쟁투와 밀접히 연관된 요소로서 이 두 단어는 함께 중언법을 나타낸다고 볼 수도 있다(고전3:3; 갈5:19-21).[3396] 바울은 그의 서신에서 여러번 악의 리스트를 포함한다.[3397] 그리고 로마서 13:13절은 축소된 악의 리스트라고 할 수 있다. 바울이 성도들에게 술취함과 음란과 분쟁을 어두움의 일들로써 엄히 경고하는 것은 이미 중생한 성도들도 영적으로 깨어 있지 않으면 언제든지 이와같은 어두움의 삶의 스타일로 되돌아갈 수 있기 때문이다. 바울이 이 악들을 신자들에게 적용하며 언급하는 것을 바탕으로 중생한 신자도 이런 죄를 실수로 범할 수 있다는 것을 정당화하는 것은 옳은 해석이 아니다. 오히려 결과는 그 반대다. 중세 신학의 거두 어거스틴은 방탕한 생활을 청산하지 못한 채 살다가 밀라노에서 한 어린아이가 펴서 읽으라고 노래하는 것을 듣고 이에 두루마리 성경을 펴서 읽은 구절이 바로 로마서 13:13절이었다.[3398] 그는 성령의 감동으로 곧 회개하고 그리스도인이 되어 완전히 변화된 삶을 사는 경험을 하게 되었다.

로마서 13:14절의 접속사 알라그러나는 13절과 대조되는 내용을 도입한다: "오직 주 예수 그리스도로 옷 입고 정욕을 위하여 육신의 일을 도모하지 말라". 이 절은 두 개의 명령형을 포함한다. 첫째 명령은 주 예수 그리스도로 옷 입으라는 것이다. 동사 엔두오우옷입다는 죽지 않음을 입다(고전15:53); 의의 흉배를 붙이다(엡6:14) 등의 구절에도 사용된다. 칠십인역은 성령의 강림 혹은 성령의 능력을 입는 것을 표현할 때 이 동사를 사용한다(삿6:34; 대상12:18; 대하24:20; cf., 눅24:49). 여기서 그리스도로 옷입는다는 표현은 "터무니없는" 표현이[3399] 아니라 주전 일세기 문헌에도 발견되는 보통의 표현이다.[3400] 바울은 누구든지 그리스도와 합하여 세례를 받은 자는 그리스도로 옷입은 것이다고 말씀한다(갈3:27). 여기서 그리스도를 입었다는 것은 성령을 통해서 그리스도와 연합된 것을 가리킨다(롬6:1-3). 그런데 로마서

3398 Hultgren, *Romans*, 492; Augustine, Confession, 8.12.
3399 Gaugler.
3400 Halicarnassus, Dikonysius 11.5; LSJ, *TDNT*, 2:319.

13:14절에서 바울은 우리가 그리스도를 입을 것을 명령하고 있다. 제자도의 관점에서 크랜필드는 이는 우리가 예수님의 제자로써 살면서 그의 겸손의 본을 따라 빚어지도록 노력하는 것을 말한다고 주석한다.[3401] 무는 성화론의 관점에서 이는 우리의 말이나 행동에 있어서 예수님의 성품이 드러나게 해야된다는 뜻이라고 말한다.[3402] 이는 로마서 12:1-2절에서 말씀하는 "우리가 마음을 새롭게 하여 변화를 받는 것"과 같다. 나아가 예수님의 형상을 따라 변화를 받는 것을 말한다(롬8:29).[3403] 예수 그리스도로 옷입는 것이 순종의 개념이든지 성화적 개념이든지 관계없이 이는 8-10절이 말씀하는 사랑하는 삶의 개념에 포함된다고 볼 수 있다. 그리고 14b에서 그 의미가 분명해 진다. 즉 그것은 정욕을 위해 육신의 일을 도모하지 않고 로마서 8장의 가르침대로 성령의 소욕을 좇아 사는 삶을 가리킨다.

14b는 부정 명령형을 포함한다. 포이에오우 프로노이안준비하다, 제공하다은 숙어다.[3404] 여기서 우리는 이를 "빈틈을 허용하다"라고 번역할 수 있다. 즉 성도는 정욕대로 살기 원하는 육신의 소욕에 빈틈을 주지 말아야 한다. 쉬라이너는 여기서 삵스육는 옛사람 혹은 첫째 아담을 가리킨다고 해석한다.[3405] 그러나 중생한 우리에게 옛사람은 더 이상 존재하지 않는다. 무는 삵스는 영적인 삶을 떠나도록 하는 이 세상에서 삶의 원리라고 설명한다.[3406] 그러나 삵스는 우리 밖에 존재하는 원리가 아니라 우리가 육신의 몸을 가지고 있는 한 죽을 때까지 떠날 수 없는 존재 형태이다. 삵스는 여기서 영에 대조되는 개념으로써 이 세상의 정욕이 작용하는 우리 육을 가리킨다고 할 수 있다.[3407] 이 점에서 14절의 삵스flesh는 로마서 7:8절의 엔 에모이내속에서와 같은 뜻을 가진다. 즉 우리 육은 탐심이 스며드는 방과 같다. 따라서 우리는 탐심에 빠질 수 있는 육의 뜻을 이기고 성령의 소욕을 따라 걸어야 한다. 이 가

3401 Cranfield, *Romans*, 688.
3402 Moo, *Romans*, 826; Ridderbos, *Paul*, 223-24; Dunn.
3403 Thompson, *Clothed with Christ*, 151-52; Dunn.
3404 단6:19; Josephus, *Ag. Ap.* 1.2; Fitzmyer, *Romans*, 684.
3405 Schreiner, *Romans*, 700.
3406 Moo, *Romans*, 826; Murray; Michel.
3407 롬7:5; 8:5-8; 갈5:19-21; 6:8; 엡2:3; Murray, *Romans*, II, 170.

르침은 로마서 8:3-9절의 요약이라고 할 수 있다. 우리는 육의 생각을 품지 말아야 하고 영의 생각을 품어야 하며 육을 좇지 말고 영을 좇아 살아야 한다. 이는 단 번에 성취하는 항목이 아니라 우리가 매 순간 실천해야 될 그리스도인의 태도이다. 따라서 바울은 이를 14b에서 동사 포이에오우하다의 현재시제 중간태 명령형으로 표현하고 있다. 던은 신자들이 아직 육신에 거하기 때문에 육신에 따라 사는 것을 거부해야 된다고 주석한다. 그리고 여기서 포이에오우의 현재시제 명령은 무엇을 멈춘다는 의미를 내포한다고 말한다.[3408] 그러나 이 해석은 바울의 가르침을 잘 이해하지 못한 것을 나타낸다. 성도는 더이상 육신안에 살지 않고 얽매었던 것에 대해 죽은 사람들이다(롬7:5-6). 따라서 바울은 로마서 13:14절에서 우리가 육신의 정욕을 따라 살던 삶을 멈추라고 명령하는 것이 아니라 탐심에 굴복하려는 육의 성향에 계속해서 빈틈을 허용하지 않는 삶을 살 것을 명령하고 있는 것이다.

(7) 유대인성도와 이방인 성도가 하나될 것을 권면(롬14:1-15:13)

로마서 12:1-13:14절에서 사랑의 윤리를 강조한 다음 로마서 14:1-15:13절에서 바울은 로마 교회내의 "약한 자"톤 아스쎄눈타와 "강한 자"의 갈등을 다루며 성도가 서로 사랑하며 일체가 될 것을 권면한다. 이 가르침을 이해하는데 있어서 중심적 주제는 "약한 자"들과 "강한 자"들 각각의 기독교 윤리적 관점과 그들 구성원의 정체다. 이들의 특징은 첫째, 약한 자는 오직 채소만 먹는데 반해 강한 자는 고기를 포함한 모든 종류의 음식을 먹었다(14:2). 둘째, 약한 자는 어떤 특정한 날을 중히 여기는 반면 강한 자는 이에 얽매이지 않았다(14:5). 셋째, 강한 자는 포도주를 마시는 반면 약한 자는 포도주를 멀리 했다(14:17, 21). 그러면 여기서 약한 자는 유대인 성도들이었는가 아니면 이방인 성도들이었는가. 그들은 왜 고기와 포도주를 금했는가. 이 질문에 대한 해석은 다음과 같이 정리된다.[3409] (i)"약한 자"는 이교의 영향 아래 특정

3408 Dunn, *Romans*, 791.
3409 Moo, *Romans*, 828-29.

한 금식의 날에 고기를 금하는 이방인 그리스도인들이다.[3410] 만일 로마의 이방인 성도들이 초기 영지주의나 피타고라스 철학의 영향을 받았다면 고기를 먹지 않았을 가능성이 있다.[3411] 그러나 이런 세속적 철학의 가르침을 바탕으로 이방인 성도들이 이를 지키지 않던 유대인 성도들 즉 "강한 자"들과 교회내에서 갈등을 가졌을 것으로 보기는 힘들다. 바울이 세속적 철학의 가르침에 바탕을 둔 삶의 방식을 인정하고 유대인 성도들에게 이를 용납하며 고기와 포도주를 삼가라고 권면하고 있다고 보기 어렵다. 바울의 윤리의 가르침은 세속 철학이 아니라 성도의 칭의와 그리스도와의 연합에 대한 가르침에 바탕을 두고 있다; (ii)"약한 자"는 우리가 알 수 없는 어떤 이유 때문에 금욕적 삶을 살던 유대인 그리스도인들과 이방인 그리스도인들이다.[3412] 그러나 이 견해는 로마서 전체에 흐르는 유대인들과 이방인 택자의 구속사적 상관관계를 고려하지 않는 단점이 있다. 강한 자와 약한 자는 서로 다른 신앙의 실천방식을 가지고 있었고 이것 때문에 이들이 교회내에서 갈등하고 있었다는 것은 단순한 관습의 차이나 철학적 가르침 때문이 아니라 그보다 더 중요한 법규에 대한 해석의 차이 때문이었다고 할 수 있다. 그리고 그 가장 가능성있는 추론은 모세의 율법에 대한 다른 견해 때문이었다고 할 수 있다; (iii)"약한 자"는 하나님 앞에서 모세의 율법을 지켜 의롭다하심을 얻기 위하여 어떤 종교 관습을 지켰던 유대인 그리스도인들이다.[3413] 즉 약한 자들은 율법주의자였다는 것이다. 그러나 여기서 바울은 갈라디아교회의 율법주의자들을 통렬하게 정죄하는 것처럼 약한 자들의 신앙실천 방식을 정죄하지 않고 있다. 오히려 바울은 강한 자들에게 마음대로 고기를 먹고 포도주를 마셔서 약한 자들이 거리끼게 하는 것은 옳지 않다고 책망하고 있다. 따라서 약한 자들을 행위를 통해 구원을 추구하려 했던 율법주의자로 보는 것은 바른 해석이 아니다; (iv)"약한 자"는 경건함을 실천하고자 세속적 금욕주의 방

3410 Käsemann; Lagrange; M. Rauer, *Die 'Schwachen' in Korinth und Rom nach den Paulusbriefen* (Biblische Studien 21; Freiburg: Herder, 1923) 76-184.

3411 Irenaeus, AH 1.24.2; Eusebius, H.E. 4.29; J. Behm, *TDNT*, 2:690; Philostratus, *Vita Apollonii* 1:8.

3412 Murray, *Romans*, II, 172-74; Achtemeier, 215; Lenski, 812-13.

3413 Barrett.

식을 따르던 유대인 그리스도인들이었다.[3414] 이 견해는 (ii)의 견해와 비슷하나 약한 자를 유대인 성도로 한정하고 있고 그 원인을 세속적 금욕주의로 못박고 있다는 점이 다르다. 사실 세속적 금욕주의의 영향을 받아 이를 실천하던 유대인들이 있었다는 것에 대한 문헌적 증거는 있다.[3415] 그러나 이 견해 역시 율법을 자랑하고 율법을 율법주의적으로 지킴으로써 의롭다하심을 얻어려 한 유대인들을 책망하고 있는 로마서 전체에 나타난 바울의 가르침을 고려하지 않고 있다는 점에서 타당성이 없다. 바울이 세속적 금욕주의를 따라 고기를 금하고 특정한 날을 지키는 유대인 성도들을 두둔하면서 강한 자인 이방인 성도들도 고기를 먹는 것을 참으며 특정한 날을 지키라고 권면하고 있다고 보기는 힘들다; (v)"약한 자"는 고린도교회의 일부 성도들처럼 우상숭배에 쓰여진 부정한 고기를 시장에서 사다가 먹는 것은 잘못된 것이라고 믿었던 유대인 그리스도인들이다.[3416] 이 견해는 신빙성이 있는 견해이다. 그러나 이 견해가 비판받는 이유는 로마서 14장의 역사적 정황과 고린도전서 8-10장의 역사적 정황이 다르며 또 두 부분의 가르침 역시 많은 차이점을 포함하고 있다는 것이다. 그 예로 첫째, 로마서 14장에서 우리는 약한 자들이 고기를 금하는 이유가 우상숭배에 사용된 고기였기 때문이라는 증거를 발견할 수 없다. 둘째, 고린도전서 8-10장에는 고기와 포도주를 금하는 문제가 전혀 언급되어 있지 않다. 셋째, 고린도전서에는 "양심"이 성도의 행위의 중요한 지렛대로 언급되지만 로마서 14장에서는 양심의 문제가 전혀 언급되지 않고 있다(고전8:7, 10, 12; 10:25, 27-29). 넷째, 로마서 14장에서 바울은 두 구룹의 성도들이 서로를 용납하라고 권면하지만 고린도전서에서는 이런 권면을 하지 않고 있다. 다섯째, 로마서에서 갈등은 특정한 날을 지키는 문제를 포함하고 있는데 고린도전서에서의 갈등은 이 문제와는 무관하다. 여섯째, 고린도전서에서 바울은 이방신사에서 우상의 제물을 먹고 마시는 것은 그 신들과 교제하는 것이라고 정죄한다(고전10:19-21). 그러나 로마

3414 M. Black, *Romans*, 190-91; Hodge, 417; Althaus, *Römer*, 138.
3415 골2:16, 21; 딤전4:3; Philo, *The Contemplative Life*, 37.
3416 Ziesler, *Romans*, 323-26; Nygren, *Romans*, 442.

서 14장은 이를 다루지 않고 있다.[3417] 로마서 14장과 고린도전서 8-10장에 발견되는 이 차이점은 약한 자와 강한 자가 갈등했던 종교 문화적 상황이 고린도교회가 겪고 있던 역사적 상황과는 달랐다는 것을 나타낸다.[3418] 로마서 14장에 서술된 약한 자와 강한 자의 갈등은 초대교회에 보편적으로 있을 수 있는 현상이다.[3419] 그러나 로마서 14장의 가르침은 초대교회에 보편적으로 있던 현상을 이상적 관점에서 다루고 있는 것이라는 견해는 당시 로마교회가 처한 특수한 상황을 간과하는 해석이다[3420]; (vi)"약한 자"는 모세의 율법을 지키며 어떤 종류의 음식을 피하고 특정한 날들을 지키던 유대인 그리스도인들이다.[3421] 이 견해는 오늘날 학자들이 제일 타당하다고 생각하는 견해다. 그러나 이 견해에 가장 큰 장애는 모세의 율법이 고기나 포도주를 금하지 않고 있다는 것이다.[3422] 그러나 세심한 유대인들은 코셔방식으로 준비되지 않은 고기는 먹지 않았다(단1:8; 10:3; Tob.1:10-12).[3423] 그리고 이들은 어떤 포도주가 신에게 바쳐졌던 술이라고 의심될 때 그 포도주를 마시지 않았다.[3424] 나아가 약한 자가 특정한 날을 지키는 것이 모세의 율법에 근거한 것임을 알 수 있는 이유는 모세의 율법은 안식일법과 절기법에 특정한 날들을 규정하고 있다는 점이다. 또한 형용사 "부정한"코이노스과 "정한"카싸로스

3417 Schreiner, *Romans*, 705-6.

3418 contra Stuhlmacher, *Romans*, 221.

3419 Murray, *Romans*, II, 174.

3420 Leenhardt, 344-46; Karris, "Romans 14:1-15:13," 65-84; W. A. Meeks, "Judgment and the Brother: Romans 14:1-15:13," in *Tradition and Interpretation in the New Testament: Essays in Honor of E. Earle Ellis for His Sixtieth Birihday* (Edited by G. F. Hawthorne with O. Betz. Grand Rapids: Eerdmans, 1987) 290-300; F. Vouga, "L' Épître aux Romains comme document ecclésiologique (Rm 12-15)," *ETR* 61 (1986) 489-91; Ziesler, *Romans*, 322-26; Sanday and Headlam, *Romans*, 399-403.

3421 Moo, *Romans*, 829; Fitzmyer; Cranfield; Dunn; Calvin; Watson; Wilckens; H.-W. Bartsch, "Die antisemitischen Gegner des Paulus im Römerbrief," in *Antijudaismus im Neuen Testament?* (ed. P. W. Eckert, N. P. Levinson, and M. Stöhr; Abhandlungen zum christlich-jüdischen Dialog; Munich: Kaiser, 1967) 33-34; Wedderbum, *Reasons*, 31-35; Lampe, *From Paul to Valentinus*, 72-74; Simon J. Gathercole, "Romans 1-5 and the 'Weak' and the 'Strong': Pauline Theology, Pastoral Rhetoric, and the Purpose of Romans." *RevExp* 100 (2003) 35-51; Minear, *The Obedience of Faith*, 8-17; Wright; B. Witherington; David L. Bolton, "Who Are You Calling 'Weak'? A Short Critique on James Dunn' s Reading of Rom 14,1-15,6." In *The Letter to the Romans* (BETL 226. Ed. Udo Schnelle. Walpole: Peeters, 2009) 617-29; Volker Gäckel, *Die Starken und die Schwachen in Korinth und in Röm: Zur Herkunft und Funktion der Antithese in Kor 8,1-11,1 und Röm 14,1-15,13* (WUNT 2/200. Tübingen: Mohr Siebeck, 2004).

3422 레11; 17:10-16; 19:26; 20:25; 신12:15-25; 14:3-21; 민6:2-4; 삿13:4-5; 16:7; 아2:11-12.

3423 Josephus, *Life* 14; m. *'Abot* 3:3.

3424 단1:3-16; 10:3; *T.Reuben* 1:10; *T. Jud*. 15:4; Wilckens; Dunn.

은[3425] 모세의 율법에서 깨끗한 음식과 부정한 음식을 구별하는 전통과 연결되고 있다(롬14:14, 20).[3426] 이런 관점에서 로마교회 내의 약한 자와 강한 자의 갈등은 그리스도로 인해 도래한 새시대에 있어서 성도들이 모세의 규례의 효용성에 대한 다른 이해로 인해 초래되었다고 보는 것이 본문의 문맥에 맞는 해석으로 보여진다.[3427] 약한 자들은 자신들이 종말적 구속이 완성된 시대에 살지만 아직도 모세의 규례를 지키는 것이 바른 윤리라고 믿고 있었다. 강한 자는 그리스도의 새언약의 시대의 도래와 함께 자신들이 모세의 규례로부터 자유로와졌다고 생각하고 모든 음식을 자유롭게 먹고 포도주를 마셨다. 이러한 상황속에서 이 두 구룹은 서로 갈등에 빠지게 되었다. 약한 자는 강한 자를 모세의 규례를 어기는 자들로 마음속에 정죄하게 되었다. 반면에 강한 자는 약한 자들을 그리스도인의 자유를 누리지 않는 자라고 무시하게 되었다.

여기서 우리는 약한 자들은 모세의 규례를 신봉하던 유대인 성도들이라고 할 수 있다. 그리고 유대교로 개종했다가 그리스도인들이 된 이방인 성도들도 포함하고 있었을 것이다. 반면에 강한 자는 모세의 규례로부터 그리스도인의 자유를 확신하던 다수의 이방인 성도를 가리키고 있다고 볼 수 있다.[3428] 이 구룹에는 우리가 율법의 지배아래서 해방되었다고 선언한 바울도 속한다. 이 두 구룹이 완전히 나뉘어져서 서로 별도의 예배를 드리고 있었는지는 분명하지 않다.[3429] 이들이 교회적으로 완전히 분리되어 있었다면

3425 1Macc.1:47, 62; 4Macc.7:6; Josephus, *Ant*.11.8.7; 막7:2, 5; 행10:14, 15, 28; 11:8, 9.

3426 창7:2, 3, 8; 8:20; 레11; 신14:7, 8, 10, 19; 겔4:13; 호9:3; 마23:25, 26; 막7:19; 누가11:39, 41.

3427 모리스와 샘플리는 로마교회내의 실제 상황을 알기는 어렵다고 본다. 리스너는 강한 자는 상류계층이었고 약한자는 하류계층이었다고 주장한다. Morris, *Romans*, 475; J. P. Sampley, "The Weak and the Strong: Paul' s Careful and Crafty Rhetorical Strategy in Romans 14:1-15:13." in *The Social World of the First Christians: Essays in Honor of Wayne A. Meeks* (Edited by L. M. White and O. L. Yarbrough. Minneapolis: Augsburg Fortress, 1995) 41-52; M. Reasoner, *The Strong and the Weak: Romans 14:1-15:13 in Context* (Society for New Testament Studies Monographs Series 103. Cambridge: Cambridge University Press, 1999) 218-19.

3428 매슨은 두 구룹 모두 유대인 성도로 구성되어 있다고 본다. 내노스는 강한 자는 이방인 성도를 약한 자는 비그리스도인 유대인을 가리킨다고 주장한다. S. Mason, " 'For I Am Not Ashamed of the Gospel' (Rom. 1.16): The Gospel and the First Readers of Romans." in *Gospel in Paul: Studies on Corinthians, Galatians, and Romans for Richard N. Longenecker* (Edited by L. A. Jervis and P. Richardson. JSNTSup 108. Sheffield: JSOT Press, 1994) 274-76; Nanos, *The Mystery*, 85-165.

3429 Fitzmyer; contra Watson, "Two Roman Congregations", 206.

이런 갈등도 없었을 것이다. 그리고 여기서 바울은 이들이 서로의 관점을 존중하며 행하도록 권면한다. 즉 약한 자들은 강한 자를 판단하면 않된다. 그리고 강한 자들은 약한 자들을 거리끼게 하는 행동을 삼가야 한다. 그것이 고기이면 먹지 않아야 되고 포도주면 마시지 않아야 된다. 바울이 이 구체적 윤리지침을 제시하는 것을 보면 로마교회가 약한 자와 강한 자로 조직적으로 두 세력으로 나뉘어 대립하고 있던 상황은 아닌 것으로 볼 수 있다. 이와 같은 관점에서 훌트그런은 바울이 약한 자와 강한 자에게 권면할 때 복수형을 쓰지 않고 단수형 동사를 사용하는 것은 두 구룹으로 나뉘어져 있는 사람들에게 가르침을 주고 있는 것이 아니라 장광형법diatribe을 사용해서 일반적 개념을 서술하는 것이라고 주석한다.[3430]

로마서 14:1–15:13절은 세 문단(14:1–12; 14:13–23; 15:1–13)3431, 네 문단(14:1–12; 14:13–23; 15:1–6; 15:7–13)[3432], 혹은 다섯 문단(14:1–12; 14:13–23; 15:1–6; 15:7–12; 15:13)으로[3433] 나뉘어질 수 있다. 우리는 여기서 네 문단으로 나누는 것을 바른 분석으로 본다. 이 때 로마서 15:7–13절은 로마서 14:1–15:13절의 결론에 해당한다. 이는 15:7절을 도입하는 조사 디오이러므로가 나타낸다. 그리고 14:1절에 사용된 명령형 프로스람바네스쎄받으라가 15:7절에 다시 사용되고 있는 점에서 15:7–13절은 14:1절과 봉합형 구조inclusio를 가진다는 것을 나타낸다.[3434] 이와 동시에 15:7–13절은 로마서 12:1–15:13절 전체의 윤리적 가르침에 대한 맺는 말로 기능하고 있다. 그것은 성도들이 마음을 새롭게 함으로 변화를 받아 서로를 존중하며 배려하는 행동을 함으로써 서로 사랑하고 하나가 되는 것이다. 바로 이것이 하나님께서 기뻐하시는 뜻이다.

3430 롬14:3, 4, 10a, 10b, 15a, 15b, 16, 20, 22; 15:2; Hultgren, *Romans*, 501-2.
3431 Barrett.
3432 Moo; Fitzmyer; Murray; Wilckens; Käsemann; Schreiner; Sanday and Headlam.
3433 Cranfield.
3434 Schreiner, *Romans*, 703-4.

(가) 서로 판단하지 말라(롬14:1-12)

로마서 14:1-12절의 중심주제는 남을 판단하지 말아야 한다는 것이다. 이는 1절에 언급되어 있고 10절에 반복되고 있다. 그것은 심판 때 모두가 하나님 앞에 서서 각자 자기 일을 직고할 것이기 때문이다(11-12절). 즉 판단과 심판은 하나님께 속한 일이다. 이 내용의 순서는 로마서 2장과 연결된다. 바울은 로마서 2:1-3절에서 남을 판단하지 말 것을 경고한다. 그리고 2:16절에서 장차 있을 하나님의 심판을 상기시킨다. 무는 로마서 14:1-12절을 세 소문단으로 나눈다(1-3; 4-9; 10-12).[3435] 이는 4a와 10a에 도입되는 의문문에 기초하고 있다. 1절은 남을 판단하지 말라는 주제를 도입하고 있다. 2-3절은 강한 자와 약한 자의 입장을 세워주고 있다. 4-9절은 강한 자나 약한 자가 각자 확신하는대로 할 때 이를 용납해야 되는 이유는 각자가 무엇을 하든지 주님의 영광을 위해서 하기 때문이라는 것을 설명한다. 10-12절은 판단하지 말아야 될 이유를 종말적 심판의 관점에서 강조하고 있다.

로마서 14:1절의 접속사 데그러나는 1절이하의 내용이 그 앞의 구절과 대조를 이룬다는 것을 나타낸다: "믿음이 연약한 자를 너희가 받되 그의 의심하는 바를 비판하지 말라". 던은 데는 13:14절의 육신의 일을 도모하는 한 예로서 1절의 "믿음이 연약한 자"를 도입하는 기능을 가진다고 해석한다.[3436] 즉 성도는 육신의 일을 도모하지 않아야 되는데 로마교회내의 "약한 자"들은 고기를 금하고 포도주를 금함으로써 육신적인 태도를 견지하고 있다는 것이다. 그러나 바울은 6절에서 먹는 자나 먹지 않는 자 모두 주를 위해 그렇게 함으로 하나님께 감사한다고 말씀한다. 따라서 바울이 여기서 "약한 자"들의 태도가 육적인 태도라고 책망하고 있다는 증거는 없다. 오히려 접속사 데는 로마서 12:1-13:14절과 로마서 14:1-15:13절 전체를 대조하는 기능을 하고 있다고 보는 것이 옳다. 즉 바울은 로마서 12:1-13:14절에서 성도가 마음으로 변화를 받아 서로 사랑함으로서 하나가 되는 것을 강조했다. 그러나 로마교회 성도들은 고기를 먹는 것과 포도주를 마시는 문제로 갈등을 빚고 있

3435 Moo, *Romans*, 834-35.
3436 Dunn, *Romans*, 797.

었다. 따라서 바울은 접속사 데그러나를 사용해서 로마교회의 성도간의 갈등 문제를 도입하고 이에 대한 권면의 가르침을 제공하고 있다고 할 수 있다. "믿음이 연약한 자"톤 아스쎄눈타 테이 피스테이에서 여격 테이 피스테이는 관점의 여격으로 볼 수 있다. 즉 믿음이 연약한 자는 믿음에 있어서 연약한 자이다. 어떤 학자들은 여기서 믿음에 있어서 연약함은 그리스도를 믿는 믿음이 약하다는 뜻이라고 해석한다.[3437] 던은 여기서 믿음에 있어서 연약한 자는 예수님만 믿는 것으로 부족하고 음식법과 절기법과 같은 모세의 율례를 지킴을 통해서 구원의 보장을 얻으려한 것을 가리킨다고 해석한다. 그러나 앞서 말한대로 "약한 자"들이 갈라디아서에서 다뤄진 율법주의자들과는 다르다. 이들은 구원의 조건으로써 고기와 포도주를 금한 것이 아니었다. 그랬다면 바울은 이들을 엄히 꾸짖고 일방적으로 "강한 자"의 편을 들었을 것이다. 따라서 믿음에 있어서 "연약"하다는 것은 이들이 예수 그리스도를 믿음으로써 율법에서 해방되었고 이를 바탕으로 자신들이 이제 그리스도인의 자유를 누릴 수 있게 되었다는 것을 확신하지 못하는 것을 묘사하고 있다고 할 수 있다. 곧 여기서 "믿음"피스티스은 "확신"이나 "신념"을 의미한다고 볼 수 있다.[3438] 그러나 구속적 "믿음"은 본질적으로 확신도 포함하는 것이기 때문에 여기서 믿음을 구속적 믿음과 확신으로 구분하는 것이 과연 바울이 의도한 의미인지는 분명하지 않다. 다만 "약한 자"들의 믿음이 부족한 믿음이었던 것은 확실한데 그렇다고 그들이 구속적 믿음을 결여한 믿음을 가지고 있었다고 볼 수도 없다.[3439]

어떤 학자들은 여기서 바울이 "약한 자"를 단수로 표현한 것은 로마교회 내에 이 태도를 견지한 구룹이 있었다는 것을 말한다고 본다.[3440] 그러나 이 구룹이 조직화된 파당이었다고 볼 수는 없다. 따라서 바울은 로마교회의 상황을 바탕으로 "믿음이 약한 자"에게 주는 그의 가르침을 보편화하고 있다. 그 제목이 고기든 포도주든 아니면 그 어떤 것이든 이것을 금해야 된다고 생

3437 Sanday and Headlam; Barret; Dunn.
3438 Moo; Cranfield; Käsemann; Stuhlmacher; Fitzmyer; Ziesler.
3439 Schreiner, *Romans*, 713.
3440 Dunn, *Romans*, 798; Käsemann.

각하는 성도들은 이를 자유로이 행하는 성도들을 판단하면 않된다는 것이다. "받으라"프로스람바네스쎄는 명령은 그들을 형제 자매로 여기라는 뜻이다. 그리고 공식적 사역이나 개인적 사랑의 교제에 이들을 포함하라는 뜻이다(행18:26; 28:2; 몬1:17).[3441] 그리고 이들을 공동체의 일원으로 인정하고 교제할 때 이는 그들의 의심하는 바를 비판하기 위해서에이스 디아크리세이스 디아로기스모운 하면 않된다. 여기서 전치사 에이스는 목적을 나타낸다. 디아크리세이스 디아로기스모운은 두 가지 번역이 가능하다: (i)의심하는 것에 대한 비판[3442]; 혹은 (ii)의견을 둘러싼 다툼[3443]. 이 두 번역 모두 소유격 디아로기스모운을 목적격으로 보고 있다. 그러나 이 둘 중의 한 번역을 택하는 것은 어려운 일이다. 명사 디아크리시스는 욥기 37:16절과 고린도전서 12:10; 히브리서 5:14절에 사용되고 있고 "구분하는", "분별하는"의 뜻을 가진다. 그리고 대문자사본 D(캠브리지 배제) 사도행전 4:32절에서 디아크리시스는 "다툼"을 의미한다. 같은 어족의 동사 디아크리노마이는 비판하다는 뜻을 가진다(행10:20; 11:2; 유9). 명사 디아로기스모스는 신약에서 (i)"사고작용", "생각", "의견"[3444] 혹은 (ii)"의심," "논쟁"을[3445] 의미한다. 무는 신약에서 용법을 볼 때 전자의 번역이 나아 보이지만 디아크리세이스가 복수이기 때문에 후자의 번역이 더 타당한 번역이라고 본다.[3446] 즉 의견의 대립으로 다투기 위해서 약한 자를 받아들이는 것은 않된다. 약한 자의 의심하는 것을 비판하다 보면 대립하게 되고 그 결과 다툼이 생겼을 것이다. 다툼의 원인은 고기를 먹는 것, 포도주를 마시는 것, 특정한 날을 지키는 문제에 대해 의견이 서로 달랐기 때문이다(롬14:2, 5, 21).

로마서 14:2절부터 바울은 약한 자와 강한 자의 갈등을 구체적으로 설명하기 시작한다. 즉 "어떤 사람은 모든 것을 먹을만한 믿음이 있고 연약한 자

3441 Michel; Cranfield; Schreiner; Moo.

3442 NIV; NASB; Moffatt; S-H; Murray; Sanday and Headlam; Cranfield; Wilckens; Dunn; Büchsel, *TDNT*, 3:949-50.

3443 NRSV; TEV; REB; BAGD; Godet; Moo; Barrett; Schrenk, *TDNT*, 2:97; Michel; Käsemann; Schlier; Fitzmyer.

3444 마15:19; 막7:21; 누가2:35; 5:22; 9:47; 롬1:21; 고전3:20; 약2:4.

3445 누가9:46; 24:38; 빌2:14; 딤전2:8.

3446 Moo, *Romans*, 837.

는 채소를 먹"는다. 여기서 동사 "믿음이 있다"피스테우오우는 1절의 믿음피스티스과 연관해서 "확신하다"는 뜻을 가진다고[3447] 할 수 있다. 그러나 여기서 믿는다는 의미에 신뢰하고 맡기다는 뜻의 구속적 믿음의 요소가 전혀 없다라고 할 수는 없다.[3448] 모든 것을 먹어도 된다는 믿음을 가진 자는 믿음이 있는 "강한 자"였다. 리즈너는 여기서 모든 것을 먹는다는 것은 로마서 13:13절에서 언급하는 술잔치에서 진탕 먹는 것을 가리킨다고 본다.[3449] 그러나 2절의 파게인 판타모든 것을 먹는 것가 이와 같이 강한 뜻을 가지고 있다는 근거는 없다. 이를 고기를 먹지 않던 믿음이 약한 자들과 대조적으로 고기를 자유로이 먹는다는 의미로 보는 것이 더 낫다. 바울이 연약한 자들은 채소를 먹는다고 말씀할 때 "믿는다"는 동사를 사용하지 않은 것은 이들이 구속적 믿음이 없었다는 뜻이 아니고 이들은 고기를 먹어도 된다는 확신이 없었다는 뜻이다. 즉 이들의 믿음은 그리스도인의 자유에 대한 확신있는 강한 믿음이 아니었다. 주후 49년에 글라디우스 황제의 칙령에 의해서 유대인들이 이태리 반도에서 축출되었을 때 로마에 있던 유대인들의 모든 도살장은 폐쇄되었을 것이다.[3450] 오 년후 이들이 로마에 돌아오기 시작했을 때 이들은 코셔방식으로 도살된 고기를 접하기 힘들었을 것이고 유대주의의 정결의 규례를 지키기 위해 이들 중 아예 고기를 먹지 않게 된 사람들이 있었을 것이다. 이들 중 기독교로 개종한 유대인들은 이 채식주의의 관습을 떨쳐버리기 어려웠을 것이다. 이들은 율법주의적 신앙관 때문이 아니라 경건의 실천으로써 고기를 먹지 않고 채소만 먹는 사람들이었을 것이다. 구약의 다니엘도 채식주의자였고(단1:16) 신약의 예수님의 동생 야고보도 채식주의자였다는 고대 기록이 남아 있다.[3451] 어떤 고대 사본은 여기서 먹는다에스씨에이는 동사를 명령형에스씨에토우으로[3452] 표현하고 있다. 그러나 본문의 문맥에서 먹는다는 동사는 직설법이 원문의 읽기라고 보아야 한다.[3453]

3447 Fitzmyer; Michel; Morris.
3448 Dunn; Moo; Schreiner.
3449 Reasoner, *The Strong and the Weak*, 67-70.
3450 Wilckens; Josephus, *Ant*. 14.261; Dunn, *Romans*, 801.
3451 Eusebius, HE, 2.23.5.
3452 P^{46} D F G.

로마서 14:3절에서 바울은 구체적 권면의 말씀을 주고 있다. 즉 "먹는 자는 먹지 않는 자를 업신여기지 말고 먹지 못하는 자는 먹는 자를 판단하지 말아야 한다. 그것은 하나님께서 저를 받으셨기 때문이다". 여기서 "업신여기다"엑수쎄네오우는 경멸하다 혹은 무시하다는 뜻을 가진다.[3454] 사도행전 4:11절에서 이 동사는 경멸하며 거부하다는 뉘앙스를 가지고 있다.[3455] 반면에 먹지 않는 자는 먹는 자를 판단하지 않아야 하는데 여기서 동사 크리노우는 로마서 14장에서 세 가지 의미로 쓰인다: "정죄하다"(3b, 4a, 10a, 13a, 22b), "선호하다"(5a), "결정하다"(13b).[3456] 이 절에서는 첫번째 의미인 정죄하다는 뜻으로 쓰였다.[3457] 정죄한다는 것은 약한 자가 "강한 자"가 자유로이 먹고 마시는 것이 잘못된 일이라고 판단한다는 뜻이다. 이는 이들을 비그리스도인으로 여긴다는 뉘앙스를 가진다. 이는 옳지 않은 일인데 그 이유는 하나님께서 저를 받으셨기 때문이다. 하나님께서 받으신 사람을 사람이 정죄할 권리가 없다. 여기서 대명사 아우톤(그)은 강한 자 즉 먹는 자를 가리키고 있다. 케제만과 피츠마이어는 이 대명사가 약한 자와 강한 자 모두를 가리킨다고 본다.[3458] 그러나 본문에서 아우톤은 바로 그 이전 문장의 목적어를 받는 대명사로 보아야 한다. 그것은 접속사 갈왜냐하면이 도입하는 문장이 바로 그 이전 문장에 연결되기 때문이다.[3459]

로마서 14:4절에서 바울은 계속해서 "약한 자"를 책망하고 있다: "남의 하인을 판단하는 너는 누구뇨 그 섰는 것이나 넘어지는 것이 제 주인에게 있으매 저가 세움을 받으리니 이는 저를 세우시는 권능이 주께 있음이니라." 여기서 하인은 집주인의 종을 가리킨다. 일 세기에 로마제국에서 남의 집주인에게 속한 종의 잘잘못을 남이 가리는 것은 금기시되어 있었다.[3460] 그것은 오직 그 주인의 권한에 속한 것이었다. 마찬가지로 "약한 자"가 하나님께서

3453 Barrett; Morris.
3454 누가18:9; 23:11; 행 4:11; 롬14:10; 고전6:4; 16:11; 고후10:10; 갈4:14; 살전5:20.
3455 Moo, *Romans*, 838.
3456 F. Büchsel, *TDNT*, 3:922; Moo, *Romans*, 838.
3457 롬2:1, 3, 12, 27; 3:7; 14:4, 10, 22; 고전5:3, 12-13; 11:31; 살후2:12.
3458 Käsemann; Fitzmyer; Osborne.
3459 Murray; Dunn; Schreiner; Sanday and Headlam; Cranfield; Moo.
3460 Osborne, *Romans*, 359.

받으신 "강한 자"를 정죄하는 것은 월권을 행사하는 것이다. 여기서 여격 "제 주인에게"는 이점의 여격dative of advantage이나[3461] 도구적 여격dative of instrument이 아니라 관점의 여격dative of reference이라고[3462] 할 수 있다. 즉 섰는 것이나 넘어지는 것이 제 주인의 판단에 달려 있다는 것이다. 약한 자는 강한 자가 고기를 먹고 포도주를 마신다는 이유로 넘어졌다고 판단하면 잘못이다. 여기서 서거나 혹은 넘어진다는 것은 (i)도덕적 개념[3463], 혹은 (ii)종말적 심판의 개념으로[3464] 볼 수 있다. 머레이는 본문에서 종말의 심판의 개념을 발견할 수 없다고 말한다.[3465] 그가 서고/넘어짐을 도덕적 개념으로 보는 것은 여기서 처음 "주인"쿠리오스을 사람으로 보고 두 번째 "주인"을 하나님을 가리키는 것으로 구분하기 때문이다. 무는 서고/넘어짐을 도덕적 개념으로 보지 않는다. 그렇지만 이 두 동사가 마지막 심판과 연관되어 있다고 보지도 않는다. 그러면서도 이 동사들이 심판을 간접적으로 언급하고 있다는 점을 완전히 부정하지도 않는다.[3466] 쉬라이너는 신약에서 "서다"히스테이미 [3467] 혹은 "넘어지다"핍토우는[3468] 구속적 관점에서 대조적 의미 즉 구원받은 상태믿음에 선 상태와 구원받지 못한 상태믿음에서 떠난 상태를 나타낸다고 말한다.[3469] 약한 자가 강한 자에 대해서 이런 종말적 정죄를 했다는 사실은 동사 크리노우에 나타나 있다. 바울은 이 동사를 로마서 2:1-3절에 사용하면서 종말적 정죄의 의미를 담고 있다. 그리고 바울은 로마서 14:3-4절에서도 "약한 자"들이 강한 자를 정죄하는 것을 묘사하기 위해서 이 동사를 사용하고 있다. 따라서 바울은 제 주인이 자기 종을 받아들이거나 내모는 비유를 통해서 종말의 심판때 하나님께서 구원 혹은 정죄의 심판을 하실 것을 나타내고 있다고 할 수 있다. "약한 자"의 문제점은 "강한 자"가 고기를 자유로이 먹고 포도주

3461 Morris; Cranfield; Turner; Wilckens; Schlier.

3462 Moo; Dunn; S-H; Barrett; Schreiner.

3463 Morris; Sanday and Headlam; Cranfield; Käsemann; Moo; Fitzmyer; Dunn; Murray; Michaelis, *TDNT*, 6:164.

3464 Schreiner, *Romans*, 718-19.

3465 Murray, *Romans*, II, 176-77.

3466 Moo, *Romans*, 841.

3467 롬11:20; 고전10:12; 15:1-2; 고후1:24; 살전3:8; 빌4:1; 갈5:1.

3468 롬11:11, 22; 고전10:12.

3469 Schreiner, *Romans*, 718-19.

를 자유로이 마시는 것은 이들이 넘어진 것을 나타낸 것으로 판단했다는 것이다. 여기서 넘어졌다는 것은 약한 자들이 강한 자들이 구원을 받지 못할 것으로 판단했다는 뜻이다. 그러나 이 판단은 옳지 못한 판단이다. 왜냐하면 누가 구원을 받고 못받고는 종말의 심판 때 오직 하나님께서 판단하실 일이기 때문이다.

이 관점에서 볼 때, 4절에서 바울이 사용하는 쿠리오스주는 두 번 다 하나님그리스도을 가리킨다고 볼 수 있다. 바울은 3-12절에서 명사 쿠리오스주와 쎄오스하나님를 번갈아 가며 사용한다. 이 점에서 던은 여기서 주는 그리스도가 아니라 하나님을 가리키고 있다고 본다. 그리고 그리스도는 종속적 역할을 하는 모습을 가지고 있다는 것이다.[3470] 사실 구약을 인용하는 11절에서 "주"는 하나님을 가리키는 것으로 보인다. 그러나 무는 9절에서 "주"는 분명하게 그리스도를 가리키고 있고 이와 밀접히 관련된 8절에서도 주는 그리스도를 가리키는 것으로 보아야 한다고 말한다. 그리고 4c에서 "주"도 그리스도로 볼 수 있다는 것이다.[3471] 누가복음 16:13절에서 집 하인이 두 주인을 섬길 수 없다고 말씀할 때 "두 주인"은 하나님과 재물을 가리킨다. 로마서 14:4절을 누가의 관점에서 보면 집 주인은 사람이 아니라 하나님을 가리키고 있다고 할 수 있다. 그리고 로마서 14:3-12절에서 바울이 쿠리오스주가 가리키는 말을 확실히 명시하지 않고 있는 점을 볼 때 4절에서도 쿠리오스는 그리스도를 가리키고 있다고 할 수 있다. 그리스도께서는 종말에 저강한 자를 세우실 수 있다. 따라서 저강한 자는 서게 될 것이다.스타쎄이세타이 여기서 동사 서다히스테이미의 미래 수동태 스타쎄이세타이는 수동의 의미[3472] 혹은 능동의 의미로[3473] 번역이 가능하다. 무는 헬라어에서 히스테이미의 수동태는 자동사의 의미를 가진다고 말한다.[3474] 그러나 여기서 바울은 강한 자를 서게 하실 수 있는 분이 주님이심을 분명히 밝히고 있기 때문에 스타쎄이세타

3470 롬14:3, 6, 10-12, 17-18, 20, 22; 15:5-6; Dunn, *Romans*, 803.

3471 Moo, *Romans*, 840; Thüsing, Per Christum in Deum, 34; Murray; W. Foerster, *TDNT*, 3:1090-91.

3472 KJV; NRSV; NJB; Käsemann.

3473 NIV; NASB; TEV; REB; Leenhardt; Cranfield; Dunn.

3474 Moo, *Romans*, 841; Schreiner; Wilckens.

이는 수동의 의미를 가지는 것으로 번역하는 것이 문맥에 더 맞다. 그러나 이것이 강한 자가 넘어졌다가도 주께서 세워주실 것이기 때문에 세움을 받는다는 의미는 아니다.[3475] 바울이 여기서 말씀하는 것은 약한 자가 강한 자가 넘어졌다고 정죄하는 것 자체가 잘못된 판단이라는 것이다.

로마서 14:5절에서 바울은 주제를 고기를 먹는 것으로부터 특정한 날에 대한 것으로 바꾸고 있다: "혹은 이날을 저 날보다 낫게 여기고 혹은 모든 날을 같게 여기나니 각각 자기 마음에 확정할찌니라." 여기서 바울은 특정한 날에 대한 약한 자의 입장과 강한 자의 입장을 분명히 밝히지 않고 있다. 그러면 날을 지키는데 있어서 저 날보다 나은 날은 무엇인가. 학자들은 그것은 (i)금식의 날(레16:29; 23:27-32; 눅18:12)[3476], (ii)구약의 절기의 날[3477], 혹은 (iii)운수가 좋은 날을[3478] 가리킨다고 제안한다. 그러나 이 세 해석은 모두 타당성이 없다. 첫째로, 예수님께서도 금식에 관한 가르침을 주셨고(마6:16), 요한의 제자들도 금식했고(눅5:33), 유대의 선생들도 금식했다(마9:14). 그리고 초대교회도 금식하며 기도하던 관습이 있었다(행14:23). 그러나 성도들이 특정한 날이 아닌 날에 금식하면 않된다고 믿었다는 근거는 없다. 둘째, 초대교회 성도들이 특정한 날에 구약의 절기를 지키는 것은 갈라디아서 4:10절에 나타난다(행20:6, 16). 그러나 이들은 절기를 지키는 것을 성도의 신앙에 있어서 필수적 요소로 생각하지는 않았다. 셋째, 어떤 학자들은 이교도들의 영향을 받은 로마의 성도들이 운수가 좋은 날이 어떤 날인지에 대한 이견 때문에 갈등을 빚은 것이라고 추측한다. 그러나 만일 이것이 그들의 문제였다면 바울은 이 문제를 여기서 좀더 구체적으로 다루며 이에 대해 엄히 경계했을 것이다. 그러나 바울은 특정한 날을 지키는 것에 대한 두 구룹의 견해를 다 허용하고 있다. 이는 특정한 날을 지키는 것에 대한 갈등이 이교도의 풍습의 영향 때문이 아니었다는 것을 말해준다.

3475 contra Käsemann; Kühl; Schlier.

3476 Karris; Weiss; Kühl; Lagrange; Gaugler; Leenhardt; Rauer; J. H. Neyrey, *Paul, in Other Words: A Cultural Reading of His Letters* (Louisville: Westminster/John Knox, 1990) 69; R. Dederen, "On Esteeming One Day Better than Another," *AUSS* 9 (1971) 16-35; Chrysostom, *Homilies on Romans 25*.

3477 Murray.

3478 Wedderburn, *The Reasons*, 33; Käsemann; O' Neill.

그러면 로마교회 성도들이 갈등을 겪던 특정한 날에 대한 문제는 무엇이었을까. 여기서 우리는 5절에서 특정한 날은 안식일을 언제 지키는가의 문제와 연관되어 있었다고 생각할 수 있다.[3479] 그 당시 유대인들은 유대민족의 표로써 음식법, 할례, 절기나 안식일의 전통을 유지하고 있었다. 이 중 안식일법을 지키는 것은 디아스포라 유대인 공동체에서 매우 중요시되고 있었다.[3480] 만일 로마교회내 유대인 성도들이 기독교로 개종한 후에도 유대민족의 전통을 지키고 있었다면 이들은 안식일을 제 칠일에 지켜야 된다고 생각했을 것이다. 반면에 이방인 신자들은 안식일법을 지키지 않아도 된다고 생각했을 것이다. 그 대신 이들은 주님의 부활을 기념해서 안식후 첫날을 거룩하게 지켰을 것이다. 이들은 주의 날 곧 주일이 안식일을 대체했다고 주장하지는 않았을 것이다.[3481] 그렇지만 안식일과 주일을 구분하고 성도는 이제 안식일이 아니라 주일을 지켜야 한다고 믿었을 것이다. 본문에서 강한 자가 안식일을 아무 날에나 지켜도 상관없다고 믿었다는 증거는 없다.[3482] 오히려 이들은 안식일을 지키는 것 자체를 이미 구언약에 속한 율례로 여겼을 가능성이 크다. 이들은 모세의 율법으로부터 그리스도인의 자유를 확신하고 있었을 것이다. 이에 반해 유대인 성도로 대표되는 약한 자들은 새언약의 시대에도 모세의 율법은 성도를 구속하고 있다고 믿었을 것이다.[3483] 그리고 고기를 먹으며 안식일법을 어기는 강한 자들을 마음속에 정죄하고 있었을 것이다. 이에 대해 바울은 안식일을 주일보다 낫게 생각하든지 주일을 안식일보다 낫게 생각하든지 혹은 이 날들을 같게 생각하든지 모두 주를 위해서 한다면 상관없다고 말씀한다(6절). 성도는 이 문제에 대해 각각 자기 마음에 확신하는대로 해도 된다. 문제는 믿음이 없이 어떤 일을 하는 것이다. 바울

3479 Moo; Dunn; Barrett; Michel; Stuhlmacher; Cranfield; Watson, *Paul, Judaism*, 181; Ziesler, *Romans*, 329-30; Fitzmyer; M. Reasoner, *The "Strong" and the "Weak" in Rome and in Paul's Theology* (Ph.D. diss.. University of Chicago, 1990) 287-92.

3480 Josephus, *Ant*. 14.241-46; Philo, *Legat*. 155-58; *Aristob*. Frag 5, in Eusebius, *Praep. Evang*. 13.12.9-16; *Jub*. 6.32-35; 1 Enoch 74.10-12; 1QS 1.14-15; 1QH 12.8-9; Dunn, *Romans*, 805.

3481 Schreiner, *Romans*, 716.

3482 Schreiner; *contra* Weiss.

3483 contra D. R. de Lacey, "The Sabbath/Sunday Question and the Law in the Pauline Corpus." in *From Sabbath to Lord's Day: A Biblical, Historical, and Theological Investigation* (Edited by D. A. Carson. Grand Rapids: Zondervan, 1982) 182.

은 믿음으로 하지 않는 모든 것이 죄라고 말씀한다(23절). 여기서 동사 크리노우는 정죄하다가 아니라 선호하다낫게 여기다는 뜻을 가진다. 전치사 파라는 "…보다"를 의미한다. 5b의 호스 데 크리네이 파산 헤이메란어떤 사람은 모든 날을 여기다은 생략법ellipsis으로써 이 문장에 "같게"가 생략된 것으로 볼 수 있다. 즉 어떤 자는 모든 날을 같게 여긴다. 5c에서 동사 플레이로포레오우는 완전히 채우다 혹은 성취하다를 의미한다. 그리고 여기서 이 단어는 "완전히 확신하다"는 뜻을 가진다.[3484] 이 동사의 삼인칭 수동태 명령형은 성도 각자가 자기 마음에 이 문제에 대해 완전히 확정하도록 하라는 의미다. 현대교회에서 흔히 바울의 이 가르침을 교회가 주일 예배를 아무 날에나 드려도 된다는 것으로 해석해서 가르치는 경우를 본다. 그러나 바울은 본문에서 이 해석을 지지하고 있지 않다. 바울은 안식일을 지키든지 주일을 지키든지 상관 없으므로 각자 자기 마음에 확정해서 옳은대로 지키라는 의미다. 그렇다고 해서 바울은 안식일을 폐지하고 있지 않다. 그리고 안식후 첫 날 주일the Lord's Day을 지키는 것 곧 주일성수를 어느 날이든 지킬 수 있다고 말씀하고 있지도 않다.[3485]

로마서 14:6절에서 바울은 고기와 포도주 문제에 대한 약한 자와 강한 자의 태도를 모두 인정하고 있다. 즉 "날을 중히 여기는 자도 주를 위하여 중히 여기고 먹는 자도 주를 위하여 먹으니 이는 하나님께 감사함이요 먹지 않는 자도 주를 위하여 먹지 아니하며 하나님께 감사드린다." 여기서 동사 프로네오우는 "생각하다" 혹은 "마음을 먹다"set one's mind on를 의미한다. 날을 중히 여기는 것은 5절의 이 날을 저 날보다 낫게 여기는 것과 같은 의미라고 볼 때 이는 약한 자의 태도를 서술하는 것으로 볼 수 있다.[3486] 반면에 먹는 자는 강한 자를 가리킨다. 6c에서 바울은 이를 먹지 않는 자와 대조하면서 다시 약한 자의 태도를 서술한다. 여기서 여격 쿠리오우주를 위하여는 이점의 여격dative of advantage으로 볼 수 있다. 그러면 "주"는 그리스도를 가리키고 있는

3484 Morris, *Romans*, 481.
3485 *contra* Carson.
3486 Moo; Cranfield; Murray; Schlier; Michel.

가 아니면 하나님을 가리키고 있는가. 무는 여기서 "주"는 여격으로써 8절에서 "주"가 여격으로써 그리스도를 가리키고 있는 것처럼 6절에서도 그리스도를 가리키고 있는 것으로 보아야 맞다고 생각한다.[3487] 또 6절에서 쿠리오스가 정관사 없이 쓰이고 있는 점이 쿠리오스가 그리스도를 가리키고 있다는 것을 부정하지 않는다. 바울은 그 서신에서 최소한 80회 이상 정관사가 없이 쿠리오스를 그리스도를 가리키는 단어로 사용하고 있다. 먹는자가 주를 위해서 먹는 것은 그가 하나님께 감사를 드리기 때문이다. 바울이 먹지 않는 자가 주를 위하여 먹지 않는 것은 그가 하나님께 감사를 드리기 때문이라고 표현하지 않는 것은 먹는 것과 하나님께 감사드리는 것이 연관되어 있기 때문이다. 고기를 먹지 않는 자도 채소를 먹을 때 하나님께 감사드렸을 것이다.[3488] 바울이 6c에서 접속사 갈왜냐하면 대신 카이그리고를 사용하고 있는 것은 바로 이것을 나타내고 있다.[3489] 먹기 전에 하나님께 감사드리는 것은 강한 자나 약한 자 모두 주를 위해서 먹기 때문이다. 로마서 14:6절은 사도행전 27:35, 고린도전서 11:24, 디모데전서 4:3절과 함께 그리스도인이 식사시간에 하나님께 감사드리는 전통을 증거하는 가장 오래된 기록들 중의 하나이다. 이는 유대주의 전통을 성도들이 이어받은 것이다.[3490]

로마서 14:7-9절은 접속사 갈왜냐하면로 시작하며 6절의 내용을 설명하고 있다: "우리 중에 누구든지 자기를 위하여 사는 자가 없고 자기를 위하여 죽는 자도 없도다"(7절).[3491] 즉 성도는 먹든지 먹지 않든지 주를 위해 한다. 그것은 누구도 자기를 위해서 살거나 죽는 자가 없기 때문이다. 주를 위한 태도는 자기를 위한 태도와 대조된다. 믿지 않는 자들은 주를 위하지 않고 감사하지도 않는다(롬1:21). 그러나 성도는 모든 일을 주께 영광을 돌리기 위해서 한다(롬12:1-2). 7절에서 바울은 성도의 주님과의 수직적 관계를 설명하고 있다. 이를 형제자매간의 수평적 관점에서 해석하는 것은 본문의 문맥을

3487 Moo, *Romans*, 843.
3488 Dunn; Schreiner; Murray; Cranfield.
3489 Schreiner, *Romans*, 720.
3490 신8:10; 막8:6; 요한6:11, 23; Barrett; Moo; Käsemann; Stuhlmacher; Beyer, *TDNT*, 2:760.
3491 Käsemann; Moo; Osborne; Schreiner.

벗어난 해석이다.[3492] 성도는 사나 죽으나 주를 위한다. 7절에서 살다자오우와 죽다아포스네이스코우는 대조법으로써 성도의 삶 전체를 가리키고 있다. 우리는 태어나면서 죽을 때까지 주님의 영광을 위해서 모든 일을 하도록 부름받았다. 이는 그리스도의 죽으심과 부활하심에 바탕을 두고 있다(8절).

로마서 14:8절의 접속사 갈왜냐하면은 8절이 7절을 설명하고 있음을 나타낸다. 즉 성도는 누구나 자기를 위해 살고 죽는 자가 없다. 그 이유는 "우리가 살아도 주를 위해 살고 죽어도 주를 위해 죽"기 때문이다. "그러므로 우리는 사나 죽으나 주의 것"이다. 여기서 산다자오우 혹은 죽는다아포쓰네이스코우는 7절에서 처럼 문자적 의미를 가진다.[3493] 8b의 접속사 운그러므로의 논리적 기능에 대해서 쉬라이너는 이렇게 말한다: "신자는 사나 죽으나 그리스도의 주관하심하에 있으므로 우리는 사나 죽으나 그를 기쁘시게 하고 명예롭게 하기 위해 산다."[3494] 그러나 바울이 8절에서 말씀하는 바의 논리는 그 반대다: 우리는 살아도 주를 위해 살고 죽어도 주를 위해 죽는다. 그러므로 우리는 사나 죽으나 주의 것이다. 이 말씀은 우리가 살아도 주를 위해 살지 않고 죽어도 주를 위해 죽지 않는다면 우리는 사나 죽으나 주의 것이 아니라는 것이다. 다시 말해 우리는 사나 죽으나 주를 위한다. 이는 그리스도인의 궁극적 기준이다.[3495] 로마서 12:1-2절은 이 점을 분명하게 제시한 바 있다.

로마서 14:9절의 접속사 갈왜냐하면은 9절이 8절의 내용을 설명한다는 것을 나타낸다: "이를 위하여 그리스도께서 죽었다가 다시 살으셨으니 곧 죽은 자와 산 자의 주가 되려 하심이니라". 즉 우리가 사나 죽으나 주의 것인데 그 이유는 곧 산 자와 죽은 자의 주가 되기시기 위해 그리스도께서 죽었다가 다시 살으셨기 때문이다. 여기서 "이를 위하여"에이스 투토에서 "이것"투토은 히나in order that절을 받는다. 즉 죽은 자와 산 자의 주가 되시려고 그리스도께서 죽었다가 다시 사셨다. "사셨다"에제이센에서 아오리스트과거형은 진입적 아오리스트ingressive aorist로써 이 땅에서 사셨다는 의미가 아니라 부활하셨다는

3492 Barrett; Cranfield; Scheiner; Morris; contra Dunn; Sanday and Headlam.

3493 Moo; *contra* Viard.

3494 Schreiner, *Romans*, 721.

3495 Käsemann, *Romans*, 372.

뜻을 나타낸다.[3496] 여기서 바울이 부활하다는 뜻으로 동사 아니스테이미(살전4:14)나 혹은 에게이로우(고전15:3-4; 롬8:34)를 쓰지 않고 자오우를 사용한 것은 그리스도의 죽으심과 부활과 성도의 죽음과 생명을 밀접히 연결하기 위해서라고 할 수 있다.[3497] 어떤 학자들은 그리스도의 죽으심은 죽은 자들의 주가 되시기 위해서 부활하심은 산 자의 주가 되시기 위해서라고 해석한다.[3498] 그러나 그리스도께서 산 자와 죽은 자의 주가 되심은 그리스도의 죽으심과 부활하심 전체를 바탕으로 한다.[3499] 여기서 그리스도께서 주가 되심은 그리스도를 주님으로 믿고 영접하는 자에 한정된다.[3500] 이는 9절의 의미가 8절에 연결되기 때문이다. 즉 그리스도께서 주가 되심은 성도들이 주의 것이 되었음을 나타낸다. 그리스도께서 모든 만물의 주이시지만 7-9절의 내용은 그리스도와의 연합을 통한 성도의 윤리를 설명하고 있고 이 점에서 믿는 신자만이 주의 소유가 된 자들이라고 할 수 있다. 바울이 9b에서 산 자와 죽은 자(행10:42; 딤후4:1; 벧전4:5)라고 말씀하지 않고 "죽은 자와 산 자"네크로운 카이 조운토운라고 표현한 것은 이채롭다. 이는 8c의 "사나 죽으나"와 교차대조법chiasm이라고 할 수도 있지만 더 나은 이유는 강조법이라고 할 수 있다. 즉 "죽은 자와 산 자"의 순서는 9a의 "죽으시고 사셨다"와 병렬되며 그리스도께서는 심지어 죽은 자에게도 주가 되신다는 사실을 강조하고 있다.[3501] 동사 쿠리에오우be lord는 여기서 아오리스트과거형으로 되어 있는데 이는 에제이센의 아오리스트형과 마찬가지로 진입적 아오리스트라고 할 수 있다.[3502] 즉 그리스도께서는 그 죽으심과 부활하심을 통해 죽은 자와 산 자의 주가 되신 것이다.

로마서 14:10절의 접속사 데그러나는 7-9절의 내용을 바탕으로 논박법diatribe을 도입하고 있다: "네가 어찌하여 네 형제를 판단하느뇨 어찌하여 네 형

3496 Sanday and Headlam; Murray; Cranfield.
3497 Moo; Dunn; Murray; Gifford.
3498 Bengel; Bruce.
3499 Murray; Cranfield; Moo; Barrett.
3500 Moo; Murray.
3501 Murray; Morris; S-H; Moo; Sanday and Headlam; Käsemann.
3502 Cranfield; Moo.

제를 업신여기느뇨 우리가 다 하나님의 심판대 앞에 서리라". 즉 그리스도께서 죽으셨다가 부활하셔서 죽은 자와 산 자의 주가 되셨는데 네가 어찌하여 네 형제를 판단하느냐는 것이다. 그리고 어찌하여 네 형제를 업신여기느냐는 것이다. 여기서 바울은 3절의 내용을 의문문으로 바꾸어 반복하고 있다. 10절에서 바울은 "형제"아델포스라는 단어를 두 번 반복해서 사용하면서 강한 자와 약한 자의 태도를 꾸짖고 있다.[3503] 바울은 이 단어를 로마서 12:1절에서 한 번 사용하고 14:10절에 와서 처음으로 다시 사용하고 있다. 그리고 13, 15, 21절에서 계속 사용함으로써 성도는 서로가 한 가족의 형제처럼 서로를 존중해야 됨을 암시하고 있다.[3504] 바울이 "형제"라는 단어를 14장에서 다섯 번 사용하는 것은 13-23절의 가르침에 중요한 신학적 의미를 가지고 있다. 캘빈은 이에 대해 "주님께서 우리 중에 형제의 관계를 설정하셨다면 동등한 관계가 준수되어야 한다. 따라서 재판자가 되려고 하는 자는 무례히 행하는 것이다"라고 주석한다.[3505] 형제위에 재판자가 되어 판단하는 것은 하나님의 역할을 대신하려 하는 행위다. 이는 각자가 다 하나님의 심판대 앞에 서게 된다는 사실을 망각한 행동이다. 여기서 동사 파리스테이미출두하다는 재판관 앞에 선다는 기술적 의미를 가진다(행27:24). 명사 베이마법정는 세속 법정을 의미한다(마27:19; 요한19:13; 행7:5; 12:21; 18:12, 16, 17; 25:6, 10, 17). 그리고 바울은 이 명사를 신학적 의미로 사용하고 있다(고후5:10).[3506] 어떤 고대 사본은 본문에서 "하나님"을 "그리스도"로 대체하고 있다. 즉 우리가 다 그리스도의 심판대 앞에 설 것이다는 것이다.[3507] 그러나 대부분의 권위있는 사본은 모두 "하나님"으로 표기하고 있다. 필경사는 9절에 그리스도가 표기되어 있기 때문에 10절에서도 그리스도로 표기했을 수 있다. 아니면 "그리스도의 심판대"를 명시하고 있는 고린도후서 5:10절의 내용과 일치

3503 *contra* Bengel; R. L. Omanson, "The 'Weak' and the 'Strong' and Paul's Letter to the Roman Christians," *BT* 33 (1982) 113.

3504 Hultgren, *Romans*, 514; idem, "The Self-Definition of Paul and His Communities," *SEÅ* 56 (1991) 93-94.

3505 Calvin; Morris, *Romans*, 483.

3506 Moo, *Romans*, 846.

3507 KJV; ℵ^c C^2 P ψ

시키려 했는지도 모른다. 11절에서 바울은 이사야 45:23절을 인용하고 있고 여기서 "주"는 분명히 하나님을 가리키고 있다. 따라서 10절에서 심판대도 하나님의 심판대로 보는 것이 더 타당하다.[3508] 이는 심판대가 하나님의 심판대와 그리스도의 심판대 둘이 존재한다는 의미가 아니다. 하나님과 그 아들 예수는 한 분이시다. 그리고 하나님께서는 그리스도를 통해서 이 세상을 심판하신다.[3509] 즉 하나님께서는 인자로 오신 그리스도에게 이 세상을 심판할 권세를 부여하신 것이다(요5:27). 하나님께서는 판테스모든 사람를 심판하시면서 그 행한 일을 판단하실 것이다.[3510] 이는 약한 자가 강한 자를 정죄하고 강한 자가 약한 자를 업신여긴 행위를 포함한다. 따라서 이러한 일을 행하는 것은 옳지 않은 것이다.

로마서 14:11절의 접속사 갈왜냐하면은 11절이 10절의 내용을 강화하는 내용을 말씀하고 있는 것을 나타낸다: "기록되었으되 주께서 가라사대 내가 살았노니 모든 무릎이 내게 꿇을 것이요 모든 혀가 하나님께 자백하리라 하였느니라". 즉 이사야 45:23절 말씀대로 우리가 다 하나님 심판대 앞에서 설 것이라는 것이다. 인용구를 도입하는 구절 "주께서 가라사대 내가 살았노니"는 이사야 45:23절에 나오지 않고 이사야 49:18절에 나온다. 이에 대해 몇 가지 해석이 제시되고 있다. (i)어떤 학자들은 바울이 이사야 49:18절을 직접적으로 언급하고 있다고 말한다. 그런데 이 도입구는 구약에서 스물 두 구절에 사용되고 있다(민14:28; 렘22:24; 겔5:11).[3511] 따라서 바울이 여기서 이사야 49:18절을 직접적으로 언급하고 있다고 보기 힘들다. (ii)크랜필드는 바울은 11절에서 기억속에 있던 구절을 부지 중 인용하고 있다고 말한다.[3512] 그러나 바울이 로마서에서 많은 구약의 구절을 인용하면서 이렇게 부지 중 인용하고 있다고 할 수는 없다. (iii)블랙은 바울이 구약의 "주님"(Lord)을 그리스도와 일치하기 위해서 이 도입구를 사용한다고 말한다.[3513]

3508 Sanday and Headlam; Morris.
3509 Schreiner; Käsemann; Dunn.
3510 Murray.
3511 Stanley, Paul and the Language of Scripture, 176-77; Dunn; Moo.
3512 Cranfield, *Romans*, 710; Stuhlmacher.
3513 M. Black, "The Christological Use of the Old Testament in the New Testament," *NTS* 18 (1971-72) 8.

그러나 이사야 45:23b에서 "내게 모든 무릎이 꿇겠고 모든 혀가 맹약 하리라"에서 "나"에모이는 하나님을 가리킨다. 따라서 이 구절을 인용하고 있는 로마서 14:11절에서 "나"에모이는 하나님을 가리킨다고 볼 수 있다. 바울은 빌립보서 2:10-11절에서 이사야 45:23절을 인용하면서 이를 예수 그리스도에게 적용하고 있다. 즉 하나님께서 모든 무릎을 예수의 이름에 꿇게 하시고 모든 입으로 예수 그리스도를 주라 시인하여 하나님 아버지께 영광을 돌리게 하셨다. 로마서 10:13절에서도 바울은 구약의 구절을 인용하면서 "주"를 그리스도에게 적용하고 있다. 그러나 로마서 14:11절의 문맥에서 볼 때 10절은 하나님의 심판대를 언급하고 있고 12절도 하나님을 언급하고 있다. 또 11b도 "모든 혀가 하나님께 자백하리라"고 말씀한다. 즉 바울은 하나님께서 최후 심판 때 재판관이심을 강조하고 있다. 따라서 11절의 도입구의 "주"쿠리오스는 하나님을 가리킨다고 보는 것이 문맥에 맞는 해석으로 보인다. (iv)따라서 11절의 도입구는 이사야 49:18절과 특별한 관계 없이 바울이 구약을 통해 익숙하게 알고 있던 구절로써 하나님의 말씀의 단호함을 나타내기 위해 사용한 것으로 보인다. 즉 바울은 이사야 45:32절이 서술하는 말씀이 하나님의 말씀이라는 것을 강조하면서 그만큼 모든 사람들이 최후심판 때 하나님 앞에서 자신의 일을 자백할 것이라는 사실을 강조하고 있다고 할 수 있다. 즉 바울은 11절에서 하나님의 최후 심판을 강조하면서 모든 혀가 하나님께 직고하게 될 것을 상기시키기고 있다. 그만큼 강한 자가 약한 자를 업신여기고 약한 자가 강한 자를 정죄하는 것은 매우 무거운 죄인 것이다.

동사 엑소몰로게오우자백하다는 "약속하다"(눅22:6), 죄를 고백하다(마3:6), 혹은 "인정하다"(빌2:11), "찬양하다"(마11:25; 삼하22:50; 대상29:13; 시85:12; 117:28)는 뜻을 가진다.[3514] 크리소스톰은 이 동사는 최후심판 때 각자 자기가 행한 일에 대해 고백하는 것을 가리킨다고 주석한다.[3515] 그러나 던은 이 동사는 하나님께 경의를 표하는 것을 의미한다고 해석한다.[3516] 그

3514 Morris, *Romans*, 483-84.
3515 Chrysostom; Michel, *TDNT*, 5:215; Fitzmyer.
3516 RSV; Dunn; Moffatt; Schreiner; Sanday and Headlam.

러면 이 두 해석가운데 어느 해석이 더 타당한가. 로마서 14:11절을 빌립보서 2:10-11절을 통해 해석하면 던의 해석이 타당한 것 같다. 그러나 로마서 14:11절을 10-12절의 문맥에서 보면 그리스도의 주되심 보다 최후심판의 엄중함이 더 강조되어 있다. 오스본은 우리가 하나님을 경배하기 전에 우리 죄를 자백해야 될 것이라고 말한다.[3517] 로마교회의 약한 자는 강한 자를 정죄한 것에 대해 잘못했다고 자백해야 될 것이며 강한 자는 약한 자를 업신여긴 것을 자백해야 할 것이다. 이 해석은 12절의 말씀과 논리적 연결이 더 부드럽다.

로마서 14:12절의 접속사 아라 운그러므로은 11절의 내용을 확인하는 결론을 도입한다. 즉 "우리 각인이 자기 일을 하나님께 직고"할 것이다. 여기서 "우리 각인이", "자기 일을", "하나님께", "직고한다"는 표현은 강조의 의미를 반영하고 있다.[3518] 즉 하나님의 최후 심판 때 각자 자기 일을 하나님께 자백하게 될 사람들은 성도 자신들이다. 이에는 예외가 없다. 로곤account은 상업적 의미로써 회계장부를 기록하는 것을 가리킨다.[3519] 그러나 여기서 이 명사는 법률적 개념으로써 재판관 앞에서 말하는 진술을 가리키고 있다. 어떤 사본에는 12절의 마지막 단어인 "하나님께"토우 쎄오우가 빠져 있다.[3520] 그리고 UBS 헬라어 성경은 이를 괄호안에 넣어 12절에 포함시키고 있다. "하나님께"를 12절에 삽입하는 것은 바울의 의미를 더 분명하게 해 준다. 즉 우리가 형제를 판단하고 정죄한다면 하나님께서는 우리를 심판하실 것이다.

(나) 형제를 실족하게 하지 말라(롬14:13-23)

로마서 14:1-12절에서 바울은 약한 자와 강한 자 모두를 가르치면서도 그 초점은 약한 자에게 맞추고 있다. 반면에 13-23절의 권면은 강한 자에게 향해 있다. 즉 바울은 기본적으로 강한 자의 입장에 동의한다. 성도는 고기를 먹을 수도 있고 포도주를 마실 자유를 가지고 있다. 그러나 만일 약한 자가

3517 Osborne, *Romans*, 364.
3518 Denney; Cranfield; Osborne; Dunn.
3519 Morris, *Romans*, 484; 마12:36; 누가16:2; 행19:40; 빌4:17; 히13:17; 벧전3:15; 4:5.
3520 B F G 6 630 1739.

그 영향을 받아 자기 양심을 거스려 고기를 먹고 포도주를 마시게 된다면 이는 저를 실족하게 하는 것이다(13b, 20b-21). 따라서 강한 자는 사랑의 원칙하에 자신의 자유를 제어할 줄 알아야 한다(15절). 이 점에서 바울은 예수님의 가르침을 간접적으로 언급하고 있다(13, 14, 15, 17).3521 문학 구조적 관점에서 어떤 학자들은 이 부분을 두 문단(13-18절; 19-23절)으로 나눈다.[3522] 그러나 무는 이 부분을 세 문단으로 나눈다(13b-16; 17-18; 19-23). 던은 이 부분에서 교차대조법chiastic structure을 발견한다.[3523] 22-23절은 1-3절의 내용을 반복하고 있다. 즉 먹든지 먹지 않든지 믿음으로 해야 한다. 믿음을 좇아 하지 않는 것은 죄이기 때문이다.

로마서 14:13절의 접속사 운그러므로은 10-12절 내용의 결론을 13절에 도입한다. 즉 "우리가 다시는 서로 판단하지 말고 도리어 부딪힐 것이나 거칠 것으로 형제 앞에 두지 않도록 주의"해야 한다. 여기서 바울은 동사 크리노우를 통해 말의유희wordplay를 사용한다. 일인칭 복수 가정법 크리노우멘은 "서로 판단하지 말자"를 의미하는 반면에 이인칭 복수 아오리스트 명령법 크리나테는 "주의하다", "결정하다"를 의미한다. 바울은 여기서 일인칭 복수 가정법을 사용하면서 자신도 이 청유형에 포함하고 있다. 이는 바울 자신도 남을 판단하고 정죄하는 잘못을 저지르지 않도록 해야 된다는 의미를 함축한다. 그리고 이인칭 복수 아오리스트 명령법은 형제 앞에 부딪히는 것을 두지 않도록 항상 조심해야 된다는 것을 의미한다. 명사 부딪힐 것프로스콤마은 넘어짐 혹은 넘어지게 하는 것을 의미한다.[3524] 또 다른 명사 "거칠 것"스칸달론은 문자적으로는 덫의 미끼를 가리키며 은유적으로는 공격하는 것cause of offense, 망하게 하는 것을 의미한다. 신약에서 이 단어는 종종 영적으로 망하게 하는 것을 가리킨다(마13:41; 16:23; 18:7; 눅17:1; 롬9:33; 11:9; 16:17; 고전1:23; 갈5:11; 벧전2:8; 요일2:10; 계2:14). 어떤 학자는 이 두 명사의 뜻을 구분한다. 프로스콤마는 우발적으로 만나는 장애/방해이고 스칸달론은 계

3521 Dunn, *Romans*, 817.
3522 Stuhlmacher; Wilckens.
3523 Dunn; Osborne; Moo; Schmithals; Thompson, *Clothed with Christ*, 200-207.
3524 G. Stählin, *TDNT*, 6:745-47.

획적으로 넘어지게 하는 것이라는 것이다.[3525] 그러나 대부분의 학자들은 이 두 명사가 동의어라고 말한다.[3526] 던은 이 두 명사는 구약에서 주로 우상 숭배와 관련해서 쓰인다고 말한다.[3527] 우상숭배가 믿음을 망하게 한다는 의미는 고린도전서 8:9절프로스콤마과 8:13절스칸달론에 반영되어 있다. 그러나 로마서 14장의 고기와 포도주는 우상숭배와는 직접적 관련이 없다. 따라서 학자들은 로마서 14장에서 바울의 부딪힐 것과 거치는 것에 대한 경고는 예수님의 가르침에 바탕을 두고 있다고 본다(마18:7; 눅17:1-2; 막9:42).[3528] 여기서 넘어지게 하는 것에 대한 경고는 매우 엄중한데 그 이유는 넘어짐이 일시적 믿음의 쇠퇴가 아니라 완전히 믿음을 잃어 버리고 구원을 얻지 못하는 것을 의미하기 때문이다.[3529] 그러면 그 당시 넘어지게 하는 내용은 무엇이었을까. 바울은 로마서 14장에서 구체적으로 이를 설명하지 않고 있다. 혹자는 약한 자들이 강한 자들이 자유로이 고기를 먹지 못하게 하고 포도주를 마시지 못하게 한 것이 "넘어지게 하는 것"이었다고 추측한다.[3530] 그러나 그 반대의 경우도 상상할 수 있다. 즉 "넘어지게 하는 것"은 강한 자들이 약한 자들에게 영향을 미쳐서 약한 자로 하여금 그 양심에 찔림을 무릅쓰고 고기를 먹고 포도주를 마시게 한 것이라고 볼 수도 있다.[3531] 그럼으로써 약한 자들은 의도적인 죄 즉 고범죄를 짓는 결과를 가져오게 되었던 것이다. 이에 따라 주로 유대인 성도들이었던 "약한 자"들 중에는 강한 자들의 무분별한 자유의 행사를 혐오하게 되서 교회를 떠나게 되었을 수도 있다. 그 결과는 그들의 영혼이 망하게 하는 죄를 짓게 된 것이다. 주님께서는 이러한 죄를 짓는 것에 대해 엄중히 경고하고 계시며 바울도 이를 바탕으로 이에 대한 경고를 하고 있다(마18:6).

3525 Leenhardt.

3526 G. Stählin, *TDNT*, 7:341; Murray; Moo; Michel; Wilckens; K. Müller, *Anstoss und Gericht, Eine Studie zum jüdischen Hintergrund des paulinischen Skandalon-Begriffs* (München, 1969) 32-35.

3527 프로스콤마 (출23:33; 34:12; 렘3:3; 1QS 2.11-12, 17); 스칸달론 (삿2:3; 8:27; 시106:36; 호4:17; 바 1:3; Wisd Sol 14:11); Dunn, *Romans*, 817; *TDNT*, 6:749.

3528 Dunn; S-H; Dodd; Cranfield; Allison, "The Pauline Epistles," 14-15.

3529 Schreiner, *Romans*, 733-35; *contra* Gundry Volf.

3530 Jewett, *Tolerance*, 135.

3531 J. Murray, "The Weak and the Strong," *WTJ* 12 (1949-50) 144-49.

로마서 14:14절은 왜 성도가 다른 성도 앞에 부딪히는 것이나 거치는 것을 두지 말아햐 하는지 설명하고 있다: "내가 주 예수 안에서 알고 확신하는 것은 무엇이든지 스스로 속된 것이 없으되 다만 속되게 여기는 그 사람에게는 속되니라". 바울이 주 예수 안에서 "알고"오이다 "확신한다"페레이스마이는 표현은 호티가 이끄는 목적절의 내용을 강조하고 있다. 즉 "무엇이든지 스스로 속된 것이 없으며 다만 속되게 여기는 그 사람에게는 속되다." 여기서 형용사 "속되다"코이노스는 문자적으로 "평범한"을 의미한다. 그러나 칠십인역에서 이 단어는 유대 음식법에서 "깨끗하지 않다"는 히브리 말 타메이에 상응하는 단어로 사용되면서 "더러운", "깨끗하지 않은"의 뜻으로 사용되게 되었다(레11:4-8; 신14:7-10; 호9:3).[3532] "주 예수 안에서"는 (i)예수 그리스도와의 교제를 통해서[3533], (ii)그리스도께서 가르치신 진리의 이해를 통해서[3534], 혹은 (iii)그리스도께서 주신 가르침을 통해서를[3535] 의미한다. 예수께서는 마가복음 7:19절에서 모든 식물이 깨끗하다고 가르치셨다. 사도행전 10:10-16절도 그리스도께서 구속을 완성하신 시대에 유대인 성도는 이방인들의 음식을 더이상 부정한 음식으로 여기지 않아야 됨을 암시한다. 따라서 모든 식물이 깨끗하다는 사실은 예수님의 가르침에 바탕을 두고 있다고 볼 수 있다. 또한 "주 예수 그리스도 안에서"라는 표현은 바울의 전형적인 표현 "그리스도 안에서"in Christ를 연상시킨다. 즉 누구든지 그리스도와 연합된 자에게는 더 이상 깨끗하지 않은 식물이 없다는 것을 의미한다. 그렇다면 우리는 위의 세 해석을 정확히 구분하는 것은 무의미하다는 것을 알 수 있다.[3536] "주 예수안에서"는 예수와의 연합을 통해서 주님의 은혜안에 있는 것을 가리킨다고 할 수 있다. 즉 새 언약의 시대에 그리스도와 연합된 성도는 주님의 가르침을 따라 구약적 개념의 정한 식물과 깨끗하지 않은 식물을 구분하는 것은 더 이상 의미가 없다는 뜻이다.[3537]

3532 1 Macc 1:47, 62; Jud 12:7; *Jub*. 3.8-14; *Pss. Sol*. 8.12, 22; 1 QS 3.5; *Sib*. Or. 3.591-92; Dunn, *Romans*, 818-19.

3533 NIV; Dodd; Murray; Morris; Fitzmyer; Sanday and Headlam.

3534 REB; Käsemann; Godet; Wilckens.

3535 Cranfield; Dunn; Schreiner; Michel; Thompson; Lagrange; Leenhardt; H. W. Schmidt.

3536 Osborne.

어떤 사본은 디 헤아우투스스로 대신 디 아우투그를 인해서를 포함하고 있다.[3538] 그러나 대부분의 학자들은 전자를 원문으로 보고 있다.[3539] 어떤 식물이든지 그 자체in itself로 속된 것은 없다는 뜻이다. 에이 메이는 "…을 제외하고"except를 의미하지만 여기서는 역접의 의미인 "그러나"알라로 번역이 가능하다.[3540] 무엇이든지 스스로 속된 것이 없지만 그러나 속되게 여기는 그 사람에게는 속된 것이다. 이는 옳고 그릇 것을 판단하는 기준에 주관적 관점이 내포되어 있다는 것을 말한다. 무는 약한 자들도 새 언약의 시대에 모세의 음식법이 더 이상 유효하지 않다는 것을 알고 있었을 것이라고 생각한다. 그러나 그들은 문화적으로 음식법의 전통에 젖어 있었기 때문에 이를 탈피하는 일이 쉽지 않았을 것이라는 것이다.[3541] 그러나 약한 자들의 문제는 비단 전통의 습관을 벗어나지 못하는 것 만이 아니었다. 바울은 15절에서 약한 자들이 "근심하게"루페오우 되었다고 서술한다. 이는 강한 자가 고기를 먹고 포도주를 마시는 것을 법을 어기는 것으로 생각했다는 것을 나타낸다. 다시 말해 약한 자는 믿음 뿐 아니라 율법에 바탕을 둔 특정한 전통도 구원을 위해 필요한 것으로 여겼다는 것을 말한다. 그런데 강한 자는 이를 무시하고 그리스도인의 자유의 원칙에 따라 행동했다. 그들은 약한 자들이 이로 인해 마음에 고통을 느끼는 것을 개의치 않았다. 이는 형제를 실족하게 하는 죄를 짓는 것이다. 오스본은 바울의 이 가르침은 아디아포라의 문제를 설명하고 있다고 본다. 즉 특정한 음악을 듣는 일, 카드놀이, 춤추기, 교제를 위한 음주행위 등의 문제에 바울의 가르침을 적용할 수 있다는 것이다.[3542] 그러나 이런 일들을 자제해야 된다고 생각하는 성도는 모세의 법보다는 성도의 성화적 관점에서 판단하고 있다고 볼 수 있다. 세상 음악을 듣고 춤을 추고 하는 일들은 자제력을 잃게 하고 궁극적으로 성령을 소멸하게 만들 수도 있는

3537 C. Heil, *Die Ablehnung der Speisegebote durch Paulus: Zur Frage nach der Stellung des Apostels zum Gesetz* (Bonner biblische Beiträge 96. Weinheim: Beltz Athenäum, 1994).

3538 A C* D F G.

3539 Sanday and Headlam; Morris; Cranfield; Schreiner; Dunn.

3540 Moo; Michel; Dunn; Cranfield; Zerwick; Käsemann; contra Wilckens; O. E. Evans, "Paul' s Certainties. III. What God Requires of Man - Romans xiv.14," *ExpTim* 69 (1957-58) 201-2.

3541 Moo, *Romans*, 853.

3542 Osborne, *Romans*, 368; Murray.

행위가 될 수 있다. 따라서 여기서 바울의 가르침이 아디아포라 교리를 정립하고 있는 것으로 보기는 힘들다.[3543] 로마서 7:6절 말씀대로 우리는 모세의 율법으로부터 해방되었지만 성령의 새로운 것을 섬기는 종이 되었다. 다시 말해 아디아포라의 개념을 사용해 그리스도인의 자유에 입각해서 모든 것을 할 수 있다고 생각하는 사람은 이로 인해 다른 성도들이 마음에 근심할 수 있다는 것을 생각해 줄줄도 알아야 하는 것이다.[3544]

로마서 14:15절의 에이 갈왜냐하면 만일은 13절에 직접 관련된다: "만일 식물을 인하여 네 형제가 근심하게 되면 이는 네가 사랑으로 행치 아니함이라 그리스도께서 대신하여 죽으신 형제를 네 식물로 망케 하지 말라".[3545] 즉 14절은 13절에 이론적 설명을 제공하는 괄호안의 내용이라고 할 수 있다. 13절에서 바울은 우리가 형제 앞에 부딪히는 것이나 거치는 것을 두지 않도록 주의하라고 경고한다. 15절은 그 이유를 설명하고 있다. 즉 "만일 식물을 인해 네 형제가 근심하게 되면 이는 네가 사랑으로 행하지 아니한 것이다." 그리고 그렇게 하는 것은 그리스도께서 대신하여 죽으신 형제를 네 식물로 망하게 하는 것이다. 여기서 동사 "근심하다"루페오우는 칠십인역에서 흔히 "화나게 하다"는 의미로 쓰인다(삼상29:4; 삼하13:21; 왕하13:19; 느5:6; 에1:12; 2:21; 욘4:1, 4, 9). 그러나 여기서 약한 자들은 강한 자들의 무분별한 행동 때문에 잠시 화나게 되었다는 의미가 아니다. 약한 자들은 강한 자들의 행동 때문에 고통을 당하고 마음의 상처를 입게 된 것을 의미한다.[3546] 따라서 이 단어의 번역으로는 KJV의 "근심하다"grieved 보다는 NIV의 "고통을 겪다"distressed가 더 나은 번역으로 보인다. 이 번역은 15절 후반의 동사 "망하다"아폴루미의 뜻과 병렬된다. 어떤 학자는 동사 "망하다"는 영원한 멸망을 가리키는 것이 아니고 일시적 심리적 고통을 의미한다고 말한다.[3547] 이와 같은 맥락에서 스토트는 약한 자들이 영원한 지옥형벌속으로 망했다고 볼 수 없는

3543 Dunn, *Romans*, 820; Käsemann.
3544 Schreiner, *Romans*, 736.
3545 Moo; Schlier; Cranfield; Murray; Michel.
3546 Murray, *Romans*, II, 190-91.
3547 Gundray Volf, *Paul and Perseverance*, 85-97; Murray; M. Black, *Romans*, 168.

이유는 이들의 양심에 고통을 받은 이유는 자신들의 죄 때문이 아니라 강한 자들의 무분별한 행동 때문에 느낀 고통이기 때문이라고 말한다.[3548] 그리고 약한 자들이 멸망했다고 볼 수 없는 이유는 이 해석이 성도는 망하지 않고 끝까지 인내하다가 구원을 받는다는 로마서 8:28-39절 말씀과 모순되기 때문이라는 것이다. 머레이도 여기서 약한 자들이 배교의 죄를 지었다고 볼 수 없다고 말한다. 약한 자들은 강한 자들에 의해서 신앙에서 잠시 멀어졌을 뿐이며 회개하지 않을 경우 멸망에 이를 수도 있었다는 것이다.[3549] 반면에 훌트그런은 15절에서 바울이 강한 자에 대한 명령형에서 복수가 아니라 단수 "너"를 사용한 것은 로마교회에 존재하던 특정집단에 대해 말씀하는 것이 아니라 가르침을 주기 위해서 가정하는 한 집단과 장광설법을 사용해서 대화하고 있는 것이라고 말한다.[3550] 이 주석가들은 약한 자들이 실제로 망한 것이 아니라는 점에 의견이 일치한다.

이와 반면에 쉬라이너는 여기서 동사 "망하다"는 지옥으로의 영원한 멸망을 가리킨다고 주석한다(롬2:12; 고전1:18, 19; 10:9, 10; 15:18; 고후2:15; 4:3; 살후2:10).[3551] 이에 동의하면서도 무는 고린도전서 10:9, 10; 고후4:9절은 이에 포함시키지 않는다.[3552] 그러나 그도 여기서 현재 이인칭 명령법 아폴루에는 약한 자들이 이미 믿음에서 멀어져 멸망에 빠져가고 있는 것을 가리킨다고 주석한다. 이 해석은 이전의 동사 "고통을 겪다"루페오우의 의미와 병렬된다. 약한 자들은 강한 자들의 도덕적 입장의 압박속에서 견디지 못하고 그 양심을 거스려 고기를 먹고 포도주를 마시면서 고통을 겪었을 것이다. 그리고 믿음에서 멀어져 멸망으로 빠져들었을 것이다. 이는 13절에 말씀된 거치는 것과 부딪치는 것의 뜻이 복음서에서 배교와 밀접한 관계를 가진다는 점에서 타당한 해석이라고 할 수 있다(마13:20-21; 18:6-7). 그러면 약한 자들이 실제로 배교의 죄를 범했는가. 바울은 이에 대해 분명하게 기술하지

3548 Stott, *Romans*, 365-66.

3549 Murray, *Romans*, II, 192.

3550 Hultgren, *Romans*, 518.

3551 Schreiner, *Romans*, 734; Oepke, *TDNT*, 1:396; Barrett; Cranfield; Stuhlmacher; Byrne, *Romans*, 416; Reasoner, *The "Strong" and the "Weak"*, 68-70.

3552 Moo, *Romans*, 854.

않고 있다. 다만 23절에 의심하고 먹는 자는 정죄되었고 믿음으로 하지 아니한 모든 것이 죄라고 말씀하고 있을 뿐이다. 이 말씀에 근거해서 우리가 상상할 수 있는 것은 약한 자들이 강한 자들의 압박속에 못이겨 고기를 먹으면 않되는데 생각하면서 고기를 먹고 포도주를 마시면 않되는데라고 생각하면서도 마셨다면 그들은 자신들의 양심에 있는 법을 거스려 행동한 것이 된다. 이는 로마서 2:12-15절의 말씀과 연관해서 볼 때 약한 자들은 자신이 옳다고 하는 것을 거스려 행함으로써 자신들의 마음에 있는 법을 고의로 어긴 것이 된다. 이 해석이 신빙성이 있는 것은 로마서 2:16절의 말씀이 로마서 14:10-12절의 말씀과 정확히 일치하고 있는다는데 있다. 즉 최후심판 때 모든 사람의 마음의 생각이 하나님앞에 적나나하게 드러나게 될 것이고 이에 따라 하나님의 심판이 있게 되는 것이다. 이 때 믿음으로 하지 않은 모든 것이 정죄될 것인데 만일 약한 자들 중에 영벌을 받게 되는 사람이 있다면 이는 그가 예수 그리스도를 믿음보다는 유대주의 전통을 구원을 위한 더 본질적인 요소로 생각하고 있었기 때문이었다고 볼 수 있다. 따라서 약한 자 중에 멸망한 자들이 있었다면 이들은 진정으로 믿음을 통해서 중생한 신자들이 아니었다고 볼 수 있다.[3553] 바울이 여기서 "형제"아델포스라는 단어를 사용하지만 이 단어가 진정으로 중생한 신자를 가리킨다기 보다는 일반적으로 믿음의 공동체안에 있는 성도를 가리키는 단어로 보는 것이 맞는 해석이다.[3554] 호지가 맞게 말한대로 신자는 믿음으로 견인할 때 구원받는다. 만일 그들이 배교한다면 멸망받을 것이다. 성도는 배교할지라도 보존되는 것이 아니라 배교로부터 지켜지는 것이다.[3555]

여기서 강한 자들이 고기를 마음대로 먹고 포도주를 마음대로 마심으로써 약한 자들을 멸망에 이르게 하는 결과를 가져오는 행위도 중한 죄다. 이는 15a에서 말씀하는 "네가 사랑으로 행치 아니함이다"에 나타나 있다. 성도는 사랑을 바탕으로 행해야 한다(롬12:9-21; 13:8-10). 그렇지 않으면 육을 따

3553 *contra* Stott.
3554 Moo, *Romans*, 855.
3555 Hodge, *Romans*, 424.

라 행하는 것이고 성령의 인도를 받아 사는 삶으로 볼 수 없다. 따라서 이는 믿음에 바탕을 둔 행동이 아니고 정죄받을 행동이라고 볼 수 있다. 이 말씀이 엄중한 이유는 강한 자들이 그리스도께서 대신하여 죽으신 형제를 식물로 망하게 하는 것이 되기 때문이다. 여격 "식물로"토우 브로우마티는 인과적 혹은 도구적 여격으로 볼 수 있다. 15a의 "디아 브로우마"식물을 인하여에 연결해 해석하면 인과적 여격으로 보는 것이 더 낫다.[3556] 주님께서 자신의 목숨을 죽기까지 내어주시면서 형제를 사랑하셨는데 우리가 하찮은 식물의 문제로 인해서 그들을 망하게 한다면 이는 그리스도께 죄를 짓는 것과 같다.

로마서 14:16절의 접속사 운그러므로은 16절이 14–15절의 내용의 결론임을 나타낸다. 즉 그러므로 "너희의 선한 것이 비방을 받지 않도록 해야한다." 여기서 "너희"는 이인칭 복수 대명사이다. 이는 15절에서 사용한 이인칭 단수 대명사로부터 전환된 것이다. 따라서 어떤 학자들은 15절에서는 강한 자에 대해 말씀하고 있는 반면에 16절에서 바울은 약한 자와 강한 자 모두에 대해 말씀하고 있다고 생각한다. 이에 의하면 "선한 것"아가쏜은 강한 자가 누리던 그리스도인의 자유가 아니라 "믿음", "하나님 나라"[3557], "복음"[3558], 혹은 "교회의 가르침"[3559] 등 보다 일반적인 것을 가리키고 있다는 것이다.[3560] 그리고 이에 따라 비방은 약한 자가 강한 자에 대해 말하는 비방이 아니라 불신자가 성도에게 말하는 비방이라는 것이다.[3561] 이 해석은 타당한 면이 있다. 약한 자와 강한 자가 갈등하고 서로 반목하고 싸웠다면 믿지 않는 친척들이나 이웃들이 이를 알게 되었을 것이고 그리스도의 복음이 훙잡히는 일이 발생할 수 있었다는 것을 부정할 수 없다. 그러나 대부분의 학자들은 여기서 "좋은 것"은 그리스도인의 자유라고 생각한다.[3562] 그것은 15절에서 바울은 강한 자에게 권면하고 있고 이 주제는 21절까지 계속되고 있기

3556 Turner.
3557 Barth.
3558 Hendriksen; Morris.
3559 Ambrosiaster; Lagrange.
3560 Dunn; Michel; Cranfield; Schlier; Schreiner; Stuhlmacher; Thompson.
3561 Morris; Barrett; Stuhlmacher; Cranfield, *Romans*, 716.
3562 Moo; Murray; Calvin; S-H; Fitzmyer; Sanday and Headlam; H. Moule; Ziesler; Barrett.

때문이다. 머레이는 여기서 비방하다는 단어는 꼭 불신자가 신에게 비방하는 것만을 가리키지 않는다고 말한다(마9:3; 26:65; 27:39; 막2:7; 3:28, 29; 15:29; 눅12:10; 22:65; 23:39; 요10:36; 행26:11; 롬2:24; 딤전1:20). 바울이 고린도전서 10:30절에서 "만일 내가 감사함으로 참예하면 어찌하여 내가 감사하다 하는 것에 대하여 비방을 받으리요"라고 말씀할 때 비방을 받는 것은 강한 자가 감사하는 것에 대한 비방 즉 그 자유에 대한 비방을 가리킨다는 것이다. 그러나 쉬라이너는 로마서 14:16절과 고린도전서 10:30절에 설명되고 있는 비방이 다르다고 본다.[3563] 로마서 14:16절에서 비방은 좋은 것에 대한 비방인 반면 고린도전서 10:30절에서 비방은 사람에 대한 비방이라는 것이다. 그러나 여기서 사람에 대한 비방과 그 사람에게 속한 것에 대한 비방을 구분하는 것은 큰 의미가 없다. 따라서 위 두 구절은 서로 병렬되고 있고 이 비방은 믿음의 공동체 안에 있었던 현상으로 보는 것이 더 문맥에 맞다. 그리고 이 비방은 약한 자가 강한 자에게 말하던 비방이었다.3564 따라서 강한 자는 자신의 자유를 무분별하게 사용해서 약한 자로부터 비방을 받는 일이 없도록 해야한다는 것이다.

로마서 14:17절의 접속사 갈왜나하면은 17절이 15-16절의 내용을 설명하고 있다는 것을 나타낸다. 즉 강한 자는 그 자유를 사용해서 비방을 받지 않도록 해야 하는데 그 이유는 "하나님의 나라는 먹는 것과 마시는 것이 아니고 오직 성령 안에서 의와 평강과 희락이"기 때문이다. 바울은 여기서 하나님의 나라의 개념을 바탕으로 강한 자가 무분별하게 먹고 마시는 자유를 사용하는 것을 제어하고 있다. 바울은 그의 서신에서 "하나님의 나라"를 자주 언급하지는 않는다(고전6:9, 10; 15:50, 54; 갈5:21; 엡5:5; 골4:11; 살전2:12; 살후 1:5).[3565] 그것은 로마제국을 두루 전도여행하면서 로마가 아닌 다른 왕국을 선전하고 다니는 것은 선동의 혐의를 받을 가능성이 있기 때문이었을 것이다(행17:6-7; 막15:26).3566 바울은 하나님의 나라를 언급하는 대신 "의"

3563 Schreiner, *Romans*, 740.

3564 Michel; Moo; S-H; Wilckens; Gaugler; Murray; Sanday and Headlam; Byrne.

3565 K. P. Donfried, "The Kingdom of God in Paul," in *The Kingdom of God in Twentieth Century Interpretation* (ed. W. Willis; Peabody, MA: Hendrickson, 1987) 175-90.

를 강조하고 있다.[3567] 던은 17절이 복음서의 예수님의 축귀를 통해 나타난 하나님의 종말적 지배의 개념을 바탕으로 하고 있다고 말한다(마12:28; 눅11:20).[3568] 복음서가 성령의 역사를 통해서 하나님의 종말적 지배가 나타나는 것을 말씀하는 것처럼 바울도 종말의 긴장의 중심에 성령의 사역을 언급한다. 즉 미래에 완성될 하나님 나라는 성령의 오심으로 이미 도래하기 시작한 것이다. 이 이미 도래한 하나님의 나라는 교회안에서 성도들이 성령을 통해 누리는 의와 평강과 희락인 것이다. 이는 17a의 "먹는 것과 마시는 것"브로우시스 카이 포시스으로 대표되는 신앙태도와 완전히 대조된다(마6:25; 11:18, 19; 고전9:4; 10:7; 10:31; 11:22). 무는 여기서 강한 자들의 태도가 바리새인들의 태도와 반대의 공통점이 있다고 생각한다.[3569] 즉 바리새인들이 의와 자비와 믿음을 희생하고 의식법을 고수한 것처럼 강한 자들도 성령안에서 의와 평강과 희락을 희생한 채 의식법으로부터의 자유를 즐기는데만 착념했다.

여기서 의와 평강과 희락은 법률적 개념이라는[3570] 해석과 윤리적 개념이라는[3571] 해석이 있다. 전자의 해석을 대표하는 던은 "의"는 믿음을 통해서 하나님께서 주시는 지위를 가리킨다고 본다. 그리고 평화는 하나님께서 주시는 종말적 평화이며 "기쁨"은 실속없는 개인의 느낌이 아니라 핍박속에서 유지되는 하나님에 대한 신뢰를 가리킨다는 것이다(마5:12; 롬5:3–5; 고후7:4; 살전1:6; 벧전1:6).[3572] 이와 반면에 무는 여기서 의는 믿음의 공동체 내에서 성도간의 올바른 행위를 가리킨다고 본다.[3573] 평화도 로마서 5:1절에서 가리키는 하나님과의 화목된 상태를 의미하는 것이 아니고 성도간에 존재하는 조화와 협력을 의미한다는 것이다. 이 해석을 따르는 머레이는 희락카라은 성도 마음에 느끼는 주관적 개념이므로 이와 병렬관계에 있는 의와 평

3566 Dunn, *Romans*, 822.
3567 E. Jüngel, *Paulus und Jesus* (HUTh 2. 6th ed. Tübingen: J. C. B. Mohr [Paul Siebeck] 1986) 267.
3568 Dunn, *Romans*, 822.
3569 Moo, *Romans*, 856.
3570 Dunn; Schlier; Michel; Käsemann; Schreiner; Cranfield; Morris; Hodge; Osborne; Stott.
3571 Barrett; S-H; Moo; Murray; Sanday and Headlam; Thompson; Stuhlmacher.
3572 Dunn, *Romans*, 823.
3573 Moo, *Romans*, 857.
3574 Murray, *Romans*, II, 194.

강도 법률적 개념이 아니라 윤리적 개념으로 보아야 한다고 주장한다.[3574] 그리고 19절에서 우리가 화평의 일과 서로 덕을 세우는 일에 힘써야 된다고 청유하는 표현은 17절의 의와 평강이 성도 상호간의 윤리적 개념임을 나타낸다고 해석한다. 그러나 우리는 여기서 세 명사의 법률적 의미를 그 윤리적 의미에서 완전히 구분하는 것은 어렵다. 의와 평강과 희락은 하나님께서 법률적으로 주신 선물이며 하나님의 나라를 특징짓는 요소다. 이와 동시에 성령의 내주하심을 입은 성도의 윤리는 의와 평화와 희락으로 나타난다. 다시 말해 이 세가지 요소는 성령의 은사라고 할 수 있다. 이 점에서 이 요소들의 법률적 의미는 윤리적 의미의 바탕이 된다. 그리고 그와 동시에 이는 윤리적 의미와 긴밀히 연결되어 있다고 할 수 있다.[3575] 크랜필드는 여기서 "성령안에서"엔 뉴마티 하기오우는 바로 그 앞의 명사 카라희락에 걸린다고 본다.[3576] 그러나 이 전치사구에서 엔in은 장소적 혹은 도구적 의미를 다 포함하며 그 앞의 세 명사 의, 평강, 그리고 희락에 모두 걸린다고 보는 것이 맞는 해석이다. 즉 믿음의 공동체 개개인이 성령을 통해서 윤리적으로 의로운 삶, 상호간에 평화, 그리고 삶의 기쁨을 가지는 종말적 축복을 현재 이미 누리는 것이다.[3577]

로마서 14:18절의 접속사 갈왜냐하면은 18절이 17절의 내용을 설명한다는 것을 나타낸다. 즉 성도가 성령안에서 하나님 나라의 의와 평강와 희락속에 사는 것은 "그리스도를 섬기는 자는 하나님께 기뻐하심을 받으며 사람에게도 칭찬을 받"기 때문이다. 하나님을 기쁘시게 하고 이웃에게 칭찬을 받는 삶에는 의와 평강과 희락이 있다. 바울은 성도가 그리스도의 종으로써(롬 1:1; 6:16; 7:6; 12:11) 사는 삶과 하나님을 기쁘시게 하는 것을 밀접히 연결해서 말씀하고 있다. 6-8절에서 바울은 성도는 살아도 주를 위해 살고 죽어도 주를 위해 죽는다고 말씀한다. 이는 성도의 종말적 윤리는 그리스도의 뜻에 따른 삶에 바탕을 두고 있다는 것을 가리키고 있고 그 결과는 하나님을 기쁘

3575 Morris; Dunn.
3576 Cranfield; M. Black; M. Thompson; Michel; Conzelmann.
3577 Schreiner; Schlatter; Fitzmyer; Fee; Käsemann; Schlier.

시게유아레스토스 하는 것이다(롬12:1). 여기서 "이로써"엔 투토우는 무엇을 가리키는가. 이에는 여러 해석이 있다: (i)성령[3578]; (ii)"의, 평강, 희락"[3579]; (iii)섬기는 태도로써 17절에 설명된 하나님 나라 중심[3580]; (iv)먹는 것과 마시는 것이 부차적인 일이라고 인식하는 것[3581]; (v)17절 전체의 말씀[3582]; (vi)바울이 지적하는 "이 일에 있어서"in this matter [3583]. 바울이 여기서 중성 지시대명사 투토우로 17절의 성령을 가리키는 것으로 보는 것은 문법적으로 어색하다. 바울서신에서 엔 투토우는 여섯 번 사용되고 있다. 그리고 "이것"의 선행사는 그 이전의 문맥에 나타난 일 혹은 상황이다(고전4:4; 7:24; 11:22; 고후5:2; 8:10; 빌1:18).[3584] "의, 평강, 희락"은 단수 지시대명사 투토우로 받을 수 없다. 따라서 (ii)는 적절하지 않다. (iii)과(iv)는 의미를 바른 방향에서 잡고 있는데 그러나 의미를 조금 한정하고 있다. (v)와(vi)은 큰 차이는 없어 보인다. 그러나 문법적으로, (v)가 지시대명사 투토우가 가리키는 의미로써 제일 좋은 해석이다. 즉 먹고 마시는 일을 부차적인 것으로 여기며 성령안에서의 평강 희락을 가지는 하나님 나라의 관점에서 그리스도를 섬기는 사람은 하나님을 기쁘시게 하고 사람에게도 칭찬을 받는다. 여기서 형용사 도키모스는 시험을 통해 입증된, 공인된, 진품인 등의 뜻을 가진다(롬16:10; 고전11:19; 고후10:18; 13:7; 딤후2:15; 약1:12). 그럼 누구에게 입증이 되는가. 어떤 학자는 여기서 "사람"안쓰로포스은 신자와 불신자 모두를 가리킨다고 말한다.[3585] 그것은 도키모스가 16절의 동사 "비방하다"와 대조적 관계에 있기 때문이라는 것이다. 무는 18절의 도키모스와 16절의 블라스페이메이스쏘우비방하다가 대조되고 있다는 것을 인정한다.[3586] 그러나 16절에서 비방하는 자들이 약한 자들을 가리킨다고 보기 때문에서 18절에서 강한 자를 공인하는

3578 Wilckens; Origen.
3579 S-H; Cranfield; Sanday and Headlam; Käsemann; Fitzmyer; Cranfield; Morris; Black.
3580 Moo;
3581 Barrett.
3582 Schreiner; Osborne.
3583 Dunn; Michel.
3584 Moo, *Romans*, 858.
3585 Cranfield; Schreiner; Dunn; Fitzmyer; Morris; Murray; Stuhlmacher.
3586 Moo, *Romans*, 858.

사람도 약한 자들이라고 해석한다. 무의 해석은 타당하게 보인다. 여기서 형용사 도키모스는 일반적인 칭찬이나 칭송을 의미하지 않는다.[3587] 이는 강한 자의 믿음이 진실된 것으로 입증되는 것을 의미한다. 그렇다면 강한 자의 믿음을 진실된 믿음이라고 입증하는 판단을 내릴 수 있는 사람은 믿음의 공동체안의 약한 자들이지 이 세상 사람들이라고 볼 수 없다. 이 세상 사람들은 이 문제에 관심도 없을 뿐 아니라 이를 판단할 자격이나 능력도 없기 때문이다.

로마서 14:19절의 "아라 운"이러므로은 로마서 5:18; 7:25b; 8:12절에도 쓰인 바 있다: "이러므로 우리가 화평의 일과 서로 덕을 세우는 일을 힘쓰나니". 19절에서 "아라 운"은 17-18절에 제시된 하나님 나라 원칙의 귀결로써 이를 실천하자는 청유형을 이끌고 있다. 동사 "힘쓰다"디오우코우는 어떤 사본에는 직설법 디오우코멘으로 쓰여 있다.[3588] 그러나 이를 가정법 디오우코우멘으로 표현하고 있는 사본들도 있다.[3589] 이를 직설법 보다 가정법을 원문이라고 보는 이유는 (i)헬라어 사본의 필경사가 실수로 오미크론을 오메가로 바꾸는 경우보다 오메가를 오미크론으로 바꾸어 쓰는 경우가 흔하다. (ii)17-18절이후 19절에서 청유형이 사용되는 것이 논리적으로 맞다. (iii)이 동사가 직설법일 경우는 20a에서 쓰인 이인칭 단수 명령법이 어색한 돌출이 된다.[3590] "평화를 추구하다"는 표현은 신약에서 디모데후서 2:22; 히브리서 12:14; 베드로전서 3:11절에도 발견된다. 그러나 바울은 여기서 화평을 가져오는 일들타 테이스 에이레이네이스을 힘쓰자라고 말씀한다. 여기서 평화는 하나님과의 수직적 화목이 아니라 형제 상호간의 수평적 평화를 가리킨다.[3591] 따라서 평화를 가져오는 일들은 20-22절에서 설명된 것처럼 강한 자가 고기를 먹고 포도주를 마시는 자유를 사용하지 않는 일과 같은 일들을 포함한다. 평화를 가져오는 일들은 "세워주는 일들"타 테이스 오이코도메이스과 병렬된다. 명

3587 *contra* Käsemann; Schreiner; Grundmann, *TDNT*, 2:260.
3588 ℵ A B G^{gr}
3589 C D ψ
3590 Cranfield, *Romans*, 720-21; Foerster, *TDNT*, 2:416; Morris.
3591 Moo; Cranfield.

사 오이코도메이는 문자적으로 "세우는 일", 혹은 "건물"을 의미한다(마24:1; 막13:1). 바울은 그 은유적 의미로써 이를 자신의 사역을 가리키는 단어로 종종 사용한다(롬15:20; 고전3:9-10; 고후10:8; 13:10). 이 단어는 영적으로는 세움, 교화, 믿음의 성장 등을 의미한다(롬15:2; 고전14:3, 5, 12, 26; 고후10:8; 12:19; 13:10; 엡4:12, 16, 29).[3592] 무는 19절에서 이 명사는 개인의 경건의 고양이라는 뜻보다는 믿음의 공동체가 서로 협력하고 세워주는 의미를 가진다고 말한다(고전3:9; 14:5, 12; 엡4:12, 16).[3593] 그러나 "세우는 일"타 테이스 오이코도메이스을 수식하는 에이스 알레이루스서로는 개인 개인이 서로 덕을 세우는 측면을 배제하지 않는다. 이 점에서 서로 덕을 세우기를 힘쓰는 것은 개인과 공동체 전체에 다 해당하는 가르침이라고 보는 것이 더 적절한 해석으로 보인다.[3594] 강한 자가 약한 자를 위해서 자신의 자유를 절제하는 것은 실로 성도 개개인을 온전하게 하는 일이 되며 나아가 그리스도의 몸을 세우는 결과를 가져온다(엡4:12).

로마서 14:20절은 19절의 내용의 반대의 측면을 다룬다. 바울은 여기서 이인칭 단수 명령법을 사용하며 권면한다. "식물을 인하여 하나님의 사업을 무너지게 말라 만물이 다 정하되 이를 먹음으로써 넘어지게 하는 사람에게는 악하니라"(KJV). 여기서 동사 "무너뜨리다"카타루오우는 문자적으로 건물을 무너뜨리는 것을 의미한다(마24:2; 26:61; 27:40; 막13:2; 14:58; 15:29; 눅21:6; 행6:14). 20절에서 이 단어는 은유적 의미로 사용되고 있고 15절의 아폴루미(망하게 하다)와 동의어이며 19절의 오이코도메이와 반대의 의미를 가진다. 바울은 식물을 인하여 하나님의 사업을 무너지게 하지 말라고 명령한다. 여기서 "하나님의 사업"토 엘곤 투 쎄우는 무엇을 가리키는가. 학자들은 이는 (i)교회 공동체[3595]; (ii)로마교회내의 약한 자들[3596]; (iii)성도 개개인[3597]; (iv)그리스도의 십자가로 성취된 것[3598] 혹은 (v)개인의 구원과 교회 공동체

3592 O. Michel, *TDNT*, 5:144-47.
3593 Moo; Dunn; Barrett; Ridderbos.
3594 Cranfield; Godet; Osborne.
3595 Moo; Barrett; Dunn; Schlier; S-H; Lietzmann; Wilckens; Käsemann; Sanday and Headlam.
3596 Murray; Cranfield; Fitzmyer; Godet; Morris; Lagrange; Gaugler.
3597 Boylan; Haldane.

3599 등을 의미한다고 말한다. 강한 자들이 식물을 먹음으로써 약한 자들과 갈등을 빚고 교회의 연합을 해치게 된 측면에서 "하나님의 일"은 교회 공동체를 의미한다고 볼 수도 있다. 그러나 바울 서신에서 "하나님의 일"은 종종 성도의 구원과 관계된 개념으로 쓰인다(빌1:6). 그리고 20절에서 동사 카타루오우는 15절의 아폴루미와 같이 성도 개인이 믿음을 떠나 망하게 되는 의미를 가진다. 이 점에서 "하나님의 일"은 하나님께서 약한 자들에게 주신 믿음을 가리킨다고 보는 것이 문맥에 맞는 해석으로 보인다. "만물이 다 정하다"는 말씀은 강한 자들의 구호였다고 볼 수 있다. 그리고 바울도 신학적으로 이에 동의한다. 여기서 형용사 카싸로스깨끗한는 14절의 코이노스부정한와 반대 개념이다. 칠십인역에서 이 단어는 의식적 정결함을 가리키는 단어로 쓰인다(레4:12; 6:11; 7:19; 겔4:13; 호9:3; 학2:14; 에6:20; 말1:11). 정결한 음식과 부정한 음식의 구분은 중간사 시기에 더욱 예민해진 전통으로써 유대인과 이방인을 구분하는 척도가 되었다.[3600] 그러나 예수님께서 성취하신 새 언약의 시대에 이러한 개념은 철폐되게 되었다(막7:19; 행10:15; 11:9; 15:9). 교회의 성도는 예수님의 말씀을 믿음으로써 깨끗하게 된 것으로 여겨진다(요15:3; 약1:27; 벧전1:22).[3601]

접속사 "그러나"알라는 이전 구절과 대조되는 내용을 도입한다. 먹음으로써 남을 넘어지게 하는 사람은 악하다(NRSV). 여기서 전치사 디아통해서는 부수정황attendant circumstance을 나타낸다.[3602] 즉 강한 자는 식물을 먹음으로써 약한 자를 넘어지게 하는 정황속에서도 식물을 먹고 있다는 뜻이다.[3603] 21절에서 바울은 이에 대해 분명한 제동을 걸고 있다. 그러나 머레이는 이 구절을 "거리낌으로 먹는 자는 악하다"고 번역하며 이 사람은 약한 자라고 말한다.[3604] 그 이유는 20b가 14b(속되게 여기는 그 사람에게는 속되다)와

3598 Michel.

3599 Wesley; Stuhlmacher.

3600 Dunn, Romans, 826; Jud 10:5; 12:9; 1 Macc 1:48; Pss. Sol. 8.12, 22; *Ep. Arist.* 166; *T. Levi* 15.1; 16.4-5; Philo, *Spec. Leg.* 4.106; Josephus, *Ap.* 1.307.

3601 *TDNT*, 3:417, 423-26.

3602 Dunn; Murray; Moo; Turner; Zerwick, 114; Fitzmyer.

3603 RSV; GNB; Origen; Calvin; Cranfield; Schreiner; Reasoner, *The "Strong" and the "Weak"*, 80; Sanday and Headlam; Black; Moo; Käsemann; S-H; Osborne; Stuhlmacher.

병렬되기 때문이라는 것이다. 그러나 이 해석은 강한 자에게 권면하는 21절 내용과 순조롭게 연결이 않된다. 배렛은 전자의 해석에 동의하면서도 머레이의 해석도 타당성의 여지가 있다고 본다. 그리고 바울은 독자가 이렇게 두 가지로 해석할 수 있도록 의도적으로 표현을 모호하게 하고 있다고 주석한다.[3605] 던도 배렛의 견해에 동조하면서 20b에 사용된 카코스악한와 프로스콤마넘어짐, 공격의 의미는 모호해서 독자는 위의 두 해석 중의 하나나 혹은 두 해석 모두 함께 채택할 수 있다고 말한다.[3606] 그러나 프로스콤마는 넘어지게 하는 것을 의미하고(롬9:32, 33; 벧전2:8), 19–21절의 문맥에서 보면 먹는 자는 강한 자라는 사실이 분명하다. 즉 만물이 다 정하다고 해서 강한 자들이 약한 자들의 생각을 무시한 채 마음대로 먹는 것은 않된다. 더욱이 이를 통해 영향을 받고 약한 자들이 자기 양심을 거스려 식물을 먹음으로써 넘어지게 하는 것은 악한 일인 것이다.

로마서 14:21절은 접속사 없이 20절의 내용을 이어가고 있다. 이는 그 내용에 엄중함을 더해주고 있다.[3607] 즉 "고기도 먹지 않고 포도주도 마시지 않고 무엇이든지 네 형제로 거리끼게 하는 일을 않는 것이 선하다". 이 구절은 13–20절에 흐르는 가르침을 분명히 해주고 있다. 그리고 15, 20절의 말씀을 부연 설명하고 있다. 어떤 학자들은 여기서 과거 부정사 파게인먹다과 피에인마시다은 어떤 특정한 상황에만 먹지 않고 마시지 말아야 한다는 의미를 나타낸다고 말한다.[3608] 즉 바울은 강한 자가 항상 먹지 않고 마시지 말아야 된다고 말씀하는 것은 아니라는 것이다. 그러나 헬라어 과거형아오리스트이 이 깊은 신학적 의미를 나타내고 있다고 말할 수는 없다. 약한 자들이 고기크레아스를 먹지 않은 이유는 그 고기가 코셔 방식으로 준비되지 않았거나(신12:15–16) 혹은 부정한 고기이기 때문이었을(레11:8; 신14:8; 2 Macc 6:18) 것이다. 크랜필드는 21절에서 포도주를 마시지 말라는 말씀은 실제 일

3604 개역성경; NJB; Murray, *Romans,* II, 195; Chrysostom; Hodge; Schlier; Lagrange; Wilckens; Michel; *TDNT*, 6:756-57.

3605 Barrett, *Romans*, 244-45.

3606 Dunn, *Romans*, 826; Morris.

3607 Cranfield; Moo.

3608 Barrett; Morris; Ziesler.

어난 일에 바탕을 두고 있는 것이 아니라 가정적 예를 제시하는 것으로 볼 수도 있다고 말한다.[3609] 그 이유는 로마서 14장의 주제는 고기를 먹는 것과 특정한 날을 지키는 문제에 대한 것이고 포도주를 마시는 주제는 21절에 처음 언급되고 있고 그것도 그 의미가 확실하지 않은 "메이데 엔" 앞에 놓여 있기 때문이라는 것이다. 그러나 실제로 약한 자들이 포도주를 마시지 않았을 만한 이유는 있다. 던은 이들이 포도주를 마시지 않은 것이 나실인의 서약의 전통에 바탕을 두고 있었다고 할 수는 없다고 말한다.[3610] 이들이 포도주를 마시지 않은 이유는 시장에서 사온 포도주가 이방신에게 헌주된 포도주로 의심했기 때문이었을 것이다(단1:3-16; 10:3; T. Reub. 1.10; T. Jud. 15.4). 그리고 성전의 의식법이 일반 유대인들에게 바리새인적으로 적용되었을 가능성도 배제할 수 없다. 여기서 의미가 확실하지 않은 표현인 "메이데 엔 호우"에서 관계대명사 호우의 선행사는 생략된 것으로 볼 수 있다. 즉 "다른 어떤 것에 있어서도 않는 것이" 좋다는 의미다. 여기서 "엔 호우"의 의미는 인과적이다.[3611] 이를 통해 바울은 형제를 실족하게 하는 원인을 먹는 것과 마시는 것에 한정하지 않고 다른 항목에 일반적으로 적용하고 있다. 곧 교회 내의 형제를 실족하게 하는 것이 무엇이든지 그것을 하지 않는 것이 선한 것이다. 여기서 명사 형제아델포스는 실족하게 하는 죄의 중함을 나타내고 있다. 그리고 동사 프로스콥토우는 20절의 프로스콤마의 의미를 명확히 하고 있다. 이는 약한 자들이 강한 자가 고기를 먹고 포도주를 마시는 것을 보고 마음에 상처를 받는 것을 의미하는 것이 아니라 강한 자들이 고기를 먹고 포도주를 마시는 분위기속에서 약한 자들도 이 행위가 잘못인 줄 알면서 고기를 먹고 포도주를 마심으로써 실족하게 되는 것을 가리킨다. 이것이 죄인 이유는 23절에 설명되어 있다. 즉 의심하고 먹는 자는 정죄되었다. 왜냐하면 믿음으로 좇아 하지 않는 모든 것이 죄이기 때문이다.

로마서 14:22절은 접속사가 없이 21절과 연결되는데 바울은 계속해서 강

3609 Cranfield, *Romans*, 725.
3610 Dunn, *Romans*, 827; 민6:4; 삿13:4; 아2:12; 행18:18; 21:23.
3611 Turner.

한 자에게 말씀하고 있다: "네게 있는 믿음을 하나님 앞에서 스스로 가지고 있으라. 자기의 옳다 하는 바로 자기를 책하지 아니하는 자는 복이 있다." 어떤 사본은 22a에서 관계대명사 헤인을 생략하고 있다.[3612] 이는 문장의 스타일을 매끄럽게 해 준다. 그러나 원문은 헤인을 포함하고 있었을 것으로 보는 것이 낫다.[3613] 이는 여기서 믿음은 하나님을 신뢰한다는 뜻이 아니라 고기 포도주 특정한 날에 대한 신념을 뜻한다고 보는 해석과 부합한다.[3614] 강한 자는 약한 자가 고기를 먹지 않아야 되고 포도주를 마시지 말아야 된다고 말할지라도 자신이 옳다고 믿는 바를 하나님 앞에서 자기 마음속에 두고 있으라는 것이다. 강한 자가 자신이 확신하는 그리스도인의 자유를 약한 자에게 주입하거나 강요하는 것은 잘못이다. 그러나 이를 옳다고 생각하는 것은 자신의 양심의 자유를 유지하는 것이다. 즉 자기가 옳다고 여기는 바로 자기를 책하지 않는 자에게는 복이 있다. 여기서 복이 있는 자를 (i)약한 자나 혹은 강한 자를 가리키는 것으로 볼 수도 있다.[3615] (ii)그러나 문맥에서 볼 때 이를 강한 자를 가리키는 것으로 보는 것이 더 낫다.[3616] 그것은 동사 도키마조우approve가 강한 자가 고기를 먹고 포도주를 마시는 것을 옳다고 인정하는 것을 가리키기 때문이다(18절). 뿐만 아니라 로마서 14장 어디에서도 바울은 약한 자가 고기를 먹지 않고 포도주를 마시지 않기 때문에 하나님께로부터 복받았다고 말씀하는 구절은 없다. 이와 반면에 강한 자 중에는 고기를 먹고 포도주를 마시는 것에 대해 확신이 없이 스스로 정죄하게 되는 수도 있었을 것이다. 이에 대해 바울은 자신이 옳다고 인정한 것을 바탕으로 스스로를 정죄하지 않는 자가 복되다고 말씀한다. 여기서 강한 자가 자신이 먹고 마시는 것 때문에 약한 자를 넘어지게 한 것에 대해 스스로 정죄하게 되었다고 주석하는 것은[3617] 이를 정죄하지 않는 것이 복되다는 바울의 말씀과 모순된다. 다시 말해 강한 자가 스스로를 정죄하는 것은 고기를 먹고 포도주를 마시는

3612 D F G 𝔐; KJV; Meyer; Godet.
3613 ℵ A B C; NIV; Moo; Morris; Michel; Cranfield; Metzger; Käsemann.
3614 Hultgren; Morris; Moo; Cranfield; Fitzmyer; Schlier; Keck.
3615 Fitzmyer; Byrne.
3616 Schreiner; Moo; Michel; Wilckens; Murray; Cranfield; Dunn.
3617 Wilckens; Michel.

행위였지 이를 인해 약한 자를 넘어지게 했기 때문은 아니었다. 만일 강한 자가 약한 자를 넘어지게 해서 자기 스스로를 정죄했다면 바울도 이를 당연하다고 생각했을 것이다.

로마서 14:23절의 접속사 데그러나는 23절이 22절의 내용과 대조된다는 것을 나타낸다. 즉 22절이 강한 자에 대한 말씀인 반면 23절은 약한 자에 관한 설명이다: "의심하고 먹는 자는 정죄되었나니 이는 믿음으로 좇아 하지 아니한 이유 때문이다. 믿음을 좇아 하지 아니하는 모든 것이 죄다." 여기서 동사 "의심하다"디아크리노우는 믿음과 반대되는 개념이다(롬4:20; 막11:23; 마21:21; 약1:6; 유22). 즉 약한 자들이 고기를 먹으면 않되는데라고 생각하며 먹는 상태를 가리킨다. 모리스는 과거 가정법 파게이는 계속해서 먹는 행위가 아니라 한 번 먹은 행위를 가리킨다고 말한다.[3618] 그러나 이는 과거형아오리스트에 지나친 신학적 개념을 부가하는 해석이라고 할 수 있다. 과거형 가정법 파게이는 조건절에서 불확실한 조건적 사실을 나타낸다. 즉 약한 자가 의심하고 먹을 경우에 그는 정죄되었다.카타케크리타이 여기서 정죄하다카타크리노우의 과거완료형은 무시간timeless의 상태를 나타내며 정죄된 상태를 가리킨다.[3619] 이는 약한 자가 그 마음의 양심에 찔린 상태를 가리키는 것이 아니라 하나님의 객관적 심판을 가리킨다(롬2:1; 8:3, 34; 고전11:32).[3620] 그 이유는 믿음으로 하지 않았기 때문이다. 많은 학자들은 여기서 믿음은 22절에서처럼 (i)그리스도를 믿는 믿음에 기초한 "신념"이라고 정의한다.[3621] (ii)던은 여기서 믿음은 양심도[3622] 그리스도를 믿는 믿음도 아니며 일반적으로 하나님을 신뢰하는 것을 가리킨다고 본다.[3623] (iii)그러나 쉬라이너는 여기서 믿음은 로마서에서 믿음이 의미하는 뜻 즉 하나님을 신뢰하고 의지하는 것이라고 정의한다.[3624] 이는 곧 그리스도를 믿는 믿음과 같다. 필자는 이 후자의

3618 Morris, *Romans*, 492.
3619 Porter, *Verbal Aspect*, 269; Moo.
3620 Stuhlmacher; Moo; *contra* Gundry Volf, *Paul and Perseverance*, 91.
3621 Moo; Black; Cranfield; Lietzmann; Sanday and Headlam; Fitzmyer.
3622 Lagrange; Gaugler; Nababan; Aquinas; Origen.
3623 Dunn, *Romans*, 829.
3624 Schreiner; Luther; Dunn; Käsemann; Wilckens; Augustine.

정의가 문맥에 맞는 뜻이라고 본다. 왜냐하면 믿음으로 좇아 하지 않은 행위가 하나님의 종말의 심판을 가져올 정도의 행위라면 이는 단순히 신념이 없이 한 행위라기 보다 그리스도에 대한 신뢰가 없이 한 행위라고 보아야 하기 때문이다. 로마서 14장에서 바울은 약한 자들이 "신념"을 가지지 않아서 고기를 먹지 않는 것을 정죄하지 않고 있다. 그런데 23절에 갑자기 신념이 없이 먹는 행위가 정죄된 행위라고 규정해야 될 이유가 없다. 더욱이 신념을 가지고 하지 않은 모든 행위가 죄라고 규정할 리는 더욱 없다. 따라서 여기서 믿음은 로마서 1:17절의 믿음피스티스과 같은 의미를 가진다고 보아야 한다(롬4:19-20; 12:3). 그리고 이 의미는 바울이 로마서에서 사용하는 전치사구 "믿음으로 말미암아"에크 피스테오우스가 가리키는 의미와 부합한다(롬1:17; 3:26, 30; 4:16; 5:1; 9:30, 32; 10:6).3625 믿음의 이 의미는 바울이 여기서 말씀하는 "죄"하말티아의 개념과도 연관되어 있다. 무는 여기서 죄는 그리스도인의 믿음이 허용하거나 금지하는 것에 대한 신념에 맞지 않는 행위를 가리킨다고 정의한다.[3626] 피츠마이어도 여기서 죄는 아담의 원죄로 이 세상에 들어온 죄의 권세나 혹은 사람안에 거하는 죄를 의미하지 않고 자기가 가진 신념에 반한 행위를 함으로써 과녁을 빗나가는 것을 가리킨다고 말한다.[3627] 그러나 여기서 바울이 의미하는 "죄"하말티아가 로마서 5-7장에서 죄가 의미하는 것과 다르다고 말할 근거가 없다(롬5:12, 13, 20, 21; 6:1, 2, 6, 10-14; 7:7-9, 11, 13, 17, 20). 죄는 하나님의 계명을 어기는 것이다(롬7:13). 따라서 약한 자가 하나님을 신뢰하지 않고 의심하며 고기를 먹은 것은 곧 하나님께 짓는 죄이지 단순히 자신의 신념에 반한 행위를 한 것이 아니다. 그렇지 않다면 이 행위로 인해 종말적 심판의 정죄된 상태에 이미 빠지지도 않았을 것이다.

바울은 23c에서 믿음으로 하지 않은 모든 것이 죄라고 말씀한다. 많은 학자들은 여기서 "모든"판은 고기를 먹는 것 포도주를 마시는 것 특정한 날을

3625 Dunn, *Romans*, 828.
3626 Moo, *Romans*, 863; Cranfield.
3627 Fitzmyer, *Romans*, 700.

지키는 것만을 가리킨다고 말한다.[3628] 그것은 23절과 15:1절의 내용의 계속성 때문에 그렇다는 것이다. 그러나 우리는 여기서 형용사 판모든이 가지는 일반적 뜻을 간과하면 않된다. 쉬라이너는 23c는 로마서 14장의 주제를 떠나 모든 항목에 적용이 가능한 일반적인 원칙을 가르치고 있다고 본다.[3629] 만일 그렇지 않다면 바울은 23b에서 이 절을 마쳤을 것이라는 것이다. 필자는 이 후자의 견해를 옳다고 본다. 이 해석은 여기서 피스티스믿음를 신념이 아닌 하나님을 신뢰하고 의지하는 것으로 보는 해석과 병렬된다. 즉 성도는 모든 일을 예수님을 믿는 관점에서 하는 특징을 가지는 사람들이다. 바로 이것이 바울이 로마서 12:1-2절에서 가르치는 말씀이다. 성도는 마음을 새롭게 함으로 변화를 받아 하나님의 선하시고 기뻐하시고 온전하신 뜻이 무엇인지 분별하면서 사는 사람들이다. 우리가 모든 항목에 있어서 항상 믿음을 바탕으로 행동하는 것은 불가능할지 모른다.[3630] 그러나 여기서 바울이 말씀하는 것은 그리스도를 중심에 모시고 사는 믿음의 삶이다. 이 삶은 곧 성령의 소욕을 따라 사는 삶이라고 표현할 수도 있다(롬8:9, 13-14). 이러한 관점에서 믿음으로 하지 않은 모든 행위가 죄라고 주석하는 어거스틴의 해석은 본문에서 바울이 가르치는 내용을 바르게 전달하고 있다고 할 수 있다.[3631]

(다) 다른 사람을 먼저 생각하라(롬15:1-6)

로마서 15:1절은 로마서 14:20-23절의 결론으로 볼 수도 있고[3632] 이와 동시에 로마교회내의 약한 자와 강한 자의 하나됨을 강조하는 새 문단의 시작으로 볼 수도 있다.[3633] 로마서 15:1절이하는 그 어조가 14장의 어조보다 부드럽고 로마교회 성도들에 대해 간접적 어투를 사용하고 있다.[3634] 바울

3628 Chrysostom; Sanday and Headlam; Leenhardt; Cranfield; Moo; Ziesler; Fitzmyer; Morris; Murray.
3629 Schreiner; Dunn; Mounce, *Romans*, 258-59; Lenski; Osborne.
3630 Byrne, *Romans*, 419.
3631 Augustine, *On the Proceedings of Pelagius* 34; *On the Grace of Christ* 1.27; *On Marriage and Concupiscence* 1.4; *Against Two Letters of the Pelagians* 1.7; 3.14; *On the Predestination of the Saints* 20.
3632 Schmithals, 509.
3633 Godet, 467; Michel, 441; Cranfield.
3634 Hultgren, *Romans*, 524.

은 비록 자신을 강한 자에 포함시키지만 약한 자와 강한 자 모두에게 그리스도를 본받아 서로 선을 이루고 덕을 세우는데 힘쓸 것을 권면하고 있다. 이렇게 부드러워진 어조는 이 문단에 많은 새로운 단어를 동반한다.예를 들어 "힘이 없는", "한 마음으로" 하나됨을 강조하는 2절의 내용은 7절에 다시 반복된다. 로마서 15:7-13절에서 바울은 약한 자와 강한 자의 갈등의 문제를 직접적으로 언급하지 않지만 이들의 하나됨을 간접적으로 권면하면서 1-6절의 내용을 발전시키고 있다. 이 하나됨은 강한 자가 연약한 자의 약점을 담당하고 자기를 기쁘게 하지 않는 태도를 가지지 않으면 이룩될 수 없다(1절). 이 점에서 로마서 15:1절은 14:20-23절과 15:2-13절을 이어주는 연결고리라고 볼 수 있다.

로마서 15:1절의 접속사 데그러나는 15:1절의 내용이 14:23절의 내용과 대조되고 있다는 것을 나타낸다. 즉 14:23절이 약한 자에 대한 내용이라면 15:1절은 다시 강한 자에 대해 말씀하고 있다: "우리 강한 자가 마땅히 연약한 자의 약점을 담당하고 자기를 기쁘게 하지 않아야 한다." 여기서 대명사 "우리"는 강조법이다. 그리고 바울은 이 "우리"강한 자에 자신을 포함하고 있다(롬14:14, 20). 그리고 처음으로 고기도 먹고 포도주도 마시는 자들을 "강한 자"호이 두나토이라고 표현하고 있다. 그리고 약한 자를 가리키는 단어는 아스쎄네이스에서 아두나토스로 바꾸고 있다. 이 표현의 차이는 스타일에 변화를 준 것이지 말씀의 대상이 바뀐 것은 아니다.[3635] 형용사 두나토스강한는 육체적으로 강하다는 뜻도 있지만(삼상2:10; 17:51; 삼하1:25, 27; 10:7; 16:6; 행25:5; 고전1:26) 이 절에서는 하나님의 구원에 대한 지식이나 지혜에 있어서 강하다는 뜻을 의미한다.[3636] 그 반대어인 형용사 아두나토스는 무능한unable 혹은 연약한을 의미한다. 즉, 여기서는 그리스도에 대한 믿음을 통해서 자신들이 구약의 음식법의 전통으로부터 자유로와졌다는 것을 인정하지 않는 것을 가리킨다. 동사 오페일로우ought to는 강한 자들에 대한 강한 권면을 나타낸다. 즉 강한 자들은 연약한 자의 약점을 담당해야 한다. 여기

3635 Moo; Morris; *contra* Godet.
3636 Dunn, *Romans*, 837; 고후12:10; 13:9.

서 동사 "담당하다"바스타조우는 문자적으로 짐을 지다(막14:13), 혹은 십자가를 지다(요19:17)와 같이 무엇을 짊어지는 것을 의미한다. 여기서는 은유적으로 약한 자의 연약함을 참는다는 뜻을 가진다.[3637] 그러나 갈라디아서 6:2절에서 바스타조우는 짐을 서로 진다는 적극적 의미를 가진다. 그리고 로마서 15:1절에서도 이 동사는 이 적극적인 의미로 사용되고 있다고 할 수 있다.[3638] 명사 아스쎄네이마는 신약에 오직 이곳에만 쓰이고 있고 그 의미는 약점 혹은 연약함이다.

바울은 나아가 강한 자는 자기를 기쁘게 하지 말아야 한다고 권면한다. 동사 "기쁘게 하다"아레스코우는 로마서 8:8; 고린도전서 7:32, 33, 34; 10:33; 갈라디아서 1:10; 데살로니가전서 2:4, 15; 데살로니가후서 4:1; 디모데후서 2:4절에도 사용된다. 여기서 자기를 기쁘게 하는 것은 고기를 먹고 포도주를 마시며 자신을 즐겁게 하는 것을 가리킨다. 이는 연약한 자들을 실족하게 할 수도 있는 위험한 행동이다. 따라서 강한 자는 연약한 자의 연약함까지 지어주는 아량이 필요하다. 그것은 자신이 확신하는 그리스도인의 자유까지도 양도하는 것을 수반한다. 이는 그리스도인의 자유를 더이상 신뢰하지 않는다는 의미가 아니라 이를 행사하는 것을 보류하는 것을 말한다. 오스본은 이 가르침은 단지 14장의 주제인 고기나 포도주 문제에만 한정된 것으로 생각한다.[3639] 그러나 우리가 앞서 말한대로 이 원리는 다른 주제에 적용될 가능성을 내포하고 있다.

로마서 15:2절은 접속사 없이 1절의 내용을 계속 이어가고 있다. "우리 각 사람이 이웃을 기쁘게 하되 선을 이루고 덕을 세우도록 해야한다." 1절 후반에서 바울은 강한 자가 자기를 기쁘게 하지 말아야 한다고 말씀한 후 2절 초반에서 이를 대체하는 말씀을 제시한다. 즉 우리 각 사람이 이웃을 기쁘게 해야 한다. 여기서 "우리"는 그리스도인 전체를 가리킨다고 볼 수도 있지만[3640] 2절 초반부가 1절 후반부와 긴밀한 관계에 있기 때문에 "강한 자"를 가

3637 Barrett.
3638 REB; Cranfield; Schlatter; Gaugler; Moo; Dunn; Schreiner; Wilckens; Murray; 마8:17; 갈5:10; 6:5, 17.
3639 Osborne.
3640 Morris; Godet; Schmithals.

리키고 있다고 볼 수 있다.[3641] 그렇다면 "이웃"플레이시온은 약한 자를 가리킨다고 할 수 있다. 명사 "이웃"은 신약에 총 16번 사용되고 있고 3번(요4:5; 행7:27; 엡4:25)을 제외한 13번은 모두 사랑의 계명과 연관되어 사용된다.[3642] 이는 예수님의 가르침을 바탕으로 하고 있다고 할 수 있다. 강한 자가 약한 자를 기쁘게 해야 된다는 말씀은 하나님을 기쁘시게 하는 것과 모순되는 일을 하라는 말씀이 아니다. 우리는 사람을 기쁘게 하기 보다 하나님을 기쁘시게 해야 한다(갈1:10; 살전2:4; 골3:22; 엡6:6). 여기서 바울은 강한 자가 자신을 기쁘게 하는 것과 이웃을 기쁘게 하는 행동을 대조하고 있다. 강한 자가 이웃을 기쁘게 하는 행동을 통해서 교회의 성도가 함께 성숙되는 열매를 가져온다. 전치사 에이스는 목적의 의미를 가진다.[3643] "선"아가쏘스은 종말적 구원을 포함하지만 그 보다 광의의 의미를 가진다고 할 수 있다. 이는 그 다음에 오는 전치사구 프로스 오이코도메인교화, 건설이 설명해준다.[3644] 즉 그리스도인은 자신의 이익보다는 전체의 덕을 위해서 행동해야 한다(롬14:19; 고전10:23; 14:3, 26; 고후12:19). 이는 강한 자가 약한 자의 뜻에 항상 굴복해야 된다는 말씀은 아니다. 약한 자를 바로 이끌어 그들도 그리스도인의 자유를 깨닫고 자신의 비이성적 꺼리낌의 족쇄로부터 벗어나게 해야 한다.[3645] 그리고 결국 이들의 믿음도 강해지도록 도와야 되는 것이다.[3646]

로마서 15:3절의 접속사 갈왜냐하면은 3절이 2절의 내용의 이유를 서술하고 있음을 나타낸다. 즉 "심지어 그리스도께서도 자기를 기쁘게 하지 아니하셨으니 기록된 바 주를 비방하는 자들의 비방이 내게 미쳤나이다 함과 같다." 여기서 접속사 카이는 "그리고"보다 "심지어"로 번역되어야 맞다.[3647] 어떤 학자는 명사 그리스도 앞에 정관사가 있는 것은 "그리스도"가 직함title을 의미한다고 말한다.[3648] 그러나 바울이 여기서 "그리스도"를 고유명사로

3641 Murray; Moo; Cranfield; Wilckens; Stuhlmacher; Michel; Käsemann.
3642 레19:18; 마5:43; 19:19; 22:39; 막12:31, 33; 누가10:27, 29, 36; 롬13:9, 10; 갈5:14; 약2:8; 4:12.
3643 Murray; Bengal; *contra* Godet; Stuart.
3644 Barrett; Moo; S-H.
3645 Morris, *Romans*, 498.
3646 Schreiner; Fitzmyer; Dunn.
3647 NIV; KJV; NASB; Morris; Moo.
3648 Käsemann.

사용하지 않고 있다고 말할 근거는 없다. 동사 아레스코우의 과거형아오리스트 에이레센은 포괄적 단순과거constative aorist라고 할 수 있다. 모리스는 이는 예수님의 생애 전체를 가리킨다고 말한다(빌2:5-8; 롬14:13-18; 요13:1-15).[3649] 이도 맞지만 그 분수령은 주님의 고난과 죽음에 있다. 이는 바울이 3b에서 인용하는 시편 69:9절의 의미를 통해 나타난다. 이 구절에서 에메나는 그리스도를 세you는 하나님을 가리킨다. 즉 이 메시야의 예언시에서 시편 기자는 하나님을 비방하는 자들의 비방이 자신을 향하고 있다고 탄식하며 앞으로 메시야가 당하게 될 고난을 예언하고 있다. 시편 69편은 보통 예수님의 고난과 관련하여 인용되고 있는 점에서[3650] 이들의 비방은 그리스도께서 십자가에서 당하신 모멸과 수난을 가리키고 있다고 볼 수 있다.[3651] 그리고 동사 오네이디조우조롱하다는 예수님의 좌우에 못박힌 죄수들이 예수를 조롱할 때도 사용되고 있다(마27:44; 막15:32). 그러나 여기서 인용된 시편 69:9절이 로마서 15:3절에 내재된 광의의 의미를 제한한다고 볼 수는 없다. 즉 그리스도께서 자기를 기쁘게 하지 않은 것은 그리스도께서 성육신하기까지 낮아지신 것을 포함해 인간으로써 생애 전체를 통해 고난의 삶을 사신 것을 가리키고 있다.[3652] 따라서 예수 그리스도의 자기 부인의 삶을 따라 강한 자들도 자기를 기쁘게 하는 삶을 살지 않아야 된다. 즉 자신의 자유를 제한하여 고기를 먹지 않으며 포도주를 마시지 않음으로써 약한 자를 기쁘게 하는 삶을 살아야 되는 것이다.

로마서 15:4절의 접속사 갈왜냐하면은 4절이 3절의 내용을 믿받침하고 있는 것을 나타낸다. 즉 "왜냐하면 무엇이든지 전에 기록된 것은 우리의 교훈을 위해 기록된 것이니 우리로 하여금 인내로 또는 성경의 안위로 소망을 가지게 함이다." "전에 기록된 것"프로에그라페이은 구약 성경 전체를 가리킨다. "교훈"디다스칼리아은[3653] 가르침을 의미하며 그 대상은 유대인과 이방인 성도

3649 Morris, *Romans*, 498; Dunn.
3650 마27:34, 48; 막15:35-36; 누가23:36; 요19:28-29; 2:17; 15:25; 행1:20; 롬11:9.
3651 Schreiner; Ridderbos; Moo; Michel; Wilckens; K?semann; Merk, *Handeln aus Glauben*, 171.
3652 Barrett; Morris; Dunn.
3653 롬12:7; 엡4:14; 골2:22; 딤전1:10; 4:1, 6, 13, 16; 5:17; 6:1, 3; 딤후3:10, 16; 4:3; 딛1:9; 2:1, 7, 10.

모두를 포함한다. 따라서 구약 성경은 새언약의 성취와 함께 폐기된 것이 아니고 계속 그리스도의 구속의 완성의 관점에서 신약을 해석하는 바탕이 된다(딤후3:16). 그 목적은 우리로 하여금 인내하며 성경의 안위를 인해서 소망을 가지게 하는 것이다. 여기서 바울은 전치사 디아를 두번 사용한다. 쉬라이너는 두 디아 모두 같은 의미를 가진다고 해석한다.[3654] 그러나 다른 학자들은 첫번째 디아는 환경적circumstantial 디아이고 두번째 디아는 인과적causal 디아라고 본다.[3655] 필자는 후자가 옳은 해석이라고 생각한다. 그 이유는 (i)"성경의"토운 그라포운의 소유격은 원천source의 소유격으로써 "인내"에는 걸리지 않고 "안위"파라클레이세오우스에만 걸린다고 보기 때문이다.[3656] 그리고 (ii)만일 두 디아의 의미가 같다면 바울이 굳이 디아를 두 번 반복해서 사용했을 리가 없다. 바울은 여기서 우리가 희망을 가지게 되는 두 가지 이유를 제시한다. 첫째는 인내를 통해서다. 바울이 로마서 5:2-5; 8:20, 24-25절에서 말씀한 것처럼 인내는 소망을 이루는 바탕이 된다. 둘째는 성경의 안위를 인해서 우리는 인내한다. 여기서 명사 파라클레이시스는 권고 혹은 안위를 의미하는데 여기서는 후자의 의미로 번역하는 것이 낫다.[3657] 그러면 강한 자는 성경을 통해 어떤 위로를 얻는가.[3658] 강한 자들은 3절에 인용된 시편 69:9절과 같은 말씀을 통해서 자신들이 자기를 부인하는 것이 결코 손해보는 일이 아니고 그리스도의 모범을 본받아 하는 성령의 뜻임을 확신할 수 있다. 그리고 이를 통해 교회의 연합이 가능하게 되고 하나님의 백성의 하나됨의 종말적 성취를 바라보게 한다. 바울은 이를 9-12절에서 많은 구약의 예언을 열거하며 설명하고 있다. 이런 구약의 예언들을 읽을 때 성도는 자기를 부인하고 인내하며 그 예언의 성취에 대한 소망이 더 강해진다. 바울은 4절에서 엘피다 에코우멘의 현재형 시제로써 이 단절없는 소망의 유지를 분명히 표현하고 있다.[3659]

3654 Schreiner, *Romans*, 748.
3655 Dunn; Cranfield; Käsemann; Morris; Schlier.
3656 Morris; Michel; Moo; Cranfield; Wilckens; Käsemann; *contra* Murray; Godet.
3657 Murray; Schlier; Morris; Wilckens; Calvin; Moo; Cranfield; Käsemann; *contra* Barrett.
3658 Stuhlmacher, *Romans*, 231.
3659 행24:15; 고후10:15; 엡2:12; 살전4:13; 요일3:3; Cranfield; Dunn; Moo.

로마서 15:5절은 접속사 데now를 통해서 1-4절의 가르침의 일단락을 맺고 있다: "이제 인내와 안위의 하나님이 너희로 그리스도 예수를 본받아 서로 뜻이 같게 하여 주사". 5-6절에서 바울은 기도의 바램prayer-wish을 표현한다.[3660] 이는 동사 디도우미의 희구법optative mood인 도우에이주소서에 나타나 있다. 희구법은 신약에 35회 사용되고 있고 여기서처럼 모두 기도에 사용되고 있다.[3661] "인내와 안위의 하나님"은 4절의 "인내로 또는 성경의 안위로"와 연결된다. 여기서 두 명사인내와 안위의 소유격은 하나님의 성격character을 서술한다(고후13:11; 빌4:9; 살전5:23).[3662] 즉 하나님께서는 인내와 안위를 주시는 하나님이시다. 성경말씀은 하나님의 살아 있는 말씀이다. 따라서 성도가 성경말씀을 읽을 때 하나님의 위로를 받고 역경을 인내하며 참을 수 있다. 바울은 이인칭 복수 대명사를 로마서 14:1절 이후 이곳에서 처음 다시 사용한다. 이는 5절 이하의 가르침은 로마교회내의 강한 자와 약한 자 모두에게 해당하는 것임을 나타낸다. 토 아우토 프로네인은 "한 마음이 되어"를 의미한다(롬12:16; 고후13:11; 빌2:2; 4:2). 이는 강한 자가 그리스도인의 자유를 잘못된 것으로 인정하고 구약의 음식법을 준수해야 된다고 생각하라는 말씀이 아니다. 한 마음이 된다는 것은 강한 자와 약한 자가 그 의견의 차이를 인식하면서도 서로 형제 자매로써 존중하며 마음이 하나되게 하라는 뜻이다. 그리고 이는 그리스도를 따라카타 크리스톤 이에순 그렇게 해야한다. "그리스도를 따라서"는 그리스도의 뜻을[3663] 따라서 혹은 그리스도의 본을[3664] 따라서를 의미한다. 이 두 가지 의미를 정확하게 구분하는 것은 어렵다. 따라서 "그리스도를 따라서"는 이 두 의미를 다 포함하는 것으로 보는 것이 좋다.[3665] 이로써 바울은 교회내의 성도의 하나됨의 중요성을 강조한다. 이는

3660 Käsemann; G. P. Wiles, "Two Related Wish-Prayers ? Rom 15:5f and 15:13," In *Paul' s Intercessory Prayers*, 79; B. Byrne; Moo; Stuhlmacher; Hultgren; Dunn; Michel; Cranfield; 살후3:16; 딤후1:16, 18.

3661 Burton.

3662 Michel; Cranfield; Hultgren; G. Delling, "Die Bezeichnung 'Gott des Friedens' und ähnliche Wendungen in den Paulusbriefen." In *Jesus und Paulus: Festschrift für Werner Georg Kümmel zum 70. Geburtstag* (Ed. E. Earle Ellis and Erich Gr?sser. G?ttingen: Vandenhoeck & Ruprecht, 1975) 82-83.

3663 Cranfield; Käsemann; W. Michaelis, *TDNT*, 4:669.

3664 NIV; S-H; Knox; Sanday and Headlam; Murray; Thompson, *Clothed with Christ*, 228-29.

3665 Schreiner; Moo; Dunn; Stuhlmacher.

로마서 14:1-15:13절의 중심주제이며 로마서 1-11장의 가르침을 바탕으로 하고 있다. 하나님께서 유대인과 이방인 택자를 불러모아 그리스도의 몸에 속하여 하나되게 하신 것은 그리스도의 구속의 완성에 바탕을 둔 믿음을 통한 의롭다하심으로 성취되게 된 것이다.

로마서 15:6절은 접속사 히나in order that로 시작하며 6절은 5절의 내용의 목적을 설명하고 있는 것을 나타낸다. 즉 "한 마음과 한 입으로 하나님 곧 우리 주 예수 그리스도의 아버지께 영광을 돌리게 하려 함이다." 부사 호모쑤마돈한 마음으로은 원래 정치적으로 하나됨을 의미한다.[3666] 누가는 종종 이 단어를 사용해 초대교회가 한 마음으로 섬기던 것을 표현한다(행1:14; 2:46; 4:24; 5:12; 15:25). "한 입으로에서" 전치사 엔in은 도구적 의미를 가진다. 성도가 하나님을 찬양할 때 한 마음과 한 입으로 찬양하지 않는 것은 위선이라고 할 수 있다. 그 찬양의 대상은 하나님이시다. 여기서 바울은 우리 주 예수 그리스도의 하나님 그리고 아버지라고 표현한다(고후1:3; 11:31; 골1:3; 엡1:3, 17; 벧전1:3). 여기서 (i)"하나님"과 "아버지"를 연결하는 접속사 카이그리고를 "심지어"even라고 번역하면 "하나님 곧 우리 주 예수 그리스도의 아버지께"로 번역된다.[3667] 그러나 (ii)카이를 "그리고"로 번역하면 "우리 주 예수 그리스도의 하나님과 아버지께"로 번역된다.[3668] 오닐은 예수 그리스도의 하나님이란 표현은 바르지 않다고 본다.[3669] 따라서 우리 하나님시며 예수 그리스도의 아버지이신 분께라고 해석한다. 그러나 신약에서 예수께서 아버지 하나님을 하나님으로 부르시는 경우가 종종 있다(마27:46; 막15:34; 요20:17). 바울도 에베소서 1:17절에서 우리 주 예수 그리스도의 하나님이라고 표현한다. 이 점에서 (ii)의 번역처럼 우리는 6b의 구절을 자연스럽게 그대로 번역하는 것이 무방하다. 곧 하나님은 예수 그리스도의 하나님이시다. 이는 예수님의 인성의 관점에서 바른 교리라고 할 수 있다. 그리고 예수님을 본받은 성도들은 한 마음과 한 입으로 하나님 아버지께 영광을 돌리게 된다.

3666 H. W. Heidland, *TDNT*, 5:185.
3667 KJV; Gifford; Stuart; Meyer.
3668 NIV; Moo; Cranfield; Schreiner; Morris; Sanday and Headlam; Murray.
3669 O' Neill.

이는 하나님께서 유대인과 이방인 중에서 그 백성을 부르신 목적이다. 교회가 분열되어 있을 때 성도는 한 마음과 한 입으로 하나님을 찬양할 수 없게 된다.

(라) 서로 받으라(롬15:7-13)

로마서 15:7절은 6절에 나타난 하나님께 드리는 영광이란 주제를 계속 이어서 말씀하고 있다. 이방인 그리스도인들도 하나님께 영광을 돌리는 하나님의 백성이 되게 되었다. 이는 그리스도께서 할례의 수종자가 되셔서 그 조상들에게 주신 언약을 성취하셨기 때문에 가능하게 되었다(8-9절). 이는 9b-12절에 인용된 네 개의 구약의 예언이 증명하고 있다. 그리스도의 구속의 완성을 기초로 이방인들이 조상들의 언약의 축복에 참예하게 된 것은 유대인 택자들과 함께 하나님을 찬양하게 하기 위한 것이다(10-11절). 따라서 강한 자와 약한 자가 서로를 수용하고 하나가 되는 것은 함께 찬양을 올리기 위해 필요한 교회적 환경이다. 여기서 약한 자와 강한 자의 갈등은 곧 유대인과 이방인의 신학적 갈등이란 점이 분명하게 드러난다. 이 점에서 볼 때 로마서 15:7-13절은 1-6절에서 말씀한 강한 자와 약한 자의 하나됨을 계속 언급하면서 그 궁극적 목적은 하나님께 영광을 돌리기 위함이고 그 바탕은 예수 그리스도의 구속의 완성이라는 점을 분명히 말씀하고 있다.

그러면 로마서 15:7-13절은 로마서 14:1-15:6절의 결론인가[3670] 아니면 로마서 1:16-15:13절 전체의 결론인가.[3671] 어떤 학자는 이 부분이 권면의 단락인 로마서 12:1-15:13절의 결론이라고 본다.[3672] 쉬라이너는 15:13절의 기쁨과 평화가 14:17절과 연결되고 유대인과 이방인은 약한 자와 강한 자와 병렬되기 때문에 15:7-13절은 14:1-15:6절의 결론이라고 주장한다.[3673] 사실 14:1절과 15:7절에 공통으로 사용된 명령형 "서로 받으라"프로스람바노우는

3670 Fitzmyer; Reasoner; Schreiner.

3671 Dodd; Dunn; Fitzmyer; Sass.

3672 Ziesler; J. -M. Cambier, "La liberté chrétienne est et personnelle et communautaire (Rom 14:1-15:13)." In *Freedom and Love: The Guide for Christian Life* (1 Cor 8-10; Rom 14-15) (ed. L. de Lorenzi. Rome: St. Paul' s Abbey, 1981) 81.

3673 Schreiner, *Romans*, 753-54; Käsemann; Stuhlmacher.

15:7-13절이 14:1절부터 시작된 말씀을 끝맺는 종결의 서두처럼 보인다. 그러나 필자는 15:7-13절을 로마서 전체의 결론으로 보는 것이 더 낫다고 본다. 그 이유는 6, 7, 9절에 나타난 하나님께 영광을 돌린다는 분명한 주제가 로마서 전체에 퍼져 있기 때문이다. 이방인들은 하나님께 영광을 돌리지 않고 하나님의 영광을 썩어질 사람과 금수와 버러지 형상의 우상으로 바꾸었다(1:23). 아브라함은 믿음으로 하나님께 영광을 돌렸다(4:20). 성도는 장차 나타날 하나님의 영광을 바라는 자들이다(8:18). 하나님께서는 그 영광의 부요함을 알게 하시기 위해서 긍휼의 그릇을 택하셨다(9:23). 강한 자와 약한 자가 하나가 되어야 하는 것은 한 마음과 한 입으로 하나님께 영광을 돌리게 하려 함이다(15:6). 이제 이방인들이 자기 의를 죽이고 유대인 형제들을 받아들이고 하나님께 영광을 돌릴 수 있게 된 것은 그리스도께서 이루신 의를 바탕으로 하고 있다. 이는 칭의의 주제를 다루고 있는 로마서 1-4장과 연결되고 있다.[3674] 이와 같은 관점에서 던도 15:8-9절에 나타난 주제가 불신자들의 불순종(1:18, 25; 2:8; 3:7), 조상들에게 주신 약속(2:25-29; 4:9-22; 9:4, 8-9), 하나님의 이방인들에 대한 자비(9:15-18, 23; 11:30-32)의 주제와 연결되고 있다고 설명한다.[3675] 이는 로마서 15:7-13절이 14:1-15:13절의 결론이 될 뿐 아니라 로마서 전체의 기록목적이라는 점을 나타낸다. 이는 곧 유대인 택자와 이방인 택자의 하나됨이 로마서의 기록 목적이라는 견해를 믿받침한다.[3676] 그리스도의 구속의 완성에 바탕을 둔 하나님의 백성들의 하나됨은 모두 함께 하나님을 찬양하고 하나님의 이름에 영광을 돌리기 위한 필수 조건이다. 13절에서 바울은 이러한 영광된 미래를 기다리는 하나님의 백성들을 위해 축복의 기도를 드리고 있다. 그리고 14절부터 서신을 끝맺는 말씀을 시작하고 있다.

로마서 15:7절의 접속사 디오그러므로는 강한 자와 약한 자의 하나됨에 대한 권면을 종결하는 문단이 시작됨을 나타낸다: "이러므로 그리스도께서 우

3674 Käsemann, *Romans*, 384.
3675 Dunn, *Romans*, 845.
3676 contra Moo, *Romans*, 874.

리를 받아 하나님께 영광을 돌리심과 같이 너희도 서로 받으라". 명령형 동사 "너희도 받으라"프로스람바네스쎄는 14:1절에도 쓰였다. 그러나 14:1절에서 바울은 강한 자를 권면하는데 반해 15:7절에서는 강한 자와 약한 자 모두에게 권면하고 있다. 그리고 14:3절에서 바울은 하나님께서 먹는 자들도 받으셨다고 말씀하는 반면에 15:7절에서는 그리스도께서 강한 자와 약한 자 모두를 받으셨다고 말씀하고 있다. 조건 접속사 카쏘우스just as가 비교의 개념을 가지고 있다고 보면 여기서 바울은 그리스도께서 우리를 받아 하나님께 영광을 돌리시는 것처럼 우리도 서로 받으라고 말씀하고 있다고 말할 수 있다. 그러나 카쏘우스가 인과적 개념을 가지는 것으로 보면 바울은 여기서 그리스도께서 우리를 받아 하나님께 영광을 돌리셨으므로 우리도 서로 받으라고 말씀하고 있다고 해석할 수 있다.[3677] 어떤 사본은 여기서 "너희를"후마스[3678] 대신 "우리를"헤이마스이라고[3679] 쓰고 있다. 로마서 15:1, 4절에서 바울이 자신을 독자속에 포함하여 말씀하고 있기 때문에 15:7절에서도 자신을 독자속에 포함하여 말씀하고 있다고 생각하면 일인칭 복수 대명사 "우리를"이 원문의 읽기라고 볼 수 있다. 그러나 여기서 "서로 받으라"는 명령형에 맞는 대명사는 이인칭 복수 대명사 "너희를"이라고 할 수 있다.

종절 후반부의 전치사 에이스into를 장소적 개념으로 보면[3680] 소유격 명사 쎄우하나님의는 소유적 소유격possessive genitive이라고 할 수 있다. 그러면 7b는 그리스도께서 너희를 받으시고(너희를) 하나님의 영광에 이르게 한 것처럼이라고 번역된다. 그러나 여기서 전치사 에이스가 목적의 뜻으로 쓰였다고 보면 소유격 명사 쎄우는 목적의 소유격objective genitive으로써 7b는 그리스도께서 너희를 받으셔서 하나님께 영광을 돌리심과 같이라고 번역할 수 있다. 이 후자의 해석을 따를 때 생기는 질문은 무엇이 하나님께 영광을 돌리는 것을 목적으로 하고 있느냐이다. (i)우리가 하나님께 영광을 돌리기 위해서 서로 받아야 한다는 말씀인가[3681] 아니면 (ii)그리스도께서 하나님께 영광

3677 Cranfield; Schlier; Moo; Käsemann.
3678 ℵ A C $D^{b,c}$ G; NIV; Schreiner; Morris; Cranfield.
3679 B D* P 048; KJV.
3680 Tholuck.

을 돌리시기 위해 우리를 받으셨다는 말씀인가.[3682] 크랜필드는 전자의 해석을 채택하는 이유를 다음과 같이 열거한다.[3683] 첫째, "하나님의 영광을 위해"에이스 독산 투 쎄우는 15:6절의 우리가 하나님께 영광을 돌린다는 개념에 걸린다. 둘째, 7절에서 바울은 성도들에 대한 권면의 색조를 유지하고 있다. 셋째, 9절에서 바울은 이방인 성도가 하나님께 영광을 돌린다는 개념을 말씀하고 있다. 넷째, 7b의 마지막 어구인 "하나님의 영광을 위해"는 종절에 걸린다기 보다 주절에 걸리고 있다고 보아야 한다. 크랜필드의 이 해석은 분명히 타당성이 있다. 그러나 이와 동시에 "하나님의 영광을 위해"가 카쏘우스로 시작되는 종절에 걸리지 않는다고 할만한 문법적 근거는 존재하지 않는다. 즉 그리스도께서 하나님께 영광을 돌리시기 위해 우리를 받으신 것처럼 우리도 서로서로 받아야 한다는 말씀에서 "하나님의 영광을 위해"는 절묘하게 양자의 의미에 동시에 걸리고 있다고 할 수 있다.[3684] 즉 그리스도께서 하나님께 영광을 돌리기 위해 우리를 받으신 것처럼 우리도 하나님께 영광을 돌리기 위해 서로서로 받으라는 말씀이다. 유대인 성도와 이방인 성도가 교회내에서 서로를 인정하고 하나됨이 없이는 교회는 진정한 하나님의 백성의 공동체로써 하나님께 온전한 예배를 드리기 위한 준비가 되어 있지 않은 것이다.

로마서 15:8절의 레고우 갈내가 말하노니은 8절의 말씀이 엄중한 교리적 선언의 의미를 가지고 있다는 것을 나타낸다: "그리스도께서 하나님의 진실하심을 위하여 할례의 수종자가 되셨으니 이는 조상들에게 주신 약속들을 견고하게 하시고". 여기서 하나님의 진실하심은 하나님의 그 언약에 대한 성실하심을 가리킨다(3:4). 이 언약에 대한 성실하심은 혈통적 유대인들의 구원을 위한 일관된 보살핌을[3685] 의미하는 것이 아니라 하나님께서 아브라함을 통해 약속하신 언약의 자손을 불러모으시는 계획에 대한 성실하심을 의미한

3681 Godet; Stuhlmacher; Moo; Cranfield; Wilckens; Hultgren; L. Keck.
3682 Murray; Schlier; Käsemann; Thüsing, *Per Christum in Deum*, 42; Michel; Lagrange.
3683 Cranfield, *Romans*, 739-40.
3684 Schreiner; Dunn; Barrett; Calvin.
3685 Cranfield; Schreiner; Moo; Dunn; Morris; Fitzmyer.

다. 그러나 크랜필드는 할례의 수종자디아코논 페리토메이스는 (i)문자적으로는 할례가 유대인을 가리키기 때문에[3686] 그리스도께서 유대인의 종으로 섬긴 것을 가리킨다고 말한다.[3687] 즉 그리스도는 유대인으로 나셨고 다윗의 씨로써 팔레스타인에 사셨다. 그리고 이스라엘 집의 잃어버린 양을 위해서 오셔서(마15:24) 율법아래 사시면서 율법아래 있는 자를 구속하셨다는 것이다(갈4:4b–5a).[3688] 머레이도 여기서 할례는 육신적 이스라엘을 가리킨다고 말한다. 그러나 머레이는 이에서 나아가 할례라는 단어에 내포된 그 언약적 의미가 더 중요한 의미라고 말한다.[3689] (ii)곧 여기서 할례는 하나님께서 아브라함과 맺으신 언약의 징표이며 인침이라는 것이다(창17:1–21). 따라서 그리스도께서 할례의 수종자가 되셨다는 것은 하나님께서 그 조상들과 맺으신 언약을 성취하셨다는 의미다(창12:3; 18:18; 22:18; 26:4; 28:14; 미7:20; 행3:25; 롬4:12–13). 이 언약은 유대인들 뿐 아니라 믿음으로 아브라함의 자손으로 여김을 받게 될 이방인 성도들도 포함하고 있었다. 여기서 동사 베바이오오우견고하게 하다는 이 언약이 성취되었음을 가리키는 법률적 언어이다.[3690] 그리고 이 점에서 이방인들에 대한 자비는 곧 그리스도께서 할례의 수종자가 되시는 계획을 가리킨다. 바울이 그리스도를 디아코노스종라고 표현하는 곳은 그의 서신에서 오직 이 절 뿐이다. 이는 여기서 그리스도의 사역이 유대인에게만 관계된 사역이 아니고 보편적 구속의 완성과 관계된 개념이라는 것을 말한다.[3691] 따라서 이와 함께 과거완료수동태 부정사 게게네이스싸이되다는 일의 계속이 아니라 완성된 일의 결과를 가리킨다.[3692] 따라서 어떤 학자들이 해석하는 것처럼 이는 그리스도께서 유대인들을 섬기시는 일이 지금도 천국에서 계속되고 있는 것을[3693] 가리키는 것이 아니라 그리스도께서 돌아가시고 부활하셔서 완성한 구속의 결과를 가리키고 있다. 그 결과는 두

3686 롬3:1, 30; 4:12; 갈2:7-9; Schreiner; Moo; Cranfield; Wilckens; Dunn; Käsemann.
3687 Cranfield, *Romans*, 741.
3688 Moo, *Romans*, 877.
3689 Murray, *Romans*, II, 205; Morris; Moo.
3690 Schreiner; Käsemann; Schlier, *TDNT*, 1:602.
3691 Murray, *Romans*, II, 204.
3692 Ridderbos; Käsemann.
3693 Moo; Barrett; Morris; Hultgren; Dunn; Lietzmann; Cranfield; Wilckens; Osborne.

가지로 나타난다. 첫째, 하나님께서 조상들과 맺으신 약속이 성취된 것이며 둘째, 그 긍휼하심으로 인하여 이방인들도 하나님께 영광을 돌리게 하신 것이다(9a).

로마서 15:9a는 이 두 번째 결과를 서술한다: "이방인으로 그 긍휼하심을 인하여 하나님께 영광을 돌리게 하려 하심이다". 이 문장이 8절의 내용과 어떻게 연결되는가는 부정사 독사사이영광을 돌리다의 문법적 기능을 어떻게 보느냐와 관계되어 있다. (i)크랜필드는 9절의 접속사 데를 역접으로 해석하고 그 뒤의 독사사이를 8절의 게게네이스싸이와 병렬되는 것으로 보면서 그리스도께서 할례의 수종자가 되셔서 그 조상들과의 언약을 성취하신 반면(8) 그 긍휼하심을 인하여 이방인들도 하나님께 영광을 돌리게 하셨다(9a)라고 해석한다.[3694] 이로써 9a의 내용을 8절의 내용으로부터 분리시킨다. 이 해석의 문제점은 첫째, 이방인들이 하나님께 영광을 돌리게 하신 것도 그리스도께서 할례의 수종자가 되셨기 때문이라는 사실을 희석한다. 둘째, 이 해석은 이방인들의 구원이 그리스도께서 할례의 수종자가 되신 사역과 분리된 독립된 방법에 기초하고 있다는 의미를 내포하는데 이는 지금까지 이 서신에서 바울이 말씀한 것과 모순된다(롬4:11, 12, 16, 17, 23-25; 11:11-32).[3695] 9a와 8절의 문법적 관계에 대한 또 다른 해석은 (ii)부정사 독사사이가 8절의 전치사 에이스에 걸리며 부정사 베바이오우사이와 병렬된다고 해석하는 것이다.[3696] 즉 그리스도께서 할례의 수종자가 되신 것은 조상들에게 주신 약속을 견고하게 하시기 위해서였을 뿐만 아니라 이방인들도 그 긍휼하심을 인해서 하나님께 영광을 돌리게 하시기 위해서였다는 것이다. 조상들과 맺으신 언약은 이방인들이 믿음을 통해 아브라함의 백성이 되는 것을 포함하고 있었다. 따라서 그리스도의 구속의 완성은 이 두 목적을 단번에 성취하신 것이다. 그러나 크랜필드는 이 후자의 해석을 비판한다. 그 이유는 첫째, 이 후자의 해석은 8절의 "하나님의 진실하심을 위하여"와 "조상들에

3694 Cranfield, *Romans*, 742-43; Godet; Wilckens.
3695 Murray, *Romans*, II, 205; Dunn.
3696 NRSV; REB; TEV; Barrett; Schlier; Moo; Schreiner; Käsemann; S-H; Murray.

게 주신 약속들을 견고하게 하시고"의 관계를 약화시킨다는 것이다. 그러나 그리스도께서 할례의 수종자가 되심으로써 이방인들이 하나님께 영광을 돌리게 하셨다는 것이 그 또 다른 목적 즉 조상들에게 주신 약속을 성취하셨다는 것을 약화한다고 볼 수 없다. 이 두 가지 목적은 서로 독립되어 있는 것이 아니라 결속되어 있기 때문이다. 즉 이방인 성도들이 하나님께 영광을 돌리게 된 것은 조상들에게 주신 언약의 성취에 바탕을 두고 있다. 둘째, 크랜필드는 그리스도께서 할례의 수종자가 되심으로써 조상들에게 주신 약속을 성취하시고 또한 이방인들이 하나님을 찬양하게 하신 두 결과를 가져왔다고 해석하는 것은 8절의 "진실하심을 위하여"와 9절의 "긍휼하심을 인하여"의 균형을 깨고 있다고 비판한다. 즉 하나님의 그 언약에 대한 성실하심은 유대인들과 관계된 것이며 그 긍휼하심은 이방인들과 관계된 것이라고 보는 것이다.[3697] 그러나 하나님의 진실하심과 긍휼하심은 분리될 수 없는 하나님의 속성이다.[3698] 따라서 하나님의 진실하심과 긍휼하심은 중언법hendiadys으로써 유대인 성도와 이방인 성도에 모두 관계된 것으로 보는 것이 바른 해석이다.[3699] 모리스가 말하는 것처럼 유대인 성도들도 하나님의 긍휼하심으로 구원을 받은 것이다.[3700] 그리고 이방인 성도들의 구원도 조상들에게 주신 언약이 성취되었기 때문에 가능하게 된 것이다. 셋째, 크랜필드는 9a의 독사사이가 8절의 전치사 에이스에 걸린다고 보는 것이 틀린 이유는 이 전치사구와 관련된 주제가 조상들로부터 이방인으로 바뀐 것은 헬라어 스타일상 경악할 스타일이기 때문이라는 것이다. 그러나 케제만은 이 헬라어 스타일의 파격은 경악할 일은 아니고 이는 바울이 구속사에 있어서 유대인이 우선권을 가지면서도 유대인과 이방인이 동등한 위치에 있다는 것을 나타내기 위한 것이라고 말한다.[3701] 즉 바울은 전치사 에이스에 걸리는 두 부정사 베

3697 Schlatter.

3698 Michel; J. Dupont.

3699 Dunn.

3700 Morris, *Romans*, 504.

3701 Käsemann; D. W. B. Robinson, "The Priesthood of Paul in the Gospel of Hope," in Reconciliation and Hope: *New Testament Essays on Atonement and Eschatology Presented to L. L. Morns*...(ed. R. Banks; Exeter, UK: Paternoster; Grand Rapids, Mich.: Eerdmans, 1974) 232.

바이오우사이견고하게 하다와 독사사이영광을 돌리다를 통해서 유대인과 이방인의 구원이 모두 그리스도의 구속의 완성에 바탕을 두고 있다는 것을 나타내고 있다. 그리고 9a-12절에 인용된 네 개의 구약의 구절의 사슬을 통해 이는 이미 구약의 율법(10절)과 시가서(9b, 11)와 선지서(12절)에 모두 예언된 것이라는 것을 보여주고 있다.

9b의 "기록된 바"는 구약의 구절을 도입하는 전형적인 어구다. 9b-12절에서 인용된 네 개의 구약의 구절 중 첫 번째 구약의 구절(이러므로 내가 열방 중에서 주께 감사하고 주의 이름을 찬송하리로다)은 시편 18:49절 혹은 사무엘하 22:50절에서 인용한 것으로 보인다. 이 두 구약의 구절은 바울이 생략하고 있는 호격 "주여"가 두 절의 서로 다른 부분에 쓰인 것 말고는 동일하다. 그리고 바울은 칠십인역을 그대로 따르고 있고 칠십인역의 이 구절은 히브리성경을 충실하게 번역하고 있다. 구약의 문맥에서 "나"는 다윗을 가리킨다. 다윗은 자신을 원수의 손에서 구원하신 하나님께 영광을 돌리고 있다. 케제만은 바울이 시편의 이 구절이 자신의 전도자의 삶속에 실현된 것으로 여겼을 것으로 추측한다.[3702] 반면에 던은 이 구절을 유대 디아스포라 그리고 특히 유대인 성도들에게 적용한다.[3703] 그러나 바울은 여기서 "나"를 모형론적 관점에서 그리스도를 찬양하는 이방인 성도를 가리키는 것으로 인식했을 가능성이 크다.[3704] 그리스도는 죽음에서 부활하심으로 말미암아 이방인들을 심판에서 건지시는 왕이 되셨다. 이는 8절에서 말씀하는 그리스도께서 할례의 수종자가 되심으로써 조상들에게 주신 언약을 견고하게 하신 것과 일치한다. 바울이 9b-12절에서 인용하는 이방인이란 단어를 포함하는 네 개의 구약의 구절 중 세 개가 하나님께 영광을 돌리는 내용을 포함하고 있다. 이는 9a가 기술하는 이방인들이 하나님께 영광을 돌리게 하려 하심이라는 내용이 이미 구약 전체에 예언되어 있음을 증명하고 있다.[3705]

로마서 15:10절의 "또 가로되"는 다윗의 말씀이 아니라 성경 말씀을 가리

3702 Käsemann.
3703 Dunn, *Romans*, 849.
3704 Moo, *Romans*, 878.
3705 Schreiner; Moo; Murray; Barrett; Stuhlmacher; Morris; Delling, *TDNT*, 8:499; *contra* Dunn; Cranfield.

키고 있다. 그리고 바울은 칠십인역 신명기 32:43절을 글자 그대로 인용하고 있다: "열방들아 주의 백성과 함께 즐거워하라 하였으며". 이는 모세의 노래의 마지막 구절인데 칠십인역은 히브리성경의 이 구절을 확대하고 보편화시키고 있다. 피츠마이어는 칠십인역의 이 구절은 쿰란사본에도 입증된 바 있는 히브리성경의 번역자 대본vorlage의 번역이라고 말한다.[3706] 이 구절의 "주의 백성과 함께"는 이방인들에 대한 적대심을 약화시키고 동정적인 관점을 주입하고 있다.[3707] 이는 유대인의 디아스포라의 문맥에 적절한 표현으로 보이는데 바울은 이 구절을 인용하며 그리스도께서 할례의 수종자가 되심으로써 이방인들이 아브라함의 자손의 지위를 얻고 유대인들과 함께 하나님께 영광을 돌리게 된 것으로 성취되었다는 것을 확인하고 있다. 여기서 강조된 것은 이방인들이 그리스도를 통해서 하나님의 백성이 되었고 유대인들과 함께 하나님의 영광을 찬양하게 되었다는 것이다. 동사 "즐거워하다"에우프라이노우는 바울 서신에서 인용하고 있는 구약의 구절에 두 번 포함되어 있다(갈4:27; 고후2:2). 신명기 32:43절에서 이 동사는 종말에 있게 될 즐거움을 표현하고 있고 바울은 하나님의 백성의 이 종말적 기쁨에 대한 예언이 이방인들의 구원으로 성취되었다는 것을 나타내고 있다(계12:12).

로마서 15:11절의 카이 팔린그리고 또은 또 다른 구약의 인용 구절을 도입한다: "모든 열방들아 주를 찬양하며 모든 백성들아 저를 찬송하라 하였으며". 이는 시편 117:1절의 칠십인역을 약간 변화시키고 있다. 즉 "모든 열방들아"와 "주"의 어순을 바꾸고 있고 접속사 카이그리고를 삽입하고 있다. 또 에파이네사테를 에파이네사토우산으로 대체하고 있다. 그렇게 함으로써 모든 열방이 주를 찬양하게 된다는 의미를 강화하고 있다. 바울은 여기서 찬양하다를 의미하는 동사 아이네오우와 에파이네오우를 번갈아 가며 사용하고 있고 열방을 의미하는 명사 에쓰노스와 라오스를 번갈아 사용하고 있다. 여기서 라오스백성는 유대인과 이방인 모두를 가리킨다기[3708] 보다 이방인을 가리키

3706 4QDeuta; Fitzmyer, *Romans*, 707.
3707 Dunn, *Romans*, 849.
3708 Wilckens.

는 것으로 볼 수 있는 이유는 이 명사가 에쓰노스열방와 병렬되기 때문이다.[3709] 시편 117:1절은 명사 "자비"와 "진실"을 포함하고 있다. 로마서 15:8-9절도 이 중요한 두 명사를 포함하고 있는데 이는 하나님의 자비와 진실하심은 그리스도의 구속의 완성으로 견고하게 되었고 이는 다시 이방인도 유대인과 함께 하나님께 영광을 돌리게 되는 기초라는 사실을 나타내고 있다.[3710]

로마서 15:12절의 카이 팔린그리고 또은 이사야 11:10절의 인용을 도입한다: "또 이사야가 가로되 이새의 뿌리 곧 열방을 다스리기 위하여 일어나시는 이가 있으리니 열방이 그에게 소망을 두리라 하였느니라". 바울은 여기서 이사야 11:10절의 칠십인역의 "그 날에"엔 테이 헤이메라 에케이네이만 제외하고 이를 그대로 인용하고 있다. 칠십인역은 히브리성경의 그 종말적 내용을 간직한 채 이 구절을 풀어서 번역하고 있다. 즉 히브리성경의 이 구절은 이새의 뿌리가 백성의 표로써 서있고 이방인은 그에게 묻는다라고 말씀하는 반면에 칠십인역은 이새의 뿌리가 열국을 다스리며 열국은 그로 말미암아 희망을 가진다고 서술한다. 바울은 이 후자를 인용하면서 이방인들이 그리스도로 말미암아 하나님께 영광을 돌리게 되는 것을 확인하고 있다. 명사 흐리자는 뿌리 혹은 순을 의미한다. 여기서 이새의 뿌리는 메시야를 가리키는 상징적 언어다(사11:1-5; 렘23:5; 33:15; 계5:5; 22:16; Sir 47:22; 4QPat 3-4; 4QFlor 1:11). 던은 바울서신에서 동사 "일어나다"아니스테이미는 종종 부활을 의미하기 때문에 이 절에서도 부활을 암시하고 있다고 생각할 수 있다고 말한다.[3711] 그러나 본문은 메시야의 오심을 예언하고 있지 부활을 가리키고 있지는 않다.[3712] 열방이 그에게 소망을 두리라는 것은 그들이 그리스도를 통해서 하나님께 영광을 돌릴 수 있게 되기 때문이다. 여기서 소망은 종말적 영광에 대한 소망으로써 4절과 13절의 내용을 잇는 주제이다. 유대인 성도와 이방인 성도가 하나가 될 수 있는 것은 그리스도에 대한 한 소망을 가지고 있기

3709 Morris; Moo; Käsemann; Osborne.
3710 Schreiner; Dunn; Moo.
3711 Dunn, *Romans*, 850; Schlier; Wilckens.
3712 Schreiner; Cranfield.

때문이다.[3713]

로마서 15:13절의 접속사 데그리고는 역접이 아니라 순접으로써 새로운 주제 즉 바울의 기원prayer-wish을 도입하고 있다: "이제 소망의 하나님이 모든 기쁨과 평강을 믿음안에서 너희에게 충만케 하사 성령의 능력으로 소망이 넘치게 하시기를 원하노라." 이 기원의 의미는 플레이로오우(채우다)의 희구법optative 동사 플레이로우사이로 표현되어 있다. "소망의 하나님"은 "평강의 하나님"(33절)과 병렬되기 때문에 하나님은 소망의 주격이시라고 볼 수 있다. 즉 하나님께서는 믿는 자들에게 소망을 주신다. 그러나 이와 동시에 우리는 하나님은 성도들의 소망이라는 측면을 간과할 수 없다.[3714] 하나님은 성도들의 궁극적인 기업이시다(시73:24-26; 90:1; 엡3:19; 계21:3). 하나님께서는 성도들의 믿음안에서 그들에게 기쁨과 평강을 충만하게 하신다. 터너는 "믿음안에서"엔 토우 피스테우에인의 전치사 엔in을 인과적으로 본다.[3715] 즉 너희가 믿기 때문에 하나님께서 너희에게 기쁨과 평강으로 채우신다는 것이다. 그러나 전치사 엔은 시간적너희가 믿을 때 혹은 장소적믿음안에서 의미를 가지는 것으로 볼 수도 있다. 여기서 평강은 하나님과의 수직적 화목을 가리키는 것이 아니라 그 결과 따라오는 마음속의 평화를 가리킨다. 이는 기쁨과 같이 성령의 열매 중의 하나다(갈5:22). 그리고 평강은 이 절의 문맥에서 볼 때 유대인 성도와 이방인 성도간의 평화를 가리키는 측면도 있다.[3716] 어떤 학자는 여기서 "믿는다"피스테우오우는 신뢰하다는 뜻을 가진다고 말한다.[3717] 그러나 여기서 믿음은 구원을 가져오는 진실된 믿음으로 보는 것이 더 낫다. 진정한 믿음이 있는 마음은 하나님께서 부어주시는 기쁨과 평강이 채워지는 그릇이다. 그 결과 성령안에서 소망은 더욱 넘친다. "성령의 능력안에서"에서 전치사 엔in은 도구적[3718] 혹은 장소적 의미를 가지는 것으로 볼 수 있다. 즉 성령의 능력을 떠나서는 아무도 하나님께서 주시는 넘치는 소망을 가질

3713 Osborne; Schreiner.
3714 Murray, *Romans*, II, 207; Dunn; Morris.
3715 Turner; Morris.
3716 Moo; Dunn; Käsemann.
3717 Dunn; Schreiner; Morris.
3718 Cranfield; Schreiner; Käsemann; Schlier; Moo.

수 없다. 이 소망은 모든 성도들이 한 마음으로 하나님께 영광을 돌리는 것을 바라는 종말적 소망이다. 따라서 고기를 먹는 일이나 포도주를 마시는 일이나 특정한 날에 안식일을 지키는 문제가 성도들을 하나되게 하지 못한다면 이는 성도들이 가진 종말적 소망에 모순되는 상태다. 여기서 강한 자는 약한 자의 약점을 담당하고 자기를 기쁘게 하지 않아야 한다.

바울이 여기서 주는 가르침을 일반적인 아디아포라의 주제에 적용할 수 있는가. 무는 로마서 14:1-15:13절의 가르침은 일세기 유대인 성도들이 새 언약의 시대에 율법의 의의를 오해한 상황에 관계되어 있었기 때문에 안식일에 관한 가르침외에는 오늘의 교회에 일반적으로 적용될 수 없다고 말한다.[3719] 그러면서도 동시에 아디아포라의 범주에 있는 이슈들에 적용할 여지가 있다고 본다. 무는 바울의 가르침에서 세 가지 원칙을 도출하고 있다. 첫째, 바울은 현실주의자로써 양심이 연약한 자들이 자기 기준에 따라 거리끼는 것들이 있다면 이를 하도록 강요하지는 않는다. 둘째, 바울은 강한 자들이 어떤 것을 행함으로써 약한 자들의 양심에 상처를 줄 때 그들이 가진 그리스도인의 자유를 행사하는 것을 절제해야 된다고 가르친다. 셋째 이 문제에 대한 본질적 태도는 교회내의 성도들이 하나됨을 유지하게 하는 것이다. 무의 이 견해에 동의하지만 오스본은 여기서 바울의 가르침이 모든 아디아포라의 주제에 적용될 수 있다고 본다.[3720] 따라서 약한 자의 양심에 상처를 주지 않는다면 강한 자는 술이나 담배나 크리스챤 록음악 등을 즐겨도 무방하다는 입장이다. 그러나 이 견해의 문제는 그리스도인이 실생활에서 직면하는 모든 문제가 다 아디아포라의 범주에 들지 않는다는 것이다. 예를 들어 안식일을 어느날에 지켜야 하는가의 문제는 십계명의 준수에 관한 주제이지 아디아포라의 문제 즉 비본질적 주제의 범주에 들지 않는다. 그리고 로마서 14:1-15:13절에서 바울은 아디아포라의 문제를 다루고 있는 것이 아니라 새 언약의 시대에 모세의 율법의 효용에 대한 서로 다른 견해로 인한 갈등의 문제를 다루고 있다. 여기서 바울이 제시하는 가르침을 기독교 윤리에 대한 원

3719 Moo, *Romans*, 881-84.
3720 Osborne, *Romans*, 385.

칙을 정립하는 명제로 여긴다면 우리는 또 다른 율법주의적 윤리관을 낳는 것이다. 성도는 더이상 율법 아래 있는 사람들이 아니다. 이제는 성령의 법을 따라 사는 거룩한 사람들이다. 그리고 믿음안에서 부어지는 기쁨과 평강을 통해 소망으로 충만한 하나님의 자녀들이다. 따라서 강한 자는 그 그리스도인의 자유를 사용할 때 자신이 믿음안에서 행하고 있는지 분별할 수 있어야 한다(롬14:23절). 진정한 사랑은 자신을 기쁘게 하는 일을 하는 것이 아니라 이웃을 기쁘게 하는 일을 하며 덕을 세우는 것이다(15:1-2절).

6. 끝맺는 말(롬15:14-16:27)

로마서 15:14절에서 바울은 서신을 끝맺는 말씀을 시작한다.[3721] 로마서 15:14-16:27절은 로마서 1:1-17절의 내용을 상기시키며 반복하는데 그 내용의 순서는 역순이다. 즉 그는 그 때까지 행한 전도 여행에 대해 요약하고(로마서 15:14-21; 1:11-13), 그 다음 앞으로 펼칠 전도 계획을 서술한다(롬 15:22-29). 그리고 이 선교 계획 수행을 위해 기도동참을 요청한다(롬 15:30-32; 1:8-10). 로마서 16:1-27절은 긴 인사말과 안부의 메세지를 담고 있다(롬1:1-7). 로마서를 끝맺는 이 문단이 그의 다른 서신들의 맺는말과 다른 점은 첫째, 평화의 기도가 포함된 점(롬15:33); 둘째, 거짓 선생들에 대한 경고가 담겨 있다는 것이다(롬16:17-19). 그리고 끝맺는 인사말의 길이가 길다는 점이 뚜렷한 특징이다. 이는 그가 삼차 전도여행을 마치면서 스페인까지 복음화할 계획을 수행하는데 있어서 로마교회는 전략적 교두보로써 바울의 선교를 적극적으로 후원해야될 사명을 가지고 있었기 때문에 바울은 이를 위해 로마교회의 성도들에게 이해와 참여를 부탁할 필요가 있었기 때문이다. 바울이 많은 성도들의 이름과 그 가족과 가정교회들을 일일이 언급하며 안부를 묻는 것은 그들과 개인적 유대를 돈독하게 하려는 목적이 있었던 것을 말한다. 마지막으로 로마서의 끝맺는 말에는 바울 자신이 서명한 인사말이 없는 것이 독특하다. 그 대신 더디오의 문안 인사를 볼 수 있는데 이는 더이오가 바울의 대필가로써 이 서신을 받아 썼다는 것을 나타낸다(롬 16:22).

(1) 바울의 사역과 전도여행 계획(롬15:14-33)

로마서 15:14-21절에서 바울은 예루살렘으로부터 일루리곤까지 그리스도의 복음을 편만하게 전했다는 것을 언급하면서 이는 자신이 복음의 제사장의 직무를 수행함으로써 이방인들을 받으심직한 제물로 드리게 하기 위한

3721 Dunn; H.-J. Klauck; Cranfield.

하나님의 은혜에 바탕을 둔 것임을 설명하고 있다. 22-29절에서 바울은 자신이 스페인까지 가서 복음을 전하기 위해 로마교회에 들러 성도들의 교제와 후원을 기대하면서 먼저 예루살렘교회에 방문하려는 목적을 설명한다. 그것은 마게도냐와 아가야 지방에 자신이 개척한 교회들이 예루살렘교회를 위해 헌금한 것을 전해주고 그 영적 열매를 저희에게 확증하기 위해서였다. 30-32절은 이 여행 계획의 성공적 성취를 위해 로마교회에 기도동참을 요청한다. 33절은 그들의 평안을 비는 짧은 기도다. 이로써 바울은 이방인 교회들과 예루살렘 교회가 하나님의 집의 한 백성임을 실질적으로 보여준다. 또 선교를 위해 기도와 헌금으로 후원하는 것은 자신들이 받은 은혜에 대한 빚을 갚는 실질적인 방법이다.

(가) 바울이 자신의 사역을 돌아봄(롬15:14-21)

로마서 15:14-21절에서 바울은 로마교회 성도들에게 왜 이 서신을 그들에게 쓰고 있는가를 변증적으로 설명한다. 그것은 하나님께서 자신을 이방인의 구원을 위한 사도로 부르셨기 때문이고 주께서 명령하신대로 세상 끝까지 복음을 전하러 가는 도중에 들리게 되는 로마교회가 이 선교비전에 적극적으로 기도와 물질로써 자신을 후원하는 일에 동참하게 하기 위해서다. 이렇게 그의 선교 비전을 명확히 제시함으로써 바울은 혹시 자신에게 닥칠 반대와 저항을 미연에 방지하려고 했을 수도 있다.[3722] 바울은 자신의 선교의 직무가 이방인들을 하나님의 백성으로 부르시기 위한 하나님의 계획에 바탕을 두고 있다는 것을 분명히 설명함으로써 로마교회 성도들도 이에 직접적 혹은 간접적으로 동참하는 것은 그들이 받은 은혜에 보답하는 당연한 결과라는 것을 보여주고 있다. 바울은 이방인 성도들이 하나님의 제단에 바쳐진 제물이라는 제사의 언어를 사용함으로써 복음전파를 통해 만백성이 하나님께 영광을 돌리는 것은 예배의 보편화의 종말적 실현임을 나타내고 있다.

로마서 15:14절의 접속사 데그러나는 여기서 역접의 의미 보다는 주제의 전

3722 Stuhlmchaer; Käsemann; Moo.

환을 나타내고 있다: "내 형제들아 너희가 스스로 선함이 가득하고 모든 지식이 차서 능히 서로 권하는 자임을 나도 확신하노라". 과거완료형 페페이스마이확신한다는 확신의 결과 의심이 없는 상태를 가리킨다. "내 형제들아"는 호격 형제들아에 소유격 "나의"가 붙여진 어구로써 바울 서신에 잘 쓰이지 않는 표현이다. 따라서 어떤 사본에는 소유격 대명사 무나의가 생략되어 있다.[3723] "나 자신"아우토스 에고우은 "너 자신"카이 아우토이과 대조되는 강조법이다. 이는 바울 자신이 그들에 대해 가지는 확신의 신실함을 강조하고 있다. 명사 "선함"아가쏘우수네이스은 신약에는 오직 바울 서신에만 사용되는 단어로써 "바름", "선함"(엡5:9; 살후1:11) 혹은 "관대함"(갈5:22)을 의미한다. 여기서 "모든 지식"파세이스 그노우세오우스은 그 앞에 정관사가 없을 때 "모든 종류의 지식"을 정관사가 있을 때 총체적 지식을 가리킨다.[3724] 케제만은 여기서 지식은 구원에 대한 지식 보다는 구원에 대한 하나님의 목적에 관한 통찰력이나 이해를 의미한다고 말한다.[3725]

머레이는 여기서 "선함"은 강한 자가 약한 자에게 상처를 주지 않는 성질을 가리키고 "지식"은 믿음의 연약함을 고치는 성과를 가리킨다고 말한다.[3726] 그러나 쉬라이너는 여기서 지식은 특정한 지식이 아니라 일반적 의미의 지식을 가리킨다고 본다.[3727] 이는 "모든 지식이 차서"의 표현과 맞는 뜻으로 보인다. 동사 누쎄테오우도 목회적으로 훈계하다[3728] 혹은 꾸중하다를[3729] 의미하기 보다 일반적으로 "가르치다"를 의미한다.[3730] 바울은 여기서 진실로 로마교회 성도들이 선함이 가득하고 모든 지식이 차서 능히 서로 권하는 자임을 확신하고 있는가. 어떤 학자는 이는 진실되지 못한 아첨이라고 본다. 그러나 우리는 이를 바울의 외교적 위선이라고 볼 이유는 없다. 오히려 이는 바울이 로마교회 성도 전체의 믿음의 성숙함을 확신하는 정중한

3723 P^{46} D* G 1739

3724 Moule, *Idiom Book*, 93-95; Cranfield; Dunn.

3725 Käsemann; Michel.

3726 Murray, *Romans*, II, 209.

3727 Schreiner, *Romans*, 765; Moo; *contra* Morris.

3728 Behm, *TDNT*, 4:1022; Cranfield; Morris; Hultgren.

3729 Käsemann; Delling, *TDNT*, 6:291.

3730 NIV; Osborne; Schreiner.

표현으로 볼 수 있다.[3731]

로마서 15:15절의 접속사 데그러나는 14절의 내용과 약간의 역접의 의미를 가지는 것으로 볼 수 있다. 즉 비록 로마교회 성도들이 선함과 지식이 가득 차서 서로 권하는 자들임에도 불구하고 바울이 이 서신을 쓰는 이유를 설명한다: "그러나 내가 너희로 다시 생각나게 하려고 하나님께서 내게 주신 은혜를 인하여 더욱 담대히 대강 너희에게 썼노니." 부사 톨메이로테론은 형용사 톨메이로스담대한의 비교급으로써 "약간 담대하게"로 번역할 수 있다. 과거형 에그랍사썼다는 서간체epistolary가 아니고 로마서 1:1-15:14절까지 이미 이 서신을 쓴 행위를 가리킨다.[3732] 아포 메루스어떤 부분에서는 (i)톨메이로테론을 수식하는 것으써 "어느 정도 담대하게"[3733] 혹은 (ii)에파나밈네이스코운을 수식하는 것으로써 "그들이 아는 것을 대강 생각나게 하려고"[3734] 혹은 (iii)주동사 에그랍사를 수식하는 것으로써 "그 서신의 어떤 부분에서 약간 담대하게 썼다"라고 번역할 수 있다.[3735] 그러면 그 서신의 어떤 부분인지에 대해서는 여러 의견이 있다. 즉 크랜필드는 그 부분을 로마서 12:1-15:13절로 보고[3736] 어떤 학자들은 로마서 14:1-15:13절로 본다.[3737] 그러나 바울이 담대하게 쓴 그 부분이 어떤 부분인지 알 수는 없다. 던은 이 견해에 반대하면서 아포 메루스는 바울이 공손하게 자세를 낮추어 자신이 쓴 로마서 1:16-15:13절 전체를 가리킨다고 본다.[3738] 필자는 여기서 던의 견해를 바른 견해로 채택한다. 그 이유는 첫째, 아포 메루스는 로마서 15:24; 고린도후서 1:14절 등에서 문장의 주동사를 수식하고 있는 것처럼 이 절에서도 주동사인 에그랍사를 수식하고 있다. 둘째, 바울이 로마교회 성도들에게 생각나게 하는 것은 이 서신의 일부분의 내용이 아니라 이 서신 전체의 내용이라고 보아야 문맥에 맞는 해석이기 때문이다. 바울은 초대교회 성도들이 알고 있던 구원

3731 Cranfield; Schlatter; Schreiner.
3732 Moo; Morris; Turner; contra Fitzmyer.
3733 Hodge; Murray; Schlier.
3734 Godet.
3735 NIV; RSV; Moo; Cranfield; Wilckens; Schmithals; S-H; Michel; Zeller.
3736 Cranfield.
3737 Wilckens; Schmithals.
3738 Dunn, *Romans*, 859.

론, 성화론, 성령론, 종말론, 새언약에 바탕을 둔 하나님의 자녀, 그리스도인들의 연합, 사랑의 윤리 등을 모두 다시 상기시키고 있다.

동사 에파나밈네이스코우다시 기억나게 하다는 하팍스로써 신약에 오직 이 절에만 쓰이고 있다. 그 앞의 조사 호우스as는 (i)태도로써 "상기시키는 방법으로써"[3739] 혹은 (ii)목적으로써 "상기시키기 위해"로[3740] 번역될 수 있다. 그러나 전자의 해석이 분사 에파나밈네이스코운의 의미를 보다 충실히 전달하고 있다고 할 수 있다. "내게 주신 은혜를 인하여"는 주동사 에그랍사보다 그 바로 앞의 분사 에파나밈네이스코운에 걸린다고 할 수 있다.[3741] 그러나 이 두 문법적 해석간의 의미의 차이는 거의 없다고 볼 수 있다. "내게 주신 은혜"는 그리스도인들이 일반적으로 받은 은혜를 가리킨다기 보다 바울이 사도로써 부름받은 특별한 은혜를 가리킨다.[3742] 그가 하나님께로부터 받은 사도적 권위는 그가 세우지 않았던 로마교회 성도들에게 권위있게 가르침을 줄 수 있는 근거다(롬1:5; 12:3; 고전9:16). 바울이 로마교회가 사도적 기초위에 세워지지 않았기 때문에 합법적인 교회가 아니라고 생각했었다고 보는 것은[3743] 잘못된 해석이다. 바울이 로마서에서 가르치는 것은 그 교회를 합법적 교회로 세우기 위한 것이 아니라 로마교회 성도들이 이미 알고 있는 지식을 상기시키기 위한 것이었다.[3744]

로마서 15:16절의 전치사구 에이스 토 에이나이는 15절의 주동사 에그랍사를 수식하며 바울이 로마서를 쓰는 목적을 서술한다: "이 은혜는 곧 나로 이방인을 위하여 그리스도 예수의 일군이 되어 하나님의 복음의 제사장 직무를 하게 하사 이방인을 제물로 드리는 그것이 성령안에서 거룩하게 되어 받으심직하게 하려 하심이다". 명사 레이툴고스는 칠십인역에서는 "종"을 의미한다(수1:1; 삼하13:18). 그러나 이 절에서는 제사의 의미로써 제사장을 가리킨다(느10:39; 사61:6).[3745] 이 점에서 바르트는 바울이 자신이 제사장

3739 NRSV; Moo.
3740 NIV; Schreiner.
3741 Cranfield; Käsemann.
3742 Moo; 롬1:5; 고전3:10; 갈2:9; 엡3:2, 7, 8.
3743 Klein, "Paul' s Purpose", 39.
3744 Fitzmyer; Michel; Hultgren.

이신 예수님을 도와 레위인의 직무를 수행하는 것으로 생각하고 있었다고 말한다.[3746] 크랜필드는 이 단어 뒤에 오는 크리스투의 소유격이 이 해석을 뒷받침한다고 생각한다. 그러나 바울이 그의 서신에서 그리스도를 제사장으로 묘사하는 곳은 없다. 그리고 이 절에 사용되는 제사의 용어들은 바울이 자신을 제사장에 비유하고 있다는 것을 나타낸다.[3747] 그의 제사장의 직무는 곧 이방인들을 위해 하나님의 복음을 전파하는 것이다. "하나님의 복음"에서 소유격 쎄우는 근원의 소유격으로써 하나님으로부터 말미암은 복음을 가리킨다. 그리고 토 유앙겔리온복음은 관점의 대격accusative of respect이라고 할 수 있다. 현재분사 히에룰군타의 원형 히에룰게오우는 칠십인역이나 신약의 다른 부분에는 나오지 않는 동사이며 문자적으로 "제물을 바치다"를 의미한다.[3748] 따라서 바울은 자신이 이방인들에게 복음을 전파하는 일을 하나님께 제물을 바치는 직무로 묘사하고 있다.

접속사 히나in order that는 바울의 제사장적 직무의 목적을 도입한다. 즉 이는 이방인을 제물로 드리는 그것이 성령안에서 거룩하게 되어 받으심직하게 하려 함이다. 명사 프로스포라는 (i)"바치는 행위"(행24:17; 히10:10, 14, 18) 혹은 (ii)"바쳐진 것"(행21:26; 엡5:2; 히10:5, 8)을 의미한다. 전자의 경우 소유격 에쓰노운은 목적격이라고 할 수 있고 후자의 경우 소유격 에쓰노운은 동격이라고 할 수 있다. 즉 이방인들이 복음을 듣고 믿어 하나님의 자녀가 되는 것은 이들이 하나님께 제물로 바쳐진다는 것을 뜻한다.[3749] 어떤 학자들은 에쓰노운을 주격으로 보고 "이방인들이 바치는 것"찬양, 예물 등이라고 번역한다.[3750] 그러나 이 번역은 그 이후에 오는 성령으로 거룩하게 된다는 구절이 수식하는 것으로 맞지 않는다. 형용사 에우프로스데크토스받으심직한는 제사의 용어로써 로마서 15:31; 고린도후서 6:2; 8:12절에도 사용된다. 바울

3745 Barrett; A. J. Hultgren, *Paul's Gospel and Mission: The Outlook from His Letter to the Romans* (Philadelphia: Fortress Press, 1985) 134-35; Lietzmann; *T. Levi* 2.10; 4.2; 8.3-10; Philo, *Leg. All,* 3.135; *Post*. 184; *Mos*. 2.149.

3746 K. Barth, *A Shorter Commentary on Romans* (Richmond: John Knox, 1959) 177; Cranfield.

3747 Jervis, *The Purpose of Romans*, 121.

3748 G. Schrenk, *TDNT*, 3:252.

3749 NRSV; NASB; REB; TEV; Cranfield; Schreiner; Moo; Käsemann; Michel; Fitzmyer; Jervis.

3750 Dabelstein, *Die Beurteilung*, 112-14; Robinson, "Priesthood of Paul," 231; Elliott.

이 복음전파로써 이방인들을 하나님께서 받으심직한 제물이 되게 한다는 것은 그가 이를 이방인들이 종말적 제물로써 하나님께 바쳐지는 것을 바라본 이사야의 예언의 종말적 성취로 생각했음을 보여준다(사66:20).[3751] 어떤 학자들은 이사야 66:18-20절은 디아스포라의 유대인들이 예루살렘성전에 돌아와 예배하는 것을 가리키고 있는데 바울이 이를 이방인들의 구원에 적용한 것이라고 주장한다.[3752] 그러나 이사야의 문맥에서 타 에쓰네이는 이방인들을 가리키고 있고 "이스라엘 사람들"과 대조되는 용어다. 따라서 바울은 여기서 신약적 의미를 이사야에 적용하며 해석하는 것이 아니고 이사야의 예언이 바라보는 이방인들의 종말적 구원을 바르게 해석하고 있는 것이다. 이는 구약의 제사의 전통이 종말적으로 성취된 다른 측면들과 연결된다. 즉 그리스도인들의 복종(롬12:1)이나 하나님께 드리는 찬양(히13:15)이 짐승의 희생을 대체하고, 성도의 공동체가 성전에 비유되고(요2:21; 고전6:19; 벧전2:5) 성도들이 제사장의 나라로 여겨지는 것이다(벧전2:5, 9).[3753] 그럼에도 변치않는 것은 구약의 제물이나 신약의 제사 모두 하나님을 기쁘시게 하기 위한 것이다. 그리고 그 조건은 이들이 거룩한 제물이어야 한다는 것이다. 그런데 이방인 성도들이 거룩한 제물이 된 것은 성령을 통해서다. 여기서 바울이 과거완료 수동태 분사 헤이기아스메네이거룩하게 하다를 사용하는 것은 로마교회 성도는 성령을 통해서 하나님 앞에서 거룩한 자들로 인정되었다는 것을 의미한다(고전1:2; 6:11; 7:14; 딤전4:5; 딤후2:21). 이는 이들의 성화에 관계없이 이들에게 주어진 법적 신분 즉 칭의와 병렬된 개념이다.

로마서 15:17절의 접속사 운그러므로은 15-16절의 내용의 결과를 도입한

3751 Moo; R. D. Aus, "Paul' s Travel Plans to Spain and the 'Full Number of the Gentiles' of Rom. XI:25". *Novum Testamentum* 21 (1979) 236-37; Murray; J. M. Scott, *Paul and the Nations: The Old Testament and Jewish Background of Paul' s Mission to the Nations with Special Reference to the Destination of Galatians* (WUNT 84. Tübingen: Mohr, 1995) 145-47; Hultgren, *Paul' s Gospel*, 133-34.

3752 H. M. Orlinsky, "The So-Called 'Servant of the Lord' and 'Suffering Servant' in Second Isaiah," in *Studies in the Second Part of the Book of Isaiah* (H. M. Orlinsky and N. Snaith; VTSup 14. Leiden: Brill, 1967) 97-117; C. Stuhlmueller, *Creative Redemption in Deutero-Isaiah* (AnBib 45. Rome: Pontifical Biblical Institute, 1970) 129-31; L. Peerbolte, *Paul the Missionary* (CBET 34. Louvain: Peeters, 2003) 248; F. W. Horn, "Paulus und der Herodianische Tempel," *NTS* 53 (2007) 201-2; Hultgren, *Romans*, 542.

3753 Moo, Romans, 891; Schlier; Michel; P. T. O' Brien, *Consumed by Passion: Paul and the Dynamic of the Gospel* (Homebush: Anzea, 1993) 31-32.

다: “그러므로 내가 그리스도 예수 안에서 하나님의 일에 대하여 자랑하는 것이 있으니”. 여기서 명사 카우케이신자랑 앞에 정관사가 있는 것을 원문으로 보면[3754] 이는 15-16절에서 서술한 바울의 이방인 성도들을 하나님께 거룩한 받으심직한 제물로 바치는 일을 가리킨다는 것을 알 수 있다.[3755] 이는 전치사구 프로스 톤 쎄온 앞의 정관사 타의 의미와 어우러진다. 중성 복수 대격 정관사 타는 여기서 실사적substantive 용법으로써 관점의 대격accusative of reference 혹은 부사적 대격adverbial accusative으로 볼 수 있다.[3756] 그리고 이 정관사가 가리키는 것은 18-19절이 아니라 15-16절의 내용 즉 이방인을 하나님께 거룩한 제물로 드리는 것이다.[3757] 이 점에서 보면 카우케이신자랑 앞에 정관사가 없다고 해도 이 절에서 바울이 말씀하는 의미는 같다.[3758] 여기서 바울이 자랑하는 것은 그리스도 예수 안에서 하나님께 이방인들을 받으심직한 제물로 드리는 사도의 일이다. 이는 자신에게 위임된 일 자체를 자랑하는 것이 아니라 하나님께 영광을 돌리는 그 일을 예수 그리스도 안에서 자랑하는 것이다. 그는 이 일을 할 자격도 능력도 없지만 그리스도의 능력안에서 이 일을 통해 하나님께 온전한 영광을 돌릴 수 있게 된 것을 자랑하고 있다(고전15:31; 고후1:12-14; 9:2; 10:13-17; 11:10-21, 31).[3759]

로마서 15:18절의 접속사 갈왜냐하면은 바울이 왜 그리스도 예수안에서 자랑하는 지를 설명하는 내용을 도입하고 있다: “그리스도께서 이방인들을 순종하게 하기 위해 나로 말미암아 말과 일이며 표적과 기사의 능력이며 성령의 능력으로 역사하신 것 외에는 내가 감히 말하지 않을 것이다”. 여기서 동사 톨마오우dare는 15절의 톨메이로테론과 동족어로써 바울이 로마교회 성도들에게 말할 때 조심하는 태도를 나타낸다. 이 절은 구문론적으로 단순하지 않다. 관계대명사 호운은 소유격 복수인데 반해 이가 수식하는 부정대명사 티어떤 것는 중성 단수 대격이다. 크랜필드는 이를 “그리스도께서 행하신

3754 B C D E F G; Cranfield; Morris; Käsemann; *contra* Sanday and Headlam.
3755 Cranfield; Moo; Dunn; Käsemann.
3756 Turner; Dunn.
3757 Moo; *contra* Jervis, *Purpose of Romans*, 123; Hultgren.
3758 Murray.
3759 Morris; Cranfield; Osborne.

것외에 어떤 것도 감히 말하지 않을 것이다"라고 번역한다.[3760] 배렛은 이 문장은 이 의미외에 또 다른 의미를 내포하고 있다고 본다: "그리스도께서 나를 통해 행하신 것외에 어떤 것도 감히 말하지 않을 것이다".[3761] 그러나 이 두 문장의 의미의 차이는 없다. 본질적으로 바울이 행한 것은 그리스도께서 바울을 도구로 사용하셔서 역사하신 것이다. 동사 카텔가조마이는 포이에오우와 동의어이다. 그러나 전자는 무엇을 행하다는 뜻 외에 무엇을 이루다, 가져오다는 뉴앙스를 내포한다(롬1:27; 2:9; 4:15; 5:3; 7:13, 15, 17, 18, 20; 고전 5:3; 고후4:17; 5:5; 7:10; 9:11; 엡6:13; 빌2:12). 바울은 이 동사의 중간태를 사용하면서 그리스도께서 바울에 의해서가 아니라 바울을 통해서 디 에무 이루신 사실을 명확히 나타내고 있다. 그 목적은 이방인들로 하여금 순종하게 하는 것이다. 그리고 그 수단은 "말과 일", "표적과 기사의 능력", "성령의 능력"이다. 여기서 순종후파코에이은 성도들이 하나님의 뜻에 따라 사는 것을 말한다. 이는 믿음과는 다르며 동시에 믿음과 뗄 수 없는 관계를 가진다. 이를 이방인들의 회심으로 보는 것은[3762] 로마서 1-4장에서 말씀하는 칭의와 로마서 5-8장의 순종하는 삶에 대한 가르침을 혼합하는 것이다. 로마서 1:5절에서도 바울은 "믿음의 순종"을 말씀하고 있다. 이는 순종은 믿음의 필연적 결과라는 것을 나타낸다(롬16:26).[3763]

그리스도의 바울을 통한 역사의 수단은 첫째, "말과 일"로고우 카이 엘고우이다(눅24:19; 행7:22; 골3:17; 살후2:17). 이는 바울의 사도적 사역 전체를 가리키는 숙어로 볼 수 있다. 말은 바울이 말씀한 것과 기록한 것을 가리키고 일은 기적, 선교 사역, 고난, 인내 등을 망라한다.[3764] 그리스도께서는 성령을 통해 바울의 말과 일에 함께 계셨다. 이는 바울이 가르치는 복음의 영감됨과 참됨을 그 성실함과 따르는 기사와 이적으로 입증하신 것을 가리킨다. 둘째, "표적과 기사의 능력"두나메이 세이메이오운 카이 테라토운이다. 표적과 기사는 두 사

3760 Cranfield, *Romans*, 758.
3761 Barrett, *Romans*, 253.
3762 Schreiner, *Romans*, 768; Lietzmann; Käsemann.
3763 Stott, *Romans*, 380.
3764 Cranfield, *Romans*, 759.

건을 가리키는 것이 아니라 동일한 사건의 다른 측면을 가리킨다.[3765] 표적은 그것을 발생하게 하는 대리인을 가리키고 이에 따라 증명의 성격을 가지고, 기사는 사건의 놀라움을 가리킨다. 이는 출애굽기와 초대교회 역사에 자주 나타난다. 신약에서 기사는 그 자체로 사용되지 않고 항상 표적과 함께 쓰인다.[3766] 기적은 표적과 기사로 이루어진다. 그리고 능력은 표적과 기사를 통해 나타난다. 예수께서는 바울의 사역에 표적과 기사를 동반시키심으로써 그 선교 사역에 능력과 권위를 부여하셨다(고후12:12). 여기서 바울의 "일"엘곤을 표적과 기사로 한정하는 것은 옳지 않다. 앞서 설명한 것처럼 바울의 "일"은 선교여행, 고난, 가난한 성도를 돕는 것 등 모든 일을 다 포함한다. 셋째, "성령의 능력"이다. 여기서 "성령의"는 주격 소유격으로써 성령으로 말미암은 능력을 가리킨다. 어떤 학자들은 바울은 성령의 능력으로 말씀을 전했고 표적과 기사로써 사역을 했다고 생각한다.[3767] 그러나 성령의 능력의 범위를 제한하는 것은 본문의 가르침과 맞지 않는다. 바울은 성령의 능력으로써 "말과 일"을 모두 수행했다. 즉 성령의 능력은 18절에 언급된 모든 사역의 수단을 가리킨다고 할 수 있다.[3768] 이 점에서 말과 일, 표적과 기사, 그리고 성령의 능력간에 교차대구법chiasm이 존재한다는 견해는[3769] 타당하지 않다. 말이 성령의 능력과 관계되고 일이 표적과 기사와 관계된다고 보는 것은 일이 표적과 기사보다 큰 개념이고 성령의 능력이 말과 일 모두의 바탕이 된다는 것을 간과하고 있다. 바울은 16-18절에서 이방인들이 하나님께 받으심직한 제물로 바쳐지게 하는데 있어서 하나님의 은혜와 그리스도의 사역과 성령의 능력이 함께 역사하고 있다는 것을 절묘하게 서술하고 있다. 이는 그가 이방인들이 종말에 하나님께 영광을 돌리게 되는 일이 전적으로 삼위일체 하나님의 계획과 성취에 바탕을 두고 있다는 것을 믿고 있었다는 것을 말한다.[3770]

3765 Murray, *Romans*, II, 212.

3766 막13:22; 행2:43; 4:30; 5:12; 14:3; 15:12; 고후12:12; 살후2:9; 히2:4; 출7:3, 9; 11:9-10; 신4:34; 6:22; 7:19; 11:3; 26:8; 29:3; 34:11; 느9:10; 시78:43; 105:27; 135:9.

3767 Michel; Leenhardt; Bengel.

3768 Cranfield; Moo; Murray.

3769 Michel; M. Black.

로마서 15:19절은 그리스도의 바울을 통한 역사의 결과를 서술한다: "이 일로 인하여 내가 예루살렘으로부터 두루 행하여 일루리곤까지 그리스도의 복음을 편만하게 전했다". 바울이 예루살렘으로부터 시작하여 복음을 전했다는 말씀에 대한 해석은 다양하다.[3771] (i)행13:1-2절은 바울이 안디옥으로부터 복음 전파를 시작했다고 기술한다. 따라서 바울의 아포 이에루살레임예루살렘으로부터은 지리적인 시각이 아니라 신학적 시각에서 복음전파가 예루살렘에서 시작되었다는 것을 가리킨다고 본다;[3772] 혹은 (ii)예루살렘은 일루리곤과 함께 복음전파의 지리적 경계를 가리키는 것이지 바울이 실제로 예루살렘에서 복음 전파를 시작했다는 것은 아니다; (iii)"예루살렘으로부터"는 바울이 실제로 예루살렘에서 복음 전파를 시작했다는 것을 의미한다.[3773] 필자가 이 세 번째 견해를 옳은 해석으로 채택하는 것은 바울이 실제로 예루살렘에서 복음을 전파했기 때문이다(행9:26-30). 그리고 예루살렘 공회에 참석해서 이방인들이 믿음을 통해서 구원을 받는다는 교리에 동의하고 이방인 선교의 장애물을 제거하는데 기여했다(행15장). 그러면 바울이 일루리곤에서 복음을 전했는가. 일루리곤은 마게도냐와 아가야의 북서쪽에 있는 땅으로써 근대 알바니아 북쪽과 유고슬라비아, 그리고 보스니아에 해당하는 지역이다. 이에 대해 (i)학자들은 바울이 일루리곤에서 복음을 전한 것은 아니고 일루리곤의 경계에까지 복음을 전했을 것으로 본다. 이 견해는 일루리곤이 일리리안족이 살던 마게도냐의 일부 지역을 가리킬 수 있다는 가설을 바탕으로 더 힘을 얻는다. (ii)그러나 바울이 삼차여행 중 고린도에 머무는 동안 잠시 일루리곤 지역에 들어가 복음을 전했을 가능성을 배제하기 어렵다(행20:1-2).[3774]

부사 쿠클로우round about는 원이나 반지를 의미한다. 이에 따라 어떤 학자는 이에루살레임 카이 쿠클로우 메크리 투 일루리쿠를 (i)"예루살렘 교외를

3770 Murray, *Romans*, II, 213.
3771 Moo, *Romans*, 894.
3772 Cranfield; Wilckens; Michel; O' Brien, *Consumed by Passion*, 37-38.
3773 Dunn; Schlatter; Fitzmyer; Stott.
3774 Barrett.

둘러"라고 번역한다.[3775] 그러나 이 해석은 바울의 이방인 선교의 방향과 맞지 않는다. (ii)혹은 이는 창세기 10장의 열국의 목록위에 바탕을 둔 원으로써의 바울의 선교를 가리키는데 이는 예루살렘을 중심으로 열방으로 퍼져 야벳의 자손들에게까지 미치는 것을 말한다.[3776] (iii)혹은 이는 활이나 대규모의 쓸어냄grand sweep 같이 복음이 이방땅에 두루 퍼진 것을 가리킨다.[3777] (iv)마지막으로 제일 적합한 해석으로써 쿠클로우는 원이나 반지가 아니라 부사로써 "빙 둘러", "이리저리"를 의미하므로(막3:34; 6:6; 계4:6; 5:11; 7:11) 이는 바울이 복음을 이방 땅에 전하면서 여러곳을 두루 행하는 것을 가리킨다.[3778] 필자는 여기서 (iii)과 (iv)의 해석에 큰 차이는 없다고 본다. 다만 쿠클로우는 명사가 아니라 부사로 쓰였기 때문에 (iv)의 해석에 더 무게를 둘 수 있다.

마지막으로 이 절에서 바울은 그리스도의 복음을 충만히 선포했다고 말한다. 그러나 이는 복음 전파가 완료된 것을 의미하는 것은 아니다. 따라서 여기서 과거완료 부정사 페플레이로우케나이의 의미는 여러가지로 해석된다.[3779] (i)바울은 이들 지역을 복음으로 채웠다;[3780] (ii)이는 복음전파의 방식을 가리키는 것으로써 바울은 복음을 충분히 효과적으로 선포했다; (iii) 바울은 종말적 의미에서 이방인에 대한 복음 전파의 사명을 감당했다;[3781] (iv)바울은 이들 지역의 주요 지역에 교회를 효과적으로 개척하고 전도의 발판을 구축했다.[3782] 이 네 가지 해석 중 마지막 해석이 제일 맞다고 할 수 있다. 바울은 예루살렘부터 일루리곤까지 거점 지역에 교회를 개척하고 지도자를 양성해서 내지로 복음이 전파되게 했다. 그 좋은 예가 히에라폴리스나 라오디게아 교회다. 이 교회들은 바울이 에베소 교회를 거점으로 훈련한 제

3775 Godet; Alford; Gifford.

3776 Schreiner; Scott, *Paul and the Nations*, 136-47; J. Knox, "Romans 15:14-33 and Paul' s Conception of His Apostolic Mission," *JBL* 83 (1964) 3-8.

3777 Cranfield; Dunn; Fitzmyer; Lenski; Käsemann.

3778 KJV; NASB; Moo; Cranfield; Sanday and Headlam; Osborne; Chrysostom.

3779 Moo, *Romans*, 895-96.

3780 Calvin; Haldane.

3781 Dunn; Aus, "Paul' s Travel Plans," 257-60; Hultgren, *Paul' s Gospel*, 135; Munck, 51-55; Käsemann; Barrett.

3782 Osborne; Morris; Moo; Murray; Cranfield; Godet; O' Brien, *Consumed by Passion*, 39-43; Stott.

자들이 개척한 교회들이다.

로마서 15:20절의 후토우스 데thus however는 20절이 19절의 내용을 뒷받침한다는 것을 나타낸다.[3783] 즉 바울이 예루살렘에서부터 일루리곤까지 복음을 편만하게 전한 것은 그가 이미 복음이 선포된 지역에는 교회를 개척하지 않는 선교 전략에 힘입은 것이다. 만일 그렇지 않았다면 그 생애에 그토록 광활한 아시아와 유럽에 걸쳐 그토록 많은 거점 교회를 세울 수 없었을 것이다. 현재분사 필로티무메논은 양상적modal 의미를 가진다. 그리고 문자적으로 "명예를 위해 노력하다" 혹은 "야망을 가지다"를 의미한다.[3784] 그러나 여기서는 부정사 유앙겔리제스싸이를 동반하며 "분투하다"strive eagerly를 의미한다(고후5:9; 살전4:11).[3785] 동사 오노마조우이름을 부르다의 과거 수동태 오우노마스쎄이는 이름이 불려지다, 인식되다는 뜻인데 여기서는 고백되다 시인되다 예배되다를 의미한다.[3786] 즉 바울은 그리스도의 이름이 고백되고 예배되지 않는 곳마다 복음을 전하기에 힘썼다. 그 목적은 남의 터쎄멜리오스 위에 건축하지오이코도메오우 않으려 한 것이다. 그러면 바울은 왜 자신이 건축하지 않은 로마교회에 사도적 권위를 가지고 서신을 써서 그들이 자신을 스페인에 보내주기를 원하는 것인가. 이 점에 대해서 여러 견해가 제시되었다.[3787] (i)바울 자신이 자신의 선교원칙과 그들에 대한 요구 속에 있는 모순을 발견하고 당황한 나머지 로마서 15:24절에서 파격구문anacoluthon의 멘트를 하고 있다; (ii)바울은 로마서 15:20절에서 로마교회 성도들에게 로마에서 복음을 전하지 않겠다는 것을 확인하고 있다; (iii)20절에서 바울은 자신을 좇아다니며 선동하고 교회를 어지럽게 하는 유대주의자들을 간접적으로 책망하고 있다. 그러나 이 해석들은 바울의 선교원칙과 그의 로마방문 목적에 있는 듯이 보이는 모순에 대한 해석으로 적절하지 않다. 바울이 남의 터위에 건축하지 않겠다는 것은 이미 복음이 전파된 지역에 교회를 개척하지 않겠

3783 Fitzmyer; Moo; Cranfield; *contra* Käsemann; Lagrange; Sanday and Headlam.
3784 Godet; Meyer; Käsemann.
3785 MM; Moo.
3786 수23:7; 사26:13; 엡1:21; 딤후2:19; Dunn; Morris; Moo; Fitzmyer; Schreiner.
3787 Cranfield, *Romans*, 764-65.

다는 뜻이다. 그러므로 그가 로마교회에 방문해서 로마교회 성도들이 자신의 스페인 선교를 후원하도록 요청하는 것은 자신의 선교 원칙을 위배하는 행위가 아니다.[3788] 또한 남이 건축한 터에 다른 지도자가 와서 성도들을 자라게 하는 것도 그 원칙에 위배되지 않는다. 고린도전서 3:6-15절에서 말씀하는 것처럼 한 영적 지도자가 씨를 뿌리고 물을 주고 나무가 자라게 하는 일을 다 도맡아 할 수는 없다. 교회를 세우시고 자라게 하시는 분은 궁극적으로 성령을 통해 힘주시고 택자 구원을 성취하시는 하나님이시다. 바울은 이 일을 위해 부름받은 많은 하나님의 종들 중 하나일 뿐이다. 그리고 그가 이미 세워진 로마교회에 방문해 성도들의 후원을 요청하고 이를 바탕으로 스페인 선교를 도모하는 것은 자신이 세운 선교원칙과 모순되지 않는다.

로마서 15:21절에서 바울은 이사야 52:15b를 인용하면서 20절의 내용을 밑받침하고 있다: "기록된 바 주의 소식을 받지 못한 자들이 볼 것이요 듣지 못한 자들이 깨달으리라 함과 같다". 이는 로마서에서 바울이 인용하는 64번의 구약 구절 인용 중 마지막 인용이다.[3789] 바울은 로마서 15:21절에서 사 52:15b의 칠십인역을 그대로 따르고 있다. 다만 옵손타이그들은 볼 것이다를 호이스 앞에 두지 않고 아우투 뒤에 두고 있다. 이사야 52:15b의 칠십인역은 히브리성경의 구절과 거의 똑같다. 다만 칠십인역은 "그에 관하여"페리 아우투를 삽입하고 있다는 점에서 히브리 성경의 구절과 다르다. 이 점에서 칠십인역의 이 구절은 듣지 못한 소식이 "주의 종"the Servant of the Lord에 대한 소식임을 분명하게 가리킨다. 따라서 칠십인역의 구절은 "주의 종"이 그리스도를 가리키는 것으로 제시하는 바울의 의도에 더 적합하다. 그러나 던은 여기서 바울은 자기 자신을 복음을 이방인들에게 전하는 "주의 종"으로 여기고 있었을 것으로 생각한다.[3790] 그러나 이는 타당하지 않은 해석이다.[3791] 여기서 "주의 종"은 바울이 전하는 소식의 내용이지 그 소식을 전하는 대리인이 아니다. 바울은 자신에 관한 복음을 전하는 종이 아니라 "주의 종" 곧 그리

3788 Hultgren, *Romans*, 544-45.
3789 Morris, *Romans*, 515.
3790 Dunn, *Romans*, 866; Michel; O' Brien, *Consumed by Passion*, 143-44.
3791 Schreiner; Cranfield; Moo; Käsemann; Lindars; Fitzmyer.

스도에 관한 복음을 전하는 종이었다. 무는 바울이 이 구절을 인용하는데는 세 가지 이유가 있다고 말한다.[3792] 첫째, 이 구절은 바울이 남의 터 위에 건축하지 않겠다는 뜻을 옹호한다.[3793] 둘째, 이는 바울의 이방인 전도 감각과 일치한다. 셋째, 이 구절은 바울의 복음의 내용을 가리킨다. 즉 바울은 자신의 이방인 전도를 통해 그리스도에 대한 소식을 받지 못한 자들이 볼 것이며 듣지 못한 자들이 깨달으리라는 이사야의 예언이 종말적으로 성취되는 것으로 확신하고 있다.

(나) 바울의 로마교회 방문 계획(롬15:22-29)

로마서 15:22절에서 바울은 마침내 자신이 로마교회를 방문할 것을 밝힌다(15:22-24, 28-29). 그 이유는 첫째, 이제 아시아와 마게도냐와 아가야에서 거점 교회 개척은 완성되었다. 둘째, 스페인 전도 여행 중 로마교회에 들러 성도들과 교제 하기 원한다. 셋째, 스페인 선교를 위해 로마교회는 전략적 후원교회가 되어야 하기 때문이다(23-24절). 바울은 로마교회를 방문하기에 앞서 먼저 해야될 일이 있는데 그것은 마게도냐와 아가야에 있는 성도들이 모은 헌금을 예루살렘교회에 전달하고 이로써 이방인 성도와 유대인 성도가 그리스도의 몸된 지체로 연합된 것을 확증하기 위해서다(25-28절). 바울은 그리스도의 충만한 축복을 가지고 그들에게 갈 것을 확신한다(29절). 그러나 그의 예상과는 달리 그는 예루살렘에서 체포되고 수감되어 2년 후에 죄인의 신분으로 로마에 가 가택 연금상태에 있게 된다.[3794] 이는 바울이 그들에게 그리스도의 충만한 축복으로 나아가게 하신 하나님께서 예비하신 방법이었을 것이다.

로마서 15:22절의 접속사 디오그러므로는 바울이 미전도지역에 대한 복음전파로 인해 바빴기 때문에(19-21절) 따라온 결과를 도입한다: "그러므로 또한 내가 너희에게 가려 하던 것이 여러번 막혔더니". 이는 로마서 1:13절의

3792 Moo, *Romans*, 897.
3793 Pedersen, "Theologische Überlegungen", 62.
3794 Morris, *Romans*, 517.

내용과 같다. 다른 점은 로마에 가려던 것이 막힌 이유를 서술하고 있는 점이다. 동사 에그콥토우는 "길을 끊어 방해하다"를 의미한다. 여기서 에네콥토메인은 에그콥토우의 미완료형으로써 과거에 계속 반복되던 행위를 가리킨다(행24:4; 갈5:7; 살전2:18; 벧전3:7).[3795] 즉 바울이 로마에 방문하려고 할 때마다 여러번 길이 막혔었다는 것이다. 이것이 수동태인 것은 신적 수동태divine passive로써 길이 여러번 막힌 것은 하나님의 뜻으로 말미암아 초래된 일임을 나타낸다.[3796] 타 폴라는 "대단히"[3797] 보다 "여러번"으로[3798] 번역해야 맞다. 케제만은 바울이 로마교회에 여러 번 가려고 하던 것이 막힌 이유는 그가 남의 터 위에 건축하지 않으려고 했기 때문이라고 말한다.[3799] 그러나 이는 타당하지 않은 해석이다. 그 이유는 미전도 지역들에 선교 거점 교회들을 개척하느라 바빴기 때문이다.

로마서 15:23절의 누니 데그러나 이제는는 이전의 상황과 대조된 상황을 도입한다: "이제는 이 지방에 일할 곳이 없고 여러 해 전부터 언제든지 서바나로 갈 때에 너희에게 가려는 원이 있었으니". 여기서 바울은 그러나 이제는 로마에 있는 너희에게 나갈 수 있게 되었다라고 서술해야 된다. 그러나 바울은 여기서 이 문장을 생략하고 있다.[3800] 그리고 곧바로 로마에 있는 성도들을 이제 방문할 수 있게 된 이유를 설명하고 있다. 이러한 파격구문anacoluthon은 바울이 로마를 방문하고자 하는 간절한 염원을 반영하고 있다. 이는 24절의 "나는 너희를 방문하기를 바란다"에 나타나 있다. 그리고 바울은 이를 28절에 다시 언급하고 있다. 23절에서는 이러한 서술을 생략한 채 바울은 두 개의 분사절을 병렬하고 있다. 첫째, 메이케티 토폰 에코운은 장소가 없다는 뜻인데 이는 이 지역엔 토이스 클리마시 투토이스 즉, 아시아, 마게도냐, 그리고 아가야 지방에 더 이상 거점교회를 세울 곳이 없다는 뜻이다. 둘째, 에피포씨안 데 에코운 투 엘쎄인은너희에게 가려는 바램이 있었다는 뜻이다. 여기서 여성

3795 Moo, *Romans*, 899.
3796 Schreiner, *Romans*, 774.
3797 Zerwick, 74.
3798 Godet; Cranfield; Moo; S-H; Käsemann; Sanday and Headlam.
3799 Käsemann.
3800 Schreiner; Moo; *contra* Michel; Cranfield; Dunn.

명사 에피포씨아는 신약에서 하팍스로서 그 동사형은 로마서 1:11절의 에피포쎄오우바라다이다. 이는 로마서 1:11-15:23절의 내용은 바울이 로마에 있는 성도를 심히 보기를 원하는 마음으로 썼다는 것을 의미한다. 그것은 여러 해 전부터아포 폴로운 에토운 바울이 바라던 것이었다. 23절의 이 두 개의 분사에코운, 에코운는 원인causal의 분사라고 할 수 있다. 즉 이들은 바울이 이제 로마교회를 방문할 수 있게 된 이유를 서술한다. 바울은 예루살렘부터 일루리곤까지 즉 아시아와 유럽의 동쪽에서 거점교회 개척을 완성했고 또한 여러 해 전부터 그들을 방문하기를 간절히 바라고 있었다. 그래서 이제 그들을 방문하려고 한다.

로마서 15:24절은 23절 내용을 설명한다: "이는 지나가는 길에 너희를 보고 먼저 너희와 교제하여 약간 만족을 받은 후에 너희의 그리로 보내줌을 바람이라". 여기서 접속사 호우스는 때를 가리키고, 조사 안은 그 때의 불확실성을 나타낸다.[3801] 이는 가정법 동사 포류오우마이와 함께 스페인에 가는 때의 불확실성을 가리킨다. 이는 예루살렘 방문이 그를 얼마나 로마방문을 지체하게 할 지 모르기 때문이다. 24a는 23절에서 생략된 주절내가 너희에게 가리라을 수식한다고 할 수 있다.[3802] 그리고 24b의 접속사 갈왜냐하면은 23-24a의 내용을 설명하는 문장을 도입한다. 즉 바울은 언제든지 스페인으로 갈 때 그들 곁을 지나가면서 그들을 보기를 바란다. 현재 분사 디아포류오마이지나다는 환경적 의미circumstantial를 가지며, 동사 쎄아오마이보다는 친구관계를 바탕으로 보는 것을 의미한다. 과거 가정법 수동태 동사 엠피플레이미채우다, 만족시키다는 "만족을 얻다"를 의미한다(눅1:53; 행14:17; 요한6:12; 고후6:25). 아포 메루스는 시간의 의미로써 "잠시"를 의미한다. 동사 프로펨포우는 선교 지원을 가리키는 기술적 언어다(행15:3; 20:38; 21:5; 고전6:6, 11; 고후1:16; 딛3:13; 요삼6).[3803] 바울이 그들이 자신을 거기로 보내줌을 바란다는 것은 구체적으로 무엇을 의미하는지 확실하지 않다. 이는 기도 후원이

3801 Moule, *Idiom Book*, 133.
3802 NIT; TEV; Moo; *contra* Cranfield.
3803 Michel; BAGD; Vouga, "L' Épître aux Romains," 487; Moo.

나 재정적 지원 혹은 스페인 선교 호위대를 포함할 수 있다.[3804] 바울이 스페인에 간 적이 있는 지에 대해서는 추측이 있을 뿐이다. 바울서신에는 그가 스페인까지 갔었다는 증거가 발견되지 않는다. 그러나 초대교회 목사 클레멘트는 바울이 스페인에 간 적이 있다고 증거한다(1 Clement 5.7).[3805] 주전 수세기에 이미 페니키아인들은 스페인에 식민지를 형성하고 있었고 그후 카르타고인들이 주전 3세기까지 이 지역에 살았다.[3806] 로마황제 아우구스투스는 스페인을 세 지역으로 나누어서 로마제국의 지배에 복속시켰기 때문에 바울은 스페인이 유럽의 서쪽 끝에 놓여있었다는 것을 잘 알고 있었을 것이다. 그리고 스페인까지의 선교는 예루살렘에서부터 일루리곤까지의 선교의 원호arc를 연장하여 스페인까지 연결하고 지중해 북쪽에 그려진 선교의 반원이라고 생각했을 수 있다. 어떤 학자들은 그 당시 스페인에 유대인 공동체가 형성되어 있었다고 주장한다.[3807] 그러나 주후 3세기 이전에 스페인에 유대인 공동체가 존재했다는 문서적 증거는 발견되지 않았다.[3808] 따라서 바울이 그 당시 스페인에 사는 유대인들에게 복음을 전하기 위해서 스페인에 가려고 했다는 주장은[3809] 타당성이 없다. 그러면 바울은 왜 스페인에 가려고 했는가. 분명히 이는 성령님의 인도하심을 받았기 때문일 것이다. 아우스는 바울은 이사야 66:19절의 다시스가 스페인을 가리킨다고 보았고 이곳에 있는 이방인들에게 복음을 전해 이들을 예루살렘에 제물로 바쳐서 주님의 재림이 임하도록 한 것이라고 주장한다.[3810] 쉬라이너는 이에 동의하면서 바울은 주님의 지상 명령 수행의 관점에서 자신의 선교 사역을 이해하고 있었

3804 Hultgren; Cranfield; Käsemann; Moo; Stott; Stuhlmacher.

3805 J. B. Lightfoot, *The Apostolic Fathers* (London, 1890) 1.2.30; Murray.

3806 Fitzmyer; Cranfield.

3807 Michel; Käsemann; E. Schürer, *The Jewish People in the Time of Jesus Christ* (2d ed.; 3 vols.; Edinburgh: T&T Clark, 1890) 3.38; Yitzhak Baer, *A History of the Jews in Christian Spain* (2 vols. Philadelphia: Jewish Publication Society of America, 1966); E. Mary Smallwood, *The Jews under Roman Rule from Pompey to Diocletian: A Study in Political Relations* (Leiden: E. J. Brill, 2001).

3808 Fitzmyer; O. F. A. Meinardus, "Paul' s Missionary Journey to Spain: Tradition and Folklore," *BA* 41 (1978) 61-63; R. Jewett, "Paul, Phoebe, and the Spanish Mission," in *The Social World of Formative Judaism and Christianity: Essays in Tribute to Howard Clark Kee* (ed. J. Neusner et al.; Philadelphia: Fortress, 1988) 144-47; W. P. Bowers, "Jewish Communities in Spain in the Time of Paul the Apostle," *JTS* 26 (1975) 395-402.

3809 Käsemann; Dunn; Cranfield; Stuhlmacher.

3810 Aus, "Paul' s Travel Plans," 236-46; Black; Stuhlmacher.

고 스페인 전도를 "세상 끝까지" 선교 완성의 일환으로 이해하고 있었을 가능성이 있다고 본다.[3811] 그리고 이사야 66장의 다시스는 스페인으로 이해될 수 있었으며 하나님께서 이방인들을 제사장과 레위인으로 삼으시겠다는 약속은 이곳에서 전도된 이방인들도 포함하는 것으로 생각했을 수 있다는 것이다(사66:21). 나아가 바울은 이들이 바치는 헌금은 이방인들이 예루살렘에 예물을 가져온다는 구약의 예언의 성취라고 이해했을 수 있다(사2:2-3; 45:14; 60:5-17; 61:6; 미4:1-2; Tob. 13:11; 1QM 12.13-15). 그리고 이는 이방인들이 하나님의 백성으로 포함되는 것을 상징하는 중요한 사건이었다. 이는 로마서에서 강조하는 유대인 성도와 이방인 성도의 하나됨의 주제와 일치하는 모티프다. 그러나 훌트그런은 바울이 이사야 66:19절의 다시스를 스페인으로 이해했다는 증거는 희박하다고 말한다.[3812] 다시스는 로도스섬으로부터 카르타고에 이르는 여러 지역을 가리킬 수도 있기 때문이라는 것이다.[3813] 그러나 로마서 15:12절에서 바울은 이사야 11:10절을 인용하고 있고 15:16절에서 이방인을 제물로 바친다는 모티프는 이사야 66장의 주제와 자연스럽게 연결되고 있다. 따라서 바울이 스페인 선교를 이사야 66:19-21절의 관점에서 그리스도를 통한 하나님께 대한 종말적 예배의 완성으로 이해했을 가능성은 크다. 그러나 이것이 바울이 스페인 선교를 그리스도의 재림을 위한 이방인 선교의 완성으로 이해했다는 것은 아니다.[3814] 독일, 영국, 인도, 중국 등에는 아직 복음이 전파되지 않았고 바울도 이것을 인식하고 있었을 것이다.[3815]

로마서 15:25절의 누니 데그러나 지금은는 24절과 대조되는 내용을 도입한다. 즉 바울은 로마에 직행하지 않고 지금 "성도를 섬기는 일로 예루살렘으로 간다". 여기서 현재 직설법 동사 포류오마이는 바울이 서신을 쓰면서 예루살렘으로 갈 채비를 하고 있는 것을 나타낸다.[3816] 현재분사 디아코노운섬기다은

3811 Schreiner, *Romans*, 774-76.
3812 Hultgren, *Romans*, 552.
3813 David W. Baker, "Tarshish," *ABD*, 6:331-33; A. Das, "Paul of Tarshish," 60-73.
3814 Schreiner, *Romans*, 775.
3815 Osborne; Cranfield.
3816 Moo; Dunn; Cranfield.

양상적modal 의미라고 할 수도 있지만 목적을 의미하는 것(마20:20; 행15:27; 17:13)으로 보는 것이 더 낫다.[3817] 동사 디아코네오우는 명사 디아코니아와 함께 물질로 섬기는 것을 의미한다(롬15:31; 고전16:15; 고후8:4, 19-20; 9:1, 12-13; 행11:29; 12:25). "성도"하기오스는 예루살렘에 있는 유대인 성도를 가리키는 고유어가[3818] 아니라 일반적으로 모든 신자를 가리키는 단어다.[3819] 바울은 그가 개척한 교회에서 이방인 성도들이 헌금한 기금을 예루살렘 교회에 전달하기 위해 그가 그토록 원하는 로마교회 방문 일정을 뒤로 미루고 있다.[3820] 그 이유는 무엇인가.[3821] (i)디아스포라 유대인들은 예루살렘에 사는 동족들을 물질로 돕는 전통을 가지고 있었다(단4:27; Sir 29:12; 40:24; Tob 4:10; 12:9; 14:10-11). 그 맥락에서 갈라디아서 2:10절에서 예루살렘 교회 기둥 사도들은 바울에게 가난한 성도들을 물질로 도울 것을 요청하고 있다. 특히 예루살렘 교회는 주후 46-48년에 불어닥친 기근 때문에 성도들이 가난한 상태에 있었고 바울과 바나바는 안디옥 교회를 대표해서 헌금을 그들에게 전달한 바 있다(행11:27-30; 12:25). (ii)예루살렘교회는 할례의 전통을 지키고자 하는 할례당과 믿음을 강조하던 칭의파로 나뉘어져 있었다. 바울은 이방인들이 모은 헌금을 이들에게 전달함으로써 그리스도의 교회 안에서 이방인 성도들이 유대인 성도와 하나됨을 보여주고자 했을 수 있다.[3822] (iii)앞 절에서 본대로 바울은 구약의 예언을 따라 이방인들이 유대인들이 예루살렘에 예물을 드리러 오는 것을 호위하게 되어 있다고 보았을 수 있다(사66:20; 스3:10). 이 뿐 아니라 바울은 이방인 성도 자체를 하나님께 드리는 예물로 여기고 있었다.[3823] (iv)쉬라이너는 바울이 이방인들의 헌금을 예루살렘에 전달함으로써 그의 이방인 선교의 성공을 보고하

3817 Dunn; Schlier; Fitzmyer; Moo; Wilckens; Schreiner; Cranfield; J. J. O' Rourke, "The Participle in Rom 15,25," *CBQ* 29 (1967) 116-18.

3818 롬15:26, 31; 고전16:1; 고후8:4; 9:1, 12; Dunn; Barrett; Michel; Schmithals; K. F. Nickle, *The Collection: A Study in Paul' s Strategy* (SBT 48; London: SCM, 1966) 138.

3819 Morris; Moo; Hultgren; 롬8:27; 12:13; 고전1:2; 6:1-3; 빌1:1; 살전3:13.

3820 K. Berger, "Almosen für Israel: Zum historischen Kontext der paulinischen Kollekte," *NTS* 23 (1976-77) 180-204; D. Georgi, *Die Geschichte*; Nickle, *Collection*.

3821 Morris, *Romans*, 519-20; Dunn.

3822 Barrett, *Romans*, 255.

3823 Zeller, *Juden*, 282-84; Dunn.

고 이로써 유대인들을 시기나게 해서 그들의 구원과 주님의 재림을 가속시키려 했다고 주장한다(고전16:1-4).[3824] 이 주장은 로마서 11:11-14절의 지지를 얻고 있는 듯하다. 그러나 이는 오히려 그의 로마 방문을 통한 스페인 선교의 완성과 더 관계있는 모티프라고 할 수 있다. 바울의 예루살렘 기금은 예루살렘의 가난한 성도를 돕는 일에 그 일차적 목적이 있었고(고후8-9) 이방인 교회가 헌금을 통해 이에 참여함으로써 구약의 예언을 성취하는 것은 이에 동반된 그 종말적 의미라고 볼 수 있다(사66:19-21).

로마서 15:26절의 접속사 갈왜냐하면은 예루살렘 방문 이유를 설명하는 내용을 도입한다: "이는 마게도냐와 아가야 사람들이 예루살렘 성도 중 가난한 자들을 위하여 기쁘게 얼마를 동정하였음이라". 마게도냐는 발칸반도 남부의 그리스 북부에 해당하는 지역인데 주전 이 세기 중엽 로마제국의 지배하에 들어왔다.[3825] 바울은 이 지역의 데살로니가와 빌립보에 교회를 세웠다(살전1:7-8; 4:10; 빌4:15; 고전16:5; 고후1:16; 2:13; 7:5; 8:1; 11:9). 아가야는 그리스 남부의 지역으로써 아우구스투스 때 로마제국 상원의 구역이 되었다. 이 지역에서 바울은 아테네에서 복음을 전했고 고린도에 교회를 세웠다. 이 교회들의 성도들은 예루살렘 성도 중 가난한 자들을 위해 기쁘게 헌금에 동참했다. 바울이 세운 갈라디아교회나 에베소 교회 등도 예루살렘 기금에 동참했는데 바울은 왜 여기서 아시아에 있는 형제들을 언급하지 않고 있는지 확실히 알 수 없다. 이는 예루살렘 기금이 모든 이방인 교회에서 거두던 일종의 세금이었다는 사실을 숨기기 위해서[3826] 였을 리는 없다. 그 이유는 바울이 로마서를 쓸 당시 아가야에 있었기 때문에, 혹은 아시아의 교회가 예루살렘교회의 구제헌금에 동참한 것은 이미 잘 알려진 사실이었기 때문에 바울은 마게도냐와 아가야 사람들도 이 기금에 동참했다는 사실을 강조하기 위해서였다고 보는 것이 더 나은 해석이다. 동사 유도케오우는 부정사와 함께 기쁘게 무엇을 하다는 뜻이다(고전1:21; 고후5:8; 갈1:15; 골

3824 Schreiner, *Romans*, 776-77; Barrett.
3825 Fitzmyer, *Romans*, 721-22.
3826 Käsemann.

1:19; 살전2:8; 3:1). 이 지방의 성도들이 기쁘게 기금에 동참했다는 묘사는 바울이 기금에 동참할 것을 독려하는 고린도전서 16:1-4절 혹은 고린도후서 8-9장의 내용과 상충되는 면이 있다. 스토트는 이를 바울이 그들을 독려했기 때문에 그들이 자유로이 구제기금에 동참했다고 주석한다.[3827] 바울의 독려는 그들의 자발적인 참여를 위한 것이지 강제로 헌금을 부담시키는 것이 아니었음이 분명하다.

명사 코이노우니아는 신약에 사용된 총 19번 중 바울서신에는 13번 사용되고 있고 문자적으로 "친교" 혹은 "나눔"을 의미한다(고전10:16; 고후13:13,14; 빌2:1, 5; 3:10; 몬6). 26절에서 그 의미는 물질적 나눔 즉 "성금" 혹은 "헌물"이다(고후8:4; 9:13; NIV; NJB). 이는 이방인 성도와 유대인 성도의 사랑의 교제와 연합됨을 상징한다. 그 대상은 "예루살렘의 성도의 가난한 자들"프토우쿠스 토운 하기오운 토운 엔 이에루살레임이다. 여기서 두 번의 소유격이 사용되고 있는데 전자의 경우토운 하기오운를 (i)동격epexegetic의 소유격으로 보면 이 어구는 "가난한 자들 즉 예루살렘의 성도들"로 번역된다.[3828] 이는 "예루살렘의 가난한 성도들"과 의미상 차이는 없다(KJV). 그리고 예루살렘의 모든 유대인 성도들이 다 가난하다는 뜻이다. "가난한 사람들"은 예루살렘 사람들 자신을 가리키는 전문어였다(눅6:20; 약2:5).[3829] 고대의 에비온파Ebionites를 지칭하는 명사는 히브리어 "가난한 자들"에비오님에 바탕을 두고 있고 예루살렘을 중심으로 유래했다.[3830] 그러나 이들은 성전훼파 이전에는 존재하지 않던 종파였고 예루살렘교회와 관계되 있지 않았다. 그리고 초대교회 당시 "가난한 사람들"이 예루살렘 교회 성도들을 가리키는 용어였다는 증거는 없다. (ii)이를 부분적partitive 소유격으로 보면 "예루살렘 성도들 중 가난한 자들"로 번역된다.[3831] 즉 기금은 이들에게 분배되도록 거두어진 것이

3827 Stott, *Romans*, 386; Stuhlmacher.

3828 Lietzmann; *TDNT*, 6:909; Schlier.

3829 시69:32; 72:2; *Pss.Sol.* 5.2, 11; 10.6; 15.1; 18.2; 1QpHab 12.3, 6, 10; 1QM 11.9, 13; 4QpPs37 2.10; Dunn; K. Holl, "Der Krichenbegriff des Paulus in seinem Verhältnis zu dem der Urgemeinde," in *Gesammelte Aufsätze zur Kirchengeschichte*, vol. 2: *Der Osten* (Tübingen: Mohr, 1928) 44-67.

3830 E. Bammel, *TDNT*, 6:909; A. Hultgren and S. Haggmark, eds., *The Earliest Christian Heretics: Readings from their Opponents* (Minneapolis: Fortress, 1996) 116-22; J. A. Fitzmyer, "The Qumran Scrolls, the Ebionites and Their Literature," *TS* 16 (1955) 335-72.

다. 예루살렘 교회 성도들이 가난했던 것은 그들이 자기 소유를 팔아 교회에 바쳤고 지도자들이 이를 분배해 버렸기 때문이라고 보는 것은 피상적인 추측이다(행2:44-45; 4:34-37).[3832] 역사적으로 예루살렘 뿐 아니라 팔레스타인은 잦은 외적의 침입속에서 황폐해져 있었고 성전세와 로마에 바치는 세금 등으로 백성들이 경제적 곤핍속에 있었을 것이라는 것을 추측하는 것은 어렵지 않다.

로마서 15:27절의 접속사 갈왜냐하면은 마게도냐와 아가야 사람들이 기쁘게 예루살렘 기금에 헌금한 이유를 도입한다. 즉 저희가 기쁘게 참여한 것은 "저희는 그들에게 빚진 자니 만일 이방인들이 그들의 신령한 것을 나눠 가졌으면 육신의 것으로 그들을 섬기는 것이 마땅하기 때문이다". 바울은 이 절에서 26절에 사용된 동사 유도케이산을 반복함으로써 저희가 기금에 참여한 것은 기쁨으로 한 것임을 강조한다. 저희마게도냐와 아가야 사람들는 그들예루살렘 성도에게 빚진 자들이다. 두 번째 갈왜냐하면은 왜 저들이 예루살렘 성도들에게 빚진 자들인 지 설명하는 문장을 도입한다. 이방인들이 그들의 신령한 것을 나눠 가졌다는 것은 이방인들이 유대인들을 통해서 전해진 복음을 듣고 구원받은 것을 가리킨다(1:16; 4:13-16; 11:17-24; 15:7-8). 여기서 동사 코이노우네오우는 어떤 것을 나눠 가지다를 의미하며 그 뒤에 오는 레이툴게오우섬기다와 병렬된다. 후자는 예배의 의미를 함축하는데 27절에서 이 의미는 내포되어 있지 않다(행13:2; 히10:11).[3833] 여기서 이방인 성도들이 예루살렘 교회를 물질로 섬기는 것은 도덕적 미덕이지 법적 구속은 아니다. 따라서 이를 디아스포라 유대인들이 바치던 성전세와 같이 이방인 성도들에게 부과된 세금으로 여기는 것은[3834] 옳은 해석이 아니다. 여기서 뉴마티코이스와 살키코이스는 대조된다. 이 두 형용사는 여기서 도덕적인 영적/육적 대

3831 NIV; NASB; NRSV; L. E. Keck, "The Poor among the Saints in the New Testament," *ZNW* 56 (1965) 119; idem, "The Poor among the Saints in Jewish Christianity and Qumran," *ZNW* 57 (1966) 54-78; Cranfield; Moo; Wilckens; Käemann; Morris; Hultgren; G. Luedemann, *Paul: Apostle to the Gentiles. Studies in Chronology* (Translated by F. S. Jones. Philadelphia: Fortress, 1984) 79; Fitzmyer.

3832 Dodd.

3833 Strathmann, *TDNT*, 4:227; Schreiner.

3834 Holl, "Kirchenbegriff," 58; R. Asting, *Die Heiligkeit im Urchristentum* (FRLANT 46; 1930), 133ff; H. J. Schoeps, *Paul: The Theology of the Apostle in Light of the Jewish Religious History* (Translated by H.

조가 아니라 영적/물질적 대조를 나타낸다. 이방인 성도들은 유대인 성도들에게 영적으로 빚진 자들이고 이에 따라 이들은 예루살렘 교회 성도들을 물질적으로 돕는 것이 마땅한 일이다.[3835] 이는 고후8:14절에서 말씀하는 형평의 원칙에 해당한다.[3836] 그러나 크랜필드는 이방인 성도들이 예루살렘 교회의 유대인 성도들을 물질적으로 돕는다고 할지라도 이들이 그들에게 진 영적 빚은 결코 갚을 수 없는 것이라고 말한다.[3837] 이는 어떤 면에서 맞는 말 같지만 피상적인 멘트다. 바울은 여기서 빚의 많고 적음을 말씀하고 있는 것이 아니라 이방인들이 기금에 참여해야 하는 당위성을 설명하고 있다. 이방인 성도들이 구원에 있어서 유대인 성도들에게 빚진 것은 사실이지만 이는 갚지 못할 성질의 것도 아니다. 왜냐하면 이방인 성도들도 믿지 않는 유대인들에게 전도해서 믿게 할 수 있기 때문이다. 유대인 성도든 이방인 성도든 구원의 빚은 궁극적으로 하나님께 지고 있다. 바울이 여기서 형평의 원칙에 따라서 로마교회 성도들도 예루살렘 기금에 참여하도록 은근히 초대하고 있다고 보는 것은[3838] 타당하지 않다. 왜냐하면 바울은 로마교회에 가지 않고 곧장 예루살렘을 향하고 있기 때문이다.

로마서 15:28절의 접속사 운그러므로은 지금까지 바울이 설명한 그의 여행 일정을 요약하는 내용을 도입한다: "그러므로 내가 이 일을 마치고 이 열매를 저희에게 확증한 후에 너희에게를 지나 서바나로 가리라". 동사 에피텔리오우는 무엇을 "완성하다" 혹은 "마치다"를 의미한다(갈3:3; 빌1:6; 고후8:6, 11). 이는 특히 제사 의식을 마치는 것을 의미한다.[3839] 이는 바울이 이방인들의 헌물을 하나님의 성전에 가져와 바치는 일을 영적 제사의식의 일환으로 인식한 것과 상응한다. 에피텔리오우의 목적어 투토이것는 사랑의 헌금을

Knight. Philadelphia: Westminster, 1961) 68f; *contra* Georgi, *Kollekte*, 29; Nickle, *Collection*, 87-93; Käsemann; Moo.

3835 J. Eckert, "Die Kollekte des Paulus für Jerusalem," in *Kontinuität und Einheit: Für Franz Mußner* (ed. P.-G. Müller and W. Stenger; Freiburg: Herder, 1981) 65-80.

3836 Osborne, *Romans*, 397-98.

3837 Cranfield, *Romans*, 774; cf. Beker; P. Müller, "Grundlinien paulinischer Theologie (Rom 15,14-33)," *KuD* 35 (1989) 231-32.

3838 Zeller, *Juden*, 72; Fitzmyer; Calvin; Schmithals; Nickle; *contra* Moo; Käsemann.

3839 Morris, *Romans*, 521; Dunn; Philo, *Som*. 1.214; MM; BGD.

예루살렘 성도들에게 전하는 일을 말한다. 이 동사의 과거분사는 때when, after를 가리킨다. 이 열매를 확증하다에서 열매칼포스는 (i)예루살렘 기금[3840]; (ii)바울의 사역[3841]; (iii)디아스포라의 이방인 성도들[3842]; (iv)예루살렘 교회로부터 시작된 전도 운동의 열매를 의미한다고[3843] 할 수 있다. 여기서 (ii),(iii),(iv)도 타당성이 있지만 지시대명사 투톤이것이 27절의 토이스 살키코이스에 걸린다고 볼 때(i)이 제일 나은 해석으로 보인다. "확증하다"스프라기조우는 문자적으로 밀이나 보리를 자루에 담아 이것을 봉하는 것을 뜻한다.[3844] 이는 보통 소유권을 확인하는 것이며 그 내용물이 맞다는 표시이기도 하다.[3845] 바울서신에서 이 동사는 성도들의 구속을 표시한다(고후1:22; 엡 1:13; 4:30). 즉 성령의 인침으로 성도들이 하나님의 소유가 된 것이 보증된 것이다. 28절에서 이 동사는 기금 전달을 잘 완수했다고 표시하는 의미를 가지지만[3846] 이는 이방인들의 유대인 성도들에 대한 사랑을 확증하는 것을 나타낸다. 그리고 이제 그리스도의 복음을 통해서 유대인 성도와 이방인 성도가 하나님의 한 백성이 되었음을 확인하는 의미도 있다. 이를 위해 바울은 이방인의 사도로써 구원받은 이방인 형제들을 동반하고 있다. 어떤 학자는 여기서 바울이 예루살렘교회에서 확인받은 것은 바울의 사도성이라고 주장한다.[3847] 그러나 여기서 바울이 확증하는 것은 선교의 열매 즉 이방인 성도들의 사랑의 헌금이다. 이 일을 확증한 후 바울은 저희를 거쳐디 후모운 서바나로 가려고 한다.

로마서 15:29절의 접속사 데그리고는 순접의 내용을 도입한다. 즉 바울은 로마에 방문할 때 "그리스도의 충만한 축복을 가지고 갈 것을 안다". 케제만은 우리는 이 절에서 마침내 로마에 가게된 바울이 안도의 한숨을 내쉬는 것

3840 Cranfield; Moo.

3841 Nickle, *Collection*, 128-29.

3842 H. W. Bartsch, "...wenn ich ihnen diese Frucht versiegelt habe. Rom 15.28: Ein Beitrag zum Verständnis der paulinischen Mission," *ZNW* 63 (1972) 95-97.

3843 Murray.

3844 Lietzmann; BAGD.

3845 A. Deissmann, *Bible Studies* (Edinburgh: T&T Clark, 1901) 238-39.

3846 Schlier; Chrysostom.

3847 Fitzmyer; L Radermacher, "σφραγίζεσθαι Rm 15.28," *ZNW* 32 (1933) 87-89.

을 느낄 수 있다고 말한다. 이는 바울이 아닌 다른 사람이 로마서 15장을 썼을 것이라는 이론을 일축한다.[3848] 동사 오이다안다는 확신을 의미한다. "그리스도의 충만한 축복"은 바울이 사도의 능력으로 그들에게 가져갈 축복을 의미할 수도 있지만(롬1:11)[3849] 그 축복의 근원은 그리스도시며 이에 따라 바울이 로마교회 성도들의 기도와 선교후원으로 받을 축복도 포함한다고 볼 수 있다. 이같이 그리스도로부터 임하는 축복은 바울과 로마교회 성도 상호간에 역사하는 축복이며[3850] 이는 32절에 확인되고 있다. 전치사 엔은 동반적accompaniment 의미로 볼 수도[3851] 있지만 여기서는 상황적circumstantial 의미로 보는 것이 낫다. 델링은 플레이로우마티fullness를 형용사적으로 해석해서 이 어구를 "충만한 축복"full blessing으로 번역한다.[3852]

(다) 기도요청(롬15:30-33)

이제 예루살렘을 거쳐 곧 로마교회를 방문할 것을 기대하며 바울은 그들의 기도를 부탁한다. 기도의 내용은 첫째, 예루살렘에서 믿지 않는 유대인들로부터의 육체적 안전; 둘째, 예루살렘교회 성도들이 사랑의 헌금을 오해하지 않고 기쁘게 받는 것; 셋째, 바울이 기쁨으로 로마교회를 방문하고 성도들과 함께 교제하는 것이다. 33절은 그들을 위한 축복 기도다. 바울은 여기서 예루살렘교회를 방문하면서 믿지 않는 유대인들로부터 임할 핍박을 예상하고 있다. 그리고 예루살렘교회 안에 있는 할례파나 유대주의자들이 이방인 성도들의 사랑의 헌금을 거부할 것에 대한 염려도 가지고 있었다. 저벨은 바울이 예루살렘 기금을 예루살렘교회에 잘 전하고 무사히 로마교회를 방문할 수 있도록 로마교회 성도들의 성원을 유발하기 위해서 로마서를 썼다고 주장한다.[3853] 그러나 로마서의 내용은 칭의, 성화, 성령의 사역, 성도의 견인 등 방대한 주제를 망라하고 있고 바울이 이를 로마교회 성도의 성원을 유

3848 S-H; Dunn; Morris.
3849 Käsemann.
3850 Barrett; Dunn; Sanday and Headlam; Murray; Morris; Osborne.
3851 Zerwick, 117; Moo.
3852 G. Delling, *TDNT*, 6:302; *contra* KJV; NIV.
3853 Jervell.

도하기 위해서 썼다고 보는 것은 너무 단순한 논리라고 볼 수 있다.[3854]

로마서 15:30절의 접속사 데이제는 순접으로써 바울의 기도 요청을 도입한다: "형제들아 내가 우리 주 예수 그리스도로 말미암고 성령의 사랑으로 말미암아 너희를 권하노니 너희 기도에 나와 힘을 같이하여 나를 위하여 하나님께 빌어". 동사 파라칼레오우는 부탁하다보다 뜻이 강한 간청하다로 번역하는 것이 낫다.[3855] 첫번째 전치사 디아통하여는 기도요청의 권위를 나타내며 그 전치사구는 "우리 주 예수 그리스도의 이름으로"를 의미한다.[3856] 두번째 디아는 기도요청의 바탕을 나타낸다: "성령님의 사랑을 통하여". 여기서 소유격 "성령님의"는 주격subjective 소유격으로써 성령님은 사랑의 근원이심을 나타낸다고 할 수 있다.[3857] 그러나 이는 근원source의 소유격으로써 여기서 사랑은 성령님께서 성도들 마음에 일으키시는 사랑을 가리키는 것으로 보는 것이 더 낫다.[3858] 동사 순아고우니조마이는 신약에서 하팍스로써 전쟁이나 스포츠에서 적과 싸우는 것을 의미한다. 브라운은 이 단어는 돕는다는 뜻을 내포한다고 말한다.[3859] 그래서 베드로나 야고보와 친밀했던 로마교회 성도들이 편지를 써서 자신의 경우를 변호해 주도록 청하는 것이라고 본다.[3860] 그러나 이는 본문에 없는 의미를 본문에 삽입하는 해석이다. 블랙은 이는 창세기 32:24절 이하를 언급하고 있고 기도로써 하나님과 씨름하는 것을 가리킨다고 해석한다(골4:12).[3861] 그러나 본문에서 바울이 야곱의 씨름을 언급하는 어떤 단서도 없다. 어떤 학자는 이는 바울이 예루살렘에서 부딪칠 반대와 싸우는 것[3862] 혹은 공중의 영들과[3863] 싸우는 것이라고 해석한다. 다른 학자들은 이 단어는 의로운 사람이 영적으로 투쟁하는 것을 가리킨

3854 Moo; Fitzmyer.

3855 Dunn; Michel; Moo; Käsemann.

3856 Moo, Romans, 909; Käsemann; Stählin, TDNT, 5:793.

3857 Murray; Fitzmyer; Piper, *Love Your Enemies*, 103.

3858 REB; Barrett; Morris; Michel; Moo; Cranfield; Dunn; S-H.

3859 R. E. Brown, "Further Reflections on the Origins of the Church at Rome." in *The Conversation Continues: Studies in Paul and John. In Honor of J. Louis Martyn* (Edited by R. T. Fortna and B. R. Gaventa. Nashville: Abingdon, 1990) 107.

3860 Brown and Meier, *Antioch and Rome*, 110-11.

3861 Black.

3862 Sanday and Headlam; Godet; Dunn.

3863 Werner Bieder, "Gebetswirklichkeit und Gebetsmoglichkeit bei Paulus," *TZ* 4 (1948) 23; S-H.

다고 말한다(골1:19; 딤전4:10; 6:12; 딤후4:7; 골4:12).[3864] 30절에서 싸우다는 동사의 목적어는 없다. 그리고 이 동사는 그 뒤의 부정사 기도하다[프로세우카이스]에 걸린다. 따라서 우리는 이 동사를(기도에) 힘쓰다로 번역하는 것이 가장 낫다(눅13:24).[3865] 바울은 로마교회 성도들이 자신을 위해서 하나님께 힘써서 열심히 기도해 주도록 간청하고 있다(고후1:11; 엡6:19; 골4:3; 살전5:25; 살후3:1). 여기서 바울은 우리의 기도드리는 일에 내재된 특징을 보여준다(롬1:10; 8:15-16, 26-27; 12:12). (i)우리는 그 기도 대상의 심정속에 들어가서 힘써 기도해야 된다; (ii)우리는 그리스도의 이름으로 성령의 사랑을 통해서 하나님께 기도드린다. 여기서 두 번째 요소는 우리가 기도드릴 때 삼위일체 하나님의 직접적인 역사속에서 기도드리는 것임을 나타낸다.[3866] 바울은 여기서 그들이 "나와 함께"[모이], "나를 위하여"[후페르 에무] 기도해 줄 것을 요청한다. 이렇게 반복적으로 자신과 함께 기도해 주기를 요청하는 것은 그 당시 바울이 예루살렘교회에서 자신에게 다가올 반대를 스스로 예상하고 있던 것을 나타내고(행20:22, 23; 21:27-36) 로마교회 성도들도 자신이 이를 잘 싸워나갈 수 있도록 기도로 동참해 줄 것을 나타낸다.[3867] 예루살렘에서 자신을 대적하는 자들을 향해 기도로 영적 투쟁하는 바울은 로마교회 성도도 이에 함께 참여하며 군인과 같은 결연한 자세로 기도에 힘쓸 것을 권면하고 있다.

로마서 15:31절의 접속사 히나[that]는 목적절의 접속사 혹은 30절의 기도의 내용을 설명하는 보어절의 접속사로 볼 수도 있다: "나로 유대에 순종치 아니하는 자들에게서 구원을 받게 하고 또 예루살렘에 대한 나의 섬기는 일을 성도들이 받음직하게 하고". 그 기도의 내용은 첫째, 바울이 유대의 순종하지 않는 자들로부터 구원받도록 하는 것이다. 여기서 동사 구원하다[흐루오마이]는 영적 구원이 아니라 적의 손에서 건져지는 것을 의미한다(고후1:10; 살후3:2; 딤후3:11; 4:17-18). 유대[이우다이아]는 팔레스타인 남부를 가리키는 지리

3864 Pfitzner, *Paul and the Agon Motif*, 16-75; E. Stauffer, *TDNT*, 1:135-36.
3865 Barrett; Cranfield; Schlatter; Pfitzner, *Paul and the Agon Motif*, 120-25; Schreiner.
3866 Barrett; Morris; Dunn.
3867 Dunn, *Romans*, 878.

적 개념이 아니고 민족적 개념으로써 이 땅 전체에 사는 유대인을 가리킨다.[3868] "순종하지 않는 자들"에페이쎄오우은 복음을 받아들이지 않는 불신자들을 가리킨다(롬10:16, 21; 11:30, 31). 실제로 바울이 예루살렘에 갔을 때 그는 유대인들의 공격을 받아 성전에서 죽을 뻔 했다(행21:26-36). 그리고 유대인들이 그를 죽이려는 음모를 했을 때 그의 조카가 이를 간파하고 바울이 안전하게 가이사랴로 이송되게 했다(행23:12-35). 바울은 결국 가이사에게 청원함으로써 로마군인의 호송하에 로마에 이르게 되었다(행25:10-12). 비록 이는 그가 꿈꾸던 방식이 아니었지만 하나님께서는 그를 그의 적들의 손에서 건져내시고 안전하게 로마에 도착하게 하신 것이다.[3869] 두 번째 기도의 내용은 예루살렘에 대한 바울의 섬기는 일이 성도들에게 받음직 하게 되는 것이다. 여기서 명사 디아코니아섬김는 예루살렘 기금(고후8:4; 9:1, 12-13)을 가리키고 "예루살렘"은 예루살렘 교회의 성도들을 가리킨다.[3870] 그러면 바울은 왜 예루살렘 성도하기오스들이 사랑의 헌금을 거부할지도 모른다고 염려했는가. 그것은 예루살렘교회에 그가 모세의 율법을 버리고 유대주의적 구원론을 폐기했다고 믿는 많은 신자들이 있었기 때문이다(행21:20-25). 이들 중에는 만일 이방인 성도들의 사랑의 헌금을 받는다면 이는 바울의 탈율법적 구원론을 인정하는 것이 될 것이라고 염려한 성도들이 있었을 것이다.[3871] 특히 예루살렘교회 유대인 성도들은 믿지 않는 유대인들의 핍박의 위협속에 놓여있었기 때문에 사랑의 헌금을 받는 일로 오해받지 않도록 할 필요가 있었을 것이다.[3872] 고후10-13장은 보수적인 유대인 신자들이 바울에 가한 공격을 잘 묘사하고 있다(갈2:4). 만일 이들이 예루살렘 교회 성도들을 선동해서 바울이 전달하는 사랑의 헌금을 거부하게 한다면 지금까지 바울이 로마서에서 강조했던 유대인 성도와 이방인 성도간의 하나됨이 그가 동반한 이방인 형제들 앞에서 무참히 무너질 수도 있었다.[3873] 던은 예루살

3868 Dunn, *Romans*, 879.
3869 Murray; Stott; Schreiner.
3870 Morris, *Romans*, 524.
3871 Achtemeier; Morris.
3872 Dunn, *Romans*, 879.
3873 Stott; Dunn; Schlier; Wilckens; Käsemann.

렘교회가 사랑의 헌금을 받아들였다는 증거가 없다고 말한다.[3874] 그것은 첫째로, 예루살렘에 온 바울에 대한 유대인들의 거센 공격속에서 교회가 취할 수 있는 선택의 폭이 좁았기 때문이다. 둘째, 누가는 사도행전에서 예루살렘 기금에 대해 언급하지 않고 있고(행20:4-5), 바울이 체포되고 구금되었을 때 교회는 그를 도우려는 특별한 행동을 취한 적이 없다. 그러나 브루스는 사도행전 24:17절에 근거해서 예루살렘 기금이 받아들여졌을 것이라고 생각한다.[3875] 비록 사도행전 24:17절의 해석에 이견이 있지만[3876] 사도행전 21:17-20절의 내용을 볼 때 예루살렘 교회가 기금을 기쁘게 받았을 확률이 크다.[3877]

로마서 15:32절의 접속사 히나는 세 번째 기도 제목의 내용을 도입한다: "나로 하나님의 뜻을 좇아 기쁨으로 너희에게 나아가 너희와 함께 편히 쉬게 하라". 여기서 31절의 히나와 32절의 히나를 병렬되는 것으로 보면 32절이 세 번째 기도요청을 설명하는 절이 된다.[3878] 그러나 히나를 목적적을 이끄는 접속사로 볼 수도 있다.[3879] 즉 32절의 하니가 31절에 종속된다고 보면 바울이 기쁨으로 로마교회 성도들에게 가서 그들과 함께 편히 쉴 수 있도록 하기 위해서 하나님께서 그를 예루살렘의 유대인들로부터 건져내시고 예루살렘교회가 그의 예루살렘 기금을 기쁨으로 받아들이도록 기도하라는 뜻이 된다. "하나님의 뜻을 따라"디아 쎄레임마토스 쎄우는 그 뒤의 "편히 쉬다"순아나파우쏘우마이 보다 그 앞의 가다엘쏘운에 걸리는 것으로 보는 것이 더 낫다.[3880] 즉 하나님의 뜻을 좇아 기쁨으로 그들에게 가서 그들과 함께 편히 쉬는 것이 바울이 바라던 것이다. 동사 순아나파우쏘우마이는 하팍스로써 신약에서 이 절에만 사용되고 있고 칠십인역 이사야 11:6절에 사용된다. 이는 문자적으로 "누구와 함께 눕다"를 의미하고 여기서는 "함께 쉬다"를 의미한다. 31절

3874 Dunn; Harrisville; J. Ziesler; B. Byrne; L. Keck.

3875 Bruce, "Romans Debate," 192; Murray; Schreiner; Fitzmyer; K. Nickle, *The Collection*, 70-72.

3876 Hultgren; David J. Downs, "Paul' s Collection and the Book of Acts Revisited," *New Testament Studies* 52, no. 1 (January 2006) 62-70.

3877 Osborne, *Romans*, 400; Murray.

3878 Wiles, *Paul' s Intercessory Prayers*, 269.

3879 Moo; Morris; Osborne; Michel; Cranfield; Dunn.

3880 Leenhardt; Moo.

에서 언급한대로 하나님께서 바울을 유대인들의 손에서 건져내시고 예루살렘교회가 바울이 전달한 기금을 받는 것을 위한 기도 제목은 다 응답되었다고 볼 수 있다. 그러나 그는 죄수의 몸으로 가이사랴에 2년간 구금되어 있다가 로마에 호송되었고 로마에서도 2년 동안 가택연금 상태에 있었다. 하나님께서는 바울이 이 모습으로 그가 로마에 도착하도록 하셨다. 그가 죄수의 몸으로 로마교회 성도들을 만나게 된 것은 기뻐할 일은 아니었다. 그러나 바울이 그들과 만나려한 기도제목은 응답되었고 그가 그들과 기쁨으로 교제를 가지게 된 것은 틀림없다. 우리는 여기서 하나님의 기도 응답의 방식은 바울이 예상한 것을 벗어나 하나님의 주권적 뜻안에서 가장 적절한 방식으로 된다는 것을 알 수 있다.[3881] 어떤 헬라어 사본은 "하나님의 뜻"이 아니라 "그리스도 예수의 뜻"으로 기록한다.[3882] 그러나 바울 서신에서 "예수 그리스도의 뜻"이란 표현은 사용된 적이 없다. 따라서 이 어구는 사서의 편집에 의한 것으로 볼 수 있고 이 절에서 "하나님의 뜻"이 원문의 어구라고 보는 것이 더 낫다(마18:14; 요한1:13; 롬1:10; 갈1:4; 엡1:5, 11; 약4:15; 벧전3:17; 벧후1:21; 계4:11).[3883]

로마서 15:33절의 접속사 데이제는 순접의 기능을 가진다: " 평강의 하나님께서 너희 모든 사람과 함께 계실지어다 아멘". 이 절에서 바울은 로마교회 성도를 위한 축복의 기도를 하고 로마서 16장에서 긴 인사말을 하고 있다. 이는 바울 서신을 맺는 보통의 방식에서 벗어난 것이다(고후13:13; 빌4:23; 살후3:16). 그래서 어떤 학자는 바울 서신은 15:33절에서 끝난다고 보고 로마서 16장은 다른 문서의 조각으로 본다.[3884] 그러나 가장 오래된 바울서신의 사본인 P46는 로마서 16:1-23절을 로마서 15장 이후에 포함하고 있다. 따라서 로마서 16장이 로마서의 일부가 아니었다는 주장은 사본적 근거가 없는 주장이다.[3885] 그리고 바울의 축복의 기도후에 끝맺는 인사말이 추가

3881 Murray, *Romans*, II, 223-24.
3882 ℵ* B D*
3883 Fitzmyer; Käsemann; Lietzmann; Ridderbos.
3884 Kirk; Beare.
3885 Käsemann.

되는 것은 바울의 다른 서신에도 발견되는 특징이다(살전5:23; 빌4:9; cf. 히13:20). "평강의 하나님"호 쎄오스 테이스 에이레이네이스은 히브리어 샬롬과 같이 모든 종류의 축복을 아우르는 유대주의적 개념을 로마교회에 불러모아진 새언약의 성도들에게 적용한 것이다(롬15:5; 16:20; 살전5:23; 고전14:33; 고후13:11; 히13:20).[3886] "아멘"은 기도가 이루어지기를 바라는 확인이며 문단(롬15:14-32)을 끝맺는 단어이다(1:25; 9:5; 11:36). 바울서신을 실제로 끝맺는 문장은 언제나 "은혜"라는 명사를 포함한다.[3887]

(2) 문안인사(롬16:1-23)

바울 서신의 종결부는 헬라시대 서간문의 형식과 차이를 보인다.[3888] 로마서 16장에서 바울은 26명의 로마교회 성도들에게 인사하고 있다. 어떤 학자들은 바울이 방문하지 않은 로마교회내의 그렇게 많은 사람의 이름을 알고 일일이 인사를 할 수 없다고 생각하며 로마서 16장은 원래 로마서의 일부가 아니었다고 주장한다.[3889] 그러나 로마서 15:33절은 로마서의 끝맺는 인사가 아니다. 바울은 그 서신에서 항상 그렇듯 "은혜"의 축복을 16:20절에서 말씀하면서 비로소 서신을 끝맺고 있다. 그리고 로마서 16:1절의 접속사 데그리고는 로마서 15:33절에 연결되는 내용을 도입하고 있다.[3890] 바울이 로마교회를 방문한 적이 없는데 그렇게 많은 로마교회 성도들을 알고 있는 것은 놀라운 일이 아니다. 그들은 아마도 글라디우스 황제의 칙령으로 주후 49년에 로마에서 축출되어 마게도냐, 아가야, 혹은 아시아에 흩어져 살다가 바울을 만나 알게 된 사람들이었을 가능성이 있다. 그리고 17-19절에서 말씀된 거짓 선생들에 대한 경고도 이 장이 바울의 저작이 아닌 단서라고 단언할 수 없다. 그것은 바울 서신의 끝부분이 매우 다양한 내용을 포함하고 있고 또

3886 Dunn; Moo; Cranfield; 레26:6; 민6:26; 삿6:24; 시29:11; 사26:12; 렘16:5.

3887 Cranfield; Osborne.

3888 Doty, *Letters in Primitive Christianity*, 39-42; cf., C.-H. Kim, *Form and Structure of the Familiar Greek letter of Recommendation* (SBLDS 4; Missoula, MT: Scholars Press, 1972).

3889 T. W. Manson; Klein, *IDBS*, 752.

3890 Dunn.

이 경고는 로마교회가 처한 독특한 상황에 대한 것이라고 할 수 있기 때문이다.[3891] 로마서 16:1-23절은 여섯 부분으로 되어 있다. (i)뵈뵈의 천거(16:1-2); (ii)성도들에 대한 인사말(16:3-15); (iii)서로 인사하도록 권함(16a); (iv)거짓 선생들에 대한 경고(16:17-20a); (v)은혜의 축복(16:20b); (vi)바울의 동역자들이 전하는 인사(16b, 21-23).

(가) 뵈뵈를 천거함(롬16:1-2)

바울은 뵈뵈를 로마교회 성도들에게 천거하고 있다: "내가 겐그레아 교회의 일군으로 있는 우리 자매 뵈뵈를 너희에게 천거하노니"(1절). 이렇게 방문자가 추천의 편지와 함께 방문하는 일은 사기꾼으로부터 사람들을 보호하기 위한 고대의 관행이었다(행18:27; 고후3:1; 4:2; 8:18-24; 엡6:21-22; 골4:7-9; 요삼9-10). 그러나 다른 서신에서와 달리 바울은 여기서 로마교회에 뵈뵈의 사적인 필요에 소용되는 바 섬겨주도록 특별히 부탁하고 있다. 뵈뵈는 아마 로마서를 그들에게 전달했던 사람이었을 것이다. 그녀는 신약에서 오직 이곳에만 언급되고 있다. 그녀는 겐그레아 교회에서 헌신적으로 섬기던 여종이었다. 겐그레아는 고린도 동부에 있는 무역항으로써 교회에는 여행자와 상인들이 방문할 뿐 아니라 가난한 자들도 있어서 이들을 물질로 섬기는 일은 중요한 사역의 하나였을 것이다.[3892] 뵈뵈는 여러 사람과 바울의 필요를 위해 섬기던 여종이었다(2절). 바울은 그녀가 로마에 이를 때 성도들이 그녀를 예의있게 영접하고 그녀의 필요한 것을 공급해 줄 것을 부탁하고 있다. 뵈뵈는 아마도 바울이 로마에 방문하기 앞서 로마교회 성도들이 바울에 대해 가지고 있을 의구심을 완화하고[3893] 그가 스페인 선교를 위해 필요한 모든 지원을 동원하는 역할을 했을 것으로 볼 수 있다.[3894]

로마서 16:1절의 동사 수니스테이미는 "함께 놓다", "합하다", "친구로 만들다", "소개하다", "추천하다" 등을 의미한다. 헬라 서간문에 있어서 이 동

3891 Moo, *Romans*, 912.
3892 Käsemann.
3893 Hultgren, *Romans*, 570.
3894 R. Jewett, "Paul, Phoebe, and the Spanish Mission," 151.

사는 소개장에 흔히 쓰인다(고후3:1; 5:12; 6:4; 10:12, 18; 2 Macc.9:25).[3895] 피츠마이어는 뵈뵈는 아폴로의 할머니의 이름, 코에우스의 아내의 이름 등, 그리스 신화에 나오는 이름인데 그녀는 이방 여자로써 원래 노예에서 자유인이 된 사람이었을 것이라고 말한다.[3896] "우리의 자매"에서 "자매"는 신약에 자주 쓰이는 단어는 아니다(고전7:15; 9:5; 몬2; 약2:15). 이는 고린도교회 성도들과 뵈뵈가 가족과 같이 가까운 관계였음을 나타낸다. "우리의"는 고린도교회 성도를 가리킨다. 어떤 헬라 사본들은 "우리의" 대신 "너희의"라고 말씀한다.[3897] 그러나 뵈뵈가 원래 로마에서 온 사람이었다는 근거는 없다. 겐그레아는 고린도에서 남동쪽으로 7킬로미터 떨어진 사론만Saronic Gulf에 놓인 항구였다. 이 항구는 펠로포네소스와 북부 그리스를 잇는 고린도해협에 위치해 있었는데 아시아와의 무역의 관문이었다. 바울도 그 선교 여행 중 여기서 배를 타고 아시아로 떠난 적이 있다(행18:18). 명사 에클레이시아(교회)는 로마서 16장에만 사용되고 있다(4, 5, 16, 23). 바울은 여기서 이 명사로 보편적 교회를 뜻하지 않고 어느 지역에 있는 교회를 가리키는 단어로 사용하고 있다.3898 칠십인역에서 이 명사는 하나님의 성회를 의미한다(신23:1-2; 대상28:8; 느13:1; 미2:5). 바울이 다른 지역의 성회를 교회로 부르는 반면 로마에 있는 성회를 교회로 부르지 않고 있는 것은 특이한 일이다.[3899] 이는 바울이 로마교회 성도들에 대해 비판적이었기 때문이라고 이해하는 것은 근거가 없다.

명사 디아코노스는 헬라어에서 (i)식탁의 웨이터; (ii)왕의 종; (iii)종교직분religious office을 가리킨다.[3900] 바울이 이 절에서 뵈뵈를 디아코논으로 부를 때 이는 (i)교회의 일반적인 조사(돕는자: 살전3:2; 고후3:6; 11:23); 혹은 (ii)집사를 의미한다. 전자의 경우 그리스도(롬15:8; 갈2:17)나 바울과 그 동역자들도 디아코노스일군로 여겨진다(고전3:5; 고후3:6; 6:4; 엡3:7; 6:21; 골1:7,

---

3895 MM; BAGD.
3896 Fitzmyer, Romans, 729; Schlier, *Römerbrief*, 441.
3897 P^{46} A F G P.
3898 Dunn; Moo; Fitzmyer; Beker, *Paul*, 317.
3899 Fitzmyer; Dunn; 살전1:1; 고전1:2; 고후1:1.
3900 Xenophon, *Memorabilia* 1.5.2; *IGRom* 4.474.12; 4.824.6; Fitzmyer.

23, 25; 4:7; 딤전4:6). 이 점에서 뵈뵈를 교회를 섬기던 여종이었다고 볼 수 있다.[3901] 그러나 무는 이 번역의 문제점은 바울이 명사 디아코노스를 모든 성도에게 일반적으로 적용하지 않고 있다는 것이라고 말한다.[3902] 후자의 경우, 즉 집사는 첫째, 교회에서 특정한 일을 담당하는 사람한국교회의 서리집사에 해당, 혹은 둘째, 교회의 공식적 직분으로써 집사를 의미할 수 있다(빌1:1; 딤전3:8, 12). 뵈뵈가 딤전 3:8절에 정의된 교회의 공식적 집사였다고[3903] 보는 이유는 (i)"교회의 일군"이란 표현과; (ii)현재분사 우산being이 뵈뵈의 현재의 집사 직분을 가리키고 있다는 것이다.[3904] 그러나 바울이 로마서를 쓸 당시 딤전3:8, 12절에서 정의하는 집사의 제도가 확립되어 있지 않았다고 보면 뵈뵈는 교회에서 특정한 일을 담당하던 집사의 한 사람이었을 것으로 볼 수 있다. 이 일들은 병자를 심방하거나 가난한 자를 돕거나 재정을 관리하는 일을 포함한다. 이 직분은 나중에 교회에서 공식적으로 제도화 된 집사직의 초기 형태라고 할 수 있다.[3905] 그러나 어떤 학자들은 뵈뵈가 집사였지만 2절의 프로스타티스보호자 이상은 아니었을 것으로 본다.[3906] 여자 집사는 제도화된 공식적인 일보다 남성들이 할 수 없는 일들 즉, 가정의 여신도들을 방문하거나 돕는 일을 맡아서 했을 수 있다. 그러나 여기서 필자는 디아코노스를 "일군"으로 번역하는 머레이의 견해를 옳은 견해로 채택한다. 뵈뵈와 같은 집사직이 나중에 교회에서 공식적인 집사 직분으로 확립되었다고 할 수 없다. 왜냐하면 사도행전 6:1-6절은 공궤하는 일을 맡았던 집사의 직분을 서술하고 있고 디모데전서 3:8절의 집사직은 이미 바울 당시에 확립된 교회

3901 TEV; KJV; NIV; NASB; Murray; K. Romaniuk, "Was Phoebe in Romans 16, 1 a Deaconess?" *ZNW* 81 (1990) 132-34; W. Michaelis, "Kenchreä (Zur Frage des Abfassungsortes des Rm)," *ZNW* 25 (1926) 146.

3902 Moo, *Romans*, 914.

3903 NRSV; REB; Cranfield; Schreiner; Hultgren; Wilckens; Moo; Michel; Osborne; Godet; Käsemann; Dunn; Morris; P. Richardson, "From Apostles to Virgins: Romans 16 and the Roles of Women in the Early Church," *Toronto Journal of Theology* 2 (1986) 238-39; D. C. Arichea, Jr., "Who was Phoebe? Translating *diakonos* in Romans 16:1," *BT* 39 (1988) 401-9; Richard Myerscough, "Exegesis 21: Was Phoebe Really a Deacon?" *Foundations* 36 (1996) 24-26.

3904 Dunn; Cranfield.

3905 Barrett; R. Schumacher, *Die beiden letzten Kapitel des Römerbriefes. Ein Beitrag zu ihrer Geschichte und Erklärung* (NTAbh 14/4, 1929) 49; Oepke, *TDNT*, 1:787.

3906 Sanday and Headlam.

직분으로 볼 수 있기 때문이다. 즉 뵈뵈는 교회의 유익한 일군으로서 많은 사람의 프로스타티스보호자였다. 뵈뵈는 디모데전서 3:8절의 집사가 하던 전형적인 일이 아닌 보다 따뜻한 밀접한 관계속에서 바울과 그 동역자들을 섬겼던 여종이었을 것으로 보인다. 따라서 뵈뵈를 교회의 지도자나 설교자였다고 보는 해석은[3907] 문맥에서 벗어난 해석으로 보인다.

로마서 16:2절의 접속사 히나는 바울이 뵈뵈를 천거하는 목적을 도입한다: "너희가 주 안에서 성도들의 합당한 예절로 그를 영접하고 무엇이든지 그에게 소용되는 바를 도와 줄찌니 이는 그가 여러 사람과 나의 보호자가 되었음이니라". 뵈뵈를 천거하는 목적은 첫째로 로마교회 성도들이 뵈뵈를 주 안에서 성도들의 합당한 예절로 영접하는 것이다. 둘째로, 그에게 소용되는 바를 무엇이든지 도와 주도록 하는 것이다. 그리고 그 이유는 그가 여러 사람과 바울의 보호자가 되었기 때문이다. 동사 프로스데코마이는 환영하다는 의미를 가진다(눅15:2; 빌2:29). "주 안에서"엔 쿠리오우는 16장에서 일곱 번 사용되고(8, 11, 12, 13, 22) "그리스도 안에서"는 네 번 사용되는데(3, 7, 9, 10) 바울이 이 두 어구를 교체 사용하는 것은 그 스타일의 변화일 뿐이다. "성도들의 합당한 예절로"악시오우스 토운 하기오운는 그리스도안에 있는 거룩한 백성들에게 합당한 존경과 사랑으로라는 뜻이다. 이는 로마서 12:10, 13절의 권면에 연결된다. 즉 로마교회 성도들은 뵈뵈를 아무 선입견이나 적대감이 없이 사랑과 존경으로 영접해야 한다. 그리고 두번째 목적에서 동사 파리스테이미는 자동사로써 곁에서 수종드는 것을 의미하고(딤후4:17) 동사 크레이조우는 "무엇을 필요로 하다"를 의미한다(마6:32; 눅11:8; 고후3:1). 명사 프라그마는 특정한 의미로써 분쟁, 소송을[3908] 의미한다(고전6:1). 그렇다면 뵈뵈는 소송 당사자로써 로마에 방문했다는 의미를 내포한다. 그러나 여기서 이 명사는 관계대명사 "호우" 뒤의 조사 "안"무엇이든지과 함께 온 가정법 동사 크레이제이의 보어로써 사용되고 있기 때문에 일반적인 과제, 문제, 일 등을 의

3907 E. S. Fiorenza, "Missionaries, Apostles, Coworkers: Romans 16 and the Reconstruction of Women's Early Christian History," *WW* 6 (1986) 425-26; Jewett, "Paul, Phoebe, and the Spanish Mission," 148-49; E. E. Ellis, "Paul and His Co-Workers," *NTS* 17 (1970-71) 441-43.

3908 Dunn; Fitzmyer; Michel; Gifford.

미한다고 보는 것이 낫다. 즉 이는 뵈뵈를 대접하는 것과 관계된 일반적인 일을 가리킨다.[3909]

로마서 16:2c는 접속사 갈왜냐하면과 함께 로마교회 성도들이 뵈뵈를 도와줘야 하는 이유를 설명한다: "이는 그가 여러 사람과 나의 보호자가 되었음이다". 여기서 여성 명사 프로스타티스는 신약에 하팍스로써 돕는자를 의미한다.[3910] 그 동족어 프로이스테이미는 타동사로써 "앞에 서다"(롬12:8; 살전5:12; 딤전3:4, 12; 딛3:8, 14) 혹은 "앞에 두다", 그리고 자동사로써 "주재하다", "주도하다"를 의미한다.[3911] 어떤 학자들은 남성 명사 프로스타테이스가 지도자, 치리자를 의미하기 때문에 여기서 여성 명사 프로스타티스는 뵈뵈가 겐그레아 교회의 지도자였다는 것을 의미한다고 말한다.[3912] 혹은 그녀가 예배의 인도자였다는 뜻이라고 본다.[3913] 그러나 이 해석은 타당성이 없다. 왜냐하면 바울은 여기서 뵈뵈가 교회가 아니라 바울과 많은 사람의 프로스타티스였다고 말한다. 그리고 뵈뵈가 지도자였다면 그녀가 어떻게 바울의 지도자가 될 수 있었는지 미스터리다. 또한 그녀가 "많은 사람"폴로운의 지도자였다면 이는 교회의 공식적인 지도자가 아니었다는 것을 말한다.[3914] 따라서 프로스타티스는 "후원자"patron로 번역하는 것이 제일 낫다.[3915] 그러나 그녀가 법적 후원자였다는[3916] 증거는 없다. 뵈뵈는 겐그레아 교회에서 부유하고 영향력있는 여성이었을 것이다. 그리고 바울과 그 동역자들을 집에서 공궤하고 후원하는 일로 그들을 열심히 섬긴 신실한 여종이었을 것이다. 바울이 에무 아우투나 자신의 표현으로 강조하는 것은 그가 뵈뵈의 각별한 도움

3909 Schreiner, *Romans*, 788; Schlier; Cranfield; Käsemann.

3910 NIV; RSV; NASB; Cranfield; Moo.

3911 Hultgren, *Romans*, 571.

3912 Stuhlmacher; Fitzmyer; Dunn; Leenhardt; Lietzmann; Kühl; R. R. Schulz, "A Case for 'President' Phoebe in Romans 16:2," *Lutheran Theological Journal* 24 (1990) 124-26; D. M. Scholer, "Paul' s Women Co-workers in the Ministry of the Church," *Daughters of Sarah* 6/4 (1980) 3-6.

3913 Esther Yue L.Ng, "Phoebe as Prostatis", *TrinJ* 25 (2004) 3-13.

3914 Moo, *Romans*, 916.

3915 Schreiner; Cranfield; S-H; W. A. Meeks, *The First Urban Christians. The Social World of the Apostle Paul* (New Haven and London: Yale University Press, 1983) 60; Moo; Mounce, *Romans*, 273; Ziesler, *Romans*, 350.

3916 Fiorenza, "Missionaries, Apostles, Co-workers," 426; Jewett, "Paul, Phoebe, and the Spanish Mission," 149-50; Richardson, "From Apostle to Virgin," 239; *contra* Käsemann; Osborne.

을 받았다는 것을 나타낸다. 뵈뵈는 겐그레아 교회에서 빌립보 교회의 리디아와 같은 역할을 했을 것으로 보인다(행16:14-15).

(나) 로마교회 성도들에 대한 인사(롬16:3-16)

로마서 16:3-16절에서 바울의 끝맺는 인사는 총 26명의 사람들, 두 가족(14, 15절), 세 가정 교회브리스가와 아굴라, 아리스도불로, 나깃수에 대한 인사를 포함하고 있다. 3-7절은 바울이 잘 아는 지인들에 대한 인사브리스가, 아굴라, 에배네도, 안드로니고, 유니아, 그리고 8-15절은 그가 잠간 알았든지 혹은 그 이름을 아는 사람들에 대한 인사다.[3917] 26명 중 대부분의 사람들은 유대인이 아니고 이방인들이고 또 종이나 혹은 종이었다가 자유인이 된 사람들이다.[3918] 그리고 26명 중 아홉 명은 여성이다.브리스가, 마리아, 유니아, 드루배나, 드루보사, 버시, 율리아, 루포의 어머니, 네레오의 자매 이는 총 이름 중 34.6%로써 남성 중심의 사회 문화를 생각할 때 매우 높은 비중을 차지한다. 특별히 수고했다고 칭찬을 듣는 사람 12명 중 7명은 여성이고(58%), 열 두 명의 남성의 이름은 아무 칭찬의 말 없이 열거되어 있다. 이는 초대교회의 성장은 여성들의 헌신적인 섬김에 바탕을 두고 있었다는 것을 나타낸다.[3919] 유대인으로 보이는 사람들은 아굴라(행18:2), 안드로니고와 유니아(롬16:7), 헤로디온(롬16:11)이다.[3920] 브리스가(16:3-4)를 유대인으로 보면 유대인은 다섯 사람이지만 마리아(16:6)와 같이 유대인인지 이방인인지 분명하지 않은 사람들도 있다. 14절의 다섯 사람 중 서너 사람은 이민자로 보인다 그리고15절의 네 사람 중 율리아와 네레오는 로마 태생인 것으로 보인다.[3921] 훌트그런은 아리스도볼로와 나깃수는 그리스도인들이 아니었을 것으로 본다. 그 이유는 (i)바울은 그들에게가 아니라 그들 집에 속한 사람들에게 인사하고 있다; (ii)오직 그들 집에 속한 일부 사람에게만 인사한다투 엑 토운 아리스토불루; 투 엑 토운 날키수; (iii)나깃수의 집에 있

3917 Stuhlmacher, 247.
3918 Lampe, *Die stadtrömischen Christen*, 135-53; S-H; Moo.
3919 Hultgren, *Romans*, 578.
3920 Hultgren.
3921 Hultgren, *Romans*, 579.

는 사람들의 일부를 "주 안에 있는 자들"이라고 구분한다.[3922] 종이나 전에 종이었다가 자유인이 된 사람으로 보이는 자들은 암블리아, 허메, 헤로디온, 율리아, 유니아, 네레오, 버시, 드루배나, 드루보사,(마리아) 등이다(34.6%). 이는 로마교회가 사회의 하류층의 사람들을 품고 있는 모습을 보여주며 또한 교회안의 많은 비중을 차지하는 이방인 신도들과 여신도들은 초대교회가 보편성과 하나됨을 바탕으로 하고 있는 것을 나타낸다.

로마서 16:3절은 명령문이다: "너희가 그리스도 예수 안에서 나의 동역자들인 브리스가와 아굴라에게 문안하라". 동사 아스파사스쎄문안하라는 아스파조마이의 이인칭 복수 중간태 과거 명령형이다(롬16:3, 5, 6, 7, 8, 9, 10, 11, 12, 13, 14, 15, 16). 이는 일인칭 직설법의 대용으로써 작자 자신이 독자에게 직접 인사를 전하는 것과 같다.3923 이 동사는 편지를 맺으며 인사할 때 사용되는 기술적 용어다(고전16:20; 고후13:12; 살전5:26; 히13:24; 벧전5:14).[3924] 브리스가는 브리스길라(행18:2, 18, 26)의 축약형으로 바울이 즐겨쓰는 이 이름의 형태다. 아굴라는 원래 본도 출신으로써 브리스가의 남편이다(행18:2). 어떤 학자는 브리스가의 이름이 아굴라에 종종 선행되는 것(행18:26; 롬16:3; 딤후4:19)은 브리스가가 아굴라보다 사회적으로 더 높은 집안의 사람이기 때문이라고[3925] 혹은 그녀가 그 남편보다 더 능력이 있기 때문이라고 본다.[3926] 그러나 이 보다도 브리스가가 아굴라보다 주님을 먼저 믿기 시작했거나 혹은 그가 교회 사역에 더 헌신적으로 섬겨서 중요한 역할을 했기 때문인 것으로 볼 수 있다.[3927] 그들은 글라디우스 황제의 칙령으로 로마에서 축출되었을 때 고린도에 와서 정착했다(행18:2). 바울은 그의

3922 Hultgren, *Romans*, 576; P. Lampe, *From Paul to Valentinus: Christians at Rome in the First Two Centuries* (Fortress, 2003) 164-65; R. W. Gehring, *House Church and Mission: The Importance of Household Structures in Early Christianity* (Peabody, MA: Hendrickson, 2004) 145; H.-J. Klauck, *Hausgemeinde und Hauskirche im frühen Christentum*. SBS 103 (Stuttgart: Katholisches Bibelwerk, 1981) 69-70.

3923 H. Gamble, *The Textual History of the Letter to the Romans* (Grand Rapids: Eerdmans, 1977) 93.

3924 MM; Dunn; Moo.

3925 Sanday and Headlam; Dunn.

3926 Harnack; Hultgren; D. Kurek-Chomycz, "Is There an 'Anti-Priscan' Tendency in the Manuscripts? Some Textual Problems with Prisca and Aquila." *JBL* 125 (2006) 114; M. B. Flory, "Where Women Precede Men: Factors Influencing the Placement of Names in Roman Epitaphs." *CJ* 79 (1983-84) 216-24.

3927 Cranfield.

이차 전도여행 중 고린도에서 18개월을 머물며 교회를 개척할 때 그들을 만나게 되었다. 그 후 그들은 바울과 함께 에베소에 가서 사역했다(행18:18; 고전16:19). 그들은 그 곳에서 아볼로를 만났고 그를 도와 가르치면서 제자를 양육했다(행18:25-26). 그리고 글라디우스 황제가 죽자 그들은 다시 로마에 돌아갔다(롬16:5). 그들은 로마에 남겨두고 떠났던 사업을 다시 정비하기 위해서 로마에 갔거나 혹은 바울의 선교여행에 필요한 것을 준비하기 위해 바울보다 앞서 로마에 갔을 수도 있다.[3928] 그들은 텐트메이커로써 아시아와 유럽의 주요 도시를 거점으로 비지니스를 영위했던 것 같다(행18:3). 그리고 자신들의 집에서 성도들이 모여 예배를 드리게 하고 그들을 재정적으로 두루 섬겼던 것 같다. 바울이 그들을 자신의 동역자수넬고스로 여기는 것은 그들이 바울의 선교를 도왔기 때문에[3929] 혹은 지도자로써 함께 동역했기 때문일[3930] 수 있다(롬16:9, 21; 고후8:23; 빌2:25; 4:3; 몬1, 24). 그러나 그들이 어떤 측면에서 바울의 동역자로 섬겼는지 구체적으로 알 길은 없다.

로마서 16:4절은 브리스가와 아굴라가 어떻게 바울과 동역했는가를 설명한다: "저희는 내 목숨을 위하여 자기의 목이라도 내어 놓았나니 나 뿐 아니라 이방인의 모든 교회도 저희에게 감사하고 있다". "목을 내어놓았다"트라케일론 후페쎄이칸는 것은 참수 집행자의 칼에 목을 내어 놓는 것을 말한다. 이는 은유법으로써 목숨을 건다는 뜻이다.[3931] 즉 그들은 자신들의 목숨을 걸고 바울을 죽음의 위험에서 건져 주었다. 언제 이 일이 있었는지 알 수 없지만 대부분의 학자들은 바울이 에베소에서 소요가 있었을 때, 브리스가와 아굴라는 자신들의 재력을 이용해서 바울을 사람들의 위협으로부터 구해 주었을 것으로 추측한다(행19:23-40; 고전15:32; 고후1:8-9).[3932] 따라서 바울이 그들에게 감사하는 것은 당연하다. 그런데 이방인의 모든 교회도 이들에게 감사하고 있다. 이는 과장법이라기 보다는 브리스가와 아굴라가 여러 해 동

3928 Watson, *Paul*, 105; Osborne; *contra* Dunn.

3929 Schreiner, *Romans*, 795; Wolf-Henning Ollrog, *Paulus und seine Mitarbeiter: Untersuchungen zu Theorie und Praxis der paulinischen Mission* (WMANT 50. Neukirchen: Neukirchener Verlag, 1979) 67.

3930 Fiorenza.

3931 Murray; Deissmann, *Light*, 117-18; Dunn; Moo.

3932 Moo; Cranfield; Michel; Schreiner; Osborne; Hultgren.

안 이방인 교회에서 여러 측면에서 그들을 겸손히 섬겼기 때문일 것이다.[3933] 그들의 감사는 브리스가와 아굴라가 바울을 그 대적들의 손에서 건져내어 이방인 선교가 계속되게 했기 때문이라는 점도 포함할 것이다.[3934]

로마서 16:5절의 접속사 카이는 동격을 도입한다: "또 저의 교회에게도 문안하라 나의 사랑하는 에배네도에게 문안하라 저는 아시아에서 그리스도께 처음 익은 열매니라". 전치사 카타는 "에 따라"according to라기 보다 "안에"in를 의미한다(고전16:19; 몬2).[3935] 즉 브리스가와 아굴라의 식구로 구성된 교회라는 의미가 아니라 브리스가와 아굴라의 집에서 모이는 교회를 가리킨다. 이 교회는 그 집의 식구들과 친척들과 종들 뿐 아니라 다른 가정들도 구성원으로 하는 교회다. 이는 가정교회에 대한 신약의 최초의 언급으로 볼 수 있다(16:10, 11, 14, 15).[3936] 이 당시 가정교회는 세상 정부의 핍박으로부터 성회를 보호하는 수단이었을 것이다. 학자들은 가정교회는 성도를 많게는 오십 명에서 칠십 명까지 수용했을 것으로 본다.[3937] 그리고 바울은 여러 가정교회가 로마서를 돌려 읽도록 한 것은 로마에 있던 각 가정교회는 독립된 원자가 아니라 사랑의 끈으로 연결된 한 몸이었다는 것을 말한다.[3938] 에배네도는 이방인으로써 신약에 오직 이 절에만 언급되고 있다. 그가 아시아에서 그리스도께 처음 익은 열매라는 것은 바울이 에베소에서 전도한 첫 번째 사람이라는 뜻일 것이다. 여기서 "그리스도안에"엔 크리스토우가 아니라 "그리스도께"에이스 크리스톤가 원문의 읽기라고 할 수 있다. 그리고 첫열매아팔케이는 그의 전도로 인해 많은 사람들이 주께로 돌아오게 되었다는 의미를 함축한다(롬8:23; 11:16). 전설에 의하면 그는 나중에 카르타고의 목사가 되었다고 한다. 어떤 사본에는 "아시아" 대신 "아가야"로 쓰여 있는데 이는 사서가 이

3933 Fitzmyer; Schreiner; Stuhlmacher; Käsemann; Osborne; Sanday and Headlam.

3934 Cranfield; Moo.

3935 BAGD II.1.c; M. Gielen, "Zur Interpretation der Formel ἡ κατ᾽ οἶκον ἐκκλησία," *ZNW* 77 (1986) 111-12; Moo, *Romans*, 920.

3936 C. H. Kraeling, *The Christian Building* (The Excavations at Dura-Europos . . . Final Report 8.2, ed. C. Bradford Welles. Locust Valley, N.Y.: J. J. Augustin, 1967) 127-55; Fitzmyer, *Romans*, 736; 골4:15; 행12:12, 17; 1 *Clem*. 1.3.

3937 1 Clem 1.3; The Pseudo-Clementine Recognitions 10.71; Fitzmyer.

3938 Morris; Robert Banks, *Paul's Idea of Community* (Sydney, 1979); Meeks, *Urban Christians*; Dunn; P. Stuhlmacher, *Philemon* (EKK; 1975) 70-75.

절에서 고린도전서 16:15절로부터 영향을 받았기 때문일 것이다.[3939] 즉 스데바나는 아가야의 첫열매였다(고전16:15). 바울이 브리스가와 아굴라에 대한 인사 바로 이후에 에배네도에게 인사하는 것은 그가 그들의 가정교회의 멤버였기 때문일 것이다. 나중에 그는 그들과 함께 로마에 갔다. "나의 사랑하는"톤 아가페이톤 무은 바울이 그에게 가진 애정을 나타내는 것이다.[3940] 케제만은 이 표현은 "형제"라는 단어와 같은 의미로 쓰였다고 말한다(8, 9, 12).[3941] 던은 이 표현이 바울이 다른 사람보다 에배네도를 더 각별히 사랑한다는 뜻은 아니라고 말한다.[3942] 사실 바울은 13절까지 언급한 모든 사람에 대해 칭찬을 곁들이고 있다. 그러나 "나의 사랑하는"의 표현이 의례적인 표현이라고만 볼 수 없는 것은 14절부터는 사람들의 이름만 열거할 뿐 이 표현을 곁들이지 않기 때문이다.

로마서 16:6절너희를 위하여 많이 수고한 마리아에게 문안하라의 마리아는 유대인에게 흔한 이름이었다.예수님의 어머니; 막달라 마리아; 야고보의 어머니; 글로바의 아내; 마르다의 동생; 마가의 어머니 이는 히브리어 미리암의 헬라식 이름이다.[3943] 따라서 그녀는 유대인이었을 것으로 볼 수 있다.[3944] 어떤 사본은 마리아 대신 셈족어인 "마리암"으로 쓰고 있다.[3945] 마리아라는 이름은 로마의 비문에도 발견되고 있고 이는 라틴 이름 마리우스Marius의 여성형으로 볼 수 있다. 그렇다면 이 여인은 이방여인일 수도 있다. 바울은 마리아가 로마교회를 위해서 많이 수고했다고 칭찬한다. 여기서 헤이마스우리 대신 후마스너희를 사용하기 때문에 바울이 마리아를 개인적으로 아는 사이는 아니었다고[3946] 추측하는 것은 어디까지나 추측일 뿐이다. 동사 코피아조우수고하다는 "열심히 일하다", "수고하다", 혹은 "노력하다"를 의미한다(12절). 하낵은 이 동사는 초대교회의 선교 사역을 가리키는 기술적 용어라고 주장한다.[3947] 그리고 스툴마커는 마

3939 D^1 ψ; Fitzmyer.
3940 Murray.
3941 Käsemann.
3942 Dunn; Moo; Cranfield.
3943 Cranfield.
3944 Stuhlmacher; Michel; Käsemann; Osborne.
3945 P^{46} א D F G
3946 Moo; Lampe.

리아는 로마에 파견된 선교사였을 것으로 추측한다.[3948] 그러나 이 동사는 12절에 드루배나, 드루보사, 그리고 버시를 칭찬할 때도 쓰인다. 힘써 수고하는 것이 선교의 일에만 관계되어 있는 것이 아니므로 이 해석은 오버한 것으로 볼 수 있다. 바울은 자신의 사도의 일을 묘사할 때 이 동사를 자주 사용한다(고전15:10; 갈4:11; 빌2:16; 골1:29; 딤전4:10). 따라서 이 동사는 이떤 특정한 과제를 열심히 하는 것을 나타내는 것이 아니라 일반적으로 주어진 일을 열심히 하는 것을 의미한다고 볼 수 있다. 따라서 이 동사가 특별히 지도자의 일을 묘사하고 있다고 할 수는 없다.[3949]

로마서 16:7절에서 바울은 안드로니고와 유니아에게 인사한다: "내 친척이요 나와 함께 갇혔던 안드로니고와 유니아에게 문안하라 저희는 사도에게 유명히 여김을 받고 또한 나보다 먼저 그리스도 안에 있는자라". 어떤 학자는 숭게네이스친척가 "동반자"[3950] 혹은 다소의 시민을[3951] 의미한다고 본다. 그러나 안드로니고와 유니아가 바울의 친척숭게네이스이라는 것은 문자적 친척이 아니라 동족이라는 뜻으로 보는 것이 문맥에 일치한다(롬9:3).[3952] 안드로니고는 헬라 이름으로써 신약에 이곳에만 나온다. 이 이름은 황실에 속한 사람, 자유인, 종 등 다양한 사람들이 사용했다.[3953] 유니아는 그 엑센트에 따라 여성 단수 유니아[3954] 혹은 남성 단수 명사 유니아누스의 축약형 유니아스로[3955] 볼 수 있다. 어떤 사본은 율리아라고 쓴다.[3956] 12세기까지 주석가들은 이 사람은 유니아로써 안드로니고의 아내라고 이해했다. 그리고 현대의 대부분의 주석가들도 이 견해에 동의한다.[3957] 그러나 중세의 주석

3947 A von Harnack, "κόπος(κοπιᾶν, οἱ κοπιῶντες) im frühchristlichen Sprachgebrauch," *ZNW* 27 (1928) 1-10; Scholer, "Paul' s Women Co-workers," 3-4.

3948 Stuhlmacher.

3949 Dunn, *Romans*, 894; Fitzmyer; contra Hultgren; S. Schreiber, "Arbeit mit der Gemeinde (Röm 16.6,12): Zur versunkenen Möglichkeit der Gemeindeleitung durch Frauen." *NTS* 46 (2000) 204-26.

3950 V. Fabrega, "War Junia(s), der hervorragende Apostel (Röm. 16, 7), eine Frau?" *JAC* 27-28 (1984-85) 49-50.

3951 W. R. Ramsay, *The Cities of St. Paul* (New York: A. C. Armstrong and Son, 1908) 175-78.

3952 Morris; Moo; Dunn; Schreiner; *contra* Murray; Meyer; Haldane; Liddon.

3953 Fitzmyer; Cranfield.

3954 KJV; NRSV; REB; 개역성경.

3955 BAGD; USB; NIV; RSV; NASB; TEV; NJB.

3956 Vg; Bohairic; Ethiopic; Fitzmyer, *Romans*, 737.

가들은 이 사람은 유니아스로써 남성이라고 주석했다.[3958] 이 해석은 바울이 이 사람을 사도로 제시하고 있다는 점에 주목한다. 즉 이 해석은 여성은 사도가 될 수 없다는 인식에 바탕을 두고 있다. 그러나 현대의 많은 주석가들은 유니아가 여성이지만 초대교회에서 사도로 여겨졌다고 믿는다. 그것은 이 절의 "사도에게 유명히 여김을 받고"에피세이모이 엔 토이스 아포스톨로이스에 근거한다. 형용사 에피세이모스는 뛰어난, 훌륭한, 유명한 등을 의미한다. 전치사구 엔 토이스 아포스톨로이스는 (i)사도들로부터in the eyes of the apostles [3959] 혹은 (ii)사도 중에서among the apostles를 의미한다고 할 수 있다. (i)은 그들이 사도가 아니었다는 의미를 내포하며(ii)는 그들도 사도였다는 의미를 내포한다. 현대 주석가들은 유니아가 사도의 한 사람이었다고 보고 사도 중에서 뛰어난 사도였다고 해석한다(ii.1). 초대교회의 사도는 예수님의 열두 제자와 야고보가 있고 바울과 바나바도 사도로 불려진다. 안드로니고와 유니아가 사도중에서 뛰어난 사도였다는 것은 그들이 베도로 요한 야고보와 같은 급의 사도였다는 의미가 되는데 이는 타당한 해석으로 볼 수 없다. 따라서 이들을 사도로 보는 주석가들은 신약 성경에서 사도는 좁은 의미의 사도 즉 예수님의 열두 제자와 야고보, 바울과 같은 사도, 그리고 넓은 의미의 사도 즉 선교의 사명을 띠고 보냄을 받은 사람(고전9:5-6; 갈2:9; 행14:4)들 혹은 메신저(고후8:23; 빌2:25)를 의미할 수 있다고 본다.[3960] 이 때 안드로니고와 유니아는 넓은 의미의 사도 즉 선교의 임무를 가지고 순회하는 사람들이었다는 것이다(ii.2).[3961] 그리고 그들은 이들 중 유명한 사람들이었다는 것이

3957 Origen; Chrysostom; Moo; Osborne; Schreiner; Fitzmyer; Cranfield; Dunn; Wilckens; Lagrange; Schlier; Bruce; Brooten; R. R. Schulz, "Romans 16:7: Junia or Junias?" *ExpTim* 98 (1986-87) 109-10; Lampe, "Roman Christians," 223-24; Fiorenza; R. S. Cervin, "A Note regarding the Name Junia(s) in Romans 16.7," *NTS* 40 (1994) 470.

3958 Aegidius of Rome; B. Brooten, " 'Junia···outstanding among the Apostles,' " in *Women Priests: A Catholic Commentary on the Vatican Declaration* (ed. L. and A. Swidler; New York: Paulist, 1977) 141-44; Murray; Barrett; Hendriksen; Godet; Lietzmann; Gaugler.

3959 Murray; Cornely; Zahn.

3960 *Did*. 11:4; *Herm. Vis*. 3.5.1; *Sim*. 9.15.4; 16.5; 25.2; J. B. Lightfoot, *The Epistle of St. Paul to the Galatians* (rpt.; Grand Rapids: Zondervan, n.d.) 95-99; R. Schnackenburg, "Apostles Before and During Paul' s Time," in *Apostolic History and the Gospel: Biblical and Historical Essays Presented to F. F. Bruce*... (ed. W. W. Gasque and R. P. Martin. Exeter, UK: Paternoster; Grand Rapids, Mich. Eerdmans, 1970) 287-303.

다. 전치사 엔과 이에 따라오는 여격 명사는 포괄적 의미를 가지기 때문에 이 해석은 타당성이 있는 해석으로 보인다. 그러나 엔 플러스 여격은 배제적 의미exclusive meaning도 가진다.[3962] 즉 안드로니고와 유니아 자신들은 사도는 아니었다. 그렇지만 사도들로부터 훌륭한 사람들로 여김을 받았다는 뜻이다. 이는 위의 해석 중 (i)에 해당한다. 여기서 필자는 해석(i)이나 혹은 해석(ii.2) 의 사도를 광의의 사도로 보는 해석이 맞다고 본다. 그리고 이 두 해석 가운데 (i)의 해석 보다(ii.2)의 광의의 사도 개념이 더 타당한 것은 첫째, 전치사 엔은 포괄적 의미로 사용되고 있다는 점; 그리고 둘째, 초대교회 주석가들이 전치사 엔을 포괄적 의미로 보고 그들을 사도로 보았다는 점이다. 이 점에서 그들은 광의의 사도 구룹속에서 뛰어난 자들이었다고 할 수 있다. 그들이 선교사로 순회하면서 신실하게 사역했던 사람들이라는 것은 이 절의 다른 수식어를 통해 발견된다. 즉 그들은 바울과 같이 갇힌 자였다(골4:10; 몬23). 어떤 학자는 "함께 갇힌"순아이크말로우투스을 은유적으로 보아 그들이 그리스도의 죄수로써 복음전파의 사명에 묶인 자였음을 의미한다고 말한다.[3963] 그러나 이 단어는 문자적으로 보는 것이 낫다. 그들이 바울과 같은 때 같은 감옥에 함께 갇혔었다는 것인지 아니면 복음을 전하다 잡혀서 바울처럼 옥에 갇히기도 했다는 의미인지 분명하지 않다(행16:23; 고전15:32). 나아가 그들은 바울보다 먼저 그리스도인들이 된 사람들이다. 그들은 주님의 가르침을 직접 들었던 자들이었든지 아니면 복음이 사마리아 밖으로 퍼질 때 중요한 역할을 한 지도자 구룹 속에 있었을 수도 있다(행6–7장). 그렇다면 그들은 헬라파 유대인으로써 예루살렘교회에 속한 성도였다가 파견을 받고 순회하며 선교하던 일군들이었을 것이다. 그들은 예루살렘으로부터 고린도에 와서 바울의 리더십을 훼손했던 거짓 사도들과 대조적 병렬관계에 있던 사람들이라고 볼 수 있다(고후11:13).

3961 Schreiner; Schnackenburg; Stuhlmacher; Stott; Sanday and Headlam; Moo; Fitzmyer; Cranfield; Calvin; Michel; Godet; Schlier; Käsemann; Lightfoot; B. Bacon, "Andronicus," *ExpTim* 42 (1930-31) 300-304; Meeks.

3962 *Pss. of Sol*. 2.6; M. H. Burer and D. B. Wallace, "Was Junia Really an Apostle? A Reexamination of Rom 16.7." *NTS* 47 (2001) 76-91.

3963 Kittel, *TDNT*, 1:196-97; *contra* Schreiner; Cranfield; Dunn.

로마서 16:8절또 주 안에서 내 사랑하는 암블리아에게 문안하라의 암블리아는 그 당시 종의 흔한 이름이었고 자유인의 이름으로도 쓰였다.[3964] 로마의 카타콤의 도미틸라의 방에 암플리아트라는 이름이 선명하게 새겨져 있다. 그 글자의 형태는 그 사람이 매우 존경받던 사람임을 나타낸다. 만일 이 사람이 바울이 인사하는 암블리아였다면 복음은 그를 통해서 도미티안 황제의 조카이며 클레멘스의 아내인 플라비아 도미틸라의 집안에 침투했었다고 볼 수 있다.[3965] 16장에서 "주 안에서"는 "그리스도안에서"와 같은 의미를 가진다(2, 11, 12, 13절). "내 사랑하는"은 5절에서 언급한 바와 같이 의례적인 인사표현이라기보다는 바울의 암블리아에 대한 진정한 애정을 나타내는 표현으로 볼 수 있다.

로마서 16:9절그리스도 안에서 우리의 동역자인 우르바노와 나의 사랑하는 스다구에게 문안하라의 우르바노는 종의 흔한 이름이었다.[3966] 그리고 에베소 지역의 비문에는 발견되지 않고 로마 지역의 비문에만 발견되는 이름인데 왕실에 속한 사람의 이름에도 발견된다.[3967] 나의 동역자가 아니라 우리의 동역자라는 표현은 그는 바울이 직접 알던 사람이 아님을 나타낸다.[3968] 스다구는 흔하지 않은 헬라 이름으로써 왕실의 종의 이름에도 발견된다.[3969] "나의 사랑하는"은 바울이 그를 잘 알고 있었다는 것을 나타낸다.

로마서 16:10절그리스도 안에서 인정함을 받은 아벨레에게 문안하라 아리스도불로의 권속에게 문안하라의 아벨레는 흔한 헬라 이름으로써 황가에 속한 사람의 이름에도 발견된다. 형용사 도키모스는 "인정된", "증명된"을 의미한다. 아벨레는 그리스도를 믿음으면서 당한 어려운 환난을 통과하고 성도들에게 인정된 사람이다.[3970] 아니면 도키모스는 "존경받는"을 의미할 수도 있다(롬14:18). 아리스도볼로의 권속은 그의 집에 속한 사람 중 그리스도인을 가리킨다. 아리스도

3964 J. B. Lightfoot, *Saint Paul's Epistle to the Philippians* (London, 1908) 171ff.; Lampe, "Roman Christians," 228.

3965 Cranfield; Sanday and Headlam.

3966 Lightfoot, *Philippians*, 174.

3967 Lampe, "Roman Christians," 216.

3968 Cranfield; Moo; Murray; Schlier; Michel.

3969 Lightfoot; Lietzmann; Dunn; Lampe.

3970 Murray; Godet; Moo; Osborne.

볼로는 친숙한 헬라 이름으로써 하스모니아 왕조 시대에 흔한 이름이었다. 요세푸스는 그는 헤롯대왕의 손자였고 아그립바 일세의 형제였다고 말한다.[3971] 그는 아마 주후 48–49년에 죽었을 것이다. 그러나 그 집의 종이나 자유인은 여전히 아리스도볼로의 권속으로 불려졌다.[3972]

로마서 16:11절내 친척 헤로디온에게 문안하라 나깃수의 권속중 주 안에 있는 자들에게 문안하라의 헤로디온은 앞 절의 아리스도볼로 권속 바로 다음에 언급되는 만큼 그는 헤롯의 가계에 속한 유대인으로써(숭게네이) 종이나 혹은 자유인이었을 것이다.[3973] 나깃수는 로마의 종의 이름으로써 약 오십회 발견된다.[3974] 바울이 그의 집의 권속들 중 그리스도인들에게 인사하는 만큼 그는 자유인이었을 가능성이 있다. 역사 기록에 보면 로마의 글라우디우스 황제의 종이었다가 자유인이 된 자로써 나깃수라는 이름을 가진 사람이 있었다.[3975] 그는 굉장히 부자였고 영향력이 큰 자였는데 글라우디우스 황제가 시해된 후 네로황제의 어머니 아그립피나의 압력으로 자살했다.[3976] 그 후 그의 모든 재산과 종은 네로황제의 소유로 귀속되었지만 그 집에 속했던 종들은 여전히 나깃수의 권속으로 불려졌고 그 중에는 그리스도인들도 있었다는 것을 알 수 있다.[3977] 그러나 이 나깃수가 11절의 나깃수였는지는 확실하지 않다. 만일 이들이 동일인이라면 나깃수가 살아 있었을 때 그 집에 가정교회가 있었다고 보기는 어렵다.

로마서 16:12절주 안에서 수고한 드루배나와 드루보사에게 문안하라 주 안에서 많이 수고하고 사랑하는 버시에게 문안하라의 드루배나와 드루보사는 자매 혹은 쌍동이 자매였을 가능성이 있다. 왜냐하면 어근 드루(트루ㅍ)가 이 두 이름에 공통으로 쓰였기 때문이다.[3978] 그들은 주안에서 수고한 자들이다(6절). 던은 그들이 수고했다코피아오우는 것은 그들이 자유인이었다는 것을 나타낸다고 말한다. 반면에

3971 Josephus, *BJ* 2.221-22; *Ant*. 18.273-76; 20.13; Lightfoot.
3972 Cranfield; Lightfoot; Lampe; Dunn; Fitzmyer; Osborne; Moo.
3973 Cranfield; Morris; Osborne; Sanday and Headlam.
3974 Lampe.
3975 Juvenal, *Sat*. 14.329.31; Hultgren.
3976 Lightfoot, *Philippians*, 175; Tacitus, *Ann*. 31.1; Cassius Dio, *Rom.Hist*. 60.34.
3977 Fitzmyer; Cranfield; Dunn; Sanday and Headlam.
3978 Lightfoot; Dunn; contra Käsemann.

훌트그런은 이 동사는 그들이 지도자의 역할을 했다는 것을 나타낸다고 말한다.[3979] 그러나 이 동사는 지도자적 역할을 열심히 한다는 것을 뜻하는 것이 아니라 어떤 일을 힘써 한다는 것을 뜻한다(엡4:28). 이 동사의 현재분사형은 그들이 그 때도 계속 수고하고 있었음을 나타낸다. 바울이 여기서 "얌전한"트루페이과 "연약함"트루판을 의미하는 그들의 이름에 힘써 수고한다는 개념을 연결해서 말씀한 것이 말의유희play on words를 나타내는 것인지는 확실하지 않다.[3980] 버시는 전형적인 헬라 종의 이름이며 페르시아 여인이라는 것을 의미한다. 그녀는 자유인이었을 수도 있다. 바울은 그녀를 이중으로 칭찬한다. 그 녀는 (i)주 안에서 많이 수고하고 그리고 (ii)사랑하는아가페이토스 자다. 모리스는 여기서 쓰인 "수고하다"는 동사의 과거형은 버시가 늙거나 병들어 더이상 수고하지 못하고 있다는 것을 나타낸다고 말한다.[3981] 그러나 여기서 아오리스트과거형는 포괄적 단순과거constative aorist로써 그 녀의 삶 전체가 그리스도인으로써 수고한 삶이라는 것을 의미한다고 볼 수 있다. 그래서 그녀는 특별히 사랑받는 사람이다. 여기서 "나의 사랑하는"이 아니라 "사랑하는"은 그녀가 교회의 많은 사람들로부터 사랑받고 있었다는 것을 나타낸다.[3982]

로마서 16:13절주 안에서 택하심을 입은 루포와 그 어머니에게 문안하라 그 어머니는 곧 내 어머니니라의 루포는 라틴 이름으로써 종이나 자유인들이 사용했다. 루포는 구레네인 시몬의 아들 루포일 가능성이 있다. 마가는 구레네인 시몬의 두 아들 알렉산더와 루포를 언급한다(막15:21). 만일 마가복음이 로마에서 써졌다면 로마교회는 이들을 잘 알고 있었을 것이고 바울이 인사하는 루포는 바로 이 루포일 가능성이 많다.[3983] 루포가 주 안에서 택하심을 입었다는 것은 그가 그리스도인으로 택함을 받았다는 일반적인 의미보다 그가 걸출한 신자였다는 것을 의미한다.[3984] 아니면 그가 어떤 특정한 일을 위해 선택된 사람이었다

3979 Hultgren; Osborne.
3980 Moo, *Romans*, 925; *contra* Osborne; Morris.
3981 Morris; Murray.
3982 Dunn.
3983 Cranfield; Dunn; Lightfoot; *contra* Fitzmyer; Käsemann; Schlier.
3984 Sanday and Headlam; Godet; Murray; Fitzmyer; Cranfield.

는 것을 의미할 수도 있다.[3985] 루포의 어머니가 "내 어머니"라는 것은 루포와 바울이 친형제였다는 의미가 아니라 루포의 어머니가 바울을 친아들처럼 잘 보살펴준 적이 있다는 것을 말한다.

로마서 16:14절에서 바울은 다섯 명의 남성, 즉 아순그리스도, 블레곤, 허메, 바드로바, 허마와 및 그 가정교회에 속한 형제들에게 문안한다. 아순그리스도는 "비할데 없는"을 뜻한다. 블레곤은 "갈망하는"burning을 의미하며 종과 자유인이 사용한 이름이다.[3986] 허메라틴어로는 머큐리어스는 헬라 신의 이름으로써 종의 흔한 이름으로 사용되었다. 허마는 허메의 지방어일 수도 있고 허마고라스, 허모도러스 등의 준말일 수도 있으며 종의 이름으로도 쓰였다.[3987] 오리겐은 이 허마가 "목자"The Shepherd of Hermas의 저자라고 말한다.[3988] 그러나 "목자"는 이 세기 중반에 쓰여진 문서이기 때문에 이 견해는 타당성이 없다.[3989] 바드로바는 바트로비우스의 준말인데 이 사람이 네로의 자유인이었으며 갈바황제에 의해 처형된 바트로비우스라는 사람과 동일인이라고 볼 수는 없다.[3990]

로마서 16:15절빌롤로고와 율리아와 또 네레오와 그 자매와 올름바와 저희와 함께 있는 모든 성도에게 문안하라의 빌롤로고는 직역하면 "말에 대한 애정"fond of words을 뜻하며 종과 자유인의 이름으로 쓰인 이름이었다.[3991] 율리아는 로마에서 여종의 흔한 이름이며 특히 황제의 집에 속한 여종의 이름으로 많이 쓰였고[3992] 여기서 이 사람은 빌롤로고의 아내인 것으로 보인다.[3993] 네레오와 그 자매는 이들의 자녀들인 것으로 보인다. 네레오는 신화에 나오는 이름으로써 소년들에게 지어 준 이름이며 종과 자유인이 다 사용했다.[3994] 올름바는 올름피오도우로스와 같이 올름ㅍ로 시작하는 말의 준말로써 로마에서 흔한 이름이었

3985 Barrett; Lagrange; Dunn; Black; S-H; *contra* Moo.
3986 *CIL* 2.2017; 14.2008a; Fitzmyer.
3987 Michel; Dunn; Cranfield; Sanday and Headlam.
3988 Origen, *Comm. in ep. ad Romanos* 10.31; Eusebius, *Historia ecclesiastica* 3.3.6; Fitzmyer.
3989 Muratorian Canon; Fitzmyer; Cranfield.
3990 Suetonius, *Neronis vita* 45.1; Cassius Dio, *Roman History* 63.3.1-2; Fitzmyer; Morris.
3991 Lietzmann.
3992 *CIL* 6.20416, 20715-17; S-H; Lampe; MM.
3993 Fitzmyer; Cranfield.
3994 Lampe; Lietzmann; S-H; Dunn.

다.[3995] "저희와 함께 있는 모든 성도"는 이들이 속한 가정교회 성도를 가리킨다. 던은 이들 모두가 황제의 집에 속한 종이나 자유인이었을 것으로 본다.[3996] 그렇다면 이들은 하나의 가정교회를 이루고 있었다기 보다 로마의 가정교회에 속한 한 가정이었다고 볼 수 있다. 그러나 "저희와 함께 있는 모든 성도"는 가정교회를 가리키는 표현으로써 이들은 빌롤로고와 율리아의 집에서 모여 예배를 드리고 있었다고 보는 것이 더 나은 해석이다.[3997]

로마서 16:16절에서 바울은 일반적 문안 인사로 전환한다: "너희가 거룩하게 입맞춤으로 서로 문안하라 그리스도의 모든 교회가 다 너희에게 문안하느니라". 거룩하게 입맞추라는 표현은 서신을 마치면서 사용하는 전형적 인사다(고전16;20; 고후13:12; 살전5:26; 벧전5:14). 이 세기의 저스틴Justin Martyr은 예배 도중 중보기도와 봉헌 사이에 거룩한 입맞춤의 인사를 했다고 쓰고 있다.[3998] 입맞춤은 고대에 퍼져있던 인사 방법이었다.[3999] 그리고 신약의 저자들도 이 관습을 알고 있었다(막14:45; 눅7:45; 15:20; 22:48; 행20:37). 바울도 이 관습을 잘 알고 있었음이 분명하다. 어떤 학자는 로마교회가 분열되어 있었기 때문에 바울이 서로 입맞춤으로 문안할 것을 격려하고 있다고 말한다.[4000] 그러나 바울이 데살로니가 교회에도 똑 같은 문안 인사를 할 때 그들이 분열되어 있었기 때문이 아님은 분명하다(살전5:26절). 거룩한 입맞춤은 입맞춤의 행위에 엄숙함을 더해 주고 있고 입맞춤이 육체적 의미의 입맞춤이 되어서는 않된다는 의미를 함축한다.[4001] 이는 예배 도중 성도들이 함께 가족의 사랑을 나타내는 상징적 행위였다.[4002] 던은 바울이 서신의 종결부에 이를 언급하는 것은 자신의 서신이 예배 도중 읽혀질 것을 기대했기 때문이라고 말한다.[4003] 바울은 나아가 "그리스도의 모든 교회

3995 Sanday and Headlam.
3996 Dunn.
3997 Osborne; Murray.
3998 Justin, *Apol*. 1.65; Hippolytus, *The Apostolic Tradition*, 46.8.
3999 TDNT, 9:121, 125-27.
4000 J. A. D. Weima, *Neglected Endings: The Significance of the Pauline Letter Closings* (Journal for the Study of the New Testament Supplement Series 101. Sheffield: JSOT Press, 1994) 113-14.
4001 Morris, *Romans*, 537; Clement of Alexandria, *Instructor*, 3.12.
4002 Barrett; *contra* Schreiner, *Romans*, 798.
4003 *TDNT*, 9:139; Dunn; Cranfield; Michel; Schlier; S. Benko, *Pagan Rome and the Early Christians*

가 너희에게 문안한"다고 말씀한다. "모든 교회"라는 표현은 바울 서신의 다른 구절에도 발견되지만(고전7:17; 14:33; 고후8:18; 11:28) "그리스도의 모든 교회"라는 표현은 오직 이곳에만 쓰이고 있다.[4004] 바울이 로마서를 고린도에서 쓸 당시 그는 아시아와 유럽의 여러 교회에서 주의 제자가 된 사람들과 함께 있었다.[4005] 따라서 이 사람들은 "그리스도의 모든 교회"를 대표하는 제자들이며 그들도 바울의 서신을 통해 로마교회 성도들에게 인사하고 있다. 이는 로마교회 성도들에게 바울 자신을 간접적으로 천거하는 의미를 띠고 있다.[4006] 어떤 학자들은 여기서 "그리스도의 모든 교회"는 팔레스타인이나 시리아에 있는 교회는 포함하지 않는다고 말한다.[4007] 그러나 그 당시 고린도 교회에 이들 지역의 교회로 부터 온 성도들도 있었을 것이고 바울을 통해 로마교회 성도들에게 함께 인사하고 있다고 볼 때 "그리스도의 모든 교회"는 보편적 의미를 가진다고 할 수 있다.[4008] 브루스는 16절의 이 인사는 로마서 16장이 에베소 교회가 아니라 로마교회 성도에게 써진 인사임을 증명한다고 말한다.[4009]

(다) 경고, 약속, 그리고 은혜의 기도(롬16:17-20)

로마서 16:17절에서 바울은 갑자기 동사 파라칼레오우권하다를 사용하며 거짓교사의 출현에 대해 경고한다. 그리고 21절부터 다시 인사말을 계속한다. 17-20절은 거짓 교사의 출현에 대한 경고의 메세지이며 일반적인 인사말과 거리가 있어 보일 뿐 아니라 로마서의 문맥 상 돌출적 내용으로 보인다. 따라서 학자들은 이 구절에 대한 다양한 이론을 제시한다. 즉 (i)이 구절은 다른 사람의 글이 삽입된 것이다[4010]; (ii)이 구절은 바울 자신의 추신이다

(Bloomington, IN: Indiana University, 1984) 79-102.
4004 Cranfield.
4005 Stott, *Romans*, 398.
4006 Morris; Dunn; Schreiner; Weima, "Preaching the Gospel", 363; Fitzmyer.
4007 Hultgren; J. Weima, *Neglected Endings*, 277; R. Jewett, *Romans*, 977.
4008 *contra* Moo; Stuhlmacher.
4009 Bruce; Käsemann.
4010 J. Knox, *Romans*, IB 9:664; Byrne, *Romans*, 455-56; Ollrog, "Abfassungsverhältnisse," 221-44; Jewett, *Christian Tolerance*, 17-22; Schmithals, 550-51; V. Mora, "Romans 16,17-20 et la letter aux Éphésiens." *RB* 107 (2000) 541-47.

4011; (iii)이 구절은 바울이 처음부터 16장에 포함한 내용이다.[4012] 필자는 이 중 세 번째 견해에 동의하며, 17-20절은 원래 바울이 쓴 로마서 16장의 인사말의 일부라고 본다.[4013] 그 이유는 첫째, 이 구절의 엄중한 어조는 색다른 것이 아니고 이미 로마서의 다른 구절에 나타난 엄중한 어조와 연결되고 있다(롬2:1-5; 3:8; 9:19-20).[4014] 둘째, 성도들이 사랑의 입맞춤으로 하나가 되라는 말씀은(16절) 교회내에 분쟁이 일지 않도록 조심하라는 말씀(17절)과 논리적으로 연결된다. 셋째, 고대의 신뢰할 만한 로마서 헬라사본은 모두 이 구절을 포함하고 있다. 넷째, 이러한 경고의 구절은 바울의 다른 서신에도 발견된다(빌3:2-21; 고전16:22; 갈6:12-17). 그러면 바울이 경고하는 거짓 교사들은 누구였는가. 바울은 그들이 교훈을 거스려 분쟁을 일으키고 거치게 하는 자들이라고 묘사한다. 학자들은 이들은 (i)로마서 14:1-15:13절에서 말씀하는 강한 자와 약한 자의 갈등과 관계있다[4015]; 혹은 (ii)영지주의적 난봉꾼[4016]; 혹은 (iii)유대주의자들이라고[4017] 추정한다. 바울이 강한자와 약한 자의 갈등의 문제는 로마서 14:1-15:13절에서 이미 판단한 문제이고 로마서 16:17-20절의 내용은 앞으로 거짓 교사의 출현에 대한 경고라는 점에서 약한 자와 강한 자의 문제와 다르기 때문에 (i)은 맞지 않는 해석이다. 여기서 바울은 그들이 누구인지 밝히지 않고 여러 종류의 거짓 교훈을 퍼트리는 선생들에 대해 일반적으로 경고하고 있다.[4018] 도드는 이들이 이미 로마에서 활동하고 있었다고 본다.[4019] 그러나 대부분의 학자들은 거짓 선생들이 아직 로마교회에 침투하지는 않았다고 생각한다.[4020] 만일 그랬다면 바울은

4011 Dunn; Fitzmyer; H. Gamble, *Textual History*, 94; E. Lohse, *Römer*, 412.

4012 Wilckens; Fitzmyer.

4013 Seifrid, *Justification by Faith*, 198-99; Wilckens, *Römer*, 139-40; Schreiner; J. P. Sampley, "Romans in a Different Light: A Response to Robert Jewett," in *Pauline Theology*, vol. 3: *Romans* (Edited by D. M. Hay and E. E. Johnson. Minneapolis: Fortress, 1995) 127-28.

4014 Murray; Morris; Stuhlmacher; Moo.

4015 Barrett; Watson, *Paul*, 102; Black, 212-13; Donfried, "Short Note," 51-52.

4016 Stott; W. Schmithals, "Die Irrlehrer von Rm 16:17-20," *ST* 13 (1959) 51-69.

4017 Lenski; Wilckens, 3.141-45; Stuhlmacher, 252-53; Godet, 496; Moo; Schreiner.

4018 Lampe, "The Roman Christians", 221; Seifrid, *Justification by Faith*, 199-200; Gamble, *The Textual History*, 52-53.

4019 Dodd.

4020 Hultgren; Moo; Morris; Murray; Seifrid, *Justification by Faith*, 199-200; M. H. Franzmann, "Exegesis

로마서에서 그들을 직접적으로 공격했을 것이다. 17-20절의 내용을 보면, 17절은 거짓교훈에 대한 경고이고 18절은 거짓교사들의 미혹의 방법을 묘사하며 19절은 성도들이 지혜있게 분별하도록 격려하고 있다. 20a는 악에 대한 종말적 심판에 대한 확신을 표현하고 있고 20b는 바울 서신에 발견되는 전형적인 끝맺는 인사 말씀이다(고전16:23; 살전5:28; 살후 3:18).

로마서 16:17절의 접속사 데그러나는 "이제"로 번역할 수 있고 주제의 전환을 나타낸다: "형제들아 내가 너희를 권하노니 너희 교훈을 거스려 분쟁을 일으키고 거치게 하는 자들을 살피고 저희에게서 떠나라". 동사 파라칼레오우는 로마서 12:1, 8; 15:30절에도 사용된 바 있다. 이 동사는 여기서 명령의 의미보다는 간곡한 부탁의 의미를 가진다. "형제들아"아델포이는 브리스가와 같은 여성도 포함하는 포괄적 명사이다. 동사 스코페오우는 "주목하다," "검사하다", "자세히 살피다"를 의미한다(고후4:18; 갈6:1; 빌2:4; 3:17).[4021] 그 목적어는 명사적 분사절로써 이를 이끄는 동사는 절 후반에 놓여 있는 포이에오우하다이다. 즉 목적어는 거짓 교사들이며, 그들은 로마교회 성도들이 믿는 바 교훈을 거스려 분쟁을 일으키고 거치게 하는 자들이다. "분쟁"디코스타시아은 신약에서 갈라디아서 5:20절에도 사용된 명사다. 명사 스칸달론거치게 하는 것은 넘어지게 하는 것이다(롬9:33; 11:9; 14:13). 이는 거짓 교사들의 이단적 가르침을 가리키고 있다. 그들은 이단교리로 성도들을 미혹하고 믿음에서 떠나 망하게 하는 자들이다. 디다케이가르침는 바울 자신의 가르침이라기보다 로마교회 성도들이 배웠던 그리스도에 대한 기본적 가르침을 가리킨다(고전15:1-3; 살후2:14-15). 이들에 대한 바울의 권면은 그들을 떠나라에크클리노우는 것이다(고전5:9; 살후3:6, 14; 딤후3:5; 딛3:10-11). 거짓 가르침으로부터 떠나는 것은 거짓 교사들을 권징하거나 불신임함으로써 가능하다.[4022] 마태복음 18:15-17절은 이러한 경우에 대비한 주님의 가르침이다. 교회의 순결함은 교리의 온전함에 기초한다.

로마서 16:18절의 접속사 갈왜냐하면은 17절을 설명하는 내용을 도입한다:

---

on Romans 16:17ff.," *Concordia Journal* 7 (1981) 14.

4021 *TDNT*, 7:414-15.

4022 Barrett; Osborne.

"이같은 자들은 우리 주 그리스도를 섬기지 아니하고 다만 자기의 배만 섬기나니 공교하고 아첨하는 말로 순진한 자들의 마음을 미혹한다". "이 같은 자들"토이우토이은 교훈을 거스려 분쟁을 일으키고 거치게 하는 자들이며 이들은 비그리스도인들이 아니라 자칭 그리스도인이라 하며 성도들을 넘어지게 하는 사탄의 하수인들이라고 할 수 있다(20절). "이 같은 자들은" 특정 구룹이 아니라 불특정의 사람들을 가리키는 것을 알 수 있다. 이들의 특징은 첫째, 우리 주 그리스도를 섬기지 않고 다만 자기 배만 섬긴다. 여기서 배코일리아는 문자적으로 위, 폭음을 의미한다(빌3:19). 그리고 이를 환유법metonymy으로 보면 탐욕적이고 방탕한 삶을 가리킨다고 할 수 있다.[4023] 그러나 바울은 그 서신에서 이러한 부도덕한 삶을 사탄의 주제와 연결시키고 있지는 않다(20절). 어떤 학자들은 "배"는 음식법을 중시하는 유대인들의 경향을 가리킨다고 본다.[4024] 그러나 대부분의 학자들은 "배"는 자기중심주의를 의미한다고 생각한다.[4025] 만일 초기 영지주의적 자유분방주의libertinism가 암시되어 있다면 "배"는 쾌락주의를 의미한다고 볼 수도 있다.[4026] 그러나 이는 시대착오적인 해석으로 보인다.[4027] 로마서 전체에 내포된 반유대주의적 색채를 고려할 때 "배"는 음식과 관계되어 있다고 할 수 있고 음식법에 관한 율법주의를 암시하고 있다고 볼 수 있다.[4028] 이들의 두 번째 특징은 "공교하고 아첨하는 말로 순진한 자들의 마음을 미혹"한다는 것이다. "공교한 말"크레이스토로기아은 하팍스로써 신약에 오직 이 절에만 쓰이고 있다. 명사 율로기아는 칭찬이나 축복을 의미하는데 여기서는 부정적 의미를 함축하며 개역성경의 번역, "아첨하는 말"은 이를 반영한다. 이 두 단어는 접속사 카이로 연결되어 중언법hendiadys을 이루어 서로의 의미를 강화한다.[4029] 이러한 말로써 거짓 교사들은 순진한 자들의 마음을 미혹한다. "순진한"아카코스은 여기서 약간의

4023 Godet; Schmithals.
4024 Barrett; D. A. Campbell; Wilckens; *TDNT* 3:788; Fitzmyer.
4025 Käsemann; Cranfield; Schlier.
4026 W. Schmithals, *Paul and the Gnostics* (Nashville: Abingdon, 1972) 231-32.
4027 Dunn; Fitzmyer.
4028 Schreiner; Murray; Ziesler; Stuhlmacher; *contra* Stott.
4029 Käsemann; Moo; Wilckens; Dunn.

경멸적 의미를 함축하고 있는데 "단순한"(KJV), "둔한"(NRSV), "천진 난만한"(NIV) 등으로 번역된다(잠1:4, 22; 8:5; 14:15). 교회안의 이 단순한 자들은 공교하고 아첨하는 말 속에 포장된 이단적 가르침을 분별하지 못하고 속아 넘어진다. 동사 엑사파타오우미혹하다는 로마서 7:11절에서 죄가 바울을 속인다는 의미로 고후11:3절에서 뱀이 이브를 속인다는 의미로 쓰인다. 로마서 16:18절에서 이 동사는 현재 시제로써 이들이 미혹하는 행위가 중단없이 계속되고 있음을 나타낸다. 따라서 로마교회 성도들이 저희를 떠나는 일엑크클리네테도 중단없이 계속되어야 하는 것이다(17절)

로마서 16:19절의 접속사 갈왜냐하면은 18절에 대한 이유를 도입한다. 그러나 이 두 절의 논리적 관계는 명확하지 않다: "너희 순종함이 모든 사람에게 들리는지라 그러므로 내가 너희를 인하여 기뻐하노니 너희가 선한데 지혜롭고 악한데 미련하기를 원한다". 갈왜냐하면은 아마 로마의 성도들의 순종함이 다른 지역의 교회들에 널리 알려진 만큼 거짓교사들의 준동이 더 임박해졌다는 의미를 나타내는 것 같다.[4030] "순종함"후파코에이은 로마서 1:5절의 주제와 연결되며 로마서의 중요한 주제 중 하나다(1:8; 15:18; 16:26). 이는 로마서가 순종의 주제로 봉합형 구조inclusio를 가지고 있음을 나타낸다.[4031] 그들의 순종함을 인해서 바울은 기뻐한다.카이로우 19c의 쎌로우바라다 뒤에 오는 접속사 데그러나는 역접의 의미를 가진다. 바울은 그들을 인해 기뻐하지만 이와 동시에 원하는 것은 그들이 선한데 지혜롭고 악한데 미련한 것이다. 여기서 전치사 에이스는 "무엇에 대해서"를 의미한다. 명사 지혜는 칠십인역에 많이 나오는 주제이며 로마서 1:22절에도 사용되고 있다. 믿지 않는 자들은 스스로 지혜있다고 생각하나 하나님을 영화롭게 하지 않는다. 따라서 지혜는 곧 하나님을 예배하는 것이라고 할 수 있다. 선아가쏘스은 로마서에서 많이 다뤄지는 주제인데 이 절에서는 도덕적 개념에 국한되지 않고 그리스도를 섬기는 예배의 개념을 내포하고 있다고 볼 수 있다(18절).[4032] 여기서 그 반대

4030 Schreiner; Godet; Moo.
4031 Hultgren.
4032 Osborne, *Romans*, 414; Stott.

의 개념인 악카코스은 곧 그리스도를 섬기지 않고 자기 배만 섬기는 것을 가리킨다고 볼 수 있다(18절). 형용사 아케라이오스는 "섞이지 않은", "순결한", "잘못이 없는" 등을 의미하며 18절의 형용사 아카코스순진한와 병렬된다는 점에서 말의 놀이play on words로 볼 수 있다.[4033] 이 단어는 빌립보서 2:15절 외에도 마태복음 10:16절에도 사용되고 있는데 후자는 19c의 내용과 비슷하다. 따라서 바울은 주님의 가르침을 배경으로 이 가르침을 제시하고 있다고 할 수 있다(살전5:21, 22).[4034]

로마서 16:20절의 접속사 데는 "그리고"로 번역할 수 있다(KJV): "평강의 하나님께서 속히 사단을 너희 발 아래서 상하게 하시리라 우리 주 예수의 은혜가 너희에게 있을찌어다". "평강의 하나님"은 분쟁을 잠잠하게 하시는 하나님을 의미한다(17절).[4035] 하나님께서 분쟁을 잠잠하게 하시는 방법은 사단을 속히 발 아래서 상하게 하심으로써다. 사단은 원래 비방하는 자라는 뜻이다(욥1-2; 슥3:1-2). 유대문학은 사단을 하나님을 대적하는 자로 묘사한다.[4036] 사단이란 단어는 신약에서 36회 사용되고 있고 그리스도와 성도를 대적하는 자로 나타난다(고전5:5; 7:5; 고후2:11; 11:14; 12:7; 살전2:18; 살후2:9).[4037] 하나님께서 사단을 으스러뜨리시는순트리보우 것은 (i)거짓교사들을 처단하시는 것[4038] 혹은 (ii)종말에 사단을 심판하시는 것을[4039] 가리킨다. 그러나 17-20절의 문맥에서 이 두 요소가 함께 연결되어 있다고 볼 수 있다(눅10:18; 고후11:14-15; 요일3:8; 계12:7-9; 20:10). 즉 거짓 교리로 교회를 어지럽히는 자들의 준동은 교회의 권징으로 다스려질 수 있다. 이 점은 "너희 발아래"후포 투스 포다스 후모운의 표현이 말씀하고 있다. 바울이 그리스도의 발 아래로 표현하지 않고 너희 발 아래라고 표현한 것은 이루어진 종말론의 개념속에 이 가르침을 담고 있는 것을 나타낸다.[4040] 어떤 학자들은 여기서

4033 Osborne; Calvin; Moo.
4034 Stuhlmacher; Dunn; Moo; *contra* Cranfield; Käsemann.
4035 롬15:33; 빌4:9; 살전5:23; 살후3:16; 히13:20.
4036 Jub. 10.8, 11; 11.5; *T. Reub*. 2.2; *T. Sim*. 2.7; 1QM 13.2, 4, 10-11; 17.5-6.
4037 Victor P. Hamilton, "Satan," *Anchor Bible Dictionary*, 5:985-89.
4038 Fitzmyer; G. Bertram, *TWNT*, 7:924; Wilckens; Schreiner; *contra* Cranfield; Dunn.
4039 Cranfield; Hultgren.
4040 Morris, *Romans*, 541.

바울은 창세기 3:15절을 언급하고 있다고 본다.[4041] 그러나 그 표현은 창세기 3:15절의 언어와 직접적 관련은 없어 보인다.[4042] 분쇄한다순트리보우는 동사는 일반적으로 적을 진압하는 것을 의미한다(계2:26-27). 그리고 창세기 3:15절은 직접적으로 그리스도의 초림과 십자가의 구속을 바라보고 있었지만 20a는 종말적 악의 분쇄를 바라보고 있다. 그러나 그리스도의 초림과 함께 임한 종말이 심판 때까지 진행되는 동안 사단이 성도의 발 아래 제압되고 있는 점에서 넓게는 20절은 창세기 3:15절의 그림자속에 놓여있다고 할 수 있다. "속히"엔 타케이는 종말의 임박성에 대한 기대를 나타내 주지만 동시에 거짓교사들의 준동의 신속한 종결을 예상한다(롬13:11-12절).

20b의 "우리 주 예수 그리스도의 은혜가 너희에게 있을찌어다"는 서신을 끝맺는 축복의 기도다(고전16:23; 고후13:13; 갈6:18; 빌4:23; 골4:18; 살전5:28; 살후3:18). 바울 서신에서 명사 "은혜"카리스는 언제나 서신을 끝맺는 축복 기도에 포함된다. 그래서 어떤 학자들은 바울이 20절에서 서신을 끝낸 것으로 생각한다.[4043] 그리고 펜은 다시 이 편지를 대서하는 더디오에게 건내져서 후기postscript가 더해졌다고 본다. 그리고 이를 인식하지 못한 필경사가 20b를 23절 뒤(24절)에 배치하는 것은 있을 수 있는 실수라는 것이다.[4044] 그러나 이 가설보다는 20-27절도 바울이 더디오에게 직접 받아 적게 했다고 보는 것이 낫다.[4045]

(라) 바울의 동역자들이 보내는 인사(롬16:21-23)

바울이 서신을 마치면서 동역자들이 수신자들에게 보내는 인사를 포함하는 경우가 종종 발견된다(고전16:19-20; 빌4:21-22; 몬23-24). 바울은 삼차 전도여행 중 고린도에 삼 개월 머무는 동안 가이오의 집에 거했던 것 같다(16:23). 그와 함께 로마에 있는 성도에게 인사하는 사람은 여덟 사람이고

4041 Godet; Morris; Fitzmyer; Michel; Stott; Käsemann; Barrett; Stuhlmacher; Cranfield; Murray; Schreiner; Schlatter, *Romans*, 277; *T. Levi* 18.12; *T. Sim.* 6.6.

4042 Dunn; Moo.

4043 Morris; Cranfield; Dunn; Sanday and Headlam.

4044 D F G ψ 6 365 424

4045 Moo; Stuhlmacher; Hendriksen.

모두 남자다. 21절의 "나"는 바울을 가리키고 있기 때문에 21, 23절은 바울 자신의 인사라고 할 수 있다. 22절은 이 서신을 대서하는 더디오가 보내는 인사다. 앞 절에서 본대로 어떤 사본은 24절에 "우리 주 예수 그리스도의 은혜가 너희와 함께 계실찌어다"는 말씀이 있다. 이는 필경사가 서신이 23절에서 마치는 것으로 생각하고 삽입한 것으로 보인다. 그러나 고대의 믿을만한 모든 사본에는 이 구절이 생략되어 있고 그 대신 23절 다음 25-27절을 포함하고 있다.[4046] 케제만은 바울의 끝맺는 인사가 20b에 놓이고 곧 이어오는 21-23절이 후기라고 볼 때 로마서 1-15장의 견실한 내용에 비교해 볼 때 서신의 결론부가 취약하다고 본다.[4047] 따라서 그는 로마서는 원래 15:33절에서 마쳐졌고 로마서 16장은 에베소에 보낸 인사말이라고 생각한다. 그러나 로마서 16:1-16절에 언급된 26명의 사람들이 모두 에베소에 거하던 사람들이라고 볼 수 없다. 그리고 16:19, 26절에 언급된 "순종"의 주제는 1:5절 등 서신 전체에 다뤄진 순종의 주제와 연결되며 16장이 원래 로마서의 마지막 장이었다는 사실을 증명한다.

로마서 16:21절은 동사 아스파조마이로 시작하며 문안인사함을 강조한다: "나의 동역자 디모데와 나의 친척 누기오와 야손과 소시바더가 너희에게 문안하느니라". 여기서 바울은 디모데를 "나의 동역자"호 수넬고스 무라고 소개한다(행19:22; 고전4:17; 16:10; 고후1:1, 19; 빌1:1; 2:19-24; 골1:1; 살전1:1; 3:2, 6; 살후1:1; 딤전1:2; 딤후1:2; 몬1). 디모데는 루스드라에서 유대인 어머니와 헬라인 아버지 사이에 태어났다. 그리고 그는 바울의 일차 전도여행 중 회심하여 바울의 이차 전도여행 때 바울의 전도단에 합류했다(행16:2-3). 그는 바울의 삼차 전도 여행 중 고린도에 방문해서 바울의 리더십을 떠난 사람들을 돌이키게 하는 역할을 했다(고후1:1, 19). 그리고 그 후 계속 로마까지 바울을 수행하며(골1:1; 몬1; 빌1:1) 신실하게 도왔던 바울의 "사랑하는 자식"my beloved child이었다(딤후1:2). 그는 바울의 여섯 개 서신의 공저자로 소개되

4046 P^{46} א B P^{61} 0150
4047 Käsemann, *Romans*, 419-20.
4048 Moo, *Romans*, 934.

고 있다.고린도후서, 데살로니가전후서; 빌립보서, 골로새서, 빌레몬 4048 브리스가와 같은 로마의 성도들은 그를 개인적으로 알고 있었을 것이다. 그는 나중에 에베소교회의 목사가 되었다. 바울은 이어서 누기오, 야손, 소시바더를 "나의 친척"호이 숭게네이스 무으로 소개한다. 나의 친척은 그들이 바울의 친척이었다기 보다 유대인이었음을 나타내는 말로 볼 수 있다(9:3; 16:7, 11).[4049] 누기오루키오스는 구레네인 루기오(행13:1)[4050] 혹은 사도행전의 저자 누가루카스와[4051] 동일인으로 여겨진다. 그러나 여기서 누기오가 유대인이었다면[4052] 헬라인인 의사 누가와 동일인이었다고 볼 수 없다. 또 바울은 누가를 그 서신에서 루키오스가 아닌 루카스로 부르고 있다(골4:14; 딤후4:11; 몬24). 따라서 누기오가 의사 누가나 구레네인 루기오와 동일인이었는지는 확실하지 않다.[4053] 야손이아소운은 예수아의 헬라식 단어인데 그는 유대인이었다. 학자들은 그는 바울이 데살로니가에 들렀을 때 환대를 베풀었던 야손과 동일인물이었다고 말한다(행17:5–9).[4054] 그러나 이는 추측일 뿐이다. 소시바더는 베뢰아 사람 부로의 아들 소바더와 동일인일 가능성이 있다(행20:4).[4055] 그는 바울이 고린도를 떠나 예루살렘으로 갈 때 함께 갔던 사람이다. 그리고 소시바더는 소바더의 줄임말이라고 할 수 있다. 그러나 소바더가 이방인이었다면 소시바더와는 다른 사람이었을 것이다. 바울이 이들 유대인들을 예루살렘에 함께 데리고 갔다면 유대인들도 이방인교회를 대표하는 대표자의 역할을 했다는 것을 나타낸다.[4056] 그러나 케제만은 유대인들이 이방인교회를 대표했다고 볼 수는 없다고 말한다.

4049 Morris; Schreiner; *contra* Murray; NIV; NRSV

4050 Sanday and Headlam; Godet.

4051 Origen; A. Deissmann, "Loukios-Lukas." In *Festgabe von Fachgenossen und Freunden von A. von Harnack zum siebzigsten Geburtstagdargebracht* (Ed. Karl Holl et al. Tübingen: J. C. B. Mohr, 1921) 117-20; Stuart; Stuhlmacher; Schmithals; Dunn; *contra* Fitzmyer; Schreiner.

4052 *contra* Dunn; Cranfield; Deissmann; Stott.

4053 Hultgren; Fitzmyer; Schlier; Bruce; Moo; Käsemann.

4054 Schreiner; Moo; Dunn; Stuhlmacher; Michel; F. M. Gillman, "Jason of Thessalonica (Acts 17,5-9)." in *The Thessalonian Correspondence* (Ed. Raymond E. Collins. BETL 87. Louvain: Leuven University Press, 1990) 39-49; Cranfield; Fitzmyer; Wilckens; *contra* Morris; Käsemann; Schlier.

4055 Wilckens; Byrne; Stuhlmacher; Schreiner; Fitzmyer; Sanday and Headlam; Moo; Cranfield; Hultgren; Dunn; Käsemann.

4056 Dunn; Moo; Fitzmyer; Michel; Wilckens; *contra* Käsemann; Dodd.

로마서 16:22절이 편지를 대서하는 나 더디오도 주 안에서 너희에게 문안하노라의 더디오는 라틴어 이름인데 그는 바울의 대필가로써 이 서신을 대필하고 있다. 바울은 시력이 좋지 않았기 때문에 종종 필기자에 의지해 서신을 썼다(고전16:21; 갈6:11-18; 골4:18; 살후3:17; 몬19). 더디오가 대명사 에고우나를 사용해 인사하는 것은 그가 로마교회 성도들을 개인적으로 알고 있었다는 것을 나타낸다. 21절과 23절의 인사말 사이에 더디오의 인사를 넣도록 허용한 것은 바울이 그를 단지 필경자로 여기지 않고 그리스도 안에서 한 동역자로 대하고 있음을 나타낸다. 이 절에서 논쟁이 되는 것은 전치사구 "주 안에서"엔 쿠리오우가 아스파조마이인사하다에 걸리는가 혹은 그라파스쓰다에 걸리는가이다. "인사하다"에 걸릴 경우 그는 "주 안에서" 로마 성도들과 관계가 있었다는 것을 말한다.[4057] 그러나 16장에서 "그리스도 안에서" 혹은 "주 안에서"는 "인사하다"는 동사를 수식하는 경우는 없다(16:3, 7, 8, 9, 10, 11, 12, 13).[4058] 따라서 문법적으로 "주 안에서"는 "쓰다"에 걸린다고 보는 것이 맞다. 그러면 주 안에서 이 서신을 대필한다는 의미가 무엇인가. 먼저 그가 이 서신을 대필하는 방법은 크게 세 가지가 있을 수 있다.[4059] 첫째, 바울이 서신의 개요만 잡아 주고 더디오가 서신 전체를 직접 쓰는 것이다. 이는 제일 가능성이 없는 선택이다. 왜냐하면 로마서의 내용 자체가 매우 신학적으로 난해해서 더디오가 그 내용을 직접 썼을 가능성은 없다고 보아야 한다. 그리고 서신 전체에 바울 자신의 언어와 작문 스타일이 녹아 있다(1:8-17; 2:16; 3:8; 6:19; 9:1-5; 11:13). 둘째, 더디오는 바울이 말씀하는 것을 속기로 받아 적은 후 이에 살을 붙여 완성한 후 바울의 교정을 받는 방법이다. 그러나 이 방법도 가능성이 적은 이유는 서신 전체에 발견되는 파격구문anacoluthon 때문이다(2:20; 5:6, 12; 9:22). 만일 더디오가 그 내용을 매끄럽게 편집했다면 이 작문형태는 자주 등장하지 않았을 것이다. 셋째, 바울이 서신의 처음부터 끝

4057 Moo; Cranfield.

4058 Morris.

4059 Stuhlmacher, *Romans*, 254-55; Moo; Schreiner; R. N. Longenecker, "Ancient Amanuenses and the Pauline Epistles," in *New Dimensions in New Testament Study* (Ed. R. N. Longenecker and Merrill C. Tenney. Grand Rapids: Zondervan, 1974); R. E. Richards, *The Secretary in the Letters of Paul* (WUNT 2.42; Tübingen: Mohr, 1991) 170-72.

까지 단어 하나 하나를 불러가며 더디오에게 받아 적게 한 방법이다. 필자는 바울이 이 방법을 사용해 더디오에게 대필하게 했을 것으로 본다. 이 방법으로 바울과 함께 서신을 쓰는 더디오는 많은 수고를 했을 것임에 틀림없다. 이는 그가 기계적으로 대필하지 않고 그리스도인으로써 "주 안에서" 이 서신을 썼다는 것을 설명해 준다. 발은 더디오가 주 안에서 썼다는 해석에 동의하지만 여기서 주는 바울을 가리킨다고 본다.[4060] 그러나 16장에서 "주"는 항상 그리스도를 가리키는 명사로써 그의 해석은 타당하지 않다.

로마서 16:23절은 마지막 문안의 말씀이다: "나와 온 교회 식주인 가이오도 너희에게 문안하고 이 성의 재무 에라스도와 형제 구아도도 너희에게 문안하느니라". 가이오는 더베 사람 가이오(행20:4), 소아시아 교회 지도자 가이오(요삼 1), 고린도의 가이오(고전1:14) 중 바울에게 세례를 받았던 고린도의 가이오와 동일인으로 보인다.[4061] 그리고 이 사람은 바울에게 거할 방을 제공했던 디도 유스도와 동일인이었던 것 같다(행18:7). 그는 바울과 온 교회의 식주인호 세노스이다. "온 교회"홀레이스 테이스 에클레이시아스는 보편적 교회가[4062] 아니라 지역 교회를 의미하며 (i)고린도에 있는 모든 교회 혹은 (ii)고린도를 통과하는 온 교회 성도를[4063] 가리킨다. 고린도 교회가 그리 크지 않았다면 가이오의 집에서 모든 고린도 교회 회중이 모여 예배를 드렸을 것이다.[4064] 그리고 이 해석은 (ii)의 해석과 모순되지 않는다.[4065] 가이오는 모든 교회의 그리스도인 여행자들이 그 집에서 묵게하는 친절을 베풀었고 바울도 로마서를 쓸 때 가이오 집에 머물고 있었을 것이다. 에라스도는 고린도의 재무오이코노모스였다.[4066] 그는 바울이 삼차 전도여행중 에베소에서 마게도냐에 보냈던 에라스도였을 수 있다(행19:21-22; 딤후4:20). 그러나 그가 공직자

4060 Gordon J. Bahr, "Paul and Letter Writing in the First Century." *CBQ* 28 (1966) 465.

4061 Cranfield; Schreiner; Dunn; Moo; Wilckens; Fitzmyer.

4062 Käsemann; *contra* Dunn.

4063 Moo; Osborne; Lagrange; Leenhardt; Käsemann; Wilckens; Schmidt.

4064 Dunn; Schreiner; Murphy-O' Connor.

4065 Murray; Stuhlmacher.

4066 J. K. Goodrich, "Erastus, Quaestor of Corinth: The Administrative Rank of ὁ οἰκονόμος τῆς πόλεως (Roman 16.23) in an Achaean Colony." *NTS* 56 (2010) 90-115. 그러나 바이스는 그 당시 고린도에 재무관이 존재하지 않았다고 본다. Alexander Weiss, "Keine Quästoren in Korinth: Zu Goodrichs (und Theissens) These über das Amt des Erastos (Röm.16.23)," *New Testament Studies* 56/4

로써 자리를 오래 비울 수 없는 사람이라는 점에서 이 해석은 신빙성이 없다.[4067] 또한 그는 고린도 비문에 새겨진 로마 조영관 에라스도와 동일인이었을 수도 있다.[4068] 이 조영관은 자신의 비용으로 고린도의 한 광장을 대리석으로 포장했다. 그러나 오이코노모스는 재무를 의미하지 건축이나 도로를 관장하던 조영관아고라노모스을 의미하지 않았다.[4069] 만일 이들이 동일인이었다면 그는 재무직에 있다가 나중에 조영관이 되었을 수도 있다.[4070] 구아도는 형제아델포스라고 묘사되어 있다. 이는 그가 에라스도나 더디오의 형제라는[4071] 것이 아니라 그리스도 안에서 형제라는 것을 의미한다.

(3) 하나님께 드리는 찬송(롬16:25-27)

로마서 16:25-27절은 하나님께 올리는 찬송으로써 파격구문anacoluthon으로 되어 있다.[4072] 그 내용은 로마서 1:1-7절과 유사하다. 이 점에서 로마서의 전체 구조는 봉합형inclusio이라고 할 수 있다: 즉, "능히"(26절, 1:4, 16절), "견고케 하실"(26절, 1:11절), "복음"(25절, 1:1, 9, 16절), "계시"(26절, 1:17; 3:21절), "선지자들의 글"(26절, 1:2; 3:21절), "믿어 순종케 하시려고"(26절, 1:5절), "모든 민족으로"(26절, 1:5절).[4073] 그 내용의 주제는 선지자들에 의해 예언된 그리스도의 복음의 비밀이 나타나 모든 민족으로 믿어 순종하게 하신 하나님께 세세 무궁토록 영광이 있으라는 것이다. 25-27절의 내용이 로마서의 내용과 일치함에도 불구하고 어떤 주석가들은 이 세 절이 로마서의 끝에 나중에 추가된 것이라고 본다.[4074] 그 이유는 첫째, 본문비평적textual

---

(2010) 576-581.

4067 Cranfield; Morris; Osborne.

4068 A. D. Clarke, "Another Corinthian Erastus Inscription," *TynBul* 42 (1991) 146-51; Murphy-O' Connor; *contra* H. J. Cadbury, "Erastus of Corinth." *Journal of Biblical Literature* 50 (1931) 42-58.

4069 J. J. Meggitt, "The Social Status of Erastus (Rom. 16:23)." *Novum Testamentum* 38 (1996) 218-23; G. Theissen, *The Social Setting of Pauline Christianity: Essays on Corinth* (Edited and translated and with an introduction by J. H. Schütz. Philadelphia: Fortress, 1982) 83; Goodrich, "Erastus, Quaestor of Corinth".

4070 Morris; Fitzmyer; Bruce; Theissen, *Social Setting*, 77-78; Meeks, *First Urban Christians*, 58-59; David W. J. Gill, "Erastus the Aedile." *TynB* 40 (1989) 293-301.

4071 Bruce; *contra* Murray.

4072 Denney, 725; Käsemann.

4073 Stuhlmacher; Moo, *Romans*, 937; Michel; Bengel; Schreiner.

criticism 관점에서 볼 때, (i)25–27절은 어떤 사본에는 빠져 있거나[4075], (ii)로마서 14:23절 다음에 오거나[4076], (iii)로마서 15:33절 다음에 오거나[4077], (iv)로마서 14:23절과 16:23절 뒤에 추가되어 있거나[4078], 혹은 (v)로마서 16:23절 뒤에[4079] 놓여 있다. 둘째, 25–27절에 사용된 표현들이 바울의 스타일이 아니라는 것이다. 예를 들어, 영세전부터 감춰어 있다가, 선지자들의 글, 영원하신 하나님 셋째, 바울은 그 서신을 찬양으로 끝맺는 경우가 없다는 것이다. 그러나 또 다른 학자들은 25–27절은 원래대로 바울이 16:23절 뒤에 이어서 쓴 것이라고 생각한다.[4080] 그 이유는 첫째, 25–27절을 16:23절 뒤에 놓는 신뢰할 만한 고대 사본이 많다. 둘째, 25–27절은 1:1–7절과 밀접한 병렬관계에 있고 또 로마서의 전체 내용과 일치한다. 셋째, 25–27절의 작문 스타일은 에베소서와 골로새서의 스타일과 매우 비슷한데 이 옥중 서신들이 바울의 저작이라고 보면 25–27절도 바울이 쓴 것이라는 점이 자연이 입증된다(엡3:5–6, 9–10, 20). 넷째, 바울은 서신을 구아도가 전하는 인사로 끝맺지는 않았을 것이다(23절). 따라서 필자는 25–27절은 바울이 원래 로마서 16:23절 뒤에 이어서 쓴 구절이라는 견해에 동의한다. 서신을 하나님께 대한 찬송으로 끝맺는 것은 바울의 스타일이 아니라는 주장은 옳다(롬11:36; 갈1:5; 엡3:21; 빌4:20). 그대신 바울은 항상 축도로 서신을 맺는다(고전16:23; 고후13:14; 갈6:18; 빌4:23; 살전5:28; 몬25). 그러나 그것이 바울이 로마서를 하나님께 대한 찬송

4074 Cranfield; Barrett; Dodd; Käsemann; Wilckens; Bruce; Dunn; Fitzmyer; Schlier; Elliott, "The Language and Style," 124-30; R. F. Collins, "The Case of a Wandering Doxology: Rom 16,25-27." In *New Testament Textual Criticism and Exegesis: Festschrift J. Delobel* (Ed. Adelbert Denaux. BETL 161. Leuven: Peeters, 2002) 293-303; H.-J. Klauck, *Ancient Letters and the New Testament: A Guide to Context and Exegesis* (Waco: Baylor University Press, 2006) 462; R. Jewett; E. Lohse; Hultgren.

4075 F G 629

4076 *Ψ* *Θ* 0209

4077 1506 P[46]

4078 A P 33 104 0150

4079 P[61] ℵ B C D 81 365 1739

4080 Moo, *Romans*, 937; Murray; Hort; Godet; Alford; Hendriksen; Stuhlmacher; T. Fahy, "Epistle to the Romans 16:25-27," *ITQ* 28 (1961) 238-41; Nygren; Huby; Harrison; Weima, *Neglected Endings*, 218-19; Lenski; Schreiner; Osborne; Morris; Stott; Sanday and Headlam; T. Zahn, *Introduction to the New Testament* I (Edinburgh, 1909) 408-10; Gamble; Donfried, "A Short Note on Romans 16," 44, 119; L. Gaugusch, "Untersuchungen zum Römerbrief. Der Epilog [15,14-16,27]," *BZ* 24 (1938-39) 263-65; L. Hurtado, "The Doxology at the End of Romans," in *New Testament Textual Criticism: Its Significance for Exegesis. Essays in Honor of Bruce M. Metzger* (ed. E. J. Epp and G. Fee; Oxford: Clarendon, 1981) 185-99.

으로 끝내지 말아야 한다는 이유가 될 수는 없다(히13:20–21; 유24–25). 25–27절은 하나님께 대한 찬송이면서 동시에 로마서 전체 내용에 대한 시 형태의 요약으로써 서신을 끝맺는 적절한 결론이다.

로마서 16:25절의 헬라어 본문은 하나님의 속성을 묘사하는 여격으로 시작된다: "너희를 세우시는 능력이 있는 분께…"(엡3:20; 유24). 이는 이 절이 하나님께 올리는 찬송임을 나타낸다. 여기서 바울의 찬송은 하나님의 구속의 능력에 초점을 두고 있다. 하나님의 능력은 로마서에 흐르는 주요 주제 중 하나다(1:16, 20; 4:21; 9:17, 22; 11:23; 14:4). 동사 "세우다"(스테이리조우)는 성도들이 시련이나 환란을 당할 때 믿음을 저버리지 않게 힘을 주신다는 의미를 내포한다(살전3:2, 13; 살후2:17; 3:3; 약5:7; 벧전5:10; 계3:2).[4081] 전치사 카타는 수단means 혹은 규범norm을[4082] 의미한다. 그러나 여기서 카타의 두 의미가 정확히 구분되는 것은 아니다.[4083] 즉 하나님께서는 바울의 복음과 그리스도의 가르침을 통해서 혹은 바울의 복음과 그리스도의 가르침에 있어서 우리를 세우시는 능력이 있으시다. 여기서 "나의 복음"은 바울만의 독특한 복음이라는 뜻이 아니라 그리스도에 대해 바울이 가르치던 복음을 의미한다(롬2:16; 딤후2:8).[4084] 그리고 "그리스도의 가르침"토 케이루그마 이에이수은 주격 소유격 혹은 목적격적 소유격으로 볼 수 있는데 후자의 의미가 우선한다.[4085] 즉 그리스도에 대한 가르침이다. 이 점에서 "나의 복음"과 "그리스도의 가르침"은 같은 의미를 가진다고 볼 수 있고 이와 함께 접속사 카이는 동격epexegetical이라고 볼 수 있다. 즉 바울의 복음은 그리스도에 관한 가르침을 그 내용으로 하고 있다. "가르침"케이루그마은 가르치는 행위 혹은 가르침의 내용을 의미한다(고전1:21; 2:4; 15:14; 딤후4:17; 딛1:3). 25절의 두 번째 카타…에 의해서는 첫 번째 카타와 병렬적 의미를 가진다기 보다 첫 번째 카타가 이끄는 구를 설명하고 있다고 볼 수 있다. 즉 영원전부터 감취어

4081 Schreiner; Dunn.
4082 Cranfield; Käsemann.
4083 Moo; Schreiner; Dunn; Schmidt; Schlier; *contra* Käsemann.
4084 Morris; Cranfield; 고전15:11.
4085 Murray; Cranfield; Dunn; Moo; Käsemann; Sanday and Headlam; Schreiner; *contra* Moule.

있던 비밀의 계시는 하나님께서 성도를 세우시는 또 다른 수단이 아니라 그리스도에 대한 가르침복음의 특징을 설명하고 있다(롬1:1-5).[4086] 즉 바울의 복음은 영세전부터 감춰었다가 이제는 나타내신 바 된 것이다. 여기서 "비밀의 계시"아포칼륍신 무스테이리우는 그리스도에 대한 복음이 드러나게 된 것을 말한다. 여기서 비밀mystery은 로마서 11:25절의 비밀보다 고린도전서 2:7; 엡3:3-9; 골1:26-27절에서의 비밀과 더 가까운 개념이다.[4087] 이 복음이 영원전부터 비밀에 붙여진 것이라는 것은 구약의 선지자들이 이 비밀을 알 수 없었다는 말씀이 아니라 그것을 완전히 이해하거나 경험할 수 없었다는 뜻이다.[4088] 명사 "시간"크로노이스은 여기서 복수인데 이는 몇 개의 기간이 합쳐진 긴 세월을 가리킨다.[4089] 이는 형용사 "영원한"아이오우니오스의 수식을 받아 영원eternity의 기간을 의미한다(딤후1:9-10; 딛1:2-3; 벧전1:20). 동사 시가오우조용하다는 수동태 과거완료분사로써 신적 수동태이며 이는 "비밀"의 개념과 연결되 있다(고전14:28, 30, 34). 즉 그리스도에 대한 이 복음을 하나님께서 오랫동안 감추어 놓으셨다가 그 정한 때에 나타내신 것이다(엡3:5-9). 여기서 시가오우의 과거완료형은 이 비밀의 영원성을 의미하는[4090] 것이 아니라 이 비밀이 드러날 때까지 비밀로 유지된 상태를 나타낸다(고전2:6-7).

로마서 16:26절의 접속사 데그러나는 역접으로써 25절과 대조되는 내용을 도입한다: "이제는 나타내신바 되었으며 영원하신 하나님의 명을 좇아 선지자들의 글로 말미암아 모든 민족으로 믿어 순종케 하시려고 알게 하신바 그 비밀의 계시를 좇아 된 것이니 이 복음으로 너희를 능히 견고케 하실". 즉 그리스도에 관한 비밀은 영원전부터 감취었다가 이제는 나타내신 바 되었다. 분사 파네로우쎈토스는 수동태이다. 이는 하나님께서 이것을 나타내셨다는 것을 의미한다. 이 동사는 이 절의 끝에 오는 분사 그노우리스쎈토스알게 하신

4086 Murray; Cranfield; Moo; Schreiner; Markus N. A. Bockmuehl, *Revelation and Mystery in Ancient Judaism and Pauline Christianity* (WUNT 2/36. Tübingen: J. C. B. Mohr [Paul Siebeck], 1990) 206; Morris; S-H; Sanday and Headlam.

4087 Moo.

4088 Murray; Moo.

4089 BAGD.

4090 Morris.

바와 동의어이다. 그리고 전치사 디아통하여 다음에 놓인 조사 테그리고는 이 두 분사를 연결해 주고 있다. 그리고 그 사이에 놓인 네 개의 전치사디아, 카타, 에이스, 에이스가 모두 그노우리스쎈토스에 걸린다는 것을 말한다.[4091] 첫째로 하나님께서 그 비밀을 알게 하신 방법은 선지자들의 글그라포운 프로페이티코운을 통해서다. 여기서 선지자들의 글은 바울이 쓴 서신들도[4092] 신약 성경도 아니고 구약을 가리킨다.[4093] 이는 로마서 1:1–2; 3:21절 말씀의 반복이다. 둘째, 전치사 카타가 이끄는 구는 알게 하신 바탕을 서술한다. 즉 그것은 영원하신 하나님의 명을 좇은 것이다. 여기서 "영원하신 하나님"의 표현은 신약에서 오직 이곳에만 나온다(창21:33; 사16:4; 40:28). 에피타게이명령는 하나님의 명령이 아니라 하나님의 뜻을 가리킨다.[4094] 셋째, 전치사 에이스가 이끄는 구는 그 목적을 서술한다. 즉 이는 믿어 순종하게 하기 위해서다. 이는 로마서 전체에 흐르는 주제이며 로마서 1:5절의 내용과 연결된다. 넷째 두 번째 에이스는 그 대상을 가리킨다. 즉 이 비밀을 모든 민족에게 알게 하셨다. 복음을 믿음으로써 이방인들도 하나님의 백성되어 순종하게 되는 것은 실로 구약의 선지자들이 바라보고 예언하던 바이다. 바울은 이를 로마서에서 자세히 강해하고 있다고 볼 수 있다.

로마서 16:27절지혜로우신 하나님께 예수 그리스도로 말미암아 영광이 세세무궁토록 있을찌어다 아멘의 모노우 소포우 쎄오우오직 지혜로우신 하나님께는 "유일하신 지혜로우신 하나님께"(NIV) 혹은 "유일하시고 홀로 지혜로우신 하나님께"(GNB)로 번역이 되는데 두 번역 모두 하나님께서는 지혜로우신 유일하신 하나님이심을 가리키고 있다. "유일한"과 "지혜로운"이 함께 하나님의 속성을 묘사하는 곳은 신약에 이 절이 유일하다. 이 형용사들의 여격은 25절의 여격 두나메노우능력이 있으신와 동격이다. "유일하신 하나님"은 구약에 종종 발견되는 개념이며 그 출처를 영지주의나 플라톤 철학에서 찾는 것은 불필요하다(왕하19:15; 시

4091 Dunn; Moo; Cranfield; Godet; Schreiner; Wilckens; *contra* Barrett.
4092 Schmithals; Käsemann; Wilckens.
4093 Dunn; Stuhlmacher; Moo; Murray; Schreiner; Bockmuehl.
4094 딤전1:1; 딛1:3; 2:15; Cranfield.
4095 Fitzmyer.

83:19; 86:10; 사37:16, 20; 느9:6; 단3:45).[4095] 하나님의 지혜는 로마서 11:33절에도 묘사되고 있고 이는 유대인과 이방인으로부터 그리스도를 통해서 그 백성을 부르시는 신비한 지혜를 가리키고 있다.[4096] 하나님의 지혜는 그리스도를 사람으로 보내시고 그 언약의 구속을 십자가에서 이루신 점에 그 핵심이 있다.디아 이에이수 크리스투 관계대명사 호우는 그리스도를 받는 것이 아니라 그 앞의 쎄오우하나님를 받는다.[4097] 즉 하나님께 세세 무궁토록 영광이 있기를 찬양한다(롬11:36; 엡3:21; 빌4:20; 딤전1:17; 계4:9; 7:12). 바울이 이 관계대명사를 여기에 집어넣은 것은 이 문장의 구문을 혼동했기 때문이라고 보는 것은 이 관계대명사의 기능을 간과하는 것이다. 이는 영광이 그 앞의 쎄오우하나님께 있어지기를 더 확실히 강조하고 있다. 어떤 학자들은 마시온이 이 찬양송을 작사했다고 생각한다.[4098] 그러나 26절에서 선지자들의 글은 구약을 가리키고 있기 때문에 마시온이 이를 작사했다고 볼 수 없다. 그리고 이와 비슷한 영광송은 다른 서신에도 많이 발견된다(갈1:5; 빌4:20; 엡3:21; 벧후3:18; 유25; 딤후4:18; 히13:21). 아멘은 25-27절의 하나님께 올리는 찬양의 진실됨의 표현이다.

4096 Moo, *Romans*, 940.

4097 Murray; Dunn; Cranfield; Moo; *contra* Barrett.

4098 Barrett; Kümmel; T. Manson; *contra* Schmithls; Hurtado; Gamble.

색인

주제어

인명

성구

구약

누가복음

요한복음

사도행전

로마서

고린도전서

고린도후서

갈라디아서

에베소서

빌립보서

골로새서

데살로니가전서

데살로니가후서

디모데전서

디모데후서

디도서

고대문헌

유대문헌

외경

가경

사해사본

랍비문학

파일로

요세푸스

초대기독교문헌

그리스-로마문헌

eldoron
Publisher